Oliver F. R. Haardt

# Bismarcks ewiger Bund

Oliver F. R. Haardt

# Bismarcks ewiger Bund

Eine neue Geschichte des Deutschen Kaiserreichs

**Abbildungsnachweis**

0.1 © Bundesarchiv | Karte © Peter Palm, Berlin | 1.4 © bpk | 1.5 © bpk | 4.2 © bpk | 5.2 © bpk / Juliu Braatz |
6.1 © bpk / Nationalgalerie, SMB, Alte Nationalgalerie / Andres Kilger |
6.3 © Bundesarchiv / CC-BY-SA 3.0 | 6.4 © Landesmuseum Mainz | 6.5 © Library of Congress |
6.6 © akg-images | 7.1 © Bundesarchiv / CC-BY-SA 3.0 | 7.2 © Lippische Landesbibliothek |
8.1 © Bundesarchiv | 8.2 © Library of Congress | 8.3 © akg-images |
8.5 © Universitätsbibliothek Heidelberg / CC-SA 4.0 | 10.1 © Greser & Lenz / F.A.Z.

Die Deutsche Nationalbibliothek verzeichnet diese Publikation
in der Deutschen Nationalbibliografie;
detaillierte bibliografische Daten sind im Internet über
http://dnb.dnb.de abrufbar.

Das Werk ist in allen seinen Teilen urheberrechtlich geschützt.
Jede Verwertung ist ohne Zustimmung des Verlags unzulässig.
Das gilt insbesondere für Vervielfältigungen, Übersetzungen,
Mikroverfilmungen und die Einspeicherung in und Verarbeitung
durch elektronische Systeme.

wbg Theiss ist ein Imprint der wbg

© 2020 by wbg (Wissenschaftliche Buchgesellschaft), Darmstadt

Die Herausgabe des Werkes wurde durch die Vereinsmitglieder der wbg ermöglicht.

Lektorat: Ute Maack, Hamburg
Satz: Arnold & Domnick, Leipzig
Umschlaggestaltung: Martin Veicht, Regensburg

Gedruckt auf säurefreiem und alterungsbeständigem Papier
Printed in Germany

Besuchen Sie uns im Internet: **www.wbg-wissenverbindet.de**

ISBN 978-3-8062-4179-2

Elektronisch sind folgende Ausgaben erhältlich:
eBook (PDF): 978-3-8062-4180-8
eBook (epub): 978-3-8062-4181-5

# Inhalt

**Einleitung: Bund und Verfassung** .............................. 7

**Teil I: Reichsgründung** ........................................ 25
1. Szenen einer Geburt ............................................ 27
2. Die Legende vom Fürstenbund .................................. 101
3. Verfassungsgebung als Realpolitik ............................ 181

**Teil II: Vom Fürstenbund zur Reichsmonarchie** .......... 279
4. Die Erhebung des Kaisers .................................... 281
5. Das Schattendasein des Bundesrates .......................... 343
6. Der Aufstieg des Reichstages ................................ 391

**Teil III: Ruhelosigkeit** ...................................... 603
7. Macht vor Recht .............................................. 605
8. Der Widerstreit der Ideen ................................... 687
9. Peripherie und Zentrum ...................................... 747

**Schluss: Der ewige Bund im Strom der Zeit** ............... 803

Dank ............................................................ 859

**Anhang** ...................................................... 861
Graphen ........................................................ 862
Anmerkungen .................................................... 870
Literaturverzeichnis ........................................... 918
Personenregister ............................................... 942

To my Ace
and all the other precious cards
in my deck of hearts

# Einleitung: Bund und Verfassung

Das Deutsche Kaiserreich war nicht nur der erste deutsche Nationalstaat, sondern auch der erste gesamtdeutsche Bundesstaat. Als dieser 1871 im Zuge des Deutsch-Französischen Krieges ins Leben trat, war er nicht viel mehr als ein loser Zusammenschluss der deutschen Einzelstaaten unter preußischer Führung. Die Regierungen der einzelnen Monarchen behielten einen Großteil ihrer souveränen Hoheitsrechte. Der Bund besaß so gut wie keine eigenen Finanzmittel. Und es gab noch nicht einmal eine gemeinsame Regierung. Das Reich, das 48 Jahre später in den Ersten Weltkrieg zog, war hingegen eine hoch integrierte Reichsmonarchie, in der der Reichskanzler gemeinsam mit einer ganzen Riege von Reichsministern und im Zusammenspiel mit dem Reichstag die Richtung der Politik bestimmte, die Landesregierungen im Bundesrat an den Rand des politischen Entscheidungsprozesses gedrängt waren, und sich die gesamte politische und militärische Kraft der Nation in der Person des Kaisers bündelte. Dieses Buch erzählt die faszinierende Geschichte davon, wie sich die Verwandlung der föderalen Verfassungsordnung des Kaiserreiches vollzog, aus welchen Quellen sie sich speiste und welche Folgen sie hatte.

Es handelt sich um eine Geschichte, die einem aufregenden Drama gleicht – einem Drama allerdings ohne vorgegebenen Handlungsverlauf, daher völlig unvorhersehbar in seiner Entwicklung. Sie nahm etliche Wendungen, musste ständig zwischen verschiedenen Entwicklungsmöglichkeiten wählen und hatte letztlich kein Happy End. Sie war geprägt von Hoffnungen und Ängsten, die an ganz bestimmte Erfahrungen aus der Vergangenheit und Erwartungen an die Zukunft geknüpft waren. Sie entfaltete sich durch das Wirken einiger der schillerndsten Staatsmänner des ausgehenden 19. Jahrhunderts, mit Bismarck und Kaiser Wilhelm II. in den Titelrollen und einem bunten Ensemble von einflussreichen Nebendarstellern. Sie war überwuchert von Legenden und hatte mit zahlreichen Intrigen zu kämpfen. Sie sah sich ständig Konflikten zwischen verschiedenen politischen Kräften und Zweckbündnissen ausgesetzt. Sie machte das Unvorhergesehene zur Regel, durchkreuzte früher oder später alle Pläne und lud zu riskanten Spekulationen ein. Sie formte die staatlichen Entscheidungsstrukturen fortwährend um und ließ das Regierungssystem dadurch nie zur Ruhe kommen. Sie kannte kein festes Zentrum politischer Macht, sondern ließ Letztere ständig zwischen den verschiedenen Teilen der komplexen Verfassungsordnung hin und her wabern, ohne dabei je eine spezielle Regelmäßigkeit zu entwickeln. Sie stellte einige ganz zentrale Weichen für die katastrophale Entwicklung, die Deutschland in der ersten Hälfte des 20. Jahrhunderts nahm. Sie hinterließ aber auch positives Verfassungserbgut, das sich noch heute im politischen System der Bundesrepublik niederschlägt. Folgen wir ihr aufmerksam, können wir zahlreiche interessante Lehren aus ihr ziehen, die selbst mit Blick auf die Europäische Union von Bedeutung sind.

Trotz ihres spannenden Charakters ist die Verfassungsgeschichte des Kaiserreiches als Bundesstaat noch nie ausführlich erzählt worden. Diese Tatsache ist geradezu paradox. Schließlich kann kein seriöser Historiker die Bedeutung des Themas für die deutsche und europäische Geschichte bezweifeln. Dafür ist einfach zu offensichtlich, wie wichtig der Zustand des föderalen Regierungssystems für die politische Entwicklung des Kaiserreiches und damit für das Machtgefüge unter den großen Staaten Europas war. Warum besteht dann diese eklatante Lücke in der Forschung über den verschlungenen Weg, den Deutschland in der Moderne nahm? Es scheint gleich mehrere Gründe zu geben. Denkt man näher über sie nach, wird deutlich, was eine Studie bewältigen muss, um besagte Lücke zu füllen.

Erstens muss man, um die Evolution der föderalen Verfassungsordnung zwischen der Reichsgründung und der Revolution nachzuzeichnen, tief in ein Meer von Quellen eintauchen, die selbst für den eifrigsten Geschichtsenthusiasten nicht gerade ein Lesevergnügen sind. Die Finalversion und die Vorentwürfe der Reichsverfassung, die diversen Vorgängerverfassungen, die im Laufe der Jahrzehnte produzierten Gesetze und Verordnungen, die Protokolle und Drucksachen des Bundesrates sowie des Reichstages, die zeitgenössische Staatsrechtsliteratur und die reichhaltige Historiografie zur Verfassungsgeschichte des Reiches sind nicht nur äußerst komplex und vielschichtig, sondern häufig auch staubtrocken, ja manchmal geradezu lächerlich abstrakt. So heißt es etwa in einem während der Kaiserzeit in nicht weniger als sieben Auflagen erschienenen Standardwerk zur Reichsverfassung: „Der Träger der Reichsgewalt ist keine vom Reiche verschiedene Korporation, keine Personeneinheit, sondern eine Mehrheit von Personen, das Reich also auch in diesem Sinne (ganz abgesehen davon, daß der Kaiser nicht als Monarch des Reiches bezeichnet werden darf) keine Einherrschaft, sondern eine Mehr- oder Vielherrschaft (Pleonarchie, Pleonokratie, und zwar vom Typus der konstitutionellen aristokratischen Republik)."[1]

Derartige Passagen seitenweise zu lesen, ohne zwischendurch entweder die Geduld oder die nötige Ernsthaftigkeit zu verlieren, ist eine Herausforderung. Aber nicht nur die Art, auch der Umfang der Quellen, die es zu bearbeiten gilt, um die föderale Verfassungsgeschichte des Kaiserreiches zu untersuchen, ist abschreckend. Allein jeden Rechtsakt zu analysieren, den die verschiedenen Exekutivorgane, Parlamente und Verwaltungsbehörden des Bundes, der 25 Einzelstaaten und der unzähligen Gemeinden im Laufe der Jahre in die Welt setzten, geschweige denn, alle dahinterstehenden Verhandlungen zu untersuchen, ist unmöglich. Der kaiserliche Bundesstaat brachte in den knapp fünf Jahrzehnten seiner Existenz mehr Unterlagen hervor, als irgendein Historiker im Laufe seines Lebens jemals lesen könnte. Will man nicht an der Größe der Aufgabe scheitern, ist es deshalb unabdingbar, einen engeren Fokus zu definieren. Dieses Buch konzentriert sich daher darauf, zu schildern, wie sich der Bundesstaat als Ganzes entwickelte. Es beschränkt seine Analyse des föderalen Regierungssystems also auf die Reichsebene und berücksichtigt die Einzelstaaten nur unter dem Gesichtspunkt, wie sie sich am nationalen Willensbildungsprozess beteiligten und wie das, was sich in ihrem Innern abspielte, den Bund insgesamt beeinflusste.

Zweitens fällt die Verfassungsgeschichte des Kaiserreiches als Bundesstaat durch das Raster der verschiedenen historischen Disziplinen. An deutschen Universitäten gehört die Rechts- und Verfassungsgeschichte traditionell zu den Fächern der juristischen Fakultäten. Die Politik- und Strukturgeschichte ist indes eine Domäne der klassischen Geschichtswissenschaften. Diese Trennung von Recht und Politik ist für die Erforschung der Geschichte des 19. und 20. Jahrhunderts eine erhebliche Bürde, da sie verhindert, Verfassungen als das zu sehen, was sie waren, nämlich zentrale Knotenpunkte des politischen und sozialen Wandels der Moderne. Wie problematisch die Konsequenzen sind, zeigt sich in der Historiografie zum Kaiserreich besonders deutlich. Es gibt überhaupt nur zwei größere Werke, die die Entwicklung des gesamten Bundesstaates während der Kaiserzeit beziehungsweise zumindest während der Bismarckära zu ihrem zentralen Untersuchungsgegenstand machen. Bei beiden handelt es sich um Dissertationsschriften, die zwar ausgezeichnet recherchiert sind, aber unter den methodischen Paradigmen ihrer jeweiligen Disziplinen leiden. Heiko Holstes 2002 erschienene rechtshistorische Studie *Der deutsche Bundesstaat im Wandel (1867–1933)* konzentriert sich auf die Analyse der relevanten Rechtsnormen und behandelt den politischen Kontext, in dem sich diese entwickelten, nur am Rande. Die bereits 1971 veröffentlichte Monografie des mittlerweile verstorbenen Tübinger Historikers Hans-Otto Binder über *Reich und Einzelstaaten während der Kanzlerschaft Bismarcks 1871–1890* untersucht dagegen eingehend die sich wandelnde Dynamik der verschiedenen politischen Kräfte, schenkt aber der fundamentalen Veränderung des normativen Verfassungsrahmens in den ersten zwanzig Jahren nach der Reichsgründung kaum Beachtung. Kurzum: Das Sichtfeld der beiden Arbeiten weist jeweils beträchtliche blinde Flecken auf, die fachlich bedingt sind, nämlich die Verfassungswirklichkeit auf der einen und das Verfassungsrecht auf der anderen Seite. Diese disziplinäre Blindheit beeinträchtigt auf ganz ähnliche Art und Weise auch die vielen Spezialstudien zu einzelnen Aspekten der Föderalordnung des Reiches und die großen Klassiker zur deutschen Verfassungsgeschichte, wie etwa Ernst Rudolf Hubers achtbändiges Monumentalwerk. Dasselbe gilt für die ansonsten exzellenten Teilarbeiten, die im Rahmen eines vor einigen Jahren an der Universität Siegen durchgeführten Forschungsprojektes zum Thema „Integrieren durch Regieren" die „Funktionsweisen und [den] Wandel des föderalen Systems des Deutschen Reiches zwischen 1871 und 1914" in bestimmten Politikfeldern anhand ausgewählter Gesetzgebungsverfahren analysiert haben.[2]

Wollen wir ähnliche Beschränkungen unseres Sichtfeldes und die Verzerrungen, die diese zwangsweise für unseren Blick auf die Transformation des föderalen Regierungssystems mit sich bringen, vermeiden, müssen wir die disziplinäre Zweiteilung überwinden und den Bundesstaat des Kaiserreiches ganzheitlich betrachten. Das bedeutet: Wir müssen die rechtliche und die politische Entwicklung der Verfassung als eine Einheit verstehen und untersuchen. Nur so lässt sich eine umfassende Strukturgeschichte über den komplexen Wandel des Bundesstaates schreiben. Das ist ohne Zweifel eine hehre Aufgabe. Man muss aber nicht bei Null anfangen. Vielmehr kann man sich auf die reichhaltige Forschungslandschaft stützen, zu der die gerade erwähnten Studien gehören, legen viele davon doch im Rahmen des jeweiligen Ausschnitts, den sie uns von der föderalen Geschichte des Reiches zeigen, ausgezeichnete Grundlagen. So ist dieses Buch nicht zuletzt auch eine Synthese des über mehrere Disziplinen verstreuten, hoch spezialisierten Schrifttums zum Bundesstaat des Kaiserreiches, die eine Verfassungsgeschichte ohne disziplinäre Voreingenommenheit erzählen möchte. Es ist sicher kein Zufall, dass dieser Versuch von einem deutschen Historiker ausgeht, der sein Handwerk in England gelernt hat, wo die Berührungsängste zwischen den verschiedenen historischen Disziplinen sehr viel geringer sind als in seinem Heimatland. Die angloamerikanische Forschungsliteratur spielt denn auch immer wieder eine besonders wichtige Rolle in diesem Buch.

Drittens und letztens taucht der Wandel der föderalen Regierungsordnung auch deswegen nicht auf dem Radar der meisten heutigen Kaiserreichshistoriker auf, weil selbiges Verfassungsfragen generell nur noch hin und wieder marginal erfasst. Der Kurs, den die Geschichtswissenschaft in den letzten fünf Jahrzehnten genommen hat, hat die Verfassungsgeschichte des ersten deutschen Nationalstaates weitgehend außer Reichweite gebracht. Die Blütezeit der Kaiserreichsforschung waren die 1960er- und 1970er-Jahre, als zuerst die Fischer-Kontroverse über die vermeintliche Alleinschuld Deutschlands am Ausbruch des Ersten Weltkrieges und dann die von Hans-Ulrich Wehler und der Bielefelder Schule vorgebrachte Sonderwegsthese breite fachwissenschaftliche und gesellschaftliche Debatten über das Reich auslösten, bei denen die strukturelle Beschaffenheit von Staat, Gesellschaft und Wirtschaft im Mittelpunkt standen. In diesem Zusammenhang entstanden zahlreiche Studien zur Reichsverfassung, die noch heute als Standardwerke gelten. Ab Mitte der 1980er ließ das Interesse am Kaiserreich nach. In der *Historischen Zeitschrift* fiel der Anteil an Artikeln zu dieser Epoche von einstmals fast dreißig auf unter zehn Prozent. Die wenigen Studien, die sich jetzt noch mit der Epoche beschäftigten, wandten sich im Zuge der wachsenden Dominanz der Sozialgeschichte zunehmend Fragen zu, für die die Verfassungsstrukturen des Reiches keine oder nur noch eine untergeordnete Rolle spielten. Der Aufstieg der Kulturgeschichte in den 1990er-Jahren verstärkte diesen Verdrängungsprozess weiter. Seit der Jahrtausendwende lassen schließlich auch die Kaiserreichsforscher infolge eines allgemeinen methodischen Trends der Geschichtswissenschaften den Rahmen des klassischen Nationalstaates immer häufiger ganz hinter sich, um sich der Vernetzung des Reiches in der Welt oder – wie es im Titel eines faszinierenden Sammelbandes der beiden großen Globalhistoriker Sebastian Conrad und Jürgen Osterhammel heißt – dem „Kaiserreich transnational" zu widmen.[3]

Die Verschiebung der historiografischen Interessen hat dazu geführt, dass die Beschäftigung mit der Verfassungsgeschichte des Kaiserreiches heute gemeinhin als etwas altbacken gilt. Dieses Urteil ist nicht ganz ungerechtfertigt. Denn eine Übertragung der in den vergangenen Jahrzehnten entwickelten beziehungsweise gewonnenen Methoden und Erkenntnisse der Kulturgeschichte auf die Analyse der komplexen Verfassungsstrukturen des Kaiserreiches – so, wie es etwa die Frühneuzeithistorikerin Barbara Stollberg-Rilinger für das Heilige Römische Reich getan hat – ist bis heute nicht erfolgt. Es gibt zwar vereinzelte Studien zur Verfassungskultur des Reiches, die etwa die Symbolik der Parlaments- und Regierungsgebäude oder die Bedeutung solcher Zeremonien wie der Reichstagseröffnung und der Begräbnisse der Kaiser untersuchen. Der strukturelle Kern der Verfassung, das heißt das von dieser vorgegebene Gefüge zwischen den verschiedenen Organen und Regierungsebenen des Bundesstaates, wird aber weiterhin zumeist entweder als ein politisches oder als ein rechtliches, nicht aber als ein ganzheitliches kulturelles Phänomen betrachtet. Dieses vorherrschende Verständnis ist überaus problematisch. Statt die Verfassung als einen Teil der dynamischen Kultur des Kaiserreiches zu betrachten, trennt es sie nämlich von selbiger ab. Dadurch filtert es unseren Blick auf das Regierungssystem quasi vor, da die Verfassung so zwangsweise als starres Rechtsgefüge erscheinen muss.[4]

Angesichts dieser Problematik darf man zumindest fragen, wie sinnvoll es ist, sich gänzlich transnationalen Fragen zuzuwenden, bevor man solch wichtige Aspekte der klassischen Nationalstaatsgeschichte wie die Verfassung mit den Mitteln der modernen Kulturgeschichte analysiert und auf diese Weise die Grundlagen gestärkt hat, auf denen die Verknüpfungen des Reiches mit dem Rest der Welt überhaupt erst solide bestimmt werden können. So gesehen ist es wenig verwunderlich, dass die Kaiserreichsforschung gegenwärtig etwas orientierungslos wirkt, wie Jürgen Schmidt vom Berliner Wissenschaftszentrum für Sozialforschung schon 2007 mit Blick auf eine von Sven Oliver Müller und Cornelius Torp veranstaltete Konferenz über „Das Deutsche Kaiserreich in der Kontroverse" festgestellt hat: „Das geschichtswissenschaftliche Thema ‚Deutsches Kaiserreich' zerfließt. Aus der klar umrissenen Gestalt eines in blutigen Einigungskriegen zwischen 1866 und 1871 entstandenen Obrigkeitsstaats, der in den Ersten Weltkrieg, der ‚Urkatastrophe' des 20. Jahrhunderts, mündete und mit seinen gesellschaftlichen, politischen und kulturellen Prozessen eine zentrale Rolle in der deutschen Geschichte für die Erklärung des Aufstiegs des Nationalsozialismus einnahm, ist eine amorphe Masse geworden. Zeitlich entgrenzt, fallen Zäsuren wie Dominosteine, räumlich entgrenzt wird das Kaiserreich zu einem transnationalen Gebilde und thematisch stehen die Ambivalenzen im Vordergrund."[5]

Dieses Buch will wieder mehr Orientierung schaffen. Zu diesem Zweck erzählt es das klassische Thema der Verfassungsgeschichte des Kaiserreiches nicht nur unter einem bisher vernachlässigten Gesichtspunkt – nämlich der Föderalität des 1871 gegründeten Staatswesens – neu, sondern verwendet dafür auch einen innovativen Ansatz. Es betreibt Verfassungsgeschichte als Kulturgeschichte, das heißt, es führt eben jene methodische Übertragung durch, die bisher für die Geschichte des Kaiserreiches noch ausstand. Was bedeutet das konkret? Statt die Reichsverfassung als eine bloße juristische Paragrafensammlung zu sehen, die die Funktionen der einzelnen Elemente des föderalen Regierungssystems sowie die diversen prozessualen Abläufe zwischen ihnen regulierte, versteht dieses Buch sie als eine textgewordene intellektuelle Anstrengung, die sowohl in ihrer Gesamtheit als auch in ihren Teilen ganz bestimmte Absichten verfolgte. Es geht also von der Prämisse aus, dass die Verfassung die politische Kultur, in der sie entstand, einfing und dieser einen strukturellen Rahmen gab, der sich anschließend zusammen mit eben jener politischen Kultur weiterentwickelte. Anders gesagt: Dieses Buch versteht die Reichsverfassung als ein Kulturartefakt der Reichsgründungszeit, das sich zusammen mit der politischen Umgebung, in der es existierte, ständig wandelte (Abb. 0.1). Dementsprechend betrachten die folgenden neun Kapitel die Verfassung gewissermaßen als einen Speicher von Erkenntnissen, Erinnerungen und Erwartungen, der in ein dichtes, die Grenzen der deutschen Einzelstaaten und mitunter sogar des Reiches überschreitendes Ideennetz eingebunden war und mit seiner Umwelt fortwährend in einer engen Wechselbeziehung stand.

Als ein solches Kulturartefakt war die Reichsverfassung von 1871 Teil einer Welle des Konstitutionalismus, die im 19. Jahrhundert über Europa schwappte und fast überall zur Ausformung von geschriebenen Verfassungen führte. Diese Verfassungen bildeten ein dichtes Geflecht von Ideen, die sich gegenseitig aufei-

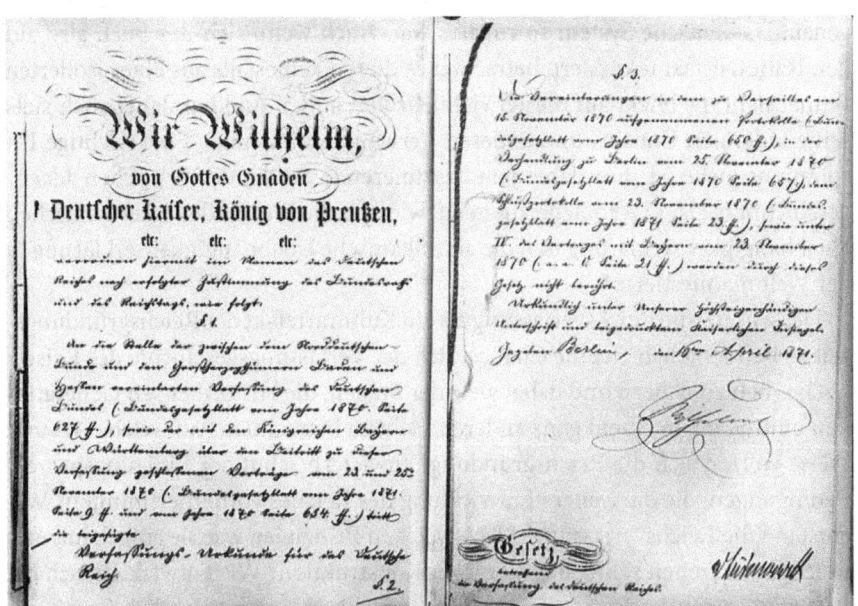

Abb. 0.1: Kulturartefakt der Reichsgründungszeit: Die Reichsverfassung vom 16. April 1871. Erste und letzte Seite mit Unterschrift Kaiser Wilhelms I.

nander bezogen. So hat Martin Kirsch in seiner Studie *Monarch und Parlament im 19. Jahrhundert* zum Beispiel gezeigt, dass der monarchische Konstitutionalismus ein genuin europäischer Verfassungstyp war, der in Frankreich, Deutschland und anderen Ländern jeweils andere Ausprägungen annahm. Kurzum: Als Kulturartefakt war die Verfassung des Kaiserreiches nicht nur ein nationales, sondern auch ein transnationales Phänomen. Dazu kommt noch, dass sie ins Leben trat, als es in der westlichen Welt bereits zwei andere wichtige bundesstaatliche Verfassungen gab, nämlich die Schweizer Verfassung von 1848 und die US-amerikanische Verfassung von 1787. In der Diskussion um die Reichsverfassung spielten diese republikanischen Pendants immer wieder eine gewisse Rolle, wie wir im Laufe dieses Buches sehen werden. Aus alldem folgt, dass wir die föderale Verfassungsentwicklung des Kaiserreiches nur wirklich einordnen können, wenn wir sie nicht nur als eigenständige Evolution, sondern auch als speziellen Teil einer größeren, länderübergreifenden Geschichte der bundesstaatlichen Ausprägungen des Konstitutionalismus begreifen. Wir müssen sie fast als eine Art „föderalen Sonderweg" sehen. Um sich zunächst gebührend auf die komplexen nationalen Grundlagen konzentrieren zu können, wird sich dieses Buch derartigen vergleichenden Überlegungen erst ganz am Schluss zuwenden. Nichtsdestotrotz sind diese wichtig, da sie uns dabei helfen, besser zu verstehen, warum genau das deutsche System so ruhelos war. Auch wenn sich das Buch also auf den Nationalstaat fokussiert, betrachtet es diesen keinesfalls aus einer isolierten Binnensicht. Es blickt auf diesen vielmehr von außen und hat dabei auch stets seine föderalen Cousins und anderen Verwandten im Auge. Eine wichtige Inspirationsquelle ist ihm dabei jene faszinierende Studie des britischen Ideengeschichtlers David Armitage, die zeigt, wie sich die Welt in der amerikanischen Unabhängigkeitserklärung und die amerikanische Unabhängigkeitserklärung in der Welt manifestierte.[6]

Der Ansatz, die Reichsverfassung als ein Kulturartefakt der Reichsgründungszeit zu betrachten, bietet die Chance, sich der Verfassungsgeschichte des Kaiserreiches neu zu nähern und dabei viele der Fragen, die Historiker seit Generationen umtreiben, in einem ganz anderen Licht zu betrachten: Auf welche Art und Weise vollzog sich die Reichsgründung? Inwiefern schuf der Einigungsprozess Bedingungen, die die weitere Entwicklung des Reiches vorherbestimmten? Wie entstand die Reichsverfassung? Nach welchen Prinzipien war sie aufgebaut, und welche Intentionen standen hinter ihrer Konstruktion? Wie entwickelte sich die Beziehung zwischen Bund und Ländern, ganz besonders hinsichtlich Preußens? Welche Rolle spielte der Kaiser im Regierungssystem, und wie wandelte sich diese im Laufe der Jahre? Weswegen und wie bildete sich die Reichsregierung um den Kanzler aus? Was war die Aufgabe des Bundesrates, und warum stand er stets im Schatten der anderen Reichsorgane? Wie veränderte sich die Beziehung zwischen Reichstag und Reichsregierung über die Jahrzehnte, und welche Auswirkungen hatte dieser Wandel auf den Rest des Regierungssystems? Wie ging das Reich mit Verfassungskonflikten um? Wie wurde die föderale Evolution staatsrechtlich eingeordnet, und was für eine Bedeutung besaßen derartige Einschätzungen? Und welchen Einfluss hatten die Sonderterritorien des Reiches – die von Frankreich annektierten Provinzen Elsass und Lothringen sowie die diversen Kolonien in Übersee – auf das fragile Gefüge der Verfassung?

Auf all diese Fragen gibt dieses Buch eine Antwort. Dabei fasst es die große Vielzahl an hervorragenden Forschungsarbeiten zum politischen System des Kaiserreiches zusammen, entdeckt vergessene Literatur neu, reinterpretiert bekannte Quellen und wertet bisher weitgehend unbekannte oder bewusst vernachlässigte erstmals systematisch aus. Es rollt damit einige der wichtigsten Debatten um das Kaiserreich neu auf: die Debatte um den Dualismus zwischen Preußen und dem Reich, die Debatte um die Parlamentarisierung des Reiches, die Debatte um das persönliche Regiment Wilhelms II. und die Debatte um den deutschen Sonderweg. In diese teilweise seit Jahrzehnten mehr oder weniger still vor sich hinschwelenden Kontroversen greift dieses Buch nicht ein, um zu zeigen, dass die Wehlers und Winklers, Nipperdeys und Mommsens, Blackbourns und Eleys, Stürmers und Rauhs, Hubers und Böckenfördes, Röhls und Clarks komplett falsch lagen. Im Gegenteil: Infolge seines breiten Ansatzes steht dieses Buch automatisch auf den Schultern von Riesen. Es möchte für die großen Debatten, die unseren Blick auf die Schnittstelle der deutschen Geschichte an der Wende vom 19. zum 20. Jahrhundert bis heute prägen, jedoch neue Perspektiven eröffnen, neue Erkenntnisse in sie einbringen und ihnen so neues Leben einhauchen. Diese Wiederbelebung tut schon insofern not, als wir das eigentümliche Regierungssystem des Kaiserreiches in all seiner Komplexität nur verstehen können, wenn wir es nicht nur – wie bisher – als nationalen, sondern auch als föderalen Verfassungsstaat begreifen.[7]

Es geht diesem Buch also nicht darum, zu widerlegen und zu ersetzen, sondern darum, zu justieren und zu ergänzen. Sein Ansinnen besteht folglich darin, auf Grundlage der vorhandenen Forschung eine neue Gesamterzählung der Verfassungs- und Politikgeschichte des ersten deutschen Nationalstaates zu entwerfen. Dieser Anspruch lässt sich leicht kritisieren, gelten Meistererzählungen doch gemeinhin als tot, angesichts des differenzierten Blicks, den uns die moderne Geschichtswissenschaft durch ihre zahlreichen Spezialisierungszweige, durch die dank der Digitalisierung relativ leichte Verfügbarkeit immer größerer Quellenmassen und durch das zusehends bessere Verständnis der komplizierten Verknüpfungen zwischen dem Regionalen, Nationalen und Globalen auf die Vergangenheit bietet. Mit derartiger Kritik muss dieses Buch leben. Denn in eine so dicht bewachsene historiografische Landschaft wie das Kaiserreich eine Bresche zu schlagen und neue Perspektiven zu eröffnen, ist nun einmal nur möglich, indem man mutig das Ganze in den Blick nimmt und sich nicht im Klein-Klein verheddert. Das war schon immer so. Genau deswegen braucht und produziert jede Generation ihre eigenen Gesamtdarstellungen jener historischen Sujets, die zwar schon unzählige Male vorher behandelt wurden, wegen ihrer großen Bedeutung aber immer wieder neue Einsichten versprechen. Von daher scheint es nun, da anderthalb Jahrhunderte nach der Reichsgründung die Vor- und Nachteile des deutschen Föderalismus im Rahmen der Corona-Pandemie so kontrovers diskutiert werden wie lange nicht und die politischen Verhältnisse in Deutschland längst nicht nur von einer, sondern von zwei Föderalordnungen – nämlich der Bundesrepublik und der Europäischen Union – bestimmt werden, mehr als angebracht, eine Gesamtgeschichte des Kaiserreiches als Bundesstaat vorzulegen.

Um diese Geschichte zu erzählen, wendet sich das vorliegende Buch unter anderem jenen Stimmen zu, die Historiker bisher in ihrer Untersuchung der staatlichen Entwicklung des Reiches entweder überhört oder geflissentlich ignoriert haben. Zum einen sind das die Protokolle des Bundesrates. Sie sind in der

Literatur immer wieder von vornherein als nutzlos abgetan worden, da sie nicht die Debatten dokumentieren, die die Unterhändler der einzelstaatlichen Regierungen im Plenum und den Ausschüssen der Länderkammer führten, sondern nur Formalitäten wie Tagesordnungspunkte, Abstimmungsergebnisse und Anwesenheitslisten festhalten. Diese technischen Details sind jedoch alles andere als irrelevant. Schließlich machte die Verfassung den Bundesrat zum Dreh- und Angelpunkt des föderalen Regierungssystems. Wollen wir nachzeichnen, wie sich Letzteres zwischen Reichsgründung und Revolution wandelte, sind die über fünfzig, jeweils mehrere hundert Seiten starken Bände der Protokolle tatsächlich unverzichtbar. Nur sie geben uns nämlich die Möglichkeit, die Beziehungen zwischen der Bundes- und Landesebene und die Rolle der einzelstaatlichen Regierungen im nationalen Willensbildungsprozess in einem kohärenten Rahmen über die gesamte Kaiserzeit hinweg zu untersuchen – man muss eben nur wissen, wie. Um die reichhaltigen Informationen über die föderale Entwicklung des Reiches aus ihnen herauszufiltern, unternimmt dieses Buch eine ausgefeilte statistische Analyse der Anwesenheitsmuster im Bundesrat. Diese zeigt uns gleich einer Röntgenuntersuchung, was unter der Oberfläche des Bundeskörpers in dessen Innern vor sich ging. So wirft sie beispielsweise neues Licht auf die Debatte um den preußisch-deutschen Dualismus, indem sie erstmals einen soliden quantitativen Beweis dafür liefert, dass im Laufe der Zeit das Reich nicht in Preußen, sondern Preußen im Reich aufging.

Zum anderen holt dieses Buch die Kommentare der zeitgenössischen Staatsrechtler vom Rand ins Zentrum der historiografischen Beschäftigung mit dem Regierungssystem des Kaiserreiches. Im Gegensatz zu den Rechtshistorikern an juristischen Fakultäten haben konventionelle Geschichtswissenschaftler der Reichsstaatsrechtslehre kaum Beachtung geschenkt. Diese Vernachlässigung liegt vor allem darin begründet, dass sich der positivistische Ansatz dieses Rechtsdiskurses rein auf die Analyse der Rechtsnormen konzentrierte, die in der Verfassung, den Gesetzen und den sonstigen Rechtsakten des Reiches niedergeschrieben waren. Für die politische Praxis interessierte sich die Debatte nur peripher. Diese methodische Ausrichtung änderte aber nichts an der Tatsache, dass die Staatsrechtler in einem System, das keinen Verfassungsgerichtshof kannte, die kompetentesten Instanzen waren, um die Verfassung und deren Entwicklung juristisch zu interpretieren. Die leidenschaftliche Debatte, die sie über den rechtlichen Rahmen des Regierungssystems führten, ist daher eine der aufschlussreichsten Quellen, die wir über den Wandel der föderalen Verfassungsordnung überhaupt haben. Das gilt vor allem insofern, als sich die Staatsrechtsexperten gerade auch mit jenen größeren Entwicklungen beschäftigten, die sich über mehrere Teile des Verfassungssystems und/oder über einen längeren

Zeitraum erstreckten und sich daher nicht unbedingt immer in den Protokollen, Akten oder sonstigen Schriftzeugnissen niederschlagen, die die einzelnen Reichsorgane punktuell zu verschiedenen Fragen produzierten. Mit anderen Worten: Die Kommentare der Juristen können uns die andernfalls unsichtbaren Verbindungslinien zwischen den verschiedenen Manifestationspunkten des Verfassungswandels aufzeigen und uns so helfen, ein klareres Gesamtbild von der Entwicklung des föderalen Regierungssystems zu gewinnen. Aus diesem Grund hat dieses Buch stets mindestens ein und manchmal sogar beide Augen auf der Reichstaatsrechtslehre.

Ferner trägt es der Tatsache Rechnung, dass die Geschichte des Kaiserreiches als Bundesstaat nicht nur ein historisches, sondern auch ein historiografisches Problem ist, das sich aus den Motivationen, methodischen Herangehensweisen und Auseinandersetzungen der Historiker speist, die sich mit dieser Epoche beschäftigt haben. Ein besonders krasses Beispiel ist Hans Goldschmidt. Der 1879 geborene Historiker, der Deutschland wegen seiner jüdischen Herkunft Ende der 1930er-Jahre verlassen musste, gab 1931 einen umfangreichen Quellenband über das Thema *Das Reich und Preußen im Kampf um die Führung. Von Bismarck bis 1918* heraus, dem er einen ausführlichen Kommentar zu den Beziehungen zwischen Bund und Hegemonialstaat in der Kaiserzeit voranstellte. Darin vertritt er die These, dass Bismarck darauf aus gewesen sei, das föderale Regierungssystem in einen Einheitsstaat umzuformen. Der große Verwaltungshistoriker Rudolf Morsey hat nach dem Zweiten Weltkrieg belegen können, dass Goldschmidt diese Interpretation im Auftrag des Reichsinnenministeriums erstellt hatte, um eine unitarische Reform der Weimarer Verfassungsverhältnisse in eine Bismarcksche Tradition zu stellen und so leichter durchsetzbar zu machen. Dieser Hintergrund mindert zwar keineswegs den Wert der von Goldschmidt gesammelten Quellen, bedingt aber, dass seine Auslegung derselben ein völlig einseitiges Bild des preußisch-deutschen Dualismus zeichnet.[8]

In ihrer Schwere ist diese Verzerrung ohne Frage eine Ausnahme. Dennoch gibt es in der Literatur zum Staatswesen des Kaiserreiches eine große Zahl ganz unterschiedlich motivierter und sich auf ganz verschiedene Art und Weise äußernder historiografischer Vorentscheidungen, die den jeweiligen Untersuchungsgegenstand mehr oder weniger stark deformieren. Um sich der Wirkung derartiger Zerrbilder so weit als möglich zu entziehen, schaut die vorliegende Untersuchung nicht nur in den föderalen Verfassungsbau des Kaiserreiches hinein, sondern auch in die Köpfe der Historiker, die darüber geschrieben haben. Wie sah ihre jeweilige Herangehensweise aus? Was haben sie sich dabei gedacht? Und inwiefern beeinflussen sie den Blick, den wir heute auf das Kaiserreich haben? Um diese Fragen zu klären, setzt sich jedes der folgenden neun Kapitel auch mit der Geschichte hinter der Geschichte der Verfassung, sprich: mit dem Charakter der wissenschaftlichen Debatte zu der jeweils betroffenen Thematik auseinander.

Was das Buch gemäß dieser Grundkonzeption entwirft, ist ein Narrativ, das den erzählerischen Ansatz der angloamerikanischen mit der analytischen Genauigkeit der deutschen Geschichtsschreibung zu verschmelzen sucht. Das Narrativ besteht aus drei verschiedenen Erzählsträngen. Indem es diese miteinander verwebt, macht es Verbindungen sichtbar, die ansonsten nicht in unser Sichtfeld fallen würden. Zu allererst umfasst es eine eigenständige Verfassungsgeschichte des Kasierreiches, die sich auf *die* Schlüsselfrage der politischen Entwicklung dieses ambivalenten Staatswesens konzentriert: Wer oder was regierte Deutschland zwischen der Reichsgründung und der Ausrufung der Republik eigentlich? Der Kaiser? Der Kanzler? Der Reichstag? Die preußische Regierung, entweder alleine oder im Verbund mit den anderen einzelstaatlichen Regierungen? Eine Kombination aus diesen verschiedenen Institutionen? Wenn ja, welche? Oder gar überhaupt keine der genannten Stellen? Und falls das der Fall war, wer dann?

Zweitens durchleuchtet das Buch durch die Analyse des Wandels der föderalen Regierungsstrukturen die Anatomie der Macht im Kaiserreich. Dadurch leistet es einen wichtigen Beitrag zu einer der bedeutendsten Kontroversen über die moderne europäische Geschichte: Wo, wann und warum geriet Deutschland auf die schiefe Bahn? So bereichert das Buch die Sonderwegsdebatte zum Beispiel dadurch, dass es zeigt, wie und aus welchen Gründen die föderale Entwicklung des Kaiserreiches der Weimarer Republik eine politische Kultur hinterließ, die dem Föderalismus keinen großen Eigenwert beimaß und der es folglich an Respekt selbst vor den grundlegendsten Bundesstaatsstrukturen mangelte. Diese Kultur erleichterte es den Nationalsozialisten erheblich, anderthalb Jahrzehnte nach dem Untergang der Monarchie jene Zersplitterung staatlicher Macht, die die politische Landschaft Mitteleuropas seit den frühen Tagen des Heiligen Römischen Reiches in viele Teilstaaten und einen übergreifenden Gesamtstaat untergliedert hatte, zu beseitigen und Deutschland in einen zentralisierten Führerstaat zu verwandeln, der wüten, terrorisieren und morden konnte, wie kein Regime auf deutschem Boden zuvor.

Drittens und letztens beinhaltet das Buch auch eine föderale Systemanalyse. Viele der Beobachtungen, die es dabei über die Flüchtigkeit politischer Macht, das Verhältnis von System und Individuum, den Zusammenhang zwischen der Zentralisierung staatlicher Kompetenzen und der Professionalisierung von Politik, die dialektische Beziehung von Regierung und Parlament und andere verfassungsstrukturelle Phänomene macht, haben für alle föderalen Ordnungen aufschlussreiche Implikationen. Das liegt einfach daran, dass dieser Strang des Narrativs eine Frage betrifft, die heute genauso wichtig ist wie im ausgehenden 19. Jahrhundert oder in irgendeiner anderen Epoche der neueren Geschichte, sei es in Deutschland oder in irgendeinem anderen Teil der Welt: Was hält ein aus mehreren Teilstaaten bestehendes Verfassungssystem gesund beziehungsweise was macht es krank? Besonders interessante Schlüsse lassen sich im Hinblick auf die Europäische Union ziehen, weil deren Föderalstrukturen denen des Kaiserreiches in einigen wichtigen Punkten bemerkenswert ähnlich sind.

Diese drei Erzählstränge entwickelt das Buch parallel zueinander in drei großen Teilen, die je drei Kapitel umfassen. Der erste Teil untersucht die Reichsgründung. Kapitel 1 betrachtet den Einigungsprozess durch die Brille zeitgenössischer Karikaturen und identifiziert so eine Reihe von Geburtsmerkmalen, die dieser Prozess dem neuen Bundesstaat auf den weiteren Lebensweg mitgab. Kapitel 2 schildert die Entstehungsgeschichte der Verfassung und dekonstruiert dabei die Legende vom Fürstenbund. Kapitel 3 nimmt den verschachtelten Aufbau der Reichsverfassung unter die Lupe, indem es die Diskussion im verfassungsgebenden Reichstag analysiert.

Der zweite Teil des Buches zeigt, wie sich der vermeintliche Fürstenbund der Reichsgründungszeit zu einer Reichsmonarchie unitarischer Prägung wandelte. Kapitel 4 zeichnet mithilfe der relevanten Staatsrechtsschriften den Aufstieg des Kaisers vom *primus inter pares* im Kreis der Fürsten zum Reichsmonarchen nach und erläutert in diesem Rahmen, wie um den Kanzler eine mehrköpfige Reichsregierung mit zahlreichen großen Ministerialbehörden entstand. Kapitel 5 analysiert die innere Zusammensetzung des Bundesrates und legt auf diese Weise die Unterwanderungsprozesse offen, mittels derer die Reichsregierung die Länderkammer in ein Schattendasein drängte. Kapitel 6 unternimmt eine chronologische Gesamtschau des Regierungssystems, die darlegt, wie sich die föderalen Entscheidungsstrukturen zwischen den verschiedenen Verfassungsorganen und -ebenen über die Jahre immer wieder umsortierten und dabei dem Reichstag einen fulminanten Aufstieg ermöglichten, der die Mehrheitsparteien schließlich in der Schlussphase des Ersten Weltkrieges zur Übernahme der Reichsregierung befähigte.

Der dritte und letzte Teil wird einige der wichtigsten Faktoren näher beleuchten, die dafür verantwortlich waren, dass das föderale Regierungssystem nie richtig zur Ruhe kam. Kapitel 7 deckt vermittels zahlreicher Fallanalysen die Mechanismen auf, die das Reich im Laufe der Zeit zur Lösung von Verfassungsstreitigkeiten etablierte und bei denen zumeist die Devise „Macht vor Recht" galt. Kapitel 8 nimmt den Widerstreit zwischen den verschiedenen Theorien und Interpretationsansätzen der zeitgenössischen Staatsrechtler in den Blick und entwirft so eine Ideengeschichte des Bundesstaates, die zeigt, dass die Reichsstaatsrechtslehre eine denkbar ungünstige intellektuelle Umgebung für die Entwicklung des föderalen Regierungssystems war. Kapitel 9 legt durch die systematische Entwirrung der jeweiligen verfassungsrechtlichen Querverbindungen dar, wie die imperiale Peripherie in Elsass-Lothringen und den Kolonien das föderale Zentrum des Reiches durch ihre bloße Existenz destabilisierte.

Die Schlussbetrachtung hebt schließlich einige besonders bemerkenswerte Vergleichspunkte zwischen der föderalen Entwicklung des Kaiserreiches und derjenigen der USA und der Schweiz hervor, aus denen sich interessante Rückschlüsse über den unterschiedlichen Charakter der monarchischen und republikanischen Bundesstaaten des späten 19. und frühen 20. Jahrhunderts ziehen lassen. Außerdem betrachtet sie, wie sich das Erbe des kaiserlichen Bundesstaates auf die Weimarer Republik und darüber hinaus auswirkte. Dabei macht sie Kontinuitätslinien sichtbar, die bis in die Gegenwart reichen. Überdies sinnt sie darüber nach, welche Einsichten wir aus der problembehafteten Transformation des kaiserlichen Bundesstaates für die anhaltende Diskussion über eine Reform der föderalen Strukturen der Europäischen Union gewinnen können.

Im Laufe der einzelnen Abschnitte entwickelt dieses Buch nach und nach das Argument, dass die spektakuläre Metamorphose des Reiches von vier großen Wandlungsprozessen gekennzeichnet war, die von vielfältigen politischen Konflikten zwischen den verschiedenen Teilen des Verfassungssystems angetrieben wurden: der Zentralisierung föderaler Kompetenzen, der Monarchisierung des Kaiseramtes, der Nationalisierung des Bundesrates und der Parlamentarisierung der Reichsgewalt. Im Strudel dieser Entwicklungsströmungen kämpften die verschiedenen monarchischen und parlamentarischen, hegemonialen und bündischen, unitarischen und partikularistischen Gegenkräfte des Reiches ständig um den Erhalt beziehungsweise die Ausdehnung ihrer Machtpositionen. Dabei behandelten sie die föderalen Strukturen der Verfassung als reines Machtinstrument, das sie zur Verwirklichung ihrer jeweiligen Ziele nach Belieben manipulierten.

Das Ergebnis dieser Praxis war eine äußerst dynamische, weitgehend ungeplante Evolution der föderalen Verfassungsordnung. Insgesamt war das Regierungssystem zwar nach außen hin erstaunlich stabil, sodass von einer „permanenten Staatskrise", wie sie etwa Hans-Ulrich Wehler diagnostiziert hat, keine Rede sein kann. Im Innern befand es sich aber ständig im Fluss und fand nie zur Ruhe. Macht flackerte unaufhörlich ohne erkennbaren Rhythmus zwischen den verschiedenen Organen und Ebenen des Bundesstaates hin und her. Die Verfassung war also das genaue Gegenteil eines statischen Gebildes, nämlich ein komplexes System, dessen einzige Konstante die Veränderung war. Kurzum: Sie war das wacklige Gerüst, das den ersten deutschen Nationalstaat trotz aller internen Spannungen bis zum Ende des verlorenen Weltkrieges zusammenhielt, ihn aber gleichzeitig – um mit Michael Stürmer und Volker Ullrich zu sprechen – zu einem „ruhelosen Reich" bzw. einer „nervösen Großmacht" machte.[9]

Die Unberechenbarkeit dieses Gerüsts, das sich ständig umsortierte und dabei mal in die eine, mal in die andere Richtung schwankte, aber fast fünf Jahrzehnte lang nicht einstürzte, beeinflusste alle wichtigen innen- und außenpolitischen Entwicklungen des Reiches. Schließlich bildeten die föderalen Verfassungsstrukturen den grundlegenden Rahmen für alle exekutiven und legislativen Entscheidungen – von der alljährlichen Festlegung des Reichshaushaltes bis zur Kriegserklärung im Sommer 1914. Die strukturelle Unsicherheit, die der atemberaubende Wandel des Reiches als Bundesstaat erzeugte, bestimmte folglich den Verlauf der deutschen und europäischen Geschichte an der Wende vom 19. zum 20. Jahrhundert ganz entscheidend mit. So sind die Auswirkungen des „ewigen Bundes", den die deutschen Fürsten vor 150 Jahren unter der Ägide Bismarcks schlossen, in vielerlei Hinsicht bis heute spürbar.

Das Deutsche Reich 1871 bis 1918

# TEIL I

# REICHSGRÜNDUNG

*Seine Majestät der König von Preußen im Namen des Norddeutschen Bundes,*

*Seine Majestät der König von Bayern,*

*Seine Majestät der König von Württemberg,*

*Seine Königliche Hoheit der Großherzog von Baden*

*und Seine Königliche Hoheit der Großherzog von Hessen und bei Rhein für die südlich vom Main gelegenen Theile des Großherzogtums Hessen,*

*schließen einen ewigen Bund zum Schutze des Bundesgebietes und des innerhalb desselben gültigen Rechtes, sowie zur Pflege der Wohlfahrt des Deutschen Volkes. Dieser Bund wird den Namen Deutsches Reich führen und wird nachstehende Verfassung haben.*

Präambel der Reichsverfassung von 1871

# Kapitel 1: Szenen einer Geburt

*Versailles, 21. Januar 1871*

*Mein Liebling,*

*ich habe Dir schrecklich lange nicht geschrieben, verzeihe, aber diese Kaisergeburt war eine schwere, und Könige haben in solchen Zeiten ihre wunderlichsten Gelüste, wie Frauen, bevor sie der Welt geben, was sie doch nicht behalten können. Ich hatte als Accoucheur mehrmals das dringende Bedürfnis, eine Bombe zu sein und zu platzen, daß der ganze Bau in Trümmern gegangen wäre.*[1]

Als Johanna von Bismarck diese Zeilen ihres geliebten Gatten las, hielt sie vermutlich für eine Weile verwundert inne. Warum in aller Welt war ihr Ehemann so verstimmt? Eigentlich sollte er diesen Moment doch genießen. Das ganze Reich feierte die Proklamation des Kaisers in Versailles als seinen politischen Sieg. Dieser triumphale Abschluss der vielen, oft umstrittenen Anstrengungen, die er in den letzten Jahren unternommen hatte, machte ihn zum umjubelten „Reichsgründer". Sein Brief aber war getränkt von Verzweiflung und Wut. Er offenbarte Johanna eine Innenwelt, die mit Glanz und Gloria nichts zu tun hatte. Während der langwierigen Verhandlungen mit den süddeutschen Staaten in Versailles, ja sogar am Tag der Proklamation selbst litt Bismarck unter Gallenschmerzen und verfiel in tiefe Depressionen. Euphorisch war er überhaupt nicht. Er ließ das schlecht zusammengeschusterte Zeremoniell einfach über sich ergehen und war froh, als es endlich vorbei war.[2]

Warum quälte Bismarck die Reichsgründung so sehr, dass er alle Beteiligten und mit ihnen sein Werk am liebsten in die Luft jagen wollte? Ein Accoucheur, ein Geburtshelfer also, der wie eine Bombe explodiert, würde ja unweigerlich auch das Kind töten, dem er unter großen Mühen auf die Welt geholfen hat. Woher kamen derart zerstörerische Gedanken? Waren sie nur Ausdruck eines cholerischen Temperaments oder hatten sie ihren Ursprung in echten Problemen, die Deutschlands Vereinigung zu einer wahren Qual machten?

Die Reichsgründung war ein dichtes Labyrinth aus unterschiedlichen Optionen, ausgeklügelten Plänen, riskanten Entscheidungen, unglaublichen Zufällen, und improvisierten Lösungen. Wie haben sich diese verschlungenen Pfade auf die föderale Ordnung ausgewirkt, die 1871 geschaffen wurde, um dem neuen Nationalstaat einen strukturellen Rahmen zu geben? Man kann die geschichtliche Bedeutung dieser Frage gar nicht hoch genug einschätzen. Die Gründung des Deutschen Reiches pflügte die politische Landschaft Europas gründlich um. Überall erkannten Beobachter die Tragweite des Moments. „Die deutsche Revolution", erklärte der britische Oppositionsführer Benjamin Disraeli im Februar 1871 vor dem Unterhaus, sei „ein größeres politisches Ereignis als die französische Revolution des letzten Jahrhunderts". Der amerikanische Präsident und ehemalige Bürgerkriegsgeneral Ulysses Grant betonte 1871, dass es die USA nun, da es auch in Deutschland einen föderalen Bundesstaat gab, mit einer neuen, günstigeren Lage jenseits des Atlantiks zu tun habe: „Die Errichtung eines amerikanischen Bundessystems in Europa [...] kann gar nicht anders als demokratische Institutionen zu fördern und den friedlichen Einfluss amerikanischer Ideale zu verbreiten."[3]

Innerhalb Deutschlands wurde die Reichsgründung ebenfalls als epochale Zäsur wahrgenommen. Dabei verknüpften viele Beobachter ihr persönliches Schicksal mit dem der Nation. So schrieb der preußische Geschichtswissenschaftler Heinrich von Sybel, der für die Nationalliberalen im Reichstag saß, an seinen Historikerfreund und politischen Weggefährten Hermann Baumgarten nur wenige Tage nach der Kaiserproklamation: „Wodurch hat man die Gnade Gottes verdient, so große und mächtige Dinge erleben zu dürfen? Und wie wird man nachher leben? Was zwanzig Jahre der Inhalt alles Wünschens und Strebens gewesen, das ist nun in so unendlich herrlicher Weise erfüllt! Woher soll man in meinen Lebensjahren noch einen neuen Inhalt für das weitere Leben nehmen?" Sybels Euphorie war typisch für liberale Kreise. Die Liberalen litten immer noch unter dem Trauma von 1848, als die bürgerliche Revolution und mit ihr der Versuch, einen deutschen Nationalstaat zu schaffen, grandios gescheitert waren. Nun feierten sie die Gründung des Reiches geradezu als Erlösung. Zwischen dem Fiasko des Frankfurter Paulskirchenparlaments und dem Erfolg von Bismarcks Einigungspolitik schienen Welten zu liegen.[4]

Überall spürten die Menschen also, dass sie Zeugen einer Veränderung von historischen Ausmaßen waren. Dieses Bewusstsein bildete den Nährboden für ein außergewöhnliches Phänomen: Historiker begannen, die Geschichte der Reichsgründung zu erzählen, während der Vereinigungsprozess noch im Gang war. In der öffentlichen Debatte über die Einigungskriege und die zukünftige Organisation Deutschlands gehörten Historiker zu den wichtigsten Kommentatoren. Unter ihnen waren viele Nationalliberale, die seit Jahrzehnten für einen deutschen Nationalstaat gekämpft hatten. Besonders aktiv war Heinrich von Treitschke. Seine Schriften richteten sich an ein breites Publikum und behandelten alle möglichen Probleme, die im Rahmen der Neugestaltung Deutschlands auftauchten: von der Reform des Deutschen Bundes über die Rolle der Mittelstaaten bis hin zur Annexion von Elsass-Lothringen.

Diese Veröffentlichungen machten ihn zum einflussreichsten deutschsprachigen Historiker der Reichsgründungszeit. Gemeinsam mit Heinrich von Sybel, Johann Gustav Droysen und anderen Vertretern der borussischen Geschichtsschreibung propagierte er ein ganz bestimmtes Bild der Reichsgründung. Die Auflösung der „Märchenwelt des Partikularismus" und die Schaffung eines kleindeutschen Nationalstaates, so die Borussen, sei die Erfüllung von Preußens historischer Mission, ja der göttlich vorherbestimmte, vorläufige Höhepunkt der deutschen Geschichte.[5]

Als die Monarchie 1918 zusammenbrach, ging diese teleologische Sichtweise gemeinsam mit den Hohenzollern unter. An die Stelle des preußischen Fixsterns trat ein vielschichtiges Trauma, sich speisend aus den Erfahrungen des kräftezehrenden Krieges, der Scham über die militärische Niederlage, dem Wegfall aller gewachsenen Strukturen und der Empörung über den „Schandfrieden" von Versailles. Die Geschichtsschreiber der Nation mussten den Gründungsmythos von 1871 neu verorten. Angesichts der Revolution konnte die Bismarcksche Reichsgründung nicht länger der natürliche Ausgang der deutschen Geschichte sein. Andernfalls wäre das Reich nicht zusammengebrochen. Über allem stand nach dem Untergang der „geprägten Form", wie der Theologe und Kulturphilosoph Ernst Troeltsch in seinen Beobachtungen aus dem revolutionären Berlin resümierte, eine Frage: „Was aber dann?"[6]

Von dieser Unsicherheit getrieben flüchteten viele Historiker in kontrafaktische Überlegungen. War die Gründung eines kleindeutschen Reiches die einzige Möglichkeit zur Vereinigung Deutschlands gewesen? Hatte Österreich wirklich aus dem Nationalstaat ausgeschlossen werden müssen? Mit solchen Fragen machten vor allem österreichische Historiker wie Raimund Kaindl die Idee einer großdeutschen Alternative wieder salonfähig. Im Laufe der 1920er- und frühen 1930er-Jahre entfaltete diese Vorstellung immer mehr Wirkungskraft. Nationalistisch gesinnte Historiker, allen voran Heinrich von Srbik, instrumentalisierten sie ganz offen, um einen Anschluss Österreichs an das Reich zu propagieren. In der Nazizeit gingen regimetreue Historiker noch einen Schritt weiter. Typisch war die Argumentation einer Rezension, die 1936 in der *Historischen Zeitschrift*, dem wichtigsten Fachjournal der deutschen Geschichtswissenschaft, erschien. Der Erste Weltkrieg habe als der „dritte und größte der deutschen Einigungskriege [...] die völkischen Kräfte geweckt und frei gemacht [...] für einen wirklichen deutschen Staatsbau, die unvergänglichen preußischen Werte nach dem Zusammenbruch der preußischen Hegemonialstellung zu deutschen Werten erweitert und die Hindernisse beseitigt für die Wiederherstellung des großdeutschen Reiches".[7]

Nach dem Zweiten Weltkrieg musste sich die Debatte über die Reichsgründung wiederum neu erfinden. Die Besatzung und Teilung Deutschlands rückten Fragen nach dem territorialen Umfang des ehemaligen Reiches in den Hintergrund. Ost und West entwickelten ihre eigenen Sichtweisen auf die Reichsgründung. In der DDR waren marxistische Historiker vor allem damit beschäftigt, die Reichsgründung als Moment des Fortschritts oder der Reaktion zu verorten. Eine klare Antwort fanden sie nicht. Das galt selbst für Ernst Engelberg in seiner berühmten Bismarck-Biografie.[8]

Westdeutsche Historiker versuchten indes, die verschiedenen Handlungsspielräume in der Reichsgründung zu bestimmen. Dadurch erweiterten sie das historiografische Blickfeld. Neben Bismarck und Preußen wurden langsam auch die nationale Volksbewegung, die Mittel- und Kleinstaaten und die anderen europäischen Länder als wichtige Akteure wahrgenommen. Studien wie Otto Beckers Monumentalwerk *Bismarcks Ringen um Deutschlands Gestaltung* zeigten dabei, dass die Reichsgründung das Ergebnis einer großen Bandbreite von individuellen Entscheidungen gewesen war, bei denen die jeweiligen Protagonisten ganz unterschiedliche, oft widersprüchliche Vorstellungen über die Zukunft Deutschlands hatten.[9]

In den 1970er-Jahren verschob der Aufstieg der Sozialgeschichte den Fokus der Diskussion. Die Bielefelder Schule um Hans-Ulrich Wehler rückte soziale und wirtschaftliche Fragen in den Mittelpunkt. Das veränderte das Bild der Reichsgründung fundamental. Sie war nicht länger nur eine Geschichte von „Blut und Eisen", sondern auch von „Dampf und Kohle". Große Prozesse und politische Strömungen – die Industrielle Revolution, die Entwicklung der Infrastruktur, der Nationalismus, und der Liberalismus – wurden immer wichtiger.[10]

Seit den 1980er-Jahren hat die kulturelle Wende der Geschichtsschreibung Historiker immer mehr dazu bewogen, die Reichsgründung jenseits der traditionellen Kriterien des Nationalstaates zu betrachten. Dabei sind eine Vielzahl von lokalen und regionalen Zugehörigkeitsgefühlen herausgearbeitet worden, die neben der wachsenden nationalen Identität weiter existierten. Vor allem britische Historiker wie Abigail Green oder Jasper Heinzen haben in den letzten beiden Jahrzehnten gezeigt, dass die Spannungen zwischen diesen verschiedenen Loyalitäten eine wichtige Rolle in den Versuchen der Einzelstaaten spielten, vor, während und nach der Reichsgründung ihre Selbstständigkeit zu behaupten. In diesem Zusammenhang wurden die lange vernachlässigten Mittel- und Kleinstaaten genau kartographiert.[11]

Unsere Landkarte des Kaiserreiches ist dank solcher Studien bunter geworden. Dadurch haben wir die Möglichkeit, sie ganz anders als vorherige Generationen zu lesen und die Reichsgründung neu zu entdecken. Bisher haben sich Historiker wenig bis gar nicht dafür interessiert, dass die Vereinigung ein *föderaler* Prozess war, der einen *föderalen* Staat errichtete. Dafür gibt es zwei große Gründe. Zum einen drehte sich die Diskussion hauptsächlich um solche Fragen, die die Nation als Ganzes und nicht die einzelnen Staaten betrafen. Dieser Schwerpunkt erscheint nur natürlich für eine Debatte über die Gründung eines Nationalstaates. Es steckte allerdings mehr dahinter. Vor dem Hintergrund der territorialen Expansion, Verkleinerung und Teilung, die Deutschland im 20. Jahrhundert durchmachte, wurde die Reichsgründung oft aus einer bewusst *nationalen* Perspektive heraus interpretiert, um so zu politischen Debatten über die Grenzen und Identität Deutschlands beizutragen. Die borussischen Historiker benutzten die Reichsgründung, um die Hohenzollernmonarchie zu legitimieren. Historiker der Zwischenkriegszeit stützten entweder die nationalsozialistische Ideologie, indem sie das Dritte Reich als den Nachfolger des Kaiserreiches hinstellten, oder sie stemmten sich dagegen, indem sie das Hitler-Regime als das genaue Gegenteil des Bismarckschen Reiches beschrieben. Nachkriegshistoriker stritten über den Charakter der Reichsgründung im Licht der politischen Situation des Kalten Krieges und der Teilung Deutschlands. Angesichts dieser Entwicklung ist die Geschichte der Reichsgründung, wie der deutsche Historiker Ewald Frie 2004 feststellte, „ein Jahrhundert lang vermintes Terrain gewesen". Einer der großen Nachteile der nationalen Sichtweise, die dieses Minenfeld schon so lange prägt, ist das Problem, dass sie automatisch die gesamtdeutschen Merkmale des Einigungsprozesses in den Vordergrund rückt, während sie die Rolle der einzelnen Staaten und den Verbundcharakter des neu geschaffenen Reiches in den Hintergrund drängt.[12]

Der strikt chronologische Ansatz der meisten Studien ist der zweite Grund dafür, warum Historiker die föderale Dimension der Reichsgründung so lange vernachlässigt haben. Das Kaiserreich wurde durch eine Reihe imposanter, teils dramatischer Ereignisse gegründet, die allesamt auf nationaler Bühne stattfanden. Die drei Einigungskriege, die Ausarbeitung und Annahme der Reichsverfassung und die Proklamation des Kaisers waren die wichtigsten. Versteht man diese Ereignisse nur als aufeinanderfolgende Schritte im Gründungsprozess eines Nationalstaates, übersieht man leicht, dass jedes für sich genommen einen ganz bestimmten Aspekt eines *föderalen* Problems betraf, das nur durch *föderale* Mittel gelöst werden konnte: die Umwandlung der losen Strukturen des alten Deutschen Bundes in eine neue, sehr viel engere Staatenunion.[13]

Wie können wir diesen Prozess der Föderalisierung verstehen? Und wie können wir die Merkmale identifizieren, die er dem Bundesstaat, den er schmiedete, einbrannte? Die Antwort darauf ist nicht einfach. Wir müssen unseren Blickwinkel gleich in dreierlei Hinsicht anpassen. Erstens müssen wir die Reichsgründung aus der Perspektive der deutschen Einzelstaaten betrachten statt aus der des Nationalstaates, den sie schließlich formten. Zweitens dürfen wir uns nicht primär auf die Abfolge der Ereignisse konzentrieren. Stattdessen müssen wir vor allem die unterschwellig ablaufenden Veränderungen in den Blick nehmen, die sich wie ein roter Faden durch die ganze Phase der Reichsgründung zogen und alle wichtigen Ereignisse miteinander verknüpften. Drittens müssen wir der historischen Situation ihre Offenheit zurückgeben. Der Prozess, den wir heute als Reichsgründung bezeichnen, hätte zu jeder Zeit eine ganz andere Richtung nehmen können. Als logische Abfolge von Schlüsselereignissen erscheint er nur im Nachhinein. Für die Menschen, die die Reichsgründung erlebten, war sein Ausgang ungewiss. Denn der Kampf um die Neuorganisation Deutschlands fand in einem öffentlichen Raum statt, der prall gefüllt war mit verschiedenen Ideen, sich ständig veränderte und genauso unberechenbar war wie die Ereignisse selbst. Wir müssen die staatliche Umgestaltung der deutschen Verhältnisse deshalb als eine dynamische Verwandlung begreifen, die sich durch kollektive, miteinander konkurrierende Ideen vollzog, die ständig im Fluss waren und zu ganz unterschiedlichen Ergebnissen hätten führen können.

Mit diesem Ansatz verlassen wir die festgetretenen Pfade der Borussen. Nach einer nun 150 Jahre andauernden Debatte über die Reichsgründung hören wir endlich auf, die Geschichte rückwärts zu lesen. Dadurch können wir viele herkömmliche Anschauungen über die Vereinigung revidieren und jene föderalen Strukturen ausfindig machen, die sie gleich einem Geburtsvorgang hervorbrachte. Fünf Geburtsmale sind besonders wichtig: ein Mangel an Koordination zwischen den verschiedenen Mitgliedsstaaten und Regierungsebenen; eine wechselseitige Abhängigkeit zwischen preußischer und nationaler Exekutive; eine konfliktträchtige Ungleichstellung zwischen den Einzelstaaten; ein vorübergehender Kompromiss zwischen den Verteidigern monarchischer Souveränität und den Befürwortern eines parlamentarischen Regierungssystems; und eine unzulängliche Legitimitätsgrundlage des neuen Bundesstaates. Kurz gesagt: Statt dem Nationalstaat einen stabilen strukturellen Rahmen zu geben, erzeugte die Reichsgründung eine fragile und widersprüchliche Regierungsordnung, die Streit und Machtkämpfe anstelle von Kompromissen und Verfassungstreue förderte.

Um diese Einsicht zu gewinnen, muss man die Reichsgründung mit den Augen der Zeitgenossen sehen. Ein Weg dazu ist die Analyse von Karikaturen, die in verschiedenen satirischen Zeitschriften in den 1860er- und 1870er-Jahren erschienen. Diese spöttischen Bilddarstellungen gewähren aufschlussreiche Einblicke in die Stimmungslage der politischen Landschaft, weil sie den Widerstreit miteinander konkurrierender Ideen über eine mögliche Vereinigung der deutschen Staaten aufnahmen, künstlerisch verarbeiteten und befeuerten. In Zeiten großer historischer Veränderungen haben Karikaturen immer eine besondere

Bedeutung. Durch ihren Einfluss auf den öffentlichen Diskurs spielten sie eine wichtige Rolle in allen modernen Revolutionen. Genau deswegen versuchten wackelnde Regierungen regelmäßig, die Verbreitung von satirischen Veröffentlichungen durch Pressegesetze und eine strikte Zensur zu beschränken. Wie der Royalist und Verleger Boyer de Nîmes drei Jahre nach dem Sturm auf die Bastille in seiner *Histoire des caricatures de la révolte des Français* feststellte, sind Karikaturen „das Thermometer, das anzeigt, welches der Hitzegrad der öffentlichen Meinung ist".[14]

Wie populär und einflussreich Karikaturen zu Zeiten der Reichsgründung waren, belegt ihre weite Verbreitung. Ähnlich wie im Viktorianischen England und in Frankreich gab es auch in Deutschland in der zweiten Hälfte des 19. Jahrhunderts einen großen Anstieg hochwertiger satirischer Bilddarstellungen. Das beliebteste deutsche Satiremagazin, der *Kladderadatsch*, erschien jede Woche und steigerte seine Verkaufszahlen zwischen 1858 und 1873 von 22 000 auf 50 000 Exemplare. Die größte deutsche Tageszeitung, das *Berliner Tageblatt*, hatte dagegen 1873 eine Auflage von nur 37 000 Stück. Im *Kladderadatsch* fanden sich häufig literarische, philosophische und historische Anspielungen sowie Zitate im lateinischen, griechischen, englischen oder französischen Original. Das Gros seiner Leser kam dementsprechend aus dem liberalen Bildungsbürgertum. Aber auch viele konservative Politiker und sogar einige Fürsten lasen das Blatt regelmäßig, sowohl in Deutschland als auch im Ausland. Eine der treffendsten Beschreibungen für den Status, den das Magazin mit der Zeit gewann, stammt von Thomas Mann, der 1905 die Enkelin eines Mitbegründers der Zeitschrift heiratete. Laut dem großen Romancier war der *Kladderadatsch* „jahrzehntelang ein fester Bestandteil des politisch-literarischen Inventars des deutschen Bildungsbürgertums".[15]

Als fest etablierte Printmedien folgten Satirezeitschriften oft den größeren Trends, denen die öffentliche Meinung im Jahrzehnt der Reichsgründung unterlag. Der *Kladderadatsch* änderte zum Beispiel wie die meisten Liberalen seine Sicht auf Bismarck. Stellte ihn das Magazin anfänglich als einen Reaktionär dar, der die preußische Verfassung mit Füßen getreten habe, porträtierte es ihn nach dem militärischen Sieg Preußens über Österreich als einen Respekt gebietenden, wenn auch immer noch umstrittenen Staatsmann, der die Fähigkeiten besitze, die Zersplitterung der deutschen Nation zu überwinden. Auf ähnliche Weise stimmten französische Satiremagazine nach dem Sturz Napoleons III. und dem Ende der Zensur in den Chor ein, der die Bonaparte-Dynastie öffentlich an den Pranger stellte. Unmittelbar nach der Niederlage bei Sedan begannen sie zu fordern, den gefangen genommenen Kaiser zusammen mit Bismarck und König Wilhelm von Preußen, den „schrecklichen Deutschen", aufs Schafott zu bringen.[16]

Der humoristische Blick, mit dem Satiremagazine auf den Einigungsprozess schauten, entlarvt viele versteckte Probleme und Motivationen der Reichsgründung. Das gibt den Spottbildern eine ganz besondere Bedeutung. Kein anderes Format war so dafür geeignet, die Geschehnisse rund um die Vereinigung zu kommentieren. Karikaturisten haben ein ganz besonderes Gespür für eigenwillige Strukturen, komische Proportionen und die manchmal fast dramatische Ironie, die sich auftut, wenn Anspruch und Wirklichkeit in der Politik auseinanderklaffen. Diese gattungsspezifische Eigenschaft gab den damaligen Bildsatirikern genau die richtigen Werkzeuge an die Hand, um die turbulenten und komplizierten Vorgänge der Reichsgründung einzufangen und das Wesentliche hinter all dem Gerede, Zeremoniell, und Streit zu enthüllen. Die überlebensgroßen Persönlichkeiten, die bitteren Auseinandersetzungen zwischen den verschiedenen Verhandlungsparteien, die seltsamen Improvisationen und die vielen Notlösungen boten ihnen ideale Munition. Schließlich ähnelte das Ergebnis des Vereinigungsprozesses, wie der amerikanische Soziologe Barrington Moore 1966 treffend zusammenfasste, „zeitgenössischen viktorianischen Häusern mit modernen Elektroküchen, aber unzureichend ausgestatteten Badezimmern mit tropfenden Wasserrohren, die hinter neu verputzten Wänden dekorativ versteckt waren".[17]

Um die wichtigsten Perspektiven gegeneinander abzuwägen, untersucht dieses Kapitel Karikaturen aus mehreren verschiedenen Satiremagazinen. Der *Kladderadatsch*, gegründet 1848 von einer Gruppe Intellektueller um den jüdischen Schriftsteller und Humoristen David Kalisch, stand den Nationalliberalen nahe und unterstützte nach 1866 weitgehend Bismarcks Reichsgründungspolitik. Politisch war das Journal gemäßigt progressiv, gelegentlich sogar konservativ. Von den vielen Satirezeitschriften, die in Berlin während der 1848er-Revolution wie Pilze aus dem Boden schossen, war es das einzige sogenannte „Witzblatt", das die strikte Zensur der Gegenrevolution überlebte. Bis in die 1880er-Jahre hinein beschäftigte das Heft nur einen Karikaturisten: Wilhelm Scholz, einen Berliner Illustrator, der eigentlich Porträtmaler hatte werden wollen, bevor finanzielle Schwierigkeiten ihn gezwungen hatten, die Kunstakademie zu verlassen. Der Wechsel zum *Kladderadatsch* sollte sich für ihn auszahlen. Seine Karikaturen waren so beliebt, dass sie regelmäßig in anderen Magazinen oder Sammelbänden nachgedruckt wurden. Einige zierten sogar als großformatige Poster die Litfaßsäulen in Berlin.[18]

Im Gegensatz zum *Kladderadatsch* kritisierten süddeutsche und österreichische Satiremagazine die preußische Hegemonie während und nach der Reichsgründung scharf. Der *Münchener Punsch*, der 1848 nach Vorbild des berühmten Londoner *Punch* gegründet wurde, stand unter der Leitung eines ausgesprochenen

Bismarck-Gegners, Martin Eduard von Schleich. Unter dem Pseudonym M. E. Bertram verurteilte Schleich die preußische Vereinigungspolitik und verteidigte die seiner Meinung nach viel progressivere bayerische Verfassungsordnung. Fast noch kritischer war Johann Baptist Sigl, der Herausgeber der Münchener Zeitschrift *Die Bremse*, die er ein Jahr nach Gründung des Reiches ins Leben rief. Er brandmarkte die Reichsgründung ganz offen als das Ende bayerischer Souveränität und Freiheit. Sowohl der *Münchener Punsch* als auch *Die Bremse* waren kleine Publikationen, in denen fast alle Artikel von den jeweiligen Herausgebern geschrieben wurden. Sie umfassten jedoch eine relativ große Anzahl an Karikaturen, die sich in künstlerischem Stil und intellektuellem Anspruch stark unterschieden und daher vermutlich von verschiedenen Illustratoren gezeichnet wurden. Leider ist deren Identität in den meisten Fällen unbekannt.[19]

Der österreichische *Kikeriki* war eine größere Satirezeitschrift und hatte eine viel breitere Basis an Autoren. Allerdings wurden auch hier viele Karikaturen anonym veröffentlicht. Gegründet wurde das Blatt 1861 vom Wiener Journalisten und Theaterdichter Ottokar Franz Ebersberg, besser bekannt unter seinem Pseudonym O. F. Berg. Bis zu seinem Tod 1886 war das wöchentlich erscheinende Heft liberal und demokratisch ausgerichtet. Es kommentierte die sozialen Verhältnisse oft vom Standpunkt des kleinen Mannes und kritisierte die Reichsgründung als eine gewaltsame Unterjochung Deutschlands durch den preußischen Obrigkeitsstaat.[20]

Das französische Journal *Le Charivari* verfolgte die Reichsgründung aus der Perspektive der wichtigsten internationalen Großmacht, die einer Vereinigung der deutschen Staaten im Wege stand. Charles Philipon, der Herausgeber der antimonarchistischen Satirezeitung *La Caricature*, gründete das Blatt 1832 mit dem Ziel, eine breitere Leserschaft zu erreichen. Damit war er überaus erfolgreich. Obwohl *Le Charivari* nur vier Seiten umfasste und seine Auflage nie 3000 Exemplare überschritt, wurde er schnell zu einer der wichtigsten Tageszeitungen Frankreichs. Auch in Deutschland las man das Blatt. Diese Popularität lag vor allem an seiner gefeierten Seite Drei, die jeden Tag eine neue kunstvolle Lithographie zeigte. Diese Kunstwerke wurden oft in anderen französischen und europäischen Zeitungen sowie farbig gedruckten Sammelbänden reproduziert. Dadurch erreichten sie viel mehr Leser als das Journal selbst. Die strenge französische Zensur schränkte *Le Charivari* in der Kommentierung politischer Verhältnisse allerdings lange Zeit stark ein. Zwischen 1835 und 1848 konnte das Magazin nur Karikaturen zum Alltagsleben veröffentlichen. Nach dem kurzen Hauch der Freiheit während der 1848er-Revolution machte es Louis Napoleons Staatsstreich 1851 wieder unmöglich, Karikaturen zur Innenpolitik abzudrucken. Stattdessen wandte sich die Zeitschrift europäischen Angelegenheiten zu. Dabei versuchten die Autoren und Karikaturisten häufig, durch subtile Vergleiche auf innerfranzösische Verhältnisse anzuspielen. In den 1860er-Jahren wurde die deutsche Frage ein zentrales Thema. Die meisten Karikaturen dazu wurden von zwei der berühmtesten Künstler des französischen Realismus gezeichnet, Honoré Daumier und Amédée de Noé, der das Pseudonym Cham benutzte. Daumier veröffentlichte in *Le Charivari* mehr als 3900 Lithographien von herausragender künstlerischer Qualität. Der zeitgenössische französische Dichter Charles Baudelaire adelte ihn als „einen der wichtigsten Männer nicht nur […] der Karikatur, sondern der modernen Kunst". Cham wurde nicht weniger gefeiert. Viele der Zeichnungen, die er in seiner 36-jährigen Beschäftigung bei *Le Charivari* anfertigte, erschienen in aufwendigen Sammelalben, die wahre Bestseller wurden. Wie fast alle anderen Karikaturisten der Zeitung waren Daumier und Cham überzeugte Republikaner, die dem bonapartistischen Regime Napoleons III. äußerst kritisch gegenüberstanden. Sie waren allerdings auch stolze Franzosen, die die deutsche Vereinigung von einem ausgeprägt nationalistischen Standpunkt aus verfolgten.[21]

Derartige Vorbehalte gilt es zu bedenken, wenn wir die Reichsgründung durch die Linse politischer Karikaturen betrachten. Die verschiedenen Blickwinkel und Ansichten der satirischen Bilder sind aber weniger Bürde als Gewinn für eine solche Analyse. Denn sie bereichern unser Verständnis über die komplexen, oft widersprüchlichen Strömungen der öffentlichen Meinung, die den politischen Raum bildete, in dem der Einigungsprozess diskutiert, geplant und vollzogen wurde. Anders ausgedrückt: Sie machen die größeren Reflexions- und Vorstellungsprozesse sichtbar, die den politischen Entscheidungen der Staatsmänner ihre Bedeutung gaben.[22]

# I. Michels neue Kleider

Kurz nach Ende des Deutschen Krieges von 1866 veröffentlichte der *Kladderadatsch* ein „Reichsprognostikon" (Abb. 1.1). Diese Karikatur von Wilhelm Scholz zeigt eine Abfolge von vier Bildern, die die Vergangenheit, Gegenwart und Zukunft Deutschlands erläutern. Preußen und Österreich, die beiden deutschen Großmächte, sind darin als uniformierte Soldaten dargestellt, die eine Schar frecher Kinder – die Mittel- und Kleinstaaten – zu bändigen versuchen. Das erste Teilbild verdeutlicht, „wie es bisher war". Der preußische Soldat bindet darin die Halbwüchsigen mit einer langen Leine an sich. Dieses lose Band steht symbolisch für den Deutschen Zollverein, der 1834 unter der Führung Preußens zur Koordination der Wirtschafts- und Zollangelegenheiten der deutschen Einzelstaaten gegründet worden war. Österreich, das diesem Verbund nicht angehörte, sieht man am Rand des Bildes mit verschränkten Armen schmollen.

Das zweite Teilbild zeigt, „wie es dann wurde". Die Kinder versuchen, dem preußischen Soldaten zu entfliehen. Einige rennen dabei hilfesuchend in die Richtung des Österreichers. Dieser hat aber mittlerweile der Szene den Rücken gekehrt, vermutlich, um sich besorgniserregenden Entwicklungen in den italienischen Provinzen des Habsburger Reiches jenseits der Alpen zu widmen. Der Zusammenbruch des Deutschen Bundes, so die Anspielung, beendete die Ära der relativen Ruhe, in der Preußen sich damit zufriedengegeben hatte, seinen großen Konkurrenten Österreich innerhalb der bestehenden Strukturen auszustechen und die kleineren deutschen Staaten nur indirekt zu kontrollieren. Stattdessen kam der große Tumult, der Krieg von 1866. In diesem Konflikt schlugen sich einige der Mittel- und Kleinstaaten auf die Seite Österreichs, das zeitgleich gegen Italien im Felde stand. Preußen konnte die Flüchtigen jedoch wieder einfangen und sogar einige annektieren.

Das dritte Teilbild trifft eine Vorhersage darüber, „wie es kommen wird". Es zeigt ein mit Pickelhauben übersätes Schlachtfeld, auf dem der preußische Soldat einige der Buben umarmt. Diese tragen nun alle preußische Uniform, während sie liebevoll mit ihrem Patriarchen spielen oder selig in seinen Armen dösen. Von Österreich fehlt jede Spur. Preußen, sagt die Karikatur voraus, wird den Krieg gewinnen, Österreich aus Deutschland ausschließen und einen hegemonialen Bund gründen, der die Mittel- und Kleinstaaten nach preußischen Vorstellungen umformen wird.

Der letzte Teil der Bildfolge spekuliert darüber, was in diesem Zukunftsszenario „nicht ausbleiben kann". Vier Soldaten, deren Uniformen sie als Vertreter Württembergs, Badens, Bayerns und Hessen-Darmstadts ausweisen, rufen der Gruppe um den Preußen zu: „Wir kommen von selbst derzeiten". Das Bild betont also, dass die süddeutschen Staaten früher oder später unweigerlich dem preußisch-dominierten Norddeutschen Bund beitreten werden, der sich zu dem Zeitpunkt, als die Zeichnung angefertigt wurde, gerade formierte.

Diese bemerkenswerte Karikatur wirft Licht auf viele wichtige Facetten der Vereinigung. Vor allem zeigt sie, dass Zeitgenossen die Reichsgründung nicht als ein großes Ereignis wahrnahmen, sondern als einen Prozess, der sich in vielen einzelnen Etappen entfaltete. Dabei schien der Endpunkt dieser Entwicklung bereits in Sicht. Die Darstellung, die kurz nach dem preußischen Sieg über Österreich in Königgrätz angefertigt wurde, vermittelt den Eindruck, dass die alte Ordnung längst hinfällig geworden sei. Die Gründung des Norddeutschen Bun-

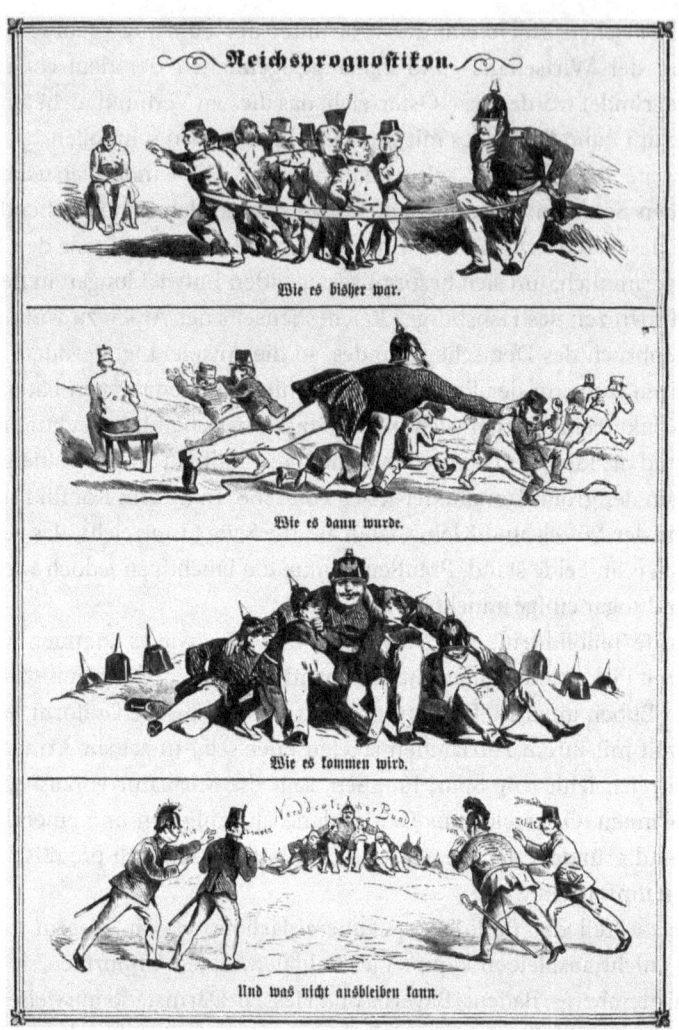

Abb. 1.1: „Reichsprognostikon", Kladderadatsch (9. September 1866), Wilhelm Scholz

des unter preußischer Führung erschien von diesem Standpunkt aus nur als logischer Zwischenschritt auf dem Weg zur Schaffung eines Reiches, das mit Ausnahme Österreichs alle deutschen Staaten umfassen würde.

Diese teleologische Sichtweise ähnelte dem Glauben der borussischen Historiker an einen göttlich vorherbestimmten Ausgang der deutschen Geschichte. Sie erfasste aber auch – unbewusst oder absichtlich – den schrittweisen Charakter von Bismarcks Vorgehen, das der Münchener Historiker Thomas Nipperdey als eine „Politik der Geduld, der kleinen Schritte und des Abwartens" beschrieben hat. Die Vereinigung Deutschlands war für Bismarck niemals ein Ziel, dem er alle anderen Entscheidungen und Handlungen unterordnete. Er verstand sie vielmehr als einen von vielen Prozessen, der mehrere Abschnitte umfasste und dessen Ausgang – und hier unterschied sich seine Ansicht von der des *Kladderadatsch* und der Borussen – nicht immer vorhergesehen werden konnte. „Politik", so äußerte er gegenüber dem Chefredakteur der St. Petersburger Zeitung kurz vor Ende der Kampfhandlungen mit Österreich im August 1867, „ist die Lehre vom Möglichen".[23]

Nach dem Sieg gegen Österreich drückte sich dieser Ansatz darin aus, dass Bismarck darauf bestand, die Verfassung *vor* dem Nationalstaat zu schaffen. Dafür kassierte er scharfe Kritik von allen, die forderten, Nord und Süd unverzüglich zu vereinigen. Dieser Schritt, den vor allem viele Nationalliberale propagierten, schien der preußischen Regierung besonders angesichts französischer und russischer Interventionsdrohungen aber zu früh zu kommen. Als König Wilhelm I. den verfassungsgebenden Reichstag im Februar 1867 eröffnete, richtete er deswegen eine klare Botschaft an die Parlamentarier: „Heute kommt es vor Allem darauf an, den günstigen Moment zur Errichtung des Gebäudes nicht zu versäumen; der vollendetere Ausbau desselben kann alsdann getrost dem ferneren vereinten Wirken der Deutschen Fürsten und Volksstämme überlassen bleiben."[24]

Dieser Vorrang, den die preußische Regierung der verfassungsrechtlichen Konsolidierung gegenüber der nationalen Vereinigung einräumte, ist oft übersehen worden. Selbst einige der renommiertesten Verfassungshistoriker haben argumentiert, dass sich die eigenwilligen Regierungsstrukturen des Reiches nicht zuletzt durch die problematische *Gleichzeitigkeit* der Gründung des Nationalstaates und der Verabschiedung der Verfassung erklären lassen. Ernst Rudolf Huber schrieb etwa: „Die zentrale Bedeutung der Reichsverfassung von 1871 im Gang der deutschen Verfassungsgeschichte beruht darin, daß sie die nationale Einheit nicht nur vorbereitete (wie der gescheiterte Verfassungsversuch von 1848/49) und nicht nur bewahrte und fortbildete (wie das Verfassungswerk von 1919), sondern daß sie die nationale Einheit begründete. Dieser Zusammenfall von Staatsgründung und Verfassungsgebung verleiht dem Verfassungswerk von 1871 einen besonderen verfassungstypologischen Rang."[25]

Diese Auffassung missversteht das eigentliche Problem des Zeitrahmens, in dem sich die Vereinigung vollzog. Die Vorgänge waren nicht von Gleichzeitigkeit, sondern von einem beträchtlichen zeitlichen Abstand zwischen der Schaffung der Verfassung und der Formierung des Nationalstaates geprägt. Der Beweis dafür liegt in der Rechtsnatur der Reichsverfassung. Im Gegensatz zu den meisten anderen Verfassungen, wie etwa dem Grundgesetz, hatte die Gründungscharta des Kaiserreiches keinen besonderen rechtlichen Status, der ihr gegenüber Gesetzen oder anderen Rechtsetzungsakten Vorrang eingeräumt hätte. Sie war vielmehr ein ganz normales Gesetz, das im Wege der üblichen Gesetzgebung verabschiedet wurde, nämlich als „Gesetz, betreffend die Verfassung des Deutschen Reiches", das als Nummer 628 im Reichsgesetzblatt erschien und am 16. April 1871 in Kraft trat. Dieser Gesetzescharakter der Reichsverfassung impliziert, dass sie erst entstand, nachdem die politische Ordnung, deren rechtliche Grundlagen sie regelte, bereits geschaffen worden war. Andernfalls hätten weder die legislativen Organe, die das Gesetz über die Verfassung annahmen, noch das Gesetzblatt, das es veröffentlichte, existieren können.[26]

Wie war dies möglich? Wie konnte die Verfassung ein Produkt des politischen Systems sein, das sie einrichtete? Die Lösung zu diesem Problem liegt im Prozesscharakter der Reichsgründung. Die Reichsverfassung war keine ursprüngliche Verfassung, sondern nur eine geringfügige Überarbeitung der Verfassung des Norddeutschen Bundes. Die Verfassungsordnung des Kaiserreiches wurde also vor dem Kaiserreich selbst geboren.

Um dieses scheinbare Paradoxon zu verstehen, müssen wir uns kurz die Reihenfolge der rechtlichen Schritte anschauen, die zur Gründung des Reiches führten. Am 18. August 1866 schloss Preußen einen Bündnisvertrag mit fünfzehn Kleinstaaten nördlich des Mains. Dieser Vertrag begründete eine militärische Koalition und verpflichtete die Unterzeichnerstaaten, innerhalb eines Jahres eine Bundesverfassung anzunehmen. Die beiden Mecklenburger Herzogtümer traten dieser Allianz in einem gesonderten Vertrag drei Tage später bei. Als diese Koalition in den nächsten zwei Monaten siegreich aus dem Krieg gegen Österreich hervorging, zwang der Friedensvertrag jene norddeutschen Staaten, die auf der Seite der Habsburger gekämpft hatten und nicht von Preußen annektiert wurden, dem Augustbündnis beizutreten. Es handelte sich dabei um das Königreich Sachsen, das Herzogtum Sachsen-Meiningen, das Fürstentum Reuß älterer Linie und der Landgrafschaft Hessen-Kassel, die seit 1815 auch unter dem Namen Kurhessen firmierte. Der südliche Teil Hessens, das Großherzogtum Hessen-Darmstadt blieb zwar selbständig, wurde de facto aber entmachtet. Im Frühjahr des darauffolgenden Jahres, am 16. April 1867, nahmen die 22 Staaten des auf diese Weise erweiterten Augustbündnisses eine gemeinsame Verfassung an und gründeten so einen neuen Bundesstaat, den Norddeutschen Bund.[27]

Diese Verfassung bildete die rechtliche Grundlage für die Vereinigung von Nord und Süd dreieinhalb Jahre später. Während der gemeinsame Krieg gegen Frankreich noch andauerte, schlossen die süddeutschen Staaten mit dem Norddeutschen Bund im Herbst 1870 eine Reihe von Einigungsverträgen. Am 15. November einigten sich der Norddeutsche Bund, Baden, und Hessen-Darmstadt auf die Schaffung eines „Deutschen Bundes", der die norddeutsche Verfassung übernehmen sollte. Acht beziehungsweise zehn Tage später traten Bayern und Württemberg dieser Union unter der Bedingung bei, dass ihnen die Verfassung durch noch zu ergänzende Bestimmungen gewisse Sonderrechte einräumen und einige Interimsregelungen aufstellen würde.[28]

Der deutsche Nationalstaat – das Kaiserreich – wurde an dem Tag geboren, als diese Einigungsverträge in Kraft traten, nämlich am 1. Januar 1871. Am Neujahrstag wurde die Verfassung des Norddeutschen Bundes für ganz Deutschland verbindlich. Die Erweiterung eines schon existierenden politischen Systems schlug sich in der Sprache der „neuen" Verfassung nieder. Während der Text als Ganzes weitgehend identisch blieb, nahm der Norddeutsche Reichstag im Dezember 1870 einige wichtige terminologische Änderungen vor. Die überarbeitete Verfassung sprach nicht länger von „Bund" und „Bundespräsidium", um den Gesamtstaat und sein Staatsoberhaupt zu beschreiben. Stattdessen führte sie zwei neue Begriffe ein, die ihren Anspruch unterstrichen, die ganze Nation zu repräsentieren: „Deutsches Reich" und „Deutscher Kaiser". Vier Monate später harmonisierte das bereits erwähnte Gesetz vom 16. April 1871 die verschiedenen Rechtsdokumente, die in den vorangegangenen vier Jahren zur Gründung einer gemeinsamen politischen Ordnung geschaffen worden waren, allen voran die norddeutsche Bundesverfassung und die Einigungsverträge.[29]

Das daraus resultierende Ergebnis war keine neue, sondern eine *revidierte* Verfassung, die auf die Gründungscharta des Norddeutschen Bundes zurückging. Die Verfassungsordnung des Reiches wurde somit eigentlich nicht am 16. April 1871 geboren, als das Gesetz, das sie beinhaltete, in Kraft trat, sondern auf den Tag genau vier Jahre zuvor, als der norddeutsche Reichstag die Verfassung des Norddeutschen Bundes angenommen hatte.

Man nahm 1867 allgemein auch gar nichts anderes an, als dass sich eine Vereinigung von Nord und Süd nur auf Grundlage der norddeutschen Verfassung vollziehen würde. Scholz verlieh dieser Erwartung in einer im März des Jahres erschienenen Karikatur Ausdruck, der er den Titel „So muß es kommen" gab (Abb. 1.2). Die Zeichnung porträtiert Bismarck als einen Schneider, der gerade die Kleidermaße des deutschen Michels nimmt. Diese im 19. Jahrhundert überaus beliebte Personifikation der schlummernden deutschen Nation trägt in dem Bild aber nicht ihre übliche Schlafmütze, sondern einen preußischen Soldatenrock, eine Pickelhaube sowie bayerische Lederhosen und Kniestrümpfe. Michel beschwert sich, dass er in dieser Aufmachung doch nicht ausgehen könne. Darauf reagieren zwei umstehende Süddeutsche, ein Bayer mit einem Bierkrug und ein Württemberger mit einem Regenschirm, indem sie Bismarck auftragen, für Michel auch ein passendes Paar Hosen zu schneidern. Diese Metapher soll aussagen, dass die Südstaaten Bismarck schon bald darum bitten werden, den Norddeutschen Bund auch auf ihre Staatsgebiete auszudehnen.

Schon im Frühjahr 1867 erwartete man also, dass die Gründung eines gesamtdeutschen Nationalstaates aller Wahrscheinlichkeit nach in Form einer Ausweitung der Verfassungsordnung des Norddeutschen Bundes vonstatten gehen würde. Aus der Erwartung wurde schließlich Realität. 1870/71 traten die süddeutschen Staaten vorbehaltlich einiger Sonderregelungen praktisch der norddeutschen Verfassung bei. Sie ließen den ohnehin halb borussifizierten deutschen Michel – um im Bild der Karikatur zu bleiben – in ein preußisches Beinkleid schlüpfen und machten so seinen neuen Aufzug komplett. Anders gesagt: Die Gründung des Kaiserreiches vollzog sich nicht durch die Ausarbeitung und Annahme einer neuen Verfassung, sondern durch eine Reihe von Beitritten zu einer bereits existierenden Verfassungsordnung. Im Gesamtzusammenhang der Reichsgründung fielen die Verfassungsgebung und die Staatsgründung folglich mitnichten zusammen. Zwischen den beiden lagen vielmehr vier ganze Jahre.

Innerhalb dieser Zeitspanne veränderte sich die politische Landschaft in Deutschland beträchtlich. Der Norden und der Süden näherten sich langsam aneinander an. Durch geheime Schutz- und Trutzbündnisse schufen sie ein kollektives Sicherheitssystem, das schließlich 1870 im Krieg gegen Frankreich zum Einsatz kam. Darüber hinaus führte der Zollverein nach der militärischen Konfrontation seiner Mitgliedsstaaten im Krieg von 1866 eine große Strukturreform durch. Diese verstärkte seine einheitsbildende Kraft, indem sie erstmals gesamtdeutsche föderale Institutionen wie den Zollbundesrat und das Zollparlament schuf. Dabei handelte es sich im Prinzip um die jeweiligen Verfassungsorgane des Norddeutschen Bundes, die einfach um zusätzliche süddeutsche Regierungsgesandte beziehungsweise Parlamentsabgeordnete erweitert wurden. Die dort getroffenen Entscheidungen waren für alle Mitglieder in Nord und Süd verbindlich. Aus dem „Zoll-Staatenbund" wurde also ein „Zoll-Bundesstaat", so der Sozial- und Wirtschaftshistoriker Hans-Werner Hahn, der „bewußt als Vorstufe einer engeren, allmählich zusammenwachsenden politischen Einheit konzipiert" war. Auf dieser Grundlage wurden große Schritte zur wirtschaftlichen Einheit gemacht. So fielen 1867 und 1868 die einzelstaatlichen Salzmonopole sowie die letzten Rheinzölle. Außerdem wurde ein einheitliches Tabaksteuergesetz eingeführt, die Zuckerbesteuerung neu geregelt und der Vereinstarif reformiert, um die deutsche Freihandelszone zu finanzieren und auszubauen.[30]

Außerdem unternahm der Norddeutsche Bund auf Drängen der liberalen Mehrheit im Reichstag eine Reihe großer Gesetzgebungsprojekte, von denen die Süddeutschen viele kopierten. „Der Initiativreichtum insbesondere der Nationalliberalen" wirkte in den Worten des großen Sozialhistorikers Hans-Ulrich Weh-

Abb. 1.2: „So muß es kommen", Kladderadatsch (25. März 1867), Wilhelm Scholz

ler fast „wie ein entschlossener Anlauf, unverzüglich zu beweisen, wie modern, wie attraktiv für jeden Fortschrittsfreund der Norddeutsche Bund in kürzester Zeit ausgestaltet werden konnte – wie durchsetzungsfähig die Liberalen mit ihrer Politik gesellschaftlicher Modernisierung waren". Über achtzig Gesetze wurden verabschiedet, die alte ständische Privilegien abschafften, Freizügigkeit und Konfessionsgleichheit garantierten, Rechtsstaatlichkeit institutionalisierten, industrielle Entwicklung förderten und die Freiheit von Handel und Gewerbe durchsetzten. Zu den wichtigsten gehörten die Gewerbeordnung, das Genossenschaftsgesetz und die Maß- und Gewichtsordnung, die erstmals ein einheitliches metrisches System einführte. Letzeres, ein Meilenstein der Vereinheitlichung Deutschlands, griff Scholz in einer seiner Karikaturen für den *Kladderadatsch* auf, um die zeitgenössische Erfahrung dieses rasanten Veränderungsprozesses satirisch zuzuspitzen (Abb. 1.3). Frau Schulze, die Verkörperung einer Durchschnittsdeutschen, stellt bei der Lektüre der neuen Maß- und Gewichtstabellen wie der Student in der berühmten Schülerszene von Goethes Faust verzweifelt fest: „Man wird bei alledem so dumm, als geht einem ein Mühlrad im Kopfe herum."[31]

Solche Darstellungen zeigen, dass die vier Jahre zwischen der Gründung des Norddeutschen Bundes und der Vereinigung von Nord- und Süddeutschland als eine Phase dynamischen Wandels wahrgenommen wurden, mit dem man nur schwer Schritt halten konnte. Es ist daher einfach falsch, zu behaupten, dass

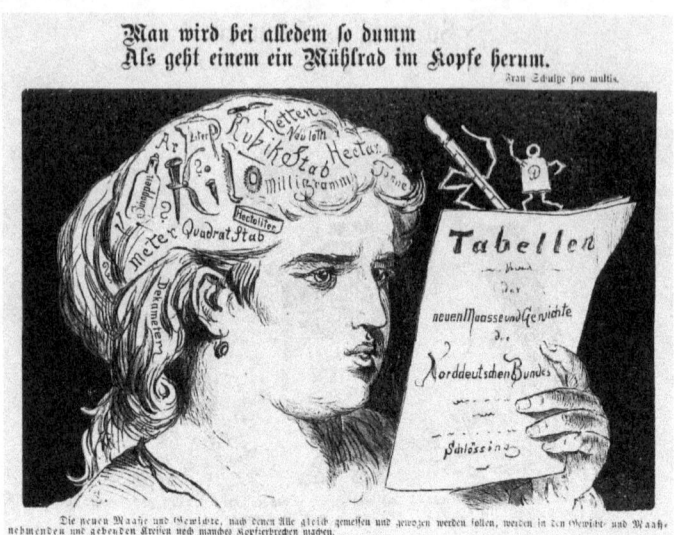

Abb. 1.3: „Frau Schulze", Kladderadatsch (9. Januar 1870), Wilhelm Scholz

die föderale Verfassung und der Nationalstaat zur gleichen Zeit geschaffen wurden. Das Gegenteil ist der Fall. Sie entstanden nicht nur in unterschiedlichen Jahren, sondern auch unter sehr verschiedenen politischen Bedingungen. Die Reichsgründung litt daher unter keiner *Gleichzeitigkeit* von Verfassungsgebung und Staatsgründung. Vielmehr belastete sie die zeitliche *Trennung* der beiden Prozesse. Diese Asynchronität war nämlich wesentlich mitverantwortlich für die Widersprüchlichkeit der föderalen Strukturen, die die Vereinigung hervorbrachte. Der Kern des Problems lag darin, dass die föderale Verfassung nicht für die politischen Bedürfnisse des Kaiserreiches maßgeschneidert war, weil sie von einem anderen Staat übernommen worden war. 1870/71 wurde ein Staat für eine Verfassung geschaffen und nicht umgekehrt, wie es der Normalfall gewesen wäre. Der Beitritt der süddeutschen Staaten zur Verfassung des Norddeutschen Bundes zwängte 25 Staaten in eine politische Ordnung, die ursprünglich nur für 21 gemacht worden war. Im Norddeutschen Bund musste die Verfassung die Großmacht Preußens, 19 mehr oder weniger kleine Fürstentümer und den Mittelstaat Sachsen koordinieren. Im vereinigten Deutschland war die Aufgabe ungleich schwieriger, da vier zusätzliche Mittelstaaten – die beiden Großherzogtümer Hessen und Baden sowie die mächtigen Königreiche Bayern und Württemberg – das ohnehin undurchsichtige föderale Gefüge gehörig verkomplizierten. Verschachtelte Konstruktionen wie die bayerischen und württembergischen Sonderrechte waren Beweis dafür, dass die föderale Verfassung dem neuen

Nationalstaat nicht auf den Leib geschneidert war. Um dem Kaiserreich einen festen strukturellen Rahmen zu geben, hätte die Vereinigung von Nord und Süd mit der Schaffung einer neuen Verfassung einhergehen müssen. Da es nicht dazu kam, mangelte es dem Bundesstaat, den die Reichsgründung hervorbrachte, an einer austarierten, von der Verfassung garantierten Koordination der verschiedenen Einzelstaaten und unterschiedlichen Regierungsebenen. Dieses Geburtsmal war ein Makel, der den neuen Nationalstaat sein ganzes Leben lang beschäftigen sollte.

## II. Der neue Adler

Acht Monate nach der Proklamierung des Kaisers in Versailles präsentierte der belgische Karikaturist Jules Jean Georges Renard, der unter seinem Pseudonym Draner auch ein gefeierter Kostümbildner in der Pariser Opern- und Theaterwelt war, den Lesern von Le Charivari „das neue preußische Wappen": einen Adler mit Pickelhaube, der ein Eisernes Kreuz um den Nacken trägt (Abb. 1.4). In seinen Klauen hält der Vogel einen langen Degen und zwei Geldsäcke, die für die fünf Millionen Franc Reparationen stehen, die Frankreich nach dem verlorenen Krieg zu bezahlen hatte. Der Torso des Tieres besteht aus einer französischen Standuhr, und sein Schnabel umschließt einen silbernen Löffel, beides Gegenstände, die deutsche Soldaten auf dem Frankreichfeldzug gerne als Kriegsbeute plünderten. Um seine Taille trägt der Adler einen Gürtel, an dem zwei typische Accessoires hochrangiger Offiziere befestigt sind, eine Pistole und eine Pfeife. Das seltsamste Merkmal des Wesens sind aber seine Schwingen. Sie ähneln den Flügeln von Fledermäusen und sind mit den Namen ehemals souveräner deutscher Staaten beschriftet, die entweder 1866 von Preußen annektiert wurden (Holstein, Nassau, Hannover, Hessen-Kassel) oder dem preußisch dominierten Bund 1870/71 beitraten (Bayern, Hessen-Darmstadt, Sachsen, Baden, Württemberg). In seiner Gesamterscheinung kommt die Kreatur als ein bluttriefendes Monster daher, das Angst und Schrecken verbreiten will.

Die Karikatur ist gespickt mit Symbolen, die die Reichsgründung als einen brutalen militärischen Gewaltakt darstellen. Preußen habe diesen unternommen, so die Botschaft, um Deutschland seiner Hegemonie zu unterwerfen. Denn das Kaiserreich sei keine neue Nation, wie die Schwingen des Adlers andeuten, sondern lediglich eine territoriale Erweiterung des preußischen Militärstaates, der sich die anderen deutschen Staaten einfach einverleibt habe. Diese Sicht zeugt

Abb. 1.4: „Le Nouveau Blason Prussien", Le Charivari (30. August 1871), Jules Draner

von den bitteren Gefühlen, die die französische Öffentlichkeit ob der Reichsgründung empfand. Die Niederlage im Felde, der Verlust von Elsass-Lothringen und die Kaiserproklamation in Versailles hatten die *Grande Nation* zutiefst gedemütigt und sollten das Verhältnis zum neuen deutschen Nationalstaat auf Jahrzehnte vergiften.

In der Verarbeitung dieser Schmach zeichnete Draner das Kaiserreich als ein preußisches Ungeheuer. Trotz aller nationalistischen Übertreibung entsprach diese Interpretation insofern den Tatsachen, als Preußen im neuen Reich wirklich erschreckend dominant war. Über zwei Drittel des Staatsgebietes und ungefähr sechzig Prozent der Bevölkerung waren preußisch. Die neue Reichsverfassung garantierte die Hegemonie Preußens durch die Einrichtung einer dauerhaften Personalunion zwischen der preußischen und deutschen Krone. Der preußische

König wurde bei Amtsantritt automatisch Deutscher Kaiser. Das zentrale Verfassungsorgan des Reiches, der Bundesrat, der aus den Gesandten der Einzelstaaten bestand, sicherte die preußische Hegemonie weiter ab. Preußen verfügte dort über siebzehn der insgesamt 58 Stimmen, das heißt über mehr als doppelt so viele wie der zweitgrößte Staat des Bundes, Bayern.[32]

Derartige Bestimmungen machten die preußische Hegemonie zu *dem* beherrschenden Merkmal des kleindeutschen Nationalstaates, den die Reichsgründung hervorbrachte. Inmitten des Deutsch-Französischen Krieges, als Verhandlungen über die Vereinigung von Nord- und Süddeutschland unmittelbar bevorstanden, warnte der Wiener *Kikeriki* seine Leser, dass Deutschland bald der preußischen Vorherrschaft unterworfen werde (Abb. 1.5). „Deutschlands Zukunft" werde nicht „unter einen Hut" gebracht, sondern „unter eine Pickelhaube", die den Menschen gewaltsam vom starken Arm eines Mannes, der vermutlich für Bismarck steht, übergestülpt werde. Die Karikatur stellt die kleindeutsche Lösung also als das Ergebnis eines aggressiven preußischen Militarismus dar, der die deutschen Mittel- und Kleinstaaten in einem hegemonialen Bundesstaat gefangen nehme.

Es ist kein Zufall, dass diese Zeichnung ausgerechnet in einer österreichischen Zeitschrift erschien. Das Habsburgerreich und Preußen hatten um die Vorherrschaft in Deutschland konkurriert, seit Friedrich der Große den Hohenzollernstaat unter anderem durch die Eroberung des zuvor österreichischen Schlesiens im 18. Jahrhundert in den Rang einer Großmacht erhoben hatte. Bei der Niederwerfung Napoleons und auf dem Wiener Kongress fanden die beiden konservativen Monarchien zwar kurzzeitig zueinander. Zur Abwehr von revolutionären, nationalen, und liberalen Gefahren zogen sie an einem Strang und begründeten den Deutschen Bund mit. Danach flammte ihre alte Rivalität aber schnell wieder auf und bestimmte die innerdeutschen Beziehungen. Nach dem Scheitern der 1848er-Revolutionen versuchte vor allem Preußen, die weiterhin starken Bestrebungen zur Schaffung eines deutschen Nationalstaates für seinen Vorteil zu nutzen. Der Konflikt mit Österreich spitzte sich dadurch in den 1850er-Jahren so zu, dass er den Deutschen Bund geradezu lahmlegte.

Aus dieser Sackgasse gesichtswahrend herauszukommen, wurde für beide Monarchien zu einer Überlebensfrage. Je lauter die Forderungen nach einem Nationalstaat wurden, desto größer wurde der Druck auf Wien und Berlin. 1853, zwei Jahre, nachdem Bismarck zum preußischen Gesandten am Frankfurter Bundestag, dem zentralen Entscheidungsorgan des Deutschen Bundes, ernannt worden war, beschrieb er die Unausweichlichkeit der Lage in einem Brief an den preußischen Infanteriegeneral und politischen Weggefährten Leopold von Gerlach: „Unsere Politik hat keinen anderen Exerzierplatz als Deutschland, schon

Abb. 1.5: „Deutschlands Zukunft", Kikeriki (22. August 1870), anonymer Künstler

unserer geographischen Verwachsenheit wegen, und gerade diesen glaubt Österreich auch für sich zu gebrauchen. Für beide ist kein Platz, also können wir uns nicht auf die Dauer vertragen. Wir atmen einer dem andern die Luft vom Mund fort, einer muß weichen oder der andere gewichen werden."33

Für Bismarck war die Schaffung eines kleindeutschen Nationalstaates demnach nicht zuletzt ein Mittel, um den lästigen Dualismus mit Österreich ein für alle Mal zu beenden. Diese Motivation wurde spätestens in dem Vorgehen deutlich, mit dem er den militärischen Konflikt zwischen den beiden Großmächten provozierte. Anfang Juni 1866 beantragte Österreich beim Frankfurter Bundestag, die künftige Organisation des Herzogtums Holstein, das seit dem Deutsch-Dänischen Krieg 1864 unter österreichischer Verwaltung stand, zu klären. Als Österreich in diesem Zusammenhang die lokale Ständeversammlung einberief, marschierte Preußen kurzerhand in Holstein ein. Das österreichische Verhalten, so die offizielle Begründung, verletze die Gasteiner Konvention von 1865, in der die beiden deutschen Großmächte den Status der sogenannten Elbherzogtümer Schleswig, Holstein und Lauenburg an der deutsch-dänischen Grenze geregelt hatten. Einen Tag später, am 10. Juni, brachte Bismarck einen Antrag auf Reform des Deutschen Bundes in den Bundestag ein. In dem Versuch, die nationale Volksbewegung auf Preußens Seite zu bringen, schlug der Antrag vor, den Bundestag durch ein direkt gewähltes nationales Parlament zu ersetzen und einen Bundesstaat ohne Österreich zu gründen. Wie zu erwarten, fühlte sich die Wiener Regierung von diesem Affront brüskiert. Schließlich schien der Antrag weniger ein ernstgemeinter Reformvorschlag zu sein als eine Definition der Ziele, die Preußen in dem Konflikt mit Österreich verfolgte.[34]

So zeigt das preußische Vorgehen, dass Bismarcks Vorstellung von einem möglicherweise zu gründenden Nationalstaat die Gleichberechtigung der deutschen Staaten niemals einschloss. Seine Absicht war vielmehr, Österreich aus Deutschland hinauszuzwingen und einen wie auch immer gearteten Bund zu schaffen, der die daraus resultierende Hegemonie der preußischen Monarchie strukturell garantieren würde. Mit anderen Worten: Bismarck wollte dem preußischen Adler ein neues, stärkeres Paar Flügel verleihen. Und damit war er erfolgreich. Seine Strategie der kalkulierten Provokation funktionierte bestens. Am 14. Juni nahm die Mehrheit des Bundestages den Antrag Österreichs an, wegen der Aggression in Holstein gegen Preußen die Bundesexekution zu verhängen. Damit beschloss der Bund, militärisch gegen Preußen vorzugehen. Die Berliner Regierung verurteilte diese Entscheidung als Verletzung der Bundesakte – des deutschen Verfassungsvertrages – und erklärte den Bund daraufhin für aufgelöst. Auf diese Abspaltung folgte der Krieg.

Kurz nach der Niederlage Österreichs und der Gründung des preußisch dominierten Norddeutschen Bundes verglich der französische Illustrator Paul Hadol, der später für seine abfälligen Karikaturen über die in Ungnade gefallene Bonaparte-Familie bekannt wurde, das Streben Preußens nach Hegemonie mit einer Szene aus Goethes berühmtem Drama *Faust* (Abb. 1.6). Die Karikatur zeigt König Wilhelm von Preußen als „neuen Faust", also als jenen innerlich zerrissenen Helden, der in seinem unbedingten Streben nach Erkenntnis und Glück einen Pakt mit dem Teufel eingeht. Wilhelm umarmt Gretchen, das Objekt seiner Begierde. Entschlossen, sie zu küssen und zu verführen, fordert er sie auf, ihre Augen zu schließen. Bismarck nimmt derweil die Rolle des Teufels Mephisto ein. In eine

Abb. 1.6: „Un Nouveau Faust", Le Charivari (Mai 1867), Paul Hadol

Henkersuniform gekleidet, lenkt er Gretchens Nachbarin Frau Marthe ab, damit sie das Schäferstündchen, das in ihrem Garten stattfindet, nicht unterbricht. Die ahnungslose alte Dame trägt einen kronenähnlichen Kopfschmuck und eine mittelalterliche Tunika. Dadurch ähnelt sie zeitgenössischen Darstellungen der Austria, der allegorischen Personifikation des österreichischen Vielvölkerstaates. Bismarck, so die Aussage der Zeichnung, hält Österreich und die großdeutsche Doktrin auf Distanz, damit die preußische Monarchie die unschuldigen deutschen Staaten dazu verführen kann, einen gemeinsamen Bund einzugehen.

Die Subtilität und der Nuancenreichtum der Karikatur sind bemerkenswert. Durch ihren Bezug zu der komplexen Handlung der 1808 veröffentlichten Tragödie, die zum Zeitpunkt der Reichsgründung längst zu den Standardwerken der deutschen Literatur gehörte, weist sie auf zwei wichtige Aspekte der preußischen Deutschlandpolitik hin. Der erste betrifft die relative Bedeutung von Person und Struktur. Die Karikatur gibt Bismarck die Rolle des Mephisto, den Goethes Drama als die Triebfeder alles menschlichen Seins, ja der Geschichte beschreibt. Dadurch stellt sie ihn nicht nur – für eine Zeichnung aus der Hand eines Franzosen wenig überraschend – als finsteren Dämonen dar, sondern auch als die treibende Kraft hinter der staatlichen Integration Deutschlands. Das Bild unterstreicht also die besondere Rolle, die Bismarck in der Lösung der deutschen Frage spielte und aus der Nationalisten, Borussen und spätere Generationen von Historikern die Legende vom „Reichsgründer" machten, der den Nationalstaat praktisch in Eigenregie aus der Taufe hob.

Heute schätzt man Bismarcks Bedeutung sehr viel differenzierter ein. Die Reichsgründung wird üblicherweise als das Ergebnis einer Mischung aus personenbezogenen und strukturellen Faktoren gesehen. Zu Letzteren zählten zum Beispiel die wachsende Eigendynamik des Nationalismus oder das Drängen hin zu einem einheitlichen deutschen Markt, das sich aus dem langsamen Entstehen einer modernen Industriegesellschaft speiste. Von diesem Standpunkt aus erscheint Bismarck, wie Lothar Gall in seiner wegweisenden Biografie des Eisernen Kanzlers zusammengefasst hat, als ein „Mann der Zeit, der ihren Strömungen und vorherrschenden Tendenzen zum Durchbruch verhalf". Der australische Historiker Christopher Clark benutzt in seiner kürzlich erschienenen Studie *Von Zeit und Macht* eine ähnliche, vom Reichsgründer selbst häufig verwendete Metapher. Für ihn ähnelte Bismarck einem „Steuermann im Strom der Zeit". Der preußische Ministerpräsident sei kein absoluter Dominator der Geschichte gewesen, der die Umstände seines Handelns selbst bestimmte. Vielmehr habe er mit dem Genie des großen Staatsmannes versucht, die „Kräfte, deren Wechselwirkung angesichts einer unbekannten und unbegreiflichen Zukunft behutsam gesteuert werden musste", in ein Gleichgewicht zu bringen, das das Überleben und die Vorherrschaft der preußischen Monarchie sicherte.[35]

Der zweite Punkt, auf den die Karikatur hinweist, ist das Problem der geschichtlichen Kontinuität. Die Zeichnung will dem Betrachter vor Augen führen, dass die innerdeutschen Angelegenheiten gerade eine entscheidende Veränderung durchmachen. Das hat mit der Auswahl der Szene zu tun. Gretchens Verführung in Marthes Garten ist *der* Wendepunkt in Goethes Drama. Gretchen, vorher ein unschuldiges Mädchen, gesteht Faust ihre Liebe, obwohl sie instinktiv fühlt, dass er und sein Begleiter Mephisto nichts Gutes im Schilde führen. Von da an nimmt ihr Leben eine dramatische Wendung. Schritt für Schritt nähert sie sich dem Abgrund. Sie wird von ihrem Verführer schwanger, verliert ihren Verstand, ertränkt ihr neugeborenes Kind und wird zum Tode verurteilt. Nur die Gnade Gottes rettet ihre Seele schließlich. Dieser Vergleich lässt Preußens Sieg im Krieg von 1866 und die Gründung eines neuen deutschen Bundes ohne Österreich als schicksalhaften Bruch mit der Vergangenheit erscheinen, der schlimme Folgen für Deutschland haben und schließlich in einer Katastrophe enden werde – es sei denn, es käme zu einer göttlichen Intervention. Hinter dieser teleologischen und pessimistischen Sichtweise steckten antipreußische Ressentiments, die in Frankreich weit verbreitet waren. Wichtiger als diese Voreingenommenheit ist allerdings das historische Bewusstsein, das in der Karikatur zum Ausdruck kommt. Die Zeichnung ist eindrucksvolles Zeugnis dafür, dass der Ausschluss Österreichs aus Deutschland und die Errichtung einer preußisch-dominierten Staatsordnung als eine Veränderung von historischen Ausmaßen wahrgenommen wurden.

Im Rückblick erscheinen die Ereignisse von 1866 und 1867 tatsächlich als das, was Dieter Langewiesche in seinen Studien zum deutschen Nationalismus mit dem Wort „Geschichtsbruch" bezeichnet hat. Österreich bildete politisch, wirtschaftlich, und kulturell seit den frühen Tagen des Heiligen Römischen Reiches einen Teil Deutschlands. Ab dem 15. Jahrhundert kam fast jeder Kaiser aus dem Hause Habsburg. Nach Ende des alten Reiches und den Napoleonischen Kriegen übernahm Österreich die Führung des Deutschen Bundes. Im Frankfurter Bundestag, dem zentralen Entscheidungsorgan des Bundes, hatte Österreich den Vorsitz inne. Die 1848er-Revolutionen und ihr Nachspiel schwächten Österreichs Position in Deutschland. Zum einen entschied sich mit dem Frankfurter Paulskirchenparlament die erste deutsche Nationalversammlung für eine kleindeutsche Lösung. Zum anderen nutzte Preußen nach der Revolution die weiterhin schwelende nationale Frage geschickt gegen Österreich aus. In der Erfurter Union, einem Bündnis mit bis zu 25 anderen Staaten, von denen 15 aber wieder absprangen, versuchte Preußen, den Deutschen Bund durch einen kleindeutschen Nationalstaat konservativer Prägung zu ersetzen. Das Projekt scheiterte aber schließlich am Druck Österreichs und Russlands. Die Wiederherstellung des Deutschen Bundes in der Olmützer Punktation von 1850 bewies, dass gegen Österreich in Deutschland nach wie vor kein Staat zu machen war.[36]

Ein großdeutscher Bund blieb dementsprechend stets ein durchaus plausibles Szenario in der Debatte um Deutschlands staatliche Zukunft. Im Frühjahr 1849 schlug der österreichische Ministerpräsident Felix zu Schwarzenberg gar die Gründung „Großösterreichs" vor. Sein Plan sah eine reformierte Version des Deutschen Bundes vor, die auch jene Territorien der Hohenzollern und Habsburger umfassen sollte, die bisher nicht zum Bund gehörten, wie beispielsweise Ostpreußen, Posen, Venetien, Kroatien und Dalmatien. Diese Staatengemeinschaft hätte sich von der Ostsee bis zur Adria erstreckt und nicht weniger als siebzig Millionen Einwohner umfasst. Viele weitere großdeutsche Reformvorschläge folgten in den nächsten zwei Jahrzehnten. 1862 gründeten die Befürworter einer großdeutschen Lösung den Deutschen Reformverein. Auch wenn diese Lobbyorganisation nur 1.500 Mitglieder zählte und damit deutlich kleiner war als ihr kleindeutsches Gegenstück, der Deutsche Nationalverein, zeigten ihre Gründung und regen Aktivitäten auf lokaler Ebene, dass in den Jahren vor Ausbruch des Deutschen Krieges eine großdeutsche Reorganisation des Bundes eine ernsthafte Option blieb.[37]

Bevor die preußischen Zündnadelgewehre den Krieg im Sommer 1866 entschieden, war die Zukunft Deutschlands also offen gewesen. Viele Historiker, wie jüngst Klaus-Jürgen Bremm in seiner Einschätzung zu *Bismarcks Krieg gegen die Habsburger*, sprechen der historischen Situation diese Offenheit jedoch ab. Sie verweisen darauf, dass eine kleindeutsche Lösung schon vor dem Deutschen Krieg die wahrscheinlichste Entwicklung war. Selbst wenn die Vorzeichen für Preußen günstiger standen, ändert das allerdings nichts daran, dass es alles andere als klar war, ob der Deutsche Bund durch einen preußisch dominierten Bundesstaat, einen reformierten großdeutschen Staatenbund oder überhaupt ersetzt werden würde. Anders gesagt: Bismarcks kleindeutsche Lösung war weder natürlich noch unausweichlich. Die Gründung eines Nationalstaates durch Österreichs Ausschluss von der deutschen Entwicklung war zu keinem Zeitpunkt alternativlos.[38]

Dagegen mag man einwenden, dass alle großdeutschen Reformvorschläge, die zwischen 1849 und 1866 zirkulierten, von einer praktischen Umsetzung weit entfernt blieben. Zur Diskussion standen ganz verschiedene Modelle. Einige, wie der Plan des liberalen Prinzen von Sachsen-Coburg-Gotha, Ernst II., wollten den Dualismus zwischen den beiden Großmächten durch ein gesamtdeutsches Parlament abfedern, das den Bundestag kontrollieren und jeweils gleich viele Abgeordnete aus Österreich, Preußen, den Mittel- und den Kleinstaaten umfassen sollte. Andere, wie die Reformvorschläge des sächsischen Ministers Friedrich Ferdinand von Beust, der nach dem Krieg zum österreichischen Regierungschef ernannt wurde, wollten die Position der Mittelstaaten stärken und ihnen die Rolle eines Moderators zwischen Preußen und Österreich geben. Letztlich verliefen alle derartigen Ideen im Sande, weil Berlin sie entweder ablehnte oder einfach mit Missachtung strafte.[39]

Der spektakulärste Fehlschlag war der Frankfurter Fürstentag. Im August 1863 lud der Habsburger Kaiser Franz Joseph alle deutschen Staatsoberhäupter in die Mainmetropole ein, um über die deutsche Frage zu beraten. Zu diesem Anlass präsentierte die österreichische Regierung einen Reformplan, der versuchte, den österreichischen Führungsanspruch und die Forderung der Mittelstaaten nach mehr Einfluss in Einklang zu bringen. Der Bund, so der Vorschlag, solle enger zusammenwachsen, indem ein Bundesgericht, eine offizielle Bundesregierung und jeweils ein Gesetzgebungsorgan zur Repräsentation des Volkes, der Einzelstaaten, und der Prinzen eingerichtet werden sollten. Zeitgleich zu den Fürsten diskutierte auch eine Volksversammlung die österreichischen Ideen. Dafür waren 300 Delegierte aus den Parlamenten der Länder nach Frankfurt gekommen.[40]

All diese Anstrengungen waren letztlich umsonst. Die Mittelstaaten waren nicht bereit, ohne die Garantie *beider* Großmächte irgendwelche bindenden Verpflichtungen einzugehen. Der preußische König erschien aber nicht zu der Tagung. Bismarck hatte Wilhelm überredet, nicht nach Frankfurt zu fahren und stattdessen seinen Kuraufenthalt in Baden-Baden zu verlängern. Es war zu wahrscheinlich, spekulierte Bismarck, dass Preußen auf der Konferenz überstimmt werden könnte. Die preußischen Hegemonialbestrebungen stießen vielen Staaten seit Langem bitter auf. Bismarcks Verhalten im preußischen Verfassungskonflikt sorgte für weitere Irritationen. Der Fürstentag kapitulierte aber nicht einfach vor der preußischen Blockadehaltung. Im Auftrag der Versammlung nahm König Johann von Sachsen einen Schnellzug nach Baden-Baden, um Wilhelm doch noch zur Teilnahme zu bewegen. Der Hohenzollernkönig war von dieser demütigen Geste der gekrönten Souveräne so beeindruckt, dass er seine Meinung änderte. Bismarck drohte ihm daraufhin mit Rücktritt. Das war zu viel für Wilhelm. Er erlitt einen Nervenzusammenbruch und schlug die Einladung entgegen seiner eigenen Überzeugung aus.[41]

Dieses ganze Aufheben um den Fürstentag erinnerte einen anonymen Karikaturisten des *Münchener Punsch* an einen Spielplatz (Abb. 1.7). „Gibt's wirklich keine Kinder mehr?", fragt der Titel seiner Zeichnung rhetorisch. Darunter sind die Fürsten als kindliche Figuren dargestellt. König Wilhelm sitzt auf einem Steckenpferd, dessen Beschriftung es als Symbol für die Hegemoniebestrebungen Preußens ausweist. Der Reiter weigert sich beharrlich, beim Ringelreigen der anderen fürstlichen Kinder mitzuspielen. „Willst Du denn nicht mitthun, Wilhelm? Schließ Dich doch nicht aus", versucht ihn Johann von Sachsen zu überzeugen. Wilhelm reagiert trotzig: „Laß mich gehen, ich bin zu *groß* für solche Spielereien."

Die Allegorie des Kinderspielplatzes ist vielsagend. Sie deutet darauf hin, dass der Fürstentag unter zwei großen Problemen litt. Das erste war die Unausgereiftheit des großdeutschen Reformvorschlags, der die ganze Veranstaltung wie einen Ringelpiez erscheinen ließ. Sogar der pro-österreichische Reformverein sah in den Plänen lediglich einen ersten Schritt hin zu einer grundsätzlicheren Neugestaltung der Bundesstrukturen. Das zweite Problem war die an kindlichen Trotz grenzende Entschlossenheit der Bismarckschen Regierung, die Rivalität mit

Abb. 1.7: „Zeitbild oder: Gibt es wirklich keine Kinder mehr?",
Münchener Punsch (6. September 1863), anonymer Künstler

Österreich für sich zu entscheiden und dadurch die Vorherrschaft in Deutschland zu erlangen. Solange der Deutsche Bund existierte, war eine Reform ob dieser Haltung unwahrscheinlich. „Der österreichisch-preußische Dualismus war", wie Ernst Rudolf Huber betont hat, „die institutionelle und faktische Gewähr des staatenbündischen Charakters der deutschen Bundesverfassung. Sobald der Dualismus entfiel, war der Weg in den Bundesstaat frei."[42]

Und dennoch: Die Lähmung des Deutschen Bundes bedeutete nicht, wie Jürgen Müller in seiner Studie der deutschen Regierungsverhältnisse zwischen Revolution und Deutschem Krieg gezeigt hat, dass die Idee einer großdeutschen „föderativen Nation" gescheitert war. Dem Bund gelangen auf praktischen Gebieten große Fortschritte, die durchaus die Basis für einen „föderativen Nationalismus" hätten bilden können. Vor allem in der Vereinheitlichung der zersplitterten deutschen Rechtslandschaft war der Bund erfolgreich. Das galt besonders im Bereich des Handelsrechts. In der ersten Hälfte des 19. Jahrhunderts existierte in Deutschland eine große Vielzahl von Zivilrechtsordnungen, die Handel und Gewerbe in den einzelnen Staaten ganz unterschiedlich regelten, wie etwa das Preußische Allgemeine Landrecht von 1794, das Badische Landrecht von 1810, der *Codex Maximilianeus Bavaricus Civilis* von 1756 und – in einigen linksrheinischen Gebieten – der französische *Code Civil* von 1804. Diese Zersplitterung behinderte den Verkehr von Waren, Dienstleistungen, und Kapital enorm. 1861 löste der Bund dieses Problem. Durch die Annahme des Allgemeinen Deutschen Handelsgesetzbuches schuf er erstmals einheitliche, rechtlich verbindliche Rahmenbedingungen für Handel und Gewerbe in allen deutschen Ländern.[43]

Zu diesen Erfolgen des Bundes kam hinzu, dass regionale Identitäten auch trotz des wachsenden Nationalbewusstseins stark blieben. Die Einzelstaaten entwickelten als Antwort auf den steigenden nationalistischen Druck immer ausgefeiltere Methoden, um ihre Unabhängigkeit zu bewahren. Abigail Green hat in ihrer Studie *Fatherlands* gezeigt, dass die Mittelstaaten ihre staatlichen Aktivitäten deutlich ausweiteten und große Anstrengungen unternahmen, um regionale Zugehörigkeitsgefühle zu stärken. Sie modernisierten die Monarchie, indem sie Verfassungsreformen durchführten und die Popularität der lokalen Dynastien durch den geschickten Einsatz von Prunk und Zeremoniell steigerten. Sie finanzierten öffentliche Feste, Museen und Kunstgalerien, um lokale Besonderheiten herauszustellen. Sie entwickelten eine moderne Pressearbeit, die die Erfolge ihrer politischen Maßnahmen in Zeitungen und Flugblättern propagierte. Sie verschoben den Fokus der Schulerziehung weg von religiösen Fragen und hin zu geschichtlichen, geografischen, und kulturellen Themen, die die Identifikation mit dem jeweiligen Land stärken sollten. Und sie unternahmen große Infrastrukturprojekte, vor allem im Eisenbahnbau, um ihre einzelnen Landesteile zu vereinen und den Lebensstandard zu verbessern. Natürlich gab es dabei regionale Unterschiede. Sachsen und Württemberg betonten vor allem kulturelle Errungenschaften und althergebrachte Verfassungstraditionen. Hannover war mehr dynastisch orientiert. Jeder dieser drei Staaten zeigte aber auf seine Weise, dass das lokale Element der deutschen Identität und damit einer der ideellen Grundpfeiler des Bundes in den 1860er-Jahren keinesfalls tot war oder im Begriff zu zerbröseln.⁴⁴

Angesichts dieser Erfolge und Stützen des Bundes erscheinen sein Untergang und der Ausschluss Österreichs aus Deutschland alles andere als vorgezeichnet. Erst der Krieg von 1866 führte zum Bruch. Der Charakter dieses militärischen Konfliktes verdeutlicht, welch tiefen Einschnitt er darstellte. Bereits ein Jahr vor Ausbruch des Krieges zeigten sich politische Kommentatoren besorgt, dass die wachsenden Spannungen zwischen Berlin und Wien zu einer militärischen Auseinandersetzung führen könnten, die auch die anderen deutschen Staaten treffen würde. Der *Münchener Punsch* stellte einen möglichen bewaffneten Konflikt zwischen den beiden Großmächten als ein Pistolenduell zwischen Bismarck und dem österreichischen Kaiser dar (Abb. 1.8). Dabei feuern die beiden Duellanten ihre Kugeln dicht über die Köpfe dreier besorgt dreinblickender Herren ab, die um einen Tisch sitzen und deren Aufmachung sie als Vertreter der Mittelstaaten Bayern, Württemberg und Sachsen zu erkennen gibt. Auf ihre Frage nach der Bedeutung des gefährlichen Spektakels fordert Bismarck sie auf, „neutral" zu bleiben, und versichert ihnen, er und sein Kontrahent schössen nur „lauter localisirte Kugeln". Angesichts der Konstellation der Figuren ist aber klar, dass „der deutsche Bürgerkrieg in Bismarck'scher Auffassung", so der Titel der Zeichnung, keineswegs über die Köpfe „der drei am Tische" hinweggehen wird, sondern dass sie früher oder später getroffen, das heißt in das Duell hineingezogen werden. Die Karikatur des leider unbekannten Zeichners macht also deutlich, dass „der deutsche Bürgerkrieg" die unausweichliche Folge einer militärischen Konfrontation zwischen Österreich und Preußen sei.

Diese Erwartung wurde wenige Monate später erfüllt. „Bei Preußens Krieg gegen den Deutschen Bund handelte es sich", wie Jasper Heinzen eindrucksvoll gezeigt hat, „um einen echten Bürgerkrieg". Einige Historiker haben das mit Verweis auf die etwa im Vergleich zum Amerikanischen Bürgerkrieg kurze Dauer des militärischen Konfliktes, die fehlende Massenmobilisierung der Bevölkerung oder die Beteiligung Italiens bestritten. Geoffrey Wawro sieht den Konflikt zum Beispiel vor allem als einen Zweifrontenkrieg Österreichs mit Preußen und Italien. Für die Vorgänge auf deutschem Boden sprechen die Fakten aber für sich. Auf dem Schlachtfeld standen sich zwei Koalitionen aus deutschen Staaten gegenüber. Fünfzehn standen unter preußischem, zwölf unter österreichisch-bayerischem Kommando. Die preußische Allianz umfasste die norddeutschen Kleinstaaten, die österreichische die süddeutschen Mittelstaaten und die beiden Königreiche Hannover und Sachsen. Rekrutierungs- und Opferzahlen waren hoch. Innerhalb der sieben Wochen, die der Krieg dauerte, star-

**Der deutsche Bürgerkrieg in Bismark'scher Auffaffung.**

**Die Drei am Tische.** Ja zum Donnerwetter — was soll denn das bedeuten?

**v. Bismark.** Nur ruhig, bleiben Sie ganz neutral! Wir schießen lauter localifirte Kugeln!

Abb. 1.8: „Der deutsche Bürgerkrieg", Münchener Punsch (27. August 1865), anonymer Künstler

ben pro 10 000 Einwohner 5,8 österreichische, 4,5 preußische, 2,6 hannoversche, und 2,5 sächsische Soldaten. Nach dem preußischen Sieg begann man schnell vom „Bruderkrieg" zu reden, verstanden sich alle Kriegsparteien doch als Teil der deutschen Nation.[45]

Die epochale Folge dieses Bürgerkrieges war, dass eines der seit Jahrhunderten prägenden Mitglieder aus der deutschen Staatengemeinschaft ausgeschlossen wurde: Österreich. Dadurch begann die Vereinigung des Reiches mit der „ersten modernen Teilung der Nation", wie Thomas Nipperdey in seiner *Deutschen Geschichte* zu einer Zeit hervorgehoben hat, als der Eiserne Vorhang Deutschland in Ost und West trennte. Diese Teilung hatte bleibende Auswirkungen auf die bundesstaatliche Ordnung, die mit ihrer Hilfe entstand. Zwei von ihnen waren besonders wichtig. Zum einen bedeutete das Ausscheiden Österreichs, dass der sich bildende preußisch-dominierte Nationalstaat nicht in der historischen Tradition der großdeutschen Staatenverbünde stehen würde, die vor 1866 existiert hatten. Dieses Problem war mitverantwortlich dafür, dass der neu geschaffene Bundesstaat unter einem ausgeprägten Legitimationsdefizit litt. Dazu später mehr.[46]

Zum anderen veränderte Österreichs erzwungener Rückzug die geopolitische Lage in Deutschland grundlegend. Vor 1866 bestand eine tripolare Ordnung aus den beiden Großmächten und der mannigfaltigen Gruppe der Mittel- und Kleinstaaten, die häufig als „Drittes Deutschland" bezeichnet wurde. Paul Schroeder, Peter Burg, Brendan Simms und andere haben aufgedeckt, wie wichtig diese auch unter dem Namen „Trias" bekannte Gruppe für die deutschen Verhältnisse im 19. Jahrhundert war. Die Staaten des Dritten Deutschlands nahmen oft Mittlerfunktionen ein und spielten dabei die beiden Großmächte gegeneinander aus, gelegentlich auch mit der Hilfe anderer europäischer Länder. So gelang es den Mittel- und Kleinstaaten trotz ihrer geringen militärischen und wirtschaftlichen Schlagkraft, ihre Selbstständigkeit erfolgreich zu behaupten. Zwischen 1859 und 1864 organisierten sie mit den Würzburger Konferenzen gar eine Serie von Tagungen, die für eine Bundesreform in ihrem Sinne eintraten.[47]

Ein anonymer Karikaturist des *Münchener Punsch* machte deutlich, wie geschickt die Mittelstaaten die tripolare Konstellation im Bund ausnutzten. Er verglich die innerdeutschen Beziehungen mit einem Kartenspiel, in dem Bayern, die Führungsmacht der Mittelstaaten, Preußen und Österreich mit seinem „größten Trumpf" aussticht, nämlich dem „Tri-Aß", dem kollektiven Gewicht des Dritten Deutschland (Abb. 1.9). Sachsen und Württemberg stehen im Hintergrund und stärken Bayern den Rücken, während der französische Kaiser Napoleon III. das Spiel von der Seite aus beobachtet. Der Bayer erklärt selbstbewusst, dass er „die ‚Herzen' [...] ohnehin schon alle" gewonnen habe. Damit spielt er wohl auf die breite Unterstützung an, die Forderungen nach mehr Einfluss für die Trias in weiten Teilen des Bundes erfuhren. Von so viel Kühnheit geschockt, schrecken der Österreicher und der Preuße vom Spieltisch zurück. Der Habsburger fällt dabei fast vom Stuhl.

Interessanterweise lässt die Karikatur offen, wer das Spiel gewinnt. Als die Zeichnung Anfang 1864 entstand, schien es politischen Beobachtern also offenbar noch so, dass der Bund sich in jede Richtung entwickeln könne, sogar in eine Organisationsform, in der den Mittelstaaten eine gleichberechtigte Rolle gegenüber den beiden Großmächten zukäme. Der Krieg zwei Jahre später beendete die Partie abrupt. Anstelle des Pokerspiels der Diplomatie entschieden nun die Waffen der Heere über die Zukunft Deutschlands. Der Gewinner war Preußen. Da Österreich aus Deutschland ausschied, konnten die Mittelstaaten nicht länger eine Dreieckspolitik in den innerdeutschen Beziehungen verfolgen.

Abb. 1.9: „Die Tri-Aß", Münchener Punsch (24. Januar 1864), anonymer Künstler

Ein Drittes Deutschland gab es nicht mehr. Die tripolare Struktur hatte sich in eine bipolare Ordnung verwandelt, in der die Mittel- und Kleinstaaten einem überwältigend starken Hegemon gegenüberstanden. Dieser Zustand reduzierte ihre Handlungsmöglichkeiten drastisch.

Das Kaiserreich, das so entstand, war in erster Linie preußisch. Aber nicht in dem Sinne, dass Preußen sich einfach den Rest Deutschlands einverleibt hätte, wie *Le Charivaris* „neuer preußischer Adler" suggerierte. Vielmehr formte Preußen eine Staatengemeinschaft, in der die Hohenzollernmonarchie das unbestrittene Machtzentrum war. Dieser strukturelle Aufbau verursachte ein Grundproblem für den neuen Bundesstaat: Eine von Preußen unabhängige Bundesregierung konnte es nicht geben. Die föderale Exekutive würde strukturell gar keine andere Wahl haben, als hauptsächlich auf preußisches Personal, Geld und Militär zu vertrauen. Denn keiner der anderen Mitgliedsstaaten verfügte über die nötigen Ressourcen, um den kleindeutschen Nationalstaat zu unterhalten. Nicht einmal in ihrer Gesamtheit konnten die Mittel- und Kleinstaaten das leisten. Langfristig stellte die Reichsgründung deshalb die Frage, ob die preußische Regierung die föderale Exekutive würde kontrollieren können oder umgekehrt. Mit anderen Worten: Bismarcks kleindeutsche Lösung machte die Bande zwischen Preußen und dem Reich so eng, dass die Zukunft Deutschlands davon abhing, wie sich deren Beziehung entwickeln würde. Würde der preußische Adler mit seinen erweiterten Schwingen zu neuen Höhen emporsteigen, oder würden die künstlichen Flügel den Vogel langsam erlahmen und schließlich abstürzen lassen?

## III. Gulliver, die Liliputaner und der Löwe

Gegen Ende des Deutsch-Dänischen Krieges veröffentlichte *Le Charivari* im August 1864 eine bemerkenswerte Karikatur des bekannten Pariser Genremalers Alfred Darjou (Abb. 1.10). Die Zeichnung zeigt einen preußischen und einen österreichischen Soldaten, vermutlich König Wilhelm und Kaiser Franz Joseph, an einem Buffet. Gierig über den Serviertisch gelehnt, verschlingt der Preuße einen großen Batzen Fleisch, der das Etikett „Jütland" trägt. Seine linke Hand greift derweil schon nach dem nächsten Bratenstück, auf dem „Alsen" geschrieben steht. Der Österreicher schaut dem Vielfraß betreten zu, ist sein Teller doch noch vollkommen leer. Kleinlaut fragt er den Preußen: „Wollen Sie das alles alleine essen?" Darauf entgegnet der Gourmand mit vollgestopftem Mund: „Aber mein lieber Verbündeter, da Ihre Rolle nun einmal die ist, mir zuzuschauen ... schauen Sie mir halt zu!"
Die Szene bezieht sich auf die Neuausrichtung der preußisch-österreichischen Beziehungen, zu der es im Rahmen des Deutsch-Dänischen Krieges kam. Ursa-

– Est-ce que vous allez manger tout à vous tout seul.
– Mais mon cher allié, puisque votre rôle est de me regarder... regardez moi.

Abb. 1.10: „Regardez Moi", Le Charivari (August 1864), Alfred Darjou

che für diesen militärischen Konflikt zwischen den beiden deutschen Großmächten und dem skandinavischen Königreich war ein ganzes Bündel komplizierter diplomatischer und dynastischer Probleme, das als „Schleswig-Holstein Frage" bekannt wurde und über mehrere Jahrzehnte die europäische Politik beschäftigte. Dabei ging es um den Zugehörigkeitsstatus der drei Herzogtümer Schleswig, Holstein und Lauenburg, die zwischen der dänischen Krone und dem Deutschen Bund umstritten war. Vor dem Hintergrund des wachsenden Nationalismus in Europa hatte diese Frage große Sprengkraft. Gleichzeitig erschienen die komplizierten dynastischen Verwicklungen im Zeitalter der modernen Kongressdiplomatie geradezu grotesk. Der britische Staatsmann Lord Palmerston soll seinem Ärger darüber gegenüber Queen Victoria Luft gemacht haben: „Nur drei Menschen haben die Schleswig-Holstein Frage je begriffen –

Prinzgemahl Albert, der ist tot; ein deutscher Professor, der ist wahnsinnig geworden; und ich, der alles darüber vergessen hat."⁴⁸

Das preußische Heer war den dänischen Truppen weit überlegen. Nach dem entscheidenden Sieg Preußens in der Schlacht um die Wehranlage der Düppeler Schanzen im April 1864 wurde ein Waffenstillstand vereinbart. Auf Vorschlag des britischen Premierministers Lord Russel versammelte sich danach eine Friedenskonferenz in London, um die politischen Streitfragen zu klären. Der Gipfel brach schnell auseinander, weil sich die Konfliktparteien auf keine klare Grenzziehung einigen konnten. Preußen, so viel wurde in den Verhandlungen klar, war entschlossen, die Herzogtümer zu annektieren. Österreich bevorzugte dagegen den Vorschlag, einen neuen Herzog aus dem Hause Augustenburg einzusetzen und die Territorien zu eigenständigen Mitgliedern des Deutschen Bundes zu machen. Am 24. Juni, nur einen Tag nach Abschluss der Konferenz, kamen Bismarck und der österreichische Kanzler Bernhard von Rechberg zu einer Übereinkunft. Bismarck hatte dabei die Initiative ergriffen und war zu seinem Amtskollegen ins böhmische Karlsbad gereist, wo König Wilhelm und Kaiser Franz Joseph gerade kurten. Die zwei Großmächte, so die Vereinbarung, würden nach Ende des Waffenstillstandes die Insel Alsen und den Rest von Jütland, dem dänischen Festland, einnehmen. Diese Okkupation, spekulierten Bismarck und Rechberg, würde die dänische Monarchie zur endgültigen Aufgabe der Herzogtümer zwingen. In den folgenden drei Wochen eroberten preußische Truppen Jütland bis zum Skagerrak. Am 14. Juli trug der preußische General Eduard Vogel von Falckenstein seinen Namen in das Kirchenbuch von Skagen ein, dem nördlichsten Punkt des dänischen Festlandes.

Dieser Eroberungszug machte aller Welt deutlich, wie sehr Preußen, das schon die treibende Kraft hinter der Kriegserklärung gewesen war, die militärischen Operationen dominierte. Der Beitrag der österreichischen Truppen schien weit weniger wichtig. In der Öffentlichkeit führte dieser Eindruck dazu, dass sich die Wahrnehmung der beiden Großmächte und ihrer jeweiligen Rollen im Bund zu verändern begann. Berlin kratzte an Wiens Führungsanspruch. Österreich, so schien es nicht nur Darjou in seiner Karikatur, war in die Rolle eines Zuschauers gedrängt, der nichts anderes machen konnte, als Preußen beim Sturm auf das dänische Buffet zu beobachten. Das preußische Militär wurde vielerorts frenetisch für seinen Sieg gefeiert, während die österreichische Regierung teils harsche Kritik für ihre zögerliche Haltung einstecken musste.⁴⁹

In diesem Klima geriet die Regelung der Zukunft der umstrittenen Gebiete zu einem Balanceakt. Der Friede von Wien zwang Dänemark Ende Oktober 1864, Schleswig, Holstein und Lauenburg ein für alle Mal abzutreten. Preußen und Österreich verwalteten die Herzogtümer daraufhin zunächst gemeinsam. Dieses

Kondominium hielt aber nicht lange. Schon Mitte August des folgenden Jahres schufen die beiden Großmächte getrennte Machtsphären. Im Vertrag von Gastein stellten sie Holstein unter österreichische und Schleswig unter preußische Verwaltung. Lauenburg ging ebenfalls an Preußen, allerdings erst nach Zahlung von 2,5 Millionen Talern an die klamme Habsburger Staatskasse.

Diese Lösung begünstigte Preußen. Berlin gewann die Kontrolle über zwei strategisch wichtige Territorien nahe seines Kernlandes, während sich Wien um eine Exklave kümmern musste, die 600 Kilometer nördlich der österreichischen Grenze lag. Dass Preußen sich weitgehend durchgesetzt hatte, wurde bereits nach Abschluss der Vorberatungen zum Gasteiner Vertrag deutlich. Von da an drehten sich die Verhandlungen nur noch darum, *wie* die Territorien unter die Herrschaft der Großmächte gestellt werden würden. Der ursprüngliche österreichische Plan, die Herzogtümer als selbstständige Mitglieder in den Bund aufzunehmen, wurde gar nicht mehr richtig diskutiert.

Genau zu diesem Zeitpunkt, als die beiden Mächte am Verhandlungstisch saßen, veröffentlichte Darjou seine Karikatur und machte dabei eine scharfsinnige Vorhersage. Der Appetit des preußischen Vielfraßes scheint so groß, dass dieser kaum etwas für Österreich übrig lassen und sich vermutlich nicht mit den dänischen Filetstücken zufriedengeben wird. Die kriegsbedingten Annexionen von Jütland und Alsen, so die subtile Botschaft der Zeichnung, seien nur der Anfang einer gewaltsamen preußischen Expansionspolitik, auf die Österreich keine Antwort haben werde.

Im Laufe der nächsten zwei Jahre erwies sich diese Erwartung als richtig. Der seltsame Status der norddeutschen Herzogtümer belastete die österreichisch-preußischen Beziehungen schwer und hatte großen Anteil an den Spannungen, die sich schließlich im Krieg von 1866 entluden. Nach dem militärischen Sieg über Österreich annektierte Preußen im Sommer vier Staaten, die aufseiten der Habsburger gekämpft hatten: das Königreich Hannover, das Kurfürstentum Hessen-Kassel, das Herzogtum Nassau und die Freie Stadt Frankfurt. Drei Monate später verleibte sich Preußen auch Schleswig und Holstein ein. Jede dieser Annexionen verletzte die europäische Rechtsordnung, die die Unabhängigkeit dieser Territorien als Teil der Wiener Kongreßakte von 1815 beziehungsweise des Londoner Protokolls von 1852 garantierte. Die Berliner Regierung unternahm also einen gewaltsamen Rechtsbruch. Dahinter steckten strategische Motive. Die Annexionen vergrößerten das Hohenzollernreich beträchtlich. Fünf Millionen Menschen und 72 500 Quadratkilometer Land kamen unter preußische Herrschaft. Darunter waren einige geostrategisch außerordentlich wichtige Gebiete, wie zum Beispiel der Kieler Hafen. Noch wichtiger war allerdings, dass die Annexionen die geografische Lücke zwischen dem Kernland der Hohenzollern im

Osten und ihren westlichen Provinzen im Rheinland und in Westfalen schlossen. „Zum ersten Mal konnte ein Untertan der Hohenzollern nun von der russischen Grenze an der Memel zur alten karolingischen Hauptstadt nach Aachen reisen", wie der deutsch-amerikanische Historiker Hans Schmitt beschreibt, „ohne einen Fuß auf das Territorium eines anderen deutschen Staates setzen zu müssen".[50]

Der französische Großmeister der Karikatur, Honoré Daumier, kritisierte die Annexionen als rechtswidrigen Gewaltakt scharf. Er zeichnete Preußen als dickbäuchigen Soldaten, der kleine menschliche Wesen brutal vom Boden reißt und in seine Rocktasche steckt, währenddessen andere potenzielle Opfer panisch zu fliehen versuchen (Abb. 1.11). Die Karikatur verwendet Motive aus Jonathan Swifts 1726 veröffentlichten Roman *Gulliver's Travels*. Daumier vergleicht Norddeutschland, wo die Annexionen stattfanden, mit Lilliput, der Insel der winzigen Menschen. Preußen, der „neue Gulliver", ist in diesem Land ein Riese und kann mit den Bewohnern, das heißt mit den norddeutschen Kleinstaaten, machen, was es will. Allerdings kommt Gulliver in Swifts Roman nach seinen Abenteuern in Lilliput ins Land der Riesen, Brobdingnag, wo er selbst nur ein Zwerg ist. In Zukunft, so deutet die Karikatur an, wird Preußen auf Gegner treffen, die auch trotz seiner jüngsten Eroberungen größer sind als es selbst, zum Beispiel Frankreich.

Die preußischen Annexionen als brutaler Übergriff einer großen auf viele kleine Figuren – mit dieser Interpretation wies Daumier auf eines der entscheidenden Probleme der föderalen Ordnung hin, die sich gerade in Deutschland bildete, nämlich die Proportionen ihrer Mitglieder. Die Staaten, die den neuen Nationalstaat formten, unterschieden sich enorm in ihrer Größe, Wirtschaftskraft, politischen Bedeutung und militärischen Stärke. Durch die Reichsgründung wurden diese Unterschiede in eine hierarchische Staatsform gegossen. An der Spitze dieser Pyramide stand der neue Gulliver oder vermeintliche Riese, der die anderen Staaten seiner Hegemonie unterwarf: Preußen. Am unteren Ende der Hierarchie befanden sich die zwanzig Winzlinge aus Lilliput, die aus verschiedenen Gründen dem Schicksal der Annexion entronnen waren: Hessen-Darmstadt und sein noch kleinerer Nachbar Waldeck-Pyrmont; die beiden Mecklenburger Herzogtümer, Mecklenburg-Schwerin und Mecklenburg-Strelitz; die nordwestdeutschen Länder Oldenburg, Braunschweig, Schaumburg-Lippe und Lippe; die drei hanseatischen Stadtstaaten Hamburg, Bremen und Lübeck; und die große Gruppe der thüringischen Zwergstaaten Sachsen-Weimar-Eisenach, Sachsen-Meiningen, Sachsen-Altenburg, Sachsen-Coburg und Gotha, Anhalt, Schwarzburg-Sondershausen, Schwarzburg-Rudolstadt, Reuß älterer Linie und Reuß jüngerer Linie. Bismarck nannte diese Kleinstaaten manchmal despektierlich „kleines Gemüse". Diese Beleidigung kam nicht von ungefähr.

Abb. 1.11: „Der neue Gulliver", Le Charivari (27. September 1866), Honoré Daumier

Einige dieser Staaten waren auf der Landkarte kaum auszumachen und hatten deutlich weniger Einwohner als Berlin. Schaumburg-Lippe umfasste zum Beispiel nur 340 Quadratkilometer und 32 000 Menschen. Preußen erstreckte sich 1871 dagegen auf knapp 349 000 Quadratkilometer, und seine Hauptstadt zählte 900 000 Bewohner.[51]

Die Position zwischen dem föderalen Hegemon und den Kleinstaaten in der Hierarchie des neuen Bundes besetzten die vier Mittelstaaten: die drei Königreiche Bayern, Württemberg und Sachsen und das Großherzogtum Baden. Sachsen erhielt diesen Status während der Gründung des Norddeutschen Bundes, weil es neben Preußen das einzige Königreich in diesem regionalen Staatenverbund war. Die Stellung der süddeutschen Staaten war hingegen das Ergebnis ihrer Beitrittsverhandlungen mit dem Norddeutschen Bund im November 1870. Besonders Bayern und Württemberg, die beiden Königreiche im Süden, beharrten darauf, im neuen Nationalstaat im Vergleich zu den rangniederen Herzog- und Fürstentümern bessergestellt zu werden. Sie machten ihren Beitritt zur Verfassungsordnung des Nordens daher davon abhängig, bestimmte Sonderrechte zu erhalten, die sie, so ihre Hoffnung, gegenüber Preußen stärken würden.[52]

Bismarck wollte unbedingt, dass die süddeutschen Staaten von sich aus statt unter dem Zwang Preußens in den Bund eintraten. Es war wichtiger Teil seines im nächsten Kapitel näher erläuterten Verfassungskonzeptes, das Reich als einen freiwilligen Bund der souveränen Fürsten und nicht als Erweiterung Preußens zu konstruieren oder ihm zumindest diesen Anschein zu geben. Er war deshalb bereit, viele Forderungen der Südstaaten zu erfüllen. Je länger die schwierigen Verhandlungen dauerten, desto mehr wunderten sich Beobachter, wie weit sein Entgegenkommen gehen würde. In der ersten Dezemberausgabe des *Kladderadatsch* verglich Wilhelm Scholz Bismarck mit einem Hauswirt, der potenzielle Mieter zum Einzug bewegen will (Abb. 1.12). Die Zeichnung zeigt ihn bei dem Versuch, drei Vertretern der Südstaaten in eine Hausjacke zu helfen, die mit dem Wort „Bund" bestickt ist. Die drei Umworbenen stehen aber nur zögerlich an der Türschwelle und wehren ab: „Der Rock paßt uns nicht!" Bismarck will sie umstimmen und ermutigt sie: „Nur immer ran! Wir machen ihn passend. Jedem Einzelnen wird Maß genommen nach seinen berechtigten Eigenthümlichkeiten, und dann so lange geändert, bis ihm der Rock bequem sitzt. Immer ran!" Bismarck schien also bereit, wie der Titel der Karikatur unterstreicht, die süddeutschen Staaten „um jeden Preis" zum Beitritt zu bewegen.[53]

Die Verhandlungen schufen am Ende tatsächlich eine große Bandbreite an Sonderrechten, die zunächst in die Einigungsverträge und dann später in die Reichsverfassung aufgenommen wurden, wie wir im folgenden Kapitel sehen werden. Durch die Festschreibung dieser Privilegien schuf die Vereinigung von Nord und Süd unterhalb des föderalen Hegemons Preußen zweit- und drittklassige Staaten. Am deutlichsten äußerte sich diese Hierarchie im Bundesrat. Im zentralen Verfassungsorgan der neuen Föderalordnung besaß Preußen siebzehn, die Mittelstaaten zwischen drei und sechs und die Kleinstaaten eine oder zwei Stimmen. Ein weiteres Merkmal, das die Reichsgründung in dem Bundesstaat verankerte, war also die grundlegende Ungleichstellung der Mitgliedsstaaten.[54]

Diese strukturelle Eigenart schuf ein enormes Konfliktpotenzial, das durch den monarchischen Charakter der föderalen Ordnung noch verstärkt wurde. In einer Umgebung, die von Status- und Prestigefragen besessen war, bargen institutionalisierte Unterschiede in der Position vermeintlich souveräner Einzelstaaten die Gefahr ernsthafter Konflikte. Dieses Problem wurde deutlich, noch bevor die Tinte unter den Einigungsverträgen getrocknet war. Die Novemberverhandlungen in Versailles waren so kompliziert, dass sie mehrmals kurz vor dem Scheitern standen. Gerade Bayerns ständig neue Forderungen belasteten die Ge-

Abb. 1.12: „A tout prix", Kladderadatsch
(4. Dezember 1870), Wilhelm Scholz

spräche schwer. Die zerstörerischen Phantasien, die Bismarck seiner Frau in dem eingangs zitierten Brief anvertraute, spiegelten eben diese frustrierende Situation wider. Erschöpft von den endlosen Verhandlungsrunden und der Trivialität ihrer Gegenstände, verlor der Chefunterhändler des Norddeutschen Bundes allmählich die Geduld. Er lag mit Gallenschmerzen darnieder und träumte davon, einer Bombe gleich zu explodieren und das ganze Theater in die Luft zu jagen. Das Verhalten der bayerischen Delegierten zerrte arg an seinen Nerven, drohten sie doch mehrmals, die Gespräche abzubrechen und nach München zurückzukehren. Letztlich scheiterten aber alle derartigen Versuche, eine bessere Verhandlungsposition herauszuschinden. Nachdem die Regierungen von Hessen, Baden und Württemberg entschieden hatten, die Verträge zu unterzeichnen, blieb den bayerischen Unterhändlern keine andere Wahl, als kooperativer zu werden. Die Gefahr einer kompletten Isolation war einfach zu groß. Unter diesem Druck kamen die beiden Parteien zu einer Übereinkunft. Bismarck akzeptierte eine lange Liste bayerischer Sonderrechte, während die Münchener Regierung ihr Einverständnis dazu gab, dem preußischen König die Kaiserwürde zu verleihen.[55]

Die Details offenbaren, wie bizarr und schmutzig dieser Kuhhandel war. Ludwig II. von Bayern stemmte sich vehement gegen die Aussicht, dass sein Cousin, der preußische König, in den Rang eines Kaisers aufsteigen könnte. Die Hohenzollern, diese protestantischen Emporkömmlinge von der Schwäbischen Alb, ranghöher als das ehrwürdige Haus Wittelsbach, eine der ältesten Dynastien Europas? Für Ludwig ein Alptraum. Bismarck konnte den Widerstand des Königs nur überwinden, indem er seinen größten Schwachpunkt ausnutzte: Geld. Ludwig, ein Träumer und Psychopath, der sich lieber der mystischen Opernwelt Richard Wagners als dem trockenen Geschäft der Politik hingab, war wegen des Baus seiner Märchenschlösser immer in finanziellen Schwierigkeiten. Den geheimen Zahlungen, die Bismarck ihm anbot, konnte er schließlich nicht widerstehen. Wenn auch schweren Herzens, willigte er ein, dem preußischen König im Namen der deutschen Fürsten die Kaiserkrone anzutragen. Ironischerweise kam das Geld für diese Bestechung aus der Enteignung einer anderen alteingesessenen Dynastie. Bismarck zwackte die Summen vom Vermögen der Welfen ab, das Preußen 1866 im Rahmen der Annexion von Hannover konfisziert hatte.[56]

Diese Hintergründe zeigen, welch merkwürdige Mischung aus ernsthaften politischen Konflikten und – wie Bismarck in dem schon mehrmals erwähnten Brief an seine Frau schrieb – fürstlichen „Gelüsten" die Einigungsverhandlungen beherrschte. Kein Wunder, dass die letzten Meter zur Gründung des Reiches so nervenaufreibend waren. Bei allen Beteiligten lagen die Nerven blank. Die württembergische Regierung verschob gar kurz vor Schluss die Unterzeichnung der Verträge. Eine Hofintrige hatte König Karl I. plötzlich verunsichert. Er bestand nun darauf, dass sein Land im neuen Bund nicht schlechter gestellt sein dürfe als Bayern, das andere süddeutsche Königreich. Unter dem Druck der drohenden Isolation brachten seine Minister den Monarchen aber bald wieder zu Verstand, und die Verträge wurden unterzeichnet.[57]

Dieser Vorfall veranschaulicht, dass das Zugeständnis der Sonderrechte psychologisch wichtiger war als machtpolitisch. Schließlich waren alle Privilegien der Südstaaten im Vergleich zu der hegemonialen Stellung, die sich Preußen im neuen Bund sicherte, praktisch wertlos. Am wichtigsten war dieser psychologische Faktor für Bayern. Hier war der Widerstand gegen den Eintritt in ein preußisch-dominiertes, mehrheitlich protestantisches Kaiserreich beträchtlich. Die Parteien, die sich die Verteidigung der bayerischen Unabhängigkeit auf die Fahnen geschrieben hatten, feierten 1868 bei den Wahlen zum Deutschen Zollparlament einen erdrutschartigen Sieg. Dieser Wahlausgang lastete schwer auf den bayerischen Diplomaten, die ein Jahr später in Versailles mit Bismarck am Verhandlungstisch saßen. Einen Deal abzuschließen, der nicht zumindest die Chance hatte, die mehrheitliche Zustimmung der lokalen Bevölkerung zu erhalten, war für sie unmöglich. Der Schlüssel dazu schien, in den Verhandlungen möglichst viele, möglichst weitreichende Sonderrechte für Bayern herauszuschlagen. Diese Strategie ging insofern auf, als sie der Münchener Regierung erlaubte, die Gespräche in Versailles in relativer Ruhe führen zu können und der bayerischen Bevölkerung die Ergebnisse anschließend als Erfolg zu verkaufen.

Das funktionierte aber nur kurz, denn viele der schwer erkämpften Sonderrechte erwiesen sich schnell als bedeutungslos. Schon im April 1871 – gerade einmal sechs Tage, nachdem der Reichstag die Reichsverfassung angenommen hatte – enttäuschte Bismarck alle Hoffnungen, Bayern werde im Bund neben Preußen eine besondere Rolle spielen. Die bayerische Regierung hatte erwartet, dass ihr Vorrecht, an Friedensverhandlungen mit einem eigenen Bevollmächtigten teilzunehmen, auch für die bevorstehenden Gespräche mit Frankreich gelten würde. Bismarck erteilte solchen Überlegungen aber eine schroffe Abfuhr. Bayerns „Beteiligung", unterrichtete er den preußischen Gesandten in Brüssel, „wird, um es kurz auszudrücken, eine mehr ornamentale zu bleiben haben, zur Befriedigung eines Ehrenpunctes". Auch das Recht bayerischer Diplomaten, das Reich an ausländischen Höfen im Falle der Abwesenheit des kaiserlichen Botschafters zu vertreten, lehnte er bald nach der Reichsgründung ab. Es handle sich dabei, erklärte er im Juni 1871 dem deutschen Botschafter in London, um ein reines „Ehrenrecht", dem keine praktische Bedeutung zukomme.[58]

Derartige Demütigungen schürten in Bayern das Gefühl, dass man in den Novemberverhandlungen über den Tisch gezogen worden war. Bayern habe, so klagten viele Beobachter, seine Unabhängigkeit an einen deutschen Nationalstaat verkauft, der sich als nichts anderes herausgestellt habe als die Expansion der preußischen Militärmonarchie. Im Rückblick auf die ersten drei Lebensjahre des Reiches verglich ein anonymer Karikaturist der Münchner Satirezeitschrift *Die Bremse* im April 1874 „Preußens idealen Reichsgedanken und sein Verhältniß zu Bayern" mit einer großen Schlange, die eine Pickelhaube trägt und sich gierig über ein kleines Häschen beugt, das für Bayern und seine Reservatrechte steht (Abb. 1.13). Das preußisch-dominierte Reich, warnt die Karikatur, werde bald auch die letzten Sonderrechte auslöschen und Bayern vollständig verschlingen. „Das Häslein wird vielleicht zuletzt gefressen", betont der Untertitel, „aber gefressen wird es."

Einen Monat später veröffentlichte das Magazin eine weitere Karikatur zu Bayerns Lage im Bund. Anlass waren die Feierlichkeiten, die im ganzen Reich zu Ehren der Veteranen aus den Einigungskriegen abgehalten wurden. Die Zeich-

Abb. 1.13: „Preußens idealer Reichsgedanke", Die Bremse (4. April 1874), anonymer Künstler

nung zeigt einen Löwen, das bayerische Wappentier, am Boden dahinsiechen (Abb. 1.14). Das ehemals stolze Tier ist an zwei Kreuze gekettet, die als „Denkzeichen" den Kriegen mit Österreich und Frankreich gewidmet sind. Bayern sei, wie der Titel sagt, „auch ein Veteran, der 1866 und 1870/71 und noch öfter dabei war". Dennoch bestehe kein Grund, beim „Veteranenfest" mitzumachen, so die Botschaft der Karikatur, weil die beiden jüngsten Kriege Bayern die Freiheit geraubt und es zu einem Gefangenen eines Reiches gemacht hätten, das ihm seinen Stolz genommen habe.

Nur wenige Jahre nach der Vereinigung von Nord und Süd schien es den Befürwortern der bayerischen Unabhängigkeit also so, als seien ihre schlimmsten Befürchtungen wahr geworden. Edmund Jörg, einer der führenden Politiker der partikularistischen Bayerischen Patriotenpartei, kleidete die Ängste, die mit der Reichsgründung einhergingen, in eindrucksvolle Worte, als er seine Kollegen im bayerischen Landtag am 21. Januar 1871 davor warnte, dem Abschluss der Einigungsverträge zuzustimmen: „Gelingt es uns [...] im letzten Augenblick noch das Unheil abzuwenden und die freie, berechtigte Staatsexistenz Bay-

Abb. 1.14: „Auch ein Veteran", Die Bremse (9. Mai 1874), anonymer Künstler

erns innerhalb der deutschen Nation zu retten, dann, meine Herren, haben wir ein Werk getan [...]. Gelingt es uns aber nicht, muß die freie, berechtigte Selbständigkeit und Staatsexistenz Bayerns innerhalb der deutschen Nation untergehen."[59] Solche Warnungen entfalteten deshalb eine beachtliche Wirkung, weil sie der größten Sorge Ausdruck gaben, die Bayern und die anderen Mittelstaaten in den Einigungsverhandlungen umtrieben: der Furcht, das Sagen über ihre eigenen Angelegenheiten an einen nationalen Superstaat zu verlieren, in dem die preußische Hegemonie sie an den Rand der Bedeutungslosigkeit drängen könnte.

## IV. Die Konstitutionelle Drehscheibe

Im Frühjahr 1869, drei Jahre nach Gründung des Norddeutschen Bundes, war die Vereinigung von Nord- und Süddeutschland kaum vorangekommen. Weder die Regierungen noch die Parlamente verfolgten einen klaren Fahrplan. Wilhelm Scholz verarbeitete diesen von vielen als frustrierend empfundenen Stand der Dinge in einer Karikatur, die den norddeutschen Reichstag, das deutsche Zollparlament und die beiden Kammern des preußischen Parlamentes, das Herrenhaus und das Abgeordnetenhaus (hier als „Landtag" bezeichnet), als Ringelreiter auf einem Kinderkarussell zeigt (Abb. 1.15). Unter dieser „Constitutionellen Drehscheibe", wie der Titel das Fahrgeschäft nennt, kommentiert ein kurzer Reim die Situation: „Das Herrenhaus wird alt, der Reichstag wieder jung, doch der Mensch hofft immer auf Besserung." In ihrem Versuch, Fortschritte in der deutschen Frage zu machen, schienen sich die verschiedenen Parlamente Deutschlands und Preußens in Scholz' Augen also im Kreis zu drehen und nirgendwo anzukommen. Zielgerichtet, so seine Kritik, sei ihr Verhalten überhaupt nicht. Was einem blieb, war nur die Hoffnung auf ein Umdenken der Volksvertretungen.

Diese Beschwerde ist interessant, weil sie deutlich macht, dass zeitgenössische Beobachter des politischen Geschehens den deutschen Parlamenten eine wichtige Rolle auf dem Weg zum Nationalstaat beimaßen. Sie verstanden die Volksvertretungen als wirklichen Machtfaktor in der Gründung des Reiches. Historiker haben das oft anders gesehen. Viele Studien haben argumentiert oder sind zumindest stillschweigend davon ausgegangen, dass die monarchischen Regierungen der Einzelstaaten und nicht die parlamentarischen Vertreter des Volkes das Kaiserreich schufen. Besonders Hans-Ulrich Wehler hat diese Sichtweise geprägt, indem er die Ereignisse von 1848 und 1871 als „Doppelrevolution" beschrieb. Deren erster Teil habe sich „von unten" entfaltet. Ihr zweiter Teil sei dagegen „von oben" oktroyiert worden. Als Beweis für diese Interpretation führte er neben anderen Dingen die Tatsache an, dass 1848 mit dem Frankfurter Paulskirchenparlament eine nationale Volksversammlung die Einheit vorantrieb, wohingegen 1870 eine Reihe von Vertragsverhandlungen zwischen den deutschen Regierungen im Mittelpunkt der Ereignisse standen. „Am Eingang zum neuen Staatsgebäude [stand] kein ursprünglicher Emanzipationsakt der politisch mündigen Volksschichten", so Wehler, „sondern der autoritäre preußische Obrigkeitsstaat expandierte mit blendenden Erfolgen zum Deutschen Reich von 1871."[60]

Auch wenn diese Sichtweise ob der erdrückenden Dominanz der preußischen Regierung einiges für sich hat, muss man vorsichtig sein, die Dinge nicht zu ver-

Abb. 1.15: „Constitutionelle Drehscheibe",
Kladderadatsch (März 1869), Wilhelm Scholz

zerren. Zu behaupten, die Reichsgründung sei vollkommen undemokratisch gewesen, wird der Komplexität der Vorgänge nicht gerecht. Das Grundproblem der Wehlerschen und ähnlicher Interpretationen liegt darin, dass sie von einer falschen Annahme ausgehen. Sie blicken auf die Reichsgründung nämlich so, als ob der National- und der Bundesstaat gleichzeitig gegründet worden wären. Staatsgründung und Verfassungsgebung fielen aber, wie wir oben gesehen haben, nicht zusammen.

Wenn wir unseren Blick auf die Verhandlungen der Einigungsverträge im November 1870 beschränken, scheinen die monarchischen Regierungen tatsächlich die einzig relevanten Entscheidungsträger gewesen zu sein. Volksvertreter waren in Versailles die meiste Zeit überhaupt nicht zugelassen. Einer Delegation von Reichstagsabgeordneten wurde erst erlaubt, den preußischen König um Annahme der Kaiserkrone zu ersuchen, nachdem die Gemeinschaft der Fürsten dieses Angebot bereits ausgesprochen und Wilhelm es angenommen hatte. Wenn wir unser Blickfeld aber erweitern und den gesamten Zeitraum zwischen dem Deutschen Krieg vom Sommer 1866 und dem Friedensvertrag mit Frankreich im Frühjahr 1871 betrachten, sehen wir ein ganz anderes Bild. Die gesamtdeutsche Verfassung, so können wir dann erkennen, wurde in jedem wichtigen Schritt des Einigungsprozesses und sowohl auf nationaler als auch auf einzelstaatlicher Ebene mit parlamentarischer Zustimmung ins Leben gerufen. Kurz gesagt: Parlamente spielten eine entscheidende Rolle in der Reichsgründung, weil sie das Ergebnis von 1871 demokratisch absegneten.[61]

Auf den ersten Blick mag das seltsam erscheinen, weil es keine verfassungsgebende Versammlung im herkömmlichen Sinne gab. Entworfen wurde die Verfassung nicht von einem Parlament, sondern von Bismarck. Wie genau die Verfassung entstanden ist, werden die nächsten beiden Kapitel im Detail nachzeichnen. Hier genügt es, sich kurz die wichtigsten Stationen auf dem Weg zu ihrer Annahme vor Augen zu führen. Bismarck erstellte auf Basis seiner Reformvorschläge für den Deutschen Bund im Herbst 1866 mithilfe seiner Mitarbeiter aus den preußischen Ministerien einen offiziellen Entwurf. Das preußische Kabinett nahm diesen Mitte Dezember ohne große Umschweife an und leitete ihn umgehend an die Regierungen jener norddeutschen Staaten weiter, die Mitglieder des Augustbündnisses waren. Nachdem diese den Entwurf auf einer mehrmonatigen Konferenz verhandelt und angepasst hatten, brachten sie ihn am 4. März 1867 gemeinsam – als Gruppe der „verbündeten Regierungen" – in ein norddeutsches Parlament ein, das extra für diesen Zweck am 12. Februar nach dem allgemeinen Männerwahlrecht gewählt worden war: den konstituierenden Reichstag. Dieser beriet, überprüfte und änderte den Entwurf. Dabei nahm die liberal-konservative Mehrheit der Abgeordneten nicht nur kleine Nachbesserungen vor, sondern auch größere Korrekturen, die den Charakter von Bismarcks Originalkonzeption teilweise beträchtlich veränderten. So wurde zum Beispiel auf Antrag der Nationalliberalen die Rolle des Kanzlers im föderalen Regierungsgefüge neu definiert. Am 16. April nahm der Reichstag den überarbeiteten Entwurf schließlich an. Die einzelstaatlichen Regierungen bestätigten ihn noch am selben Tag.[62]

Drei Jahre später spielte der Reichstag keine vergleichbare Rolle. Das lag ganz einfach daran, dass es 1870/71 um einen ganz anderen Vorgang ging. Keine Verfassungsgebung, sondern der Beitritt der Südstaaten zur Verfassungsordnung des Norddeutschen Bundes stand auf dem Programm. Aber selbst in diesen Prozess war das nationale Parlament eingebunden. Mit dem oben bereits erwähnten Gesetz, das die Reichsverfassung enthielt, bekam der Reichstag am 16. April 1871 indirekt auch die Einigungsverträge zur Abstimmung vorgelegt, da diese in die überarbeitete Verfassung eingegangen waren. Durch Annahme des Gesetzes genehmigte der Reichstag also nicht nur die Verfassungsordnung des neuen Nationalstaates, sondern nachträglich auch die Verträge, die diesen geschaffen hatten. Mit anderen Worten: 1870/71 wurden genau wie schon 1867 alle entscheidenden Schritte der Umwandlung Deutschlands in einen Bundesstaat von einer nationalen Volksvertretung gebilligt.

Das gleiche galt für die Parlamente der Mitgliedsstaaten des neuen Bundes. 1867 legten die Regierungen aller norddeutschen Einzelstaaten außer Braunschweig die Verfassung, auf die sie sich mit dem konstituierenden Reichstag geeinigt hatten, ihren jeweiligen Landtagen zur Abstimmung vor. Erst nachdem diese die Verfassung bestätigt hatten, trat sie in den entsprechenden Ländern in Kraft. 1871 wurde jedes der süddeutschen Parlamente gefragt, den Einigungsverträgen zuzustimmen. Ihre Einbeziehung in den Vereinigungsprozess war der Hauptgrund, warum es nach Einigung der Regierungen in Versailles Ende November noch so lang dauerte, bis die Verträge umgesetzt werden konnten. Das bayerische Abgeordnetenhaus erteilte sein Einverständnis erst am 21. Januar, drei Tage nach der Proklamation des Kaisers und ganze drei Wochen nach dem offiziellen Gründungstermin des Reiches.[63]

Die einzelstaatlichen Volksvertretungen spielten also genau wie der Reichstag eine bedeutende Rolle in der Reichsgründung. Die Parlamente waren zwar nicht die Erzeuger, aber immerhin die Geburtshelfer des gesamtdeutschen Bundesstaates. Sowohl die Verfassungsgebung von 1867 als auch die Staatsgründung von 1871 vollzogen sich auf der Basis parlamentarischer Zustimmung auf Bundes- und Landesebene. Die Reichsgründung war daher mitnichten ein rein undemokratischer Akt des preußischen Obrigkeitsstaates.

Gleichzeitig muss man aber auch festhalten, dass die Einbeziehung der deutschen Parlamente nicht mit der Rolle vergleichbar ist, die das Volk bei der Gründung anderer Nationalstaaten spielte. Das gilt auch für die Bildung der beiden anderen großen Bundesstaaten der Zeit. Die föderalen Verfassungen der Schweiz und der USA hatten ihren Ursprung in einem Ausschuss des Bundesparlamentes beziehungsweise in einem Delegiertenkongress der einzelstaatlichen Volksvertretungen. Außerdem wurden sie entweder durch Volksentscheide oder durch speziell für diesen Zweck gewählte Volksversammlungen angenommen. Vermutlich sind es solche Verfahren, die Historiker vor Augen haben, wenn sie die deutsche Verfassungsgebung als undemokratisch beschreiben. Derartige Vergleiche sind aber problematisch. Die Verfassungen der Schweiz und der USA entstanden in einem republikanischen Umfeld, die deutsche in einem monarchischen. Man muss deshalb die Rolle der deutschen Parlamente vor einem ganz anderen Hintergrund bewerten. Bedenkt man, dass in Deutschland die Fürsten und nicht das Volk als souverän galten, erscheint die Einbindung des Reichstages und der Landtage in die Bildung eines Bundes zwischen eben diesen Souveränen umso bemerkenswerter. Was dadurch entstand, war, wie Ernst Rudolf Huber hervorgehoben hat, eine „vereinbarte Verfassung" zwischen den monarchischen Regierungen und dem Volk.[64]

Wie demokratisch das Zustandekommen dieser Vereinbarung war, hing wesentlich von den Handlungsspielräumen der beteiligten Parlamente ab. Wäre es für den Reichstag oder die Landtage überhaupt möglich gewesen, den Verfassungsentwurf oder die Einigungsverträge abzulehnen? Und wenn ja, was wäre dann geschehen? Die einzelstaatlichen Parlamente, so scheint es, hätten ihre Zustimmung kaum verweigern können. 1867 standen sie unter einem enormen politischen Druck, weil sie erst über die Verfassung abstimmen durften, nachdem sich die Regierungen ihrer Länder und der Reichstag bereits auf sie geeinigt hatten. Eine Ablehnung wäre daher ein Schlag ins Gesicht aller monarchischen Entscheidungsträger und nationalen Parlamentsabgeordneten gewesen. Keiner der Landtage der kleinen norddeutschen Fürstentümer oder selbst Sachsens hätte einen solchen Alleingang wagen können, ohne eine Annexion, einen Volksaufstand oder vielleicht sogar beides zu riskieren.

1870/71 lagen die Dinge anders, waren für die einheitsskeptischen Landtage in Bayern und Württemberg aber nicht unbedingt einfacher. Die partikularistischen Parteien im bayerischen Abgeordnetenhaus konnten die Abstimmung über die Einigungsverträge zwar bis Mitte Januar verschieben. Nachdem die anderen süddeutschen Parlamente aber ihr Einverständnis gegeben hatten, wurde die Gefahr der politischen Isolation so groß, dass die Mehrheit der bayerischen Abgeordneten ihren Widerstand aufgab. Nur wenn alle süddeutschen Landtage an einem Strang gezogen und die Verträge geschlossen abgelehnt hätten, wäre die Vereinigung mit dem Norden vielleicht zu verhindern gewesen. Dieses Szenario war aber absolut unrealistisch. In Baden und in Hessen-Darmstadt wollten die Parlamente unbedingt den Beitritt zur Verfassungsordnung des Nordens. Das hatte verschiedene Gründe. In der von Nationalliberalen dominierten badischen Kammer herrschte aufrichtiger Enthusiasmus für die Gründung eines Nationalstaates. Dem Darmstädter Parlament war dagegen vor allem deswegen an einem gesamtdeutschen Bundesstaat gelegen, weil man wieder mit dem nördlichen Teil Hessens, dem ehemaligen Kurfürstentum Hessen-Kassel, von dem man seit dem 16. Jahrhundert getrennt war und das Preußen 1866 annektiert hatte, unter einem Dach vereint sein wollte.

Die Handlungsspielräume des Reichstages waren sehr viel größer. Abgesehen vom Zollparlament, das sich ausschließlich mit Handels- und Gewerbefragen beschäftigte, war der Reichstag die einzige Volksversammlung, die, je nachdem, ob wir von 1867 oder 1871 sprechen, den gesamten deutschen Norden beziehungsweise ganz Deutschland vertrat. Dieses Vertretungsmonopol gab dem Reichstag eine stärkere Position im Prozess der Reichsgründung als jedem Landtag. Andererseits stand der Reichstag umso mehr unter dem Druck, die Erwartungen der gesamtdeutschen Öffentlichkeit zu erfüllen. Nach den Siegen Preußens gegen Österreich und besonders gegen Frankreich herrschte landauf, landab große Begeisterung für die Gründung eines Nationalstaates. Diese Erwartungshaltung machte es für den Reichstag schwer bis unmöglich, Bismarcks Verfassungsentwurf oder die Einigungsverträge gänzlich zu verwerfen. Das schränkte seine Verhandlungsfreiheit beträchtlich ein. Von diesem Standpunkt aus betrachtet, scheint der konstituierende Reichstag von 1867 mit den teils drastischen Änderungen, die er am Verfassungsentwurf vornahm, das meiste aus seinen Möglichkeiten gemacht zu haben.

Das gilt besonders, wenn man bedenkt, dass Bismarck für den Fall eines Scheiterns der Verhandlungen mit dem Reichstag einen Alternativplan vorbereitet hatte. Zur Absicherung seiner Ziele hatte er am 31. März 1867 – als das Parlament gerade mitten in den Spezialberatungen zu seinem Entwurf steckte – einen geheimen Vertrag zwischen den Regierungen Preußens, Sachsens, Sachsen-Weimar-Eisenachs, und Hessen-Darmstadts geschlossen. Darin verpflichteten sich die Unterzeichner, den Entwurf in Form eines Staatsvertrages zur gemeinsamen Verfassung zu machen, sollte der Reichstag ihn ablehnen. Dazu mehr im nächsten Kapitel.

Angesichts dieser Sicherheitsvorkehrung war die Zustimmung des Reichstages wohl keine unabdingbare Voraussetzung für die Gründung des Bundesstaates. Getrieben von ihren hegemonialen Ambitionen hätte die preußische Monarchie unter Bismarck vermutlich auch ohne parlamentarisches Einverständnis eine gesamt- oder zumindest norddeutsche Ordnung geschaffen. Nichtsdestotrotz war die Billigung des Reichstages politisch außerordentlich wichtig. Andernfalls wäre die Idee, eine Verfassung in Form eines intergouvernementalen Staatsvertrages zu erlassen, nicht Bismarcks Ausweichlösung, sondern seine Hauptstrategie gewesen. Parlamentarische Zustimmung, so betonte er immer wieder, war entscheidend für das Gelingen der Reichsgründung, da er dadurch ein Druckmittel erhielt, um den Widerstand der monarchischen Einzelstaatsregierungen gegen einen preußisch-dominierten Bundesstaat zu überwinden. „Auf Einigung der Regierungen darüber ohne die Mitwirkung einer Vertretung der Nation", schrieb er kurz vor Ausbruch des Krieges mit Österreich im April 1866 an den preußischen Gesandten in St. Petersburg, „ist [...] nicht zu hoffen".[65]

Für diese Strategie musste Bismarck aber einen Preis zahlen. Um die Zustimmung des Reichstages zur Verfassung zu erhalten, war er gezwungen, seinen Entwurf so zu gestalten, dass den monarchischen Teilen starke parlamentarische Elemente gegenüberstanden. Die Änderungen, die der Reichstag am Entwurf vornahm, bildeten dieses besondere Gleichgewicht des Regierungssystems weiter aus. Die Reichsverfassung war deshalb ein Kompromiss zwischen den monarchischen Regierungen und den deutschen Parlamenten nicht nur hinsichtlich des Prozesses, der sie zustande brachte, sondern auch hinsichtlich der Strukturen, die sie schuf. Die nächsten beiden Kapitel werden diese komplizierten Strukturen genau untersuchen. Bereits jetzt können wir aber festhalten, dass dieser Kompromisscharakter der Verfassung eine der wichtigsten Spuren war, die die Reichsgründung auf dem gerade beginnenden Lebensweg des neuen Bundesstaates hinterließ. Denn der Kompromiss der Gründungsphase band die Zukunft der föderalen Ordnung an ein Gleichgewicht, das in hohem Maße situationsbedingt und damit zerbrechlich war. Seine Entwicklung und die Folgen eines möglichen Zusammenbruchs waren für niemanden absehbar.

## V. Liberale Totengräber und royale Lakaien

Im April 1868 verurteilte ein anonymer Karikaturist die Nationalliberalen im *Münchener Punsch* aufs Schärfste (Abb. 1.16). Nur die Metapher des Todes schien ihm für die Beschreibung ihres Verhaltens gerecht. Die Partei habe viele Ideale und Ziele, für die Liberale in ihrem langen Kampf um einen Nationalstaat eingetreten waren, einfach beerdigt: den „Kampf gegen Militär-Budgets", die „Rede-Freiheit", das „Selbst-Bestimmungsrecht der Schleswig-Holsteiner", und die „Chur-Hessische-Verfassung von 1831". „Das Alles", erklärt der Titel der Karikatur, „ruht, und noch manches Andere". Die Nationalliberalen, die sich gerade, als die Zeichnung veröffentlicht wurde, im konstituierenden Reichstag als Geburtshelfer der neuen Nation aufspielten, seien daher in Wirklichkeit „Todtengräber". Woher kam die Enttäuschung, die in dieser heftigen Anklage zum Ausdruck kommt? Was war mit dem deutschen Liberalismus geschehen?

Als König Wilhelm von Preußen Bismarck im September 1862 zum Ministerpräsidenten ernannte, steckte die preußische Monarchie in einer schweren Verfassungskrise. Das Abgeordnetenhaus, das von Liberalen dominiert war und sich auf sein Recht der Haushaltsbewilligung stützte, verweigerte die Finanzierung einer Reform des preußischen Heeres. Der Versuch des Königs, durch Auflösung des Parlamentes und anschließende Neuwahlen günstigere Mehrheitsverhältnisse zu erzeugen, endete in einem Fiasko. Die neu gegründete liberale Deutsche Fortschrittspartei, die eine Ausweitung des Militärhaushaltes strikt ablehnte, errang bei den Wahlen vom Dezember 1861 einen großen Sieg. Sie verfünffachte ihre Mandate und wurde stärkste Partei, während die Konservativen schwere Verluste hinnehmen mussten. Gemeinsam verfügten die liberalen Fraktionen über eine breite Mehrheit und konnten die Heeresreform so weiter blockieren.

Sobald er sein neues Amt angetreten hatte, löste Bismarck die Pattsituation zwischen Regierung und Parlament ohne viel Skrupel auf. Er entschied, ganz einfach ohne parlamentarisch bewilligtes Budget zu regieren und die Reform auch trotz des heftigen Widerstandes des Abgeordnetenhauses durchzuführen. Die preußische Verfassung, erklärte er, träfe keine Vorkehrungen für einen sol-

Abb. 1.16: „Nationalliberale Totengräber", Münchener Punsch (12. April 1868), anonymer Künstler

chen, den Staat lähmenden Dauerstreit zwischen Parlament und Regierung. Diese „Lücke", so seine Rechtfertigung, mache es notwendig, dass die Regierung den Willen des königlichen Souveräns ohne Rücksicht auf die Belange des Parlamentes umsetze, da sonst die Handlungsfähigkeit des Staates nicht gewährleistet werden könne.[66]

Dieses Verhalten widersprach dem Geist der Verfassung diametral. Aber Bismarcks „Lückentheorie" war wohl kein direkter Rechtsbruch. Die Lage war komplizierter. In seiner Analyse der Verhandlungen zur preußischen Verfassung zwischen 1848 und 1850 hat Günther Grünthal gezeigt, dass die „Lücke" keine bloße Behauptung war. Die Konservativen hatten die relevanten Bestimmungen absichtlich so gestaltet, dass eine Leerstelle entstand, welche die monarchische Exekutive schützen würde. Sie sollte der Regierung die Möglichkeit geben, Haushaltsstreite auszusitzen. Bismarck brach in den 1860er-Jahren deshalb nicht das Recht, sondern nutzte ein Schlupfloch aus, wie Hans-Christof Kraus betont hat, das er als junger Abgeordneter in den Verfassungsverhandlungen selbst gegen die Liberalen mitverteidigt hatte.[67]

Diese Geringschätzung des Prinzips einer verfassungsgebundenen Regierung machte Bismarck für die Liberalen, die seine konservative Agenda ohnehin mit Argwohn betrachteten, endgültig zur Hassfigur. In den folgenden Jahren versuchten sie alles, um seine Politik zu behindern und ihn aus dem Amt zu zwingen. Was dann passierte, ist oft beschrieben worden: Preußens unerwarteter Sieg über Österreich in der Schlacht von Königgrätz wandelte die Stimmung in weiten Teilen der liberalen Partei über Nacht. Eine Vereinigung der deutschen Staaten schien plötzlich in Reichweite. Bismarck und die preußische Militärmonarchie machten dieses Ziel, für das die Liberalen seit den Napoleonischen Freiheitskriegen gestritten hatten, auf einmal zu einer realistischen Möglichkeit. Die später berühmt gewordene Voraussage, die der verhasste preußische Ministerpräsident bei seinem Amtsantritt vier Jahr zuvor getroffen hatte, schien sich zu bewahrheiten: „Nicht durch Reden oder Majoritätsbeschlüsse werden die großen Fragen der Zeit entschieden – das ist der große Fehler von 1848 und 1849 gewesen – sondern durch Eisen und Blut."[68]

Angesichts der dramatischen Veränderung des politischen Machtgefüges in Deutschland entschieden sich die meisten Liberalen für einen strategischen Sinneswandel. Sie stellten ihre traditionellen Erwartungen an einen Nationalstaat – wie zum Beispiel die Garantie von Grundrechten, eine unitarische Organisation der Staatsgewalt, und die Einführung eines parlamentarischen Regierungssystems – hintan und suchten den Schulterschluss mit Bismarck. Deutlichster Ausdruck dieser Umorientierung war die Verabschiedung des sogenannten Indemnitätsgesetzes im September 1866. Durch Annahme dieser Regierungsvorlage bestätigte das preußische Abgeordnetenhaus rückwirkend die Rechtmäßigkeit des umstrittenen Haushaltes der Vorjahre. Bismarck war damit vom Vorwurf des Verfassungsbruchs freigesprochen, und der „Kampf gegen Militär-Budgets" landete, wie der *Münchener Punsch* in seiner Totengräber-Karikatur beklagte, auf dem Friedhof.

Für dieses opportunistische Verhalten zahlten die Liberalen mit ihrer inneren Spaltung. Die bismarckfreundliche Mehrheit unter ihnen sagte sich im November 1866 von der Fortschrittspartei los. Zurück blieb ein Rumpf von Linksliberalen, die sich weiterhin Bismarck widersetzten. Die neugegründete Nationalliberale Partei bildete dagegen in den nächsten Jahren *die* parlamentarische Stütze für Bismarcks Deutschlandpolitik. Sie wurde zur Reichsgründungspartei. Im Februar 1867 gewannen die Nationalliberalen in den Wahlen zum konstituierenden Reichstag achtzig Sitze und damit mehr als drei Mal so viele wie die Linksliberalen. Als stärkste Fraktion stellten sie den Löwenanteil der Stimmen, die Bismarcks Verfassungsentwurf im April annahm. Betört von der Aussicht auf die baldige Gründung eines Nationalstaates stimmten sie der Verfassung zu, obwohl diese, wie wir im übernächsten Kapitel sehen werden, vielen ihrer Kernanliegen widersprach. So gab es zum Beispiel keinen Grundrechtskatalog. Die „Rede-Freiheit" und andere bürgerliche Rechte, kritisierte die Karikatur des *Münchener Punsches*, wurden dadurch zu Grabe gelegt.[69]

In den nächsten Jahren trugen die Nationalliberalen Bismarcks Kurs weiter mit, indem sie den neu gegründeten Norddeutschen Bund innenpolitisch konsolidierten und seine bundesstaatliche Ordnung ausbauten. Zu diesem Zweck ließen sie viele Streitfragen ruhen, um die sie jahrzehntelang mit den Konservativen gerungen hatten. Darunter waren, wie die Karikatur des *Münchener Punsches* verbittert festhielt, auch der Konflikt um die liberale kurhessische Verfassung, die der örtliche Fürst 1850 einfach abgeschafft hatte, und das vermeintliche Recht der Bewohner Schleswigs und Holsteins, selbst zu entscheiden, ob sie zu Dänemark oder zu Deutschland gehören wollten. Beide Konflikte hatten sich ohnehin erledigt, weil Preußen durch die Annexion Hessen-Kassels 1866 und den Sieg im Deutsch-Dänischen Krieg zwei Jahre zuvor vollendete Tatsachen geschaffen hatte.[70]

Die opportunistische Kehrtwende der Nationalliberalen vom Feind zum Freund Bismarcks war ein ganz entscheidender Moment in der Umgestaltung Deutschlands. Durch sie erhielt die Idee eines kleindeutschen Nationalstaates erstmals eine große und verlässliche parlamentarische Basis, die zu einer Allianz mit der preußischen Monarchie bereit war. Die Befürworter dieser Idee hatten sich schon 1859 im Deutschen Nationalverein zusammengefunden. Schnell wuchs diese Interessenvertretung zu einer mächtigen Lobbyorganisation, die 1862 nicht weniger als 25 000 Mitglieder zählte und viele wichtige Positionen im öffentlichen Leben besetzte, vor allem in der Turn- und Schützenbewegung. Nach Bismarcks Ernennung zum Ministerpräsidenten litt der Verein aber unter den gleichen Problemen wie die liberale Partei. Der Streit darüber, ob man Bismarck die Hand reichen oder ihn bekämpfen sollte, führte zu internen Spaltungen. Die Organisation begann zu erodieren, bis schließlich nur noch 1000 Mitglieder übrig waren. 1867 löste sich der Nationalverein schließlich selbst auf, als sein rechter und größter Flügel beschloss, der neugegründeten Nationalliberalen Partei beizutreten.[71]

Indem sie Bismarck einen parlamentarischen Partner gab, machte die spektakuläre Umorientierung der Liberalen die Reichgründung möglich. Aber sie brachte auch ein großes Problem mit sich. Der Opportunismus der Liberalen beschädigte den Parlamentarismus als Legitimationsquelle für die entstehende föderale Ordnung. Die Nationalliberalen, die mit Abstand stärkste Gruppierung im konstituierenden Reichstag, nahm die Verfassung nicht an, weil sie von der Gestaltung des Bundesstaates überzeugt gewesen wären, sondern nur, weil sie den Pakt mit Bismarck als die einzig realistische Chance für die Gründung eines Nationalstaates sahen. Der Vereinigung Deutschlands ordneten sie alles andere unter. Für dieses Ziel waren sie selbst bereit, auf ihr Ideal eines unitarischen Staates mit parlamentarischer Regierung zu verzichten und einer Verfassung ins Leben zu helfen, die einen monarchischen Bundesstaat schuf. Mit anderen Worten: Ihre Zustimmung galt dem nationalen, nicht dem föderalen Staat. Der Opportunismus hinter diesem Abstimmungsverhalten schwächte die Legitimationskraft, die vom positiven Votum des Reichstages für die Verfassung und Einigungsverträgen ausging, deutlich ab.

Der Fortbestand des Monarchismus machte dieses Defizit kaum wett. Diese Beobachtung mag zunächst seltsam erscheinen. Immerhin dominierten die monarchischen Regierungen der Einzelstaaten die Bildung des Nationalstaates und gaben ihm, wie das nächste Kapitel zeigen wird, die äußere Form eines Fürstenbundes. Dieser monarchische Charakter des neuen Staates hätte theoretisch seine föderale Ordnung legitimieren müssen. Schaut man aber genauer hin, erkennt man, dass die Vorgänge zur Gründung des Reiches das monarchische Prinzip, das die Fürsten zu souveränen Trägern der Staatsgewalt machte, mehr verletzten als stärkten. Den größten Schaden richteten die preußischen Annexionen von Hannover, Nassau, und Hessen 1866 an. Preußen verleibte sich das Königreich, das Herzogtum und das Kurfürstentum ohne viel Federlesens ein. Dadurch enteignete der Hohenzollernstaat drei Dynastien, die seit dem Mittelalter über ihre jeweiligen Territorien geherrscht hatten: das Haus der Welfen, das Haus Nassau und das Haus Hessen. Drei monarchische Souveräne wurden einfach gewaltsam abgesetzt. „Durch diese Ereignisse", erklärte der liberale Abgeordnete Rudolf Schleiden im konstituierenden Reichstag, sei „das monarchische Princip auf das Aeußerste erschüttert". Er habe „vergebens in der Geschichte nach einem Beispiele gesucht, wo eine Regierung von Gottes Gnaden in ähnlicher Weise durch ihr Verhalten das monarchische Princip erschüttert hätte, wie das von der Königlichen Preußischen Regierung geschehen" sei. Die geschädigten Dynastien unterstrichen diesen Eindruck wirkungsvoll. Sie bildeten später die Gruppe der „Depossedierten", eine Art Interessenverband, der das preußische Verhalten als abscheulichen „Kronraub" verurteilte und angemessene Entschädigungen forderte.[72]

Sogar brennende Republikaner, wie die Satiriker von *Le Charivari*, sahen in den preußischen Annexionen eine grobe Verletzung fundamentaler Rechts- und

Legitimationsprinzipien. Der berühmte Illustrator Cham brachte dies in einer Karikatur zum Ausdruck, die Preußen als einen Soldaten darstellt, der zwei verschiedene Stoffteile mit Nadel und Faden zusammennäht (Abb. 1.17). Das eine Tuch steht für Preußen, das andere für die annektierten Staaten. „Es ist eine Sache, zu wissen, wie man mit der Nadel umgeht", kommentiert der Untertitel, „aber es ist eine Fertigkeit, die man nicht missbrauchen sollte". Die preußischen Annexionen, so die unterschwellige Botschaft, waren ein illegitimer Gewaltakt. Dieser Missbrauch der preußischen Machtstellung tat mehr, als das Prinzip der monarchischen Souveränität zu untergraben. Er setzte es außer Kraft.

Der preußische König verurteilte Bismarcks Annexionspolitik deshalb scharf, er konnte sie aber nicht verhindern. Seine Hilflosigkeit legte offen, wie weit selbst der mächtigste unter den deutschen Fürsten an den Rand der Entscheidungsprozesse gedrängt wurde, die die politische Landschaft Deutschlands revolutionierten. Die gekrönten Häupter waren auf dem Weg zur Reichsgründung mehr Mitläufer als Anführer. Geplant, verhandelt und durchgeführt wurden die einzelnen Schritte zur Vereinigung der Einzelstaaten nicht von ihren monarchischen Souveränen, sondern von ihren Ministern und Diplomaten. Die Rolle der Fürsten beschränkte sich bis auf wenige Ausnahmen, wie wir im nächsten Kapitel sehen werden, auf das Unterzeichnen von Verträgen und die Übernahme von zeremoniellen Verantwortlichkeiten.

Honoré Daumier veranschaulichte diese Passivität der Monarchen in einer Karikatur, die kurz nach Abschluss der Einigungsverhandlungen von Versailles im Dezember 1870 in *Le Charivari* erschien (Abb. 1.18). Bismarck, so gibt die Karikatur zu verstehen, degradiere die Könige von Bayern, Württemberg und Sachsen, die an ihren Kronen erkennbar sind, zu bloßen Lakaien auf der preußischen Staatskutsche. Aber nicht nur das: Der Ministerpräsident lehnt sich so weit aus dem Fenster und gibt den Lakaien so bestimmt die Richtung vor, dass er sogar den preußischen König, den eigentlichen Besitzer der Kutsche, in den Schatten drängt. „So versteht Bismarck die deutsche Einheit", unterstreicht der Untertitel.[73]

Derartige Beobachtungen blickten hinter die monarchische Fassade des neuen Kaiserreiches. Der wichtigste Teil dieser Verkleidung war die Einsetzung eines neuen deutschen Kaisertums. Die Proklamation des Kaisers schuf allerdings überhaupt keine gesamtdeutsche Monarchie, die als Legitimationsgrundlage der neuen Ordnung hätte dienen können. Wie wir im Laufe der nächsten Kapitel sehen werden, wurde der preußische König trotz Annahme des Kaisertitels kein Reichsmonarch, der über den gekrönten Häuptern der anderen Einzelstaaten gestanden hätte. Die besondere Machtstellung seines Königreiches machte ihn vielmehr im Kreis der monarchischen Souveräne zum Ersten unter Gleichen. Als

Abb. 1.17: „Une Aiguille", Le Charivari (4. September 1866), Cham

*primus inter pares* stand er gewissermaßen dem Kollegium der Fürsten vor, beherrschte sie aber nicht.⁷⁴

Diese eingeschränkte Position des Kaisers spiegelte sich in seinem Titel wider. Die Bezeichnung „Deutscher Kaiser" war ganz bewusst anstelle des konventionelleren Prädikats „Kaiser von Deutschland" gewählt worden. Es handelte sich dabei um einen bloßen Ehrentitel, eine Neuschöpfung, die während der Verhandlungen in Versailles für viel Ärger gesorgt hatte. König Wilhelm weigerte sich hartnäckig, den Titel anzunehmen. Die Situation eskalierte am Abend vor der Proklamation. In einem stickigen, überhitzten Raum diskutierte Wilhelm die Titelfrage mit Bismarck, dem Minister des königlichen Haushalts und dem Kronprinzen mehr als drei Stunden lang. „Nur ein Scheinkaisertum übernähme

Abb. 1.18: „Comment Bismarck comprend l'unité allemande", Le Charivari (26. Dezember 1870), Honoré Daumier

er, nichts weiter als eine andere Bezeichnung für ‚Präsident'", klagte Wilhelm laut den Tagebucheinträgen seines Sohnes. „Er müßte sich mit einem Major vergleichen, dem der Charakter als ‚Oberstleutnant' verliehen worden sei." Bismarck aber blieb hart und bestand darauf, dass Wilhelm auf keinen Fall am nächsten Morgen zum „Kaiser von Deutschland" ausgerufen werden könne. Denn diese Formel hätte suggeriert, dass Wilhelm der neue territoriale Herrscher über ganz Deutschland gewesen wäre. Diese Stellung gab die Verfassung dem Kaiser aber nicht. Die Südstaaten hätten die Einrichtung eines solchen Amtes in den Einigungsverhandlungen nie akzeptiert.

Zu später Stunde war Wilhelm von dieser Argumentation so frustriert, dass er schließlich aufgab. Er verfluchte Bismarck, beweinte den Untergang des alten Preußens und ging dann einfach zu Bett, ohne dass die Frage gelöst worden wäre.

Während der Proklamationsfeier am nächsten Morgen zeigte sich der Großherzog von Baden umsichtig. Als Ranghöchster unter den anwesenden Fürsten fiel ihm die Aufgabe zu, den neuen Kaiser auszurufen. Dabei vermied er, die Titelfrage noch einmal aufkommen zu lassen. Als er die anwesenden Hoheiten und Militärs dazu aufforderte, dem neuen Kaiser zu huldigen, brachte er einfach ein Hoch auf „unseren Kaiser Wilhelm" aus.[75]

Die Schaffung des Kaisertums war also ein äußerst problematischer Vorgang, der die Frage nach der Geltungskraft des monarchischen Prinzips eher umging als sie zu beantworten. Als Legitimationsquelle für die neue Bundesstaatsordnung eignete er sich daher genauso wenig wie die opportunistische Zustimmung des Reichstages. In gewisser Weise richtete die Proklamation des Kaisers in dieser Hinsicht mehr Schaden als Nutzen an. Indem die Verhandlungen zwischen Nord und Süd das Amt eines Kaisers installierten, diesem aber nicht die Stellung eines Monarchen gaben, verwässerten sie das ohnehin durch die preußischen Annexionen schwer ramponierte monarchische Prinzip noch weiter. Unter diesen Vorzeichen legitimierte der Fortbestand des Monarchismus die neue föderale Ordnung höchstens oberflächlich.

Dazu kam noch ein weiteres Problem. Der kleindeutsche Bundesstaat konnte sich auch auf keine große historische Tradition berufen. Wilhelm beschwor in seiner kurzen Rede während der Zeremonie in Versailles zwar die „Wiederherstellung des Deutsches Reiches", und die offizielle Proklamationsurkunde sprach davon, „mit der Herstellung des Deutschen Reiches die seit mehr denn sechzig Jahren ruhende deutsche Kaiserwürde zu erneuern". Es war aber offensichtlich, dass die politischen und militärischen Vorgänge zur Gründung des Reiches mit der Tradition eines großdeutschen Staatenbundes brachen, die Deutschland seit dem Mittelalter geprägt hatte.[76]

Nur wenige Tage nachdem der preußische Sieg bei Königgrätz das Ausscheiden Österreichs aus Deutschland besiegelt hatte, führte Cham diesen Bruch den Lesern von *Le Charivari* deutlich vor Augen. Er verglich die Situation in Deutschland mit der Konfrontation zwischen einer edlen Dame und einem Hausmeister, der bei einer Säuberungsaktion wertvolles Porzellan zerbrochen hat (Abb. 1.19). Wütend fragt sie ihn: „Du Dummkopf, hast du diesen Teller in tausend Teile zerschlagen?" Keck erwidert er: „Gnädige Frau, das ist Politik! Ich wollte nur sehen, wie es zurzeit um den Deutschen Bund steht." Preußen, so die Aussage der Szene, habe Deutschland einer Säuberung unterzogen und dabei das Porzellan der staatenbündischen Tradition Deutschlands auf dem harten Boden der Geschichte zerschmettert. Österreich, die noble Herrin des deutschen Hauses und Hüterin dieser Tradition, sei zwar schockiert, könne aber nichts mehr tun, außer den Schaden zu betrachten. Die Wahl dieser Metapher ist interessant, weil sie zeigt, wie radikal der Bruch mit der Vergangenheit von Zeitgenossen empfunden wurde. Das Geschirr sieht so gründlich zerstört aus, dass es unmöglich scheint, es jemals wieder zusammenzusetzen.

Es gab nur sehr wenige Intellektuelle und Personen des öffentlichen Lebens, die versuchten, das neue Reich in eine historische Tradition einzubinden. Die meisten äußerten ihre Ideen nicht während, sondern erst einige Jahre nach der Reichsgründung. Das lag vermutlich daran, dass das Legitimationsdefizit der neuen Ordnung mit dem langsamen Verblassen der Euphorie über die militärischen Siege und die Staatsgründung immer deutlicher zutage trat. Gewöhnlich konzentrierten sich solche Versuche darauf, das Amt des Kaisers in eine historische Linie mit dem Kaisertum des Heiligen Römischen Reiches zu stellen. So versuchte der konservative preußische Historiker Albert von Ruville, ein überzeugter Konvertit zum Katholizismus, über diesen Ansatz den „Beweis für den staatsrechtlichen Zusammenhang zwischen altem und neuem Reich" zu erbringen. Letzteres, argumentierte er, sei wegen eben dieser Verbindung kein Bundesstaat, sondern ein „monarchischer Einheitsstaat".[77]

Die wichtigste Persönlichkeit unter diesen Außenseitern war der preußische Kronprinz Friedrich, ein Romantiker mit viel Sinn für das Mittelalter. Als sich der Gesundheitszustand seines Vaters Mitte der 1880er-Jahre verschlechterte, schlug er vor, bei seiner Thronbesteigung den Namen Kaiser Friedrich IV. statt Friedrich III. anzunehmen. Damit wolle er deutlich machen, dass er nicht in der Nachfolge des preußischen Königs Friedrichs II., des Großen, stehe, sondern in der des Heiligen Römischen Kaisers Friedrichs III., der im 15. Jahrhundert über das Reich geherrscht hatte. Schon während der Einigungsverhandlungen in Versailles war der Kronprinz jedoch der einzige wichtige politische Entscheidungsträger gewesen, der das neue Reich in die Nachfolge des alten hatte stellen wollen. Alle anderen Staatsmänner fanden diesen Gedanken entweder amüsant oder einfach nur befremdlich. So verwarf Bismarck Friedrichs Namenspläne mit dem Hinweis, dass niemand auch nur die „entfernteste Verbindung" zum Heiligen Römischen Reich sehe.[78]

Die große Mehrheit der Politiker, aber auch der Bevölkerung zeigte überhaupt kein Interesse für irgendwelche historischen Kontinuitäten. Das Thema wurde gar nicht diskutiert. Die Unterschiede waren einfach zu groß, als dass ein überzeugender geschichtlicher Zusammenhang hätte konstruiert werden können. Das neue Reich schloss Deutschland staatlich enger zusammen und machte es zu einer europäischen Großmacht. Das alte Reich war hingegen ein loser Staatenbund, dessen schwache Strukturen es über Jahrhunderte anfällig für innere Streitigkeiten und Interventionen von außen gemacht hatten. Der liberale Abgeordnete Carl von Saenger machte diesen Kontrast deutlich, als der

—Imbécile tu as cassé cette assiette en mille morceaux?—Madame, c'est la politique! je voulais me rendre compte de ce qu'était actuellement la confédération Germanique.

Abb. 1.19: „Imbécile", Le Charivari (9. Juli 1866), Cham

Reichstag im Dezember 1870 die Einigungsverträge debattierte. „Dies neue deutsche Reich", unterstrich er, „es ist gewiß nicht die Nachahmung des alten ehemaligen heiligen römischen Reiches – das war ein trübseliges Konglomerat widerstrebender Kräfte".[79]

Die Geschichte war also genauso wie der Monarchismus und der Parlamentarismus keine kraftvolle Legitimationsquelle für den entstehenden kleindeutschen Bundesstaat. Sie alle kratzten mehr an seinem Image, als dass sie es polierten. Keiner dieser Faktoren stellte einen überzeugenden Grund dafür dar, dass der Nationalstaat die Form eines *föderalen* Bundesstaates annahm und nicht zum Beispiel einer unitarischen Erweiterung Preußens oder einer losen Konföderation aus preußischen Satellitenstaaten. Der neu geschaffene Bundesstaat hatte somit ein Legitimationsproblem. Es gab nur zwei Merkmale des Einigungsprozesses, die die Gründung eines kleindeutschen Föderalstaates zumindest teilweise rechtfertigten: Krieg und politischer Pragmatismus. Sprudelnde Legitimationsquellen für eine Staatsordnung von so großer Komplexität waren sie aber beide nicht, wie wir nun sehen werden.

## VI. Finis Coronat Opus

Einen Monat nach Ausbruch des Deutsch-Französischen Krieges 1870 zeichnete Wilhelm Scholz für den *Kladderadatsch* „die wahrhafte Mainbrücke" (Abb. 1.20). Seine Karikatur zeigt einen bayerischen und einen preußischen Soldaten, die auf verschiedenen Seiten eines Flusses – nämlich des Mains – stehen und sich beide Hände reichen. Germania, die Personifikation der deutschen Nation, schwebt über dieser Verbrüderung und schließt die beiden Soldaten in ihre Arme. Die Botschaft der Zeichnung ist eindeutig. Der gegenwärtige Krieg mit Frankreich führe die deutschen Staaten in einer nationalen Waffenbruderschaft zusammen. Darin seien alle Mitglieder, wie die gleiche Größe des Preußen und des Bayern andeutet, gleichgestellt. Durch diese Schicksalsgemeinschaft überwinde der Krieg die Differenzen zwischen dem von Preußen dominierten Norddeutschen Bund und den Südstaaten und ermögliche so ihre Vereinigung. Die gerade entstehende Nation sei deshalb, wie der Titel betont, „mit Blut getauft".

Diese Karikatur ist deshalb interessant, weil sie zeigt, dass die deutsche Öffentlichkeit den Krieg beziehungsweise die Waffenbrüderschaft, die er formte, als wichtige Legitimationsquelle des neuen Reiches begriff. Diese Sichtweise ist wenig überraschend, wenn man bedenkt, dass sich Deutschland hauptsächlich auf Basis militärischer Erfolge von einem losen Staatenbund in einen starken Bundesstaat entwickelte. Die Reichsgründung umfasste insgesamt drei Kriege von jeweils ganz eigener Art: einen Bündniskrieg österreichischer und preußischer Truppen gegen Dänemark; einen Bürgerkrieg zwischen zwei Koalitionen aus deutschen Staaten, die jeweils unter preußischem und österreichisch-bayerischem Oberkommando standen; und einen europäischen Großmächtekrieg zwischen der Allianz der deutschen Staaten und Frankreich. 1864 richtete der Konflikt mit Dänemark die Kräfteverhältnisse in den innerdeutschen Beziehungen neu aus. 1866 schloss der preußische Triumph Öster-

Abb. 1.20: „Mit Blut getauft", Kladderadatsch
(14. August 1870), Wilhelm Scholz

reich aus Deutschland aus und machte die Liberalen zu Partnern Bismarcks. 1870 brachen die gemeinsamen Kriegsanstrengungen gegen Frankreich den Widerstand, der im Süden vielerorts gegen eine Vereinigung mit dem preußisch-dominierten, protestantischen Norden geherrscht hatte. Kurz gesagt: Krieg war für jeden wichtigen Schritt auf dem Weg zur Reichsgründung entscheidend. Als der norddeutsche Reichstag dem Einigungsvertrag mit Bayern im Dezember 1870 zustimmte, unterstrich Rudolf von Bennigsen, einer der führenden Köpfe der Nationalliberalen, in einer emotionalen Ansprache die bedeutende Rolle, die Krieg in der Bildung der neuen Nation spielte: „Wir nehmen keine Gegner in den Bund auf, sondern deutsche Genossen, [...] bewährt in einem unerhörten glorreichen Kampfe für die unserem Vaterlande gebührende Stellung, welche jetzt ihren Ausdruck finden wird in einer deutschen Gesammtverfassung, die dem mißtrauischen Europa und dem feindlichen Frankreich erst abgewonnen werden mußte."[80]

Derartige Aussagen sind in der Entstehungsphase von Nationalstaaten nichts Ungewöhnliches. Egal, in welcher Epoche: Krieg war in vielen Staatsgründungen eine wichtige Legitimationsquelle. Das trifft auch für die USA und die Schweiz zu. Die Bundesstaaten von 1787 und 1848 wurden jeweils aus den Flammen des amerikanischen Unabhängigkeitskrieges und des Schweizer Sonderbundskrieges geboren. Die Gründung dieser beiden Föderalordnungen ist also genau wie die der deutschen ein Beispiel dafür, dass „die Bildung von Nationalstaaten eine der wichtigsten Kriegsursachen in der modernen Welt" ist, wie der Soziologe und Politikwissenschaftler Andreas Wimmer formuliert hat. Für den deutschen Fall erscheint die Bedeutung von Krieg besonders wichtig. Der entstehende Nationalstaat war ein schlafender Riese in der Mitte Europas, der das alte Großmachtgefüge komplett durcheinanderbrachte. Geopolitische Fragen waren deshalb absolut zentral in der Phase der Reichsgründung. Es war kein Zufall, dass die Präambel der Reichsverfassung den „Schutz des Bundesgebietes" zu einem der Hauptziele des neuen Bundes erklärte.[81]

Krieg war allerdings eine problematische Legitimationsquelle für die gesamtdeutsche Ordnung. Der Enthusiasmus, den die Einigungskriege in weiten Teilen der Bevölkerung hervorriefen, war von Natur aus nur temporär. Außerdem hatte er rein gar nichts mit dem föderalen Charakter des neuen Nationalstaates zu tun. Wenn dieser überhaupt beachtet wurde, war er meist Gegenstand harscher Kritik, ganz besonders vonseiten der Liberalen. Sie sahen im bundesstaatlichen Aufbau des Reiches eine Fortführung des deutschen Partikularismus und ein Hindernis für die Einführung einer parlamentarischen Reichsregierung. So kritisierte der linksliberale Abgeordnete Wilhelm Loewe seine Kollegen im norddeutschen Reichstag scharf dafür, das Reich in der Verfassung nicht ausreichend gegenüber dem Partikularismus gestärkt zu haben. Nach dem Krieg werde die Begeisterung der Stunde abflauen und dann die ganze Problematik der neu eingerichteten Ordnung zutage treten: „Wenn der Moment vorüber ist, meine Herren, dann wird man ja des Blutes immer noch gedenken, aber man wird seiner mit anderen Empfindungen gedenken. Die Kritik dagegen dessen, was hier für die Dauer geschaffen ist, wird dann Ihnen gegenüber wenig Rücksicht darauf nehmen."[82]

Diese Warnung ist ein eindrucksvolles Zeugnis dafür, dass man schon vor Abschluss des Vereinigungsprozesses erkennen konnte, wie wacklig die Legitimationsgrundlage des neuen Bundesstaates war. Wenn die Kriegsfanfaren erst einmal verstummt und der politische Alltag mit all seinen technischen Fragen in die Regierungsgeschäfte Einzug halten würde, so viel war klar, würde es schwierig werden, die föderale Organisation des Reiches einfach mit Verweis auf die Kriege zu rechtfertigen, die den Nationalstaat auf den Weg gebracht hatten.

Neben den Einigungskriegen gab es nur einen anderen Faktor, der die entstehende Bundesstaatsordnung zumindest ein Stück weit legitimierte. In dem historischen Fenster zwischen 1864 und 1871 wurde die Bismarcksche Lösung der deutschen Frage zwar niemandem ganz, aber doch allen ein bisschen gerecht. Sie bot die größtmögliche Überschneidung der politischen Interessen aller wichtigen Kräfte, die an der Gründung des Nationalstaates beteiligt waren. Weder für die preußische Regierung noch für die Regierungen der Mittel- und Kleinstaaten oder die nationalen Parlamente entsprach ein *föderaler* Bundesstaat ihrem Wunschkonzept einer gesamtdeutschen Ordnung. Sie entschieden sich trotzdem für diese Lösung, weil sie die einzige Option war, die der Vielzahl an verschiedenen, oft widersprüchlichen Interessen Rechnung tragen und so die Vereinigung ermöglichen konnte.

Bismarck und die preußische Regierung hatten zwei Hauptinteressen: Preußen die Hegemonie über Deutschland zu sichern und ein System zu installieren, das monarchische Souveränität gegen die erstarkenden Kräfte des Parlamentarismus schützen würde. Alle anderen deutschen Staaten einfach mit dem preußischen Staat zu verschmelzen und so ein unitarisches Großpreußen zu schaffen, wie es Piemont-Sardinien mit den italienischen Staaten ein paar Jahre zuvor gemacht hatte, hätte nicht beide dieser Ziele erreicht. Eine deutschlandweite Expansion – entweder durch Beitritt oder Annexion der anderen Staaten – hätte zwar die Hegemonie Preußens garantiert. Aber sie hätte auch die Glaubwürdigkeit des monarchischen Prinzips komplett zerstört, weil sie mit Ausnahme des preußischen Königs alle gekrönten Häupter abgesetzt hätte. Camillo von Cavour, der piemontesische Ministerpräsident und Strippenzieher hinter der italienischen Vereinigung, steckte nicht in einer solchen Zwickmühle. Piemont-Sardinien konnte die anderen Monarchien auf der italienischen Halbinsel ohne große Legitimitätsprobleme schlucken, weil es sich bei den meisten um Dynastien handelte, die entweder aus den weitverzweigten Häusern der Habsburger oder Bourbonen stammten oder zumindest von diesen toleriert wurden. Sie waren daher gewissermaßen „Eindringlinge" in Italien, die das Risorgimento im Namen der Nation einfach hinwegfegen konnte.[83]

Bismarck hatte es dagegen mit gekrönten Häuptern aus alten deutschen Dynastien zu tun, die fest in ihren jeweiligen Staaten verankert waren, wie etwa das bayerische Haus Wittelsbach oder die diversen thüringischen Seitenlinien des Hauses Wettin. Die Errichtung eines großpreußischen Reiches, das nicht nur die Opfer der Annexionen von 1866, sondern alle diese Dynastien abgesetzt hätte, wäre wohl ein tödlicher Schlag für das Konzept der monarchischen Souveränität gewesen. Angesichts dieses Dilemmas war es für die preußische Monarchie viel klüger, ein System der indirekten Hegemonie einzurichten. Bismarck unterstrich dies beispielsweise in einem Brief an den preußischen Gesandten in St. Petersburg, den er nur wenige Tage nach dem Sieg über Österreich bei Königgrätz schrieb, als weite Teile der preußischen Öffentlichkeit und auch viele

Minister die Annexion ganz Norddeutschlands forderten. Der Unterschied zwischen einer deutschlandweiten Expansion des Hohenzollernkönigreiches und einer Reform des Bundes, die Deutschland unter die Kontrolle Preußens stellen würde, betonte er, sei „praktisch nicht groß genug, um dafür das Schicksal der Monarchie von Neuem aufs Spiel zu setzen".[84]

Der französische Karikaturist Louis Morel-Retz, der unter seinem Künstlernamen Stop auch als Illustrator und Kostümdesigner für Jacques Offenbachs Operette *Orpheus in der Unterwelt* berühmt war, entlarvte diese Strategie der indirekten Hegemonie im Mai 1867 in einer Karikatur für *Le Charivari* (Abb. 1.21). Anlass war die gerade zu Ende gegangene Londoner Konferenz, die eine diplomatische Krise zwischen Frankreich und dem Norddeutschen Bund über den Status von Luxemburg beigelegt hatte. Die Zeichnung zeigt einen preußischen Soldaten, der auf einer Landkarte Zentraleuropas steht. Er hat die Ärmel hochgekrempelt und greift in eine Amphore voller Öl, das er auf der Karte verteilt. Der „Ölfleck", wie der Titel sagt, hat bereits ganz Norddeutschland bedeckt und breitet sich scheinbar unaufhaltsam gen Süden aus. In Bayern und Baden ist er schon eingedrungen. Kurz vor Luxemburg steht er in diesem Moment. Hinter dem Soldaten macht er derweil den neuen Namen Deutschlands sichtbar: „Römisches Preußen". Damit spielt die Karikatur auf das Heilige Römische Reich an. Die Warnung ist eindeutig: Auf Basis seiner militärischen Macht sei Preußen, das Norddeutschland bereits nach seinem Willen umgestaltet habe, nun dabei, seine Kontrolle auch über den Rest Deutschlands und möglicherweise über ganz Zentraleuropa auszudehnen. Dabei komme es nicht in seiner eigentlichen Gestalt daher, sondern in Form eines neuen Reiches.

Die Regierungen der deutschen Mittel- und Kleinstaaten goutierten den föderalen Umbau Deutschlands vor allem aus einem Grund. Angesichts der Entschlossenheit Preußens und der breiten Volksbewegung schien ihnen die Gründung eines Nationalstaates nicht mehr vermeidbar zu sein. In dieser Situation war die Einrichtung eines bundesstaatlichen Systems für sie die einzige Option, um die Souveränität ihrer Staaten und monarchischen Häupter zumindest theoretisch zu bewahren. Nach dem gewaltsamen Ausscheiden Österreichs aus Deutschland waren staatenbündische Modelle nicht mehr realistisch. Ein unitarischer Staat hätte andererseits das Ende aller einzelstaatlichen Souveränität bedeutet. Es blieb den Regierungen der Mittel- und Kleinstaaten also nichts anderes übrig, als einer föderalen Lösung zuzustimmen. Der bayerische König Ludwig II. erklärte dieses Dilemma in einem Brief, den er gegen Ende der Einigungsverhandlungen von Versailles im November 1870 an seinen Bruder Otto schrieb. Darin rechtfertigt er sich dafür, dass er seinen Widerstand aufgeben und darin einwilligen wolle, ihrem preußischen Cousin die Kaiserkrone anzutragen:

Abb. 1.21: „Une tache d'huile", Le Charivari (2. Mai 1867), Stop

„Könnte Bayern allein, frei vom Bunde, stehen, dann wäre es gleichgültig, da dies aber geradezu eine politische Unmöglichkeit wäre, da Volk und Armee sich dagegen stemmen würden und die Krone mithin allen Halt im Land verlöre, so ist es, so schauderhaft und entsetzlich es immerhin bleibt, ein Akt von politischer Klugheit, ja von Notwendigkeit im Interesse der Krone und des Landes, wenn der König von Bayern jenes Anerbieten stellt, [...] Bayern [muß] nun doch einmal aus politischen Gründen in den Bund."[85]

Der Reichstag billigte die föderale Gestaltung des neuen Reiches ganz einfach deswegen, weil die meisten Abgeordneten Bismarcks Lösung als die beste Chance begriffen, die sie womöglich jemals haben würden, um endlich das Ziel zu erreichen, für das liberale und nationale Kräfte seit den Befreiungskriegen gekämpft hatten: die Gründung eines deutschen Nationalstaates. Mit dem Föderalismus an sich konnte die nationalliberale Mehrheit der Parlamentarier wenig anfangen. Ihr Ideal war ein unitarischer Nationalstaat mit parlamentarischer Regierung. Die Schaffung eines deutschen Bundesstaates war daher für sie nicht mehr als ein Teilerfolg. Sie stimmten der Verfassung aber zu, wie das übernächste Kapitel zeigen wird, weil sie noch immer unter dem Trauma der gescheiterten Revolution von 1848 standen und deshalb nicht daran glaubten, dass ein Nationalstaat jemals gegen den Willen der monarchischen Regierungen errichtet werden könnte. Kooperation statt Konfrontation war für sie das Gebot der Stunde. Ihre Strategie dabei war mutig, aber logisch. Sie nahmen die Verfassung als zeitweiligen Kompromiss an und spekulierten, die neu geschaffene Ordnung lasse sich dann später – wenn sich die Kräfteverhältnisse erst einmal zu ihren Gunsten verschoben hätten – schrittweise zentralisieren und parlamentarisieren. Der altliberale Abgeordnete Georg von Vincke, der Bismarck 1852 zu einem Duell herausgefordert hatte und daher nicht unbedingt als Freund des Ministerpräsidenten galt, brachte diese Strategie 1867 im konstituierenden Reichstag gegenüber den ideologischen Hardlinern unter den Liberalen auf eine einfache Formel: „Bringen Sie das Haus erst unter Dach, um es dann vielleicht wohnlicher einzurichten."[86]

Solche Überlegungen machen deutlich, dass die föderale Gestaltung des neuen Nationalstaates das Ergebnis vornehmlich pragmatischer Entscheidungen war. Der Föderalismus war *die* Organisationsform, die das breiteste Spektrum an politischen Interessen abdeckte beziehungsweise die meisten Interessen zumindest nicht abwürgte. Insofern war die Reichsgründung auf allen Seiten ein Akt der Realpolitik. Dieser Pragmatismus der politischen Entscheidungsträger machte die Vereinigung der deutschen Staaten überhaupt erst möglich. Die meisten anderen Vorschläge, die in den 1860er-Jahren zur Umformung des deutschen Staatswesens zirkulierten, ignorierten die Interessen einer, wenn nicht sogar mehrerer der beteiligten Parteien. Der Südbundplan des bayerischen Ministerpräsidenten und späteren Reichskanzlers Chlodwig zu Hohenlohe-Schillingsfürst ist ein Paradebeispiel. Der Plan sah vor, einen unabhängigen Bund der Südstaaten zu schaffen und diesen mit dem Norddeutschen Bund in einem losen dritten, gesamtdeutschen Staatenbund zu vereinigen.[87]

Diese Konstruktion trug weder dem Wunsch der Liberalen nach einem mächtigen nationalen Parlament noch dem preußischen Hegemoniebestreben ausreichend Rechnung. Folgerichtig scheiterte der Plan jedes Mal, wenn er vorgeschlagen wurde. In den 1860er-Jahren wurde er in der Diskussion um die Reform des Deutschen Bundes zweimal verworfen. Im November 1870 holte ihn die bayerische Regierung in ihrem verzweifelten Versuch, so viel wie möglich aus den Einigungsverhandlungen in Versailles herauszuschlagen, noch einmal aus der Schublade, erntete dafür aber nichts als Unverständnis. Bismarcks föderale Lösung war das genaue Gegenteil. Sie hatte die Interessen aller wichtigen Beteiligten im Blick und versuchte, jedem zumindest teilweise gerecht zu werden. Der neu geschaffene Bundesstaat garantierte Preußens Hegemonie über Deutschland, bewahrte die Souveränität der Fürsten der Mittel- und Kleinstaaten, und gab den mannigfaltigen Kräften der nationalen Volksbewegung ein starkes gesamtdeutsches Parlament.

Es hatte aber auch einen entscheidenden Nachteil, dass die Legitimation der neuen föderalen Ordnung vor allem auf der pragmatischen Überschneidung politischer Interessen beruhte. Diese Legitimationsgrundlage brachte unweigerlich strukturelle Unsicherheit und Instabilität mit sich. Die politischen Interessen der verschiedenen Staaten, der monarchischen Regierungen und der Parlamente waren äußerst vielfältig und situationsabhängig. Es war wahrscheinlich, dass sie sich nach der Vereinigung mit Änderung der äußeren Umstände verschieben, den Ausgleich der Gründungsphase auflösen und damit die Bundesstaatsordnung ihres Daseinszwecks entkleiden würden. Statt einen stabilen Rahmen für die ohnehin schwierigen Beziehungen zwischen Preußen, den Mittel- und den Kleinstaaten, aber auch zwischen den monarchischen Regierungen und dem nationalen Parlament zu schaffen, machte die Reichsgründung die Zukunft des neuen Föderalstaates davon abhängig, wie sich das vertrackte Verhältnis dieser Faktoren entwickeln würde.

Wilhelm Scholz entlarvte dieses Problem in einer seiner *Kladderadatsch*-Karikaturen, direkt nachdem der konstituierende Reichstag im April 1867 Bismarcks Verfassungsentwurf angenommen hatte. Die neue Reichsverfassung ähnelte in seinen Augen einem Säugling, der in den Armen seiner nährenden Mutter Germania liegt und erste Schreie von sich gibt (Abb. 1.22). Die Überlebensfähigkeit und endgültige Gestalt des aus dem Pragmatismus seiner Erzeuger hervorgegangenen Bundes, kommentiert der Untertitel, werde sich erst mit dem Heranreifen der Verfassung herausstellen: „Der Norddeutsche Bund zeugt auf dem Boden der Thatsachen die Reichsverfassung, von welcher man erst wenn sie aus den Windeln sein wird, sehen kann, ob sie Hand und Fuß hat."

Im Dezember 1870, als Nord und Süd gerade die Einigungsverträge unter Dach und Fach gebracht hatten, machte Scholz das Legitimationsproblem der neuen Föderalordnung noch deutlicher. Mit beißender Ironie nahm er die Symbolpolitik rund um den erfolgreichen Abschluss der Versailler Verhandlungen auseinander. Seine Karikatur zeigt eine Gruppe von Engeln, die drei kaiserliche Insignien zu einem Tisch bringen, auf dem die Einigungs-

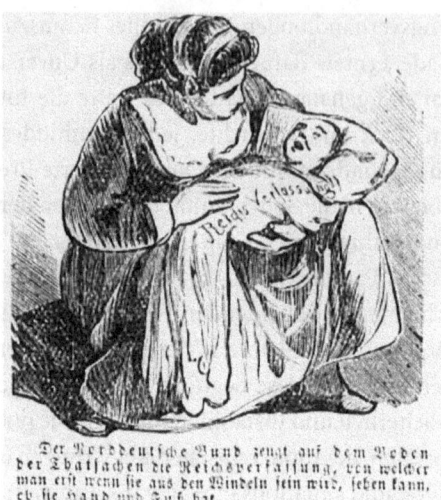

Abb. 1.22: „Reichsverfassung", Kladderadatsch (Juni 1867), Wilhelm Scholz

verträge des Norddeutschen Bundes mit Bayern, Hessen, Württemberg und Baden liegen (Abb. 1.23). Zwei Putten tragen einen schweren Krönungsmantel und decken ihn über die Verträge. Drei andere Cherubinen befördern ein Kissen, auf dem eine Krone liegt. Diese ähnelt der alten heiligen römischen Reichskrone, ist aber nicht identisch. Einer der Kissenträger hat einen bayerischen Armeehelm auf, eine Anspielung darauf, dass es der bayerische König war, der Wilhelm von Hohenzollern letztlich die Kaiserkrone im Namen der Fürsten anbot. Ein weiteres Engelchen schleppt einen Reichsapfel herbei, der symbolisch für den globalen Machtanspruch des neuen Kaiserreiches steht. Betitelt ist die Szene mit einem lateinischen Denkspruch des römischen Dichters Ovid: „Finis coronat opus" oder „Das Ende krönt das Werk". So vielschichtig die Zeichnung, so eindeutig ihre Botschaft. Die Einrichtung des Kaisertums sei nur ein Täuschungsmanöver, das die wahre Natur des neuen Föderalstaates verschleiere, indem sie dessen Ursprung in pragmatischen Verhandlungen und Zweckmäßigkeitserwägungen hinter pompösen nationalen Symbolen verstecke. „Gewisse Dinge", bemerkt der Untertitel süffisant, „bedeckt man gern mit dem (Kaiser-) Mantel der Liebe".

Abb. 1.23: „Finis coronat opus", Kladderadatsch (25. Dezember 1870), Wilhelm Scholz

# VII. Bund in der Schwebe

Die erste Vereinigung des modernen Deutschlands wurde nicht allein durch Preußens Glanz und Gloria oder Blut und Eisen erreicht. Sie war das Ergebnis eines komplexen Verhandlungsprozesses zwischen verschiedenen kollektiven, oftmals widersprüchlichen Ideen über die Organisation des entstehenden Nationalstaates. Dieser Prozess hinterließ, wie wir gesehen haben, gleich mehrere strukturelle Probleme im föderalen Verfassungssystem. Außerdem stellte er Letzteres auf keine stabile Legitimationsgrundlage. Aufgrund dieser besonderen Geburtsmerkmale gab die Reichsgründung der föderalen Ordnung keine klare Richtung vor. Statt einen gewissen Entwicklungshorizont zu definieren, band sie das Schicksal des Bundesstaates an den Wettbewerb und Konflikt zwischen den verschiedenen Einzelstaaten, monarchischen Regierungen, und dem Reichstag. Kurz gesagt: Die Reichsgründung ließ die Zukunft des Bundesstaates komplett offen. Dieses Kapitel hat den *Prozess* ausgekundschaftet, der einen solchen Schwebezustand des föderalen Systems hervorbrachte. Die nächsten beiden Kapitel widmen sich dem *Dokument*, das ihn zu einer rechtlichen Gegebenheit machte: der Reichsverfassung.

# Kapitel 2: Die Legende vom Fürstenbund

"Seid gegrüßt, Mitvasallen!" Die Aufregung war groß, als der junge Fürst Georg Albert von Schwarzburg-Rudolstadt den Spiegelsaal von Versailles betrat und mit dieser saloppen Bemerkung die anderen gekrönten Häupter der deutschen Einzelstaaten begrüßte, die an diesem 18. Januar 1871 zur Proklamation des neuen Kaisers gekommen waren. Einige konnten sich ein Lachen nicht verkneifen. Andere nickten dem Prinzen von Arkadien, wie sie den Schwarzburger Lebemann überall nannten, verstohlen zu. Die anschließende Zeremonie sorgte für weiteres Unbehagen. Der preußische Hofprediger Bernhard Rogge hielt eine langatmige Ansprache, die den „Charakter einer Hausandacht" hatte und nicht gerade würdevoller dadurch wurde, dass „der improvisierte Altar [...] einer nackten Venus" gegenüberstand, wie der preußische Oberstleutnant Paul Bronsart von Schellendorff berichtete. Erschien dieser Anblick einigen Monarchen noch durchaus amüsant, waren viele tief getroffen von dem, was sie sich anhören mussten. Rogge predigte zu einem Psalm, der ihre schlimmsten Ängste zu bestätigen schien. Die Bibelstelle, die er ausgesucht hatte, suggerierte ziemlich unverhohlen, dass die Geburt des neuen preußisch-dominierten Bundes das Ende ihrer Souveränität bedeuten würde: „So lasset euch nun weisen, ihr Könige, und lasset euch züchtigen, ihr Richter auf Erden! Dient dem Herrn mit Furcht und freut euch mit Zittern!"[1]

Eigentlich waren die Großherzöge von Baden und Oldenburg, die Herzöge von Sachsen-Coburg-Gotha, Sachsen-Meiningen und Sachsen Altenburg, die Fürsten von Schaumburg-Lippe und Schwarzburg-Rudolstadt, der Kronprinz von Sachsen, die Erbgroßherzöge von Mecklenburg-Schwerin und Mecklenburg-Strelitz, die Erbprinzen von Sachsen-Meiningen und Anhalt, die Prinzen Luitpold, Otto und Leopold von Bayern und die Prinzen Wilhelm und August sowie die Herzöge Eugen der Ältere und Jüngere von Württemberg gekommen, um den Sinn der Zeremonie zu unterstreichen. Mit ihrer Anwesenheit wollten sie deutlich machen, dass der preußische König aus der Mitte der regierenden Fürsten zum Deutschen Kaiser erhoben und so zum ersten unter vielen grundsätzlich gleichgestellten Souveränen gemacht wurde. Statt mit dem angemessenen Respekt behandelt zu werden, wurden sie jetzt aber in aller Öffentlichkeit gedemütigt. Es fühlte sich an, als würden sie vor aller Augen dem Joch der preußischen Monarchie unterworfen. Otto von Bayern schrieb einige Tage später an seinen Bruder König Ludwig II., der wie zahlreiche andere Landesherrscher die Proklamation von vornherein als unerträglichen Akt des preußischen Militarismus abgetan und sein Kommen verweigert hatte: „Ach, Ludwig, ich kann Dir gar nicht beschreiben, wie unendlich weh und schmerzlich mir während jener Zeremonie zumute war, wie sich jede Phase in meinem Innern sträubte und empörte gegen all das, was ich mit ansah. [...] Welchen wehmütigen Eindruck machte es mir, unser Bayern sich da vor dem Kaiser neigen zu sehen. [...] Alles so kalt, so stolz, so glänzend, so prunkend und großtuerisch und herzlos und leer."[2]

Bismarck, der von der Bedeutung der symbolträchtigen Veranstaltung wusste und sich deswegen trotz akuter Gallenschmerzen aus dem Bett gequält hatte, schäumte vor Wut. Den Sarkasmus des Schwarzburger Dandys konnte er gerade noch so mit Humor nehmen, die taktlosen Worte des ihm ohnehin verhassten Predigers brachten das Fass für ihn aber zum überlaufen: „Mehr als einmal dachte ich mir, warum kann ich diesem Pfaffen nicht an den Leib? Jede Thronrede muß vorher Wort für Wort beraten werden, und dieser Pfaffe darf sagen, was ihm gerade einfällt." Worüber sich Bismarck so echauffierte, war vor allem, dass die bewusste Auswahl dieser Bibelstelle einen der wichtigsten Leitgedanken untergrub, die er in den letzten Jahren während des schwierigen Vereinigungsprozesses der deutschen Staaten verfolgt hatte. Seit der Auflösung des Deutschen Bundes hatte er größte Anstrengungen unternommen, um die Gründung des neuen Nationalstaates als einen freiwilligen Zusammenschluss der monarchischen Herrscher und eben nicht als Unterwerfung der anderen Einzelstaaten unter die preußische Hegemonie erscheinen zu lassen.[3]

Am deutlichsten wurde dieses Anliegen in der Eingangsformel, die er für die neue Verfassung durchgesetzt hatte. In Anlehnung an die Verfassungsverträge des alten Bundes hatte die Präambel die Form einer feierlichen Erklärung der regierenden Fürsten. Darin gelobten diese, einen „ewigen Bund [...] zum Schutze des Bundesgebietes und des innerhalb desselben gültigen Rechtes, sowie zur Pflege der Wohlfahrt des Deutschen Volkes" zu schließen. Laut diesem Schwur ging die Vereinigung Deutschlands also nicht von der Nation, sondern von den monarchischen Souveränen der Einzelstaaten aus. Das deutsche Volk tauchte nur als Nutznießer ihrer Entscheidung auf, sich zu seinem Wohle zusammenzuschließen. Die verfassungsgebende Gewalt, die *pouvoir constituant*, lag allein bei den gekrönten Häuptern. Der neue gesamtdeutsche Staat, den diese Herrscher als gleichberechtigte Partner schufen, war demnach eine monarchische Allianz, durch die sie ihre jeweiligen Länder in einer Art Dachorganisation miteinander verbanden. Kurz gesagt: Die Präambel erklärte das Reich zu einem Fürstenbund.[4]

Dieses Zerrbild hatte mit der Wirklichkeit nicht viel zu tun. Von Gleichberechtigung unter den Fürsten konnte ob der Vormachtstellung der preußischen Monarchie, die den anderen Einzelstaaten durch Krieg, Annexion und Diplomatie ihre Lösung der deutschen Frage aufgedrückt hatte, keine Rede sein. Außerdem waren die einzelstaatlichen Souveräne und ihre Regierungen mitnichten die einzigen, die die neue Ordnung geschmiedet hatten. Der konstituierende Reichstag und die deutschen Landtage hatten die Verfassung verhandelt beziehungsweise gebilligt und dadurch eine äußerst wichtige Rolle in der Umgestaltung Deutschlands gespielt. Die Präambel zeichnete daher ein Bild der Reichsgründung, das mit den historischen Vorgängen, die wir im vorhergehenden Kapitel kennengelernt haben, wenig gemein hatte.

Aber nicht nur das. Die einleitende Beschwörung eines Fürstenbundes passte auch so gar nicht zum Hauptteil der Verfassung. Dieser richtete nämlich keine staatenbündische Union zwischen monarchischen Souveränen, sondern einen föderalen Bundesstaat mit teils stark unitarischen Zügen ein. Das war ganz offensichtlich. Mit Kaiser und Reichstag standen zwei Organe, die die gesamte Nation und nicht einzelne Staaten vertraten, an der Spitze der Exekutive beziehungsweise im Mittelpunkt des Gesetzgebungsprozesses. Das Reich genoss außerdem weitaus mehr und umfangreichere Rechte gegenüber den Einzelstaaten, als es jemals für die Zentralgewalt des Deutschen Bundes der Fall gewesen war. Dazu kam noch die erdrückende Hegemonie Preußens, die zum Beispiel in Gestalt der Stimmverteilung im Bundesrat für jeden sichtbar war. Bereits durch diese herausstechenden Merkmale – von den strukturellen Details ganz zu schweigen – schrieb die Verfassung in vielerlei Hinsicht das genaue Gegenteil von dem fest, was als gleichberechtigtes Bündnis zwischen gekrönten Häuptern von nach wie vor souveränen Staaten hätte gelten können.[5]

Dementsprechend war die Vorstellung, dass die Reichsgründung einen Fürstenbund hervorgebracht hatte, schon unter Zeitgenossen äußerst umstritten. Unter den Staatsrechtswissenschaftlern jener Tage gab es nur wenige, die argumentierten, das Reich sei aus einem völkerrechtlichen Vertrag zwischen den einzelstaatlichen Souveränen entstanden. Die meisten hielten diese Interpretation für Humbug. Einige sahen die Einrichtung des Nationalstaates als einen Akt der Bundes- beziehungsweise parallelen Landesgesetzgebung, andere als Folge einer Vereinbarung zwischen allen monarchischen Regierungen und dem Reichstag. Der berühmte Rechtsprofessor Georg Jellinek behauptete in seiner 1882 veröffentlichten *Lehre von den Staatenverbindungen* gar, dass die Reichsgründung überhaupt kein rechtlicher Vorgang war, sondern ein rein historisch-politisches Ereignis. Es herrschten also völlig verschiedene Ansichten darüber, wie das Reich zustande gekommen und was es infolgedessen eigentlich war. „Die Kategorien des Staatsrechts", konstatierte der preußische Historiker Heinrich von Treitschke, „werden an diesem Bau zu Schanden." Einig waren sich die meisten Beobachter nur in einem Punkt, nämlich darin, dass aus der Reichsgründung eben kein Fürstenbund hervorgegangen war.[6]

Wenn daran so augenscheinliche Zweifel bestanden, wieso legte Bismarck dann so viel Wert darauf, diese Fassade aufrechtzuerhalten? Woher kam die Idee des Fürstenbundes? Was war ihr Zweck? Und welche Folgen hatte sie für die bundesstaatlichen Strukturen, die während des Vereinigungsprozesses geschaffen wurden? Auf diese Fragen gibt es trotz der Fülle an Darstellungen über die Reichsgründung bisher keine Antworten. Auch 150 Jahre nach der Kaiserproklamation von Versailles bleibt der Fürstenbund ein Rätsel. Wenn Historiker überhaupt von diesem Konzept Notiz genommen haben, haben sie es für gewöhnlich sogleich mit Verweis auf die preußische Hegemonie und die unitarische Bundesstaatsordnung als reine Fiktion verworfen. Sie haben gewissermaßen direkt hinter die Fassade geblickt, ohne zuerst innezuhalten und zu betrachten, wie diese genau aussah und warum sie überhaupt errichtet wurde. Typisch ist die Einschätzung Ernst Rudolf Hubers in seiner Tour de Force durch die deutsche Verfassungsgeschichte seit der Französischen Revolution: „Während die Formel vom Fürstenbund in den Grundgesetzen des Deutschen Bundes ein sinnadäquater Ausdruck der Verfassungswirklichkeit war, war sie in der Präambel der Bismarckschen Reichsverfassung eine bloß verbale Beteuerung, die die nationalunitarische Verfassungswirklichkeit durch eine bündische Legende ideologisch zu verdecken suchte."[7]

Diese Sichtweise wird der Fürstenbundidee aus mehreren Gründen nicht gerecht. Zum einen kann sie nicht deren Langlebigkeit erklären. Während der Kanzlerschaft Bismarcks tauchte die Vorstellung vom Reich als Fürstenbund immer wieder auf, wenn die monarchischen Regierungen untereinander oder mit dem Reichstag in Konflikt gerieten. Noch 1890 versuchte Bismarck, seine drohende Entlassung durch den Vorschlag eines Staatsstreichplans abzuwenden, der die Verfassung mit der Begründung auflösen wollte, dass die einzelstaatlichen Souveräne den Fürstenbund, den sie zwei Jahrzehnte zuvor gegründet hatten, auch jederzeit wieder aufkündigen könnten. Die einzelnen Krisenmomente, die den Fürstenbund aufs Tableau brachten, werden wir im Laufe dieses Buches näher kennenlernen, vor allem, wenn wir uns in Kapitel 7 mit der eigentümlichen Verfassungsgerichtsbarkeit des Reiches beschäftigen werden. An dieser Stelle genügt es, eine grundsätzliche Beobachtung festzuhalten: Der Fürstenbund spielte eine zu wichtige Rolle, um ihn als bloßes Ammenmärchen des Reichsgründers abzutun.[8]

Zum anderen beruht die Einschätzung, dass der Fürstenbund nur eine „bündische Legende" ohne jeglichen Bezug zur Wirklichkeit war, auf einer ganz bestimmten Herangehensweise. Wenn man nach einer bestimmten staatsrechtlichen Organisationsform sucht, kann man nur zu dem Schluss kommen, dass die Verfassung keinen Fürstenbund einrichtete. Wie wir im Laufe dieses und des nächsten Kapitels sehen werden, umfassten die bundesstaatlichen Strukturen der Verfassung einzelne, mitunter sehr wichtige Bausteine eines derartigen Regierungssystems. Ihr Gesamtgefüge war aber schon aus den oben genannten Gründen eindeutig kein Fürstenbund. Während uns diese Erkenntnis hilft, den normativen Aufbau der Verfassung besser zu begreifen, sagt sie uns rein gar nichts über den Ursprung, die Hintergründe und den Zweck der Vorstellung, dass das Reich ein Fürstenbund war. Anders gesagt: Da es beim Fürstenbund mehr um den Anschein als um die Substanz ging, verfehlt man den Kern der Sache, wenn man versucht, eine konkrete Rechtsform nachzuweisen.

Wollen wir diesen Kern treffen, ergibt es mehr Sinn, den Fürstenbund als eine kreative Idee über die organisatorische Gestaltung Deutschlands ins Visier zu nehmen. Diese Idee entsprang wohlkalkulierten Überlegungen über das Verhältnis der deutschen Einzelstaaten, entwickelte sich in enger Wechselwirkung mit der politischen Lage stetig weiter und hatte ganz konkrete strukturelle Auswirkungen. Um sie zu verstehen, müssen wir tief in die Reichsgründungszeit eintauchen und die Gedankenwelt der Dokumente nachzeichnen, die den neuen Bund auf den Weg brachten. Dazu gehörten neben der Verfassung selbst diverse Entwürfe und Denkschriften, zahlreiche Beschlüsse des preußischen Kabinetts, dem sogenannten Staatsministerium, die Protokolle der Verhandlungen der einzelstaatlichen Regierungen und des konstituierenden Reichstages, die Einigungsverträge zwischen dem Norddeutschen Bund und den süddeutschen Staaten sowie die Urkunden zur Wiedererrichtung des Kaisertitels.

Diese Vorarbeiten zur Reichsverfassung waren mehr als bloße Begleiterscheinungen des größeren politischen Umwälzungsprozesses, der die deutsche Landkarte so radikal veränderte. Sie waren gedankliche Schlüsselmomente, die ihre Urheber zu Papier brachten, um nach einer Lösung für jene Verfassungsfragen zu suchen, von denen die Umgestaltung Deutschlands abhing. Es bietet sich an, sich diesen Momenten in zwei Schritten zu nähern. Zunächst müssen wir verstehen, aus welchen Überlegungen die Grundkonzeption des neuen Bundes entstand. Dazu untersucht dieses Kapitel, wie Bismarck und die einzelstaatlichen Regierungen die Verfassung des Norddeutschen Bundes 1866/67 entwickelten und drei Jahre später auf die süddeutschen Staaten ausdehnten. Aus den Dokumenten, die der Denk- und Verhandlungsprozess der exekutiven Entscheidungsträger produzierte, ergibt sich ein Mosaik, das uns in seiner Gesamtheit ein viel klareres Bild von der bündischen Reorganisation Deutschlands zeigt, als es seine einzelnen Bestandteile könnten. Durch das Fenster, das sich uns so öffnet, können wir in den neuen Verfassungsbau hineinschauen und den parlamentarischen

Beitrag zu dessen Gestaltung besser in den Blick nehmen. Das nächste Kapitel widmet sich demzufolge den Beratungen des Reichstages über den Verfassungsentwurf, den Bismarck dem Parlament im Namen der verbündeten Regierungen vorlegte und den die liberalen Abgeordneten in mehreren wichtigen Punkten erheblich anpassten. Im Spiegel dieser Amendements sowie jener Änderungen, die Bismarck verhindern konnte, geben sich die Erwartungen, Hoffnungen und Ängste zu erkennen, die liberale und konservative Kräfte jeweils mit der Schöpfung der neuen Ordnung verknüpften.

In diesen beiden Schritten entfaltet sich vor uns eine vollständige Entstehungsgeschichte der Verfassung. Diese Genesis zeigt uns, wie die föderalen Strukturen des Bundes zustande kamen und welche Absichten dahinter standen. Bisher wissen wir nur wenig darüber. Zwar haben Historiker immer wieder einzelne Etappen auf dem verschlungenen Weg zur Reichsverfassung beleuchtet. Die Leitgedanken, die auf diesem Pfad die Richtung vorgaben, liegen aber im Halbdunkeln. Eine große ideengeschichtliche Erzählung über die Geburt des neuen föderalen Regierungssystems, wie es sie zuhauf etwa über die Entstehung der amerikanischen Bundesverfassung gibt, ist nie geschrieben worden. Das liegt vermutlich daran, dass die genauen Vorgänge um das Zustandekommen der Verfassung lange Zeit von der mächtigen Legende überstrahlt wurden, die sich nach der Vereinigung der deutschen Staaten um Bismarck bildete. Zu dieser mythischen Verklärung des „Reichsgründers" gehörte auch die Vorstellung, er habe die Verfassung des neuen Nationalstaates in einem Akt genialer Improvisation ganz alleine erdacht. Sein Sekretär und früher Biograf Robert von Keudell strickte als erster an dieser Legende. In seinen 1901 veröffentlichten Erinnerungen an *Fürst und Fürstin Bismarck* schilderte er, wie sein Chef ihm „mit der fürstlichen Gelassenheit" an nur einem Nachmittag „die wichtigsten Abschnitte des Entwurfs [...] teils im Wortlaut" aus dem Kopf heraus diktiert habe.[9]

In Wirklichkeit war die Verfassung alles andere als eine „staatsrechtliche Stegreifrede", wie der bedeutende Staats- und Völkerrechtler Heinrich Triepel erstmals 1911 in einem wenig beachteten Aufsatz über die *Vorgeschichte der Norddeutschen Bundesverfassung* nachgewiesen hat. Die Verfassung ging auf zahlreiche Vorarbeiten zurück, die teils von Bismarck, teils von anderen Staatsmännern aus ganz unterschiedlichen politischen Lagern stammten. Die „geniale" Leistung Bismarcks bestand darin, zur Erfüllung bestimmter politischer Ziele die in diesen Entwürfen enthaltenen Gedanken auf ganz besondere Art und Weise zu kombinieren und das daraus resultierende Konstrukt halbwegs unbeschadet durch die verschiedenen Instanzen zu bringen, die es durchlaufen musste, um als neue deutsche Verfassung in Kraft zu treten.[10]

Eindrucksvoll gezeigt hat das Otto Becker in seiner klassischen Studie über *Bismarcks Ringen um Deutschlands Gestaltung*. Die Entstehungsgeschichte dieses Werkes ist ähnlich abenteuerlich wie die der Verfassung. Becker war ein Schüler der beiden berühmtesten liberal-konservativen Historiker des späten Kaiserreiches und der Weimarer Republik, Hans Delbrück und Friedrich Meinecke, dem Begründer der Ideengeschichte. Nach mehreren Jahren in Asien, inklusive japanischer Kriegsgefangenschaft, habilitierte er sich 1924 in Berlin und nahm 1931 einen Ruf auf den Lehrstuhl für neue Geschichte in Kiel an. Hier begann er, seine langjährigen Forschungen zu Bismarcks Umgestaltung der deutschen Verfassungsordnung zu Papier zu bringen. 1943 übergab er das Manuskript einem Leipziger Verlagshaus zur Veröffentlichung. Bei einem Bombenangriff auf die Buchhandelsstadt ging sein Opus in Flammen auf. Nach Ende des Zweiten Weltkrieges machte sich Becker daran, eine Neufassung zu schreiben. Er starb 1955, bevor er die Arbeit daran abschließen konnte. Die fehlenden Teile wurden auf Grundlage seiner Notizen von seinem Kieler Kollegen Alexander Scharff ergänzt, der das Buch schließlich 1958 als Herausgeber veröffentlichte.[11]

Beckers Studie geht also auf eine Zeit vor der nationalsozialistischen Machtergreifung zurück, in der die Geschichtswissenschaft noch stark unter dem Eindruck des gerade erst untergegangenen Kaiserreiches stand. Der glänzende Mythos vom unfehlbaren Reichsgründer hatte nach der Revolution von 1918 zwar erste Risse bekommen, überdeckte in der Weimarer Geschichtsschreibung aber nach wie vor die nüchternen historischen Vorgänge. Dementsprechend ist Beckers Blick auf die Vorgeschichte der Verfassung vor allem eine Auseinandersetzung mit der außergewöhnlichen Rolle Bismarcks bei der Gründung des deutschen Nationalstaates. Seine Studie räumt mit der Vorstellung auf, dass Bismarck Deutschland quasi im Alleingang Einheit und Verfassung geschenkt habe. Sie zeigt den vermeintlichen Solisten umgeben von einer ganzen Reihe unterschiedlicher Akteure, die an der strukturellen Umgestaltung Deutschlands mehr oder weniger stark beteiligt waren, allen voran die verschiedenen einzelstaatlichen Regierungen und die nationalliberalen Volksvertreter. In dem polyphonen Stimmenwirrwarr dieser Protagonisten bleibt Bismarck für Becker aber stets derjenige, der schon im Vorhinein den Kurs kannte, der das Staatsschiff in den Hafen der Einheit bringen würde. Dadurch liest Becker die Entstehungsgeschichte der Verfassung vom Ende her. Diese teleologische Sichtweise vereinfacht den umkämpften, in weiten Teilen unvorhersehbaren intellektuellen und politischen Findungsprozess des föderalen Regierungssystems gewaltig und verzerrt so unser Bild von der Verfassung, die dieser Prozess Schritt für Schritt formte. Sie stellt ein Genie vielen Dilettanten gegenüber und unterschätzt so die Komplexität und den Kompromisscharakter der Ordnung, auf die man sich schließlich einigte.

Trotzdem öffnet uns Becker eine wichtige Tür in die Gedankenwelt, in der die Verfassung entstand. Die breite Vielfalt an Quellen, die er aus den Archiven zahlreicher Landesregierungen ausgegraben hat, gewährt uns einen tiefen Einblick in den Widerstreit verschiedener Ideen über die Organisation des entstehenden Nationalstaates. Er stellt uns gewissermaßen auf eine erhöhte Plattform, von der aus wir die Errichtung des vermeintlichen Fürstenbundes betrachten können. Auch wenn seine Studie als Interpretation der Reichsgründung obsolet sein mag, ist sie als Quellensammlung unverzichtbar. Wir müssen sie aber mit Sorgfalt behandeln. Es gilt, die Dokumente, die Becker in mühevollster Kleinarbeit über Jahrzehnte zusammengetragen hat, völlig neu zu bewerten. Statt sie unter dem Gesichtspunkt der angeblich vorausschauenden Genialität des Reichsgründers zu interpretieren, müssen wir sie als ein Netzwerk von Ideen betrachten, deren Konkurrenzkampf den Ausgang vollkommen offen ließ. Mit anderen Worten: Wir müssen Beckers Arbeit vor dem Mythos des Reichsgründers retten.

So ist dieses Kapitel auch eine Neuauslegung eines der großen Klassiker der Kaiserreichshistoriografie. Aus der alten Geschichte von Bismarcks Ringen um Deutschlands Gestaltung macht es eine neue Erzählung über Deutschlands Ringen um Bismarcks gestalterische Ideen. Auf diese Weise schafft es einer Klage Abhilfe, die Heinrich Triepel schon gegen Ende des Kaiserreiches formulierte. Es hebt „den Schleier, der sich über jene wichtige Zeit der deutschen Verfassungsgeschichte breitet" und legt dadurch das wahre Gesicht der föderalen Strukturen offen, die durch die Vereinigung der deutschen Staaten geschaffen wurden. Dabei wird deutlich werden, dass der Fürstenbund in der Tat eine Legende war, an deren Wahrheitsgehalt weder ihr Urheber noch ihre Nutznießer glaubten. Bismarck und die einzelstaatlichen Regierungen entwickelten beziehungsweise folgten diesem Gründungsmärchen aber aus guten Gründen. Denn es hatte ganz bestimmte Funktionen und strukturelle Folgen, die das Reich über Jahrzehnte hinaus prägen sollten. So ersponnen die Legende vom Fürstenbund auch war, sie bildete einen entscheidenden Teil der Wirklichkeit des Bundesstaates, den die Reichsgründung hervorbrachte.[12]

# I. Das germanische Rom

Die ersten Keime der Verfassungsordnung, die aus der Reichsgründung hervorging, lagen noch in der Zeit des Deutschen Bundes. In der Auseinandersetzung mit Österreich um die Vorherrschaft in Deutschland machte Bismarck während der 1860er-Jahre mehrere Anläufe zur Reform des Bundes. Ziel dieser Bemühungen war es, Preußen zumindest die formelle Gleichberechtigung zu sichern und eine „den realen Verhältnissen Rechnung tragende Reform des Bundes" umzusetzen, wie er noch im März 1866 an die preußischen Gesandten an den deutschen Höfen schrieb. Vor dem Hintergrund der sich immer weiter zuspitzenden Schleswig-Holstein-Krise und der wiederholten Forderungen des französischen Kaisers nach einer Mitsprache bei der Neuordnung Deutschlands veränderten sich Bismarcks Vorschläge besonders innerhalb der ersten Hälfte des Krisenjahres 1866 mehrfach. Er stellte verschiedene Optionen in den Raum, wie die „militärisch-politische Seite" des Bundes reformiert werden könnte, vor allem hinsichtlich der Bündelung der Heereskräfte, der Einrichtung einer gemeinsamen Kriegsmarine und der engeren handelspolitischen Kooperation. Dabei zeigte sich aber auch eine gewisse Kontinuität, wie Andreas Kaernbach herausgearbeitet hat. So wollten alle seine Vorstöße die Grundstrukturen des bestehenden Staatenbundes beibehalten, gleichzeitig aber auch eine starke Zentralgewalt mit einem gesamtdeutschen Parlament schaffen, um die partikularistischen Fliehkräfte auszugleichen.[13]

Bismarcks letzter Vorschlag vor der Auflösung des Bundes zeigt den Stand seiner Ideen am Vorabend des Krieges mit Österreich. Als die Habsburger Regierung Anfang Juni 1866 die schleswig-holsteinische Frage gegen den ausdrücklichen Willen Preußens der Bundesversammlung überwies und auch den Vorschlag Napoleons III. für einen europäischen Vermittlungskongress ablehnte, änderte er seine bisherige Konzeption entscheidend um. Österreich sollte nun aus Deutschland ausgeschlossen und das Bundesverhältnis komplett neu geregelt werden. Zu diesem Zweck legte er den anderen einzelstaatlichen Regierungen am 10. Juni eine zehn Artikel umfassende Denkschrift über die „Grundzüge einer neuen Bundesverfassung" vor. Angesichts der Skepsis, die seine vorangegangenen Vorschläge vor allem unter den Mittelstaaten Bayern, Hessen, Sachsen und Württemberg ausgelöst hatte, betonte sein Begleitschreiben, dass es sich bei seinen Vorschlägen nur um „Modifikationen des alten Bundesvertrages" handele. Er versprach also, dass der 1815 geschlossene Fürstenbund zwar angepasst, aber doch fortbestehen würde. Dementsprechend wandte er sich an die anderen Regierungen ausdrücklich als „Bundesgenossen" und ersuchte sie, in Anbetracht der „drohenden Kriegsgefahr" auszuloten, inwieweit sie einem solchen „neu zu errichtenden Bunde beizutreten bereit sein würden".[14]

Auf der Basis dieser Versprechung von der Erneuerung des alten Fürstenbundes schlugen die „Grundzüge" eine kleindeutsche Lösung zur Umgestaltung Deutschlands vor. Dabei konzentrierten sie sich auf drei große Fragen, mit deren Beantwortung Bismarck erstmals einige der Grundprinzipien zu erkennen gab, die er in den nächsten Monaten und Jahren bei der Einrichtung der neuen Verfassungsordnung verfolgen sollte. Erstens beschäftigte sich der Reformvorschlag mit der Neureglung des Verhältnisses zu Österreich. Gleich zu Beginn schloss er das Habsburgerreich unmissverständlich aus dem neuen Bundesgebiet aus. Der Schlussartikel bestimmte jedoch, dass „die Beziehungen des [neuen] Bundes zu den deutschen Landestheilen des österreichischen Kaiserstaates" in Zukunft „durch besondere Verträge geregelt" werden sollten. Ein Anschluss Österreichs blieb damit ausdrücklich möglich. In enger Anlehnung an die Idee von der Aufrechterhaltung des Fürstenbundes deutete diese Vorschrift an, dass der neue ebenso wie der alte Bund eine Vereinigung nach wie vor souveräner Staaten sein sollte, die man bei Bedarf erweitern konnte. Anders ausgedrückt: Als Fürstenbund dachte sich Bismarck die neue Verfassungsordnung nicht nur als staatsrechtliche, sondern auch als völkerrechtliche Ordnung, die ein flexibles Instrument monarchischer Politik sein sollte.[15]

Zweitens legten die „Grundzüge" besonderen Wert auf die Neugestaltung der militärischen Verhältnisse. Dazu planten sie die Einrichtung einer einheitlichen Kriegsmarine unter preußischem Oberbefehl. Da Preußen zum damaligen Zeitpunkt der einzige deutsche Staat mit einer nennenswerten Seestreitmacht war, spiegelte diese Bestimmung nur die ohnehin gegebenen Verhältnissen wider. Außerdem war vorgesehen, „die Landmacht des Bundes [...] in zwei Bundesheere [...], die Nordarmee und die Südarmee", einzuteilen. Der Oberbefehl sollte jeweils bei den Königen von Preußen und Bayern liegen. Bismarck schlug also vor, im Militärwesen, dem sensibelsten aller Regierungsfelder, einen neuen Dualismus einzuführen. Bayern sollte die ehemalige Rolle Österreichs übernehmen und als prinzipielles Gegengewicht zu Preußen fungieren. Dieses Zugeständnis wirkte dem Eindruck entgegen, dass Preußen die Mittel- und Kleinstaaten in eine einseitige Hegemonialordnung zwinge. Der vorgeschlagene Bund erschien durch die Teilung der militärischen Obergewalt nicht als Großpreußen, sondern als eine Allianz grundsätzlich gleichberechtigter Partner, deren Machtverhältnisse sorgsam austariert sein würden.[16]

In diesem Fürstenbund war die Vorrangstellung Preußens trotzdem sichergestellt. Alle Kriegserklärungen, die nicht Folge einer direkten feindlichen Invasion waren, sollten der „Zustimmung der Souveraine von mindestens zwei Drittheilen der Bevölkerung des Bundesgebietes" bedürfen. Da mehr als die Hälfte der Bevölkerung des vorgesehenen Bundes in Preußen lebte, hatte der Hohenzollernkönig demnach praktisch ein Vetorecht. Die preußische Hegemonie wurde also indirekt garantiert. Dieses Prinzip entwickelte sich in der Folgezeit zu einer der Leitlinien von Bismarcks Verfassungspolitik. Das Faktische war für die strukturelle Gestaltung des neuen Bundes daher genauso wichtig wie das Rechtliche.[17]

Drittens sahen die „Grundzüge" die Einrichtung eines mächtigen Bundesparlamentes vor. Die „Nationalvertretung" sollte aus allgemeinen und direkten Wahlen hervorgehen und gemeinsam mit dem Bundestag, dem fürstlichen Gesandtenkongress des alten Bundes, gleichberechtigt die Bundesgesetzgebung ausüben. Diese Regelung gewährte dem Parlament großen Einfluss, sollten dem Bund doch zahlreiche wichtige Kompetenzfelder unterstehen. Darunter waren die Zoll- und Handelsgesetzgebung, das Post- und Telegrafenwesen, das Eisenbahnwesen, die Binnenschifffahrt, das Auswanderungswesen, das Bankwesen, die Ausgabe von Papiergeld, das Maß-, Gewichts- und Münzsystem sowie das Gewerbe-, Patent-, Urheber-, Zivilprozess- und Konkursrecht. Die Stellung des Parlaments wurde aber noch zusätzlich verstärkt. Das Militärbudget für beide Teilarmeen des Bundesheeres musste mit der Nationalvertretung vereinbart werden. Ohne Zustimmung des Parlaments war die Verteidigung des Bundes somit nicht zu organisieren. Die Notwendigkeit, der Volksversammlung eine solch mächtige Position zu geben, hatte Bismarck bereits im September des Vorjahres gegenüber Keudell begründet. Das Bundesparlament, betonte er, müsse als „Korrektiv gegen die zentrifugalen dynastischen Bestrebungen" wirken und die „Sonderinteressen der Mittel- und Kleinstaaten in gehörige Schranken weisen" können.[18]

Gleichzeitig verhinderten die „Grundzüge" aber, dass das Bundesparlament zu einer echten Gefahr für die monarchischen Grundlagen des Fürstenbundes werden konnte. Sie entzogen die Exekutive jedem direkten Zugriff des Parlaments. Zu diesem Zweck stellten sie der Nationalvertretung keine Regierung, sondern den Bundestag gegenüber. Einen oder gar mehrere Minister, die das Parlament hätte verantwortlich machen können, sahen die zehn Artikel nicht vor. Gesetzesvorlagen konnten folglich nur aus dem Kreis der einzelstaatlichen Regierungen im Bundestag kommen. Die Funktionen, die üblicherweise eine Regierung übernahm, wurden so in das Kollektivorgan der Fürsten hineingezogen und dadurch vor dem Parlament versteckt. Dieses Arrangement machte den institutionellen Ausdruck des Fürstenbundes, den Bundestag, zu einem Schutzwall, der die monarchische Exekutive vom Parlament abschirmte. Auf diese Weise kam Bismarck zwar der liberalen Forderung nach Einrichtung eines deutschen Parlamentes nach, sicherte die Macht der einzelstaatlichen Monarchien aber trotzdem ab.

Die „Grundzüge" skizzierten also die Umrisse einer föderalen Regierungsordnung, die es so noch nie gegeben hatte. Dabei verschleierten sie ihre Kernanliegen. Weder war Preußen eindeutig eine hegemoniale Stellung garantiert, etwa durch Einrichtung eines preußischen Bundesoberhauptes, noch waren der Nationalvertretung klare Schranken gesetzt, zum Beispiel in Form eines unmissverständlichen Ausschlusses von exekutiven Entscheidungen. Bismarck blieb im

Ungefähren. Die Umgebung, in der er seine Vorschläge unterbreitete, ließen aber deutliche Rückschlüsse darüber zu, was er wollte. In Preußen standen sich Regierung und Abgeordnetenhaus seit Jahren in einem erbitterten Verfassungsstreit über die Finanzierung der Heeresreform gegenüber. Außerdem herrschte allerorts Kritik an der durch den dauernden Streit zwischen Preußen und Österreich bedingten Handlungsunfähigkeit des Deutschen Bundes. Angesichts dieser politischen Lage war es relativ klar, dass der Reformplan auf die Schaffung einer stärker integrierten, bundesstaatlichen statt staatenbündischen Ordnung hinauslief, in der die Exekutivgewalt in der ein oder anderen Form bei der Krone Preußens liegen und die einzelstaatlichen Monarchen vor dem Herandrängen des Parlamentarismus geschützt sein würden. Sowohl innen- als auch außenpolitische Gründe hielten Bismarck aber davon ab, das offen zu erklären und einen detaillierteren Plan vorzulegen, wie er einen Tag vor der Veröffentlichung der „Grundzüge" an den unitarisch gesinnten Herzog von Coburg schrieb: „Die in dem Entwurfe enthaltenen Vorschläge sind nach keiner Seite hin erschöpfend, sondern das Resultat der Rücksicht auf verschiedene Einflüße, mit denen compromittirt werden muß, intra muros et extra."[19]

Aus Bismarcks Sicht war es taktisch unklug, die Dinge in einer Phase zu überstürzen, in der die schon lange gärenden deutschen und mit ihnen die europäischen Verhältnisse zu explodieren drohten. Ein Entwurf, in dem die Reform des Bundes wie ein bloßes Instrument preußischen Großmachtstrebens und monarchischer Selbsterhaltung erschienen wäre, hätte sowohl die süddeutschen Staaten als auch die Liberalen noch mehr gegen die preußische Regierung aufgebracht als ohnehin schon und womöglich den französischen Kaiser auf den Plan gerufen. Für Bismarck galt es aber, eine Situation herzustellen, die genau das vermied. Auf der einen Seite hieß das, wie er den bayerischen Gesandten in Berlin wissen ließ, durch die Veröffentlichung relativ allgemeiner, nicht zu weitgehender Reformvorschläge „der Gespensterfurcht vor [preußischen] Mediatisierungsgelüsten ein Ende zu machen" und so unter den Regierungen natürliche Bundesgenossen zu finden. Auf der anderen Seite schien es ihm geboten, wie er sich rückblickend erinnerte, durch die mächtige „Waffe" des allgemeinen Wahlrechtes die moderaten Volksvertreter mit der preußischen Regierung zu versöhnen und „das monarchische Ausland", insbesondere Napoleon III., daran zu hindern, seine „Finger in unser nationales Omelette zu stecken".[20]

Allerdings stießen seine „Grundzüge" nicht gerade auf ein positives Echo. Angeführt von der bayerischen Regierung trauten viele Fürsten und ihre Minister dem Reformplan nicht über den Weg. Dabei hatten sie nicht nur Angst vor der preußischen Hegemonie. Mindestens genauso fürchteten sie die aus ihrer Sicht unkalkulierbaren Folgen der Einrichtung eines gesamtdeutschen Parlamentes mit solch weitreichenden Befugnissen, wie sie Bismarck vorschlug. Die antipreußische Satirezeitschrift *Münchner Punsch* illustrierte diese Bedenken in einer beißenden Karikatur bereits im April, als erste Details des preußischen Reformplanes öffentlich wurden (Abb. 2.1). Der anonyme Künstler zeichnete Bismarck als einen „unverschämten Oberkellner", der die gekrönten Häupter bedient, die „im deutschen Bundeshotel" zu Tisch sitzen. Die Aufschrift des Suppengeschirrs verrät, das er ihnen ein deutsches „Parlament" servieren will. Er hat den Teller, den er trägt, aber so vollgeladen, das Parlament also mit so vielen Kompetenzen ausgestattet, dass er beim Balancieren durch die Tischreihen mehrere Monarchen von ihren Stühlen reißt und mit der heißen Brühe übergießt. Statt sich zu entschuldigen, kommentiert er nur lapidar: „Sauce, meine Herren!".

Dieser hämische Vergleich warnt davor, dass sich Bismarck in seiner Arroganz bei der Reform des Bundes zu viel aufgeladen habe und blindlings Gefahr laufe, mit seinem Vorschlag einer starken Nationalvertretung die deutschen Monarchen vom Thron zu stoßen. Nicht nur die traditionell preußenkritischen Entscheidungsträger im Süden teilten diese Sicht. Auch viele ihrer Kollegen in Nord- und Mitteldeutschland hielten die von Bismarck vorgeschlagene Neustrukturierung des Fürstenbundes für unausgegoren, wenn nicht gar für anmaßend und gefährlich. Es blieb ihnen zwar keine Zeit, auf die „Grundzüge" direkt zu antworten, weil sich die Ereignisse um die Schleswig-Holstein-Krise überschlugen. Ihre Taten sprachen aber für sich. Als Österreich wenige Tage nach Vorstellung der „Grundzüge" beim Bundestag beantragte, gegen Preußen wegen seines Einmarsches in Holstein militärische Strafmaßnahmen zu verhängen, stimmte eine klare Mehrheit der Regierungen dieser Bundesexekution zu.

Unter dem Druck des anschließenden Krieges waren die meisten Regierungen aber gezwungen, ihre Haltung zu den „Grundzügen" zu überdenken. Nur zwei Tage, nachdem Preußen den Deutschen Bund für aufgelöst erklärt hatte, ließ Bismarck den anderen norddeutschen Regierungen ein Bündnisangebot zukommen. Dieses versprach ihnen, die „Unabhängigkeit und Integrität" ihrer Staaten zu bewahren, wenn sie aufseiten Preußens gegen Österreich kämpfen und der Schaffung eines neuen Bundes auf Grundlage der „mitgeteilten Grundzüge" zustimmen würden. Die militärische Konstellation ließ den Regierungen der norddeutschen Kleinstaaten keine Wahl. Siebzehn von ihnen schlossen sich mit Preußen zusammen und machten dadurch aus den „Grundzügen" einen konkreten politischen Gestaltungsauftrag. Nur Sachsen-Meiningen und Reuß älterer Linie verweigerten sich. Der Bündnisvertrag vom 18. August legte schließlich rechtlich fest, dass „die Zwecke des Bündnisses [...] durch eine Bundesverfassung auf der Basis der Preußischen Grundzüge", das heißt in Form

Abb. 2.1: „Der unverschämte Oberkellner im deutschen Bundeshotel",
Münchener Punsch (29. April 1866), anonymer Künstler

des von Bismarck vorgeschlagenen Fürstenbundes, „unter Mitwirkung eines gemeinschaftlich zu berufenden Parlaments" sichergestellt werden mussten.[21]

Der Krieg nahm dem Reformplan allerdings viel von seiner ohnehin geringen Glaubwürdigkeit. Die erdrückende Überlegenheit Preußens, die sich relativ rasch und unerwartet auf dem Schlachtfeld herausstellte, zwang Bismarck, seine Karten offen auf den Tisch zu legen. Die Annexion von Hannover, Hessen-Kassel, Nassau und Frankfurt mit der gewaltsamen Absetzung der dort seit Generationen regierenden Dynastien sowie der ständischen Senatsvertretung der Freien Stadt machte allen an der Neugestaltung Deutschlands Beteiligten deutlich, dass er nur so weit an einem Fürstenbund festzuhalten bereit war, bis dieses Konzept harten preußischen Machtinteressen widersprach. Bismarck sah darin aber nicht unbedingt einen Widerspruch. Im Gegenteil: Er hielt die Annexionen durchaus mit der Idee eines neuen Fürstenbundes vereinbar, ja sah sie sogar als eine unerlässliche Voraussetzung, um diese zu verwirklichen. Bereits eine Woche vor Ausbruch des Krieges hatte er an Herzog Ernst von Coburg geschrieben, dass auch „Rom nicht an einem Tage gebaut" worden sei und „schon in den ersten

Anfängen durch Raub der Sabinerinnen erhebliches Odium auf sich" geladen habe. Er glaube, „daß auch dem germanischen Rom der Zukunft [...] einige Gewalttat an den Sabinern nicht erspart bleiben" werde, sei aber entschlossen, diese „auf ein Minimum [zu] reduzieren, der Zeit das weitere überlassend". Als preußische „Gewalttat an den Sabinern" waren die Annexionen seiner Meinung nach also eine bittere, aber notwendige Verletzung einzelstaatlicher Souveränität, um den Bund der Fürsten unter preußischer Führung zu erneuern und so monarchische Herrschaft dauerhaft zu sichern.[22]

Dieser realpolitische Pragmatismus zeigte sich auch darin, dass Bismarck die „Grundzüge" im Krieg ob der gegebenen Umstände noch einmal in einigen wichtigen Punkten anpasste. Um Frankreich dazu zu bewegen, in dem militärischen Konflikt neutral zu bleiben, versicherte er Napoleon III., den Reformplan im Falle eines Sieges nur nördlich der Mainlinie zu verwirklichen. Dieses Zugeständnis schränkte die geplante Absicherung der preußischen Hegemonie zwar auf Norddeutschland ein, erlaubte ihm dafür aber, das Kriegswesen zu vereinheitlichen. Die überarbeitete Version der „Grundzüge" sah dementsprechend eine ungeteilte Armee vor, die *einem* Bundesoberfeldherrn unterstehen sollte: dem preußischen König. Darüber hinaus nutzte Bismarck das vorläufige Ausscheiden der mächtigen süddeutschen Mittelstaaten dazu, die Exekutivgewalt des Bundes weiter auszubauen und der Krone Preußens als einem „Bundespräsidium" zu übertragen. Ob es sich dabei um ein preußisches Organ zur Übernahme von Bundesaufgaben oder um ein mit Preußen in Personalunion verbundenes Bundesorgan handeln sollte, ließ er für den Moment im Unklaren. Sein Plan blieb eine rohe Skizze, die nur die äußersten Umrisse einer föderalen Ordnung festlegte und dieser den Anschein eines Fürstenbundes geben wollte. Dadurch hielt er sich alle Optionen offen.[23]

## II. Im Labyrinth der Ideen

Um seine Ideen über die Gestaltung des künftigen Bundes genauer auszuarbeiten, musste Bismarck herausfinden, was mit jenen parlamentarischen Kräften zu machen war, mit denen er unweigerlich würde zusammenarbeiten müssen. Sowohl in den „Grundzügen" als auch im Augustbündnis hatte sich die preußische Regierung unmissverständlich dazu verpflichtet, eine neue Bundesverfassung mit einer gewählten Volksvertretung zu vereinbaren. Es war anzunehmen, dass jeder Entwurf, den die verbündeten Regierungen einer solchen Versammlung vorlegen würden, dort nur mit Unterstützung der Konservativen und gemäßigten Liberalen eine Mehrheit finden würde. Bismarck bemühte sich daher, auszuloten, wie sich diese politischen Lager nach dem Sieg Preußens ein gemeinsames Regierungssystem der Einzelstaaten vorstellten. Vor allem die Haltung der Liberalen war unklar. Die Fortschrittspartei hatte sich gerade erst über die Beilegung des preußischen Budgetkonfliktes gespalten. Ein großer Teil der liberalen Abgeordneten hatte Bismarck nach dem preußischen Triumph bei Königgrätz die Hand zur Versöhnung gereicht und ihn vom Vorwurf des Verfassungsbruches freigesprochen. Unter welchen Bedingungen die Anhänger der neu gegründeten Nationalliberalen Partei bereit waren, mit ihm zusammenzuarbeiten, und was sie von der Neugestaltung der staatlichen Verhältnisse erwarteten, musste sich aber erst noch herausstellen.[24]

Bismarck ersuchte daher im August 1866 mehrere prominente Vertreter aus den Reihen der gemäßigten Liberalen einen Verfassungsentwurf auf Grundlage seiner „Grundzüge" auszuarbeiten. Heinrich von Treitschke schlug diese Bitte aus. Mehr Glück hatte Bismarck bei dessen Historikerkollegen Max Duncker. Der gebürtige Berliner war für sein politisches Engagement genauso bekannt wie für die vier Bände seiner in den 1850er-Jahren veröffentlichten *Geschichte des Alterthums*. 1848 hatte er mit Friedrich Dahlmann in der Paulskirche das Gesetz über die provisorische Reichsgewalt entworfen und galt seitdem als Vorkämpfer eines unitarischen Bundesstaates. Nach der Revolution gelobte er offiziell politische Zurückhaltung, erhielt aber dennoch keine Professur in Preußen. 1859 wechselte er nach kurzem Zwischenspiel an der Universität Tübingen in den preußischen Staatsdienst. Als Leiter der sogenannten Zentralpreßstelle des Preußischen Staatsministeriums war er direkt dem Ministerpräsidenten unterstellt. 1861 wurde er politischer Berater des Kronprinzen.

Bismarck schätzte Dunckers politischen Scharfsinn. Er kannte ihn aus der Revolutionszeit „zwar als einen Parteigegner", wie er ihm erklärte, „aber ebenso als Preußen". Nach seiner Ernennung zum Ministerpräsidenten setzte er Duncker mehrmals für verschiedene kleinere Missionen ein. Im Zuge der preußischen Eroberungen während des Krieges gegen Österreich machte er ihn 1866 zum preußischen Zivilkommissar in Hessen. Auch in dieser Position blieb Duncker gut vernetzt mit den anderen Altliberalen, die seit der gescheiterten Revolution mit den gemäßigten Konservativen zusammenarbeiteten. Seinen Verfassungsentwurf erstellte er denn auch in Absprache mit zwei anderen liberalen Schwergewichten: seinem Historikerfreund Johann Gustav Droysen, der die Frankfurter Reichsverfassung als Schriftführer maßgeblich mitgeprägt hatte, und dem früheren badischen Minister Franz von Roggenbach, der Bismarck spätestens seit seinem durch die Schleswig-Holstein-Krise erzwungenen Rücktritt im Vorjahr äußerst skeptisch gegenüberstand.[25]

Was Duncker Bismarck in 83 Paragrafen vorschlug, war eine unitarische Reichsmonarchie, die sich eng an die Verfassung der Frankfurter Nationalversammlung anlehnte. Genau wie dort sollten dem Bund neben der Außenpolitik und dem Militär- und Finanzwesen alle Gebiete unterstehen, die zur Schaffung eines einheitlichen Rechts-, Verkehrs- und Währungsraumes notwendig waren. Außerdem sollte er „das Recht der Gesetzgebung und Oberaufsicht innerhalb" der von der Verfassung bestimmten „Zwecke und Interessen des Bundes haben". Dazu gehörten laut dem Entwurf nicht nur die äußere und innere Sicherheit, sondern alles, was der „Förderung der gemeinsamen Interessen der verbündeten Staaten" diente. Damit war das Gesetzgebungsrecht des Bundes praktisch unbegrenzt.[26]

Duncker wollte dem Bund gegenüber den Einzelstaaten also ein deutliches Übergewicht geben. Er löste das Problem, wie die Hegemonialmacht Preußen in einen Gesamtstaat einzubetten sei, eindeutig zugunsten der Bundesgewalt. Dahinter steckte eine ganz bestimmte Überlegung, die er in einem Begleitschreiben zu seinem Entwurf näher erklärte. Die Entscheidung darüber, wo der Schwerpunkt der staatlichen Aufgaben in Zukunft liegen solle, müsse man davon abhängig machen, betonte er, „ob von der Fortentwicklung der preußischen oder von der Entwicklung der Bundesverfassung Heilsameres zu erwarten" sei. Er selbst setzte alle seine Hoffnungen in den Bund. Wie die meisten Liberalen spekulierte er darauf, dass ein unitarischer Bundesstaat mit einer zentralen Volksvertretung den Parlamentarismus in Deutschland mehr stärken würde als alles andere.[27]

Organisieren wollte er die Bundesgewalt durch das Zusammenspiel von vier Verfassungsorganen. Als Vertretung der Fürsten sollte wie im Deutschen Bund ein ständiger Kongress aus ihren Regierungsbevollmächtigten dienen. Anders als im alten Bundestag sollte in dieser „Bundesversammlung" jeder Staat unabhängig von seiner Größe eine Stimme haben. Mit diesem egalitären Modus wollte Duncker vermutlich die formale Gleichrangigkeit der einzelstaatlichen Souveräne zum Ausdruck bringen und so der in Bismarcks „Grundzügen" angelegten Idee vom Fürstenbund gerecht werden. Immerhin war die Bundesversammlung dafür gedacht, den Einfluss der Landesfürsten auf die Willensbildung des Bundes zu sichern. Duncker wies ihr eine „möglichst weite, wenn auch nicht zu schwerwiegende Tätigkeit" zu, wie er anmerkte. Sie sollte darauf beschränkt sein, das Budget zu kontrollieren sowie Gesetzesentwürfe zu begutachten und vorzuschlagen. Der König von Preußen sollte als Träger des Bundespräsidiums dabei der einzige Monarch sein, dem gegen mehrheitlich beschlossene Gesetzesinitiativen ein Veto zustand.[28]

Das Zentrum des politischen Entscheidungsprozesses sollte fernab der Bundesversammlung im Zusammenspiel zwischen dem Reichstag und einer vom Präsidium ernannten Bundesregierung liegen. Der Reichstag sollte aus zwei Kammern bestehen, deren beider Zustimmung für das Zustandekommen aller Bundesgesetze, inklusive des Haushalts, Voraussetzung sein sollte. Das Volkshaus sollte wie in der Frankfurter Reichsverfassung nach dem allgemeinen und gleichen Männerwahlrecht gewählt werden. Die Sitzverteilung des Staatenhauses wählte Duncker so, dass sie die preußische Hegemonie widerspiegelte. Den fünfzig Sitzen der Mittel- und Kleinstaaten sollten sechzig preußische gegenüberstehen. Die Inhaber dieser Mandate sollten je zur Hälfte von den Regierungen und den Parlamenten der Einzelstaaten bestimmt werden. Dadurch sollte in diesem Oberhaus „eine weitere Garantie für die verbündeten Regierungen" liegen, wie Duncker Bismarck in seinem Kommentar versicherte.[29]

Dem König von Preußen gab Duncker die Stellung eines monarchischen Staatsoberhauptes des Bundes. In seiner Funktion als Bundespräsidium sollte er „in Gemeinschaft mit der Bundesversammlung und dem Reichstage" die gesetzgebende Gewalt des Bundes ausüben. Er sollte die Bundesgesetze verkünden und alle „zur Vollziehung derselben nöthigen Verordnungen" erlassen, die Bundesversammlung als deren Vorsitzender gegenüber dem Reichstag vertreten sowie Letzteren eröffnen, schließen, vertagen, auflösen und durch die Anordnung von Neuwahlen rekonstruieren können. Außerdem sollte er die gesamte Exekutivgewalt des Bundes in seiner Person vereinigen. Als Träger des Bundespräsidiums sollte er den Bund völkerrechtlich vertreten, Gesandte beglaubigen und empfangen, Bündnisse und Verträge eingehen, Krieg erklären und Frieden schließen, alle Bundesbeamten ernennen, den Bundeshaushalt verwalten und die Ausführung der Bundesgesetze überwachen. In seiner Funktion als „Bundes-Ober-Feldherr" sollten ihm das Bundesheer und die Kriegsmarine unterstehen.[30]

Das Gros dieser Befugnisse sollte der König von Preußen beziehungsweise Reichsmonarch durch eine von ihm zu berufende Bundesregierung ausüben. Deren Minister sollten für „alle exekutiven und legislativen Akte des Bundes-Präsidiums" durch Gegenzeichnung verantwortlich sein. Militärische Angelegenheiten waren davon durch die formelle Trennung des Bundespräsidiums vom Amt des Oberfeldherrn ausgenommen. Worin genau die Verantwortlichkeit der Minister bezüglich der übrigen Befugnisse bestehen und ob der Reichstag diese einfordern können sollte, ließ der Entwurf offen. Er bestimmte lediglich, dass die Minister „auf Verlangen jedes der Häuser des Reichstages in demselben zu erscheinen und Auskunft zu ertheilen oder den Grund anzugeben [haben], warum dieselbe nicht ertheilt werden könne". Dadurch sollten die Minister – also konkrete Personen und nicht wie in den „Grundzügen" die anonyme Mehrheit im Kollektivorgan der Fürsten – dem Reichstag direkt gegenüberstehen. Diese Konstellation legte zumindest nahe, dass die Regierung dem Parlament in der ein oder anderen Form verantwortlich sein könnte.[31]

Das Instrument der Ministeranklage fehlte in dem Entwurf aber genauso wie zwei andere wesentliche Bestandteile der Frankfurter Reichsverfassung: ein Grundrechtskatalog und ein Bundesgericht. Da diese Kernelemente einer liberalen Verfassungsordnung nicht einmal im Ansatz von Bismarcks „Grundzügen" gedeckt waren, verzichtete Duncker von vornherein auf sie. Der Vorschlag einer wenn auch nur vage parlamentarisch verantwortlichen Bundesregierung erschien ihm wohl gewagt genug. In dieser Mischung aus Zurückhaltung und Vorpreschen sah Heinrich Triepel, der Wiederentdecker des Entwurfs, dessen eigentliche Bedeutung: „Vielleicht besteht [...] sein Wert weniger in den formulierten Sätzen seines Textes, als darin, daß sein Verfasser aus den Entwürfen der deutschen Revolutionsjahre die unbrauchbarsten Stücke herausgenommen hat. Was man über Dunckers Arbeit auch sagen will, sie bildet doch eine wichtige Brücke zwischen den Versuchen von Frankfurt und Erfurt und dem Gesetz, das [1867/71] die Grundlage [des] öffentlichen Rechtszustandes geworden ist. Eine Brücke, auf der sich das einstige Mitglied der preußischen Revisionskammer und des Erfurter Parlaments und sein konservativer Gegner von damals die Hand reichen konnten."[32]

Wegen dieser Brückenfunktion war Dunckers Entwurf für Bismarck von erheblicher Bedeutung. So leitete er ihn auch an seine Mitarbeiter im preußischen Außenministerium zur weiteren Berücksichtigung bei der Umgestaltung der deutschen Verhältnisse weiter. Aber er beschränkte sich nicht nur auf diese eine Inspirations- und Informationsquelle. Um Ideen für die genauere Konzeptionierung des neuen Bundes zu sammeln und sich darauf einzustellen, was er in einer Verfassungsversammlung zu erwarten habe, berücksichtigte er Entwürfe quer durch alle politischen Lager, auch solche von vermeintlichen Außenseitern. Besonders zwei Ausarbeitungen sind bemerkenswert. Ein besonders radikaler Vorschlag stammte von dem schlesischen Adligen Oskar von Reichenbach, einem ehemaligen Gefolgsmann des Revolutionsmärtyrers Robert Blum. Reichenbach war ein überzeugter linker Demokrat. 1849 hatte er zu den Abgeordneten der Frankfurter Nationalversammlung gehört, die auch nach der offiziellen Auflösung des Parlamentes an der revolutionären Sache festhielten und in Stuttgart weitertagten. Dem anschließenden Hochverratsverfahren entzog er sich, indem er nach London ins Exil ging. 1853 wanderte er für zehn Jahre in die USA aus. Zurück in London knüpfte er Kontakt zu Bismarck und entwickelte sich schnell zu einem glühenden Anhänger. Im Frühjahr 1866 reiste er sogar auf Anweisung von Bismarcks Assistent Keudell nach Süddeutschland, um mit den dortigen Demokraten Fühlung aufzunehmen und sie von ihrer Parteinahme für Österreich abzubringen.[33]

Als Verfechter eines großdeutschen Nationalstaates lehnte Reichenbach die Idee eines Bundes, in dem die anderen Staaten der Hegemonie Preußens unterworfen sein würden, ab. Sein Verfassungsentwurf skizzierte in vielerlei Hinsicht das genaue Gegenteil, nämlich einen zentralistischen Föderalstaat, in dem Preußen weitestgehend im Bund aufgehen und so den Weg für eine dereinstige Aufnahme der süddeutschen Staaten und irgendwann auch für einen Beitritt Österreichs frei machen sollte. Der König von Preußen sollte zum erblichen „König der Norddeutschen und in Preußen" werden. In dieser Reichsmonarchie sollte es nur ein zentrales Parlament geben, die sogenannte Tagsatzung. Der preußische Landtag sollte aufgelöst und seine Rechte zwischen den preußischen Provinzialvertretungen und der Tagsatzung aufgeteilt werden. Dadurch sollte der Hohenzollernkönig zu den preußischen Provinzen in derselben Beziehung stehen wie die Fürsten zu ihren jeweiligen Staaten. Reichenbach wollte also den Hegemonialstaat in eine Reihe kleinerer politischer Einheiten aufspalten, um so jeglichen Dualismus zwischen dem Bund und Preußen zu vermeiden.

Das durch die Auflösung des preußischen Landtags gestärkte Bundesparlament sollte aus einem Volkshaus und einem Staatenhaus bestehen. In Letzterem sollten die Monarchen der Einzelstaaten durch von ihnen ernannte Bevollmächtigte vertreten sein. Eine der Hauptaufgaben dieses „Fürstentages" sollte die Einhegung des preußischen Königs sein. Dieser sollte die an ihn übertragenen Exekutiv- und Legislativbefugnisse des Bundes durch Minister ausüben, deren Ernennung genau wie die der Generäle und Admirale von der Zustimmung mindestens der Hälfte der Stimmen des Fürstentages abhängig sein sollte. Damit übertrug der Entwurf dem einzigen Organ, das an einen Fürstenbund erinnerte, die Aufgabe, sicherzustellen, dass der Reichsmonarch nicht hegemoniale, sondern gesamtstaatliche Interessen verfolgte. Die Minister sollten wiederum der Tagsatzung verantwortlich sein, die sie vor einem Bundesgericht anklagen und so aus dem Amt zwingen konnte. Genau wie diesen Baustein übernahm Reichenbach auch viele weitere Elemente des Entwurfs aus der Frankfurter Reichsverfassung, allen voran einen umfangreichen Katalog an Grundrechten.[34]

Am anderen Ende des politischen Spektrums suchte Bismarck den Rat seines konservativen Weggefährten Hermann Wageners. Der brandenburgische Jurist begründete den 1848er-Revolutionen die Konservative Partei mit und fungierte lange Jahre als Chefredakteur ihres offiziellen Parteiorgans, der *Kreuzzeitung*. Ab 1859 erklärte er das konservative Weltbild in dem von ihm herausgegebenen *Staats- und Gesellschaftslexikon*, das bis 1867 in 23 Bänden erschien. 1861 war er an der Einrichtung des Preußischen Volksvereines beteiligt, der als konservatives Gegenstück zum Deutschen Nationalverein für einen kleindeutschen Fürstenbund und gegen liberale Verfassungsvorstellungen eintrat. Innerhalb der konservativen Partei gehörte Wagener zur gemäßigten Mehrheit, die sich von den Ultrarechten um die Gebrüder Gerlach distanzierte und Bismarck unterstützte. Aus Dankbarkeit für seine Loyalität machte ihn dieser kurz vor Auflösung des alten Bundes gegen den Widerstand des Königs zum Geheimen Vortragenden Rat des Preußischen Staatsministeriums. In vielerlei Hinsicht nahm Wagener unter den Konservativen aber eine Sonderstellung ein. Er war nicht nur Katholik, sondern vertrat auch ein dezidiert soziales Programm, mit dem er die Monarchie zur Schutzherrin der Arbeiterklasse machen wollte. 1878 gründete er die Sozialkonservative Vereinigung. Besonders in der sozialen Frage entwickelte er über die Jahre ein so enges Verhältnis zu Bismarck, dass Theodor Fontane, der eine Zeit lang unter seiner Führung bei der *Kreuzzeitung* gearbeitet hatte, ihn in seinen Lebenserinnerungen als „eine Art Nebensonne" des Reichsgründers beschrieb.[35]

Die „Verfassungsurkunde für das Norddeutsche Reich", die Wagener im Sommer 1866 auf Anfrage Bismarcks erstellte, ging im Zweiten Weltkrieg zusammen mit seinem Nachlass verloren. Ihre Grundzüge sind aber bei Otto Becker überliefert. Auch Wagener wollte eine Reichsmonarchie einrichten. Diese sollte neben einem Reichsoberhaupt und einem Reichstag auch ein Fürstenhaus umfassen. Das Zusammenwirken dieser drei Organe regelte Wagener so, dass die monarchischen Kräfte den Ton angeben würden. Der König von Preußen sollte als Reichsoberhaupt der Souverän des Bundes sein. Er sollte die gesamte Exekutivgewalt innehaben, zusammen mit dem Fürstentag und dem Reichstag ein gleichberechtigter Faktor in der Gesetzgebung sein und als Reichskriegsherr eigenständig die Armee und Marine leiten. Für den Verlust ihrer militärischen Souveränität und anderer Hoheitsrechte sollten die Fürsten mit einer herausragenden Rolle in der Reichsverfassung entschädigt werden. Das Fürstenhaus sollte nämlich nicht nur an der Gesetzgebung teilnehmen, sondern auch die Funktion eines Reichsgerichtes übernehmen. Die Zusammensetzung dieses bündischen Kollegiums war äußerst weit gefasst. Außer den Monarchen aus den regierenden Häusern und den Vertretern der freien Städte sollten ihm auch die Reichsstände angehören, die 1806 mediatisiert worden waren. Das Stimmverhältnis sollte aus dem Plenum des alten Bundestages übernommen werden, wobei Preußen die Stimmen der Staaten, die es mittlerweile annektiert hatte, zufallen würden. Dadurch wollte Wagener die preußische Hegemonie absichern. Zum gleichen Zweck schlug er vor, die oberste Verwaltung Preußens mit der des Bundes zu verschmelzen. Preußische Staatsminister und ihre Behörden sollten ausdrücklich auch als Reichsminister beziehungsweise -ministerien fungieren können.

Dem Reichstag sollten als Lehre aus dem preußischen Verfassungskonflikt die schärfsten Schwerter gegenüber der Exekutive genommen werden. Heer- und

Marineangelegenheiten sollten von der Bundesgesetzgebung ausgeschlossen, das heißt der Einflussnahme des Parlamentes entzogen werden. Das Steuerbewilligungsrecht des Reichstages sollte stark eingeschränkt sein. Direkte Reichssteuern, durch deren Erhöhung oder Senkung das Parlament Druck auf die Exekutive hätte ausüben können, waren nicht vorgesehen. Die Reichsminister sollten zwar verantwortlich sein, allerdings gegenüber dem Reichsoberhaupt statt dem Reichstag. Verfassungsänderungen sollten auf dem Weg der normalen Gesetzgebung erfolgen, sodass der König und das Fürstenhaus jederzeit ein Veto gegen unliebsame Reformbestrebungen des Parlamentes würden einlegen können.

Um diese starke Einschränkung des Reichstages abzufedern und die Arbeiterschaft zum Rückhalt der monarchischen Krongewalt zu machen, enthielt der Entwurf umfangreiche Sozialbestimmungen. Deren Kern war die Gewähr des Koalitionsrechtes. Allen Staatsbürgern, also auch den Arbeitern, sollte es zustehen, sich für wirtschaftliche, soziale und öffentliche Zwecke zu entsprechenden Organisationen zusammenzuschließen. Sofern diese Vereinigungen gemeinnützig sein würden, sollten sie das Recht haben, „als staatliche Körperschaften anerkannt und mit Korporationsrechten ausgestattet zu werden", wie es in einem Artikel hieß. Berufsgenossenschaften sollten sich so zu Innungen und Korporationen vereinigen können, die innerhalb ihrer Verbände neben den Gemeinde- und Schöffengerichten die Gerichtshoheit ausüben und in den Gemeinderäten durch eigene Delegierte vertreten sein sollten. Das galt ausdrücklich auch für Hypotheken- und Kreditverbände. Diese sollten unter gewissen Umständen noch zusätzliche Privilegien erhalten können, wie zum Beispiel die Portofreiheit. Wageners Vorschlag zur dauerhaften Sicherung der Machtstellung der Fürsten war also die Einrichtung einer preußisch-hegemonialen Reichsmonarchie mit ausgeprägten sozialen Rechtsgarantien.[36]

Bismarck lehnte diese Grundkonzeption genauso ab wie die Konzepte Dunckers und Reichenbachs. Das war kein Wunder. Alle drei Entwürfe widersprachen den „Grundzügen", auf denen sie eigentlich aufbauen sollten, fundamental. Statt eines Fürstenbundes entwarfen sie jeweils eine Reichsmonarchie. Eine solche Staatsform zu errichten, hielt Bismarck weder für angemessen noch für durchführbar. Die Gründe dafür erklärte er am 17. August 1866 in einer Rede vor der Adreßkommission des Preußischen Abgeordnetenhauses. Der Bund durfte seiner Ansicht nach kein eigenständiges Machtzentrum neben Preußen bilden, wie es Duncker und Reichenbach vorsahen. Vielmehr sollte der Bund in Preußen wurzeln, das heißt, organisch möglichst eng mit ihm verbunden sein, um einen womöglich lähmenden Dualismus erst gar nicht zu ermöglichen: „Die erste [der] festen Grundlagen [des neuen Bundes] suchen wir in einem starken Preußen, sozusagen in einer starken Hausmacht des leitenden Staates." Dieses Bekenntnis zur preußischen Hegemonie schloss eine von Preußen weitestgehend unabhängige Reichsmonarchie nach dem Vorbild der Frankfurter Reichsverfassung und erst recht ein Aufgehen Preußens im Bund durch die teilweise Auflösung seiner eigenen staatlichen Strukturen aus. Die Modelle Dunckers und Reichenbachs scheiterten also am Machtanspruch des preußischen Staates.[37]

Aber auch eine Ausdehnung der preußischen Monarchie auf den Bund, wie sie Wagener vorgeschlagen hatte, verwarf Bismarck. Eine solche großpreußische Reichsmonarchie, betonte er vor der Adreßkommission, löse das Problem der Koordination Preußens und des Bundes zwar „theoretisch genommen schärfer und richtiger als [sein] Bundesprojekt", weil „sie die Fürsten gewissermaßen zu Untertanen, zu Vasallen des Kaisers" mache. Die Fürsten würden aber „viel eher geneigt sein, einem Mitverbündeten, einem Beamten des Bundes Rechte einzuräumen, als einem eigentlichen Kaiser und Lehnsherrn". Mit anderen Worten: Um die anderen einzelstaatlichen Souveräne für die Einheit zu gewinnen, bedurfte es einer Lösung auf Basis eines Fürstenbundes. Das sei nicht nur eine Frage der Erhaltung monarchischer Souveränität, unterstrich Bismarck, sondern auch der Glaubwürdigkeit der preußischen Regierung und der Nachhaltigkeit ihrer Deutschlandpolitik. Schließlich hatte Preußen seinen Kriegspartnern versprochen, ihre Unabhängigkeit zu bewahren.[38]

Der Bündnisvertrag, der einen Tag nach Bismarcks Rede offiziell unterzeichnet werden sollte, legte die Grundzüge und damit einen Fürstenbund als rechtliche Grundlage der noch auszuhandelnden Verfassung fest. Dementsprechend erklärte Bismarck: „Was unsere Bundesgenossen [in dem Krieg gegen Österreich] betrifft, so haben wir deren nur wenige und schwache gehabt, aber es ist nicht bloß eine Pflicht, sondern es gebietet die Klugheit, auch den kleinsten unser Wort zu halten. Je rückhaltloser Preußen zeigt, daß es seine Feinde von der Landkarte wegfegen kann, um so pünktlicher muß es seinen Freunden Wort halten. Gerade in Süddeutschland wird dieser Glaube an unsere politische Redlichkeit von großem Gewicht sein." Hinter dieser Aussage steckte eine klare Botschaft. Wollte Preußen die gesamte Nation unter seiner Führung vereinen, musste es sich in Bismarcks Augen an die versprochenen Grundzüge halten. Und das hieß, der Versuchung zu widerstehen, die anderen Fürsten einer großpreußischen Reichsmonarchie zu unterwerfen, und sie stattdessen in einem grundsätzlich egalitären Bund zu vereinen.[39]

Das preußische Abgeordnetenhaus hatte arge Zweifel an diesem Plan. Drei Wochen nach Bismarcks Rede gab die Verfassungskommission des Parlamentes in einem Bericht zu bedenken, dass eine bündische Verfassung wegen des starken Übergewichts Preußens kaum durchführbar sei. Es habe in der Geschichte noch nie einen Bundesstaat gegeben, der aus Monarchien zusammengesetzt gewesen sei. Ein solcher erscheine überhaupt nur möglich, wenn ein Mitgliedsstaat alle übrigen praktisch mediatisiere und damit die monarchischen Grundlagen eines solchen Bundes zerstöre. Die Kommission erklärte die Idee eines Bundesstaates mit dem Charakter eines Fürstenbundes daher für unmöglich. Stattdessen empfahl sie eine großpreußische Reichsmonarchie.[40]

Davon unbeirrt setzte Bismarck die konzeptionelle Arbeit an seiner Lösung fort. In dem Labyrinth der Ideen wählte er also nicht den geraden, offensichtlichen Weg einer Reichsmonarchie, sondern den verschlungenen und viel weniger betretenen Pfad eines Fürstenbundes. Trotzdem waren ihm die Entwürfe, die er gesammelt hatte, eine große Orientierungshilfe. In Auseinandersetzung mit ihnen konnte er seine Vorstellung eines Fürstenbundes weiterentwickeln. Es ging ihm um Kontrast, nicht um Nachahmung. Einzelne Bausteine, die versprachen, monarchische Macht zu schützen beziehungsweise parlamentarischen Einfluss einzuschränken, übernahm er aber auch. Diese selektive Vorgehensweise machte die weitere Ausgestaltung der „Grundzüge" zu einem komplizierten Prozess. Dabei verließ er sich auf die Mitarbeit Robert Ferdinand Hepkes. Der altgediente Referent für deutsche Angelegenheiten im preußischen Außenministerium hatte schon unter Bismarcks Vorgängern diverse Reformentwürfe für den Bund erstellt. Seit Bismarcks Amtsantritt lag die Ausarbeitung aller Vorarbeiten zu einer Neuordnung des Bundesverhältnisses in seinen Händen. Hepke, der aus Posen stammte und ursprünglich im Schuldienst gearbeitet hatte, war ein überzeugter Verfechter des alten Preußentums. In den sechziger Jahren hatte er zahlreiche Flugschriften verfasst, die das „schwarz-rot-goldene Einheitsstreben" scharf verurteilt hatten. Das lässt vermuten, dass ihm ein Fürstenbund zum Schutz der einzelstaatlichen Monarchien deutlich sympathischer war als eine unitarische Reichsmonarchie nach liberalem Vorbild. Inwieweit er bei der Ausarbeitung der Bismarckschen Reformpläne eigene Gedanken mit einfließen ließ, lässt sich kaum feststellen. Der Großteil seiner Arbeit beschränkte sich aber sicherlich auf die Zusammenfassung und redaktionelle Überarbeitung von Bismarcks Überlegungen, bedenkt man, wie sehr dieser ungefragte Einmischungen seiner Mitarbeiter hasste.[41]

Mit Hepkes Unterstützung hielt Bismarck den Stand seiner Verfassungsvorstellungen im Herbst 1866 in zwei Dokumenten fest. Bei dem ersten handelte es sich um eine überarbeitete und ergänzte Version der „Grundzüge". Aus den ursprünglich zehn Artikeln waren zwölf geworden. Diese trugen nicht zufällig den Titel „Bundesakte". Nach Vorbild des gleichnamigen Verfassungsvertrages, mit dem die deutschen Staaten 1815 den Deutschen Bund begründet hatten, skizzierten sie die Umrisse einer monarchischen Union zum Schutz der Fürsten. Das zweite Schriftstück war ein Anhang zu diesen Artikeln, der einige ihrer Bestimmungen näher erläuterte und notwendige Hintergrundinformation zu deren Umsetzung zusammenstellte. Diese sogenannte „Bundesgeschäftsordnung" umfasste drei Teile. Der erste entwarf eine Geschäftsordnung des Bundestages. Die Ausschüsse, die dieses Vertretungsorgans der einzelstaatlichen Regierungen bilden sollte, waren Gegenstand des zweiten Teils. Der dritte enthielt ein Verzeichnis, das auf Basis der letzten Volkszählungen die Friedenspräsenzstärke eines Bundesheeres, die finanziellen Beiträge der Mitgliedsstaaten zur Unterhaltung des Bundes und die Zahl der Abgeordneten, die den einzelnen Ländern in einem Bundesparlament zustehen würden, berechnete.[42]

In diesen beiden Konzeptionspapieren erteilte Bismarck der Idee einer Reichsmonarchie eine endgültige Absage. Zwar dehnte er die exekutiven Rechte, die der König von Preußen als Träger des Bundespräsidiums haben sollte, noch weiter aus. So sollte dieser nun selbstständig völkerrechtliche Verträge abschließen können, durch einen Präsidialgesandten den Vorsitz im Bundestag führen und neben den Bundesbeamten auch die Kommissare ernennen, die im Namen des Bundestages mit dem Reichstag verhandeln sollten. Als Reichsmonarch war der preußische König aber nicht gedacht. Dafür fehlte ihm allein schon ein gleichberechtigter Anteil an der Gesetzgebung. Von einem generellen Vetorecht war zum Beispiel keine Rede. Das Bundespräsidium sollte an der Spitze, aber nicht im Zentrum der Verfassung stehen.[43]

Die Geschicke des Bundes sollte vielmehr das Organ leiten, das den Fürstenbund verkörperte: der Bundestag. Seine Stellung sollte weit über die eines Oberhauses hinausgehen. Das zeigte sich vor allem in der Bedeutung seiner Ausschüsse. Die sogenannten Bundesfachkommissionen sollten als administrative Organe des Bundes das Präsidium unterstützen, das heißt, als Ersatzministerien dienen. Ihr Aufgabenbereich sollte unter anderem die Vorbereitung von Gesetzen, die Ausführung von Verwaltungsbestimmungen, die Festlegung der Beitragszahlungen der Mitgliedsstaaten und die Aufstellung des Bundeshaushaltes, inklusive des Militärbudgets, umfassen. Die Mitglieder dieser mächtigen Gremien sollten aus den Ministerien der Einzelstaaten kommen und von ihren Heimatregierungen instruiert werden. Preußen sollte in den meisten Ausschüssen automatisch ein Sitz zustehen, die anderen Mitglieder in jährlichen Wahlen neu bestimmt werden. Abschließende Entscheidungen sollten nicht in den einzelnen Kommissionen, sondern im Plenum des Bundestages fallen. Die dortigen Abstimmungen sollten nach Vorbild des Kuriensystems organisiert sein, das im engeren Rat des alten Bundes angewandt worden war. Demnach sollten die einzelnen Staaten in verschiedene Gruppen mit je einer Stimme eingeteilt werden. Einzige Ausnahme sollte Preußen sein, das alleine votieren und von den insgesamt acht Stimmen zwei führen sollte.[44]

Die Übernahme dieses Stimmsystems war das deutlichste Anzeichen für die Grundsatzentscheidung, die Bismarck getroffen hatte. Statt eine Reichsmonarchie aus dem Boden zu stampfen, wollte er die Strukturen, die im Deutschen Bund bestanden hatten, so weit wie möglich erhalten. Der neue Bund sollte keine konservative Revision des Bundesstaates von 1849, sondern eine im preußischen Sinne verbesserte Überarbeitung des Fürstenbundes von 1815 sein. Die Ordnung, die sich in Bismarcks Kopf zu formen begann, kombinierte folglich föderale, hegemoniale und staatenbündische Elemente. Preußen sollte über das Bundespräsidium eine herausragende Rolle spielen. Im Bundestag und den Bundesfachkommissionen – also im Zentralorgan und den Ersatzministerien des Bundes – sollten seine Vertreter gegenüber den Bevollmächtigten der anderen einzelstaatlichen Regierungen aber in der Minderheit sein. Dem Bund sollte die schon in den „Grundzügen" festgelegte breite Palette an Aufgabenfeldern zustehen. Finanziell sollte er allerdings von den Einzelstaaten abhängig sein.

Hinter dieser auf den ersten Blick widersprüchlich erscheinenden Kombination steckte eine ganz bestimmte Absicht. Das Programm, das in der Bundesakte und der Bundesgeschäftsordnung erkennbar wird, war monarchisch, preußisch und antiparlamentarisch. Bismarck verband einzelne Elemente ganz verschiedener staatsorganisatorischer Systeme, um die Souveränität der einzelstaatlichen Monarchien zu erhalten, die Macht des Hohenzollernstaates auszubauen und den Einfluss des Bundesparlamentes, dessen Beteiligung am Aufbau eines neuen Bundes unumgänglich geworden war, so weit wie möglich zu begrenzen. Das wird besonders deutlich, wenn man bedenkt, was aus seiner Sicht das Hauptproblem einer Reichsmonarchie war. Egal, ob nach dem Dunckerschen, Reichenbachschen oder Wagenerschen Modell, in einer Reichsmonarchie hätte dem Reichstag immer eine Bundesregierung gegenübergestanden. Dadurch hätte immer eine dreifache Gefahr bestanden: die Gefahr eines Dualismus zwischen Bund und Preußen; die Gefahr von Angriffen des Parlamentes auf die Minister; und die Gefahr der Mediatisierung der Einzelstaaten. All diese Probleme konnte man vermeintlich umgehen, indem man statt auf eine Reichsmonarchie auf eine Mischverfassung setzte, die den Anschein eines Fürstenbundes wahrte. Denn eine solche würde immer mit Verweis auf die Souveränität der einzelstaatlichen Monarchen auf echte Bundesminister verzichten und deren Aufgaben stattdessen in die institutionelle Verkörperung des Fürstenbundes, den Bundestag, verlagern können, um dem Parlament jede Einflussmöglichkeit auf die Exekutive zu verstellen. Gleichzeitig würde ein in seinen Rechten und Verfahrensregeln umsichtig definierter Bundestag der preußischen Regierung die Möglichkeit geben, den Bund zu dominieren, ohne die gekrönten Häupter der anderen Staaten zu Vasallen eines Reichsmonarchen zu machen.

Die Details der Ausgestaltung eines solchen Fürstenbundes blieben freilich offen. Wie hatte ein Bund aus einer großen und vielen kleinen Monarchien konkret auszusehen, der die Souveränität der Kleinen schützte, gleichzeitig aber selbst ein handlungsfähiger Staat blieb? Wie konnten die Vormachtstellung des preußischen Königs und die prinzipielle Gleichheit aller regierenden Fürsten in Einklang gebracht werden? Wie konnten die Einzelstaaten so in die föderale Willensbildung einbezogen werden, dass sie einen adäquaten Ausgleich für den Verlust ihrer Hoheitsrechte bekamen? Wie konnten die Regierungsorgane Preußens und des Bundes so koordiniert werden, dass sie sich gegenseitig ergänzten statt behinderten? Und wie weit durften die Rechte des Reichstages gehen, ohne Gefahr zu laufen, der Entstehung eines parlamentarischen Regierungssystems Vorschub zu leisten? Kurz gesagt: Wie musste die Substanz aussehen, die hinter der Fassade stehen sollte?

## III. Clio versus Minerva

Die neue Verfassung musste Ordnung in eine komplizierte Gemengelage aus preußischer Hegemonie und bündischer Mitsprache, Partikularismus und Nationalismus, monarchischer Souveränität und parlamentarischen Machtansprüchen bringen. Nach einer Lösung für diese Quadratur des Kreises suchte Bismarck fernab des hektischen Berliner Politikbetriebes. Nach den anstrengenden Sommermonaten, in denen die Auflösung des Deutschen Bundes, der Krieg mit Österreich und die anschließenden Friedensverhandlungen stark an seinen Kräften gezehrt hatten, zog er sich im Oktober und November 1866 für einige Wochen ins beschauliche Ostseebad Putbus auf der Insel Rügen zurück. Dort blieb er über seinen Sekretär Robert von Keudell in ständigem Kontakt mit den Berliner Schaltstellen. Zu aufgewühlt waren die Zeiten, um die Ruhe auf dem idyllischen Anwesen des Fürsten zu Putbus in Muße zu genießen. Es galt, eine Frist einzuhalten. Die strukturelle Neuordnung Deutschlands musste vor Ablauf der Bündnisverträge abgeschlossen sein. Andernfalls waren die Bündnispartner nicht länger verpflichtet, einen neuen Bund zu gründen. Es musste also möglichst rasch ein offizieller Verfassungsentwurf her, der in den nächsten Monaten dem Preußischen Staatsministerium, den Regierungen der anderen Einzelstaaten und dem Reichstag zur Verhandlung vorgelegt werden könnte.[45]

Kurz vor Bismarcks Abreise hatte der preußische König Karl Friedrich von Savigny damit beauftragt, einen solchen Entwurf auszuarbeiten. Der Sohn des berühmten preußischen Rechtsgelehrten Friedrich Carl von Savigny war ein erfahrener Diplomat, der Preußen in den letzten zwei Jahren beim Frankfurter Bundestag vertreten hatte. Als Experte für deutsche Angelegenheiten arbeitete er mit Bismarck bei der Auflösung und Umgestaltung des Bundesverhältnisses eng zusammen. Die beiden Männer verband seit Savignys Eintritt in den preußischen Staatsdienst in den 1840er-Jahren eine persönliche Freundschaft. Die zunehmende Nähe Savignys zum König und seine offenen Ambitionen auf einen hohen Posten im neuen Bund sah Bismarck allerdings skeptisch. Um sicherzustellen, dass Savignys Verfassungsentwurf mit seinen eigenen Vorstellungen übereinstimmen würde, schickte er ihm aus Putbus zwei ausführliche Aktenvermerke, in denen er viele der Hauptgedanken der späteren Verfassung entwickelte. Bei diesen Putbuser Diktaten handelte es sich also um mehr als nur eine mehrteilige Denkschrift. Sie waren vorsichtig formulierte diplomatische Anweisungen, die Bismarck dem innenpolitisch unerfahrenen Savigny gab, damit dieser in seinem persönlichen Ehrgeiz keinen vollkommen überambitionierten Entwurf verfassen, den König und die Minister dadurch vor den Kopf stoßen und so womöglich unüberbrückbaren Widerstand gegen das Bundesprojekt hervorrufen würde. „Wir Fachleute, die dabei mitreden", appellierte er an Savigny, „müssen unter uns einig sein, bevor die Sache zur Entscheidung gestellt wird, sonst verliert sich nachher der Meinungsstreit ins Bodenlose, und die Sache mißlingt."[46]

In den beiden Diktaten vom 30. Oktober und 19. November stellte Bismarck auf Basis seiner bisherigen Überlegungen drei Leitgedanken darüber zusammen, wie das politische System des neuen Bundes zu gestalten sei. Erstens solle die Verfassung flexibel sein. Die bislang gesammelten Entwürfe von Duncker und Co. seien alle zu „zentralistisch bundesstaatlich". Gerade um den „dereinstigen Beitritt der Süddeutschen" zu ermöglichen, müsse man ein gemischtes System schaffen, das sich je nach Bedarf zu einem engeren oder lockereren Zusammenschluss der Einzelstaaten entwickeln könnte: „Man wird sich in der Form mehr an den Staatenbund halten müssen, diesem aber praktisch die Natur des Bundesstaates geben mit elastischen, unscheinbaren, aber weitgreifenden Ausdrücken." Lediglich gewisse kriegsrelevante „Attributionen der Exekutivgewalt" müssten die einzelstaatlichen Souveräne sofort und definitiv dem preußischen König als ihrem „Oberfeldherrn" übergeben.[47]

Zweitens dürfe der Grundaufbau der Verfassung keiner Reichsmonarchie entsprechen, sondern müsse sich an einen Fürstenbund anlehnen. Statt dem König von Preußen „eine Stellung als Oberhaupt des Reichs" zu geben, sei es klüger, ihn gegenüber „den anderen Mitgliedern des Bundes", also den Fürsten, zu einem *„primus inter pares"*, einem Ersten unter Gleichen zu machen. Denn die „Herstellung eines monarchischen Bundesstaates oder Deutschen Kaiserreichs" werde „formell mehr Schwierigkeiten" bereiten als die Einrichtung eines Fürstenbundes, der „sich den hergebrachten Bundesbegriffen" anschließe und so bei den einzelstaatlichen Regierungen „leichter [...] Eingang" finde, gleichzeitig aber „Preußen dieselbe dominierende Stellung sichere".[48]

Drittens müsse die Verfassung genau aus diesem Grund so weit wie möglich die alten Strukturen und Gepflogenheiten des Deutschen Bundes übernehmen: „Je mehr man an die früheren Formen anknüpft, um so leichter wird sich die Sache machen, während das Bestreben, eine vollendete Minerva aus dem Kopfe des Präsidiums entspringen zu lassen, die Sache in den Sand der Professorenstreitigkeiten führen würde." Die neue Verfassung musste aus Bismarcks Sicht also als natürliche Weiterentwicklung des historisch Gewachsenen erscheinen und nicht als eine mit der Vergangenheit brechende Neuschöpfung. Um sie sowohl dem Preußischen Staatsministerium als auch den Regierungen der anderen Einzelstaaten verkaufen zu können, sollte sie als Werkstück der Clio und nicht als Minervasche Kopfgeburt daherkommen. Und das hieß: Sie musste den Anschein eines Fürstenbundes wahren.[49]

Aus der Kombination dieser drei Leitlinien ergab sich eine Reihe struktureller Konsequenzen, die sich schon in Hepkes Ausarbeitungen angedeutet hatten und die Bismarck jetzt in seinen Diktaten zu Grundbausteinen der künftigen Verfassung erklärte. „Als Zentralbehörde" solle gemäß der Idee vom Fürstenbund „nicht ein Ministerium, sondern der Bundestag", die „Vertretung der [einzelstaatlichen] Souveräne", fungieren. Anders als bisher geplant, solle allerdings die „Verteilung der Stimmen nicht an den engeren Rat, sondern an das Plenum der Bundesversammlung" des Deutschen Bundes anknüpfen. Preußen solle die Stimmen der Staaten, die es im Sommer annektiert hatte, übernehmen und so von den insgesamt 43 Stimmen 17 führen. Mit der Unterstützung von nur fünf Kleinstaaten hätte Preußen also eine Mehrheit. Dadurch sei „die Gefahr, daß die preußische Regierung in erheblichen Fragen [...] in die Minorität geriete", gering. Weitere Maßnahmen könnten diesem Szenario endgültig einen „Riegel vorschieben" und die preußische Hegemonie so zusätzlich absichern. Alle militärischen Fragen könne man zum Beispiel von der „Zustimmung des Bundesfeldherren" abhängig machen und für Verfassungsänderungen eine Zweidrittelmehrheit der Stimmen im Bundestag verlangen.[50]

Die Funktion von Bundesministerien solle – wie schon in Hepkes Bundesakte vorgesehen – von den Fachkommissionen des Bundestages wahrgenommen werden. Einzige Ausnahme sei das Kriegswesen. Hier müssten alle Einzelstaaten ihre Kompetenzen sofort dem preußischen Kriegsministerium abtreten, das diese dann dauerhaft für den Bund verwalten solle. In allen anderen Bereichen könne man dagegen die notwendigen Fachkommissionen „à fur et à mesure", also je nach Bedarf, bilden. Damit die Landesregierungen die dazu nötigen Kapazitäten" beziehungsweise Verwaltungsfachleute „neben den eigentlichen diplomatischen Vertretern" in den Bundestag entsenden könnten, solle die dortige Stimmabgabe von der Anzahl der anwesenden Bevollmächtigten unabhängig sein. Indem man die Träger der ministeriellen Aufgaben des Bundes auf solche Weise in den Bundestag hineinziehe, mache man diesen, wie Bismarck in Anspielung auf die Gesamtzahl der dortigen Sitze der Einzelstaaten formulierte, zu „einer 43 Plätze fassenden Ministerbank". Dadurch würden sich „die Schwierigkeiten" vermeiden lassen, die damit verbunden wären, „dem Reichstag ein [echtes] Ministerium gegenüberzustellen". Was er damit meinte, war ob seiner Bedenken gegen die Einrichtung einer Reichsmonarchie klar. Der Verzicht auf eine unabhängige Bundesregierung war eine antiparlamentarische Schutzmaßnahme. Denn der Bundestag würde die Fachkommissionen als Ersatzministerien des Bundes vom Einfluss des Reichstages abschirmen und so dauerhaft verhindern, dass die entscheidenden Regierungsstellen unter parlamentarische Kontrolle geraten könnten.[51]

Der Reichstag, fuhr Bismarck fort, solle nur aus einer Kammer bestehen. Das „Zweikammersystem" sei für „die Bundesverhältnisse nicht anwendbar", da eine „Maschinerie" aus zwei Parlamentskammern, dem Bundestag, dem Präsidium, dem Oberfeldherrntum und den Landtagen viel „zu schwerfällig" sein würde. „Eine weitere Ausbildung des Bundestages im Sinne eines Oberhauses" könne sich aber „vielleicht in Zukunft historisch entwickeln". Voraussetzung dafür sei allerdings, dass es gleichzeitig zu einer „schärferen Ausprägung des Kaisertums an Stelle der Präsidial- und Feldherrenattributionen" komme, der König von Preußen also alle exekutiven und militärischen Befugnisse des Bundes in einer Funktion, nämlich als Kaiser, ausübe statt wie bisher vorgesehen in zwei verschiedenen, dem Präsidial- und dem Bundesfeldherrenamt.[52]

So flexibel, wie er die neue Ordnung gestalten wollte, hielt es Bismarck demnach durchaus für möglich, dass sich der Fürstenbund irgendwann zu einer Reichsmonarchie entwickeln könnte, in der der Bundestag nur eine zweite Kammer und an seiner statt der Kaiser das Zentrum des Regierungssystems sein würde. Ob beziehungsweise wie die Regierungsstellen des Bundes dann noch vor dem Parlament zu schützen seien, erwähnte er nicht. Das lag vermutlich daran, dass diese Frage einfach nicht anstand. Es galt aus seiner Sicht, zunächst einmal eine an der Idee vom Fürstenbund orientierte Verfassung zustande zu bringen, bevor man sich mit Spekulationen über etwaige Veränderungen beschäftigen konnte. Die Flexibilität, die er der Verfassung geben wollte, schien ihm wohl Gewähr genug, auf alle möglichen Szenarien reagieren und gegebenenfalls auch die Schutzmechanismen monarchischer Souveränität weiterentwickeln zu können.

Was das Wahlrecht und die Kompetenzen des Reichstages anging, blieb Bismarck eng an den „Grundzügen" vom 10. Juni. Das Parlament könne „aus verschiedenen Wahlprozessen" hervorgehen. Es sei zum Beispiel denkbar, die eine Hälfte der Abgeordneten nach einem weit gefassten Zensuswahlrecht von den hundert Höchstbesteuerten der Wahlkreise und die andere Hälfte in direkten Urwahlen wählen zu lassen. Die „Hauptsache" sei: „keine Diäten, keine Wahlmänner, und kein [eng definierter] Census". Mit diesen Einschränkungen unterstrich er seine starke Präferenz für die Übernahme des allgemeinen und direkten Wahlrechtes, das er ohnehin in dem ursprünglichen Bundesreformplan bereits angekündigt hatte. Auch bei der darin in Aussicht gestellten herausgehobenen Stellung des Reichstages blieb er. Das Parlament, betonte er, solle gleichberechtigter Partner in der Bundesgesetzgebung sein. Jedes Gesetz solle erst „durch Übereinstimmung der Majorität des Bundestages mit der der Volksvertretung entstehen", das heißt, ohne Zustimmung des Reichstages nicht in Kraft treten können.[53]

Bismarck übersandte mit den Diktaten also relativ klare Vorgaben darüber, wie die Bundesorgane und das Verhältnis zwischen Preußen, den anderen Einzelstaaten und dem Bund in der neuen Verfassung zu organisieren seien. Savigny hielt sich aber nicht daran. Der Verfassungsentwurf, den er während der Abwesenheit seines Chefs ausarbeitete, verfolgte ganz eigene Ideen. Das wurde besonders deutlich in der Zusammensetzung und Stellung, die er dem Herzstück von Bismarcks Konzeption gab: dem Bundestag. Entgegen Bismarcks ausdrücklicher Instruktion behielt Savigny das Kuriensystem für die Verteilung der Stimmen bei. Außerdem wollte er nicht die Ausschüsse des Bundestages, sondern unabhängige Bundesbehörden, die dem Präsidium direkt unterstehen und ironischerweise auch Fachkommissionen heißen sollten, mit der Vorbereitung von Gesetzen und anderen ministeriellen Aufgaben betrauen. Dadurch wäre der antiparlamentarische Schutzwall um die Exekutive, zu dem Bismarck den Bundestag machen wollte, entfallen und praktisch eine kollegiale Bundesregierung geschaffen worden, die dem Reichstag direkt gegenübergestanden hätte.

Um zu verhindern, dass das Parlament dadurch zu viel Einfluss gewinnen würde, plante Savigny, die Zuständigkeiten der Kommissionen stark zu beschränken. Der ganze Bund sollte nach seinem Entwurf viel dezentraler organisiert sein, als von Bismarck angedacht. Zwar wollte Savigny der Gesetzgebung und Oberaufsicht des Bundes die gleichen Felder unterstellen, die schon die „Grundzüge" aufgeführt hatten. Mit Ausnahme des Heerwesens, das zur äußeren Sicherheit des Bundes vereinheitlicht werden sollte, sah Savigny aber vor, die

Souveränität der Einzelstaaten auf allen anderen Gebieten ausdrücklich zu bewahren und ihr Verhältnis weiterhin durch Beziehungen „völkerrechtlicher Art" zu regeln. So sollten etwa die Bundesausgaben nicht nur aus den gemeinsamen Zolleinnahmen, sondern auch aus Geldmitteln finanziert werden, die man durch völkerrechtliche Verträge festlegen würde. Kurz gesagt: Savigny wollte nicht wie Bismarck eine Mischverfassung, die sich nur hinter der Fassade eines Bundes der einzelstaatlichen Monarchen versteckte, sondern einen echten Fürstenbund.[54]

In den Erläuterungen, die er seinem Entwurf beifügte, machte er deutlich, dass dieser Vorschlag das gleiche Ziel verfolge wie Bismarcks Konzeption. Eine rein völkerrechtliche Organisation der Staatenunion stelle sicher, dass man „einerseits die Grundlagen des Bundes und andererseits die Thätigkeit der einzelnen Regierungen [...] wirksamen Angriffen destructiver Parteien, jedenfalls den Fluctuationen der Tagesmeinung entziehen" könne. Bismarck schrieb an den Rand dieser Erklärung eine kurze, aber vielsagende Bemerkung: „sehr vertraulich zu behandeln". Er wollte also unbedingt vermeiden, dass solche Überlegungen öffentlich wurden. Denn das hätte eine Zusammenarbeit mit den gemäßigten Liberalen, ohne deren Zustimmung aller Voraussicht nach kein wie auch immer gearteter Verfassungsentwurf durch den konstituierenden Reichstag zu bringen war, schwer bis unmöglich gemacht. Um deren Unterstützung zu gewinnen, hielt er Savignys Weg zur Einheit für nicht gangbar. Dafür brauchte es seiner Meinung nach keinen reinen Fürstenbund, wie er in seinen Anweisungen aus Putbus deutlich gemacht hatte, sondern eine Ordnung, die zwar den Anschein eines Bundes souveräner Monarchen wahrte und entsprechende Sicherheitsvorkehrungen umfasste, sich aber doch auch von ihren staatenbündischen Wurzeln löste und klare unitarische Züge trug.[55]

In eben dieser Grundüberlegung sah Savigny einen Fehler. Er war davon überzeugt, dass Bismarcks Lösung in eine „heillose Verwirrung" führen würde und, wie er wenige Monate nach Inkrafttreten der Verfassung erneut betonte, „mit Überstürzung gerade auf [eine] enge Zentralisation" zusteuerte. Hinter Savignys Alternativvorschlag steckten aber sicher auch persönliche Motive. Der ehrgeizige Experte für Bundesangelegenheiten wollte sich beim König für Höheres empfehlen. Von Bismarck wiederholt ermutigt machte er sich berechtigte Hoffnungen auf das Amt des preußischen Präsidialgesandten im neuen Bundestag. Sein Entwurf war diesen Ambitionen jedoch eher abträglich, weil er Bismarcks Misstrauen nährte. Einen Vorschlag, der seine Anweisungen zur Gestaltung der neuen Verfassung so deutlich ignorierte und so große Schwierigkeiten mit entscheidenden Verhandlungspartnern zu machen drohte, konnte und wollte Bismarck nicht akzeptieren. Als er Anfang Dezember aus Putbus nach Berlin zurückkehrte, ließ er den Entwurf denn auch leise in der Schublade verschwinden. Nicht einmal in die

Akten des Außenministeriums nahm er den Vorschlag des damals wichtigsten preußischen Diplomaten auf.[56]

Die Zeit fing nun an zu drängen. Die Konferenz, auf der sich die Regierungen der Einzelstaaten auf eine Verfassungsvorlage für den im Februar zu wählenden Reichstag einigen sollten, war für den 15. Dezember angesetzt. Es blieben Bismarck also nur knapp zwei Wochen, um einen adäquaten Verfassungsentwurf aufzustellen und den König sowie die anderen preußischen Minister davon zu überzeugen. Bei der technischen Ausarbeitung half ihm vor allem sein enger Mitarbeiter Lothar Bucher. Der ehemalige Gerichtsassessor hatte 1848 in der preußischen Nationalversammlung noch aufseiten der Linken gestanden. Nach der Niederschlagung der Revolution war er zu fünfzehn Monaten Festungshaft verurteilt worden, hatte aber nach London ins Exil fliehen können. Dort war er zu einem der meist gelesenen Korrespondenten der liberalen Berliner *National-Zeitung* aufgestiegen. In seinem 1855 veröffentlichten Buch *Der Parlamentarismus, wie er ist* hatte er die Gepflogenheiten der britischen, indirekt aber auch der deutschen Volksvertreter scharf kritisiert. Infolge einer Amnestie war er 1861 nach Deutschland zurückgekehrt. Drei Jahre später hatte ihn Bismarck wegen seiner publizistischen Gewandtheit ins preußische Außenministerium geholt und seitdem bis auf den Posten eines Vortragenden Rates protegiert.[57]

Bucher erstellte gemäß Bismarcks Vorstellungen aus den diversen Vorarbeiten einen einheitlichen Verfassungsentwurf. Dabei konnte er nicht nur auf die „Grundzüge", Hepkes Bundesakte und Bundesgeschäftsordnung, Bismarcks Putbuser Diktate, und die brauchbaren Teile der schon existierenden Entwürfe zurückgreifen, sondern auch auf umfangreiche Eingaben aus dem preußischen Handelsministerium. Der zuständige Minister Heinrich von Itzenblitz hatte Bismarck schon im August und September detaillierte Vorschläge zu mehreren Themenbereichen zukommen lassen, die von verschiedenen Fachleuten aus seinem Hause verfasst worden waren. Die Bestimmungen zu Zoll- und Handelsangelegenheiten hatte Rudolph von Delbrück erstellt. Der Ministerialdirektor war ein überzeugter Freihändler, der sich seit seinem Eintritt ins Handelsministerium 1844 vor allem um die Ausweitung des Zollvereins verdient gemacht hatte. Nach der Gründung des Norddeutschen Bundes machte ihn Bismarck zum Leiter des Kanzleramts, von wo aus er die wirtschaftliche und rechtliche Integration des jungen Bundesstaates dirigierte. Den Entwurf zum Eisenbahnwesen, einem wirtschaftlich wie militärisch gleichermaßen bedeutenden Feld, hatte der Ministerialdirektor von der Recke in enger Anlehnung an die entsprechenden Passagen der Frankfurter Reichsverfassung zusammengestellt. Die Abschnitte zum Post- und Telegrafenwesen stammten aus der Feder des preußischen Generalpostmeisters Karl von Philipsborn.[58]

Was diese Verwaltungsspezialisten vorschlugen, lief auf die Schaffung eines einheitlichen deutschen Wirtschaftsraumes hinaus. Alle Staaten des Bundes sollten einen gemeinsamen Binnenmarkt formen. In diesem sollte der freie Verkehr von Gütern, Waren und Dienstleistungen garantiert sein, eine einheitliche Maß-, Gewichts- und Eisenbahnordnung gelten und die Schifffahrt auf allen deutschen Flüssen gleich reguliert sein. Außerdem sollten die Angehörigen jedes Einzelstaates in allen Teilen des Bundes als Inländer gelten und die gleichen Rechte genießen wie die Einheimischen. Darüber hinaus schlug Delbrück vor, den Zollverein institutionell zu stärken und eng mit dem neuen Bund zu verknüpfen. Ein Zollparlament, bestehend aus den Mitgliedern des neuen Reichstages und zusätzlichen Abgeordneten aus den süddeutschen Staaten, und ein Zollbundesrat aus den Regierungen der Mitgliedsstaaten sollten Süddeutschland nicht nur wirtschaftlich, sondern auch politisch an den Norden anbinden.[59]

Bismarcks Entwurf übernahm diese teilweise sehr detaillierten Regelungen der Experten aus dem Handelsministerium fast vollständig. Deswegen machte die spätere Verfassung im Vergleich zu den meisten anderen Staatsgrundgesetzen ungewöhnlich viele Vorgaben zu verwaltungstechnischen Spezialfragen. Die Aufnahme der entsprechenden Bestimmungen war ein taktischer Schachzug Bismarcks. Er musste damit rechnen, dass sein Konzept einer an einen Fürstenbund angelehnten Mischverfassung die Liberalen enttäuschen würde. Zahlreiche prominente Vertreter der Nationalliberalen hatten sich öffentlich für einen monarchischen deutschen Einheitsstaat ausgesprochen, so zum Beispiel Heinrich von Treitschke, der wohl genau deshalb Bismarcks Bitte abgelehnt hatte, auf Grundlage der „Grundzüge" einen Verfassungsentwurf zu erstellen. Das Mindeste, was diese Kreise erwarteten, war die Einrichtung eines unitarischen Bundesstaates, also die Ausmerzung der verhassten staatenbündischen Strukturen des alten Bundes. Bismarck nahm die umfangreiche Garantie der wirtschaftlichen Einheit also nicht zuletzt deshalb in seinen Entwurf auf, um den zu erwartenden Widerstand der Liberalen gegen seine Bundeslösung abzuschwächen. Anders gesagt: Das in Paragrafen gefasste Versprechen der Wirtschaftseinheit war ein Köder, mit dem er die Liberalen in ihrem Streben nach Freihandel dazu bewegen wollte, Kompromisse einzugehen und der Verfassungsvorlage im konstituierenden Reichstag zuzustimmen.[60]

Am 9. Dezember legte Bucher Bismarck erstmals einen einheitlichen Gesamtentwurf der Verfassung vor. Dieser umfasste 64 Artikel. Davon waren 47 teils wörtlich aus den erwähnten Vorarbeiten übernommen. 17 unterschieden sich dagegen inhaltlich von allen früheren Überlegungen. Diese Neuerungen betrafen vor allem die Abschnitte zum Bundespräsidium und zum Bundestag. Die Sphären dieser beiden Organe wollte Bismarck nun viel stärker trennen, als ursprünglich vorgesehen. Vermutlich hatte ihm Savignys Entwurf vor Augen geführt, dass eine zu enge Verbindung dieser beiden Machtzentren die Exekutive für das Parlament angreifbar machen konnte. Der Bundestag war zwar immer noch als das Zentrum der Verfassung gedacht. Seine Ausschüsse sollten aber nicht länger mit dem Präsidium verbunden sein, geschweige denn ihm als Regierungsstellen direkt unterstehen. Das drückte sich darin aus, dass der Entwurf dem Präsidium kein Recht einräumte, die Ausschüsse ohne den Willen des Bundestages zu berufen. Die Trennung des Bundestages von der exekutiven Spitze des Bundes machte aus den Fachkommissionen also wieder ganz normale Ausschüsse, die zwar nach wie vor einige wenige Verwaltungsaufgaben in ihren jeweiligen Kompetenzfeldern wahrnehmen sollten, aber ihre ministerielle Stellung verloren hatten. Einen Ersatz für die Fachkommissionen sah der Entwurf nicht vor. Echte Bundesministerien fehlten sowieso. Es waren also keinerlei Regierungsstellen definiert. Der Sinn dieser Lücke war offensichtlich. Noch besser als ein in den Ausschüssen des Bundesrates versteckter Ministerialapparat konnte nur das komplette Fehlen einer Regierung die Exekutive vor dem Parlament schützen. „Wenn gar keine Regierung da war", heißt es dazu treffend in einer 1934 veröffentlichten Studie Fritz Demmlers zu *Bismarcks Gedanken über Reichsführung*, „konnte auch das Parlament keinen Einfluß auf solche gewinnen."[61]

Die wichtigste Neuerung des Entwurfs stieß genau in diese Lücke und veränderte dadurch das föderale Verfassungsgefüge beträchtlich: die Einführung der Position des Bundeskanzlers. Artikel 13 bestimmte: „Das Präsidium ernennt den Bundeskanzler, welcher im Bundestag den Vorsitz führt und die Geschäfte leitet." Diese unscheinbare Bestimmung wandelte den Präsidialgesandten des Bundestages in einen unmittelbaren Beamten des Bundespräsidiums um. Hatten die Vorarbeiten den Präsidialgesandten nur als einen Bevollmächtigten der preußischen Regierung gesehen, der als Vertreter des Hohenzollernkönigs den Vorsitz im Kreis des Fürstenkollegs übernehmen sollte, machte der Entwurf ihn jetzt zu einem von Preußen unabhängigen Bundesorgan. Allerdings war der Artikel doppeldeutig formuliert. Er ließ offen, ob der Bundeskanzler nur der Vorsitzende des Bundestages oder ein Geschäftsleiter des Bundes sein sollte. Das war eine ganz entscheidende Frage. Denn davon hing ab, ob er sich nur um die Beziehungen zum Bundestag oder um alle exekutiven Angelegenheiten des Bundespräsidiums zu kümmern hätte. In letzterem Fall würden ihm umfangreiche Aufgaben in fast allen wichtigen Regierungsfeldern zufallen. Das würde ihn notwendigerweise zum Chef einer in dem Entwurf nicht weiter definierten Bundesverwaltung machen. In dieser Funktion würde er einem regierungsleitenden Minister zumindest stark ähneln und damit dem Reichstag auch trotz des Fehlens einer offiziellen Bundesregierung eine Angriffsfläche bieten.[62]

Man kann nur darüber spekulieren, warum Bismarck praktisch in letzter Minute eine Änderung vornahm, die das antiparlamentarische Gefüge seiner Fürstenbundskonstruktion so sehr durcheinanderbrachte. Wahrscheinlich steckten dahinter sowohl strukturelle als auch persönliche Gründe. Das wird deutlich, wenn wir die Folgen betrachten, die die Umwandlung des Präsidialgesandten in einen Bundeskanzler für das Verhältnis zwischen den Verfassungsorganen des Bundes und denen der Hegemonialmacht Preußen hatte. Nach Bismarcks ursprünglichen Plänen sollte der preußische Außenminister der starke Mann des Bundes sein. In dessen Ressort fielen sämtliche auswärtigen Beziehungen Preußens, also auch diejenigen zu einem vom Hohenzollernkönigreich eingegangenen Bund und dessen anderen Mitgliedsstaaten. Deswegen lag das Recht, die preußischen Mitglieder eines Bundestages zu instruieren, bei ihm. Gemäß der bisherigen Vorstellungen Bismarcks unterlag auch der Präsidialgesandte dieser Instruktion. Dadurch hätte der preußische Außenminister entscheidenden Einfluss auf die Arbeit des zentralen Entscheidungsgremiums des Bundes und seiner ministeriumsartigen Fachkommissionen nehmen können. Nach den neuen Regelungen war der Bundeskanzler dagegen vom preußischen Außenminister sowie allen anderen Einrichtungen des Hegemonialstaates unabhängig und hatte unter Umständen sogar noch einen viel weiteren Aufgabenbereich als der ehemalige Präsidialgesandte.

Der Entwurf verlagerte also den Schwerpunkt der Exekutive in den Bund und stärkte dessen einzigen von der Verfassung ausdrücklich vorgesehenen obersten Beamten gegenüber der preußischen Regierung. Dabei unterstrich die Einführung eines von Preußen formal unabhängigen Leiters des Kollektivorgans der einzelstaatlichen Monarchen den Charakter der Verfassung als Fürstenbund, ohne die Hegemonie Preußens zu untergraben. Denn der Bundeskanzler würde als Vorsitzender des Bundestages notwendigerweise auch der Stimmführer der dortigen preußischen Delegation sein müssen. Ohne diese „Hausmacht" würde er nämlich kaum eine Chance haben, Gesetzesvorhaben durch den Bundestag zu bringen. Als Teil der preußischen Gesandtschaft in diesem Organ würde er aber wieder unter der Instruktion des preußischen Außenministers stehen, der dadurch einen großen Teil seines Einflusses im Bund behielt. Diese Zirkelkonstruktion konnte nur funktionieren, wenn die Ämter des Bundeskanzlers und des preußischen Außenministers von ein und derselben Person bekleidet werden würden.

Mit der verdeckten Einführung dieser Personalunion schlug Bismarck zwei Fliegen mit einer Klappe. Zum einen war damit eine Vorentscheidung darüber gefallen, wer den Bundestagsvorsitz antreten würde. Da das Außenministerium Bismarcks wichtigstes Standbein im Preußischen Staatsministerium war, stand außer Frage, dass er dieses nicht aufgeben würde, egal, wie der künftige Bund aussehen würde. Man kann deshalb davon ausgehen, dass er bei der Erhöhung des Präsidialgesandten zum Bundeskanzler bereits im Auge hatte, dieses Amt zusätzlich zu seinen Aufgaben als preußischer Ministerpräsident und Außenminister selbst zu übernehmen. Dazu passt, dass er Savigny spätestens seit dessen Ignorierung der Putbuser Instruktionen für immer weniger geeignet hielt, einen solch wichtigen Posten im neuen Bund zu bekleiden. Rückblickend schrieb er im Juli 1867, ihm sei „die Wahl von Savigny von Hause aus bedenklich gewesen". Dieser sei „als Erbe der Bundestradition [...] der gegebene Faden" gewesen, „an dem sich die Sache fortspann". Deswegen habe er bei der Geburt der neuen Verfassung eine Rolle spielen müssen. Durch „seine steifstellige Empfindlichkeit und seine Ungewohnheit im Verkehr mit weniger privilegierten Menschenklassen" sei der Diplomat allerdings „für parlamentarische und administrative Verhältnisse" nicht zu gebrauchen.[63]

Zum anderen würde die Übernahme des Bundeskanzlerpostens dem preußischen Außenminister eine zusätzliche Machtbasis außerhalb des Staatsministeriums geben. In diesem Kabinett wurden alle Entschlüsse per Mehrheitsentscheid unter den einzelnen Ressortministern getroffen. Dem Ministerpräsidenten stand nach diesem Kollegialitätsprinzip weder eine Richtlinienkompetenz noch ein besonderes Stimmgewicht zu. Er musste also immer um Mehrheiten in dem oft zerstrittenen Kollegium kämpfen. Bismarck hasste dieses System, weil es seinen Handlungsspielraum als Ministerpräsident stark eingrenzte. „Wenn ich eine Prise Tabak nehmen will", so eine seiner vielen verbitterten Beschwerden, „muss ich erst sieben preußische Minister fragen". Von der Machtstellung eines englischen Premierministers, der gegenüber seinen Ministern die volle Weisungsgewalt hatte, konnte er nur träumen. Zwar würde ihm auch das Bundeskanzleramt keine solche Position geben, aber es würde seine Autorität gegenüber den anderen preußischen Ministern doch merklich steigern. In der Ämterverbindung lag deshalb die Chance, Entscheidungen im Staatsministerium durchzusetzen, die von den anderen Ministern dort andernfalls vielleicht nicht akzeptiert werden würden. Das galt besonders, wenn der Außenminister in seiner Rolle als Bundeskanzler das Gewicht einer Übereinkunft mit den anderen einzelstaatlichen Regierungen und/oder dem Reichstag in die Waagschale werfen würde. Angesichts dieses Potenzials erscheint die Einführung des Bundeskanzlers auch als eine Maßnahme, die Bismarck vornahm, um sicherzustellen, dass aus der preußischen Hegemonie kein preußischer Partikularismus werden könne, der seine komplexe Bundesmaschine ins Stocken bringen und so eventuell deren Schutzfunktion für die Monarchie unbedacht untergraben würde.[64]

Bismarck konnte allerdings nicht damit rechnen, dass die anderen preußischen Minister das auch so sehen und den Entwurf bei der Abstimmung im Staatsministerium einfach so durchwinken würden. Wahrscheinlicher war es, dass die geplante Machtkonzentration außerhalb des preußischen Kabinetts ihren Widerstand auf den Plan rufen würde. Sollte der Entwurf die erste Hürde auf dem langen Weg zur Annahme passieren, war es deshalb entscheidend, das Potenzial, das in dem Amt des Bundeskanzlers steckte, nicht zu deutlich herauszustellen. Das war wohl der Grund, warum Bismarck auf die Ausarbeitung von Motiven verzichtete und der Entwurf offen ließ, ob der Bundeskanzler nur Vorsitzender des Bundestages oder Geschäftsleiter des Bundes, also Chef einer Bundesverwaltung, sein sollte. Die lapidare Formulierung von Artikel 13 und das Fehlen jeder Form von bundeseigenen Ministerialbehörden suggerierten stark, dass der Bundeskanzler nur den Bundestag leiten und ansonsten eine eher schwache Rolle spielen sollte. Würde diese Täuschung das Staatsministerium überzeugen, so Bismarcks Spekulation, könne man darauf hoffen, dass der konstituierende Reichstag die Stellung des Kanzlers schärfer ausprägen würde. „Wir müssen es dem Parlament überlassen", hatte er schon gegenüber Savigny in einer später für die Veröffentlichung gestrichenen Passage der Putbuser Diktate betont, „den Entwurf nach der bundesstaatlichen Richtung hin, mit preußischer Spitze, zu amendieren". Um seinen Entwurf durchzubringen, verschleierte Bismarck also nicht nur gegenüber der Regierung, der er selbst vorstand, die wahre Bedeutung einer der wichtigsten geplanten Einrichtungen, sondern spielte auch über Bande mit einer Kraft, die er mit der Konstruktion des Bundes in Schach halten wollte: den Parlamentarismus.[65]

Obwohl riskant, ging diese Strategie auf. Das preußische Staatsministerium nahm den Entwurf am 12. Dezember an, ohne den Posten des Bundeskanzlers anzutasten. Bismarck gab in der Sitzung nicht mehr als eine kurze Erklärung zu dem Entwurf ab. Die zentralen Motive streifte er nicht einmal. Er wollte offenbar möglichst wenig Licht ins Dunkel bringen, damit sich die Minister im Dickicht der Einzelbestimmungen verlaufen konnten. Statt auf das Amt des Bundeskanzlers, des föderalen Gehilfen ihres Königs, schossen sich die Regierungsmitglieder so erwartungsgemäß auf die Institution ein, die sie als den augenscheinlichen Hauptgegner ausmachten: den Reichstag. In der Runde ging die Sorge um, dass dessen starke Stellung womöglich eine Gefährdung der preußischen Monarchie sein könne. Diese Bedenken konnte Bismarck aber einfach mit Hinweis auf die Maßnahmen zerstreuen, die der Entwurf zur Einhegung des Parlamentes traf.[66]

Der Bundestag war als strukturelles Bollwerk gegen eine Parlamentarisierung der Exekutive gestaltet. In dieser Funktion schützte er auch seinen Vorsitzenden,

den Bundeskanzler, vor Übergriffen des Reichstages. Letzterem war außerdem das schärfste Schwert genommen, das aufmüpfige Parlamentarier im Kampf um mehr Mitbestimmung hätten führen können: die Kontrolle über das Militärbudget. Der Entwurf setzte die Heeresstärke im Verhältnis zur Bevölkerungszahl sowie die Kosten pro Mann auf eine bestimmte Größe beziehungsweise Höhe fest und verhinderte eine Herabsetzung durch das Veto, das er der preußischen Regierung in militärischen Fragen gab. Dadurch, dass der Militärhaushalt Bundessache werden sollte, würde er überdies ein für alle Mal dem Einfluss des preußischen Abgeordnetenhauses entzogen sein. Eine Neuauflage des preußischen Heereskonfliktes, der die Monarchie in den vorangegangenen Jahren ins Wanken gebracht hatte, würde demnach in Zukunft unmöglich sein. Bismarck konnte also glaubhaft versichern, dass die geplanten Strukturen auch trotz der Errichtung eines relativ starken Bundesparlamentes die preußische Krongewalt insgesamt stärken würden.

Einige Änderungen nahm das Staatsministerium an dem Entwurf dennoch vor. Zum einen stärkte es den Bundestag als Festung des Monarchismus. Um ein Eindringen von Parlamentariern zu verhindern, wurden Doppelrollen verboten. Niemand sollte zugleich Mitglied des Reichstages und des Bundestages sein können. Zum anderen bestand der Kriegsminister Albrecht von Roon auf einigen Anpassungen im Militärwesen. Im Gegenzug half er Bismarck, den Widerstand des Königs gegen die Organisation der Armee in einzelstaatliche Kontingente zu brechen. Wilhelm hatte nach dem preußischen Triumph über Österreich damit gerechnet, dass die Truppen aller Mitgliedsstaaten des künftigen Bundes zu einer norddeutschen Armee unter seiner Führung vereinigt werden würden. Roon hatte ihn jedoch schon im September in einem Brief darüber, wie mit der besiegten sächsischen Armee umzugehen sei, darauf hingewiesen, dass diese Lösung vielleicht nicht die beste Option sei. Man müsse auch die „Schonung des Ehrgefühls" des sächsischen Offizierskorps und Königs bedenken. Nach einiger Überzeugungsarbeit sah Wilhelm ein, dass ihm das im Entwurf vorgesehene Oberfeldherrentum, über das er die Kontingente der Einzelstaaten kontrollieren sollte, genauso viel Verfügungsgewalt über das Militär geben würde wie ein einheitliches Bundesheer zusätzlich aber noch einen großen Vorteil hatte. Es ließ seinen monarchischen Brüdern eine Reihe praktisch nicht weiter relevanter Ehrenrechte, bewahrte auf diese Weise den Anschein ihrer Souveränität und erleichterte ihnen so den Eintritt in den Bund. Anders gesagt: Das Kontingentssystem brachte Preußens Anspruch auf militärische Hegemonie und die Idee eines Fürstenbundes in Einklang.[67]

Als Wilhelm am 14. Dezember gemeinsam mit seinem Sohn dem Staatsministerium im sogenannten Kronrat vorsaß, bestand er dennoch auf einigen weiteren Abänderungen der Militärorganisation und einzelner mit ihr zusammenhängender Bestimmungen. Vor allem wollte er seine Kommandogewalt nicht durch irgendwelche verfassungsrechtliche Bindungen an andere Bundesorgane eingeschränkt wissen. Deshalb wurden die Bestimmungen zu Strafmaßnahmen gegen verfassungsbrüchige Einzelstaaten neu gefasst. Bismarck hatte die Durchführung einer militärischen Intervention beziehungsweise „Bundesexekution" in den Zuständigkeitsbereich des Präsidiums gelegt. Nun wurden sie dem Bundesfeldherren übertragen und damit den Regelungen zum Verhältnis der zivilen Verfassungsorgane entzogen.[68]

Der liberale Kronprinz hätte gerne viel weitgehendere Änderungen, wenn nicht gar die Ausarbeitung eines völlig neuen Entwurfs gesehen. Wie Frank Lorenz Müller in seiner beeindruckenden Biografie *Our Fritz* geschildert hat, wünschte sich Friedrich Wilhelm eine konstitutionelle Reichsmonarchie mit einem starken Kaiser, der seine Macht aus einer einheitlichen Armee, einer hochentwickelten Verwaltung und einer loyalen Nation zog. Er fand daher die ganze Konstruktion von Bismarcks Entwurf völlig ungeeignet. Nach den militärischen Siegen Preußens an den gerade aufgelösten Fürstenbund anzuknüpfen statt ein Kaisertum in der Tradition des alten Reiches zu errichten, hatte in seinen Augen überhaupt keinen Sinn. Gerade die Trennung von Präsidium und Feldherrentum hielt er für verfehlt. Mit seiner Haltung war er im Kronrat jedoch weitgehend isoliert. Alles, was er durchsetzen konnte, waren begriffliche Änderungen. Um eine zu enge sprachliche Anlehnung an den weithin verhassten Deutschen Bund zu vermeiden, akzeptierte man seinen Vorschlag, den Bundestag und die dortigen Gesandten der Einzelstaaten in Bundesrat und Bevollmächtigte umzutaufen. Das klang unitarischer, änderte aber nichts an der staatenbündischen Substanz dieser Einrichtungen.[69]

Mit dieser Umbenennung erhielt der preußische Verfassungsentwurf seine endgültige Form. Das Staatsministerium stellte sich also letztlich ohne viel Aufhebens hinter Bismarcks Konzept einer hegemonialen Mischverfassung, die im Gewand eines Fürstenbundes daherkam. Inwieweit diese Konstruktion diejenigen, deren Souveränität sie vermeintlich zu erhalten versprach, überzeugen konnte, musste sich bei der am nächsten Tag beginnenden Konferenz der norddeutschen Regierungen herausstellen.

## IV. Verbündete und Vasallen

Als die Regierungen der norddeutschen Einzelstaaten am 15. Dezember in Berlin zur Beratung des preußischen Verfassungsentwurfs zusammenkamen, herrschte ziemlich dicke Luft. Von einer entspannten Atmosphäre oder gar Aufbruchsstimmung war nichts zu spüren. Savigny, der die Verhandlungen für die preußische Regierung leitete, saßen die Vertreter von 21 Staaten gegenüber, die entweder zu den Verlierern des vor knapp drei Monaten zu Ende gegangenen deutschen Bürgerkrieges gehörten oder Preußen mehr aus Angst denn aus Überzeugung in den Kampf gegen Österreich gefolgt waren. Die beiden nach Preußen größten Staaten auf der Konferenz, Sachsen und Hessen, waren als Teil des Friedensvertrages mit Preußen dazu gezwungen worden, sich an der Gründung eines norddeutschen Bundes zu beteiligen. Das gleiche galt für Sachsen-Meiningen und Reuß älterer Linie. Die übrigen Kleinstaaten und die drei Hansestädte hatten zwar ihre Loyalität mit den Hohenzollern auf dem Schlachtfeld bewiesen, fürchteten ob der preußischen Annexionen vom Sommer aber nichtsdestotrotz um ihre Existenz. Auch wenn die „Grundzüge" und das Augustbündnis versprochen hatten, die Einzelstaaten zu erhalten, ging die Angst vor einem Großpreußen um.[70]

Angesichts dieser Stimmungslage war abzusehen, dass der preußische Entwurf mit seinen hegemonialen Strukturen auf erheblichen Widerstand stoßen würde. Bismarck versuchte deshalb gleich in seiner Eröffnungsrede, die anderen Regierungsvertreter davon zu überzeugen, sich nicht gezwungenermaßen der preußischen Übermacht zu unterwerfen, sondern sich freiwillig zu einem Fürstenbund zusammenzuschließen. Die „Sicherheit" und „nationale Wohlfahrt", die der alte Bund den verbündeten Staaten nicht gewährleistet habe, sei allein durch die „Herstellung einer einheitlichen Leitung ihres Kriegswesens und ihrer auswärtigen Politik" sowie durch „gemeinsame Organe der Gesetzgebung" zu erreichen. Der Verfassungsentwurf mute den Einzelstaaten daher nur deshalb eine „wesentliche Beschränkung ihrer particularen Unabhängigkeit" zu, weil er den „wesentlichen Grund der politischen Ohnmacht" Deutschlands überwinden wolle, nämlich die „Sonderstellung" der „einzelnen Stämme und dynastischen Gebiete". Darum müsse jede Regierung bereit sein, die „Opfer" zu bringen, „welche mit der Herstellung gleicher Pflichten und Rechte aller Teile der Bevölkerung des gemeinsamen Vaterlandes verbunden" seien. Die preußische Staatsführung habe aber keinen Zweifel, „daß der einmüthige Wille der verbündeten Fürsten und freien Städte, getragen von dem Verlangen des Deutschen Volkes, seine

Sicherheit, seine Wohlfahrt, seine Machtstellung unter den Europäischen Nationen durch gemeinsame Institutionen dauernd verbürgt zu sehen, alle entgegenstehenden Hindernisse überwinden" werde.[71]

So sehr diese Worte auch den Eindruck zu erwecken suchten, Preußen wolle einen Bund aus gleichberechtigten Partnern errichten, so wenig Glauben schenkten die anderen Bevollmächtigten ihnen. Im Gegenteil: Auf den Verfassungsentwurf reagierten sie ausnahmslos mit einem „Schrei des Entsetzens", wie der Hamburger Senator und Verhandlungsführer Gustav Heinrich Kirchenpauer schilderte. Weder aus den kleineren noch aus den größeren Staaten gab es Regierungsvertreter, die den Entwurf als einen Fürstenbund verstanden. Alle sahen in ihm den Versuch, die preußische Monarchie auf ganz Norddeutschland auszudehnen. Der sächsische Ministerpräsident Johann Paul von Falkenstein erklärte die Gründe dafür in einer ausführlichen Denkschrift: „Der Entwurf zieht allerdings mit großer Entschiedenheit die aus dem Begriff ‚Bundesstaat' hervorgehenden Konsequenzen. Aber die Bundesgewalt umfaßt freilich nicht die Mitwirkung, und zwar die gleichmäßige Mitwirkung aller Bundesglieder, sondern scheint ein angeborenes Attribut des preußischen Staates sein zu sollen. Es liegt daher dem Entwurf viel mehr das Prinzip der Annexion oder der Zusammenknüpfung verschiedener Staaten unter der bleibenden Übermacht eines Staates, als das eines wirklichen Bundesstaates zugrunde, und er organisiert eigentlich nicht diesen, sondern vielmehr einen Unterwerfungsmodus für die einzelnen Staaten." Der hessische Ministerpräsident Reinhard von Dalwigk, der seit Jahren für eine großdeutsche Lösung geworben hatte, formulierte diesen Vorwurf in seinen Tagebüchern noch schärfer. Die vorgeschlagene Bundesverfassung war für ihn nichts anderes als eine „Mediatisierung der deutschen Fürsten, und zwar nicht zugunsten des deutschen Vaterlandes, sondern Preußens".[72]

Die anderen Regierungen sahen in Bismarcks Konzept eines Fürstenbundes also reine Augenwischerei. Für sie war die vorgeschlagene Verfassung vor allem eines: ein Werkzeug der preußischen Hegemonie. Im Einzelnen hatte ihr Widerstand teilweise sehr unterschiedliche Gründe, die mit ihrer jeweiligen politischen, wirtschaftlichen und geografischen Lage zu tun hatten. Der Hamburger Senat sorgte sich zum Beispiel um die Folgen, die ein großpreußischer Militärstaat für die Handelsbeziehungen haben würde. Besonders der Verlust der eigenen Handelsflagge, des Konsulatswesens und des Rechts, völkerrechtliche Verträge einzugehen, schmerzten die Hansestadt. In den beiden Mecklenburger Herzogtümern fürchtete die Ritterschaft um den Erhalt der ständischen Strukturen, die ihre politische Vorherrschaft sicherten und dem starken Bundesparlament, das der Entwurf vorsah, sehr wahrscheinlich ein Dorn im Auge sein würden. Die beiden Schwergewichte der Verhandlungen störten sich vor allem an der geplanten Militärorganisation. Da Hessen nur mit seinem nördlichen Teil, dem ehemaligen Kurfürstentum Hessen-Kassel, in den Bund eintreten würde, wollte die Darmstädter Regierung unbedingt verhindern, dass das vorgesehene Kontingentssystem die großherzogliche Armee in zwei Teile reißen würde. König Johann von Sachsen und seine Regierung wehrten sich vor allem gegen den uneingeschränkten Oberbefehl, den der preußische König als Bundesfeldherr über die sächsischen Truppen haben sollte.[73]

Neben vielen individuellen Motiven für den Widerstand gegen den Entwurf gab es zwei Bedenken, die von fast allen Regierungen und Fürsten geteilt wurden. Allgemeine Erschütterung herrschte über die Regelung des Militärbudgets. Danach sollten die Kosten für die Finanzierung des Heeres und der Marine auf alle Einzelstaaten gleich verteilt werden. Ein Zwergstaat wie das Herzogtum Anhalt sollte pro Soldat in seinen Regimentsreihen genauso viel für die Finanzierung der Bundesverteidigung beitragen wie die Großmacht Preußen. Um diese Last zu schultern, klagten die Regierungen der kleinen Fürstentümer, müssten sie die direkten Steuern um das Zwei- bis Dreifache erhöhen. Christian Bernhard von Watzdorf, der Ministerpräsident Sachsen-Weimar-Eisenachs, informierte seinen königlichen Herrn zum Beispiel, dass das Großherzogtum gemäß dieser Bestimmungen 630 000 statt wie bisher 200 000 Taler für Militärkosten aufzuwenden habe. Dazu würden noch die Kosten für die Bundesverwaltung kommen, deren Höhe noch gar nicht abzusehen sei. Unter diesen Bedingungen empfahl der anhaltinische Minister Carl Friedrich Sintenis, gleich „die Regierungsflinte ins Korn zu werfen". Tatsächlich wollten einige Fürsten lieber abdanken und ihr Land gegen eine Abfindungszahlung Preußen überschreiben, als sich diesem System zu unterwerfen. „Der Entwurf legt den kleinen Staaten Verpflichtungen auf, welche ihre Fortexistenz unmöglich machen", erklärte Herzog Ernst von Coburg in einer Denkschrift. „Es wird sicherlich kein einziges der kleinen Länder nicht sofort, wenn diese Verfassung in Ausführung gebracht werden soll, vorziehen, in Preußen einverleibt zu werden, und hierin werden Regierungen und Bevölkerungen einig sein."[74]

Der zweite große Aufreger war die Auslöschung der einzelstaatlichen Militärhoheit. Von der Festlegung der Truppenstärke und Garnisonen bis zur Ernennung der Kontingentskommandeure nahm der Entwurf den Fürsten alle wichtigen Befugnisse über ihre Heereseinheiten. Die gesamte Militärgesetzgebung sollte Bundesangelegenheit werden. Besonders umstritten war die Regelung des Fahneneides. In einem Bund, der den regierenden Fürsten den Anschein ihrer Souveränität lassen, ihre Truppen aber dem Oberbefehl eines Bundesfeldherrn unterstellen wollte, konnten die Soldaten nicht auf einen klaren Dienstherrn eingeschworen werden. Ihr Schwur musste zwangsweise ambivalent sein. So sah der Entwurf vor, dass die Regimenter den Fahneneid zwar auf ihren jeweiligen Landesherrn ablegen konnten, gleichzeitig aber dem Bundesfeldherrn unbedingten Gehorsam geloben mussten. Diese Lösung unterstrich, dass die Fürsten im Militär auf eine reine Repräsentationsrolle beschränkt sein sollten. Neben einigen Ehrenrechten ließ ihnen der Entwurf nur die Ernennung von Offizieren unterhalb des Ranges eines Obersts sowie das Inspektions- und Requisitionsrecht.[75]

Was vielen Regierungen an diesem Verlust militärischer Souveränität besonders missfiel, war die Tatsache, dass die entsprechenden Befugnisse ohne jede weitere Kontrolle – etwa durch ein Fürstenhaus oder ein Bundesgericht – an den Bundesfeldherrn und damit an den preußischen König fallen sollten. Dieses Arrangement verstörte selbst jene wenigen Fürsten, die die Gründung eines kleindeutschen Nationalstaates aufrichtig befürworteten. Großherzog Peter von Oldenburg, der in der Schleswig-Holstein-Krise eng mit Bismarck zusammengewirkt und nach Kriegsausbruch seine Truppen als einer der Ersten dem preußischen Oberbefehl unterstellt hatte, schrieb an den Herzog von Meiningen: „Der preußische Entwurf schafft eine Militärdiktatur. Die Bestimmungen über Bundesexekution und Erklärung des Kriegszustandes im Frieden lassen das Damoklesschwert stets über den Regierungen schweben. Kein Bundesminister, kein Bundesgericht schützt vor Willkür. Das Parlament ist ein leerer Name, denn die wesentlichen Ausgaben, der Militäretat, werden jeder Einwirkung entzogen."[76]

Derartige Ängste vor der Unterwerfung unter eine preußische Alleinherrschaft motivierten die Regierungen dazu, zähen Widerstand zu leisten. Die Verhandlungen zogen sich über Weihnachten und Neujahr bis Anfang Februar hin. Das war viel länger, als Bismarck ursprünglich geplant hatte. Aus dem erhofften freiwilligen Zusammenschluss zum Fürstenbund wurde eine komplizierte Hängepartie, bei der sich die einzelstaatlichen Regierungen mit allen Kräften gegen die preußische Vorlage wehrten. Peter von Oldenburg legte gar einen eigenen Verfassungsentwurf vor, der auf die Errichtung einer kaiserlichen Reichsmonarchie zielte. Gemeinsam mit dem preußenfreundlichen Herzog Georg II. von Sachsen-Meiningen und dessen umtriebigen Minister Anton von Krosigk warb Peter bei den anderen Fürsten intensiv dafür, den preußischen König zum Kaiser eines neuen Bundes zu machen. Dafür sprachen aus ihrer Sicht nicht nur strukturelle und taktische Gründe, sondern auch Statusüberlegungen, wie Krosigk in einem Brief an den Coburger Herzog Ernst unterstrich: „Mit dem deutschen Kaiser würde Süddeutschland angezogen werden, würden wir aufhören, unter Preußen gewissermaßen als Vasallen zu stehen, denn der deutsche Kaiser ist etwas anderes als der König von Preußen. Das spezifische Preußentum [würde] nach und nach in den Hintergrund treten. Der allgemeine nebelhafte Ausdruck Präsidium würde in den körperhaften ‚Kaiser' verwandelt."[77]

Dieser Plan war das genaue Gegenteil des preußischen Entwurfs. Peter und seine Unterstützer waren davon überzeugt, dass eine echte Reichsmonarchie die Rechte der Einzelstaaten und damit die Stellung der Monarchen besser schützen könne als Bismarcks angeblicher Fürstenbund. Warum, erklärte der Großherzog in einer Denkschrift zu seinem Verfassungsentwurf. Sollte der neue Bund so eingerichtet werden, wie von Preußen vorgeschlagen, betonte er, würden die hegemonialen Strukturen unweigerlich über kurz oder lang einen Einheitsstaat hervorbringen, die Kleinstaaten ausradieren und die Südstaaten dauerhaft von einem Beitritt abhalten. Darum sei es besser, die Hoheitsrechte des Bundes sauber von denen Preußens zu trennen. Statt dem preußischen König die wichtigsten exekutiven Befugnisse indirekt über das Amt eines Präsidiums in die Hände zu legen, solle man diesen lieber gleich zu einem echten Bundesoberhaupt beziehungsweise Kaiser machen, der die Regierungsgewalt in bestimmten Feldern unmittelbar ausübe. Dazu könnten die auswärtigen Angelegenheiten, das Militär, die Bundesfinanzen, das Post-, Telegrafen- und Eisenbahnwesen sowie das Zivil- und Strafrecht zählen. Eine derartige Regelung der Verhältnisse weite zwar die direkte Bundesgewalt im Vergleich zu den Bestimmungen des preußischen Entwurfs aus, ließe aber auch fest umrissene Gebiete vollständig in der Hoheitsgewalt der Einzelstaaten, allen voran die innere Verwaltung, die Polizei, die Justiz, das Bildungswesen und die Landesfinanzen. Dadurch könne man die Länder als eigenständige staatliche Einheiten erhalten und so die Souveränität der regierenden Fürsten bewahren.[78]

Um die Interessen der Einzelstaaten und ihrer Monarchen abzusichern, sahen die Pläne des Großherzogs drei spezielle Institutionen vor: ein Bundesgericht, ein Fürstenhaus und einen Reichsrat. Bismarck hatte in seinem Verfassungsentwurf bewusst auf derartige Organe verzichtet, um die Vorherrschaft Preußens über den künftigen Bund nicht zu schmälern. Der Großherzog wollte genau diese Dominanz brechen. Zu diesem Zweck teilte er die judikativen und legislativen Befugnisse, die der preußische Entwurf dem Bundesrat zusprach, zwischen den drei zusätzlichen Organen auf. Das Bundesgericht sollte für alle Verfassungsstreitigkeiten zuständig sein und versprach den Einzelstaaten so einen wirksamen Rechtsschutz gegen unrechtmäßige Eingriffe in ihre Hoheitsgewalt. Gerade die kleinen Fürstentümer sollten auf diese Weise vor preußischen Übergriffen geschützt werden. Das Fürstenhaus war als Oberhaus des künftigen Reichstages konzipiert. Es sollte als konservatives Gegenstück dem Abgeordnetenhaus in der Gesetzgebung gegenüberstehen und so die Einführung des allgemeinen Wahlrechts abfedern. Außerdem sollten seine Zusammensetzung und seine Abstimmungsregeln das Übergewicht Preußens aufheben. Alle Mitglieder sollten das gleiche Stimmrecht haben. Neben den regierenden Monarchen sollten auch all jene geistlichen und weltlichen Fürsten vertreten sein, die im Zuge der Auflösung des Heiligen Römischen Reiches mediatisiert worden waren. Der Reichsrat sollte den Kaiser beraten und dabei die Partikularinteressen der Einzelstaaten vertreten. Er sollte neben den vom Kaiser ernannten verantwortlichen Reichsministern, dem Reichskanzler und dem Vizekanzler aus den Gesandten der regierenden Reichsfürsten bestehen und unter der Leitung eines Präsidenten tagen. Die Hauptaufgabe dieses Beratungsgremiums sollte darin liegen, Bundes- und Landespolitik miteinander abzustimmen. Folglich sollte es alle Gesetzesvorschläge, Anträge und Beschwerden der einzelstaatlichen Regierungen verhandeln, bevor diese an die anderen Regierungsorgane überwiesen werden konnten.[79]

In den Vorstellungen des Großherzogs mischte sich eine gewisse romantische Verklärung des alten Reiches mit der Angst vor einer preußischen Zwangsherrschaft. Viele seiner fürstlichen Brüder teilten diese Gefühlslage. Das führte dazu, dass einige Regierungsvertreter für kurze Zeit sogar getrennt von Preußen tagten. Es bildete sich aber nie eine einheitliche Front gegen den preußischen Entwurf. Dafür gingen die einzelnen Interessen einfach zu weit auseinander. Diese Uneinigkeit wusste Bismarck auszunutzen. Durch geschickte Verhandlungstaktik brach er den Widerstand Stück für Stück. Statt den Entwurf, wie ursprünglich geplant, in Fachkommissionen zu erörtern, die aus der Vollversammlung der Regierungsvertreter gebildet werden sollten, führte er mit jedem Staat geheime Sonderverhandlungen. Dabei bediente er sich einer Mischung aus Druckmitteln und Versprechungen. Trotzdem war es schwierig, die jeweiligen Regierungen auf seine Seite zu ziehen. Am einfachsten war es noch, dem Kaiserplan den Wind aus den Segeln zu nehmen. Da dieser keine speziellen Partikularinteressen berührte, konnte Bismarck einfach auf den größeren Rahmen der Einigungsbestrebungen verweisen. Frankreich würde die Errichtung eines starken monarchischen Zentralstaates nicht akzeptieren. Außerdem sei es äußerst unwahrscheinlich, ja geradezu ausgeschlossen, dass sich die süddeutschen Staaten jemals einer norddeutschen Reichsmonarchie anschließen würden. Besonders „Bayern", erklärte er gegenüber Krosigk, werde „sich lieber unter den Bund als unter den Kaiser stellen".[80]

Die Kleinstaaten gewann Bismarck vor allem durch umfangreiche finanzielle Entlastungen. Man einigte sich darauf, dass die Regierungen der Zwergstaaten im ersten Jahr nach der Gründung des neuen Bundes zunächst nur 162 Taler pro Soldat zahlen sollten. Diese Summe sollte sich dann jährlich um 9 Taler erhöhen und schrittweise den Betrag von 225 Talern erreichen. Das würde auch den kleinsten Fürstentümern ausreichend Zeit geben, so die Überlegung, das nach der Schaffung des Binnenmarktes zu erwartende Wirtschaftswachstum zu nutzen, um Mehreinnahmen zu generieren und auf diesem Weg ihre Beiträge zum Militärhaushalt zu decken. Die weiteren Zugeständnisse, die Bismarck den einzelnen Regierungen machte, orientierten sich eng an deren individuellen Bedürfnissen. Zwei Beispiele müssen genügen. Der Mecklenburger Regierung versprach Bismarck, den Artikel zur Bereinigung von Verfassungsstreitigkeiten in der endgültigen Version des Entwurfes so zu fassen, dass die lokale Ständeordnung vor möglichen Eingriffen des Reichstages geschützt werden würde. Dem Bremer Senat stellte er in Aussicht, die Exklave Bremerhaven durch Abtretung einiger ehemaliger Gebiete des von Preußen gerade annektierten Königreichs Hannover zu erweitern.[81]

Die Regierungen der beiden größten Staaten, Hessen und Sachsen, machte Bismarck gefügig durch diverse Zugeständnisse in den Militärkonventionen, die zeitgleich zu dem Verfassungsentwurf verhandelt wurden. Diese Spezialabkommen regelten innerhalb des Rahmens der geplanten Wehrordnung die militärischen Befugnisse, die den jeweiligen Landesherrn verbleiben sollten. Dabei konnte der preußische König in seiner Funktion als Bundesfeldherr den einzelnen Fürsten beim Anschluss ihrer Regimenter an die preußischen Truppen mehr oder weniger große Rechte einräumen. Dadurch war es möglich, wie es in der Konvention mit Sachsen hieß, „die Bestimmungen der Verfassung des Norddeutschen Bundes über das Bundeskriegswesen den besonderen Verhältnissen" der jeweiligen Staaten anzupassen. Das untergrub zwar den Grundsatz, dass in einem Fürstenbund alle einzelstaatlichen Souveräne gleichgestellt waren, erlaubte es Bismarck aber, die Unterstützung der widerspenstigsten Regierungen für seinen Verfassungsentwurf durch militärische Sonderrechte zu erkaufen. Besonders deutlich wurde das in der preußisch-sächsischen Militärkonvention, die am 7. Februar, dem letzten Tag der Verfassungskonferenz, offiziell vorgestellt und unterzeichnet wurde. Der König von Sachsen erhielt durch dieses Abkommen als einziger der künftigen Bundesfürsten das Recht, die Generäle seiner Kontingente im Einverständnis mit dem Bundesfeldherrn selbst zu ernennen und diesem einen „Höchstkommandierenden" für das ganze sächsischen Armeekorps vorzuschlagen. Der hessischen Regierung sicherte Bismarck wiederum die militärische Einheit des gespaltenen Landes zu. Die Militärkonvention, die erst zwei Monate später formell ratifiziert wurde, garantierte, dass die Truppen der beiden Landesteile als eine „geschlossene Division" erhalten bleiben und dem preußischen Heer angeschlossen werden sollten, obwohl Südhessen außerhalb des Bundes liegen würde.[82]

Dieses Paket an Bevorzugungen und Vergünstigungen verfehlte seine gewünschte Wirkung nicht. Das lag nicht zuletzt daran, dass Bismarck sein Entgegenkommen mit schweren politischen Drohungen verband. Immer wieder warnte er besonders die sächsische und die hessische Regierung davor, die preußische Vorlage abzulehnen. Für diesen Fall wolle er den Entwurf nichtsdestotrotz in den Reichstag einbringen, dort gemeinsame Sache mit den liberalen Parteien machen, und so den einzelstaatlichen Monarchien eine für ihre Souveränität viel nachteiligere Verfassung aufzwingen. Er verkaufte seinen angeblichen Fürstenbund also als einen Zufluchtsort vor einer Gefahr, die er selbst heraufbeschwor. Schon im preußischen Kronrat vom 14. Dezember hatte er erklärt, wie Kronprinz Friedrich Wilhelm seiner Mutter berichtete, dass er nicht vor dem „Aufwühlen der Revolution" zurückschrecken werde, um die anderen Regierungen gefügig zu machen. Während diese in Berlin tagten, förderte er denn auch ganz bewusst die Wahl von gemäßigten Liberalen in die bald zusammentretende Verfassungsversammlung, da „ein Reichstag ohne liberalen Zusatz [...] keine ausreichende Pression auf die widerstrebenden Regierungen ausüben" werde, wie er im Januar in einer entsprechenden Anweisung an den preußischen Innenminister Friedrich zu Eulenburg schrieb. Obendrein wiegelte er die großen Zeitungen auf, um besonders hartnäckige Gegner unter den Regierungsvertretern zu bekämpfen. Gegen Dalwigk und Kirchenpauer führte er einen regelrechten Pressefeldzug, der ihnen Verrat an der nationalen Sache vorwarf und den Druck auf sie unaufhörlich erhöhte.[83]

Unter diesen Bedingungen blieb selbst der mächtigsten Regierung kaum Verhandlungsspielraum gegenüber Preußen. Als der sächsische Außenminister Richard von Friesen Mitte Januar seinen Dienstherrn König Johann dazu drängte, seinen Widerwillen aufzugeben und auf das preußische Angebot einzugehen, betonte er den schmerzhaften, aber nicht zu leugnenden Mangel an Alternativen: „Was soll daraus werden, wenn wir nicht nachgeben? Die Verhandlungen werden hier mit uns abgebrochen, alle Schuld wird auf uns geschoben, in der Presse wird ein Sturm gegen uns organisiert, der Druck im Lande selbst durch Vermehrung der preußischen Truppen und sonstiges Dringen und Quälen wird von neuem beginnen usw. Wie lange werden wir dann widerstehen können? Wenn dann endlich doch nachgegeben werden muß, wird es dann nicht ohne eine Gegenkonzession und unter ungünstigeren Bedingungen geschehen müssen?" Angesichts dieser Zwangslage der Regierungen war die Union, die sie eingingen, alles andere als ein freiwilliger Zusammenschluss. Bismarcks vorgeblicher Fürstenbund war ein Pakt der Getriebenen, die vor der preußischen Hegemonie mindestens genauso viel Angst hatten wie vor einer Liberalisierung der politischen Ordnung.[84]

Die Regierungen ergaben sich aber nicht kampflos. Sie nutzten die unter Savigny parallel zu den einzelnen Sonderverhandlungen tagende Vollversammlung der Regierungskonferenz dazu, um zahlreiche Änderungen an dem Entwurf zu beantragen. Den Großteil davon lehnte Savigny entweder direkt oder nach Rücksprache mit Bismarck ab. Insbesondere das Stimmverhältnis im Bundesrat und das allgemeine Wahlrecht des Reichstages wurden trotz aller Beschwerden nicht geändert. Der Chefunterhändler nutzte die überlegene Verhandlungsposition Preußens gnadenlos aus. Man müsse nur Ruhe bewahren und auf Zeit spielen, schrieb Savigny Ende Januar an Bismarck, „so werden wir bald Land sehen, auf welchem die preußische Fahne am Bundesmaste weht". Die Verhandlungen steuerten demnach zielsicher auf das zu, was Bismarck mit seinem Entwurf bezweckte: die Errichtung einer föderalen Ordnung, die Preußen die Vorherrschaft sicherte, sich aber in das Gewand eines egalitären Bundes der Fürsten hüllte.[85]

Allerdings gab es rund zwanzig Änderungsanträge, die die preußische Regierung akzeptierte. Diese Amendements verschoben die Grundstruktur des Entwurfs zumindest in zwei Bereichen ein gewisses Stück weit. So einigte man sich nach langer Diskussion darauf, die Gesetzgebungskompetenz des Bundes zu erweitern. Sie sollte jetzt auch das Versicherungswesen, die für Bundeszwecke zu erhebenden indirekten Steuern, gemeinsame Wasserstraßen, die wechselseitige Vollstreckung von Zivilsachen und die Regulierung der Beglaubigung öffentlicher Urkunden umfassen. Dahinter stand der Gedanke, die Einzelstaaten finanziell zu entlasten sowie die verschiedenen Gesetzgebungsebenen so voneinander zu trennen, wie der sächsische Kompromissvorschlag formulierte, dass man „eine unmittelbare Einmischung des Bundes in die innere Landesverwaltung", vor allem in die „Justizpflege", vermeiden könnte. Die eigenwillige Konstruktion der Verfassung machte es aus Sicht der Regierungsvertreter also paradoxerweise nötig, den Bund zu stärken, um die Einzelstaaten zu schützen.[86]

Die zweite größere Änderung, die die Regierungen durchsetzen konnten, betraf die Stellung des Bundeskanzlers. Anders als im Preußischen Staatsministerium rief dieses nur in seinen Umrissen definierte Amt große Skepsis im Kreis der einzelstaatlichen Gesandten hervor. Gerade die Verfassungsexperten unter ihnen waren misstrauisch, da sie in der Position des Bundeskanzlers ein weiteres verstecktes Instrument der preußischen Hegemonie vermuteten. Besonders kritisch war Camillo von Seebach. Der Vertreter Sachsen-Coburg-Gothas wusste, wovon er sprach, hatte er doch nach der 1848er-Revolution selbst die Verfassung des Doppelherzogtums ausgearbeitet. Unmissverständlich forderte er Bismarck auf, klarzustellen, „ob die Absicht der preußischen Regierung dahin gehe, daß [die] Angelegenheiten [des Bundes] dem Ressort der betreffenden [preußischen] Minister entzogen und vom Bundesrat unter dem Präsidium des Bundeskanzlers, dem dann eine große Anzahl von Beamten zur Verfügung gestellt werden müßte, geschäftlich erledigt werden sollten, oder ob es die Absicht sei, daß auch künftig die einzelnen [preußischen] Ministerien [...] die eigentlichen Verwaltungsstellen für die gemeinsamen Angelegenheiten bilden sollen". Einfacher formuliert: Die Unterhändler wollten wissen, ob der Bundeskanzler Chef einer von den Einzelstaaten unabhängigen Bundesregierung oder ein verlängerter Arm des Preußischen Staatministeriums sein sollte.[87]

Bismarck gab ihnen auf diese Frage weder persönlich noch über Savigny eine klare Antwort. Er war offensichtlich bemüht, die Stellung des Bundeskanzlers weiter in der Schwebe und so alle Möglichkeiten offenzuhalten. Die Vertreter der anderen Regierungen mussten das letztlich akzeptieren, weil sie keinen konstruktiven Gegenvorschlag für die Gestaltung der Bundesverwaltung zustande brachten. Alle Vorschläge zur Einführung von echten Bundesministerien, die einzelne Gesandte machten, wurden von der Mehrheit der Konferenzteilnehmer verworfen. Offensichtlich war die Angst, die Bismarck vor einer möglichen Parlamentarisierung einer solchen Regierung beharrlich schürte, einfach zu groß. Die Logik, mit der er den anderen Regierungen seine eigenwillige Fürstenbundskonstruktion verkaufte, verfing also langsam.[88]

Immerhin fand sich auf dem Gipfel aber eine Mehrheit dafür, die jeweiligen Sphären der preußischen und der bundeseigenen Exekutive klarer voneinander zu trennen. Dafür war es notwendig, wie ein Bericht eines Mecklenburger Ministers erklärte, „die Erlasse, welche der König in seiner Eigenschaft als Bundespräsidium oder als Oberfeldherr erlasse, als solche erkennbar" zu machen. Das konnte auf verschiedene Art und Weise erreicht werden. Am einfachsten wäre es gewesen, den preußischen König in seinen föderalen Funktionen verfassungsrechtlich direkt zu binden, das heißt, ihn zum Beispiel gegenüber dem Bundesrat verantwortlich zu machen. Diese Idee wurde aber wegen des zu erwartenden Widerstands König Wilhelms, der sich insbesondere jede Einmischung in seine Befehlsgewalt verbat, schnell wieder fallen gelassen. Stattdessen entschied man sich dafür, den Bundeskanzler alle Präsidialakte gegenzeichnen zu lassen. Das entsprechende Amendement des hessischen Verhandlungsführers Karl von Hofmann, der nach der Reichsgründung bis zum Leiter des Reichsinnenamtes aufstieg, wurde von Bismarck wortwörtlich in den Entwurf eingepflegt. Die vom „Präsidium ausgehenden Anordnungen" zur Ausfertigung und Verkündung der Bundesgesetze und zur Überwachung der Ausführung derselbigen sollten nun „im Namen des Bundes erlassen und von dem Bundeskanzler mitunterzeichnet" werden.[89]

Diese Bestimmung grenzte zwar die bundeseigene Exekutive erkennbar von der preußischen ab, war aber in anderer Hinsicht alles andere als eindeutig. Vor allem war unklar, ob der Kanzler mit der Gegenzeichnung auch die politische Verantwortung für die Handlungen des Bundespräsidiums übernehmen sollte. Im konstituierenden Reichstag entwickelte sich diese Frage zu einem der zentralen Streitpunkte zwischen den liberalen Parteien und dem Regierungslager und führte schließlich zu einer der wichtigsten Änderungen am Verfassungsentwurf, wie wir im nächsten Kapitel sehen werden. Darüber, warum Bismarck in das unscharfe Amendement Hofmanns einwilligte, lässt sich nur spekulieren. Wahrscheinlich spielte für seine Entscheidung eine wichtige Rolle, dass der bloße Anschein einer eigenständigen Verantwortlichkeit den Bundeskanzler gegenüber dem Preußischen Staatsministerium weiter stärken würde, ohne ihm zusätzliche Fesseln anzulegen. Außerdem ließ die Formulierung des Artikels offen, ob der Kanzler alleine oder nur neben einem anderen, womöglich preußischen Amtsträger, etwa dem Außenminister, „mitunterzeichnen" würde. Die ursprüngliche Fassung von Hofmanns Änderungsantrag hatte noch von der „Kontrasignatur des Bundeskanzlers" gesprochen. Danach wäre eine gemeinsame Gegenzeichnung ausgeschlossen gewesen. Wohl genau deshalb hatte Bismarck darauf bestanden, die Formulierung abzuschwächen. Die vage Alternative hatte aus seiner Sicht einen großen Vorteil. Würde er das Amt des Bundeskanzlers aus welchen Gründen auch immer doch Savigny überlassen, konnte er als preußischer Außenminister trotzdem weiterhin die Fäden in der Hand behalten. Diese Option war für ihn ein wichtiger Rückfallplan, da er Savigny während der Regierungskonferenz nur bei Laune halten konnte, indem er ihm immer wieder versprach, ihn auf den Posten des Bundeskanzlers zu berufen und mit angemessener Dienstwohnung und einem entsprechenden Gehalt auszustatten.[90]

Für das preußische Staatsministerium war das Amendement Hofmanns eine Offenbarung. Im Licht der Diskussion um die Gegenzeichnungspflicht zeigte sich erstmals deutlich, dass im Amt des Bundeskanzlers das Potenzial eines von Preußen mehr oder weniger unabhängigen Regierungschefs des Bundes steckte. Die Folge war ein schwerer Streit zwischen Bismarck und den preußischen Ministern, die sich von ihrem Vorsitzenden überrumpelt fühlten. Der Coburger Verhandlungsführer Seebach berichtete nicht ohne Süffisanz, dass „erst durch die bisherigen Konferenzverhandlungen die Aufmerksamkeit der Fachminister auf diese wichtige organisatorische Frage gelenkt und dadurch Veranlassung zu Differenzen in dem Staatsministerium gegeben worden" sei. Auch wenn viel Geschirr zerbrach, billigte das Staatsministerium die Änderung im Endeffekt. Den Ministern blieb gar nichts anderes übrig. Eine Verweigerung hätte den Kompromiss, der in den letzten Monaten mühsam zwischen Bismarck, ihnen und den anderen Regierungen ausgehandelt worden war, wieder aufgeschnürt. Dafür war vor der Eröffnung des konstituierenden Reichstages, die für den 24. Februar angesetzt war, einfach keine Zeit mehr.[91]

Auf der abschließenden Sitzung der Konferenz am 7. Februar beschlossen die einzelstaatlichen Gesandten, dass der Entwurf von den „Hohen verbündeten Regierungen definitiv festgestellt ist und solcher Gestalt dem [...] Reichstage [von der preußischen Regierung] vorgelegt werden soll", wie es im Protokoll hieß. Diese sperrige Formulierung war vielsagend. Der ursprüngliche Entwurf der entsprechenden Passage hatte vorgesehen, dass die Regierungen ihr „Einverständnis" mit dem Entwurf erklärten. Dagegen protestierten die versammelten Bevollmächtigten heftig. Sie sahen sich zwar ob der gegebenen Umstände dazu genötigt, den Entwurf mitzutragen, waren aber nicht bereit, ihn von sich aus zu billigen. So mussten laut Otto Becker „alle Schnörkel und geheimen Künste des Aktenstils herhalten, um einen Dissens auszusprechen und doch zugleich den Eindruck der Einigkeit zu machen". Mit der schließlich gefundenen Kompromissformel erklärten die Regierungen denn auch nicht ihre Zustimmung zum Entwurf, sondern nur dazu, diesen dem Reichstag als ein „gemeinsames Verfassungsangebot" vorzulegen, wie Ernst Rudolf Huber argumentiert hat.[92]

Die Regierungen weigerten sich, den ausgehandelten Entwurf mehr als „festzustellen", weil ihre Vorbehalte nach wie vor groß waren. Fünfzehn von ihnen bestanden darauf, in einem zusätzlichen Schlussprotokoll gesonderte Erklärungen festzuhalten. Darin listeten sie ihre Bedenken detailliert auf. Die Beschwerden reichten dabei von Punkten, die von fast allen Regierungen kritisiert wurden, wie der Höhe der zu erwartenden finanziellen Lasten, dem Fehlen eines Fürsten- beziehungsweise Oberhauses oder der vorgesehenen Eidesformel für Offiziere bis hin zu partikularistischen Sonderinteressen, etwa der Mecklenburgischen Forderung nach einer Entschädigung für den Wegfall der Elbzölle. Gleichzeitig betonten alle Erklärungen, dass der in ihnen zum Ausdruck gebrachte Protest den weiteren Verhandlungen des Entwurfs nicht im Weg stehen solle. Der hessische Bevollmächtigte Hofmann gab zum Beispiel zu Protokoll, dass die großherzogliche Regierung „zwar nicht mit allen Bestimmungen der fraglichen Abschnitte des Entwurfs einverstanden [sei], sie wolle aber, um ihrerseits zur Förderung des Verfassungswerks möglichst beizutragen, nichts dagegen einwenden, daß der Entwurf in der jetzt festgestellten Fassung dem Reichstag vorgelegt werde".[93]

Diese „Ja, aber"-Haltung ließ den Regierungen die Hintertür offen, nach eventuellen Änderungen durch den Reichstag ihrerseits noch einmal auf Anpassungen an dem Entwurf zu bestehen. Gleichzeitig machte der Protest aber auch deutlich, dass sie keinesfalls voll und ganz hinter dem Fürstenbund standen, zu dem sie sich angeblich zusammenschlossen. Davon, dass sie den Entwurf mit Überzeugung mittrugen, konnte keine Rede sein. Sie verstanden ihn vielmehr für den Moment als das kleinere Übel, wie Hofmann wenige Tage nach der Schlusssitzung bilanzierte: „Man mußte sich sagen, daß es besser sei, Preußen an diesem Entwurf, der den übrigen Staaten durch ihre Stellung im Bundesrat einen verfassungsmäßigen Einfluß auf die Entstehung der Bundesgesetze sicherte, durch Annahme des Entwurfs zu binden, als durch Ablehnung des Entwurfs die Gefahr herbeizuführen, daß Preußen in eine noch mehr zentralistische Richtung vorschreiten werde". Anders gesagt: Die Regierungen sahen keine andere Wahl, als den Entwurf freizugeben und so die Illusion vom Fürstenbund mitzutragen.[94]

Genau diese Fassade drohten die Sondererklärungen aber einzureißen, noch bevor die Errichtung des gemeinsamen Hauses abgeschlossen war. Bismarck bemühte sich deshalb nach Kräften, die Risse, die sein Bundesbau bekommen hatte, wieder zu kitten. Er versäumte keine Gelegenheit, die verbündeten Regierungen zur Einheit zu mahnen. So erschien er zum Beispiel – obgleich er den meisten anderen offiziellen Zusammenkünften der Regierungskonferenz ferngeblieben war – zu dem „Henkersmahl", zu dem Savigny die Vertreter der anderen Staaten nach eigener Aussage am Abend der Schlusssitzung eingeladen hatte. Dort brachte er „unsern deutschen Fürsten und Städten, den Grundpfeilern der deutschen Einheit, welche sich nicht brechen lassen, sondern zum Heile und Gedeihen des ganzen Volkes fest zusammenstehen sollten", ein Hoch aus.[95]

Zudem arbeitete er gewissenhaft an der ramponierten Außenwirkung seines Bundesprojektes. Der Fürstenbund sollte auch als solcher auftreten. Zu diesem Zweck bestand er darauf, dass neben ihm selbst und einigen weiteren preußischen Ministern auch die Bevollmächtigten der anderen Regierungen als sogenannte „Bundeskommissarien" fungieren und den Entwurf im konstituierenden Reichstag vertreten sollten. Das war notwendig, wie er in dem Schreiben betonte, mit dem er die leitenden Minister der anderen Staaten um die entsprechenden Ernennungen bat, um eine „gemeinschaftliche Vertretung der verbündeten Regierungen gegenüber dem Reichstage" sicherzustellen und „den Verfassungsentwurf nach allen Seiten hin zu verteidigen". Außerdem regten er und einige andere Minister die Idee einer Fürstenzusammenkunft an, die den Abschluss des Fürstenbundes symbolisch unterstreichen sollte. Daraus wurde zwar wegen des Widerwillens vieler Monarchen nichts, aber immerhin reisten der preußische König und sein ältester Sohn Mitte Februar für drei Tage nach Dresden. Nachdem die beiden Königreiche sich wenige Monate zuvor noch auf dem Schlachtfeld gegenübergestanden hatten und Preußen Sachsen zeitweise mit Annexion gedroht hatte, setzte dieser Besuch ein klares Zeichen der neuen Verbrüderung.[96]

Und trotzdem: Das Schlussprotokoll der Regierungskonferenz, das Bismarck dem Reichstag gemeinsam mit der Verfassung vorlegen musste, zog die Glaubwürdigkeit des angeblichen Fürstenbundes in arge Zweifel. Das schränkte seine Verhandlungsposition gegenüber dem Parlament ein Stück weit ein. Er musste darum fürchten, dass je nach Mehrheitsverhältnissen weitgreifende

Änderungen an den antiparlamentarischen Strukturen des Bundes vorgenommen werden würden. Deshalb wandte er sich noch vor Eröffnung des Reichstages an die Regierungen der größeren Staaten in Dresden, Darmstadt, Oldenburg, Weimar und Hamburg und schlug ihnen vor, „im Interesse der Ruhe und Sicherheit Deutschlands" den Entwurf bei Misslingen der Verhandlungen mit dem Reichstag einfach durch den „Abschluß eines definitiven unanfechtbaren Staatsvertrages" in Kraft zu setzen. Daraus resultierte sechs Wochen später der im vorhergehenden Kapitel bereits erwähnte Geheimvertrag zwischen Preußen, Sachsen, Hessen und Sachsen-Weimar. Darin verpflichteten sich die Vertragspartner, den Entwurf gemeinsam für verbindlich zu erachten, „wenn und insoweit [dieser] nicht durch eine Vereinigung der [...] Regierungen mit dem Reichstage modifiziert" werden würde. Bismarcks Notfallplan für ein Scheitern seiner Verfassungsvereinbarung mit dem Volk war also eine Oktroyierung der Verfassung durch die Monarchen. Zumindest diese Vorgehensweise entsprach nicht nur dem Anschein, sondern auch der Substanz eines Fürstenbundes.[97]

# V. Über den Rubikon

Bismarcks Konzept einer föderalen Mischverfassung, die ihre Vorkehrungen zur Sicherung der preußischen Hegemonie und zum Schutz der Exekutive vor dem Parlament hinter der Fassade eines Fürstenbundes versteckte, überlebte den konstituierenden Reichstag relativ unbeschadet. Die parlamentarischen Beratungen nahmen zwar einige wichtige Änderungen vor, wie wir im nächsten Kapitel sehen werden, ließen die Grundstruktur des Regierungsentwurfs aber unangetastet. Als drei Jahre später die Vereinigung mit Süddeutschland anstand, ging Bismarcks Kampf um den Fürstenbund somit in die nächste Runde. Und wieder setzte sich der Kanzler durch. Auch die Verhandlungen mit den süddeutschen Regierungen änderten nichts am Grundriss seines Bundesbaus. Der Beitritt der vier Südstaaten vollzog sich auf Basis der Verfassung des Norddeutschen Bundes. Alle dafür notwendigen Zusatzbestimmungen schlossen sich an den Kern an, den Bismarck 1866 geformt hatte. Der angebliche Fürstenbund überschritt also den Main und weitete sich auf ganz Deutschland aus. Im Zuge dieser Erweiterung entwickelte er sich weiter. Aus dem Bund wurde ein Kaiserreich. Um zu verstehen, welche strukturellen Folgen diese Metamorphose für die Verfassung hatte, dürfen wir uns nicht in dem Klein-Klein der vertrackten Verhandlungen verlieren. Vielmehr müssen wir die größeren Gestaltungsoptionen in den Blick nehmen, die für die Vereinigung von Nord und Süd im Raum standen. Aus dieser Vogelperspektive können wir erkennen, wie die Lösungen, für die man sich entschied, die Legende vom Fürstenbund weiter fortschrieben.

In den beiden Jahren nach Gründung des Norddeutschen Bundes gelang es Bismarck, den Süden durch die Reform des Zollvereins und den Abschluss der Schutz- und Trutzbündnisse wirtschaftlich und militärisch eng an den Norden zu binden. 1869 kam die Integration der beiden Hälften Deutschlands jedoch ins Stocken. Eine politische Lösung der deutschen Frage schien weit entfernt. Vor allem die Nationalliberalen, auf die sich Bismarck im norddeutschen Reichstag stützte, beschwerten sich laut, dass es mit der Vereinigung Deutschlands nicht schnell genug voranginge. Auf der Suche nach neuen Impulsen entwickelte Bismarck Anfang 1870 die Idee, dem preußischen König in seiner Funktion als Bundespräsidium beziehungsweise Vorsitzender des Fürstenbundes den Titel eines Kaisers zu verleihen. Die Gelegenheit für diesen „Kaiserplan" schien günstig. Zum 1. Januar wurde das preußische Außenministerium in eine Bundesbehörde umgewandelt, das Auswärtige Amt. In diesem Zusammenhang warf besonders die Akkreditierung preußischer Diplomaten als Vertreter des gesamten Norddeutschen Bundes ein Problem auf. Einen Monarchen wie den König von Preußen im diplomatischen Verkehr als „Präsidium" zu bezeichnen, wurde seiner Stellung gegenüber anderen Staatsoberhäuptern kaum gerecht. Schon aus Protokollgründen bot es sich deshalb an, dem Bundespräsidium einen klangvolleren Titel zu geben.[98]

Im Rahmen der oben erwähnten Vorstöße um den Großherzog von Oldenburg hatten sich die meisten norddeutschen Fürsten bereits 1867 für die Einführung eines Kaisertums ausgesprochen. Die Gründe, aus denen er damals dagegen und jetzt dafür war, erläuterte Bismarck Mitte Januar in einem Schreiben an den deutschen Botschafter in London, durch das er eine Indiskretion des preußischen Kronprinzen gegenüber dem englischen Gesandten in Berlin klarstellen wollte. Er habe es damals sowohl aus außen- als auch aus innenpolitischen Erwägungen heraus „für das Richtige" gehalten, „es bei der Herstellung der Sache bewenden zu lassen und das Aussprechen des Namens der Zukunft vorzubehalten". Zum einen hätte die Einrichtung des Kaisertitels durch dessen Anspruch auf Gesamtdeutschland einen „direkten Widerspruch" zu der im Friedensvertrag vereinbarten Mainlinie gebildet und so die „Eifersucht" Frankreichs sowie das Misstrauen Russlands und Italiens geweckt. Nur einen „Kaiser von Norddeutschland" auszurufen, hätte derweil jeder „historischen Tradition" widersprochen und womöglich einen „Verzicht auf eine weitere, Süddeutschland umfassende" Vereinigung signalisiert. Zum anderen wäre, „wenn der König gleich 1866 ohne einen vermittelnden und durch die Erfahrung belehrenden

Übergang den Kaisertitel angenommen hätte", gleich „die Frage, wie die Souveränetät der Bundesmitglieder durch diesen Titel des Bundesoberhauptes affiziert werde, hüben und drüben mit doktrinärer Leidenschaftlichkeit behandelt [...] und [...] das Werk [so] erschwert" worden. Anders gesagt: Der Fürstenbund habe sich erst einspielen und seinen hohen Mitgliedern beweisen müssen, dass er ihre Souveränität nicht kompromittiere, sondern schütze, bevor man die „Formsache" des Kaisertitels habe angehen können.[99]

Er fühle sich nun aber zu diesem Schritt gedrängt, weil er „die Bedeutung, welche Äußerlichkeiten in der Meinung [seiner] Landsleute [hätten], unterschätzt" habe. Der Kaisertitel sei jetzt nötig, um Preußen in den Dienst des Bundes zu stellen. Denn zurzeit wolle „der preußische Partikularismus [...] nicht den König von Preußen in den Bundespräsidenten aufgehen lassen, sondern umgekehrt". Der preußische Staatsapparat akzeptiere „zwar, was dem Könige virtuell zugewachsen" sei, gefalle „sich aber in betrübenden Betrachtungen darüber, wieviel ihm, scheinbar, genommen sei oder durch den weiteren Ausbau des Bundes genommen werden solle". Die Einführung des Kaisertitels könne diese Wahrnehmung zurechtrücken und so verhindern, dass preußische Sonderinteressen die Maschinerie der Verfassung blockierten und der Bund als Großpreußen erscheine. Außerdem habe der preußische König in den vergangenen beiden Jahren sowieso praktisch die Stellung eines Kaisers über ganz Deutschland gewonnen. „Süddeutschland gegenüber" habe sich „durch die Zollkonstitutionen und durch die Bündnisverträge das Verhältnis so gestaltet, daß Seine Majestät dort einen Einfluß" ausübe, „wie ihn das Kaisertum während der letzten fünf Jahrhunderte seines Bestehens auf Grund seiner verfassungsmäßigen Oberherrschaft faktisch nie genossen" habe.[100]

Bismarck verstand also die Einführung des Kaisertitels ähnlich wie drei Jahre zuvor die Beteiligung des Reichstages an der Verfassungsgebung als ein nationalpolitisches Integrationsinstrument, an dem wegen der gegebenen Umstände kein Weg vorbeiführte. Er sah dabei allerding ein großes Problem: die „dynastische Überspanntheit" des bayerischen Königs. Ludwig II. war so entschlossen, seine Unabhängigkeit zu bewahren, dass Bismarck in seinem Schreiben an den Botschafter in London betonte, es würde ihn „nicht überraschen [...], wenn die förmliche Proklamierung eines Anspruchs auf Superiorität und selbst Suzeränität, wie er in der Annahme des deutschen Kaisertitels läge, Bayern zum diplomatischen Bruch, vielleicht zum Bündnisbruche" bewegen würde. Um aber die Fassade eines Fürstenbundes aufrecht zu erhalten und auch den Südflügel des deutschen Hauses damit zu verkleiden, mussten die vier süddeutschen Monarchen – insbesondere der bayerische König als der nach seinem preußischen Vetter mächtigste deutsche Fürst – freiwillig der norddeutschen Verfassungsordnung beitreten. Bismarck machte deshalb in den nächsten Monaten den Verzicht auf jeden offensichtlichen Zwang zum leitenden Grundsatz seiner Vereinigungspolitik gegenüber den Südstaaten.[101]

Das wurde erstmals Ende Februar 1870 deutlich. Eduard Lasker, der den linken Flügel der in der deutschen Frage zusehends ungeduldigeren nationalliberalen Fraktion anführte, nutzte die Beratungen des Reichstages über einen Rechtshilfevertrag mit Baden, um „den möglichst ungesäumten Anschluß" des Großherzogtums an den Norddeutschen Bund zu beantragen. Diese Forderung war durchaus berechtigt. In Baden war die Begeisterung für einen baldigen Beitritt zu einem deutschen Nationalstaat sowohl in der Bevölkerung als auch in den politischen Instanzen groß. Der Landtag wurde von einer nationalliberalen Mehrheit dominiert. Großherzog Friedrich, ein Schwager des preußischen Königs, war genauso wie der Präsident seines Staatsministeriums Julius Jolly ein überzeugter Anhänger der kleindeutschen Reichsidee. Angesichts dieser Umstände spekulierte man sogar darüber, ob Lasker den Antrag nicht heimlich im Auftrag der badischen Regierung gestellt habe.[102]

Von diesem Verdacht getrieben, lehnte Bismarck den Vorstoß rigoros ab. Eine Aufnahme Badens in den Bund sei kein Selbstzweck, betonte er vor dem Reichstag. Das Ziel der preußischen Regierung sei genau wie das der Nationalliberalen „eine Einigung des gesammten Deutschlands". Selbst ein um Baden erweiterter Norddeutscher Bund sei nur ein „vorübergehendes Stadium" auf dem Weg dahin. Deswegen sei es klüger, „den Beitritt Badens in den Norddeutschen Bund" als ein „Mittel" zu begreifen, um „für das gesammte Deutschland [...] die intimsten, gemeinsamen Institutionen [...] herbeizuführen", mit seiner Anwendung also zu warten, bis die anderen Südstaaten in einer Position seien, dem Großherzogtum zu folgen. Es sei schlicht taktisch unklug, jetzt „gewissermaßen den Milchtopf abzusahnen und das Uebrige sauer werden zu lassen". Man müsse einfach geduldig bleiben und abwarten, bis sich alle Südstaaten an den Bund anschließen wollten. Deren Beitritt müsse aber unbedingt „in voller Freiwilligkeit, ohne Drohung, ohne Pression, ohne Druck" geschehen. Denn „der verstimmte, gezwungene Baier oder Württemberger in der engsten Genossenschaft" könne „nichts helfen". Es sei vorzuziehen, „noch ein Menschenalter zu warten, als Zwang nach der Richtung hin zu üben".[103]

Für die Ablehnung von Laskers Antrag und den Verzicht jeglichen Drucks auf die anderen süddeutschen Staaten sprachen aus Bismarcks Sicht noch zwei weitere Gründe, die er nicht öffentlich erklärte, aber in einem Erlass an den preußischen Gesandten in Karlsruhe ausführte. Erstens dürfe man Frankreich keinen Vorwand liefern, um in den deutschen Vereinigungsprozess zum eigenen Vorteil zu intervenieren. Vielmehr gelte es, „unsere Gegner an den Gedanken zu gewöhnen", dass die internationalen Friedensbestimmungen von 1866, also vor allem die Festlegung der Mainlinie als Grenze des deutschen Bundesstaates, es nicht verböten, „die Einigung Deutschlands zu vollenden". Zweitens müsse man unbedingt auf die „Persönlichkeit des Königs von Bayern" Rücksicht nehmen, da „auf dessen Stimmung bei Entwicklung der süddeutschen Verhältnisse eine Zeitlang erheblich viel ankommen" werde. Eine Aufnahme Badens in den Bund sei dafür kontraproduktiv. Denn durch eine „Pression", wie sie in der „Absperrung der bayerischen Landesteile voneinander durch Bundesgebiet zwischen Aschaffenburg und Speyer liegen würde", wäre Ludwig „mit seinem erregbaren Selbständigkeitsgefühl einer starken Versuchung ausgesetzt", gemeinsam „mit den bisherigen Gegnern jeder nationalen Politik die Unabhängigkeit Baierns zu wahren". Man müsse deshalb auf einen freiwilligen Beitritt der Südstaaten warten.[104]

Darauf deutete im Frühjahr 1870 allerdings wenig hin. Abgesehen von Baden stand keiner der süddeutschen Staaten vorbehaltlos hinter einer Verschmelzung mit dem Norddeutschen Bund. Ganz im Gegenteil: Der Widerstand gegen eine Zwangsvereinigung war groß. Die hessische Regierung unter Großherzog Ludwig hegte gegen Preußen seit der erzwungenen Abtretung Nordhessens an den Norddeutschen Bund einen noch größeren Groll als zuvor. Ministerpräsident Reinhard von Dalwigk hoffte nach wie vor auf eine großdeutsche Lösung und entwickelte sich zu einem Meister des diplomatischen Doppelspiels. Auf der einen Seite bei der Reform des Zollvereins und dem Abschluss des militärischen Beistandspaktes den Schulterschluss mit Preußen suchend, verpasste er auf der anderen Seite keine Gelegenheit, um Österreich und selbst Frankreich dazu anzustacheln, als Retter der süddeutschen Staaten in Deutschland zu intervenieren. Er war aber auch Realist genug, um zu erkennen, dass das gespaltene Hessen kaum Raum hatte, politisch selbstständig zu handeln. „Wir sind ja völlig in den Klauen des Adlers", beklagte er Ende Juli gegenüber seinem Amtsvorgänger Heinrich von Gagern, dem ehemaligen Präsidenten der Frankfurter Nationalversammlung. Dalwigk vermutete also stark, dass der hessische Großherzog – ob er wollte oder nicht – früher oder später wahrscheinlich in Bismarcks großpreußischen Fürstenbund würde eintreten müssen.[105]

Die württembergische Regierung stand einer Anbindung an den Norddeutschen Bund kaum positiver gegenüber. In dem dortigen Präsidenten des Staatsministeriums, Karl von Varnbüler, sah Bismarck den „hervorragendsten Widersacher" seiner Einigungspolitik. Als ausgewiesener Wirtschaftsexperte hatte Varnbüler Preußen in der Reform des Zollvereins zwar unterstützt, weil er Handel und Industrie durch eine engere Zollgemeinschaft fördern und vor allem das Damoklesschwert der halbjährigen Kündigungsfrist beseitigen wollte, mit dem Preußen Württemberg zum Abschluss der Militärkonvention gezwungen hatte. Die Souveränitätsrechte des Königreichs verteidigte er aber verbissen, vor allem auf militärischem Gebiet. Dabei ermutigten ihn König Karl und noch mehr Königin Olga, eine Tochter des russischen Zaren, die jegliche Unterordnung unter die Hohenzollerndynastie entschieden ablehnte. Auch der Landtag hatte für ein Zusammengehen mit dem Norddeutschen Bund wenig übrig. Bei den letzten Wahlen 1868 waren die Volkspartei und die Großdeutsche Partei, die sich beide gegen einen Nationalstaat unter preußischer Führung aussprachen, die zwei mit Abstand stärksten Fraktionen geworden. Seitdem sägten beide wegen des Abschlusses der Militärkonvention und der sich daraus ergebenden Erhöhung des Militäretats an Varnbühlers Stuhl. Das grenzte den Handlungsspielraum des Regierungschefs zusehends ein und machte ihn noch unnachgiebiger gegenüber allen preußischen Avancen als ohnehin schon.[106]

In Bayern herrschte ebenfalls eine Regierungskrise, die jedwedes Einheitsstreben erschwerte und König Ludwigs ablehnende Haltung noch verstärkte. Dabei ging es genau wie in Württemberg um die kostspielige militärische Angleichung, die die Schutz- und Trutzbündnisse notwendig machten. Nach einem positiven Misstrauensvotum in beiden Kammern musste Ministerpräsident Chlodwig zu Hohenlohe-Schillingsfürst, der die militärische und wirtschaftliche Annäherung an Preußen verteidigt hatte, im März zurücktreten. Als Nachfolger ernannte Ludwig den bayerischen Gesandten in Wien, Otto von Bray-Steinburg. Das war ein klares großdeutsches Signal. Bray setzte die Außenpolitik Hohenlohes zwar im Prinzip fort und betonte seine Bereitschaft, die Verträge mit Preußen einzuhalten. Er interpretierte diese aber als reine Defensivbündnisse. Dementsprechend wollte er am Status quo festhalten und alle Versuche, die bayerische Unabhängigkeit weiter einzuschränken, mit französischer und österreichischer Unterstützung abwehren. Innenpolitisch löste seine Berufung die Regierungskrise trotzdem nicht. Im Abgeordnetenhaus hatte seit der Neuwahl im Vorjahr die bayerische Patriotenpartei, die sich voll und ganz dem Schutz der Souveränität des Königreichs verschrieben hatte, eine klare Mehrheit. Für ihre Abgeordneten gingen bereits die Eingriffe in das bayerische Heerwesen, die sich aus der militärischen Angleichung an Preußen ergaben, viel zu weit.[107]

Allerdings gab es auch Teile der Partei, in der die alte Kaiseridee noch sehr verwurzelt war. Die Einführung eines Kaisertums erschien einigen Patrioten sogar eine Kooperation mit den Liberalen und einen Zusammenschluss mit Preußen möglich zu machen. Das wurde in den Adressdebatten deutlich, die das Abgeordnetenhaus Anfang Februar 1870 als Reaktion auf den Antrag Laskers und die in diesem Zusammenhang von Bismarck öffentlich gemachten Kaiserpläne führte. „Wir wollen Deutsch sein und Bayern bleiben", betonte zum Beispiel der Geschichtsprofessor Johann Nepomuk Sepp, der zu den bekanntesten Mitgliedern der Fraktion gehörte. „Preußen hat bisher nichts getan, was im Interesse Deutschlands wäre. Ja, wenn es einmal ein Deutschland gäbe, für das wollen wir alle Opfer bringen [...]; ja, wenn ein norddeutscher Regent, und wäre es der König von Preußen, als deutscher Kaiser sich gerierte, dann wollte die patriotische mit der Fortschrittspartei gehen." Bedingung dafür war in seinen Augen aber die Einberufung einer neuen Nationalversammlung in Frankfurt. Ähnlich äußerte sich sein Abgeordnetenkollege Max Huttler, ein prominenter katholischer Priester und Münchener Verleger: „Würde sich das Ideal eines deutschen Reiches verwirklichen, die Patrioten hätten keine Abneigung gegen eine protestantische Dynastie; warum sollten nicht auch die Hohenzollern die deutsche Krone tragen. Ja, wenn der König von Preußen statt des schwarzweißen das schwarzrotgoldene Banner aufpflanzt und in Frankfurt am Main ein deutsches Parlament beruft, dann ist der Frühling Deutschlands gekommen."[108]

Es schien also so, dass selbst unter den schärfsten Gegnern eines kleindeutschen Nationalstaates die Idee eines Kaisertums eine Brücke über den Main bauen konnte. Über diese konnte man aus Sicht Bismarcks vielleicht gehen, um den Fürstenbund auf die süddeutschen Staaten auszudehnen. Allerdings hatte er keinerlei Absicht, auf diesem Weg einen parlamentarischen Zwischenstopp in Frankfurt einzulegen. Die Frage stellte sich letztlich aber auch nicht. Die internationale Krise um die spanische Thronfolge, die die Kandidatur des von Bismarck protegierten Prinzen aus dem Hause Hohenzollern-Sigmaringen ausgelöst hatte, und die dadurch kontinuierlich wachsenden Spannungen mit Frankreich verdrängten den Kaiserplan von der politischen Tagesordnung. Neue Bewegung in die Umgestaltung der deutschen Verhältnisse brachte erst die französische Kriegserklärung am 19. Juli. Durch die Auslösung der Schutz- und Trutzbündnisse formte sie eine nationale Waffenbruderschaft zwischen dem Norddeutschen Bund und den süddeutschen Staaten, die die politische Vereinigung auf dem Schlachtfeld vorwegnahm. Spätestens der Sieg bei Sedan, bei dem der französische Kaiser Napoleon III. gefangen genommen wurde, spülte die Lösung der deutschen Frage auf der politischen Agenda wieder ganz nach oben.

Angetrieben von der parlamentarischen Agitation der Nationalliberalen forderten weite Teile der Öffentlichkeit nun laut die Vereinigung aller deutschen Staaten. In Württemberg musste der einheitsskeptische Varnbühler gehen. Sein Nachfolger wurde der ehemalige Justizminister Hermann von Mittnacht, der wesentlich engagierter in der Deutschlandfrage war. Er kam zwar ursprünglich aus dem großdeutschen Lager, zeigte sich gegenüber einem Zusammengehen Württembergs mit dem Norddeutschen Bund aber grundsätzlich offen, solange dem Königreich gewisse Sonderrechte eingeräumt werden würden. Unterstützt wurde er dabei vom ebenfalls neu ernannten Kriegsminister Albert von Suckow. Der Generalleutnant kämpfte aus verteidigungspolitischer Überzeugung verbissen für die nationale Sache. Schon ein Jahr zuvor hatte er unter dem Titel *Wo Süddeutschland Schutz für sein Dasein findet?* ein kurzes Manifest veröffentlicht, das für eine engere Anbindung an Preußen plädiert hatte.[109]

Diese Kabinettsumbildung in Stuttgart isolierte die bayerische Regierung in ihrer vehementen Opposition gegen eine Vereinigung mit dem Norddeutschen Bund. Bismarck hielt deswegen die Zeit für gekommen, die badische Karte zu spielen. Am 12. September bat er die Regierung in Karlsruhe, „durch vertrauliche Anregungen, namentlich in München, die dortige Regierung zur Aussprache ihrer Auffassung über das künftige Verhältnis Süddeutschlands und besonders Bayerns zum Norden zu bewegen", dabei aber „jeden Schein einer Pression auf den [bayerischen] König" zu vermeiden. Die „Initiative zu bestimmteren Vorschlägen" müsse unbedingt freiwillig von den süddeutschen Regierungen ausgehen. Nur einen Tag später erkannte Bray-Steinburg gegenüber dem preußischen Gesandten in München an, dass der gemeinsam geführte Krieg zu einer Umgestaltung der deutschen Verhältnisse führen müsse. Der bayerische Regierungschef erkundigte sich, „ob nach preußischer Auffassung der Norddeutsche Bund weiterbestehen oder einem neuen, ganz Deutschland umfassenden Bund Platz machen solle". Um sich darüber zu verständigen, bat er Rudolph von Delbrück, Bismarcks Kanzleramtsleiter und rechte Hand, nach München zu kommen.[110]

Diese Einladung zwang beide Seiten, ihre Vorstellungen über eine Vereinigung von Nord und Süd näher zu formulieren. Zu diesem Zweck fertigte Delbrück auf seinem Weg vom preußischen Hauptquartier nach München in Reims eine Denkschrift an, die sowohl vom Kanzler als auch vom König als Grundlage der preußischen Verhandlungsposition genehmigt wurde. Darin definierte er das Ziel, das Preußen bei der „Fortbildung der politischen Verhältnisse in Deutschland" verfolgen müsse, dahingehend, dass „an Stelle der Allianzverträge mit Bayern, Württemberg und Baden [...] und an Stelle des Zollvereinsvertrages [...] ein dauernder bundesstaatlicher Organismus treten" müsse. Dessen „allgemeine Gestaltung" sei „durch die Verfassung des Norddeutschen Bundes, durch den Zollvereinsvertrag und vielleicht noch mehr durch die Erfahrungen des Krieges vorgezeichnet". Mit anderen Worten: Die preußische Regierung war entschlossen, die bestehenden Strukturen zur Grundlage der Vereinigung mit dem Süden zu machen, also den zwei Jahre zuvor geschaffenen Bund zu erhalten und auszudehnen. Dementsprechend knüpfte die Denkschrift eng an die norddeutsche Verfassung an. Die Kompetenzen, die Delbrück für den neuen gesamtdeutschen Bund gegenüber den Einzelstaaten vorsahen, waren praktisch eins zu eins aus ihr übernommen. Um den Charakter des Bundes als „einheitlich geleitetes Staatswesen" zu unterstreichen, empfahl die Denkschrift in Anlehnung an Bismarcks Kaiserplan, den neuen Nationalstaat als „Reich" zu bezeichnen und für das Präsidium den Titel „Kaiser von Deutschland" einzuführen. Diese Anpassungen würden die „Aufnahme der neuen Gestaltung bei Fürsten und Völkern" fördern. Sie waren also nicht dazu gedacht, an der Konstruktion des vermeintlichen Fürstenbundes irgendetwas zu ändern. Im Gegenteil: Um dessen Aura bei der Erweiterung nach Süden aufrecht zu erhalten und den „schlafenden Partikularismus" nicht zu wecken, riet Delbrück, jeden „Anschein einer Vergewaltigung, eines Drucks auf die freie Entschließung" der süddeutschen Regierungen zu vermeiden.[111]

Das bayerische Programm unterschied sich von diesen Vorstellungen grundlegend. „In den unveränderten Nordbund treten wir keinesfalls ein", erklärte Bray gegenüber dem sächsischen Gesandten in München in aller Deutlichkeit. Genauer wurde der bayerische Ministerpräsident in dem Antrag, mit dem er König Ludwig am 12. September bat, ein „Verfassungsbündnis" mit dem Norddeutschen Bund aushandeln zu dürfen. Das Gesuchsschreiben betonte, dass sich Bayern in einer „Zwangslage" befinde und deshalb eine Neugestaltung Deutschlands nicht rigoros ablehnen könne. Man müsse Zugeständnisse machen. An der Einführung eines im Kriegsfall unter einheitlichem preußischen Oberbefehl stehenden Heeres und eines gesamtdeutschen Parlamentes führe kein Weg mehr vorbei. Allerdings solle man darauf bestehen, den Norddeutschen Bund durch einen neuen „Deutschen Bund" zu ersetzen, der viel lockerer und föderalistischer als der bestehende sein müsse. Bei einer solchen „gründlichen Umgestaltung" des Bundesverhältnisses werde Bayern in vier Gebieten besondere „Kron- und Landesrechte" beanspruchen, nämlich „das Recht der Vertretung nach außen", einschließlich des Rechts, internationale Verträge zu schließen, die „dem Zwecke und den Interessen des Bundes nicht widersprechen", die „militärische Oberherrlichkeit im Frieden" über die bayerischen Regimenter, „eigene Gesetzgebung, Verwaltung und Finanzen", und „die selbständige Leitung des Post-, Eisenbahn-, und Telegraphenwesens". Verweigere Preußen eine Auflösung des Norddeutschen Bundes, sei die einzige akzeptable Möglichkeit ein „weiterer verfassungsmäßiger Bund Süddeutschlands mit dem Norddeutschen Bund". Auch in diesem Fall müsse Bayern aber eine „Sonder- und Ausnahmestellung" gewährt bekommen.[112]

Die bayerische Regierung zog also zwei Optionen in Betracht: die völlige Neugründung eines dezentralen, gesamtdeutschen Staatenbundes und den Abschluss eines Doppelbundes, der den Norddeutschen Bund mit den in einem eigenen Bündnis enger zusammengeschlossenen Südstaaten verband. Bismarcks angeblichen Fürstenbund wollte man sich unter keinen Umständen ohne Anpassungen überstülpen lassen. Dementsprechend schwierig gestalteten sich die Gespräche, zu denen neben Delbrück auch der neue württembergische Premier Mittnacht am 22. September nach München kam. Der norddeutsche Kanzleramtsminister beschränkte sich dabei auf Anordnung Bismarcks darauf, „nur zu hören, welche Karten man hier ausspiele". Er sammelte die Vorschläge der süddeutschen Vertreter, gab die preußischen Vorstellungen zur Vereinigung Deutschlands aber nicht preis. Diese Verhandlungstaktik trieb die bayerische Regierung fast zur Weißglut. Bray verlangte Auskunft darüber, ob Preußen zu einer Umgestaltung oder gar Auflösung des Norddeutschen Bundes bereit sei. Dem entgegnete Delbrück einfach, dass der preußische König bisher keinen Grund gehabt habe, darüber nachzudenken. Ein Anlass dazu bestünde erst, wenn ein genauer Alternativvorschlag zur Gestaltung des neuen Bundesverhältnisses auf dem Tisch läge.[113]

Sollten die Gespräche nicht völlig ohne Ergebnis enden, ließ diese Haltung den Verhandlungspartnern gar keine andere Wahl, als die norddeutsche Verfassung als „Leitfaden" zu benutzen, wie das Protokoll der Konferenz festhielt. In den vier Tagen, die die Konferenz dauerte, diskutierten die bayerischen und württembergischen Vertreter die Vereinigung ihrer Länder mit dem Norden deshalb auf Grundlage von Bismarcks angeblichem Fürstenbund. Dabei bestanden sie zwar auf zahlreichen Anpassungen, ließen die Idee der Gründung eines komplett neuen Bundes aber praktisch fallen. Aus Sicht Bismarcks war das der entscheidende Durchbruch. Auf Nachfrage Delbrücks, ob den süddeutschen Staaten in späteren Verhandlungen über einen Beitritt zum Norddeutschen Bund Sonderrechte gewährt werden könnten, telegrafierte er am 24. September nach München, dass „der Ausschluß der Bundecompetenz in Baiern bezüglich einer Anzahl selbst erheblicher Gegenstände der Bundesgesetzgebung [...] kein Grund [sei], die Aufnahme Baierns zu versagen". Es müsse dann einfach „die Zeit [...] nachhelfen, das Ueberschreiten des Rubikon wäre immer gewonnen". Auch wenn sich Bayern weiter sträubte und vorerst an der Möglichkeit eines Doppelbundes festhielt, zeichnete sich also als Ergebnis der Münchener Konferenz eine Lösung ab. Die Vereinigung würde wahrscheinlich auf Grundlage der norddeutschen Verfassung erfolgen, den süddeutschen Staaten dafür bestimmte Sonderrechte gewähren, und dadurch den Fürstenbund von 1867 in der ein oder anderen Form über den Main hinaus auf ganz Deutschland ausweiten.[114]

## VI. Versailles

Die konkreten Verhandlungen über die Gründung des gesamtdeutschen Nationalstaates fanden ab Ende Oktober im militärischen Hauptquartier in Versailles statt. Ursprünglich hatte Bismarck dafür geworben, alle einzelstaatlichen Monarchen in dem Pariser Vorort zu einem Fürstenkongress zusammenkommen zu lassen, um gemeinsam den Frieden mit Frankreich zu schließen und die „bis dahin getroffenen Vereinbarungen über die deutsche Verfassungsfrage" zu besiegeln. Dieses Verfahren hätte den monarchischen Charakter der Staatsgründung unterstrichen und so die Fassade vom Fürstenbund gehörig aufpoliert. Aus dem Vorschlag wurde aber nichts, weil der bayerische König die Einladung seines preußischen Vetters ignorierte. Ludwig II. weigerte sich beharrlich, dem Hohenzollern-Emporkömmling nach Versailles hinterherzulaufen und ihn vor den Augen seiner Soldaten zu hofieren. Alle Überredungskünste seitens Bismarcks, des Großherzogs von Baden und sogar seiner eigenen Regierung nützten nichts. Ludwig meldete sich krank und schützte vor, „wegen Sehnendehnung" das heimische Bett hüten zu müssen.[115]

So reisten die leitenden Minister der süddeutschen Staaten alleine zu den Einigungsverhandlungen nach Versailles. Im Gepäck hatten sie nach den Erfahrungen von München ganz bestimmte Erwartungen und Ziele. Die badische Regierung wollte ohne weitere Änderungen in den Bund eintreten, vorbehaltlich derjenigen „Modifikationen des Bundessteuerwesens [...], welche durch Vereinbarungen mit den anderen süddeutschen Staaten geboten erscheinen". Einen dahingehenden Antrag hatte das großherzogliche Staatsministerium bereits am 3. Oktober gestellt. Bismarck hatte diese Aktion über den preußischen Gesandten in Karlsruhe angeregt, da ihm die Bekanntgabe des badischen Beitrittswillens „in diesem Augenblick als Grundlage und als Druck auf Verhandlungen mit Baiern willkommen" war.[116]

Die hessische Regierung fügte sich mehr oder weniger in ihr Schicksal. Sie wollte sich zwar nicht unter die Fuchtel Preußens begeben, sah aber zum Eintritt in den angeblichen Fürstenbund schon allein um Aufhebung der bestehenden Teilung des Großherzogtums willen keine Alternative. Dalwigk betonte gegenüber seinem royalen Chef, dass Preußen „vollkommen Herr der Situation" sei und Hessen in eine „nicht haltbare isolierte Lage" zu kommen drohe, nachdem Baden, Württemberg und selbst Bayern Unterverhandlungen über eine Vereinigung aufgenommen hätten. Der Großherzog entgegnete resigniert: „Il faut faire bonne mine à mauvais jeu [Dann muss man eben gute Miene zum bösen

Spiel machen]. Mein Trost ist, daß mir mein kleiner Finger sagt: Cela ne durera pas ... [Das wird nicht lange dauern ...]".[117]

Die württembergische Regierung unter Mittnacht hatte ihr Programm schon am 9. Oktober im *Staatsanzeiger* öffentlich gemacht. Man wolle eine „verfassungsmäßige Einigung", das bisherige völkerrechtliche Verhältnis also in ein staatsrechtliches umwandeln, die Selbstständigkeit der Einzelstaaten weitestmöglich erhalten sowie eine Zentralgewalt mit deutschem Parlament, begrenzter Gesetzgebung und einheitlichem Heer schaffen. Eine Übernahme der norddeutschen Verfassung ohne Änderungen sei nicht möglich. Diese Erklärung lief letztlich auf einen Beitritt zum Fürstenbund bei gleichzeitiger Gewährung von umfangreichen Sonderrechten hinaus. Der *Schwäbische Merkur* bezeichnete die Verlautbarung daher als die „einer verschämten Braut", die „ihr Jawort lange versagt hat und auch jetzt noch dem Bräutigam, dem sie nicht entgehen kann, dasselbe nicht unwiderruflich geben kann".[118]

Am schwierigsten war aus preußischer Sicht nach wie vor die Haltung der bayerischen Regierung. Bray hielt sich nach den taktischen Spielchen Preußens auf der Münchener Konferenz lange bedeckt. Am 30. Oktober legte er schließlich einen Entwurf eines „selbständigen Verfassungsvertrages" über die „Verbindung Bayerns mit dem übrigen Deutschland" vor. Dieses zwölf Punkte umfassende Konzept griff die Idee eines Doppelbundes wieder auf, die Hohenlohe schon vor dem Krieg in verschiedenen Formen ins Spiel gebracht hatte. Der Entwurf ging davon aus, dass Baden, Hessen und Württemberg dem Norddeutschen Bund beitreten und diesen so zu einem „Deutschen Bund" erweitern würden. Bayern, so der Vorschlag, sollte sich diesem engeren Bund durch ein weiter gefasstes „unauflösliches Verfassungsbündnis" angliedern. Die so geschaffene „nationale Gesamtverbindung" sollte dann „den Namen Das Deutsche Reich führen".

Als gemeinsame Organe sah Artikel 2 einen Reichstag und einen Reichsrat vor, in dem die Regierungen der Einzelstaaten vertreten sein und Bayern acht anstatt der auf Grundlage der norddeutschen Verfassung geplanten sechs Stimmen zustehen sollten. Das Präsidium des Reiches sollte bei der Krone Preußens unter dem Titel eines „Deutschen Kaisers", „Kaisers von Deutschland", oder „Kaisers der Deutschen" liegen. Für Bayern waren umfangreiche Reservatrechte vorgesehen, vor allem im Bereich der Außenpolitik und des Militärs. Das bayerische Heer sollte im Frieden selbstständig bleiben. Nur im Krieg sollte der Oberbefehl auf den Bundesfeldherrn übergehen. Außerdem behielt sich Bayern einen eigenen Heeresetat und die gesamte Militärgesetzgebung vor. Die äußere Vertretung des Reiches inklusive der Instruktion der Diplomaten sollte gemeinschaftlich durch den Kaiser und den bayerischen König erfolgen. An Friedensverhandlungen sollten grundsätzlich bayerische Bevollmächtigte teilnehmen.

Außerdem sprach Brays Entwurf Bayern das Recht zu, einen gewissen Anteil der Reichsbeamten besetzen zu dürfen, und ein Vetorecht gegen alle Abänderungen der Reichsverfassung, die seine Sonderrechte berühren würden.[119]

Dieses Konzept eines Doppelbundes widersprach Bismarcks Ansatz einer einheitlichen föderalen Ordnung diametral. Statt eines Fürstenbundes, der die preußische Hegemonie sicherte, plante Bray ein dualistisches System, das Bayern an die frühere Stelle Österreichs setzen und zu einem Gegengewicht Preußens machen würde. Obwohl die Idee eines preußisch-bayerischen Tandems aus den „Grundzügen" des Vorjahres entlehnt war, sah Bismarck in diesem Vorschlag eine unverschämte Anmaßung. Noch am gleichen Abend erklärte er Brays Entwurf gegenüber Mittnacht für völlig „unannehmbar". Besonders störte er sich an der Vorstellung einer gemeinschaftlichen Ausübung der auswärtigen Gewalt, die seiner Meinung nach nur zu internationalen Verwicklungen führen konnte. Nach mehreren vertraulichen Aussprachen, bei denen Bayerns Zwangslage immer deutlicher hervortrat, teilte Bismarck Bray am 4. November unmissverständlich mit, dass er „als Basis" aller weiteren Verhandlungen „die Herstellung eines engeren Bundes" betrachte. „Diese Basis [sei] nach [seiner] Ansicht die einzige, welche den Wünschen der deutschen Nation [entspräche], und welche daher zur Gründung dauernder Institutionen geeignet [sei], während sie zugleich breit genug [sei], um der Stellung Raum zu gewähren, auf welche Bayern, vermöge seiner Bedeutung, in einem deutschen Bunde Anspruch [habe]."[120]

Um diese Absage an einen Doppelbund zu unterstreichen und den Druck auf Bayern zu erhöhen, änderte Bismarck seine Verhandlungstaktik. Statt mit allen süddeutschen Staaten gleichzeitig eine Einigung zu erzielen, wie ursprünglich geplant, entschied er sich nun dazu, zunächst die Verträge mit Baden, Hessen und Württemberg unter Dach und Fach zu bringen. Bayern wollte er sich derweil, wie Bray erschrocken feststellte, „als besten Brocken bis zuletzt" aufheben. Der bayerische Ministerpräsident hatte diese Vorgehensweise selbst vorgeschlagen, um den Stillstand der Verhandlungen zu durchbrechen und so Bayerns konstruktive Haltung zu demonstrieren. Er hatte aber nicht damit gerechnet, dass Bismarck auf diesen Vorschlag eingehen würde, war der Kanzler doch bisher peinlichst genau darauf bedacht gewesen, alles zu vermeiden, was den Eindruck hätte erwecken können, die Fürsten beziehungsweise ihre Regierungen würden nicht an einem Strang ziehen.[121]

Doch der Bluff ging nach hinten los. Jetzt drohte der Münchener Regierung die komplette Isolation. Gleich bei der ersten und einzigen gemeinsamen Verhandlungsrunde am 6. November einigten sich die Bevollmächtigten Badens, Hessens und Württembergs mit Delbrück über die Eckpunkte einer Übernahme der norddeutschen Verfassung. Einzelgespräche mit Bismarck und Roon klärten in den darauffolgenden Tagen, welche politischen und militärischen Sonderrechte sie dafür im Gegenzug erhalten sollten. Allein die Anbahnung dieser Einigung erhöhte den Druck auf die bayerische Delegation so sehr, dass sie schon vor Abschluss der Verträge am 9. November wieder am Verhandlungstisch saß. Der Plan eines Doppelbundes war nicht mehr aufrechtzuhalten. Bray musste seinem König beibringen, dass es jetzt, wo alle anderen süddeutschen Staaten die Ausweitung des vermeintlichen Fürstenbundes von 1867 akzeptiert hatten, keine Alternative mehr dazu gab, diesem ebenfalls beizutreten. Die Frage war nur noch, zu welchen Konditionen.[122]

Das Ergebnis dieser Verhandlungen waren drei Einigungsverträge und zwei gesonderte Militärkonventionen mit Baden und Württemberg. Diese Gründungsdokumente des neuen Reiches schufen eine breite Palette an besonderen Mitgliedschafts- und Reservatrechten, die den Südstaaten gewisse Privilegien im Entscheidungsprozess des Bundes beziehungsweise eine Befreiung von bestimmten Bundeskompetenzen garantierten. Diese Sonderrechte durchbrachen also das Prinzip der Gleichheit unter den Mitgliedern des Fürstenbundes, machten dadurch aber dessen Ausdehnung auf den Süden möglich. Ihre Verteilung spiegelte die Verhandlungsposition der jeweiligen Staaten in Versailles wider. Die hessische Regierung konnte keine großen Ansprüche stellen und musste sich mit einigen kleineren Begünstigungen im Postwesen zufriedengeben. Für die badische Regierung, die ihre Einigungsmodalitäten in demselben Vertrag wie Hessen regelte, sprang mehr heraus. In Anerkennung ihrer Loyalität gegenüber Preußen bekam sie den Wunsch erfüllt, die Bier- und Branntweinsteuer weiterhin selbst regeln zu dürfen.[123]

Dieses Reservatrecht wurde auch der Stuttgarter Regierung zugesprochen. Damit sich die württembergische Braut nicht länger zierte, den Bund für die Ewigkeit einzugehen, machte ihr Bismarck aber noch weitere Geschenke. Das Königreich erhielt das Recht auf ein eigenes Postwesen und einen ständigen Sitz in den Bundesratsausschüssen für auswärtige Angelegenheiten und das Landheer. Außerdem verlieh die Militärkonvention dem württembergischen König bestimmte Zustimmungsrechte gegenüber dem Bundesfeldherrn, zum Beispiel bei der Ernennung von Offizieren und der Stationierung der landeseigenen Regimenter. Dazu kamen noch einige Ehrenrechte, wie etwa ein besonderer Fahneneid und eigene Feldzeichen. Dahinter stand die Überlegung, dass der König von Württemberg, der gerade als Bundesgenosse Preußens gegen Frankreich im Felde stand, militärisch bessergestellt werden müsse als sein royaler Cousin in Sachsen, der 1866 auf der Seite Österreichs gegen die Hohenzollern gekämpft hatte.[124]

Die Münchener Regierung konnte wegen der Schlüsselstellung Bayerns als größter Beitrittskandidat mit Abstand die umfangreichsten Sonderrechte herausschlagen. Bray hatte das Königreich in den Verhandlungen aber so weit ins Abseits manövriert, dass diese Privilegien weit hinter die Stellung eines Co-Hegemons an der Seite Preußens zurückfielen, die er sich in seinem Verfassungsentwurf ausbedungen hatte. Von einer gemeinsamen Führung der Außenpolitik war keine Rede mehr. Stattdessen speiste Bismarck die Bayern mit einigen kleineren Vorrechten ab, die sie an der Gestaltung der Außenpolitik zu beteiligen versprachen. Dem neu zu schaffenden Ausschuss des Bundesrates für auswärtige Angelegenheiten sollte Bayern ebenso vorsitzen wie dem für das Landheer. Außerdem gab Bismarck grünes Licht für die Forderungen Bayerns, Friedensverhandlungen beizuwohnen und den Bund in anderen Ländern im Falle der Abwesenheit der regulären Gesandten durch seine Diplomaten zu vertreten. Hinzu kam das Recht, den stellvertretenden Vorsitz im Bundesrat zu übernehmen. Die Gebiete, in denen Bayern von der Bundesgesetzgebung befreit wurde, waren äußerst vielfältig. Dazu gehörten neben dem Bier- und Branntweinsteuerrecht auch das Heimats- und Niederlassungswesen, die Post, das Immobiliarversicherungsrecht und das wichtige Eisenbahnwesen. Hier behielt Bismarck dem Bund jedoch das Recht vor, „einheitliche Normen für die Konstruktion und Ausrüstung der für die Landesverteidigung wichtigen Eisenbahnen aufzustellen".[125]

Die größte Sonderstellung gestattete er Bayern gegen den Widerstand Roons im Militärwesen. Diese Bevorzugung war der Münchener Regierung so wichtig, dass man sie nicht in einer separaten Militärkonvention, sondern im eigentlichen Einigungsvertrag regelte. Der König musste den Oberbefehl nur in Kriegszeiten an den Bundesfeldherrn abgeben. Diesem stand ansonsten nur das Inspektionsrecht zu. Auch das Recht, in Bayern einen Belagerungszustand zu verhängen, blieb bei den Wittelsbachern. Ferner konnte die bayerische Regierung erreichen, dass das Königreich seine eigene Militärgesetzgebung behielt und für seine Regimenter Spezialetats aufstellen durfte. All das machte das „Bayerische Heer", wie der Vertrag festlegte, zu einem „in sich geschlossenen Bestandtheil des Bundesheeres mit selbständiger Verwaltung, unter der Militairhoheit Seiner Majestät des Königs von Bayern".[126]

Bismarck stutzte die Forderungen der bayerischen Regierung also so weit zurecht, dass sie den äußeren Rahmen der Bundesverfassung nicht sprengten, kam ihnen ansonsten aber sehr weit entgegen. Anders gesagt: Er reizte die Flexibilität, die er dem Bund 1867 gegeben hatte, bis an die Grenzen aus. Dieses Zurechtbiegen der einheitlichen Grundstrukturen des Nationalstaates brachte ihm besonders vonseiten der Liberalen viel öffentliche Kritik ein, wie wir im vorhergehenden Kapitel gesehen haben. Aber auch unter den Verhandlungspartnern in Versailles war der Unmut groß, als erste Informationen über das Ausmaß der bayerischen Sonderrechte durchsickerten. Das wurde besonders deutlich in dem in Kapitel 1 bereits erwähnten „württembergischen Zwischenfall". Angestachelt von einer Hofintrige untersagte König Karl seiner Delegation, den schon ausgehandelten Einigungsvertrag zu unterschreiben, solange sein Königreich schlechter gestellt werden würde als Bayern. Mittnacht und Suckow mussten zurück nach Stuttgart reisen, konnten dort den in seinem Ehrgefühl gekränkten Monarchen mit Verweis auf die anstehenden Kammerwahlen und die Gefahr revolutionärer Unruhen im Falle eines Bekanntwerdens des royalen Boykotts aber wieder umstimmen. Trotzdem verzögerte diese Episode den Abschluss des württembergischen Beitrittsabkommens so lange, dass selbst die widerborstige bayerische Regierung ihren Vertrag vorher unterzeichnete. Bismarck war darüber so frustriert, dass er am 12. November an seinen Sohn schrieb: „Wenn nicht ein deutsches Unwetter dazwischen fährt, so wird mit diesen Diplomaten und Bürokraten alter Schule nichts zu Stande kommen, wenigstens in diesem Jahre nichts."[127]

Dass es ihm schließlich gelang, allen süddeutschen Regierungen seinen Fürstenbund zu verkaufen, verbuchte Bismarck trotz aller Zugeständnisse und Kritik als großen Erfolg. Außenpolitisch sicherte die Einigung den Bund gegenüber Frankreich ab und ebnete den Weg für Friedensverhandlungen, die den gerade geschaffenen Nationalstaat direkt als neue internationale Großmacht anerkennen würden. Angesichts der „Lage Europas und der deutschen Sache, wie [er] sie vor Augen habe", betonte Bismarck Anfang Dezember gegenüber einem preußischen Ministerkollegen, seien ihm bei den Vertragsabschlüssen „die sicheren Übel und die möglichen Gefahren der Ablehnung größer erschienen als die der Annahme dessen, was [er] von Bayern [habe] erreichen können". Deutschlandpolitisch sah er die Ausweitung der Bundesverfassung auf den Süden trotz aller Ausnahmeregelungen als gewaltigen Schritt vorwärts. „Wenn [man] die Annahme der allgemeinen Wehrpflicht, die Präsenzstärke von ein Prozent der Bevölkerung mit der dreijährigen Dienstzeit in Anschlag bringe und die übrige gemeinsame Gesetzgebung", erklärte er gegenüber dem freikonservativen Reichstagsabgeordneten Friedrich von Frankenberg am Tag des bayerischen Vertragsabschlusses, „so [sei] der Fortschritt ein so bedeutender, daß [man] ihn nicht zurückweisen könne".[128]

Alles, was über diesen erreichbaren Fortschritt hinausging, war für Bismarck eine Frage der Zukunft. Er war davon überzeugt, dass die Mischverfassung, die sich hinter dem Fürstenbund versteckte, auch mit den süddeutschen Sonderrechten genügend Raum für eine organische Entwicklung ließ, die unter Preußens Anleitung zu einer größeren Vereinheitlichung führen könne. Vier Tage nach der Vertragsunterzeichnung mit Baden äußerte er gegenüber Großherzog

Friedrich mit Blick auf den sich abzeichnenden gesamtdeutschen Bund und die schwebenden Verhandlungen mit Bayern: „Wenn unsere innere Verbindung auch zu wünschen übrig läßt, so haben wir doch ein gemeinsames Band, das durch die wachsenden Bedürfnisse der Nation immer fester geschlungen werden wird; wir haben eine monarchische Spitze, die zugleich als Heerführer die Einheit des Heeres in sich verkörpert. Alle diese Vorzüge gestatten nicht nur, sondern gebieten, das Gute dem Besseren vorzuziehen und somit das Mögliche auszuführen. Hat Bayern diese Schwelle betreten, und zwar mit unserem Beistand, so ist von einem Rückgang keine Rede mehr; es kann nur noch vorwärts schreiten und wir dürfen der Zukunft die bessere Entwicklung getrost überlassen."[129]

Dieses Entwicklungspotenzial des Bundes wurde in Bismarcks Augen von den Sonderrechten nicht wesentlich geschmälert. Denn es handelte sich dabei hauptsächlich um Scheinvorteile oder, wie es der badische Ministerpräsident Jolly nannte, „allerhand gleichgültige Torheiten", die den Regierungen der beiden süddeutschen Königreiche den Eindruck von besonderem Einfluss lassen, ihnen aber realiter keine wirklich ins Gewicht fallende politische Macht geben sollten. Besonders ausgeprägt war diese taktische Überlegung bei den außenpolitischen Privilegien, die Bismarck Bayern zugestand. Ende November erklärte er in einem Erlass an Delbrück, dass man keinen „Anstoß" nehmen könne „an den in den diplomatischen Beziehungen an Bayern eingeräumten Ehrenrechten, wie die Substitution der bayerischen Gesandten und die Bildung eines Ausschusses für die auswärtigen Angelegenheiten im Bundesrat". Die „einheitliche Leitung" der Außenpolitik werde durch diese Rechte „nicht gefährdet, da Bayern auf jede Teilnahme an der Instruierung der Gesandten verzichtet" habe. „Der Ausschuss" werde außerdem „an den Befugnissen des Präsidiums in keiner Weise teilnehmen, sondern nur zum Vortrag der betreffenden Sachen im Bundesrat dienen." Selbst das in einem zusätzlichen Geheimabkommen verabredete Recht Bayerns, bei Friedensverhandlungen hinzugezogen zu werden, war zwar symbolisch wichtig, praktisch aber wertlos, weil auch der bayerische Bevollmächtigte der Instruktion des Bundespräsidiums beziehungsweise Kanzlers Folge zu leisten haben würde.[130]

Die außenpolitischen „Konzessionen und die ganze an Bayern eingeräumte Stellung" standen folglich „der nationalen Entwicklung Deutschlands nicht im Wege", wie Bismarck in seinem Erlass an Delbrück unterstrich. Im Gegenteil: Die Sonderrechte machten die Gründung des Nationalstaates erst möglich, weil anders der Beitritt der süddeutschen Fürsten, insbesondere des bayerischen Königs, der sich andernfalls „ohne Zweifel jeder weitern Möglichkeit [zur Verhandlung] entzogen haben würde", nicht zu erkaufen gewesen wäre. An der Substanz der Verfassung und dem sie umgebenden Schein eines Fürstenbundes änderten sie nichts. Zu Letzterem trugen sie sogar bei. Die vielen Ehrenrechte, die den süddeutschen Monarchen gewährt wurden, verstärkten den Eindruck, dass der neue Gesamtstaat ein Bund der Fürsten und nicht der Staaten war. Das gleiche galt auch für alle übrigen Mitgliedschafts- und Reservatrechte, da die Verträge den Staaten diese Privilegien stets über ihren jeweiligen Souverän beigaben und so in einen monarchischen Kontext einbetteten. Am deutlichsten wurde das in den Präambeln, die genau wie die Verfassung von einer Vereinbarung zwischen den Fürsten statt zwischen den Staaten sprachen.[131]

Es gab überhaupt nur eine Handvoll nennenswerter Veränderungen an der norddeutschen Verfassung. Fast alle fanden sich in dem zuerst abgeschlossenen Vertrag mit Baden und Hessen und wollten entweder den Bund als Schutzwehr der einzelstaatlichen Monarchen stärken oder die württembergische und bayerische Regierung durch Berücksichtigung ihrer auf der Münchener Konferenz geäußerten Wünsche in selbigen locken. Die Gesetzgebungskompetenz des Bundes wurde auf das Presse- und Vereinswesen ausgedehnt. Diese Erweiterung ging auf einen Vorschlag zurück, den Mittnacht in München wohl gemacht hatte, um der zunehmend nationalen Öffentlichkeit mit ihrer wachsenden Zahl an Zeitungen und Organisationen, die über alle Landesgrenzen hinweg operierten, gerecht zu werden. Bei Beschlussfassungen des Bundesrates oder des Reichstages über Angelegenheiten, die nicht den ganzen Bund berührten, sollten nun nur die Stimmen derjenigen Bevollmächtigten beziehungsweise Abgeordneten gezählt werden, die die betroffenen Staaten vertraten. Diese Regelung, die sich an den konfessionell getrennten Abstimmungsmodus der „itio in partes" im Reichstag des Heiligen Römischen Reiches anlehnte und von Bismarck selbst bereits 1866 ins Spiel gebracht worden war, sollte die Länder vor ungewollten Übergriffen der anderen Mitgliedsstaaten des Bundes schützen. Kriegserklärungen des Präsidiums wurden außer im Falle eines Angriffes auf das Bundesgebiet grundsätzlich von der Zustimmung des Bundesrates abhängig gemacht. Das gleiche galt nun für jede Form der Bundesexekution, das heißt, für alle Strafmaßnahmen gegen verfassungsbrüchige Einzelstaaten. Diese beiden Regelungen entsprachen der Vorstellung, dass in einem Fürstenbund nur dessen kollektiver Souverän, also die im Bundesrat verkörperte Gemeinschaft aller Monarchen, in den Herrschaftsbereich eines seiner Mitglieder eingreifen und Entscheidungen über Krieg und Frieden treffen könne. Außerdem wurden die Bestimmungen zur Änderung der Verfassung präzisiert. Die Sonderrechte einzelner Bundesstaaten sollten nur mit deren Zustimmung geändert werden können. Dadurch wurden sie besonders geschützt. Der bayerische Vertrag formulierte zudem die betreffende Regelung aus dem hessisch-badischen Vertrag dahingehend um, dass eine Sperrminorität von vierzehn Stimmen im Bundesrat ausreichte, um jede Verfassungsänderung zu blockieren. Damit war sichergestellt, dass die drei Königreiche Bayern, Württemberg und Sachsen gemeinsam ein Veto einlegen konnten gegen jeden Versuch, die ausgehandelte Ordnung zu modifizieren. Auch diese Bestimmung ging auf die Münchener Konferenz zurück, wo man ausgiebig über die Einführung einer Zweidrittel- oder Dreiviertelmehrheit für Verfassungsänderungen diskutiert hatte.[132]

Mit diesem Verhandlungsergebnis konnte Bismarck gut leben. Alle Änderungswünsche, die sein Bundeskonzept ernsthaft zu untergraben drohten, konnte er verhindern. Dazu gehörten vor allem zwei Forderungen. Der bayerische König brachte über seine Diplomaten wiederholt die Idee ins Spiel, das Bundesgebiet neu zu strukturieren und Bayern für seinen Beitritt mit einer „Ausdehnung seiner [...] Territorialmacht" zu entschädigen. Dabei ging es nicht um mögliche Gebietsgewinne auf französischem Boden, etwa im Elsass, sondern um die Herstellung einer Verbindung zwischen Unterfranken und der bayerischen Pfalz. Eine solche Vergrößerung Bayerns konnte nur auf Kosten Badens geschehen. Während Bray die Schaffung einer schmalen Landbrücke befürwortete, verlangte Ludwigs Kabinettssekretär August von Eisenhart gar die Annexion der gesamten Pfalz, inklusive Mannheim und Heidelberg. Bismarck erteilte allen derartigen Vorschlägen eine entschiedene Absage. Ein solcher Gebietsschacher hätte den Status quo der einzelstaatlichen Monarchien infrage gestellt und damit den Daseinszweck des Fürstenbundes ausgehöhlt, noch bevor die Tinte unter den Verträgen trocken gewesen wäre. Ludwigs Kompensationswünsche versuchte er deshalb anderweitig zu befriedigen. In dem bereits erwähnten geheimen Zusatzabkommen überließ er ihm die sogenannte „Düsseldorfer Galerie", eine wertvolle Sammlung von Gemälden Alter Meister, die Bayern nach dem Krieg von 1866 an Preußen hatte abtreten müssen.[133]

Die andere große Bedrohung, der sich Bismarck bei dem Versuch, die Verfassung möglichst unbeschadet durch die Verhandlungen zu bringen, gegenübersah, war die Forderung nach Einführung eines Ober- beziehungsweise Staatenhauses. Schon bei Gründung des Norddeutschen Bundes hatte er diese Idee an mehreren Fronten abwehren müssen, wie wir oben gesehen haben. Jetzt drängte vor allem die hessische Regierung auf eine Umsetzung dieses Vorschlages. Dahinter steckten in erster Linie politische Motive. Dalwigk und seine rechte Hand Hofmann, der Hessen schon auf der Berliner Regierungskonferenz drei Jahre zuvor vertreten hatte, sahen in der bloßen Übernahme der norddeutschen Verfassung eine Unterwerfung Süddeutschlands unter Großpreußen. Ein Oberhaus hielten sie für ein geeignetes Mittel, um den geplanten Bund zu dezentralisieren. Hofmann schlug in einer Denkschrift deshalb vor, die gesamtdeutsche Volksvertretung in ein Volks- und ein Staatenhaus zu gliedern. Zum Vorbild nahm er die Zweikammersysteme der Schweiz, der USA und der Frankfurter Reichsverfassung. Das Staatenhaus sollte sowohl Vertreter der einzelstaatlichen Regierungen als auch der Landtage umfassen und als konservatives Gegengewicht zur ersten Kammer die „nivellierende Kraft" abschwächen, die vom allgemeinen Wahlrecht ausging. Dadurch sollten partikularistische Interessen besser geschützt und einer unitarischen oder gar demokratischen Weiterentwicklung des Regierungssystems vorgebeugt werden.[134]

Um diese Pläne umzusetzen, versuchte Dalwigk eine Opposition gegen Bismarck zu schmieden. Ganz besonders umgarnte er die bayerische Delegation. Er ermutigte Bray, bei den Beitrittsverhandlungen auf der Schaffung eines Oberhauses zu bestehen und so eine Bedingung „im deutschen Sinne zu stellen, die auch den übrigen Staaten zugute" käme. Dank seiner Initiative bildete sich eine bunte Gruppe von Unzufriedenen, die eine Revision der Verfassung für angebracht hielten. Dazu gehörten neben dem sächsischen Ministerpräsidenten Richard von Friesen auch der Herzog von Coburg und der Großherzog von Oldenburg. Alle drei hatten schon 1866 ein Oberhaus gefordert, meinten damit allerdings sehr verschiedene Dinge. Friesen schwebte ähnlich wie Hofmann eine zweite Parlamentskammer aus Delegierten der einzelstaatlichen Regierungen vor, die zusätzlich zum Bundesrat eingerichtet werden sollte. Peter von Oldenburg wollte den Bundesrat ebenfalls behalten, ein Oberhaus allerdings zur Vertretung der „Interessen der hohen Aristokratie der Nation" machen und darin neben den Monarchen der Einzelstaaten auch die ehemals regierenden Fürsten versammeln. Ernst von Coburg erneuerte in einer Denkschrift dagegen seine Empfehlung, den Bundesrat abzuschaffen und durch ein Staatenhaus sowie ein Reichsministerium zu ersetzen.[135]

Bismarck lehnte all diese „fürstliche[n] Phantasiegebilde", die „im Hauptquartier [umherspukten]", wie er seiner Frau entnervt berichtete, aus demselben Grund ab wie schon drei Jahre zuvor. Er sah in der Einführung eines Oberhauses – egal, in welcher Form – eine unnötige Verkomplizierung der Verfassungsmaschinerie. Zum Schutz monarchischer Souveränität und einzelstaatlicher Interessen bedurfte es aus seiner Sicht keines neuen Vertretungsorganes, sondern einer überzeugenden Ausweitung des Fürstenbundes. Um die Forderung nach einem Oberhaus zu entkräften, musste er letztlich gar nicht viel tun. Sie verpuffte gewissermaßen von selbst. Die inhaltlichen Differenzen zwischen den verschiedenen Befürwortern dieser Idee verhinderten, dass sie eine größere Durchschlagskraft entwickelte. Das zeigte sich spätestens in den Gesprächen, die Dalwigk mit den bayerischen Bevollmächtigten führte. Bei einem geheimen Treffen am 1. November machte Bray klar, dass er keinen der unausgegorenen Pläne unterstütze. Er fürchtete, dass die Errichtung eines Oberhauses genau die Entwicklung begünstigen würde, die

Dalwigk und seine Mitstreiter damit verhindern wollten: die Entstehung eines preußisch geführten Einheitsstaates.[136]

Obwohl Brays Absage den Kampf um ein Oberhaus aussichtslos machte, intrigierte Dalwigk im Hintergrund weiter. Dabei gelang es ihm, den preußischen Kronprinzen anzustacheln, der ohnehin frustriert über seinen weitgehenden Ausschluss von den Verfassungsverhandlungen war. Friedrich Wilhelm hatte schon im August eine Denkschrift für Bismarck verfasst, in der er für ein Oberhaus aus den souveränen und mediatisierten Fürsten des Bundes plädiert hatte. Ein Zweikammersystem schien auch ihm zur Korrektur des allgemeinen Wahlrechts dringend geboten. Einen Tag nach Abschluss des Vertrages mit Baden und Hessen, der die Übernahme der norddeutschen Verfassung für den neuen Bund besiegelte, machte er seinem Ärger Luft. Er warf Bismarck vor, die Chance, die in den Einigungsverhandlungen läge, nicht zur Einführung eines Oberhauses und anderen Verbesserungen an der Verfassungsordnung zu nutzen. Bismarck erwiderte darauf, dass solche vorschnellen Änderungen die noch ausstehende Verständigung mit Bayern und Württemberg nur erschweren würden. Nach eigener Aussage empfahl ihm der Kronprinz daraufhin, Preußens Übergewicht zu nutzen und die gewünschten Modifikationen notfalls mit Gewalt durchzusetzen. Diese Aufforderung lehnte Bismarck strikt ab. Als er später in seinen Memoiren auf das Bekanntwerden dieser Auseinandersetzung durch die posthume Veröffentlichung der Kriegstagebücher des Kronprinzen zurückblickte, betonte er, dass „die Anwendung der Stärke in damaliger Gegenwart […] die Schwäche der Zukunft Deutschlands geworden" wäre. Jeder Akt von Gewalt hätte schließlich die Fassade des Fürstenbundes komplett eingerissen.[137]

Um das gesamte deutsche Haus mit dieser schützenden Verkleidung auszustatten und so den dauerhaften Fortbestand der einzelstaatlichen Monarchien zu sichern, brauchte es nach Ansicht Bismarcks und seiner Mitstreiter keine zweite Parlamentskammer, sondern einen Kaiser. Die Einführung des Kaisertitels sollte gewissermaßen der „Schlußstein" auf den Verfassungsbau des Fürstenbundes setzen, wie der Großherzog von Baden in einem Brief erklärte, den er auf Anregung des Kanzlers an den bayerischen König schrieb, um ihn von der Kaiseridee zu überzeugen. „Gerade weil die bisherigen Verhandlungen über eine innigere Verbindung der süddeutschen Staaten mit dem Norddeutschen Bund noch kein für die Öffentlichkeit greifbares Resultat ergeben" hätten, sei „es um so wichtiger […], wenn von den deutschen Fürsten der Vortritt angesichts der Forderungen der ganzen Nation genommen" werde, „ehe der Zeitpunkt [eintrete], wo das Handeln nur noch als Folge eines übermächtigen Druckes von unten" erscheinen würde. „Solche erzwungenen Schritte [seien] von bleibendem nachhaltigen Einfluß auf die ganze fernere Entwicklung", da es dann „sehr schwer, wenn nicht unmöglich" werden würde, „die Einbußen an Autorität und Ansehen, die man dabei [erlitten habe], wieder auszugleichen".¹³⁸

Um dem neuen Bund genau diese Aura monarchischer Autorität zu geben, legte Bismarck größten Wert darauf, wie er an Ludwig II. schrieb, dass die „Anregung" dazu, dem König von Preußen in seiner Funktion als Träger des Bundespräsidiums den Titel eines Kaisers zu geben, „von keiner andern Seite wie von Eurer Majestät und namentlich nicht von der Volksvertretung zuerst ausgehe". Denn „die Stellung würde gefälscht werden, wenn sie ihren Ursprung nicht der freien und wohlerwogenen Initiative des mächtigsten der dem Bunde beitretenden Fürsten" verdanke. Dem Entwurf des Antrages, den er sich erlaubt habe zu verfassen, läge deshalb jener „Gedanke zu Grunde, welcher in der That die deutschen Stämme" erfülle: „der deutsche Kaiser ist ihr Landsmann, der König von Preußen ihr Nachbar". „Nur der deutsche Titel" bekunde, „daß die damit verbundenen Rechte aus freier Übertragung der deutschen Fürsten und Stämme" hervorgehen würden. „Daß die großen Fürstenhäuser Deutschlands, das Preußische eingeschlossen, durch das Vorhandensein eines von ihnen gewählten deutschen Kaisers in ihrer hohen europäischen Stellung nicht beeinträchtigt würden", lehre „die Geschichte".¹³⁹

Trotz seines Widerwillens gegen ein preußisches Kaisertum folgte Ludwig schließlich diesem Appell. Der wachsende politische Druck drängte ihn dazu. Die Bestechungsgelder, die Bismarck ihm versprach und von denen schon im vorhergehenden Kapitel die Rede war, lockten ihn. Seine Regierung hatte im Tausch gegen die bayerischen Sonderrechte ohnehin schon im Rahmen der Vertragsverhandlungen eingewilligt. Es war aber erst die Vorstellung vom Fürstenbund und vom Kaisertum als dessen höchstem Ausdruck, die es für den bayerischen König möglich machte, seinem preußischen Vetter die Kaiserkrone anzutragen, ohne seine eigene Stellung zu kompromittieren. Das wurde ganz deutlich in dem Schreiben, mit dem Ludwig am 30. November Wilhelm von Preußen die Kaiserwürde anbot. Diesen sogenannten Kaiserbrief hatte Bismarck nach Ideen erstellt, die ihm Constantin Rößler, der Redakteur des *Preußischen Staatsanzeigers*, schon während der Kaiserdiskussion im Frühjahr hatte zukommen lassen. Ludwig übernahm Bismarcks Entwurf ohne relevante Änderungen. In dem Brief informierte er Wilhelm, dass er sich an die anderen Fürsten gewandt und ihnen vorgeschlagen habe, „gemeinschaftlich [...] in Anregung zu bringen, daß die Ausübung der Präsidialrechte des Bundes mit der Führung des Titels eines Deutschen Kaisers verbunden werde". Er habe sich zu diesem Schritt entschlossen, da „dadurch den Gesamt-Interessen des deutschen Vaterlandes u. seiner verbündeten Fürsten entsprochen werde". Zugleich vertraue er aber darauf, „daß die dem Bundespräsidium nach der Verfassung zustehenden

Rechte durch die Wiederherstellung eines deutschen Reiches und der deutschen Kaiserwürde als Rechte bezeichnet" würden, welche der preußische König „im Namen des gesammten deutschen Volkes auf Grund der Einigung seiner Fürsten" ausübe.[140]

Der offizielle Antrag, auf dem die anschließende Proklamierung des Kaisers beruhte, erklärte das Kaisertum also zu einem Ausfluss des Fürstenbundes. Dem Kaiser sollten seine Rechte nur als Folge einer „Einigung" der Fürsten zustehen. Die „staatsrechtliche Grundlage des Reichs" war demnach keine Reichsmonarchie, sondern ein „Fürstenbündnis, das dem Kaiser die Reichsgewalt nur delegierte", wie Ernst Rudolf Huber hervorgehoben hat. Gleichzeitig verwandelte der Kaisertitel die Rechte des Bundespräsidiums von preußischen Privilegien in Reichsbefugnisse. Diese Umformung preußisch-königlicher zu national-kaiserlicher Gewalt machte es für die einzelstaatlichen Monarchen wiederum einfacher, einen Teil ihrer Souveränität an das Bundespräsidium abzugeben. Eben deshalb drängten „die deutschen Fürsten in ihrer Mehrzahl" ja auf die Einführung des Kaisertitels, wie Bismarck Delbrück einen Tag nach Abschluss des letzten Einigungsvertrages wissen ließ.[141]

Dass die Kaiserkrone ihren Ursprung in dem Bund der Fürsten hatte, unterstrich Bismarck noch einmal, als die Zustimmung der süddeutschen Landtage zu den Einigungsverträgen auf sich warten ließ. Da es angesichts des anhaltenden Widerstands der Patriotenpartei fraglich schien, ob das bayerische Abgeordnetenhaus überhaupt seine Genehmigung erteilen würde, instruierte er noch am Weihnachtstag den preußischen Gesandten in München, der dortigen Regierung zu verstehen zu geben, dass die anstehende Kaiserproklamation von allen parlamentarischen Entscheidungen unabhängig sei: „Was speziell die Kaiserfrage betrifft, so würden wir auch darin, in Übereinstimmung mit dem einmütigen Drange der Nation, uns durch ein ablehnendes Votum der bayerischen Kammer nicht abhalten lassen vorzugehen. Der Antrag des Königs von Bayern und sämtlicher übriger deutscher Souveräne ist von dem Votum einer Minorität der jetzigen Zweiten Kammer unabhängig, und die Annahme des Kaisertitels wird nicht durch dieses Votum bedingt. Es würde vielmehr auch nach der Auffassung Seiner Majestät des Königs unseres allergnädigsten Herrn nur um so mehr hervortreten, daß es die Fürsten-Souveräne und nicht einzelnen Kammerabstimmungen sind, welche in Vertretung des nationalen Gefühls Seiner Majestät die Kaiserkrone darbringen."[142]

In das gleiche Horn hatte Kaiser Wilhelm schon einige Tage zuvor gestoßen, als er die Deputation des Reichstages empfing, die ihm unter der Führung von Parlamentspräsident Eduard von Simson darum bat, „durch Annahme der deutschen Kaiserkrone das Einigungswerk zu weihen", wie es in der offiziellen Adresse hieß. Nachdem er die Volksvertreter eine Woche hatte warten lassen, betonte er in seiner Erwiderung auf dieses Gesuch, dass die ihm angetragene Standeserhöhung alleine von den Fürsten ausging. „Mit tiefer Bewegung" habe ihn „die durch Se. Majestät den König von Bayern an [ihn] gelangte Aufforderung zur Herstellung der Kaiserwürde [...] erfüllt". Die parlamentarische Abordnung verstehe er so, dass sie ihm lediglich „im Namen des norddeutschen Reichstages die Bitte" bringe, sich diesem an ihn „ergehenden Rufe nicht [zu] entziehen". Er „nehme gerne [diesen] Ausdruck des Vertrauens und den Wunsch des norddeutschen Reichstages entgegen". Allerdings erkenne er „nur in der einmütigen Stimme der deutschen Fürsten und freien Städte und in dem damit übereinstimmenden Wunsch der deutschen Nation und ihrer Vertreter [...] den Ruf der Vorsehung [...], dem [er] mit Vertrauen auf Gottes Segen folgen" dürfe. Es gereiche aber sicher auch den Volksvertretern „zur Genugthuung [...], daß [er] durch Se. Majestät den König von Bayern die Nachricht erhalten habe, daß das Einverständniß aller deutschen Fürsten und freien Städte gesichert [sei] und die amtliche Kundgebung desselben" bevorstehe.[143]

Die Proklamationsurkunde, die Bismarck verfasste und bei der Zeremonie im Versailler Spiegelsaal am 18. Januar verlas, machte diese Interpretation des Kaisertums amtlich. Darin hieß es: „Wir Wilhelm, von Gottes Gnaden König von Preußen, nachdem die Deutschen Fürsten und freien Städte den einmütigen Ruf an Uns gerichtet haben, mit Herstellung des Deutschen Reiches die seit mehr als sechzig Jahren ruhende deutsche Kaiserwürde zu erneuern und zu übernehmen, [...] bekunden hiermit, daß Wir es als eine Pflicht gegen das gemeinsame Vaterland betrachtet haben, diesem Ruf der verbündeten Fürsten und Städte Folge zu leisten und die deutsche Kaiserwürde anzunehmen." Diese Verlautbarung erklärte den Kaiser zu einem von den Fürsten eingesetzten Mandatsträger. Um das zu unterstreichen, spielte die Formel genau wie der Kaiserbrief und die Ansprache, die Wilhelm bei der Proklamationszeremonie hielt, mit der Idee, dass das neue Kaisertum eine „Wiederherstellung" der 1806 erloschenen Kaiserwürde des Heiligen Römischen Reiches sei. Wie schon das vorangegangene Kapitel gezeigt hat, glaubte außer dem Kronprinzen keiner der politischen Entscheidungsträger an irgendeine echte Verbindung zwischen dem neuen und dem alten Kaisertum. Zu unterschiedlich waren die politischen, dynastischen und historischen Umstände. Trotzdem war die Anspielung auf den römisch-deutschen Vorgänger wichtig. Denn sie suggerierte, dass sich der neue Kaiser gleich dem Oberhaupt des Heiligen Römischen Reiches nicht als Reichsmonarch über die regierenden Fürsten erhob, sondern aus ihrem Kreis zum Sachverwalter ihrer Interessen erwählt wurde. Dementsprechend gelobte Wilhelm, „die kaiserliche Würde in dem Bewußtsein der Pflicht [zu übernehmen], in deutscher Treue die

Rechte des Reichs und seiner Glieder zu schützen", das heißt den Fürstenbund und die Souveräne, die ihm angehörten, zu verteidigen.[144]

Die Proklamation, das einzige öffentliche Ritual der Reichsgründung, war also um die Legende vom Fürstenbund herum aufgezogen. Sie stellte das Reich als ein Bündnis souveräner Monarchen und den Kaiser als dessen obersten Vertreter dar. Auch der kaiserliche Titel, den Bismarck erst nach einem erbitterten, bereits im vorhergehenden Kapitel geschilderten Streit mit dem preußischen König und dessen Thronfolger durchsetzen konnte, war Teil dieser Inszenierung. Die Fürsten setzten keinen „Kaiser von Deutschland" ein, der die Hoheitsgewalt über das Reich beanspruchte, sondern nur einen „Deutschen Kaiser", der als *primus inter pares* ihren Bund anführte. Indem die süddeutschen Landtage und der Reichstag den Einigungsverträgen zustimmten und Letzterer, wie wir im nächsten Kapitel sehen werden, die Bezeichnungen „Kaiser" und „Reich" in die Verfassung aufnahm, bestätigten sie neben dem Sein des frisch geschaffenen kleindeutschen Nationalstaats auch diesen Schein des Fürstenbundes.

# VII. Fiktion und Realität

Die Verfassung des Deutschen Kaiserreiches war keine spontane Eingebung Bismarcks. Einen Heureka-Moment hat es nie gegeben. Die Strukturen des neuen föderalen Regierungssystems waren vielmehr das Ergebnis eines langjährigen Entstehungsprozesses, der von taktischen Überlegungen, persönlichen Ambitionen und komplizierten Verhandlungen zwischen Bismarck, dem Preußischen Staatsministerium, den Regierungen der anderen Einzelstaaten und dem Reichstag geprägt war. Der Bund entsprang weniger der Revolution, die sich 1866 und 1870 auf dem Schlachtfeld vollzog, als der Evolution, die die Ideen über die organisatorische Gestaltung Deutschlands vor diesem Hintergrund durchmachten. Bei diesem geistigen und politischen Ringen um die Neuordnung der innerdeutschen Beziehungen zählte der staatenbündische Anschein genauso viel wie die hegemoniale Wirklichkeit. Die Legende vom Fürstenbund spielte bei der Entstehung der Verfassung eine maßgebliche Rolle. Sie war ein Beruhigungsmittel, das den Fürsten beim Eintritt in den Nationalstaat die Furcht vor dem Verlust ihrer Souveränität und der Unterordnung unter die preußische Monarchie zu nehmen suchte; ein Präventionsmittel, das den Reichstag bei der Gründung der neuen Ordnung in einer passiven Rolle halten und die Einrichtung von Strukturen gewährleisten sollte, die die Entstehung eines parlamentarischen

Regierungssystems dauerhaft verhinderten; und ein Druckmittel, das die Fürsten dazu drängte, sich zum Schutz ihrer Souveränität zusammenzuschließen und in die Obhut der preußischen Hegemonialmacht zu begeben.[145]

Weder die Regierungen noch die Monarchen der Einzelstaaten glaubten daran, dass der neue Gesamtstaat wirklich ein Fürstenbund war. Angesichts der Gefahren, die von der Übermacht Preußens und dem Vordringen des Parlamentarismus für den Fortbestand ihrer jeweiligen Souveränität auszugehen schienen, trugen sie aber letztlich alle diese Legende mit. Auch die Verfassungsberatungen des Reichstages, die im Mittelpunkt des nächsten Kapitels stehen werden, rissen die Fassade des Fürstenbundes nicht ein. Die große Mehrheit der Abgeordneten akzeptierte sie wohl oder übel als Teil des realpolitischen Kompromisses, den sie mit den monarchischen Kräften zur Gründung des Reiches schlossen. Diese Bereitschaft der Fürsten, Minister und Parlamentarier, die Legende, die Bismarck in die Welt gesetzt hatte, aufrecht zu erhalten, machte den Fürstenbund zum eigentlichen Gründungsmythos des Nationalstaates. Wie wir im Verlauf dieses Buches sehen werden, bediente sich Bismarck jener Ursprungserzählung auch in den Jahrzehnten nach der Reichsgründung immer wieder, um einer Liberalisierung des Verfassungssystems entgegenzuwirken, aufmüpfige Landesregierungen wieder in die Spur zu bringen und die schützende Front der verbündeten Regierungen geschlossen zu halten. Dadurch machte er die Fiktion des Fürstenbundes zum festen Bestandteil der Realität des Kaiserreiches. Die allmähliche Ausformung einer Reichsmonarchie nahm dieser Legende aber Stück für Stück ihre Wirkungskraft. Mit dem Abgang ihres Urhebers löste sie sich endgültig auf.

# Kapitel 3: Verfassungsgebung als Realpolitik

*Die Zeit der Ideale ist vorbei. Die deutsche Einheit ist aus der Traumwelt in die prosaische Welt der Wirklichkeit hinuntergestiegen. Politiker haben heute weniger als je zu fragen, was wünschenswert, als was erreichbar ist.*[1]

Die Sitzreihen im Osnabrücker Club der Harmonie waren an diesem kalten Winterabend des 30. Dezember 1867 dicht gefüllt. Alle, die in der westfälischen Stadt Rang und Namen hatten, waren der öffentlichen Einladung „zur Besprechung der wichtigsten politischen Fragen der Gegenwart" gefolgt. Die Stimmung war aufgeregt. Viele waren geradezu euphorisch über den Sieg Preußens gegen Österreich, die Auflösung des alten Bundes, und die bevorstehenden Wahlen zum konstituierenden Reichstag. Große Veränderungen lagen in der Luft. Aber wie würde die Neuordnung Deutschlands aussehen? Bislang kursierten nur Gerüchte über den Verfassungsentwurf, an dem Bismarck gerade mit den Vertretern der anderen norddeutschen Regierungen in Berlin feilte. Vereinzelt munkelte man, dass „die konstitutionelle Entwicklung in den einzelnen Staaten" und die „bürgerliche Freiheit" von der Errichtung einer „Militärdiktatur" in einem „Großstaat Preußen" bedroht sein könnten. Noch gab es aber keine offiziellen Verlautbarungen. Umso gebannter lauschten die Versammelten jetzt, wie ihr Bürgermeister Johannes von Miquel, von dem es hieß, er habe einen guten Draht zur preußischen Regierung, die Stunde der Realisten ausrief.[2]

Miquels Wort hatte Gewicht. 1859 hatte er den Deutschen Nationalverein mitbegründet. Seitdem gehörte er zu den wichtigsten liberalen Politikern in Deutschland. Sofort nach der Annexion Hannovers durch Preußen war er im Sommer 1866 ins preußische Abgeordnetenhaus eingezogen und hatte dort eine entscheidende Rolle bei der Abspaltung der Nationalliberalen von der Fortschrittspartei gespielt. Er hatte nach dem Triumph der preußischen Armee bei Königgrätz intensiv darum geworben, die Fundamentalopposition gegen Bismarck aufzugeben, den preußischen Verfassungskonflikt beizulegen und die preußische Regierung bei der Umgestaltung Deutschlands zu unterstützen. Um die neue Verfassung mit zu verhandeln, kandidierte er jetzt für einen Sitz im konstituierenden Reichstag. Dafür bewarb er sich an diesem Abend mit einem Manifest des Pragmatismus. Man sei zu lange daran gewöhnt gewesen, erklärte er, „auf den inneren Trieb, der in den Dingen selbst [liege], auf das täglich schreiender werdende Bedürfnis einer nationalen Wiedergeburt, auf die wachsende Einsicht im Volke" zu vertrauen. Aber „nun [seien] die Ereignisse ganz anders gekommen" und die Vereinigung Deutschlands nicht durch das Volk, sondern „allein durch die Heeresmacht des preußischen Staates" auf den Weg gebracht worden. Diese „reale Natur der Dinge" müsse man jetzt akzeptieren, „patriotischen Sinn" walten lassen und „Opferfreudigkeit" zeigen. Auch wenn man früher „die Lösung der deutschen Frage durch das deutsche Volk und auf dem Wege der Freiheit" angestrebt habe, müsse man „jetzt weiter bauen auf der vorhandenen Grundlage, weil sie die einzige" [sei].

Konkret hieße das unter anderem, sich damit abzufinden, dass die Vereinigung Deutschlands vorerst kein liberales Regierungssystem errichten werde. „Die Hauptaufgabe des Staates" liege „vorerst […] nicht auf dem Gebiet bürgerlicher Freiheit, sondern auf dem Gebiet der Machtstellung, äußeren Sicherheit und der volkswirtschaftlichen Entwicklung". „Vor allem [gelte] es heute, ein starkes und sicheres Haus zu bauen, dann erst [werde] die Zeit kommen, das Haus zu zieren und zu schmücken". Auch zur Angliederung des Südens sei das die richtige Strategie. Denn „je stärker der Norddeutsche Bund organisiert [werde], um so gewaltiger [werde] seine Anziehungskraft auf Süddeutschland sein". Deshalb bestehe „die einfache Aufgabe des nächsten Parlaments darin, die nationalen Elemente zu sammeln, die partikularistische Reaktion zu überwinden und die Regierung in ihrem Bestreben, einen einheitlichen und kräftigen norddeutschen Staat aufzurichten, nach Kräften zu unterstützen". Das hieße keinesfalls, die „nationale Entwicklung" gegen „den Absolutismus" einzutauschen. Denn man könne „die Bildung des Norddeutschen Bundes auf solchen Grundlagen zu erlangen suchen, die mindestens die zukünftige Ausbildung eines wahrhaft konstitutionellen Staats nicht von vornherein verhindern". Es gelte, sich „immer gegenwärtig" zu halten, „daß die Einheit zur Freiheit führen soll und auf die Dauer nur durch die Freiheit gesichert werden" könne. „Die wahre Einheit" werde nämlich erst „gewährleistet durch eine Staatsform, welche […] ein harmonisches Zusammenwirken aller lebensfähigen Kräfte" zulasse.[3]

Miquels Rede nahm vorweg, was sich wenige Monate später bewahrheiten sollte: Die Verhandlungen der neuen deutschen Verfassung im konstituierenden Reichstag von 1867 standen ganz im Zeichen der Realpolitik. Im Streit zwischen den verschiedenen Parteien und Bismarck, dem Chefunterhändler der einzelstaatlichen Regierungen, wurde die Verfassung nicht aus seichten Träumen idealistischer Staatsvorstellungen geschmiedet, sondern aus der harten Wirklichkeit politischer Kompromisse. Mochte Bismarck der Meister der Realpolitik sein, so bewiesen die Nationalliberalen, dass auch sie diese Kunst beherrschten. Ihr Pragmatismus half einer Verfassung in die Welt, die keiner der an dem Vereinigungsprozess Deutschlands beteiligten Kräfte alles, aber jeder etwas gab. Man habe „einen dem in Deutschland gewohnten Wege völlig entgegengesetzten eingeschlagen", betonte der Historiker Heinrich von Sybel während der Verhandlungen im Reichstag, wo er der nationalliberalen Fraktion angehörte. Denn man habe „nicht ein noch so vortreffliches Hand- und Lehrbuch der Politik genommen", [...] das Sparrwerk des formalen constitutionellen Staatswesens zu Papier gebracht, [und] dann [...] diesen Fächern zu Liebe die im Lande vorhandenen realen Kräfte zerschnitten [...], sondern umgekehrt, [....] in dem Chaos der vorjährigen Deutschen Zustände [...] die existirenden realen Kräfte aufgesucht [und] nach deren Zahl und Maaß gesetzliche Formen zu schaffen gestrebt".[4]

Wie genau sahen diese „Formen" aus? Und welche Absichten standen hinter ihnen? Mit anderen Worten: Was für eine strukturelle Grundlage schufen die Verfassungsverhandlungen für den neuen Bund? Diese Fragen sind alles andere als einfach zu beantworten. In der Verfassung, auf die sich Bismarck mit dem Reichstag einigte, war das Explizite genauso wichtig wie das Implizierte, das Offengelassene genauso bedeutend wie das Festgelegte und das Verschwiegene genauso entscheidend wie das Niedergeschriebene. Der ganze Text war, wie der Weimarer Minister Christian Bernhard von Watzdorf schon in den Beratungen der einzelstaatlichen Regierungen anmerkte, „absichtlich etwas dunkel gehalten". Im Nachhinein scheint es fast so, als seien die Verfassungsgeber einer Maxime gefolgt, die Talleyrand schon zu Zeiten des Wiener Kongresses aufgestellt hatte. Eine gute Verfassung, so der französische Diplomat und Großmeister der Realpolitik, müsse vor allem eines sein: „kurz und dunkel".[5]

Der Geschichtswissenschaft ist es bisher nicht wirklich gelungen, Licht in dieses Dunkel zu bringen. Unter den großen Kaiserreichshistorikern der letzten fünf Jahrzehnte gehen die Meinungen über die Verfassung weit auseinander. In dem Irrgarten der Artikel und Bestimmungen haben sie jeweils andere Abzweigungen genommen und sind zu ganz unterschiedlichen Einschätzungen gelangt. Hans-Ulrich Wehler beschrieb die Verfassung als „pseudokonstitutionellen Semi-Absolutismus", das heißt als eine in staatsrechtliche Regeln gehüllte Alleinherrschaft, die die wichtigsten Bereiche der Exekutive, allen voran die Militärgewalt, vom Einfluss des Parlaments abschirmte. Wolfgang Mommsen sprach dagegen von einem „System umgangener Entscheidungen" und einem „dilatorischen Herrschaftskompromiss", der die entscheidenden Probleme, wie zum Beispiel die Einrichtung einer in ihren Rechten und Pflichten klar definierten Regierung, nicht löste, sondern nur verschob. Für Michael Stürmer war die Verfassung wiederum nicht mehr als ein „Organisationsstatut", eine bloße Aufstellung von mehr oder weniger zusammenhängenden Regeln. Volker Ullrich erkannte in ihr schließlich einen „merkwürdigen Zwitter", in dem sich Elemente aus verschiedenen, teils widersprüchlichen Systemen zu einem eigentümlichen Mischmasch vereinten.[6]

Alle diese Beschreibungen haben etwas für sich. Die teils sperrigen, teils abstrakten Formulierungen zeigen aber auch, wie schwer sich Historiker damit tun, konkrete Aussagen über die Verfassung zu treffen. Das liegt nicht nur an der Komplexität und Widersprüchlichkeit der einzelnen Bestimmungen, sondern auch an einer ganz bestimmten Herangehensweise. Wir sind es gewöhnt, Verfassungen in ein Standardschema von Regierungsordnungen einzuordnen. Dementsprechend haben sich Historiker bisher vor allem damit beschäftigt, inwieweit es sich bei der Verfassung um eine konstitutionelle oder parlamentarische Monarchie, eine besondere Form des Absolutismus oder um eine ganz eigene Herrschaftsordnung handelte. Die bekannteste Auseinandersetzung dazu trieb die beiden bedeutendsten Verfassungshistoriker der deutschen Nachkriegsgeschichte für gut drei Jahrzehnte um. Ernst Rudolf Huber verstand die Reichsverfassung als Höhepunkt des deutschen Konstitutionalismus und damit als Verkörperung eines eigenständigen Verfassungstypus, der durch eine einzigartige Balance zwischen monarchischer Exekutive und parlamentarischer Legislative eine ganz besondere Kompromissfähigkeit gehabt habe. Sein Kontrahent Ernst-Wolfgang Böckenförde hielt die Verfassung dagegen für eine Übergangsform zwischen monarchischer und parlamentarischer Monarchie, deren dualistischen Strukturen ein einigendes Formprinzip gefehlt habe.[7]

Letztlich helfen uns solche Diskussionen wenig, Aufbau und Funktion der Verfassung besser zu verstehen. Denn alle Versuche, sie als ein einheitliches System zu begreifen, sei es konventioneller, sei es eigener Prägung, gehen von einer grundsätzlich falschen Annahme aus. Wie Lothar Gall in seiner monumentalen Bismarck-Biografie hervorgehoben hat, kann man „von der Verwirklichung einer besonderen Staatsidee" in der Reichsverfassung „nur sehr begrenzt sprechen, auch wenn darüber damals wie später von Juristen wie Historikern mehr oder weniger Geistreiches gesagt und geschrieben worden ist". Mit anderen Worten: Die Verfassung war überhaupt kein staatsrechtliches System im herkömmlichen Sinne. „Die gewöhnliche sogenannte constitutionelle Schablone", betonte der freikonservative sächsische Abgeordnete Ludwig von Zehmen im konstituierenden Reichstag, kann einfach „für das Verfassungswerk [...] nicht passend scheinen". Denn das Dogma der Verfassung war das Fehlen eines jeden Dogmas. Sie kannte kein stringentes Organisationsprinzip, dem alle oder auch nur die Mehrheit ihrer Bestimmungen folgten. Will man sie als eine in sich schlüssige Ordnung beschreiben, kann man sich daher nur in dem Dunkel verirren, in das ihr verschachtelter Aufbau ihre wahren Absichten hüllte.[8]

Diese Systemlosigkeit der Verfassung war kein Zufall. Die Verhandlungen im Reichstag verzichteten genau wie Bismarcks Entwurf ganz bewusst darauf, eine bestimmte Organisationsform einzurichten. Das Augenmerk lag stattdessen darauf, die Verfassung als einen pragmatischen Kompromiss zwischen den Kräften anzulegen, die an der Gründung des Bundes beteiligt waren. „Theoretisch kann man viel [über die Verfassung] sagen", blickte Bismarck 1878 im Reichstag bei der ersten großen Strukturreform des Regierungssystems zurück, „praktisch war sie der Abdruck dessen, was damals tatsächlich vorhanden und was in der Folge dessen möglich war, mit der geringen Ausdehnung und Richtigstellung, die sich damals im Augenblick machen ließ". Anders gesagt: Die Verfassung war ein Stück textgewordene Realpolitik, das sich darauf beschränkte, die Machtverhältnisse, die zu seiner Entstehung führten, strukturell abzubilden. Sie definierte deshalb kein einheitliches System, wie Christopher Clark in seinen Betrachtungen *Von Zeit und Macht* betont hat, sondern nur einen losen „Rahmen für ein Wechselspiel der Kräfte".[9]

Die Vorlage für diesen Rahmen lieferte Bismarcks Verfassungsentwurf, dessen Entstehung wir im vorhergehenden Kapitel verfolgt haben. Was Bismarck nach dem Gang durch das Preußische Staatsministerium und die Konferenz der einzelstaatlichen Regierungen dem konstituierenden Reichstag präsentierte, war ein auf der Idee des Fürstenbundes basierendes Konglomerat aus Vorschriften, die Preußen eine hegemoniale Stellung sicherten, die Souveränität der monarchischen Häupter schützten und dem Parlamentarismus enge Schranken setzten. Was der Reichstag auf Betreiben der Liberalen daraus machte, war ein noch komplexeres und flexibleres Gefüge, das eine Unitarisierung des Bundes begünstigte, Ansätze einer Reichsmonarchie enthielt und die Entstehung einer verantwortlichen Regierung möglich machte. In seiner während der Übergangszeit vom Kaiserreich zur Weimarer Republik veröffentlichten Studie der Reichsgründung behauptete der Historiker Erich Brandenburg deshalb, dass „die Umgestaltung, welche die Verfassung durch den Reichstag erfahren [habe], [...] so weitgehend gewesen [sei] und [...] sich auf so wichtige Punkte erstreckt [habe], daß von dem Entwurf der Regierungen eigentlich nur das Grundgerüst stehen geblieben [sei]".[10]

Diese Einschätzung geht nach allem, was wir heute über die Ausarbeitung des Entwurfs und den Verlauf der Verhandlungen wissen, zu weit. Auf einige Anpassungen, die der Reichstag vornahm, hatte Bismarck schon bei Erstellung des Entwurfs spekuliert. Außerdem wurden die weitgehendsten Änderungsvorschläge, die vor allem aus der Ecke der Linksliberalen kamen, entweder von den anderen Fraktionen verworfen oder von Bismarck im Namen der verbündeten Regierungen abgelehnt. Und dennoch: Der konstituierende Reichstag hatte zweifelsohne einen profunden Einfluss auf die Gestaltung der Verfassung. Die über neunzig Amendements, die eine Mehrheit fanden und von Bismarck akzeptiert wurden, veränderten den ursprünglichen Entwurf beträchtlich. Außerdem stellten sie ein für alle Mal die Funktion des konstituierenden Reichstages klar. Bei dessen Zusammentritt war noch offen gewesen, was genau sein Auftrag war. Es gab keine eindeutigen Vorgaben darüber, ob er den Entwurf nur diskutieren und unverbindliche Vorschläge machen oder ihn abändern und über sein Inkrafttreten abstimmen sollte. Nicht wenige, vor allem liberale Stimmen forderten, lieber das preußische Abgeordnetenhaus zur entscheidenden parlamentarischen Instanz für die Verhandlungen des Entwurfs zu machen. Durch die Art und das Ausmaß der Amendements, die durch die dynamische Debatte unter den Abgeordneten zustande kamen, reklamierte der Reichstag diese Stellung aber eindeutig für sich. Heinrich von Treitschke schrieb dazu in einem Aufsatz für die *Preußischen Jahrbücher* von 1867: „Das Preußische Abgeordnetenhaus wies dem Reichstag nur die bescheidenen Befugnisse einer beratenden Versammlung zu, die zwingende Macht der Lage erhob ihn zu einem vereinbarenden Parlament."[11]

Trotz dieser wichtigen Rolle, die der konstituierende Reichstag für das Zustandekommen der Verfassung spielte, wissen wir verhältnismäßig wenig über ihn. Die Forschung hat sich nie groß für ihn interessiert. Selbst Heinrich von Sybel, der an den Verhandlungen als Abgeordneter teilnahm, hat den Reichstag in seiner Darstellung der *Begründung des Deutschen Reiches durch Wilhelm I.*, abgesehen von einer Beschreibung der angeblichen Harmonie zwischen Bismarck und dem Liberalismus, weitgehend übergangen. Auch spätere Studien zur Reichsgründung haben dem Parlament nicht viel Beachtung geschenkt. Die meisten betonen zwar seinen eng gesteckten Handlungsspielraum, befassen sich aber nicht weiter damit, wie und warum die Verhandlungen die Verfassung änderten. Es gibt überhaupt nur eine umfangreichere Analyse der inneren Entscheidungsprozesse des Reichstages. Klaus Erich Pollmann hat sie vor über dreißig Jahren als Teil einer Studie über den Parlamentarismus im Norddeutschen Bund angefertigt. Darin widmet er sich jedoch mehr der Struktur der Versammlung und dem Staatsverständnis der Abgeordneten als den konkreten Änderungen, die diese an der Verfassung vornahmen. Kurzum: Während wir aus diversen Gesamtdarstellungen zur deutschen Verfassungsgeschichte zumindest die wichtigsten Amendements kennen, die der Reichstag vorgenommen hat, wissen wir nur sehr wenig über die Debatten, aus denen sie entstanden.[12]

Wollen wir begreifen, was hinter den einzelnen Bestimmungen der Verfassung steckte, müssen wir das ändern. Bismarck betonte gleich zu Beginn der parlamentarischen Beratungen, dass sich „die Motive [der Verfassung] aus der allgemeinen und späteren Special-Discussion ergeben [werden] von Seiten derjenigen, die den Verfassungs-Entwurf unterstützen, oder durch die Erklärungen der Regierungen, die gefordert werden, und die sich an die auftauchenden Zweifel knüpfen werden". Besonders die liberalen Abgeordneten waren ohnehin entschlossen, die Absichten hinter den vorgeschlagenen Strukturen aufzudecken und gegebenenfalls für Anpassungen zu werben. Sie übten scharfe Kritik daran, dass Bismarck dem Entwurf keinerlei Materialien über dessen Motive beigefügt hatte. Eduard Lasker, der Wortführer des linken Flügels der Nationalliberalen, vermutete dahinter gar den Versuch, den „wahren Geist der Verfassung" zu verschleiern und das Parlament von möglichen Änderungen abzuhalten. Viele sahen in diesem Informationsmangel aber auch eine Chance, eben diesen Geist der Verfassung selbst zu bestimmen und ihr so eine ganz bestimmte Richtung zu geben. So forderte etwa Laskers Parteikollege Carl Braun das Parlament unter der lauten Zustimmung seiner Kollegen auf: „Die Motive, die belebende Kraft, müssen wir selbst in diesen Entwurf hineintragen, und die Ausbildung müssen wir unserer Nation und der Zeit und der Zukunft überlassen."[13]

Um die Verfassung und die in sie gesetzten Erwartungen zu verstehen, müssen wir also die Überlegungen, die den wichtigsten Bestimmungen zugrunde lagen, aus der Debatte im konstituierenden Reichstag rekonstruieren. Dabei gilt es zu berücksichtigen, dass die dortigen Verhandlungen unter ganz besonderen Bedingungen stattfanden, die die Abgeordneten teilweise unter erheblichen Zugzwang setzten. Eine davon war der Faktor Zeit. Die parlamentarischen Beratungen wurden trotz der komplexen Materie im Eiltempo durchgepeitscht. Zwischen der Einbringung des Entwurfs am 4. März und der Schlussabstimmung am 16. April lagen gerade einmal sechs Wochen. Die Versammlung gönnte sich für gewöhnlich nur einen Ruhetag pro Woche. An den meisten übrigen Tagen kam sie für fünf bis sechs Stunden im Gebäude des Preußischen Herrenhauses in der Leipziger Straße in Berlin, dem heutigen Sitz des Bundesrates, zusammen. Die Verträge, die die norddeutschen Regierungen zur Einrichtung eines „neuen Bundesverhältnisses" verpflichteten, liefen im August aus. Bismarck hatte sie bewusst so angelegt, um den Reichstag unter Druck zu setzen und den Parteien keine Zeit für lange taktische Spielchen zu lassen. Wollten sie die Gründung des Nationalstaates nicht gefährden, hatten sie gar keine andere Wahl, als den Entwurf rasch durchzuwinken. Denn nach dem Reichstag mussten auch noch die Landtage und die Regierungen der Einzelstaaten der endgültigen Version der Verfassung zustimmen. „In allen diesen Momenten", unterstrich Bismarck, als er den Entwurf in den Reichstag einbrachte, liege „eine neue Aufforderung zur Beschleunigung" der Beratungen. Er wage gar nicht, „die Situation [...] näher in's Auge zu fassen, in welche Deutschland gerathen würde, wenn bis zum 18. August [...], also in 5 ½ Monaten [...], unser Werk nicht zum Abschluß gebracht würde".[14]

Mit dieser indirekten Warnung spielte Bismarck auf einen weiteren Umstand an, der den Reichstag dazu drängte, den Weg für die Verfassung alsbald frei zu machen: die Gefahr eines Krieges mit Frankreich. Hintergrund war die sogenannte Luxemburgkrise. Während des Krieges zwischen Preußen und Österreich hatte Bismarck Napoleon III. in geheimen Verhandlungen den Erwerb von Luxemburg als Gegenleistung für die Neutralität Frankreichs in Aussicht gestellt. Das Großherzogtum gehörte zwar sowohl zum Deutschen Bund als auch zum Deutschen Zollverein, war aber in Personalunion mit den Niederlanden verbunden. Bismarck und Napoleon kamen überein, dass Frankreich sich das kleine Land gegen eine Zahlung von fünf Millionen Florins an den niederländischen König einverleiben könnte. Als dieses Arrangement nach dem Krieg publik wurde, ging ein Sturm der Entrüstung durch die deutsche Öffentlichkeit, die sich ob der Neuordnung der deutschen Verhältnisse im nationalen Fieber befand. Luxemburg, das Stammland der gleichnamigen Dynastie, die vier Kaiser des Heiligen Deutschen Reiches gestellt hatte, galt den meisten als deutsches Land, das unmöglich dem Erzfeind überlassen werden konnte. Unter diesem öffentlichen Druck musste Bismarck seine Zusage an Napoleon III. zurückziehen. Der französische Gebietserwerb fiel flach, und eine internationale Konferenz in London garantierte im Mai die künftige Unabhängigkeit und Neutralität Luxemburgs.[15]

Diese Krise spannte die Beziehungen zwischen Berlin und Paris zeitweise so sehr an, dass ein Krieg kurz bevorzustehen schien. Beide Seiten erhöhten ihre militärische Alarmbereitschaft. Frankreich mobilisierte seine Truppen. Bismarck drohte mehrmals mit einer Generalmobilmachung der norddeutschen Einzelstaaten. Diese außenpolitische Bedrohung machte die rasche Konsolidierung der staatlichen Umgestaltung Deutschlands zu einer sicherheitspolitischen Notwendigkeit. In dieser Situation waren die Nationalliberalen ganz besonders gefragt, weil von ihnen die Mehrheitsbildung im konstituierenden Reichstag abhing. Rudolf von Bennigsen, der als langjähriger Vorsitzender des Deutschen Nationalvereins und jetziger Vizepräsident des Reichstages eine ihrer Galionsfiguren war, richtete deshalb am 1. April eine vorher mit Bismarck abgesprochene und von insgesamt siebzig Abgeordneten fraktionsübergreifend unterzeichnete Interpellation an die preußische Regierung, die sich nach deren Haltung in der Luxemburg-Frage erkundigte. Darin versicherte er, dass „alle Parteien einig zusammenstehen werden in der kräftigsten Unterstützung zur Abwehr eines jeden Versuchs, ein altes deutsches Land von dem Gesammt-Vaterlande loszureißen".[16]

Vor dem Plenum erklärte er dazu im Namen seiner liberalen Kollegen, die ihn immer wieder mit lauten „Bravo"-Rufen unterbrachen: „Die Interpellation [...], sie ist absichtlich von uns gerade ausgegangen, weil [...] in solchen Fällen der auswärtigen Politik, wo es gilt Deutschen Boden zu verteidigen gegen ungerechte Gelüste des Auslandes, keine Parteien im Hause existiren dürfen, daß die Schwierigkeiten, welche sich in den letzten Wochen bei einzelnen Fragen des Ausbaus der inneren Verfassung gezeigt haben, die Differenzen, die bis heute noch nicht vollständig gelöst sind, zwischen den liberalen Parteien des Reichstages und der Vertretung der Regierungen, daß sie nicht den geringsten Einfluß äußern werden auf die Haltung des ganzen Reichstages, wo es gilt, muthig und entschlossen dem Auslande gegenüber zu stehen". Im Gegenteil, „die Gefahr der Einmischung des Auslandes in unsere Angelegenheiten, die Gefahr, daß wir jetzt an unsern Grenzen Stücke von Deutschland verlieren sollen, wenn wir uns nicht schnell verständigen", betonte er, werde „das Bedürfniß der Verständigung bei den Regierungen und bei den Vertretern der Nation nur steigern". Die Botschaft war klar. Angeführt von den Nationalliberalen wollte die Mehrheit des Reichstages lieber im Streit um einzelne Aspekte des Entwurfs nachgeben als die Verhandlungen in die Länge zu ziehen, die Verfassung am Ende womöglich scheitern zu lassen, und so Deutschland ohne gemeinsame staatliche Struktur einem französischen Angriff auszusetzen.[17]

Neben der angespannten außenpolitischen Lage überschattete auch die jüngere Geschichte die Verhandlungen. Die Erinnerung an 1848/49 war im konstituierenden Reichstag allgegenwärtig. Viele Abgeordnete hatten die Revolution selbst miterlebt, ja waren schon damals in parlamentarischen Versammlungen tätig gewesen. Besonders die Liberalen hatten viele Veteranen in ihren Reihen. Der nationalliberale Eduard von Simson, der zum Präsidenten des Reichstages gewählt wurde, hatte auch schon der Frankfurter Nationalversammlung und dem Erfurter Unionsparlament vorgestanden. Seine Kollegen hoben ihn gegen seinen Willen noch einmal ins Amt, um die Kontinuität des liberalen Kampfes für die Einheit und Modernisierung Deutschlands zu betonen. Seine Wahl machte deutlich, wie stark die Liberalen noch unter dem Eindruck der gescheiterten Revolution standen. Zu keinem Zeitpunkt der Verhandlungen konnten sie sich davon frei machen, dass der damalige Versuch, einen Nationalstaat durch einen parlamentarischen Alleingang zu gründen, kurz vor der Ziellinie gescheitert war. 1848/49 war für sie ein Trauma, das ihre Positionen zur neuen Verfassung entscheidend mitbestimmte.[18]

Bismarck versäumte nicht, daraus Kapital zu schlagen. Das Trauma der Liberalen gab ihm ein effektives Druckmittel an die Hand, um sie dazu zu drängen, seinem Entwurf zuzustimmen. Gleich in seiner Eröffnungsrede erinnerte er daran, wie vor knapp zwanzig Jahren erst die Frankfurter Paulskirche und dann das Erfurter Unionsparlament die Nationalstaatsgründung in den Sand gesetzt hatten: „Liefern [...] wir den Beweis", forderte er die Abgeordneten auf, „daß wir – und Alle, die wir hier sind, wir haben es selbst erlebt – die Lehren zu Herzen genommen haben, die wir aus den verfehlten Versuchen von Frankfurt und von Erfurt ziehen mußten". Diese Lehren bestünden vor allem darin, dass die liberalen mit den konservativen Kräften zusammenarbeiten und kompromissbereit sein müssten. Nur so sei eine Vereinigung Deutschlands zu bewerkstelligen und eine Wiederholung des Fiaskos von 1848/49 zu verhindern. „Das Deutsche Volk", erhöhte er den Druck, „hat ein Recht, von uns zu erwarten, daß wir der Wiederkehr einer solchen Katastrophe vorbeugen, und ich bin überzeugt, daß Sie mit den verbündeten Regierungen Nichts mehr am Herzen liegen haben, als diese gerechten Erwartungen des deutschen Volkes zu erfüllen."[19]

Diese Warnung, angesichts der schlechten historischen Erfahrungen die eigenen Ansprüche herunterzuschrauben, erntete laut den Protokollen „lebhaftes Bravo von allen Seiten". Besonders die Nationalliberalen betonten in der anschließenden Generaldebatte ausdrücklich ihre Absicht, bei den Spezialverhandlungen Pragmatismus statt Idealismus walten zu lassen. Dabei war ihre Angst, dass die Vereinigung Deutschlands womöglich wieder kurz vor Schluss misslingen könnte, fast greifbar. Wie sehr das Trauma von 1848/49 ihre Verhandlungsposition bestimmte, wurde zum Beispiel in einem emotionalen Appell deutlich, mit dem Carl Braun, der die Revolution im hessischen Nassau erlebt hatte, die anderen Abgeordneten zu Kompromissbereitschaft aufforderte: „Denkt an Frankfurt, seid bescheiden in Euren Ansprüchen, verlangt nicht Alles auf einmal, begnügt Euch mit einem Theile, damit das Ganze nicht wieder wie im Jahre 1849 als Fata Morgana in der Luft zerrinne." Auch wenn der Entwurf nicht den liberalen Idealen entspräche, sei er besser als gar keine Verfassung. „Der Entwurf [habe] wenig Aehnlichkeit mit dem, was wir nach gewöhnlichen Begriffen eine Constitution zu nennen pflegen", gab er zu, und sei „in dieser Beziehung gerade nicht correct, noch viel weniger ‚elegant', [...] allein, was würde der correcteste und eleganteste Entwurf helfen", fragte er in die Runde, „wenn er ein Stück Papier bliebe, wie die so außerordentlich correcte und elegante Reichsverfassung vom Jahre 1849 geblieben ist"?[20]

Aus solchen Überlegungen zogen die meisten Liberalen den Schluss, genau wie Bismarck die Vereinigung Deutschlands als ein realpolitisches Problem anzugehen. Das bedeutete für sie, der Gründung eines Nationalstaates den Vorrang vor der Einrichtung einer liberalen Regierungsordnung einzuräumen. Dementsprechend kooperierten sie mit den konservativen Kräften und halfen einer Verfassung ins Leben, die vielen ihrer Ideale widersprach, von der sie aber hofften, sie in Zukunft ihren Vorstellungen gemäß umformen zu können. Die Losung, der sie folgten und die sie auch in den Verhandlungen des Reichstages immer wieder ausriefen, lautete „Einheit vor Freiheit". Dabei ging es für sie um die Existenz der Nation. Georg von Vincke, der Wortführer der Altliberalen, die schon vor dem preußischen Verfassungskonflikt während der sogenannten „Neuen Ära" zwischen 1858 und 1862 mit den Konservativen zusammengearbeitet hatten, erklärte dazu: „Einheit und Freiheit ist nicht möglich ohne Existenz. Was wir hier zu sichern haben, ist die Existenz des Deutschen Vaterlandes, zunächst die Existenz des Norddeutschen Bundes. Haben wir die, so lassen Sie uns weiter reden, wie er zur Einheit und zur Freiheit führt."[21]

Diese Prioritätensetzung veranlasste die große Mehrzahl der Liberalen dazu, im Streit über die verschiedenen Verfassungsvorschriften immer wieder nachzugeben. Das Trauma von 1848/49 beeinflusste dadurch viele der wichtigsten Entscheidungen, die der Reichstag traf. Die Geschichte saß gewissermaßen immer mit am Verhandlungstisch. Für die Gestaltung der Verfassung hatte das Folgen, die die Entwicklung Deutschlands über Jahrzehnte hinaus prägten. Viele Historiker haben deshalb die Entscheidung, die Errichtung einer freiheitlichen Verfassungsordnung mit einer parlamentarisch verantwortlichen Regierung und einem Katalog von Grund- und Bürgerrechten der Gründung des Nationalstaats unterzuordnen, als Teil eines fatalen Moments in der deutschen Geschichte beschrieben. In seiner Betrachtung zu Deutschlands langem Weg nach Westen schildert zum Beispiel Heinrich August Winkler, wie die gemäßigten Liberalen durch die Vertagung der Freiheitsfrage einen undemokratischen Macht- und Militärstaat legitimierten und so den neuen Nationalstaat auf einen verhängnisvollen Kurs setzten.[22]

Diese teleologische Sichtweise nimmt nicht nur der historischen Situation ihre Offenheit, sondern unterschätzt auch die strukturellen Veränderungen, die vor allem die Nationalliberalen im Reichstag durchsetzen konnten. Natürlich willigten sie dort letztlich in eine Verfassung ein, die in vielerlei Hinsicht das Gegenteil der Frankfurter Reichsverfassung von 1848/49 war. Angesichts ihrer beachtlichen Verhandlungserfolge kann man aber nicht davon sprechen, dass sie sich der Bismarckschen Machtpolitik wehrlos ergaben. Sie hielten vielmehr so weit wie möglich dagegen. Trotz des vorübergehenden Kompromisses, den sie eingingen, obwohl er vielen ihrer Ideale widersprach, erklärten sie zu keinem Zeitpunkt einen dauerhaften Verzicht auf ihre Forderung nach einer freiheitlichen Regierungsordnung. In Anbetracht dessen erscheint die Verfassung weniger als Kapitulationsurkunde denn als einstweiliges Kooperationsabkommen.[23]

Für das Zustandekommen dieses Abkommens waren die strukturellen Bezüge der neuen Verfassung zu ihren historischen Vorgängern von besonderer

Bedeutung. Das machte gleich zu Beginn der Beratungen Benedikt Waldeck deutlich. Der Wortführer der linksliberalen Fortschrittspartei war ein lebendes Denkmal der jüngeren Verfassungsgeschichte. Während der 1848er-Revolutionen hatte er dem Verfassungsausschuss der Preußischen Nationalversammlung vorgestanden, der einen liberalen Verfassungsentwurf mit umfangreichen Grundrechten und einem parlamentarischen Regierungssystem ausgearbeitet hatte, die nach ihm benannte Charte Waldeck. Jetzt betonte der 65-Jährige, dass „der Verfassungs-Entwurf [...] Reminiscenzen fast aus allen Theilen der deutschen Entwickelung" enthalte. Daher sei es „nothwendig, daß, wenn man gründlich über diesen Verfassungs-Entwurf sprechen will, man sich in diejenigen Zustände vertieft, [...] welche auf das Deutsche Reich den Deutschen Bund folgen ließen, in die Bestrebungen, welche in Frankfurt, welche in Erfurt, und dann nachher auch in anderen Projecten theilweise auftauchten".[24]

Wie diese Aussage andeutete, waren drei historische Verfassungen ganz besonders wichtig für die Verhandlungen im Reichstag. Zum einen war das die Verfassung des Deutschen Bundes. Diese hatte aus zwei internationalen Verträgen, der Deutschen Bundesakte von 1815 und der Wiener Schlussakte von 1820 bestanden und die Herrschaft der Fürsten nach der Französischen Revolution und den Napoleonischen Kriegen wiederhergestellt. Zum anderen betrachteten die Abgeordneten den Entwurf immer wieder im Lichte der beiden Verfassungen, die im Rahmen der 1848er-Revolutionen für einen deutschen Nationalstaat entworfen worden waren: die liberale Verfassung der Frankfurter Nationalversammlung und die Verfassung der Erfurter Union, mit der die preußische Regierung das nationale Verfassungsprojekt nach dem Scheitern der Paulskirche in ihrem Sinne hatte umdeuten und so Österreich im Ringen um die Vorherrschaft in Deutschland hatte ausschalten wollen.

Teilweise entbrannte heftiger Streit darüber, inwieweit diese Vorgänger Vorbild für den neuen Bund sein sollten. So konterte Miquel die Bemerkungen Waldecks damit, dass er „von vorn herein den Versuch" ablehne, „den Entwurf zu kritisiren aus historischen Reminiscenzen oder theoretischen Idealen". Immerhin sei „die politische Lage neu und originell". „Große Völker", mahnte er, „kopiren nicht" unter solchen Umständen, sondern „sind immer neu". Hinter dieser Replik stand mehr als nur nationalistisches Pathos oder pragmatische Ignoranz. Die historischen Bezüge der neuen Verfassung waren so umstritten, weil damit ganz konkrete politische Machtfragen verknüpft waren. Jede Anlehnung an die staatenbündische Konstruktion des Deutschen Bundes stärkte die Monarchien. Schließlich waren die Bundesakte und die Wiener Schlussakte dazu geschaffen worden, die Stellung der Fürsten zu sichern. Umgekehrt bedeutete die Übernahme von diversen Bausteinen aus den Revolutionsverfassungen eine gewisse

Liberalisierung, waren die Entwürfe von Frankfurt und Erfurt doch beide um ein starkes Parlament und eine umfangreiche Grundrechtsgarantie herum konstruiert worden. Die Frage, ob und wie sich die künftige Verfassung auf ihre Vorgänger beziehen würde, hatte also direkte Folgen für das Verhältnis zwischen monarchischen und parlamentarischen Kräften, dem Kerngegenstand der Verhandlungen.[25]

Die Beratungen des Reichstages waren aber nicht nur von der Geschichte, sondern auch von der Zukunft geprägt. Gedanken darüber, in welche Richtung sich die Verfassung nach ihrem Inkrafttreten entwickeln würde, spielten eine zentrale Rolle. Jedes politische Lager wollte den historischen Wendepunkt, den die Gründung eines Nationalstaates markierte, dafür nutzen, die eigenen Interessen nicht nur für den Moment, sondern auch für die Zukunft zu befördern. Alle rechneten damit, dass sich die Verfassung in den nächsten Jahrzehnten deutlich fortentwickeln würde. Besonders die Nationalliberalen versuchten deshalb immer wieder, Keime in die Verfassung zu streuen, die vielleicht später aufgehen konnten. So drehten sich die Verhandlungen oft weniger um das Heute als um das Morgen. Wie der linksliberale Abgeordnete Franz Jacob Wigard erklärte, verlangte schon „der reale, der praktische Boden, [...] nicht allein die Gegenwart, sondern auch die Zukunft bei der Berathung [der] Vorlage in's Auge [zu] fassen". Schließlich „baut [man] kein Haus nur für heute, in dem man längere Zeit wohnen will, sondern man versieht es mit Grundfesten, damit es dauerhaft sei und schütze vor herannahenden Stürmen, und nicht selbst von ihnen umgerissen wird".[26]

In den Verhandlungen des Reichstages verbanden sich also traumatische Erinnerungen an die Vergangenheit mit sicherheitspolitischen Sorgen um die Gegenwart und gespannten Erwartungen an die Zukunft. Dadurch entstand ein dichtes Geflecht aus Ängsten und Hoffnungen, das die Atmosphäre bestimmte, in der die Abgeordneten die einzelnen Bestimmungen von Bismarcks Entwurf entweder annahmen oder abänderten. So kam gewissermaßen zwischen dem Blick zurück und dem Blick nach vorn eine Verfassung zustande, die eine Momentaufnahme der Machtverhältnisse zwischen den Kräften war, die den Bund mit begründeten. Die ganz spezielle historische Situation, in der der konstituierende Reichstag tagte, machte die Verfassung also zu einem Abbild der Realpolitik, aus der sie entstand. In diesem Sinne beschrieb Johannes von Miquel die Verfassung während der Beratungen als eine „practische Nothwendigkeit", die „dringenden practischen Bedürfnissen" entgegenkam. Anders gesagt: Die Verfassung war in Paragrafen gegossener Pragmatismus, ein realpolitischer Kompromiss zwischen liberalen und konservativen Kräften, der das freie Spiel der Kräfte in ein lockeres Gefüge aus Regierungsorganen und -ebenen überführte. Auf den folgenden

Seiten lernen wir dieses Gefüge besser kennen. Bevor wir dazu in die parlamentarische Debatte eintauchen, müssen wir aber erst die Spielregeln des Forums verstehen, in dem diese stattfand.[27]

## I. Die Verfassungsversammlung

Gewählt wurde der Reichstag am 12. Februar 1867 in allgemeinen, gleichen und direkten Wahlen von allen Männern, die Staatsbürger eines norddeutschen Einzelstaates und über 25 Jahre alt waren. Die Anwendung dieses Verfahrens war eine riskante „Experimental-Politik", wie der nationalliberale Abgeordnete Friedrich Meyer im Reichstag feststellte. Bismarck hatte die norddeutschen Regierungen als Teil des Augustbündnisses darauf verpflichtet, die Wahlen auf Grundlage des Wahlgesetzes abzuhalten, das die Frankfurter Paulskirchenversammlung 1849 formuliert hatte. Diese Entscheidung war äußerst umstritten. Nicht nur die Mehrheit der preußischen Minister, auch die meisten Volksvertreter hatten arge Bedenken. Die Landtage, denen die Regierungen das gleichlautende Wahlgesetz zur Billigung vorlegten, nahmen es teilweise erst nach langen Diskussionen an. Besonders die Liberalen im preußischen Abgeordnetenhaus sträubten sich. Sie befürchteten, dass das allgemeine Wahlrecht zu vielfältigen Wahlbeeinflussungen führen und letztlich zum Nachteil des Bürgertums ausfallen würde. Es sei davon auszugehen, schrieb der Politiker und Schriftsteller Anton Niendorf Anfang Januar 1867 in der liberalen *Vossischen Zeitung*, „daß jeder Käthner und Tagelöhner zur Wahl excitiert" und damit gerade der Teil des Volkes die Wahl entscheiden werde, „der niemals eine Idee von politischen Dingen gehabt hat".[28]

Die Liberalen hätten es also deutlich lieber gesehen, wenn der konstituierende Reichstag nach einem an die Besitzverhältnisse der Wähler geknüpften Wahlrecht gewählt worden wäre. Immerhin waren sie in den letzten anderthalb Jahrzehnten unter dem preußischen Dreiklassenwahlrecht, das die Wähler in verschiedene Steuergruppen einteilte und ihre Stimmen entsprechend unterschiedlich gewichtete, äußerst erfolgreich gewesen. In der sogenannten Konfliktzeit, in der sie Bismarck im Streit um die Finanzierung der Heeresreform die Stirn geboten hatten, waren sie sowohl 1862 als auch 1863 mit einer breiten parlamentarischen Mehrheit aus den Wahlen hervorgegangen. Erst bei der Landtagswahl, die am Tag der Schlacht von Königgrätz am 3. Juli 1866 stattfand, mussten sie empfindliche Verluste einstecken.

Auch wegen dieser Schwächung der Liberalen konnte Bismarck das allgemeine Wahlrecht gegen alle Widerstände durchsetzen. Offiziell begründete er diese Entscheidung im Reichstag nach dessen Zusammentritt damit, dass das Wahlrecht der Paulskirche ein unumgängliches „Erbtheil der Entwicklung der Deutschen Einheitsbestrebungen" sei. „Wir haben einfach genommen, was vorlag", erklärte er, „und weitere Hintergedanken nicht dabei gehabt." Das stimmte natürlich nicht. Besonders angesichts der Erfolge Louis Napoleons in Frankeich, der sich 1848 bei der Präsidentschaftswahl durchgesetzt und danach mithilfe von mehreren Plebisziten das Kaisertum wieder eingeführt hatte, war Bismarck davon überzeugt, dass das allgemeine Wahlrecht eine konservative Wirkung haben würde. „In einem monarchischen Land mit monarchischen Traditionen und loyaler Gesinnung", schrieb er im April 1866 einen Tag vor Annahme der Verfassung an den preußischen Gesandten in St. Petersburg, werde „das allgemeine Stimmrecht, indem es die Einflüsse der Bourgeoisie-Klassen beseitige, auch zu monarchischen Wahlen führen". Ähnlich hatte er sich einen Monat vorher gegenüber dem Prinzen Reuß geäußert: „Direkte Wahlen und allgemeines Stimmrecht halte ich für größere Bürgschaften einer konservativen Haltung als irgendein künstliches auf Erzielung gemachter Majoritäten berechnetes Wahlgesetz. Nach unseren Beobachtungen sind die Massen ehrlicher [an] der staatlichen Ordnung interessiert als die Führer derjenigen Klassen, welche man durch die Einführung irgendeines Zensus in der aktiven Wahlberechtigung privilegieren kann."[29]

Trotzdem stellte das allgemeine Wahlrecht aus Sicht der preußischen Regierung ein Risiko dar. Um dieses so weit wie möglich zu verringern, unternahmen Bismarck und seine Ministerkollegen große Anstrengungen. Zwar manipulierten sie die Wahl nicht direkt und riefen auch keine offiziellen Regierungskandidaten aus. Aber sie nahmen massiven Einfluss auf die Aufstellung der Kandidaten in den einzelnen Wahlkreisen. Auf Geheiß von oben machten lokale Amtsträger und Behörden deutlich, wer den Segen der Regierung hatte und wer nicht. Dabei ging es darum, wie Bismarck in einem Brief an den preußischen Innenminister schrieb, die Bewerber zu unterstützen, „deren Sinn für Realpolitik sie in der deutschen Frage der Regierung nähert". In der Regel waren das Kandidaten der beiden konservativen Parteien. Gelegentlich setzte sich die Regierung aber auch für einen Bewerber aus dem Kreis der Altliberalen ein, die nach der 1848er-Revolution gemäßigte Positionen vertreten und mit den monarchischen Kräften kooperiert hatten. Das geschah vor allem in den Wahlkreisen, in denen die Wahl eines Konservativen von vornherein als unwahrscheinlich galt.[30]

Ziel solcher Einmischungen war die Herstellung eines Parlamentes, das kooperativer als das widerspenstige preußische Abgeordnetenhaus sein und den

Verfassungsentwurf ohne große Umstände annehmen würde. Bei diesem Versuch kam Bismarck der plebiszitäre Charakter der Wahlen entgegen. Jeder, der seine Stimme abgab, machte mit seiner Wahlentscheidung automatisch klar, ob er für oder gegen die Gründung eines von Preußen dominierten Bundes war. Wie Niendorf in seinem oben erwähnten Zeitungsartikel schrieb, war die Bildung eines Reichstages jetzt, wo Preußen sich gegen Österreich auf dem Schlachtfeld durchgesetzt hatte, in Wahrheit ein Plebiszit über einen kleindeutschen Nationalstaat: „Die Wahl ist übergegangen in die affirmative Frageform: ob ja, oder nein?"[31]

Die Teilnahme an diesem Plebiszit war rege. In Preußen lag die Wahlbeteiligung bei 64 Prozent. Auch in den anderen Staaten, für die Zahlen vorliegen, gingen ausgesprochen viele Wahlberechtigte zur Urne. In Sachsen-Meiningen waren es 66 Prozent, in Mecklenburg-Strelitz 68 Prozent, in Schwarzburg-Rudolstadt 70 Prozent, und in Bremen gar 79 Prozent. Damit war die Wahlbeteiligung in vielen Einzelstaaten höher als bei den Wahlen zur Frankfurter Nationalversammlung, wo sie teilweise nur 40 Prozent erreicht hatte. Die Wahlen gaben dem konstituierenden Reichstag deshalb eine bemerkenswert starke Legitimationsbasis. Dementsprechend selbstbewusst konnte das Parlament in die Verhandlungen mit den verbündeten Regierungen gehen.

Allerdings war die Wahlbeteiligung dort besonders hoch, wo die Bevölkerung national gespalten war. In Posen, Schlesien und Ostpreußen, wo Deutsche und Polen aufeinandertrafen, lag sie in einigen Wahlkreisen bei 85 Prozent. Ähnlich hoch war sie in Nordschleswig, wo nach wie vor viele Dänen lebten. In diesen Grenzregionen gaben die Wahlen den nationalen Minderheiten die Chance, gegen die Zwangsintegration in den neuen Nationalstaat zu protestieren. Dadurch kam es in den jeweilgen Wahlkreisen zu einer Polarisierung zwischen Deutschen und Nicht-Deutschen, die besonders viele Wähler zur Urne trieb. Letztlich schafften es dreizehn polnische und zwei dänische Vertreter in den Reichstag. Dort boykottierten sie die Beratungen zu Bismarcks Verfassungsentwurf weitgehend, weil sie die Schaffung eines deutschen Nationalstaates ganz grundsätzlich ablehnten. Die polnische Fraktion legte zu Beginn der Hauptverhandlungen offiziell Protest ein „gegen die Competenz des Reichstages, [...] die ehemals Polnischen Landestheile Preußens in den Norddeutschen Bund einzuverleiben". Zur Begründung konfrontierte Kasimir Kantak, ein leidenschaftlicher Verfechter der polnischen Unabhängigkeit aus Posen, der in den 1840er-Jahren mehrmals wegen konspirativer Tätigkeiten in Haft saß und seit 1862 dem preußischen Abgeordnetenhaus angehörte, die anderen Abgeordneten mit einer Grundsatzfrage: „Mit welchem Recht [...] wollen Sie in einem Augenblicke, wo Sie eine Neubildung Ihres Staates auf der Grundlage der Nationalität und Selbstbestimmung aufrichten wollen, uns gegenüber dieselben Principien, die Sie für sich in Anspruch nehmen, verleugnen, und uns wider unseren Willen einem uns fremden Staatswesen einverleiben?"³²

Abgesehen von den Vertretern der nationalen Minderheiten brachten die Wahlen ein sozial ausgesprochen homogenes Parlament zustande. Der konstituierende Reichstag war eine Versammlung des Großbürgertums und der Adligen. Es gab nur zwei Arbeitervertreter. Dem gegenüber standen ein Prinz, zwei Herzöge, vier Fürsten, 27 Grafen, 21 Barone, und 75 andere Adlige. In den konservativen Fraktionen lag der Adelsanteil bei über 80 Prozent, bei den Altliberalen immerhin noch bei gut 60 Prozent. Außerdem gehörten dem Parlament auch auffallend viele Persönlichkeiten aus Regierung und Militär an. Auf den Abgeordnetenbänken saßen insgesamt vier amtierende und sechs ehemalige Minister sowie sechs Generäle beziehungsweise Obristen. Die bekanntesten waren Bismarck, der preußische Kriegsminister Albrecht von Roon, der Chef des Generalstabes Helmuth von Moltke, und der General Eduard Vogel von Falckenstein. Mit der Autorität dieser Führungspersönlichkeiten konnten selbst jene bürgerlichen Abgeordneten nicht konkurrieren, die zu den reichsten Männern Deutschlands zählten, wie zum Beispiel der Bankier Mayer Carl von Rothschild, die Reeder Hermann Heinrich Meier und Robert Miles Sloman oder der Eisenhüttenbesitzer und Industrieunternehmer Georg Buderus. Das galt insbesondere für alle Fragen der Staatsführung und militärischen Sicherheit.³³

Was die Kräfteverhältnisse unter den Parteien anging, sorgte die Wahl für einen Erdrutsch in der politischen Landschaft. Das Ergebnis der regierungsnahen Parteien übertraf alle Erwartungen. Von den 297 Sitzen im Reichstag gewannen die Konservativen 59, die Freikonservativen 39 und die Altliberalen 27. Dazu kamen acht Konservative, die sich aus verschiedenen Gründen keiner Fraktion anschlossen. Darunter war auch Bismarck, der sein Mandat in Magdeburg gewonnen hatte. Seine Spekulation, dass das allgemeine Wahlrecht die monarchischen Kräfte stärken würde, war also aufgegangen. Franz Eichmann, 1848 für kurze Zeit preußischer Innenminister und seit 1850 Oberpräsident der an der Ostseeküste gelegenen Provinz Preußen, erläuterte die Gründe für diesen Erfolg: „Mit Recht darf man [...] die Wahlen für den Ausdruck der Volksstimmung halten, für eine dankbare Anerkennung der großen Taten des Königs und seiner Regierung [...]. Es liegt zu Tage: das Wahlergebnis ist Folge [...] der im Volke herrschenden Stimmung und allgemeinen Geistes-Strömung." Mit anderen Worten: Die nationale Euphorie, die der spektakuläre Sieg Preußens gegen Österreich entfacht hatte, entschied das Plebiszit zu Bismarcks Gunsten. Gleichzeitig erzeugte sie eine riesige Erwartungshaltung an den Reichstag, den neuen Nationalstaat schnell auf den Weg zu bringen.³⁴

Für die Fortschrittspartei endeten die Wahlen in einem Desaster. Die Linksliberalen, die das parlamentarische Geschehen in den Jahren des preußischen Verfassungskonfliktes dominiert hatten, gewannen gerade einmal 19 Sitze. Das waren 60 weniger als die Nationalliberalen, die zur stärksten Fraktion wurden. In einigen Regionen, in denen die Linksliberalen im Vorjahr bei den Wahlen zum preußischen Abgeordnetenhaus noch alle Mandate gewonnen hatten, wie zum Beispiel in Ostpreußen, errangen sie nun kein einziges. Die liberale Berliner *National-Zeitung* machte eine „täuschende Substitution" für diese Wahlschlappe verantwortlich. Der wahlbestimmende Gegensatz hätte diesmal nicht mehr „konservativ oder liberal", sondern „national oder nicht" geheißen. Wofür die Fortschrittspartei während des preußischen Verfassungskonfliktes noch Unterstützung erhalten hatte, wurde sie jetzt also abgestraft: ihren entschiedenen Kampf gegen Bismarck und seine Deutschlandpolitik. Dadurch ging die politische Kraft, die sich so stark wie keine andere für Parlaments- und Bürgerrechte einsetzte, deutlich geschwächt in die Verhandlungen.[35]

Trotz der verheerenden Niederlage der Linksliberalen und des großen Erfolges der Konservativen erzeugten die Wahlen keine Situation, die für Bismarck einfach zu handhaben gewesen wäre. Ob der großen Umwälzungen, die sich gerade vollzogen, waren alle Parteien mehr oder weniger in Unruhe. Für die einen war Bismarcks Kurs zu reaktionär, für die anderen zu radikal. Nicht nur die Liberalen, auch die Konservativen hatten sich gerade erst über die Frage gespalten, wie man sich zu seiner Politik positionieren sollte. Die Freikonservativen, eine Partei aus überwiegend agrarkonservativen und bürokratischen Führungseliten, die Bismarcks Einigungspolitik vollauf unterstützten, hatten sich erst vor einigen Monaten gegründet. In der alten Konservativen Partei, von der sie sich losgesagt hatten, standen sich ein gemäßigter und ein ultrakonservativer Flügel gegenüber. Die Anhänger des Letztgenannten sahen Bismarcks Deutschlandpolitik spätestens seit den preußischen Annexionen des Vorjahres und der damit verbundenen Absetzung der gekrönten Häupter von Hannover, Kurhessen und Nassau als eine Gefahr für die Legitimität der Monarchie.

Bei der Aufstellung der Wahlkreiskandidaten wurden solche Kritiker auf Geheiß Bismarcks übergangen. Die konservative Fraktion im Reichstag bestand daher fast ausschließlich aus Abgeordneten, die Bismarck auch trotz einzelner Bedenken gegen seinen Entwurf grundsätzlich unterstützten. Von außen kam dafür umso heftigeres Störfeuer der Ultrakonservativen. Ihr Wortführer, Ernst Ludwig von Gerlach, der die Konservative Partei einst mitbegründet und sich in den letzten Jahren vom Ziehvater zum Gegner Bismarcks gewandelt hatte, verurteilte „die geistlos-mechanische Verfassungsmacherei im Bundes-Reichstage" scharf. „Das Verfassungsbacken, das jetzt in Berlin vor sich geht, macht einen recht widrigen Eindruck", schrieb er während der Verhandlungen an seinen Bruder. „Wir sind zurückgefallen in die *misere* von '48 und '49, – nur daß damals das Preuß. Königthum, wenn gleich wankend, doch noch festen Fuß hatte außer[halb] der Bäckerei, während es jetzt Hauptbäcker ist."[36]

Die turbulenten inneren Verhältnisse der Parteien führten in Verbindung mit den vielfältigen regionalen Unterschieden zwischen den Gewählten dazu, dass es auch nach Zusammentritt des Reichstages lange keine festen Fraktionen gab. Erst nach und nach organisierten sich die Abgeordneten in größeren Gruppen. Bis zur Konstituierung aller Fraktionen verging nicht weniger als die Hälfte der Zeit, die der Reichstag überhaupt tagte. Diese schleppende Fraktionsbildung hatte großen Einfluss auf die Verhandlungen. Es gab lange keine gemeinsamen Positionen, koordinierten Redebeiträge oder abgesprochenen Anträge, von Abstimmungsvorgaben oder gar interfraktionellen Absprachen ganz zu schweigen. Auch wenn sie zur selben Partei gehörten, waren die Abgeordneten also überwiegend auf sich alleine gestellt und produzierten oft ein polyphones Stimmenwirrwarr. Carl Braun, der immerhin zum Vorstand der Nationalliberalen Partei gehörte, betonte noch in der zehnten Sitzung, er könne „nicht sprechen im Namen einer politischen Partei": „Wenn ich mein Votum über den Entwurf in einigen allgemeinen Grundzügen abgebe, so thue ich das nur in meinem Namen, denn meiner Meinung nach haben sich die politischen Verhältnisse und die Parteien unter uns noch nicht so geklärt, gefestigt und vertieft, daß irgend eine Partei als solche eine definitive und bindende Erklärung abgeben könnte, welche, wenn sie jetzt schon abgegeben würde, vielleicht auch ein Hinderniß bilden würde für die demnächstige Verständigung in dieser für uns Alle so hoch wichtigen Sache."[37]

Der mangelnde Zusammenhalt und die fehlende Programmatik der einzelnen Fraktionen machten jede einzelne Abstimmung in den Verhandlungen unberechenbar. So etwas wie Fraktionsdisziplin gab es nur in Ansätzen. Um den Entwurf durchzubringen, musste Bismarck deshalb auf ganz verschiedene Meinungen innerhalb der einzelnen Lager eingehen und jeden Abgeordneten einzeln überzeugen. Oft lief er „wie ein Löwe herum zu diesem und jenem Abgeordneten, um ihn zu gewinnen", berichtete der sächsische Rechtsprofessor Karl von Gerber, der zu den Altliberalen gehörte. Dabei war Bismarck alles andere als zimperlich. Gerade die Konservativen setzte er immer wieder gezielt unter Druck, wie einer der Hannoveraner Abgeordneten, die ihm wegen der Annexion ihres Heimatlandes in herzlicher Feindschaft verbunden waren, überspitzt schilderte: Die Konservativen „sind die reinen Marionetten, die sitzen und stehen, je nachdem der Draht gezogen wird; stimmt mal einer aus Dignität oder Überzeugung oder aus Versehen, auch nur in gleichgültigen Fragen, gegen die

[Regierungs]Vorlage, so erfolgt sofort eine Vorladung zu Bismarck, und zwar in der Versammlung, und dann eine entschiedene, an dem betretenden Wesen des Geladenen nicht zu verkennende Rüge".[38]

Diese Rigorosität Bismarcks kam nicht von ungefähr. Auch nach der Fraktionsbildung herrschten keine klaren Mehrheitsverhältnisse. Die Parteien des Regierungslagers hatten bei den Wahlen keine absolute Mehrheit gewonnen. Selbst mit der Unterstützung der fraktionslosen Abgeordneten kamen die Konservativen, Freikonservativen und Altliberalen nur auf 48 Prozent der Sitze. Das war zu wenig, um den Entwurf durch das Parlament zu bringen. Von den Abgeordneten der Bundesstaatlich-Konstitutionellen Vereinigung konnte Bismarck keine Unterstützung für seine preußisch-hegemoniale Lösung erwarten. Sie stammten hauptsächlich aus den von Preußen annektierten Provinzen und waren ausgesprochen partikularistisch eingestellt. In der preußischen Hegemonie sahen sie eine Gefahr, gegen die sie die Unabhängigkeit der Einzelstaaten so weit wie möglich verteidigen wollten. Noch unwahrscheinlicher war aus Bismarcks Sicht ein Entgegenkommen der Fortschrittspartei. Dazu waren die Wunden, die der preußische Verfassungskonflikt geschlagen hatte, noch zu frisch. Die Vertreter der nationalen Minderheiten und die beiden Abgeordneten der frühsozialistischen Sächsischen Volkspartei betrieben ohnehin Fundamentalopposition. Auch auf die sogenannte Freie Vereinigung konnte Bismarck nicht bauen. Die vierzehn liberalen und katholischen Abgeordneten, die sich zu dieser Fraktion zusammengeschlossen hatten, waren weniger durch gemeinsame politische Vorstellungen als durch ihre Ablehnung Bismarcks und seiner Deutschlandpolitik verbunden.

Der Verfassungsentwurf hatte also nur eine Chance auf eine parlamentarische Mehrheit, wenn sich die Nationalliberalen dem Regierungslager anschließen würden. Ihnen fiel damit eine Schlüsselrolle zu, die ihre Ansichten zur Gestaltung des neuen Bundes besonders wichtig machte. Für Bismarck war das keine einfache Situation. Das Schicksal seines Entwurfs hing jetzt von einer Gruppe Quertreibern ab, die sich gerade erst in einem Akt politischer Rebellion von ihrer Stammpartei losgesagt hatten und dazu noch vor Selbstbewusstsein nur so strotzten, hatten sie mit 79 Mandaten doch mit Abstand die meisten Sitze aller Parteien gewonnen. Sicher konnte er sich ihrer Gefolgschaft nicht sein. Zwar hatte sich die Nationalliberale Partei erst vor wenigen Monaten mit dem ausdrücklichen Ziel gegründet, seine Einigungspolitik zu unterstützen, weswegen sie selbst vielen konservativen Abgeordneten, wie zum Beispiel Bismarcks Jugendfreund Moritz von Blanckenburg, als die „eigentlich ministerielle Partei" galt. Die allermeisten Mitglieder der Fraktion knüpften ihre Zustimmung zum Entwurf aber an eine ganze Reihe von Abänderungen, die an die Schmerzgrenze der Konservativen heran-, teilweise sogar darüber hinausreichten.³⁹

Das wurde gleich zu Beginn der Generaldebatte deutlich. Karl Twesten, Mitbegründer der nationalliberalen Fraktion im preußischen Landtag, eröffnete am 9. März die Rednerliste für die prinzipiellen Befürworter des Entwurfs. Diese Gelegenheit nutzte er, um gleich ein paar rote Linien zu ziehen. Er „habe sehr erhebliche Bedenken gegen die Annahme des Verfassungs-Entwurfs" und sehe sich daher genötigt, gegen ihn zu stimmen, „wenn keine Aenderungen wesentlicher Art [...] beschlossen würden". Dabei gehe es vor allem um das Entwicklungspotenzial des Regierungssystems. Der Reichstag dürfe keinen Bestimmungen zustimmen, „welche geeignet wären, auch dem künftigen Ausbau den Weg zu verlegen [und] den Gang der künftigen Entwickelung in Richtungen hineinzudrängen, welche Jeder nach seinem Standpunkte für unheilvolle und verderbliche erachten müßte". Es sei daher nötig, Bundes- und Landeskompetenzen klarer voneinander abzugrenzen, dem Reichstag ein ausdrückliches Recht zur jährlichen Bewilligung von allen Steuern und Ausgaben zu geben, Militär- und Marineangelegenheiten der normalen Bundesgesetzgebung zu unterstellen und auch das Militärbudget von der Zustimmung des Reichstages abhängig zu machen.

Mit diesen Mindestanforderungen an die Verfassung fordere er nur jene Rechte für den Reichstag, betonte er, die der preußische Landtag schon habe. Kämen die Regierungen dem Parlament in diesen Punkten entgegen, könne darauf verzichtet werden, die Stellung der Bundesregierung, „ein schweres und wesentliches Bedenken gegen die ganze Form dieser Bundesverfassung", näher zu definieren. Würden diese Forderungen aber nicht erfüllt, werde entweder der Reichstag oder der preußische Landtag den Entwurf scheitern lassen, weil man dann überhaupt keine Bundesverfassung brauche. Ein „bloßes Zoll-Parlament" und ein paar Militärkonventionen würden für diesen Fall genügen. Dieser „Ausweg" wäre freilich ein „ernstes Unglück". Ein „Zusammenwirken der Regierung mit den Liberalen " wäre dagegen „von dem höchsten Werth" sowohl für die „liberale Entwickelung unseres Vaterlandes" als auch für die „Staatsmacht und [...] Befestigung Preußens in Deutschland". „Eine Nachgiebigkeit der Regierung in [den genannten] Punkten" werde „eine Einigung über das Verfassungswerk mit dem gegenwärtigen Reichstage und der Preußischen Volksvertretung in sichere Aussicht" stellen, „die Stimmung im Norden Deutschlands gewinnen und den Süden [...] herüberziehen".⁴⁰

Nur unterbrochen durch einen weiteren Redner unterstrich Johannes von Miquel, Führer des rechten Flügels der Nationalliberalen, dass seine Partei zu Kompromissen bereit sei, dafür aber ein Entgegenkommen erwarte. „Wir, meine

Freunde und ich, wir sind entschlossen, jedes Opfer, selbst der Freiheit, für den Augenblick zu bringen, welches wahrhaft nöthig und wirklich nothwendig ist für die Gründung des Bundestages [sic! gemeint: Bundesstaates]." Die Regierung müsse aber Vertrauen zum Parlament haben und ihm das Recht einräumen, direkte Reichssteuern zu erheben und alle Ausgaben, auch die für das Militär, zu bewilligen. Denn „ein Parlament ohne Rechte, hervorgegangen aus allgemeinen Volkswahlen, [...] wird unmäßig sein in seinen Forderungen und revolutionair in seinen Bestrebungen. Ein Parlament, dem man wahrhaft Rechte gewährt, das wird sich der Verantwortlichkeit in der Benutzung seiner Rechte bewußt sein, und [...] wird conservativ und maßvoll auftreten." Dass diese Rechte aufgrund der gegenwärtigen Übergangsphase nicht sofort umgesetzt werden könnten, verstehe man. Wenn die Regierungen sie aber „für die Dauer und principiell" verwehre, könne es „nicht zur Begründung eines [...] Staates der Deutschen Nation und des Deutschen Volkes, sondern höchstens zu einer zeitweiligen Aufhelfung eines kurzlebigen Militärstaates" kommen. Daher würden er und seine Parteifreunde in diesem Fall, „wenn auch trauernd im Herzen, sagen: Nein!" Es sei aber kaum vorstellbar, umgarnte er Bismarck, dass Männer, die „mit großer Weisheit und mit großer Energie den Boden geschaffen [...] haben für die nationale Entwickelung", jetzt „diesen Boden wieder preisgeben" und einen solchen Fehler begehen wollten.[41]

Bismarck nahm den Ball, den Twesten und Miquel ihm zuspielten, sogleich auf. In der nächsten Sitzung ging er direkt auf ihre Ausführungen ein und buhlte unverhohlen um die Gunst der Nationalliberalen. Er betonte, dass er „für keinen Vorschlag, der wirklich mit der Erleichterung des Zustandekommens und der Verbesserung des Werkes ernstlich gemeint ist, unempfänglich" sei. Vielmehr unterstütze er „den Grad von Freiheits-Entwicklung, der mit der Sicherheit des Ganzen nur irgend verträglich" sei. Letztlich ginge es bei den bestehenden Streitpunkten nur „um die Grenze: wie viel, was ist mit dieser Sicherheit auf die Dauer verträglich?" Hinsichtlich des Militärbudgets sprach er sich für ein „unantastbares Uebergangsstadium" aus, ließ damit also die Möglichkeit einer späteren parlamentarischen Kontrolle als Kompromisslösung offen. Die Erweiterung der Bundeskompetenzen hielt er für wahrscheinlich, schließlich sei es „schwer zu glauben", „daß [...] gemeinsame Organe der Gesetzgebung, wenn [...] einmal geschaffen, sich der Aufgabe entziehen könnten, auch die meisten der übrigen Titel der materiellen Wohlfahrt, so wie mancher formalen Gesetzgebung [...] allmählig sich anzueignen". Dazu zähle zum Beispiel das Prozesswesen, das Zivilrecht, die Freizügigkeit und die Möglichkeit zur Ausgabe von Bundesanleihen. Gegen all diese Punkte bestünde bei den verbündeten Regierungen kein „principieller Widerstand". Das meiste betrachte er aber „als Sache der Zukunft und als Sache der Gesetzgebung". Eine genaue Regelung stehe erst nach Sicherung der Einheit an. „Constituieren wir uns so rasch als möglich, dann haben wir die Fähigkeit, diese Frage[n] zu erledigen". Auch Süddeutschland werde sich dann vom Bund angezogen fühlen. Jetzt gehe es erst einmal darum, die Verfassung schnellstmöglich anzunehmen und auf die zukünftige Zusammenarbeit in einem deutschen Nationalstaat zu vertrauen: „Setzen wir Deutschland [...] in den Sattel! Reiten wird es schon können." Würde der Entwurf aber abgelehnt, werde er zurücktreten und „denjenigen, die das Chaos herbeigeführt haben, auch überlassen, den Weg aus dem Labyrinthe wieder herauszufinden". Bismarck versuchte also, die Nationalliberalen durch eine Mischung aus Versprechungen und Drohungen ins Boot zu holen. Ob diese Strategie den Entwurf durch das Parlament bringen würde, war zu Beginn der Hauptverhandlungen vollkommen offen.[42]

## II. Auf dem Boden der Tatsachen

Was für einen Staat schuf die Vereinigung der deutschen Einzelstaaten eigentlich? Einen Bundesstaat? Einen Staatenbund? Oder eine ganz andere Form der Staatenunion? Diese grundlegendste aller Fragen ließ Bismarcks Verfassungsentwurf offen. Anders als etwa die Wiener Schlussakte enthielt er keine Klausel darüber, zu welcher Staatsform sich die Einzelstaaten zusammenschlossen. Das war keine Definitionslücke, sondern eine bewusste Auslassung. Wie Bismarck in seinen Putbuser Diktaten ausgeführt hatte, wollte er sich zum Schutz des Fürstenbundes größtmögliche Flexibilität bewahren. Je nach Szenario konnte für die Verteidigung der Monarchie und die Eingliederung der süddeutschen Staaten eine Lockerung oder eine Verdichtung des Bundes notwendig sein. Eine Festlegung der Staatsform hätte dem nur im Weg gestanden.[43]

Auch der Reichstag verzichtete letztlich darauf, die Organisationsform des neuen Bundes eindeutig festzulegen. Es entspann sich darüber zwar ein intensiver Streit, bei dem die Vor- und Nachteile einer föderalen oder unitarischen Gestaltung des Nationalstaates gegeneinander abgewogen wurden. Die lebhafte Debatte führte aber zu nichts. Um eine Mehrheit zu bilden, waren die Gegensätze einfach zu groß. Die meisten Konservativen wollten die Souveränität der einzelstaatlichen Monarchen so weit wie möglich bewahren und zogen deshalb eine staatenbündische Organisation vor. Für die partikularistischen Kleinparteien galt das sowieso. Die Liberalen waren dagegen auf einen Einheitsstaat aus. Sie versprachen sich davon nicht zuletzt ein starkes nationales

Parlament, das ohne irgendwelche föderalen Schranken die Regierung würde kontrollieren können. Um wenigstens zu versuchen, die monarchisch gesinnten Verhandlungspartner zu überzeugen, bedurfte es aber einer anderen Begründung. In der Fraktion der Fortschrittspartei argumentierten deshalb einige geschickt mit der Ausdehnung des preußischen Machtstaates. Da Preußen auf dem Schlachtfeld sowieso die Gewalt über ganz Norddeutschland errungen habe, erklärte zum Beispiel Benedikt Waldeck, solle es alle Einzelstaaten einfach annektieren statt die Bevölkerung der Klein- und Mittelstaaten einfach zu Anhängseln des schon zahlenmäßig übermächtigen preußischen „Centrallebens" zu machen. „Besser freilich ist, wenn man 25 Millionen 5 Millionen gegenüberstellt, der Einheitsstaat."[44]

Die Absichten hinter solchen Vorschlägen zur Errichtung eines unitarischen Großpreußens waren leicht zu durchschauen. Bismarck reagierte dementsprechend mit rigoroser Ablehnung. „Die Basis dieses [Bundes-]Verhältnisses soll nicht die Gewalt sein, weder den Fürsten noch dem Volke gegenüber", erwiderte er auf Waldeck. „Die Basis soll das Vertrauen zu der Vertragstreue Preußens sein, und dieses Vertrauen darf nicht erschüttert werden, so lange man uns die Vertragstreue hält." Damit legte er den Einigungsprozess als eine vertragliche Übereinkunft zwischen den einzelstaatlichen Souveränen aus. Mit anderen Worten: Er bestand darauf, dass die Grundlage der Verfassung ein Fürstenbund war. Diese Interpretation erteilte allen einheitsstaatlichen Träumereien eine unmissverständliche Absage und gab der Verfassung – ohne das irgendwo näher definieren zu müssen – einen staatenbündischen Charakter.[45]

Die meisten Liberalen fanden sich letztlich damit ab, dass ein Einheitsstaat nicht durchzusetzen war und der neue Bund auf einer eigentümlichen Mischung aus bundesstaatlichen und staatenbündischen Strukturen beruhen würde. Angesichts der starken Verhandlungsposition der konservativen Kräfte im Reichstag und auf der Regierungsbank ergab es einfach keinen Sinn, einer „Illusion" nachzuhängen, die die „allgemeine Discussion" bereits „vernichtet" hatte. Das betonten selbst einige Fortschrittler wie der Berliner Verleger und spätere Sozialreformer Franz Duncker, dessen Bruder Max in den Reihen der Altliberalen saß und für Bismarck einen der im vorhergehenden Kapitel diskutierten Vorentwürfe der Verfassung ausgearbeitete hatte. Da der Entwurf „nicht einmal das Ideal eines Bundesstaates [erreiche], nicht einmal als bundesstaatliche Verfassung bezeichnet werden [könne], sondern wesentlich nur den Charakter des Bündnisses selbstständiger Regierungen [trage]", konstatierte er, müsse man diesen „Sieg der Thatsachen" und „deutschen Eigenthümlichkeit" eben akzeptieren. Statt vom Einheitsstaat zu träumen, sei es klüger, auf dieser Grundlage zu versuchen, das meiste aus den Verhandlungen herauszuholen.[46]

Während viele seiner Parteikollegen nicht von ihrer Forderung nach einer unitarischen Ordnung abrückten, teilten die Nationalliberalen seinen Pragmatismus. Sie hielten es letztlich für unnötig, auf der Gründung eines Einheitsstaates zu bestehen und so die Verhandlungen womöglich scheitern zu lassen, weil sie glaubten, dass auf Grundlage der Verfassung sowieso ein solcher in Zukunft entstehen würde. Bei aller staatenbündischen Rhetorik Bismarcks schuf der Entwurf ohne Zweifel einen Bundesstaat. Er definierte ein einheitliches Bundesgebiet, sah eine gemeinsame Staatsbürgerschaft vor und richtete eine Reihe mächtiger Bundesorgane ein. Gleichzeitig gab es keine Vorschrift, die die Existenz der Einzelstaaten garantiert oder irgendwelche Grenzen für eine Neuorganisation des Bundes festgelegt hätte. Angesichts dieser Offenheit der Verfassung sahen viele Nationalliberale in dem merkwürdigen Bund, den sie schuf, nur „einen Uebergang [...] zum deutschen Einheitsstaat". Der Harburger Bürgermeister August Grumbrecht, der schon die Frankfurter Reichsverfassung mitunterzeichnet hatte, erklärte dazu, dass eine „Reichsverfassung, welche einen Bundesstaat von Monarchien unter einem erblichen Reichsoberhaupte, und zwar unter dem Fürsten des alle anderen an Macht überwiegenden Staates" gründe, gar nicht anders könne, als über kurz oder lang zum Einheitsstaat zu führen. Die Dynamik, die der preußische Sieg auf dem Schlachtfeld erzeugt habe, weise unzweifelhaft in diese Richtung. Stelle man sich „auf den Boden dieser Thatsachen", erkenne man, „daß der Bundesstaat in Deutschland für die Zukunft eine Unmöglichkeit" sei und alles nach einer Erweiterung Preußens „zum deutschen Volksstaat" dränge. In den Verhandlungen müsse man daher nicht alles sofort erreichen, sondern einfach dafür sorgen, dass diese Entwicklung sich so gut wie möglich entfalten könne.[47]

Die allererste Voraussetzung dafür war, den süddeutschen Staaten einen Beitritt zum Bund möglichst leicht zu machen. So beklagenswert die Begrenzung des Bundesgebietes auf Norddeutschland war, erschien sie den meisten Nationalliberalen schon alleine aus außenpolitischen Gründen als vorübergehende Notwendigkeit. Langfristig musste aus ihrer Sicht der Anschluss des Südens aber das Ziel bleiben. „Die Mainlinie", erklärte Miquel unter dem Jubel seiner Kollegen, „ist [...] gewissermaßen eine Haltestelle für uns, wo wir Wasser und Kohlen einnehmen, Athem schöpfen, um nächstens weiter zu gehen". Ein Einheitsstaat war für eine Vereinigung der beiden Teile Deutschlands nicht zwingend die beste Ausgangslage, würde er doch die partikularistischen Kräfte im Süden in ihrer Abneigung gegen einen Nationalstaat wahrscheinlich noch bekräftigen. Aber auch Bismarcks Entwurf schien den Nationalliberalen zu kompliziert. Dessen letzter Artikel sah vor, die Beziehungen des Bundes zu den Südstaaten, also auch einen möglichen Beitritt, allein durch völkerrechtliche Verträge unter Zustimmung des Reichstages zu regeln. Aus einer Reihe von Änderungsanträgen, die teilweise einen Beitritt ohne jegliches rechtliche Prozedere ermöglichen wollten, nahm der Reichstag schließlich einen Kompromissvorschlag von Miquel und seinem Parteifreund Eduard Lasker an. Danach sollte der Beitritt einzelner oder aller Südstaaten im Rahmen der Bundesgesetzgebung auf Antrag des Bundespräsidiums erfolgen. Das machte es möglich, spezielle Bestimmungen, die eventuelle Beitrittsverträge treffen würden, einfach per Gesetz in die Verfassung aufzunehmen. Da dieser Prozess vom Bundespräsidium beziehungsweise König von Preußen ausgelöst werden sollte, war gleichzeitig sichergestellt, dass das Parlament ihn nicht erzwingen und womöglich außenpolitische Verwicklungen damit auslösen würde. Deswegen konnte auch Bismarck mit dieser Regelung leben.[48]

Viele nationalliberale Abgeordnete betonten allerdings, dass die politische Ordnung bei Hinzukommen der Südstaaten noch einmal angepasst werden müsse. Lasker, der Anführer des linken Flügels der Nationalliberalen, hielt es „für unmöglich, auf Grundlage des jetzigen Verfassungs-Entwurfs den Beitritt aller Süddeutschen Staaten oder auch nur der erheblichen in's Auge zu fassen". Bevor das geschehen könne, müsse die preußische Hegemonie weiter abgesichert werden. Bei einer Vereinigung gelte es, zum Schutz gegenüber dem Ausland „eine Verbindung her[zu]stellen, welche die Preußische Macht kräftigt und nicht lähmt". Hinter solchen Bedenken steckte die Sorge, dass ein Anschluss des Südens die partikularistischen Strukturen des Bundes stärken und die unitarischen schwächen könnte. Um die Grundlagen einer einheitsstaatlichen Entwicklung zu schützen, wollten die Nationalliberalen im Fall einer Vereinigung deshalb die preußische Hegemonie weiter ausbauen. „Wenn das Gewicht der Süddeutschen Staaten dem Bundesrath hinzugefügt wird", führte Heinrich von Sybel dazu aus, „wird es unerläßlich sein, die Stellung der Krone Preußens sowohl im Bundesrathe als in der Verfassung überhaupt zu stärken; denn nur mit einer solchen Stärkung würde dann die Krone Preußens im Stande sein, die ihr auferlegten großen Rechte und schweren Pflichten dieser Verfassung wirksam und segensreich durchzuführen".[49]

Bismarck sah solche Überlegungen zum Ausbau der preußischen Hegemonie wegen ihrer einheitsstaatlichen Motivation mit gemischten Gefühlen und betonte immer wieder die bündischen Grundlagen der Verfassung. Noch viel weniger willkommen waren ihm außenpolitische Gedankenspiele, mit denen vereinzelte Abgeordnete Zweifel an der offenen Form des Bundes und ihrer Eignung für ein gesundes Verhältnis zum Süden streuten. So zeichnete zum Beispiel der ehemalige sächsische Justizminister Albert von Carlowitz, ein gemäßigter Liberaler, der 1849 die preußische Regierung bei der Erfurter Union vertreten und sich jetzt im Reichstag der Freien Vereinigung angeschlossen hatte, das „Schreckbild [...] eines Bündnisses zwischen den süddeutschen Staaten und dem Auslande gegen Preußen" an die Wand, wie sich Bismarck beklagte. Darauf reagierte er, indem er die bis dahin geheim gehaltenen Schutz- und Trutzbündnisse, die er zwischen Nord und Süd in den letzten Monaten ausgehandelt hatte, im Reichstag bekannt gab. Er versuchte also, den Boden der Tatsachen, auf dem die Nationalliberalen den Bund bauen wollten, zu festigen und ihnen so den Weg zur Zustimmung zu ebnen. Und er hatte damit Erfolg: Die Nationalliberalen ließen sich auf den Gang ins Blaue ein und verzichteten auf die Festlegung einer bestimmten Staatsform.[50]

## III. Grundrechte zwischen Gestern und Morgen

Individuelle Grundrechte wie die Meinungs-, Versammlungs- und Pressefreiheit gehörten zum Kern liberalen Gedankenguts. Seit den napoleonischen Kriegen hatte der deutsche Liberalismus um eine staatliche Garantie dieser Rechte gekämpft. Höhepunkt dieses Kampfes war die Revolution von 1848 gewesen. Überall in Deutschland waren die Könige, Herzöge und Fürsten zur Annahme von Verfassungen mit klassischen Freiheitsrechten gezwungen worden. Die Frankfurter Paulskirchenverfassung hatte einen besonders langen Katalog der „Grundrechte des deutschen Volkes" umfasst. Dieser hatte unter anderem die Rechtsgleichheit, die persönliche Freiheit und die Religionsfreiheit garantiert. Mit dem Scheitern der Revolution war die nationale Grundrechtsgarantie wieder verschwunden. Jetzt, knapp zwanzig Jahre später, bot der Versuch Preußens, die Einzelstaaten unter seiner Führung zu vereinen, eine neue Chance, die Rechte des Volkes deutschlandweit zu gewährleisten. Entsprechend waren die Grundrechte eines der beherrschenden Themen im konstituierenden Reichstag.[51]

Bismarcks Entwurf enthielt keine solchen Rechte. Er schloss weder einen umfangreichen Grundrechtskatalog ein noch vereinzelte Garantien. Dafür gab es verschiedene Gründe. Zum einen sprach aus Bismarcks Sicht eine strukturelle Überlegung dagegen, Grundrechte in die Verfassung aufzunehmen. Grundrechte schützten den Einzelnen gegen die Staatsgewalt. Eine Grundrechtsgarantie in der Bundesverfassung wäre also ein Schutz gegen die Bundesgewalt gewesen. Da der Entwurf aber keine eigenen Regierungs- und Verwaltungsstellen des Bundes vorsah, war ein solcher Schutz nicht notwendig. Hätte er dennoch bestanden, hätte er nur eine vom Bund ausgehende Beschränkung der Landesgewalt sein können. Ein solcher Eingriff in die Souveränität der Einzelstaaten war aber unvereinbar mit dem föderativen Aufbau einer Staatenunion, der Bismarck zumindest den Anschein eines Fürstenbundes geben wollte.[52]

Zum anderen steckte in einer Gewährleistung von Grundrechten in der Bundesverfassung eine ganz konkrete Gefahr. Der Reichstag hätte eine solche Garantie leicht nutzen können, um sich mit Verweis auf vermeintliche Verletzungen in die Angelegenheiten der Einzelstaaten einzumischen und so die Autorität der dortigen Regierungen zu untergraben. Schlimmstenfalls hätte das Parlament damit ein Instrument gehabt, um auf die Modernisierung der monarchischen Landesverfassungen zu drängen. Genau vor solchen Interventionen sollte die Verfassung die Einzelstaaten aber schützen. Das hatte Bismarck in den Verhandlungen der monarchischen Regierungen, wie im vorhergehenden Kapitel erwähnt, vor allem den Vertretern aus dem nach wie vor ständisch organisierten Mecklenburg versprochen.

Das Fehlen von Grundrechten wurde im Reichstag vor allem von zwei Seiten kritisiert. Die auf alle Fraktionen verteilten katholischen Abgeordneten fürchteten in dem neuen, protestantisch dominierten Bund um die Ausübung ihrer Religion. Sie forderten deshalb ein ganz spezifisches Grundrecht: die „Freiheit des religiösen Bekenntnisses". Alle dahingehenden Anträge – allen voran der des westfälischen Regierungsrates Hermann von Mallinckrodt, der die katholische Fraktion im preußischen Abgeordnetenhaus anführte und drei Jahre später die Zentrumspartei mitbegründete – scheiterten jedoch, egal, aus welcher parteipolitischen Richtung sie kamen. Die meisten Parlamentarier sahen einfach keinen Grund dafür, der Religionsfreiheit einen Vorzug gegenüber anderen Grundrechten einzuräumen. Auch das Argument, dass durch die Gewähr dieses Rechtes den überwiegend katholisch geprägten Südstaaten der Eintritt in den Bund erleichtert werde, lehnten sie ab. Die Erfahrung zeige, wie der nationalliberale Abgeordnete Adolph Weber unter lauten Zustimmungsrufen zusammenfasste, dass die Toleranz des preußischen Staates die Religionsfreiheit ausreichend garantiere: „Die Ultramontanen werden sich sagen müssen, daß, wenn Preußen und Norddeutschland auch ein wesentlich protestantischer Staat ist, wenn das Princip protestantischer Geistes-Freiheit auch der Grundpfeiler dieses Staates ist, daß doch die Preußische Regierung stets mit dem gleichen Recht und mit dem gleichen Wohlwollen ihre katholischen Unterthanen, wie ihre protestantischen behandelt hat, und daß also die Katholiken Süd-Deutschlands nichts für ihre Religion und für ihre Rechte zu befürchten haben, wenn sie in den Norddeutschen Bund eintreten."[53]

Die Linksliberalen verlangten kein einzelnes, spezielles Grundrecht, sondern einen umfangreichen Grundrechtskatalog wie in der Reichsverfassung von 1849. Teilweise gingen ihre Forderungen sogar über die dort garantierten klassischen Individualrechte hinaus. Hermann Schulze-Delitzsch, Mitbegründer der Fortschrittspartei und einer der Väter des deutschen Genossenschaftswesens, schlug die Einsetzung einer Kommission vor, die den Grundrechtskatalog der Paulskirche zeitgemäß überarbeiten sollte. Die Garantie von Grundrechten, begründete er seinen Antrag, sei ganz einfach eine Gegenleistung für die erhöhten Anforderungen, die an die Bürger in einem modernen Bund gestellt würden, schon allein in puncto Steuerlast. Angesichts der „geschichtlichen Entwickelung unserer Zeit", namentlich der Industrialisierung, gehe es dabei auch um soziale Grundrechte. Neben den „politischen Fragen" müsse eine Grundrechtskommission auch die „socialen Fragen" im Blick haben, um so zu einer echten „Feststellung menschlicher Lebensberechtigung" zu kommen. Nur mit einer solchen Liste an Grundrechten könne man sicherstellen, dass „in jeder Hütte des Landes die Constitution [...] sich [befinde]", die Bevölkerung sich also mit der Verfassung identifiziere.[54]

Es gab allerdings nicht viele solcher Stimmen. Verhältnismäßig wenige Abgeordnete forderten einen ganzen Grundrechtskatalog. Das lag nicht zuletzt daran, dass es anders als 1848 nicht um die „Existenz von Grundrechten" ging, wie Klaus Erich Pollmann betont hat, sondern nur um deren „zusätzliche Verankerung in der Bundesverfassung". Mit Ausnahme der beiden Mecklenburger Herzogtümer hatten alle deutschen Staaten 1848 oder in den Jahren danach Grundrechte in ihre Verfassungen aufgenommen. Der preußische Grundrechtskatalog war sogar besonders detailliert. Er stand ganz zu Anfang der revidierten Verfassung von 1850 und umfasste nicht weniger als vierzig Artikel. Außerhalb der Fortschrittsfraktion sahen die meisten Liberalen deswegen nicht ein, die Gründung eines Nationalstaates dadurch zu gefährden, dass sie sich auf die Forderung einer langen Liste von Grundrechten versteiften, die die einzelstaatlichen Verfassungen ohnehin gewährleisteten.[55]

Diese pragmatische Haltung rührte vor allem von der traumatischen Erfahrung her, die die Liberalen 1848/49 gemacht hatten. Damals war die Verfassung nicht zuletzt deshalb gescheitert, weil eine monatelange Grundrechtsdebatte die Frankfurter Nationalversammlung davon abhielt, die vorübergehende Schwäche der monarchischen Einzelstaatsregierungen zu nutzen, die exekutive und militärische Gewalt an sich zu reißen, und durch die Ausrufung eines Nationalstaates Tatsachen zu schaffen. „Diese Grundrechtsdebatte", erinnerte Carl Braun die anderen Abgeordneten, „dauerte ein Jahr. Sie war ein ‚Schrecken ohne Ende' und endigte mit einem ‚Ende mit Schrecken'". In diesem Sinne betonte sein Kollege August Grumbrecht mit dem Nachdruck eines Zeitzeugen, dass Verhandlungen über einen Grundrechtskatalog die Sache nicht wert seien. Sie würden vermutlich lange dauern, die Kooperationsbereitschaft der monarchischen Regierungen verringern und das gegenwärtige Momentum, „die Strömung zur Einheit, das Drängen zu der Gründung des Staates" verstreichen lassen. „Ich bin Mitglied der Frankfurter National-Versammlung gewesen", appellierte er an die Versammlung, „und ich weiß, daß das Verfassungswerk in Frankfurt wesentlich mit gescheitert ist durch die Berathungen über die Grundrechte".[56]

Grumbrecht, Braun und einige andere Nationalliberale gaben die Idee von Grundrechten aber nicht gänzlich auf. Während sie einen umfangreichen Katalog ablehnten, setzten sie sich für eine Mindestgarantie ein. Ursache dafür waren die Zustände in Mecklenburg. Da es dort keine moderne Verfassung, sondern nur aus der Zeit gefallene feudale Strukturen gab, standen die Bürger auch nicht unter dem Schutz von Grundrechten. Vor allem der Mecklenburger Fortschrittsparteiler Moritz Wiggers, der die Folgen des Grundrechtemangels in den 1850er-Jahren in einem Hochverratsprozess mit anschließender Gefängnishaft am eigenen Leib zu spüren bekommen hatte, prangerte die dortigen Verhältnisse im Reichstag leidenschaftlich an. Um dieses lokale Grundrechtsvakuum zu füllen, kam aus der nationalliberalen Fraktion, zu der auch Wiggers' ebenfalls einst inhaftierter Bruder Julius gehörte, ein Kompromissvorschlag. Carl Braun beantragte mit Unterstützung von knapp vierzig Kollegen, dem Bund das Recht zu geben, ein Minimum an Grundrechtsschutz zu definieren, das kein Einzelstaat „in Bezug auf Preß-, Vereins- und Versammlungsrecht, so wie in Bezug auf die sonstigen persönlichen und staatsbürgerlichen Rechte seinen Angehörigen vorenthalten darf". Eine knappe Mehrheit von 130 zu 128 Stimmen votierte aber dagegen.[57]

Die Initiatoren des Antrages konnten sich damit trösten, dass der Entwurf zumindest einige Verwaltungsgebiete in die Kompetenz des Bundes legte, die die Möglichkeit boten, in Zukunft auf dem Weg der Bundesgesetzgebung einen Grundrechtsschutz in den entsprechenden Feldern aufzubauen. Dazu gehörten die Freizügigkeit, die Heimats- und Niederlassungsverhältnisse, sowie das Gewerberecht. Darüber hinaus gab es ein gemeinsames Indigenat oder Bundesbürgerrecht, wonach die Angehörigen jedes Einzelstaates in allen Teilen des Bundes als Inländer gelten und die gleichen Rechte genießen sollten. Carl Braun, der als Vorsitzender des Kongresses der deutschen Volkswirte für Freihandel und Liberalisierung des Wirtschaftslebens eintrat, sprach den meisten liberalen Abgeordneten aus der Seele, als er unterstrich, dass diese Bestimmungen immerhin der „Verwirklichung der wirtschaftlichen Menschrechte" entsprächen. Die wirtschaftliche „Zugfreiheit", die durch sie gewährleistet werde, sei zwar noch ausbaufähig. Aber eine Grundlage sei in dem Entwurf gelegt. Deswegen sei es besser, lieber diese „speciellen Grundrechte" rasch anzunehmen und auf ihre zukünftige Weiterentwicklung zu vertrauen, als sich auf lange Grabenkämpfe über einen Grundrechtskatalog einzulassen: „Sichern wir den äußern Verfassungs-Bau, dann können wir, nach Feststellung eines, fortwährender Fortbildung fähigen und unterworfenen Verfassungswerkes getrost sagen: ‚Sind wir unter sicherm Dach / Einmal nur geborgen, / Läßt für wohnliches Gemach / Sich's schon weiter sorgen.'"58

In diesem Vertrauen auf die Zukunft halfen die Nationalliberalen einer Verfassung bar jeder Grundrechte ins Leben. Sie sahen die Verhandlung von Bismarcks Entwurf nur als den ersten Schritt einer umfangreichen Verfassungsentwicklung, von der sie erwarteten, dass sie sich über Jahrzehnte hinziehen und ihnen allmählich die Chance zur Durchsetzung ihrer Ziele geben würde. Aus ihrer Sicht war das Zustandebringen der neuen Verfassung also nicht das Ende, sondern nur ein Zwischenstopp im Kampf um die Grundrechte und andere liberale Ideale.

# IV. Für und Wider die Zentralisierung

Die Verteilung der Kompetenzen zwischen den verschiedenen Regierungsebenen des neuen Bundes war eine Schlüsselfrage, die sich wie ein roter Faden durch die gesamten Verhandlungen zog. Von ihrer Beantwortung hing ab, wer in Zukunft der Taktgeber der politischen Entwicklung sein würde: die von ihren monarchischen Regierungen geführten Einzelstaaten oder der Bund, wo dem Reichstag eine entscheidende Rolle in der Gesetzgebung zustand.

Ähnlich wie bei ihrem vorübergehenden Verzicht auf eine Grundrechtsgarantie vertrauten die National- und Altliberalen auch in dieser Frage auf die Zukunft. Genauer gesagt: Sie glaubten an die unaufhaltsame Kraft der Zentralisierung. Nach der Staatsgründung, so erwarteten sie, würde sich der Bund weiterentwickeln und die Einzelstaaten vermutlich zu einer engeren Einheit zusammenwachsen. Das schien ihnen schon allein deswegen wahrscheinlich, weil der neue Bund die wirtschaftlichen und rechtlichen Rahmenbedingungen zwischen den Einzelstaaten früher oder später würde vereinheitlichen müssen. Ein solcher Integrationsprozess, spekulierten sie, würde die Zuständigkeiten des Bundes gegenüber den Ländern erweitern, die Bundesgesetzgebung ausdehnen und dadurch den Reichstag, ohne dessen Zustimmung kein Bundesgesetz zustande kommen konnte, stärken. Sie setzten also auf eine Zentralisierung, die im Schlepptau den Einfluss des Parlaments steigern würde. Am Ende dieser Entwicklung, so ihre Hoffnung, würde eine unitarische Ordnung mit parlamentarischer Regierung stehen. Die Voraussetzungen dafür schienen ihnen durchaus günstig. „Wenn ich [seinen] Inhalt […] näher prüfe, wenn ich absehe von Begriffs-Definitionen und dergleichen", fasste August Grumbrecht diese Hoffnungen zusammen, „so kann ich mir nicht verhehlen, daß dieser Verfassungs-Entwurf, welchen Namen er auch führen mag, den Zweck hat, ein Staatsgebilde zu schaffen, welches uns vorbereitet zu einem Deutschen Einheitsvolksstaate."[59]

Dieser Fortschrittsglaube nährte sich vor allem aus zwei Quellen. Einerseits umfasste Bismarcks Entwurf in den im preußischen Handelsministerium ausgearbeiteten Abschnitten über das Zoll-, Handels-, Post- und Telegrafenwesen bereits viele zentrale Pfeiler zur Schaffung eines gemeinsamen Binnenmarktes. So wurde der Bund zum Beispiel zu einem einheitlichen Zoll- und Handelsraum erklärt. Solche Arrangements schienen geradezu aus einem liberalen Lehrbuch über Freihandel und Wirtschaftseinheit übernommen worden zu sein. Das war kein Zufall. Wie wir im vorhergehenden Kapitel gesehen haben, hatte sich Bismarck bewusst für eine derartige Regulierung dieser Gebiete entschieden, um seinen Entwurf dadurch bei den Liberalen beliebter zu machen. Dieser Plan ging auf. Die entsprechenden Artikel wurden von einer breiten Mehrheit des Reichstages ohne große Änderungen angenommen. Die wenigen Anträge, die es gab, kamen vor allem vom ehemaligen Hannoveraner Finanzminister Carl Erxleben, der jetzt zu den führenden Abgeordneten der Bundesstaatlich Konstitutionellen Vereinigung gehörte und die jeweiligen Bestimmungen in partikularistischer Richtung abändern wollte. Alle derartigen Vorschläge fielen aber krachend durch. Einige Artikel der Regierungsvorlage wurden gar einstimmig und ohne einen einzigen Wortbeitrag angenommen. Die Liberalen schluckten also den Köder, den Bismarck ausgeworfen hatte. Aus ihrer Sicht begaben sie sich damit zwar an seine Angel, zogen ihn aber auch in den Strom jener Entwicklung hinein, auf die sie spekulierten.[60]

Andererseits gelang es den Liberalen, viele wichtige Änderungen durchzusetzen, die die Kompetenzen des Bundes gegenüber den Ländern teilweise erheblich ausweiteten. Das gesamte Staatsangehörigkeitsrecht machten sie zur Bundesangelegenheit. Die Bundesfinanzhoheit konnten sie faktisch auf direkte Steuern ausdehnen, wie wir weiter unten sehen werden. Außerdem unterstellten sie dem Bund ganze Rechtsgebiete, die Bismarcks Entwurf im Zuständigkeitsbereich der Einzelstaaten gelassen hatte. Miquel scheiterte zwar mit dem Antrag, die Kompetenz des Bundes auf das gesamte bürgerliche Recht auszudehnen. Auf Vorschlag seines Kollegen Lasker wurden aber immerhin das Obligations- und das Strafprozessrecht dem Bund übertragen. Damit waren die Liberalen in ihrem „Streben nach einer Rechtseinheit", die sie laut Miquel als „nothwendige Voraussetzung eines nationalen Staates" sahen, ein ganzes Stück vorangekommen.[61]

Bei den Verhandlungen dieser komplexen Materien verfolgten besonders die Nationalliberalen das Ziel, Rahmenbedingungen zu schaffen, unter denen sich die wirtschaftlichen Kräfte frei entfalten können würden. Das wurde vor allem deutlich in den Beratungen über das Eisenbahnwesen. Dieses Feld war äußerst umstritten, weil mit der anhaltenden Expansion des Schienennetzes konkrete wirtschaftliche und strategische Interessen zusammenhingen. Die Einzelstaaten wollten die lukrativen Einnahmen aus dem dynamischen Wirtschaftszweig nicht einfach abgeben. Gleichzeitig brauchte der Bund die Eisenbahnen für militärische Operationen und sein inneres Zusammenwachsen. Bismarcks Entwurf sah daher einen Kompromiss vor. Die Einzelstaaten sollten prinzipiell die Zuständigkeit für ihre Eisenbahnlinien behalten, diese aber „wie ein einheitliches Netz verwalten". Der Bund sollte außerdem das Recht bekommen, die Tarife zu kontrollieren und für Verteidigungs- und Verkehrszwecke Eisenbahnen übernehmen zu können.[62]

Im Grundsatz akzeptierten die Nationalliberalen diese Regelung. In einer eigens dafür eingerichteten Kommission, die das Eisenbahnwesen unter ihrer Führung verhandelte, schraubten sie aber kräftig an den Details. So konnten sie eine ganze Reihe von Modifizierungen erreichen, die letztlich darauf hinausliefen, die Vereinheitlichung und Zentralisierung der Eisenbahnen zu fördern, gleichzeitig aber die freie Konkurrenz des Marktes zu garantieren. Der Berichterstatter der Kommission, der nationalliberale Abgeordnete Otto Michaelis, der wie Braun zum Kongreß der deutschen Volkswirte gehörte und noch im gleichen Jahr ins neu eingerichtete Bundeskanzleramt ging, um dort die wirtschaftliche Integration des Bundes voranzutreiben, erklärte im Plenum des Reichstages den Zweck dieser Anpassungen: „Wir haben [...] nicht nur die Gegenwart ins Auge zu fassen; wir haben die Zukunft sicher zu stellen, und die Zukunft des Verkehrs beruht nicht auf dem Zwange, den wir den Bahnen [auferlegen]; sie beruht darauf, daß das Vertrauen des Capitals und des Unternehmungsgeistes auf unsere öffentlichen Verhältnisse, auf die Sicherheit, welche das in Eisenbahnen angelegte Capital findet, uns rasch ein weiter und weiter ausgebildetes Eisenbahnnetz schaffe. Mit der weiteren Entwickelung des Eisenbahnnetzes steigt die Concurrenz zwischen den Eisenbahnen, steigt die gleichmäßige Vertheilung der Production und des Wohlstandes über das ganze Land". Michaelis argumentierte also, dass der freie Markt – wenn man nur geeignete Verhältnisse schaffe – automatisch zu einer Vereinheitlichung des Bundes führen werde. Der von den Liberalen so ersehnte Einheitsstaat war demnach die natürliche Folge einer deregulierten Wirtschaftsordnung.[63]

Die entsprechenden Justierungen, die vor allem die Nationalliberalen an den relevanten Stellschrauben von Bismarcks Entwurfs vornahmen, führten, wie der

Weimarer Ministerpräsident und fraktionslose Abgeordnete Christian Bernhard von Watzdorf klarstellte, zu einer „Concentrierung der materiellen Interessen in den Händen der Bundes-Gewalt". In dieser unitarischen Ausrichtung ähnelte der föderale Kompetenzkatalog dem der Frankfurter Reichsverfassung. Beide übertrugen dem Bund gerade die Befugnisse, die für die Entstehung eines gemeinsamen Marktes und einer neuen, industriellen Wirtschaftsordnung wichtig waren: die Kontrolle über den Fluss von Gütern, Dienstleistungen und Personen, die Regulierung der neuen Verkehrs- und Kommunikationstechnologien und die Festsetzung wirtschaftlicher Rahmenbedingungen, wie die Ordnung des Maß- und Gewichtssystems, die Formulierung der Währungs- und Geldpolitik, die Regulierung des Bankwesens, den Schutz geistigen Eigentums und die Aufsicht über Patente. Das ermutigte viele Liberale, darauf zu setzen, dass es nach der Staatsgründung zu einer Zentralisierung kommen würde.[64]

Die Chancen darauf standen umso besser, weil es die Verfassung äußerst leicht machte, die Verteilung der staatlichen Kompetenzen weiter zugunsten des Bundes zu verschieben. Anders als in den meisten anderen föderalen Verfassungen, inklusive des Entwurfs der Paulskirche, war das sogenannte Enumerationsprinzip keine ausdrückliche Rechtsnorm. Zwar wurde allgemein angenommen, dass „der gemeinsamen Centralgewalt [...] nicht mehr Rechte zukommen, als ihr, sei es durch den Bundes-Vertrag, sei es durch die Verfassung des Bundesstaates übertragen" wurden und dass alle anderen Kompetenzen bei den Einzelstaaten verblieben. Einen Antrag des Hannoveraner Rechtsprofessors und Wortführers der Bundesstaatlich-Konstitutionellen Vereinigung Heinrich Albert Zachariä, diesen Grundsatz festzuschreiben, lehnte die Mehrheit des Reichstages aber mit dem Vorwurf der Vertretung partikularistischer Interessen ab. Dadurch gab es keine Garantie der föderalen Kompetenzverteilung, die die Verfassung festlegte. Den Bundesorganen waren keine Grenzen gesetzt, weitere Zuständigkeiten von den Einzelstaaten abzuziehen oder ganz neue für den Bund zu schaffen. Dafür nötige Verfassungsänderungen waren kein großes Hindernis, weil sie einfach auf dem Wege der normalen Gesetzgebung erfolgen konnten. Theoretisch hatte der Bund also die Möglichkeit, alle staatlichen Kompetenzen restlos an sich zu ziehen und die Einzelstaaten als leere Hülle zurückzulassen.[65]

In Verbindung mit dieser strukturellen Offenheit der Verfassung gab die föderale Kompetenzverteilung, die auf Druck der Liberalen zustande kam, dem neuen Bund unzweifelhaft einen gewissen Hang zur Zentralisierung. Es war allerdings reine Spekulation, zu glauben, dass eine Ausdehnung der Bundesgewalt über kurz oder lang automatisch zur Entstehung eines „Einheitsvolksstaates" führen würde. Die anti-parlamentarischen Strukturen um den Bundesrat, die Bismarck in seinen Putbuser Diktaten erdacht hatte und die im Reichstag in aller Ausführlichkeit diskutiert wurden, wie wir weiter unten sehen werden, ließen einen direkten Zusammenhang zwischen Zentralisierung und Liberalisierung des Regierungssystems gar nicht zu. Im Gegenteil, der unitarisch geprägte Kompetenzkatalog stärkte paradoxerweise auch die wichtigste Bastion einzelstaatlicher und damit monarchischer Souveränität: Preußen. Schuld daran war die hegemoniale Konstruktion der Verfassung. Die enge Verquickung zwischen preußischen und nationalen Institutionen – allen voran zwischen König und Bundespräsidium, Außenminister und Bundeskanzler, Staatsministerium und Bundesrat – machte es unausweichlich, dass jeder Kompetenzgewinn des Bundes auch den Einfluss der preußischen Regierung über die anderen Einzelstaaten und den Bund insgesamt ausdehnen würde. In anderen Worten: Unitarisch gedachte Vorkehrungen konnten leicht eine hegemoniale Wirkung haben. Eine Zentralisierung würde daher wahrscheinlich nicht nur den Reichstag, sondern auch die preußische Monarchie und ihre Statthalter im Bund stärken. Ob das Regierungssystem dadurch parlamentarischer oder monarchischer werden oder sich gar in eine ganz andere Richtung entwickeln würde, war nicht abzusehen.

Fortschrittsparteiler wie Franz Duncker warnten deshalb ihre nationalliberalen Kollegen eindringlich davor, sich nicht allein „auf die Entwicklung der Zukunft, die treibende Kraft der Dinge und endlich auf die Geschicklichkeit, auf die Fähigkeit und Energie des leitenden Staatsmannes" zu verlassen. Um liberale Interessen zu verwirklichen und nachhaltig zu schützen, dürfe man nicht auf die Zukunft oder gar Bismarck vertrauen, da beide vollkommen unberechenbar seien. Vielmehr müsse man ganz konkrete Änderungen am Entwurf vornehmen, wie zum Beispiel die Einführung verantwortlicher Bundesminister und einer Grundrechtsgarantie. Es „ist [...] unsere Pflicht", mahnte Duncker, „unsere Hoffnungen nicht zu setzen auf Männer, noch weniger unseren Nachfolgern den größten Theil der Arbeit zu überlassen, sondern unsere Hoffnung zu setzen auf die Kraft der Institutionen, und darum diese Verfassung des Norddeutschen Bundes so einzurichten, daß die Institutionen in demselben so stark sind, um die treibende Macht selbst einzelner hervorragender Männer, wenn sie nicht mehr an der Spitze stehen sollten, zu ersetzen".[66]

Bei diesem Appell hatte Duncker nicht zuletzt zwei Bereiche im Blick, in denen die Rollen zwischen Bund und Einzelstaaten ausgesprochen partikularistisch verteilt waren: das Verwaltungs- und das Finanzwesen. Der Bund sollte nach Bismarcks Entwurf zwar eine Fülle von Aufgaben übernehmen, aber weder einen Behördenapparat haben, um diese zu verwalten, noch direkte Steuern erheben können, um sie zu finanzieren. Wie in der Frankfurter Reichsverfassung sollte das Recht, Gesetze auszuführen, bei den Einzelstaaten bleiben. Selbst in den Feldern, die in seinen Zuständigkeitsbereich fielen, sollte der Bund nur Gesetze erlassen und deren Ausführung überwachen können. Als reguläre Einkommensquelle sollten ihm nur die Einnahmen aus Zöllen, dem Post- und Telegrafenwesen, und gemeinschaftlichen Verbrauchssteuern auf Salz, Tabak, Branntwein, Bier, Zucker, und Sirup zur Verfügung stehen. Diese schmale Einkommensbasis konnte unmöglich reichen, um die Kosten des Bundes zu decken, erst recht, nachdem die Liberalen seine Aufgabenfelder noch einmal erweitert hatten. Der Entwurf traf deshalb von vornherein Vorkehrungen für den Fall eines Defizits. Der Haushalt sollte durch sogenannte Matrikularbeiträge ausgeglichen werden, die die Einzelstaaten jährlich nach Größe ihrer jeweiligen Einwohnerzahl entrichten mussten. Dieses Umlagesystem machte den Bund nach einem geflügelten Wort, das Bismarck einige Jahre später prägte, zum „Kostgänger bei den Einzelstaaten".[67]

Hinter dieser partikularistischen Rollenverteilung zwischen den verschiedenen Regierungsebenen des Bundesstaates stand eine ganz bestimmte Absicht. Es ging auch hier darum, das Prinzip, das Bismarck in den Putbuser Diktaten als Leitfaden für die Gestaltung der Verfassung ausgegeben hatte, zu erfüllen, nämlich dem Reichstag keine Angriffsfläche zu bieten. Wenn der Bund keine eigene Verwaltung und keine eigenen Einnahmen aus direkten Steuern hatte, konnte der Reichstag diese Schalthebel auch nicht nutzen, um seinen Einfluss auszudehnen. Weder konnte er versuchen, die Leitungsebene von nationalen Behörden über seine Mitarbeit in der Gesetzgebung zu kontrollieren, noch konnte er sich über sein Haushaltsrecht in die Besteuerung von Grund und Eigentum einmischen und so die Exekutive unter Druck setzen. Da durch die Übernahme des allgemeinen Wahlrechtes progressive Mehrheiten nicht ausgeschlossen waren, schien es essenziell, dem Reichstag auf diese Weise vorsorglich jedweden Zugriff auf diese sensiblen Bereiche zu verstellen. Besonders die Linksliberalen deckten diese Motive in der Debatte über das Finanzwesen schonungslos auf. Wenn „sämmtliche Einnahmen, welche nothwendig sind, die Ausgaben des Bundes zu decken, aus […] indirekten Steuern aufkommen", erklärte zum Beispiel der Berliner Rechtsanwalt Moritz Wiggers, „dann würde es geschehen, daß das Budgetrecht überall ein vollständig illusorisches würde".[68]

Auch die National- und Altliberalen beschweren sich bitterlich über den Rückgriff auf eine staatenbündische Finanzordnung, da dieser die wahre Einheit der Nation verhindere und den neuen Bund genauso schwach mache wie seinen verhassten Vorgänger. Durch die „Bundesmatrikularumlage", beschwerte sich zum Beispiel Carl Braun, würden „die Bundesgelder aufgebracht [wie] zur Zeit des Verfalls des Deutschen Reichs und zu den Zeiten des alten, im Jahre 1866 glücklich beseitigten Bundes". In diesem Umlagesystem, so der Altliberale Rechtsprofessor Eduard Baumstark, der schon Mitglied des Erfurter Unionsparlamentes gewesen war und seit 1859 die Universität Greifswald im Preußischen Herrenhaus vertrat, liege letztlich die Gefahr „einer Lähmung der Centralgewalt für den Norddeutschen Bund".[69]

Aus diesen gemeinsamen Bedenken gegen das Finanz- und Verwaltungssystem des Entwurfs zogen die liberalen Fraktionen unterschiedliche Konsequenzen. Während die Fortschrittspartei forderte, sofort direkte Steuern sowie eigenständige Bundesministerien einzuführen und sich dadurch von Bismarck eine schroffe Abfuhr nach der anderen einfuhr, gingen die gemäßigten Liberalen sehr viel behutsamer vor. Dadurch erreichten sie letztlich mehr. Es gelang ihnen, für einige vermeintlich kleine Änderungsanträge die Zustimmung der Konservativen zu gewinnen und so feine Risse in die Schutzmauern zu schlagen, die Bismarck um das föderale Verwaltungs- und Finanzwesen errichtet hatte. Zum einen konnten sie durch eine unten näher beschriebene Präzisierung der Rolle des Kanzlers den Grundstein für die Entstehung eigener Ministerialbehörden des Bundes legen. Zum anderen boxten sie zwei wichtige Änderungen der Finanzbestimmungen durch, die zumindest die Möglichkeit schufen, direkte Bundessteuern in Zukunft einzuführen. Erstens beantragten sie, die in Bismarcks Entwurf vorgesehene Begrenzung der Bundesgesetzgebung auf „die für Bundeszwecke zu verwendenden indirecten Steuern" durch Streichung des Adjektivs aufzuheben. Das entsprechende Amendement wurde in einer Kampfabstimmung entgegen der ausdrücklichen Warnung der Regierungsvertreter mit 125 zu 122 Stimmen angenommen. Damit war die „Lebensfrage" der Bundesgewalt, zu der Baumstark die „directe Besteuerung" erklärt hatte, zwar nicht sofort geklärt, aber doch wenigstens so weit offengelassen, dass die Liberalen sie in Zukunft, wenn die Kräfteverhältnisse für sie vielleicht günstiger sein würden, für sich entscheiden könnten. Zweitens gelang es den Nationalliberalen, auf Antrag Miquels einen Artikel in die Verfassung einzuschleusen, nach dem Matrikularbeiträge nur zur Deckung des Defizits benutzt werden durften, „so lange Bundessteuern nicht eingeführt sind". Dadurch wurde das Matrikularsystem zu einem Provisorium herabgestuft, das irgendwann direkten Steuern würde weichen müssen. Auch wenn dafür kein konkreter Zeitpunkt festgelegt wurde, war das Tor zu einem unitarischen Finanzsystem damit aufgestoßen. Es stand umso weiter offen, weil es den gemäßigten Liberalen auch gelang, das Budgetrecht des Reichstages deutlich auszubauen. Dazu später mehr.[70]

Im Finanz- und Verwaltungswesen hatte die eigentümliche Verteilung der Kompetenzen zwischen Bund und Einzelstaaten viel mit dem Kampf gegen beziehungsweise um mehr parlamentarischen Einfluss zu tun. In anderen Feldern lag die ambivalente Abgrenzung von Bundes- und Landesgewalt hauptsächlich an der monarchischen Umgebung, in der die Verfassung operieren musste. Der

Entwurf versuchte, durch teils widersprüchliche, teils bewusst unspezifisch gehaltene Regelungen die Souveränität der gekrönten Häupter der Einzelstaaten zu schonen und so den Anschein eines Fürstenbundes zu wahren. Diese Rücksicht übte er vor allem auf den Gebieten, die klassischerweise zu den Vorrechten von Monarchen gehörten: dem Militärwesen und der Außenpolitik. So sollten trotz der Einrichtung eines „einheitlichen Heeres" unter dem Oberbefehl des Bundesfeldherrn die Kontingente der Einzelstaaten fortbestehen. Auf diese Weise konnten die Fürsten ihre Militärhoheit zumindest formell behalten. Für ihre Zustimmung zur Verfassung war das essenziell, wie uns der Blick auf die Konferenz der einzelstaatlichen Regierungen im vorhergehenden Kapitel gezeigt hat. Außer einem Austausch von Beschwerden über die Unstimmigkeit der Militärorganisation und den damit vermeintlich verbundenen Sicherheitsrisiken passierte im Reichstag denn auch nicht viel. Große Änderungen wurden – ganz anders als im unten näher erläuterten Streit um das Militärbudget – nicht vorgenommen. Der auf der Regierungskonferenz der Einzelstaaten so umkämpfte Artikel zum Fahneneid auf den Bundesfeldherrn wurde gar ohne Wortmeldung mit großer Mehrheit angenommen. Letztlich fanden sich sowohl die meisten konservativen als auch liberalen Abgeordneten mehr oder weniger widerwillig mit den paradoxen Vorschriften ab, bestand doch wegen der militärischen Übermacht Preußens und der Militärkonventionen, die Bismarck mit den meisten einzelstaatlichen Regierungen in den letzten Monaten schon geschlossen hatte, ohnehin in der Praxis längst eine einheitliche norddeutsch-preußische Armee.[71]

Hinsichtlich der Regelung der Außenpolitik taten sich einige Parlamentarier deutlich schwerer, das zu schlucken, was Bismarck ihnen vorsetzte. Sein Entwurf bestimmte, dass das Bundespräsidium „den Bund völkerrechtlich zu vertreten" und „Gesandte zu beglaubigen und zu empfangen berechtigt ist". Dieser Artikel war so weit gefasst, dass er die auswärtige Gewalt dem Bundespräsidium übertrug, gleichzeitig aber den einzelstaatlichen Souveränen weiterhin erlaubte, Gesandte untereinander und mit ausländischen Höfen auszutauschen, solange sie damit nicht die diplomatischen Aktivitäten des Bundes untergruben. Vielen Befürwortern eines Einheitsstaates stießen diese Bestimmungen bitter auf. Albert von Carlowitz, der schon lange zu den lautesten Befürwortern einer konstitutionellen Reichsmonarchie gehörte, beantragte, das Präsidium ausdrücklich zum alleinigen Träger des Gesandtschaftsrechtes zu erklären, den Fürsten dieses Privileg also zu nehmen. Die „Concentrirung des Gesandtenrechts in der Hand der mächtigsten Regierung", begründete er seinen Vorstoß, gehöre zu den unverzichtbaren „Attributen", die den Bundesstaat „vom bloßen Staatenbunde unterscheiden". Nichts sei „mehr geeignet […], die innere feste Gliederung unseres Bundesstaates […] dem Ausland gegenüber zum Ausdruck zu bringen".

Außerdem handele es sich um eine notwendige Vorsichtsmaßnahme. Denn ausländische Gesandte an den deutschen Höfen zu erlauben, würde „Intriguen das Spiel eröffnen" und die Sicherheit des Bundes gefährden.[72]

Die Mehrheit des Reichstages hielt solche Bedenken für unbegründet und ließ den Antrag durchfallen. Eine Mischung aus historischer Erfahrung und Pragmatismus sprach nach Ansicht der Konservativen, aber auch der meisten National- und Altliberalen dafür, das Gesandtschaftsrecht der Fürsten trotz aller strukturellen Widersprüche zu erhalten. Der fraktionslose Abgeordnete Christian Bernhard von Watzdorf, der als Ministerpräsident Sachsen-Weimar-Eisenachs die Empfindlichkeiten der Fürsten aus nächster Nähe kannte, betonte, wie wichtig es gerade in Bezug auf kleine, aber symbolträchtige Privilegien wie das Gesandtschaftsrecht sei, Rücksicht auf die Souveränität der Fürsten zu nehmen. Die Errichtung der Erfurter Union sei nicht zuletzt deshalb gescheitert, weil die damaligen Verfassungsverhandlungen eben diesen Respekt nicht ausreichend gezeigt hätten: „Es wirkte damals eine ziemliche Reihe von Kleinigkeiten auch mit, und die Bestimmung in der Unions-Verfassung, daß die einzelnen Regierungen keine ständigen Gesandten empfangen und abschicken dürften, war ein Moment, was an einzelnen Stellen sehr tief verletzte und das Eingehen in die Bestrebungen wesentlich mit schädigte." Watzdorf mahnte die Versammlung demnach, dass die Fürsten nur an Bord des Schiffes bleiben würden, das Richtung Einheit segelte, wenn man ihnen durch den Erhalt solch althergebrachter Vorrechte wie des Gesandtschaftsrechts den Schein ihrer Souveränität ließe, dem Fürstenbund also nicht seine ganze Glaubwürdigkeit nehme.[73]

Die meisten National- und Altliberalen hatten kein Problem damit. Sie sahen in dem fürstlichen Gesandtschaftsrecht sowieso nur ein Ehrenrecht, das keine praktische Relevanz hatte. Johannes von Miquel unterstrich unter lauten Bravo-Rufen seiner Kollegen, dass es sich bei diesem Privileg nur um ein Relikt aus der Vergangenheit handele, das nach Gründung des Nationalstaates auch „ohne ausdrückliche Verfassungsvorschrift [...] in Wegfall kommen" werde. Schließlich werde kein Landtag mehr Diplomaten unterhalten wollen, wenn die Außenpolitik eigentlich vom Bund gemacht werde: „Wir zweifeln daran, ob irgend eine einzelne deutsche Volksvertretung geneigt sein wird, Geld hinwegzuwerfen aus der Tasche des Volkes für unnütze Berichterstatter von Hof-Neuigkeiten." Jeder „practische Politiker" könne deshalb die sonderbaren Bestimmungen zur Verteilung der auswärtigen Kompetenzen ruhigen Gewissens annehmen.[74]

Die Beibehaltung solcher Eigentümlichkeiten wie des fürstlichen Gesandtschaftsrechtes trug dazu bei, dass die Verteilung der Zuständigkeiten zwischen Bund und Einzelstaaten nicht nur politisch, sondern auch strukturell ein Kompromiss war. Der föderale Kompetenzkatalog, den die Verhandlungen produzierten, umfasste sowohl unitarische als auch partikularistische Merkmale und setzte diese in ein ganz bestimmtes Spannungsverhältnis. Auf der einen Seite gab es nur äußerst wenige Bereiche, die ausschließlich dem Bund vorbehalten waren. In den meisten Feldern überlappten sich die Zuständigkeiten der verschiedenen Regierungsebenen. Auf der anderen Seite übernahm aber schon Bismarcks Entwurf das Prinzip der Paulskirchenverfassung, „daß die Bundesgesetze den Landesgesetzen vorgehen". Diese feine, zuweilen widersprüchliche Austarierung von Bundes- und Landeskompetenzen erhielt die Einzelstaaten fürs Erste als individuelle Einheiten monarchischer Souveränität, machte den Bund aber gleichzeitig zu einem handlungs- und ausbaufähigen Reich. Nur auf Basis dieses Kompromisses war ein Zustandekommen der Verfassung überhaupt möglich. Wäre eine der beiden Seiten zu kurz gekommen, hätten wohl entweder die einzelstaatlichen Regierungen beziehungsweise Fürsten die Verfassung nach Abschluss der Reichstagsverhandlungen abgelehnt oder die gemäßigten Liberalen ihre Zustimmung verweigert und so eine Mehrheitsbildung im Parlament verhindert.[75]

Dieser Kompromisscharakter des föderalen Kompetenzkataloges barg aber auch eine Gefahr in sich. So ambivalent, wie viele Zuständigkeiten verteilt waren, blieb es offen, ob der Bund und die über zwanzig Einzelstaaten ihre jeweiligen Befugnisse dauerhaft harmonisch ausüben würden. Ein Koordinationsverlust zwischen den verschiedenen Regierungsebenen war nicht ausgeschlossen. Das lag nicht zuletzt daran, dass man sich in den Verhandlungen auf kein Homogenitätsgebot einigen konnte. Anders als in den zeitgenössischen föderalen Verfassungen der USA und der Schweiz gab es keine Vorschrift, die die Einzelstaaten dazu verpflichtete, gewisse Verfassungs- und/oder Wahlgrundsätze einzuhalten. Ein dahingehender Antrag der beiden Wiggers-Brüder und ihres nationalliberalen Kollegen Otto Wachenhusen fiel durch. Die drei Mecklenburger Abgeordneten hatten einen Zusatzartikel vorgeschlagen, nach dem „in jedem Bundesstaate [...] die Gesetzgebung und die Feststellung des Budgets unter Mitwirkung einer aus Wahlen hervorgegangenen Volksvertretung geübt" werden sollte. Als Motiv für dieses Amendement gaben sie „die Unvereinbarkeit der Mecklenburgischen ständischen Verfassung mit der Verfassung des Norddeutschen Bundes" an. „Von unten gewissermaßen das ständische Gottes-Gnadenthum und von oben das allgemeine Wahlrecht", das könne einfach nicht funktionieren, führte Moritz Wiggers dazu aus. Deshalb wollten er und seine beiden Mitinitiatoren die Gunst der Stunde nutzen und ihr Heimatland über eine Vorschrift in der Bundesverfassung dazu zwingen, die feudalen Strukturen der Ritterschaft durch eine moderne Verfassung zu ersetzen.[76]

Um genau solche Interventionen in die einzelstaatlichen Monarchien zu verhindern, lehnten die Konservativen den Antrag ab. Der Mecklenburger Landrat Henning von Bassewitz, der als fraktionsloser Abgeordneter im Reichstag saß und zwei Jahre später zum Ministerpräsidenten der Strelitzer Regierung aufstieg, erklärte warum. Ein Homogenitätsgebot verletze „die Selbständigkeit der einzelnen Staaten", verachte „ihre Individualität", und kenne, „wenn einmal Schritte in dieser Beziehung geschehen sind, keine Grenze mehr, um noch die einzelnen Staaten aufrechtzuerhalten". Eben aus diesen Gründen enthielt Bismarcks Entwurf von vornherein nichts, was auch nur irgendwie als Mindestanforderung an die Landesverfassungen ausgelegt werden konnte. Jedes Homogenitätsgebot hätte als Beschränkung des Gestaltungswillens der Einzelstaaten der Idee vom Fürstenbund diametral widersprochen. Dazu kam noch, dass eine solche Vorschrift aus Sicht der Verteidiger der monarchischen Souveränität jedenfalls für den Moment absolut unnötig schien. Eine gewisse Grundkoordination der verschiedenen Regierungsebenen war durch die Homogenität der monarchischen Eliten zwar nicht rechtlich, aber doch praktisch garantiert. Sinnbildlich dafür stand die Personalunion zwischen preußischem König und Bundespräsidium. Von daher bestand für das konservative Lager überhaupt kein Anlass, eine Vorschrift zu schaffen, die dem Reichstag unter Umständen in Zukunft als mächtiges Druckmittel zur Umwälzung des Bundes hätte dienen können.[77]

Allerdings überließ man durch den Verzicht auf jegliche Synchronisation der verschiedenen Regierungsebenen die Beziehungen zwischen Bund und Einzelstaaten ganz der Dynamik der künftigen Entwicklung. Anders gesagt: Die Verfassungsverhandlungen gaben dem Bundesstaat keine klare Richtung vor. Sie stellten es ganz dem politischen Prozess und damit dem Streit zwischen monarchischen und parlamentarischen Kräften anheim, das Verhältnis zwischen Bundes- und Landesgewalt auszuformen und weiterzuentwickeln. Die Konservativen erklärten sich damit einverstanden, weil es gleichzeitig eine Reihe ausgeklügelter Vorkehrungen zum Schutz monarchischer Souveränität gab. Auch die Nationalliberalen konnten mit dieser Lösung der Beziehungen zwischen Bund und Ländern letztlich ganz gut leben. Angesichts der unitarischen Tendenzen des föderalen Kompetenzkataloges akzeptierten sie die Gestaltung der ausgehandelten Bestimmungen als pragmatischen Kompromiss und vertrauten darauf, dass in Zukunft eine Zentralisierung einsetzen und die Kräfteverhältnisse zugunsten des Parlaments verschieben würde. Sie wussten aber, dass diese Rechnung nur aufgehen konnte, wenn sie es schafften, den Entwurf in anderen Bereichen so anzupassen, dass die Konstruktion der Bundesorgane dem nicht im Weg stehen würde.

## V. Monarchische Schutzvorkehrungen

„Die Bildung einer lebensfähigen Centralgewalt für Deutschland", erklärte Heinrich von Sybel gleich zu Beginn der Debatte über die Bundesorgane, sei „vielleicht das schwierigste Problem, welches im Laufe dieses Jahrhunderts irgend einem Staatsmanne sich entgegengestellt" habe. Es ginge nämlich darum, ein organisches Gefüge einzurichten, das „stark genug [sei], um alle Culturaufgaben des modernen Staates wirksam und schöpferisch in die Hand zu nehmen, und doch so weit beschränkt, um den Deutschen Fürsten und Particularstaaten nicht das Gefühl der vollständigen Unterwerfung und Mediatisierung zu geben, und doch so weit abhängig von der parlamentarischen Organisation, um das politische Gewissen der gesamten Nation nicht zu verletzen". An dieser Aufgabe seien alle vorherigen Versuche gescheitert, allen voran die Frankfurter Reichs- und die Erfurter Unionsverfassung. Deswegen habe „der jetzige Entwurf [...] durch diese Erfahrungen belehrt, die viel betretenen Straßen vollständig verlassen".[78]

Was Bismarcks Lösung von allen früheren Verfassungen unterschied, war ihre Selbstbeschränkung. Der Entwurf organisierte die Bundesgewalt nicht einem bestimmten System folgend, sondern arrangierte sie einfach um eine Reihe nicht weiter zusammenhängender Vorrichtungen beziehungsweise Strukturmerkmale herum, die dazu dienen sollten, monarchische Souveränität zu schützen und parlamentarischen Einfluss einzugrenzen. Die auffallendste dieser Sicherheitsvorkehrungen war der Verzicht auf eine Bundesregierung. Ein solches Organ wurde in dem Entwurf mit keinem Wort erwähnt. Diese Lücke, deren Bedeutung Bismarck in seinen Putbuser Diktaten und anderen Vorarbeiten zur Verfassung immer wieder hervorgehoben hatte, sollte die Exekutive von der Einflussnahme des Reichstages abschneiden. Wo es keine Regierung gab, konnte das Parlament auch nicht versuchen, irgendwelche Minister verantwortlich zu machen. Offiziell begründete Bismarck den Verzicht auf eine Regierung vor dem konstituierenden Reichstag mit Verweis auf den Fürstenbund. „Die Herstellung eines constitutionellen verantwortlichen Ministeriums" sei mit dem „Bundesverhältniß" unvereinbar. Dem Bundesrat, „einem Consortium von 22 Regierungen", sei „diese Aufgabe nicht zuzumuthen". Nur eine „einheitliche Spitze mit monarchischem Charakter" könne ein Ministerium ernennen. So einen Bundesmonarchen sähe der Entwurf aber nicht vor, weil dadurch „21 von 22 Regierungen von der Theilnahme an der Herstellung der Executive" ausgeschlossen würden. Eine derartige „Mediatisirung" sei von Preußens „Bundesgenossen weder bewilligt, noch von [Preußen] erstrebt worden".[79]

Die Konservativen und Altliberalen übernahmen dieses Argument und verteidigten es verbissen. Selbst einige Nationalliberale pflichteten Bismarck bei. Karl Twesten erklärte am Anfang der Generaldebatte ohne große Umschweife, dass es so, „wie die ganze Form der Verfassung gegeben [sei], [...] unmöglich [sei], eine eigentliche constitutionelle verantwortliche Regierung im Sinne einer parlamentarischen Verfassung herzustellen". Es sei ja überhaupt „keine Regierung definirt, welche mit bestimmten Befugnissen ausgerüstet unmittelbar der ganzen Bevölkerung der deutschen Bundesstaaten als eine eigentliche Regierung gegenüberstände". Deshalb solle man „auf den Versuch, eine wirkliche verantwortliche Regierung zu construiren, von vorn herein verzichten". Lieber solle man sich darauf konzentrieren, die Stellung des Reichstages auszubauen und ihm die volle Budgetgewalt zu übertragen.[80]

Diese Aufforderung, mehr oder minder gleich die Waffen zu strecken, traf bei den meisten Liberalen auf wenig Verständnis. Die überwältigende Mehrheit unter ihnen bestand darauf, die Regierung des zukünftigen Bundes näher zu definieren und zumindest Ansätze einer parlamentarischen Verantwortlichkeit zu schaffen. Schließlich ging es um nicht weniger als das Kräfteverhältnis zwischen monarchischer und parlamentarischer Macht. Am weitesten gingen die Forderungen der Fortschrittspartei. Die Linksliberalen verlangten hartnäckig die Einrichtung einer kollegialen Bundesregierung, in der die einzelnen Minister dem Parlament gegenüber rechtlich verantwortlich sein würden. Dafür sei jede noch so weitgehende Änderung an der Grundkonzeption der Verfassung gerechtfertigt, betonte Benedikt Waldeck, der sich in der Frage der Ministerverantwortlichkeit zum Rädelsführer der Linksliberalen aufschwang. Um echte Bundesministerien einzurichten, „müßte [es] ganz einfach doch in dieser Verfassung so heißen: die Centralgewalt gehört Preußen, d.h. dem Preußischen constitutionellen König mit einem verantwortlichen Ministerium – verantwortlich nach denselben Bedingungen mindestens, welche die Preußische Verfassung mit sich bringt".[81]

Mit diesem Vorschlag griff Waldeck eine der größten Hürden an, die Bismarcks Konzeption des Bundes der Einführung einer verantwortlichen Regierung in den Weg setzte: die Zersplitterung der Exekutive. Es gab keinen einheitlichen Träger der vollziehenden Gewalt. Vielmehr „kreuzen sich im Entwurfe [...] mehrere Systeme", wie Waldecks Parteikollege Hermann Schulze-Delitzsch kritisierte. Die auswärtige Gewalt und die Personalgewalt lagen in den Händen des Bundespräsidiums, das dementsprechend die diplomatischen Beziehungen des Bundes führte und alle Bundesbeamten, inklusive des Kanzlers, ernannte. Außerdem fertigte das Bundespräsidium die Bundesgesetze aus, verkündete sie und überwachte ihre Ausführung. Dagegen war die Militärgewalt dem

Bundesfeldherrn übertragen, dem das aus den einzelstaatlichen Kontingenten bestehende Heer des Bundes unterstand. „Außerhalb dieser beiden wichtigen Zweige" gab es noch „ein drittes System", wie Schulze-Delitzsch erklärte: „die collegialische Executive" des Bundesrates. Dazu gehörte das Recht, Verordnungen zur Ausführung der Bundesgesetze zu erlassen, Mängel bei deren Ausführung festzustellen und gegebenenfalls zu ahnden und über seine entsprechenden Ausschüsse Eingaben im Post-, Telegrafen-, Konsulats- und Rechnungswesen zu machen. Ferner teilte der Bundesrat mehrere wichtige exekutive Befugnisse mit dem Bundespräsidium. So konnte er etwa den Reichstag unter Zustimmung des Präsidiums auflösen und gegen verfassungsbrüchige Einzelstaaten im Rahmen der sogenannten Bundesexekution Strafmaßnahmen verhängen, die dann das Präsidium auszuführen hatte.[82]

Bismarcks Entwurf verteilte also die klassischen Exekutivbefugnisse eines Monarchen, die etwa die Frankfurter Reichsverfassung dem Kaiser übertragen hatte, auf drei verschiedene Organe: Bundespräsidium, Bundesfeldherr und Bundesrat. Dabei spielte es keine Rolle, dass zwei dieser drei Einrichtungen von ein und derselben Person, nämlich dem König von Preußen, ausgefüllt wurden. „Die Krone Preußen", stellte Schulze-Delitzsch klar, war zwar „Inhaberin" des Bundespräsidiums und des Bundesfeldherrenamtes, „aber aus verschiedenem Mandat", sie besaß „Beides quasi als verschiedene Würden". Strukturell handelte es sich folglich um eigenständige Ämter. Dadurch konnte von einer einheitlichen Exekutivgewalt keine Rede sein. Der Hohenzollernkönig war Monarch Preußens, aber nicht des Bundes. Eine länderübergreifende Monarchie gab es nicht.[83]

Was dagegen vorlag, war ein Konglomerat, das sich jeder staatsrechtlichen Theorie entzog. „Bei dieser zusammengesetzten Gestalt der Dinge", erklärte der Berliner Jurist und nationalliberale Abgeordnete Rudolf Gneist, „ist es ganz unmöglich, daß Jeder in jedem Abschnitt dieses Entwurfes die Glaubenssätze der constitutionellen Theorie wiederfinden könnte". Der konservative Hermann Wagener, der in seinem im vorhergehenden Kapitel beschriebenen Vorentwurf für Bismarck eine Bundesmonarchie vorgeschlagen hatte, unterstrich, dass man „es hier überhaupt mit einer Urkunde nach dem constitutionellen Schablonenwesen gar nicht zu thun" habe. Genau darauf hatte Bismarck in seiner Auseinandersetzung mit den verschiedenen Vorarbeiten zur Verfassung größten Wert gelegt. Jetzt wurde im Reichstag deutlich, warum. Da es ob der Zersplitterung der Exekutive keine konstitutionelle Monarchie gab, konnte auch deren Prinzip, den Monarchen als Träger der vollziehenden Gewalt dem Parlament gegenüberzustellen und eine Regierung ernennen zu lassen, von den Liberalen nicht einfach auf den Bund übertragen werden. „Unser Entwurf giebt uns keine constitutionelle Monarchie; er hat keinen monarchischen Träger der höchsten Staatsfunction", betonte Sybel. „Es fehlt [...] also hier der ganze Rahmen der Einrichtungen, der ganze Boden der Zustände, aus welchem in constutitionellen Staaten das Institut der Ministerverantwortlichkeit hervorgewachsen ist". Mit anderen Worten: Da es keinen Monarchen gab, der alle exekutive Gewalt in sich vereinigte, war es unmöglich, verantwortliche Bundesminister eins zu eins nach dem Vorbild der konstitutionellen Monarchie einzurichten. Der Entwurf machte die Exekutive also gerade dadurch zu einem unantastbaren Hort monarchischer Macht, dass er keine Reichs- beziehungsweise Bundesmonarchie schuf.[84]

Vor allem die Linksliberalen forderten deshalb mit Nachdruck, alle exekutiven Befugnisse auf ein Organ, nämlich das Bundespräsidium, zu übertragen und so praktisch eine konstitutionelle Monarchie einzurichten. Um diesen radikalen Änderungsvorschlag einer Mehrheit der Abgeordneten schmackhaft zu machen, argumentierten sie, dass eine Zusammenlegung der Exekutive nicht nur verantwortliche Bundesminister möglich machen, sondern auch die Vormachtstellung der preußischen Monarchie im Bund stärken würde. „Einigen wir [...] das Ganze einheitlich, legen wir die sämmtliche vollziehende Gewalt in die Hände des Bundes-Präsidiums der Krone Preußen", warb Schulze-Delitzsch um Unterstützung, „dann ist die Möglichkeit verantwortlicher Minister und verantwortlicher Regierung nach allen Seiten hin gesichert, und damit die werthvollste Garantie, die wahrhaftig nicht bloß eine Garantie des Volkes ist, sondern, wie unsere conservativsten Staatslehrer tausendmal uns vorgesagt haben, auch eine Garantie nach Seiten der Krone selbst hin".[85]

Alle derartigen Vorstöße scheiterten aber letztlich am Widerstand der Konservativen, die jede Zusammenlegung von Bundesorganen als Schritt hin zum Einheitsstaat ablehnten. Aber auch die meisten Nationalliberalen schreckten vor solch radikalen Änderungen an Bismarcks organischer Konstruktion zurück. Dahinter steckte wieder die ihnen so eigene Mischung aus Angst und Pragmatismus. Statt die Grundstruktur des Entwurfs anzugehen und so eine Ablehnung der Schlussfassung durch die verbündeten Regierungen zu riskieren, schien es ihnen klüger, den vorhandenen Spielraum zu nutzen. Die Exekutive des Bundes war zwar zersplittert. Ihr Schwerpunkt lag aber ganz klar im Präsidium. „Unter welchem Namen es auch constituirt sein mag, wenn auch der bescheidene Name eines Bundes-Präsidenten oder Bundes-Feldherrn gewählt ist, so glaube ich, daß Macht und Wesenheit eines wahrhaft monarchisch-kaiserlichen Hauptes dem Bundes-Präsidium gegeben ist", erklärte Eduard Lasker. Wegen dieser „Substanz und Macht eines kaiserlichen Oberhauptes", die dem Bundespräsidium „gegenwärtig" sei, könne man „den Einwand nicht machen, daß eine Verantwortlichkeit [grundsätzlich] nicht den vertretenden Organen beigelegt werden könne". Vielmehr müsse man nur an den richtigen Stellschrauben drehen. Das hieße, die verschiedenen Gewalten klarer voneinander zu trennen, die Regierungsbefugnisse innerhalb der Exekutive besser zu verteilen und den Gesetzgebungsprozess entsprechend anzupassen.[86]

Derartige Justierungen blockierte Bismarcks Entwurf aber durch eine weitere zentrale Schutzvorrichtung gegen die Einführung einer verantwortlichen Regierung: den Bundesrat. Dieser war nach Vorbild des Bundestages des Deutschen Bundes ein Kongress aus den Gesandten der monarchischen Regierungen der Einzelstaaten. Als institutionelle Verkörperung des Fürstenbundes war er das zentrale Organ des Regierungssystems. Seine Kompetenzen erstreckten sich auf alle drei Zweige der Staatsgewalt. Neben seinem Anteil an der Exekutive bildete er zusammen mit dem Reichstag die Legislative. Ohne seine Zustimmung konnte kein Gesetz verabschiedet werden. Überdies spielte er auch eine wichtige Rolle in der Judikative. Der Entwurf sah aus Gründen, die in einem späteren Kapitel näher beleuchtet werden, keinen Verfassungsgerichtshof vor. Stattdessen schuf er eine Reihe alternativer Konfliktlösungsmechanismen, an denen der Bundesrat immer in der ein oder anderen Form beteiligt war. Für Streitigkeiten zwischen verschiedenen Einzelstaaten war er sogar ganz alleine zuständig. Angesichts dieser „Verquickung des Bundes-Rathes" konnte von Gewaltenteilung keine Rede sein, kritisierte Johannes von Miquel. Nur „wenn es möglich wäre, [dieses] Verhältniß [so] klar zu stellen, daß der Bundesrath und das Parlament nur gesetzgeberische Befugnisse, dagegen das Präsidium, die Krone Preußen, die volle Executive rein und ausschließlich habe, [...] würde der Entwurf auf einen viel klareren und bestimmten Boden gesetzt" und die Einrichtung verantwortlicher Ministerien möglich sein. „Eine consequente Durchführung dieses Systems" verlange allerdings von „den einzelnen Staaten erhebliche Opfer". Genau deshalb war sie weder bei den Regierungen noch bei der Mehrheit der Abgeordneten durchzusetzen.[87]

Der Bundesrat behielt also seine spezielle Position als Nahtstelle zwischen den verschiedenen Zweigen der Staatsgewalt und stand so einem Übergriff des Reichstages auf die Exekutive im Weg. Aber auch innerhalb der Exekutive nahm er eine Rolle ein, die der Einführung von verantwortlichen Ministerien vorbeugte. Von allen Verfassungsorganen hatte er am ehesten die Stellung einer Regierung inne. Immerhin war er es und nicht das Präsidium oder der Kanzler, der in der Gesetzgebung dem Reichstag gegenüberstand. Erschien in der „constitutionellen Monarchie" der „Monarch" als „Quelle der Gesetzgebung" und hatten „seine verantwortlichen Diener, die Minister, [...] den entscheidenden Einfluß auf die Richtung der Gesetzgebung", galt das in Bismarcks Entwurf für den Bundesrat und die dortigen Bevollmächtigten der Einzelstaaten, wie Heinrich von Sybel dargelegte. Die Bundesratsgesandten waren nämlich neben den Mitgliedern des Reichstages die einzigen, die überhaupt Gesetzesentwürfe in den legislativen Prozess einbringen konnten. Dadurch bildeten sie in ihrer Gesamtheit genau so, wie Bismarck es sich in seinen Putbuser Diktaten vorgestellt hatte, eine Art „Regierungsbank", mit der sich das Parlament auseinandersetzen musste.[88]

Im Gegensatz zu Ministern handelten die Bundesratsbevollmächtigten aber nicht aus eigener Initiative, sondern auf Instruktion ihrer jeweiligen Heimatregierung. Deshalb waren sie auch nur dieser gegenüber verantwortlich. Der Reichstag konnte sie weder einzeln noch kollektiv belangen. Kurz gesagt: Die Verschränkung der verschiedenen Regierungsebenen des Bundesstaates verhinderte, dass der Reichstag die Bevollmächtigten als verantwortliche Minister behandeln konnte. Das galt wegen seiner Funktion als Vorsitzender des Bundesrates und seiner dadurch bedingten Rolle als Präsidialgesandter Preußens auch für den Kanzler. Allen voran die Linksliberalen um Hermann Schulze-Delitzsch beschwerten sich deshalb bitterlich, dass „eine solche collegialische Executive, in der den Vertretern der einzelnen Deutschen Dynastien ein Wort zusteht, [...] absolut die Einsetzung verantwortlicher Regierungs-Organe an der Spitze des Bundes [verhindere]".[89]

Wegen dieser strukturellen Blockade kamen im Lager der liberalen Parteien immer wieder Forderungen auf, die genau darauf abzielten, wogegen sich Bismarck seit den ersten Vorarbeiten zum Entwurf gesträubt hatte: die Einführung eines Zweikammersystems, in dem der Bundesrat wie das Staatenhaus der Frankfurter Reichsverfassung ein auf die Gesetzgebung beschränktes Oberhaus sein sollte. Ein dahingehender Antrag Heinrich Albert Zachariäs, der 1848/49 die Verfassungsverhandlungen der Paulskirche in mehreren Ausschüssen mitgeprägt hatte, fiel aber durch. Mit den Konservativen war eine solch radikale Änderung der Position des Bundesrates nicht zu machen. „Es ist ja unzweifelhaft", erklärte Hermann Wagener seine Ablehnung, „daß eine Institution, wie sie der Bundesrath ist, eigentlich in eine constitutionelle Schablone gar nicht hineinpaßt". Eine Umwandlung in eine zweite Kammer sei aber keine Option, da „mit der Alterirung des Bundesrathes in seiner jetzigen Stellung ein Schritt zum Einheitsstaate" geschähe, „den man mit keiner anderen Institution wieder auszugleichen vermag".[90]

Sinnvoller erschien vielen Konservativen, aber auch einigen Vertretern anderer Parteien zusätzlich zum Bundesrat nach Vorbild der Erfurter Unionsverfassung noch ein Fürstenkollegium, also ein weiteres Organ zur Vertretung monarchischer Interessen, einzurichten. Einige Abgeordnete – besonders aus den gerade von Preußen annektierten Staaten – stellten sich gar ein Oberhaus vor, das neben dem Reichstag als zweite Kammer der Gesetzgebung dienen und nicht nur aus den gekrönten Häuptern, sondern auch aus den ehemals regierenden Häusern bestehen sollte, die im Laufe des Jahrhunderts ihre Souveränität verloren hatten. Bismarck lehnte alle derartigen Gedankenspiele aber wie schon auf der Konferenz der einzelstaatlichen Regierungen kategorisch ab. Zwar gab er zu, dass ein solches Ober- oder Fürstenhaus „im Princip ja nur jedem Conservativen willkommen sein" könne, weil es als „Hemmschuh [...] an der Staatsmaschine [...] ein zu rasches Fortgleiten zu hindern" imstande sein und „eine stärkere Betheiligung Derjenigen, die etwas zu verlieren haben", sicherstellen würde. „Nichtsdestoweniger" würde aber die ohnehin „schon complicirte Maschinerie der Verfassung [...] durch die Einschiebung eines [weiteren] Gliedes noch schwerfälliger" werden. Man könne sich überhaupt kein „Deutsches Oberhaus" vorstellen, „das man einschieben könnte zwischen den Bundesrath, der [...] vollkommen unentbehrlich" sei als Ausdruck der „Souverainetät der Einzelstaaten", und dem Reichstag. Ein „Mittelglied, welches dem Reichstage in seiner Bedeutung auf der socialen Stufenleiter einigermaßen überlegen wäre [...] und dem Bundesrathe und dessen Vollmachtgebern hinreichend nachstände", sei schlicht nicht konstruierbar.[91]

Es blieb so letztlich bei der eigenwilligen organischen Grundstruktur, die Bismarcks Entwurf von Anfang an vorgeschlagen hatte. Auch die Nationalliberalen fanden sich damit ab. Das lag nicht zuletzt daran, dass es keinen klaren, mehrheitsfähigen Gegenentwurf gab. Es herrschte ein buntes Durcheinander von verschiedenen Ideen, wie Einzelstaaten und Bund, Hegemonialmacht, Mittel- und Kleinstaaten, Nord, Süd und Zollverein, und vor allem Monarchie und Parlamentarismus unter einen Hut zu bringen seien. Angesichts dessen stimmten viele Nationalliberale Bismarck zu, dass selbst bei Verwirklichung auch nur eines Teils dieser Vorschläge ein viel zu komplexes, kaum funktionsfähiges Wirrwarr aus Organen und Kompetenzen entstehen würde. „Wenn wir eine solche complicirte Organisation machen würden, – also nicht bloß Bundes-Rath, sondern auch Reichs Ministerium, nicht bloß Reichstag, sondern auch Oberhaus, – wenn wir dann noch im Auge haben, daß möglicherweise Vertreter aus den Südstaaten herankommen, um wenigstens an einem Theile unserer Geschäfte, nämlich dem handelspolitischen und militärischen Theil, mitzuarbeiten, wenn wir also neben dem engern Reichs-Rath möglicherweise auch einen weitern Reichs-Rath bekämen, befürchte ich", stellte Carl Braun besorgt fest, „wir würden dadurch eine [sehr] föderalistisch-complicirte Maschinerie schaffen".[92]

Diese Sorge drückte ein Verlangen nach geordneten Verhältnissen aus. Dazu gehörte für die Nationalliberalen ganz wesentlich eine verantwortliche Regierung. Sie gelangten im Laufe der Verhandlungen jedoch zu der Überzeugung, dass der Weg zu diesem Ziel nur über einen Zwischenstopp führte. Für die Einrichtung parlamentarisch verantwortlicher Bundesminister musste zunächst einmal eine Bundes- beziehungsweise Reichsmonarchie her. Eine solche war unter den gegebenen Umständen nicht durchsetzbar, konnte aber vielleicht in

Zukunft durch einen allmählichen Wandel der Verfassungsordnung in der politischen Praxis entstehen. Deswegen konzentrierten sich die Nationalliberalen darauf, für eine solche Entwicklung möglichst gute Voraussetzungen innerhalb der Grenzen des Entwurfs zu schaffen. Carl Braun formulierte diese Strategie bei der Vorstellung eines Änderungsantrages, der dem Reichstag ein Recht zur Anhörung der „Vertreter der einzelnen Bundes-Verwaltungszweige" geben wollte: „Wenn [...] die Frage an mich herantritt, wie [...] denn [...] die Ministerverantwortlichkeit in dem vorliegenden Entwurf [zu] realisiren [sei], so antworte ich darauf einfach: ,Wir können nicht mit dem Ende anfangen, sondern wir müssen mit dem Anfange anfangen', d. h. wir müssen die Keime der Verantwortlichkeit, die möglicherweise in diesen Entwurf gelegt werden können und deren Entwickelung wir dem guten Geiste unserer Nation überlassen müssen, bemessen nach Maßgabe der augenblicklichen Situation."[93]

Die Linksliberalen verurteilten diese Einstellung scharf. Sie hielten es für ein äußerst gefährliches Spiel, auf die künftige Entwicklung der Beziehungen zwischen den von Bismarck vorgeschlagenen Bundesorganen zu setzen statt auf die Schaffung von starken Institutionen. Er sei überzeugt, betonte etwa Benedikt Waldeck, dass eine Verfassung ohne verantwortliche Minister „wahrlich nicht das Mittel ist, daß die gesetzgebenden Körper, welche aus ihr hervorgehen, sich künftig Rechte, die man ihnen von Hause aus genommen hat, [...] wieder erobern könnten". Wenn man die organische Struktur nicht ändern könne, sei es daher besser, die Verhandlungen platzen zu lassen. Das gelte ganz besonders, da die Vorenthaltung solcher Institutionen wie der Ministerverantwortlichkeit auf Bundesebene nur dazu bestimmt sei, die entsprechenden Einrichtungen in Preußen und den anderen Einzelstaaten zu untergraben.[94]

Die Nationalliberalen ließen sich von dieser Kritik nicht verunsichern. Sie sahen genau das, was die Linksliberalen an Bismarcks organischem Gerüst des Bundes beanstandeten, als Vorteil: seine Offenheit. Käme es wirklich zu der Zentralisierung, mit der sie wegen der von ihnen ausgehandelten Kompetenzverteilung zwischen Bund und Einzelstaaten fest rechneten, würden die Kräfteverhältnisse zwischen den unitarischen und bündischen Verfassungsorganen unweigerlich in Bewegung geraten. Dabei, so spekulierten sie, könnte sich Bismarcks Bündel an Schutzvorkehrungen auflösen, der Reichstag seinen Einfluss über die Exekutive ausdehnen und eine Bundesregierung aus verantwortlichen Ministern entstehen. Die „Keime", aus der sie diese Entwicklung sprießen lassen wollten, streuten sie in den Verhandlungen über die Stellung des Reichstages und das Amt des Bundeskanzlers. Wie sah diese Saat, von der sie sich so viel versprachen, also aus?

## VI. Das Potenzial des Parlaments

Der Reichstag genoss nach Bismarcks Entwurf von vornherein eine bemerkenswert starke Position. Als unitarisch-parlamentarisches Gegengewicht zu den einzelstaatlichen Regierungen war er in der Gesetzgebung gleichberechtigter Partner des Bundesrates. In dieser Funktion sollte er verhindern, wie Bismarck in seinen Vorarbeiten immer wieder unterstrichen hatte, dass partikularistische Interessen den Bund untergraben könnten. Dementsprechend konnte kein Gesetz ohne Zustimmung des Reichstages verabschiedet werden. Das machte es praktisch unmöglich, den Bund über längere Zeit gegen den Willen der parlamentarischen Mehrheit zu regieren. Die Exekutive war zur Zusammenarbeit mit dem Reichstag gezwungen. Dadurch hatte das Parlament eine Schlüsselrolle im politischen Prozess inne. Je wichtiger der Bund gegenüber den Einzelstaaten werden würde, desto mehr Einfluss würde diese besondere Stellung dem Reichstag geben. Jede Zentralisierung würde ihn durch den Anstieg des Regelungsbedarfs auf Bundesebene automatisch stärken. Kurz gesagt: Je mehr Bundesgesetze, desto mächtiger der Reichstag.[95]

Die Nationalliberalen konnten diese ohnehin vielversprechende Position des Reichstages noch einmal ausbauen. Sie erkämpften ihm einige bedeutende Rechte, drangen dabei in die wichtigsten Domänen der monarchischen Exekutive ein und justierten das von Bismarck vorgesehene Wahlrecht neu. Viele dieser Anpassungen waren nur kleine Korrekturen. Manchmal handelte es sich gar nur um scheinbar erbärmliche Überbleibsel von gescheiterten Versuchen, viel größere Änderungen durchzusetzen. In ihrer Gesamtheit und vor dem Hintergrund einer möglichen Zentralisierung des Bundes steigerten sie das Entwicklungspotenzial des Reichstages als parlamentarische Druckkammer der Verfassung aber deutlich. Die Nationalliberalen versprachen sich deshalb von ihnen in Zukunft eine satte Ernte.

Ein wichtiger Bereich, in dem sie dem Parlament ein Mitspracherecht sicherten, war die Außenpolitik. Bismarcks Entwurf überließ die internationale Vertretung des Bundes komplett dem Bundespräsidium. Völkerrechtliche Verträge über Materien, die der Gesetzgebung des Bundes unterlagen, sollten allerdings der Zustimmung des Bundesrates bedürfen. Der Reichstag sollte trotz seiner gleichberechtigten Teilhabe an der Bundesgesetzgebung außen vor bleiben. Diese Bestimmung zielte ganz klar darauf ab, die Außenpolitik vollständig dem Einfluss des Reichstages zu entziehen. Die Nationalliberalen konnten diesen Bann zumindest teilweise aufheben. Das gelang auf Initiative Wilhelm Adolf Lettes, der als Oberregierungsrat auf eine lange Karriere in der preußischen Verwaltung zurückblickte und seit den Tagen der Paulskirche um eine Vermittlung zwischen Liberalen und Konservativen bemüht war, also nicht gerade im Verdacht stand, an den Grundfesten monarchischer Macht rütteln zu wollen. Er beantragte, dass Verträge, die die Gesetzgebungskompetenz des Bundes berührten, zusätzlich zur Einwilligung des Bundesrates „zu ihrer Gültigkeit die Genehmigung des Reichstages" benötigen sollten. Die Mehrheit der Abgeordneten stimmten diesem Amendement ohne große Diskussion zu.[96]

Die Konservativen willigten wahrscheinlich deshalb in den Antrag ein, weil er als ausgesprochen moderat daherkam. Er gab dem Reichstag gegenüber dem Bundespräsidium lediglich das gleiche Mitspracherecht in auswärtigen Angelegenheiten, das auch das preußische Abgeordnetenhaus gegenüber dem König von Preußen genoss. Hätten die Nationalliberalen einen der Vorschläge der Fortschrittspartei oder der Bundesstaatlich-Konstitutionellen Vereinigung unterstützt, wäre ein viel empfindlicherer Eingriff in das monarchische Vorrecht der Außenpolitik möglich gewesen. Aus diesen Fraktionen lagen mehrere Anträge vor, die die gesamte vollziehende Gewalt, also auch die auswärtige, abhängig von der Gegenzeichnung verantwortlicher Minister machen wollten. Um sich von solch drastischen Änderungsversuchen zu distanzieren, betonte Lette denn auch, dass der von ihm vorgeschlagene Zusatz nicht dafür gedacht sei, „die Executive [...] geniren zu wollen". Mit dieser Versicherung gelang es ihm, dem Antrag eine Mehrheit zu verschaffen.[97]

Aus liberaler Sicht war das ein wichtiger Erfolg. Lettes unscheinbarer Zusatz weitete den Einfluss des Reichstages gerade auf jene Teile der Außenpolitik aus, denen die Liberalen eine wichtige Rolle beim künftigen Auf- und Ausbau der Wirtschaftsbeziehungen des Bundes zu anderen Ländern zuschrieben. So umfasste die parlamentarische Genehmigungspflicht zum Beispiel internationale Zoll- und Handelsabkommen, aber auch Verträge im rasch expandierenden Kommunikationswesen der Post und Telegrafie. Gerade die Wirtschaftsexperten unter den Liberalen – Lette selbst war Gründungsmitglied des Kongresses der Deutschen Volkswirte – waren deshalb durchaus zufrieden mit dem, was sie im Bereich der Außenpolitik durchsetzen konnten. Lettes Amendement schien dem Reichstag genügend Potenzial zu geben, um künftig in der Außenpolitik ein Wort mitreden und dadurch diese Bastion monarchischer Macht nach und nach für mehr parlamentarische Mitsprache öffnen zu können.

Nicht nur in die auswärtige, auch in die militärische Gewalt brach der Reichstag auf Initiative der Liberalen zumindest ein Stück weit ein. Dies geschah im Zusammenhang mit den komplexen Verhandlungen über das Budgetrecht, die die Abgeordneten für den Großteil der Sitzungszeit in Atem hielten. Rudolf von Bennigsen wies schon zu Beginn der Generaldebatte darauf hin, dass „die hauptsächlichste Schwierigkeit [des Entwurfs], welche von allen Seiten als solche empfunden wird, [...] die Frage der verfassungsmäßigen Befugnisse des Reichstages hinsichtlich des Budgetrechts" sei. Die Befugnis, den Haushalt zu bewilligen, war traditionell das wichtigste Recht, das Volksversammlungen in monarchischen Ordnungen zustand. Erst die Aufsicht über die Staatskasse gab dem Parlament die Möglichkeit, die Exekutivorgane zu einem gewissen Grad zu kontrollieren und die Richtung der Regierungsarbeit aktiv mitzubestimmen. Benedikt Waldeck bezeichnete das Budgetrecht deshalb als „Abc des Constitutionalismus".[98]

Der vor Kurzem beigelegte preußische Verfassungskonflikt hatte gerade erst in aller Deutlichkeit gezeigt, wie sehr dieses Alphabet die Kommunikation und damit die Machtverhältnisse zwischen Parlament und Regierung bestimmte. Im Streit über die Heeresreform hatte das Abgeordnetenhaus versucht, die Regierung über die Verweigerung der dafür benötigten finanziellen Ausgaben zu erpressen. Bismarck hatte daraufhin das Budgetrecht ausgehebelt und einfach ohne parlamentarisch genehmigten Haushalt regiert, sich dadurch aber in einen dauerhaften Konflikt mit dem Parlament begeben, der die gesamte politische Entwicklung der letzten Jahre überschattet hatte. Angesichts dieser Erfahrung wollte Bismarcks das schärfste Schwert des Parlamentarismus gehörig abstumpfen. Nur die Ausgaben, nicht aber die Einnahmen des Bundes sollten der Budgetgewalt unterliegen. Eine Bewilligung durch den Reichstag sollte nur alle drei Jahre statt wie sonst üblich jedes Jahr erfolgen. Die Unterhaltung des Militärs und der Marine sollte gar gänzlich vom Normaletat ausgenommen bleiben.[99]

Sowohl die Links- als auch die Nationalliberalen reagierten auf diese Vorschriften mit Entsetzen. Vor allem waren sie darüber schockiert, wie weit Bismarcks Entwurf hinter die Budgetbestimmungen der preußischen Verfassung zurückging. Das „Steuerbewilligungs-Recht", empörte sich Waldeck, sei in allen „modernen Staats-Verfassungen dahin ausgedehnt, daß durch das Budget Einnahmen und Ausgaben festgesetzt [würden]", selbst in Preußen. Es sei genau dieses Merkmal „das [...] verfassungsmäßige Staaten scheidet von absoluten". Sein nationalliberaler Kollege Karl Twesten pflichtete ihm vollkommen bei. Das Budgetrecht sei „eine constitutionelle Frage von höchstem Gewicht". Erst sie mache einen konstitutionellen Staat zu dem, was er sei, nämlich eine Ordnung, in der sich Monarch und Parlament die Macht teilten. In anderen Worten: Für die Liberalen war das Budgetrecht der Faktor, der über das Wesen der Verfassung bestimmte. Nachdem sie schon auf die Einrichtung einer Bundesregierung hatten verzichten müssen, kämpften sie deshalb bei den Verhandlungen des Bundesfinanzsystems umso verbissener um den Ausbau des Budgetrechtes.[100]

Dabei hatten die beiden großen liberalen Fraktionen allerdings durchaus verschiedene Absichten. Darin spiegelte sich ihr unterschiedlicher Umgang mit der Erfahrung des preußischen Verfassungskonfliktes wider. Die Linksliberalen stritten vor allem deswegen für das volle Budgetrecht, weil sie ein Druckmittel schaffen wollten, mit dem das Parlament den Trägern der Regierungsarbeit politische Zugeständnisse würde abringen können. Um eine widerspenstige Regierung, die sich gegen die im Parlament vertretene öffentliche Meinung stellte, wieder in die Spur zu bringen, sei es vollkommen legitim, dem Beispiel des preußischen Abgeordnetenhauses zu folgen und einen Haushaltsentwurf ganz oder teilweise abzulehnen. Das „Budgetrecht soll eben diese Gewalt dem gesetzgebenden Körper geben", machte Waldeck klar, „er soll an der Regierung participiren in der Weise, wie er es hiernach kann und Niemand hat das Recht von Mißbrauch zu reden, wenn Jemand sein Recht geltend macht". Schließlich habe das Recht zur Bewilligung von Finanzen den gleichen Zweck wie die Verantwortlichkeit von Ministern, nämlich dass „die Regierung [...] im Einklang mit dem Volke regieren" soll. Eben dies sei „das große Princip, nicht das demokratische, das constitutionelle".[101]

Im Gegensatz dazu verstanden die Nationalliberalen das Budgetrecht mehr als eine Art Verständigungs- oder Kommunikationsmittel zwischen Regierung und Parlament. Sie bestanden auf seinem Ausbau, weil sie glaubten, dass es sonst unmöglich sein würde, in dem neuen Regierungssystem die Interessen der Regierung mit denen des Parlamentes in Einklang zu bringen, also Kompromisse herzustellen, die einen Haushaltsstreit wie den über die preußische Heeresreform auf Bundesebene verhindern würden. Nur wenn das Budget „in Uebereinstimmung des Reichstages und der Präsidialmacht gemacht werden" sollte, erklärte Rudolf von Bennigsen, würden „beide Theile [...], wenn man so will, ganz auf demselben Boden sich befinden". Schon der „gesunde Menschenverstand" und „das Gesetz" verböten es dagegen, betonte Twesten, das Budgetrecht zur Erpressung der Regierung zu missbrauchen. Es verstehe sich „von selbst", dass „das constitutionelle Recht und die constitutionelle Moral [...] für jede Volksvertretung ihre Grenzen an den bestehenden Gesetzen" habe. „Keine Volksvertretung" dürfe daher „dasjenige verweigern, was zur Ausführung eines bestehenden Gesetzes erforderlich" sei.[102]

Mit dieser Sichtweise konnte sich auch die rechte Seite des Hauses zumindest teilweise arrangieren. Selbst viele Konservative sahen keinen triftigen Grund, warum dem Reichstag das volle Budgetrecht über den Normaletat verwehrt bleiben sollte. Während sie für das Militär die speziellen Sicherungen der Regierungsvorlage zäh verteidigten, verstanden sie das Recht, in allen anderen Bereichen sowohl Ausgaben als auch Einnahmen zu bewilligen, als ein aus der Ständezeit überliefertes parlamentarisches Privileg, das zum Konstitutionalismus genauso dazugehörte wie die Vorrechte des Monarchen. Der pommersche Großgrundbesitzer Moritz von Blanckenburg erklärte etwa, dass die Konservative Partei „gar nichts dagegen [habe], wenn nach dem Preußischen Muster künftig auch die Einnahme-Positionen in dem Etat erschienen", solange der Militärhaushalt davon ausgenommen bliebe. Auch gegen eine Verkürzung der Budgetperiode hatten große Teile der Konservativen nichts einzuwenden. Der freikonservative Abgeordnete Eduard von Bethusy-Huc, der immer wieder als Vermittler zwischen Konservativen und Liberalen auftrat, gab dafür zwei Hauptgründe an. Eine dreijährige Laufzeit des Budgets habe „in einem großen Staate [...] noch keine Geschichte". Es mangele daher einfach an historischen Erfahrungswerten. Außerdem spräche gegen eine solche Regelung, dass sie „die Budgetverhandlungen" des Norddeutschen Bundes „auf einen anderen Zeitraum" ausdehne, „als denjenigen, welcher für unser engeres Preußisches Vaterland" gelte.[103]

Hinsichtlich des Normaletats herrschte also ein gewisser Grundkonsens zwischen vielen liberalen und konservativen Abgeordneten. Das erlaubte den Nationalliberalen, das Budget des Reichstages deutlich auszubauen. Auf Antrag Miquels, einem ausgewiesenen Finanzexperten, der ob seiner engen Kontakte ins konservative Lager schon als künftiger preußischer Finanzminister gehandelt wurde, beschloss eine knappe Mehrheit von zwanzig Stimmen, auch die Einnahmen des Bundes der Budgetgewalt des Reichstages zu unterstellen und den Bewilligungszeitraum auf ein Jahr zu verkürzen. Diese Änderung stellte sicher, dass in Zukunft niemand am Parlament vorbeiregieren könnte. Dadurch stiegen die Chancen des Reichstages beträchtlich, mit der Zeit mehr Einfluss auf die Regierungsarbeit zu bekommen. Die Nationalliberalen glaubten fest daran. Das hatte nicht zuletzt mit ihrem „kooperativen Budgetverständnis" zu tun. Denn wenn man das Budgetrecht nicht länger wie zu Zeiten des preußischen Verfassungskonfliktes als ein Mittel zur Verteidigung des Konstitutionalismus, sondern als ein Verständigungsinstrument zwischen Parlament und Regierung auffasste, konnte es viel besser zur Verteilung staatlicher Mittel und damit zur Bindung der exekutiven Entscheidungsträger an den Reichstag genutzt werden. Das galt besonders, wenn sich die Erwartung der Nationalliberalen erfüllen würde, dass eine baldige Zentralisierung und damit eine Ausweitung des Bundesetats bevorsteht. Je nachdem, wie weit diese Entwicklung gehen würde, könnte der Reichstag dadurch eventuell sogar zum Zentrum des politischen Prozesses werden.[104]

Dem entgegen standen allerdings die Sonderregelungen für den mit Abstand größten Einzelposten des Haushaltes: das Militär. Über diesen Spezialetat gingen die Meinungen der verschiedenen politischen Lager so weit auseinander, dass es fast zum Scheitern der Verhandlungen kam. Die richtige Abwägung der Mitspracherechte des Parlamentes und der Sicherheitsbedürfnisse des neuen Bundes war äußerst umstritten. Das lag nicht nur an den tiefen Wunden, die der preußische Verfassungskonflikt geschlagen hatte, sondern auch an der angespannten Sicherheitslage. Die verbündeten Staaten hatten gerade erst einen Bürgerkrieg überstanden. Außerdem war in dem Streit über Luxemburg das Säbelrasseln des französischen Kaisers laut zu hören. Sollte ein Anschluss der Südstaaten erfolgen, war ohnehin eine kriegerische Auseinandersetzung mit dem westlichen Nachbarn nicht unwahrscheinlich. Aus diesen Gründen gab Bismarcks Entwurf Sicherheitsbedenken absoluten Vorrang. Die Friedenspräsenzstärke des Heeres sollte auf ein Prozent der Bevölkerung von 1867 festgesetzt werden. Im Falle eines Bevölkerungswachstums sollte dieser Anteil alle zehn Jahre angepasst werden. Diese Dauerbewilligung der Heeresstärke, das sogenannte „Aeternat", sollte durch einen auf unbestimmte Zeit festgelegten „eisernen Heeresetat" ergänzt werden. Zur Bestreitung der Militärausgaben sollte jeder Einzelstaat jedes Jahr 225 Taler für jeden Soldaten in seinen Regimentern an den Bundesfeldherrn entrichten.[105]

Diese Bestimmungen koppelten den Militäretat vom restlichen Haushalt ab und entzogen ihn so der Budgetgewalt des Reichstages. Hinter dieser Konstruktion steckte mehr als nur sicherheitspolitisches Präventivdenken. Die Kombination von Aeternat und eisernem Etat verhinderte, dass das Parlament die Exekutive dort angehen konnte, wo es wirklich weh tat. Denn sie machte den kostspieligen und empfindlichen Bereich des Militärs zu einer exklusiven Prärogative des Bundesfeldherrn beziehungsweise der preußischen Krone, schützte ihn so vor Eingriffen des Reichstages, und nahm dem Parlament so den mächtigsten Hebel, den es hätte benutzen können, um seinen Einfluss über die Exekutive auszubauen. In anderen Worten: Der Entwurf erklärte das Militärwesen zu einer absolutistischen Herrschaftszone, einem Hort monarchischer Macht, der außerhalb der restlichen Verfassungsordnung lag und deshalb von jeder Einflussnahme des Parlaments abgeschnitten war. Dabei gelang Bismarck ein doppelter Coup. Seine Konstruktion schloss nämlich nicht nur den Reichstag, sondern auch das preußische Abgeordnetenhaus vom Militärwesen aus. Dadurch, dass der Entwurf alle militärischen Ausgaben zur Sache des Bundesfeldherrn machte und so auf die Bundesebene verlagerte, hatte das preußische Parlament in diesem Bereich nichts mehr zu melden und konnte nie wieder solche Probleme machen wie in dem jahrelangen Streit über die Finanzierung der Heeresreform.

Die Konservativen verteidigten diese Regelung des Militäretats hartnäckig. Nach den Kriegen gegen Dänemark und Österreich, erklärte Hermann Wagener, sei es aus Sicherheitsgründen schlichtweg nötig, „den Militair-Etat als ein ‚noli me tangere' zu betrachten", ihn also unter keinen Umständen antastbar zu machen. Das Aeternat und der eiserne Etat seien keine „Beeinträchtigung, sondern gewissermaßen [...] ein Beneficium", weil „keine andere Form des Militair-Etats" die staatenbündischen Strukturen des neuen Bundes zusammenhalten könne. Unterstelle man den Militäretat der normalen Budgetgewalt der Legislativorgane, drohten nicht nur Einmischungen des Reichstages, die die Sicherheit des Bundes gefährden würden, sondern womöglich auch eine Weigerung einzelner Regierungen im Bundesrat, die entsprechenden Summen zu genehmigen. Die Militärausgaben „auf den Weg der jährlichen Bewilligungen [zu] bringen", würde daher bedeuten, „nicht mehr ein dauerndes Bündniß [zu] besitzen, sondern ein vertragsmäßiges Verhältniß auf jährliche Kündigung". Eine noch viel größere Gefahr sahen viele Konservativen darin, wie Moritz von Blanckenburg warnte, dass das Parlament zur Durchsetzung politischer Ziele einfach „durch einen Budgetstrich [...] über die Kopfzahl-Stärke des künftigen Bundes-Heeres" entscheiden könne. Ein solches Eindringen in die militärische Prärogative der Krone gefährde die Sicherheit des Bundes und reduziere die Monarchie auf bloße Repräsentationsfunktionen. Man hätte dann „das Budgetrecht des republikanischen Parlamentarismus mit einem monarchischen Mäntelchen".[106]

Die Altliberalen stellten sich weitgehend auf die Seite Bismarcks und der Konservativen. Für ihre Unterstützung führten sie vor allem strukturelle Gründe an. Bei der Feststellung des Budgets" handele es sich nicht um einen „Act der Gesetzgebung", so der oberschlesische Jurist Karl Friedenthal, sondern um „einen Act der Verwaltung", an der das Parlament in einem „Act der Selbstverwaltung" teilnehme. Von daher sei es vollkommen legitim, „die Behandlung derjenigen Ausgaben [...], welche die Sicherheit des Staates bezwecken" von der „Behandlung derjenigen Ausgaben, welche sich wesentlich auf dem wirtschaftlichen Gebiete bewegen", zu trennen. Unter den gegebenen Bedingungen sei es dabei notwendig, „diejenigen Bedürfnisse, welche die Integrität des Staates garantiren und sicherstellen sollen [...], dem Belieben der Volksvertretung zu entziehen", auch wenn einem das aus liberaler Sicht leicht „als eine Ketzerei" ausgelegt werden könne. Außerdem müsse man zumindest bis zum Zustandekommen eines neuen Gesetzes die Heeresstärke festsetzen, argumentierte sein Parteikollege Georg von Vincke. Tue man das nicht, „stelle [man] die Armee in die Luft", da keine Bestimmung den Reichstag dazu verpflichte, die jeweiligen Mittel aus dem Vorjahr zu verlängern. Man mache „die Armee dann abhängig von der Bewilligung des Reichstags" und nähme damit „dem Norddeutschen Bunde sein wesentlichstes Fundament". Es sei schließlich auch nicht ausgeschlossen, dass nach Bismarcks Abgang „in irgend einem zukünftigen Zeitpunkte der Entwicklung der Deutschen Geschicke irgend eine andere Deutsche Regierung ihren Einfluß auf die Opposition des Reichstages zu dem Zwecke geltend macht, um mit ihrer Hülfe das Armeebudget zu beschränken und damit die Armee, zu welchen die Beiträge diesem oder jenem der einzelnen Staaten allerdings sehr lästig fallen mögen, vollständig in die Luft zu sprengen".[107]

Die Linksliberalen ließen all diese Argumente nicht gelten und verurteilten die Abschottung des Militäretats vom Parlament als blanken „Absolutismus". Es sei „vollkommen gleichgültig", führte Waldeck aus, ob man das Aeternat und den eisernen Etat an einzelnen Stellen anpasse und ihnen so „ein Mäntelchen von Verfassung umhängt oder nicht". Solange diese Bestimmungen in ihrem Kern erhalten blieben, existiere „neben der constitutionellen Verfassung ein absoluter Kriegsherr". Wolle man einen wirklichen konstitutionellen Staat, müsse die gesamte Konstruktion geändert und „ganz einfach das ganze Budget inclusive des Marine-Budgets und des Militair-Budgets jährlich im Voraus veranschlagt und durch ein Gesetz festgestellt" werden. Der Entwurf nehme aber durch eine „Exportation des preußischen Budgetrechtes" auf Bundesebene dem Volk jegliche Einflussnahme auf Heeresstärke und -etat. Dazu, eine solche Entrechtung zu legitimieren, habe der Reichstag „moralisch genommen" überhaupt kein Recht. „Kein Vertreter [sei dazu] gewählt, solche kostbaren Rechte des Volkes" für jetzt und allezeit „aufzugeben". Auch dafür, den Militäretat nur für eine Übergangsfrist der legislativen Budgetgewalt zu entziehen, gäbe es keine Rechtfertigung. Außerdem dürfe man nicht hinnehmen, „daß ein gewisser Zustand des Preußischen Heeres, wie er sich in dem gegenwärtigen Augenblick factisch vorfindet", in der Verfassung „implicite anerkannt" werde. Das gelte nicht nur für die Stärke der Truppe, sondern zum Beispiel auch für die Erhöhung der Dienstzeit von fünf auf sieben Jahre. Eine solch „radicale Veränderung der bestehenden Kriegsverfassung in Preußen", das heißt von Gesetzen, die teilweise noch auf die napoleonischen Kriege zurückgingen, dürfe die Verfassungsversammlung gar nicht beschließen. Die Organisation und Finanzierung des Militärs festzustellen und gegebenenfalls zu reformieren, sei von Jahr zu Jahr allein Sache der regulären Gesetzgebung zwischen Reichstag und Bundesrat.[108]

Zwischen den extremen Positionen der linken und rechten Seite des Reichstages standen die Nationalliberalen. Anders als ihre Kollegen von der Fortschrittspartei waren sie grundsätzlich dazu bereit, in der Budgetfrage einen Kompromiss mit dem Regierungslager zu finden. Alle damit zusammenhängenden Regelungen der Heeresorganisation, wie die vorläufige Höhe der Friedenspräsenzstärke oder die Länge der Dienstzeit, müsse man „unumwunden [...] anerkennen", räumte Eduard Lasker ein, weil sie ganz einfach durch die preußischen Siege auf dem Schlachtfeld entschieden worden seien. Deswegen müsse die „Reorganisation [...] zur Basis aller Bewilligungen gemacht werden". „Aber wo ein Ausgleich zu suchen ist", ergänzte ihn sein Kollege Karl Twesten, „da muß es einen Punkt geben, wo man sagt: bis hierher und nicht weiter." Natürlich ließen sich im Budget „gewisse Dinge", die zur Landesverteidigung notwendig seien, „niemals in Frage stellen, gewisse Dinge" müssten „unbedingt bewilligt werden". Aber „welche Punkte unbedingt zu bewilligen [seien] und welche nicht", das ließe „sich unmöglich im Vorweg und ein für allemal definiren". „Um überhaupt einen Einfluß mit maßgebender Stimme auf das Budget haben zu können", müsse für das Parlament prinzipiell „das Recht vorhanden sein, über jede Position des Budgets zu befinden", also auch über das Militär.[109]

Max von Forckenbeck, einer der Mitbegründer der Nationalliberalen Partei, der schon während des preußischen Verfassungskonfliktes eine Vermittlerposition eingenommen hatte und 1866 zum Präsidenten des preußischen Abgeordnetenhauses gewählt worden war, definierte noch genauer, wo die roten Linien seiner Fraktion lagen. Man könne nicht akzeptieren, „für alle Zukunft die Militair-Executive von allen Bedürfnissen, von allen Anforderungen [den Parlamenten] gegenüber [zu] befreien". Denn das hieße die völlige „Vernichtung des Budgetrechts, wie wir es in der Preußischen Verfassung haben, für alle Zukunft hin, in seinen wesentlichsten Beziehungen". Man sei aber bereit, anzuerkennen, „daß ein Uebergangsstadium nothwendig" sei, „weil mit der militairischen Organisation des Norddeutschen Bundes nicht gewartet werden" könne, „bis [ein] Bundes-Militairgesetz" zustande käme. Außerdem sei „eine Uebergangsbestimmung und zwar eine solche, welche die militairischen Kräfte des ganzen Norddeutschen Bundes für längere Jahre streng zusammenfaßt, wegen [der] äußeren Verhältnisse geboten".[110]

Auf Basis dieser Überlegungen stellte Forckenbeck einen Kompromissantrag. Danach sollte für eine Übergangsfrist von vier Jahren die Friedenspräsenzstärke des Heeres auf ein Prozent der Bevölkerung festgesetzt und ein Pauschbetrag von 225 Talern pro Soldat von den Einzelstaaten erhoben werden. Nach dem 31. Dezember 1871 sollten die Heeresstärke und die zu ihrer Aufrechterhaltung notwendigen Geldmittel auf dem Weg der Bundesgesetzgebung neu bestimmt werden. Forckenbeck machte also aus dem Aeternat und dem eisernen Militäretat eine Vierjahresregelung. Für diesen Kompromiss warb er vor allem mit der Abwägung „zwischen den Kriegsbedürfnissen und [...] den Bedürfnissen der Volkswirthschaft und der Finanzen". „Es ist doch ganz klar", betonte er, „daß die Bestimmung der Friedensziffer der Armee abhängig ist einmal von dem Bedürfnisse des Militairs, anderseits von dem Bedürfniß der Volkswirthschaft und der Finanzen, daß sie namentlich abhängig ist von der augenblicklich oder für eine Reihe von Jahren gegebenen politischen Lage des Landes, und daß dieses Factoren sind, die einem steten Wechsel unterworfen sind." Er begründete seinen Antrag also nicht mit der Einführung der vollen Budgetgewalt und dem damit verbundenen Ausbau der Stellung des Reichstages, sondern mit der Abwägung von wirtschaftlichen und militärischen Interessen. Damit baute er eine Brücke, über die auch gemäßigte Konservative gehen konnten. Das taten schließlich so viele, dass eine Mehrheit für seinen Antrag zustande kam.[111]

Als Bismarck nach Abschluss der ersten Verhandlungsrunde verkündete, welche Änderungen des Reichstages die verbündeten Regierungen akzeptierten und welche nicht, legte er gegen diesen Beschluss eines von insgesamt nur zwei Vetos ein. „Die Sicherstellung der Heereseinrichtungen", erklärte er, sei für die verbündeten Regierungen eine unabdingbare Voraussetzung für das Zustandekommen der Verfassung. Eine weitergehende Begründung für die Ablehnung der sogenannten Lex Forckenbeck lieferte er nicht. Als er für dieses Stillschweigen herbe Kritik erntete, gab er unmissverständlich zu verstehen, dass er nicht einsähe, sich auf „einen neuen rednerischen Kampf über Dinge einzulassen, über die wir sechs Wochen discutirt haben". Diese ungehaltene Reaktion kam nicht von ungefähr. Forckenbecks Kompromissformel hatte das Potenzial, einen Albtraum Bismarcks wahrzumachen. Könnten sich Parlament und Exekutive nicht wie in dem Amendement vorgesehen nach vier Jahren auf ein Bundesgesetz einigen, würde es keinen verfassungsmäßigen Militäretat geben und der Bund darüber wahrscheinlich in eine veritable Staatskrise schlittern. Einfach eine vierjährige Übergangsfrist ohne zusätzliche Sicherungen festzulegen, schüfe die „Möglichkeit", so Bismarck, „im Jahre 1872 einen Budgetconflict, einen Militairconflict zu erneuern, dessen Folgen sich in diesem Augenblicke nicht übersehen" ließen. Mit anderen Worten: Da Forckenbecks Regelung das eigentliche Problem, wie der Militäretat zu organisieren war, nicht löste, sondern nur verschob, konnte sie unter Umständen für eine Wiederholung des gerade erst beigelegten preußischen Budgetkonflikts auf Bundesebene sorgen. Darauf wollte sich Bismarck keinesfalls einlassen.[112]

Das musste er aber auch nicht. Sein Veto erzeugte genügend Druck, um die Nationalliberalen in ihrer Angst vor einem Scheitern der Verhandlungen einknicken und die Änderungen zum Militärbudget wieder revidieren zu lassen. Schon in den Hauptverhandlungen zur Budgetgewalt hatte Eduard Lasker erklärt, er und seine Kollegen wüssten in ihrem „patriotischen Pflichtgefühl [...] sehr wohl", dass sie sich „gewisser Rechte" zumindest „für die Zeiten der Gefahr" wahrscheinlich entäußern müssten. Dementsprechend verschoben sich ihre roten Linien jetzt nach rechts. Man halte zwar „als äußerste Grenzlinie [...] am Budgetrecht [nach Vorbild des] Preußischen Landtages fest", bekundete Lasker die Kompromissbereitschaft seiner Fraktion, sei aber bereit, alle „nöthigen Garantien in ausreichendem Maaße der Regierung zur Disposition" zu stellen.¹¹³

Diese Haltung mündete in eine gemeinsame Aktion der Nationalliberalen und Konservativen. Rudolf von Bennigsen und Hugo von Hohenlohe-Öhringen, die beiden liberalen beziehungsweise freikonservativen Vizepräsidenten des Reichstages, legten einen fraktionsübergreifenden Antrag vor, um den Streitpunkt Militäretat aus dem Weg zu räumen. Darin griffen sie einen Vorschlag des preußischen Generalstabschefs Helmuth von Moltke wieder auf, der in den Hauptverhandlungen zunächst keine Mehrheit gefunden hatte. Auch nach Ablauf der Übergangsfrist am 31. Dezember 1871 sollte der Pauschbetrag von 225 Talern und die Friedenspräsenzstärke von einem Prozent der Bevölkerung solange weiter gelten, bis ein Bundesgesetz zur Neuregelung der Heeresstärke in Kraft treten und damit die Berechnungsgrundlage für den Militärbeitrag der Einzelstaaten sich ändern würde. Die Militärausgaben sollten Teil des normalen Haushaltes werden, gleichzeitig jedoch gebunden sein an „die auf Grundlage dieser Verfassung gesetzlich feststehende Organisation des Bundesheeres". Eine breite Mehrheit der Abgeordneten akzeptierte diese Lösung und nahm den Antrag an. Es gab nur achtzig Gegenstimmen, die mehrheitlich aus den Reihen der Fortschrittspartei und Bundesstaatlich-Konstitutionellen Vereinigung kamen.¹¹⁴

Man fand also einen Ausweg aus der vertrackten Situation, indem man das Aeternat und den eisernen Etat zu unbefristeten Provisorien machte. Dieser vermeintliche Kompromiss ging eindeutig zulasten des Parlaments. Anders als beim Normaletat war der Reichstag bei seiner Entscheidung über die Militärausgaben nämlich nicht frei. Der Haushaltsbeschluss war dauerhaft an die in der Verfassung festgelegte Heeresstärke geknüpft, es sei denn, es käme zu einem entsprechenden Bundesgesetz. Dafür war jedoch die Zustimmung des Bundesrates nötig. Die monarchischen Regierungen konnten also eine Änderung des Status quo jederzeit verhindern und die in der Verfassung getroffenen Arrangements so zu einer Dauereinrichtung machen. De facto entzog die neue Regelung das Militär also der jährlichen Bewilligung. Der Militäretat wurde für unabsehbare Zeit von der parlamentarischen Budgetgewalt ausgenommen und dem Reichstag damit der wirkungsvollste Hebel gegenüber der Exekutive vorenthalten.

Und trotzdem: Die gefundene Lösung verbesserte die Stellung des Reichstages im Vergleich zum Entwurf deutlich. Nach den neuen Regeln hatte das Parlament zumindest theoretisch die Chance, in Zukunft einen echten Zugriff auf den Militärhaushalt zu erhalten. Das war aus Sicht der Nationalliberalen besser, als die Verfassungsgebung an der Budgetfrage scheitern zu lassen, zumal ihnen die Zukunftsaussichten günstig schienen. Die Zentralisierung, mit der sie so fest rechneten, würde den Reichstag gegenüber den einzelstaatlichen Regierungen automatisch stärken. Das würde auch in militärischen Angelegenheiten gelten. Auf Vorschlag zweier sich inhaltlich überschneidender Anträge von Karl Twesten und seinem linksliberalen Kollegen Wilhelm Schaffrath hatte der Reichstag nämlich schon vor dem Kompromiss in der Budgetfrage beschlossen, das ganze Militärwesen einschließlich der Kriegsmarine in die Gesetzgebungskompetenz des Bundes zu überführen, um die Einheitlichkeit der Truppe sicherzustellen. Dank dieser Vorkehrung würde sich die Verhandlungsposition des Reichstages gegenüber dem Bundesrat auch in wichtigen militärischen Fragen wie der Friedenspräsenzstärke verbessern, wenn der Bund wirklich zum Schwerpunkt der politischen Regulierung werden würde. Das gab den Nationalliberalen die Zuversicht, dass es unter günstigen Umständen dem Reichstag gelingen könnte, sein Mitspracherecht über die Militärausgaben, das sie ihm in den Verhandlungen gesichert hatten, zu nutzen, um schrittweise auch Militär und Marine unter seine volle Budgetgewalt zu bringen. Anders gesagt: Es stand zwar immer noch eine Schutzmauer um die monarchische Prärogative des Militärs. Durch die Änderungen, die die Nationalliberalen durchsetzen konnten, war sie aber nicht mehr ganz so hoch.[115]

Wie niedrig sie geworden war, zeigte sich in Bismarcks Unzufriedenheit mit dem Kompromiss. Er stimmte genau wie einige andere Konservative dagegen, weil vorher ein Zusatzantrag seines Protegés und späteren Vizekanzlers Otto zu Stolberg-Wernigerode abgelehnt worden war. Dieser Vorschlag hatte ausdrücklich festlegen wollen, dass bis zum Erlass eines neuen Präsenzgesetzes die in der Verfassung aufgeführten „Bestimmungen von Jahr zu Jahr in Kraft bleiben" sollten. Ohne diese zusätzliche Absicherung schien Bismarck die gefundene Regelung – so sehr sie auch die monarchische Exekutive begünstigte – nicht genügend Schutz gegen den Reichstag und eventuelle liberale Mehrheiten zu bieten. So, wie die Dinge in der Verfassungsversammlung lagen, hatte er aber keine andere Wahl, als den Kompromiss letztlich als die einzig mögliche Lösung zu akzeptieren.[116]

Neben seinen Rechten gegenüber den anderen Bundesorganen hing das Entwicklungspotenzial des Reichstages auch von den Vorschriften zu seiner inneren Zusammensetzung ab. Hier konnten die Liberalen ebenfalls einige wichtige Erfolge erzielen. Dabei mussten sie sich mit einem Wahlsystem auseinandersetzen, dem sie grundsätzlich skeptisch gegenüberstanden. Bismarck übernahm für seinen Entwurf aus den gleichen Gründen wie schon für das Wahlgesetz zum konstituierenden Reichstag die Wahlrechtsgrundsätze der Frankfurter Paulskirche. Die meisten Liberalen sahen darin eine ernsthafte Gefahr für den Parlamentarismus. Ähnlich wie die Konservativen fürchteten sie, dass das allgemeine Wahlrecht das Schicksal der Nation in die Hände der Besitz-, Mittel-, und Bildungslosen legen würde. An ihrer Präferenz für ein Zensuswahlrecht hatte sich seit dem Zusammentritt der Verfassungsversammlung nichts geändert. Allerdings sprachen sich nur wenige offen gegen das allgemeine Wahlrecht aus. Am deutlichsten wurde Heinrich von Sybel. „Soweit meine historische Erfahrung reicht", warnte der Geschichtswissenschaftler die anderen Abgeordneten, „ist die Ausführung des allgemeinen, directen und gleichen Wahlrechts für jegliche Art des Parlamentarismus immer der Anfang vom Ende gewesen". Denn sie führe geradewegs in die „Dictatur der Democratie".[117]

Die meisten seiner Kollegen vermieden solche Grundsatzdebatten. Sie fanden sich einfach mit der Tatsache ab, dass für den Moment kein Weg hinter die Bestimmungen zurückführte, die für die Wahl der Versammlung gegolten hatten, in der sie gerade die Verfassung für den neuen Bund berieten. Eine Auswechslung des Wahlrechts schien in dieser Situation absurd. Der westpreußische Jurist Friedrich Meyer und andere Vertreter des rechten Flügels der Nationalliberalen argumentierten sogar, dass es unter den gegebenen Verhältnissen „eine nationale Pflicht sei", das allgemeine Wahlrecht auch gegen die eigenen Überzeugungen anzunehmen. Den Grund dafür erläuterte ihr Wortführer. „In dem gegenwärtigen Augenblicke", betonte Johannes von Miquel, müsse man das allgemeine Wahlrecht einfach als einen „Appell an alle Klassen und alle Stände, an die Angehörigen aller Staaten der deutschen Nation" verstehen, „sich gleichmäßig bei der Bildung eines großen neuen deutschen Staates zu betheiligen". Es sei „ein Aufruf an alle Deutschen, einmal wenigstens, wenigstens für jetzt, wo uns die große Aufgabe der Bildung eines neuen Staates vorliegt, wenigstens für jetzt einmal sich zu befreien von den Bornirtheiten der Gemeinde, des Staates, und selbst der Unterschiede der Bildung, von den Bornirtheiten der Particular-Staaten, und nur einmal als Deutsche die Hand gleichmäßig anzulegen an das schwere Werk, für das wir hier thätig sind".[118]

Teile der Nationalliberalen winkten das allgemeine Wahlrecht also auch deshalb durch, weil sie sich davon eine einigende Wirkung versprachen. Sie sahen genau wie die meisten anderen Abgeordneten der Fraktion aber auch eine große Gefahr: die Manipulation des Wahlvolkes. Bismarck versicherte in der Debatte über das allgemeine Wahlrecht zwar, dass die verbündeten Regierungen nicht für diesen Wahlmodus einträten, weil sie „ein tief angelegtes Complott gegen die Freiheit der Bourgeoisie in Verbindung mit den Massen zur Errichtung eines cäsarischen Regiments" planten. Trotzdem war die Angst davor groß, dass das allgemeine Wahlrecht zur „Beeinflussung [der Wähler] von außen in der verschiedensten Art" genutzt werden könnte, wie der Weimarer Abgeordnete und Mitbegründer des Nationalvereins Hugo Fries erklärte. Man erwartete die Entwicklung völlig neuer Methoden systematischer Wahlbeeinflussung, für die der Staatsapparat viel besser gerüstet sein würde als die Parteien. Das Wahlvolk müsse aber letztlich vor beiden geschützt werden, argumentierte Fries, weil jede Wahlmanipulation auf das Gleiche hinausliefe: „Auf der einen Seite steht der organisirte Terrorismus, und auf der anderen der nicht organisirte."[119]

Fries beantragte deshalb im Namen der Nationalliberalen, in die Reihe der Wahlrechtsgrundsätze die „geheime Abstimmung" mit aufzunehmen. Weder Bismarck noch die konservativen Fraktionen setzten dieser Garantie des Wahlgeheimnisses großen Widerstand entgegen. Vermutlich rechneten sie damit, dass diese Bestimmung in der Praxis nicht viel wert sein würde und die Wahlvorsteher besonders in den ländlichen Gebieten auch weiterhin die Stimmabgabe würden beeinflussen können. Der Antrag wurde daher mit großer Mehrheit angenommen. Für die Nationalliberalen war das ein bedeutender Erfolg. Trotz aller Zweifel an der praktischen Umsetzbarkeit des Wahlgeheimnisses stärkte seine verfassungsrechtliche Garantie die Legitimationsbasis des Reichstages als eigenständige Vertretung der Nation. In Verbindung mit dem allgemeinen Wahlrecht machte sie ihn zum „wahren Ausdruck der Volksmeinung", wie Fries betonte. Das war deswegen wichtig, weil das Parlament so den Vertretern der Exekutive mit der Gravitas einer über jeden Zweifel erhabenen Volksvertretung würde entgegentreten können.[120]

Bismarcks Entwurf enthielt allerdings zwei Wahlrechtsbeschränkungen, die den Reichstag gewissermaßen von innen heraus aushöhlten: den Ausschluss von Beamten und das Verbot von Diäten. Die Unvereinbarkeit von Staatsamt und Parlamentsmandat sollte verhindern, dass sich Beamte im Reichstag der Opposition anschließen und gegen die Regierungsstellen arbeiten würden. Genau das war in den Jahren zuvor im preußischen Abgeordnetenhaus passiert. Während des Konflikts über die Finanzierung der Heeresreform hatten sich Beamte immer wieder zu Wortführern der liberalen Opposition gemacht und so die Autorität der Regierung, der sie eigentlich dienten, untergraben. Der Ausschluss der Beamten vom passiven Wahlrecht sollte daher „die Integrität des preußischen Beamtenstandes" retten und den „mannichfachen Uebelständen, die mit der Beteiligung der Beamten an den öffentlichen Verhandlungen zweifellos verbunden sind", vorbeugen, wie Bismarck im Reichstag erklärte. Außerdem sei das Beamtenverbot eine Präventionsmaßnahme gegen den Partikularismus. Schließlich müsse man damit rechnen, „daß Beamte zu sehr geneigt sein möchten, den particularistischen Regungen derjenigen Bundesregierung, der sie dienen, Ausdruck zu geben in der Versammlung".[121]

Die Liberalen sahen in solchen Argumenten ein rein politisches Manöver und verurteilten den Beamtenausschluss als Anschlag auf den Parlamentarismus. Der konstituierende Reichstag war ein Beamtenparlament. Von den 297 Abgeordneten standen 135 in Staatsdiensten, vor allem in der Verwaltung und Wissenschaft, weitere 23 waren pensionierte Beamte. Schon aus Selbsterhaltungsgründen drohten die liberalen Fraktionen daher, den Entwurf abzulehnen, sollte der Beamtenausschluss nicht aufgehoben werden. Karl Twesten rechnete vor, wie sehr diese Beschränkung die Zusammensetzung des nationalen Parlamentes schon allein hinsichtlich der preußischen Abgeordneten treffen würde: „Aus den Preußischen Provinzen befinden sich hier im Hause 87 unmittelbare Staatsbeamte, außerdem noch 21 außer Dienst und 6 Communalbeamte, im Ganzen 60 Procent unserer ganzen Versammlung. Ja, meine Herren, wenn man diese 60 Procent oder auch nur 46 Procent der unmittelbaren Staatsbeamten ausschließt, würde allerdings die Physiognomie des Hauses sich sehr verändern und viele Gesichter würden in der Zukunft fehlen."[122]

Durch die Entschlossenheit, mit der die Liberalen die Aufhebung der Vorschrift zur unabrückbaren Bedingung für ihre Zustimmung zum Verfassungsentwurf erklärten, gelang es ihnen tatsächlich, dass alle Beamten zur Wahl des Reichstages zugelassen wurden. Selbst ein Antrag des konservativen Abgeordneten Werner von der Schulenburg, zumindest Geistliche und Richter vom passiven Wahlrecht auszuschließen, fiel durch, und das, obwohl Bismarck ausdrücklich dafür plädiert hatte. Der Kompromissvorschlag, der sich schließlich durchsetzte, sah nur eine Einschränkung vor. Auf Antrag des Nationalliberalen Guido Henckel von Donnersmarck, der als oberschlesischer Industrieller zu den reichsten Männern Deutschlands gehörte, wurde beschlossen, dass ein Abgeordneter sein Mandat verliere, wenn er in den Dienst des Bundes oder eines Einzelstaates neu eintrete oder dort ein höherrangiges beziehungsweise höher besoldetes Amt annehme. Diese Vorschrift verhinderte zwar, dass Parlamentarier eine hohe Position in der Exekutive, etwa ein Ministeramt, übernehmen und gleichzeitig ihr Mandat behalten konnten, ließ es den Geschassten aber offen, bei der nächsten Wahl wieder anzutreten und ihren Sitz im Reichstag zurückzugewinnen. Für die Nationalliberalen war die Durchsetzung dieser weiten Regelung des passiven Wahlrechtes für Beamte ein durchaus wichtiger Erfolg in ihrem Versuch, Bedingungen zu schaffen, unter denen der Reichstag mit der Zeit mehr Einfluss gewinnen konnte. Die Zulassung von Beamten stärkte die einzelnen Fraktionen und das Parlament insgesamt erheblich. Denn sie stellte sicher, dass die Parteien profunde Sachkenner aus Verwaltung, Justiz, Wissenschaft und Militär in den Reichstag entsenden konnten, um dort den Exekutivvertretern bei der Verhandlung von Gesetzen die Stirn zu bieten.[123]

Trotz dieser Verbesserung der Stellung des Parlaments willigte Bismarck relativ schnell in die Zulassung der Beamten ein. Ein wesentlicher Grund war vermutlich, dass auch die konservativen Parteien äußerst viele Staatsdiener in ihren Reihen hatten. Bei deren Ausschluss wäre es schwierig gewesen, in Zukunft noch konservative Fraktionen zu stellen, die den Liberalen im Reichstag würden Paroli bieten können. Außerdem war es unklar, wie sehr ein Beamtenausschluss wirklich im Interesse der monarchischen Regierungen lag. Man konnte genauso gut spekulieren, dass die Präsenz von Beamten, die der Disziplinargewalt ihrer Dienstherren unterlagen, der Exekutive eine Möglichkeit zur Einflussnahme auf das Parlament geben würde. Nicht zuletzt hatte Bismarcks Einwilligung in die Aufhebung des Beamtenverbots aber auch verhandlungstaktische Gründe. Von den beiden Wahlrechtsbeschränkungen war ihm das Verbot von Diäten, das er schon in den Putbuser Diktaten als ein zentrales Anliegen definiert hatte, deutlich wichtiger. Um diese Vorschrift durchzubringen, war er absolut bereit, den Beamtenausschluss fallen zu lassen.[124]

Befeuert von der Presse entwickelte sich die Diätenfrage im Laufe der Verhandlungen zu einem der großen Knackpunkte zwischen Reichstag und verbündeten Regierungen. Die Linksliberalen, die große Mehrheit der Nationalliberalen, einige Altliberale, viele Abgeordnete der Bundesstaatlich-Konstitutionellen Vereinigung und die polnische Fraktion stemmten sich mit aller Macht gegen das Verbot. Das hatte vor allem strukturelle und präventive Gründe, die Karl Twesten in einer scharfsinnigen Analyse zusammenfasste. Die Verweigerung von Diäten belege das passive Wahlrecht de facto mit einem „hohen Census", der „bei dem allgemeinen directen Wahlrecht [...] als ein Widerspruch und als eine Ungerechtigkeit in den weitesten Kreisen des Volkes empfunden werden" würde. Denn „jeder zu Wählende" müsste bei einem solchen Verbot im teuren Berlin jährlich „mindestens eine Summe von etwa 300 Thalern für die parlamentarischen Angelegenheiten übrig" haben. Das könnten eine „große Anzahl von Beamten", aber auch viele Gutsbesitzer einfach nicht leisten. Ein Diätenverbot träfe damit die konservativen genauso wie die liberalen Parteien. Außerdem sei es wahrscheinlich, dass ein derartiger Eingriff in die parlamentarische Selbstbestimmung „für künftige Zeiten ein [sehr] großes [...] Agitationsmittel gegen eine ruhige Entwicklung unserer staatlichen Zustände werden", also zu revolutionären Tendenzen beitragen könne.[125]

Kurz nach Twestens Rede kam es zu einer namentlichen Kampfabstimmung. Mit nur sechs Stimmen Vorsprung setzte sich der Antrag der beiden Nationalliberalen Adolph Weber und Edo Heinrich von Thünen durch, der vorsah, dass „die Mitglieder des Reichstages [...] aus der Bundeskasse Reisekosten und Diäten nach Maßgabe des Gesetzes" erhalten sollten. Bismarck reagierte auf diese Änderung zunächst überhaupt nicht. Schon in der vorhergehenden Debatte war er mit keinem Wort auf die Kritik und die Kompromissvorschläge der Liberalen eingegangen. Als er aber nach Abschluss der Vorberatungen im Namen der einzelstaatlichen Regierungen zu den gesammelten Änderungsvorschlägen des Reichstages Stellung nahm, erklärte er neben der Regelung des Militäretats „die Frage über Bewilligung von Diäten" zu einem der „beiden Punkte, in deren gegenwärtiger Fassung die verbündeten Regierungen ein Hinderniß des Zustandekommens der Vereinbarung erblicken". Er legte also ein unmissverständliches Veto gegen den Beschluss zur Einführung von Diäten ein. Eine nähere Begründung lieferte er nicht.[126]

Dieses hartnäckige Beharren auf dem Diätenverbot – einer Regelung, die im Verhältnis zu vielen anderen vom Reichstag geänderten Bestimmungen relativ unbedeutend war – ist nur schwer nachzuvollziehen, zumal es in den meisten Einzelstaaten, nicht zuletzt in Preußen, schon seit Langem Diäten gab. Ursache war wohl ein Gemisch unterschiedlicher Überlegungen. Einerseits sah Bismarck genau wie viele andere Konservative den indirekten Zensus, den das Verbot bedeutete, als notwendige Ergänzung zum allgemeinen Wahlrecht. Sie sollte verhindern, dass die Unterschicht beziehungsweise die Arbeiterklasse Zugang zum Parlament erhielt und dort gegen die politischen und wirtschaftlichen Eliten propagieren konnte. Schon in den Verhandlungen mit den Regierungsvertretern der anderen Einzelstaaten hatte Bismarck Diäten in diesem Sinne als „Besoldung des gebildeten Proletariats zum Zwecke des gewerbsmäßigen Betriebes der Demagogie" verdammt.[127]

Andererseits sollte die rote Linie, die Bismarck beim Verbot der Diäten zog, vermutlich auch ein Signal an alle Konservativen inner- und außerhalb des Reichstages sein. Er wollte damit klarmachen, dass die verbündeten Regierungen trotz der vielen, sehr weitgehenden Änderungen, die sie am Entwurf akzeptierten, nicht alles mit sich machen ließen und daher kein Anlass zu der Sorge bestünde, es könne womöglich ein demokratisches System entstehen. Um dem Nachdruck zu verleihen, drohte er sogar mit seinem Rücktritt. Sollte die Bewilligung der Diäten nicht zurückgenommen werden, würde er „außer Stande sein [...], die Verantwortung für die Durchführung des [...] vorliegenden Werkes zu tragen". Er würde „in demselben Augenblicke an Seine Majestät den König die Bitte richten", ihn seiner „Stellung nicht nur als Bundes-Commissar, sondern als Preußischer Minister – denn auch diese ist in einer unzertrennbaren Beziehung zu diesem Verfassungs-Entwurf – zu entheben", und den Befürwortern der Diäten „die Chance geben, an der Spitze der Majorität, mit der [sie] mich geworfen haben würde[n], zu versuchen, ob [sie] ebenso gut zu regieren wie zu reden" verstünden.[128]

Vor allem der rechte Flügel der Nationalliberalen gab diesem Druck schließlich nach und bescherte dem Antrag des konservativen Rittergutsbesitzers Heinrich Leonhard von Arnim-Heinrichsdorf auf Wiedereinführung des Diätenverbots eine deutliche Mehrheit. Dafür gab es verschiedene Gründe. Dass das Diätenverbot Vertreter der unteren sozialen Schichten davon abhielt, für das Parlament zu kandidieren, begrüßten die meisten Liberalen heimlich. Sie sprachen ihre Vorbehalte zwar nicht offen aus, gaben sie aber immer wieder in ihren Warnungen vor revolutionären Gefahren zu erkennen. Die wenigen Nationalliberalen, die das Diätenverbot offen befürworteten, wie der hessische Verwaltungsbeamte und ehemalige Landtagsabgeordnete Wilhelm Jungermann, gaben durchaus zu, dass ohne Diäten „Mancher, der der rechte Mann wäre, nicht hierher gewählt" werden würde. Darauf komme es aber nicht an. Viel wichtiger sei, dass ohne Diäten „sehr Viele, die die unrechten Männer wären, nicht hierhier gewählt würden". Außerdem bedeutete gerade für die Nationalliberalen das Verbot von Diäten keine allzu großen finanziellen Schwierigkeiten. Sie hatten schon bei der Wahl zum konstituierenden Reichstag bewiesen, dass sie fehlende Diäten durch entsprechende Parteifonds wettmachen und so allen Kandidaten, die sie für wichtig hielten, den Einzug ins Parlament ermöglichen konnten. Auf dieses System würde auch künftig Verlass sein.[129]

Nicht zuletzt deswegen schienen ihnen ihre anderen Erfolge groß genug, um auf die Bewilligung von Diäten zähneknirschend verzichten zu können. Mit der Durchsetzung der Beamtenzulassung und der geheimen Wahl hatten sie das ungeliebte allgemeine Wahlrecht schon so weit zurechtgebogen, dass es einer künftigen Ausdehnung des Parlamentseinflusses über die Exekutive wenigstens nicht im Wege stehen, wenn nicht sogar förderlich sein würde. Ihre Zustimmung zum Diätenverbot war also eine ganz pragmatische Entscheidung. Deren Ziel war, ein Scheitern der Verhandlungen zu vermeiden, die durchgesetzten Verbesserungen in der Stellung des Reichstages zu sichern, und so dem Parlament eine Chance zur Entfaltung seines durch diese Änderungen gesteigerten Entwicklungspotenzials zu geben.

Rudolf von Bennigsen machte das deutlich, als er begründete, warum er genauso wie viele seiner „am nächsten stehenden Freunde" entgegen seines früheren Votums „heute für die Vorlage der Regierung stimmen werde". Man müsse sich „die Frage stellen, ob [man] wegen eines einzelnen, wenn auch noch so erheblichen Punktes abermals in Deutschland den Versuch, eine Verfassung zu begründen, zu Grunde gehen [...] lassen" wolle. Er und seine Kollegen könnten „die Verantwortlichkeit dafür nicht übernehmen". Klüger als eine Fundamentalopposition wie die Linksliberalen einzunehmen, sei es, darauf zu hoffen, in „den nächsten Jahren [...] im Reichstage über die Bewilligung der Diäten im Wege der Gesetzgebung eine andere Vereinbarung [...] treffen" zu können. Es gehe schließlich um das große Ganze. Der Entwurf möge „große Mängel" wie das Diätenverbot aufweisen und alles andere als „logisch" sein. Er sei jedoch immerhin ein „zusammenhängendes, zwar verbesserungsbedürftiges, aber auch verbesserungsfähiges Werk". „Die ganze Lage Deutschlands" sei „so günstig, daß aus diesem Verfassungswerke nicht blos für die Machtentwickelung der Deutschen Staaten, sondern auch für die innere Entwickelung der Deutschen Nation viele und große Vortheile hervorgehen" würden. Deshalb könne man „an einzelnen Punkten [...] nicht das ganze Verfassungswerk scheitern" lassen. Kurzum: Auch ohne Diäten schien den Nationalliberalen das Entwicklungspotenzial, das sie dem Reichstag mit auf den Weg gaben, groß genug, um endlich den Schritt in den Nationalstaat zu wagen.[130]

## VII. Der Kanzler und die Verantwortlichkeit

Die Nationalliberalen hielten die Aussicht auf eine künftige Ausweitung parlamentarischen Einflusses nicht zuletzt deswegen für so gut, weil es ihnen gelang, den einzig möglichen Angriffspunkt, den Bismarcks Gefüge der Bundesorgane dem Reichstag in der Exekutive gab, verwundbar zu machen: den Bundeskanzler. Dessen Stellung definierte der Entwurf äußerst widersprüchlich. Auf der einen Seite war der Kanzler gemäß der Putbuser Ideen Bismarcks auf die Rolle des Vorsitzenden des Bundesrates beschränkt. Träger der Regierungsgewalt war der Bundesrat als Vertretung des kollektiven Souveräns des Fürstenbundes. Der Kanzler leitete nur dessen Geschäfte als Präsidialgesandter Preußens. In eben jener Funktion unterstand er der Instruktion des preußischen Außenministers und war damit vom Reichstag weitgehend abgeschirmt. Auf der anderen Seite war er dazu verpflichtet, die Anordnungen des Bundespräsidiums mitzuunterzeichnen. Diese Gegenzeichnungspflicht, die erst auf der Konferenz der einzelstaatlichen Regierungen in Bismarcks Entwurf eingefügt worden war, zog den Kanzler halb aus dem Bundesrat heraus und halb in den Kompetenzbereich des Bundespräsidiums hinein. Er war demnach der Geschäftsführer von beiden. Dadurch wurde er zwar unabhängiger von seinen preußischen Wurzeln, ähnelte jedoch auch mehr einem Minister des Bundes. Eingedenk dieser Stellung deutete die Gegenzeichnungspflicht zumindest stark darauf hin, wie schon im vorangegangenen Kapitel gezeigt, dass der Kanzler für die Anordnungen des Bundespräsidiums verantwortlich war. Der Entwurf erwähnte diese Verantwortlichkeit aber mit keinem Wort.[131]

Das wollten viele Liberale ändern. Durch die ausdrückliche Definition seiner Verantwortlichkeit wollten sie den Kanzler in eine Position hineindrängen, in der er dem Reichstag gleich einem Regierungschef gegenüberstehen würde. Damit nämlich wäre das Tor zu einem parlamentarischen Regierungssystem offen gewesen, in dem der Kanzler vom Reichstag abhängig sein würde. Niemand schlug allerdings vor, eine parlamentarische Ministerverantwortlichkeit einzuführen, wie wir sie heute kennen. Den Kanzler direkt von der Mehrheit des Parlamentes wählen und abwählen zu lassen, schlugen selbst die radikalsten Liberalen nicht vor. Stattdessen plädierten die Linksliberalen und eine Mehrheit der Nationalliberalen für eine straf- und zivilrechtliche Verantwortlichkeit des Kanzlers. Sie wollten dem Reichstag das Recht geben, ihn vor einer gerichtlichen Instanz anklagen zu können.[132]

Dieses Instrument der Ministeranklage gehörte fest zum staatsrechtlichen Repertoire des Konstitutionalismus. Es war Teil der Frankfurter Reichsverfassung gewesen und tauchte in verschiedenen Ausprägungen auch in den Verfassungen auf, die nach den 1848er-Revolutionen von den monarchischen Kräften erlassen wurden. Die preußische Verfassung gab den Kammern zum Beispiel das Recht, die Minister vor dem obersten Gerichtshof der Monarchie anzuklagen. Auch wenn das dazugehörige Ausführungsgesetz, das die Verfassung zur Regelung der Details vorsah, nie zustande gekommen war, gab es also wichtige historische Vorbilder, auf die man zur Regelung der Verantwortlichkeit des Kanzlers zurückgreifen konnte. Dennoch waren sich die Liberalen bezüglich der Einzelheiten alles andere als einig. Weder bestand ein Konsens darüber, ob der Kanzler nur für Verfassungs- und Gesetzesbrüche oder auch für andere Vergehen, wie Korruption und Verrat, oder gar für jedes Versäumnis seiner amtlichen Tätigkeit, also zum Beispiel für die Überschreitung einer Frist beim Vollzug einer Verordnung, zu belangen sein sollte. Noch herrschte Klarheit darüber, vor welcher gerichtlichen Instanz – etwa einem obersten Gerichtshof oder einem speziellen Ausschuss des Reichstages – eine Ministeranklage zu verhandeln sei.[133]

Besonders weit gingen die Ansichten aber darüber auseinander, welche Funktion eine Verantwortlichkeit des Kanzlers eigentlich haben sollte. Die Frontlinien verliefen dabei ähnlich wie schon in der Diskussion über den Zweck der parlamentarischen Budgetgewalt. In den Augen der Linksliberalen war die Ministerverantwortlichkeit genauso wie das Bewilligungsrecht vor allem ein Druckmittel, durch das der Reichstag den Kanzler kontrollieren, Konflikte mit ihm austragen und so letztlich zur Zusammenarbeit zwingen können sollte. Als „Schlußstein des constitutionellen Systems", erklärte Schulze-Delitzsch, mache die Ministerverantwortlichkeit die Verfassung erst zu einem Kompromiss zwischen monarchischer Exekutive und parlamentarischer Volksvertretung. „Ohne Hinzufügung dieser Garantie bei der Regierungsgewalt des Bundes" neige „die Spitze dieses Bundes nothwendig zum Absolutismus hin". Sein sächsischer Kollege Wilhelm Schaffrath, einer jener „radikalen" Veteranen der Paulskirche, der nach dem Scheitern der Revolution zeitweise ins Schweizer Exil gehen musste, zweifelte gar an, dass die Verfassung irgendeinen Wert habe, wenn sie den Bundeskanzler nicht verantwortlich mache. „Ohne die Verantwortlichkeit" sei „die Verfassung selbst bei einem vollen Bewilligungsrechte des Reichstages fast nichts mehr als ein Stück Papier". Denn „ohne diese Verantwortlichkeit der Bundes-Exekutive" sei „auch die vorliegende Bundes-Verfassung, wie jede Verfassung, nur von dem guten Willen der Exekutive abhängig". Da die Ministerverantwortlichkeit das Mitspracherecht des Parlamentes sichere, führte Benedikt Waldeck diesen Gedanken weiter aus, sei sie „der größte Sieg, den die Civilisation in unseren Europäischen civilisirten Staaten errungen" habe. Allein sie stelle sicher, dass in Europa selbst ein absoluter Monarch nicht wie „in Asien [...] ein Schah [...] machen kann, was er will". Versäume man es daher, sie einzuführen, werde die Verfassung nichts anderes „als das römische Imperatorenthum" errichten.[134]

Die Nationalliberalen verstanden dagegen die Ministerverantwortlichkeit nicht als Ultima Ratio des Parlaments zur Durchsetzung von politischen Forderungen gegenüber der Exekutive, sondern als Mittel zur Sicherung des Rechtsstaates und zur Verständigung zwischen den Regierungsorganen. „Wenn eine Verfassung ihrer Aufgabe, das Recht zu schützen, vollständig entsprechen will", betonte der Göttinger Jurist Gottlieb Planck, Onkel des berühmten Physikers Max Planck, „so muß durch sie festgesetzt werden, daß in streitigen Fällen durch richterlichen Spruch festgestellt werde, – sei es im Wege der Ministerverantwortlichkeit oder in einem anderen Wege – ob die Regierungsverfügung mit der Verfassung übereinstimmt oder nicht". Die Verantwortlichkeit des Bundeskanzlers näher zu definieren, habe also „den Zweck [,] das Recht sicher zu stellen". Außerdem könne der Kanzler nur als „verantwortliches Organ" jenes „Zwischenglied" zwischen Volksvertretung und Bundespräsidium beziehungsweise preußischer Krone bilden, das „ganz unentbehrlich" sei, um eine Verständigung zwischen Monarchismus und Parlamentarismus zu erreichen. Nähme er diese Rolle nicht ein, müsse der Reichstag „entweder sich mit einem Monologe [...] begnügen oder auch hier direct der Krone gegenüber [...] treten", das heißt, sie unter Umständen für umstrittene Maßnahmen unmittelbar angreifen. Letzteres würde aber „der Stellung der Krone" schlecht entsprechen. Deswegen habe die Einführung der Ministerverantwortlichkeit „in erster Linie den Zweck, die Krone aus dem Kampf der Parteien frei zu halten", und gerade „nicht, [...] eine parlamentarische Regierung herbeizuführen".[135]

Die Konservativen schenkten solchen Beteuerungen wenig Glauben und lehnten jede Form der Verantwortlichkeit rundweg ab, durch die das Parlament den Kanzler vor ein Gericht hätte zerren und somit Kontrolle über seine Amtsausübung hätte gewinnen können. So verurteilte Hermann Wagener die juristische Ministerverantwortlichkeit als „sehr angenehmes Spielzeug für constitutionelle Parteien", das „vielmehr eine Waffe der Minister gegen das Königthum [...] als ein Schutz der Parlamente gegen die Minister" sei. Außerdem habe sie „überhaupt nur eine Wirkung [...] einer schwachen Regierung gegenüber". Wolle man aber eine starke Zentralgewalt im neuen Bund, wie ja alle Liberalen vorgäben, sei „diese Form der Verantwortlichkeit wiederum ganz überflüssig". „So lange [nämlich das Parlament] einer starken Regierung gegenüber" stehe, bleibe „die Verantwortlichkeit [nur] auf dem Papiere".[136]

Diese rigorose Haltung der Konservativen machte es unmöglich, unter den Abgeordneten eine Mehrheit für die Einführung einer juristischen Verantwortlichkeit des Kanzlers zustande zu bringen. Bismarck hätte gegen einen solchen Beschluss des Reichstages vermutlich ohnehin im Namen der verbündeten Regierungen Protest eingelegt. Damit war die Debatte über die Verantwortlichkeit des Kanzlers aber nicht erledigt. Die Altliberalen und weite Teile des rechten Flügels der Nationalliberalen schlugen vor, statt einer juristischen Verantwortlichkeit gegenüber einem Gericht, die sowieso wirkungslos und veraltet sei, eine „politische" oder „moralische Verantwortlichkeit" gegenüber der Öffentlichkeit einzurichten. Der Göttinger Abgeordnete Adolph Weber führte aus, was damit gemeint war. Wenn der Kanzler vor dem Reichstag für Gesetzesentwürfe und andere Regierungsmaßnahmen Rede und Antwort stehe, sei es im Namen des Bundespräsidiums oder des Bundesrates, übernehme er damit automatisch eine Verantwortlichkeit gegenüber der im Parlament verkörperten öffentlichen Meinung. Diese Verantwortlichkeit müsse man in der Verfassung festschreiben. Dann sei dem Reichstag im Gegensatz zur juristischen Ministerverantwortlichkeit sogar „die Möglichkeit gegeben, das Ministerium zu beseitigen". Diese Möglichkeit bestünde „in der freien Discussion, in dem Recht des Parlaments, das Ministerium vorzufordern und von ihm Auskunft zu verlangen, in dem Rechte der Interpellation, in dem Rechte, sich über Maaßregeln des Ministeriums zu beschweren und Adressen an den König zu erlassen".[137]

Heinrich von Sybel betonte gleich zu Beginn der Debatte über die Bundesorgane, wie effektiv diese Form der Verantwortlichkeit sei: „Die wirksame Ministerverantwortlichkeit besteht nicht in irgend einer Criminalverfolgung eines verbrecherisch handelnden Ministers. [...] Die wirksame Verantwortlichkeit [...] das ist die öffentliche, jährlich wiederkehrende, unumwundene, unbeschränkte Discussion; die wirkliche Verantwortlichkeit [...] das ist jene öffentliche Meinung, die in unseren Tagen nicht mehr die sechste, sondern die erste der Großmächte genannt werden muß [...] Keine Regierung hat in den modernen Verhältnissen Bestand, die auf Dauer vor dem Ausspruch dieses Gerichtes nicht besteht."[138]

Sybels altliberaler Kollege Georg von Vincke erklärte, was diese Macht der öffentlichen Meinung für das Verhältnis zwischen Kanzler und Parlament bedeutete. „Hat der Reichstag [...] überhaupt eine Bedeutung, so ist damit alles gegeben; auf die Dauer wird kein Bundeskanzler, wird keine Bundesregierung überhaupt mit einem Reichstage, der eine wirkliche Macht in sich schließt, fertig werden, wenn sie nicht entweder sich seinen Beschlüssen accomodirt oder [...] ihre Plätze wechselt und Anderen überläßt, die mehr im Einklange mit den Ansichten des Reichstages sich befinden. [...] Das ist es, was man politische Verantwortlichkeit nennt, und neben der ist die juristische Verantwortlichkeit ein wahres Spielwerk für Kinder." Daraus zog Vincke den Schluss, dass die Verhandlungen eigentlich nur noch klären müssten, inwieweit die „eigentliche Geltendmachung der Verantwortlichkeit [...] durch ausdrückliche Zusätze in die Verfassung hineinzusetzen" sei. Er selbst halte in dieser Frage überhaupt keine Anpassung des Entwurfs für nötig, weil die politische Verantwortlichkeit schon in der Gegenzeichnungspflicht des Kanzlers enthalten sei. Er könne aber verstehen, wenn Kollegen zur „Beruhigung des constitutionellen Gewissens" diesen Punkt in der Verfassung klarer herausstellen wollten. Deshalb werde er entsprechende Anträge auch unterstützen.[139]

Die anderen Fraktionen reagierten sehr unterschiedlich auf den Vorschlag einer politischen Verantwortlichkeit des Kanzlers. Für die Linksliberalen war er absolut inakzeptabel. Man gäbe damit de facto das „Palladium des Constitutionalismus, die Minister-Verantwortlichkeit[,] gänzlich auf", beschwerte sich Benedikt Waldeck. Hermann Schulze-Delitzsch wurde noch deutlicher. Wenn man „in dem constitutionellen Staate auf diese moralische Verantwortlichkeit die Sache gründen und von der juristischen absehen" wolle, dann bräuchte „man überhaupt keine Constitution" mehr. Die Konservativen konnten sich dagegen mit dieser viel weiter gefassten Verantwortlichkeit, die den Bundeskanzler nicht der Gefahr einer politisch motivierten Strafverfolgung aussetzte, durchaus anfreunden. Wenn man nach englischem Vorbild unter politischer Verantwortlichkeit verstünde, dass der Kanzler „die ausschließliche Competenz" für eine Sache beanspruchen könnte, erklärte Hermann Wagener, dann „würden wir eine kleine Portion von diesem Gifte [...] vielleicht auch sogar von der conservativen Seite ganz gerne entgegennehmen". Es „könnte unter Umständen vielleicht ganz heilsam sein, wenn man sich hier oder da bestimmt darüber aussprechen könnte, daß man über diese oder jene Sache die alleinige Competenz" habe, also die Verantwortung für sie trage. Wagener und seine Fraktionskollegen sahen in einer so verstandenen politischen Verantwortlichkeit also vor allem die Chance einer Machtsteigerung des Kanzlers, die die verworrenen Verhältnisse unter den Bundesorganen etwas klarerstellen könnte.[140]

Diese Auffassung der Konservativen machte es möglich, zumindest für eine vorsichtige Regelung der Verantwortlichkeit des Kanzlers eine Mehrheit zu bilden. Die meisten Nationalliberalen sahen das als Chance, so wenigstens einen Keim für das langsame Heranwachsen eines parlamentarischen Regierungssystems legen zu können. Das war aus ihrer Sicht besser als nichts. Wie Gottlieb Planck erklärte, sei „der Grundsatz der Verantwortlichkeit für die Entwicklung der parlamentarischen Regierung" zwar „nicht entscheidend". Aus der kleinsten Verantwortlichkeit könne aber bei einer günstigen Entwicklung des Kräfteverhältnisses zwischen Reichstag und monarchischer Exekutive durchaus ein solches System entstehen. Die Einführung einer wenn auch noch so geringfügig ausgeprägten Verantwortlichkeit des Kanzlers habe daher „auch [...] den Zweck, daß wenn die Kräfte im Leben des Volkes sich ändern, wenn der Schwerpunkt der Macht von der Krone mehr auf die Seite der Volksvertretung neigt, daß dann für die Entwickelung des sich daraus entspinnenden Kampfes in der Verfassung selbst der Boden gegeben ist und dieser Kampf nicht neben und außerhalb der Verfassung gekämpft werden muß". Hinter solchen Überlegungen stand ganz klar die Hoffnung, dass eine künftige Zentralisierung des Bundes, die angesichts der von den Nationalliberalen ausgehandelten Kompetenzverteilung zwischen den verschiedenen Regierungsebenen ja nicht unwahrscheinlich schien, den Reichstag so weit stärken würde, dass der Kanzler auch auf Basis der kleinsten verfassungsrechtlichen Verantwortlichkeit von der parlamentarischen Mehrheit abhängig werden würde. „Erst ein starkes Parlament kann die Minister-Verantwortlichkeit zur Wahrheit machen", unterstrich Sybel, „durch die Minister-Verantwortlichkeit ist noch nie ein Parlament stark geworden".[141]

Viele National- und Altliberale distanzierten sich im Verlauf der Verhandlungen also vor allem deswegen von der Forderung nach einer juristischen Ministerverantwortlichkeit, weil sie im Gegensatz zu ihren linksliberalen Kollegen die Entstehung eines parlamentarischen Regierungssystems nicht primär als eine Verfassungs- oder Rechtsfrage begriffen. Es handelte sich für sie vielmehr „im Wesentlichen um eine Machtfrage", wie Georg von Vincke unterstrich. Der Reichstag müsse daher die Verantwortlichkeit des Kanzlers nach Vorbild des englischen Unterhauses „in Ausübung [dieser] Machtfrage durch parlamentarische Gesetzgebung" und nicht etwa „vor einem Gerichtshofe" durchsetzen. Anders ausgedrückt: Um den Machtkampf zwischen Parlamentarismus und Monarchismus für sich zu entscheiden und langfristig ein parlamentarisches Regierungssystem zu erreichen, schien es vielen gemäßigten Liberalen klüger, die alte Doktrin der juristischen Ministerverantwortlichkeit fallen zu lassen und stattdessen auf das Potenzial des Reichstages und die politische Verantwortlichkeit des Kanzlers zu vertrauen. Letztere galt es von diesem Standpunkt aus so weit wie unter den gegebenen Mehrheitsverhältnissen irgend möglich auszubauen und so die Voraussetzung für eine langsame Ausweitung des parlamentarischen Einflusses über den Kanzler zu schaffen.[142]

Aus diesen Überlegungen heraus stellte Rudolf von Bennigsen im Namen des rechten Flügels der Nationalliberalen einen Änderungsantrag, der austestete, wo die Grenzen beim Ausbau der politischen Verantwortlichkeit lagen. Der Antrag präzisierte den entsprechenden Artikel von Bismarcks Entwurf, indem er ausdrücklich festlegte, dass die Anordnungen und Verfügungen des Bundespräsidiums „zu ihrer Gültigkeit der Gegenzeichnung des Bundeskanzlers" bedürften und dass dieser „dadurch die Verantwortlichkeit" für sie übernehme. Aber dabei beließ es der Antrag nicht. Die Gegenzeichnung und damit die Übernahme der Verantwortlichkeit sollte auch durch einen „der vom Präsidium ernannten Vorstände der einzelnen Verwaltungszweige" erfolgen können. Die Details zur „Verantwortlichkeit und das zur Geltendmachung derselben einzuhaltende Verfahren" sollte ein „besonderes Gesetz" regeln. Was Bennigsen also vorschlug, war nicht nur, den Kanzler ausdrücklich zu einem verantwortlichen Organ zu machen, sondern auch, neben ihm noch eine Reihe gleichfalls verantwortlicher Bundesminister zu schaffen und es der künftigen Gesetzgebung zu überlassen, festzulegen, worin die Verantwortlichkeit dieses Kabinetts genau bestand und wie und von wem sie eingefordert werden konnte.[143]

Bennigsen begründete diesen gewagten Vorstoß damit, dass strukturell der Entwurf den Reichstag nicht daran hindere, „jetzt […] so weit möglich bestimmte Verwaltungs-Organe [zu] schaffen für die Präsidialmacht […] und […] diese Organe verantwortlich [zu] machen", also das Fehlen einer Regierung zu korrigieren. Das „Präsidium" beziehungsweise „die Krone Preußens" habe „auf dem Gebiete der Exekutive […] sehr bedeutende Befugnisse". Auch trotz des Anteils des Bundesrates an der Exekutive könne es deshalb „kein erhebliches Bedenken" dagegen geben, der Krone Preußens „allein das Recht einzuräumen, Minister als verantwortliche Organe zu ernennen", das hieße, ihr die „Ausübung" ihrer Tätigkeiten „auf den einzelnen Gebieten der Regierungsgewalt", die ihr zustünden, nur „durch bestimmte Organe, welche zugleich verantwortliche sind", zu gestatten. Da kein Mensch „auf so vielen Gebieten die Arbeiten allein" oder „auch nur die Controlle soweit übernehmen" könne, „daß er mit seinem Namen irgend eine Verantwortlichkeit" auf sich lade, müsse es mehrere verantwortliche Minister geben. Deren Verantwortlichkeit müsse „gegenüber dem Bundesrathe" und „gegenüber dem Reichstage" gelten. Die genauen „Formen" dieser Verantwortlichkeit könnten aber momentan noch nicht „festgestellt werden", „weil noch einige Jahre dazu gehören" würden, „um vollkommen klar herauszustellen, wie im Norddeutschen Bunde die Verhältnisse der Executivgewalt und der Legislative [...] weiter sich gestalten" würden. Daher sei die Regelung der Einzelheiten Sache „der späteren Gesetzgebung".[144]

Bismarck lehnte diese Argumentation sowie den Antrag energisch ab. Dabei störte er sich weniger an der ausdrücklichen Festlegung einer Verantwortlichkeit des Kanzlers, die ohnehin „in der Unterzeichnung" impliziert sei, als an dem Versuch, mehrere verantwortliche Stellen zu schaffen. Dies liefe nämlich den Grundstrukturen des Bundesstaates zuwider. Die Souveränität der Einzelstaaten würde dadurch empfindlich eingeschränkt. „Mit einem Bundesfinanzminister" würde man „z. B. den Königlich Sächsischen, den Großherzoglich Hessischen u. s. w. Finanzminister mediatisiren, und ihn zu einem Unterbeamten des Bundes-Finanzministers machen". Außerdem vertrage sich eine kollegiale Verantwortlichkeit nicht mit der engen Verflechtung Preußens und des Bundes. Der Bundeskanzler könnte sich bei „collegialischer Abstimmung [...] möglicher Weise [...] in der Minorität befinden, indem jeder der mit ihm concurrirenden [...] Collegen sich auf seine besondere und persönliche Verantwortlichkeit beriefe". So könnte er in Widerspruch zu der Instruktion geraten, die er vom preußischen Außenminister für die Abstimmung der preußischen Bank im Bundesrat erhalte. Es bestünde daher die Gefahr, dass das „Princip [...], daß die Preußische Stimmenabgabe innerhalb des Bundesstaates allein von dem auswärtigen Ministerium abhängt, [...] durch diesen Zwang, die Stimme gewissermaßen collegialisch auszuführen, wesentlich alterirt" werde. Das gelte besonders, weil die von Bennigsen vorgesehenen „Chefs der Verwaltungs-Zweige" selbst „Preußische Mitglieder des Bundesrathes" sein müssten, „damit der Bundesrath in seinem Schooße mit den nothwendigen technischen Kenntnissen ausgestattet" werde.

Man könne, so Bismarck weiter, das Dilemma aus kollegialer Verantwortlichkeit und hegemonialer Bundesstaatsstruktur dann nur lösen, wenn es die preußischen Minister wären, die die Leitung der Bundesverwaltungszweige übernähmen. Das würde aber bedeuten, das Preußische Staatsministerium gewissermaßen „in die Mitte des Bundesrathes" hineinzutragen und faktisch zu einer Bundesregierung zu machen. Dagegen stünden die gerechtfertigten „Bedenken der verbündeten Regierungen". Wenn Bennigsen mit seinen Verwaltungschefs aber Beamte meine, „die außerhalb des Bundesrathes stehen", dann stünde „der Antrag in sehr enger Verwandtschaft und fast Identität mit dem schon abgelehnten Antrage eines unitarischen Bundes-Ministerii" und sei deshalb erst recht inakzeptabel. Es sei schließlich eine Frage der Aufrichtigkeit, klar zu unterscheiden zwischen der bereits verworfenen Einrichtung eines Ministerkollegs und „einem Ausdruck für die Verantwortlichkeit, die der Bundeskanzler durch seine Unterzeichnung übernimmt" und für die durchaus „vielseitig [eine] Neigung" zu bestehen scheine.[145]

Mit dieser Begründung gelang es Bismarck knapp, genügend Zweifel zu streuen, um eine Annahme des Antrages zu verhindern. Die Konservativen und Freikonservativen verweigerten ihre Zustimmung vor allem deswegen, weil sie Bismarcks Verdacht teilten, dass das Amendement, wie der sächsische Abgeordnete Heinrich von Thielau formulierte, „durch die Hinterthür wieder" einführen wolle, „was wir bereits abgelehnt haben", nämlich eine unabhängige Bundesregierung aus mehreren verantwortlichen Ministern. Gegen die Verantwortlichkeit des Kanzlers wurden dagegen kaum Bedenken laut. Viele Abgeordnete waren also durchaus unschlüssig über den Antrag. Dementsprechend fiel seine Niederlage hauchdünn aus. 127 Nein-Stimmen standen 126 Ja-Stimmen gegenüber. Es musste zwei Mal nachgezählt werden, bevor das Ergebnis in einer namentlichen Abstimmung zweifelsfrei festgestellt werden konnte. Danach entbrannte auch noch ein Streit über die Geschäftsordnung, weil die Liberalen wegen angeblicher Verfahrensmängel eine erneute Abstimmung über den entsprechenden Artikel des Entwurfs forderten.[146]

Bennigsen nutzte diese konfuse Situation und brachte seinen Antrag am nächsten Tag erneut ein. Sein Schlagabtausch mit Bismarck ging dadurch in eine zweite Runde. Dabei erklärte Bennigsen, dass der Antrag überhaupt nicht darauf ziele, irgendetwas an den Machtverhältnissen zwischen Bundesrat und Präsidium zu ändern. Vielmehr wolle er nur „in Beziehung auf die Art und Weise, wie diese Verwaltung, diese Regierungs-Befugnisse, welche der Entwurf dem Präsidium beilegt, ausgeübt werden, [...] etwas mehr Klarheit in den Entwurf hineinbringen". Denn wenn irgendwann „eine wirkliche Regierung" entstehen würde, könne das nur „auf dem Gebiete der Befugnisse der Präsidialmacht" geschehen. Daher biete es sich an, die Verhältnisse dort „schon jetzt" zu ordnen durch die Einführung von „besondere[n] Beamte[n], die das Gefühl der moralischen Verantwortlichkeit nach außen hin tragen gegenüber dem Bundesrath, gegenüber dem Reichstage und gegenüber der Bevölkerung des Norddeutschen Bundes, indem sie Verfügungen, die in ihr Ressort gehören, gegenzeichnen".[147]

Diese Ausführungen ließen offen durchblicken, dass die Nationalliberalen auf die baldige Entstehung einer verantwortlichen Regierung spekulierten. Bismarck sah in dem Festhalten an dem unveränderten Antrag deshalb eine Provokation, die sich gegen sein Konzept eines Fürstenbundes und damit gegen die „principiellen Grundlagen der Bundesverfassung" richtete. Alle, die „den ernsten Willen" hätten, „auf der Basis der Vorlage etwas zu Stande zu bringen", müssten anerkennen, dass die „Ernennung [eines] gewissermaßen gemeinschaftlichen Ministeriums" mit der kollektiven Souveränität der Fürsten, wie sie im Bundesrat verkörpert sei, unvereinbar sei. Das „Gefühl der unverletzten Souverainetät, welches [im Bundesrat] seine Anerkennung" finde, könne „nicht mehr bestehen neben einer contrasignierenden Bundes-Behörde, die außerhalb des Bundesrathes aus Preußischen oder anderen Beamten ernannt" werde. Es sei „eine capitis deminutio für die höchsten Behörden der übrigen Regierungen, wenn sie sich als [...] gehorsamleistende Organe einer vom Präsidium außerhalb des Bundesrathes ernannten höchsten Behörde in Zukunft ansehen sollten". Deswegen sei „dieses Amendement" für die verbündeten Regierungen „vollständig unannehmbar" und „das ernsteste Hinderniß für das Zustandekommen der Verfassung". Er könne die Liberalen daher nur ermahnen: Man habe „den Block nahe an den Gipfel gehoben", sehe ihn jetzt aber „mit tiefem patriotischem Schmerze [...] wieder dem Abgrunde zu rollen". Sollte er tatsächlich herunterfallen, werde sich „Deutschland [...] ewig erinnern, wer die Verantwortung für das Mißlingen" getragen habe. „Wenn Sie auf kleinliche untergeordnete Aenderungen, nachdem sie sich für die Regierungen als unannehmbar erwiesen haben, fest bestehen, selbst auf die Gefahr hin, das ganze Werk zum Scheitern zu bringen", drohte er Bennigsen und seinen Kollegen unter lebhaften Bravo-Rufen von rechts, „dann wird sich die Nation Ihrer Namen wohl erinnern, meine Herren!"[148]

Der vehemente Protest Bismarcks – insgesamt ergriff er in der entsprechenden Sitzung drei Mal das Wort – reichte aus, um Bennigsen die Grenzen aufzuzeigen. Eine Ausdehnung der Verantwortlichkeit über das Amt des Kanzlers hinaus war nicht durchzusetzen. Durchdrungen „von der Nothwendigkeit, daß das deutsche Verfassungswerk zustande komme", erklärte sich Bennigsen bereit, die Vorstände der Verwaltungszweige aus seinem Antrag herauszustreichen. Was übrig blieb, stellte er in zwei Teilen zur Abstimmung. Dabei stimmte laut Protokoll eine „sehr große Majorität des Hauses" für die Einführung der Verantwortlichkeit des Kanzlers. Die Vorschrift über ein Ausführungsgesetz zur Klärung der Details wurde hingegen abgelehnt. Der Reichstag beseitigte also jeden Zweifel darüber, dass der Kanzler an eine politische Verantwortlichkeit gebunden war, überließ deren Ausprägung und Entwicklung aber allein der Auseinandersetzung der verschiedenen politischen Kräfte in der Verfassungspraxis.[149]

Dieser Beschluss, die sogenannte Lex Bennigsen, war die wohl wichtigste Änderung, die der Reichstag an Bismarcks Entwurf vornahm. Sie verwandelte, wie Ernst Rudolf Huber in seiner *Deutschen Verfassungsgeschichte* hervorgehoben hat, „das föderativ-hegemoniale Regierungssystem des Regierungsentwurfs in das konstitutionell-unitarische Regierungssystem, das in Deutschland ein volles halbes Jahrhundert, von 1867 bis 1917, nämlich bis zur Parlamentarisierung der Reichsgewalt während des Ersten Weltkrieges, bestand". Durch die ausdrückliche Festlegung seiner politischen Verantwortlichkeit trat der Kanzler einen weiten Schritt aus der Sphäre des Bundesrates heraus und wurde zu einem eigenen Bundesorgan mit unabhängigem Machtbereich. Das hatte weitreichende Folgen für das organische Gefüge der Bundesgewalt. Der Bundesrat war nicht mehr das alleinige Zentrum der Exekutive. Obwohl er keine seiner Befugnisse verlor, wurde seine Bedeutung deutlich gemindert. Die Leitung der Geschäfte lag jetzt beim Bundeskanzler als eigenständigem Organ, nicht mehr als Vorsitzendem und Handlanger des Bundesrates. Letzterer wurde dadurch in die Rolle eines mitwirkenden und kontrollierenden statt richtungsgebenden und gestaltenden Regierungsorganes gedrängt. Gleichzeitig änderte sich auch die Stellung des Bundespräsidiums. Da es mit dem Bundeskanzler das neue Ausführungs- und Gestaltungszentrum der nationalen Regierungsgewalt ernannte und entließ, wuchs es in die Rolle einer echten Spitze der Bundesexekutive hinein. Mit anderen Worten: Das Präsidium wurde unitarischer und monarchischer. Zwischen ihm und dem Bundesrat stand jetzt der Kanzler als machtvolle Schaltstelle, die die beiden unitarischen und staatenbündischen Pole des Regierungssystems koordinierte.[150]

Die Gründe, aus denen Bismarck einer so weitreichenden Änderung des Verfassungsgefüges zustimmte, waren vielfältig. Am wichtigsten war vielleicht, dass die Lex Bennigsen nichts bestimmte, was nicht schon im Regierungsentwurf angelegt war. Die Verantwortlichkeit des Kanzlers war keine wirkliche Neuerung, sondern eine bereits existierende Eigenschaft, die Bennigsens Amendement aus ihrem Versteck in der Bestimmung zur Mitunterzeichnung von präsidialen Akten herausholte und für jeden sichtbar machte. Das wurde in einem taktischen Manöver des altliberalen Abgeordneten Carl von Saenger offensichtlich. Der regierungstreue preußische Rittergutsbesitzer, der auf ein langes parlamentarisches Wirken in der Frankfurter Nationalversammlung, im Erfurter Unionsparlament und im Preußischen Abgeordnetenhaus zurückblickte, brachte in der Debatte um die Organisation der Bundesgewalt einen Antrag ein, der mit den Passagen zur Verantwortlichkeit des Kanzlers aus Bennigsens Amendement wortwörtlich übereinstimmte. Er führte dazu aus, dass mit der Mitunterzeichnung „eine Uebernahme der Verantwortlichkeit Seitens des Bundeskanzlers nothwendig schon verbunden sein müsse, daß man den Satz unmöglich anders interpretiren könne, als daß der Bundeskanzler, indem er solche Verfügungen unterzeichnet, seinerseits auch eine Verantwortlichkeit für die Acte der Executive" übernähme. Der von ihm „vorgeschlagene Antrag" unterscheide „sich [...] von der Fassung des Entwurfs nur darin, daß er diesen Gedanken in mehr allgemein verständlicher Form" ausdrücke, „daß er gewissen Zweifeln [...] den Boden" entziehe.[151]

Saengers Antrag zielte also darauf, das ausdrücklich festzustellen, was ohnehin im Entwurf enthalten war, gleichzeitig aber die weitergehenden Forderungen Bennigsens nach einem Ausführungsgesetz und der Einführung von verantwortlichen Verwaltungschefs fallen zu lassen. Anders ausgedrückt: Er entschärfte Bennigsens Originalantrag und machte dadurch die Verantwortlichkeit des Kanzlers für die Konservativen annehmbar. Diese Rechnung ging auf. Der Reichstag nahm nur genau den Teil von Bennigsen Amendement an, den Saenger übernommen hatte. Sein Antrag musste deshalb nicht einmal mehr zur Abstimmung gestellt werden. Die Lex Bennigsens war also auch eine Lex Saenger.

Das ist vor allem deswegen interessant, weil Bismarck den Antrag Saengers vermutlich lanciert hatte. Der altliberale Abgeordnete pflegte engste Beziehungen zu seinem Fraktionskollegen Max Duncker, der zum kleinen Zirkel derer gehörte, die Bismarck bei Erstellung des Entwurfes in seine Überlegungen einbezogen hatte, wie wir im vorhergehenden Kapitel gesehen haben. Auch während der Verhandlungen hielt Bismarck gelegentlich Rücksprache mit Duncker. Diese Verbindung spricht dafür, dass Bismarck die Einreichung des Antrages zumindest guthieß, wenn nicht gar anregte. Das gilt besonders, weil es eindeutig in seinem Interesse lag, die Verantwortlichkeit des Kanzlers klar hervorzuheben und dessen Autorität dadurch auszubauen.

In der Auseinandersetzung mit Bennigsen ließ er nämlich durchblicken, dass er mittlerweile vorhatte, das Amt des Bundeskanzlers selbst zu übernehmen statt es, wie ursprünglich geplant, seinem Jugendfreund Karl von Savigny zu überlassen, der für Preußen die Verhandlungen auf der Verfassungskonferenz der verbündeten Regierungen geführt hatte. Als „Preußischer Minister der auswärtigen Angelegenheiten" müsse er „darauf bestehen, daß [er] entweder selbst der Bundeskanzler [sei], oder daß die Instruction des Bundeskanzlers ausschließlich von [ihm]" abhinge. Seine ganzen Überlegungen zur Verantwortlichkeit des Kanzlers bezog er aber ausschließlich und aus sehr persönlicher Perspektive auf das erste Szenario. So lehnte er die Schaffung von mehreren verantwortlichen Verwaltungschefs neben dem Kanzler nicht zuletzt mit dem Argument ab, dass er nicht dazu bereit wäre, sich neben dem Preußischen Staatsministerium mit einem weiteren Kollegium aus verantwortlichen Ministern herumzuschlagen. Er könne nicht akzeptieren, „die Zahl derjenigen Collegen [...], mit denen [er] die Verantwortung zu theilen hätte, zu vermehren und dadurch die Arbeit zu vermehren, die in der That nicht klein [sei], wenn es sich handelt zwischen [...] Ministern, die ehrlich an ihrer Ueberzeugung hängen, eine Uebereinstimmung herzustellen". „Sollte [er] mit anderen zur Contrasignatur berechtigten Beamten eines anderen Ministeriums die Verantwortung theilen, so würde [ihm] das zu viel." Solche Ausführungen waren im Grunde nichts anderes als eine in strukturelle Formeln gepackte Verlautbarung seiner Absicht, selbst Bundeskanzler zu werden.[152]

Angesichts dieser Ambitionen konnte es Bismarck nur recht sein, dass die Nationalliberalen versuchten, das Amt des Kanzlers innerhalb der von ihm gesetzten Grenzen so weit wie möglich auszubauen. Sein großer Biograf Lothar Gall hat die Annahme des Lex Bennigsen beziehungsweise Lex Saenger in diesem Sinne sogar als „Krönung seiner Bestrebungen" nach dem Kanzleramt bezeichnet. Und in der Tat: Dieses eher unscheinbar daherkommende Amendement gab dem Kanzler eine außerordentliche Machtposition. Paradoxerweise lag das, wie Ernst Rudolf Huber gezeigt hat, vor allem an einer „doppelten Abhängigkeit", deren Konturen die ausdrückliche Feststellung der Verantwortlichkeit schärfte. Gegenüber dem Reichstag konnte der Kanzler seine Stärke daraus ziehen, dass seine Ernennung und Entlassung allein in den Händen des Bundespräsidiums lag und deshalb formal gesehen komplett unabhängig von den parlamentarischen Mehrheitsverhältnissen war. Gegenüber dem Präsidium konnte er sich wiederrum darauf berufen, dass er für dessen Anordnungen und Verfügungen geradestehen und daher mit dem Parlament zusammenarbeiten musste. Der Kanzler konnte also seine nicht näher definierte Verantwortlichkeit nutzen, um Reichstag und Bundespräsidium gegeneinander auszuspielen und so seinen Handlungsspielraum zu vergrößern. Anders gesagt: Gerade weil die Lex Bennigsen den Kanzler abhängiger machte, gewann er die Möglichkeit, die Regierungsgeschäfte selbstständig zu leiten.[153]

Aus Sicht der Nationalliberalen war diese Stärkung des Bundeskanzlers auch trotz der Ablehnung von Bennigsens anderen Vorschlägen ein großer Erfolg. Es gelang ihnen damit nämlich, genau wie sie gehofft hatten, einen Keim für die langfristige Entstehung eines parlamentarischen Regierungssystems in den Boden der Verfassung zu pflanzen. Indem die Lex Bennigsen den Kanzler aus dem Bundesrat herauslöste und zu einem eigenständigen Regierungschef erhob, machte sie ihn für den Reichstag angreifbar und verwundbar. Dem Parlament stand nicht mehr nur ein undurchsichtiges Kollektivorgan der einzelstaatlichen Regierungen gegenüber, sondern auch eine konkrete Person, die für den Großteil der exekutiven Machtbefugnisse politisch verantwortlich war. Das gab dem Reichstag die Chance, über seine Beteiligung an der Gesetzgebung – insbesondere bei der Aufstellung des jährlichen Haushaltes – die Regierungspolitik aktiv mitzugestalten, sein Potenzial zu entfalten und so seinen Einfluss über den Kanzler auszubauen. Die Erwartung der Nationalliberalen, dass der Bund im Zuge seiner bevorstehenden wirtschaftlichen, rechtlichen und sozialen Integration bald eine Zentralisierung durchmachen würde, ließ dieses Szenario wahrscheinlich anmuten. Denn je weiter sich die Gesetzgebung des Bundes ausdehnen würde, desto mehr würde der Kanzler mit dem Parlament zusammenarbeiten müssen, um allen Regelungsbedürfnissen nachzukommen.

Unter Umständen könnte diese Entwicklung die Machtverhältnisse so weit verschieben, dass aus der vagen politischen eine echte parlamentarische Verantwortlichkeit des Kanzlers werden würde. Dafür müsste ihn allerdings eine Verfassungsänderung abhängig vom Vertrauen der Mehrheit des Reichstages machen.

Für den Augenblick waren solche Überlegungen nichts als Spekulation. Um diese daran zu hindern, irgendwann Wirklichkeit zu werden, hatte Bismarck mit dem Verzicht auf eine offizielle Regierung, mit der Zersplitterung der Exekutive und mit der zentralen Rolle des Bundesrates hohe Hürden in die Verfassung eingebaut. Auch wenn diese Sicherheitsvorrichtungen in den Verhandlungen teilweise entschärft wurden, schützten sie den Kanzler als Teil der monarchischen Exekutive immer noch vor direkten Übergriffen des Reichstages. Damit die Lex Bennigsen ihre von den Nationalliberalen erhoffte Wirkung voll entfalten konnte, müssten sich diese Sicherheitseinrichtungen erst weitgehend auflösen. Der Reichstag würde also nur Kontrolle über das Kanzleramt und dessen Besetzung gewinnen können, wenn sich das gesamte Verfassungsgefüge grundlegend ändern würde. Ob es jemals dazu käme und, wenn ja, wie, überließen die Verhandlungen aber allein der künftigen politischen Praxis und damit dem weiteren Ringen zwischen monarchischen und parlamentarischen Kräften. Alles war daher offen.

## VIII. Der Verfassungskompromiss

Am 16. April nahm der Reichstag den überarbeiteten Gesamtentwurf der Verfassung mit 230 zu 53 Stimmen an. Dagegen votierten neben den Linksliberalen die ihnen nahestehende Freie Vereinigung, die Bundesstaatlich-Konstitutionelle Vereinigung, die Polnische Fraktion, die beiden dänischen Vertreter und mehrere fraktionslose Abgeordnete. Am lautesten war der Protest von August Bebel, dem späteren Mitbegründer der Sozialdemokraten, der als einer von zwei Mitgliedern der „radical-democratischen" Sächsischen Volkspartei im Reichstag saß. Einen Tag vor der Schlussabstimmung nutzte er die Gelegenheit und begründete, warum er gegen den amendierten Entwurf stimmen werde. Dabei warf er dessen Befürwortern vor, die Teilung Nord- und Süddeutschlands zu zementieren und die Freiheit der Nation an die preußische Militärmonarchie zu verkaufen. Er müsse „entschieden protestieren gegen einen Bund, der nicht die Einheit, sondern die Zerreißung Deutschlands" proklamiere, „einen Bund, der dazu bestimmt [sei], Deutschland zu einer großen Kaserne zu machen, um den letzten Rest von Freiheit und Volksrecht zu vernichten".[154]

Diesen Vorwurf schmetterte er besonders in Richtung der Nationalliberalen. Erst durch ihre Entscheidung, sich auf die Seite der Konservativen, Freikonservativen und Altliberalen zu schlagen, kam eine Mehrheit zustande. Das Regierungslager hatte dementsprechend während der letzten Verhandlungsrunde immer wieder an sie appelliert, der Verfassung über die Ziellinie zu helfen. „Diese Verfassung", ermahnte sie Hermann Wagener, sei „ein Compromiß zwischen allen denjenigen verschiedenen und berechtigten Tendenzen, Elementen und Factoren, die überhaupt auf [ihr] Zustandekommen [...] einen Einfluß ausgeübt" hätten. Nichts sei „gewisser, als daß eigentlich ein Conservativer [...] mit einem gewissen Schauder vor dieser Verfassung stehen bleiben müßte". Es sei „darin Alles das, was man in gewisser Beziehung als die gefährlichsten Institutionen für die conservative Sache und selbst für das Preußische Königthum hinzustellen und zu betrachten gewohnt" gewesen sei. Es sei „darin ein Bundesrath, der unzweifelhaft die formale Möglichkeit und Befugniß" habe, „Preußen unter gegebenen Umständen zu majorisiren"; es sei „darin ein Bundes-Präsidium, dem nicht einmal die Befugnisse des Präsidenten der Nordamerikanischen Republik beiwohnen"; es sei „darin das Ein-Kammersystem auf der breitesten Grundlage, hervorgegangen aus dem allgemeinen directen Wahlrecht, eine Art und Weise der Vertretung, wie sie sonst in der Geschichte nur in den aufgeregtesten Revolutionszeiten vorgekommen" sei.

„Und dessen ungeachtet" erschräken seine Freunde und er „nicht vor diesen Dingen"; „dessen ungeachtet" gingen sie „an diese Dinge dreist heran, weil [sie] eben gelernt" hätten, sich „nicht mehr mit bloßen theoretischen Ausführungen, theoretischen Deductionen und sogenannten politischen Grundsätzen allein abzufinden", sondern zu verstehen, „daß über allem dem, was man" wolle „und was man als eine Basis" ansehe, ein „höherer Wille in den Thatsachen der Geschichte" entscheide „und daß, wenn man weiter mit der Geschichte machen" wolle, „man nicht wiederum seinem eigenen Willen diese Thatsachen unterschieben, sondern seinen eigenen Willen an diese Thatsachen anknüpfen" müsse. Auch die Liberalen müssten deshalb über ihren Schatten springen und dürften den Entwurf nicht wegen einzelner Bestimmungen, die ihre Ideale nicht erfüllten, scheitern lassen. Kompromisse müssten schließlich von beiden Seiten gemacht werden. Daher sei sein „Wunsch" an die Liberalen: „Vereinigen wir uns in den Thatsachen und lassen wir die Theorien bei Seite, acceptiren wir die Resultate und streiten wir uns nicht um die Verfassungsparagraphen, aus denen sie hergekommen oder nicht hergekommen sind, und, meine Herren, um mit einem Bilde des Herrn Bundespräsidenten [gemeint: Bismarck, der Präsident der

einzelstaatlichen Regierungsvertreter] zu schließen, besteigen wir endlich die Vollblutstute Germania, und hören wir auf, unsere Steckenpferde zu reiten."[155]
Bis auf drei Abweichler nahmen die Nationalliberalen das Angebot zum Ritt ins Ungewisse geschlossen an. Auch sie verstanden die überarbeitete Verfassung als einen schmerzvollen, aber annehmbaren Kompromiss, durch den man zumindest den Norden Deutschlands endlich in einem Staat zusammenführen konnte. Spätestens seit dem militärischen Sieg über Österreich sei klar gewesen, erinnerte Heinrich von Sybel seine Kollegen, dass man sich für eine Vereinigung Deutschlands „mit den militärischen Forderungen des Preußischen Großstaats, mit den populären Berechtigungen des Particularstaats, mit der Wucht der öffentlichen Meinung" würde auseinandersetzen müssen. „Der Entwurf nun" gäbe „einer jeden dieser Kräfte ein Organ: der Krone Preußens das Bundespräsidium, den kleinen Staaten den Bundesrath, der öffentlichen Meinung den Reichstag". Er würde also allen relevanten Interessen wenigstens ein Stück weit gerecht. Dabei müsse man es „für einen großen Vorzug des Entwurfs" erachten, „daß er [...] die Competenzen der einzelnen Kräfte nicht zu ängstlich, nicht zu detaillirt abgrenzt, sondern der lebendigen, productiven Entwickelung, der Zukunft und dem gemeinsamen Wirken der verbundenen Kräfte einen breiten Spielraum" gestatte. Da sie spekulierten, eben dieses Kräftemessen langfristig für sich zu entscheiden, willigten die Nationalliberalen in den Entwurf ein, obwohl er so viele ihrer Ideale verletzte. Auf Grundlage der Änderungen, die sie in den Verhandlungen durchgesetzt hatten, hofften sie, mit der Zeit die Verfassung in der politischen Praxis ihren Vorstellungen gemäß umkrempeln zu können. Wenn der „Fortgang" und das „Wachsthum" des Parlamentes nach der Staatsgründung aber „nicht glorreich und mächtig" sein würde, schloss Sybel, „dann" läge „es nicht an der Verfassung, sondern [...] an den künftigen Mitgliedern des Deutschen Reichstages".[156]
Die Linksliberalen hielten diese Einstellung für total verfehlt. Es gäbe überhaupt keinen echten „Compromiß", klagte Benedikt Waldeck. Auch nach den Hauptverhandlungen sei die Verfassung nicht mehr als eine „Bundesacte" und ein schlecht zusammengeschustertes „Aggregat von einer großen Anzahl Amendements". Er „erkenne gern an, daß mit redlichem Bestreben die liberale Partei gesucht" habe, „den Verfassungsentwurf zu verbessern, daß wesentliche Verbesserungen namentlich im Reichstagscapitel vorgenommen und durchgesetzt" worden seien. Jedoch hätten all diese kleinen „Verfassungsverbesserungen" im größeren Zusammenhang der geplanten Staatskonstruktion „keinen großen Werth". Es sei ein „Cardinalfehler", sich mit kleinen Verbesserungen abzufinden statt auf grundlegenden Strukturänderungen zu bestehen. Die Verhandlungen hätten „keine Bundesgewalt, [...] keine Centralgewalt mit verantwortlichen Mi-

nistern durch diese Verfassung" eingerichtet. Der überarbeitete Entwurf schüfe im Prinzip nur ein „militairisches Bündniß" mit einem Reichstag, „ohne daß eigentlich ein Staat" vorgesehen sei, „jedenfalls kein constitutioneller Bundesstaat". Es sei eben nicht gelungen, „dem Verfassungsentwurf eine mit den constitutionellen Rechten des Preußischen Volkes namentlich übereinstimmende Form zu geben". Deshalb sei es vollkommen verblendet, darauf zu hoffen, „daß es gelingen würde, aus einer Verfassung, die wirkliche und reele Rechte des Volkes nicht" enthalte, „aber die existirenden Rechte des größten Deutschen Staates, auf dem das ganze Heil dieser Verfassung und Deutschlands wirklich" beruhe, „gänzlich Preis" gäbe, irgendwelche „Rechte zu erkämpfen". Kurz gesagt: Dem amendierten Entwurf erst einmal zuzustimmen und auf eine ungewisse Zukunft zu setzen, statt wirksame Institutionen zu schaffen, die ein Regierungssystem nach liberalen Vorstellungen garantierten, war in den Augen Waldecks und seiner Fraktionskollegen kompletter Wahnsinn.[157]

Die Nationalliberalen ignorierten dieses Kreuzfeuer von links und hielten eisern an ihrem Glauben an eine positive Entwicklung der Verfassung fest. Das wurde einen Tag nach der Schlussabstimmung noch einmal deutlich. Nachdem Bismarck im Namen der verbündeten Regierungen erklärt hatte, dass diese „den Verfassungs-Entwurf, wie er aus der Schluß-Berathung des Reichtages hervorgegangen" sei, einstimmig annähmen, richtete Reichstagspräsident Eduard von Simson ein kurzes Schlusswort an die Versammlung. Selbst in seinem Dank unterstrich er den Fortschrittsglauben, den die Nationalliberalen in den umstrittenen Verfassungskompromiss setzten. Er nehme das „Protocoll [...] über die Annahme der Verfassung" durch die einzelstaatlichen Regierungen in der „tiefen Befriedigung" darüber entgegen, „daß [die] Arbeiten [des Reichstages] schließlich zu vollem lebenskräftigem Einverständniß mit den verbündeten Regierungen geführt" hätten, und „in der Zuversicht, daß, was mit so entgegenkommendem Willen und solcher Zustimmung vollbracht worden" sei, „auch in seiner weiteren Fortentwickelung Heil und Gedeihen verbreiten wird über den heiligen Boden unseres Vaterlandes!".[158]

In der Rede, mit der er den Reichstag am gleichen Tag schloss, ging der preußische König direkt auf dieses Vertrauen in die künftige Entwicklung der Verfassung ein. „Mit patriotischem Ernste" und „freier Selbstbeherrschung" sei es gelungen, „auf sicherem Grunde ein Verfassungswerk aufzurichten, dessen weitere Entwickelung [man] mit Zuversicht der Zukunft überlassen" könne. Man müsse sich aber stets daran erinnern, dass die Verfassung ein Kompromiss sei. „Alle, die [...] zum Zustandekommen des nationalen Werkes mitgewirkt" hätten, „die verbündeten Regierungen ebenso wie die Volksvertretung", hätten „bereitwillig Opfer" ihrer jeweiligen „Ansichten" und „Wünsche" gebracht. Allein „in diesem allseitigen Entgegenkommen, in der Ausgleichung und Ueberwindung der Gegensätze" läge „die Bürgschaft für die weitere fruchtbringende Entwickelung des Bundes". Auch die preußische Regierung überließ den weiteren Ausbau der Verfassung demnach bereitwillig der politischen Praxis, sah sie sich doch ob der diversen Vorrichtungen zum Schutz monarchischer Macht, die die Verhandlungen intakt gelassen hatten, gut aufgestellt. Sie erkannte aber auch die Gefahr, dass die Verfassung durchaus eine für sie gefährliche Entwicklung nehmen könnte. Deshalb richtete der König besonders an die Adresse der Nationalliberalen die Mahnung, den Bogen in Zukunft nicht zu überspannen und den Verfassungskompromiss, den man in den Verhandlungen erreicht hatte, zu achten.[159]

Den ersten Härtetest erlebte dieser Kompromiss drei Jahre später, als der Deutsch-Französische Krieg die Vereinigung von Nord- und Süddeutschland plötzlich auf die Tagesordnung setzte. Diese Situation zwang alle Parteien, ihre Position zur Verfassung noch einmal zu überdenken. Die Einigungsverträge, die Bismarck mit den Regierungsvertretern der Südstaaten aushandelte, sahen vor, Deutschland auf Basis der norddeutschen Verfassung zu vereinigen. Sie übernahmen die Verfassung aber nicht einfach, wie wir im vorhergehenden Kapitel gesehen haben, sondern nahmen einige kleinere Anpassungen vor und führten eine Reihe von Sonderrechten für die neuen Mitgliedsstaaten ein. Dadurch wurde das Gesamtsystem zwar nicht nennenswert umgestaltet, die Verfassung aber doch revidiert. Eine solche Verfassungsänderung brauchte die Genehmigung des Reichstages. Dieser hatte ohnehin nach der oben erwähnten Vereinigungsklausel, die die Nationalliberalen in den Verfassungsverhandlungen drei Jahre zuvor durchgesetzt hatten, das Recht, einem Beitritt der Südstaaten zum Bund im Wege der Gesetzgebung zuzustimmen. Bevor die Einigungsverträge in Kraft treten konnten, musste der Reichstag sie also ratifizieren und dadurch die Verfassung noch einmal bestätigen.[160]

Das war allerdings kein Selbstläufer. Die Mehrheitsverhältnisse im Parlament waren immer noch genauso schwierig wie im konstituierenden Reichstag. Die ersten ordentlichen Wahlen, die nur wenige Monate nach Abschluss der Verfassungsverhandlungen im August 1867 abgehalten worden waren, hatten die Sitzverteilung nur wenig verschoben. Den meisten Abgeordneten war es gelungen, ihr Mandat zu verteidigen. Die Nationalliberalen waren deutlich stärkste Kraft geblieben und hatten sogar noch einen Sitz hinzugewonnen. Während die Konservative Partei leichte Gewinne hatte verbuchen können, waren die Freikonservativen mit kleineren Verlusten aus der Wahl hervorgegangen. Am größten waren die Verschiebungen innerhalb des liberalen Spektrums gewesen. Während die Altliberalen zwölf Sitze abgegeben hatten, war die Fortschrittspartei um zehn Mandate gewachsen. Die Veränderungen bei den kleinen Parteien waren minimal gewesen. Es gab also weiterhin keine klare Mehrheit für das konservative oder liberale Lager. Dadurch waren die Nationalliberalen bei der Entscheidung über die Einigungsverträge genau wie bei der Verhandlung der Verfassung drei Jahre zuvor das Zünglein an der Waage.

Diese Schlüsselrolle fiel umso mehr ins Gewicht, weil ein relativ großer Teil des Reichstages die Verträge eigentlich überhaupt nicht verhandeln wollte. Die Abgeordneten der polnischen und dänischen Minderheit protestierten wie schon 1867 gegen die Aufnahme in das Bundesgebiet und nahmen deshalb weder an der Debatte noch an der Abstimmung teil. In der Bundesstaatlich-Konstitutionellen Vereinigung gab es besonders unter den katholischen Abgeordneten große Bedenken gegen die Rechtmäßigkeit des Verfahrens. Ludwig Windthorst, der Wortführer dieser Gruppe, der später zu Bismarcks wichtigstem parlamentarischen Gegenspieler im Kulturkampf werden sollte, betonte, dass es sich „bei Gründung von Verfassungen […] immer zu irgend welcher Zeit" räche, „wenn man nicht streng die Formen des Rechtes und streng die Basis des Rechtes" beachte „und sich von Thatsachen fortschieben" ließe, da dann später in Momenten der Krise die „Rechtsbegründetheit" der Verfassung angezweifelt werden könnte. Man könne nun eigentlich mit der Verhandlung nicht fortfahren, da eine klare „Kompetenz des Reichtages" zur Bestätigung der Verträge fehle. Zum einen sei die Verlängerung der gegenwärtigen Legislaturperiode, die der Reichstag im Sommer unter dem Druck des Krieges beschlossen hatte, ein „Rechtsbruch". Zum anderen sähen die Verträge formalrechtlich keinen „Zutritt zum Nordbund", sondern die „Schaffung eines neuen Bundes" vor. Einen solchen Gründungsakt zu legitimieren, habe der Reichstag kein Recht. Die „vorliegende Verfassung" könne daher „in rechtsbeständiger Weise nur auf zwei Wegen zu Stande kommen". Entweder müssten „alle Einzelstaaten" sie genehmigen, das hieße, jeder norddeutsche Staat müsste seine eigene Entscheidung treffen anstatt die Einwilligung dem Bund zu überlassen. „Oder aber die Einzelstaaten" müssten „eine gemeinsame Versammlung" bilden, die dann die Verfassung verhandle und gegebenenfalls annehme.[161]

Auch die Linksliberalen, die ihren Kampf um einen unitarischen Nationalstaat mit verantwortlicher Bundesregierung und Grundrechtsgarantie fortsetzen wollten, forderten die Einberufung einer neuen Verfassungsversammlung. Sie führten dafür aber keine rechtlichen, sondern politische Gründe an. Man könne eine so „ungemein wichtige und bedeutende Vorlage" wie eine gesamtdeutsche Verfassung dem Reichstag nicht einfach „mit der Aufforderung, entweder ja oder nein zu sagen", präsentieren, beschwerte sich etwa Hermann Schulze-Delitzsch. „Die Fürsten mit ihren Interessen" hätten „Monate lang" über die entscheidenden Fragen verhandelt. Genauso müsse man nach Ende des Krieges den Vertretern des ganzen deutschen Volkes die Gelegenheit geben, in Ruhe die neue Verfassung zu beraten und eventuell abzuändern. Das sei allein schon eine Frage des Prinzips. Denn es sei ungerecht, wenn „alle die großen Kämpfe und Siege unseres Volkes nie zu etwas Anderem leiten" sollten, „als daß die ganzen Zustände diplomatisch von den Fürsten geregelt [...] und die dynastischen Interessen überwiegend vor den nationalen darin zum Ausdruck gelangen" würden.[162]

Die Nationalliberalen lehnten diese Forderung nach einer neuen Verfassungsversammlung ab. Selbst die linksorientierten Abgeordneten unter ihnen hielten es „nicht für rathsam", wie Eduard Lasker warnte, „auf den langsamen Weg eines konstituirenden Reichstages einzugehen". Denn es sei zweifelhaft, ob „die übrigen Staaten sich entschließen würden, ebenso wie der Norddeutsche Bund, eine freie Vollmacht einem zukünftigen Parlament auszustellen, um eine Verfassung zu vereinbaren". Vielmehr bestünde bei dem Versuch, dieses Verfahren durchzusetzen, „die Gefahr des Scheiterns" der Vereinigung von Nord und Süd oder gar der bestehenden Verfassung. Man sei deshalb „verpflichtet", hier und jetzt „die Verantwortlichkeit" für die Gestaltung der Einheit auf sich zu nehmen. Das verlange, nicht nur „die Mängel allein in den Vordergrund zu stellen [...], sondern mit der größten Treue" auch anzuerkennen, „was [...] durch diese Verfassung gewährt" werde. Man dürfe deshalb keine „Reformen" fordern, „welche als Verbesserungen in die gegenwärtige Verfassung des Norddeutschen Bundes hineingetragen werden" sollten, „wie etwa Grundrechte und andere gleich erstrebenswerthe Reformen". Denn „heute [sei] nicht der Zeitpunkt [...], zu verhandeln über solche Verbesserungen". Vielmehr genüge es, dafür zu sorgen, „eine Verfassung herzustellen, welche derartige Verbesserungen herbeiführen [könne]". Während die Verträge mit Baden, Württemberg und Hessen dem nicht im Weg stünden, gingen die Sonderrechte im Vertrag mit Bayern viel zu weit. In ihnen sei keine „große Idee des Partikularismus" zu erkennen, sondern nur die einzelnen Interessen, die „die Minister überall für ihre besonderen Departements" durchgesetzt hätten. Dadurch brächten sie „das deutsche Volk [...] um die volle Freude der Einigung", ohne „daß das Land Bayern [irgendeinen] Vortheil davon" habe.[163]

Johannes von Miquel vom anderen Flügel der Partei pflichtete Lasker bei und wurde dabei sogar noch deutlicher. In den bayerischen Sonderrechten seien keine „Interessen des Volkes" zu erkennen, „sondern bloß Interessen und Nachgiebigkeit an die Vorurtheile und an die Herrschsucht der bayerischen Militär- und Civil-Bureaukratie". Sie trügen deshalb „den Keim des Todes in sich, nicht, weil [man] sie später beseitigen [werde], nicht weil das Parlament selbst aus dem Centralsitz sie [werde] abschneiden müssen, sondern weil das bayerische Volk und die bayerische Kammer [bald] erkennen" würden, „daß das ein

Danaergeschenk" sei. Noch bedenklicher seien freilich „die organischen Veränderungen im Bunde", die durch den Beitritt der Südstaaten entstünden, auf Druck Bayerns in den Verträgen aber nicht durch entsprechende strukturelle Anpassungen abgefedert seien. Am problematischsten sei der Verzicht darauf, die Aufnahme der drei süddeutschen Königreiche durch eine Vergrößerung der „Stimmzahl Preußens" im Bundesrat auszugleichen und so die preußische Hegemonie proportionsgerecht abzubilden. Mit der Bitte, solche Probleme auszubessern, stelle die nationalliberale Fraktion „an die Verfassung der Gegenwart keine idealen Forderungen". Er und seine Kollegen hätten ja auch „die Verfassung des Norddeutschen Bundes angenommen", „ohne daß dadurch [ihre] Ideale momentan verwirklicht" worden seien. „Auch heute" stelle man dementsprechend nur „mögliche Forderungen, Dinge, die Jeder leisten" könne, „und nicht Dinge, die blos da" seien, „um damit in Volksversammlungen Popularität zu gewinnen". Eine Verfassungsversammlung hielte die nationalliberale Fraktion folglich auch für unnötig. Vielmehr müsse man „den bayrischen Ministern, nachdem sie gesehen" hätten, „wie die ihnen in Versailles gemachten Koncessionen" vom Reichstag „beurtheilt" worden seien, „die Gelegenheit geben, durch neue Verhandlungen zwischen der zweiten und dritten Lesung [des Parlaments] so viel als möglich daran zu bessern".[164]

Die Nationalliberalen blieben also bei der Taktik, die sie schon im konstituierenden Reichstag 1867 verfolgt hatten: Sie versuchten, möglichst viele Hemmnisse für die künftige Entwicklung eines Einheitsstaates zu beseitigen und dadurch die Grundlage für die langfristige Erfüllung ihrer Ideale zu legen, ohne dabei die Regierungsseite zu verprellen und so ein Scheitern der Vereinigung Deutschlands zu riskieren. Diese pragmatische Haltung ließ den konservativen Regierungsparteien genügend Spielraum, um die Nationalliberalen dazu zu drängen, ihre Vorbehalte aufzugeben und den Verträgen sofort zuzustimmen. „Ein jedes zu stellende Amendement", betonte der freikonservative Frontmann Eduard von Bethusy-Huc, würde „in diesem Augenblick [...] das Zustandekommen der Verträge gefährden". Die durch Letztere abgeänderte Verfassung habe natürlich neben „großen Plusmomenten" auch viele „Minusmomente". Für ihn als „Unitarier" sei es etwa „das schwerste Opfer", einer Verfassung zuzustimmen, die den „föderativen Charakter" der Norddeutschen Verfassung durch die Einführung der süddeutschen Sonderrechte „noch erheblich erweitert". An einer Zustimmung führe aber trotzdem kein Weg vorbei. Man müsse die „Verfassung in einem Moment machen, in dem einzigen Moment, welcher für die Schöpfung dieser Verfassung gegeben" sei. Es handele „sich nicht mehr darum: wollen wir so, sollen wir sie anders machen", sondern „darum: sollen wir sie überhaupt machen!". Deswegen müsste man auch gegen die eigene „Ueberzeugung die Verträge pure [ohne Änderungen] genehmigen" und „das Glück, welches im reißenden Strom der Geschichte" dem Reichstag entgegentreibe, „an der Stirnlocke fassen". Eine solche Gelegenheit werde nämlich „nicht wiederkommen".[165]

Hermann Wagener erhöhte den Druck auf die Nationalliberalen noch mehr, indem er sie zur Solidarität mit den Soldaten im Felde mahnte. Die „deutsche Einheit" sei ein „Produkt des gegenwärtigen Krieges" gegen Frankreich. Daher komme die gesamtdeutsche Verfassung, die mit den Verträgen eingerichtet werde, „nicht aus der Stadt der geschorenen Hecken oder gar der geschorenen Köpfe", also aus Versailles oder Rom, sondern „aus dem Feldlager des deutschen Volkes". Den „jetzigen Verfassungsabschluss" müsse man „als einen integrirenden Bestandtheil des Krieges und des Friedensschlusses" verstehen. Die Verträge nicht sofort anzunehmen, sondern erst auf Änderungen zu bestehen, bedeute nichts anderes, als den Staatsmännern und Soldaten, die für Deutschlands Einheit kämpften, in den Rücken zu fallen. Damit würde man „unseren Feldherren, [...] unseren Diplomaten die politische und moralische Reserve entziehen, [...] den Friedensverhandlungen die Wucht nehmen, die bisher den deutschen Waffen zur Seite und im Rücken gestanden" habe. Folglich dürfe man an der Eigenheit der Verträge keinen Anstoß nehmen. Man müsse sie vielmehr als Vorteil begreifen, „weil sie vollkommen [...] den Thatsachen und [...] der Natur und [...] Geschichte des deutschen Volkes" entspräche. Das „deutsche Reich" habe „niemals unter einen der konstitutionellen Schulbegriffe gepaßt", es sei „niemals weder ein Staatenbund, noch ein Bundesstaat, [...] weder eine Monarchie, noch eine Republik, [sondern] immer Beides zugleich gewesen". An Widersprüchen und dem „Aberglauben [...], daß Macht und Autorität durch Verfassungsparagraphen erworben, gestärkt, oder auch nur erhalten werden könnten", dürfe die Einigung nicht scheitern. Alle müssten zum Kompromiss bereit sein und Risiken auf sich nehmen. So seien sich die Konservativen der „Gefahren" vollkommen bewusst, die mit „der Ausdehnung des Norddeutschen Bundes zu einem Deutschen Bunde" einhergingen, nämlich die Stärkung des allgemeinen Wahlrechts und eines Reichstages, „der mit Centralisationstendenzen in seiner Majorität erfüllt" sein werde. Die Verträge anzupassen oder gar abzulehnen, sei aber keine Lösung. Es gelte, erst das Reich zustande zu bringen, dann könne man in Zukunft „jede Gelegenheit [...] nutzen", um für die eigene Sache zu kämpfen. Die konservative Fraktion halte etwa an der Forderung nach einem Ober- beziehungsweise Fürstenhaus als „Korrelat" für die unitarische Schlagrichtung der Verfassung fest. Vielleicht sei eines Tages ein Handel mit den Liberalen möglich, falls diese ihrerseits „an ihren eigenen Tendenzen der Herstellung von Reichsministern festhalten" würden.[166]

Solche Ausführungen schürten die Ängste der Nationalliberalen vor einem Scheitern der Vereinigung in letzter Minute, appellierten an ihr nationales Pflichtbewusstsein und machten ihnen verdeckte Avancen. Gleichzeitig beteuerte die Regierungsbank immer wieder, dass man die Verhandlungen mit den Südstaaten unmöglich wieder aufschnüren könne. Unter diesem Druck wandelte sich die Kompromissbereitschaft der Nationalliberalen rasch in Gefolgschaft. Zwei Wochen nach Einbringen der Verträge in den Reichstag und nur vier Tage nach der ersten Debatte darüber erklärte Rudolf von Bennigsen in der dritten Lesung, dass die Nationalliberalen „trotz der schweren Bedenken, die [sie] gegen den bairischen Vertrag" hätten, den Verträgen aus einem „nationalen" und „patriotischen Gefühle" heraus „im Ganzen [ihre] Zustimmung nicht versagen werden". Seine Fraktion wisse sehr wohl, dass in den Verträgen „für die Weiterentwickelung unserer Norddeutschen Verfassung eine gewisse Gefahr" liege. Aber „in dem Moment", wo der Friede abgeschlossen" werde, „der Deutschland eine neue Macht in Europa" verschaffe, wollten er und seine Kollegen „nicht die Verantwortung [dafür] übernehmen", dass es „dem deutschen Volke, welches zwar siegreich aus dem Kampfe hervorgegangen" sei, „doch nicht möglich geworden" sei, „die innere Verfassung, die Einheit der Nation zum Abschluß zu bringen".[167]

Dieses Einschwenken auf die Linie der Konservativen ebnete den Weg für die Annahme der Verträge. Für die anderen Fraktionen hatte es nach der Unterstützungserklärung der Nationalliberalen wenig Sinn, an ihrem Widerstand festzuhalten und die Verhandlungen weiter hinauszuzögern. Noch am selben Tag nahm der Reichstag die Verträge mit Baden, Württemberg und Hessen mit überwältigender Mehrheit an. Die Abstimmung über den bayerischen Vertrag fiel knapper aus. Von den 227 anwesenden Abgeordneten stimmten 195 dafür. Die 32 Gegenstimmen kamen von der Fortschrittspartei, der Bundesstaatlich-Konstitutionellen Vereinigung und von den kleinen Oppositionsparteien. Eine ungewöhnlich hohe Zahl an Abgeordneten, nämlich 70, blieb der namentlichen Abstimmung fern. Darunter waren einige National- und Altliberale sowie mehrere Konservative. Vermutlich boykottierten sie den Stimmgang, weil sie den Vertrag und die mit ihm einhergehenden Verfassungsänderungen zwar ablehnten, seine Ratifikation und damit die Vereinigung von Nord und Süd aber nicht verhindern wollten. Ihr Pragmatismus erlaubte nur stillen Protest.[168]

Die große Mehrheit der Nationalliberalen glaubte gute Gründe dafür zu haben, den Verträgen zuzustimmen und dadurch den 1867 ausgehandelten Verfassungskompromiss zu erneuern, obwohl sich dieser aus ihrer Perspektive durch die Einführung der süddeutschen Sonderrechte verschlechtert hatte. Diese Entscheidung war noch mehr als damals von einem ausgeprägten Vertrauen auf die Zukunft motiviert. In den vorhergehenden drei Jahren hatten die Nationalliberalen beobachten können, wie die Saat, die sie im konstituierenden Reichstag in die Verfassung gestreut hatten, langsam aufzugehen begann. Auf Basis seiner umfangreichen Kompetenzen gegenüber den Einzelstaaten hatte der Bund große Fortschritte bei der Wirtschafts- und Rechtsvereinheitlichung gemacht, wie wir in Kapitel 1 gesehen haben. Außerdem waren mit dem Bundeskanzleramt und dem Auswärtigen Amt erste Zentralbehörden des Bundes entstanden, die das Potenzial hatten, zu richtigen Ministerien heranzuwachsen. Dazu im nächsten Kapitel mehr. Die Nationalliberalen konnten sich in ihrem Glauben an eine günstige Entwicklung der Verfassung also bestärkt fühlen und die vermeintlichen Unannehmlichkeiten, die die Verträge mit sich brachten, in Kauf nehmen. Bennigsen fragte in diesem Sinne rhetorisch: „Weshalb sollte der deutschen Nation eine gesunde und kräftige innere Entwickelung nicht dann auch gegeben sein, wenn sie, Sieger in diesem Kampfe [gegen Frankreich], an gemeinsamer innerer Arbeit, unter einheitlicher Regierung, in einem freien deutschen Parlament zusammenwirkt?" Natürlich werde es „Hindernisse und Schwierigkeiten" geben, die gewisse „organische Veränderungen um einige Jahre länger verzögern als [man] sie hinausschieben" müsste, „wenn [man] lediglich im Norden für [sich] allein" bliebe. Früher oder später würde man aber ans Ziel gelangen, da es „unmöglich sein" werde, dauerhaft „Widerstand" gegen eine Veränderung hin zu einem unitarischen Regierungssystem mit verantwortlicher Regierung zu leisten. Denn „diejenigen, die es wagen würden, würden verloren gehen an den kraftvollen Elementen, die jetzt schon in der Verfassung enthalten [seien], und die durch dasjenige, was [...] in Aussicht gestellt [werde] in der heutigen Vorlage des Bundesrathes, bedeutend und gewichtig künftig noch verstärkt" werden würden.[169]

Die Vorlage, auf die er anspielte, sah eine Maßnahme vor, die den Optimismus der Nationalliberalen noch weiter steigerte: die Einführung des Kaisertums. Rudolph von Delbrück, der Präsident des Bundeskanzleramtes, der Bismarck während dessen Aufenthalt in Versailles im Reichstag vertrat, hatte wenige Tage zuvor unter lebhaften Bravo-Rufen der Abgeordneten bekanntgegeben, dass die Fürsten sich auf die „Wiederherstellung eines deutschen Reiches und der deutschen Kaiserwürde" geeinigt hätten. Am Tag der Abstimmung über die Verträge legte der Bundesrat dem Reichstag einen entsprechenden Gesetzesentwurf vor, nach dem Bund und Bundespräsidium in „Deutsches Reich" und „Deutscher Kaiser" umbenannt werden sollten. Dieser Lockvogel brachte die Nationalliberalen endgültig dazu, ihre Bedenken hintanzustellen und den Verträgen zuzustimmen. Bennigsen, der Urheber jenes Amendements, das drei Jahre zuvor den Kanzler zu einem verantwortlichen Minister und den Kaiser zu einer echten exekutiven Spitze gemacht hatte, führte dazu aus: „Wir haben eine einheitliche und monarchische Regierung – bis lang der Sache nach, noch nicht dem Namen nach, künftig auch dem Namen nach, und dieser Name ist mehr als ein bloßes Wort – wir haben eine monarchische Regierung mit einer so starken, auf dem deutschen Boden allein wurzelnden Grundlage, daß Nichts in unserer früheren deutschen Geschichte mit dieser Grundlage einer monarchischen Gewalt in Deutschland hat verglichen werden können." Diese aufpolierte, weil jetzt kaiserliche Regierung um den Kanzler machte es in den Augen der Nationalliberalen umso wahrscheinlicher, dass der Einfluss des Reichstages mit der Zeit ausgebaut werden würde. Schließlich ähnelte die Verfassung durch die Einführung des Kaisertums stärker denn je einer konstitutionellen Reichsmonarchie, in der sich Parlament und Regierung in einem Verantwortungsverhältnis gegenüberstanden. Die Zustimmung zu den Verträgen sicherte aus Sicht der Nationalliberalen also nicht nur, was möglich war, sondern machte auch möglich, was sie sich erhofften.[170]

Der Reichstag nahm die Vorlage zur Einführung des Reichs- und Kaisertitels nur einen Tag nach Ratifikation der Verträge am 10. Dezember 1870 an. Die Einhelligkeit über diesen Schritt war so groß, dass noch nicht einmal eine Debatte stattfand. Nur die sechs sozialdemokratischen Abgeordneten stimmten dagegen. Die neuen Bezeichnungen sollten allerdings erst einmal nur an den beiden auffälligsten Stellen der Verfassung eingefügt werden, in der Präambel und im Artikel über die Aufgaben des Präsidiums. Es sollte dem ersten gesamtdeutschen Reichstag vorbehalten bleiben, wie Delbrück ausführte, „die weiteren an diese beiden Aenderungen sich anschließenden Aenderungen im Texte der Bundesverfassung vorzunehmen". Eine formelle Überarbeitung des Verfassungstextes war ohnehin unumgänglich. Denn die Verfassung, die am 1. Januar 1871 in Kraft trat, war ein undurchschaubares Durcheinander aus mehreren Urkunden, die jede für sich schon kompliziert und schwer verständlich waren. Neben der „Verfassung des Deutschen Bundes", die am 31. Dezember im Bundesgesetzblatt erschienen war und deren Wortlaut auf den Vertrag mit Baden und Hessen zurückging, umfasste sie auch die beiden Verträge mit Württemberg und Bayern. Letztere sahen im Vergleich mit dem Verfassungstext, der mit Baden und Hessen vereinbart worden war, eine Reihe von Änderungen und Ergänzungen vor. Keine dieser Modifikationen war aber in die Verfassung, die am Silvestertag verkündet wurde, eingearbeitet worden.[171]

Diese „Zerstreuung der Grundlagen, auf welchen der politische Zustand Deutschlands" beruhe, mache es zwingend notwendig, wie Bismarck in seinem Antrag auf Revision der Verfassung gegenüber dem Parlament erklärte, die in den verschiedenen „Urkunden enthaltenen Verfassungsbestimmungen in einem einzigen Dokument" zusammenzufassen. Er legte deshalb dem neuen Reichstag gleich nach seinem Zusammentritt am 21. März eine entsprechend ausgebesserte Form der Verfassung vor. Dabei unterstrich er, dass diese Überarbeitung nur den

"Zweck" habe, den "formellen Mißständen abzuhelfen". "Materielle Aenderungen des bestehenden Verfassungsrechts" seien dagegen nicht beabsichtigt. Das Verfassungsrecht sollte formal aufgeräumt, nicht inhaltlich neu verhandelt werden.[172]
Alle Parteien, die die Entstehung der Verfassung in den letzten vier Jahren begleitet hatten, akzeptierten das. Selbst die Linksliberalen sahen ein, dass an dem Status Quo nach den beiden anstrengenden Verhandlungsperioden im Frühjahr 1867 und im Herbst 1870 vorerst nicht mehr zu rütteln war. Die Neuredaktion tue "in hohem Grade noth", erklärte Hermann Schulze-Delitzsch gleich zu Beginn der Beratungen, weil es sich darum handele, "in dieser Vorlage den Rechtsboden, von dem allein [man] bei der ganzen weiteren Entwickelung der Verhältnisse in unserem Vaterlande ausgehen [könnte], festzustellen". Eine Neuverhandlung sei aber nicht nötig, weil man zur Diskussion dessen, "was in den Rechten und in der Stellung des Reichstages selbst zu den übrigen Gewalten noch mangelhaft" sei, ja genug "Gelegenheit gehabt [habe] in den verschiedenen parlamentarischen Körperschaften, die sich mit der Frage beschäftigt" hätten. Seine Fraktion habe deshalb "hier zur Redaktion des entschieden bestehenden Rechts nichts" zu sagen und erkenne "dieses bestehende Verfassungsrecht absolut als den Punkt" an, von dem man bei allen künftigen "Arbeiten ausgehen" müsse. Das bedeute jedoch nicht, dass er und seine Kollegen ihre "Stellung" aufgäben. Sie behielten sich vor, nach der Neuredaktion und der Aufnahme des regulären politischen Betriebes im "Verlauf der Arbeiten des Hauses [...] mit denjenigen Anträgen hervorzutreten", die sie für nötig hielten, "um die Verfassung [...] nach der freiheitlichen Richtung hin zu vervollständigen".[173]
Nur die neugegründete Zentrumspartei, die bei der Wahl mit den Stimmen aus dem überwiegend katholischen Süden gleich zweitstärkste Kraft hinter den Nationalliberalen geworden war, weigerte sich, die Überarbeitung der Verfassung auf rein formelle Aspekte zu beschränken. Peter Reichensperger, der schon in der Frankfurter Nationalversammlung, im preußischen Abgeordnetenhaus und im konstituierenden Reichstag die katholischen Interessen hochgehalten hatte und jetzt gemeinsam mit Ludwig Windthorst die Zentrumsfraktion anführte, stellte den Antrag, eine Liste ausgewählter Grundrechte in die Verfassung aufzunehmen: die Meinungsfreiheit, das Versammlungsrecht, das Recht zur Bildung von Gesellschaften und politischen Vereinigungen, die Religionsfreiheit und die Garantie der kirchlichen Selbstverwaltung und Vermögensrechte. Dahinter stand offenkundig das Interesse, die katholische Minderheit in dem neuen, überwiegend protestantischen Kaiserreich zu schützen. In der offiziellen Begründung, die dem Antrag beilag, argumentierte die Fraktion allerdings strukturell. Die neue Verfassung übertrage als Folge einer Bestimmung des Vertrages mit Baden und Hessen das Presse- und Vereinswesen der Gesetzgebung des

Bundes. Diese „hochwichtigen Rechtsmaterien" hätten „in den meisten Bundesstaaten, insbesondere auch in Preußen", in „der Form von Grundrechten verfassungsmäßige, für die Landesgesetzgebung maßgebende Garantien". Es liege sicher „nicht in der Absicht der Deutschen Reichsverfassung [...], diese Garantien durch bedingungslose Ueberweisung der betreffenden Gesetzgebung an das Reich für die Zukunft in Frage zu stellen". Um das aber zu verhindern, müsse man die entsprechenden Grundrechte aus den Artikeln 27 bis 30, 12 und 15 der preußischen Verfassung übernehmen. Nur damit stünde die Reichsverfassung „nicht blos als eine Schutzwehr nationaler Sicherheit und Ordnung, sondern auch als eine Bürgschaft nationaler Freiheit" da.[174]

Dieser Antrag entfachte noch einmal eine leidenschaftliche Debatte über die Verfassung, bei der der spätere Kulturkampf zwischen politischem Katholizismus und staatstragendem Liberalismus seine Schatten voraus warf. Reichensperger kritisierte den Verfassungskompromiss und die von den Nationalliberalen in den vergangenen Jahren verfolgte Verhandlungslinie scharf: „Es ist seit dem Jahre 1867 mit einer gewissen Consequenz zum patriotischen Grundsatz erhoben worden, daß man erst die Einheitsbestrebungen verfolgen und verwirklichen, alle Freiheitsforderungen dagegen einstweilen zurückstellen müsse, weil nach erlangter Einheit die Freiheit von selbst erwachsen, uns in den Schooß fallen werde." An der „Richtigkeit dieser Anschauung" hätte man schon immer „zweifeln" können. Nach der Aufnahme des mehrheitlich katholischen Südens in den Bund dürfe man den Schutz der Religion jetzt aber unter keinen Umständen mit dem gleichen Pragmatismus behandeln. Es gelte nämlich, den „politischen Schädlichkeiten" vorzubeugen, die aus der „Glaubensspaltung" Deutschlands – einer „Thatsache", die nun einmal „nicht ungeschehen [zu] machen" sei – erwachsen könnten. Diese Präventivfunktion einer bundesstaatlichen Garantie religiöser Grundrechte unterstrich der Mainzer Bischof Wilhelm Emmanuel von Ketteler, der ebenfalls schon dem Frankfurter Paulskirchenparlament angehört hatte und wegen seines Engagements in der sozialen Frage als „Arbeiterbischof" bekannt war. Die Verfassung müsse „der Achtung vor der Religion und vor der religiösen Ueberzeugung des deutschen Volkes in irgend einer Weise Ausdruck geben", die „religiösen Kämpfe von dem politischen Boden ausschließen und für das öffentliche und politische Treiben die religiöse Versöhnung anbahnen". Genau dazu biete der Antrag die „Gelegenheit". Er sei deshalb nichts weniger „als eine magna charta des Religionsfriedens in Deutschland".[175]

Mit dieser Ansicht war das Zentrum allerdings allein. Von den Konservativen bis zu den Linksliberalen lehnten die Abgeordneten des Reichstages den Antrag entschieden ab. Warum, erklärte der berühmte preußische Historiker Heinrich von Treitschke, der für die Nationalliberalen bei den letzten Wahlen neu in den

Reichstag eingezogen war. Es herrsche „zwischen allen Parteien fast im Hause ein stilles Einverständnis" darüber, „endlich einmal Deutschland zur Ruhe kommen zu lassen, endlich einmal die Verträge, die geschlossen worden [seien] unter so schwerer Selbstüberwindung aller Parteien, als eine gegebene Thatsache gelten zu lassen". Jeder „hier im Hause" habe schwere „Opfer der Ueberzeugung [...] bringen müssen. Die „Sonderstellung", die sich das Zentrum jetzt herausnehme, wäre deshalb von niemandem nachvollziehbar. Das gelte umso mehr, als dass es sich bei dem Antrag gar nicht um eine „magna charata der deutschen Nation", um die „Rechte der Deutschheit" handele, sondern „um eine ganz willkürliche [...] Auswahl aus den Grundrechten der preußischen Verfassung". Außerdem sei das Zentrum „schwarzsichtig". Es bestünde überhaupt keine „Gefahr, daß die Presse und die Vereine bedingungslos der Reichsgewalt hingegeben werden". Denn es gäbe „handgreifliche Bürgschaften dafür, daß Kaiser und Reich ihre Gewalt gegen Presse und Vereine nicht mißbrauchen" könnten, nämlich die vielfältige „Zusammensetzung des Bundesrathes" und das „Dasein des deutschen Reichstages". Deswegen habe man allen Grund zum Optimismus: „Blicken wir nicht in die Vergangenheit, sondern in die Zukunft, auf die Aufgaben positiver Gesetzgebung, welche jetzt mit ihren trockenen, ernsten Details an uns herantreten und für Deutsche Männer ein würdigerer Gegenstand der Arbeit sein werden, als die im Allgemeinen niemals lösbaren Streitfragen über die Grenzen von Staat und Kirche."[176]

Das „lebhafte Bravo von allen Seiten", das Treitschke laut Protokoll für seine Bemerkungen entgegenschallte, nahm das Abstimmungsergebnis praktisch vorweg. Nach mehrtägiger Debatte lehnte der Reichstag den Zentrumsantrag mit 223 zu 59 Stimmen ab. Interessanterweise verwarf das Parlament direkt davor auch einen Antrag zur Tagesordnung, den Schulze-Delitzsch im Namen der Linksliberalen gestellt hatte. Der Vorschlag hatte vorgesehen, einfach ohne Abstimmung „über den Verbesserungsantrag von Reichensperger und Genossen zur Tagesordnung überzugehen", dafür jedoch ausdrücklich festzustellen, „daß die in dem bezeichneten Verbesserungsantrage aufgestellten Grundrechte in ihrer Unvollständigkeit weder dem Rechtsbewußtsein noch den Bedürfnissen des deutschen Volkes entsprechen" und „daß es erst nach redaktioneller Feststellung des geltenden Verfassungsrechtes Aufgabe des Reichstages sein kann, aber auch sein wird, den Ausbau der Reichsverfassung in freiheitlicher Richtung in Angriff zu nehmen". Die Mehrheit der Abgeordneten wollte eine solche Verpflichtung zu einem liberalen Ausbau der Verfassung nicht zu einer offiziellen Vorschrift machen. Für die Konservativen war das undenkbar. Das machte eines deutlich: Die liberale Umformung der Verfassung, die die Nationalliberalen in der politischen Praxis auf Basis ihrer Verhandlungserfolge zuwege bringen wollten, würde alles andere als ein Selbstläufer sein. Selbst wenn es zu der von ihnen so sehr erhofften Zentralisierung des Bundes und in deren Folge zu einer Stärkung des Reichstages käme, würde es innerhalb des Parlaments beträchtlichen Widerstand gegen eine Liberalisierung der Verfassungsordnung geben. Ob es ihnen gelingen könnte, diesen zu überwinden, zog die Ablehnung von Schulze-Delitzschs Antrag gehörig in Zweifel.[177]

Am 14. April nahm der Reichstag den redaktionell überarbeiteten Entwurf der Verfassung laut Protokoll mit nur „7 oder 8" Gegenstimmen an. Auch die Zentrumsfraktion verzichtete letztlich auf inhaltliche Änderungen, schluckte die Niederlage in der Grundrechtsfrage und stimmte der Regierungsvorlage zu. Die Verfassung wurde also erneut quer durch das politische Spektrum bestätigt, obwohl weder das rechte noch das linke Lager damit wirklich zufrieden war. Das verstärkte ihren Kompromisscharakter noch einmal. Auch sprachlich wurde das in dem angenommenen Text deutlich. Neben Kaiser und Reich war darin auch weiterhin an verschiedenen Stellen von Bundespräsidium und Bund die Rede. Bismarck hatte sich entgegen einer Anordnung des Königs geweigert, ganz auf diese Bezeichnungen zu verzichten. Er hielt sie für notwendig, weil sie den Charakter des Reiches als Fürstenbund herausstellten und damit dem Eindruck entgegenwirkten, dass durch die Einführung des Kaisertitels eine Reichsmonarchie entstanden sei. Vor allem eine Umbenennung des Bundesrates in Reichsrat lehnte er ab, machte das Präfix „Bund" doch in Anlehnung an den alten Frankfurter Bundestag deutlich, dass es immer noch eine staatenbündische Bastion gab, die die Interessen der einzelstaatlichen Monarchien gegen alle unitarischen Angriffe verteidigen würde. Die sprachliche Inkonsistenz der Verfassung spiegelte also ihre innere Spannung wider und war somit Teil des Kompromisses, der sie ermöglichte. Deswegen stand die für jeden sichtbare Widersprüchlichkeit der Verfassung einer Annahme auch nicht im Wege. Alle hatten genug von den langwierigen Verhandlungen und wollten nun endlich das politische Tagesgeschäft aufnehmen, um dort die Verhältnisse ihren Vorstellungen gemäß zu ändern. Der Verfassungskompromiss, auf den man sich in den vergangenen vier Jahren geeinigt hatte, schien jedem dafür genug Spielraum zu geben.[178]

## IX. Der Bund und das freie Spiel der Kräfte

Die Verhandlungen der Verfassung im Reichstag waren Realpolitik in Vollendung. Sowohl das Regierungslager als auch die Nationalliberalen orientierten sich eng an den gegebenen Bedingungen, konzentrierten sich auf das Mögliche und stellten ihre Ideale in den Hintergrund. Was daraus entstand, war ein Kompromiss zwischen den wichtigsten politischen Kräften der Reichsgründung, der sich allen gewöhnlichen Maßstäben für Verfassungen entzog. Die neue Reichsverfassung legte keine strikten Grenzen für staatliches Handeln fest und definierte weder für das Zusammenspiel von Bund und Einzelstaaten noch für die Beziehungen zwischen den einzelnen Bundesorganen geschlossene Machtbereiche. Stattdessen stellte sie die verschiedenen Regierungsebenen und -organe in einen freien Wettbewerb, für den sie nur wenige Regeln aufstellte. Der lose Rahmen, den sie absteckte, machte einerseits die Gründung des Nationalstaates möglich, stabilisierte andererseits aber die politischen Verhältnisse kaum. Eine solche Stabilisierung beabsichtigten die Verfassungsgeber aber auch gar nicht. Sie wollten keine festen Schranken für die Ausübung staatlicher Macht, sondern einen offenen Raum für die dynamische Auseinandersetzung der verschiedenen politischen Kräfte schaffen. Darum machten sie das Zusammentreffen der Gegensätze, die Gleichzeitigkeit der Spannungen zwischen Föderalismus und Unitarismus, Partikularismus und Hegemonie, Monarchismus und Parlamentarismus zum eigentlichen Bauprinzip der Verfassung.

Besonders aus dem pragmatischen Zusammenwirken Bismarcks und der Nationalliberalen entstand so ein Gerüst, das sich nicht durch Stabilität, sondern durch Flexibilität, nicht durch Widerstands-, sondern durch Anpassungsfähigkeit auszeichnete. Dieses Gefüge war keine Magna Charta für die Ewigkeit, sondern ein Abbild des Moments, das nur dafür gedacht war, den verschiedenen politischen Kräften eine Plattform für ihren Kampf um die weitere Ausformung des politischen Systems zu geben. Dementsprechend löste die Verfassung die entscheidenden Fragen nicht, sondern stellte es dem politischen Prozess anheim, diese auszufechten. Anders gesagt: Sie überließ den Bund und seine weitere Entwicklung dem freien Spiel der Kräfte. Ob der Fürstenbund das überleben, eine Reichsmonarchie wachsen oder die ganze Konstruktion ob ihrer inneren Spannungen zerrissen werden würde, war völlig offen. In den von vielen verschiedenen Hoffnungen, Erwartungen und Ängsten geprägten Bestimmungen der Verfassung fanden sich Ansätze für ganz unterschiedliche Szenarien. Eine gemeinsame Richtung oder gar ein Ziel definierten sie nicht. Die einzige Gewissheit, die sie boten, war, dass alles möglich war.

# TEIL II

# VOM FÜRSTENBUND ZUR REICHSMONARCHIE

*Kaiser und Reichskanzler bilden jetzt die Träger einer eigenen Regierungs- und Exekutivgewalt des Reichs, die von der preußischen Staatsgewalt begrifflich verschieden und getrennt ist, und sie vertreten eine eigene Reichspolitik, die mit der preußischen Politik nicht notwendig überall zusammenfällt.*

Gutachten des Reichsjustizamtes über die staatsrechtliche Zulässigkeit der
Einbringung von Präsidialanträgen beim Bundesrat, 31. März 1892

# TEIL II

# VON FÜRSTENBUND ZUR REICHSMONARCHIE

## Kapitel 4: Die Erhebung des Kaisers

Im Frühjahr 1888 ging der Tod durch das Haus der Hohenzollern. Am 9. März, anderthalb Jahrzehnte, nachdem die deutschen Fürsten ihn in Versailles zum Kaiser des neuen Bundes ausgerufen hatten, starb Wilhelm I. knapp zwei Wochen vor seinem 91. Geburtstag. Da war sein Sohn und Nachfolger Friedrich III. bereits ein todkranker Mann. Im Jahr zuvor war bei dem Mittfünfziger, der seit seiner Jugend mehrere Zigarren täglich rauchte, Kehlkopfkrebs diagnostiziert worden. Kurz vor der Thronübernahme wäre er beinahe erstickt. Ein Luftröhrenschnitt rettete dem liberalen Hoffnungsträger zwar das Leben, kostete ihn aber seine Stimme. Auch wenn die besten Ärzte der Berliner Charité und ein vermeintlicher Spezialist aus England alles in ihrer Macht stehende für seine Genesung taten, stellte sich die politische Klasse darauf ein, dass die Regentschaft des „leisen Kaisers", wie der Volksmund Friedrich bald taufte, eine kurze sein würde. Sein behandelnder Chirurg Ernst von Bergmann gab ihm im besten Fall bis Mitte des Sommers. Der konservative Kronprinz Wilhelm stand schon in den Startlöchern, bereit, stellvertretend das Kaiseramt zu übernehmen, sobald sein Vater handlungsunfähig werden würde.[1]

Friedrich ergab sich aber nicht einfach in sein Schicksal. Soweit es seine rasch schwindenden Kräfte erlaubten, wollte er die kurze Zeit, die ihm noch blieb, dazu nutzen, sein Erbe zu bestellen. Gemeinsam mit seiner Frau Victoria, der ältesten Tochter der gleichnamigen Königin von England, hatte er seit Jahren die gemäßigten liberalen Kräfte in Politik und Gesellschaft unterstützt und darauf gesetzt, das verkrustete Regierungssystem des Reiches nach seiner Thronbesteigung zu modernisieren. Zwar lehnte auch er wie der Rest der preußisch-deutschen Führungselite eine direkte Abhängigkeit der Exekutive vom Reichstag und vor allem jegliche parlamentarische Einmischung in den Militärbereich ab. Aber er hatte großen Respekt vor dem Parlament als Institution, der Bedeutung von Wahlen und dem Gedanken eines verfassten Staates. „Vicky" – sie wurde in Hofkreisen verächtlich als „die liberale Engländerin" betrachtet, die ihrem Gatten spätestens seit dem Ausbruch seiner Krankheit alle politischen Initiativen einflüsterte – dachte noch parlamentarischer. Was dem Kaiserpaar zum Entsetzen Bismarcks vorschwebte, war eine konstitutionelle Reichsmonarchie, die die föderalistischen Schranken der Verfassung überwinden, eine offizielle kaiserliche Regierung haben und dem Reichstag eine gebührende Rolle im politischen Entscheidungsprozess zuerkennen würde. Auch wenn Friedrich in der Vergangenheit immer wieder in entscheidenden Fragen gegenüber dem Kanzler eingeknickt war und ihm nun seine tückische Krankheit endgültig die Möglichkeit nahm, langfristige Reformen anzustreben, gab seine Thronbesteigung liberalen Hoffnungen für kurze Zeit Auftrieb.[2]

So war die Unruhe in Regierungskreisen groß, als Friedrich sich weigerte, mehrere Gesetze zu unterschreiben, die die verschiedenen Stationen des legislativen Prozesses erfolgreich durchlaufen hatten. Drei Wochen vor dem Tod des alten Kaisers Wilhelm hatte sich Bismarck mit dem Bundesrat und dem Reichstag darauf geeinigt, das Sozialistengesetz zu erneuern und die Legislaturperiode des Reichstages von drei auf fünf Jahre zu verlängern. Wilhelm war aber nicht mehr in der Lage gewesen, die jeweiligen Gesetze auszufertigen. Noch am Tag seiner Beerdigung verweigerte sein stummer Nachfolger seinerseits die Unterzeichnung. Zur Begründung dieser außergewöhnlichen Blockade kritzelte der bettlägerige Friedrich eine Reihe von Argumenten, die die liberale Fortschrittspartei in den parlamentarischen Verhandlungen gegen die Gesetze vorgebracht hatte, auf einen Umschlag und sandte diese improvisierte Notiz zu Bismarck in die Wilhelmsstraße.

Als der Kanzler die Nachricht wenige Stunden später erhielt, machte er sich umgehend durch den hohen Schnee auf den Weg ins Neue Palais nach Potsdam, wo das Krankenlager des Kaisers eingerichtet worden war. Dort kam es zur Konfrontation mit der Kaiserin, die den Zugang zu ihrem labilen Gatten streng kontrollierte. Bismarck tobte, dass „die Nichtvollziehung jener beiden mit großer Majorität angenommenen Gesetzesentwürfe eine völlige Umkehrung der bisherigen Regierungspolitik bedeuten würde, welche das jetzige Staatsministerium nicht mitmachen könne". Das war nichts anderes als eine Rücktrittsdrohung. Diese begründete er damit, wie er laut Landwirtschaftsminister Robert Lucius von Ballhausen am nächsten Tag dem preußischen Kabinett berichtete, dass „der Kaiser, welchem nicht ein Veto, sondern nur ein Verkündigungsrecht der ordnungsmäßig zu stande gekommenen Reichsgesetze zustehe", gar kein Recht habe, „seine Unterschrift zu versagen, nachdem die preußische Stimme im Bundesrat dafür abgegeben worden sei". Victoria war von diesem wuterfüllten Auftritt so erschrocken, dass sie sofort ins Krankenzimmer eilte und nach einigen Minuten Friedrich in seinem Rollstuhl in den Salon brachte. In seinen schlaffen Händen hielt der schwer gezeichnete Kaiser beide Gesetze „mit noch nassen Unterschriften". Um einen ernsthaften Konflikt mit dem Kanzler zu führen und womöglich den Rücktritt des gesamten Staatsministeriums zu riskieren, fehlte ihm die Kraft.[3]

Zwei Monate später ereignete sich ein ähnlicher Vorfall. Diesmal bot allerdings nicht das Reich, sondern Preußen die Arena für das Aufbegehren Friedrichs. Das milde Frühsommerwetter hatte seinen Gesundheitszustand zwischenzeitlich etwas verbessert. So gestärkt stellte er sich Mitte Mai dem in liberalen Kreisen seit Langem verhassten preußischen Innenminister Robert von Puttkamer in den Weg. Der erzkonservative Staatsmann hatte in demselben Zeitraum, in dem Bismarck die Verlängerung der Legislaturperiode des Reichstages ausgehandelt hatte, in den beiden Kammern des preußischen Landtages durchsetzen können, dass auch die Wahlperiode des Abgeordnetenhauses von drei auf fünf Jahre steigen sollte. Der neue preußische König hatte aber etwas dagegen. Friedrich weigerte sich, das Gesetz zu unterzeichnen. Er vermutete dahinter nicht nur eine Beschränkung der Wahlfreiheit, sondern auch ein taktisches Manöver, mit dem Puttkamer das Abgeordnetenhaus in die Schranken weisen wollte. Der Innenminister sah sich seit einiger Zeit Vorwürfen ausgesetzt, seine Behörde habe die letzten Landtagswahlen unrechtmäßig beeinflusst und mindestens in zwei Wahlkreisen für den Sieg konservativer Abgeordneter gesorgt, zu denen auch sein Bruder gehörte. Das Abgeordnetenhaus hatte sogar die Mandate der entsprechenden Parlamentarier für ungültig erklärt. Die linksliberale Freisinnige Partei, zu der das Kaiserpaar enge Kontakte pflegte, nutzte seitdem jede Gelegenheit, das „System Puttkamer" anzugreifen.

In seinem Ärger über diesen Skandal lehnte Friedrich jede Kooperation mit Puttkamer ab. Erst ein einstündiger Vortrag des preußischen Justizministers Heinrich von Friedberg brachte ihn schließlich dazu, das Gesetz auszufertigen. Einen Tag später ermutigte ihn Bismarck in einer Audienz jedoch, wie Ballhausen in seinen Erinnerungen schildert, „einmal zu zeigen, daß er der König sei, und daß ihn weder Ministerium noch Kammern etwas angingen. Er solle, wenn ihm das richtiger schiene, noch jetzt die Publikation inhibieren!" Friedrich widerrief daraufhin tatsächlich seinen Verkündungsbefehl. Als Friedberg Anfang Juni abermals bei ihm erschien, um ihn dazu zu bewegen, seine Entscheidung zu revidieren, reagierte der stumme Monarch auf dessen eindringliches Zureden mit einem seiner mühsam gekritzelten Zettel: „Das wird eine bittere Enttäuschung für die Freisinnigen sein!" Der Justizminister argumentierte, dass der König sich wohl kaum auf eine Partei stützen wolle, die im Abgeordnetenhaus in der Minderheit sei. Außerdem habe er dem gleichartigen Reichsgesetz ja auch seine Zustimmung erteilt. Dem entgegnete Friedrich auf einem weiteren Zettel: „Im Reich habe ich kein Veto!"

Letztlich gab der König das Gesetz jedoch frei. Gleichzeitig verfasste er ein Schreiben an Puttkamer, in dem er erklärte, dass dessen Rechtfertigung der Wahlbeeinflussung absolut inakzeptabel sei und er dem Gesetz nur aus Rücksicht auf die anderen Minister zustimme, da diese im Falle eines dauerhaften Gegensatzes zwischen Kabinett und Krone unter dem Druck der Öffentlichkeit geschlossen zurücktreten müssten. Damit waren Puttkamers Tage gezählt. Bismarck verteidigte ihn nur halbherzig und sägte auf diese Weise weiter kräftig am wackligen Stuhl des unbequemen Innenministers. Die negative Presse über die Verzögerung des Gesetzes tat ihr Übriges. Öffentlich brüskiert reichte Puttkamer seinen Rücktritt ein, den der König am 8. Juni annahm. Quasi auf dem Totenbett gelang Friedrich so sein einzig nennenswerter Erfolg zur Liberalisierung der politischen Staatsführung. Sein Zustand hatte sich während des kräfteraubenden Scharmützels so rapide verschlechtert, dass er nur eine Woche nach Puttkamers Entlassung am 15. Juni starb.[4]

Diese beiden Episoden um den 99-Tage-Kaiser gewähren uns einen aufschlussreichen Blick in den Zustand des föderalen Regierungssystems im Schicksalsjahr 1888. Die Vetoversuche des vorübergehenden Throninhabers legten einige der im gewöhnlichen Regierungsalltag nur selten hervortretenden Aspekte der Stellung frei, die der Kaiser am Ende des zweiten Jahrzehnts nach der Reichsgründung im komplexen Verfassungsgefüge des Bundes innehatte. So zeigt das Verhalten Friedrichs, Bismarcks und der anderen preußischen Minister, dass in der politischen Staatsführung ein sensibles Bewusstsein für die unterschiedlichen Funktionen herrschte, die der Kaiser und König im Reich und in Preußen erfüllte. In Preußen gab die Verfassung von 1850 dem König ein Vetorecht. Die Reichsverfassung von 1871 richtete eine solche Befugnis für den Kaiser nicht ein. Friedrichs Einspruch gegen das Sozialistengesetz und das Gesetz zur Verlängerung der Sitzungsperiode des Reichstages belegt aber auch, dass er davon ausging, als Kaiser einen Anspruch auf ein Veto im Reich erheben zu können, der legitim genug war, um wenigstens etwas Störfeuer gegen Bismarcks Pläne zu verbreiten. Anders gesagt: Der neue Kaiser war davon überzeugt, dass sich die Stellung seines Amtes seit dem Inkrafttreten der Reichsverfassung geändert und er daher zumindest berechtigten Anlass zu der Annahme hatte, eventuell in der Lage zu sein, Gesetze zu blockieren. Das Scheitern seiner Vetoversuche machte allerdings in aller Deutlichkeit klar, dass dem Kaiser, auch wenn sein Amt sich seit der Reichsgründung weiterentwickelt haben mochte, nach wie vor enge Grenzen gesetzt waren. Seine Machtbasis war nicht so groß, als dass der kranke Friedrich dauerhaft ein Reichsgesetz gegen den Willen des Eisernen Kanzlers hätte blockieren können, auf das sich dieser mit Bundesrat und Reichstag geeinigt hatte.[5]

Friedrichs Misserfolg lag aber nicht nur an der begrenzten Position seines Amtes, sondern auch an seiner fehlenden politischen Autorität. Der todgeweihte Kaiser ähnelte einem Präsidenten in einer Demokratie, der am Ende seiner Amtszeit steht und nicht zur Wiederwahl antreten darf oder will: Er konnte keine langfristigen Projekte zur Gestaltung der Zukunft mehr in Angriff nehmen und musste sich auf die Verwaltung der Gegenwart beschränken. Das machte Friedrich zu einer „lame duck", wie die Amerikaner sagen. Bismarcks Autorität hatte er nichts entgegenzusetzen. Der Kanzler behandelte den Streit um die kaiserlichen Vetos als Teil einer ausgeklügelten „Erbfolgepolitik", wie Frank Lorenz Müller in seiner brillanten Biografie *Our Fritz* gezeigt hat. Ballhausen erinnerte sich später, dass Bismarck die ganze Kontroverse „schon mehr mit Rücksicht auf den Thronfolger" abwickelte. Das wurde besonders deutlich, als er Friedrich zum Entsetzen der anderen Mitglieder des Staatsministeriums dazu ermutigte, im Fall Puttkamer auf seinem Veto zu bestehen. Diese Aktion war ein rein taktisches Manöver, das die Entlassung des doktrinären Innenministers provozieren sollte. Da Puttkamer sich mit dem Kronprinzen zu verbrüdern drohte und diesem sogar empfohlen hatte, am Kanzler vorbei zu regieren, war es Bismarck nur zu recht, ihn noch vor dem Thronwechsel loszuwerden. Die Entlassung Puttkamers war daher mehr ein Sieg Bismarcks als Friedrichs, dessen politische Schwäche die Winkelzüge des Kanzlers schonungslos ausnutzten.[6]

Wegen dieses Mangels an Durchsetzungskraft konnte sich unter Friedrich gar nicht zeigen, welches Potenzial im Kaisertum gegen Ende des zweiten Jahrzehnts seines Bestehens schlummerte. Seine Amtszeit war ein Übergang zwischen dem Alten und dem Neuen, der mehr Fragen aufwarf, als dass er Antworten lieferte. Welche Rolle gab die Reichsverfassung dem Kaiser innerhalb des dichten Netzes aus verschiedenen Regierungsorganen und -ebenen? Und wie veränderte sich diese Rolle im Laufe der Zeit? Welche Rechte und Pflichten gewann oder verlor der Kaiser im Zuge des kontinuierlichen Wandels, den das bundesstaatliche Verfassungsgefüge durchlief? Kurz gesagt: Wie sah das Amt des *primus inter pares*, zu dem die Fürsten den preußischen König 1871 in Versailles erkoren hatten, eigentlich aus, und was wurde in den darauffolgenden Jahrzehnten daraus?

Nachdem Friedrichs Sohn im Alter von nur 29 Jahren den Thron bestiegen hatte, bekamen diese Fragen schnell eine drängendere Bedeutung als je zuvor. Wilhelm II. trat in den nächsten zweieinhalb Jahrzehnten viel dominanter auf als sein Vater und sein Großvater. Selbstbewusst gab er sich als Reichsmonarch. Seine unvorhersehbaren Eingriffe in die Regierungspolitik, seine martialischen Reden, seine offene Verachtung des Parlamentarismus im Allgemeinen und der Sozialdemokratie im Speziellen, sein hypernationalistisches, oft aggressives und ungeschicktes Verhalten anderen Großmächten gegenüber und seine unverhohlene Bevorzugung alles Militärischen vor der Zivilgewalt entfachte schon unter Zeitgenossen eine lebhafte Debatte darüber, wie weit die Machtbefugnisse des Kaisers gingen beziehungsweise gehen sollten. Nachdem die Revolution von 1918 seine skandalträchtige Herrschaft beendet hatte, kamen vor allem im Ausland laute Forderungen auf, den Kaiser vor einem internationalen Strafgericht als Hauptverantwortlichen für den Ausbruch des Weltkrieges anzuklagen. Im

Reich, das Wilhelm dreißig Jahre lang regiert hatte, erschien nach dem „Kaisersturz" eine Flut von Memoiren und anderen Veröffentlichungen, die ihn mehr oder weniger stark verunglimpfend des Machtmissbrauchs bezichtigten. „Jede neue Publikation", notierte der politische Beobachter Harry Graf Kessler 1928 in seinem Tagebuch, „macht das Bild dieses Schwächlings, Feiglings, brutalen Strebers und Bramarbas, dieses Hohlkopfs und Aufschneiders, der Deutschland ins Unglück gestürzt hat, noch abstoßender."[7]

Die Geschichtswissenschaft hielt sich in der Diskussion um den Kaiser in den ersten Weimarer Jahren noch zurück. Das Gros der Historiker war politisch straff nationalkonservativ eingestellt und wollte die Monarchie gegenüber der ungeliebten Republik nicht noch mehr in Misskredit bringen, als dies durch Wilhelms unrühmlichen Abgang sowieso schon geschehen war. So konzentrierten sich die meisten Studien darauf, den historischen Gegensatz zwischen dem scheinbaren Genie Bismarck und der vermeintlichen Fehlbesetzung Wilhelm darzustellen. Dabei kritisierten sie einzelne Entscheidungen oder den Regierungsstil des Kaisers, stellten aber nicht die Frage nach dessen persönlicher Verantwortung für den politischen Kurs des Reiches, vor allem nicht im Zusammenhang mit dem Ausbruch des Krieges. Das änderte sich 1925. In der ersten wissenschaftlichen Biografie über den letzten Kaiser sprach der bereits 1906 in die Schweiz ausgewanderte Schriftsteller und überzeugte Demokrat Emil Ludwig dessen Behinderung, charakterliche Schwächen und fragwürdige Entscheidungen schonungslos an und zeichnete so ein äußerst negatives Bild von Wilhelms Amtsführung. Kurt Tucholsky bezeichnete das Buch als „schwerste Niederlage, die der Kaiser jemals erlitten hat". Die meisten Historiker sahen in Ludwigs Charakterskizze dagegen eine ungebührliche Schmähung der Monarchie. 1933 landete das Buch auf dem Scheiterhaufen. Mit ihm zusammen verglühte jede kritische Auseinandersetzung mit dem Kaiser in den Flammen des nationalsozialistischen Geistesterrors.[8]

Nach dem Krieg keimte aus der Asche die Debatte über die Rolle, die der Kaiser im undurchsichtigen Regierungssystem des Reiches und damit in der verhängnisvollen Entwicklung der deutschen Geschichte gespielt hatte, von Neuem. Wiedereröffnet wurde die Diskussion 1948 von Erich Eyck. In seiner Studie über das schon von der Wilhelminischen Polemik so bezeichnete „persönliche Regiment" des Kaisers argumentierte der deutsch-jüdische Jurist, dass es Wilhelm in weiten Teilen gelang, den Regierungskurs des Reiches zu bestimmen. Ob seiner Sprunghaftigkeit und seiner Unzuverlässigkeit sei er aber „völlig unfähig" gewesen, die Fäden, die er in der Hand gehalten habe, auch zu koordinieren, geschweige denn „eine schwierige Situation zu meistern". Die staatstragenden Schichten, die diesen Dilettantismus erlaubten, hätten dabei genauso kläglich versagt wie der Kaiser. Schließlich sei es der Obrigkeitsstaat gewesen, der „die Entscheidung über das Schicksal eines ganzen Volkes in die Hand eines Einzelnen, noch dazu völlig unfähigen Individuums [gelegt] und [...] die richtige Verteilung zwischen politischer und militärischer Gewalt nicht gefunden" habe.[9]

Die Historikerzunft reagierte auf Eycks Darstellung überwiegend negativ. Fritz Hartung warf ihm vor, er behandele das Thema „nicht als Historiker, der sich um eine objektive Beurteilung bemüht, [...] sondern als Staatsanwalt, der die Schuld [...] des Angeklagten beweisen möchte". In einem Vortrag über das persönliche Regiment vor der Deutschen Akademie der Wissenschaften zu Berlin kam Hartung 1952 denn auch zu dem Schluss, dass die „Schwäche des Reiches [...] nicht in der Person des Kaisers, sondern in der Struktur der Verfassung begründet" gewesen sei. Dass diese nicht rechtzeitig reformiert wurde, hätten „alle beteiligten Instanzen" des Regierungssystems vom Kaiser bis zum Wähler gemeinsam verschuldet.[10]

Aus dieser Nachkriegskontroverse entstanden in den nächsten fünf Jahrzehnten zwei entgegengesetzte Lehrmeinungen darüber, wie viel Macht der deutsche Kaiser eigentlich gehabt hatte. Auf der einen Seite hat vor allem der englische Historiker John Röhl in seiner biografischen Arbeit zu Wilhelm, die sich über ein ganzes Akademikerleben und mehrere tausend Seiten erstreckt, die These vom persönlichen Regiment weiterentwickelt. In seinen Augen stand Wilhelm im Machtzentrum einer „persönlichen Monarchie", in der der Kaiser vor allem ob seiner Personalgewalt wirklich herrschte. Diese Basis habe Wilhelm dazu genutzt, um nach der Entlassung Bismarcks alle militär-, außen- und innenpolitischen Angelegenheiten von seiner Zustimmung abhängig zu machen. Die konkurrierenden Entscheidungsträger des politischen Systems seien in einen „Königsmechanismus" geraten, durch den sie den Kaiser als eine Art Schiedsrichter akzeptierten und sich so an ihn banden. Der problematische Charakter Wilhelms sowie sein durchtriebener Freundes- und Beraterkreis hätten infolgedessen den Kurs des Reiches entscheidend mitbestimmt. Daher sei Wilhelm „eine Schlüsselfigur der neueren deutschen Geschichte auf ihrem fatalen Weg von Bismarck zu Hitler" gewesen.[11]

Auf der anderen Seite steht der gesellschaftsgeschichtliche Ansatz Hans-Ulrich Wehlers. Der Mitbegründer der historischen Sozialwissenschaft hat Röhl „blinden Personalismus" vorgeworfen und den Kaiser als eine bloße Randfigur des politischen Systems beschrieben. Das Wilhelminische Reich sei eine „Polykratie rivalisierender Machtzentren" gewesen. Der Kaiser habe zwar versucht, nach dem Abgang Bismarcks das dadurch entstehende Machtvakuum zu füllen. Es sei ihm aber nie gelungen, ein persönliches Regiment zu errichten, auch wenn ihm das seine Umgebung vorgegaukelt habe. In Wirklichkeit habe eine „permanente Staatskrise" geherrscht, da die Regierungsordnung zu einem „anonyme[n] Geflecht von Kräften ohne ein personales Bewegungszentrum" verkümmert sei. Dort sei der politische Kurs nicht vom Kaiser bestimmt worden, sondern von den „ständig fluktuierenden Kräftekonstellationen, die einem solchen System eigentümlich sind". Der Weltkrieg habe dann „vollends enthüllt, daß [Wilhelm] dem Schwergewicht der Macht nach nur die Rolle eines ‚Schattenkaisers'" gespielt habe, wie schon Hans Delbrück 1926 im Untersuchungsausschuss des Deutschen Reichstages zu den Ursachen des inneren Zusammenbruchs des Reiches im letzten Kriegsjahr festgestellt habe.[12]

Der Widerstreit dieser beiden extremen Positionen hat eine umfangreiche Literatur zu den verschiedensten Aspekten von Wilhelms vermeintlichem persönlichen Regiment hervorgebracht. Die Palette reicht von Studien zum kaiserlichen Hof, zu den halboffiziellen Militär-, Zivil- und Marinekabinetten des Kaisers, zu Schlüsselfiguren aus seinem politischen und persönlichen Umfeld und zu einzelnen Skandalen bis hin zu Untersuchungen über die symbolische Integrationsfunktion des Kaisers, seine Rolle als oberster Kriegsherr und sogar seine geistige Gesundheit. Zuletzt ist auch die am wenigsten beachtete Periode seiner Herrschaft zwischen dem desaströsen *Daily-Telegraph*-Interview 1908 und dem Ausbruch des Ersten Weltkrieges 1914, in der sich Wilhelm politisch viel mehr zurückhielt als zuvor, näher beleuchtet worden.[13]

Am wichtigsten sind jedoch die Arbeiten, die versucht haben, die Erkenntnisse Röhls und Wehlers in einem größeren Rahmen in Einklang zu bringen. Vor allem zwei Ansätze haben viel Beachtung gefunden. Wolfgang Mommsen hat den Kaiser als ein Instrument der preußisch-deutschen Machteliten beschrieben. Wilhelm habe zwar kraft seines Amtes eine zentrale Stellung in der Verfassung besessen, sei aber die meiste Zeit von den alten Herrschaftskreisen aus Hochadel und Militär manipuliert worden, um ihre Macht gegen den demokratischen Zeitgeist zu schützen. Das vermeintliche persönliche Regiment müsse als reine Suggestion bezeichnet werden, der man beim Studium der Quellen aus dem Kreis des Kaisers auch rückblickend noch leicht erliegen könne. Christopher Clark hat in seiner Biografie Wilhelms dagegen betont, dass „das kaiserliche Amt [...] kein Monolith, sondern eher eine lose Ansammlung von Funktionen (politische, diplomatische, religiöse, militärische, kulturelle, symbolische) [gewesen sei], deren wechselseitige Beziehung dynamisch und zu der Zeit, als Wilhelm den Thron bestieg, noch weitgehend ungeklärt" gewesen sei. Wilhelm habe es nicht geschafft, diese sich oft widersprechenden Funktionen aufeinander abzustimmen und ein kohärentes Programm zu entwickeln. Das habe nicht zuletzt daran gelegen, dass er „sein Amt innerhalb eines überaus komplexen, politischen Systems auszuüben" gezwungen gewesen sei, „in dem sich die Machtverhältnisse ständig verändert" hätten. Unter ihm sei „das Amt, das die Schaffung einer stärkeren Legislative und die Ausreifung einer dynamischen, politischen Kultur in Europa hätte fördern können", deshalb zu „einem Spiegel [geworden], in dem die beunruhigendsten Merkmale der misslichen Lage Deutschlands auf geradezu groteske Weise verzerrt erschienen [seien]: Reformstau, politische, konfessionelle und sozioökonomische Zersplitterung, das Missverhältnis zwischen Macht und Kultur, die anormale Stellung des Militärs, die nagende Ungewissheit, welchen Platz dieses Land in der Welt einnehmen würde".[14]

Infolge der zunehmenden Dominanz der Kulturgeschichte haben sich Historiker in den letzten zwei Jahrzehnten immer weniger mit der konkreten Einflussnahme des Kaisers auf den Regierungskurs des Reiches beschäftigt. Andere Themen sind ins Zentrum des Interesses gerückt, wie zum Beispiel das vielschichtige Image, das die expandierende Medienlandschaft der Wilhelminischen Epoche vom Kaiser erzeugte, oder die Verlagerung des symbolischen Kapitals des Kaisertums nach dessen Sturz auf den Führer, besonders in Adelskreisen. Diese Verschiebung des historiografischen Fokus hat dazu geführt, dass die Diskussion um den Kaiser als politischen Entscheidungsträger eingeschlafen ist, obwohl einige der wichtigsten Fragen bezüglich seiner Rolle im Regierungssystem nie richtig geklärt wurden. So hat trotz der intensiven Diskussion um das persönliche Regiment Wilhelms II. keine der erwähnten Studien untersucht, welche institutionelle Kapazität das Amt, das er bekleidete, eigentlich hatte, als er auf dem Thron saß. Alle Parteien der Debatte sind automatisch davon ausgegangen, dass der Kaiser genau die Rechte und Pflichten besaß, die konstitutionell festgelegt waren. Die Verfassung von 1871 ist gewissermaßen der Maßstab, an dem Generationen von Historikern Wilhelms Amtsführung gemessen haben.[15]

Besonders deutlich wird dieses Problem an dem Konzept der „persönlichen Monarchie". Die „monarchische Verfassungswirklichkeit", die Bismarck schuf und die Wilhelm II. angeblich eine „überragende Entscheidungsgewalt" gab, hat Röhl vornehmlich nach den Bestimmungen der geschriebenen Verfassung abgesteckt. Der strukturelle Rahmen, den diese festlegte, veränderte sich aber in den siebzehn Jahren, die zwischen der Reichsgründung und Wilhelms Thronbesteigung lagen, erheblich. Das hat Röhl vernachlässigt. Genauso wie seine Unterstützer und Gegner in der Debatte um das persönliche Regiment hat er übersehen, dass sich die rechtliche und verfassungsstrukturelle Stellung des Kaisers im komplexen Zusammenspiel der verschiedenen Teile des föderalen Regierungssystems in den ersten zwei Jahrzehnten nach der Gründung des Bundes grundlegend verändert hatte. Auch nach Wilhelms Inthronisierung ging dieser Wandel weiter. Die Verfassung und das kaiserliche Amt, das sie definierte, waren 1890 nicht dieselben wie 1871 und auch nicht dieselben wie 1914.[16]

Dieser blinde Fleck in der Debatte um den Kaiser hat zwei Hauptgründe. Zum einen haben sich Historiker ganz einfach für andere Fragen interessiert und dabei Ansätze verfolgt, die die Veränderung des Amtes, das Wilhelm bekleidete, gar nicht erst in ihr Blickfeld gebracht haben. Das hat viel mit der Ausrichtung verschiedener geschichtswissenschaftlicher Disziplinen zu tun. Die wenigen Rechtshistoriker, die sich mit dem Kaiser beschäftigt haben, widmeten sich in erster Linie den normativen Grundlagen seines Amtes in der Verfassung und ihrer Einordnung in das staatsrechtliche Schema der konstitutionellen Monarchie. Der dynamischen Entwicklung der politischen Kräfteverhältnisse und ihrer Wechselwirkung mit diesen Grundlagen, wie zum Beispiel im Rahmen des Versuches, ein persönliches Regiment zu errichten, haben sie, wenn überhaupt, nur wenig Beachtung geschenkt. Im Gegensatz dazu haben sich die Vertreter der Politik- und Gesellschaftsgeschichte in ihrer Diskussion um die Einflussmöglichkeiten des Kaisers ganz auf die schillernde Figur Wilhelms II. konzentriert. Dabei interessierten sie sich vor allem für den Zusammenhang zwischen Persönlichkeit und Amtsführung, den Charakter und das Ausmaß der kaiserlichen Macht und die Beziehung Wilhelms zur restlichen Staatselite und verschiedenen gesellschaftlichen Gruppen. Anders gesagt: Während die einen die rechtliche Basis des Amtes in den Fokus genommen haben, sind die anderen primär mit der Amtsausübung beschäftigt gewesen. Wollen wir verstehen, wie sich der Handlungsspielraum, den die Verfassung dem Kaiser einräumte, veränderte, müssen wir diese beiden Dimensionen aber zusammendenken. Dazu gilt es, disziplinäre Blickvorgaben zu überwinden und den Kaiser als das zu sehen, was er war: Person und Amt, das heißt Träger eines Verfassungsorgans, das ganz bestimmte, teilweise wechselnde Funktionen als Teil eines sich ständig wandelnden Systems erfüllte und innerhalb dieses Rahmens ganz unterschiedlich ausgeübt werden konnte.[17]

Zum anderen haben viele Historiker die Veränderung, die das Kaiseramt im Laufe der Zeit durchlief, wohl einfach deshalb unterschätzt, weil es dafür nur selten so deutliche Anzeichen gab wie im Zusammenhang mit den Vetoversuchen Friedrichs III. Dass der Kaiser auf bestimmte Rechte zurückgreifen konnte, die nicht ausdrücklich in der Verfassung definiert waren und erst nach der Reichsgründung langsam entstanden, zeigte sich nicht unbedingt daran, ob er sie auch wahrnahm. Auch wenn er dies nicht tat, waren solche Befugnisse wichtig, weil sie das Verhalten der anderen Teile des Regierungssystems verändern konnten. Musste man zum Beispiel mit einem kaiserlichen Veto rechnen, war es für die Mitglieder der Reichsverwaltung, des Bundesrates und des Reichstages unter Umständen klüger, kaiserliche Willensäußerungen zu umschiffen, nur vorgeblich durch geschickte Formulierungen zu erfüllen oder den entsprechen-

Gesetzesentwurf von vornherein anders zu fassen. Für die Rechte des Kaisers gilt deshalb das Gleiche, was Thomas Nipperdey bereits bei der Abwägung der verschiedenen Argumente für und wider die Existenz eines persönlichen Regimentes betont hat: Schon der bloße Eindruck konnte eine ganz konkrete Wirkung haben, der „erzeugte Schein [...] selbst ein Stück Wirklichkeit" werden.[18]

Angesichts dieses subtilen Charakters ist es außerordentlich schwierig, die Entwicklung des Kaiseramtes nachzuzeichnen. Gesetze, Verordnungen oder Aktenvermerke, die das Aufgabenspektrum des Kaisers komplett neu definiert und ihn so praktisch auf einen Schlag in den Rang eines Monarchen erhoben hätten, gab es nicht. Außerdem kam es nur zu wenigen Präzedenzfällen. Die Veränderung in der Stellung des Kaisers äußerte sich vielmehr in einer ganzen Reihe von unterschwelligen, oft parallel ablaufenden funktionellen Verschiebungen innerhalb des komplexen Verfassungsgefüges, die sich nicht unbedingt direkt in irgendwelchen Rechtsakten, offiziellen Dokumenten oder persönlichen Aufzeichnungen niederschlugen. Jeder Versuch, den Wandel des Kaiseramtes ausschließlich mit Blick auf die Tätigkeiten seiner Inhaber oder allein aus dem Innern des sich ständig im Fluss befindenden Regierungssystems zu beschreiben, kann uns daher nicht viel mehr als einen Ausschnitt der Wirklichkeit zeigen. Um ein vollständiges Bild zu erhalten, müssen wir vielmehr auf die bundesstaatliche Ordnung als Ganzes schauen und ihre Verschiebungen mit Blick auf den Kaiser beurteilen.

Die Möglichkeit dazu bietet uns das umfangreiche Korpus an Schriften aus der Reichsstaatsrechtslehre. Unter den Verfassungsrechtlern des Reiches herrschte eine lebhafte Debatte darüber, welche Stellung der Kaiser unter der Verfassung innehatte und wie sich diese im Laufe der Jahre veränderte. Für gewöhnlich behandelten sie diese Fragen als Teil von größeren, oft mehrbändigen und regelmäßig neu aufgelegten Untersuchungen zum Verfassungsrecht des Reiches. Standardwerke wie Paul Labands *Das Staatsrecht des Deutschen Reiches*, Philipp Zorns *Das deutsche Reichsstaatsrecht*, oder Georg Meyers *Lehrbuch des Deutschen Staatsrechts*, das nach dessen Tod von Gerhard Anschütz weiter herausgegeben wurde, widmeten dem Kaiser meist ein eigenes Kapitel. Aber auch als Thema von Spezialstudien, Vorträgen und Aufsätzen war die Entwicklung des Kaiseramtes populär. Stellvertretend seien Richard Fischers Monografie *Das Recht des Deutschen Kaisers*, Albert Hänels Rede *Das Kaisertum*, mit der er 1892 das Rektorat der Universität Kiel antrat, und Conrad Bornhaks Essay *Die verfassungsrechtliche Stellung des Deutschen Kaisertums* erwähnt. Außerdem waren vergleichende Fragestellungen sehr beliebt, besonders im Rahmen von Promotionen. Die Dissertation des Greifswalder Studenten Ludwig Schweizer *Das Kaisertum der Reichsverfassungen von 1849 und 1871* und Rudolph Steinbachs

Studie *Die rechtliche Stellung des Deutschen Kaisers verglichen mit der des Präsidenten der Vereinigten Staaten von Amerika* sind nur zwei Beispiele von vielen. Dank dieser Vielzahl an Veröffentlichungen erschien praktisch alle paar Jahre eine eingehende Untersuchung zum jeweiligen Status Quo des Kaiseramtes. Eine genaue Lektüre der Reichsstaatsrechtslehre ermöglicht es uns daher, eine detaillierte Karte der ansonsten schwer nachvollziehbaren staatsrechtlichen Reise des Kaisers anzufertigen. Dabei sind die Analysen, die die Rechtswissenschaftler zu den größeren Zusammenhängen der Verfassungsmaschinerie und ihrem Einfluss auf das Kaiseramt machten, besonders wertvoll. Derartige Beobachtungen finden sich nämlich in keinen anderen Dokumenten, sei es in offiziellen Regierungspapieren, sei es in privaten Aufzeichnungen. Die Nützlichkeit der juristischen Schriften erkannte der New Yorker Wissenschaftler John William Burgess bereits im Dreikaiserjahr. Der Vater der modernen Politikwissenschaft hatte nach dem amerikanischen Bürgerkrieg zwei Jahre in Deutschland Geschichte und Recht unter solchen Größen wie Johann Gustav Droysen, Theodor Mommsen, und Rudolf von Gneist studiert. 1888 verfasste er ein Essay über das Amt des Kaisers, in dem er „der amerikanischen Öffentlichkeit den wohl am dringlichsten zu klärenden Gegenstand des öffentlichen Rechts" näherzubringen versuchte. Darin betonte er, dass die „Stellung [...] des Deutschen Kaisers" zwar „kein einfaches Thema" sei, aber „die Kommentare [Ludwig] von Rönnes, Mayers, Zorns, Labands und Schulzes es möglich [machten], ein klares und halbwegs vollständiges Bild" davon zu erhalten.[19]

Die Staatsrechtler waren nicht zuletzt deshalb so aufmerksame Beobachter des Verfassungsgeschehens, weil ihre Schriften eine ganz spezielle Bedeutung für das föderale Regierungssystem hatten. Da es im Reich keinen Verfassungsgerichtshof gab, waren die Rechtswissenschaftler die höchste juristische Autorität zur Interpretation der strukturellen Veränderungen, die das Regierungssystem durchmachte. Die Reichsstaatsrechtslehre bildete daher ein besonders wichtiges intellektuelles Umfeld für die Entwicklung des Verfassungsgefüges. Kapitel 8 wird den Charakter dieser Umgebung und ihre Wechselwirkung mit dem politischen System eingehend untersuchen. An dieser Stelle reicht es, darauf hinzuweisen, dass die Staatsrechtler die Entwicklung der Verfassung relativ neutral kommentierten. Ihre politische Haltung hatte keinen nennenswerten Einfluss darauf, wie sie die Veränderungen interpretierten, die im Geflecht der verschiedenen Verfassungsorgane und -ebenen vonstatten gingen. Das lag vor allem an ihrer rechtspositivistischen Methodik. Sie konzentrierten sich ganz auf normative Phänomene und entkoppelten so gewissermaßen Recht und Politik. Politische Entwicklungen interessierten sie nur, insofern diese die rechtlichen Grundlagen der Verfassung beeinflussten oder sogar verrückten. Diese Herangehensweise machte die Reichsstaatsrechtslehre zu einer Art Spiegel, der das bunte Drumherum um den Kaiser – das ausgeprägte Zeremoniell, die laute Rhetorik, den royalen Schein – ausblendete und nur das Wesentliche in all seinen Grautönen reflektierte: die strukturelle Entwicklung seines Amtes.[20]

Was den Kaiser dabei für die Staatsrechtler so interessant machte, war die Tatsache, dass die Verfassung seine Stellung nur sehr rudimentär regelte. Ob dieser Offenheit beobachteten die Rechtswissenschaftler das Kaiseramt ab der ersten Minute nach der Proklamationsfeier in Versailles mit Argusaugen. So betonte etwa der pensionierte Kammerrichter und altliberale Parlamentsabgeordnete Ludwig von Rönne, der als einer der besten Kenner der preußischen Gesetzgebung und Verwaltungspraxis galt, in einer der ersten Gesamtdarstellungen über das Staatsrecht des neuen Bundes ausdrücklich das Potenzial, das die Verfassung dem Kaiser gab: „Anderweitige, die Person des Deutschen Kaisers betreffende oder allgemeine Grundsätze über die staatsrechtliche Stellung desselben enthaltene Bestimmungen sind in der Reichsverfassung nicht vorhanden, sondern nur einzelne Festsetzungen über Rechte und Pflichten des Kaisers. Es ist daher einleuchtend, daß die Würde des Deutschen Kaisers in der Verfassung des Deutschen Reiches bis jetzt noch wenig ausgebildet erscheint, und daß erst von den weiteren Entwicklungen dieser Verfassung abhängen wird, in welcher Weise sich die Stellung des Reichsoberhauptes, als des höchsten Organs der Reichsgewalt, gestalten wird."[21]

Laut den sachkundigsten Experten der Zeit war das wichtigste Amt der Verfassung bei Gründung des Reiches also so offen definiert, dass seine Entwicklung und damit die Grenzen seiner Macht nicht abzusehen waren. Es glich gewissermaßen einem Haus, das noch im Rohbau war und für dessen weiteren Ausbau es keine Baupläne gab. Ein paar Räume waren zwar so gut wie fertiggestellt, für die meisten Zimmer stand aber nicht viel mehr als ein Gerüst. Demzufolge ergibt es Sinn, sich bei der Untersuchung der Entwicklung des Kaiseramtes besonders auf die Bereiche zu konzentrieren, für die die Verfassung, wenn überhaupt, nur einen groben Grundriss skizzierte. Dieses Kapitel wird sich daher weder mit der Außenpolitik des Reiches noch mit dem Militärwesen eingehend beschäftigen. Die Verfassung legte diese beiden klassischen monarchischen Betätigungsfelder unmissverständlich in die Hände des Kaisers und definierte seine dortigen Rechte entsprechend klar. Stattdessen werden sich die folgenden Ausführungen auf jene legislativen und exekutiven Mechanismen konzentrieren, die vom Zusammenspiel der verschiedenen Reichsorgane geprägt waren und in denen die Verfassung die Art und/oder das Ausmaß der Funktionen des Kaisers im Ungefähren ließ: das Gesetzgebungsverfahren und die Ausübung der Vollzugsgewalt außerhalb der genannten kaiserlichen Prärogativen.[22]

Die strukturellen Verschiebungen, die sich in diesen Bereichen vollzogen und die die Stellung des Kaisers völlig neu definierten, gingen Hand in Hand mit einer Metamorphose der Idee davon, was das Kaisertum verkörperte. In einer bereits 1969 veröffentlichten, aber immer noch maßgeblichen Studie über die *Wandlungen des deutschen Kaisergedankens* hat Elisabeth Fehrenbach gezeigt, wie sich das Selbstverständnis und die öffentliche Wahrnehmung des Kaisertums über die Jahre entwickelten. Die Reichsgründung, so Fehrenbach, habe „das Kaisertum [...] zu einem geschichtlich bedeutenden Reichssymbol gemacht, mit dem sich die Nation [identifiziert habe], ohne nach den historischen und rechtlichen Aspekten zu fragen". Unter Bismarck sei das Kaisertum „seinem Wesen nach preußisch-konservativ" gewesen und habe sich an die „föderalistisch-partikularistische" Rolle gehalten, die ihm die Verfassung gab. Allerdings habe es als „dynamisch revolutionäres Nationalsymbol" von Anfang an auch „cäsaristisch unitarische Tendenzen" gehabt. Auf deren Grundlage sei über die Jahre die Idee eines „unitarischen Reichsmonarchen" entstanden, die sich spätestens nach 1888 Bahn gebrochen habe. Wilhelm II. habe das Kaisertum „mit den imperialen und cäsaristischen Vorstellungen des ausgehenden 19. Jahrhunderts" verbunden und dabei „nicht mehr zwischen dem Kaisertum als nationalstaatlichem Symbol und dem Kaisertum als unbeschränktem Führungsorgan des Reiches" unterschieden. Das Kaisertum habe so seinen „vollen symbolischen Wert" erhalten, das heißt der Kaiser sei als echter Monarch des Reiches in Deutschland und der Welt aufgetreten und wahrgenommen worden. Der „ins imperiale gesteigerte Reichsgedanke" und der „radikale Nationalismus" der Wilhelminischen Epoche hätten dabei „den Wunsch nach einer festen monarchischen Führung verstärkt" und entgegengesetzte Vorstellungen eines „friedensstiftenden Weltkaisers" beziehungsweise eines den Parlamentarismus überflüssig machenden „Volkskaisertums" genährt.[23]

Besonders eindrucksvoll schlug sich dieser Ideenwandel in der darstellenden Kunst nieder. Ein Blick auf die beiden bekanntesten Standporträts des ersten und des letzten Kaisers macht die Veränderung deutlich. Anton von Werner fertigte ein Jahr nach dem Tod Wilhelms I. für den Sitzungssaal des Duisburger Rathauses ein Standporträt des „Heldenkaisers" nach einer Skizze an, die er bereits 1880 zu Papier gebracht hatte (Abb. 4.1). Wilhelm ist mehr als alternder preußischer König denn als neuer deutscher Kaiser dargestellt. Anstelle eines kaiserlichen Ornats trägt er die große Generalsuniform und führt damit die Tradition der preußischen Herrscherporträts in Uniform seit Friedrich Wilhelm III. vom Anfang des 19. Jahrhunderts fort. An seiner Brust prangen neben vielen kleineren Abzeichen die zwei wichtigsten preußischen Orden: der Schwarze Adlerorden, der auf die Gründung des Königreichs Preußens durch Friedrich I. anspielt, und

Abb. 4.1: Standporträt des Kaisers Wilhelm I. Wandbild von Anton von Werner, 1889

das Eiserne Kreuz, das an Wilhelms militärische Verdienste als Teenager in den Befreiungskriegen gegen Napoleon erinnert. In seiner Rechten hält er eine preußische Pickelhaube mit weißem Federbusch. Die preußische Königskrone liegt leicht versetzt links neben ihm auf einem Kissen und erinnert an die monarchische Macht des vermeintlich einfachen Soldaten. Auf seine Kaiserwürde spielt das Porträt nur sehr subtil an. Den schlichten Vorhang, der den Hintergrund der Szene bildet, ziert in der oberen rechten Ecke ein Reichsadler, von dem aber nur

Teile zu erkennen sind. Außerdem ist die Rückenlehne des preußischen Thrones, vor dem Wilhelm steht, an ihrem oberen Ende mit einer kleinen Krone dekoriert, die der Kaiserkrone des Heiligen Römischen Reiches nachempfunden ist. Diese Referenz lässt Wilhelm gleich dem alten Kaiser als den ersten unter den grundsätzlich gleichgestellten Fürsten des Reiches erscheinen. Wir sehen also in erster Linie keinen deutschen, sondern einen preußischen Herrscher, der sich – im Kniestück dargestellt – dem Betrachter zuwendet. Durch diese einladende Pose vermittelt das Gemälde ein Gefühl der Offenherzigkeit und verstärkt so noch den Eindruck vom König als gütigen, aufrechten und bescheidenen, ja fast großväterlichen Soldaten.[24]

Nur zwei Jahre später fertigte der Berliner Künstler Max Koner ein Standporträt des neuen Kaisers an, das unterschiedlicher kaum hätte sein können (Abb. 4.2). Wilhelm II. hatte das Gemälde für die deutsche Botschaft in Paris in Auftrag geben. Als es zum Kaisergeburtstag 1891 ausgestellt wurde, war das Entsetzen groß. Der badische Gesandte in Berlin beschrieb seiner Heimatregierung das Porträt als „theatralisch, die Haltung fast provozierend". Alfred von Waldersee, der Chef des Generalstabs, befand, dass das Bild den Kaiser so zeige, „wie er wirklich denkt u. fühlt – maaßlos eitel und selbstbewusst!". Er stehe da „in einer unglaublich herausfordernden Haltung, in Garde du Corps Uniform mit schwarzem Küraß u. Purpurmantel u. auf einem langen Feldherrnstab gestützt. Jeder hat das Gefühl, daß er hofft den Franzosen zu imponieren, ihnen sagt: ‚seht Euch vor mit mir anzubinden'." Ein französischer General kommentierte die Pose tatsächlich mit den Worten: „Das ist kein Porträt, sondern eine Kriegserklärung!". Als die Gräfin Asseburg, wie sich der badische Gesandte erinnert, den Kaiser „mit der nur für eine Dame möglichen rücksichtslosen Offenheit" darauf hinwies, dass das Porträt für die französische Hauptstadt wohl höchst ungeeignet sei, war selbst Wilhelm die Sache peinlich. Er veranlasste umgehend, das zwischenzeitlich nach Paris abgesandte Bild unverpackt wieder nach Berlin zurückzuschicken.[25]

Was so viel Wirbel auslöste, war vor allem der Herrschaftsanspruch, der in dem Bild zum Ausdruck kam. Es erinnerte stark an die Standporträts absolutistischer Herrscher aus dem 17. und 18. Jahrhundert. Wilhelm ist in einer für den Absolutismus des Barocks typischen Pose dargestellt. Im Profil stehend wendet er dem Betrachter die Schulter zu und setzt einen Fuß vor den anderen, wodurch er distanziert und erhaben wirkt. Er schaut den Betrachter nicht etwa an, sondern erhebt seinen Blick über das gemeine Publikum. Auch seine Kleidung ist die eines monarchischen Alleinherrschers. Er trägt nicht wie sein Großvater die einfache, schwarze Uniform eines preußischen Soldaten, sondern den prächtigen Ornat eines Kaisers. Seine Uniform ist ein Ehrenkleid in der

Teil II Vom Fürstenbund zur Reichsmonarchie 297

Abb. 4.2: Wilhelm II. Gemälde von Max Koner 1891

Farbe, die seit alters her der Monarchie vorbehalten ist: Weiß. Darüber trägt er einen repräsentativen Brustpanzer und einen ausschweifenden rotblauen Kaisermantel. Ganz in der Tradition absolutistischer Herrschaftsgemälde steht er in einem prächtigen marmornen Saal, der sich im Hintergrund nach außen und damit zur Welt hin öffnet. Die antiken Säulen, die den Balkon zieren, sind ein klassisches Hoheitszeichen. Das auffälligste Attribut des monarchischen und imperialen Anspruchs des Kaisers ist aber der übergroße, fast phallisch wirkende

Marschallstab, auf den er sich mit seiner rechten Hand stützt. Dieses alte Feldherrenzeichen durften traditionell nur monarchische Landesherren tragen. Da Wilhelm II. in dem Gemälde eindeutig als deutscher Kaiser auftritt, ja von seinen preußischen Wurzeln bis auf die Königskrone nichts zu erkennen ist, signalisiert der Marschallstab, dass hier ein Reichsmonarch zu sehen ist, der auf Grundlage seines militärischen Oberbefehls über die ganze Nation herrscht und deren Belange kraftvoll in der Welt vertritt.

Im direkten Vergleich illustrieren die beiden Gemälde Fehrenbachs These also eindrucksvoll. Obwohl nur im Abstand von zwei Jahren angefertigt, verdeutlichen sie, wie sehr sich der Kaisergedanke in den Amtszeiten Wilhelms I. und Wilhelms II. veränderte. Die Idee vom Kaiser wandelte sich von einem preußischen Reichsfürsten, der dem Bund der einzelstaatlichen Monarchen vorstand, zu einem unitarischen Reichsmonarchen, der den Nationalstaat in seinem Kampf für einen gerechten Platz in der Welt anführte. Die folgenden Seiten werden zeigen, dass es analog zu diesem ideellen Wandel des Kaisergedankens auch eine strukturelle Veränderung des Kaiseramtes gab. Diese Umformung der Stellung, die der Kaiser im Verfassungsgefüge bekleidete, vollzog sich allerdings zu großen Teilen bereits unter Wilhelm I. Sein Amt als Träger des Bundespräsidiums gewann in den Jahrzehnten nach der Reichsgründung zahlreiche legislative und exekutive Rechte hinzu, die den *primus inter pares* der Reichsverfassung in den Rang eines Reichsmonarchen erhoben. Diese „Monarchisierung" des Kaiseramtes hatte weniger mit der Amtsführung Wilhelms zu tun, die eher zurückhaltend war, als mit der fortwährenden Zentralisierung des föderalen Regierungssystems. Unter seinem Enkel entfaltete sich diese neu gewonnene monarchische Kapazität des Amtes schließlich viel deutlicher als zuvor, da sie ihm eine entsprechend starke Basis für seine ambitionierten Versuche gab, sich in die Regierung des Reiches einzumischen.

Die Offenlegung des strukturellen Wandels, den das Kaiseramt im Laufe der Jahrzehnte durchlief, kann die umstrittene Frage, ob es ein persönliches Regiment Wilhelms II. tatsächlich gab, nicht beantworten. Das beabsichtigt dieses Kapitel aber auch gar nicht. Vielmehr will es uns dabei helfen, besser zu verstehen, welche strukturellen Voraussetzungen für ein solches Regime überhaupt bestanden. Es erneuert gewissermaßen die Grundlage, auf der die Debatte um den Kaiser weitergeführt werden kann. Das tut es vor allem, indem es unseren Blickwinkel auf den Kaiser erweitert. Dank der detaillierten Arbeit John Röhls wissen wir, dass Wilhelm II. in seiner „Selbstglorifizierung", wie ein zeitgenössischer Wiener Witz erzählte, „auf jeder Jagd der Hirsch, auf jeder Hochzeit die Braut, auf jeder Beerdigung die Leiche" sein wollte. Dieser Erkenntnis fügen die nun folgenden Ausführungen die Einsicht hinzu, dass das Amt des Kaisers aus strukturellen Gründen bereits vor Wilhelms Regierungsantritt zum Quell jeden Gesetzes, zum Vollstrecker jeder exekutiven Maßnahme und zum Angelpunkt der ganzen Verfassungsordnung wurde.[26]

## I. Der Kaiser-König

Als das Deutsche Reich 1871 ins Leben trat, umgab den neuen Nationalstaat der Anschein eines Fürstenbundes. Dieser Eindruck entstand ganz wesentlich durch die besondere Stellung, die die Reichsverfassung dem Kaiser gab. Die Verhandlungen zur Vereinigung der deutschen Einzelstaaten hatten, wie wir gesehen haben, auf Drängen Bismarcks darauf verzichtet, den Kaiser zu einem Reichsmonarchen zu machen. Stattdessen war der preußische König in der Proklamationszeremonie von Versailles zu einem *primus inter pares* des Bundes der regierenden Fürsten erklärt worden. Was genau hieß das aber? Welche Rechte und Pflichten waren mit dieser Stellung verbunden? Und wie unterschieden sie sich von denen eines echten Monarchen?

In der Exekutive gewährte die Verfassung dem Kaiser äußerst weitgehende Befugnisse. So unterstand ihm die gesamte auswärtige Gewalt. Er vertrat das Reich völkerrechtlich, konnte Verträge mit anderen Staaten eingehen, Gesandte beglaubigen und empfangen und im Namen des Reiches Frieden schließen und Krieg erklären. Um Letzteres zu tun, brauchte er allerdings die Zustimmung des Bundesrates, außer im Falle eines direkten Angriffs auf das Bundesgebiet oder dessen Küsten. Auch die Personalgewalt lag ganz in seinen Händen. Er ernannte, vereidigte und entließ alle Reichsbeamten, inklusive des Kanzlers. Laut Verfassung war er somit Kopf der nationalen Verwaltung und Chef des einzigen Amtsträgers, den sie zur Übernahme von Regierungsaufgaben vorsah. Das gab dem Kaiser die Möglichkeit, durch die Besetzung der jeweiligen Schlüsselpositionen den Kurs der Exekutive in allen Bereichen maßgeblich mitzubestimmen. Im Rahmen der sogenannten Reichsaufsicht überwachte er außerdem die Ausführung der Bundesgesetze durch die Länder, informierte den Bundesrat gegebenenfalls über Unregelmäßigkeiten und setzte von diesem beschlossene Gegenmaßnahmen um. Verletzte ein Einzelstaat seine verfassungsmäßigen Pflichten schwer und verhängte der Bundesrat deshalb eine Reichsexekution, durfte der Kaiser Strafmaßnahmen bis hin zu einer militärischen Intervention durchführen. In der Legislative waren seine Rechte dagegen sehr viel begrenzter. Alles, was ihm hier zustand, war, den Bundesrat und den Reichstag zu berufen, zu eröffnen, zu vertagen und zu schließen sowie Gesetze auszufertigen und zu verkünden. Die Verfassung beschränkte seine Rolle in der Gesetzgebung also auf rein formale Funktionen.[27]

Dieses Set an exekutiven und legislativen Rechten machte den Kaiser zwar zu einer wichtigen Figur innerhalb des Regierungssystems, aber nicht zu einem Monarchen des Reiches. Während es in der politischen und rechtlichen Diskussion der Zeit durchaus umstritten war, was genau eine konstitutionelle Monarchie ausmachte, „so gilt doch von allen Monarchien", wie der deutsch-österreichische Rechtswissenschaftler Georg Jellinek in seiner *Allgemeinen Staatslehre* zur Jahrhundertwende resümierte, „dass alle staatlichen Funktionen ihren Ausgangspunkt und daher auch ihren Einigungspunkt im Monarchien haben". Für den Kaiser galt das weder in der Exekutive noch in der Legislative. Trotz seiner Dominanz in allen auswärtigen und Personalangelegenheiten ruhte die Vollzugsgewalt grundsätzlich beim Bundesrat. Das machte die Verfassung zum Beispiel dadurch deutlich, dass sie das klassische Regierungsvorrecht, das Parlament aufzulösen, der Länderkammer übertrug. Dem Kaiser gab sie lediglich ein Zustimmungsrecht. An der Gesetzgebung beteiligte sie ihn überhaupt nicht gestalterisch. Reichsgesetze kamen allein durch die übereinstimmenden Mehrheitsbeschlüsse von Bundesrat und Reichstag zustande. Für den Kaiser war keine gleichwertige Rolle im legislativen Prozess vorgesehen.[28]

Wie limitiert die Stellung war, die die Verfassung ihm gab, wird deutlich, wenn wir bedenken, welche Rechte ihm im Vergleich zu einem monarchischen Souverän fehlten. Als Referenzpunkte bieten sich die beiden Institutionen an, die aufs Engste mit seinem Amt beziehungsweise dessen Entstehungsgeschichte verflochten waren: das Königtum in Preußen, mit dem der Kaiser in Personalunion verbunden war, und das Kaisertum der Frankfurter Paulskirche, das gewissermaßen als sein historischer Vorgänger allen Parteien bei den Verhandlungen über seine verfassungsrechtliche Position vor Augen stand. Die preußische Verfassung von 1850 erklärte unmissverständlich, dass „dem Könige allein [...] die vollziehende Gewalt" zustehe. Der Verfassungsentwurf der Frankfurter Nationalversammlung ging sogar noch einen Schritt weiter. Er bestimmte, dass „ueberhaupt [...] der Kaiser die Regierungsgewalt in allen Angelegenheiten des Reiches nach Maaßgabe der Reichsverfassung" habe und „ihm als Träger dieser Gewalt [...] diejenigen Rechte und Befugnisse [zustünden], welche in der Reichsverfassung der Reichsgewalt beigelegt und dem Reichstage nicht zugewiesen" seien. Eine solche Generalermächtigung, die den Kaiser zum Kristallisationspunkt der Exekutive erklärt hätte, kannte die neue Reichsverfassung nicht. Außerdem stand sowohl dem preußischen König als auch dem Kaiser der Paulskirche das allgemeine Verordnungsrecht zu, also die Befugnis, in allen Regierungsfeldern Dekrete zur Ausführung der Gesetze zu erlassen. Genau wie das Recht, den Reichstag zu eröffnen, legte die Verfassung von 1871 dieses klassische Vorrecht eines konstitutionellen Monarchen nicht dem Kaiser, sondern dem Bundesrat bei.[29]

In der Legislative war der Unterschied noch deutlicher. Die preußische Verfassung bestimmte, dass „die gesetzgebende Gewalt [...] gemeinschaftlich durch den König und durch zwei Kammern ausgeübt" werden und die „Uebereinstimmung" aller drei Organe „zu jedem Gesetze erforderlich" sein solle. Dementsprechend konnte der König jeden ihm missliebigen Gesetzesbeschluss blockieren. Er hatte also ein absolutes Veto. Die Frankfurter Reichsverfassung machte den Kaiser im Gesetzgebungsverfahren zwar nicht ganz so stark, gab ihm aber zumindest das Recht, legislative Beschlüsse zu verzögern und so eine abermalige Verhandlung zu erwirken. Erst wenn der Reichstag ein Gesetz „in drei unmittelbar folgenden ordentlichen Sitzungsperioden unverändert gefaßt" hatte, konnte der Kaiser ein solch suspensives Veto nicht mehr einlegen. Unter der Verfassung von 1871 stand dem Kaiser weder ein Veto der einen noch der anderen Sorte zu. Es gab keine Vorschrift, die es ihm ausdrücklich erlaubt hätte, einmal vom Bundesrat und Reichstag beschlossene Gesetze zu obstruieren. Darüber hinaus hatte er anders als sein Frankfurter Vorläufer oder sein preußischer Alias auch nicht das Recht, Gesetzesentwürfe in den legislativen Prozess einzubringen.[30]

Der wichtigste „Gegensatz [...] gegen das Monarchenrecht" bestand aber gar „nicht in dem verschiedenen Maße der Machtbefugnisse", wie Paul Laband in der fünften Auflage seines *Staatsrechts* nach Jahren der Beobachtung unterstrich, sondern „in der Verschiedenheit des Rechtsgrundes", auf dem das Kaiseramt beruhte. Der Kaiser war kein Würdenträger eigenen Rechts. Anders als der Entwurf der Paulskirche definierte die Verfassung von 1871 kein eigenständiges Amt eines „Reichsoberhauptes", das sie dem König von Preußen übertragen hätte. Vielmehr stand diesem das Präsidium des Bundes unter dem Titel eines „Deutschen Kaisers" automatisch zu. Eine Kaiserwürde, die an ein unabhängiges nationales Amt gebunden war, gab es somit gar nicht. Der preußische König trug in seinen föderalen Funktionen kraft seines eigenen und nicht kraft eines gesonderten Amtes die Ehrenbezeichnung eines Kaisers. Es handelte sich dabei folglich nur um eine „Quasi-Amtswürde", wie der Bonner Staatsrechtler und überzeugte Monarchist Philipp Zorn in Holtzendorffs *Rechtslexikon* kritisch anmerkte. Anders ausgedrückt: Als Teil des bündischen Scheins, in den Bismarck den neuen Nationalstaat hüllte, war das Amt des Kaisers eine bloße Verkleidung. Unter dem nationalen Gewand des Staatsoberhauptes steckte der König von Preußen. Um ein Monarch zu sein, fehlte dem Kaiser also nicht nur die eigene Krone, sondern auch die autonome Substanz.[31]

Indem die Verfassung den Kaiser derart eng an den preußischen Thron band, machte es sie allen anderen regierenden Fürsten des Reiches unmöglich, jemals dessen Amt zu beanspruchen. Dadurch sicherte das Kaisertum die Hegemonie, die die preußische Monarchie über Deutschland auf dem Schlachtfeld gewonnen hatte, staatsrechtlich ab. Die Untrennbarkeit des Kaiseramtes und der preußischen Krone ergab sich dabei nicht nur aus dem, was die Verfassung festlegte, sondern auch aus dem, was sie nicht regelte. Im Gegensatz zur Frankfurter Reichsverfassung verlor sie kein einziges Wort über die Modalitäten der Erbfolge und die Regeln für eine mögliche Abdankung oder Regentschaft. Es galten daher die jeweiligen Bestimmungen, die das preußische Staatsrecht und die Hausgesetze der Hohenzollern für die Krone von Preußen festlegten. Nicht als Deutscher, sondern als Preuße bestieg der Kaiser den Thron, übergab er seine Amtsgeschäfte im Krankheitsfall einem Stellvertreter und reichte er seine Würde im Moment seines Todes an einen Nachfolger weiter. Sein Amt war demzufolge nicht viel mehr als ein „Akzessorium der preußischen Krone", wie Laband auf den Punkt brachte.[32]

Dieser Zubehörcharakter äußerste sich besonders deutlich darin, dass dem Kaiser bis auf seinen Titel keinerlei monarchische Ehren aus eigenem Recht zustanden. Im Gegensatz zu ihrem Pendant von 1849 richtete die Reichsverfassung weder eine kaiserliche Residenz noch eine Zivilliste ein. Auch einen eigenen kaiserlichen Hof gab es nicht. Für alle seine Aufgaben musste der Kaiser die entsprechenden preußischen Einrichtungen nutzen. Die im Zusammenhang mit seiner Amtsführung anfallenden Ausgaben übernahm die preußische Zivilliste, die deshalb im Laufe der Jahre mehrmals erhöht wurde. Noch nicht einmal eigene Orden oder Adelstitel konnte der Kaiser verleihen. Da die Stiftung und Zuerkennung solcher Auszeichnungen monarchischen Landesherren vorbehalten waren, konnte er sie nur als König von Preußen vornehmen. Um ausdrücklich auf die ganze Nation bezogene Ehrungen durchführen zu können, schuf Wilhelm I. deshalb wenige Monate nach der Reichsgründung in Erinnerung an die Einigungskriege per Allerhöchster Ordre eine neue Version der III. und IV. Klasse des Königlichen Kronen-Ordens (siehe Abb. 4.3). Dieses kreuzförmige Abzeichen verlieh der König von Preußen an einem weißen, sechs Mal schwarz gestreiften Ehrenband, das durch seine roten Seitenränder an die Reichsflagge erinnerte. Ein besseres Sinnbild für die doppelte Identität des Kaisers hätte es kaum geben können. Genau wie der Orden war das Kaiseramt mit den deutschen Farben dekoriert, aber preußisch im Kern. Das Staatsoberhaupt des Reiches war kein Kaiser, sondern ein Kaiser-König.[33]

Ob dieser janusköpfigen Struktur seines Amtes beruhte die Macht des Kaisers zu großen Teilen auf der preußischen Monarchie. Sein Einflussbereich ergab

Abb. 4.3: Königlicher Kronen-Orden, hier die Ausführung für Ärzte mit zusätzlichem roten Genfer Kreuz

sich nicht allein aus den Rechten, die die Verfassung ihm direkt zuschrieb, sondern auch aus den besonderen Mitgliedschaftsrechten, die sie dem preußischen König neben dem Präsidium im Bund der Fürsten garantierte. Laband kommentierte dazu: „Nur dadurch, daß man die Präsidialbefugnisse in untrennbaren Zusammenhang mit den der Krone Preußen zustehenden Mitgliedschaftsrechten, ja daß man das Recht auf die Ausübung dieser Präsidialbefugnisse als ein zu diesen Mitgliedschaftsrechten akzessorisches Vorrecht (Sonderrecht) Preußens auffaßt, gewinnt man den staatsrechtlichen Begriff des Kaisers." Einige Staatsrechtler sprachen deshalb gar nicht erst von einem „deutschen", sondern von einem „preußischen Kaisertum". Das wichtigste preußische Mitgliedschaftsrecht, das dem Kaiser so zugutekam, war das Bundesfeldherrenamt. In dieser Funktion hatte der Kaiser-König den Oberbefehl über die gesamte Landmacht und Marine des Reiches inne. Außerdem konnte der Kaiser als preußischer König entscheidenden Einfluss auf den Bundesrat nehmen. In der Länderkammer konnte die preußische Regierung nicht nur wie jede andere Mitgliedsregierung des Bundes Gesetzesentwürfe einbringen, sondern auch in vielen Fällen ein Veto gegen ihr missliebige legislative Maßnahmen einlegen. Die numerische Dominanz der preußischen Stimmen reichte aus, um die Sperrminorität des Bundesrates zu erreichen und auf diese Weise jede Verfassungsänderung zu blockieren. Zudem stand der Präsidialstimme, die der preußische König als Vorsitzender des Fürstenbundes im Bundesrat führte, ein Veto gegen alle Änderungen im

Militärwesen, bei der Kriegsmarine und von diversen Verbrauchssteuern zu. Bei insgesamt 58 Stimmen im Bundesrat brauchte die preußische Regierung ferner nur die Unterstützung von 11 zusätzlichen Stimmen, um eine Stimmengleichheit herbeizuführen. In dieser Situation gab ihre Präsidialstimme automatisch den Ausschlag. Über die Privilegien der preußischen Krone hatte der Kaiser-König unter der Verfassung also realiter die Möglichkeit, Gesetze sowohl zu initiieren als auch zu blockieren.[34]

Durch die indirekte Gewähr dieser Rechte erweiterte die Personalunion mit der preußischen Krone den Einflussbereich des Kaisers erheblich. Gleichzeitig stellte sie sein Amt aber auch in ein komplexes Abhängigkeitsverhältnis. Ohne den Rückhalt des Räderwerks der preußischen Monarchie waren seine Möglichkeiten im Bund eng begrenzt. Wollte er eine zentrale Rolle im föderalen Entscheidungsprozess spielen, zwang ihn die Verfassung dazu, Rücksicht auf die preußischen Grundlagen seines Amtes zu nehmen. Vor allem konnte er nicht dauerhaft gegen das preußische Staatsministerium agieren, brauchte er doch die Unterstützung der Bundesratsstimmen Preußens, um eine politische Linie legislativ umsetzen zu können. Selbst die Rechte, die dem Kaiseramt direkt übertragen waren, konnte er andernfalls kaum effektiv ausüben. So war jeder außenpolitische Vorstoß ohne die entsprechende Zusatzgesetzgebung, zum Beispiel zur Regulierung der Heeres- und Flottenstärke, nur Schall und Rauch. Derartige Projekte konnte er aber lediglich dann durch das Gesetzgebungsverfahren bringen, wenn die preußische Bundesratsbank auf seiner Seite stand. Da der preußische Außenminister die Bundesratsbevollmächtigten instruierte und das Staatsministerium über das Abstimmungsverhalten beriet, musste der Kaiser mit diesen Stellen kooperieren, wenn er die Möglichkeiten seines Amtes ausschöpfen wollte.

Das limitierte seine Handlungsfreiheit nicht unerheblich, auch wenn die Verfassung dazu nichts direkt bestimmte. Seine Personalentscheidungen unterlagen zum Beispiel gewissen strukturellen Beschränkungen, die sich aus der engen Verflechtung der Reichsexekutive mit ihrem preußischen Gegenstück ergaben. Besonders deutlich war das bezüglich seines Rechtes, den Kanzler zu ernennen. Um eine gewisse Grundkoordination zwischen den Exekutivapparaten des Bundes und seines hegemonialen Mitgliedsstaates zu gewährleisten, hatte der Kaiser praktisch keine andere Wahl, als den Posten des Kanzlers mit der gleichen Person zu besetzen, die auch als preußischer Ministerpräsident fungierte. In der gesamten Zeit zwischen Reichsgründung und Revolution wurden diese Ämter denn auch nur zwei Mal getrennt. Beide Versuche endeten nach kurzer Zeit in einem Desaster. Wilhelm I. erlaubte Bismarck 1873, die Ministerpräsidentschaft an Kriegsminister Albrecht von Roon abzutreten, um die Arbeitslast des Kanzlers zu reduzieren. Das Experiment endete nach nur wenigen Monaten. Zwei

Jahrzehnte später ernannte Wilhelm II. den konservativen Hardliner Botho zu Eulenburg zum preußischen Ministerpräsidenten, um Bismarcks Nachfolger Leo von Caprivi die Möglichkeit zu geben, sich auf die Kanzlerschaft konzentrieren zu können. Diesmal hielt die Ämtertrennung knapp zwei Jahre. In beiden Fällen stellte sich relativ schnell heraus, dass es für den Kanzler ganz einfach unmöglich war, ohne den Vorsitz im Staatsministerium und die damit verbundene Autorität seinen Aufgaben im Reich nachzukommen. Vielleicht noch wichtiger war es, dass der Kaiser seine Doppelidentität dazu nutzte, um den Kanzler auch immer zum preußischen Außenminister zu machen. Nur in dieser Position hatte der Kanzler Gewalt über die preußischen Stimmen im Bundesrat, ohne deren Unterstützung er kaum hoffen konnte, irgendwelche Maßnahmen durch den Gesetzgebungsprozess des Bundes bringen zu können. Der Kaiser-König legte die beiden Ämter denn auch stets in die Hände ein und derselben Person.[35]

Die eigentümliche Verschmelzung mit dem preußischen Königtum stellte den Kaiser demnach in ein Spannungsfeld zwischen struktureller Ermächtigung und Beschränkung. Die Verfassung definierte also, blickt man auf diese Zerrissenheit, das Amt des Kaisers alles andere als eindeutig. Die Einschätzungen der Staatsrechtler darüber, was der Kaiser denn nun eigentlich sei, fielen dementsprechend vage aus. Laband stellte nur fest, dass der Kaiser „nicht Monarch des Reiches, d. h. Souverän desselben" und auch „nicht Präsident in dem Sinne, wie dies Wort in demokratischen Staaten genommen" sei. Karl Binding sah im Kaiser einen „ewigen Reichsregenten", der seine Aufgaben stellvertretend für alle regierenden Fürsten des Bundes ausübte. Der bayerische Professor Max von Seydel, der als einer der wenigen Verfassungsrechtler das Reich für einen Staatenbund und nicht für einen Bundesstaat hielt, bezeichnete den Kaiser als „Repräsentant der verbündeten Souveräne". Richard Fischer verstand ihn als Spitze einer „monarchisch beschränkten Aristokratie".[36]

Diese Beispiele genügen, um die Verwirrung zu illustrieren, die selbst unter Experten über die verfassungsrechtliche Stellung des Kaisers herrschte. Alles, was die große Mehrheit der Staatsrechtler mit Sicherheit sagen konnte, war, dass der Kaiser laut der Verfassung kein Monarch war. Die Vorstellung, dass „es sich beim Kaiserthum um eine Souveränetät über das Reich" handele, war nach der herrschenden Lehre vollkommen unbegründet, wie Philipp Zorn zusammenfasste. Als Souverän des Reiches galt vielmehr aufgrund der Idee vom Fürstenbund die „Einheit" beziehungsweise „Gemeinschaft der verbündeten Regierungen". Folglich war „das dem Monarchen des Einzelstaates korrespondierende Reichsorgan" nicht der Kaiser, sondern der Bundesrat. Handelte der Kaiser im Namen des Reiches, tat er das „immer als Delegat des Trägers der souveränen Reichsgewalt, als staatsrechtlicher Vertreter derjenigen juristischen Person, zu welcher die Bundesglieder durch Aufrichtung des Reiches zusammengefaßt wurden".[37]

Die genaue Bedeutung und die Folgen dieses Souveränitätskonzeptes werden sich uns schrittweise erschließen, wenn wir im Laufe der nächsten Kapitel sehen werden, wie Bismarck immer wieder darauf zurückgriff, um dem Reichstag Einhalt zu gebieten und die preußische Vormachtstellung zu schützen. Hier genügt es, festzuhalten, dass gemäß der Vorstellung von der Souveränität der Gesamtheit der verbündeten Regierungen der Kaiser einem kollektiven Souverän unterstand, als König von Preußen aber zugleich Teil dessen war. Ob dieses konzeptionellen Widerspruchs klärte die Verfassung nur in Ansätzen, welche Position dem Kaiser-König im komplexen Gefüge der Verfassungsorgane zukam. Elisabeth Fehrenbach hat diese Problematik treffend zusammengefasst: „Die Verschleierung der Souveränität im monarchischen Bundesstaat ließ die verfassungsmäßigen Möglichkeiten der Kaiserstellung offen. Der Kaiser war nicht Präsident des Bundes, weil er als König von Preußen Mitsouverän der verbündeten Regierungen war. Er war andererseits nicht Monarch des Reiches, weil er nicht die alleinige Souveränität, vor allem keinen direkten Einfluß auf die Legislative, besaß."[38]

Die doppelte Identität des Kaiser-Königs erzeugte also eine ganz bestimmte strukturelle Spannung, die die Rolle, die seinem Amt im Regierungssystem zufiel, davon abhängig machte, wie sich die Beziehungen zwischen dem Bund und Preußen in der Praxis gestalten würden. Ein Jahr nach der Reichsgründung stellte der Würzburger Staatsrechtler Joseph von Held in einer der ersten Gesamtanalysen der neuen Verfassung deshalb fest, dass sich das Kaiseramt in Zukunft unausweichlich weiterentwickeln würde: „Der Kaiser als solcher soll demnach weder Souverän noch Unterthan des Reiches sein; aber er ist etwas von beidem und das Eine nur insoweit, als er nicht das Andere ist. Momentan scheint dies möglich, weil weder das Eine noch das Andere vollständig ausgeführt ist; diese Unvollständigkeit muss aber dazu führen, dass er das Eine oder das Andere ganz werde."[39]

## II. Die Zentralisierung des Bundes

Der Stein, der die Weiterentwicklung des Kaiseramtes und in deren Gefolge den Ausbau des ganzen föderalen Regierungssystems ins Rollen brachte, war die Zentralisierung des Bundes. Um diesen Zusammenhang besser verstehen zu können, lohnt es sich, kurz die Diskussion der Staatsrechtler über den Kaiser zu verlassen und einen ersten Blick auf die Grundzüge dieser Konzentration staatlicher Macht auf der obersten Regierungsebene zu werfen. Gleich nach Gründung des Bundes setzte ein komplexer Prozess ein, der das Reich über die Jahrzehnte von einer dezentralen Mischordnung zwischenstaatlicher Prägung in einen voll integrierten Bundesstaat mit teils unitarischen Zügen verwandelte. Diese Zentralisierung bildete gewissermaßen den Hintergrund, vor dem jene großen, in diesem und den beiden nächsten Kapiteln beschriebenen Strukturentwicklungen abliefen, die in Verbindung miteinander aus dem angeblichen Fürstenbund der Reichsgründungszeit bis zum Ausbruch des Ersten Weltkrieges eine Reichsmonarchie machten, in der der Kaiser vermittels einer ihm unterstellten Reichsregierung eine von Preußen unabhängige Regierungsgewalt ausübte.

Sichtbar wurde dieser nicht ganz einfach dingfest zu machende Zentralisierungsprozess zum Beispiel in der kontinuierlichen Vergrößerung des Reichshaushaltes. Betrachtet man den gesamten Zeitraum zwischen der Vereinigung von Nord- und Süddeutschland 1871 und dem Ausbruch des Ersten Weltkrieges 1914, stiegen sowohl die Ausgaben als auch die Einnahmen des Reiches relativ konstant an. Nur in den ersten Jahren nach der Reichsgründung gab es einen deutlichen Einbruch, der vor allem damit zu tun hatte, dass die Demobilisierung im Anschluss an den erfolgreichen Einigungskrieg die Kosten für das Militär schrittweise sinken ließ und gleichzeitig die französischen Kriegsentschädigungen nach und nach ausliefen. Danach wurde das Haushaltsvolumen beinahe fortwährend größer. Umfasste es von Mitte der 1870er- bis Mitte der 1880er-Jahre zwischen 600 und 700 Millionen Goldmark, so stieg es in den 1890er-Jahren auf anderthalb Milliarden. Nach der Jahrhundertwende schnellte es noch rascher nach oben. Bis zum Ausbruch des Krieges schwoll das Budget auf ganze 3,5 Milliarden Goldmark an. Danach explodierte es förmlich. 1917/18 lagen die Reichsausgaben bei 50 Milliarden Goldmark, während sich die Einnahmen auf gut 35 Milliarden beliefen.[40]

Über das Defizit, das den Reichshaushalt vor allem in der Wilhelminischen Epoche kennzeichnete, und seine Auswirkungen auf die Innen- und Außenpolitik ist viel geschrieben worden. Der britische Historiker Niall Ferguson hat die schiefe Haushaltslage gar als den entscheidenden Faktor beschrieben, der die preußisch-deutschen Machteliten 1914 dazu trieb, einen Krieg vom Zaun zu brechen, bevor die desolate Finanzlage das deutsche Militär gegenüber den ausländischen Gegnern ins Hintertreffen bringen würde. An dieser Stelle sind die ständigen Deckungsprobleme allerdings nur insofern interessant, als dass auch sie ein Zeugnis der Zentralisierung des Bundes waren. Denn sie resultierten eben daraus, dass das Reich große Schwierigkeiten hatte, für den wachsenden Aufgabenkreis der Bundesebene aufzukommen. Dieses Dilemma lag hauptsächlich darin begründet, dass die Verfassung dem Reich keine anderen Einnahmequellen zugestand als Zölle auf bestimmte Produkte. Die Erhebung von direkten Steuern war derweil ganz den Ländern vorbehalten. Um die durch diese Regelung zwangsweise entstehenden Finanzierungslücken zu schließen, mussten die Einzelstaaten jedes Jahr finanzielle Subventionen – die sogenannten Matrikularbeiträge – an das Reich zahlen, die auf Grundlage ihrer Bevölkerungsgröße berechnet wurden. Diese finanziellen Arrangements, die wir im vorhergehenden Kapitel bereits genauer kennengelernt haben, bedeuteten, dass sich auch in der Entwicklung der Matrikularbeiträge die Zentralisierung des Bundes widerspiegelte. Um die steigenden Reichsausgaben auszugleichen und so die jeweiligen Fehlbeträge des Reichshaushaltes zu decken, erhöhten sich die einzelstaatlichen Subventionen über die Jahre immer weiter. Die Kontribution Preußens – des mit Abstand größten Beitragszahlers – kletterte zum Beispiel zwischen 1871 und 1890 von ungefähr 75 auf über 310 Millionen Goldmark. Der bayerische Beitrag vergrößerte sich im selben Zeitraum gar um mehr als das Dreizehnfache von knapp 3 auf über 40 Millionen Goldmark.[41]

Solche Beschränkungen wie das Verbot direkter Bundessteuern machten es für die Reichsgesetzgebung notwendig, die Verfassung mit den Jahren immer weiter zu durchbrechen. Folglich schlug sich die graduelle Zentralisierung des Reiches auch in der Anzahl und dem Inhalt der Gesetze nieder, die entweder eigentlich laut der Verfassung den Ländern vorbehaltene Befugnisse auf die Bundesebene verlagerten oder ganz neue Reichskompetenzen schufen. Kersten Rosenau hat in seiner Studie zum preußisch-deutschen Dualismus eine hilfreiche Übersicht über die wichtigsten Gesetze erstellt, die die föderale Kompetenzverteilung berührten. Daraus ist ersichtlich, dass es in den gut dreieinhalb Jahren des Norddeutschen Bundes zu mindestens sieben Gesetzen kam, die den Bund gegenüber den Ländern kompetenziell stärkten. Diese betrafen vornehmlich die bereits im ersten Kapitel näher beleuchtete rechtliche und wirtschaftliche Vereinheitlichung des neuen Bundes. In den 1870er-Jahren wurden um die zwanzig weitere Gesetze dieser Art verabschiedet, von denen die wichtigsten wohl die Reichsjustizgesetze von 1877 waren. Danach setzte sich der Trend zur legislativen Ausdehnung der Reichskompetenzen nicht nur fort, sondern verstärkte sich von Jahrzehnt zu Jahrzehnt. Für die 1880er-Jahre kann man vor allem im Rahmen der Einführung des Sozialversicherungswesens wenigstens 22 Gesetze zählen, mit denen das Reich seine Position gegenüber den Einzelstaaten ausbaute, wenn auch in vielen Fällen nur in sehr geringem Maße. Während der letzten Dekade des 19. Jahrhunderts führte die teils sehr progressive Sozial- und Wirtschaftsgesetzgebung zu mindestens 28 bedeutenden Kompetenzerweiterungen des Reiches. In den letzten anderthalb Jahrzehnten vor Ausbruch des Krieges gab es schließlich über dreißig Gesetze, mit denen das Reich seinen Aufgabenbereich vergrößerte. Dabei handelte es sich vor allem um diverse Reformen im Finanzwesen, durch die das Reich schrittweise in das einzelstaatliche Monopol auf direkte Steuern eindrang.[42]

Die Zentralisierung, zu der diese Ausweitung der Reichsgesetzgebung führte, hatte eine ganze Reihe von verschiedenen Ursachen. Zu einem gewissen Grad war sie generisch bedingt. Die meisten dezentralen Föderalsysteme erleben im Laufe ihrer Entwicklung eine mehr oder weniger große, entweder temporäre oder permanente Verschiebung staatlicher Kompetenzen auf die oberste Regierungsebene. Es ist unter Politikwissenschaftlern zwar umstritten, inwieweit es einen natürlichen Zentralisierungsdrang föderaler Systeme gibt. Fest steht aber, dass jede föderale Verfassungsordnung sowohl zentralisierende als auch dezentralisierende Tendenzen hat – anders lässt sich ein Mehrebenensystem gar nicht organisieren. Die Reichsverfassung zeigte ob ihres Mischcharakters als Kompromiss zwischen bündischen, hegemonialen und unitarischen Kräften starke Neigungen sowohl in die eine als auch in die andere Richtung, wie wir im dritten Kapitel bereits gesehen haben. Der Verzicht auf eine Reichsregierung, die Verwaltungshoheit der Einzelstaaten, die starke Beschränkung der unabhängigen Finanzbasis des Reiches und die Schlüsselstellung des Bundesrates – also der Länderkammer – sollten eine dezentrale Ausrichtung des Regierungssystems sichern. Andere Elemente der Verfassung begünstigten dagegen eine unitarische Entwicklung, allen voran die strukturelle Übermacht Preußens, die starke Stellung des Reichstages, die Einrichtung eines – wenn auch sehr eigenwillig konzipierten – Kaiseramtes und der föderale Kompetenzkatalog, der die meisten Befugnisse zur Schaffung eines gemeinsamen Binnenmarktes und zur Regulierung der entstehenden industriellen Wirtschaftsordnung in die Hände des Bundes legte. Letztlich zeigte sich in der Entwicklung, die das föderale Regierungssystem in den Jahrzehnten nach der Reichsgründung nahm und der wir uns in diesem zweiten Teil des Buches Stück für Stück nähern werden, relativ deutlich, welche dieser beiden Tendenzen unter den praktischen Bedingungen, die sich den Reichsorganen stellten, überwog, nämlich die zentralisierende. Auch wenn besonders die Nationalliberalen, wie beschrieben, bei der Aushandlung der Verfassung genau darauf gehofft hatten, war das zum Zeitpunkt der Reichsgründung ob der vielen Unwägbarkeiten der politischen Praxis freilich alles andere als vorhersehbar. Anders gesagt: Insoweit die Zentralisierung des Bundes eine Saat im Boden der Verfassung war, ging sie nur auf, weil sich dafür günstige Bedingungen einstellten.[43]

Dementsprechend hatte die Zentralisierung nicht nur systemische, sondern auch vielerlei andere Gründe, die mit dem spezifischen politischen, wirtschaftlichen, sozialen und kulturellen Kontext zu tun hatten, in dem sich die föderalen Strukturen des Reiches entwickelten. Jeden davon werden wir näher beleuchten, wenn wir im sechsten Kapitel durch die verschiedenen Phasen föderalen Regierens gehen werden. Es ist aber sinnvoll, die wichtigsten Gründe hier wenigstens kurz zu nennen. Erstens machten es die extremen Unterschiede zwischen der Fläche, Bevölkerungsgröße und Wirtschaftskraft der Einzelstaaten unabdingbar, zur Stabilisierung des neu gegründeten Nationalstaates einen gemeinsamen Wirtschafts- und Rechtsraum zu schaffen. In all jenen Feldern, die Artikel 4 der Reichsverfassung zu nationalen Kompetenzen erklärte, vereinheitlichte die Reichsgesetzgebung den Bundesstaat daher größtenteils bereits in den ersten zehn Jahren nach seiner Gründung. Diese Entwicklung betraf zum Beispiel das Zoll-, Handels-, Eisenbahn-, Post-, Telegrafen-, Militär- und Justizwesen. Aufgrund der Reservatrechte, die die Einigungsverhandlungen im November 1870 den süddeutschen Einzelstaaten zugestanden hatten, blieben dort allerdings einige dieser Felder fest in den Händen der jeweiligen Landesregierungen, wie etwa das Postwesen in Bayern und Württemberg.

Zweitens entstanden durch die ab den 1880er-Jahren immer stärker an Fahrt gewinnende Industrialisierung und die davon angestoßenen gesellschaftlichen Veränderungen ständig neue Aufgabenfelder. Sie hatten in den Verhandlungen zur Reichsgründung gar keine Rolle gespielt, waren daher in der Verfassung nicht vorgesehen und fielen infolgedessen häufig weder klar in den Verantwortungsbereich des Reiches noch in den der Länder. Der allermeisten davon nahm sich letztlich das Reich an, wie zum Beispiel der Schaffung geeigneter Rahmenbedingungen für die fabrikbasierte Arbeitswelt oder die Regulierung der sich durch den wissenschaftlichen Fortschritt fundamental verändernden Nahrungsmittelproduktion. Dass sich die Einzelstaaten hier zurückhielten, hatte nicht zuletzt mit den hohen technischen Ansprüchen zu tun, die die Regelung dieser Bereiche an den Gesetzgeber stellten. Die dafür notwendigen personellen und finanziellen Ressourcen konnten genauso wie die erforderliche Expertise oft nur auf der Bundesebene zusammengetragen werden. Insofern war die Zentralisierung – drittens – auch eine Folge der sich verändernden politischen Inhalte und der Verwissenschaftlichung von Politik, die diese mit sich brachten. Viertens verlagerte sich in der Wilhelminischen Epoche der Schwerpunkt der Staatstätigkeit auch deswegen verstärkt weg von der Landesebene, weil sich das Reich im Zusammenhang mit seiner Weltmachtpolitik neue Betätigungsfelder erschloss, die schon ihrer Natur nach rein nationale Angelegenheiten waren, allen voran die Flotten- und Kolonialpolitik.

Neben diesen Punkten gab es noch eine weitere wichtige Quelle, die die Zentralisierung speiste und mit der speziellen politischen Landschaft des Kaiserreiches zu tun hatte: die Agitation der progressiven politischen Kräfte. Jene Parteien, die auf eine parlamentarische Staatsordnung hofften und sich nicht wie das katholische Zentrum zum Schutz von Klientelinteressen als Verteidiger einzelstaatlicher Rechte verstanden, also vor allem die Liberalen und die Sozialdemokraten, taten im Reichstag alles, was sie konnten, um jedwede Zentralisierungstendenzen zu fördern. Dieses Verhalten rührte von einem durch den eigentümlichen Aufbau der Verfassung bedingten Zusammenhang her, den wir schon aus den Verhandlungen des konstituierenden Reichstages kennen. Jede Kompetenzerweiterung des Bundes gegenüber den Einzelstaaten bedeutete einen Machtzuwachs des Reichstages, da ohne dessen Zustimmung kein Reichsgesetz in Kraft treten und kein Haushaltsposten freigegeben werden konnte. Gleichzeitig schwächte jede Kompetenzverlagerung auf Bundesebene mit den einzelstaatlichen Regierungen diejenigen Kräfte, die im Bundesrat die wichtigste Barriere gegen eine Machtausweitung des Reichstages bildeten. Kurzum: Für die progressiven Parteien war die Zentralisierung des Bundes ein Mittel zur Parlamentarisierung. Das führte dazu, dass sich im legislativen Prozess föderale Kompetenzfragen beziehungsweise deren Regulierung immer wieder zu bitteren Auseinandersetzungen über die grundsätzliche Ausrichtung des Regierungssystems aufschaukelten. Wie intensiv diese Streitigkeiten werden konnten und welche Folgen sie für die föderalen Entscheidungsstrukturen hatten, werden wir sehen, wenn wir im sechsten und siebten Kapitel den Aufstieg des Reichstages und den Umgang des Reiches mit Verfassungskonflikten unter die Lupe nehmen werden.

 Mehr muss vorläufig zur Zentralisierung des Bundes nicht gesagt werden. Deren Ursachen sind für unsere Zwecke ohnehin letztlich nur zweitrangig. Denn um zu verstehen, wie sich das Verhältnis zwischen den Reichsorganen im Laufe der Zeit umsortierte, ist es weitaus wichtiger, den Verlauf und die strukturellen Folgen in den Blick zu nehmen, den diese Konzentration staatlicher Macht auf der obersten Regierungsebene nahm beziehungsweise hatte. Hier genügt es daher, vorläufig nur die allgemeine Tatsache festzuhalten, dass der Bund zwischen Reichsgründung und Revolution eine ausgeprägte Zentralisierung durchlebte. Mit jedem Schritt, den wir uns in den weiteren Ausführungen dieses und der beiden nächsten Kapitel dem Wandel des föderalen Entscheidungssystems nähern, werden wir dann besser erkennen können, wie diese Zentralisierung genau ablief und welche Auswirkungen sie auf das Gesamtgefüge der Verfassung hatte. Anders gesagt: Die Konturen der auf den ersten Blick relativ verschwommen erscheinenden Zentralisierung werden sich im Spiegel ihrer konkreten Manifestationen schärfen. In diesem Sinne zunächst zurück zum Kaiser und seiner Erhebung zum Reichsmonarchen.

## III. Die Entstehung der kaiserlichen Reichsregierung

Die Metamorphose des Kaiseramtes begann mit der Bildung einer von Preußen unabhängigen Regierungsgewalt des Reiches, ausgelöst durch die einsetzende Zentralisierung des Bundes. Der Keim zu einer solchen Metamorphose war in der Verantwortlichkeit des Reichskanzlers angelegt. Wie wir in den vorangegangenen Kapiteln gesehen haben, hatte die Konferenz, auf der die Vertreter der verbündeten Regierungen Bismarcks Verfassungsentwurf im Frühjahr 1867 verhandelten, den Kanzler dazu verpflichtet, alle Anordnungen des Bundespräsidiums mitzuunterzeichnen. Diese Gegenzeichnungspflicht trug die Verantwortlichkeit des Kanzlers praktisch bereits in sich. Wenige Monate später stellte der konstituierende Reichstag diese Verantwortlichkeit auf Antrag der Nationalliberalen in der sogenannten Lex Bennigsen ausdrücklich fest.

Bei der Einführung jener Regelungen wurde allgemein erwartet, dass um den Kanzler herum einmal ein eigenständiger Regierungsapparat des Bundes erwachsen könnte. Die Gründe dafür erklärte Karl von Hofmann in einer ausführlichen Denkschrift Ende Mai 1867, also nur einen Monat nach Gründung des Norddeutschen Bundes. Der hessische Bundesratsbevollmächtigte wusste, wovon er sprach. Er hatte auf der Verfassungskonferenz der einzelstaatlichen Regierungen als Chefunterhändler seines Heimatlandes fungiert. Das Amendement, das dort die Gegenzeichnungspflicht des Kanzlers in den Verfassungsentwurf eingepflegt hatte, war von ihm verfasst worden. Seine Ausführungen zur Stellung des Bundeskanzlers richtete er an Karl Friedrich von Savigny, der gerade erst von Bismarck im Kampf um das Kanzleramt ausgebootet worden war.

Hofmann erklärte, dass sich die Verantwortlichkeit des Kanzlers für Anordnungen des Präsidiums auf zwei unterschiedliche Fälle beziehe. Bundesgesetze, die der Reichstag und der Bundesrat beschlossen hätten, müsse das Bundespräsidium automatisch ausfertigen und verkünden. Für diese Handlungen habe der Bundeskanzler durch seine Gegenzeichnung daher nur insofern die Verantwortlichkeit zu übernehmen, als dass er prüfen müsse, ob die entsprechenden Gesetze verfassungsgemäß, das heißt im Wesentlichen durch übereinstimmende Mehrheitsbeschlüsse der beiden Legislativorgane, zustande gekommen seien. In Bezug auf „solche Anordnungen und Verfügungen, welche das Bundespräsidium selbständig, ohne Mitwirkung von Bundesrat und Reichstag" erlasse, sei die Lage aber eine andere. Hier habe der Kanzler nicht nur die Pflicht, die formale Richtigkeit der jeweiligen Akte zu prüfen, sondern auch „die Aufgabe [...], die Präsidialverordnungen gegenüber der Kritik zu vertreten, die in materieller Hinsicht, vom Stande der Zweckmäßigkeit aus, im Bundesrat und im Reichstage gegen diese erhoben" werde. Ohne zusätzliche Unterstützung könne der Kanzler aber unmöglich die Arbeitslast schultern und die Expertise aufbringen, die notwendig sei, um die mannigfaltigen Felder, die in den Kompetenzbereich des Bundespräsidiums fielen, abzudecken. Daher könne ihm „die Vertretung des Präsidiums gegenüber dem Reichstage nicht [...] alleine obliegen". Es werde vielmehr unausweichlich sein, „besondere, und zwar sachverständige Kommissarien zu ernennen und dem Bundeskanzler zur Seite zu stellen". Anders ausgedrückt: Da die Gegenzeichnungspflicht den Kanzler zum einzigen Regierungsbeamten des Bundes machte, war abzusehen, dass sich um ihn herum ein institutioneller Apparat an Verwaltungsexperten bilden würde, um ihm dabei zu helfen, die diversen Aufgaben des Bundespräsidiums beziehungsweise ab 1871 des Kaisers zu übernehmen.[44]

Und genauso kam es dann auch. Gleich nach der Gründung des Norddeutschen Bundes wurde das Bundeskanzleramt eingerichtet. Unter der Führung des freihändlerisch orientierten Zollexperten Rudolph von Delbrück koordinierte diese Zentralbehörde in enger Zusammenarbeit mit den einzelstaatlichen Regierungen und der nationalliberalen Reichstagsmehrheit das wirtschaftliche und rechtliche Zusammenwachsen des jungen Bundes. Dieser Integrationsprozess führte schnell dazu, dass der Bund seine bestehenden Aufgaben gegenüber den Einzelstaaten immer weiter ausdehnte und sogar völlig neue Kompetenzfelder hinzugewann. Mit den tiefer liegenden Ursachen, dem genauen Verlauf und den strukturellen Folgen dieser Zentralisation, insbesondere im Hinblick auf die Rolle des Reichstages im föderalen Regierungssystem, wird sich das übernächste Kapitel eingehend beschäftigen. In Bezug auf den Kaiser ist vor allem eine institutionelle Auswirkung dieser Entwicklung wichtig: die Ausdifferenzierung der Bundesverwaltung. Das Anschwellen der Aufgaben des Bundes ließ immer mehr Unterabteilungen im Bundeskanzleramt entstehen. Diese wurden innerhalb weniger Jahre zu zahlreich und zu groß, um sie unter dem Dach einer einzigen Behörde zu halten. Hinzu kam, dass der Reichstag forderte, die Unterabteilungen zu verselbstständigen und damit ihre Einnahmen und Ausgaben zu eigenständigen Posten des Bundeshaushaltes zu machen, die das Parlament über seine Budgetgewalt kontrollieren konnte. Als organisatorisches Vorbild sollte das Auswärtige Amt dienen, das 1870 durch die Umwandlung des preußischen Außenministeriums in eine Bundesbehörde entstanden war.

Nachdem sich der Bund 1871 auf die süddeutschen Staaten ausgedehnt hatte, wurde so eine Unterabteilung nach der anderen aus dem Bundeskanzleramt ausgegliedert und als eigenständiges „Reichsamt" errichtet. Rudolf Morsey hat diesen Prozess in einer beindruckenden Studie über *Die oberste Reichsverwaltung unter Bismarck* detailliert nachgezeichnet. 1872 wurde zunächst die Kaiserliche Admiralität eingerichtet, die jeweils einen Bereich für die Verwaltung und das Kommando der Reichsmarine umfasste. Diese Zweige wurden 1889 voneinander getrennt und die Verwaltungseinheit als Reichsmarineamt neu begründet. 1873 wurde das Reichseisenbahnamt geschaffen, um die diversen Aufsichts-, Kontroll- und Verfügungsrechte wahrzunehmen, die die Reichsverfassung dem Bund im sensiblen Feld des Eisenbahn- und Tarifwesens gegenüber den Ländern gewährte. Drei Jahre später folgte das Amt des Generalpostmeisters, das für das Post- und Telegrafenwesen zuständig war und 1880 wegen der wachsenden Vereinheitlichung dieser beiden Abteilungen in Reichspostamt umbenannt wurde. Ebenfalls 1876 erfolgte die Einrichtung des Reichskanzleramtes für Elsass-Lothringen, das im Zuge der im letzten Kapitel dieses Buches ausführlich beschriebenen Verwaltungsreformen des Reichslandes 1879 in das sogenannte Ministerium für Elsass-Lothringen umgewandelt wurde. Zur Administration der reichseigenen Eisenbahnen in Elsass-Lothringen wurde noch im gleichen Jahr das Reichsamt für die Verwaltung der Reichseisenbahnen gegründet. 1877 konstituierte sich das Reichsjustizamt, um die Aufsichtsrechte des Bundes hinsichtlich der Ausführung der im selben Jahr in Kraft tretenden Reichsjustizgesetze und die Vorbereitung der weiteren Gesetzgebung auf diesem Gebiet zu übernehmen. Zwei Jahre darauf wurde die Finanzabteilung des Reichskanzleramtes zum Reichsschatzamt, dessen Geschäftskreis vor allem das Etat- und Kassenwesen, die Münz-, Reichspapiergeld- und Reichsschuldenangelegenheiten, die Verwaltung des Reichsvermögens und die Bearbeitung der Zoll- und Steuersachen umfasste.[45]

Dieser Ausgliederungsprozess höhlte das Reichskanzleramt nach und nach aus. Der „Mutter der obersten Reichsbehörden" verblieben so am Ende des ersten Jahrzehnts nach der Reichsgründung nur noch folgende Aufgaben, wie Morsey gezeigt hat: „die auf den Bundesrat, den Reichstag und die Reichstagswahlen bezüglichen Geschäfte, die allgemeinen Angelegenheiten der Reichsbehörden und der Reichsbeamten, die Aufsicht über den Disziplinarhof und die Disziplinarkammern, die Indigenats-, Heimat-, Niederlassungs-, Freizügigkeits- und Auswanderungssachen, die Handels- und Gewerbeangelegenheiten, die das Bankwesen, die Versicherungen, die Maße und Gewichte betreffenden Geschäfte, die Angelegenheiten des geistigen Eigentums und der Patente, die See- und Flußschiffahrt sowie Flößerei, die Medizinal- und Veterinärpolizei, die Angelegenheiten der Presse und der Vereine, die Militär- und Marineangelegenheiten (soweit dieselben die Mitwirkung der Zivilverwaltung erforderten: Ersatzwesen, Naturalleistungen, Transport- und Etappenangelegenheiten, Familienunterstützung, Zivilversorgung, Landvermessung,

Anerkennung und Klassifizierung der höheren Lehranstalten mit Bezug auf die Wirksamkeit ihrer Zeugnisse für die Zulassung zum einjährig freiwilligen Militärdienst), die Reichsstatistik und diejenigen Reichsangelegenheiten, deren Bearbeitung nicht ausdrücklich anderen Ressorts durch entsprechende Bestimmungen übertragen war". Angesichts dieses weiten, aber im Vergleich zu den ursprünglichen Aufgaben der ehemaligen Zentralbehörde doch stark reduzierten Geschäftskreises wurde das Reichskanzleramt 1879 in Reichsamt des Innern umbenannt. Mit dieser Namensänderung ging die erste Phase der Ausweitung der Reichsverwaltung zu Ende.[46]

Eingerichtet wurden die neuen obersten Bundesbehörden jeweils auf Anordnung des Oberhauptes der nationalen Verwaltung: des Kaisers. Eine gesetzliche Grundlage hatten die Reichsämter nicht, abgesehen von der alljährlichen Bewilligung ihrer Etats durch den Reichstag und den Bundesrat. Der Kaiser schuf sich um den Kanzler herum also gewissermaßen selbst einen bundespräsidialen Regierungsapparat. Bei ihrer Gründung waren die Reichsämter relativ klein. Selten umfassten sie mehr als ein Dutzend leitender Mitarbeiter und zwei bis drei Abteilungen. Als Folge der Zentralisierung des Reiches wuchsen sie aber kontinuierlich und konkurrierten deshalb mehr und mehr mit ihren preußischen Spiegelministerien um Personal und Ressourcen. Die Spannungen, die sich daraus in den Beziehungen zwischen dem preußischen und dem nationalen Exekutivapparat ergaben, drohten zeitweilig das föderale Regierungssystem lahmzulegen, wie wir in Kapitel 6 sehen werden. Das lag vor allem an den weitgehenden Kompetenzen der Reichsämter, die den preußischen Ministerien ihren hegemonialen Einfluss im Bund streitig machten. In ihren jeweiligen Feldern arbeiteten die Bundesbehörden Gesetzesvorschläge aus, überwachten die Ausführung der Gesetze durch die Länder und bereiteten Verordnungen des Kaisers vor. Kurzum: Sie übernahmen alle wichtigen Aufgaben von richtigen Reichsministerien.

An ihrer Spitze standen jeweils sogenannte Staatssekretäre. Auch wenn diese nicht den Titel eines Reichsministers trugen, bekleideten sie als Leiter der obersten Verwaltungsbehörden des Bundes doch praktisch genau diese Position. Besonders deutlich wurde das nach der Annahme des Stellvertretergesetzes 1878. Bis dahin hatten die Staatssekretäre dem Reichskanzler mehr oder weniger zugearbeitet, weil nur dieser für die Gesetze, Anordnungen und Verfügungen, die in den Reichsämtern ausgearbeitet wurden, mittels Gegenzeichnung die Verantwortung übernehmen konnte. Durch das Gesetz, dessen Entstehung und strukturelle Bedeutung wir im sechsten Kapitel näher beleuchten werden, wurden die Staatssekretäre aber zu offiziellen Stellvertretern des Reichskanzlers. Sie durften jetzt an seiner statt in den jeweiligen Politikfeldern ihrer Behörden für alle Handlungen des Kaisers verantwortlich zeichnen, also besonders für die Ausfertigung von Gesetzen und den Erlass von Verordnungen.[47]

Die Entwicklung der obersten Reichsverwaltung schuf also im Laufe der 1870er-Jahre de facto einen umfangreichen Ministerialapparat des Bundes. Bismarck verbot zwar, im offiziellen Schriftverkehr die Bezeichnung „Reichsregierung" zu verwenden, und vermied es auch, mit den Staatssekretären gemeinsame Treffen abzuhalten, die als Sitzungen eines Reichskabinetts hätten interpretiert werden können. Diese Maßnahmen, die verhindern sollten, dass liberale und linke Forderungen nach der Einführung einer parlamentarisch verantwortlichen Reichsregierung noch mehr Auftrieb bekamen als ohnehin schon, änderten aber nichts an den Tatsachen. Innerhalb eines Jahrzehnts nach der Reichsgründung war um den Kanzler herum eine kaiserliche Reichsregierung aus den Leitern der Reichsämter entstanden. Bismarck selbst sprach 1879 von „Kaiserlich deutsch-preußischen Ministerien" und ein Jahr später gar von „reichsministeriellen Stellen". Zwei Jahre nach seinem Rücktritt, der viele der seit der Reichsgründung entstandenen Strukturen des Bundes ob des plötzlichen Wegfalls der Autorität des Eisernen Kanzlers in Zweifel zog, stellte das Reichsjustizamt 1892 in einem Gutachten offiziell fest: „Kaiser und Reichskanzler bilden jetzt die Träger einer eigenen Regierungs- und Exekutivgewalt des Reiches, die von der preußischen Staatsgewalt begrifflich verschieden und getrennt ist, und sie vertreten eine eigene Reichspolitik, die mit der preußischen Politik nicht notwendig überall zusammenfällt."[48]

Während der Kanzlerschaft Bismarcks war also eine funktional ausdifferenzierte, von der preußischen Exekutive unabhängige Regierung entstanden, die dem Kaiser als Chef der Reichsverwaltung direkt unterstand: die sogenannte Reichsleitung. Dieser Ministerialapparat, den der Kaiser selbst per Verordnung nach und nach ins Leben rief, gab ihm eine eigenständige Regierungsgewalt, die die Reichsverfassung überhaupt nicht vorsah. Das hatte vielfältige Folgen, die für die Stellung des Kaisers und das dynamische Gefüge der föderalen Verfassungsorgane äußerst bedeutend waren. Auf der einen Seite gab ihm die Einrichtung der Bundesbehörde für Elsass-Lothringen und des Reichskolonialamtes, das 1907 gegründet wurde, die Möglichkeit, die ihm durch die entsprechende Gesetzgebung übertragene Regierungsgewalt über das Reichsland und die Kolonien effektiv wahrzunehmen und damit über wichtige Teile des Reiches wie ein Landesherr zu herrschen. Das ergänzte sein Amt um eine völlig neue Dimension, weil die Verfassung ihm eigentlich keinerlei territoriale Hoheitsrechte zuschrieb. Was das für das föderale Regierungssystem bedeutete, werden wir im letzten Kapitel des Buches sehen, das sich ganz dem Reichsland und den Schutzgebieten widmen wird. Auf der anderen Seite veränderte sich im Zuge der Entstehung der kaiserlichen Regierungsgewalt die Rolle des Bundespräsidiums in der Reichslegislative und -exekutive. Der Kaiser gewann eine ganze Reihe wichtiger Rechte hinzu. Wie sehr das die Stellung seines Amtes im föderalen Verfassungsgefüge veränderte, werden die folgenden Abschnitte zeigen.

## IV. Der Kaiser als Alpha und Omega der Gesetzgebung

Die Entstehung der Reichsleitung ging Hand in Hand mit einer Neujustierung der Legislative. Dabei ließ der Kaiser die rein formale Rolle, auf die ihn die Verfassung in der Gesetzgebung beschränkte, hinter sich und rückte als Träger der sich schrittweise herausbildenden Regierungsgewalt des Reiches zu der Instanz auf, aus der alle Gesetze entsprangen und von der sie ihre Sanktion erhielten. Das Kaiseramt wurde gleichermaßen zur Quelle und zur Mündung des gewundenen Flusses der Gesetzgebung.

Das Recht, Gesetze in den legislativen Prozess einzubringen, stand nach der Verfassung nur den einzelstaatlichen Regierungen im Bundesrat und dem Reichstag zu. Diese Regelung ergab insofern Sinn, als dass in Ermangelung reichseigener Ministerien Gesetzesentwürfe in dem System, das die Verfassung entwarf, nur von den Regierungsbehörden der Einzelstaaten oder den Parteiapparaten der verschiedenen parlamentarischen Fraktionen erstellt werden konnten. Da außer der preußischen Regierung aber keine dieser Institutionen genügend personelle, finanzielle und andere Ressourcen hatte, um diese Kernaufgabe des Bundes immerfort und quer durch alle Politikfelder zu erfüllen, überließ die Verfassung in der Praxis die Ausarbeitung von Gesetzen den Ministerien des hegemonialen Mitgliedsstaates. In den ersten Jahren nach der Gründung des Bundes hatte die überwiegende Zahl an Gesetzen denn auch ihren Ursprung in Vorlagen, die die preußische Delegation in den Bundesrat einbrachte. Selbst wenn eine andere einzelstaatliche Regierung einen Entwurf aufbot, wurde dieser genau wie bei preußischen Initiativen dem Bundesrat „im Namen des Präsidiums" vorgelegt. In seiner Eigenschaft als Vorsitzender des Fürstenbundes und Inhaber des Bundespräsidiums war der preußische König verpflichtet zu gewährleisten, dass jedes Bundesglied Vorschläge in das Gesetzgebungsverfahren einbringen konnte.[49]

Dieses Verfahren konnte aber schon bald nach der Reichsgründung den realen Regierungsverhältnissen nicht mehr Rechnung tragen. Wie wir im übernächsten Kapitel sehen werden, verlagerte sich die Gesetzgebung zusehends von den preußischen Ministerien in die Verwaltungsstellen, die um den Kanzler herum entstanden. Zunächst zog das Bundeskanzleramt die Gesetzgebung zur wirtschaftlichen und rechtlichen Vereinheitlichung des neuen Bundes an sich. Im Zuge der schrittweisen Ausdifferenzierung der obersten Reichsverwaltung ging die Ausarbeitung von Gesetzesentwürfen dann in immer mehr Bereichen an die jeweils zuständigen Reichsämter über. Diesen von der Verfassung nicht vorgesehenen Regierungsbehörden des Bundes fehlte aber jede offizielle Möglichkeit, am Gesetzgebungsverfahren teilzunehmen. „Die Natur der Dinge" brachte es deshalb mit sich, wie der Kieler Staatsrechtler Albert Hänel beobachtete, dass sich die „Sätze" der Verfassung zur Gesetzgebung „in ihrer formalistischen Zuspitzung [...] nicht überall aufrecht erhalten liessen". Um zu gewährleisten, dass die Gesetzesentwürfe der Reichsämter auch in den legislativen Prozess eingebracht werden konnten, entstand vielmehr ein ganz neues Verfahren. Etwa ab Mitte der 1870er-Jahre wurde es Usus, dass leitende Beamte der Reichsämter als Teil der preußischen Delegation im Bundesrat auftauchten. Den Ursprung, Verlauf und die Folgen dieser Verreichlichung der preußischen Bundesratsbank wird das nächste Kapitel untersuchen. An dieser Stelle müssen wir nur verstehen, dass durch die Wandlung der preußischen Vertretung im Bund die sich Stück für Stück ausdehnende Reichsleitung die Möglichkeit erhielt, Vorlagen in den Gesetzgebungsprozess einzubringen. Die entsprechenden Gesetzesentwürfe wurden dabei als sogenannte Präsidialvorlagen dem Bundesrat „im Auftrag Seiner Majestät des Kaisers" oder „im Namen des Kaisers" vorgelegt.[50]

Diese Gesetzesinitiativen wurden dem Bundesrat also nicht mehr vom König von Preußen als Inhaber des Bundespräsidiums beziehungsweise von der Spitze oder dem Delegat des Fürstenbundes übermittelt, sondern vom Kaiser als Träger der sich langsam manifestierenden selbstständigen Regierungsgewalt des Reiches. In weniger als einem Jahrzehnt wurde dieses Verfahren zur Regel. Eine von vielen Staatsrechtlern zitierte Statistik der regierungsnahen *Norddeutschen Allgemeinen Zeitung*, die allgemein als Bismarcks Hauspostille galt und zeitweise durch einen Reptilienfonds des Auswärtigen Amtes finanziert wurde, dokumentierte 1892 die Dominanz der Präsidialvorlagen. Bereits 1884 gab es 41 solcher kaiserlichen Entwürfe, denen nur sechs preußische gegenüberstanden. Im Laufe der nächsten sieben Jahre schwankte die Zahl der Präsidialvorlagen auf hohem Niveau zwischen 29 und 45, während nie mehr als sechs preußische Gesetzesinitiativen eingebracht wurden. In zwei Jahren gab es sogar keine einzige solche Vorlage. Angesichts dieser Entwicklung bezeichnete Albert Hänel die Präsidialvorlagen in seiner Studie über *Die organisatorische Entwicklung der Deutschen Reichsverfassung* bereits 1880 als „feststehende Praxis". Sein Kollege Conrad Bornhak schlussfolgerte dreizehn Jahre später, dass Präsidialvorlagen

„Verfassungsgewohnheitsrecht" bildeten. Die von der Verfassung vorgesehene Quelle der Gesetzgebung versiegte also mit den Jahren und stattdessen tat sich an der Spitze der expandierenden Reichsleitung eine neue auf: der Kaiser.[51]

Interessanterweise wurden die Präsidialvorlagen im Geschäftsgang des Bundesrates aber nicht als kaiserliche, sondern als preußische Initiativen behandelt, da die Geschäftsordnung der Länderkammer genau wie die Verfassung keine Vorkehrungen für die Eingliederung eines eigenständigen Regierungsapparates des Reiches traf. Diese Leugnung der Realität war aber nichts als eine „von föderalistischer Gewohnheit diktierte Fiktion", wie Heinrich Triepel, der spätere Begründer der Vereinigung der Deutschen Staatsrechtslehrer, 1907 betonte. Im Grunde war dieses Versteckspiel, das dazu diente, die Form der geschriebenen Verfassung zu wahren, aber gar nicht nötig. Weder unter Rechtsexperten noch unter Politikern – egal welcher Couleur – war die Praxis der Präsidialvorlagen wirklich umstritten. Das oben bereits erwähnte Gutachten des Reichsjustizamtes, das die Entstehung der Reichsleitung 1892 offiziell feststellte, kam denn auch zu dem Schluss, „daß es nach der Reichsverfassung unbeschränkt und ohne besondere Voraussetzung für zulässig zu erachten ist, daß Gesetzesvorlagen in den Bundesrat durch den Reichskanzler im Namen des Kaisers eingebracht werden".[52]

Verfasst hatte dieses Gutachten der Vortragende Rat Rudolf Freiherr von Seckendorff, der nach einem kontinuierlichen Aufstieg im Reichsjustizamt und einem kurzen Zwischenspiel im preußischen Staatsministerium 1905 Präsident des Reichsgerichts wurde. Die Begründung, die er für die staatsrechtliche Zulässigkeit der Präsidialvorlagen anführte, ist bemerkenswert. Er argumentierte, dass es der Verfassung egal sei, „woher die Anregung zu [Gesetzes-] Vorschlägen [im] Bundesrat oder Reichstage kommt". Sie mache „für die Herbeiführung der fraglichen auf Gesetzesvorschläge gerichteten Beschlußfassungen ebensowenig Beschränkungen, wie für die Anregung zu einem sonstigen, zur Zuständigkeit der betreffenden Körperschaft gehörigen Beschlusse, die [daher] sowohl von den Mitgliedern der letzteren wie von außen ausgehen" könne. Die Offenheit der Verfassung erlaubte es laut dieser Einschätzung, selbst einen überhaupt nicht vorgesehenen, reichseigenen Regierungsapparat in den Gesetzgebungsprozess zu integrieren, ohne sie zu verletzen.

Zu diesem formellen Grund kam laut Seckendorff aber noch eine pragmatische Zweckmäßigkeitsüberlegung hinzu. „Durch die endgültige Gestaltung der Bundes- und Reichsverfassung", namentlich der Einführung der Gegenzeichnungspflicht des Kanzlers, seien aus dem Kaiser und „seinem verantwortlichen Leiter der Geschäfte [...] selbständige Organe des Bundes" geworden. Diese müssten „der Natur der Sache nach auch eine von der preußischen Staatsregierung unabhängige Einwirkung auf die gesetzgeberischen Faktoren des Reiches wenigstens insoweit haben, daß sie eigene Anträge und Vorlagen einbringen" könnten. „Für die Erfüllung eines Teils der Reichsaufgaben" läge „dies geradezu unabweisbar auf der Hand". Denn es scheine „ausgeschlossen, daß Vorlagen, welche die Gesetzgebung auf den in unmittelbarer Verwaltung des Reichs befindlichen Gebieten und die damit zusammenhängende Finanzwirtschaft des Reichs [beträfen], daß vor allem die Entwürfe der jährlichen Etatgesetze und die auf die Rechnungslegung bezüglichen Vorlagen durch einen Einzelstaat an den Bundesrat" gelangten. Solche Entwürfe könnten „ohne inneren Widerspruch nur vom Reichskanzler im Auftrage des Kaisers vorgelegt werden". Diese Praxis vermindere zwar „das verfassungsmäßige Gewicht des Bundesrats zu Gunsten der Stellung des Reichskanzlers" respektive der kaiserlichen Reichsleitung. Von der Verschiebung gehe aber keine nennenswerte Gefahr aus, wie man schon daran erkennen könne, dass diese „Übung" während der ganzen Kanzlerschaft Bismarcks ohne Beanstandung ausgeführt worden sei. Kurz gesagt: Präsidialvorlagen waren schon deshalb legitim, so Seckendorff, weil sie durch die Entstehung der Reichsleitung notwendig geworden waren und sich über die Jahre bewährt hatten.[53]

Wie diese pragmatische Argumentation des Gutachtens deutlich macht, hatte die Entstehung des Initiativrechts des Kaisers vor allem strukturelle Ursachen, die mit der Unbestimmtheit der Verfassung und ihrer unitarischen Entwicklung zusammenhingen. Mit der Amtsführung Wilhelms I. und seiner Nachfolger hatte diese Kompetenzerweiterung des Kaiseramtes wenig bis gar nichts zu tun. Im Hinblick auf die Konkurrenz zwischen den Exekutivstellen Preußens und des Bundes gab es aber durchaus auch politische Gründe, die aus Sicht der Reichsleitung dafür sprachen, den Kaiser zum regulären Quell der Gesetze zu machen. Präsidialvorlagen waren für den Kanzler und die Reichsämter ein Mittel, um ihre Handlungsfreiheit gegenüber dem preußischen Staatsministerium auszubauen. Bismarck gab das 1879 in der ersten von insgesamt nur zwei Sitzungen zu erkennen, die er während seiner Kanzlerschaft gemeinsam mit allen Chefs der obersten Reichsämter abhielt. „Die preußischen Minister" hätten „in erster Linie ihre Verantwortlichkeit gegenüber dem Landtage zu wahren". Der Reichskanzler trage dagegen die Verantwortung gegenüber dem Reichstag. Er „könne sich [deshalb] für die Unterlassung einer Vorlage im Bundesrate für das Budget oder bei der nötigen Fortbildung der Reichsgesetzgebung nicht öffentlich damit entschuldigen, daß er die Zustimmung des preußischen Staatsministeriums für [eine] beabsichtigte und auch seiner Meinung nach nötige Vorlage nicht habe erlangen können. Er werde vielmehr genötigt sein, diejenigen Gesetzesvorlagen, welche aus dem Bedürfnis des Reiches hervorgehen, also beispielsweise den Etat, im Bundesrate als Präsidialvorlagen [...] einzubringen, ohne daß diese

Einbringung von dem vorher festzustellenden Einverständnis Preußens oder des preußischen Finanzministers mit dem Inhalte des Etatentwurfs abhängig gemacht werden könne."⁵⁴

Angesichts dieses Hintergedankens wird deutlich, wie wichtig die Entstehung des Initiativrechts des Kaisers für das Zusammenspiel der verschiedenen Machtzentren des föderalen Regierungssystems war. Da der Kaiser in seiner Eigenschaft als König von Preußen ohnehin Gesetze in den Bundesrat einbringen konnte, könnte man leicht meinen, dass es nicht weiter relevant war, dass er dieses Recht in seiner nationalen Funktion hinzugewann. Einige Staatsrechtler argumentierten tatsächlich so und verwiesen darauf, dass der Kaiser immer noch von der gesetzgeberischen Willensbildung, die zwischen Bundesrat und Reichstag stattfand, ausgeschlossen blieb. Die überwältigende Mehrzahl der Verfassungsexperten betonte aber, dass sich erst „in der Initiative die kaiserliche Regierung des Reichs" verwirkliche und der Kaiser „ein Recht [gewonnen habe], welches für das Oberhaupt eines Staatswesens unentbehrlich und für die Richtung der Politik entscheidend" sei, wie Paul Laband formulierte. Diese Einschätzung traf vor allem deshalb zu, weil der Hinzugewinn eines vom preußischen Königtum unabhängigen Initiativrechtes das Amt des Kaisers von eben jenem Königtum löste und auf diese Weise dazu beitrug, ihm eine eigene Rechtsbasis zu geben. Anders gesagt: Das Initiativrecht rückte den Kaiser näher an die Rolle eines Reichsmonarchen heran und veränderte damit die strukturellen Grundlagen des Bundes erheblich.⁵⁵

Das galt genauso für eine andere legislative Befugnis, die der Kaiser mit der Zeit beanspruchen konnte: das Vetorecht. Innerhalb des legislativen Prozesses gab es zwei Stellen, an denen der Kaiser theoretisch Gesetze blockieren konnte. Die erste Chance dazu bestand in dem Moment, in dem der Bundesrat einen Gesetzesentwurf in erster Abstimmung beschloss und es dann am Kaiser lag, diese Vorlage dem Reichstag zu übermitteln. In der Praxis nahm die Scharnierfunktion zwischen den beiden legislativen Körperschaften der Kanzler wahr, der entsprechende Beschlüsse im Namen des Kaisers dem Parlament vorlegte und per Gegenzeichnung dafür die Verantwortlichkeit übernahm. Es war völlig unumstritten, dass der Kaiser das Recht hatte, die Übermittlung eines Entwurfs aus formalen Gründen zu verweigern. Die allermeisten Staatsrechtler sahen es sogar als eine Pflicht des Kaisers, zu prüfen, ob Beschlüsse des Bundesrates verfassungsmäßig zustande gekommen, das heißt, durch eine ausreichende Mehrheit der einzelstaatlichen Stimmen angenommen worden waren. War das nicht der Fall, musste er sie nach einhelliger Auffassung stoppen. Zu einer solchen Situation kam es allerdings kein einziges Mal. Da sich bald nach der Reichsgründung eine Reihe effektiver offizieller und inoffizieller Mechanismen zur

Mehrheitsfindung in der Länderkammer herausbildete, gab es nie einen Anlass für den Kaiser, ein solch formales Veto einzulegen.[56]

Äußerst strittig war dagegen, ob dem Kaiser auch das Recht zustand, die Übermittlung von Gesetzesentwürfen aus politischen Gründen auszuschlagen, das heißt, ein sogenanntes materielles Veto einzulegen, weil er gegen den Inhalt einer Vorlage Bedenken hatte. Knapp ein Jahrzehnt nach dem Inkrafttreten der Verfassung machte ein höchst ungewöhnlicher Vorfall aus dieser theoretischen Frage ein praktisches Problem. Was war geschehen? Am 3. April 1880 brachte Bismarck eine Präsidialvorlage in den Bundesrat ein, die vorsah, gewisse Bestimmungen bezüglich der Gebühren, die auf Quittungsstempel anfielen und die die Bundesratsausschüsse im Rahmen der geplanten Reform der Reichsstempelabgabe gestrichen hatten, wieder einzuführen. Das Plenum des Bundesrates gab diesem Antrag nur in Teilen statt. Eine Mehrheit der Mittel- und Kleinstaaten bestand darauf, auf Postanweisungen und Postvorschutzsendungen keine Gebühren zu erheben, auch wenn diese Befreiung die Reichskasse mehrere Millionen Mark kosten würde. Der entsprechende Beschluss wurde gegen die Stimmen der drei größten Einzelstaaten und Beitragszahler zum Reichshaushalt – Preußen, Bayern und Sachsen – mit nur zwei Stimmen Mehrheit angenommen.[57]

Als Reaktion auf diese „Rebellion" im Bundesrat reichte Bismarck drei Tage später seinen Rücktritt ein. In seinem Abschiedsgesuch an Wilhelm I. legte er seine Gründe dafür ausführlich dar. Er sei seinerseits immer „bemüht gewesen [...], bei den Abstimmungen im Bundesrat das Recht der Majorität, insbesondere dann, wenn die größeren Bundesstaaten oder einige derselben sich in der Minorität befanden, mit Schonung auszubeuten und die Abstimmung lieber zu vertagen, als sie mit geringer Majorität gegen eine Minorität von größeren Bundesstaaten zu unseren Gunsten zur Entscheidung zu bringen". Er habe „stets eine Gefährdung der verfassungsmäßigen Einrichtungen des Reiches darin gesehen, Beschlüsse von einiger Bedeutung mit geringer Majorität und ohne Rücksicht auf das Schwergewicht der Staaten, welche die Minorität bilden, formell durchzuführen". Dabei sei er natürlich davon ausgegangen, dass diese „Rücksichtnahme [...] auf Gegenseitigkeit" beruhe. Im vorliegenden Fall hätten die kleineren Staaten sich aber nicht daran gehalten. Ihre Stimmen, die der Gebührenbefreiung eine Mehrheit verschafft hätten, repräsentierten 7,5 Millionen Bürger des Reiches, währenddessen die Stimmen der Staaten, die überstimmt worden seien, für eine Bevölkerung von 33 Millionen stünden. Daher hielte er „den Beschluß [...] den Interessen des Reiches nicht für entsprechend" und könne somit „die Verantwortlichkeit für die Konsequenzen desselben" nicht übernehmen. Anstatt im Namen des Kaisers die Vorlage an den Reichstag zu bringen und dafür verantwortlich zu zeichnen, bliebe ihm „unter diesen Umständen zur Deckung [seiner] Verantwortlichkeit [...] nichts anderes übrig, als [den Kaiser] um huldreiche Enthebung von [seinem] Amte als Reichskanzler [...] zu bitten".[58]

Bismarck machte also aus einer eher technischen Meinungsverschiedenheit über die genaue Gestaltung einer Gebührenordnung eine Grundsatzfrage über das Zusammenwirken der einzelstaatlichen Regierungen im Bundesrat und die sich daraus ergebenden Konsequenzen für das Verhältnis der Länderkammer zum Kanzler und zum Kaiser. Das Aufblasen einer Petitesse diente ganz klar dem Zweck, die durch die Überstimmung Preußens angekratzte Autorität des Kanzlers wiederherzustellen und die Regierungen der kleinen Staaten daran zu erinnern, zur Aufrechterhaltung des Fürstenbundes eng an der Seite der preußisch-deutschen Reichsführung zu stehen.

Bismarcks Rücktrittsgesuch übte enormen Druck aus. Angesichts der politischen Verhältnisse im Frühjahr 1880 war es nahezu undenkbar, den Kanzler auszutauschen. Das Reich hatte infolge des globalen Wirtschaftsabschwunges und der deswegen immer billiger werdenden Getreideimporte im Sommer des Vorjahres den Übergang von der Freihandels- zur Schutzzollpolitik vollzogen. Daraufhin verweigerten die Nationalliberalen, deren Unterstützung in den letzten anderthalb Jahrzehnten die Gründung und den inneren Ausbau des Bundes ermöglicht hatte, dem Kanzler ihre Gefolgschaft. Die neue „Regierungskoalition" aus Konservativen und dem katholischen Zentrum war immer noch dabei, sich zu finden. Dafür musste der Kulturkampf endgültig beendet und die diversen Maßnahmen gegen den politischen Katholizismus zurückgenommen werden. Außerdem begann gerade eine Diskussion darüber, ob den Sozialistengesetzen vom Herbst 1878 sozialpolitische Maßnahmen folgen sollten, um die materielle Lage der Arbeiterschaft zu verbessern und so ein weiteres Wachsen der Sozialdemokratie zu verhindern. In dieser aufgewühlten Lage, in der sich die Kräfteverhältnisse im Reichstag völlig neu formierten, entschied sich Wilhelm I. dazu, genau das zu tun, worauf Bismarck offensichtlich spekuliert hatte. Anstatt Bismarck zu entlassen, einen neuen Kanzler zu ernennen und diesen dann anzuweisen, den Beschluss des Bundesrates an den Reichstag zu übermitteln, befahl er Bismarck, geeignete Schritte zu unternehmen, um den Konflikt im Rahmen der Verfassung zu lösen. Der Kaiser schlug das Entlassungsgesuch des Kanzlers also aus und verweigerte damit die Übermittlung des Bundesratsbeschlusses an den Reichstag aus rein politischen Gründen.[59]

Nur vier Tage später gab der Bundesrat dem Druck nach. Mit großer Mehrheit nahm die Länderkammer eine Neufassung des Gesetzesentwurfs an, die die umstrittene Gebührenbefreiung aufhob und so alle Forderungen Bismarcks erfüllte. Bei der Abstimmung über einzelne Unterbestimmungen enthielten sich zwar einige Regierungen oder legten zusätzliche Erklärungen ab. Gegen das Gesamtpaket stimmten aber nur die drei Hansestädte Lübeck, Bremen und Hamburg. Alle anderen Regierungen sanktionierten mit ihrer Zustimmung das Vorgehen des Kaisers und billigten ihm so ein materielles Veto bei der Übermittlung von Gesetzesentwürfen zu. Viele Staatsrechtler sprachen von einem „antecipirten" oder „vorausgenommenen Veto", also einem Einspruch, den der Kaiser wegen inhaltlicher Bedenken gegen einen Entwurf zu Beginn des Gesetzgebungsverfahrens eingelegt hatte. Ob dieser Präzedenzfall allerdings ausreiche, um dem Kaiser einen offiziellen Anspruch darauf zuzugestehen, ein solches Veto generell ausüben zu dürfen, war umstritten. Es sprach zwar einiges dafür, aber es kam auch nie zu einem weiteren derartigen Vorfall. Aus diesem Grund waren sich die meisten Staatsrechtler darüber einig, dass zumindest keine gewohnheitsrechtliche Befugnis entstanden war. Einige interpretierten den Fall sogar ganz anders und sahen in ihm einen Beweis dafür, dass der Kanzler nur gegen die Übermittlung eines Bundesratsbeschlusses protestieren konnte, indem er seinen Rücktritt einreichte.[60]

Letztlich war es jedoch egal, ob und, wenn ja, welche rechtliche Grundlage es für ein Vetorecht des Kaisers bei der Übermittlung von Gesetzesvorschlägen gab. Was zählte, war etwas anderes. Die Geschehnisse um die Reform der Reichsstempelabgaben zeigten in aller Deutlichkeit, dass der Kaiser, wenn er wollte, die Weiterleitung eines Bundesratsbeschlusses an den Reichstag verweigern und von den anderen Verfassungsorganen nichts dagegen unternommen werden konnte. Ungeachtet der genauen rechtlichen Einordnung war der ganze Vorfall deshalb, wie Albert Hänel vorsichtig formulierte, „für die Entwicklung des organischen Verhältnisses zwischen der kaiserlichen Gewalt und der Gesetzgebung gewichtig". Das galt vor allem insofern, als dass diese vermeintlich harmlose Begebenheit einen zentralen Grundsatz der Verfassung untergrub, nämlich den Ausschluss des Kaisers von jedweder Beteiligung am inhaltlichen Zustandekommen der Gesetze. Schon allein durch die Andeutung, der Kaiser könnte eventuell ein materielles Veto besitzen, veränderte der Zwischenfall das Regierungsgeschäft. Nach diesen denkwürdigen Apriltagen mussten nämlich alle an der Gesetzgebung beteiligten Kräfte, sei es im Bundesrat, im Reichstag oder in der obersten Reichsverwaltung, damit rechnen, dass der Kaiser jederzeit wieder die Übermittlung eines Entwurfs aussetzen und so inhaltliche Änderungen an selbigem erzwingen konnte. Anders gesagt: Bei der Gestaltung, Verhandlung und Beschlussfassung über legislative Maßnahmen im Bundesrat galt es spätestens ab April 1880, ein allerhöchstes Veto als reale Möglichkeit in Betracht zu ziehen und daher von vornherein die Ansichten des Kaisers entsprechend zu berücksichtigen oder erst gar nicht seine Aufmerksamkeit zu erregen.[61]

Die zweite Stelle, an der der Kaiser Gesetze aufhalten konnte, lag ganz am Ende des legislativen Prozesses. Wie schon bei der Übermittlung von Bundesratsvorlagen an den Reichstag war man sich allgemein darüber einig, dass der Kaiser nicht nur das Recht, sondern auch die Pflicht hatte, die Ausfertigung und Verkündung von Gesetzen zu verweigern, wenn diese nicht verfassungsgemäß zustande gekommen waren. Bevor er Gesetze im Reichsgesetzblatt publizierte, musste der Kaiser beziehungsweise in seinem Auftrag der Kanzler also sicherstellen, dass die entsprechenden Vorlagen die notwendigen Mehrheiten in Bundesrat und Reichstag nach den jeweils vorgeschriebenen Verfahren erreicht hatten. Ob der Kaiser allerdings auch das Recht hatte, die Ausfertigung und Verkündigung von Gesetzen wegen ihres Inhaltes oder anderer mit ihnen zusammenhängender politischer Überlegungen zu verweigern, war hochumstritten. Spätestens seit den anfangs erwähnten Vetoversuchen Friedrichs III. kamen starke Zweifel darüber auf, ob die unitarische Entwicklung des Regierungssystems seit der Gründung des Bundes nicht die rechtliche Basis für ein solches kaiserliches Veto geschaffen hatte.[62]

Diese Unsicherheit entstand vor allem dadurch, dass die Verfassung nicht bestimmte, wer die Sanktionsgewalt ausübte. Sie ließ vollkommen offen, welches ihrer Organe Bundesgesetzen letztlich deren Rechtsgültigkeit verlieh. In der Reichsstaatsrechtslehre herrschte eine vor allem nach Friedrichs gescheiterten Vetos aufgeregte Debatte über dieses zentrale Recht, in der alle Winkelzüge dogmatischer Herleitung bemüht wurden. Die in Teilen sehr abstrakte Debatte müssen wir nicht in allen Details nachvollziehen. Es genügt, zur Kenntnis zu nehmen, dass es eine große Vielfalt an verschiedenen Ansichten gab. Angeführt von Paul Laband argumentierten die meisten Staatsrechtler jedoch auf die ein oder andere Weise, dass Gesetze laut der Verfassung ihre Sanktion durch den finalen Annahmebeschluss erhielten, den der Bundesrat als Verkörperung des kollektiven Souveräns des Fürstenbundes allen Entwürfen nach der Zustimmung des Reichstages erteilen musste, bevor sie zur formellen Ausfertigung an den Kaiser gingen. Nach dieser Auffassung übte folglich der Bundesrat die Sanktionsgewalt aus.[63]

Es gab allerdings auch einige Experten, die diese hoheitliche Macht als Folge der sich über die Jahre eingespielten Verfassungspraxis dem Kaiser zusprachen. Die Begründungen dafür gingen teils weit auseinander. Am interessantesten war die Erklärung, dass diese Befugnis mit der Verwendung der Promulgationsformel zusammenhing, die bei der Verkündung aller Gesetze zum Einsatz kam. Jedes Gesetz wurde im Reichsgesetzblatt mit demselben Einleitungssatz veröffentlicht: „Wir [Wilhelm / Friedrich], von Gottes Gnaden Deutscher Kaiser, König von Preußen etc. verordnen im Namen des Reichs, nach erfolgter Zustimmung des Bundesraths und des Reichstags, was folgt: […]." Laut dieser Formel traten Gesetze durch kaiserliches Dekret in Kraft. Sie waren demnach Verordnungen, denen der Kaiser die Sanktion erteilte und an deren Zustandekommen die Länderkammer und das Parlament formell nur im Rahmen eines Zustimmungsrechtes beteiligt waren. Da diese Formel seit der Reichsgründung ohne irgendwelche Proteste kontinuierlich verwendet wurde, erklärten zum Beispiel Carl Fricker und Conrad Bornhak ab Mitte der 1880er-Jahre, dass die Sanktionsgewalt gewohnheitsrechtlich auf den Kaiser übergegangen sei und dieser infolgedessen das Recht gewonnen habe, die Ausfertigung eines Gesetzes jederzeit aus welchem Grund auch immer zu verweigern. Diese Zuerkennung eines materiellen Vetorechtes am Ende des Gesetzgebungsprozesses ist umso bemerkenswerter, wenn man bedenkt, dass die beiden genannten Staatsrechtler dem Kaisertum ansonsten vollkommen unterschiedlich gegenüberstanden. Während der nationalistisch gesinnte Berliner Professor Bornhak ein Befürworter eines starken Hohenzollernkaisertums war, zählte der Württemberger Fricker im Kreis der Verfassungsexperten schon seit den 1860er-Jahren zu den prononciertesten Gegnern eines deutschen Bundes unter preußischer Führung.[64]

Die meisten ihrer Kollegen lehnten ihre Argumentationskette allerdings entschieden ab. Wie ein Aufsatz über *Die Beteiligung des Kaisers an der Reichsgesetzgebung* 1899 zusammenfasste, sah die große Mehrzahl der Staatsrechtler die Promulgationsformel nicht als Bestandteil des materiellen Rechts, sondern lediglich als ein „formelles Hilfsmittel", das allenfalls als Indizienbeweis für eine tiefer gehende rechtliche Entwicklung dienen konnte. Nichtsdestotrotz säte die unitarische Entwicklung der Verfassung auch unter den Staatsrechtlern, die dem Kaiser die Sanktionsgewalt und damit ein Vetorecht bei der Verkündung der Gesetze absprachen, genügend Zweifel, um sie dazu zu veranlassen, eine Klarstellung der Promulgationsformel zu fordern. Paul Laband schlug vor, den Kaiser ganz aus der Gesetzesankündigung zu streichen und diese abstrakt auf die beiden von der Verfassung bestimmten gesetzgebenden Körperschaften zu begrenzen: „Auf Grund und in Ausführung der vom Bundesrate namens der verbündeten Regierungen gefaßten Sanktionsbeschlusses wird verkündet: […]." Die Lösung, die Walter Frormann, der Verfasser des erwähnten Aufsatzes, empfahl, löschte den Kaiser zwar nicht aus, bemühte sich aber ebenfalls, deutlich zu machen, dass die Sanktionsgewalt beim Bundesrat und Reichstag lag: „Wir [Wilhelm / Friedrich] von Gottes Gnaden Deutscher Kaiser, König von Preussen etc., verkünden im Namen des Reiches auf Grund übereinstimmender Mehrheitsbeschlüsse des Bundesrates und des Reichstages, was folgt: […]."[65]

Am Ende waren alle theoretischen Überlegungen über die Sanktionsgewalt ohnehin hinfällig. Da es der Kaiser war, der mit der Ausfertigung und Verkündigung die letzten Schritte unternahm, durch die Gesetze in die Welt entlassen wurden, genoss er de facto die Möglichkeit, den legislativen Prozess immer kurz vor Schluss zu unterbrechen, ganz egal, aus welchen Motiven heraus er dies jeweils tat. Ob ein solches Veto verfassungsgemäß war oder nicht, spielte letztlich keine Rolle. Da es keinen Verfassungsgerichtshof gab, der darüber hätte urteilen und gegebenenfalls die Aufhebung eines derartigen Vetos hätte veranlassen können, war der Kaiser in der Lage, einfach Tatsachen zu schaffen. Ob und, wenn ja, wie lange er eine solche Blockade aufrechterhalten konnte, war nicht eine Frage des Rechts, sondern seiner politischen Autorität, wie das Scheitern der Vetoversuche Friedrichs III. deutlich machte. Mit anderen Worten: Während es umstritten war, ob dem Kaiser ein Vetorecht zustand, bedingte es die Konstruktion der Verfassung, dass er ein solches jederzeit ausüben konnte.

Bismarck erklärte das im Februar 1881 im Reichstag. Im Rahmen einer Debatte über die Verantwortlichkeit des Kanzlers berichtete er von einem Gespräch, das er während der Verfassungsverhandlungen in Versailles mit dem damaligen Präsidenten des Bundesoberhandelsgerichtes Heinrich Eduard von Pape, einem „sehr scharfen Juristen", geführt habe. Dieser habe ihm gesagt: „Der Kaiser hat kein Veto." Darauf habe er ihm erwidert: „Verfassungsmäßig hat er es nicht, aber denken Sie sich den Fall, daß dem Kaiser eine Maßregel zugemutet wird, die er nicht glaubt erfüllen zu können, oder eine solche, die er glaubt erfüllen zu können, sein zeitiger Kanzler warnt ihn aber und sagt: hierzu kann ich nicht raten, das kontrasigniere ich nicht. Gut nun, ist der Kaiser denn dann in diesem Falle verpflichtet, einen anderen Kanzler zu suchen, seinen Widerstreber zu entlassen? Ist er verpflichtet, einen jeden zum Kanzler zu nehmen, der ihm etwa von anderer Seite vorgeschlagen wird? Wird er sich den zweiten, dritten suchen, die beide sagen: die Verantwortlichkeit hierfür, für diesen Gesetzentwurf können wir nicht durch die Vorlage im Reichstag übernehmen?" Nach diesen Ausführungen habe Pape sofort zugegeben: „Sie haben recht, der Kaiser hat ein indirektes und faktisches Veto."[66]

Ein Test unter gewöhnlichen Bedingungen blieb allerdings aus. Das Aufbäumen des todgeweihten Friedrichs gegen das Gesetz zur Verlängerung der Sitzungsperiode des Reichstages blieb das einzige Mal, dass ein Kaiser die Ausfertigung eines Gesetzes verweigerte. Genau wie bei der Übermittlung von Bundesratsvorlagen an den Reichstag hieß dieser Mangel an tatsächlichen Einsprüchen aber nicht, dass das vermeintliche Vetorecht des Kaisers politisch irrelevant war. Im Gegenteil: Schon allein die Möglichkeit, dass er ein Gesetz blockieren konnte, musste das Verhalten der verschiedenen Akteure, die im Bundesrat, dem Reichstag und den Reichsämtern an der Gesetzgebung mitwirkten, verändern. Das galt besonders unter Wilhelm II., da seine sporadischen und komplett unberechenbaren Eingriffe in den politischen Entscheidungsprozess ein Veto jederzeit möglich erscheinen ließen. Wie zahlreiche namhafte Historiker gezeigt haben, gab es viele wichtige Gesetzgebungsprojekte, bei denen die Beteiligten ihre Vorstellungen, Ziele und Forderungen in Erwartung einer ablehnenden Reaktion Wilhelms von vorneherein entsprechend anpassten. Der Kaiser setzte mithin die Grenzen, die bestimmten, was man ihm überhaupt vorlegen konnte und was damit politisch möglich war. In diesem Sinne hat John Röhl von einem „negativen persönlichen Regiment" gesprochen. Einigen Beispielen dafür werden wir im übernächsten Kapitel begegnen, wenn wir uns mit der schrittweise wichtiger werdenden Rolle des Reichstages und dessen Beziehungen zu den anderen Regierungsorganen beschäftigen werden.[67]

Angesichts der großen Ambitionen Wilhelms und seines Anspruches, selbst zu regieren, überrascht es, dass ausgerechnet er bei seinem Amtsantritt durch einen Akt der Selbstbeschränkung darauf verzichtete, auf dem kaiserlichen Vetorecht zu bestehen. In der Thronrede, die er vor den regierenden Fürsten der Einzelstaaten und den Abgeordneten des Reichstages im Weißen Saal des Berliner Schlosses hielt, folgte er Bismarcks Vorgaben und versuchte, die Wogen zu glätten, die das Verhalten seines verstorbenen Vaters aufgeworfen hatte. Seine Ansprache hatte im Vergleich zu den Antrittserklärungen seiner beiden Vorgänger viel mehr den Charakter eines Verfassungsgelöbnisses. Offiziell gab es einen solchen Schwur im Reich anders als in Preußen nicht. Trotzdem betonte Wilhelm in aller Deutlichkeit, dass die Verfassung von 1871 „das oberste [der Reichs-] Gesetze" sei und dass es deshalb „zu den vornehmsten Rechten und Pflichten des Kaisers" gehöre, „sie zu wahren und zu schirmen, in allen Rechten, die sie den beiden gesetzgebenden Körpern der Nation und jedem Deutschen, aber auch in denen, welchen sie dem Kaiser und jedem der verbündeten Staaten und deren Landesherren" verbürge. Dazu gehöre es auch, zu akzeptieren, dass er „an der Gesetzgebung des Reiches [...] nach der Verfassung mehr in [seiner] Eigenschaft als König von Preußen, wie in der des Deutschen Kaisers" mitwirke. Ob der jüngsten Aufregung um die Blockadehaltung seines Vaters war diese Erklärung des jungen Thronfolgers eine eindeutige Beteuerung, dass er in seinem Amt als Kaiser kein Vetorecht für sich reklamiere.[68]

Es ist vielsagend, dass Bismarck und Wilhelm eine solche Klarstellung für notwendig erachteten. Einerseits zeigt diese Tatsache, dass die Führungsriege des Reiches ein kaiserliches Veto nach den strukturellen Verschiebungen, die die Verfassung in den letzten zwei Jahrzehnten durchgemacht hatte, für absolut möglich hielt. Andererseits bezeugt die Thronrede aber auch, dass sowohl der neue Kaiser als auch der alte Kanzler es in der aufgeregten Atmosphäre des Dreikaiserjahres als problematisch ansahen, auf einem solchen Vetorecht mit Nachdruck zu bestehen. Das spricht gegen die Vorstellung, dass Wilhelm im Streben nach einem persönlichen Regiment jede sich bietende Gelegenheit nutzte, um seine Macht auszubauen – zumindest solange, wie Bismarck im Amt war. Der Kanzler hatte ohnehin kein Interesse daran, dem jungen Kaiser ein so mächtiges Instrument bedingungslos an die Hand zu geben und ihn dadurch noch unberechenbarer zu machen, als er sowieso schon war.

Die vermeintliche Verzichtserklärung Wilhelms war aber letztlich nicht mehr als ein politisches Signal, das der Beruhigung der Verhältnisse dienen sollte und an der eigentlichen strukturellen Entwicklung, die das Kaiseramt in der Legislative seit der Reichsgründung genommen hatte, nichts änderte. Der Kaiser war im Laufe der 1870er- und 1880er-Jahre in der Gesetzgebung nahe an die Stellung eines Reichsmonarchen herangerückt. Die Herausbildung der ihm unterstehenden obersten Reichsverwaltung und die – wenn auch wenigen – Präzedenzfälle hatten angesichts der Offenheit der Verfassung dafür gesorgt, dass sich in seinem Amt genau die Rechte manifestierten, die typischerweise einem monarchischen Souverän im legislativen Prozess zustanden: das an die Regierungsgewalt gebundene Initiativrecht und verschiedene Formen des Vetorechts, die teilweise eng mit der Sanktionsgewalt verknüpft waren. Auch ohne Reichskrone war der Kaiser also zum Alpha und Omega des Gesetzgebungsverfahrens geworden. Ob erfolgreich oder nicht, der Versuch Wilhelms II., ein persönliches Regiment zu errichten, hatte mit dieser Machterweiterung des Kaiseramtes, die vor seiner Thronbesteigung bereits abgeschlossen war, nichts zu tun. Die Ursachen dafür lagen tiefer und hatten vor allem mit der unitarischen Ausformung der nur rudimentär definierten Verfassungsverhältnisse zu tun. Dieser Strukturwandel bedeutete aber, dass Wilhelm kraft seines Amtes einen viel größeren Einfluss auf die Gesetzgebung ausüben konnte, sprich: eine viel größere Machtbasis zur Verfügung hatte, um selbst zu regieren, als es selbst die eifrigsten Befürworter der These vom persönlichen Regiment bisher angenommen haben.

## V. Der Herr über die Vollzugsgewalt

Auch in der Exekutive veränderte sich der Machtbereich des Kaiseramtes im Zuge der Unitarisierung der bundesstaatlichen Ordnung erheblich. Die Verfassung gab dem Kaiser zwar umfangreiche Rechte im Bereich der Vollzugsgewalt. Sie erklärte ihn aber nicht zu deren alleinigem Träger, wie wir oben gesehen haben. Auch dem Bundesrat standen einige wichtige exekutive Befugnisse zu. Gemäß der Vorstellung vom Reich als Fürstenbund galt das Kollektivorgan der einzelstaatlichen Souveräne offiziell sogar als das eigentliche Regierungsorgan des Reiches. Die Verfassung grenzte allerdings die exekutiven Zuständigkeiten des Bundesrats und des Kaisers nur sehr undeutlich voneinander ab. Infolgedessen verschob die Herausbildung des reichseigenen Ministerialapparates den Schwerpunkt der Exekutive immer weiter vom Bundesrat zum Kaiser. Als Chef der obersten Reichsverwaltung, der sowohl den Kanzler als auch die Staatssekretäre ernannte, ging praktisch die gesamte Vollzugsgewalt des Bundes auf ihn über. Ein paar Jahre nach der Jahrhundertwende konstatierte Conrad Bornhak in seinem *Grundriß des deutschen Staatsrechts*: „Während die Regierungsbefugnisse des Bundesrates ein für alle mal festliegen, sind die des Kaisers in stetig aufstrebender Entwicklung begriffen. Die Mannigfaltigkeit seiner Regierungsechte kapselt die bundesrätlichen allmählich ein und macht ihn zu einem wirklichen Reichsoberhaupte. [...] Die kaiserliche Regierung, die es ursprünglich neben der des Bundesrates nicht geben sollte, hat letztere längst überholt".[69]

Diese Verlagerung der Vollzugsgewalt äußerte sich nicht in dramatischen Präzedenzfällen, sondern in subtilen strukturellen Verschiebungen. Eine der Wichtigsten war ein von außen anfänglich kaum zu bemerkender Absorptionsprozess, durch den die Reichsleitung mit der Zeit immer stärker in die Funktionen des Bundesrates eingriff. Ab Mitte der 1870er-Jahre machte der Kaiser in seiner Eigenschaft als König von Preußen leitende Beamte aus den Reichsämtern routinemäßig zu preußischen Bundesratsbevollmächtigten. Dieser Kniff gab den Vertretern der Reichsleitung die Möglichkeit, in den Ausschüssen der Länderkammer mit den Regierungsvertretern der Einzelstaaten zu verhandeln, im Plenum Mehrheiten zu organisieren und im Reichstag auf der Bundesratsbank Platz zu nehmen. Die kaiserliche Regierung nutzte also die doppelte Identität des Kaiser-Königs, um den Bundesrat über die preußische Delegation zu infiltrieren und seine Unabhängigkeit dadurch gewissermaßen von innen heraus zu untergraben. Dadurch gewann die Reichsleitung immer mehr Kontrolle über das eigentliche Zentralorgan der Verfassung. Spätestens in den 1890er-Jahren hatte sie den Bundesrat zu einem Satellitenorgan gemacht. Das nächste Kapitel wird diesen Übernahmeprozess in aller Ausführlichkeit schildern. Vorerst genügt es, darauf hinzuweisen, wie eng der Übergriff der kaiserlichen auf die bundesrätliche Machtsphäre mit der Entstehung der Reichsämter zusammenhing. Da die Verfassung keinen Ministerialapparat des Reiches vorsah, waren die Vertreter der obersten Reichsverwaltung kraft ihres Amtes nicht befugt, ihre Projekte im Bundesrat und im Reichstag zu vertreten. Dieses Recht konnten sie nur als Bundesratsbevollmächtigte eines Einzelstaates gewinnen. Das galt selbst für den Kanzler. Wenn er im Reichstag sprach, tat er das formell gesehen als Mitglied der preußischen Bundesratsdelegation. Sollte die schrittweise entstehende Reichsregierung ihre Aufgaben erfüllen, war es deshalb strukturell unausweichlich, dass das Kaiseramt den Bundesrat in seinen eigenen Wirkungskreis hineinzog.[70]

Auf direktere Art und Weise manifestierte sich die Ausdehnung der Vollzugsgewalt des Kaisers auf Kosten des Bundesrates in der legislativen Erweiterung seiner Rechte. Besonders deutlich war diese Verschiebung in der Entwicklung des Verordnungsrechts. Laut der Verfassung hatte der Kaiser nur in bestimmten Militär-, Marine-, Post-, Telegrafen-, Konsulats- und Eisenbahnangelegenheiten das Recht, Verwaltungsvorschriften, reglementarische Festsetzungen und andere Vorgaben zur genauen Ausführung der Reichsgesetze zu erlassen. In allen anderen Regierungsfeldern musste er im Rahmen eines Gesetzes ausdrücklich dazu ermächtigt werden. Das allgemeine Verordnungsrecht lag dagegen, wie bereits erwähnt, beim Bundesrat. Wenn ein Gesetz nicht regelte, wer die mit ihm zusammenhängenden Verordnungen zu erlassen hatte, war somit automatisch der Bundesrat zuständig. Da er es war, der den kollektiven Souverän des Reiches verkörperte, designierte die Verfassung ihn also zu einer Art Lager, in der in Zukunft alle nicht genauer spezifizierten Vollzugsbefugnisse deponiert werden sollten.[71]

Diese Bestimmung wurde aber weitgehend ignoriert. Im Jahrzehnt nach der Reichsgründung trat eine lange Reihe an Gesetzen in Kraft, die die rechtliche, wirtschaftliche und soziale Integration des jungen Bundesstaates regelten und dabei die Reichsgewalt schrittweise ausbauten, wie wir im übernächsten Kapitel sehen werden. Die allermeisten dieser Gesetze übertrugen die durch sie begründeten Verordnungsrechte auf den Kaiser als Oberhaupt der sich schrittweise ausformenden obersten Reichsverwaltung. In seiner Studie zur Weiterentwicklung der Verfassung in den ersten zehn Jahren nach ihrem Inkrafttreten unterschied Albert Hänel zwischen vier verschiedenen Gruppen an „Verordnungen des Kaisers kraft besonderer gesetzlicher Ermächtigung". Eine relativ große Anzahl an Gesetzen übertrug dem Kaiser Verordnungsbefugnisse, ohne diese an die Beteiligung eines anderen Verfassungsorganes zu binden. Die meisten dieser Gesetze betrafen Gebiete, die ohnehin zu weiten Teilen in der Verantwortung des Kaisers beziehungsweise des Bundesfeldherrn lagen, allen voran die Reichs- und die Militärverwaltung. Es handelte sich in diesen Fällen also um analoge Erweiterungen der bereits bestehenden Zuständigkeiten des Kaiseramtes.

Am häufigsten übertrugen Gesetze dem Kaiser jedoch das Verordnungsrecht unter der Bedingung, dass der Bundesrat seinen vorgeschlagenen Maßnahmen zustimmen musste. Diese Regelung fand quer durch alle Regierungsfelder Anwendung. Besonders bemerkenswert ist das Einführungsgesetz zum Gerichtsverfassungsgesetz von 1877, das dem Kaiser umfangreiche Verordnungsbefugnisse zur Organisation und Regelung der Zuständigkeiten des gleichzeitig geschaffenen Reichsgerichtes in die Hand legte. Eine kleine Gruppe von Gesetzen verpflichtete den Kaiser, nicht nur die Zustimmung des Bundesrates zu suchen, sondern sich bereits bei der Erstellung der betreffenden Verordnungen mit der Länderkammer zu beraten. Das betraf vor allem die Regelung von technischen Fragen in sehr komplexen wirtschaftlichen Verwaltungsgebieten, wie dem Kautions- oder dem Bankwesen.

In den seltensten Fällen machten Gesetze kaiserliche Verordnungen zusätzlich von einer Einwirkung des Reichstages abhängig. Dazu kam es in der ersten Dekade des Reiches insgesamt nur drei Mal. 1877 bestimmte das Einführungsgesetz zur Zivilprozessordnung, dass der Kaiser eine nachträgliche Genehmigung beim Parlament für Verordnungen einholen musste, die die Revisionsfähigkeit von gewissen Rechtsverletzungen betrafen. Zwei Jahre später trafen das Gesetz zum Verkehr mit Nahrungsmitteln und das Zolltarifgesetz die gleiche Regelung für kaiserliche Notverordnungen zum Schutz der öffentlichen Gesundheit respektive des Zollgebietes.[72]

In all jenen Feldern, in denen die Verfassung dem Kaiser eigentlich keinen Einfluss gewährte und um die sein Zuständigkeitsbereich nach der Reichsgründung erweitert wurde, band die Gesetzgebung seine Verordnungsbefugnisse also an das Einverständnis des Bundesrates und gelegentlich auch noch des Reichstages. Es war daher nicht so, dass das Verordnungsrecht bedingungslos an den Kaiser überging. Trotzdem verschoben sich die Kräfteverhältnisse entscheidend. Der Kaiser wurde zum Generator von Verordnungen befördert, der Bundesrat zu einer Kontrollinstanz herabgestuft. Besonders deutlich wurde das auch in einem Spezialfall. 1873 übertrug das Gesetz über die Einführung der Reichsverfassung in Elsass-Lothringen dem Kaiser dort ein allgemeines Verordnungsrecht, wie es sonst nur Landesherren zustand. Dem Bundesrat stand derweil nur ein Zustimmungsrecht zu. Über die spezielle Stellung, die der Kaiser dadurch im Reichsland einnahm, und deren Einfluss auf das Verfassungsgefüge als Ganzes werden wir im letzten Kapitel dieses Buches Genaueres erfahren.[73]

Der Hauptgrund, warum die Gesetzgebung regelmäßig Verordnungsrechte an den Kaiser statt an den Bundesrat verlieh, war pragmatischer Natur. Verordnungen sollen dem Staat ermöglichen, rasch auf Probleme bei der Ausführung von Gesetzen, im Ablauf von Verwaltungsprozessen oder der Umsetzung anderer Reglementarien zu reagieren. Es war daher nur logisch, dem Kaiser neu geschaffene Verordnungsbefugnisse zu übertragen, weil er im Gegensatz zum

Bundesrat in der Lage war, ohne langwierige Abstimmungsprozesse unverzüglich Entscheidungen zu treffen und konkrete Handlungen vorzunehmen. Diese Praxis war allerdings auch äußerst problematisch, wie zum Beispiel Albert Hänel kritisierte. Denn den Kaiser routinemäßig per Gesetz zum Erzeuger von Verordnungen zu erklären, bedeutete eine „Durchkreuzung der konstitutionellen Verantwortlichkeits-Verhältnisse". Die Gesetzgebung verlagerte ein zentrales exekutives Recht vom Bundesrat auf das Kaiseramt. Gleichzeitig verwischte die Masse an neuen Befugnissen, die dabei geschaffen wurden, den Unterschied zwischen der allgemeinen Gesetzgebungskompetenz und dem Verordnungsrecht. Mit anderen Worten: Die zahllosen Verordnungsbefugnisse, die dem Kaiser bereits innerhalb des ersten Jahrzehnts nach der Reichsgründung verliehen wurden, machten ihn beziehungsweise die kaiserliche Regierung um den Kanzler, die diese Befugnisse in der Praxis ausübte, neben den eigentlichen gesetzgebenden Körperschaften – dem Bundesrat und dem Reichstag – zu einer Art Ersatz-Gesetzgeber.[74]

Diese Entwicklung erweiterte den Einflussbereich des Kaisers erheblich. Durch die ihm übertragenen Verordnungsbefugnisse erhielt er die Möglichkeit, in so gut wie alle Regierungsfelder eingreifen zu können, die sich das Reich im Laufe der Jahre erschloss. Bei solchen Interventionen war seine Position nahezu unangreifbar. Da das Recht, alle legislativen und exekutiven Maßnahmen des Reiches auszufertigen und zu verkünden, ebenfalls bei ihm lag, waren alle Verordnungen, die er erließ, de facto automatisch rechtsgültig. Die Zustimmungspflicht des Bundesrates war kein wirkliches Hindernis, da hier Preußen von Haus aus dominierte und die Reichsleitung ab Mitte der 1870er-Jahre zusehends die Kontrolle übernahm. Allerdings waren alle Verordnungsbefugnisse des Kaisers, die per Gesetz geschaffen wurden, delegierte Rechte. Der Bundesrat und der Reichstag konnten sie ihm also durch Änderung der entsprechenden Gesetze jederzeit entziehen und einem anderen Verfassungsorgan übertragen oder ganz abschaffen. Zu einer solchen Rücknahme eines Verordnungsrechts kam es aber trotz der zahlreichen Konflikte zwischen Reichsleitung und Reichstag, besonders in der Wilhelminischen Ära, kein einziges Mal. Man kann diesen Kontrollmangel auf zwei verschiedene Weisen interpretieren. Einerseits kann man ihn als einen indirekten Beweis dafür sehen, wie einflussreich der Kaiser aufgrund der oben beschriebenen Ausdehnung seiner legislativen Rechte im Gesetzgebungsverfahren geworden war. Alles, was drohte, seine Macht zu beschneiden, konnte mit Verweis auf eine mögliche Weigerung, die entsprechenden Maßnahmen in den Bundesrat einzubringen, an den Reichstag zu übermitteln oder im Gesetzblatt zu veröffentlichen, schon im Ansatz leicht verhindert werden. Andererseits mag man das Fehlen jeglicher Auflehnung gegen die Verordnungsbefugnisse des

Kaisers auch dahingehend deuten, dass die jeweiligen Amtsinhaber diese weitgehend mit Zurückhaltung und im Einverständnis mit den anderen Regierungsorganen ausübten.[75]

Egal, für welche Sichtweise man sich entscheidet: Die Tatsache, dass der Kaiser schon im ersten Jahrzehnt nach der Reichsgründung zum eigentlichen Träger des Verordnungsrechts wurde und so den wichtigsten Anteil des Bundesrates an der Vollzugsgewalt übernahm, verändert unseren Blick auf das höchste Staatsamt. Das gilt gerade für die umstrittene Regentschaft Wilhelms II. Genau wie in der Legislative existierte auch in der Exekutive eine viel breitere Machtbasis für die Errichtung und Ausübung eines persönlichen Regiments als bisher angenommen wurde. Als Wilhelm 1888 den Thron bestieg, hatte das Kaiseramt durch die legislative Übertragung von Verordnungsbefugnissen bereits Einflussmöglichkeiten quer durch alle Regierungsfelder gewonnen. Wilhelm selbst hatte mit dieser Entwicklung, die vor allem aus strukturellen Gründen praktisch im Schlepptau der Entstehung der obersten Reichsverwaltung weit vor seiner Amtszeit einsetzte, nichts zu tun. Ob und, wenn ja, wie er diese erweiterte Machtbasis nutzte, ist eine andere Frage, die Historiker im Rahmen der Debatte um das persönliche Regiment erst noch untersuchen müssen.

Dabei gilt es, zu berücksichtigen, dass die Gesetzgebung im Zuge der fortschreitenden Unitarisierung des Regierungssystems den Machtbereich des Kaisers außer im Verordnungsrecht auch in anderen Sphären der Exekutive erweiterte. Die Befugnisse, die das Kaiseramt dadurch hinzugewann, wurden ihm allerdings oft nicht ohne weitere Bedingungen übertragen. Genau wie beim Verordnungsrecht waren viele dieser Befugnisse an die Zustimmung des Bundesrates oder des Reichstages gebunden. Tatsächlich kann man beobachten, dass derartige Beschränkungen im Laufe der Zeit zunahmen. Nach Bismarcks Rücktritt lag das zumindest teilweise an den Versuchen Wilhelms II., sich in den politischen Prozess einzumischen. Das wird besonders deutlich, wenn man die Entwicklung im Bereich der unstrittig wichtigsten Befugnis betrachtet, die dem Kaiser zur Errichtung eines persönlichen Regimentes zur Verfügung stand: die Personalgewalt.

Die Verfassung übertrug ihm diese Schlüsselbefugnis ohne große Beschränkungen. Die Ernennung und Entlassung des wichtigsten Reichsbeamten, nämlich des Kanzlers, war an keinerlei Zustimmungserfordernisse gebunden. Bezüglich anderer Stellen machte die Verfassung zwar vereinzelte Auflagen, die er zu beachten hatte. Die jeweiligen Vorschriften limitierten seine Entscheidungsfreiheit aber nicht erheblich. So musste er zum Beispiel zur Ernennung der Konsuln des Reiches und der Kontrolleure der Zoll- und Steuerämter vorher die Meinung der Bundesratsausschüsse für Handel und Verkehr beziehungsweise für

Zoll- und Steuerwesen einholen. Deren Empfehlungen waren für ihn allerdings nicht bindend. Er konnte sie einfach ignorieren.[76]

Gemäß dieser verfassungsrechtlichen Garantie der Personalgewalt legte die Gesetzgebung im Rahmen der Errichtung neuer Reichsbehörden und anderer Institutionen, die durch die Zentralisierung des Reiches notwendig geworden waren, die Ernennung von deren leitenden Mitarbeitern routinemäßig in die Hände des Kaisers. Wenn man diesen Prozess näher betrachtet, stellt man allerdings fest, dass sich seine Personalgewalt zwar quantitativ auf andere Felder ausdehnte, qualitativ jedoch zusehends beschränkt wurde. Nur die Ernennung der Staatssekretäre der neu geschaffenen Reichsämter konnte er komplett unabhängig vornehmen. Das war eine rechtliche Notwendigkeit, weil diese Chefs der einzelnen Verwaltungszweige des Bundes seit dem Stellvertretergesetz von 1878 als Vertreter des Kanzlers und damit praktisch als verantwortliche Minister fungierten. Sie übernahmen somit in ihren jeweiligen Ressorts die Verantwortlichkeit für die Handlungen des Kaisers durch Gegenzeichnung.

Die meisten anderen Befugnisse zur Ernennung von wichtigen Funktionsträgern, deren Stellen neu geschaffen wurden, waren dagegen an bestimmte Bedingungen geknüpft, die die Personalgewalt des Kaisers viel stärker beschränkten als es die Verfassung tat. Um die Jahrhundertwende wiesen die beiden süddeutschen Staatsrechtler Hermann Rehm und Heinrich Triepel in ihren jeweiligen Untersuchungen über Unitarismus und Föderalismus im Deutschen Reich erstmals darauf hin, dass die große Mehrheit der im Zusammenhang mit dem Ausbau des Reichsapparates verabschiedeten Gesetze den Kaiser relativ eng an den Bundesrat band. Die meisten verpflichteten ihn, Stellenbesetzungen aus einem Kreis von Kandidaten vorzunehmen, die vom Bundesrat beziehungsweise dessen zuständigen Ausschüssen nominiert wurden. Ab 1877 war das zum Beispiel der Fall für die ständigen Mitglieder des Reichspatentamtes, den Präsidenten, die Senatspräsidenten und Räte des Reichsgerichts und den Ober-Reichsanwalt sowie die Reichsanwälte.[77]

In einem Aufsatz über *Ungeschriebenes Verfassungsrecht im monarchischen Bundesstaat* erklärte der renommierte Staats- und Kirchenrechtler Rudolf Smend diese Beschränkung der kaiserlichen Ernennungsrechte noch 1916 mit Verweis auf den Fürstenbund. Es sei ein ungeschriebenes Gesetz eines solchen Bündnisses, dass die monarchischen Souveräne der Einzelstaaten über ihr Vertretungsorgan – also den Bundesrat – an der Auswahl hoher exekutiver Entscheidungsträger beteiligt würden. Diese Begründung mag vielleicht für die Zeit bis 1890 gegolten haben, legte Bismarck doch trotz oder gerade wegen der offensichtlichen Unitarisierung der Verfassungsverhältnisse großen Wert darauf, den Anschein eines Fürstenbundes zu wahren, um die Ansprüche des Reichstages klein zu halten. Für die Wilhelminische Epoche kann man Smends Erklärung aber kaum bemühen. Dafür distanzierte sich die Reichsleitung, indem sie die Entstehung einer von Preußen unabhängigen Reichsregierung und andere wichtige Strukturveränderungen unumwunden anerkannte, viel zu weit von den fürstenbündischen Wurzeln der Verfassung.[78]

Die Entwicklung in den 1890er-Jahren suggeriert vielmehr, dass bei der zunehmenden Beschränkung neuer kaiserlicher Ernennungsrechte die Person Wilhelms II. eine entscheidende Rolle spielte. 1896 wurde das Vorrecht des Kaisers zur Besetzung von leitenden Stellen erstmals auf eine rein formelle Befugnis zurückgestutzt. Das Börsengesetz dieses Jahres überließ die Wahl der Mitglieder des neu eingerichteten Börsenausschusses, der als Sachverständigenrat die Reichsorgane bei der Regulierung des Wertpapiermarktes zu beraten hatte, ganz dem Bundesrat. Dem Kaiser blieb keine andere Aufgabe, als die gewählten Kandidaten in ihr Amt einzusetzen. Das war eine völlig neue Dimension der Beschränkung der kaiserlichen Personalgewalt. Ein Jahr später kam es zu einem ähnlichen Fall, bei dem es allerdings nicht um die Besetzung, sondern um die Regulierung einer bestimmten Funktion ging. Der Gesetzesentwurf der Reichsleitung zum Auswanderungswesen sah vor, dass jeder, der „die Beförderung von Auswanderern nach außerdeutschen Ländern betreiben" wollte, dazu eine Erlaubnis brauchte. Über deren Erteilung oder Versagung sollte der Reichskanzler im Namen des Kaisers entscheiden. Der Reichstag amendierte die Vorlage dahingehend, dass der Reichskanzler dabei an die Zustimmung des Bundesrates gebunden sein sollte. Das Parlament machte also eine unter den weiten Schirm der Personalgewalt des Kaisers fallende Befugnis, die eigentlich keiner Beschränkung unterliegen sollte, abhängig von der Genehmigung eines dritten Verfassungsorgans.[79]

Diese beiden empfindlichen Beschränkungen von neuen Ernennungsrechten des Kaisers dienten offensichtlich dazu, den Machtansprüchen Wilhelms II. entgegenzuwirken. Sowohl das Börsen- als auch das Auswanderungsgesetz fielen genau in die Phase, die viele Historiker als den „Übergang" von einem „improvisierten" zu einem „institutionalisierten persönlichen Regiment'" beschrieben haben. Dem greisen Kanzler Chlodwig zu Hohenlohe-Schillingsfürst fehlte das Durchsetzungsvermögen, um den Ambitionen Wilhelms viel entgegenzusetzen. Der starke Mann in der Regierung war spätestens ab 1897 Außenminister Bernhard von Bülow, der Hohenlohe-Schillingsfürst schließlich drei Jahre später im Kanzleramt auch ablöste. Wie vor allem Katharine Lerman gezeigt hat, agierte Bülow oft als eine Art „Höfling" oder „Erfüllungsgehilfe" des Kaisers. Die Jahre bis zur *Daily-Telegraph*-Affäre von 1908, in der der Kaiser nach einem unbedachten Interview mit der gleichnamigen englischen Zeitung über die außenpolitische Interessenslage Deutschlands ins Kreuzfeuer der Kritik geriet, gelten allgemein als Höhepunkt von Wilhelms vermeintlichem persönlichen Regiment. Genau vor diesem Hintergrund sind die ungewöhnlichen Eingriffe zu sehen, die das Börsen- und das Auswanderungsgesetz in die Personalgewalt des Kaisers vornahmen.

Die Parteien im Reichstag, aber auch die Regierungen der Einzelstaaten im Bundesrat, ja selbst weite Teile der Führungsebene in der Reichsverwaltung begannen in der zweiten Hälfte der 1890er-Jahre, das Vertrauen in die relative Unabhängigkeit des Kanzlers gegenüber dem Kaiser zu verlieren. Der Versuch, die kaiserliche Personalgewalt zu beschränken, sie zumindest nicht weiter auszubauen, ist als Teil der langen Reihe von Bemühungen dieser verschiedenen Machtzentren der Regierungsordnung zu verstehen, den störenden Einfluss Wilhelms auf das politische System zu minimieren und seinem Anspruch auf Selbstregierung Einhalt zu gebieten. So betonte Hermann Rehm 1898 in seinen Beobachtungen zum Zustand der Verfassung: „Es ist nicht zu viel behauptet, wenn wir die Vermutung aussprechen, daß die Überzeugung von der bestimmenden Kraft der Persönlichkeit des jetzigen Kaisers nicht der letzte Grund dafür war, daß der Reichstag [...] die Verwaltungsthätigkeit des Kanzlers durch die Zustimmungsbefugnis des Bundesrates beschränkt wissen wollte", da das „Vertrauen [der Parteien] in die Selbständigkeit des Reichskanzlers gegenüber dem Kaiser ins Wanken geriet".[80]

In gewisser Hinsicht scheint die legislative Weiterentwicklung der kaiserlichen Personalgewalt die These vom persönlichen Regiment also zu stützen. Andererseits widerspricht sie aber auch dem Argument, dass Wilhelm auf dem Höhepunkt seines Einflusses das ganze Regierungssystem wie einen Spielball in der Hand gehabt habe. Abgesehen von den Ernennungsrechten gab es keine anderen Befugnisse des Kaiseramtes, deren Entwicklung erwähnenswert mit dem Verhalten Wilhelms in Verbindung gestanden hätte. Und in eben jenem einen Feld hatte Wilhelm einen eher negativen Einfluss auf die Entfaltung seines Machtbereichs. Seine Versuche, sich in das Regierungsgeschehen einzumischen, führten nämlich nicht dazu, dass seine verfassungsmäßig garantierte Personalgewalt sich ungeschmälert auf neue Gebiete der Reichkompetenz ausdehnte, sondern dazu, dass ihr dort im Rahmen der relevanten Gesetzgebung enge Grenzen gesetzt wurden. Die Entwicklung der kaiserlichen Personalgewalt liefert also keinen eindeutigen Beleg für oder wider die Existenz eines persönlichen Regimentes. Was sie allerdings ganz klar zeigt, ist, wie wichtig es für die historiografische Debatte über diese Streitfrage ist, dem strukturellen Wandel des Amtes, das Wilhelm ausfüllte, bei der Einordnung seines Verhaltens mehr Beachtung zu schenken.

Im Bereich der Vollzugsgewalt steigerte dieser Wandel die ohnehin auf Grundlage seiner verfassungsmäßig garantierten Vorrechte in Außenpolitik und Militär große Macht des Kaisers weiter. Die Unitarisierung der Verfassungsverhältnisse machte ihn zum alleinigen Herrn über die Exekutive. Auf Kosten des Bundesrates sammelte sich mehr oder weniger die gesamte ausführende Gewalt in seinem Amt. Deren Ausübung überließ er dann zum großen Teil seinem einzigen verantwortlichen Minister, dem Reichskanzler, und dessen Stellvertretern, den Staatssekretären der Reichsämter. Bereits Mitte der 1890er-Jahre war diese Verlagerung des Zentrums der Exekutive weg vom Bundesrat und hin zum Kaiser beziehungsweise der kaiserlichen Regierung, die um den Kanzler herum entstanden war, weitgehend abgeschlossen. Die strukturellen Probleme, die diese Entwicklung für das Gesamtgefüge der Verfassung mit sich brachte und die wir in den folgenden Kapiteln näher beleuchten werden, plagten das Reich, bis es unter dem Druck der Niederlage im Ersten Weltkrieg schließlich kollabierte. In der zweiten Auflage seiner Studie über *Das Staatsrecht des Deutschen Reiches* sprach Philipp Zorn 1895 ahnungsvoll von einem „bedenklichen Dilemma": „Der Bundesrat, das [eigentliche] Regierungskollegium des Reiches, hat keinerlei Exekutive [Vollzugsgewalt]; die gesamte Exekutive [Vollzugsgewalt] ist thatsächlich konzentriert in dem vom Kaiser, dem [eigentlich] nur einzelne Regierungsrechte, nicht die Regierung als solche zusteht, ernannten Reichskanzler, der die konstitutionelle Verantwortung nur für die kaiserlichen, nicht für die Regierungsakte des Bundesrates trägt."[81]

Es ist allerdings wichtig, die Perspektive nicht zu verlieren. Auch wenn die Vollzugsgewalt weitgehend auf den Kaiser überging, war seine Macht über die Exekutive alles andere als grenzenlos. Seine dortigen Befugnisse waren zwar rechtlich wenig limitiert, unterlagen aber vielerlei praktischen Beschränkungen, die sich aus dem Gesamtgefüge der Verfassung und deren unitarischer Entwicklung ergaben. Am wichtigsten war sicherlich die Rücksicht, die der Kaiser beziehungsweise seine Regierung bei der Ausübung seiner Rechte gegenüber dem Reichstag üben musste. Das Gesetzgebungsverfahren und das Budgetrecht, das durch den stetigen Anstieg des Reichshaushaltes für die Gestaltung der Politik immer wichtiger wurde, machten aus dem Parlament einen Machtfaktor, an dem die Reichsleitung nicht einfach vorbeiregieren konnte. So war der Kaiser selbst in seinem ureigenen und vermeintlich wichtigsten exekutiven Recht, den Kanzler zu ernennen, keinesfalls so frei, wie es die Verfassung vermuten ließ. Da der Kanzler wohl oder übel mit dem Reichstag kooperieren musste, um Gesetzgebungsvorhaben und andere Projekte realisieren zu können, musste der Kaiser bei dessen Ernennung zwangsläufig die parlamentarischen Mehrheitsverhältnisse berücksichtigen. Im Laufe der nächsten Kapitel werden wir immer wieder solchen realen Einschränkungen begegnen. In ihrer Gesamtheit begrenzten sie die Kontrolle des Kaisers über das Regierungssystem weitaus mehr, als es beim Blick auf die strukturelle Entwicklung seines Amtes zunächst erscheinen mag.

## VI. Die Monarchisierung des Kaiseramtes

Nach der Gründung des Reiches wandelte sich die Stellung des Kaisers im föderalen Verfassungsgefüge grundlegend. Aus dem *primus inter pares* der Reichsverfassung wurde praktisch ein Reichsmonarch. Zusätzlich zu den weitgefächerten Befugnissen, die die Verfassung von 1871 dem deutsch-preußischen Kaiser-König ohnehin garantierte, gewann das Kaiseramt alle wesentlichen Rechte hinzu, die im monarchischen Konstitutionalismus typischerweise einem souveränen Landesherren zustanden. Die gewohnheitsrechtliche Ausübung der Gesetzesinitiative und die Manifestation diverser Vetomöglichkeiten machten den Kaiser zu einem materiellen Faktor der Gesetzgebung. Gleichzeitig ging durch die Übertragung umfangreicher Verordnungsbefugnisse der Anteil des Bundesrates an der Vollzugsgewalt des Reiches faktisch auf den Kaiser über und festigte so seine Dominanz in der Exekutive. Wie Heinrich Triepel 1907 zusammenfasste, wurde das Kaiseramt durch eine fundamentale „Verschiebung", die in der Legislative und Exekutive des Reiches „zu Gunsten des unitarischen Elements [und] auf Kosten des föderalistischen Bundesrates" stattfanden, monarchisiert.[82]

Offiziell wurde der Kaiser nie zu einem Reichsmonarchen erklärt. Eine Verfassungsreform, die diesem in der Praxis entstandenen Status eine eindeutige Rechtsgrundlage gegeben hätte, zog die Reichsleitung zu keinem Zeitpunkt ernsthaft in Erwägung. Das hatte vor allem politische Gründe, die mit der Abwehr parlamentarischer Regierungsansprüche zu tun hatten, wie wir in den nächsten Kapiteln sehen werden. In der Verfassungspraxis rückte der Kaiser aber immer mehr an die Stellung eines Reichsmonarchen heran. Um das Ausmaß dieser Veränderung gegenüber der Gründungsphase des Reiches deutlich zu machen, bezog sich Triepel am Ende des ersten Jahrzehnts des neuen Jahrtausends auf eine Aussage, die der preußische Historiker Heinrich von Treitschke einen Monat vor der Proklamation in Versailles mit Blick auf die gerade abgeschlossenen Verhandlungen zur Einführung des Kaisertitels gemacht hatte: „Das Kaisertum, von dem Treitschke im Dezember 1870 sagte, es sei ‚vorderhand mehr ein Anspruch als eine Wirklichkeit', hat im Laufe eines Menschenalters den Weg zur Reichsmonarchie schon mehr als zur Hälfte zurückgelegt."[83]

Die allermeisten Verfassungsexperten stimmten in der Sache mit Triepel überein. Einzig Hugo Preuß, von dem im achten Kapitel noch ausführlicher die Rede sein wird, erklärte allerdings freiheraus, dass die Reichsmonarchie nicht nur eine politische, sondern auch eine staatsrechtliche Tatsache war. In seinem Habilitationsvortrag über „Die organische Bedeutung der Art. 15 und 17 der Reichsverfassung" sprach er ohne Umschweife davon, dass der Kaiser ein Veto bei der Gesetzgebung besitze und sich darin dessen monarchische Stellung als Reichsmonarch ausdrücke. Gut ein Jahrzehnt später legte er in einer Studie über das städtische Amtsrecht in Preußen nach. Im Rahmen eines Rundumschlags gegen die deutsche Staatsrechtswissenschaft, in der er immer ein Außenseiter blieb, erklärte er nachdrücklich, dass das Reich eine Monarchie und der Kaiser nicht nur ein mit einem glitzernden Titel ausgestatteter Bundesfürst, sondern ein Reichsmonarch sei. Die anderen Juristen der Reichstaatsrechtslehre forderte er auf, sich vor dieser „so naheliegenden Anerkennung des deutschen Kaisertums als Monarchie" nicht zu scheuen.[84]

Diese Aufforderung verhallte jedoch weitgehend ungehört. Aus verschiedenen dogmatischen Gründen, die mit der theoretischen Konstruktion des Bundesstaates zusammenhingen und die wir im achten Kapitel näher betrachten werden, waren die meisten Staatsrechtler im Vergleich zu Triepel und Preuß sehr viel vorsichtiger in den Formulierungen, die sie wählten, um die Monarchisierung des Kaiseramtes zu beschreiben. Einige sprachen davon, dass der Kaiser zur „Spitze des Reichs" wurde. Andere entwickelten ganz neue Bezeichnungen, um seine Stellung als Monarch ohne Krone zu erfassen, wie zum Beispiel „Reichsmitregent". Mit der Zeit setzte sich in der staatsrechtlichen Literatur aber der in den 1890er-Jahren erstmals aufgekommene Begriff „Reichsmonarch" durch, während der in der Bismarckzeit übliche Ausdruck „primus inter pares" so gut wie verschwand. Mit diesem sprachlichen Wechsel trugen die Rechtswissenschaftler ihren Teil zu dem von Elisabeth Fehrenbach beschriebenen unitarischen Wandel des Kaisergedankens bei.[85]

Die von ihnen analysierte Monarchisierung des Kaiseramtes hatte in erster Linie strukturelle Ursachen. Sie war Teil der unitarischen Neuordnung des organischen Verfassungsgefüges, die die kontinuierliche Zentralisierung staatlicher Kompetenzen auf der Reichsebene nach der Gründung des Bundes auslöste. Wie Paul Laband 1907 in einem Aufsatz über *Die geschichtliche Entwicklung der Reichsverfassung seit der Reichsgründung* schrieb, bedeutete „jede Steigerung der Reichsgewalt [...] eine Steigerung der kaiserlichen Machtstellung". Entscheidend dafür war die Herausbildung eines reichseigenen Ministerialapparates. Sie machte den Kaiser zum Oberhaupt einer von der Verfassung so nicht vorgesehenen Reichsregierung und gab ihm damit eine ganz neue Rolle im Zusammenspiel der verschiedenen Verfassungsorgane. Das politische Verhalten der einzelnen Kaiser hatte relativ wenig mit dem beschriebenen Wandel ihres Amtes zu tun. Insbesondere die in der Geschichtsschreibung so umstrittene Amtsführung Wilhelms II. war in dieser Hinsicht nahezu unbedeutend. Die Monarchisierung des Kaiseramtes vollzog sich größtenteils in den 1870er- und 1880er-Jahren und war somit zum Zeitpunkt seiner Thronbesteigung bereits weitgehend abgeschlossen.[86]

Das heißt aber nicht, dass die strukturelle Veränderung und die widerspruchsreiche Amtsausübung des letzten Kaisers keinen Einfluss aufeinander hatten. Ganz im Gegenteil. Einerseits entfalteten Wilhelms Autorität und seine immer wiederkehrenden Einmischungen in die Gestaltung der Reichspolitik erst das Potenzial, welches das Kaiseramt in den vorangegangenen zwei Jahrzehnten gewonnen hatte. Als ihnen diese kaiserlichen Interventionen zu viel wurden, begannen die anderen Mitspieler des Regierungssystems, Wilhelms Einflussbereich aktiv zu begrenzen, zum Beispiel durch die qualitative Einschränkung der Ernennungsrechte, die ihm kraft seines Amtes im Laufe der Expansion der Reichsinstitutionen zukamen. Seine Versuche, selbst zu regieren, waren also gewissermaßen ein Indikator, der die verdeckte Monarchisierung des Kaiseramtes sichtbar machte. Ob diese Versuche erfolgreich waren oder nicht, spielte dabei keine wesentliche Rolle.

Andererseits erweiterte die Monarchisierung seines Amtes den Rahmen für Wilhelms Herrschaft beträchtlich. Das hat erhebliche Folgen für unseren Blick auf seine Rolle im Regierungssystem. Da das Kaiseramt zum Zeitpunkt von Wilhelms Thronbesteigung sehr viel mächtiger war als gemeinhin angenommen, gilt es, die Debatte über das persönliche Regiment in einem anderen Licht weiterzuführen als bisher. Wilhelms Ambitionen, Ansprüche und Taten dürfen nicht länger an der Kapazität gemessen werden, die sein Amt unter der Verfassung von 1871 hatte. Vielmehr müssen Historiker seine diversen politischen Vorstöße und Eingriffe in laufende exekutive und legislative Entscheidungsprozesse vor dem Hintergrund des Zustandes bewerten, in dem sich die föderale Verfassungsordnung zum jeweiligen Zeitpunkt befand. Das kann nur gelingen, wenn die Debatte ihr Sichtfeld erweitert und den strukturellen Grundlagen, auf denen Wilhelm sein Amt ausübte, mehr Beachtung schenkt.

Im Rahmen dieser Studie können wir die Frage nach dem persönlichen Regiment offenlassen. Stattdessen werden wir uns im Folgenden damit beschäftigen, wie sich gewissermaßen im Gefolge des Kaisers auch die Rolle der anderen Verfassungsorgane durch die Zentralisierung des föderalen Regierungssystems änderte. Dabei werden wir sehen, dass nicht das Kaiseramt alleine, sondern das gesamte Verfassungsgefüge eine Monarchisierung durchlief. Der vorgebliche Fürstenbund entwickelte sich über die Jahre praktisch zu einer Reichsmonarchie. Die strukturellen Umwälzungen, die diese Wesensänderung des Bundes mit sich brachte, waren enorm. So wird das nächste Kapitel zeigen, wie der Bundesrat seine Stellung als eigentliches Zentrum der Verfassung verlor und zu einer Abstimmungsmaschine der Reichsleitung degradiert wurde. In diesem Zusammenhang wird uns ein Blick in die Entwicklung der inneren Zusammensetzung der Länderkammer verraten, in welchen Phasen die Monarchisierung des Bundes ablief.

# Kapitel 5: Das Schattendasein des Bundesrates

Als Franz Bumm am 27. Februar 1905 den holzverkleideten Prunksaal im neuen Reichstagsgebäude betrat, in dem sich regelmäßig die Vollversammlung des Bundesrates traf, herrschte wieder einmal gähnende Leere. Der hufeisenförmige Eichentisch, an dem die Vertreter der 27 Landesregierungen des Reiches tagten, war nahezu verwaist. Der bayerische Jurist, der seit den 1890er-Jahren Karriere im Reichsamt des Innern machte, hatte sich an dieses seltsame Schauspiel mittlerweile gewöhnt. Nachdem er zur Jahrhundertwende neben seinen hauptamtlichen Pflichten als Referent für Volksgesundheit die ehrenvolle Aufgabe übernommen hatte, die Sitzungen des Plenums zu protokollieren, hatte er schnell festgestellt, dass an diesem Ort weniges so war, wie es schien. Der Bundesrat mochte nach der fürstenbündischen Rhetorik, an der die Nachfolger Bismarcks nach wie vor festhielten, zwar die zentrale Halle der Macht im deutschen Bundesstaat sein. Im politischen Tagesgeschäft war davon allerdings wenig zu spüren. So auch heute. Auf der Tagesordnung standen zwei technische, aber durchaus wichtige Entscheidungen. Es galt, einen Zeitpunkt für das Inkrafttreten des neuen Zolltarifgesetzes festzulegen und über einen Nachtragshaushalt zur Deckung erheblicher Fehlbeträge des laufenden Budgetjahres zu bestimmen. Trotz der Bedeutung dieser Angelegenheiten hatten sich nur sieben Landesregierungen die Mühe gemacht, zumindest einen eigenen Bevollmächtigten zu der Sitzung zu schicken. Neben dem Preußischen Staatsministerium und den Regierungen der vier Mittelstaaten Bayern, Sachsen, Württemberg und Baden waren das die beiden großherzoglichen Regierungen aus Sachsen-Weimar-Eisenach und Oldenburg sowie die Bürgerschaft aus Bremen.

Die Plätze der anderen zwanzig Regierungen waren unbesetzt. Der Hamburger Senat und die fürstliche Regierung aus Waldeck-Pyrmont fehlten ersatzlos. Die Regierungen der übrigen Kleinstaaten ließen sich dagegen durch Bevollmächtigte einer anderen Regierung vertreten. Am beliebtesten war der Weimarer Jurist Arnold Paulssen. Zusätzlich zu seinem Stammland repräsentierte er in dieser Sitzung noch elf andere Staaten. Darunter waren nicht nur kleine Fürstentümer, wie die thüringischen Zwergstaaten Reuß älterer und Reuß jüngerer Linie, sondern auch das relativ bedeutende Großherzogtum Hessen. Insgesamt gab Paulssen durch seine Vertreterrolle ganze fünfzehn Stimmen ab. Das waren nur zwei weniger, als der Stimmführer Preußens einbrachte.

Auch auf der preußischen Bank bot sich Bumm ein Anblick, der zwar befremdlich, für ihn aber kaum noch überraschend war. Angeführt wurde die preußische Delegation nicht etwa von einem Ressortminister des Königreiches, sondern von seinem Chef, dem Staatssekretär des Reichsinnenamtes Arthur von Posadowsky-Wehner. Als Stimmführer der Hegemonialmacht des Bundes saß dieser der Zusammenkunft des Bundesrates vor. Neben ihm nahmen auf der preußischen Bank die Leiter des Auswärtigen Amtes und des Reichsschatzamtes sowie ein Unterstaatssekretär und ein Oberregierungsrat aus den Reichsämtern Platz. Damit wurde Preußen ausschließlich von hohen Funktionären aus der obersten Reichsverwaltung beziehungsweise der in den vergangenen Jahren schrittweise entstandenen kaiserlichen Reichsregierung vertreten. Aus den preußischen Ministerien war dagegen kein einziger Amtsträger anwesend.[1]

Wie zu jeder Sitzung notierte Bumm sorgsam im Protokoll, wer für welchen Einzelstaat erschienen war. Eine besondere Anmerkung zu den leeren Plätzen machte er nicht. Nach der Sitzung ging das Protokoll zur Abschrift und Druckfassung in das dafür zuständige Büro im Reichsinnenamt, welches es schließlich unter dem Siegel der Verschwiegenheit den Landesregierungen und einigen ausgewählten Reichsstellen zukommen ließ. Die Öffentlichkeit erfuhr aus dem Bundesrat nur das, was die Reichsregierung oder einzelne Landesvertreter an die Presse durchstecken wollten. Alles andere wurde sorgsam unter Verschluss gehalten. Die kurzen Berichte, die laut der ursprünglichen Geschäftsordnung des Bundesrates eigentlich nach jeder Sitzung im Reichsanzeiger veröffentlicht werden sollten, sparte man sich seit Jahrzehnten. Jeder, der hinter die verschlossenen Türen der Versammlung schauen konnte, wusste derweil, dass ein solches Anwesenheitsverhalten wie in der heutigen Sitzung nichts Ungewöhnliches war. Tatsächlich war es mehr Regel als Ausnahme. Bumm und die anderen Mitarbeiter des Reichsinnenamtes, die von Zeit zu Zeit als Protokollanten fungierten, hatten die Details dazu in den vergangenen Jahren immer wieder in den Protokollen festgehalten. Fast schien es so, als dokumentierten sie ein Theaterstück, das ohne Publikum aufgeführt wurde und dessen Handlung so vorhersehbar war, dass nicht einmal alle Schauspieler auftauchten.[2]

Bumm ließ sich davon nicht beirren und kam seiner Arbeit gewissenhaft nach. Der Bundesrat war immerhin das offizielle Zentrum der Verfassung, die institutionelle Verkörperung des bei der Reichsgründung beschworenen Fürstenbundes und damit das Vertretungsorgan des kollektiven Souveräns des Reiches, der verbündeten Regierungen. Ob dieser Bedeutung der Länderkammer war mit der Stellung der dortigen Protokollanten, die vom Plenum auf Vorschlag des Kanzlers gewählt wurden, ein ganz besonderes Prestige verbunden. Bumm konnte deshalb damit rechnen, dass sich seine treue Pflichterfüllung irgendwann auszahlen würde. Schon bald erfüllte sich diese Erwartung: Noch im selben Jahr wurde Bumm Präsident des Kaiserlichen Gesundheitsamtes, einer dem Reichsamt des Innern unterstellten Reichsbehörde für den Verbraucherschutz im Gesundheits- und Veterinärwesen. Diesen Posten behielt er selbst, als die Behörde in den Wirren des Jahres 1918 zum Reichsgesundheitsamt erhoben und ein Jahr später Teil des Ministerialapparates der neuen Weimarer Republik wurde.[3]

Für viele Landesvertreter, die im Bundesrat Politik machten, war die Versammlung dagegen mehr Ärgernis denn Beförderungsanstalt der eigenen Interessen. Angesichts der Arbeitsweise des Plenums beschwerte sich der badische Ministerpräsident Julius Jolly schon 1872, dass „die Tätigkeit des Bundesrates eine Farce [sei], an der sich zu beteiligen die Mühe nicht [lohne]". Acht Jahre später fand der Mecklenburger Bevollmächtigte Karl Oldenburg noch deutlichere Worte. Der Bundesrat sei zu „einer Stimmaschine herabgesunken, wie sie im Frankfurter Bundestag", dem Zentralorgan des alten Deutschen Bundes, „nicht schlimmer" gewesen sei. Diese drastischen Urteile waren sicherlich überspitzt formuliert, weil sie jeweils im Zorn über eine bestimmte Situation gefällt wurden. Jolly regte sich darüber auf, dass Bismarck den Bundesrat nicht so behandelte, wie er es in den Verfassungsverhandlungen wenige Jahre zuvor versprochen hatte, nämlich als die eigentliche Regierung des Reiches. Oldenburg erzürnte das Ausscheiden seiner Heimatregierung aus dem Ausschuss für Handel und Verkehr.[4]

Nichtsdestotrotz waren die Klagen der beiden Politiker keineswegs ungerechtfertigt. Der Bundesrat war in seiner Arbeit alles andere als unabhängig. Hauseigene Sekretäre gab es genauso wenig wie eine adäquate Sammlung an Büchern, Akten und sonstigen Informationsmaterialien. Der Betrieb konnte überhaupt nur am Laufen gehalten werden, weil das Reichskanzleramt beziehungsweise nach dessen Umbenennung im Jahr 1879 das Reichsamt des Innern alle nötigen Büromitarbeiter und Sachmittel stellte. Es existierte noch nicht einmal ein eigenes Gebäude. Das formell höchste Organ der Verfassung war zunächst Untermieter im Reichskanzler- und dann im Reichsinnenamt. Nach der Einweihung des neuen Reichstagsgebäudes 1894 fanden die Sitzungen immer öfter in dem erwähnten Prunksaal statt, der dort extra für den Bundesrat eingerichteten wurde (Abb. 5.1).[5]

Solch negative Einschätzungen zum Bundesrat wie die Jollys und Oldenburgs speisten sich aber nicht nur aus diesen logistischen Unzulänglichkeiten, sondern auch und vor allem aus einer Frustration darüber, wie das Plenum in der Praxis funktionierte. In der Vollversammlung, die über Gesetze und andere Maßnahmen abstimmte und laut der Idee vom Fürstenbund eigentlich das Regierungszentrum des Reiches hätte sein müssen, fanden keinerlei Ver-

Abb. 5.1: Sitzungssaal des Bundesrates im neuen Reichstagsgebäude. Originalzeichnung von G. Theuerkauf in *Land und Meer* (1896), Bd. 75, Beilage zu Nr. 7.

handlungen statt. Die Bevollmächtigten stimmten vielmehr einfach so ab, wie sie von ihrem zuständigen Minister vorher instruiert worden waren. Der Straßburger Staatsrechtler Paul Laband sprach gar von „Abstimmungsautomaten, welche das Votum herausgeben, das sie von ihrer Regierung erhalten haben". Langwierige Vorträge waren folglich unerwünscht. Als ein hanseatischer Vertreter diese ungeschriebene Regel in einer seiner ersten Sitzungen missachtete, wies ihn ein altgedienter Kollege aus Bayern brüsk zurecht, indem er unüberhörbar anfing zu schnarchen. Im Sommer 1884 beschrieb die *Augsburger Abendzeitung* die bizarren Gepflogenheiten, die sich seit der Reichsgründung in der Länderkammer entwickelt hatten, so: „Die Minister-Konferenzen zur Einleitung der Bundesratssession finden nicht statt, der Reichskanzler bleibt den Bundesratssitzungen fern, es unterbleibt jede Vereinbarung über das legislatorische Material, und ganz so wie früher [im alten Deutschen Bund] wird der Bundesrat von Gesetzesanträgen des Präsidialstaates überrascht, so dass die Vertreter der Bundesstaaten genötigt sind, von ihren Regierungen Informationen einzuholen, weil sie nicht wissen können, wie sich die leitenden Minister zu den legislatorischen Überraschungen stellen." Für den württembergischen Ministerpräsidenten Hermann von Mittnacht „machten die Beschlüsse des Bundesrates mitunter den Eindruck eines nun einmal verfassungsmäßig notwendigen, möglichst zu beeilenden Schlussakts, des Siegels, mit dem die an den Reichstag zu bringenden Vorlagen versehen sein müssen."[6]

In Anbetracht dieser Umstände entsteht schnell der Eindruck, dass der Bundesrat ein verstaubtes Gremium aus unbedeutenden Gesandten war, die nichts weiter taten, als ihren Anweisungen gemäß die Hand zu heben. Dementsprechend gering ist das Interesse, mit dem Historiker den Bundesrat bedacht haben. Er ist gewissermaßen das „Stiefkind" der wissenschaftlichen Auseinandersetzung mit der Verfassungsgeschichte des Kaiserreiches, wie der Freiburger Historiker Hans Fenske in einem Literaturbericht für die Zeitschrift *Der Staat* bereits 1974 feststellte. Diese Einschätzung trifft unserer Tage immer noch genauso zu. Es hat sich seit damals nämlich wenig getan. So füllen heute die zahlreichen Studien, die in den vergangenen 150 Jahren zum Reichstag, den Reichskanzlern und den Kaisern publiziert wurden, ganze Regalreihen. Dagegen passen die wenigen Arbeiten, die sich eingehend mit dem Bundesrat beschäftigen, bequem auf einen Schreibtisch.[7]

Eine der ältesten Untersuchungen ist gleichzeitig die umfangreichste. Zwischen 1897 und 1901 veröffentlichte Heinrich von Poschinger ganze fünf Bände über die Geschichte des Bundesrates in den ersten zwei Jahrzehnten nach der Reichsgründung. Der bayerische Jurist war zwischen 1876 und 1900 in der Reichskanzlei tätig, die dem Kanzler direkt unterstand und ihn beim Verkehr mit den gerade neu eingerichteten Reichsämtern unterstützte. Er arbeitete also bis zum Rücktritt Bismarcks 1890 viele Jahre in dessen unmittelbarer Umgebung. Dennoch hatte er keinen Zugang zu den Protokollen und anderen internen Dokumenten des Bundesrates, die „von allen Besitzern sorgsam unter Schloß und Riegel gehalten" wurden, wie er beklagte. Seine Studie ist dementsprechend darauf beschränkt, für jedes Sitzungsjahr die neu ernannten Bevollmächtigten aufzulisten und „aus der Werkstatt des Bundesrates" zu berichten, das heißt, dessen zentrale Entscheidungen in den wichtigsten Regierungsfeldern zu schildern. Ein besonderes Augenmerk liegt dabei auf dem Verhältnis zwischen dem Bundesrat und Bismarck. Was Poschinger auf diese Weise produzierte, war, wie er selbst zugab, „ein neues Blatt [im] Ruhmeskranze" des Kanzlers, der dem Bundesrat „mit dämonischer Kraft" jenen Weg vorgegeben habe, der „eben stets der richtige war". Vollkommen gefangen vom Mythos des Reichsgründers, der mit dessen Tod im Jahr 1898 und damit während der Abfassung des Mehrteilers noch einmal an Kraft gewann, erstellte Poschinger also weniger eine nüchterne Analyse des Bundesrates als eine begeisterte Apotheose Bismarcks.[8]

Nicht alle zeitgenössischen Arbeiten waren derart kompromittiert. So entstand nach der Jahrhundertwende eine kleine Anzahl staatsrechtlicher Aufsätze und Dissertationen, die verschiedene Aspekte der sich wandelnden Funktion und Arbeitsweise des Bundesrates unter wissenschaftlichen Gesichtspunkten analysierten. Paul Laband fasste 1911 in der *Deutschen Juristen-Zeitung* zusammen, dass der Bundesrat, der „wohl eigenartigste und merkwürdigste Bestandteil der Organisation des Reichs […], seit der Errichtung des Norddt. Bundes und des Reichs eine tiefgreifende Veränderung seines Wesens erfahren [habe], ohne daß an den Artikeln der Reichsverfassung, welche ihn betreffen, auch nur eine Silbe verändert worden [sei]". Allerdings ging die Reichsstaatsrechtslehre dieser Beobachtung jenseits von relativ kurzen Abhandlungen zu einzelnen Spezialthemen niemals eingehend auf den Grund. Vielmehr beschränkten sich die Rechtswissenschaftler in ihren größeren Studien zum Verfassungssystem meistens darauf, die verfassungsrechtliche Stellung des Bundesrates als Träger der Reichssouveränität dogmatisch herzuleiten und mit einem mehr oder weniger kurzen Blick auf die Verfassungspraxis festzustellen, dass er die damit zusammenhängende Regierungsfunktion nicht erfüllte.[9]

Diesem Muster folgen juristische Arbeiten bis heute. Wenn Rechtswissenschaftler sich nach dem Zweiten Weltkrieg überhaupt mit dem Bundesrat des Kaiserreiches auseinandergesetzt haben, dann im Rahmen von Studien über dessen Nachfolger in der Bundesrepublik. Viel mehr als oberflächliche Kommentare zur Vorgeschichte der heutigen Länderkammer oder kurze Vergleiche zu der jeweiligen verfassungsrechtlichen Stellung der beiden Organe haben sie dabei nicht produziert. Es gibt daher in dem umfangreichen Korpus an rechtshistorischen Studien über das Kaiserreich – so erstaunlich das ist – keine ausführliche Darstellung darüber, wie sich das zentrale Organ der Verfassung in den viereinhalb Jahrzehnten nach der Reichsgründung entwickelt hat. Auch in Heiko Holstes ansonsten sehr gründlichen Untersuchung zum Wandel des deutschen Bundesstaates zwischen 1867 und 1933 spielt diese wichtige Frage keine große Rolle.[10]

Die konventionelle Geschichtswissenschaft hat dem Bundesrat nicht viel mehr Beachtung geschenkt. Man kann die wichtigsten Arbeiten an einer Hand abzählen. In den 1980er-Jahren haben Heinrich Otto Meisner und Walther Peter Fuchs zwei längere Aufsätze zur Entstehung beziehungsweise Entwicklung des Bundesrates geschrieben. Darüber hinaus existiert nur eine geschichtswissenschaftliche Monografie, die den Bundesrat zu einem eigenen Untersuchungsgegenstand macht. Vor beinahe fünfzig Jahren veröffentlicht, also zu der Zeit, als die Geschichtswissenschaft noch stark von der Bismarcklegende eingenebelt war, fokussiert diese Studie Hans-Otto Binders die föderalen Entscheidungsprozesse im und um den Bundesrat ganz auf den Eisernen Kanzler und endet dementsprechend auch mit dessen Entlassung.[11]

Mehr Aufmerksamkeit hat der Bundesrat im Zusammenhang mit jenen größeren historiografischen Debatten erfahren, die sich mit der Entwicklung des Regierungssystems insgesamt und den dafür verantwortlichen strukturellen Wandlungsprozessen auseinandergesetzt haben. Besonders die Diskussion um die angebliche Parlamentarisierung der Reichsleitung, mit der sich das nächste Kapitel ausführlich beschäftigen wird, hat den Bundesrat immer wieder in den Blick genommen. Dabei haben beide Seiten der Debatte gezeigt, dass die Länderkammer im Laufe der Jahre in ihrer Bedeutung hinter den Reichstag zurücktrat und immer mehr zu einem Spielball der Reichsleitung wurde. Allen voran Manfred Rauh, nach dessen zweistufiger Parlamentarisierungsthese die Regierungsgewalt zunächst von den Einzelstaaten auf das Reich und dann von der Exekutive auf das Parlament überging, hat argumentiert, dass der Abstieg des Bundesrates und der Aufstieg des Reichstages quasi ein Nullsummenspiel war. Demnach gewannen die Abgeordneten im Reichstag das an Einfluss hinzu, was die einzelstaatlichen Regierungen im Bundesrat an Einfluss verloren. Im Zuge dessen, so Rauh, sei die Reichsleitung immer abhängiger von und letztlich praktisch verantwortlich gegenüber der parlamentarischen Mehrheit geworden.[12]

Auch wenn die allermeisten Historiker diese Thesen abgelehnt haben, prägt die Parlamentarisierungsdebatte unseren Blick auf den Bundesrat bis heute. Der Rahmen, den Rauh für die Betrachtung des Bundesrates abgesteckt hat, ist nämlich nie gesprengt worden. Nach wie vor konzentrieren sich große Gesamtdarstellungen zum politischen System des Kaiserreiches in der Regel auf das Verhältnis zwischen Reichsleitung und Reichstag. Den Bundesrat begreifen sie als einen Nebenschauplatz, der zwar einer Parlamentarisierung im Wege stand und die preußische Hegemonie absicherte, aber „faktisch keine so prominente Rolle spielte", wie es in einem aktuellen Seminarbuch zum Bismarckreich heißt. Dadurch wird das komplexe Dreiecksverhältnis, das die Verfassung zwischen Reichstag, Bundesrat und Kanzler beziehungsweise Kaiser definierte, auf eine einfache Zweierbeziehung zwischen Regierung und Parlament reduziert. Anders gesagt: Statt als Zentrum wird der Bundesrat als bloße Randerscheinung eines „hegemonialen Föderalismus" begriffen, innerhalb dessen die preußisch geprägte Reichsleitung die Politik in Auseinandersetzung mit dem Reichstag bestimmte und die Regierungen der Mittel- und Kleinstaaten außen vor standen. Dadurch spricht man dem Bundesrat von vornherein jede größere Bedeutung ab und verzichtet darauf, seine innere Dynamik und verfassungspolitische Bremsfunktion näher zu untersuchen.[13]

Das vermutlich größte Problem dieser Sichtweise ist das verengte Blickfeld, das sie uns bietet. Sie betrachtet den Bundesrat als einen vom Rest des Verfassungssystems weitgehend isolierten Teil und übersieht so die vielen Formen föderaler Entscheidungsfindung, die außerhalb seines institutionellen Rahmens existierten, aber eng mit ihm verflochten waren. Der Bundesrat bildete gewissermaßen das Zentrum eines Netzes einzelstaatlicher Einwirkungsmechanismen, durch das „jeder irgendwie wichtige Akt der Gesetzgebung erst nach umständlichem

Verhandeln und Feilschen mit den Landesregierungen, namentlich den Mittelstaaten, durchgesetzt werden" konnte, wie der Staatsrechtler Heinrich Triepel bemängelte, als er sich 1907 in seinen Untersuchungen über *Unitarismus und Föderalismus im Deutschen Reiche* über die Nachteile des Bundesstaates im Vergleich zum Einheitsstaat ausließ. Knapp hundert Jahre später wies der Politikwissenschaftler Gerhard Lehmbruch in diesem Sinne darauf hin, dass man „die Rolle des Bundesrats" zwangsweise verkennen müsse, „wenn man die formellen Bundesratssitzungen für den zentralen Ort der föderalen Mitwirkung" halte, da „der Bundesrat [...] seit jeher von einem informellen Verhandlungssystem flankiert" worden sei.[14]

Dieses Verhandlungssystem ist zwischen 2012 und 2016 von einer durch die Deutsche Forschungsgemeinschaft (DFG) geförderten Projektgruppe an der Universität Siegen zum Thema „Integrieren durch Regieren" untersucht worden. Unter der Federführung des Wirtschafts- und Sozialhistorikers Christian Henrich-Franke hat dabei eine Reihe von Studien zu exemplarischen Gesetzgebungsverfahren mithilfe verschiedener politikwissenschaftlicher Analysemodelle die Strukturen und Prozesse aufgedeckt, die mit der Zeit entstanden, um die einzelstaatlichen Regierungen an der politischen Entscheidungsfindung im Reich zu beteiligen. Diese oft informellen Foren und Mechanismen verlagerten die Verhandlungen zwischen den Einzelstaaten aus dem Bundesrat heraus. Sie machten die von der Verfassung vorgesehene Ländervertretung aber nicht bedeutungslos. Vielmehr änderte sich einfach die Funktion, die der Bundesrat in der komplexen Kette der föderalen Politikformulierung einnahm.[15]

Diesen Funktionswandel werden wir im nächsten Kapitel ganz genau durchleuchten. An dieser Stelle reicht es, darauf hinzuweisen, dass der Bundesrat auch trotz der Erkenntnisse der Siegener Forschungsgruppe nach wie vor die große Unbekannte des politischen Systems des Kaiserreiches ist. Dank der erwähnten Spezialstudien haben wir zwar ein viel klareres Bild davon gewonnen, wie sich die Rolle des Bundesrates im Laufe der Jahre in dem immer komplexer werdenden institutionellen Gefüge der föderalen Regierungsordnung wandelte. Darüber, wie sich die interne Dynamik des Bundesrates entwickelte und wie diese mit seiner sich verändernden Position im Verfassungssystem zusammenhing, wissen wir aber weiterhin ausgesprochen wenig. Wir kennen den Bundesrat gewissermaßen ganz gut von außen, aber nahezu überhaupt nicht von innen. Nur am Rande haben Historiker seit den 1970er-Jahren immer wieder beobachtet, dass die Zusammensetzung der Bundesratsdelegationen der Einzelstaaten keinesfalls konstant war, mit der Zeit auch Reichsbeamte im Plenum auftauchten und vor allem die Kleinstaaten sich kaum aktiv beteiligten. Diese Phänomene sind aber nie eingehender untersucht worden. Es ist daher weitgehend unklar, wie genau die innere Entwicklung des Bundesrates mit den größeren Wandlungsprozessen zusammenhing, die das föderale Regierungssystem über die Jahre durchlief.[16]

Dementsprechend stellen sich einige ganz grundlegende Fragen: Wer saß eigentlich im Bundesrat? Wie veränderte sich die Zusammensetzung der dortigen Delegationen mit der Zeit? Was hatte dieser interne Wandel des Bundesrates mit der Herausbildung anderer Formen föderaler Entscheidungsfindung zu tun? Und welchen Bezug hatte er zu den anderen großen strukturellen Veränderungen, die das föderale Regierungssystems prägten, also vor allem zur kontinuierlichen Ausdehnung der Kompetenzen des Reiches gegenüber den Einzelstaaten, zur Entstehung einer von den Landesregierungen unabhängigen Reichsmonarchie mit einer eigenen kaiserlichen Reichsregierung und zum allmählichen Erstarken des Reichstages? Kurz gesagt: Wie sah das Innenleben des Bundesrates aus, und welche Rolle spielte es für die Entwicklung des Bundesstaates insgesamt?

Diese Fragen sind genauso elementar wie komplex. Es ist geradezu unmöglich, sie auf einmal zu beantworten, da sie danach verlangen, den Bundesrat aus zwei verschiedenen Perspektiven zu betrachten. Wir müssen sie daher nacheinander angehen. Zunächst gilt es, die Türen zum Bundesrat aufzuschließen und die Versammlung von innen heraus zu begutachten. Nur so können wir ermitteln, wie sich das Teilnahmeverhalten der Länder im Plenum mit der Zeit veränderte und durch welche Mechanismen die Reichsregierung Kontrolle über den Bundesrat gewann. Danach müssen wir aus der Länderkammer heraustreten und unseren Blick auf die Umgebung richten. Indem wir von außen auf den Bundesrat und seinen Platz im institutionellen Gefüge der Verfassung schauen, können wir nämlich erkennen, wie sein innerer Wandel mit der Veränderung der gesamten Regierungsordnung zusammenhing.

Dieses Kapitel wird sich ganz der Innenansicht des Bundesrates widmen. Das nächste wird dann den Schritt aus dem Bundesrat hinaus wagen und das komplexe System der föderalen Entscheidungsfindung als Ganzes in den Blick nehmen. Diese zweistufige Analyse kann in sehr unterschiedlichen Ausmaßen auf Vorarbeiten aufbauen. Während wir uns für die Rekonstruktion der Position des Bundesrates im Netz der formellen und informellen Entscheidungsstrukturen auf die umfangreiche Literatur zur vermeintlichen Parlamentarisierung des Reiches und die Studien der oben erwähnten Forschungsgruppe stützen können, gibt es bisher keine vergleichbaren Grundlagenarbeiten über die Entwicklung der verschiedenen Gesandtschaften innerhalb des Bundesrates. Für die meisten Länder wurde ihre Beteiligung im Bundesrat nie erforscht. Ausnahme sind die beiden Hansestädte Lübeck und Hamburg sowie das Großherzogtum Baden, deren

Bundesratsvertretungen im Mittelpunkt von drei Dissertationen aus den 1960er-Jahren stehen. Zudem hat eine Reihe von Werken, die sich mit allgemeineren verfassungsgeschichtlichen Fragen oder führenden Landespolitikern beschäftigen, die Bundesratspolitik aller Mittelstaaten bis auf Sachsen nachgezeichnet. Ferner erschien 2014 im Rahmen des Siegener DFG-Projektes ein biografisches Nachschlagewerk zu allen Bevollmächtigten, die zwischen 1867 und 1919 im Bundesrat aktiv waren. Keine dieser Veröffentlichungen hat jedoch genauer untersucht, ob beziehungsweise wie sich die Zusammensetzung der einzelnen Bundesratsdelegationen mit der Zeit veränderte. Folglich gibt es auch keinen Überblick darüber, wie sich die Anwesenheitsmuster im Bundesrat insgesamt entwickelten, das heißt, wer welchen Staat wann in welcher Funktion, für welchen Zweck und mit welchen Folgen vertrat.[17]

Dass dieser für unser Verständnis vom alltäglichen Betrieb des föderalen Räderwerkes so wichtigen Angelegenheit bisher noch nicht nachgegangen wurde, liegt vermutlich an einem grundlegenden Missverständnis über Aufgaben, Arbeitsweise und Stellung des Bundesrates. Auch wenn keine Verhandlungen im Plenum stattfanden, waren dessen Funktion und Zusammensetzung wichtig. Die Vollversammlung bildete den Ort für alle entscheidenden Abstimmungen im Gesetzgebungsverfahren. Kein legislatives Projekt, aber auch keine zur Durchführung der Gesetze notwendige Verordnung – es sei denn, sie fiel in den Zuständigkeitsbereich des Kaisers – konnte in Kraft treten, ohne im Plenum von einer Stimmenmehrheit der einzelstaatlichen Regierungen angenommen zu werden. Je mehr das Reich zu tun hatte, desto unentbehrlicher war das Plenum deshalb. Tatsächlich war seine Rolle so wichtig für die Abarbeitung der sich im Zuge der Zentralisierung des Bundes stetig erhöhenden Arbeitslast der Reichsorgane, dass der Bundesrat zu einer ständigen Versammlung wurde. Laut Verfassung sollte er eigentlich periodisch vom Kaiser einberufen und geschlossen werden. Die letzte Berufung erfolgte aber am 21. August 1883. Danach wurde das Kollegium nie mehr geschlossen. Abgesehen von einer alljährlichen Sommerpause tagte das Plenum ab diesem Zeitpunkt also durchgehend mindestens einmal pro Woche, um seine vielfältigen Aufgaben zu erfüllen.[18]

Dazu gehörte auch die Bildung von Ausschüssen. In diesen Spezialgremien wurden Gesetzesentwürfe und andere Maßnahmen von einer Auswahl der Bevollmächtigten beraten, verhandelt und überarbeitet. Die Verfassung schuf insgesamt acht solcher Ausschüsse. Sie waren jeweils zuständig für das Landheer und die Festungen, das Seewesen, das Zoll- und Steuerwesen, Handel und Verkehr, das Eisenbahn-, Post- und Telegrafenwesen, das Justizwesen, das Rechnungswesen und auswärtige Angelegenheiten. Kurz nach der Reichsgründung kamen vier weitere Ausschüsse hinzu, die mit Verfassungsfragen, der Geschäftsordnung, dem Eisenbahngütertarifwesen und Angelegenheiten bezüglich Elsass-Lothringen betraut waren.[19]

Jeder Ausschuss bestand aus den Vertretern von mindestens vier Landesregierungen. Nach 1890 wurde diese Zahl für die meisten Ausschüsse auf sieben erhöht. Das Plenum verteilte die Sitze in den Ausschüssen jährlich durch Wahlen an die einzelnen Staaten. Es gab drei Ausnahmen, die in den Verfassungsverhandlungen von 1867 beziehungsweise 1870 geschaffen worden waren. Bayern stand als Teil der Sonderrechte, die es im Feilschen um die Einigungsverträge in Versailles ausgehandelt hatte, ein ständiger Sitz im Festungsausschuss und im auswärtigen Ausschuss zu. In Letzterem hatten auch Württemberg und Sachsen einen ständigen Sitz, um den herausgehobenen Status der Königreiche im Bund der Fürsten zu unterstreichen. In der Praxis war dieses Privileg allerdings irrelevant, weil der Ausschuss genau wie sein Pendant für Güterverkehrswesen nie zusammentrat, also bloß Teil des bündischen Scheins war, der den monarchischen Regierungen den Beitritt in den Bund hatte erleichtern sollen. Im Ausschuss für das Seewesen wurden wiederum alle Mitglieder vom Kaiser ernannt, da die Besetzung dieses militärpolitisch relevanten Gremiums in den Bereich seiner Kommandogewalt über die Marine fiel.[20]

Ihre jeweiligen Vertreter in den Ausschüssen beriefen die Regierungen aus dem Kreis ihrer Bundesratsbevollmächtigten. In den Ausschüssen verfügte jede Regierung über eine Stimme. Anders als im Plenum, wo das Stimmgewicht der einzelnen Regierungen sehr unterschiedlich ausfiel, war das Beschlussverfahren in den Ausschüssen also egalitär organisiert. Zumindest theoretisch konnte dort somit jede Regierung ihre Interessen auf Augenhöhe mit der Hegemonialmacht Preußen vertreten. Besonders vielversprechend war die Position der Regierungen der Mittelstaaten, da diese für gewöhnlich die meisten Mitglieder in den Ausschüssen stellten und so eine mächtige Front gegen die Ansprüche der preußischen Bank bilden konnten, sofern sie ihre Belange koordinierten und zusammenarbeiteten.[21]

Die Arbeit der Ausschüsse und der Abstimmungsprozess im Plenum waren eng miteinander verzahnt. Wurde eine neue Gesetzesvorlage ins Plenum eingebracht, überwies man sie zumeist gleich an den relevanten Ausschuss. Waren dort die Verhandlungen abgeschlossen, stellte ein Referent – diese Position wurde für manche Fachgebiete traditionell von bestimmten Staaten besetzt, etwa in Finanzfragen von Bayern und in Verfassungsangelegenheiten von Sachsen – die Ergebnisse der Vollversammlung mündlich oder schriftlich vor. Daraufhin konnten Änderungen am Gesetzentwurf vorgeschlagen werden, bevor die erste Abstimmung im Plenum erfolgte. Wurde der (abgeänderte) Entwurf abgelehnt, war er in seiner jetzigen Form gescheitert. Gewann er eine Mehrheit der Stimmen, ging er anschließend an den Reichstag. Dieser verhandelte den Entwurf seinerseits in entsprechenden Ausschüssen und konnte ihn dann entweder verwerfen, in gleicher Form annehmen oder Veränderungen verlangen. Geschah Letzteres, kam der Entwurf zurück in den Bundesrat. Das Plenum konnte ihn alsdann entweder in der vom Reichstag geänderten Form annehmen, woraufhin er dem Kaiser zur Ausfertigung übermittelt wurde, oder wieder an den relevanten Ausschuss zu weiteren Beratungen überweisen. Waren diese abgeschlossen, schritt das Plenum zur Schlussabstimmung. Gab es keine Mehrheit, war der Entwurf gescheitert. Fiel das Votum dagegen positiv aus, ging der Entwurf zurück an den Reichstag. Wurde er dort angenommen, lag es am Kaiser, ihn im Bundesgesetzblatt zu veröffentlichen.[22]

Durch dieses doppelte Zustimmungsverfahren zwischen Bundesrat und Reichstag war die Vollversammlung der einzelstaatlichen Regierungsvertreter der Dreh- und Angelpunkt des von der Verfassung vorgegebenen Gesetzgebungsprozesses. Zwar bildeten sich mit der Zeit andere Foren und Kanäle, vermittels derer die Landesregierungen untereinander sowie mit Vertretern des Reiches verhandelten, noch bevor die entsprechenden Gesetzesvorlagen in die jeweiligen Ausschüsse eingebracht wurden beziehungsweise während diese dort auf ihre Weiterleitung warteten. Doch am Plenum führte kein Weg vorbei. Nicht umsonst bezeichnete Bismarck den Bundesrat wenige Monate nach der Reichsgründung in einer Reichstagsrede, in der er die Einführung eines Zweikammersystems und die Umwandlung des Bundesrates in ein bloßes Staaten- oder Oberhaus abermals ablehnte, als „ein Palladium für unsere Zukunft, eine große Garantie für die Zukunft Deutschlands". Diese öffentliche Versicherung, mit der er den Reformgelüsten der liberalen Parteien und einiger unzufriedener Landesregierungen den Wind aus den Segeln nehmen wollte, spielte auf die strategische Bedeutung des Bundesrates im Gesamtgefüge der Verfassung an. Wie wir in Kapitel 2 und 3 bei der Betrachtung der Reichsgründung gesehen haben, war es Bismarck in den Verfassungsverhandlungen mit den preußischen Entscheidungsträgern, den Regierungen der anderen Einzelstaaten und dem konstituierenden Reichstag gelungen, die rechtliche Stellung des Bundesrates so zu gestalten, dass sie die Hegemonie Preußens gegenüber den anderen Bundesstaaten absicherte und gleichzeitig die Einführung einer parlamentarischen Reichsregierung blockierte.[23]

Es lohnt, sich diese Stellung und ihre Wirkung noch einmal kurz zu vergegenwärtigen. Der Bundesrat war *das* zentrale Organ der Verfassung. Als institutioneller Ausdruck des Fürstenbundes hatte er in allen drei Zweigen der Staatsgewalt ein gewichtiges Wort mitzureden. Zusammen mit dem Reichstag bildete er die nationale Legislative. Ohne seine Zustimmung konnte kein Gesetz verabschiedet werden. Auch in der Exekutive gab die Verfassung ihm eine bedeutende Position. Er teilte sich mit dem Kaiser, dem Vorsitzenden des Fürstenbundes, die Regierungsgewalt des Reiches. Da er als Versammlung der verbündeten Regierungen den kollektiven Souverän des Reiches verkörperte, genoss er dabei einige exekutive Vorrechte, die klassischerweise einem Monarchen zustanden, wie wir bereits im vorangegangenen Kapitel gesehen haben. Am wichtigsten waren das Recht, Verordnungen zur Ausführung der Reichsgesetze zu erlassen, und die Befugnis, im Rahmen der sogenannten Reichsexekution in einem Einzelstaat, der seine verfassungsmäßigen Pflichten verletzte, zu intervenieren. Schließlich hatte der Bundesrat auch wichtige Aufgaben im Justizwesen. Die Verfassung schuf keinen Verfassungsgerichtshof, sondern definierte eine Reihe anderer Verfahren, um staatsrechtliche Streitigkeiten zu beheben. In all diesen Konfliktlösungsmechanismen spielte der Bundesrat eine wichtige Rolle, auch wenn seine genaue Funktion abhängig von der Art der jeweils zu lösenden Rechtsstreitigkeit variierte. Dazu mehr im übernächsten Kapitel.[24]

Diese zentrale Stellung machte den Bundesrat zu einem Schutzwall monarchischer Macht. In seinen im zweiten Kapitel bereits ausführlich erörterten Putbuser Diktaten zur Gestaltung der neuen Verfassung bezeichnete Bismarck den Bundesrat deshalb mit Blick auf die ursprünglich vorgesehene Gesamtanzahl der einzelstaatlichen Bevollmächtigten im Norddeutschen Bund als eine „43 Plätze umfassende Ministerbank", die dem Reichstag geschlossen gegenüberstand. Die Logik hinter dieser Funktion war genauso einfach wie effektiv, wie uns die Beschwerden der Liberalen im konstitutiven Reichstag in Kapitel 3 gezeigt haben. Als Kollektivorgan der monarchischen Landesregierungen bestand der Bundesrat aus Gesandten, die allein ihren jeweiligen Heimatregierungen gegenüber verantwortlich waren und daher nominell gar nicht zur Bundesebene gehörten. Folglich konnten sie auch nicht vom nationalen Parlament belangt, geschweige denn zur Rechenschaft gezogen werden. Als Ersatz für eine offizielle Reichsregierung war der Bundesrat also gegenüber dem Reichstag unangreifbar. Anders gesagt: Die Verzahnung der unterschiedlichen Regierungsebenen des Bundesstaates im Knotenpunkt Bundesrat stellte strukturell sicher, dass eine Parlamentarisierung des Verfassungsgefüges so, wie es im Zuge der Reichsgründung geschaffen worden war, überhaupt nicht möglich war. Bismarck betonte diese antiparlamentarische Blockierfunktion des Bundesrates vielleicht am deutlichsten in den 1880er-Jahren, als die Forderungen nach Einführung einer verantwortlichen Reichsregierung wegen der zunehmend wichtigeren Rolle der Chefs der Reichsämter immer lauter wurden: „In der Erhaltung des Föderativ-Staats erblicke ich eine viel größere Widerstandsfähigkeit gegen das republikanische Andrängen, das sich im Reichstage wie in ganz Europa bemerkbar macht, als sie dem Einheitsstaate zu Gebote stehen würde, wo nur eine einzige Regierung, nicht eine Mehrheit von Regierungen, dem Reichstage gegenüber stehen würde."²⁵

Der Bundesrat war aber nicht nur eine Sicherheitsvorrichtung gegen parlamentarische Machtansprüche, sondern auch ein Garant der preußischen Hegemonie. Die Stimmverteilung im Plenum gab Preußen ein starkes Übergewicht. Von den insgesamt achtundfünfzig Stimmen verfügte Preußen über siebzehn, Bayern über sechs, Sachsen und Württemberg je über vier, Baden und Hessen je über drei, und Mecklenburg-Schwerin und Braunschweig je über zwei. Alle übrigen Staaten besaßen jeweils eine Stimme. Angesichts dieses Stimmverhältnisses war „die Gefahr, daß die preußische Regierung in erheblichen Fragen [...] in die Minorität geriete, nicht wahrscheinlich", wie Bismarck schon im Herbst 1866 feststellte, als er an der Pommerschen Ostseeküste über die grundlegenden Strukturen der künftigen Bundesverfassung nachdachte.²⁶

Allerdings war das Stimmgewicht Preußens nicht so übermächtig, wie es hätte sein können. In Kapitel 2 haben wir gesehen, dass Bismarck die Verteilung der Stimmen aus dem Bundestag des Deutschen Bundes übernahm, wobei er Preußen einfach die Stimmen der Staaten zuschlug, die das Hohenzollernreich im Rahmen des Krieges gegen Österreich 1866 annektiert hatte (Hannover, Nassau, Kurhessen, Frankfurt). Die Bundesakte von 1815, das Grundgesetz des Deutschen Bundes, hatte die Stimmen im Bundesrat nach der Bevölkerungsgröße der jeweiligen Staaten vergeben. Indem Bismarck davon absah, die Stimmverteilung gemäß der mittlerweile herrschenden Bevölkerungsverhältnisse zu aktualisieren, milderte er das potenzielle preußische Übergewicht ab. Denn seit der ersten Hälfte des 19. Jahrhunderts war die Bevölkerung gerade in städtischen Gegenden kontinuierlich gewachsen, von denen die meisten in Preußen lagen, wie zum Beispiel das Ruhrgebiet oder die Metropole Berlin. Dadurch stimmte im Bundesrat die Proportion zwischen Bevölkerungsgröße und Stimmenanzahl der Einzelstaaten nicht mehr. Hätte man die Stimmverteilung bei der Reichsgründung an die aktuellen Verhältnisse anpassen und Zwergfürstentümern wie Schaumburg-Lippe, das nur knapp 32 000 Einwohner zählte, zumindest eine Stimme geben wollen, wäre Preußen mit seiner damaligen Bevölkerung von 24 700 000 auf über 750 Stimmen gekommen. Eine solche auf der Bevölkerungsgröße der Einzelstaaten basierende Stimmverteilung hätte daher, wie Bismarck in seinen Putbuser Diktaten unterstrich, „die übrigen Regierungen neben Preußen vollständig mundtot gemacht" und so die Idee vom Fürstenbund ad absurdum geführt. Er verzichtete also auf einen maximalen Ausbau der preußischen Hegemonie im Bundesrat, um den bündischen Schein, der das Prinzip der monarchischen Souveränität schützen sollte, zu wahren. Selbst als die süddeutschen Staaten 1870 in den Bund eintraten, sah er davon ab, Preußens Stimmanzahl zu erhöhen und so der Schmälerung des preußischen Übergewichtes, das durch die Vergrößerung des Bundesrates eingetreten war, entgegenzuwirken.[27]

Diese vermeintliche Rücksichtnahme auf die anderen verbündeten Regierungen fiel Bismarck deshalb leicht, weil auch die abgemilderte Stimmverteilung die preußische Vorrangstellung absolut sicherstellte. Das lag nicht nur am quantitativen Übergewicht der preußischen Stimmen, sondern auch an einigen speziellen Verfahrensregeln, die die Hegemonialmacht begünstigten. In vielen Fällen der Stimmgleichheit gab die preußische Stimme den Ausschlag. Gegen Änderungen von bestimmten Verbrauchssteuern, Zöllen sowie allen Militär- und Marineangelegenheiten hatte die preußische Delegation außerdem ein Vetorecht. Zudem konnte die preußische Bank mit ihren siebzehn Stimmen jede Verfassungsänderung aus eigener Kraft blockieren, da dafür eine Sperrminorität von nur vierzehn Stimmen ausreichte.[28]

Aufbau und Prozedere des Bundesrates garantierten somit, dass das Reich unmöglich gegen den Willen der preußischen Bank regiert werden konnte. Allerdings bedeutete dieser Zusammenhang auch, dass die preußische Regierung die Geschicke des Reiches nur lenken konnte, solange ihre Bundesratsvertretung unter ihrer Kontrolle stand. Schon die spezielle, aus den Umständen der Reichsgründung resultierende Beziehung zwischen Preußen und dem Reich bedingte also, dass die innere Dynamik des Bundesrates schwerwiegende Auswirkungen auf den Gesamtzustand des föderalen Regierungssystems hatte. Umgekehrt galt das genauso. Dass die Arbeit des Bundesrates dennoch nur selten für Aufregung sorgte oder auch nur größeres Interesse auf sich zog, änderte nichts an dieser fundamentalen Bedeutung, die er für das Verfassungsleben des Reiches hatte. In diesem Sinne zog Heinrich Triepel Anfang des 20. Jahrhunderts in seinen Reflexionen über die sich stetig wandelnde Bundesstaatsordnung einen interessanten, aus heutiger Sicht politisch wenig korrekten Vergleich. Laut dem Staatsrechtler ähnelte der Bundesrat einer „guten Hausfrau", die den Familienalltag organisiere: „Denn bekanntlich sei die Frau die beste, von der man am wenigsten spreche."[29]

## I. Das Maß des Verborgenen

Wen die einzelstaatlichen Regierungen zu ihrer Vertretung in den Bundesrat schickten, war eine Angelegenheit von außerordentlicher Wichtigkeit. Das galt gleich in zweierlei Hinsicht. Zum einen war die Rolle der Bevollmächtigten alles andere als belanglos. Im Gegensatz zu dem, was man auf den ersten Blick meinen könnte, waren die Bundesratsgesandten keine Abstimmungsroboter. Ihre Aufgabe beschränkte sich nicht allein darauf, ihren Instruktionen gemäß im Plenum die Hand zur Stimmabgabe zu heben. Sie fungierten auch als Unterhändler in den Ausschüssen. Viele von ihnen übernahmen diese Rolle zusätzlich auch noch in den diversen anderen Foren, die sich im Laufe der Jahre um den Bundesrat herum für die Verhandlungen zwischen den Einzelstaaten, der Reichsleitung und dem Reichstag bildeten. Außerdem dienten die Gesandten ihren Heimatregierungen als ständige Informationsquelle in der Reichshauptstadt. Ohne ihre ununterbrochene Berichterstattung über die Vorgänge in der Länderkammer und in dem diese umgebenden Netz föderaler Entscheidungsfindung waren die jeweils zuständigen Minister nicht in der Lage, eine informierte Entscheidung über die Stimmabgabe ihres Landes zu treffen.

Zum anderen kann man sich darauf verlassen, dass dort, wo in einem Regierungssystem über derart wesentliche Dinge wie die Annahme oder Ablehnung von Gesetzesentwürfen entschieden wird, in der Regel auch immer Vertreter jener Instanzen auftauchen, die wirklich das Sagen haben. Selbst wenn das nicht der Fall sein sollte, spricht die Abwesenheit oder nachlassende Präsenz relevanter Entscheidungsträger oder Personengruppen eine klare Sprache. Sie lässt wichtige Rückschlüsse auf den Bedeutungsverlust der betroffenen Institutionen und die teilweise oder gänzliche Verlagerung von deren Funktionen in alternative Einrichtungen zu. Das galt ganz besonders im Fall des angeblichen Fürstenbundes und seines zentralen Verfassungsorgans. Mit dem Posten eines monarchischen Gesandten in dem Rat, der den kollektiven Reichssouverän verkörperte, war schließlich ein ganz besonderes Prestige verbunden. Nicht umsonst durften die Bevollmächtigten 1889 mit dem Kanzler für ein Foto Porträt stehen, wobei peinlichst genau darauf geachtet wurde, die einzelnen Delegierten gemäß der diplomatischen Hackordnung unter den einzelstaatlichen Monarchien um Bismarck, den Vertreter des preußischen Hegemons, herum zu postieren (Abb. 5.2).

Aus diesen beiden Gründen ist die Zusammensetzung der einzelstaatlichen Delegationen ein Maß dafür, welche Teile des föderalen Regierungssystems Einfluss im und über den Bundesrat gewannen und wie sich angesichts dessen das Gesamtgefüge der Verfassung im Laufe der Zeit veränderte. Der komplexe Zusammenhang ist einfacher zu verstehen, wenn wir uns zwei gegensätzliche Szenarien vor Augen führen. Wenn alle Regierungen stets ihre eigenen Minister in den Bundesrat entsandt hätten, wäre es diesem möglich gewesen, mit der vollen Autorität des offiziellen Reichssouveräns – der verbündeten Regierungen – die Interessen der Einzelstaaten gegenüber den unitarischen Teilen der Verfassung, also der sich schrittweise herausbildenden kaiserlichen Reichsregierung und

Abb. 5.2: Bismarck mit Bundesratsgesandten der deutschen Einzelstaaten, 1889

dem Reichstag, zu vertreten. Dabei hätten die Mittelstaaten die Ausschüsse nutzen können, um ein Gegengewicht zu dem von Preußen dominierten Plenum zu bilden und so den hegemonialen Charakter des Bundesstaates abzumildern. Der Bundesrat wäre dadurch im nationalen Willensbildungsprozess ein unabhängiger Moderator zwischen den Einzelstaaten, der Reichsregierung und dem Reichstag gewesen.

Wenn sich aber die einzelstaatlichen Regierungen nicht aktiv in den Bundesrat eingebracht und so Vertretern des Reiches die Chance gegeben hätten, in die Reihen der einzelstaatlichen Bevollmächtigten einzudringen, hätten diese „Wölfe im Schafspelz" die Länderkammer von innen heraus für ihre eigenen Zwecke missbrauchen können. Sowohl bei den Abstimmungen im Plenum als auch bei den Verhandlungen in den Ausschüssen hätten sie versuchen können, auf Basis ihrer speziellen Expertise und Ressourcen ihren Willen gegenüber den Repräsentanten der Einzelstaaten durchzusetzen. Hätten die Landesregierungen diesem Druck nachgegeben und ihre hauseigenen Entscheidungsträger abgezogen, wäre der Bundesrat nicht länger ein eigenständiges Organ der politischen Willensbildung gewesen und hätte folglich seine Funktion als Interessensvertretung der Einzelstaaten verloren. Die Regierungen hätten dann andere Wege suchen müssen, um sich bei der Gestaltung der Reichspolitik Gehör zu verschaffen. Der Bundesrat wäre so von der Hauptrolle, die die Verfassung für ihn im föderalen Entscheidungsprozess vorgesehen hatte, in eine Nebenrolle gerutscht. Infolgedessen hätte sich das sensible Gefüge, das die Verfassung zwischen den verschiedenen Reichsorganen einrichtete, fundamental verschoben.

Besonders die Debatte über die Parlamentarisierung des Reiches hat gezeigt, dass der Bundesrat in der Tat zu einem Satellitenorgan der Reichsleitung – sprich: zu einem Anhängsel der neu entstandenen kaiserlichen Reichsregierung – verkümmerte. Eine Untersuchung der Anwesenheitsmuster im Plenum kann nachweisen, wie genau es dazu kam, das heißt, durch welche Entwicklungen die Reichsregierung die Kontrolle über den Bundesrat übernahm. Um die entsprechenden Vorgänge aufzudecken, macht es Sinn, sich auf die Bundesratsvertretungen Preußens und der Kleinstaaten zu konzentrieren. Dafür gibt es mehrere Gründe. Die oben erwähnten Studien über die Politik der Mittelstaaten im Bundesrat haben – vereinfacht gesagt – gezeigt, dass die badische Regierung meist ein loyaler Unterstützer der preußischen Bank war, während die Regierungen Bayerns und Württembergs vergleichsweise eigenständig agierten. Die Zusammensetzung ihrer jeweiligen Bundesratsdelegationen war dabei relativ konstant und hat dementsprechend keine große Aussagekraft über den inneren Wandel des Bundesrates und die Veränderung seiner Position im weiteren Verfassungsgefüge. Hugo Graf von und zu Lerchenfeld-Köfering war das wohl beeindruckendste Beispiel dieser personellen Kontinuität auf den Bänken der Mittelstaaten. Der bayerische Staatsrat war nicht weniger als 38 Jahre Teil der Bundesratsgesandtschaft seines Heimatlandes, die meisten davon als deren Vorsitzender. Zwischen 1880 und 1918 nahm er an gut 2000 Sitzungen des Plenums sowie über 6000 Ausschusssitzungen teil und schickte darüber mehr als 14 000 Berichte nach München. Erst mit Anbeginn der Republik trat er auf eigenen Wunsch in den Ruhestand, den er damit verbrachte, ausführliche Memoiren über seine Zeit im politischen Berlin zu schreiben.[30]

Eine Konzentration auf die Kleinstaaten und Preußen ist aber auch deshalb sinnvoll, weil die Kleinstaaten insgesamt über eine Stimme mehr im Plenum verfügten, als alle Mittelstaaten zusammengerechnet. Das machte sie als Gruppe zu einem beachtlichen Machtfaktor. Die preußische Bank war ohnehin am wichtigsten. Das lag nicht nur an ihrem erdrückenden Stimmgewicht, sondern auch an der besonderen Rolle des Hegemonialstaates im Reich. Angesichts der bereits in den vorangegangenen Kapiteln geschilderten engen strukturellen und personellen Verflechtung zwischen den Regierungs- und Verwaltungsapparaten Preußens und des Reiches war es für die Reichsregierung am einfachsten, über die preußische Delegation einen Fuß in die Tür des Bundesrates zu bekommen.

Dieser Umstand macht die Besetzung der preußischen Bundesratsbank zu einem Maß für ein Phänomen, das weitgehend im Verborgenen lag und deswegen nur schwer zu konkretisieren ist, die Entwicklung des föderalen Regierungssystems aber entscheidend mitbestimmte: den preußisch-deutschen Dualismus. Die Debatte darüber, inwieweit Preußen mediatisiert oder das Reich borussifiziert wurde, beschäftigt die Geschichtsschreibung seit der Gründung des Kaiserreiches. In den vielen Jahrzehnten, die seitdem vergangen sind, hat es aber kaum quantitative Ansätze gegeben, die versucht haben, den dynamischen Wandel des komplexen Verhältnisses zwischen Hegemonialmacht und Bund mit harten Zahlen zu belegen. Wurden solche Überlegungen überhaupt angestellt, erschöpften sie sich zumeist darin, die Verreichlichung Preußens anhand der zunehmenden Präsenz der Chefs der Reichsämter im Preußischen Staatsministerium dingfest machen zu wollen. Diese sogenannte „Staatssekretarisierung" des preußischen Kabinetts sagt aber mehr über die Veränderung der preußischen als über den Wandel der nationalen Verfassungsverhältnisse aus. Im Gegensatz dazu liefert eine Untersuchung der Zusammensetzung der preußischen Delegation im zentralen Organ der Reichsverfassung einen belastbaren quantitativen Beweis für die Existenz, den Umfang und den Ablauf der schrittweisen Entmündigung Preußens im Reich.[31]

Die Veränderungen, die die einzelstaatlichen Gesandtschaften im Bundesrat durchliefen, lassen sich nur mithilfe einer statistischen Analyse nachvollziehen. Dafür bilden die Protokolle des Bundesrates die Grundlage. In Historikerkreisen sind diese Niederschriften oft als mehr oder weniger nutzlos abgetan worden, da sie nicht dokumentieren, was eigentlich in den Sitzungen gesagt wurde. Es handelt sich um reine Ergebnisprotokolle, die sich auf das Festhalten der wichtigsten Formalien beschränken, wie zum Beispiel Tagesordnungspunkte oder Abstimmungsergebnisse. Manfred Rauh erklärte gar, „eine sprödere Quelle [ließe] sich kaum vorstellen". Eine der Teilarbeiten des oben erwähnten DFG-Projektes zum Wandel föderalen Regierens im Kaiserreich konstatiert gleichermaßen frustriert, dass die „Auswertung [dieser] offiziellen Organquelle nur ein bescheidenes Ergebnis zu Tage" fördere.[32]

Derartige Einschätzungen verkennen das wahre Potenzial dieser Quelle. Unter den Punkten, die in den Protokollen aufgeführt sind, finden sich nicht zuletzt detaillierte Anwesenheitslisten. Diese sind ein wahrer Schatz an wertvollen Informationen. Sie zeigen nämlich, welche Bevollmächtigten die Einzelstaaten in der jeweiligen Plenarsitzung vertraten und welche Ämter diese Gesandten auf Landes- und / oder Bundesebene innehatten. Die Protokolle machen es dadurch möglich, die Bevollmächtigten für jede Sitzung gemäß der von ihnen bekleideten Ämter zu kategorisieren. Addiert man die betreffenden Zahlen für alle Sitzungen eines Jahres zusammen und ordnet die so erhaltenen Summen chronologisch, kann man bestimmen, wie sich die Zusammensetzung der Delegationen von der Reichsgründung 1871 bis zur Revolution 1918 entwickelte. Zur besseren Übersicht bietet es sich an, diese statistische Auswertung grafisch darzustellen. Die entsprechenden Diagramme, auf die dieses und das nächste Kapitel immer wieder verweisen werden, finden sich im Anhang des Buches.[33]

Hinsichtlich der preußischen Bundesratsbank müssen wir dabei vier verschiedene Gruppen von Amtsträgern unterscheiden. Alle Bevollmächtigten, die aus den Reichsämtern oder deren nachgeordneten Behörden kamen, können wir unabhängig von ihrem individuellen Rang als Reichsbeamte auffassen. In gleicher Weise können wir alle Mitglieder des Regierungs- und Verwaltungsapparates des Hohenzollernstaates als preußische Amtsträger einstufen. Bei den Bevollmächtigten, die sowohl in Preußen als auch im Reich Posten innehatten, müssen wir dagegen von dualen Amtsträgern sprechen. Außerdem ergibt es Sinn, die Mitglieder des preußischen Kriegsministeriums als eine eigene Kategorie anzusehen. Aufgrund der Militärkonventionen, die Preußen mit den anderen Einzelstaaten im Zuge der Reichsgründung abgeschlossen hatte, sowie der relevanten Bestimmungen der Verfassung zur Organisation des Heeres regelte diese Behörde praktisch die Militärverwaltung des gesamten Reiches und erfüllte daher die Funktion einer Zwitterbehörde zwischen Bundes- und Landesebene. So war der preußische Kriegsminister laut Bismarck „der faktische Inhaber der Reichsmilitärverwaltung".[34]

Diese Gruppeneinteilung beruht auf der Annahme, dass das Amt, das die jeweiligen Bevollmächtigten bekleideten, die Interessen bestimmte, die sie vertraten. Mit anderen Worten: Wir müssen uns in der Analyse der Zusammensetzung der Bundesratsdelegationen auf die Loyalität der Beamten gegenüber ihrer Dienststelle verlassen. Diese Methode hat unleugbare Schwächen. So ist es schwer, im dichten Netz der Verantwortlichkeiten, welches das Reich besonders mit seinem hegemonialen Mitgliedsstaat verflocht, Bundes- und Landesinteressen sauber voneinander abzugrenzen. Außerdem vertreten Entscheidungsträger natürlich nicht immer zwangsweise die Interessen, die mit ihren Ämtern verbunden sind. Persönliche Zugehörigkeitsgefühle, strategische Überlegungen und gegebenenfalls auch Unwissenheit oder Unfähigkeit spielen stets eine Rolle. Das gilt besonders nach einem so epochalen Umbruch, wie es die Umwandlung Deutschlands von einem bunten Flickenteppich eigenständiger Länder in einen gemeinsamen Nationalstaat war. Es musste sich auf der Funktionärsebene des Reiches erst herausstellen, was Pflichtbewusstsein gegenüber dem Reich bedeutete, wie ein deutsches Nationalgefühl mit traditionellen, partikularistischen Zugehörigkeitsgefühlen zu vereinbaren war, wie die neuen Strukturen der Verfassung funktionierten und wie Politik innerhalb dieses Rahmens gerade in neu entstehenden Regierungsfeldern effektiv formuliert und gestaltet werden konnte. Von daher war es auch eine Generationenfrage, wie die einzelnen Funktionsträger des Bundesstaates ihr Amt ausübten und wie sich die föderalen Strukturen infolgedessen entwickelten. Dazu mehr im nächsten Kapitel.

Trotz dieser Vorbehalte führt an der beschriebenen Methode kein Weg vorbei. Gerade wegen der Komplexität des föderalen Regierungssystems mit seinen vielfältigen Verschränkungen zwischen preußischer und nationaler Exekutive ist sie der einzige Weg, um statistische Ergebnisse von allgemeiner Aussagekraft über die auf der preußischen Bundesratsbank vertretenen Interessen zu gewinnen. Neben den Sitzungsprotokollen muss dieses Unterfangen noch zwei weitere amtliche Dokumente berücksichtigen. Die Protokolle des Preußischen Staatsministeriums beziehungsweise deren von der Berlin-Brandenburgischen Akademie der Wissenschaft herausgegebenen Regesten beinhalten Kabinettslisten, die zeigen, welche Bundesratsbevollmächtigten zum erweiterten Kreis der preußischen Regierung gehörten. Das Staatsministerium umfasste nicht nur die Chefs der einzelnen Ressorts, sondern auch außerordentliche Mitglieder „ohne Portfolio", die häufig aus den Reichsämtern kamen und die Runde der regulären Minister ergänzten. Um diese Verflechtung der Interessensvertreter auf der preußischen Bank zu entwirren, müssen wir vom Bundesrat aus immer wieder einen Seitenblick ins preußische Kabinett werfen.[35]

Ebenso wichtig ist es, fortwährend den Registrationsstatus der Bevollmächtigten im Auge zu behalten. Das geht nur mithilfe des Registers des Bundesrates, das sich zum Beispiel im *Handbuch für das Deutsche Reich* findet. Dieses Kompendium aus allerlei amtlichen Informationen, das alljährlich zunächst vom Reichskanzleramt und dann ab 1879 vom Reichsinnenamt herausgegeben wurde, zeigt uns, ob die einzelnen Gesandten den Rang eines regulären oder stellvertretenden Bevollmächtigten bekleideten. Diese Information ermöglicht es uns, zu ermitteln, wie sich die eigentliche Teilnahme im Plenum im Vergleich zur offiziellen Registratur entwickelte. Wir können also diejenigen, die als Bevollmächtigte gemeldet waren, denen gegenüberstellen, die auch wirklich zu den Sitzungen erschienen. Dadurch können wir das Bild, das der Bundesrat nach außen vermitteln wollte, mit den Zuständen vergleichen, die in seinem Innern wirklich herrschten.[36]

Eine solche Untersuchung der Anwesenheitsmuster im Bundesrat muss eine enorm große Menge an Daten verarbeiten. Zwischen 1871 und 1913 trat der Bundesrat in der Regel zwischen vierzig und fünfzig Mal pro Jahr zusammen (Graph 1). Während des Weltkrieges verdoppelte sich die Anzahl der Sitzungen. Auch die Zahl der Bevollmächtigten, die im Plenum erschienen, stieg mit den Jahren stark an. Die Delegationen, die zu den einzelnen Sitzungen kamen, umfassten also immer mehr Mitglieder, wobei einige davon beständig als Angehörige der jeweiligen Stammbesetzung wiederkehrten und andere nur ein paar Gastauftritte hatten. Gerade die preußische Bank wurde immer voller (Graph 2). 1876 nahmen dort 161 Mal Bevollmächtigte Platz. 1914 geschah dies 729 Mal, also mehr als vier Mal so oft. In der Gruppe der Kleinstaaten traten ob der Vielzahl an Regierungen, die zu ihr gehörte, noch viel mehr Gesandte auf (Graph 13). Schon im Jahr der Reichsgründung waren es insgesamt knapp 600, ungeachtet dessen, ob sie zum wiederholten Male auftraten oder nicht. Nach Ausbruch des Weltkrieges explodierte auch dieser Wert und erreichte 1916 fast die 1200er Marke.

Um die spannende Geschichte aufzudecken, die hinter diesen nüchternen Zahlen liegt, gehen die folgenden Ausführungen in zwei Schritten vor. Der nächste Abschnitt wird sich ganz auf die preußische Delegation konzentrieren. Dabei werden wir sehen, dass die in den Jahren nach der Reichsgründung entstehende Reichsregierung die preußische Bank rasch unter ihre Kontrolle brachte, indem sie ihre eigenen Beamten als stellvertretende Bevollmächtigte quasi durch die Hintertür in den Bundesrat schleuste. Anschließend wird das Kapitel die kleinstaatlichen Gesandtschaften durchleuchten und in ihren Reihen ein ausgeklügeltes Substitutionssystem ausmachen, das der preußischen Bank verlässliche Mehrheiten verschaffte.[37]

## II. Die Übernahme der preußischen Bank

Laut der Verfassung konnte jede Landesregierung so viele Bevollmächtigte zum Bundesrat ernennen, wie ihr im Plenum Stimmen zustanden. Letztere konnten nur einheitlich abgegeben werden. Eine Aufteilung, beispielsweise der siebzehn preußischen Stimmen in zehn Ja- und sieben Neinstimmen, war nicht möglich. Die Abgabe der Stimmen war in jeder Delegation Aufgabe eines Stimmführers. War dieser verhindert, konnte er gemäß der Geschäftsordnung durch jeden anderen Bevollmächtigten ersetzt werden. Solange eine Regierung also durch mindestens einen Gesandten vertreten war, konnte sie am Abstimmungsverfahren teilnehmen.[38]

Die Stimmführer wurden von der von ihnen vertretenen Regierung angewiesen, wie sie abzustimmen hatten. In den meisten Einzelstaaten war die Instruktion Sache des Außenministers. Diese Regelung folgte aus der Idee vom Reich als Fürstenbund. In einer Vereinigung souveräner Monarchien galten die Beziehungen der einzelnen Mitglieder zur Gesamtheit, das heißt der Einzelstaaten zum Reich, als auswärtige Angelegenheit. Auch in Preußen war es daher der Außenminister, der über die Stimmabgabe im Bundesrat entschied. Dieses Privileg machte ihn angesichts der Bedeutung, die das Abstimmungsverhalten der preußischen Delegation für die Mehrheitsfindung im Bundesrat hatte, zu einer zentralen Figur des föderalen Regierungssystems. Wie wir im zweiten Kapitel gesehen haben, war das kein Zufall. Bei der Ausarbeitung der Verfassung hatte Bismarck diese Schlüsselrolle ganz bewusst für das Amt des preußischen Außenministers geschaffen. Da er selbst diesen Posten innehatte, wollte er sicherstellen, im neuen Bund selbst dann die Fäden in der Hand behalten zu können, wenn nicht er, sondern sein Konkurrent Karl Friedrich von Savigny Kanzler werden würde.[39]

Die Bedeutung, die Bismarck dadurch der Stellung des preußischen Außenministers für die Gestaltung der Reichspolitik gab, machte es für den Reichskanzler unumgänglich, diesen Posten quasi im Nebenamt ebenfalls zu bekleiden. Denn ohne Kontrolle über die preußischen Stimmen konnte er nicht hoffen, seine Gesetzesvorhaben durch den Bundesrat bringen zu können. Wie der hessische Bundesratsbevollmächtigte und spätere Leiter des Reichsinnenamtes Karl von Hofmann bereits bei Gründung des Norddeutschen Bundes in einem Promemoria bemerkte, war es unbedingt „nötig [...], daß der Bundeskanzler genau von den Intentionen der preußischen Regierung hinsichtlich der Behandlung der Bundesangelegenheiten unterrichtet" werde. Und dies sei eben „am einfachsten dadurch zu erreichen, daß der Bundeskanzler [als Außenminister] die den stimmführenden preußischen Bundesratsmitgliedern zu erteilende Instruktion [im] Staatsministerium" berate und festlege. So gesehen war diese Personalunion wichtiger für den Regierungsapparat des Reiches als die zwischen Kanzler und preußischem Ministerpräsidenten, die Bismarck und Leo von Caprivi auch je einige Monate aussetzten.

Noch nach seiner Entlassung, in einer öffentlichen Ansprache im bayerischen Kurbad Kissingen 1893, in der er seine Sorge über die zunehmende Loslösung der nationalen von den preußischen Entscheidungsstellen äußerte, betonte Bismarck, dass „die Bedeutung des Reichskanzlers [...] auf seiner Stellung als preußischer Minister des Auswärtigen" beruhe. Es kam denn auch nur ein einziges Mal vor, dass die beiden Ämter getrennt wurden. 1897 überließ der greise und zunehmend amtsmüde Kanzler Chlodwig von Hohenlohe-Schillingsfürst die Leitung des preußischen Außenministeriums dem neuen Staatssekretär des Auswärtigen Amtes, Bernhard von Bülow. Letzterer sollte sich gewissermaßen für den Posten des Kanzlers warmlaufen, der für ihn als persönlichem Favoriten des Kaisers reserviert war und den er knapp drei Jahre später dann auch antrat. Insofern war die Ämtertrennung eine absolute Anomalie, die dem Schattenkanzler Bülow schon einmal einige der wichtigsten Fäden zur Steuerung der Reichsregierung in die Hände legte. Sie war aber auch Teil einer generellen Entfremdung zwischen den wichtigsten Regierungsstellen des föderalen Entscheidungssystems, die in den anderthalb Jahrzehnten nach Bismarcks Rücktritt zu zahlreichen Koordinationsproblemen führte. Dazu mehr im nächsten Kapitel.[40]

So wichtig die Ämterverbindung zwischen Kanzler und preußischem Außenminister auch war, sie allein reichte nicht aus, um das Räderwerk des föderalen Regierungssystems am Laufen zu halten. Der von der Verfassung vorgegebene Aufbau des Bundesrates hatte ein strukturelles Grundproblem: Die dort festgelegte Größe der preußischen Delegation war zu klein. Siebzehn Bevollmächtigte konnten unmöglich die für die Hegemonialmacht des Bundes nötige Expertise aufbringen, um Gesetzesvorlagen in all jenen Regierungsfeldern, die das Reich laut der Verfassung zu besorgen hatte und die es sich bald nach der Reichsgründung neu erschloss, auszuarbeiten, in den Bundesrat einzubringen, in den dortigen Ausschüssen zu verhandeln, im Plenum zu verteidigen und womöglich auch noch in den zusätzlichen Foren föderaler Entscheidungsfindung, die sich mit der Zeit um die Länderkammer herum bildeten, zu vertreten. Das galt umso mehr, weil die bald nach der Reichsgründung einsetzende Zentralisierung des Reiches die Aufgaben, die der Bundesrat zu erledigen hatte, stetig anschwellen ließ. Es war daher „durch praktische Bedürfnisse geboten", wie Paul Laband in seinen Beobachtungen zum Wandel der Länderkammer erklärte, „die Reichsverfassung in [dieser] wichtigen Beziehung" fortzubilden.[41]

Erste Abhilfe schuf die 1871 eingeführte Geschäftsordnung des Bundesrates. Diese Satzung entsprach weitgehend derjenigen des Norddeutschen Bundes, die Robert Hepke im Herbst 1866 während der im zweiten Kapitel beschriebenen Ausarbeitungsphase der Verfassung erstellt hatte. Sie gestattete den Bevollmächtigten ausdrücklich, bei der Ausschussarbeit die Hilfe von Kommissaren, das heißt Sachbearbeitern, in Anspruch zu nehmen. Diese Regelung löste aber den Kern des Problems nicht. Um ihren Vorschlägen das nötige Gewicht zu verleihen, brauchte die preußische Bank nicht mehr Sachbearbeiter, sondern mehr leitende Beamte mit Prokura in den verschiedenen Zweigen der Landes- und Reichsverwaltung. Diese Notwendigkeit zeigte sich bereits in der allerersten Sitzung, die das Plenum nach der Reichsgründung abhielt. Dort erschienen nämlich gleich drei höherrangige Vertreter des preußischen Kriegs-, Justiz- und Innenministeriums, obgleich sie nicht als Bevollmächtigte registriert waren, darunter ein Unterstaatssekretär und ein Generalmajor.[42]

Es gab aber noch einen weiteren Grund, warum die preußische Bank zu klein war. Die oberste Reichsverwaltung, die es in dem Umfang, in dem sie sich in den 1870er-Jahren entwickelte, gar nicht geben sollte, besaß kaum offizielle Rechte. Vor allem fehlte den Reichsämtern ein Weg, die von ihnen ausgearbeiteten Gesetzesentwürfe in den legislativen Prozess einzubringen und dort zu verteidigen, wie wir bereits bei der Betrachtung der Entstehung der sogenannten „Präsidialvorlagen" und ihrer Bedeutung für die Monarchisierung des Kaiseramtes im vorangegangenen Kapitel gesehen haben. Die einzige Möglichkeit für die kaiserliche Reichsregierung, sich in das von der Verfassung vorgeschriebene Gesetzgebungsverfahren einzuklinken, bestand darin, ihre Vertreter zu Bevollmächtigten im Bundesrat zu machen. Nur als solche durften sie nämlich laut der Verfassung Gesetzesvorschläge machen und im Reichstag erscheinen. Das galt selbst für den Kanzler. Angesichts der engen strukturellen Verflechtung zwischen der preußischen und nationalen Exekutive lag es nahe, die entsprechenden Reichsfunktionäre in die Bundesratsdelegation Preußens aufzunehmen. Schließlich wurden deren Mitglieder vom preußischen König ernannt, also von der Person, die in ihrem Amt als Kaiser das Oberhaupt der Reichsverwaltung und damit der ultimative Chef aller Reichsbeamten war.[43]

Die Verstärkung der preußischen Bank mit Amtsträgern aus den Reichsbehörden machte es unvermeidlich, die Anzahl der preußischen Bevollmächtigten im Bundesrat über die in der Verfassung vorgesehenen siebzehn Delegierten hinaus zu erhöhen. Gleich nach der Reichsgründung wurde es deshalb üblich, zusätzlich zu den regulären auch stellvertretende Bevollmächtigte zu ernennen. Bereits 1872 führte eine Änderung der Geschäftsordnung diese Position offiziell ein. Die Neuerung hob die Begrenzung der Größe der einzelstaatlichen Delegationen de facto auf. Die Anzahl der Stellvertreter war nämlich im Gegensatz zu derjenigen der regulären Bevollmächtigten nicht an die in der Verfassung festgelegte Stimmenzahl der jeweiligen Regierungen gebunden.[44]

In den ersten Jahren nach der Reichsgründung verfuhr man noch so, dass jeder Stellvertreter einen bestimmten regulären Bevollmächtigten in einem der Ausschüsse vertrat. Die Stellvertreter durften dementsprechend nur an denjenigen Sitzungen des Plenums teilnehmen, die Angelegenheiten aus dem Ausschuss behandelten, in dem sie Mitglied waren. Diese Regelung wurde in der Praxis im Laufe der 1870er-Jahre immer weiter aufgeweicht und 1880 schließlich durch eine Reform der Geschäftsordnung ganz aufgehoben. Von da an war die Position der Stellvertreter nicht länger an spezifische reguläre Bevollmächtigte geknüpft. Folglich konnten sie nun auch unabhängig von ihrer Ausschusstätigkeit zu jeder Sitzung des Plenums erscheinen. Damit war „das Mittel gegeben", so Laband, „sachverständige Mitglieder aus den verschiedenen Verwaltungszweigen zur Teilnahme an den Arbeiten des Bundesrates und seiner Ausschüsse [unbegrenzt] heranzuziehen".[45]

Diese schrittweise Einführung der stellvertretenden Bevollmächtigten war nach der Einschätzung des späteren Hamburger Rechtsprofessors Kurt Perels, der als junger Dozent die einzige zeitgenössische Abhandlung zu dem Thema verfasste, „soweit das Sein dem Schein entspricht, die tiefgreifendste gewohnheitsrechtliche Veränderung auf dem Gebiet der Reichsverfassung". Es gab für die Stellvertreter nämlich keine formell-gesetzliche Grundlage. Von der Verfassung waren sie nicht vorgesehen. Die Geschäftsordnung des Bundesrates konnte wiederum kein von der Verfassung abweichendes Recht schaffen. Das erste und einzige Mal, dass die Existenz der Stellvertreter in einem Gesetz zumindest erwähnt wurde, war 1900 in der Reichsschuldenordnung. Offizielle Bekanntmachungen über die Zusammensetzung des Bundesrates in den beiden öffentlich zugänglichen Amtsblättern – dem Reichsgesetzblatt und dem Reichsanzeiger – sprachen bis auf eine Ausnahme von 1884 überhaupt nicht von stellvertretenden Bevollmächtigten.[46]

Das „Institut der stellvertretenden Bevollmächtigten" konnte demnach nur rein „gewohnheitsrechtlich begründet" sein. In der Tat war es eine rechtlich allgemein akzeptierte und über Jahrzehnte betriebene Praxis, wie Perels 1907 feststellte, dass die Stellvertreter in ihrer „gebundenen Stellung" den regulären Bevollmächtigten entsprachen. Das hieß, sie hatten als Abgesandte einer Regierung im Bundesrat und als Mitglieder des Letzteren gegenüber dem Reichstag die gleichen Rechte wie reguläre Bevollmächtigte. Ihre persönliche Rechtsstellung war jedoch eine andere. Weder konnten sie die gesetzlich geschaffenen persönlichen Privilegien von regulären Bevollmächtigten beanspruchen, wie etwa diverse Steuererleichterungen oder einen besonderen Schutz vor Strafverfolgung. Noch konnten sie die für Bundesratsbevollmächtigte reservierten Posten in gesetzlich geschaffenen Reichseinrichtungen, zum Beispiel der Reichsschuldenkommission oder dem Disziplinarhof, rechtmäßig einnehmen. Beide Fälle waren gewohnheitsrechtlich nicht begründet. In dem einen fehlte es an relevanten Anwendungsfällen, in dem anderen an einer mehrheitlich anerkannten Rechtsauffassung. Die Position der stellvertretenden Bevollmächtigten beruhte somit „nur zum Teil auf rechtlicher Grundlage". Perels forderte daher, die Verfassung zu ändern und für die Stellvertreter, beispielsweise durch die Verdoppelung der Stimmenanzahl jedes Einzelstaates, „einen unantastbaren Rechtsboden [zu] finden." Da es niemals dazu kam, war diese für das Funktionieren des Regierungssystems so wichtige Position nicht von der Verfassung gedeckt. Der Einsatz der Stellvertreter stellte demnach Pragmatismus über Rechtmäßigkeit und testete so die Flexibilität des föderalen Systems.[47]

Immerhin gab es ein offizielles Anmeldeverfahren. Sowohl reguläre als auch stellvertretende Bevollmächtigte wurden am Beginn eines Sitzungsjahres im Büro des Bundesrates, das zunächst Teil des Kanzleramtes und nach dessen Umbenennung 1879 Teil des Reichsinnenamtes war, von ihren Regierungen amtlich registriert. Die entsprechenden Verzeichnisse übermittelte der Kanzler jedes Jahr an den Präsidenten des Reichstages zur Kenntnisnahme. In die Drucksachen des Parlamentes wurden diese Dokumente dann aufgenommen, ohne den besonderen Status der Stellvertreter kenntlich zu machen. Ab 1892 gingen die Vorsitzenden der Reichstagsversammlungen jedoch dazu über, immer dann, wenn sie einem Mitglied des Bundesrates das Wort erteilten, deutlich zu machen, ob es sich um einen regulären oder stellvertretenden Bevollmächtigten handelte. Dieser Zusatz wurde in den Protokollen des Parlaments entsprechend vermerkt.[48]

Die einzelstaatlichen Regierungen waren allerdings nicht auf Gedeih und Verderb an das Register gebunden. Sie konnten ihre Bevollmächtigten auch spontan am Beginn einer Bundesratssitzung ernennen, etwa wenn eines ihrer Delegationsmitglieder erkrankte oder ein zusätzlicher Experte auf einem speziellen Fachgebiet der Verwaltung gebraucht wurde. Diese Ad-hoc-Registraturen wurden im Protokoll der Sitzung vermerkt, in der der Neuling erstmals auftauchte. Zusätzlich zu regulären und stellvertretenden Bevollmächtigten saßen im Plenum aber gelegentlich auch Delegierte auf der preußischen Bank, die weder im Register eingetragen noch spontan angemeldet wurden. Diese unregistrierten Bevollmächtigten waren gewöhnlich Verwaltungsbeamte, deren Expertise nur für ein paar Sitzungen gebraucht wurde. Sie erschienen dementsprechend selten (Graph 5). Nur in den mittleren Kriegsjahren tauchten sie öfter auf. Dieser Anstieg hatte aber rein technische Gründe. Von 1915 bis 1917 wurde kein neues Register erstellt. Es galt in diesen Jahren das Register von 1914. Jeder Bevollmächtigte, der sein Debüt nach diesem Jahr gab, war daher unregistriert, es sei denn, er wurde spontan in einer der Sitzungen angemeldet. Darauf verzichtete man aber weitgehend, vermutlich weil der Krieg derartige Formalitäten in den Hintergrund drängte.

Wie hat sich also innerhalb dieses strukturellen Rahmens die Beteiligung Preußens im Bundesrat über die Jahre gewandelt? Es gab vier zentrale, eng miteinander zusammenhängende Entwicklungen, wie ein Blick auf die grafische Darstellung der Ergebnisse aus den entsprechenden statistischen Erhebungen deutlich macht. Erstens verschoben sich die Anmeldungen im Register klar zugunsten der Stellvertreter (Graph 3 und 4). Zweitens wurden die Stellvertreter auch unter den Bevollmächtigten, die im Plenum auf der preußischen Bank erschienen, zur dominierenden Kraft (Graph 5 und 6). Drittens waren ab 1880 die mit Abstand meisten Stellvertreter, die für Preußen im Register gemeldet waren, Reichsbeamte (Graph 7 und 8). Viertens wurde die preußische Bank als logische Konsequenz aus den beiden zuletzt genannten Entwicklungen sukzessive von Reichsbeamten übernommen (Graph 9 und 10).

Grundlage des Übernahmeprozesses war die Institution der stellvertretenden Bevollmächtigten. Diese von der Verfassung eigentlich gar nicht vorgesehene Delegiertenklasse ermöglichte es der sich nach der Reichsgründung schnell ausdifferenzierenden Reichsregierung, ihre Unterhändler als Gesandte der preußischen Regierung zu tarnen und sie so gewissermaßen in Verkleidung in den

Bundesrat zu schmuggeln. Die Stellvertreter waren also ein Instrument zur Verreichlichung Preußens. Sie machten aus der Abordnung der preußischen Regierung in der institutionellen Verkörperung des Fürstenbundes und damit in dem Organ, das die Verfassung zum Zentrum der Regierungsordnung des Reiches erklärte, eine aus den Verwaltungsexperten der Reichsämter bestehende Vertretung der neuen Reichsregierung.

Der quantitative Nachweis dieser Entwicklung belegt eindeutig, dass im föderalen Regierungssystem des Kaiserreiches keine Borussifizierung Deutschlands, sondern eine Mediatisierung Preußens erfolgte. Statt sich nach der Reichsgründung zu konsolidieren oder gar weiter auszudehnen, löste sich die Vorherrschaft der preußischen Regierung über das Reich schrittweise auf. Dafür hätte es kaum einen deutlicheren Beleg geben können als die Übernahme der preußischen Bundesratsbank durch die Reichsleitung. Denn diese Manipulation der verfassungsrechtlich festgelegten Strukturen nahm der ursprünglichen Hegemonialmacht des Reiches das fundamentalste Recht, das jedem Einzelstaat üblicherweise in einer föderalen Ordnung zusteht: die eigenständige Teilnahme am Willensbildungsprozess des Bundes.

Diese Entmündigung spiegelte sich in der Anwesenheit der preußischen Minister wider (Graph 11). Wegen der eingangs beschriebenen Arbeitsweise des Bundesrates, die sich im Plenum auf die vorher instruierte Stimmabgabe und in den Ausschüssen auf Spezialverhandlungen konzentrierte, saßen auf der preußischen Bank generell bei Weitem mehr Verwaltungsfachleute, die eine Position unterhalb der Ministerebene bekleideten, als Mitglieder des Preußischen Staatsministeriums. Während Bismarcks Kanzlerschaft erschienen preußische Ressortminister aber immerhin sporadisch. In den Jahren 1879 und 1880 erhöhte sich ihre Präsenz als Teil eines unten und im nächsten Kapitel näher erläuterten Reformplanes, mit dem Bismarck die sich langsam verselbstständigende Unitarisierung der Verfassung wieder einfangen wollte, sogar deutlich. Danach änderte sich das Bild. Mit Ausnahme der ersten beiden Kriegsjahre verschwanden Ressortminister nach 1893 praktisch komplett aus der preußischen Delegation. Das war ein klares Anzeichen dafür, dass die preußische Bank nun kein Werkzeug der Regierung ihres Stammlandes mehr war, sondern ein Instrument der Reichsregierung.

Noch stärker manifestierte sich diese Verreichlichung darin, dass ab Mitte der 1880er-Jahre bis zum Ausbruch des Krieges durchgängig mehr Mitglieder des Preußischen Staatsministeriums auf der preußischen Bank Platz nahmen, die kein Ressort leiteten, als solche, die ein Landesministerium führten (Graph 11). Diese Minister ohne Ressort waren hochrangige Beamte aus den obersten Verwaltungsbehörden des Reiches, zumeist die Staatssekretäre, die den Reichsämtern vorstanden. Sie wurden von ihrem obersten Chef, dem Kaiser, in seiner Eigenschaft als König von Preußen zu Mitgliedern des Preußischen Staatsministeriums ernannt, um dort die Interessen der Reichsleitung zu vertreten – daher die oben bereits erwähnte Bezeichnung „Staatssekretarisierung". Dass diese „falschen Minister" die preußische Bundesratsdelegation öfter verstärkten als die eigentlichen Ressortleiter, zeigt nicht nur, wie tief die Reichsregierung das preußische Kabinett durchdrang, sondern auch, wie sehr sie spätestens in Wilhelminischer Zeit die wichtigste Schaltstelle zur Ausübung der preußischen Hegemonie über das Reich mithilfe der Befugnisse des janusköpfigen Kaiser-Königs beherrschte.

Am deutlichsten kam die Kontrolle des Reichs darin zum Ausdruck, dass die Position des preußischen Stimmführers fast immer von einem Repräsentanten der kaiserlichen Reichsregierung besetzt wurde (Graph 12). Bereits 1871 wurde die preußische Stimme in 67 Prozent der Sitzungen von einem leitenden Reichsbeamten abgegeben, meist vom Präsidenten des Kanzleramtes Rudolph von Delbrück. In den nächsten sieben Jahren galt dies für 80 bis 95 Prozent der Sitzungen. Bismarcks an anderer Stelle näher erläuterter Versuch, die Reichsleitung hinter die Landesregierungen zurückzunehmen, führte ab 1879 dazu, dass dieser Anteil stark zurückging und die Stimmführerschaft in bis zu 60 Prozent der Sitzungen von hochrangigen preußischen oder dualen Amtsträgern übernommen wurde, relativ oft sogar vom Kanzler höchstpersönlich. Schon 1884 wurde die preußische Stimme aber wieder in über 90 Prozent der Sitzungen von Bevollmächtigten abgegeben, die ausschließlich Leitungspositionen in den Reichsämtern bekleideten. Das blieb auch bis zum Ende des Kaiserreiches so.

Für die Geschichtsschreibung hat der statistische Nachweis dieser Verreichlichung Preußens Implikationen, die weit über die Diskussion um den preußisch-deutschen Dualismus hinausgehen. Er legt zum Beispiel nahe, dass der politische Kurs des wilhelminischen Reiches eher mit einem Mangel als mit einem Überfluss an preußischem Einfluss erklärt werden muss. Derartige Überlegungen sind von zentraler Bedeutung für unseren Blick auf die Entwicklung der deutschen Geschichte im späten 19. und frühen 20. Jahrhundert, nicht zuletzt im Zusammenhang mit der am Schluss dieses Buches näher beleuchteten Debatte um den vermeintlichen Sonderweg, der Deutschland in die Katastrophe der Nazizeit führte. Angesichts dieser weitreichenden Bedeutung scheint es umso notwendiger, dass wir uns über den Bundesrat und seinen vielschichtigen inneren wie äußeren Wandel mehr Klarheit verschaffen.

## III. Der Rückzug der Kleinstaaten

Für eine Mehrheit im Plenum bedurfte es dreißig Stimmen. Um eine solche zu erreichen und damit Gesetzesentwürfe und andere Vorlagen durch den Bundesrat zu bringen, benötigte die preußische Bank also zusätzlich zu ihren eigenen noch mindestens dreizehn weitere Stimmen. Ungeachtet des Verhaltens der mittelstaatlichen Regierungen generierte die preußische Bank diese Extrastimmen gemeinhin allein schon aus dem Kreis der zwanzig Kleinstaaten, die zusammen über vierundzwanzig Stimmen verfügten und ob ihrer Abhängigkeit vom Wohlwollen des föderalen Hegemons und der Reichregierung leicht unter Druck gesetzt werden konnten. Die Mehrheitsbildung geschah dabei über ein ausgeklügeltes Vertretungssystem, durch das sich die meisten kleinstaatlichen Regierungen aus dem Bundesrat zurückzogen, auf eine eigenständige Beteiligung an der dortigen Willensbildung verzichteten und gewohnheitsmäßig mit der preußischen Bank stimmten.

Die Grundlage für dieses System lag in der Geschäftsordnung des Bundesrates. Um sicherzustellen, dass die Regierungen der Einzelstaaten auch bei personellen Engpässen an allen Abstimmungen würden teilnehmen können, erlaubten die relevanten Statuten von 1871 jedem Stimmführer, „im Falle seiner Abwesenheit oder sonstigen Verhinderung einen anderen Bevollmächtigten" mit der Abgabe der Stimmen seiner Delegation zu beauftragen. Dabei war es egal, ob der Auserkorene Mitglied der eigenen Gesandtschaft war oder nicht. Gehörte er zur Bundesratsvertretung eines anderen Einzelstaates, sprach man von einer sogenannten Substitution beziehungsweise einem Substitutionsbevollmächtigten. 1880 regulierte eine Revision der Geschäftsordnung diese spezielle Form der Vertretung strenger. Von nun an war es den Regierungen verboten, in zwei aufeinanderfolgenden Sitzungen von einer Substitution Gebrauch zu machen. Außerdem durften die Substitutionsbevollmächtigten neben ihrer eigenen nur noch eine weitere Regierung repräsentieren, es sei denn, die betreffenden Regierungen meldeten dies vorher beim Büro des Bundesrates an. Nach Ausbruch des Weltkrieges stieg die Zahl der Sitzungen so sehr an (Graph 1), dass diese Regeln nicht länger praktikabel waren. Im Juli 1915 setzte der Bundesrat sie für drei Monate aus. Ein Jahr später beschloss er, sie für die gesamte Dauer des Krieges aufzuheben.[49]

Schon lange vorher waren Substitutionen für die kleinstaatlichen Regierungen allerdings zur Regel geworden (Graph 13 und 14). Zwischen 1871 und 1918 ließen sie sich von Jahr zu Jahr deutlich häufiger von Substitutions- als von landeseigenen Bevollmächtigten vertreten. Der Anteil an Substitutionen lag in den meisten Jahren bei 60 bis 70 Prozent. Da die Regierungen der meisten Kleinstaaten normalerweise nur einen Vertreter ins Plenum schickten, wurden sie demnach durchschnittlich in zwei von drei Sitzungen von einem Offiziellen einer anderen Landesregierung repräsentiert. Nur in den 1890er-Jahren war das Verhältnis etwas ausgeglichener. Der Anteil an Substitutionen pro Jahr fiel gegenüber 1886/87 um fast 20 Prozent, währen der an landeseigenen Bevollmächtigten um rund 10 Prozent stieg. Am größten war das Ungleichgewicht 1915/16, als Substitutionen 74 Prozent der kleinstaatlichen Delegierten ausmachten. Gegen Ende des Krieges nahm die Zahl der Substitutionen genau wie die der landeseigenen Bevollmächtigten rapide ab, da die Regierungen der Kleinstaaten immer seltener überhaupt in irgendeiner Form an den Sitzungen teilnahmen. 1918 waren die entsprechenden Bundesratsbänke häufiger verwaist als von landeseigenen Gesandten besetzt.

Die erwähnte Verschärfung der Geschäftsordnung im Jahr 1880 hatte keine große Wirkung auf die Teilnahme der kleinstaatlichen Regierungen. Der Anteil an Substitutionen blieb konstant bei über 60 Prozent, ja stieg 1883 sogar noch weiter an (Graph 14). Dass er nicht zurückging, lag daran, dass die betroffenen Regierungen ihr Anmeldeverhalten änderten, wie ein Blick ins Register des Bundesrates verrät (Graph 15). Bis zur Revision der Geschäftsordnung waren über 80 Prozent der Substitutionsbevollmächtigten, die für die Kleinstaaten im Plenum agierten, nicht registriert. Ihre Auftraggeber ernannten sie einfach ad hoc in den Sitzungen, für die sie ihre Dienste in Anspruch nahmen. Ab 1881 wurden hingegen zwischen 77 und 96 Prozent aller Substitutionen von stellvertretenden Bevollmächtigten vorgenommen. Um die Restriktionen der neuen Geschäftsordnung zu umgehen und so ihre gewohnten Vertretungsmuster beibehalten zu können, registrierten die kleinstaatlichen Regierungen ihre üblichen Substitutionsbevollmächtigten also geschwind als Stellvertreter ihrer jeweiligen Bundesratsdelegation.

Dieser Trick untergrub eines der Kernanliegen der von Bismarck mit Nachdruck betriebenen Revision der Geschäftsordnung, nämlich die Erhöhung der Anwesenheit von Ministern und anderen hochrangigen Repräsentanten der Landesregierungen. Trotzdem sind keine Beschwerden von ihm darüber bekannt, dass die kleinen Fürstentümer Substitutionen genauso häufig nutzten wie zuvor. Vermutlich betrachtete er diese Praxis deshalb mit Gleichmut, weil er weniger das Teilnahmeverhalten der klein- als vielmehr das der mittelstaatlichen Regierungen vitalisieren wollte, um deren ganzes Gewicht in der Auseinandersetzung mit dem Reichstag über die monarchische Ausrichtung der Verfassungsordnung in die Waagschale werfen zu können. Die Fortführung des Substitutionssystems unter den Kleinstaaten war im Grunde genommen sogar im Interesse des Kanzlers. Je weniger Bevollmächtigte diese politischen Leichtgewichte im Bundesrat hatten, desto einfacher konnte man ihr Abstimmungsverhalten überwachen und so unnötige Komplikationen vermeiden.[50]

Die Möglichkeit, die kleinstaatlichen Regierungen im Plenum auf diese Weise zu kontrollieren, war von Beginn an in der verfassungsrechtlichen Konstruktion des Bundesrates und in den Bestimmungen seiner Geschäftsordnung angelegt. Das zeigt sich schon daran, dass der Anteil an Substitutionen bereits im Jahr der Reichsgründung bei fast 60 Prozent lag und sich nicht erst mit der Zeit in diese Höhen schraubte (Graph 14). Bei der Verhandlung der Verfassung waren sich alle Beteiligten – also auch die kleinstaatlichen Regierungen selbst – vollkommen darüber bewusst, dass es den Zwergen unter den Mitgliedern des neuen Bundes schwerfallen würde, sich in den Bundesrat einzubringen. Das lag vor allem an deren chronischer Finanznot. Eine Bundesratsdelegation aus einem oder womöglich mehreren Bevollmächtigten mit unterstützendem Personal in Berlin zu unterhalten, überstieg das Budget der meisten Kleinstaaten bei Weitem. Das galt erst recht, weil von Gesandten der monarchischen Regierungen erwartet wurde, in der Reichshauptstadt einen standesgemäßen Haushalt zu führen und am gesellschaftlichen Leben des preußischen Hofes teilzunehmen.[51]

Dieses Problem der Beschränkung föderaler Teilhabe wegen Geldmangels war nicht neu. Schon im Immerwährenden Reichstag des Heiligen Römischen Reiches und im Bundestag des Deutschen Bundes konnten die kleinen Fürstentümer sich oft nur schwer oder gar nicht beteiligen. In seiner Zeit als preußischer Gesandter am Frankfurter Bundestag hatte Bismarck diese Schwierigkeiten mit eigenen Augen beobachten können. Angesichts dieser Erfahrung und seines Ziels, mit der Reichsgründung vor allem die Macht der preußischen Monarchie abzusichern, kann man also davon ausgehen, dass er bei der Festlegung der Geschäftsordnungsregeln einen möglichen inflationären Gebrauch der Substitutionen zumindest billigend in Kauf nahm, wenn nicht gar erhoffte, um die missliche Lage der von ihm gerne als „kleines Gemüse" verspotteten Kleinstaaten auszunutzen und sie im Bundesrat leichter im Griff haben zu können.[52]

Diese Rechnung ging insofern auf, als dass das Substitutionssystem bald nach der Reichsgründung zur Bildung einer Reihe von kleinstaatlichen Abstimmungsgemeinschaften führte, die sich eng an die preußische Bank anlehnten. Erkennbar wird diese Gruppenbildung, wenn man betrachtet, welche Regierungen von Substitutionen Gebrauch machten und woher die Bevollmächtigten kamen, die sie dafür engagierten. Grundsätzlich gab es diesbezüglich drei verschiedene Verhaltensweisen unter den kleinstaatlichen Regierungen. Einige wenige unter ihnen verzichteten weitgehend auf die Anwendung von Substitutionen. Dazu gehörten die Regierungen aus Hessen, Braunschweig und Mecklenburg-Schwerin, die sich jeweils überwiegend von landeseigenen Bevollmächtigten vertreten ließen. Jeder dieser drei Staaten war im föderalen Gefüge des Reiches in einer sehr besonderen Situation.

Das Großherzogtum Hessen hatte als sechstgrößter Einzelstaat des Bundes allein von seiner Größe her mehr politisches Gewicht als die meisten anderen Kleinstaaten. Gleichzeitig war der Abstand zum schwächsten der Mittelstaaten, dem Großherzogtum Baden, deutlich. Die Darmstädter Regierung operierte im Prozess der föderalen Entscheidungsfindung deshalb gewissermaßen zwischen den Mittel- und Kleinstaaten. Diese strategische Position machte es ihr einerseits schwerer, Gehör zu finden, eröffnete ihr andererseits aber auch gewisse Freiräume. Das Festhalten an einer landeseigenen Delegation war ein deutlicher Ausdruck dieser relativen Bewegungsfreiheit. Letztlich machte die hessische Regierung davon im Plenum aber nur sehr begrenzten Gebrauch. In der Regel stimmten ihre Bevollmächtigten einfach mit der preußischen Bank.

Anfänglich war diese Gefolgschaft sicherlich eine Frage politischen Zwangs. Bismarck bestand beharrlich darauf, dass sich die großherzogliche Regierung, die sich in den Einigungsverhandlungen zäh gegen die Aufnahme in den preußisch dominierten Nationalstaat gewehrt hatte, in den Reichsverband eingliederte, und konnte so zum Beispiel schon im April 1871 die Entlassung seines alten Widersachers Reinhard von Dalwigk aus dem Amt des Ministerpräsidenten erreichen. Spätestens ab Mitte der 1870er-Jahre hatte es für die hessische Regierung dann ohnehin keinen Sinn mehr, einen unabhängigen Kurs im Bundesrat anzustreben, weil sich die Einbeziehung der einzelstaatlichen Regierungen in die Gestaltung der Reichspolitik zusehends in andere Foren verlagerte. Nützlicher war es, das Spiel im Bundesrat mitzuspielen und sich dabei – etwa durch die Vertretung anderer Staatsregierungen – möglichst viel Einfluss zu sichern, um so die eigene Position bei den Verhandlungen außerhalb des Bundesrates zu stärken. Gemäß dieser Logik übernahmen hessische Gesandte immer wieder die Substitution anderer Kleinstaaten. Besonders populär war der Ministerialrat Karl von Neidhardt, der sein Heimatland nach 1872 für mehr als drei Jahrzehnte im Plenum vertrat und dort ab den 1880er-Jahren auch noch als stellvertretender Bevollmächtigter von fünf anderen Kleinstaaten registriert war.[53]

Die Situation Braunschweigs war eine ganz andere. Das Herzogtum, einst zuverlässiger Verbündeter während der Reichsgründung, lag mit Preußen seit Mitte der 1880er-Jahre lange Zeit im Clinch über die dynastische Nachfolge in dem kleinen norddeutschen Land. Trotz beziehungsweise gerade wegen dieses Erbfolgestreits, den wir in Kapitel 7 ausführlicher betrachten werden, geriet die Braunschweiger Regierung im Bundesrat besonders nach 1885 in den Orbit der preußischen Bank. Um einen Welfen auf dem Herzogsthron zu verhindern, ließen die preußische

Monarchie und die Reichsregierung nämlich die Muskeln spielen und forderten von Braunschweig Treue gegenüber dem Bund der Fürsten – und das hieß nicht zuletzt: Gehorsam im Bundesrat. Dieser Druck ließ dem Herzogtum gar keine andere Wahl, als sich in der Länderkammer an der preußischen Bank zu orientieren. 1897 ernannte der zwischenzeitlich berufene Regent des Herzogtums, ein Prinz aus dem Hause Hohenzollern, mit dem elsass-lothringischen Landeskommissar Albert Halley gar ein Mitglied der preußischen Bundesratsdelegation zum Substitutionsbevollmächtigten. Im Zweifelsfall blieb die Braunschweiger Bank Mitte der 1890-Jahre eher leer, als dass ein Bevollmächtigter eines Drittstaates die Stimmabgabe übernahm. Wenn das überhaupt einmal geschah, nahm man die Dienste eines pro-preußischen Bevollmächtigten in Anspruch, der auch viele andere Staaten regelmäßig substituierte, zumeist den eben erwähnten hessischen Gesandten Neidhardt. Im Falle Braunschweigs war der weitgehende Verzicht auf Substitutionen also kein Zeichen von größerer Eigenständigkeit, sondern der besonders engen Bindung an die preußische Bank.[54]

Bezüglich Mecklenburg-Schwerins sah die Lage wiederum anders aus. Der Küstenstaat bildete gemeinsam mit dem anderen Teilherzogtum des mecklenburgischen Gesamtstaates, Mecklenburg-Strelitz, eine dauerhafte Stimmgemeinschaft, die nur in den seltensten Fällen auseinanderbrach. Die Organisation dieser Mini-Koalition war einfach. Die Strelitzer Regierung registrierte einen Schweriner Gesandten als stellvertretenden Bevollmächtigten und beauftragte ihn mit ihrer ständigen Vertretung im Bundesrat. Dieser gemeinsame Gesandte gab denn auch die Stimmen beider Staaten im Plenum ab. Die Schweriner Landesführung machte also von Substitutionen keinen Gebrauch, weil sie selbst einen Bevollmächtigten stellte, der diese Funktion in einem festen Zweierbündnis ausübte. In den allermeisten Fällen war die Mecklenburger Koalition ein verlässlicher Partner der preußischen Bank. Das hatte vor allem politische Gründe. Die beiden Mecklenburger Staaten waren die einzigen Mitglieder des Bundes, in denen es noch eine alte Ständeordnung gab. Nach der Reichsgründung forderten liberale Kräfte innerhalb und außerhalb Mecklenburgs immer lauter die Einführung einer modernen Landesverfassung. Zusehends gingen sie dabei den Weg über den Reichstag, der ihnen als mächtiges Sprachrohr für ihre Forderungen diente. Angesichts dieses Verfassungsstreits, den wir im übernächsten Kapitel näher kennenlernen werden, waren die Schweriner und die Strelitzer Regierung auf die Unterstützung der Regierungsspitzen des Reiches und seiner Hegemonialmacht angewiesen, um den Status quo zu verteidigen. Es stand für sie deshalb völlig außer Frage, regelmäßig gegen die preußische Bank zu opponieren.[55]

In die zweite Kategorie, die man ausmachen kann, wenn man die Anwesenheitsmuster der Kleinstaaten im Plenum unter die Lupe nimmt, fallen diejenigen

Regierungen, die ihr Teilnahmeverhalten in den 1880er- und 1890er-Jahren grundlegend änderten. Sachsen-Weimar-Eisenach, Sachsen-Coburg-Gotha und Oldenburg wechselten in dieser Zeit entweder von Substitutions- auf landeseigene Bevollmächtigte oder umgekehrt. Bei jeder dieser Regierungen lag die Ursache für diese Umstellung darin, dass sie Teil verschiedener Koalitionen wurden, in denen alle Mitglieder einen gemeinsamen Bevollmächtigten nutzten.[56]

Die jeweiligen Stimmblöcke und die Position, die die genannten Regierungen darin einnahmen, werden automatisch erkennbar, wenn wir die dritte und letzte große Gruppe unter den Kleinstaaten betrachten. Dazu zählten alle Regierungen, die ihre Stimme in mehr als drei Viertel aller Sitzungen einem Substitutionsbevollmächtigten übertrugen, die Substitution also praktisch zu einer ständigen Einrichtung erhoben. Neben dem bereits erwähnten Herzogtum Mecklenburg-Strelitz war das der Fall für die Hansestädte Hamburg und Bremen, die westfälischen Fürstentümer Schaumburg-Lippe und Lippe sowie die thüringischen Zwergstaaten Sachsen-Meiningen, Anhalt, Sachsen-Altenburg, Schwarzburg-Rudolstadt, Schwarzburg-Sondershausen, Reuß älterer Linie und Reuß jüngerer Linie.

Bremen und Hamburg formten eine ständige Stimmgemeinschaft unter dem Vorsitz Lübecks. Diese hanseatische Koalition hatte aufgrund der Wirtschaftskraft der Beteiligten deutlich mehr Spielraum als die meisten anderen Kleinstaaten. Vor allem Hamburg konnte seine Stellung als Handelsmetropole von Weltrang nutzen, um in den Verhandlungen, die zwischen den einzelstaatlichen Regierungen und den Vertretern des Reiches in den Bundesratsausschüssen und anderen Foren föderaler Entscheidungsfindung stattfanden, seine Interessen immer wieder einzufordern und die Zustimmung im Plenum von deren Berücksichtigung abhängig zu machen. Diese relative Eigenständigkeit der Hansestaaten schlug sich unter anderem darin nieder, dass sie, wenn keiner ihrer Delegierten im Bundesrat anwesend war, ihre dortigen Stimmen häufig einem bayerischen Bevollmächtigten übertrugen statt dem Gesandten einer Regierung, die sich fest im Dunstkreis der preußischen Bank befand. In den Jahren vor Ausbruch des Krieges lehnten sich aber auch die hanseatischen Regierungen zusehends an die preußische Delegation an. Ab Oktober 1913 ließen sie sich in den meisten Sitzungen von Karl Sieveking vertreten, dem Spross einer Hamburger Diplomatendynastie, der lange als Reichsbeamter für Elsass-Lothringen gearbeitet hatte und als solcher Teil der preußischen Delegation gewesen war, bevor die Lübecker Regierung ihn in die Reihen ihrer Bevollmächtigten holte.[57]

Das südthüringische Sachsen-Meiningen, das flächenmäßig in etwa der Größe des heutigen Saarlandes entsprach und kaum mehr als eine viertel Million Einwohner zählte, engagierte in den 1870er-Jahren zunächst wechselnde

Substitutionsbevollmächtigte aus verschiedenen Staaten. Diese Praktik brachte das kleine Herzogtum im föderalen Entscheidungsprozess völlig unter die Räder. Nach der anfänglichen Phase des Ausprobierens schloss es sich daher fest der Delegation Bayerns an. Das ergab schon aus rein pragmatischen Gesichtspunkten Sinn. Aufgrund der geografischen Nähe überlappten sich die Interessen des kleinen fränkischen Staates mit denen seines großen Nachbarn erheblich. Insbesondere galt dies für ökonomische und fiskalische Angelegenheiten, da das territorial zersplitterte Herzogtum auf vernünftige Wirtschaftsbeziehungen zu seinen umliegenden Staaten angewiesen war, um seine diversen Landesteile über Wasser zu halten. Dementsprechend war es denn auch in der Regel ein Beamter aus der bayerischen Finanzverwaltung, den die Meininger Regierung mit der Stimmabgabe im Bundesrat betraute. Diese Praxis hatte außerdem den Vorteil, dass das Herzogtum im Schatten des wichtigsten Gegenspielers der Hegemonialmacht des Bundes sich deren Einflusssphäre wenigstens teilweise entziehen konnte.[58]

Außer den Hansestädten und Sachsen-Meiningen vermochte es keiner der Kleinstaaten, das Substitutionssystem dafür zu nutzen, sich im Plenum zumindest einen Rest an Entscheidungsfreiheit gegenüber der preußischen Delegation zu wahren. Ganz im Gegenteil: Es bildeten sich zwei große Koalitionen, die praktisch zu einem Anhängsel der preußischen Bank wurden. Diese Abstimmungsgruppen waren – wie alle bisher genannten auch – keine geschlossenen Gemeinschaften. Mitglieder konnten jederzeit neu hinzukommen, für einige Zeit aussetzen oder ganz austreten. Solche Fluktuationen waren aber eher selten. In beiden Zusammenschlüssen blieb die Besetzung bemerkenswert konstant, nachdem die jeweiligen Staaten erst einmal beigetreten waren.

Lippe, Schaumburg-Lippe und Anhalt formten eine Allianz unter der Führung Braunschweigs, Oldenburgs und gelegentlich Hessens. Die Mitglieder der Gruppierung waren über ganz Nordwest- und Mitteldeutschland verstreut und variierten in ihrer Größe beträchtlich. Oldenburg umfasste mit circa 6400 Quadratkilometern ein fast zwanzig Mal so großes Territorium wie Schaumburg-Lippe, auf dem mit etwa 350 000 Einwohnern ungefähr neun Mal so viele Menschen lebten. Das stärkste Band, das die Staaten dieses Zusammenschlusses verband, war ihre Abhängigkeit von guten Beziehungen zur preußischen und zur kaiserlichen Regierung. Daraus speiste sich eine ausgeprägte Loyalität gegenüber der preußischen Bank.

Das bekundete sich nicht zuletzt in der Auswahl der Substitutionsbevollmächtigten, die diese Zweckgemeinschaft die meiste Zeit vertraten. Zwischen 1871 und 1885 übernahm Friedrich von Liebe diese Funktion. Der Verwaltungsjurist aus Braunschweig war bereits Regierungsgesandter beim Frankfurter

Bundestag und beim Erfurter Unionsparlament gewesen. In beiden Positionen hatte er sich für eine enge Anbindung an Preußen engagiert. 1855 wurde er Geschäftsträger seiner Regierung am preußischen Hof. Nach einem sechsjährigen Zwischenspiel als Finanzminister seines Heimatstaates wurde er 1867 Chef der braunschweigischen Delegation im Bundesrat, wo er schnell durch seinen „juristischen Scharfsinn" hervortrat, wie Poschinger in seiner Bundesratschronik beschreibt. Nach der Reichsgründung entwickelte er ein enges Vertrauensverhältnis zu Bismarck, auf dessen Geheiß er im März 1880 vom Kaiser den Roten Adlerorden erster Klasse verliehen bekam. Nach vierzehn Jahren als Leiter der bundesrätlichen Abstimmungsgemeinschaft verstarb er nach kurzer, schwerer Krankheit 1885 im Dienst. In einem eigenhändig gezeichneten Kondolenzbrief an die Gattin des Verblichenen beklagte Bismarck „schmerzlich den Verlust, welchen Kaiser und Reich durch das Dahinscheiden meines langjährigen und hochverehrten Freundes erleiden".[59]

In den folgenden zwei Jahrzehnten wechselte die Stimmführerschaft häufig. 1905 übernahm schließlich der Oldenburger Gesandte Georg von Eucken-Addenhausen die Vertretung der Koalition und gab diese bis 1914 nicht wieder ab. Auch er war ein Garant für enge Beziehungen zur preußisch-deutschen Führungsebene. Nach mehreren Jahren als Bürgermeister in verschiedenen Städten im preußisch-kontrollierten Thüringen war er 1902 als Regierungsrat ins Reichsamt des Innern gewechselt. Die Erfahrung, die er als Mitglied der obersten Reichsverwaltung sammelte, beförderte ihn 1905 an die Spitze der besagten Bundesratskoalition. Seine Ernennung war offensichtlich eine bewusste strategische Entscheidung. Als Bevollmächtigter bekam Eucken-Addenhausen dank der Kontakte, die er im Reichsinnenamt geknüpft hatte, häufig wichtige Informationen aus dem Kreis der Reichsregierung zugespielt. Durch dieses Vorgehen wollten die entsprechenden Reichsstellen die von ihm vertretenen Regierungen zu einer bestimmten Stimmabgabe bewegen. Im Gegenzug gab die Vorzugsbehandlung seinen Auftraggebern einen beachtlichen Vorteil im föderalen Verhandlungsprozess. Oft wurden die kleinstaatlichen Regierungen nämlich nur sehr mangelhaft über die Gesetzesentwürfe informiert, die ihnen die Reichsämter vorsetzten. Dazu mehr im folgenden Kapitel.[60]

Die größte Koalition unter den Kleinstaaten umfasste alle thüringischen Fürstentümer außer Sachsen-Meiningen und Anhalt: Sachsen-Weimar-Eisenach, Sachsen-Coburg-Gotha, Sachsen-Altenburg, Schwarzburg-Rudolstadt, Schwarzburg-Sondershausen, Reuß älterer Linie und Reuß jüngerer Linie. Für sich alleine genommen war jeder dieser sieben Staaten ein politisches Leichtgewicht. Reuß ältere Linie umfasste zum Beispiel nur 316 Quadratkilometer und etwas über 60 000 Einwohner. In Brandenburg, einer von dreizehn Provinzen des Königreiches Preußen, lebten dagegen 1871 bereits knapp drei Millionen Menschen auf fast 40 000 Quadratkilometern, die meisten davon in der Metropole Berlin. Zusammen besaßen die thüringischen Zwergstaaten allerdings ganze sieben Stimmen im Bundesrat. Das war immerhin eine mehr, als Bayern, der zweitgrößte Einzelstaat des Reiches, zur Verfügung hatte.[61]

Selbst dieses beachtliche Stimmgewicht gab dem Zusammenschluss der Kleinstaaten allerdings keine nennenswerten politischen Spielräume im Bundesrat. Im Gegenteil: Der Thüringer Block stand ganz unter dem Einfluss der preußischen Bank. Diese Abhängigkeit äußerte sich vielleicht am deutlichsten darin, dass sich die Stimmgemeinschaft genau zu dem Zeitpunkt formierte, als Bismarck von den einzelstaatlichen Regierungen angesichts der zunehmend offensiveren Forderungen des Reichstages nach Einführung verantwortlicher Reichsministerien verlangte, die Geschlossenheit des Fürstenbundes zu demonstrieren. Infolgedessen übernahm ab 1880 die großherzogliche Regierung aus Sachsen-Weimar-Eisenach die Vertretung der anderen sechs thüringischen Staaten.

Diese Koalition stand in den Abstimmungen fest zusammen. Lediglich Sachsen-Coburg-Gotha scherte nach 1890 für gut zwei Jahrzehnte aus und instruierte einen eigenen Bevollmächtigten, Gisbert von Bonin-Brettin. Der Verwaltungsjurist aus dem Finanzwesen stimmte aber in aller Regel nach wie vor mit der thüringischen Gruppe. Diese hatte bis zum Ende des Weltkrieges drei Hauptbevollmächtigte: Adolf Heerwart, Arnold Paulssen, und Karl Nebe. Alle drei kamen aus der Finanzverwaltung Sachsen-Weimar-Eisenachs, dem mit Abstand größten Mitglied der Koalition. Die Beschäftigung dieser Experten für Steuer- und Budgetfragen war kein Zufall. Für die zersplitterten thüringischen Zwergstaaten war die föderale Finanz- und Wirtschaftspolitik von größter Bedeutung. Auf sich allein gestellt konnte keiner von ihnen überleben angesichts der finanziellen Anforderungen, die der Bund etwa durch die jährlich zu entrichtenden Militärkontributionen an die Einzelstaaten stellte. Indem sie die genannten Finanzfachmänner zu ihren Vertretern im Bundesrat ernannten, versuchten die thüringischen Regierungen zumindest, sich für die Verhandlungen föderaler Finanzfragen, wie zum Beispiel der jährlichen Festlegung der Matrikularumlagen, möglichst gut aufzustellen.[62]

Um bei solchen Versuchen wenigstens gelegentlich Gehör zu finden, war für die kleinstaatlichen Regierungen ein gutes Verhältnis zu den Führungsinstanzen des Reiches und seiner Hegemonialmacht ein absolutes Muss. Anders gesagt: Störungsfreie Beziehungen zu den wichtigsten Schaltstellen des föderalen Systems waren für sie eine Frage der Existenz. Diese Abhängigkeit gab der exekutiven Führungsriege in Preußen und dem Reich viele Möglichkeiten, die kleinstaatlichen Regierungen bei den Verhandlungen in den verschiedenen Foren föderaler Entscheidungsfindung, die sich mit der Zeit herausbildeten, unter Druck zu setzen und nötigenfalls ihre Unterstützung im Bundesrat zu erpressen. Besonders effektiv waren Drohungen den Bereich der Infrastruktur betreffend, in dem das Reich das Eisenbahn-, Post- und Telegrafenwesen kontrollierte. Die Zwergstaaten von dem nach der Reichsgründung immer dichter werdenden Netz der nationalen Verkehrs- und Kommunikationswege abzuschneiden, hätte ihren Zusammenbruch bedeutet. Viele Privilegien des Kaisers waren ebenfalls nützlich. So war etwa sein Recht, über die Anlage von Festungen zu entscheiden, ein mächtiges Druckmittel. Für strukturschwache Regionen wäre die Verlagerung einer lokalen Garnison ein Desaster gewesen. Militärangelegenheiten boten generell viele Wege, eventuell aufmüpfige Regierungen gefügig zu machen. Da alle Einzelstaaten mit Preußen über die im Zuge der Reichsgründung geschlossenen Militärkonventionen verbunden waren und viele Anforderungen der preußischen Armee qua Verfassung automatisch für die Regimenter aller Fürsten galten, konnten die bestehenden Militärverhältnisse ohne große Mühe zum Nachteil widerspenstiger Regierungen geändert werden. Für den öffentlichen Sektor der Kleinstaaten stellten die Truppen einen wichtigen Standortfaktor dar, deshalb war allein die vage Andeutung einer solchen Änderung ein äußerst wirksames Druckmittel, um die betreffenden Regierungen auf Linie zu bringen.[63]

Zu diesem Zweck konnte die preußische genau wie die kaiserliche Regierung aber nicht nur eine große Bandbreite möglicher Repressalien androhen, sondern auch an die Solidarität der monarchischen Mitglieder im Bund der Fürsten appellieren. Mit den familiären Beziehungen zwischen den verschiedenen Dynastien standen wichtige Kanäle zur Verfügung, um Bewegung in festgefahrene Konflikte im föderalen Entscheidungsprozess zu bringen und um Loyalität gegenüber der preußischen Bank einzufordern, zumal vor dem Hintergrund des wachsenden Machtanspruches des Parlamentarismus. Ein Briefwechsel zwischen den verschiedenen gekrönten Häuptern oder deren Familienmitgliedern konnte unter Umständen mehr bewirken als langwierige Verhandlungen zwischen ihren jeweiligen Regierungsvertretern. Besonders eng waren die verwandtschaftlichen Bande zwischen den Hohenzollern und den verschiedenen Linien des Hauses Wettin, die über die meisten der thüringischen Kleinstaaten herrschten. Kaiserin Augusta, die Gattin Kaiser Wilhelms I., war eine geborene Prinzessin Sachsen-Weimar-Eisenachs, also des Großherzogtums, dessen Bevollmächtigter ab 1880 die thüringische Koalition anführte. Selbst bei der Formierung von Abstimmgemeinschaften konnten dynastische Verbindungen helfen. So wandte sich beispielsweise der Großherzog von Oldenburg auf Vorschlag seines Gesandten Eucken-Addenhausen 1905 an die umtriebige Herzogin Marie von Anhalt, die binnen weniger

Wochen dafür sorgte, dass sich ihre Regierung der Koalition der nordwest- und mitteldeutschen Staaten anschloss.[64]

Darüber hinaus war es für eine Gruppierung von mehr als zwei oder drei Staaten schon aus verfahrenstechnischen Gründen nahezu unmöglich, einen unabhängigen Kurs im Bundesrat zu verfolgen. Der Substitutionsbevollmächtigte der thüringischen Länder hatte von allen Stimmführern im Plenum die mit Abstand anspruchsvollste Aufgabe. In allen Abstimmungen – manchmal mehreren Dutzend pro Sitzung – musste er das Votum eines jeden der sieben von ihm vertretenen Staaten binnen weniger Sekunden auf Abruf korrekt abgeben. Wollte er sich nicht verzetteln, war das überhaupt nur möglich, weil alle seine Auftraggeber ihn normalerweise immer gleich instruierten, nämlich dahingehend, einfach mit der preußischen Bank zu stimmen. Er konnte also sieben identische Voten abgeben und lief nicht Gefahr, verschiedene Instruktionen durcheinanderzubringen.[65]

Es gab somit eine ganze Reihe von Faktoren, die dafür sorgten, dass die kleinstaatlichen Regierungen bei den Abstimmungen im Plenum in der Regel kaum eine andere Wahl hatten, als sich der preußischen Delegation anzuschließen. Nach der Reform der Geschäftsordnung, die durch mehrere im nächsten Kapitel näher beschriebene Maßnahmen das Plenum gegenüber den Ausschüssen stärkte und so den Druck auf die Kleinstaaten weiter erhöhte, fasste der Mecklenburger Bevollmächtigte Karl Oldenburg die Situation 1880 so zusammen: „Bei diesen Beratungen [des Plenums] gebietet das Präsidium stets über eine zu einer Majorität hinreichende Anzahl von Stimmen, zumal da Thüringen und Braunschweig jetzt unbedingte Heeresfolge leisten. Die Folge ist, daß jeder Antrag von vornherein tot und erstickt ist und daß jede Verhandlung auf eine ungeschwächte Annahme der Präsidialvorlage hinausläuft. Die Opposition auch der gesinnungstüchtigsten Art muß sich immer mehr verlieren, wenn sie von vornherein ohne jede Aussicht bleibt."[66]

Ob dieser Lage der Dinge war es für die kleinstaatlichen Regierungen strategisch klüger, sich im Bundesrat weitgehend zurückzuziehen, ihre Vertretung einem Substitutionsbevollmächtigten zu überlassen und zu versuchen, sich stattdessen in die anderen Foren einzubringen, in denen Verhandlungen zwischen den einzelstaatlichen Regierungen und der Reichsregierung stattfanden. Es stand also auch eine gewisse, sich aus dem Zwang der Umstände ergebende Logik dahinter, dass die Kleinstaaten im Kosmos des Bundesrates wie Satelliten um den übermächtigen Fixstern der preußischen Bank kreisten.

Besonders die thüringischen Fürstentümer ergaben sich ganz in diese untergeordnete Rolle. Die preußische Bank konnte im Plenum stets auf die sieben Stimmen dieser Gruppe zählen. Zusammen mit der Unterstützung der gemischten Koalition aus den nordwest- und mitteldeutschen Ländern sowie der Mecklenburger Stimmgemeinschaft garantierte der Thüringer Block der preußischen Bank zwischen fünfzehn und achtzehn Zusatzstimmen, je nachdem, wie sich die hessische Regierung verhielt. In jedem Fall waren das mindestens zwei Stimmen mehr, als die preußische Bank zur Bildung einer Mehrheit benötigte. Selbst wenn sich die preußische Delegation – was selten genug vorkam – der geschlossenen Opposition der Mittelstaaten und ein oder zwei abtrünnigen Kleinstaaten gegenübersah, bestand daher kaum Gefahr, dass sie überstimmt werden könnte. In der Tat geschah es in den knapp fünf Jahrzehnten zwischen Reichsgründung und Revolution nur ganze zwei Mal, dass der Bundesrat ein wichtiges Gesetz gegen die Stimmen der preußischen Delegation annahm. 1877 stemmte sich eine Mehrheit der Regierungen gegen eine weitere institutionelle Zentralisierung in der Reichshauptstadt und vergab den Sitz des neugegründeten Reichsgerichts an Leipzig statt an Berlin. 1880 verabschiedete der Bundesrat eine Reform des Reichsstempelgesetzes gegen die preußischen Stimmen. Wie wir im vorhergehenden Kapitel gesehen haben, wurde diese Entscheidung jedoch nur wenige Tage später wieder revidiert, weil Bismarck zwischenzeitlich mit Rücktritt gedroht hatte.[67]

Danach gab es solche Vorfälle nicht mehr. Allein der Versuch, die preußische Delegation überstimmen zu wollen, zählte „zu den Todsünden 2. Grades", wie sich der spätere Berliner Bürgermeister Adolf Wermuth erinnerte, als er in seinen Memoiren auf die dreizehn Jahre zurückblickte, die er ab 1899 zunächst als Unterstaatssekretär und dann als Chef des Reichsschatzamtes auf der preußischen Bank verbracht hatte. Das Substitutionssystem produzierte folglich zuverlässig Mehrheiten für die preußische Bank. Die Reichsleitung war ohnehin meist darum bemüht, bereits in den Vorverhandlungen, die außerhalb des Bundesrates stattfanden und die das nächste Kapitel näher untersuchen wird, Einstimmigkeit unter den verbündeten Regierungen herzustellen und so in der Auseinandersetzung mit dem Reichstag die Fassade vom Fürstenbund aufrechtzuerhalten.[68]

Wie groß die Kontrolle war, die das Substitutionssystem der preußischen Bank über das Plenum gab, wird deutlich, wenn man das Teilnahmeverhalten Waldeck-Pyrmonts betrachtet. Das nordhessische Fürstentum war ein Sonderfall unter den Kleinstaaten. Im Juli 1867, also noch während des Deutsch-Deutschen Krieges, schloss der chronisch finanzschwache Zwergstaat einen sogenannten Akzessionsvertrag mit Preußen. Dieses Abkommen übertrug der preußischen Regierung praktisch die gesamte innere Verwaltung und alle Außenbeziehungen Waldeck-Pyrmonts. Da Letztere auch das Verhältnis des Fürstentums zu dem sich gerade formierenden Bund einschlossen, fiel Preußen nach Inkrafttreten der föderalen Verfassung die waldecksche Bundesratsstimme zu. In der Praxis verfügte Preußen deswegen nicht über siebzehn, sondern über achtzehn Stimmen im Plenum.[69]

Von 1871 bis 1883 wurde Waldeck-Pyrmont für gewöhnlich von einem Substitutionsbevollmächtigten vertreten (Graph 16). Dabei handelte es sich um den bereits erwähnten Braunschweiger Gesandten von Liebe, den die preußische Regierung ob seiner langjährigen Loyalität für diese Aufgabe engagierte. Als von Liebe 1883 erkrankte und immer öfter nicht mehr im Bundesrat auftreten konnte, übernahmen landeseigene Bevollmächtigte die Stimmabgabe. Zumeist war das ein Vertreter des vom preußischen Ministerpräsidenten – das heißt, indirekt vom Reichskanzler – ernannten Landesdirektors von Waldeck-Pyrmont. Mit den Jahren erschienen diese Delegierten aber immer seltener im Plenum. Die Stimme des Fürstentums wurde in diesen Fällen einfach nicht abgegeben und verfiel. Zwischen 1899 und 1901 war der waldecksche Bevollmächtigte erstmals häufiger ab- als anwesend. Nach 1907 wurde das zum Dauerzustand. Bis 1918 blieb die waldecksche Bank in einigen Jahren in über 80 Prozent der Sitzungen unbesetzt.[70]

Dieser beständige Verzicht bekundete, dass die preußische Bank nicht darauf angewiesen war, die Stimme Waldecks in Anspruch zu nehmen, um im Plenum Mehrheiten zu erreichen. Durch das sich über die Jahre immer besser einspielende Substitutionssystem waren ihr so viele Zusatzstimmen sicher, dass sie die eine des nordhessischen Fürstentums getrost verfallen lassen konnte. Die Tatsache, dass diese Handhabung ab der Jahrhundertwende zur Regel wurde, spiegelt die Kontrolle wider, die die preußische Bank seit Anbeginn des Reiches dank der Veränderung der föderalen Entscheidungsstrukturen über den Bundesrat gewonnen hatte. Spätestens zu Beginn des neuen Jahrhunderts bestimmte sie die Mehrheitsbildung im Plenum unangefochten. Diese Vorrangstellung bedeutet aber nicht, dass es die preußische Regierung war, die den Bundesrat beherrschte. Im Gegenteil: Da die preußische Bank, wie wir oben gesehen haben, schon lange vor 1900 von Abgesandten der Reichsämter vereinnahmt worden war, verschaffte das Substitutionssystem nun vielmehr der sich seit Jahrzehnten stetig konsolidierenden Reichsregierung zuverlässige Mehrheiten.

## IV. Die Nationalisierung der Länderkammer

Der Bundesrat funktionierte nie so, wie er es gemäß der Idee vom Fürstenbund eigentlich sollte. Als Bismarck die Grundrisse der Verfassung im Herbst 1866 konzipierte, plante er, das Vertretungsorgan der verbündeten Regierungen, also die institutionelle Verkörperung des kollektiven Reichssouveräns, zum Regierungszentrum des neuen Bundes zu machen. Der Bundesrat sollte ein eigenständiges Organ der politischen Willensbildung sein. Dort sollten die monarchischen Regierungen der Einzelstaaten unter Führung ihres Hegemons, der in Gestalt des Bundeskanzlers beziehungsweise des mit diesem in Personalunion verbundenen preußischen Außenministers dem Plenum vorsitzen sollte, die Geschicke des Reiches lenken. Schon in den ersten Jahren nach der Reichsgründung stellte sich diese Vorstellung aber als Illusion heraus. Bereits 1872 übernahmen Delegierte der rasch wachsenden Reichsverwaltung die preußische Bank und damit auch den Vorsitz über das Plenum. Die meisten kleinstaatlichen Regierungen bemühten sich erst gar nicht, eine aktive Rolle im Bundesrat einzunehmen und überließen ihre dortige Vertretung landesfremden Bevollmächtigten.

Diese beiden Entwicklungen – die Verreichlichung der preußischen Bank und die Einrichtung des Substitutionssystems unter den Kleinstaaten – unterwanderten die Verfassung massiv. Das Ergebnis war, wie Paul Laband in seinen Betrachtungen über den Bundesrat konstatierte, eine „Verschmelzung des legislativen Organs mit der Verwaltung des Reiches". Infolge dieser gewaltenübergreifenden Fusion war jeder Gesetzesentwurf, den der Bundesrat annahm, jede Verordnung, die er erließ, und jede Maßnahme, die er traf, nicht Ausdruck dessen, was die einzelstaatlichen Regierungen unter sich ausgemacht hatten, sondern dessen, was die Reichsregierung – je nach Fall – mit ihnen verhandelt beziehungsweise ihnen aufgezwungen hatte. Kurzum: Die Umformung des Plenums machte aus der offiziellen Vertretung der einzelstaatlichen Regierungen, dem eigentlichen Zentrum der Verfassung, ein gehorsames Instrument der schrittweise entstehenden Reichsregierung, das sich dieser nur in den seltensten Fällen widersetzte und kein eigenständiger Faktor im föderalen Entscheidungsprozess war. Aus dem Bundes- wurde gewissermaßen ein Reichsrat.[71]

Diese Nationalisierung der Länderkammer startete nicht langsam und zog sich dann schleichend über mehrere Jahrzehnte hin, sondern trat gleich nach der Reichsgründung mit erheblicher Wucht auf. Im Laufe der Jahrzehnte dominierten Reichsbeamte die preußische Delegation zwar immer mehr, und die kleinstaatlichen Regierungen zogen sich noch weiter zurück als ohnehin schon, sodass der Bundesrat als Vertretung einzelstaatlicher Interessen immer mehr an Bedeutung verlor. Entscheidend war allerdings, dass diese Entwicklungen schon sehr früh mit aller Macht einsetzten und dem Bundesrat so quasi von Anfang an die Kraft nahmen, eine konstruktive Rolle in der Regierungstätigkeit des Reiches zu spielen. Man kann daher kaum von einem allmählichen Abstieg sprechen. Vielmehr fristete die Länderkammer von Anbeginn des Reiches ein Schattendasein, wie schon Michael Stürmer in seiner älteren Studie zu *Regierung und Reichstag im Bismarckstaat* angemerkt hat. Die Aushöhlung des Plenums nahm dem Bundesrat nämlich von vornherein jede Möglichkeit, aktiv Politik zu gestalten. Er war gewissermaßen eine leere Hülle, die als „Versicherungsanstalt für die Erhaltung des Status Quo" darauf beschränkt war, wie es Walther Peter Fuchs formuliert hat, die exekutiven Entscheidungsträger vom Reichstag abzuschirmen und so monarchische Souveränität zu schützen. Anders gesagt: Der Bundesrat gestaltete nicht. Er blockierte einfach nur.[72]

Das war allerdings eine für das Zusammenspiel der verschiedenen Teile des Regierungssystems überaus wichtige Funktion. Auch wenn der Bundesrat ein bloßer Schatten seiner selbst war, schützte seine bloße Existenz die Exekutivstellen des Bundes vor Übergriffen des Reichstages. Es ging für die Reichsregierung im Bundesrat deshalb gar nicht primär darum, durch die Übernahme der preußischen Bank und die Ausnutzung des Substitutionssystems eine Stimmenmehrheit zusammenzubringen. Was für sie zählte, war die Kontrolle über die Länderkammer als Ganzes, das heißt als ein Bollwerk, das den Reichstag in Schach halten konnte. Aus diesem Grund versuchte sie in der Regel bereits vor der Einbringung von Vorlagen in den Bundesrat, möglichst Einstimmigkeit zwischen den Regierungen herzustellen, wie wir im nächsten Kapitel sehen werden. Denn so konnte die gesammelte Autorität des kollektiven Reichssouveräns gegen den Reichstag ins Feld geführt, der Schein des Fürstenbundes aufrechterhalten und dadurch allen Parlamentarisierungsansätzen entgegengewirkt werden. Angesichts dieser Funktion kann man auch trotz der Verkümmerung seiner von der Verfassung eigentlich vorgesehenen Stellung nicht – wie es Paul Laband drei Jahre vor Ausbruch des Ersten Weltkrieges formuliert hat – von einer „vollständigen politischen Bedeutungslosigkeit des Bundesrates" sprechen. Derartige Einschätzungen verkennen den größeren Zusammenhang des Wandels, den die Länderkammer durchmachte. Der Bundesrat war zwar nur die „Bremse" des Regierungssystems. Insofern lag die eingangs geschilderte Parlamentarisierungsdebatte sicherlich richtig. Ohne diese Bremse funktionierte die Verfassungsmaschine aber genauso wenig wie ohne den zweitaktigen Motor aus Reichsregierung und Reichstag.[73]

Dass der Bundesrat schon seit den ersten Jahren nach der Reichsgründung dieses Schattendasein führte, hat erhebliche Folgen für unser Verständnis vom

Regierungssystem des Reiches. So lässt sich aus der frühen Entkernung des Bundesrates zum Beispiel schlussfolgern, dass mit Manfred Rauhs These von der Parlamentarisierung der Reichsgewalt etwas nicht stimmen kann – dies kann festgestellt werden, noch bevor wir uns näher damit beschäftigen, wie sich die Stellung des Reichstages im föderalen Verfassungsgefüge über die Jahre veränderte. Laut Rauh gewann der Reichstag praktisch das an Einfluss hinzu, was der Bundesrat verlor. Nach dieser Nullsummenlogik hätte der Reichstag schon wenige Jahre nach der Reichsgründung die Reichsregierung, die sich um Bismarck bildete, steuern müssen, da der Bundesrat zu diesem Zeitpunkt – wie die obige statistische Analyse bewiesen hat – bereits ausgehöhlt war und damit keine aktive Rolle in der Gestaltung der Reichspolitik mehr spielen konnte. Das kann man allerdings schwerlich behaupten. Auch wenn man nicht so weit gehen muss wie Hans-Ulrich Wehler, der von einem „bonapartistischen Diktatorialregime" des Eisernen Kanzlers gesprochen hat, ist es in Anbetracht der erdrückenden Dominanz Bismarcks über das Regierungssystem des jungen Bundesstaates schlicht unzutreffend, dass der Reichstag während seiner Kanzlerschaft die Regierung in irgendeiner Form lenkte oder gar kontrollierte. Rauhs Argument geht dementsprechend auch in eine andere Richtung. In seinen Augen setzte die Auflösung der antiparlamentarischen Strukturen um den Bundesrat und damit die schleichende Parlamentarisierung der Reichsgewalt erst nach Bismarcks Rücktritt in den 1890er-Jahren voll ein. Damit steht seine These aber in chronologischem Widerspruch zu den statistischen Ergebnissen über die Anwesenheitsmuster im Bundesrat. Anders gesagt: Die von ihm konstatierte „stille Parlamentarisierung" im Wilhelminischen Reich passt zeitlich nicht mit der Nationalisierung des Bundesrates zusammen, weil diese schon in den Bismarckjahren weitgehend abgeschlossen war. Wenn es eine wie auch immer geartete schrittweise Parlamentarisierung wirklich gab – und das gilt es erst noch im nächsten Kapitel zu untersuchen –, dann muss sie sich nach Rauhs eigener Logik angesichts der statistischen Ergebnisse viel früher vollzogen haben als von ihm angenommen.[74]

Unsere Erkenntnisse über das Innenleben des Bundesrates dafür zu benutzen, Rauhs These zu kritisieren, bringt uns aber nicht weiter. Wollen wir den Wandel des föderalen Regierungssystems insgesamt besser verstehen, müssen wir vielmehr die Einblicke, die wir gewonnen haben, weiter verfolgen und noch tiefer bohren. Aus welchen Gründen führte der Bundesrat von Anfang an so ein Schattendasein? Und welche Folgen hatte dieses frühe Einschlafen der Herzkammer des von Bismarck propagierten Fürstenbundes für das sensible Gesamtgefüge zwischen den verschiedenen Regierungsorganen und -ebenen des Reiches? Das vorliegende Kapitel hat die Grundlagen dafür gelegt, um diese Fragen im Folgenden beantworten zu können. Es hat nämlich den Bundesrat – also den Teil der Verfassung, der mehr als jeder andere das Zerrbild eines Fürstenbundes erzeugte – durchsichtig und damit den Blick frei gemacht auf den Reichstag, den Reichskanzler, die um diesen nach und nach entstehende kaiserliche Reichsregierung, und die verschiedenen Institutionen, die sich im Laufe der Zeit bildeten, um die einzelstaatlichen Regierungen trotz der Marginalisierung des Bundesrates an der Gestaltung der Reichspolitik zu beteiligen. Die statistische Analyse der Anwesenheitsmuster im Plenum hat gewissermaßen den Schleier, der über der Verfassung lag, gehoben. Das ermöglicht es uns nun, ganz genau zu ergründen, wie das föderale Regierungssystem in der politischen Praxis funktionierte und wie es sich dabei über die Jahre wandelte.

Zu diesem Zweck wird das nächste Kapitel analysieren, wie sich der Prozess der föderalen Entscheidungsfindung über die Jahrzehnte veränderte. Dazu wird es zeigen, wie die Nationalisierung des Bundesrates mit den anderen beiden prägenden Wandlungsprozessen zusammenhing, die das empfindliche Verfassungsgefüge vor dem Hintergrund der steten Zentralisierung des Bundes mit der Zeit durchlief: der im vorhergehenden Kapitel beschriebenen Monarchisierung des Kaiseramtes, die ihren wichtigsten Ausdruck in der Entstehung der kaiserlichen Reichsregierung fand, und der bereits angeschnittenen, unter Historikern so umstrittenen Parlamentarisierung der Reichsgewalt. Einfacher ausgedrückt: Wir werden erfahren, wie das Innenleben des Bundesrates mit der sich stetig verändernden Außenwelt zusammenhing, in der die Länderkammer operierte.

Dabei werden wir sehen, dass die Verreichlichung der preußischen Delegation und der Rückzug der kleinstaatlichen Regierungen die institutionelle Verkörperung des Fürstenbundes zu einem Anhängsel der sich im Laufe der Jahre immer deutlicher ausformenden Reichsmonarchie degradierte. Diese Marginalisierung des Bundesrates bedeutete aber nicht den Ausschluss der einzelstaatlichen Regierungen von der politischen Willensbildung des Reiches. Im Gegenteil: Es entstanden zahlreiche mehr oder minder offizielle Verhandlungsforen, die die monarchischen Regierungen in die Entstehung von Gesetzen einbanden und gerade den kleineren unter ihnen je nach Politikfeld mitunter mehr Gehör verschafften als zuvor. Die föderale Entscheidungsfindung lagerte sich also aus dem Bundesrat aus und fächerte sich infolgedessen auf. Dadurch konnten die Vertreter der Einzelstaaten, der Reichsregierung und immer öfter auch des Reichstages außerhalb des von der Verfassung vorgegebenen Rahmens verhandeln, ohne diesen zu sprengen. Das freie Spiel der Kräfte zwischen den monarchischen und parlamentarischen, den partikularistischen und unitarischen sowie den bündischen und hegemonialen Elementen des Bundesstaates reizte also die Flexibilität, die man dem föderalen System bei den Verfassungsverhandlungen während der Reichsgründung gegeben hatte, voll aus und strukturierte die Regierungsordnung stetig um. Im Zuge dieses fortlaufenden Umwandlungsprozesses weitete sich der Einfluss des Reichstages langsam auf die Willensbildung der verbündeten Regierungen aus und durchlöcherte so die Schutzmauern monarchischer Macht, die die Verfassung gemäß der Idee vom Fürstenbund um den Bundesrat errichtet hatte. Dessen Schattendasein erlaubte es dem Reichstag also, in das Licht, das die Entstehung der Reichsmonarchie auf die Verfassungsstrukturen der föderalen Ordnung warf, hinauszutreten und dort die direkte Auseinandersetzung mit der kaiserlichen Reichsregierung zu suchen.

## Kapitel 6: Der Aufstieg des Reichstages

Im Sommer 1878 knallte es in Berlin. Am 2. Juni feuerte Karl Eduard Nobiling gegen Mittag vom Fenster seiner Wohnung aus eine Doppelladung Schrot auf den offenen Kutschwagen des Kaisers, der gerade seine sonntägliche Spazierfahrt entlang der Prachtstraße Unter den Linden unternahm. Hatte Wilhelm erst drei Wochen zuvor ein ähnliches Attentat noch unversehrt überstanden, verletzten ihn nun die dreißig Kugeln so stark, dass er die Regierungsgeschäfte für einige Monate seinem Sohn Kronprinz Friedrich übertragen musste. Die Tat blieb nicht ohne Folgen. Im ganzen Verfassungsbau hallten die beiden Schüsse laut wider. Nobiling, ein dreißig Jahre alter Doktor der Landwirtschaft, der nach eigener Aussage mit der Mordattacke in die Geschichte eingehen wollte, hatte sein Ziel wohl gewählt. Mit dem Kaiser schoss er nicht nur auf den König des mächtigsten der deutschen Einzelstaaten, sondern auch auf die Spitze des Bundes der Fürsten und damit auf den obersten Repräsentanten des Monarchismus im Reich. Die Aktion des psychisch verwirrten Mannes, der wenige Monate später in Haft an den Folgen eines Selbstmordversuchs starb, war somit ein Anschlag auf ein ganzes System.[1]

Für Bismarck machte genau dieser Umstand die unvorhersehbare Tat zu einem Geschenk des Himmels. Schon seit Längerem hatte er versucht, die aufstrebende Sozialdemokratie zu unterdrücken. Nach dem ersten Mordversuch auf den Kaiser im Mai 1878 hatte er ein umfangreiches Ausnahmegesetz in den Reichstag eingebracht, das die rote Gefahr durch solche Maßnahmen wie das Verbot sozialistischer Versammlungen und Pressepublikationen hatte eindämmen sollen. Er hatte dafür im Reichstag aber keine Mehrheit gefunden, da besonders der linke Flügel der Liberalen, der ihm schon immer das Leben schwer gemacht hatte, einen solchen Eingriff in die Grundrechte strikt ablehnte. Auch seinen Plan, im Fall einer Ablehnung des Sozialistengesetzes den Reichstag aufzulösen, hatte er nicht in die Tat umsetzen können. Sowohl im Parlament als auch in der Presse hatten liberale Stimmen dieses Vorhaben viel zu überzeugend als taktisches Manöver entlarvt, als dass er von einer Neuwahl ein gutes Ergebnis hätte erwarten können.

Das zweite Attentat änderte die Situation jedoch unverhofft zu seinen Gunsten. Obwohl Nobiling ein politisches Motiv nicht nachgewiesen werden konnte, war es für den Kanzler leicht, die Verbindungen, die der junge Attentäter während seines Studiums zu sozialistischen Agitatoren gepflegt hatte, im Reichstag und in den konservativen Blättern auszuschlachten, um die Sozialistische Arbeiterpartei an den Pranger zu stellen. Außerdem konnte Bismarck den Liberalen nun eine Mitverantwortung für den Anschlag in die Schuhe schieben, indem er deren jüngste Ablehnung des Sozialistengesetzes als den entscheidenden Fehler hinstellte, der die Tat erst ermöglicht hatte. Durch diese Schuldzuweisung schienen die Chancen der Liberalen bei Neuwahlen nun deutlich gesunken. Der Zeitpunkt für eine Auflösung des Reichstages war aus Bismarcks Sicht also endlich gekommen.

Eine Parlamentsauflösung war unter den Bestimmungen der Reichsverfassung allerdings eine äußerst diffizile Angelegenheit. Schließlich betraf diese Maßnahme ganz unmittelbar das in den Verfassungsverhandlungen der Reichsgründung so sorgsam ausgehandelte Gleichgewicht zwischen parlamentarischen und monarchischen Kräften. Nach der Theorie des deutschen Konstitutionalismus, der den Dualismus zwischen Parlamentarismus und Monarchismus zu seinem Lebensprinzip machte, war die Auflösung der Volksvertretung ein Vorrecht des monarchischen Souveräns, durch das dieser dauerhafte Blockaden der Regierungsarbeit durch das Parlament verhindern und in Verbindung mit Neuwahlen die Übereinstimmung zwischen öffentlicher und parlamentarischer Meinung sicherstellen konnte. Unter der Reichsverfassung fiel die Befugnis, den Reichstag aufzulösen, daher jenem Reichsorgan zu, das den kollektiven Souverän des Bundes, die Gesamtheit der verbündeten Regierungen, verkörperte: dem Bundesrat. Als *primus inter pares* im Kreis der Fürsten stand dem Kaiser dabei ein Zustimmungsrecht zu.[2]

Das Auflösungsverfahren stellte also alle drei Verfassungsorgane des Bundes – Reichstag, Bundesrat und Kaiser – einander direkt gegenüber und involvierte über die beiden Letztgenannten auch die im Plenum der Länderkammer versammelten Regierungen der Einzelstaaten sowie die nach der Reichsgründung entstandene kaiserliche Reichsregierung um den Kanzler. Dementsprechend zeigte sich in diesem verfassungspolitischen Ausnahmeprozess, zu dem es zwischen Reichsgründung und Revolution insgesamt vier Mal kam, automatisch „das strukturelle Grundproblem des Kaiserreichs […], ob die politische Dominanz beim Reichstag oder bei der Exekutive lag", wie Dieter Umbach in seiner großen Studie über die *Parlamentsauflösung in Deutschland* hervorgehoben hat. Mit anderen Worten: Das Auflösungsverfahren legte immer dann, wenn es angewandt wurde, die Machtverhältnisse offen, die sich in der Praxis des föderalen Regierungssystems zum jeweiligen Zeitpunkt herausgebildet hatten. Es lohnt sich daher, kurz innezuhalten und die vier vorzeitigen Parlamentsauflösungen, zu denen es in der Geschichte des Kaiserreiches kam, näher zu betrachten.[3]

1878 ließ Bismarck den preußischen Auflösungsantrag am 6. Juni in den Bundesrat mit der Begründung einbringen, dass nur eine Neuwahl die Annahme des Sozialistengesetzes und damit die Verwirklichung der „erstrebten Sicherheitsmaßregeln" zur Aufrechterhaltung der „bestehenden Rechtsordnung" gewährleisten könne. Daraufhin beschloss das Plenum, über den preußischen Antrag „ohne vorherige Ausschußberathung in einer bald abzuhaltenden Sitzung" abzustimmen. Das Gremium kürzte also den Beratungsprozess ab, vertagte jedoch die Abstimmung. Die Verschiebung wurde dadurch verursacht, dass Bismarck darauf bestand, den Bundesratsbeschluss einstimmig zu fassen, um gegenüber dem Reichstag die Geschlossenheit des Fürstenbundes zu demonstrieren, vor allem die badischen Gesandten den Antrag aber nicht ohne vorherige Einholung der Anweisung ihrer Heimatregierung absegnen wollten. Als sich die Karlsruher Regierung in den folgenden Tagen skeptisch zeigte, ob eine Parlamentsauflösung wirklich notwendig sei, griff Bismarck zu harten Bandagen. Er entfachte einen regelrechten Pressesturm gegen die badischen Minister und drohte im *Hannoverschen Courier* damit, „daß er sofort zurücktreten werde, falls im Bundesrat auch nur eine Stimme gegen die Auflösung abgegeben werde".[4]

Nachdem die badische Regierung klein beigegeben hatte, um „der deutschen Vormacht und dem leitenden Staatsmanne in einer hochgespannten Lage die dringend verlangte Anwendung einer verfassungsmäßigen Maßnahme nicht" zu versagen, wie es in der offiziösen *Karlsruher Zeitung* hieß, nahm der Bundesrat den Auflösungsantrag in einer zweiten Sitzung am 11. Juni ohne Gegenstimme an. Allerdings gab der oldenburgische Gesandte eine Sondererklärung ab. Seine Regierung stimme dem Antrag nur unter der „Voraussetzung" zu, daß durch die Auflösung des Reichstags dem deutschen Volke Gelegenheit gegeben werden solle, unter den durch die letzten Vorgänge vollständig veränderten Verhältnissen seine Ansichten und Wünsche bezüglich der gegen die Sozialdemokratie zu ergreifenden Maßregel kundzugeben." Noch am selben Tag erteilte der Kronprinz, der als Stellvertreter seines verwundeten Vaters die Amtspflichten des Kaisers übernahm, seine Zustimmung. Bei der anschließenden Reichstagswahl am 30. Juli ging Bismarcks Rechnung auf: Die liberalen Parteien verloren 41 Sitze, während die konservativen Parteien 38 hinzugewannen. Zusammen mit dem rechten Flügel der Nationalliberalen verfügten die Konservativen nun über eine klare Mehrheit. Das Sozialistengesetz wurde infolgedessen kurze Zeit später vom Reichstag ohne weitere Probleme angenommen.[5]

Zur zweiten Parlamentsauflösung kam es knapp neun Jahre später. Im Laufe dieses Verfahrens zeigte sich deutlich, wie sich die Verfassung seit den späten Siebzigerjahren gewandelt hatte. Anlass der Auflösung war diesmal kein Attentat oder ein anderer Extremvorfall, sondern ein strukturell bedingter Dauerstreit, in dem der in der Zwischenzeit sehr viel selbstbewusster gewordene Reichstag der mittlerweile fest etablierten Reichsregierung standhaft Paroli bot. Während der Gründung des Norddeutschen Bundes hatten die Verfassungsverhandlungen zwischen den verbündeten Regierungen und dem Reichstag das Problem der parlamentarischen Aufsicht über die Militärausgaben nicht gelöst, sondern nur verschoben. Wie wir in Kapitel 3 gesehen haben, hatte sich Bismarck geweigert, das Heeresbudget zu einem normalen Teil des jährlich vom Reichstag zu billigenden Haushaltes zu machen. Stattdessen hatte man sich darauf verständigt, dass die Heeresstärke und die für deren Erhaltung notwendigen Kosten auf dem Weg der Reichsgesetzgebung – das heißt unter Beteiligung des Reichstages – längerfristig festgelegt werden sollten. Nach zwei dreijährigen Interimslösungen einigte man sich 1874 und 1881 jeweils auf ein Gesetz, das das Heeresbudget für einen Zeitraum von sieben Jahren festschrieb. 1887 stand das derzeitige Septennat also kurz vor dem Auslaufen.

Eine problemlose Erneuerung dieses Kompromisses war nicht zu erwarten. Die Liberalen waren von der Grundsatzposition, die sie schon im verfassungsgebenden Reichstag vertreten hatten, nie abgerückt und forderten nach wie vor, das parlamentarische Recht auf die jährliche Kontrolle des Bundesbudgets auch auf den Militäretat – den weitaus größten Haushaltsposten – auszuweiten. Hinzu kam, dass die Koalition aus Konservativen und gemäßigten Liberalen, auf die sich Bismarck im ersten Jahrzehnt der Reichsgründung weitgehend gestützt hatte, seit den Reichstagswahlen von 1881 nicht länger über eine Mehrheit verfügte. Das lag vor allem daran, dass die Nationalliberalen durch die Abspaltung ihres linken Flügels etwa die Hälfte ihrer Mandate eingebüßt hatten. Bismarck war deshalb seit 1881 gezwungen, sich je nach Gesetzesprojekt wechselnde Mehrheiten unter Einbeziehung solch ungeliebter Partner wie der katholischen Zentrumspartei zu suchen, mit der er sich noch wenige Jahre zuvor im Zuge des Kulturkampfes bitterlich befehdet hatte. Das stärkte den Reichstag gegenüber der Exekutive deutlich. Vor allem viele volkswirtschaftliche Gesetzesvorhaben der Reichsregierung scheiterten in dieser Phase an einem Parlament, das, so Bismarcks Klage vor den Abgeordneten, nur „in der Negation" einig war. Kurzum: Das Verhältnis zwischen Kanzler und Reichstag war in einer „permanenten Krise" gefangen, wie Ernst Rudolf Huber argumentiert hat.[6]

In dieser Situation versprach die Revision des Heeresbudgets das Fass zum Überlaufen zu bringen. Um dennoch ein neuerliches Septennat durch das Parlament zu bringen, nutzte Bismarck die außenpolitische Lage geschickt aus. Mit General Georges Boulanger war im Jahr zuvor ein offener Befürworter eines Revanchekrieges mit Deutschland französischer Kriegsminister geworden. Innerhalb weniger Monate hatte es Boulanger anschließend geschafft, eine Verstärkung des französischen Heeres durch die Nationalversammlung zu bringen. Anfang 1887 waren die deutsch-französischen Beziehungen entsprechend angespannt und die öffentliche Meinung nationalistisch aufgeladen. Dieses Klima bot Bismarck die Chance, den Reichstag auszumanövrieren. Er legte dem Parlament ein neues Septennatsgesetz vor, das gleichzeitig die Friedenspräsenzstärke um gut 40 000 Mann erhöhen wollte. Die parlamentarische Mehrheit aus Zentrum und Linksliberalen unterstützte die Heeresvermehrung angesichts der allgemeinen Stimmungslage zwar, bestand aber auf einer Umwandlung des Septennats in ein Triennat, das heißt auf einer Reduzierung des Bewilligungszeitraums der Militärausgaben von sieben auf drei Jahre. Am 14. Januar lehnte der Reichstag die Vorlage der Reichsregierung folgerichtig ab.

Unmittelbar im Anschluss an die Bekanntgabe des Abstimmungsergebnisses verlas Bismarck den Abgeordneten die Verordnung des Kaisers zur Auflösung des Reichstages. Den dafür nötigen Beschluss des Bundesrates hatte er bereits am Vormittag desselben Tages erwirkt. Das Plenum hatte der diesbezüglichen Vorlage ohne große Diskussionen und Sondererklärungen zugestimmt. Im Protokoll hieß es routinemäßig, dass „auf Antrag Preußens [...] einstimmig beschlossen [wurde], den Reichstag mit Rücksicht auf die von demselben zu dem Gesetzentwurf betreffend die Friedenspräsenzstärke des deutschen Heeres [...] gefaßten Beschlüsse aufzulösen". Bismarck, der genau wie bei der ersten Parlamentsauflösung auch diesmal nicht persönlich im Plenum erschienen war, hatte sich also bereits im Vorhinein einen einstimmigen Auflösungsbeschluss gesichert, um so das Parlament im Fall der zu erwartenden Ablehnung seiner Septennatsvorlage sofort matt zu setzen. Dadurch degradierte er den Bundesrat, dessen Mitglieder nicht einmal Gelegenheit zur Rücksprache mit ihren jeweiligen Regierungen hatten, zu einem bloßen Hilfswerkzeug der Reichsregierung. Dass er willens war, auf diesem Instrument alle Tasten zu spielen, hatte er schon drei Tage vorher im Reichstag durchblicken lassen: „Wir sind überhaupt viel zu ängstlich in Bezug auf die Auflösungen. In England löst man jeden Donnerstag ein Parlament auf, wenn man glaubt, mit dem Nachfolger sich leichter verständigen zu können [...]. [Eine Auflösung] wird unzweifelhaft geschehen müssen, wenn Sie uns nicht in den Stand setzen, diesen Schutz [gemeint: die Heeresvorlage] zu verwirklichen."[7]

Genau wie 1878 spekulierte Bismarck richtig, dass vorgezogene Neuwahlen eine regierungsfreundliche Mehrheit produzieren würden. Durch die Boulanger-Krise war die öffentliche Stimmung so angeheizt, dass es der Reichsregierung leicht fiel, an das nationale Gewissen zu appellieren und für die Wahl des „Kartells" aus nationalliberal-konservativen Parteien zu werben, die die Heeresvorlage unterstützten. Große Verlierer waren die Linksliberalen und Sozialdemokraten, die beide mehr als fünfzig Prozent ihrer Sitze verloren. Das Zentrum kam mit einem blauen Auge davon und musste nur ein Mandat abgeben. Die konservativen Parteien und die Nationalliberalen verfügten nun über eine komfortable Mehrheit von 220 der 397 Sitze. Als Bismarck die Septennatsvorlage im März wieder in den Reichstag einbrachte, winkte dieser den Entwurf denn auch ziemlich problemlos durch.

Bis zur nächsten Parlamentsauflösung dauerte es nur sechs Jahre. Die Koalition der Kartellparteien brach schon 1890 wieder auseinander, weil die Nationalliberalen die erneute Verlängerung des Sozialistengesetzes nicht mehr mittragen wollten. Bei den anschließenden Wahlen, die regulär für den Februar 1890 angesetzt wurden, verlor das Kartell seine Mehrheit, während das Zentrum erstmals stärkste Kraft wurde. Die Sozialdemokraten hatten ihre Stimmen gar verdreifacht. Auch wenn die katholische Partei mitunter für die Vorlagen der Reichsregierung stimmte, machten diese Mehrheitsverhältnisse das Regieren schwieriger denn je. Bismarck geriet bald immer tiefer in die Bredouille und reichte im März seinen Rücktritt ein. Ihm fehlte der Rückhalt Wilhelms II., der erst zwei Jahre zuvor den Thron bestiegen und sich seitdem vor allem wegen des politischen Kurses gegenüber der Arbeiterschaft immer mehr mit dem Kanzler überworfen hatte. Selbst der Vorschlag, den Reichstag mit Verweis auf die fürstenbündische Natur des Reiches nicht nur vorübergehend, sondern ein für alle Mal aufzulösen, half Bismarck nicht mehr aus der Klemme. Näheres zu diesem Staatstreichplan im nächsten Kapitel.

Bismarcks Nachfolger im Kanzleramt, Leo von Caprivi, schlug zwar einen neuen, versöhnlicheren Kurs in der Innenpolitik an, stand 1893 aber vor dem gleichen Problem wie sein Vorgänger 1887: Er musste das Heeresbudget durch einen Reichstag bringen, der die Septennatsregelung mehrheitlich ablehnte. Das war umso schwieriger, weil die entsprechende Vorlage eine weitere Erhöhung der Friedenspräsenzstärke und damit der Militärausgaben vorsah. Auch der Vorschlag, im Gegenzug für diese Heeresvermehrung die Dienstzeit von drei auf zwei Jahre zu verkürzen, konnte das Zentrum und die Linksliberalen nicht auf die Seite der Regierung ziehen. Am 6. Mai lehnte der Reichstag erst den Regierungsentwurf und dann auch den Kompromissantrag ab.

Caprivi reagierte auf die Niederlage, die sich im Laufe der letzten parlamentarischen Aussprache vor der Schlussabstimmung immer deutlicher abzeichnete, ganz im Stile seines Vorgängers. Noch während der Debatte berief er kurzfristig eine außerordentliche Bundesratssitzung ein. Daraufhin zogen sich die im Reichstag anwesenden Bundesratsgesandten laut einem Bericht der *Nationalzeitung* in einen Nebenraum zurück, berieten sich dort unter dem Vorsitz Caprivis eine Viertelstunde lang und kehrten dann in den Plenarsaal zurück. Auf einen Wink des Kanzlers brachte anschließend ein Mitarbeiter der Reichsleitung den vorgefertigten Auflösungserlass herbei, den der Kaiser bereits unterschrieben hatte. Caprivi zeichnete kurz gegen, „schob die Urkunde unter einen Bogen

Papier", und holte sie nach Bekanntgabe des Abstimmungsergebnisses wieder hervor, um sie den Abgeordneten zu verkünden.[8]

Auch wenn die einzelstaatlichen Bevollmächtigten wohl von den Plänen der Reichsregierung wussten, war die Beteiligung des Bundesrates bei diesem Auflösungsbeschluss eine bloße Scharade, die zur formalen Einhaltung des verfassungsmäßig vorgeschriebenen Verfahrens abgehalten wurde. Von einer eigenständigen Entscheidung der Länderkammer konnte keine Rede sein. Zwar wurde der preußische Antrag zur Parlamentsauflösung nicht wie in den vorhergehenden beiden Fällen einstimmig angenommen, weil zwei kleinstaatliche Regierungen gegen den Kompromissvorschlag zur Herabsetzung der Dienstzeit protestierten. Aber die Reichsregierung kommandierte den Bundesrat doch ganz so, wie sie wollte. Das zeigt der Blankoscheck, den sie sich für die Reaktion auf die noch ausstehende Parlamentsabstimmung abholte. Wie das Protokoll vermerkte, beschloss die Ad-hoc-Versammlung „mit allen Stimmen gegen die Stimmen von Schwarzburg-Sondershausen und Reuß älterer Linie [...], für den Fall des Eintretens der von dem Reichskanzler bezeichneten Voraussetzungen den Reichstag aufzulösen, und den Reichskanzler im voraus zu ermächtigen, den Entwurf einer entsprechenden kaiserlichen Verordnung an Allerhöchster Stelle vorzulegen."[9]

Auch dieses Mal zahlte sich das rigorose Vorgehen der Reichsregierung, das den Bundesrat marginalisierte und die offene Konfrontation mit den Mehrheitsparteien suchte, aus. Die Wahlen vom Juni 1893 brachten den regierungsnahen Parteien einen erheblichen Zugewinn von 140 auf 180 Mandate. Das war zwar nicht die absolute Mehrheit, aber eine solide Basis, um die Militärvorlage durch das Parlament zu bringen. Die Opposition hatte sich nämlich über die Heeresfrage einmal mehr gespalten. Sowohl der rechte Flügel des Zentrums als auch die liberale Freisinnige Partei stimmten schließlich mit den Regierungsparteien und halfen so dem oben erwähnten Kompromissvorschlag der Reichsregierung über die Ziellinie.

Bei der vierten und letzten Parlamentsauflösung, zu der es in der Geschichte des Kaiserreiches kam, hatte sich die von der Verfassung festgelegte Hierarchie unter den Reichsorganen endgültig umgekehrt. Nach den Reichstagswahlen von 1890 war eine parlamentarische Mehrheit gegen das Zentrum kaum mehr möglich. Die Reichsregierung musste sich also bei allen Gesetzesvorhaben darum bemühen, zumindest Teile der katholischen Fraktion auf ihre Seite zu bringen. Nach 1903 verschärfte sich diese Situation noch einmal. Bei den Reichstagswahlen dieses Jahres steigerten die Sozialdemokraten ihren Stimmanteil so sehr, dass sie hinter dem Zentrum zur zweistärksten Fraktion wurden. Zusammen konnten die beiden Parteien damit jeden Gesetzesvorschlag blockieren, sofern nur siebzehn Abgeordnete aus anderen Fraktionen mit ihnen stimmten. Das wurde für die Reichsregierung zunehmend zu einem Problem, als sich das Zentrum nach 1903 immer mehr vom Regierungslager distanzierte. Besonders in der Kolonial- und Finanzpolitik konnte sich die Reichsregierung nicht mehr auf das Zentrum stützen, weil die Partei angesichts der strukturell bedingten Finanzschwäche des Reiches die explodierenden Kosten der Weltpolitik des neuen Kanzlers Bernhard von Bülow heftig kritisierte.

Ende November 1906 kam es zum Showdown. Als die Reichsregierung einen Nachtragshaushalt über 29 Millionen Mark in den Reichstag einbrachte, um die Schutztruppen zur Bekämpfung des Aufstandes der Herero und Nama in Deutsch-Südwestafrika zu finanzieren, verweigerte das Zentrum seine Zustimmung. Gemeinsam mit den Sozialdemokraten und mehreren kleinen Fraktionen verurteilte die Partei die Ausgabenpraxis der Kolonialverwaltung und warf der Regierung vor, von den Interessen der großen Kolonial- und Flottenverbände getrieben zu sein. Schon nach der ersten Lesung war abzusehen, dass die Vorlage der Regierung scheitern würde. Bülow wandte sich daraufhin an den Kaiser und ließ sich von ihm bereits zwei Tage vor der Schlussabstimmung des Reichstages die Zustimmung zur Auflösung des Parlamentes geben. Das Plenum des Bundesrates, also das eigentliche Auflösungsorgan, konsultierte er nicht. Lediglich informell holte er eine Zusage von den stimmführenden Bevollmächtigten der wichtigsten Regierungen ein. Er besorgte sich also präventiv die stärkste Waffe, die der Bundesrat gegen das Parlament einsetzen konnte, ohne dass dieser überhaupt den dafür notwendigen Beschluss gefasst hätte.[10]

In der zweiten Lesung am 13. Dezember betonte Bülow dennoch, als Reichskanzler nur „die Überzeugung der verbündeten Regierungen" zu vertreten. Und diese bestünde eben darin, dass es ein Vorrecht des Kaisers und damit seiner Regierung sei, über erforderliche Truppenverstärkungen zu entscheiden. Die Parteien, die im Gegensatz zur Regierung keine Verantwortung übernehmen müssten, dürften die notwendigen Finanzmittel daher nicht verweigern. Dem konnten die Oppositionsparteien entgegenhalten, dass nach dem Gesetz über die Einnahmen und Ausgaben der Schutzgebiete vom 30. März 1892 alle Ausgaben und Anleihen für die Kolonien der Zustimmung des Reichstages bedurften. Mit Hinweis darauf bestand das Zentrum auf einer Kürzung der veranschlagten Gelder um neun Millionen Mark. Bülow lehnte das ab, da der Schutz der Kolonien dann nicht mehr gewährleistet werden könne. Bei der anschließenden Abstimmung scheiterte sowohl die Regierungsvorlage als auch ein Kompromissantrag der Freisinnigen. Daraufhin schritt Bülow unverzüglich ans Rednerpult und verlas die Auflösungsverordnung des Kaisers unter der „großen Erregung auf allen Seiten des Hauses".[11]

Erst nach der öffentlichen Bekanntgabe der Parlamentsauflösung informierte Bülow den Bundesrat über die Entscheidung, die er in dessen Namen und auf Grundlage von dessen verbrieften Rechten verkündet hatte. Die entsprechende Sitzung des Plenums fand am Nachmittag desselben Tages unter dem Vorsitz Arthur von Posadowsky-Wehners statt. Der Leiter des Reichsinnenamtes schilderte der Runde kurz die Ereignisse des Vormittags und die weiteren Umstände, die zur Entscheidung der Reichsregierung geführt hatten. Mehr geschah nicht. Es fand weder eine Aussprache noch eine nachträgliche Abstimmung statt. Die Versammlung nahm von der Auflösung, an der ohnehin nichts mehr zu ändern war, lediglich Notiz. Selbst aktiv wurde sie auf keine Art und Weise.[12]

Bei den anschließenden „Hottentottenwahlen", wie der Volksmund nach der damals üblichen Bezeichnung für das Volk der Nama die Neuwahlen im Januar 1907 bald taufte, gelang es der Regierung abermals, die Wählerschaft in ihrem Sinne zu mobilisieren. Der Wahlkampf war ausgesprochen emotional. Das Regierungslager warf dem Zentrum Nähe zu den anarchistischen Vaterlandsverrätern der Sozialdemokratie vor und brandmarkte die beiden Parteien als nationales Sicherheitsrisiko. Diese Kampagne zog zwar nur teilweise, erreichte aber letztlich ihr Ziel. Während das Zentrum sogar fünf Sitze hinzugewinnen konnte, verlor die SPD fast die Hälfte ihrer Mandate, sodass die Konservativen, National- und Linksliberalen eine Mehrheit hatten. Dieser sogenannte „Bülow-Block" brachte den Nachtragshaushalt schließlich sicher durch das Parlament und stützte danach die Reichsregierung, bis er 1909 über eine Finanzreform wieder zerbrach.

Vergleicht man die vier Parlamentsauflösungen von 1878, 1887, 1893 und 1906, wird deutlich, wie sehr sich die Stellung der einzelnen Reichsorgane im föderalen Verfassungsgefüge mit der Zeit veränderte. Vor allem zwei eng miteinander zusammenhängende Entwicklungen fallen auf. Die erste betraf die Regierungsstellen des Reiches. Der Bundesrat verlor seine von der Verfassung angedachte Position als zentrales Organ der Exekutive an die kaiserliche Reichsregierung, die sich im Zuge der Zentralisierung des Bundes immer schärfer um den Kanzler herum ausformte. 1878 dirigierte Bismarck die Länderkammer in seinem Streben nach einem einstimmigen Beschluss nach seinem Gusto und erstickte durch seine politische Dominanz selbst bei den mittelstaatlichen Regierungen jede Eigeninitiative. Der Kanzler behandelte den Bundesrat aber immerhin als die Autorität, die über die Auflösung zu entscheiden und hinter der er sich deshalb gegenüber dem Reichstag – nicht zuletzt zum Schutz seiner eigenen Stellung – zurückzuziehen hatte. 1887 erwirkte Bismarck den Auflösungsbeschluss vom Bundesrat bereits, bevor der Reichstag den eigentlichen Anlass zu dieser drastischen Maßnahme geliefert hatte. Der Griff des Kanzlers um die Länderkammer hatte sich also so fest geschlossen, dass er deren Ausnahmebefugnis als Präventivwerkzeug benutzen konnte. 1893 war der Bundesrat zu einem bloßen Akklamationsorgan herabgesunken, das die Entscheidung der Reichsregierung zur Auflösung des Parlaments in einer pro forma abgehaltenen Spontansitzung abnickte. 1906 hatte der Bundesrat selbst diesen Rest an Bedeutung verloren. Die Reichsregierung fasste den Auflösungsbeschluss nur auf Basis einer informellen Rücksprache mit einzelnen Bevollmächtigten ohne Entscheidungsbefugnis und informierte das Plenum erst, nachdem der Kanzler die Auflösung schon verkündet hatte. Der Bundesrat stand somit ohnmächtig im Schatten der Reichsregierung, die das Verfahren bestimmte und ihn als lästiges Anhängsel behandelte.[13]

Wie dieser Beziehungsverlauf zwischen den beiden Regierungsorganen zeigt, konnte der Bundesrat von Anfang an seine verfassungsrechtliche Stellung als eigenständige Instanz zur Entscheidung über eine Parlamentsauflösung nicht erfüllen. Wie Michael Stürmer mit Blick auf den allgemeinen Zustand des Regierungssystems in den 1870er- und 1880er-Jahren festgestellt hat, war der Bundesrat bereits „in Bismarcks System des *divide et impera* [...] nicht Mitspieler, sondern Schachfigur". Über die Jahre schrumpfte diese Rolle in den Auflösungsverfahren dann sogar noch – und das ganz erheblich. Dieser Bedeutungsverlust schlug sich deutlich in den Sitzungsberichten der Länderkammer nieder. Wurde 1878 das Verfahren zur Beschlussfassung noch in den Protokollen der beiden angesetzten Sitzungen erklärt, behandelte man 1887 die Entscheidung über die Parlamentsauflösung bereits als Formalie, die in einem ähnlich nüchternen und kurzen Satz abgehakt wurde wie die Feststellung von Ruhestandsgehältern für einzelne Postbeamte oder andere routinemäßige Angelegenheiten. 1893 legte das Protokoll die Umstände der Auflösung zwar etwas ausführlicher dar. Ob der offensichtlichen Bedeutungslosigkeit der fünfzehnminütigen Sitzung am Rande der Reichstagsdebatte wurde der Auflösungsbeschluss aber nicht einmal mehr ins Register aufgenommen. Das Inhaltsverzeichnis der Protokolle, das die wichtigsten Entscheidungen des Bundesrates für dieses Jahr alphabetisch aufführt, umfasst solche Begriffe wie „Maulseuche" und „Schlachtvieh", aber nicht „Reichstags-" oder „Parlamentsauflösung". 1906 liest sich der relevante Protokolleintrag laut der Einschätzung Dieter Umbachs schließlich „wie eine Kapitulation des Verfassungsorgans Bundesrat vor der Reichsleitung": „Auf Vortrag des Vorsitzenden nahm die Versammlung Kenntnis von dem in der vergangenen Sitzung der stimmführenden Bevollmächtigten gefaßten Beschlusse, wonach der Reichstag aufzulösen sei, falls er die Nachtragsforderungen für das südwestafrikanische Schutzgebiet ablehnen oder eine ziffernmäßige Einschränkung der Zahl der Besatzungstruppen beschließen sollte. Es wurde hiergegen von keiner Seite Einspruch erhoben."[14]

Spätestens dieser letzte Protokolleintrag dokumentierte, dass die Entscheidungsgewalt über eine Auflösung des Parlaments vom Bundesrat auf die Reichsregierung übergegangen war. Das Vertretungsorgan der verbündeten Regierungen nahm nur noch zur Kenntnis, was der Kanzler und sein Führungspersonal längst in die Tat umgesetzt hatten. Insgesamt gesehen verleibte sich die Reichsregierung somit in der politischen Praxis sukzessive ein Recht ein, das im Denken des deutschen Konstitutionalismus eigentlich dem monarchischen Souverän zustand. Diese Kompetenzverschiebung war Teil der Monarchisierung des föderalen Verfassungssystems, also jener Entstehung einer kaiserlichen Reichsmonarchie mit einem umfangreichen, von den einzelstaatlichen Regierungen unabhängigen Ministerialapparat um den Kanzler, die wir im vierten Kapitel bereits durch die Brille der zeitgenössischen Staatsrechtler beobachtet haben.

Die Verlagerung des Auflösungsrechtes ist in diesem Zusammenhang deshalb so interessant, weil sie exemplarisch zeigt, dass die Machtverschiebung in der Exekutive ein Nullsummenspiel war: Was der Bundesrat an Einfluss verlor, gewann die neu entstandene Reichsregierung um den Kanzler hinzu. Die exekutiven Regierungsorgane des Reiches vollzogen gewissermaßen eine Rochade. Wie Turm und König beim gleichnamigen Doppelzug im Schachspiel behielten sie formal ihre jeweiligen, von den Spielregeln der Verfassung vorgegebenen Handlungsbefugnisse, tauschten aber ihre Position auf dem Spielfeld, auf dem sich die monarchischen und parlamentarischen Kräfte des föderalen Regierungssystems gegenüberstanden. Während sich der Bundesrat durch diesen Zug wie eine Königsfigur in eine defensive Stellung am Rande des Spielfeldes zurückzog, wo er nur den Status quo erhalten beziehungsweise eventuelle gegnerische Angriffe abwehren, nicht aber selbst gestalten konnte, rückte die Reichsregierung gleich einem Turm ins Zentrum. Dadurch gewann sie die Möglichkeit, ihre ganze Kraft zu entfalten, in die Offensive zu gehen und das Spielgeschehen druckvoll mitzubestimmen.

Umgekehrt gab diese Rochade dem Reichstag jedoch auch Gelegenheit, die in der Mitte des Spielfeldes exponierte Reichsregierung anzugehen. Die zweite große strukturelle Veränderung des Verfassungsgefüges, die in den vier Parlamentsauflösungen der Kaiserzeit zutage trat, war dementsprechend ein Aufstieg des Reichstages. Das Parlament gewann von einer Auflösung zur nächsten kontinuierlich mehr Einfluss auf die Regierung und damit auf die Gestaltung der Reichspolitik. Erkennbar ist das vor allem an der Art und dem Verlauf der Konflikte, die zu den vier Auflösungen des Reichstags führten. Jede dieser Krisensituationen entstand, weil der jeweils amtierende Kanzler seine Projekte nicht gegen den Reichstag durchsetzen konnte. Die Reichsregierung war in der Gestaltung ihrer Politik also abhängig von der Kooperation der Parlamentsmehrheit. Das war in der Verfassung durch die dort festgeschriebene gleichberechtigte Beteiligung des Reichstages an der Gesetzgebung so vorgesehen. Im Verlauf der Jahre versuchten die jeweils tonangebenden Fraktionen diese Abhängigkeit aber zunehmend dafür zu nutzen, um die Reichsregierung zur Übernahme ihrer eigenen Vorstellungen zu zwingen. Von Auflösungsverfahren zu Auflösungsverfahren lässt sich daher beobachten, wie der Reichstag die Reichsregierung unter immer größeren Druck setzte, das heißt, sie immer stärker dazu trieb, dieses als Ultima Ratio gedachte Zwangsmittel einzusetzen, um sich aus der Umklammerung der aufmüpfigen Parlamentsmehrheit zu befreien.[15]

1878 wählte Bismarck die Auflösung noch aus freien Stücken, um die unerwartete Chance zu nutzen, die ihm Nobilings Attentat auf den Kaiser bot. Die Auflösung war also ein selbstbestimmtes taktisches Manöver, das dazu diente, seine politischen Hauptgegner – die Sozialdemokraten und die Linksliberalen – langfristig zu schwächen, indem es eine regierungsfreundliche Mehrheit produzieren sollte, die die Verfolgung der Sozialdemokratie und die wirtschaftspolitische Wende hin zum Schutzzoll mittragen würde. 1887 hatte der Kanzler angesichts der von ihm viel gescholtenen „negativen" Mehrheit im Reichstag kaum eine andere Wahl, als das Parlament aufzulösen, um die Erhöhung der Friedenspräsenzstärke des Heeres zu erreichen. Allerdings war er zumindest so sehr Herr der Lage, dass er den Zeitpunkt der Auflösung souverän bestimmen konnte. Die Boulanger-Krise bot ihm eine günstige Gelegenheit, die nationalistische Stimmung zu nutzen, um im Wahlkampf eben jene Parteien zu denunzieren, die gegen das Septennat gestimmt hatten. 1893 ließ die katholisch-linke Mehrheit Caprivi durch die Ablehnung sowohl der Regierungsvorlage als auch des Kompromissantrages zum Heeresbudget gar keine andere Möglichkeit mehr, als den Reichstag umgehend aufzulösen, um die Erhöhung der Friedenspräsenzstärke durchzusetzen. Die Bundesratssitzung wurde ja gerade deshalb so hastig am Rande der Reichstagsdebatte abgehalten, weil der Reichsregierung die Handlungsoptionen ausgingen. 1906 drängte der Reichstag den Kanzler noch mehr in die Ecke. Die zur Abstimmung stehenden Heeresausgaben betrafen diesmal mit der Kolonialpolitik ein Gebiet, auf dem der Reichstag sich wenige Jahre zuvor per Gesetz ausdrücklich ein Mitspracherecht über die Ausgabenpraxis der Exekutive gesichert hatte. Das gab dem Zentrum den nötigen Rückhalt, um mit der Kürzung der für die Schutztruppen vorgesehenen Gelder eine Forderung zu stellen, die die Militärhoheit des Kaisers ankratzte. Da die Reichsregierung auch nur den Anschein eines solchen Übergriffes nicht akzeptieren konnte, ohne den Status des Heeres als ein von den normalen Verfassungsregeln abgekoppeltes Vorrecht des Kaisers zu gefährden, blieb Bülow nur noch die Auflösung.

Es ist auffällig, dass bis auf die erste jede dieser Parlamentsauflösungen die Festlegung von Militärausgaben betraf. Sie waren alle Teil jener „ungelösten Strukturkrise", die die Verfassungsverhandlungen der Reichsgründungszeit dem Kaiserreich gewissermaßen als Erbe des preußischen Verfassungskonfliktes hinterlassen hatten: dem Konflikt zwischen parlamentarischer Legislative und monarchischer Exekutive über die Kontrolle des Heeres. Da dieses für das Kräfteverhältnis zwischen Monarchismus und Parlamentarismus so zentrale Problem durch die Verfassung und die in ihrem Zusammenhang getroffenen gesetzlichen Regelungen nicht gelöst, sondern in Form des Septennats nur verschoben wurde, führte es in regelmäßigen Abständen zu heftigsten Auseinandersetzungen. Anders als bei Abstimmungsniederlagen über andere, durchaus wichtige Projekte etwa im Bereich der Wirtschafts- und Sozialpolitik wählte dann die Reichsregierung ob der Sensibilität der dahinterstehenden Strukturfrage wiederholt die Option der Parlamentsauflösung. Diese Maßnahme bot ihr die Chance, ihren direkten Widersacher – den Reichstag – zumindest vorübergehend auszuschalten. Allerdings war das keine nachhaltige Methode. Eine Parlamentsauflösung konnte den Strukturmangel der Verfassung „bestenfalls bis zur nächsten Reichstagswahl [beheben], niemals aber völlig [beseitigen]", wie Umbach hervorgehoben hat. War das Parlament selbstbewusst genug, konnte es daher derartig motivierte Auflösungen relativ gelassen hinnehmen. Das zeigt die Reaktion der Abgeordneten. In allen drei durch den Streit um das Heeresbudget ausgelösten Auflösungen begrüßten die Mitglieder der Fraktionen, die die Reichsregierung zu dieser Maßnahme getrieben hatten, die Verkündung der Auflösungsverordnung mit Beifall, lauter Zustimmung oder gar Jubel und einem anschließenden dreimaligen Hoch auf den Kaiser, wie die Protokolle des Reichstages verraten.[16]

Der Aufstieg des Reichstages äußerte sich aber nicht nur in den Umständen, die den Anlass zu der jeweiligen Auflösung boten, sondern auch in der Art und Weise, in der die Reichsregierung dieses Instrument anwandte beziehungsweise verstand. Bismarck verzichtete darauf, die Entscheidungsgewalt über eine Parlamentsauflösung einfach vom Bundesrat zu übernehmen. Auch wenn er massiven Druck auf die einzelstaatlichen Regierungen ausübte, respektierte er das Recht des Bundesrates, in einem geordneten Verfahren einen Beschluss darüber zu fassen. Dieses Vorgehen bekundete, dass er nicht davon ausging, über das Auflösungsrecht genauso freigebig verfügen zu können wie über andere Befugnisse des Bundesrates, etwa über das Recht, Verordnungen zur Regelung der Ausführung der Reichsgesetze zu erlassen. Er sah das Auflösungsrecht vielmehr als eine Ausnahmebefugnis beziehungsweise ein Kampfmittel, das die monarchische Exekutive nur unter ganz besonderen Umständen gegen das Parlament einsetzen durfte. Diese Auffassung drückte sich auch darin aus, dass er mit seinem erwähnten Staatsstreichplan die *dauerhafte* Auflösung des Reichstages zum wirklich allerletzten Ausweg erklärte.

Bismarcks Nachfolger im Kanzleramt behandelten das Auflösungsrecht in den Auseinandersetzungen um das Heeresbudget dagegen als ein reguläres Konfliktlösungsmittel, das der Reichsregierung zustand, um die Blockadehaltung des Reichstages zu überwinden. Auf den ersten Blick mag dieses Verständnis sich nicht groß von dem Bismarcks unterscheiden. Wenn man die Folgen betrachtet, die eine Parlamentsauflösung nach sich zog, erkennt man jedoch, dass der Unterschied ganz erheblich war. Jede Auflösung führte anschließend zu einer vorgezogenen Neuwahl. Der daraus resultierende Reichstag konnte entweder eine neue, regierungsfreundliche Mehrheit aufweisen oder weiterhin von den Parteien dominiert sein, die der Reichsregierung oppositionell gegenüberstanden und diese überhaupt erst zur Auflösung veranlasst hatten. Letzteres hätte zu einer Dauerblockade führen, die Reichsregierung in Bedrängnis bringen und daher womöglich den Kaiser zu einem Wechsel im Kanzleramt veranlassen können.

Dieser Fall trat allerdings in keiner der vier Parlamentsauflösungen der Kaiserzeit ein. Die jeweiligen Kanzler verstanden es stets, einer oder mehreren Parteien die Schuld für die verfahrene Lage anzulasten und so das Wahlvolk im Sinne der Regierung zu beeinflussen. Das Fehlen eines solchen Präzedenzfalles ändert aber nichts daran, dass sich die Reichsregierung jedes Mal, wenn sie sich dazu entschloss, die Option der Auflösung zu wählen, in eine gewisse Abhängigkeit vom Ausgang der anschließenden Wahlen, das heißt vom Wählerwillen und letztlich vom zukünftigen Reichstag, begab. Denn dadurch, dass die Reichsregierung nach der Ära Bismarck den Bundesrat immer deutlicher beiseiteschob und das Auflösungsrecht unverblümt für sich beanspruchte, konnte sie sich – so sehr Bülow auch die entsprechende bündische Rhetorik bemühte – nicht länger hinter der anonymen Mehrheit der verbündeten Regierungen verstecken. Anders gesagt: Sie musste gegenüber dem Parlament die politische Verantwortung für die Auflösung übernehmen. Wäre die Entscheidungsgewalt über die Auflösung dagegen beim Bundesrat verblieben, hätte sich dem Reichstag keine – oder zumindest weniger – Angriffsfläche geboten.[17]

Die Geschichte der Auflösungspraxis zeigt uns somit beispielhaft, dass die Rochade von Bundesrat und Reichsregierung gleichzeitig die Position des Reichstages stärkte. Dem Parlament öffnete der Stellungswechsel der Regierungsorgane gewissermaßen einen schmalen Spalt in den föderalen Verteidigungslinien. Durch ihn konnte es ins Zentrum des Spielfeldes vorstoßen, auf dem es mit den Regierungen der Länder und des Bundes um die Macht kämpfte. Die Züge, die zu diesem Positionsgewinn führten und von dort aus den Einfluss des Reichstages weiter ausdehnten, waren keinesfalls alle geplant, gaben mal der einen, mal der anderen Seite einen Vorteil und machten es insgesamt völlig unvorhersehbar, wie lange die Auseinandersetzung dauern, welchen Verlauf sie nehmen und mit welchem Ergebnis sie enden würde.

## I. Die umstrittene Parlamentarisierung

Wie sah der Aufstieg des Reichstages also aus? Wo begann er? Wie gestaltet er sich im Laufe der Jahre? Und wohin führte er schließlich? Diese Fragen betreffen einen, wenn nicht den umstrittensten Aspekt der politischen Geschichte des Kaiserreiches: die vermeintliche Parlamentarisierung der Reichsgewalt. Ausgelöst hat die Debatte über diesen Prozess Manfred Rauh. Gemäß seiner bereits im vorhergehenden Kapitel kurz angeschnittenen These der „stillen Parlamentarisierung" lösten sich nach Bismarcks Abgang die hegemonialen Strukturen auf, durch die das föderale Regierungssystem die Exekutive vom Reichstag abschirmte. Dadurch, so Rauh, habe sich die Regierungsgewalt des Reiches von der Länder- auf die Bundesebene verlagert, genauer gesagt: von den unter der Führung Preußens stehenden verbündeten Regierungen auf die Reichsregierung. Anschließend habe der Reichstag durch geschickte Ausnutzung seiner parlamentarischen Instrumentarien die Reichsregierung schrittweise unter seine Kontrolle gebracht und so von ihr die Regierungsgewalt de facto übernommen. Kurzum: Laut Rauh fand in der politischen Praxis ein zweistufiger Verfassungswandel statt, der die Reichsregierung bereits vor den Oktoberreformen von 1918 verantwortlich gegenüber der Reichstagsmehrheit machte.[18]

Als Rauh diese These in den 1970er-Jahren aufstellte, bettete er sie in eine größere rechtshistorische Diskussion über die Natur des deutschen Konstitutionalismus ein, die wir schon bei der Betrachtung der Verfassungsverhandlungen des konstituierenden Reichstags in Kapitel 2 kennengelernt haben. Dabei stellte er sich auf die Seite Ernst-Wolfgang Böckenfördes und argumentierte mit Verweis auf die Einflusserweiterung des Reichstages, dass die von der Reichsverfassung entworfene Regierungsordnung nur ein kurzlebiges Übergangsstadium auf dem Weg zu einem parlamentarischen Regime gewesen sei. Gegen diese Sichtweise wandten sich vor allem Ernst Rudolf Huber und Hans Boldt. Angesichts der Langlebigkeit vieler wesentlicher Strukturmerkmale der Reichsverfassung, wie etwa der Organisation der militärischen Gewalt als monarchisches, der Kontrolle des Parlamentes entzogenes Vorrecht, sahen sie den Konstitutionalismus nicht als ein Übergangsphänomen, sondern als die dauerhafte Verfassungsform des Kaiserreiches an. Auch trotz eines gewissen Machtgewinns des Reichstages entstand in ihren Augen daher nie ein parlamentarisches System.[19]

Aus den Wurzeln dieser Kontroverse erwuchs in den nächsten fünf Jahrzehnten eine komplexe, mittlerweile ziemlich undurchsichtige Debatte über die Parlamentarisierung des Reiches. Anfang des Jahrtausends hat der amerikanische Historiker Marcus Kreuzer etwas Ordnung in dieses Wirrwarr gebracht, indem er die verschiedenen Stimmen in drei große Gruppen eingeteilt hat: Optimisten, Pessimisten und Skeptiker. Die Optimisten folgen den Spuren Rauhs und konzentrieren sich hauptsächlich auf die zentralen Verfassungsorgane. Sie argumentieren, wie Kreuzer zusammenfasst, dass eine ganze Reihe kleiner struktureller Veränderungen zu einer „evolutionären politischen Entwicklung" des Regierungssystems geführt habe, in deren Verlauf die Bedeutung des Reichstages für die Gestaltung der Politik besonders nach 1890 enorm gewachsen sei. Dieser „qualitative Wandel" habe die Verfassungsordnung an einen „Wendepunkt" geführt, „an dem ein Umschlagen der gemischt autokratisch-demokratischen Regierungsform in eine rein demokratische möglich" gewesen sei. Die Verfassungsentwicklung des Kaiserreiches sei daher nicht prinzipiell anders verlaufen als die in anderen europäischen Ländern.[20]

Die Pessimisten halten die Verfassungsorgane und andere politische Institutionen dagegen für weitgehend bedeutungslos. Die politische Entscheidungsfindung wurde ihrer Ansicht nach primär von Faktoren außerhalb des offiziellen Verfassungsrahmens geprägt, allen voran von der aufkommenden Massenpolitik, der leicht zu manipulierenden öffentlichen Meinung und der traditionellen Autorität des Obrigkeitsstaates. Während sich diese Faktoren im Laufe der Zeit zu einem gewissen Grad verändert hätten, sehen die Pessimisten keine nennenswerte Weiterentwicklung des ihrer Ansicht nach weitgehend statischen Verfassungssystems. Sie betonen vielmehr, dass aufgrund der strukturellen Eigenheiten der Verfassung vordergründig günstige politische Wandlungsprozesse wie zum Beispiel die zunehmende Demokratisierung der Bevölkerung eine Parlamentarisierung noch zusätzlich erschwerten. Diese Blockade der Parlamentarisierung vor 1918 habe, so die übliche Schlussfolgerung, die politische Entwicklung Deutschlands von der anderer europäischer Staaten unterschieden und das spätere Scheitern der Weimarer Republik maßgeblich mit verursacht. Die Pessimisten präsentieren also, wie Kreuzer herausstellt, eine besondere „Lesart der deutschen Geschichte als Sonderweg […], in der die Geschichte der Parlamentarisierung letztlich zur Vorgeschichte von 1933 wird".[21]

Die Skeptiker nehmen eine Art Sandwichposition ein. Wie die Optimisten argumentieren sie, dass sich der Einfluss des Reichstages vor allem auf Kosten des Bundesrates ausgedehnt habe. Im gleichen Atemzug betonen sie aber, dass diese Verschiebung viel zu gering war, um die bestehende Regierungsform zu ändern. Das lag in ihren Augen nicht zuletzt an jenen Faktoren außerhalb des offiziellen Verfassungsrahmens, die auch die Pessimisten herausstellen. Allen voran der 1880 einsetzende Aufstieg der Massenpolitik habe die Parteien ideologisch voneinander entfernt, dadurch ein geschlossenes Auftreten des Reichstages gegenüber der Reichsregierung verhindert und die Vorbehalte gegen eine Parteienherrschaft beziehungsweise ein parlamentarisches System sowohl in der Bevölkerung als auch in den politischen Eliten genährt. Laut den Skeptikern gab es also einen „graduellen Wandel Deutschlands", wie Kreuzer zusammenfasst. Sie „halten diesen aber insgesamt für zu schwach und zudem durch gegenläufige Prozesse gehemmt, um eine komplette Transformation der Regierungsform herbeizuführen".[22]

Einen Gewinner hat es in der Auseinandersetzung dieser drei Lager nie gegeben. Die Verfassungsgeschichte des Kaiserreiches ist dafür einfach zu widersprüchlich. Pessimisten und Skeptiker sind allerdings klar in der Überzahl, wobei Letztere in den vergangenen zwei Jahrzehnten zu den Hauptwidersachern der Optimisten geworden sind. So vertreten die allermeisten Historiker heute die Ansicht, dass sich der Einfluss des Reichtages mit der Zeit zwar ausdehnte, diese Entwicklung aber nicht so weit ging, dass das Parlament die Regierung vor Oktober 1918 wirklich kontrollierte. Für die Entstehung eines parlamentarischen Regimes fehlt ihnen letztlich der empirische Beweis, zum Beispiel in Form einer konkreten Abwahl eines Kanzlers durch den Reichstag. Außerdem rücken seit der Jahrtausendwende immer mehr Historiker, die die vermeintliche Sonderentwicklung des Kaiserreiches kritisch beleuchten, vom traditionellen Rahmen der Parlamentarisierungsdebatte ab und konzentrieren sich stattdessen auf Parteien und Wahlen als eigenständige Phänomene.[23]

Obgleich Optimisten, Pessimisten und Skeptiker zu ganz unterschiedlichen Ergebnissen kommen, ähneln sich ihre Herangehensweisen an die Verfassungsentwicklung des Reiches in einigen Punkten sehr. Marcus Kreuzer hat zum Beispiel gezeigt, dass alle drei Lager ihre Definition einer Parlamentarisierung an der Entstehung eines Regimes nach britischem Vorbild ausrichten. Besonders Pessimisten und Skeptiker werden durch die Strahlkraft des sogenannten Westminster-Modells geblendet und übersehen dadurch, dass es in anderen europäischen Ländern ganz andere Wege und Arten der Parlamentarisierung gab, die sich viel weniger vom deutschen Fall unterschieden als der englische. Im Hinblick auf die föderale Dimension des Regierungssystems ist jedoch eine andere Gemeinsamkeit noch viel interessanter. Egal, ob sie die Parlamentarisierungsthese bejahen, ablehnen oder teilweise gutheißen, übernehmen Historiker immer wieder eine der zentralen Annahmen, von der Rauh in seiner Arbeit ausgegangen ist. Vermutlich wegen der erdrückenden politischen Dominanz des ersten Kanzlers setzen sie voraus, dass eine Neukonfiguration der Bundesstaatsordnung zugunsten des Reichstages erst nach Bismarcks Abgang erfolgt sein kann. Sie untersuchen daher, ob infolge einer Auflösung der föderalen Entscheidungsstrukturen, die Bismarck hinterließ, eine wie auch immer geartete Parlamentarisierung stattgefunden hat. Anders gesagt: Ausgehend von einer nicht weiter geklärten Annahme versuchen sie, die Hypothese der Parlamentarisierung zu belegen oder zu entkräften.[24]

Auf die daraus resultierende „Ja oder Nein"-Frage antworten heute in Gestalt der Skeptiker die meisten Historiker mit „nein, aber". Diese Zwiegespaltenheit verdeutlicht, dass die beschriebene Herangehensweise der Komplexität des Gegenstands der Debatte – dem überaus verschachtelten föderalen Verfassungssystem des Reiches mit seinen diversen offiziellen und inoffiziellen monarchischen, parlamentarischen, staatenbündischen, unitarischen und hegemonialen Elementen – nicht gerecht wird. Sich auf die Zeit nach Bismarck zu beschränken und zu fragen, ob es dort im Anschluss an die Neujustierung der von ihm geprägten Hegemonialstrukturen zu einer Parlamentarisierung kam oder nicht, ist zu einfach. Mehr Sinn macht es, zu untersuchen, wie sich die Rolle des Reichstages im Zuge – also als Teil und nicht als Folge – des allgemeinen Wandels, den der föderale Entscheidungsprozess seit der ersten Minute nach Gründung des Bundes durchmachte, veränderte und ob man angesichts dessen von einer Parlamentarisierung sprechen kann oder nicht.

Diesen Ansatz umzusetzen, ist äußerst anspruchsvoll. Denn er verlangt, das sich stetig wandelnde System der föderalen Entscheidungsfindung auf der Bundesebene in seiner Gesamtheit über die ganze Lebensspanne des Reiches zu durchleuchten. Wir dürfen unseren Blick also nicht auf die drei Verfassungsorgane verengen, sondern müssen ihn weiten und auch jene Strukturen und Prozesse betrachten, die sich im Laufe der Zeit außerhalb des von der Verfassung vorgegebenen Rahmens bildeten, um die einzelstaatlichen Regierungen trotz des Schattendaseins des Bundesrates an der Gestaltung der Reichspolitik zu beteiligen. Wie das vorangegangene Kapitel bereits erläutert hat, sind diese alternativen Foren und Methoden der föderalen Entscheidungsfindung vor wenigen Jahren unter der Anleitung des Siegener Historikers Christian Henrich-Franke von einer Projektgruppe der Deutschen Forschungsgemeinschaft zum Thema „Integrieren durch Regieren" eingehend untersucht worden. Die Studien, die dabei zu exemplarischen Gesetzgebungsverfahren angefertigt worden sind, haben das besonders um den Bundesrat herum wachsende „Gewebe informeller Koordinationstechniken" offengelegt, über das der Politikwissenschaftler Gerhard Lehmbruch noch Anfang des Jahrtausends nur spekulieren konnte. Dadurch wissen wir inzwischen relativ gut über die vorwiegend bündischen Praktiken Bescheid, die der Staatsrechtler Rudolf Smend 1916 unter dem Begriff des „ungeschriebenen Verfassungsrechts" zusammenfasste und die dessen Kollege Erich Kaufmann ein Jahr später als „Bismarcks Erbe in der Reichsverfassung" bezeichnete.[25]

Auf dieser Basis aufbauend erstellt das vorliegende Kapitel eine Gesamtansicht föderalen Regierens zwischen Reichsgründung und Revolution. Es gibt also einen Überblick über die zusammenhängende Entwicklung aller wesentlichen formellen und informellen Institutionen, die das föderale Räderwerk der Verfassung über die Jahre am Laufen hielten. Dazu schildert es, wie die drei großen Wandlungsprozesse, die innerhalb des empfindlichen Verfassungsgefüges vor dem Hintergrund der steten Zentralisierung des Bundes abliefen, miteinander verwoben waren: die Monarchisierung des Kaiseramtes, die Nationalisierung des Bundesrates und der so umstrittene Aufstieg des Reichstages. Folglich führt es die in den beiden vorhergehenden Kapiteln gewonnenen Einblicke in die Entstehung der kaiserlichen Reichsregierung und in das Innenleben des Bundesrates, die von der erwähnten Forschungsgruppe gewonnenen Erkenntnisse über die bisher lange vernachlässigten, inoffiziellen föderalen Entscheidungsstrukturen und die in der Parlamentarisierungsdebatte kontrovers diskutierten Argumente bezüglich der Machtausdehnung des Reichstages zusammen.

Diese umfassende Synthese nimmt ganz bewusst eine sehr weite Perspektive ein, die sich auf größere Zusammenhänge statt auf Einzelheiten konzentriert. Um den Wandel sichtbar zu machen, den die Rolle des Reichstages erfuhr, ist es nämlich nicht unbedingt zielführend, sich primär auf das Parlament zu fokussieren und den Rest des Verfassungssystems mehr oder weniger auszublenden. Statt unser Sichtfeld derart zu verengen, ist es sinnvoller, den Blick über die ganze Verfassungslandschaft schweifen zu lassen und dabei zu beobachten, wie sich die Stellung der anderen, mit dem Reichstag interagierenden Organe und Einrichtungen wandelte, welche Freiräume sich durch diese Verschiebungen im Gesamtgefüge der Verfassung auftaten und inwieweit das Parlament in diese Lücken vorstoßen und so seine Position im Regierungssystem ausbauen konnte. Kurz gesagt: Wir müssen den Aufstieg des Reichstages als integralen Bestandteil und nicht als dominierenden Faktor der Entwicklung betrachten, die der föderale Entscheidungsprozess nahm.

Gemäß dieser Überlegung zeichnen die folgenden Ausführungen die einzelnen Lebensabschnitte des bundesstaatlichen Verfassungsorganismus zwischen der Geburt des Fürstenbundes in der Reichsgründungszeit und dem plötzlichen Ableben der Reichsmonarchie in der Revolution nach. Dabei handelte es sich weniger um feste Zeiträume mit eindeutigen Ausgangs- und Endpunkten als um durchlässige Phasen, die fließend ineinander übergingen. Folgen wir dem so strukturierten Lebenslauf des Bundes, erkennen wir, dass der Aufstieg des Reichstages kein klar definierbarer Weg war, der geradewegs einem gewissen Ziel entgegenführte. Er war vielmehr ein verschlungener Pfad, der sich mühselig durch das Labyrinth des sich immer wieder neu sortierenden Föderalsystems wand, der seine Richtung aufgrund der ständig wechselnden Kräfteverhältnisse zwischen den verschiedenen, sich kontinuierlich weiterentwickelnden Teilen der Verfassung regelmäßig änderte, der bis zum Schluss seinen genauen Bestimmungsort nicht kannte und der sich genau aus diesen Gründen allen schematischen Erklärungsversuchen entzieht.

## II. 1867/71–1876: Die praktische Umsetzung der Idee vom Fürstenbund

Nach der Gründung des Bundes und seiner Ausdehnung nach Süden galt es, das frisch ausgehandelte Regierungssystem praxistauglich zu machen. Das Zusammenspiel zwischen den verschiedenen Reichsorganen musste kalibriert, die Beteiligung der einzelstaatlichen Regierungen an der Gestaltung der Reichspolitik organisiert und auch alle sonstigen Regierungsabläufe mussten eingeübt werden. Die Verfassung mit ihren lückenhaften Bestimmungen, offenen Fragen und aufgeschobenen Problemen ließ dabei beträchtlichen Spielraum. Diesen gedachten die monarchischen Kräfte um Bismarck und die einzelstaatlichen Regierungen dafür zu nutzen, den neuen Bund im Wesentlichen so zu betreiben wie den alten: als eine zwischenstaatliche Organisation, die die Beziehungen unter den Mitgliedsstaaten stabil und den Parlamentarismus in seinen festgeschriebenen Schranken hielt. Bei diesem Vorhaben stellte sich ihnen jedoch ein fundamentales Problem: Die aus den Verhandlungen mit dem konstituierenden Reichstag hervorgegangene Verfassung schuf überhaupt keinen Fürstenbund, sondern einen eher unitarisch orientierten Bundesstaat, der zwar in einen bündischen Schein gehüllt war, das nationale Parlament aber zu einem unumgänglichen Teil des Gesetzgebungsverfahrens machte, wie wir in den Kapiteln 2 und 3 gesehen haben. Gemäß der Idee vom Fürstenbund zu regieren, verlangte deshalb, die Verfassung zu einem bestimmten Grad zu umgehen und alternative Formen der föderalen Entscheidungsfindung zu nutzen. Aus diesem Grund entstand in der Gründerzeit ein ganz besonderes System, das Christian Henrich-Franke als „preußisch-hegemonialen Intergouvernementalismus" bezeichnet hat.[26]

Teil II Vom Fürstenbund zur Reichsmonarchie 411

Abb. 6.1: Rudolph von Delbrück. Porträt von Gottlieb Biermann, 1875

Die Schlüsselfigur dieses Systems war Rudolph von Delbrück (Abb. 6.1). Der Spross einer weit verzweigten preußischen Verwaltungsdynastie hatte seit 1844 Karriere im preußischen Handelsministerium gemacht und war dort maßgeblich an der schrittweisen Ausweitung des Deutschen Zollvereins beteiligt gewesen. Während des hektischen Herbstes von 1866 hatte er die Zoll- und Handelsbestimmungen des Verfassungsentwurfs ausgearbeitet. Dadurch war er in den engeren Führungszirkel um Bismarck aufgerückt. Dieser machte ihn nur ein Jahr später zum Präsidenten der einzigen zentralen Verwaltungsbehörde, die im Zuge der Gründung des Bundes geschaffen wurde: das Bundes- beziehungswiese nach 1871 Reichskanzleramt. In dieser Position lenkte

Delbrück maßgeblich die Konsolidierung des gerade erst aus der Taufe gehobenen Regierungssystems. Dabei ließ ihm Bismarck relativ freie Hand, weil der Kanzler sich auf die Befestigung der außenpolitischen Beziehungen des Reiches konzentrierte und nach den anstrengenden Verfassungsverhandlungen wohl auch erst einmal genug davon hatte, sich mit strukturellen Detailfragen zu beschäftigen.[27]

Diese Gestaltungsfreiheit benutzte Delbrück dafür, die föderale Entscheidungsfindung auf eine ganz bestimmte Art und Weise zu organisieren. Dreh- und Angelpunkt seines Ansatzes war das Reichskanzleramt. Dort zentralisierte er alle wichtigen Aufgaben zur Koordination der Gesetzesverhandlungen, die die einzelstaatlichen Regierungen untereinander und mit den anderen Teilen des Verfassungssystems führten. Diese Zentralisierung schwächte die Position der Landesregierungen paradoxerweise nicht, sondern stärkte sie. Delbrücks Regime wirkte bündisch, nicht unitarisch. Denn er führte das Kanzleramt nicht als übergeordnete Zentralbehörde, vielmehr betrieb er es als Konsultationsforum, über das die einzelstaatlichen Regierungen untereinander und mit den noch wenigen zentralen Dienststellen um den Kanzler kommunizierten. Anders ausgedrückt: Er leitete das Kanzleramt als ein „Gesamtministerium der verbündeten Regierungen", wie Heinrich Otto Meisner in einem älteren Aufsatz gezeigt hat.[28]

Diese Herangehensweise föderalen Regierens verzichtete nahezu gänzlich darauf, den Bund institutionell auszubauen oder seine verschiedenen Ebenen und Organe stärker miteinander zu verflechten. Stattdessen folgte Delbrück dem Ideal des schlanken Staates und koordinierte die föderalen Beziehungen von der Spitze des Kanzleramtes aus praktisch im Alleingang. Seine Stellung spiegelte sich deutlich in dem Organ wider, das die Verfassung zum Knotenpunkt des Regierungssystems erklärte: dem Bundesrat. 1871 agierte Delbrück dort in zwei Dritteln der Sitzungen als Stimmführer der preußischen Bank, wodurch er auch automatisch den Vorsitz über das Plenum übernahm (Graph 12). In den drei Folgejahren war das sogar in über neunzig Prozent der Sitzungen der Fall. Nur wenn Entscheidungen von größerer Tragweite in besonders wichtigen Feldern – wie etwa der Finanzpolitik – zu treffen waren, gab meist ein preußischer Beamter, häufig sogar ein Minister, die Stimme des Hegemonialstaates ab. Das Jahr 1873 war typisch. Delbrück führte die preußische Delegation in allen 53 Sitzungen an. Lediglich als der Bundeshaushalt zur Abstimmung stand, erschien der preußische Finanzminister Otto von Camphausen und übernahm die Stimmabgabe persönlich, während Delbrück als einfacher Bevollmächtigter neben ihm saß. Solche Konstellationen waren aber punktuelle Ausnahmen, die zudem zwischen preußischem Staatsministerium und Kanzleramt abgestimmt waren. Das Tagesgeschäft des Bundesrates lag ganz in den Händen Delbrücks.[29]

Die Länderkammer spielte in dem föderalen Entscheidungssystem, das Letzterer etablierte, allerdings nur eine nachgeordnete Rolle. Delbrück machte es nämlich zur Praxis, Gesetzesprojekte unter den einzelstaatlichen Regierungen und den Vertretern der Bundesexekutive bereits zu verhandeln, bevor sie überhaupt in den Bundesrat eingebracht wurden. Das geschah über ein relativ unkompliziertes Verfahren, das die direkte Verbindung zwischen den Regierungsstellen Preußens und des Bundes nutzte. In Ermangelung eigener Bundesministerien kamen Gesetzesentwürfe anfangs in der Regel aus den preußischen Ministerien, die sich eng mit dem Kanzleramt absprachen. Schon nach einigen Jahren begann die Zentralbehörde jedoch, die Konzeptionierung und Ausarbeitung von legislativen Projekten zusehends selbst zu übernehmen. Unabhängig davon, wo genau eine Gesetzesvorlage zusammengestellt wurde, verhandelte das Kanzleramt während der Entwurfsphase fortlaufend mit dem preußischen Staatsministerium und den Regierungen der größeren Mittelstaaten. Insbesondere die bayerische Regierung wurde eng in die Ausarbeitung der Entwürfe mit einbezogen. Je nach Materie konsultierte man auch die kleinstaatlichen Regierungen. Hatten sich die Regierungen mehrheitlich, wenn nicht einstimmig mit dem Kanzleramt auf die Grundzüge einer Entwurfsfassung geeinigt, wurde die entsprechende Vorlage über die preußische Bank in den Bundesrat eingebracht. Die dortigen Ausschüsse berieten dann die noch ungelösten Streitfragen und andere Details, bevor das Plenum die Ergebnisse der Vorverhandlungen absegnete und an den Reichstag weiterleitete. Verlangte das Parlament Änderungen, fanden die betreffenden Verhandlungen der einzelstaatlichen Regierungen wieder unter der Leitung des Kanzleramtes größtenteils außerhalb des Bundesrates statt.[30]

Delbrück löste also die föderale Entscheidungsfindung zu einem wesentlichen Teil aus dem offiziellen Gesetzgebungsverfahren heraus und stellte sie diesem voran. Durch die Vorverlagerung konnte ernsthafter Streit im Bundesrat vermieden und so sichergestellt werden, dass die verbündeten Regierungen im legislativen Prozess als Einheit auftraten. Das stärkte sie gegenüber dem Reichstag, ohne die Regeln zu brechen, die die Verfassung für das Gesetzgebungsverfahren vorsah. Gleichzeitig beteiligte ein solches Vorgehen die einzelstaatlichen Regierungen ganz unmittelbar an der Entstehung von Gesetzesentwürfen. Dadurch konnte sich wiederum die preußische Hegemonie schon in der Ausarbeitungs- und nicht erst in der im Bundesrat angesiedelten Beratungsphase von Gesetzen voll entfalten. Koordiniert vom Kanzleramt filterten die einzelstaatlichen Regierungen unter der Führung Preußens so die Gesetzgebung des Reiches gewissermaßen vor. Denn unter Delbrücks Anleitung durchliefen alle Gesetze erst eine inoffizielle Organisationseinheit, die als hegemonialer Fürstenbund operierte, bevor die formalrechtlichen Entscheidungsstrukturen des bundesstaatlichen

Regierungssystems, in denen sich die monarchischen unausweichlich mit den parlamentarischen Kräften auseinandersetzen mussten, überhaupt zum Zuge kamen.

Das Fundament, auf dem dieser bündische Vorhof des Verfassungsbaus ruhte, war der Grundsatz der „Bundesfreundlichkeit". Wie Bismarck in einem Brief an den Vizepräsidenten des preußischen Staatsministeriums einige Jahre später erklärte, als dieses Prinzip infolge der Entstehung einer unabhängigen Reichsregierung zunehmend unter Druck geriet, war darunter „die sorgfältig geschonte Empfindlichkeit der [...] Bundesstaaten" seitens der Spitzen des Reiches und umgekehrt zu verstehen. Konkret bedeutete das, dass alle monarchischen Akteure des Bundes sich gegenseitig dazu anhalten sollten, möglichst viel Rücksicht aufeinander zu nehmen und dadurch ihre Kräfte zu bündeln. Für das Reichskanzleramt und den Kanzler hieß das, die Reichskompetenzen nicht zu weit auszulegen und gleichzeitig dafür zu sorgen, dass die Interessen der Mittel- und Kleinstaaten nicht überhört wurden. Im Gegenzug war es an den einzelstaatlichen Regierungen, partikularistische Positionen zu vermeiden, für Kompromisse offen zu sein, im Bundesrat der preußischen Bank zu folgen und auf diese Weise nicht gegen, sondern mit dem Kanzler und den anderen Führungsstellen des Reiches zu arbeiten. Die preußische Regierung verpflichtete eine bundesfreundliche Gesinnung wiederum dazu, ihre Vormachtstellung im Bund mit Maß auszuüben und nicht alles, was sie theoretisch hätte erzwingen können, auch durchzusetzen.

So erklärte Bismarck im April 1876 in einer Debatte des preußischen Abgeordnetenhauses über eine Reform des deutschen Eisenbahnwesens, dass er es „angesichts der Verpflichtung, die [Preußen] dem Reiche gegenüber [habe], [...] für eine Pflicht [halte], zuerst die Macht des Reichs und nicht die eines Großpreußentums zu erstreben, den stärksten Staat im Reich [...] auch auf wirtschaftlichem Gebiet nicht noch mehr Übergewicht gewinnen zu lassen, sondern die Elemente dazu dem Reich anzubieten". Diese Form der Rücksichtnahme bedingte jedoch nicht die Leugnung aller Eigeninteressen und hatte daher auch Grenzen. Wie Bismarck in derselben Rede betonte, könne man zum Beispiel „von Preußen nicht verlangen, daß es die Bundesfreundlichkeit so weit [treibe], daß es, um seinen Bundesgenossen [...] Befürchtungen zu ersparen, seinerseits innerhalb seiner Grenzen in einem Zustande [verbleibe], den es für unwirtschaftlich und verwerflich [halte]".[31]

Die wichtigste Manifestation des Prinzips der Bundesfreundlichkeit waren die fortwährenden Konsultationen, die unter der Leitung Delbrücks zwischen den Exekutivvertretern der Länder und des Bundes stattfanden. Dieser permanente Austausch geschah vor allem über die einzelstaatlichen Gesandtschaften. Wie bereits in Kapitel 3 erwähnt, ließ die Verfassung allen Monarchen des Bundes das traditionelle Privileg, untereinander Diplomaten auszutauschen. Um sich in Berlin Gehör zu verschaffen, unterhielten daher die meisten einzelstaatlichen Regierungen ständige Gesandtschaften am preußischen Hof. Nur Anhalt, Mecklenburg-Strelitz, Lippe, Schaumburg-Lippe, Waldeck, die drei Hansestädte und fast alle thüringischen Staaten verzichteten aus Kostengründen darauf. Die Gesandtschaften, die die anderen Landesregierungen in der Reichshauptstadt betrieben, bestanden in der Regel aus den Bundesratsbevollmächtigten der betreffenden Staaten. Die Hauptaufgabe dieser „Bundesdiplomaten" bestand darin, sich im Namen ihrer Regierung in die Gestaltung der Reichspolitik einzubringen, also vor allem an den Vorverhandlungen von Gesetzen sowie den Beratungen und Abstimmungen im Bundesrat teilzunehmen. Folgerichtig wuchsen die Gesandtschaften im Laufe der Jahre parallel zu den Staatsaufgaben, die das Reich zu erledigen hatte.[32]

Untereinander tauschten dagegen nur noch die süddeutschen Regierungen Diplomaten aus. Alle anderen Staaten stellten diese teure Praxis nach der Reichsgründung schrittweise ein. Lediglich die preußische Regierung unterhielt in den meisten Landeshauptstädten des Reiches noch mindestens einen Gesandten. Manche davon waren gleich für mehrere kleine Fürstentümer zuständig. Dieses dichte diplomatische Netzwerk ermöglichte es den Berliner Stellen, direkt mit den Regierungen der Mittel- und Kleinstaaten zu kommunizieren, für Kompromisse zu werben, Druck auszuüben und so eine einheitliche Linie im Bundesrat herzustellen. Dabei fungierten die Gesandten oft weniger als Stimmen der preußischen Regierung denn als Sprachrohr des Kanzleramtes beziehungsweise „als stetige Organe der Reichsregierung", wie der Staatssekretär des Auswärtigen Amtes 1879 feststellte. Diese Funktion machte die Rolle der preußischen Gesandten im föderalen Entscheidungsprozess umso wichtiger. Denn sie ermöglichten es der Führungsebene des Reiches, den einzelstaatlichen Regierungen konkrete Ansagen zu machen, über deren innere Angelegenheiten immer informiert zu sein, auch die in Berlin nicht vertretenen Regierungen zu hören und in Streitfällen an die Bundesfreundlichkeit der einzelnen Mitglieder des Fürstenbundes zu appellieren. Dadurch waren die Gesandtschaften für Delbrücks zentral gesteuerten, aber bündisch orientierten Betrieb des Regierungssystems geradezu unerlässlich.[33]

Es gab allerdings noch einen zweiten wichtigen Kanal, über den sich Interessensvertreter aus den Einzelstaaten gerade in diesen Anfangsjahren in die Gestaltung der Reichspolitik einbringen, gleichzeitig aber die offiziellen Strukturen der Verfassung umgehen konnten. Auch dabei handelte es sich um ein Überbleibsel aus Deutschlands staatenbündischer Vergangenheit. Viele

Institutionen, die zu Zeiten des Deutschen Bundes und des Deutschen Zollvereins geschaffen worden waren, um eine engere Zusammenarbeit der einzelnen Staaten in speziellen Politikfeldern zu ermöglichen, bestanden nach der Reichsgründung einfach fort. Dazu zählten einerseits mehrere Dachverbände, in denen sich bestimmte lokale Interessensgruppen seit Längerem staatenübergreifend zusammengeschlossen hatten. Am wichtigsten waren vermutlich der 1861 in Heidelberg gegründete Deutsche Handelstag, der alle deutschen Handelskammern und Kaufmannskorporationen umfasste, sowie der 1847 ins Leben gerufene Verein Deutscher Eisenbahnverwaltungen, der aus den Deputierten zahlreicher deutscher und europäischer Eisenbahndirektionen bestand, die Anteil am grenzüberschreitenden Eisenbahnnetz des Bundes beziehungsweise Reiches hatten. Andererseits behielten die einzelstaatlichen Regierungen in einigen internationalen Organisationen auch nach der Reichsgründung einen eigenen Sitz, zum Beispiel in der 1815 im Rahmen des Wiener Kongresses eingerichteten Zentralkommission für die Rheinschifffahrt. Delbrück band diese zwischenstaatlichen Organisationen eng in die Beratungen über die wirtschaftliche und rechtliche Integration des jungen Reiches mit ein, indem er sie zu einem Teil des bündischen Vorhofs machte, um den er den Verfassungsbau ergänzte. Diese Praxis ermöglichte die Einholung externer Expertise, entlastete die unterentwickelten Beratungsstrukturen des Bundesrates und milderte den Übergang vom Staatenbund zum Bundesstaat spürbar ab.[34]

Die intergouvernementale Ausrichtung, die Delbrück dem Regierungssystem gab, verschaffte den einzelstaatlichen Regierungen in dieser ersten Dekade des Bundes eine herausgehobene Position gegenüber den Reichsorganen. Mit Ausnahme der Errichtung des Reichseisenbahnamtes konnten sie alle größeren Reformversuche, die die Bundesebene strukturell stärken wollten, blockieren. Das gelang ihnen selbst dann, wenn ein solches Projekt vom Kanzler, dem Kanzleramtspräsidenten und einer Mehrheit des Reichstages unterstützt wurde. So verhinderten sie 1869 die Einführung einer kleinen Palette direkter Bundessteuern, mit denen Kanzleramt und Parlament die Kosten der wirtschaftlichen und rechtlichen Integration finanzieren wollten. Vor allem die mittelstaatlichen Regierungen durchkreuzten mehrfach Bismarcks Bemühungen, die Fiskal- und Eisenbahnverwaltung des Reiches durch eine Ausweitung der Zuständigkeit des jeweiligen preußischen Ministers auf den ganzen Bund zu vereinheitlichen. Lange wendete ihr kollektiver Widerspruch die Einführung einer derart organisierten Eisenbahnbehörde ab. Erst im Zuge heftiger Auseinandersetzungen mit dem Kanzler entwickelten sie mehr Kompromissbereitschaft und akzeptierten schließlich 1873 – wenn auch widerwillig – die Errichtung eines von der preußischen Ministerialverwaltung getrennten Reichseisenbahnamtes. Alle Versuche, dessen Kompetenzen in den nächsten Jahren zu erweitern, boykottierten sie jedoch, sodass dem Bund am Ende nur eine relativ ohnmächtige Aufsichtsbehörde blieb.[35]

Noch wirkungsvoller als der Protest der mittelstaatlichen Regierungen war der Einspruch des preußischen Staatsministeriums. Gegen dessen Willen konnten die Reichsstellen überhaupt nichts unternehmen. Am deutlichsten wurde das, als Bismarck 1873 mit dem Versuch scheiterte, seinen Handlungsspielraum als Kanzler zu vergrößern, indem er den Posten des preußischen Ministerpräsidenten an Albrecht von Roon abtrat, also die Personalunion zwischen den beiden Ämtern auflöste. Innerhalb weniger Monate stellte sich heraus, dass selbst für Bismarck die Stellung des Kanzlers ohne den Vorsitz über das Kabinett des hegemonialen Einzelstaates zu schwach war, um sich gegenüber diesem Machtzentrum des Bundes durchzusetzen und gleichzeitig die anderen Regierungen auf Linie zu halten. Vier Jahre später kommentierte er im Reichstag rückblickend: „Ich [...] habe eine Zeit lang aufgehört, preußischer Ministerpräsident zu sein, und habe mir gedacht, daß ich als Reichskanzler stark genug sei. Ich habe mich darin vollständig geirrt; nach einem Jahre bin ich reuevoll wiedergekommen und habe gesagt: entweder will ich ganz abgehen, oder ich will im preußischen Ministerium das Präsidium wieder haben."[36]

Insgesamt gesehen kam es in den neun Jahren, die Delbrück an der Spitze des Kanzleramtes stand, allerdings zu relativ wenigen ernsthaften Konflikten zwischen den Regierungsstellen des Reiches und der Einzelstaaten – vor allem, wenn man bedenkt, dass in dieser Anfangsphase viele wichtige Grundsatzentscheidungen über den Ausbau des Bundes zu treffen waren. In der Regel standen die Landesregierungen fest an der Seite der Reichsführung. Die ausgewogene Mischung aus dem Druck Bismarcks, der Überlegenheit Preußens und des bündischen Regierungsansatzes Delbrücks stellte sicher, dass selbst die Regierungen der größeren Einzelstaaten immer wieder zu Zugeständnissen bereit waren. Zusammen mit den günstigen Mehrheitsverhältnissen im Reichstag sorgte diese Kompromissbereitschaft dafür, dass bereits im Jahr der Reichsgründung ganze 44 Gesetze verabschiedet werden konnten. Der jährliche Durchschnitt für die gesamte Zeit bis zum Ausbruch des Ersten Weltkrieges lag bei weit weniger als halb so vielen Gesetzen. In Sachen legislativer Produktivität erwies sich Delbrücks System des zentral koordinierten Exekutivföderalismus folglich als ausgesprochen effizient.[37]

Das lag ganz wesentlich daran, dass diese bündische Spielart des Zentralismus die einzelstaatlichen Regierungen nicht an die Ränder des föderalen Entscheidungsprozesses drängte, wie es zentralistische Systeme gemeinhin tun. Vielmehr bot sie ihnen durch die Verlagerung der wichtigsten Verhandlungen vor das offizielle Gesetzgebungsverfahren eine zusätzliche Schutzzone, in der sie gemäß der Idee vom hegemonialen Fürstenbund zusammenarbeiten und wichtige Vorentscheidungen treffen konnten, bevor sie sich den von der Verfassung vorgegebenen Strukturen und damit dem Reichstag stellen mussten. Anders gesagt: Mithilfe des Kanzleramtes koppelte sich das bündische vom unitarischen Element des Bundesstaates ab, verwies dieses in die zweite Reihe und garantierte dadurch, dass sich die Regierungen der Mittel- und Kleinstaaten direkt an der Formulierung der Bundespolitik beteiligen, Preußen die ihm gebührende Sonderrolle effektiv wahrnehmen und die monarchischen Entscheidungsträger sich vom Einfluss des Parlaments weitgehend abschotten konnten.

In diesem „System Delbrück" lag ein gewisser struktureller Widerspruch. Was Bismarcks rechte Hand durch die Konzentration aller Koordinationsaufgaben im Kanzleramt versuchte, lief nämlich im Kern darauf hinaus, das von der Verfassung geschaffene bundesstaatliche Regierungssystem in der Praxis so weit als möglich staatenbündisch zu betreiben. Die daraus resultierenden Spannungen konnte das System nur aushalten, weil es unter den spezifischen Bedingungen des gerade erst gegründeten Bundes operierte. So kam Delbrück beispielsweise zugute, dass die Bundesverwaltung in den ersten Jahren nach Inkrafttreten der Verfassung nur schwach ausgebildet war. Es gab nur drei oberste Bundesbehörden: das Kanzleramt, das Reichseisenbahnamt und das Auswärtige Amt. Letzteres war zwar – weil es sich um das 1870 umbenannte preußische Außenministerium handelte – eine ausgewachsene Behörde, hatte mit den inneren Angelegenheiten des Bundes aber nichts zu tun. Die beiden erstgenannten zählten indes zusammen weniger als zwei Dutzend Mitarbeiter, Büroangestellte ausgenommen. Von einem Verwaltungsapparat dieser Größe mussten zumindest die Regierungen Preußens und der Mittelstaaten keine Übergriffe in ihre Hoheitsbefugnisse befürchten – jedenfalls nicht solche, die sie nicht hätten abwehren können. Das erleichterte es ihnen, Delbrücks zentralisiertem Steuerungsregime zu vertrauen, von diesem immer wieder eine bündische Orientierung einzufordern und selbst Bundesfreundlichkeit gegenüber dem Kanzleramt zu üben. Den Regierungen der Kleinstaaten blieb wegen ihrer politischen Schwäche ohnehin nichts anderes übrig.[38]

Dazu kam, dass angesichts der bruchstückhaften Regeln, die die Verfassung aufstellte, allseits große Unsicherheit darüber herrschte, wie das eigentümliche Regierungssystem überhaupt in der Praxis funktionieren würde. In dieser Situation garantierte Delbrücks Regime gerade den Regierungen der kleineren Länder, die nicht über die Ressourcen verfügten, sich ohne Hilfe an der Bundespolitik zu beteiligen, ein Mindestmaß an Ordnung und Sicherheit. Sich dem System, auf das sich Bismarck beim Ausbau des Bundes weitgehend verließ, zu entziehen oder es gar zu blockieren, war selbst für die Regierungen der Mittelstaaten keine wirkliche Option. Andernfalls wären sie Gefahr gelaufen, das volle Arsenal der preußisch-hegemonialen Waffenkammer zu spüren zu bekommen und sich so womöglich längerfristig um ihren durch die bündische Auslegung der Verfassung ja nicht gerade geringen Einfluss auf die Gestaltung der Reichspolitik zu bringen.

Ein weiterer Grund dafür, dass Delbrücks Ansatz föderalen Regierens trotz aller Widersprüche den Übergang in den Nationalstaat relativ reibungslos zu managen vermochte, war die personelle Kontinuität auf den wichtigsten Posten. Die meisten Schlüsselpositionen in dem von ihm gewobenen Netz föderaler Entscheidungsfindung waren mit erfahrenen Berufspolitikern besetzt, die das Geschäft der Vermittlung individueller und gemeinsamer Staatsinteressen teilweise für Jahrzehnte im Deutschen Bund betrieben hatten und sich aus diesem Kontext gut kannten. Dazu gehörten insbesondere die Außenminister der Einzelstaaten und die Gesandten beim Bundesrat. Die allermeisten dieser erfahrenen Diplomaten hatten die Revolutionen von 1848 entweder an der Schwelle ihres Eintritts in den Staatsdienst oder schon in verantwortlicher Position miterlebt. Von diesem Trauma geprägt hatten sie anschließend im Deutschen Bund an der Restauration eines staatenbündischen Systems mitgewirkt, das trotz aller Funktionsstörungen, die vor allem der preußisch-österreichische Dualismus im Laufe der Jahre verursacht hatte, einen bemerkenswert hohen Grad an Stabilität garantiert hatte. Der bündische Vorhof, den Delbrück nach der Reichsgründung vor den bundesstaatlichen Verfassungsbau setzte, war für die meisten Regierungsvertreter dieser Generation daher nicht nur gewohntes, sondern auch geschätztes Terrain. Das schuf Vertrauen, förderte bundesfreundliches Verhalten und half so dem Entscheidungsapparat des neuen Bundes, erst einmal anzulaufen.[39]

Darüber hinaus profitierte Delbrücks Regime auch davon, dass die praktischen Gegebenheiten der Gründerzeit das Programm, das es zur inneren Konsolidierung des Bundes abzuarbeiten galt, relativ klar vorgaben. Für das Reichskanzleramt war es dadurch bedeutend einfacher, die Entscheidungsfindung zwischen den einzelstaatlichen Regierungen, den Exekutivstellen des Bundes und dem Reichstag zu koordinieren. Immerhin musste man nicht erst darüber streiten, welche politischen Projekte es überhaupt anzupacken galt. „Rechtsvereinheitlichung" war das Gebot der Stunde. Nach der äußeren musste nun die innere Reichsgründung vollzogen, also ein einheitlicher Rechtsrahmen geschaffen werden, der den neuen Bund wirtschaftlich, sozial und kulturell zusammenwachsen lassen würde. Das geschah im Wesentlichen auf drei Wegen. Erstens verabschiedete bereits der Norddeutsche Bund eine ganze Reihe wichtiger Gesetze, die das Reich später einfach übernahm. Am wichtigsten waren die Gewerbeordnung von 1869 und das Strafgesetzbuch von 1870. Zweitens goss man zahlreiche technische und betriebliche Vereinbarungen, die zwischenstaatliche Organisationen in der Vergangenheit aufgestellt hatten, in Gesetzesform. Dazu zählte zum Beispiel die länderübergreifende Signalordnung für den Eisenbahnverkehr, die das Reich 1875 vom Verein deutscher Eisenbahnverwaltungen übernahm. Drittens konnte Delbrück zwischen der nationalliberalkonservativen Reichstagsmehrheit und den einzelstaatlichen Regierungen nach der Vereinigung von Nord und Süd erste Rahmengesetze vermitteln, die unklare Passagen der Verfassung präzisierten oder die Kompetenzen in jenen Feldern, in denen sowohl dem Bund als auch den Ländern ein Mitspracherecht zustand, klarer regelten. Den bedeutendsten Durchbruch erreichte man dabei 1873, als die nach ihren beiden liberalen Urhebern benannte Lex Miquel-Lasker das gesamte Zivilrecht in die Zuständigkeit des Bundes überführte und so die Grundlage für die Ausarbeitung eines deutschlandweiten bürgerlichen Gesetzbuches schuf.[40]

Solche Meilensteine konnte das System Delbrück mit seiner Kombination aus staatenbündischen und bundesstaatlichen Verfahren außerhalb und innerhalb der offiziellen Verfassungsordnung nur produzieren, weil es ein erweiterter, untrennbarer Teil der Machtsphäre des Kanzlers war. Delbrück übernahm zwar das Tagesgeschäft der föderalen Entscheidungsfindung. Der unumstrittene Chef war aber Bismarck. Es war seine, nach dem Triumph der Reichsgründung in ganz neue Höhen gestiegene persönliche Autorität, die die verschiedenen partikularistischen, unitarischen, hegemonialen, monarchischen und parlamentarischen Fliehkräfte des Systems im Zaum hielt. Das galt ganz besonders hinsichtlich der vertrackten Beziehung zwischen Preußen und dem Reich. Bismarck war in seinen Funktionen als Kanzler, preußischer Ministerpräsident und preußischer Außenminister die zentrale Schaltstelle zwischen den Exekutivapparaten der Hegemonialmacht und des Bundes. Es lag daher weitgehend an ihm, zu gewährleisten, dass das preußische Staatsministerium sich zurücknahm, die hegemoniale Stellung des Hohenzollernstaates hauptsächlich im bündischen Sinne statt zur Verfolgung ausnahmslos eigener Interessen nutzte und so den inneren Ausbau des Reiches unterstützte. Die meiste Zeit war er diesbezüglich auch sehr erfolgreich. Eine durchgehende dualistische Konkurrenz zwischen Preußen und dem Reich, die die föderale Entscheidungsfindung dauerhaft blockiert hätte, stellte sich in diesen Anfangsjahren nie ein. Das lag sicherlich nicht zuletzt daran, dass die Reichsexekutive institutionell zu schwach ausgeprägt war und zu eng mit den preußischen Behörden zusammenhing, als dass sie wirklich einen eigenständigen Machtfaktor darstellte. Das Kanzleramt war mit seinen gut zehn, ausschließlich aus der preußischen Verwaltung stammenden Mitarbeitern schließlich fast so etwas wie eine reichseigene Tochterbehörde des Staatsministeriums.[41]

Das bedeutete allerdings nicht, dass es keine ernsthaften Konflikte zwischen den Exekutivstellen Preußens und des Reiches gab. Zum wohl heftigsten Streit kam es 1869. Als die wachsenden Sorgen über die Finanzlage des Reiches die oben bereits erwähnte, letztlich gescheiterte Steuerreform aufs Tableau brachten, schien es Bismarck geboten, dem liberalen Drängen im Reichstag ein Stück weit nachzugeben und das föderale Finanzwesen zumindest teilweise zu zentralisieren. Er schlug vor, bestimmte fiskalische Kompetenzen über das ganze Bundesgebiet in die Zuständigkeit des preußischen Finanzministers zu legen, also praktisch die Organisation des Reichskriegswesens, das den preußischen Kriegsminister für die meisten militärischen Angelegenheiten aller Einzelstaaten zuständig machte, zu kopieren. So hätte das föderale Finanzwesen besser koordiniert werden können, ohne dem Reichstag durch die Einrichtung eines eigenständigen Reichsfinanzministeriums eine neue Angriffsfläche zu bieten. Der Plan scheiterte jedoch. Das lag vor allem am Widerstand fast aller hohen preußischen Exekutivbeamten, inklusive der meisten Minister. Sie sahen in der angedachten Zwitterstellung des Finanzressorts als halbes Landes- und halbes Bundesministerium einen Souveränitätsverlust, der letztlich Preußen im Bund auflösen würde. Selbst Delbrück teilte diese Mediatisierungsängste und schlug deshalb Bismarcks Angebot aus, zusätzlich zu seinen Aufgaben als Präsident des Reichskanzleramtes auch die Leitung des preußischen Finanzministeriums zu übernehmen. In diesem Fall stach der preußische Partikularismus die von Bismarck propagierte Bundesfreundlichkeit somit aus.[42]

Problematischer als solche konkreten Streitfälle war für das unter Delbrück praktizierte System der föderalen Entscheidungsfindung jedoch das Gefühl der Unzufriedenheit, das sich mit der Zeit in Teilen des preußischen Regierungsapparates breitmachte. Vor allem diejenigen, die sich erhofft hatten, dass die Reichsgründung einfach den preußischen Staat auf ganz Deutschland ausdehnen würde, sahen die Entwicklung der Regierungsstrukturen skeptisch. Die Entscheidungen, das Reichskanzleramt als eigenständige Behörde zu errichten, zu seiner personellen Ausstattung Fachbeamte aus der preußischen Verwaltung abzuziehen und ihm zunehmend die Ausarbeitung von Gesetzen zu überlassen, nährten Ängste, dass Preußen seine Selbstständigkeit an das Reich verlieren könnte.

Einen guten Einblick in diese Gefühlslage und das damit verbundene Sprengpotenzial für die Beziehungen zwischen dem Bund und seiner Hegemonialmacht gibt ein Bericht, den der Berliner Gesandte der sächsischen Regierung im September 1869 ans Dresdner Außenministerium schickte. Es biete sich ihm „ziemlich häufig [...] die Wahrnehmung", heißt es darin, „daß der vom Grafen Bismarck eingeschlagene Weg, um den norddeutschen Bundesinstitutionen ein

Gepräge sui generis aufzudrücken, [...] in den spezifisch-preußischen Kreisen ein lebhaftes, wenn auch oft verhaltenes Mißfallen" errege. Man habe „in jenen Kreisen" erwartet, „daß die preußischen Ressortministerien mit Inkrafttreten der Norddeutschen Bundesverfassung zu norddeutschen Bundesministerien erweitert werden sollten". Jetzt sei man „umso empfindlicher [...] berührt, daß der Norddeutsche Bund, anstatt diesen Ministerien die verhoffte Erweiterung zu bringen, denselben gar noch ein gutes Teil von ihrer Bedeutung und ihrem Nimbus abzunehmen im Begriff" stehe. Es sei „unverkennbar", dass „in dem Bundeskanzleramte [...] der Keim zu einer Entwicklung für wahrhaft deutsche Bundes- oder Reichsministerien" liege. So, „wie die Dinge heute ihren Gang" nähmen, werde „Preußen einstmals in Deutschland aufgehen und nicht umgekehrt". Die konservativen Kräfte in Preußen könnten sich deshalb mit der derzeitigen Entwicklung des Bundes „kaum anheimeln". Charakteristisch sei eine Äußerung, die er kürzlich „von einem hochgestellten preußischen Staatsbeamten" gehört hätte: „'Der Bismarck ruiniert uns noch den ganzen preußischen Staat!'"[43]

Derartige Bedenken weisen aus preußischer Perspektive auf ein allgemeineres Grundproblem hin, das mit dem bündischen Kanzleramtszentralismus der Gründerzeit einherging. Die föderale Entscheidungspraxis, die sich unter Delbrücks Anleitung etablierte, operierte zwar im Sinne der einzelstaatlichen Regierungen, untergrub langfristig aber ihre Stellung in dem sich langsam ausformenden organischen Gefüge der Verfassung. Die Ausarbeitung von Gesetzesentwürfen zusehends dem Kanzleramt zu überlassen, dessen Präsidenten mit allen wichtigen Koordinationsaufgaben zu betrauen, Konsense zwischen den Regierungen primär über deren Gesandtschaften herzustellen und weiterhin auf intergouvernementale Einrichtungen aus früheren Zeiten zurückzugreifen, war zwar aus Sicht der einzelstaatlichen Monarchien bequem und effektiv, vernachlässigte aber die Pflege und den Ausbau der von der Verfassung vorgeschriebenen bundesstaatlichen Regierungsstrukturen, in denen sie ungeachtet aller vorgelagerten oder parallel stattfindenden staatenbündischen Verfahren letztlich Politik durchsetzen und sich mit dem Reichstag auseinandersetzen mussten.

Das galt ganz besonders bezüglich des Organs, das gemäß der Verfassung die einzelstaatlichen Regierungen an der Gestaltung der Reichspolitik beteiligen und dabei die Hegemonie Preußens garantieren sollte: der Bundesrat. In diesen kritischen Anfangsjahren, in denen es galt, die rudimentären Strukturen der Verfassung zu einem funktionsfähigen Regierungsapparat auszubauen, designierte Delbrück für den Bundesrat nur eine Rolle am Rande des föderalen Entscheidungsprozesses. Als wichtigstes Forum der Verhandlungen zwischen den einzelstaatlichen Regierungen dienten nicht die Ausschüsse der Länderkammer, sondern der prälegislative Raum, in dem das Kanzleramt mit den Gesandtschaften der Bundesglieder fortwährend kommunizierte. Gleichzeitig war das Bundesratsplenum darauf beschränkt, die Entwürfe, auf die sich Regierungen und Kanzleramt meist schon vor Einbringen der entsprechenden Vorlagen geeinigt hatten, abzusegnen. Ferner sah das Kanzleramt bis auf die Bereitstellung einiger Bürohilfen davon ab, strukturelle Voraussetzungen zu schaffen, die es dem Bundesrat ermöglicht hätten, seine verfassungsrechtlich vorgegebenen Funktionen als eines der beiden Legislativorgane des Reiches eigenständig zu erfüllen. So entstand zum Beispiel kein administrativer Unterbau, der die Mitglieder des Bundesrates bei den Ausschusssitzungen fachlich hätte beraten können. Auch offizielle Instrumente und Mechanismen, mit deren Hilfe der Bundesrat mit dem Reichstag direkt über strittige Gesetzesentwürfe hätte verhandeln können, wie etwa ein Vermittlungsausschuss, wurden nicht eingerichtet. Kurzum: Das System Delbrück enthielt dem Bundesrat seine ihm nach der Verfassung zustehende Rolle als zentrales Regierungsorgan vor und drängte ihn stattdessen gleich in den ersten Lebensjahren des Bundes in eben jenes Schattendasein, das wir im vorhergehenden Kapitel bereits ansatzweise betrachtet haben.

Diese Marginalisierung der Länderkammer schlug sich deutlich im dortigen Anwesenheitsverhalten der einzelstaatlichen Regierungen nieder. Bereit 1872 saßen auf der preußischen Bank im Plenum mehr Reichsbeamte als Vertreter aus den Ministerien des Hohenzollernstaates (Graph 9). Gleichzeitig waren die Reihen der kleinstaatlichen Regierungen von Anfang an ziemlich leer. Die meisten von ihnen bemühten sich erst gar nicht, ihre eigenen Beamten oder gar Minister ins Plenum zu entsenden, um aktiv am Entscheidungsprozess des Bundesrates teilzunehmen. Der Anteil an Substitutionen lag schon in dieser Anfangsphase des Bundes jedes Jahr bei über 60 Prozent (Graph 14). Es hatte für die meisten Staaten einfach keinen Sinn, sich in den Bundesrat einzubringen, da ihre Interessen über die von Delbrück abgestimmten Alternativkanäle viel mehr Gehör fanden. Auch für die preußische Regierung war es attraktiver, ihre hegemonialen Ansprüche bereits durchzusetzen, bevor Vorlagen überhaupt an den Bundesrat kamen, schließlich konnten so etwaige Überraschungen vermieden werden. Lediglich die mittelstaatlichen Regierungen bemühten sich, einigermaßen Präsenz zu zeigen. Das war insofern logisch, als dass ihnen ihre numerische Überlegenheit in den Ausschüssen Gelegenheit bot, Forderungen noch einmal mit einem anderen Nachdruck zu stellen als während der Vorverhandlungen.

Dass Delbrücks Organisation der föderalen Entscheidungsfindung den Bundesrat so sehr einschläferte, ist in gewisser Hinsicht paradox. Denn die Koordinationstätigkeit des Kanzleramtes wollte ja gerade den Zusammenschluss stärken, den der Bundesrat verkörperte: den Fürstenbund. Das war ob des bundesstaatlichen Charakters der Verfassung mit ihren vielen unitarischen Tendenzen, die der konstituierende Reichstag im Frühjahr 1867 in den Verhandlungen über die künftige Regierungsordnung durchgesetzt hatte, allerdings am einfachsten jenseits des von ihr definierten organischen Gefüges zu erreichen – und zu diesem gehörte der Bundesrat nun einmal. Delbrück etablierte deshalb zur Beteiligung der einzelstaatlichen Regierungen an der Bundespolitik ein um das Kanzleramt herum aufgebautes Alternativsystem, das sich auf andere zwischenstaatliche Foren verließ und so dem einzigen bündischen Organ, dessen Existenz von der Verfassung garantiert wurde und nicht nur informell abgesprochen war, nie richtig Leben einhauchte. Auf diese Weise setzte die Koordinationstätigkeit des Kanzleramtes die Idee des Fürstenbundes zwar um, aber eben nur außerhalb der von der Verfassung vorgegebenen Kernstrukturen des Regierungssystems.

Das hatte gleich mehrere äußerst wichtige Konsequenzen für die weitere Entwicklung der Verfassung. So eröffnete das Desinteresse der einzelstaatlichen Regierungen am Bundesrat der aufstrebenden Reichsverwaltung die Möglichkeit, in die Lücke zu stoßen, die sie hinterließen, und auf diesem Weg die Länderkammer für ihre eigenen Zwecke zu nutzen. Das zeigte sich zuvorderst auf der preußischen Bank. Da die preußischen Ressortminister am Tagesgeschäft des Bundesrates kein Interesse entwickelten und nur äußerst selten im Plenum erschienen (Graph 11), konnte sich Delbrück zum standardmäßigen Stimmführer der preußischen Delegation aufschwingen, wie wir bereits gesehen haben. Diese Stellung bot ihm wiederum die Chance, mehr Einfluss im preußischen Staatsministerium zu gewinnen. 1869 wurde er der erste Vertreter der Bundesverwaltung, der in dieses Regierungsgremium aufgenommen wurde, ohne einen Posten in einer preußischen Behörde zu bekleiden. Zu diesem Zweck ernannte ihn sein Dienstherr, der Kaiser, in seiner Eigenschaft als König von Preußen zum „Minister ohne Ressort".

In diesen Anfangsjahren des Bundes, in denen preußische und nationale Verwaltung noch nicht klar voneinander getrennt waren, konnte das als rein praktische Maßnahme gelten, die die Koordination der verschiedenen Teile des sich erst langsam einspielenden föderalen Entscheidungsprozesses verbessern sollte. Delbrücks Ernennung schuf aber einen Präzedenzfall, durch den auch andere hohe Bundesbeamte mit Verweis auf die speziellen Beziehungen zwischen dem Bund und seiner Hegemonialmacht einen Sitz im preußischen Kabinett beanspruchen konnten. Würde die Bundesverwaltung weiter wachsen und sich womöglich irgendwann einmal verselbstständigen, war somit eine Grundlage für den Einfall des Reiches in die Regierungszentrale Preußens gelegt. Zu Beginn der 1870er-Jahre war das nur eine von vielen Entwicklungen, die das föderale System hätte nehmen können. Aber allein schon die Tatsache, dass diese

Möglichkeit überhaupt bestand, ist vielsagend. Sie zeigt nämlich, dass die von Delbrücks spezieller Ausrichtung der föderalen Entscheidungsläufe angestoßene Marginalisierung des Bundesrates das Potenzial hatte, das in den Einigungsverhandlungen austarierte Gleichgewicht der Verfassung komplett durcheinanderzubringen.[44]

Das galt auch hinsichtlich der Stellung des Reichstages. Die Nutzung von zwischenstaatlichen Foren außerhalb der offiziellen Verfassungsordnung schottete die Verhandlungen zwischen den einzelstaatlichen Regierungen und der Bundesverwaltung zwar vom Parlament ab. Diese Praxis schwächte mit dem Bundesrat aber auch die zentrale Sicherheitsvorrichtung, die durch die Verfassung innerhalb der bundesstaatlichen Strukturen zum Schutz monarchischer Macht vorgesehen war. Für den Kanzler war es unter diesen Umständen schwierig, sich wie ursprünglich geplant hinter der Länderkammer vor dem Reichstag zu verschanzen, zumal sich der Zuständigkeitsbereich seines Amtes durch die Rechtsvereinheitlichung des Bundes rasch ausdehnte.

Dieses Problem wurde schon zwei Jahre nach Inkrafttreten der Verfassung deutlich. Im April 1869 brachten Karl Twesten, der Mitbegründer der Nationalliberalen Partei, und der freikonservative Abgeordnete Georg Herbert zu Münster-Ledenburg einen Antrag in den Reichstag ein, den den Kanzler aufforderte, „für die zur Kompetenz des Bundes gehörigen Angelegenheiten eine geordnete Aufsicht und Verwaltung durch verantwortliche Bundesministerien, namentlich für auswärtige Angelegenheiten, Finanzen, Krieg, Marine, Handel und Verkehrswesen, im Wege der Gesetzgebung herbeizuführen". Bei der anschließenden Aussprache musste Bismarck eingestehen, dass die Bundesratsausschüsse nicht – wie in den Verfassungsverhandlungen zwei Jahre zuvor vorgesehen – die für den Betrieb des Bundes notwendigen ministeriellen Funktionen erfüllen konnten und daher vornehmlich die preußischen Minister die Bundesgesetze entwarfen.[45]

Für den Moment hatte dieses stellenweise Hervortreten des Kanzlers aus dem schützenden Schatten des Bundesrates noch keine großen Konsequenzen. Der Schwerpunkt der exekutiven Entscheidungsfindung lag ja dank Delbrücks bündisch orientiertem Management bei den einzelstaatlichen Regierungen und damit auf der Landesebene, sodass der Kanzler hauptsächlich als preußischer Ministerpräsident und damit in einer Position in Erscheinung trat, die dem Zugriff des Bundesparlamentes gänzlich entzogen war. Er konnte den erwähnten Antrag daher relativ leicht mit dem Hinweis abbügeln, dass die „Maschine" der Verfassung „zwei Jahre lang recht gut und recht förderlich gearbeitet" habe, „so gut, daß es [...] fast schon langweilt", und dass es deshalb vollkommen unnötig und nur politisch motiviert sei, „die Uhr einmal aufzumachen, ein Rad herauszuholen und zu sehen, ob es dann vielleicht nicht noch besser" gehe. Ein großer institutioneller Ausbau der Bundesverwaltung blieb daher zunächst aus. Lediglich die Umwandlung des preußischen Außenministeriums in das Auswärtige Amt ein Jahr später kam den in dem Antrag formulierten Forderungen ein kleines Stück entgegen. Eines war aber jetzt schon klar: Würde sich der Regierungsschwerpunkt des Bundes aus irgendeinem Grund jemals auf die Bundesebene verlagern, beispielsweise durch die Entstehung der von den Antragstellern geforderten, von den Einzelstaaten unabhängigen Bundesministerien, wäre der Kanzler durch die in dieser Phase nicht erfolgte Belebung des Bundesrates relativ exponiert gegenüber dem Reichstag. Mit anderen Worten: Solange Delbrücks System funktionierte, hielt es das Parlament auf noch größeren Abstand zu den Regierungsstellen des Bundes, als es die Verfassung sowieso schon tat. Scheiterte es aber, waren ob der Lähmung des Bundesrates schwerwiegende Folgen für die Beziehung zwischen Kanzler und Reichstag zu erwarten.[46]

Das damit verbundene Risiko war aus Sicht der monarchischen Kräfte umso größer, weil der Reichstag sich in diesen Anfangsjahren schnell als das parlamentarische Zentrum Deutschlands etablierte. Auch daran war Delbrücks Ansatz föderalen Regierens nicht ganz unschuldig. Bis zu den Wahlen 1871, bei der die Zentrumspartei erstmals zweitstärkste Fraktion wurde, hielten die Nationalliberalen und die konservativen Parteien im Reichstag die Mehrheit. Delbrück bezog diese Reichsgründungparteien eng in die Erstellung der Gesetze zur wirtschaftlichen und rechtlichen Vereinheitlichung des jungen Bundes mit ein. Besonders zu den Nationalliberalen pflegte er enge Kontakte. Das lag auch an einer gewissen ideologischen Nähe. Als ausgewiesener Zoll- und Handelsexperte orientierte sich Delbrück stark an liberalen Ordnungsprinzipien. Vor allem den Ausbau des Freihandels hatte er sich auf die Fahnen geschrieben, um Preußen eine Vormachtstellung in Deutschland und Europa zu sichern. Diese Grundüberzeugung ermöglichte ihm eine relativ reibungslose Zusammenarbeit mit den Nationalliberalen. Aus der Kooperation zwischen der zentralen Koordinationsfigur der Bundesverwaltung und der stärksten Reichstagsfraktion entstanden denn auch bereits zu Zeiten des Norddeutschen Bundes mehr als achtzig Gesetze, die alte ständische Privilegien abschafften, Freizügigkeit und Konfessionsfreiheit garantierten, Rechtsstaatlichkeit institutionalisierten, ein einheitliches Maßsystem schufen und die Freiheit von Handel und Gewerbe durchsetzten. Diese bereits im ersten Kapitel näher erläuterten Maßnahmen brachten die Integration des Bundes auf vielen praktischen Gebieten enorm voran. Aus institutioneller Sicht noch wichtiger war allerdings, dass sich der Reichstag durch diese rege Gesetzgebungstätigkeit gleich in den ersten Lebensjahren des Bundes als gesamtdeutsche Volksvertretung legitimierte und so seine Stellung innerhalb des Verfassungsgefüges festigte.

Darüber hinaus eröffnete der von Delbrück koordinierte Teilrückzug der monarchischen Regierungsvertreter in eine nicht weiter einsehbare Schutzzone außerhalb des offiziellen Verfassungsraumes dem Reichstag die Chance, die öffentliche Aufmerksamkeit, die das politische Geschehen erfuhr, weitgehend auf sich zu lenken. Die extrakonstitutionellen Kanäle, die das System Delbrück nutzte, operierten ganz im Verborgenen. Auch der Bundesrat gab der Öffentlichkeit nur äußerst geringe Einblicke in seine Tätigkeit. Viel zu sehen hätte es ob der Nebenrolle, zu der er degradiert wurde, ohnehin nicht gegeben. So waren die Sitzungen des Reichstages von den ersten Lebensminuten des Bundes an der Ort, der das öffentliche Bild des Regierungssystems prägte. In den dortigen Debatten zwischen den Abgeordneten, dem Kanzler und den anderen Exekutivvertretern, die als Bevollmächtigte des Bundesrates auf der Regierungsbank Platz nehmen durften, entschied sich, welchen Eindruck die Öffentlichkeit von politischen Entscheidungen und ihrem Zustandekommen erhielt. Diese „symbolische Macht" stärkte die Bedeutung des Reichstages erheblich, wie Andreas Biefang in seiner eindrucksvollen Studie der Beziehung zwischen Parlament und Öffentlichkeit im „System Bismarck" gezeigt hat. Nicht umsonst unternahm Bismarck bereits in diesen frühen Jahren beträchtliche Anstrengungen, um die Berichterstattung sowohl über die Debatten als auch über die wichtigsten Abgeordneten des Reichstages in seinem Sinne zu beeinflussen.[47]

Die von Delbrück betriebene Form der föderalen Entscheidungsfindung schwächte also nicht nur den Bundesrat, sondern stärkte indirekt auch den Reichstag. Wohin das führen würde, war schwer abzusehen. Nur eines war klar: Würde sich an diesem System, das die Beteiligung der einzelstaatlichen Regierungen an der Reichspolitik primär von der bündischen Gesinnung der höchsten Reichsfunktionäre und die Einhegung des Parlaments zu einem großen Teil vom eigenen Fortbestand abhängig machte, etwas ändern, würde sich die gesamte Tektonik der Verfassungslandschaft verschieben. Zu dem politischen Erdbeben, das diese Drift auslöste, kam es 1876. Im Streit über die richtige Ausrichtung der Handelspolitik musste Delbrück seinen Hut nehmen, weil der überzeugte Freihändler Bismarcks Schwenk zur Schutzzollpolitik nicht mittragen wollte. Dadurch seines zentralen Koordinators beraubt, stand das föderale Entscheidungssystem fünf Jahre nach der Vereinigung von Nord und Süd vor einem Neuanfang. Die kurze Blüte, zu der Delbrücks Politikansatz die Idee vom Fürstenbund gebracht hatte, war damit vorbei.

## III. 1876–1879/80: Der Durchbruch der Reichsregierung und der *Furor Teutonicus*

Keine zwölf Monate nach dem Abgang Delbrücks platzte Bismarck im Reichstag der Kragen. In der alljährlichen Haushaltsdebatte griffen ihn die Linksliberalen scharf dafür an, ein Budget vorgelegt zu haben, das die gestiegenen Ausgaben des Reiches durch eine Erhöhung der Matrikularumlagen statt durch die Einführung direkter Reichssteuern decken wollte. In seiner Replik auf diese Attacke machte Bismarck seinem Ärger über die Widerspenstigkeit Luft, mit der die einzelstaatlichen Regierungen und allen voran das preußische Staatsministerium ein ebensolches Reformvorhaben in den vergangenen Monaten blockiert hatten: „Nun bin ich außer Stande gewesen [...] bis jetzt die Friktion zu überwinden, die sich außerhalb dieses Hauses der Verständigung über den Entwurf einer Steuerreform entgegenstellt. Ich glaube, Sie unterschätzen überhaupt die Friktionen, unter denen ein Minister zu arbeiten hat, bevor er vor Sie treten kann und das erste Wort spricht. Ich weiß etwas davon; denn meine, wie ich glaube, ursprünglich kräftige Konstitution ist dabei zu Grunde gegangen; meine Arbeitskraft ist aufgebraucht zum großen Theil. [...] Ich wünschte allerdings eine lebhaftere Unterstützung von den einzelnen Regierungen, ein lebhafteres Mitarbeiten; denn mit den geringen Kräften, die in der Reichsfinanzverwaltung sich befinden – es befinden sich darunter ausgezeichnete Männer in ihrer Art, aber zu wenig zahlreich –, können wir solche Reformarbeiten nicht bewältigen und wir können auch mit dem Zerren und Schieben nicht die iners moles aller derer, die uns dabei helfen sollten, in Bewegung bringen. Wir brauchen eine freiwillige, überzeugte Unterstützung, die uns mit schiebt und trägt. Das Zerren und Schieben derer, von denen wir eine Unterstützung, eine Förderung, eine Erleichterung zu erwarten berechtigt sind, das hat mich zu Grunde gerichtet, das bin ich müde; also, wenn wir da nicht Beistand haben, so werden wir passiv verharren."[48]

Auch wenn Bismarck nicht gerade selten die Beherrschung verlor, war diese Schelte außergewöhnlich. Mit seinem Klagelied zerrte er nämlich einen internen Streit unter den verbündeten Regierungen auf die öffentliche Bühne des Reichstages. Der Kanzler benutzte also den parlamentarischen Raum, um dort seinen monarchischen Bundesgenossen die Leviten zu lesen. Dadurch brach er die Fassade vom Fürstenbund auf und nahm eine unabhängige Position als – wie er selbst formulierte – leitender „Minister" des Reiches ein, in der er sich direkt mit dem Reichstag auseinandersetzen und von den einzelstaatlichen Regierungen Unterstützung für seine Projekte verlangen konnte.

Hinter diesem außergewöhnlichen Vorgang steckte mehr als nur eine von Bismarcks vielen emotionalen Launen. Der Auftritt des Kanzlers war symptomatisch für das zunehmende Auseinanderdriften der einzelstaatlichen Regierungen und der Exekutivstellen des Reiches. Die Bundesfreundlichkeit, die den föderalen Entscheidungsprozess in den ersten Jahren nach der Reichsgründung so stark geprägt hatte, versiegte zusehends. Das hatte viel damit zu tun, dass sich nach Delbrücks Rücktritt die Rolle des Kanzleramtspräsidenten änderte. Auf Delbrücks eigene Empfehlung hin berief Bismarck Karl von Hofmann auf diesen Posten (Abb. 6.2). Der Hesse kannte das föderale Räderwerk aus Sicht der einzelstaatlichen Regierungen gut. Schon 1867 hatte er als Unterhändler der Darmstädter Regierung an den Verfassungsverhandlungen teilgenommen. Danach hatte er zunächst als Bundesratsbevollmächtigter in Berlin gedient, bevor ihn der Großherzog 1872 zum Ministerpräsidenten gemacht hatte. Mit seiner Ernennung zum Kanzleramtspräsidenten signalisierte Bismarck zwar, dass er die Bundesverwaltung für Staatsdiener aus den Mittel- und Kleinstaaten öffnen wollte. Die Berufung eines Nichtpreußen brachte aber auch Probleme mit sich. Um den bündischen Regierungsansatz der Vorjahre fortführen oder gar ausbauen zu können, fehlte Hofmann wegen seiner mangelnden Hausmacht schlicht die nötige Autorität, vor allem gegenüber der preußischen Regierung. Auch wenn er Delbrücks Sitz im Staatsministerium übernahm, hatte er dort als hessischer Eindringling einen erheblich schwereren Stand als sein Vorgänger, der als Fleisch vom Fleische des preußischen Ministerialkörpers diesen viel wirkungsvoller hatte anmahnen können, sich gegenüber den anderen Landesregierungen und dem Bund zurückzunehmen.[49]

Bismarck tat wenig, um Hofmanns Position zu stärken. Tatsächlich dachte er gar nicht daran, dem neuen Kanzleramtsleiter eine auch nur annähernd so herausgehobene Stellung zu gewähren wie Delbrück, der auf Basis seiner guten Beziehungen zum Staatsministerium über die Jahre fast zu einer Art „Nebenkanzler" geworden war. Eine neuerliche, auf der Verbrüderung von Kanzleramtschef und Staatsministerium beruhende Machtkonzentration dieser Art, gegen die selbst er sich kaum behaupten konnte, wie das Scheitern der Finanzreform von 1869 gezeigt hatte, wollte er unbedingt vermeiden. Das war einer der Hauptgründe, warum er dem als fügsam geltenden Hessen den Job überhaupt gegeben hatte. Den „liberalsten unter allen vorgeschlagenen Kandidaten" habe er nur akzeptiert, ließ er gegenüber einem nationalliberalen Reichstagsabgeordneten im Juli 1876 durchblicken, weil er genau solche, „ihm ergebene Mitglieder des Bundesrates" nun einmal brauche, um „mit dem preußischen Partikularismus", der den „größten Widerstand gegen die Reichspolitik" aufböte, „fertig werden" zu können. Er hoffe allerdings, dass Hofmann „nicht gleich in

Abb. 6.2: Karl von Hofmann, Präsident des deutschen
Reichskanzleramts, 1876, teilkolorierter Holzstich

der ersten Session zerrissen" werde. In diesen leicht frustrierten Bemerkungen schwang die Erkenntnis mit, den widerspenstigen preußischen Ministerialapparat enger an das Reich binden zu müssen. Gleichzeitig offenbarten sie aber auch eine große Entschlossenheit, eben nicht mehr alle Fäden der föderalen Entscheidungsfindung im Kanzleramt zusammenlaufen zu lassen und die Bundesverwaltung stattdessen wieder stärker auf den Kanzler selbst auszurichten.[50]

Um diese Absicht zu verwirklichen, musste Bismarck letztlich gar nicht viel tun. Die institutionelle Dynamik, die das allmähliche Anschwellen der Bundesaufgaben erzeugte, schwächte das Kanzleramt von selbst. Wie wir bereits im vierten Kapitel ausführlich gesehen haben, differenzierte sich die oberste Reichsverwaltung zwischen 1877 und 1880 immer weiter aus. Durch Ausgliederung der entsprechenden Unterabteilungen aus dem Bundeskanzleramt entstanden nach und nach das Reichsjustizamt, das Reichsamt für die Verwaltung der Reichseisenbahnen, das Reichsschatzamt, das Ministerium für Elsass-Lothringen und das Reichspostamt. Durch diesen Ausgliederungsprozess verlor das Kanzleramt so viele Kompetenzen, dass es 1879 in Reichsamt des Innern umbenannt wurde. Auch wenn sie immer noch deutlich die meisten Aufgaben und dadurch den mit Abstand größten Einfluss hatte, war die ehemalige Zentralbehörde des Bundes also innerhalb von nur drei Jahren zu einer von mehreren obersten Bundesbehörden herabgesunken. An ihrer Spitze stand nun kein Präsident mehr, sondern genau wie bei allen anderen Reichsämtern auch ein Staatssekretär. 1878 machte das Stellvertretergesetz diese Ressortchefs zu offiziellen Vertretern des Kanzlers. Von nun an durften sie an seiner statt in den jeweiligen Politikfeldern ihrer Behörden alle Entwürfe, Gesetze und Verordnungen gegenzeichnen, die im Namen des Kaisers vorgelegt beziehungsweise erlassen wurden. Ein Jahrzehnt nach der Reichsgründung hatte sich also ein von den einzelstaatlichen Regierungen losgelöster, funktionell gegliederter Ministerialapparat des Bundes entwickelt, in dem der Kanzler die Stellung eines Regierungschefs einnahm und die Leiter der Reichsämter – auch wenn sie nicht so hießen – alle wichtigen Aufgaben von Reichsministern erfüllten.

Die Entstehung dieser inoffiziellen Reichsregierung machte es nötig, den föderalen Entscheidungsprozess, der sich unter Delbrück eingeübt hatte, entsprechend anzupassen. Die Vorberatungen von Gesetzen unter den monarchischen Exekutivvertretern konnten zwar mit dem Unterschied beibehalten werden, dass sich die einzelstaatlichen Regierungen jetzt nicht mehr immer mit ein und derselben, sondern mit mehreren, je nach Verhandlungsgegenstand wechselnden Reichsbehörden abstimmen mussten. Die Mechanismen, die die neu entstandene Reichsregierung und damit auch den jetzt von ihr unterhaltenen bündischen Vorhof mit dem offiziellen Teil des Verfassungsbaus verbanden, mussten aber reorganisiert werden. Am wichtigsten war es, den Reichsämtern, die nach den notwendigen Vorarbeiten der einzelstaatlichen Stellen zusehends die finale Ausarbeitung von Gesetzesentwürfen von den preußischen Ministerien übernahmen, die Möglichkeit zu geben, die von ihnen erstellten Vorlagen eigenständig in den legislativen Prozess einbringen zu können.

Zu diesem Zweck etablierte sich in der zweiten Hälfte der 1870er-Jahre die bereits in Kapitel 4 geschilderte Praxis der Präsidialvorlagen. Dabei brachten die Vertreter der Reichsämter ihre Entwürfe direkt als Vorlagen des Bundespräsidiums statt als Vorschläge der preußischen Regierung in den Bundesrat ein. Das sparte ihnen den Umweg über das preußische Staatsministerium. Dieses Vorgehen veränderte allerdings auch die Rolle, die der Kaiser im föderalen

Entscheidungsprozess einnahm. Das Präsidium des im Bundesrat verkörperten Fürstenbundes trat dort im Rahmen dieser Praxis nämlich nicht länger als König von Preußen, sondern als deutscher Kaiser auf. Je mehr sich die Präsidialvorlagen einspielten, desto mehr trugen sie daher dazu bei, aus dem Kaiser einen eigenständigen Reichsmonarchen zu machen und dadurch den bündischen Charakter des Regierungssystems zu schwächen.

Damit die Mitarbeiter der Reichsämter überhaupt Präsidialvorlagen im Bundesrat einbringen und verteidigen konnten, mussten sie dort den Status von Bevollmächtigten haben. Das war nur möglich, indem der Kanzler, der als preußischer Außenminister über die Besetzung der Bundesratsbank des Hohenzollernkönigreiches entscheiden konnte, sein Vorrecht nutzte, um ausgewählte Entscheidungsträger der obersten Reichsverwaltung vom Kaiser-König zu Mitgliedern der preußischen Delegation ernennen zu lassen. Die Entstehung der kaiserlichen Reichsregierung und die Praxis der Präsidialvorlagen bedingten somit zwangsweise, dass die preußische Bank zunehmend von Reichsbeamten übernommen wurde. Anders gesagt: Den föderalen Entscheidungsprozess unter die Leitung eines reichseigenen Ministerialapparates zu stellen, konnte aufgrund des hegemonialen Aufbaus der Verfassung nur funktionieren, wenn die von ihr eingerichteten höchsten Verbindungsorgane sich dazu bereit fanden, der Reichsregierung die offizielle Vertretung Preußens im Bund zu überlassen.

Dementsprechend stieg der Anteil der Reichsbeamten unter allen Bevollmächtigten, die Preußen im Bundesratsplenum repräsentierten, auch weiter an. Hatte er im letzten vollen Amtsjahr Delbrücks noch bei 32 Prozent gelegen, erreichte er 1878 knapp 60 Prozent (Graph 10). In seiner oben beschriebenen Wutrede ging Bismarck auf diese unvermeidbare Verreichung Preußens im zentralen Verfassungsorgan des Bundes ein, als er erklärte, dass eine Trennung der Reichsregierung von ihren „preußischen Wurzeln" und damit eine komplette Ausschaltung des preußischen Partikularismus schlicht nicht möglich sei: „Was hat denn eigentlich der König von Preußen für einen Beruf, dem Reichspostmeister, dem Chef der Abtheilung für Elsaß-Lothringen und dem Chef des [...] Reichskanzleramts eine von den 17 preußischen Stimmen zu leihen, während eine Menge preußische Beamte sind, die vielleicht für rein preußische Interessen ganz nützlich im Bundesrathe wären. Da aber der König von Preußen zugleich Kaiser, sein Ministerpräsident zugleich Reichskanzler ist, so hat sich das von selbst gemacht, und es ist niemandem aufgefallen, der nicht mitunter in schlaflosen Nächten über die Logik davon nachdenkt, daß die meisten preußischen Stimmen an hohe Reichsbeamte vergeben sind."[51]

Neben der Anpassung verschiedener Koordinationsmechanismen ging die Ausformung der kaiserlichen Reichsregierung auch Hand in Hand mit der

Entstehung nachgestellter Reichsbehörden. Der „institutionelle ‚take off' des Reiches" fand nicht nur auf oberster Ebene statt, sondern auch darunter, wie Christian Henrich-Franke betont hat. Das lag ganz einfach daran, dass viele der Verwaltungsaufgaben, die das Reich infolge seiner verfassungsrechtlich festgelegten oder neu erschlossenen Kompetenzbereiche wahrzunehmen begann, eine immer höhere Spezialisierung erforderten und daher sinnvoller in entsprechenden Unterbehörden zu organisieren waren. Deren Einrichtung konnte auf verschiedene Weisen erfolgen. So schuf das Bankgesetz von 1875 die Reichsbank, indem es die Königlich-Preußische Hauptbank, die seit 1871 ohnehin als deutschlandweite Zentralnotenbank diente, in eine offizielle Reichsbehörde umwandelte, diese direkt dem Kanzler unterstellte und als Leitungsgremium ein Direktorium einrichtete, dessen Präsident und Mitglieder auf Vorschlag des Kaisers vom Bundesrat gewählt wurden. Die meisten untergeordneten Behörden entstanden hingegen durch kaiserliche Verordnung. In diesen Fällen stellte die Reichsregierung im Etat der jeweiligen Oberbehörde einfach einen entsprechenden Unterposten auf, der dann als Teil des jährlichen Reichshaushaltes vom Reichstag und vom Bundesrat verabschiedet wurde. Aufgrund seines weiten Geschäftsbereichs versammelte das Reichskanzler- beziehungsweise ab 1879 Reichsinnenamt besonders viele dieser nachgeordneten Behörden unter sich. 1880 gab es bereits elf davon: das Bundesamt für Heimatwesen, das Kaiserliche Gesundheitsamt, das Kaiserliche Patentamt, das Kaiserliche Statistische Amt, die Normal-Eichungskommission, eine zweigeteilte Behörde für die Untersuchung von Seeunfällen, eine Gruppe entscheidender Disziplinarbehörden und vier Reichskommissariate, zuständig jeweils für die Überwachung des Auswanderungswesens, die Begutachtung von Anträgen höherer Lehranstalten, die technische Überwachung der Seeschifffahrt sowie das Schiffvermessungs- und Seefahrtprüfungswesen.[52]

Viele dieser nachgeordneten Stellen waren nicht viel mehr als kleine Verwaltungsbüros. Die Reichsschulkommission zählte zum Beispiel nur sechs Mitglieder und trat ganze zwei Mal im Jahr zusammen. Auch die später zu großen Behörden anwachsenden Spezialämter beschäftigten anfangs äußerst wenige Beamte. Das Gesundheitsamt etwa umfasste neben seinem Direktor nur noch zwei weitere leitende Mitarbeiter, zwei Bürokräfte, einen Kanzleisekretär und einen Kanzleidiener. Selbst die größte und wichtigste oberste Bundesbehörde – das Reichsamt des Innern – umfasste 1880 auf allen Dienstebenen nicht mehr als knapp achtzig Beamte. Ob dieser schwachen personellen Ausstattung waren sogar die obersten Reichsämter bei der Erfüllung ihrer Aufgaben, insbesondere bei der Ausarbeitung größerer Gesetzesvorhaben, durchweg auf die Unterstützung der mittelstaatlichen, vor allem aber der preußischen Ministerialverwaltung angewiesen. Genau deshalb verfiel Bismarck vor dem Reichstag ja so in Rage über deren Untätigkeit in Sachen Steuerreform. Um selbstständiger zu werden, mussten die bundeseigenen Behörden also erst einmal einen festen Mitarbeiterstab aufbauen, interne Organisationsstrukturen ausbilden und untereinander Verbindungen knüpfen. Das brauchte Zeit. Auch zu den Ministerien und Verwaltungsstellen der Einzelstaaten bauten sich in dieser Phase nur langsam institutionalisierte Kanäle auf, über die Informationen ausgetauscht, Entscheidungen koordiniert und Streitpunkte gelöst werden konnten. Dass sich diese Verflechtungen zwischen Bundes- und Landesebene nicht schneller bildeten, hatte nicht zuletzt damit zu tun, dass viele Einzelstaaten nach ihrem Eintritt in den Bund, wie Lutz Vogel am Beispiel Sachsens gezeigt hat, erst grundlegende Reformen durchführen mussten, um ihre teilweise noch frühneuzeitlichen Verwaltungsstrukturen zu modernisieren und an die Institutionenordnung des nationalen Rechtsstaates anzupassen. Sie mussten also erst ihren Platz im Gefüge der Mitgliedsstaaten des Reiches finden.[53]

Trotz der anfänglichen personellen und strukturellen Schwäche der Reichsämter und ihrer nachgeordneten Behörden sahen die einzelstaatlichen Regierungen die Entstehung der kaiserlichen Reichsregierung und die daraus resultierenden Veränderungen des föderalen Entscheidungsprozesses mit großem Unbehagen. Bundeseigene Ministerialbehörden hatten zwar vom Standpunkt der Mittel- und Kleinstaaten den Vorteil, dass sie sich vermeintlich mehr an gesamtdeutschen Interessen orientierten als ihre preußischen Pendants. Die Reichsämter drohten aber auch, die Exekutivspitzen des Reiches selbstständiger zu machen, den einzelstaatlichen Regierungen dadurch einen geraumen Teil ihres Einflusses auf die Gestaltung der Reichspolitik zu nehmen und so deren verbliebene Souveränitätsrechte für Eingriffe aus dem Bund verwundbar zu machen. Besonders die preußischen Ministerien und die Regierungen der Mittelstaaten versuchten deshalb nach Kräften, ihre zentrale Stellung im föderalen Entscheidungsprozess zu behaupten und jeden Übergriff auf ihre Kompetenzen abzuwehren. Dazu zogen sie sich immer wieder auf partikularistische Positionen zurück und blockierten auf diese Weise wichtige strukturelle Entscheidungen.

In seiner Tirade vor dem Reichstag geißelte Bismarck dieses Verhalten als „furor teutonicus", der den Aufbau einer reichseigenen Steuerverwaltung verhindere und es nicht einmal erlaube, das Budget dem Parlament fristgerecht vorzulegen, der historisch aber durchaus verständlich sei: „Der Kampf zwischen den verschiedenen Persönlichkeiten, Ressorts und Stellen, der jeder Feststellung des Budgets vorhergehen muß, ist so rasch unter deutschen Gemüthern nicht zum Frieden und zum Ergebniß zu führen. Es widerspricht dem berechtigten Selbstgefühl des Deutschen, die naheliegende Hilfe einer kanzlerischen Entscheidung zu fordern [...], er kämpft seine Sache [lieber] allein durch. [...] Man muß einer natürlichen, nationalen, organischen Entwicklung Zeit lassen, sich auszubilden, und nicht ungeduldig werden, wenn sie Stagnationen, ja selbst rückläufige Bewegung hat, und darf Denen, die diese rückläufige Bewegung verursachen, das nicht so übel deuten. Die können sich doch nicht umformen und können nicht vollständig, wenn sie in bestimmten Richtungen der Politik aufgewachsen sind, wenn sie zeitlebens es als ihre höchste Ehre betrachtet haben, den Partikularinteressen zu dienen, nun mit einem Male dem Allgemeinen zum Opfer gebracht werden."[54]

Grundsätzlich war der institutionelle Ausbau des Reiches für die einzelstaatlichen Regierungen nicht zu verhindern. Gegen kaiserliche Verordnungen zur Einrichtung neuer Reichsbehörden hatten sie keine Einspruchsmöglichkeit. Was sie allerdings tun konnten, war, bei der Ausgestaltung der relevanten Rahmengesetzgebung das aus ihrer Sicht Schlimmste abzuwenden, den neu geschaffenen Bundesbehörden die bei der Ausarbeitung komplexer Materien dringend benötigte Amtshilfe zu versagen und durch diese partikularistische Trockenlegung der Reichsregierung die Grenzen aufzuzeigen. So schafften es die Regierungen der Mittelstaaten zum Beispiel, das Stellvertretergesetz entscheidend abzuändern. Bismarcks erster Entwurf hatte vorgesehen, dass der Kanzler seine Stellvertreter aus den Reihen der regulären preußischen Bundesratsbevollmächtigten hätte wählen sollen. Da es sich dabei im Gegensatz zu den stellvertretenden Bevollmächtigten in der Regel um hochrangige preußische Exekutivbeamte handelte, hätte diese Regelung die Verwaltungsbehörden des Bundes vermutlich durch die Einrichtung entsprechender Personalunion zu einem verlängerten Arm der preußischen Ministerien gemacht und dadurch die Hegemonie des Hohenzollernstaates noch vergrößert. Dagegen sträubten sich die Regierungen aus Bayern, Württemberg, Baden und Sachsen mit aller Macht. Bismarck lenkte schließlich ein und gab den Plan einer „Reichsverwaltung mit schwarz-weißem Anstrich" auf, wie Rudolf Morsey gezeigt hat. Stattdessen verfügte die endgültige Fassung des Gesetzes, dass der Kanzler seine Vertreter direkt aus dem Kreis der „Vorstände der [ihm] untergeordneten obersten Reichsbehörden" – soll heißen: aus dem Zirkel der Staatssekretäre der Reichsämter – bestimmen musste.[55]

Die einzelstaatlichen Regierungen wussten die Ausformung der Reichsregierung also durchaus in ihrem Sinne zu beeinflussen. Sie konnten dabei zwar kaum gestalten. Da Bismarck nach wie vor daran gelegen war, für möglichst einstimmige Beschlüsse im Bundesrat zu sorgen, konnten sie durch Blockaden aber immerhin bestimmen, was nicht ging. Angesichts dieses partikularistischen Verhinderungspotenzials erklärte Bismarck in seiner Zornesrede im Reichstag, dass der institutionelle Ausbau der obersten Reichsverwaltung wohl langsam an sein vorläufiges Ende komme: „Die Macht der Stammeseinheit, der Strom des Partikularismus ist bei uns immer sehr stark geblieben; er hat an Stärke gewonnen, seitdem ruhige Zeiten eingetreten sind. Ich kann sagen, die Reichsfluth ist rückläufig; wir gehen einer Ebbe darin entgegen." 1880 war das Wasser mit der Eröffnung des Reichspostamtes so weit gesunken, dass bis zum Ausbruch des Ersten Weltkrieges nur noch zwei weitere oberste Bundesbehörden errichtet wurden: das Reichsmarineamt 1889 und das Reichskolonialamt 1907.[56]

Tatsächlich gelang es den Regierungen der Einzelstaaten in der zweiten Hälfte der 1870er-Jahre, alle größeren Reformprojekte Bismarcks, die ihre Kompetenzen wesentlich beschränkt hätten, scheitern zu lassen. Im Bereich der Eisenbahnpolitik lag das vor allem am vehementen Widerstand der mittelstaatlichen Regierungen. Auf diesem Gebiet herrschte eine besondere Spannung zwischen Bundes- und Landesinteressen. Einerseits hatten die Eisenbahnen aus militärischen, verkehrstechnischen und wirtschaftlichen Gründen eine besondere strategische Bedeutung für das Reich, andererseits waren sie eine wichtige Einnahmequelle für die Einzelstaaten. In Bismarcks Plan, alle wichtigen Eisenbahnangelegenheiten des Reiches zu zentralisieren, indem man die Zuständigkeit des betreffenden preußischen Ministeriums auf das ganze Bundesgebiet ausdehnen beziehungsweise die Kompetenzen des Reichseisenbahnamtes entsprechend erweitern würde, sahen die Regierungen der Mittelstaaten deshalb einen groben Angriff auf ihre Souveränität. Eine Mediatisierung in einem derart wichtigen Politikfeld, so ihre Sorge, würde die Büchse der Pandora öffnen, bald auch auf andere Gebiete überschwappen und die Einzelstaaten nur noch als leere Hüllen zurücklassen. Verbale Brandstifter wie der Historiker Heinrich von Treitschke gossen kräftig Öl ins Feuer, indem sie propagierten, dass eine Nationalisierung der Eisenbahnen „der sichere Weg zum Einheitsstaate" sei. Bismarck verringerte das Misstrauen der anderen Regierungen nicht gerade dadurch, dass er bei jedem ernsthafteren Konflikt gleich damit drohte, Preußen könne den Bund auch einfach verlassen, die anderen Staaten annektieren und dann machen, was es wolle. Als er beim Streit über die Erhöhung der Tabaksteuer 1878 wieder einmal auf diese Erklärung zurückgriff, nahm er laut einem Bericht des badischen Gesandten frustriert Bezug auf seinen berühmten Ausspruch aus den Verfassungsverhandlungen der Reichsgründungszeit: „Man könne dann dem Deutschen Reiche ein Denkmal errichten und darauf die Inschrift setzen: ‚In den Sattel hat man ihm geholfen, aber zu reiten verstand es nicht.'"[57]

Noch wirkungsvoller als der Widerstand der mittelstaatlichen Regierungen war eine Blockadehaltung des preußischen Staatsministeriums. Wann immer eine Mehrheit der preußischen Minister dem Kanzler die Gefolgschaft versagte, war das Räderwerk der föderalen Entscheidungsmechanismen komplett gelähmt. Besonders deutlich wurde das, als Bismarck seinen alten Plan von 1869, die preußische Finanzverwaltung auf das ganze Reich auszudehnen, 1876/77 noch einmal aus der Schublade holte. Wie er gegenüber dem Reichstag in seiner Wutrede andeutete, wollte er das preußische Staatsministerium, „diesen Hauptpartikularisten [,] für das Reich [...] gewinnen, [...] indem man den Stab über die Mauer wirft" – soll heißen, den preußischen Finanzminister zum Reichsfinanzminister macht – „und [so] gewissermaßen in Feindesland die Reichsfahne aufpflanzt". Er hielt das für nötig, da er bisher in diesem „Feindesland", also in einem „Kollegium", dem er selbst vorsaß, „der Einzige [gewesen sei], der den wirklichen Amtsberuf hatte, Reichsgedanken, Reichspolitik zu vertreten".[58]

Die meisten seiner preußischen Ministerkollegen wehrten sich standhaft gegen diese Vereinnahmung ihres Kabinetts für das Reich. Sie sahen in der Schaffung eines preußisch-deutschen Zwitterministeriums auf dem hoheitlichen Kerngebiet der Finanzen nach wie vor eine Mediatisierung der Hegemonialmacht. Ihnen ging es schon zu weit, dass Bismarck für den Kanzleramtspräsidenten Hofmann und den Staatssekretär des Auswärtigen Amtes Bernhard Ernst von Bülow 1876 ein Stimmrecht im Staatsministerium durchgesetzt hatte. Umso heftiger protestierten sie jetzt gegen alle weitergehenden Vorhaben, die den preußischen Ministerialapparat in den Dienst des Reiches stellen wollten. Mit dieser grundsätzlichen Verweigerungshaltung gelang es ihnen schließlich, alle Varianten einer Strukturreform des föderalen Finanzsystems, die Bismarck zu verschiedenen Zeitpunkten ins Auge fasste, zu ersticken, bevor sie überhaupt richtig durchgeplant werden konnte. Dadurch scheiterte auch die Einführung jeglicher direkter Reichssteuern, die Bismarck in diesem Rahmen angedacht hatte, um das wachsende Defizit des Reiches in den Griff zu bekommen und die Matrikularumlagen nicht weiter erhöhen zu müssen. Neun Monate nach seinem denkwürdigen Auftritt im Reichstag erklärte er deshalb im Dezember 1877 in einem Schreiben an Bülow den „Versuch einer selbständigen Reichsentwicklung für gescheitert". Zwei Tage später kündigte er gegenüber dem preußischen Landtagspräsidenten und nationalliberalen Reichstagsabgeordneten Rudolf von Bennigsen an, künftig „das Heilmittel [mehr] in einer Ausdehnung des Systems der Personal-Union" suchen zu wollen anstatt weiterhin auf eine direkte Ausweitung der Zuständigkeit der preußischen Ministerien zu setzen.[59]

Auch dieser Plan schlug jedoch fehl. Lediglich im Bereich des Handels konnte Bismarck eine Personalunion zwischen den preußischen Ministerien und der kaiserlichen Reichsregierung herstellen. Das gelang aber nur, weil er seine eigene Autorität in die Waagschale warf und nach einer kurzen Interimsphase, in der Hofmann das preußische Handelsministerium übernommen hatte, selbst zusätzlich zu all seinen anderen Ämtern an die Spitze dieses Ressorts trat. Im Justiz-, Finanz- und Eisenbahnwesen missglückten dagegen alle Versuche, derartige Querverbindungen zwischen den höchsten Exekutivstellen des Bundes und seiner Hegemonialmacht herzustellen. Nach 1878 gab Bismarck schließlich auf und machte keine weiteren Anstalten in dieser Richtung. Der Chefsessel des Reichseisenbahnamtes blieb nach dem Rücktritt Albert Maybachs 1877 gar für zehn Jahre unbesetzt. Die Personalunionen hatten sich also nicht als das effektive „Heilmittel" erwiesen, das er sich von ihnen versprochen hatte. Im Gegenteil: Das Hin- und Herlavieren Bismarcks zwischen ganz verschiedenen Ansätzen zu einer besseren Koordinierung der preußischen und nationalen Ministerialapparate sorgte für eine wachsende Entfremdung. Es baute sich zusehends ein preußisch-deutscher Dualismus auf. Bismarck versuchte dem zwar entgegenzuwirken, indem er häufiger selbst im Bundesrat auftrat und auch ansonsten die Stimmführerschaft über die preußische Delegation vermehrt Führungspersönlichkeiten anvertraute, die sowohl im Bund als auch in Preußen hohe Regierungsämter bekleideten (Graph 12). Die Entstehung der kaiserlichen Reichsregierung sorgte aber automatisch dafür, dass sich ungeachtet dessen, was Bismarck unternahm, die Interessen der exekutiven Leitungsgremien des Bundes und seiner Hegemonialmacht immer weniger überlappten, je eigenständiger die Reichsämter wurden. Mit keinem seiner vielen „Stellungswechsel", die Rudolf Morsey in seiner Arbeit zur Entstehung der obersten Reichsverwaltung herausgearbeitet hat, gelang es ihm daher, „Preußen enger an das Reich zu fesseln", das heißt den Partikularismus des Staatsministeriums zu überwinden und die hegemonialen Kräfte für eine Vereinfachung des komplizierten Föderalsystems dienstbar zu machen.[60]

Nicht nur den preußischen Ministerien ging der Ausbau des Reiches in dieser Zeit zu schnell. Die Entstehung von nicht weniger als sechs obersten Bundesbehörden innerhalb von nur drei Jahren und die damit zusammenhängende Ausformung der kaiserlichen Reichsregierung überforderten auch die anderen einzelstaatlichen Regierungen. Von einer reibungslosen Zusammenarbeit zwischen ihnen und den Reichsämtern konnte keine Rede mehr sein. Es herrschte viel Misstrauen darüber, wie der föderale Entscheidungsprozess unter der Ägide einer von den Einzelstaaten losgelösten Reichsregierung funktionieren würde. Teilweise bestanden erhebliche Abstimmungsschwierigkeiten, die klar zeigten, dass sich das neue System erst einspielen und adäquate Kommunikationskanäle entwickeln musste. So passierte es wiederholt, dass einzelne Regierungen in Verhandlungen übergangen oder falsche Stellen informiert wurden. Das konnte selbst dem mächtigsten der Mittelstaaten geschehen. Die bayerische Regierung beschwerte sich wiederholt darüber, dass ihrer Vorgabe, sämtliche Korrespondenz über das Außenministerium laufen zu lassen, nicht Folge geleistet wurde.[61]

Zusätzlich wurden die Entscheidungsabläufe dadurch gehemmt, dass auch zwischen den neuen Reichsämtern die Kommunikation alles andere als glatt lief, ja stellenweise sogar eine gewisse Konkurrenz herrschte. Besonders die dem Kanzler direkt unterstehende Reichskanzlei und das Reichsinnenamt brauchten eine Weile, ehe sie sich daran gewöhnt hatten, dass sie sich nun mit mehreren gleichgeordneten Bundesbehörden auseinandersetzen mussten. Diese internen Spannungen erschwerten die Zusammenarbeit der Reichsregierung mit dem Bundesrat und dem Reichstag nicht unwesentlich. Infolge dieser Zustände liefen „die Entscheidungsprozesse recht uneinheitlich, mitunter sogar sehr unkoordiniert" ab, wie Christian Henrich-Franke diesbezügliche Ergebnisse seiner Forschungsgruppe zusammengefasst hat, „da es weder horizontal zwischen den Reichsorganen zu konsequenten Abstimmungen kam, noch vertikal zwischen den Reichsorganen und den Gliedstaaten".[62]

Diese Koordinationsprobleme streuten merklich Sand ins Getriebe der föderalen Regierungsmaschine. Das belastete die Gesetzgebungsarbeit noch mehr, als es die partikularistische Haltung der mittelstaatlichen Regierungen und des preußischen Staatsministeriums sowie die schwierigen Mehrheitsverhältnisse im Reichstag ohnehin schon taten. Bei den Wahlen 1874 hatten die Konservativen empfindliche Verluste hinnehmen müssen. Seitdem konnte sich der Kanzler nicht mehr auf eine Mehrheit der Reichsgründungsparteien stützen. Die Wahlen drei Jahre später änderten daran nichts. Die Kombination dieser verschiedenen Faktoren führte dazu, dass der gesetzgeberische Fortschritt bei der inneren Konsolidierung beziehungsweise beim Ausbau des Nationalstaates im Vergleich zur Zeit des Norddeutschen Bundes und der ersten Hälfte der 1870er-Jahre recht bescheiden war. Abgesehen von den Reichsjustizgesetzen, die deutschlandweit einheitliche Gerichtsarten und Verfahrensregeln einführten, machte die Rechtsvereinheitlichung des jungen Bundes keine Quantensprünge mehr. Insbesondere kam kein Gesetz zustande, das die föderale Kompetenzverteilung in nennenswertem Maße zugunsten des Reiches verschoben hätte. Allerdings begann der Bund damit, sich langsam erste Politikfelder zu erschließen, die im Zuge der Industrialisierung und der damit zusammenhängenden gesellschaftlichen und wirtschaftlichen Veränderungen neu entstanden und landesrechtlich noch nicht reguliert waren.[63]

Ein wichtiges Beispiel dafür ist die deutschlandweite Verbraucherschutzpolitik, die 1879 durch das erste Nahrungsmittelgesetz begründet wurde. Letzteres schuf erstmals einen staatlichen Rahmen für die Regulierung der Herstellung von Nahrungsmitteln, definierte bundesweite Mindeststandards, und ermöglichte es so, aktiv gegen Lebensmittelfälschung vorzugehen. Die Entstehungsgeschichte dieses Gesetzes, die Paul Lukas Hähnel in seiner Dissertation detailreich dokumentiert hat, wirft ein aufschlussreiches Licht darauf, wie sehr sich der föderale Entscheidungsprozess seit dem Ende der Ära Delbrück gerade bei Projekten in neuen Politikfeldern verändert hatte. Die Ausarbeitung des Gesetzesentwurfs erfolgte nicht – wie es in den ersten Jahren nach Gründung des Bundes üblich gewesen war – in einem der preußischen Ministerien, sondern in zwei Behörden der neu entstandenen obersten Reichsverwaltung: dem Kaiserlichen Gesundheitsamt und dem Reichsjustizamt. Diese Bundesbehörden bezogen die einzelstaatlichen Regierungen überhaupt nicht mehr in die Entwurfsphase mit ein. Stattdessen richteten sie eine Sachverständigenkommission ein und holten sich in mehreren Konferenzen Rat von Experten aus Wissenschaft, Verwaltung und bundesweiten Interessenverbänden. Die einzelstaatlichen Regierungen wurden indes erst über das Gesetzesvorhaben informiert, als die Vertreter aus den Reichsämtern den Entwurf über die preußische Bank in den Bundesrat einbrachten. Durch diesen Verzicht auf jegliche bündische Vorverhandlungen verlagerte die Reichsregierung die Kompromissfindung mit und zwischen den einzelstaatlichen Regierungen vom inoffiziellen, nun technokratisch geprägten Vorhof zurück in den offiziellen, bundesstaatlichen Hauptteil des Verfassungsbaus.[64]

Diese Verschiebung machte den Bundesrat wieder zu einem Verhandlungsforum, in dem verschiedene Positionen ausgefochten statt bereits im Vorfeld getroffene Entscheidungen abgesegnet wurden. Die Hauptverhandlungen fanden in den Ausschüssen für Handel und Verkehr sowie Justizwesen statt. Dabei übernahm mit dem Präsidenten des Patentamtes beziehungsweise mit dem Staatssekretär des Reichsjustizamtes jeweils ein Experte der obersten Reichsverwaltung den Vorsitz. Diesen leitenden Fachbeamten gelang es aber nur begrenzt, den Gang der Verhandlungen zu kontrollieren. Da die mittelstaatlichen Regierungen in den Ausschüssen die Mehrheit hielten, traten sie ausgesprochen selbstbewusst auf, allen voran die bayerische Regierung. Sie begegneten den Vertretern der neu entstanden Reichsregierung mit ausgeprägtem Misstrauen und instruierten ihre Gesandten dazu, jeden Eingriff in den einzelstaatlichen Gesetzesvollzug, die bestehenden Gesetze oder die eigenen Reservatrechte zu verhindern, aus dem sich womöglich eine Kompetenzverlagerung von der Landes- auf die Reichsebene ergeben könnte. Das führte zu teils heftigen Auseinandersetzungen, in denen die mittelstaatlichen Regierungen mehrere wichtige Änderungen gegen den Willen der im Gewand der preußischen Ausschussmitglieder daherkommenden Reichsvertreter durchsetzen konnten. So übertrug der Justizausschuss trotz expliziter Drohungen der Unterhändler des Reichsjustizamtes und gegen die Stimmen Preußens das Verordnungsrecht zur Nahrungsmittelregulierung, das der Entwurf in die Hände des Kaisers gelegt hatte, an den Bundesrat. Der Ausschuss beschnitt also die Kompetenzen der kaiserlichen Reichsregierung und sicherte den einzelstaatlichen Regierungen ein Mitspracherecht. Die kleinstaatlichen Regierungen unterstützten diese Änderung, interessierten sich ansonsten aber weniger für staatsrechtliche Kompetenzfragen und mehr für inhaltliche Aspekte. Ihre Aufmerksamkeit lag vor allem darauf, sicherzustellen, dass ihnen aus dem Gesetz keine finanziellen Nachteile entstehen und die vorgesehenen Bußgelder an die Landes- statt an die Bundeskasse fließen würden.[65]

Einige Streitfragen ließen die Ausschüsse bewusst offen und überwiesen sie gemeinsam mit ihrer Schlussvorlage an das Plenum. Man bemühte sich also nicht mehr wie noch zu Zeiten Delbrücks darum, bereits vor der Schlussabstimmung eine gemeinsame Position aller oder zumindest der meisten Regierungen herzustellen. Statt auf arrangierte Einstimmigkeit setzte man auf offene Konfrontation. In den Reihen der verbündeten Regierungen, deren Geschlossenheit über Wohl und Wehe des vermeintlichen Fürstenbundes entschied, taten sich folglich Risse auf. Unter der Anleitung der Abgesandten aus den Reichsämtern, die auf der preußischen Bank saßen, versuchte das Plenum, diese Risse zu kitten, bevor sie ganz aufbrechen konnten. So ermöglichte die Versammlung dem bayerischen Bevollmächtigten die Zustimmung zur Schlussvorlage, indem man eine Sondererklärung ins Protokoll aufnahm, die der Münchener Regierung garantierte, dass „das Gesetz in keiner Weise den gegebenen einzelstaatlichen Behördenorganismus berühre, sondern nur das Verhältnis der Gesundheitspolizei zum Publikum regle". Das stellte sicher, dass die von den Ausschüssen beantragte Fassung des Gesetzes ohne Gegenstimme an den Reichstag weitergeleitet werden konnte.[66]

Dieser überwies das Gesetz zur weiteren Verhandlung an eine 21-köpfige Parlamentskommission, die zu je einem Drittel aus Abgeordneten der Nationalliberalen, des Zentrums und der konservativen und liberalen Parteien bestand. An den dortigen Verhandlungen nahmen vier Vertreter des Bundesrates teil. Von diesen kam nur einer, nämlich der bayerische Bevollmächtigte, aus dem Kreis der einzelstaatlichen Regierungen. Die anderen drei waren Mitglieder der obersten Reichsverwaltung: der Direktor des Kaiserlichen Gesundheitsamtes sowie der Staatssekretär und ein Oberregierungsrat des Reichsjustizamtes. Mit dem Reichstag verhandelten also nicht die verbündeten Regierungen unter Führung des Kanzleramtes, wie es im System Delbrück der Fall gewesen war, sondern die neu entstandene kaiserliche Regierung unter Einbeziehung eines bündischen Repräsentanten. Dabei bestanden die Parlamentsabgeordneten auf einigen weitreichenden Änderungen. Die wichtigste betraf wieder das umstrittene Verordnungsrecht. Die Kommission legte die Befugnis, Verordnungen zu erlassen, in den gemeinsamen Zuständigkeitsbereich von Kaiser und Bundesrat und knüpfte das Inkrafttreten der entsprechenden Maßnahmen zur Nahrungsmittelregulierung an eine nachträgliche Genehmigung des Reichstages. Auch das Parlament forderte also ein Mitspracherecht, um sich so Einfluss auf dem neuen Politikfeld zu sichern.[67]

Nach der von Bismarck erzwungenen Neuwahl von 1878 kam das Gesetz – nun vom Reichsjustizamt bereits mit den vom Reichstag geforderten Amendements versehen – zurück in den Bundesrat. Dort entbrannte ein heftiger Streit über die parlamentarische Genehmigungspflicht. Die Ausschüsse konnten sich nicht darauf verständigen, diese Änderung des Reichstages abzusegnen oder zu streichen. Ein Antrag Sachsens, das Zugeständnis zurückzunehmen, scheiterte bei Stimmengleichheit. Der Ausschuss überwies die offene Frage daher gemeinsam mit der finalen Vorlage ans Plenum – man ließ es also auf eine Kampfabstimmung ankommen, zu der es unter Delbrück nie gekommen wäre. Dabei bestanden die Regierungsvertreter Bayerns und Sachsens vehement darauf, die Genehmigungspflicht zu streichen. Der Staatsekretär des Reichsjustizamtes verteidigte dagegen die Vorschrift, um eine Neuverhandlung mit dem Parlament zu vermeiden und das Gesetz endlich durchzubringen. Die Fronten des föderalen Entscheidungssystems hatten sich also auf eine Art und Weise verschoben, die Delbrück und Bismarck immer zu verhindern gesucht hatten. Die exekutiven Führungsstellen des Reiches standen nicht mehr als Teil der wenigstens nach außen hin untrennbaren Gruppe der verbündeten Regierungen gegen den Reichstag. Stattdessen stellten sie sich als eine von den Ländern losgelöste Reichsregierung auf die Seite des sie bedrängenden Parlaments und gegen eine Opposition in den zerrissenen Reihen der einzelstaatlichen Regierungen. Das Abstimmungsergebnis spiegelte diese Verschiebung wider. Weit entfernt von einem einstimmigen Vorgehen nahm das Plenum letztlich mit 35 gegen 23 Stimmen einen Kompromissvorschlag Württembergs an, nach dem Verordnungen zwar ohne Zustimmung des Reichstages in Kraft traten, das Parlament aber das Recht hatte, diese aus eigener Initiative wieder aufzuheben.[68]

Das Zustandekommen dieses Gesetzes zeigt exemplarisch, dass der föderale Entscheidungsprozess infolge der Entstehung der kaiserlichen Reichsregierung nicht mehr so funktionierte, wie es sich Bismarck gedacht oder zumindest erhofft hatte, als er gut ein Jahrzehnt zuvor die Grundzüge der Verfassung entworfen hatte. Die Reichsverwaltung emanzipierte sich spürbar von ihren bündischen Wurzeln. Das Prinzip der Bundesfreundlichkeit verlor an Boden. Partikularistische Motive wurden stärker. Die Front der verbündeten Regierungen begann zu bröckeln. Und der Reichstag erhielt dadurch Gelegenheit, die Exekutivstellen des Bundes vor sich herzutreiben. Dazu kam noch der aufziehende Dualismus zwischen den Regierungsstellen Preußens und des Bundes, der im Fall des

Nahrungsmittelgesetzes zwar keine Rolle spielte, dafür aber zahlreiche andere, umso wichtigere Strukturreformen verhinderte, wie wir bereits gesehen haben. Kurzum: Bismarck entglitten zusehends die Fäden des komplexen föderalen Entscheidungsnetzes, das die politische Praxis seit der Gründung des Bundes gewoben hatte. Am Rande seiner ansonsten so echauffierten Rede vor dem Reichstag zum Reichshaushalt von 1877 stellte er fast ernüchtert fest, wie gering seine Kontrolle über die Reichsämter, die preußischen Ministerien und die Regierungen der anderen Einzelstaaten bei der Aufstellung des Budgets mittlerweile war: „Ich muß ja den einzelnen Ressorts glauben – sie verstehen die Sache, ich kann sie nicht kontrolieren –, daß die Forderungen, die sie stellen, berechtigt sind."[69]

Mit dieser kurzen Zwischenbemerkung gestand er ein, dass die verschiedenen Teile des föderalen Entscheidungsprozesses ein gewisses Eigenleben entwickelt hatten. Diese Verselbstständigung war, wie Christian Henrich-Franke treffend formuliert hat, der „Anfang vom Ende des ‚Systems Bismarck'". Die Entstehung eines bundeseigenen Ministerialapparates machte den Kanzler zwar unabhängiger von seiner preußischen Basis. Sie bedeutete aber auch, dass nicht mehr alle „Praktiken des Regierens" und die gesamte inhaltliche Formulierung von Politik allein auf den Kanzler und eine ihm direkt unterstehende Zentralbehörde ausgerichtet waren. Mit anderen Worten: Die Einrichtung und allmähliche Expansion der Reichsämter stärkte nicht das Amt des Kanzlers allein, sondern den ganzen vom ihm geleiteten exekutiven Machtbereich des obersten Dienstherren dieser neuen Behörden: des Kaisers. Es entstand eben keine Kanzlerdiktatur, sondern eine Reichsmonarchie mit einer breit gefächerten, vom Kanzler angeführten Reichsregierung.

In die verschiedenen Teile dieses Regierungsapparates griff Bismarck immer wieder von oben ein. Er musste sie jedoch auch ein Stück weit von der Leine lassen, damit sie in zunehmend komplexeren Politikfeldern Entwürfe ausarbeiten, Kompromisse mit den einzelstaatlichen Regierungen herstellen und mit dem Reichstag verhandeln konnten. Der Durchbruch der kaiserlichen Reichsregierung zwischen 1876 und 1880 stieß somit einen „unumkehrbaren Entwicklungsprozess" an, der den Kanzler aus seiner ursprünglichen Mittelposition zwischen Bund und Preußen herauslöste und ihn zu einem echten Regierungschef des Reiches machte, gleichzeitig aber noch mehr Akteure und Räume föderalen Regierens schuf, als ohnehin schon existierten, und es dadurch umso schwieriger machte, die verschiedenen staatenbündischen, unitarischen, hegemonialen, monarchischen und parlamentarischen Elemente des verschachtelten Föderalsystems zu kontrollieren.[70]

Die Entstehung der kaiserlichen Reichsregierung hatte aber noch eine andere bedeutende Folge: Sie bahnte dem Reichstag im Labyrinth des föderalen Entscheidungssystems einen Weg zum Zentrum der Reichsexekutive. In den Personen des Kanzlers und der Staatssekretäre der Reichsämter, also des Regierungschefs und der Leiter der Ministerialbehörden des Bundes, boten sich den liberalen Parteien nun konkrete Angriffspunkte, um ihre Forderung nach der Einführung parlamentarisch verantwortlicher Reichsminister zu präzisieren. Dazu mussten sie einfach nur verlangen, die Staatssekretäre und den Kanzler vom Vertrauen des Reichstages abhängig zu machen. Als sich Ende 1876 die Einrichtung weiterer Reichsämter abzuzeichnen begann, erklärte die Nationalliberale Partei denn auch in ihrem Wahlprogramm für die Reichstagswahlen im darauffolgenden Jahr, dass „mit dem wachsenden Umfang und der steigenden Ausdehnung der Reichsgewalt [...] das Bedürfnis nach Einsetzung verantwortlicher Träger der einzelnen Zweige der Gesetzgebung und Verwaltung des Reiches immer dringender" werde. Diese Forderung erhielt 1878 noch einmal zusätzlichen Auftrieb, als das Stellvertretergesetz die Staatssekretäre zu funktionalen Vertretern des Kanzlers machte, diesen also durch Übertragung der Gegenzeichnungspflicht in ihren jeweiligen Zuständigkeitsbereichen auch ganz offiziell eine Stellung gab, die sich nur noch dem Amtstitel nach von der Position richtiger Bundesminister unterschied.[71]

Die strukturelle Entwicklung der obersten Reichsverwaltung machte es also zusehends schwieriger, das monarchische Prinzip zu schützen. In der Generalabrechnung, mit der er das Regierungssystem 1877 im Reichstag überzog, reagierte Bismarck auf die Forderung nach verantwortlichen Reichsministerien, indem er gegenüber den Liberalen betonte, dass derartige Stellen ohne die Unterstützung der einzelstaatlichen Regierungen – insbesondere der preußischen – vollkommen machtlos wären, ihre Einführung dem Reichstag angesichts der Stärke des Partikularismus also überhaupt keinen Gewinn bringen würden: „Mit [dem] Streben nach Reichsministerien irren Sie sich [...] in der Abschätzung der Bedeutung, die diese Ministerien auf die Dauer haben würden. [Denn es wären] Ministerien ohne materielle Macht, ohne Verwaltung hinter sich. [...] Sie würden im Durchschnitt nur sein wie jene hochverehrten ostasiatischen Persönlichkeiten, die ein großes Ansehen äußerlich haben, [...] aber keine Machtvollkommenheit; der Taikun würde immer in den Partikularstaaten stecken; es würden eben Minister sein, die also in keinem Partikularstaate eine bestimmte Wurzel hätten, keinen bestimmten Vortrag bei dem Souverän, kein berechtigtes Mitvotiren bei allen materiellen Sachen, die in diesem Partikularstaate vorkommen, sondern sie würden ganz allein auf die Reichsgewalt in Berlin angewiesen sein und das eigentlich praktische Leben würde außerhalb ihrer Betheilung sich bewegen und zwar [...] in rein partikularistischem Sinne. So würde dieser Reichsprätension gegenüber, die wurzellos in dem mächtigsten Partikularstaate sein würde, sich der Ring des Partikularismus ganz fest schließen, Preußen an der Spitze, und der erste und mächtigste Widersacher des Reichsministers würde der preußische Finanzminister sein. [...] Die Hauptsache [...] bleibt immer, Sie zu bitten, daß Sie von Reichministerien nicht zu viel erwarten. Sie müssen nicht glauben, daß dann sehr Vieles leichter gehen würde, sondern im Gegentheil eine gewisse Scheu davor haben, die Reaktion des Partikularismus gegenüber diesen reinen Centralbeamten zu kräftigen, und nach meiner Erfahrung würde sie ganz gewiß stärker werden, als sie bisher war."[72]

Mit dieser Argumentation, die Bismarck in den folgenden Jahren noch öfter bemühte, verschanzte er sich in dem Geflecht aus hegemonialen und staatenbündischen Strukturen, das er während der Reichsgründung zu großen Teilen selbst in die Verfassung eingewoben hatte. Er verkaufte die Ämter des Kanzlers und der Staatssekretäre als Servicestellen der verbündeten Regierungen, spielte die vermeintliche Selbstständigkeit der von ihnen de facto gebildeten kaiserlichen Reichsregierung herunter und betonte die Unumgänglichkeit der organischen Verbindung der Regierungsstellen des Bundes mit denen des preußischen Hegemonialstaates. Anders gesagt: Er versuchte die bündischen Mauern, die von der Verfassung um die Exekutive herum errichtet worden waren, nun aber durch die laufenden Veränderungen des föderalen Entscheidungsprozess zusehends untergraben wurden, zumindest rhetorisch aufrechtzuerhalten.

Diese Verteidigungsstrategie war aus Sicht des Kanzlers nötig, weil der Reichstag für ihn immer schwieriger zu händeln war. Nur zwei Monate vor Bismarcks Brandrede hatten die Reichstagswahlen vom Januar 1877 wie schon bei den Wahlen drei Jahre zuvor ein Parlament zur Folge gehabt, in dem sich die Reichsregierung trotz leichter Hinzugewinne der Konservativen auf keine feste Mehrheit stützen konnte. Das Zentrum – also die Partei, die Bismarcks Konfrontationspolitik im Rahmen des Kulturkampfes gegen den politischen Katholizismus eigentlich schwächen wollte – hatte derweil sein Ergebnis der letzten Wahlen bestätigt und fast ein Viertel aller Sitze gewonnen. Zudem hatten die nunmehr in der Sozialistischen Arbeiterpartei vereinten Sozialisten ihr Ergebnis im Vergleich zu 1871 auf über neun Prozent verdreifacht. Stärkste Fraktion blieben die Nationalliberalen, die zwar mit der Regierung kooperierten, ihre Forderung nach verantwortlichen Reichsministern aber immer selbstbewusster vertraten. Diese Verhältnisse machten es für den Kanzler kompliziert, parlamentarische Mehrheiten zu finden. Das galt besonders für so umstrittene Projekte wie die Sozialistengesetze. Genau deshalb löste er ja den Reichstag im Sommer 1878 vorzeitig auf, wie wir eingangs gesehen haben. Die anschließenden Neuwahlen brachten zwar durch massive Hinzugewinne der Konservativen wieder eine Mehrheit der Reichsgründungsparteien zustande. Auf diese erprobte Majorität konnte die Reichsregierung aber nur noch vereinzelt bauen, weil die Nationalliberalen nicht bereit waren, Bismarcks Wende zur Schutzzollpolitik mitzumachen.

Für den Kanzler waren diese schwierigen parlamentarischen Verhältnisse deshalb so problematisch, weil er sich gleichzeitig nicht auf das volle Gegengewicht der verbündeten Regierungen stützen konnte, taten sich in deren Front ob der Verselbstständigung der Reichsverwaltung doch zunehmend Risse auf. Damit steckte Bismarck in einem Dilemma: Er konnte die Position des Kanzlers als Schaltstelle des föderalen Systems nicht mehr mit der gleichen Kraft wie noch in den ersten Jahres nach Gründung des Bunds dafür nutzen, um die partikularistisch-monarchischen und unitarisch-parlamentarischen Gegenpole der Verfassung gegeneinander auszuspielen. Auf der einen Seite resultierte dieses Problem darin, dass er den Widerstand der preußischen und / oder mittelstaatlichen Regierungen gegen diverse Strukturreformen des Reiches, allen voran die Vereinheitlichung der Finanz- und Eisenbahnverwaltung, nicht brechen konnte. Auf der anderen Seite bedeutet das Bröckeln seines bündischen Rückhalts, dass er die oppositionellen Kräfte im Reichstag immer weniger in die Schranken weisen konnte.

Tatsächlich gingen seine parlamentarischen Gegner zunehmend selbstbewusster in die Auseinandersetzung mit der sich ausdifferenzierenden Reichsregierung. Dabei entwickelten sie geschickte Strategien, um ihre eigene Position zu stärken, die Exekutivstellen des Bundes und der Länder auseinanderzudividieren, den Bundesrat zu schwächen und die Reichsregierung so verwundbarer zu machen. Besonders gefährlich wurde das, wenn große Fraktionen im Reichstag den Gegensatz zwischen partikularistisch-monarchischen und unitarisch-parlamentarischen Kräften aufhoben, indem sie Positionen vertraten, die vermeintlich im Sinne der einzelstaatlichen Regierungen waren. Mehr als jede andere Partei schwang sich das Zentrum zum Sprachrohr von Landesinteressen auf. Das lag unter anderem daran, dass sich die Konfessionspartei von einer Stärkung der Länder einen Schutz der katholischen Bevölkerung in Süddeutschland, dem Rheinland und anderen Teilen des Reiches gegen die Dominanz des protestantischen Preußentums und den von diesem betriebenen Kulturkampf erhoffte.

Welche Konsequenzen eine solche Strategie für das föderale Kräfteverhältnis haben konnte, wurde 1878/79 deutlich. Im Rahmen der Verhandlungen zur Neuregelung der Zolltarife des Reiches wollte die Partei die finanzielle Abhängigkeit des Reiches von den Einzelstaaten unbedingt erhalten. Zu diesem Zweck setzte sie die nach ihrem Fraktionsvorsitzenden benannte Franckensteinsche Klausel durch, nach der alle Einnahmen aus den Zöllen und der Tabaksteuer, die 130 Millionen Mark in einem Jahr überschritten, den Bundesstaaten ausgezahlt werden mussten. Diese Bestimmung verletzte nicht nur gleich in mehrerer Hinsicht die Verfassung, wie wir im folgenden Kapitel sehen werden, sondern verkomplizierte das ohnehin komplexe System der föderalen Finanzverteilung, in dem die Matrikularumlagen der Einzelstaaten das Reich subventionierten, noch zusätzlich. Außerdem verwehrte sie dem Reich dauerhaft eine eigene finanzielle Basis und begrenzte so den Handlungsspielraum der Reichsregierung beträchtlich. Erst 1904 wurde die Klausel als Teil einer größeren Finanzreform wieder aufgehoben.[73]

Die Annahme der Franckensteinschen Klausel zeigte, dass sich der föderale Entscheidungsprozess mittlerweile so weit gewandelt hatte, dass der Reichstag unter gewissen Umständen einen Keil zwischen die Regierungen der Einzelstaaten und des Reiches treiben konnte. Der Schutz, mit dem Letztere die Reichsexekutive umgeben konnten, wenn sie zusammenstanden, weichte also auf und machte den Kanzler und die Staatssekretäre für das Parlament leichter angreifbar. Gleichzeitig war das steigende Selbstbewusstsein des Reichstages aber auch ein Weckruf an die verbündeten Regierungen, aktiv monarchische Solidarität zu üben. Das taten sie auch insofern, als sie sich bemühten, zumindest bei sensiblen Fragen, die das Verhältnis zwischen Parlamentarismus und Monarchismus direkt berührten, die Reihen zu schließen und ihre Autorität zu bündeln. Ganz besonders deutlich wurde das auf den kleinstaatlichen Bänken im Bundesrat. Immer dann, wenn das Plenum über Angelegenheiten entschied, die wie das Sozialisten- oder das Stellvertretergesetz eine zentrale Rolle in Bismarcks Kampf gegen radikale Kräfte spielten beziehungsweise den liberalen Forderungen nach Einführung verantwortlicher Ministerien Auftrieb gaben, schickten die Regierungen der kleinen Fürstentümer entgegen ihrer sonstigen Angewohnheit ihre eigenen Vertreter ins Plenum und demonstrierten so ihre Unterstützung für die Reichsregierung.[74]

Diese punktuelle Stärkung des Bundesrates war aber allenfalls ein Tropfen auf den heißen Stein, wenn es darum ging, dem Andrängen des Parlamentarismus dauerhaft etwas entgegenzusetzen. Wollte man dies erreichen, so glaubte Bismarck, musste vielmehr die Verselbstständigung der Reichsämter gestoppt beziehungsweise die Kontrolle des Kanzlers über die verschiedenen Teile der Reichsregierung erhöht, die Front der verbündeten Regierungen wieder dauerhaft geschlossen, der Bundesrat als monarchisches Bollwerk reaktiviert und durch diese Maßnahmen die vereinten Kräfte des Monarchismus gegen den Reichstag ins Feld geführt werden. Kurz gesagt: Es galt aus Bismarcks Sicht, die bündischen Mauern der Verfassung nicht mehr nur rhetorisch aufrechtzuerhalten, sondern sie in der politischen Praxis mindestens wieder so hochzuziehen, wie sie ursprünglich gewesen waren. Anfang der 1880er-Jahre sah sich das föderale Entscheidungssystem daher dem Versuch ausgesetzt, den Fürstenbund der Reichsgründungszeit zu erneuern.

## IV. 1879/80–1890: Die gescheiterte Restauration

Zehn Jahre nach der Reichseinigung hatten sich die Umstände föderalen Regierens für Bismarck deutlich erschwert. Infolge seiner Wende zur Schutzzollpolitik, die die unter Historikern nach wie vor sehr umstrittene Phase der sogenannten „inneren Reichsgründung" einläutete, musste er sich im Reichstag bei vielen, vor allem wirtschaftspolitischen Projekten auf eine instabile Koalition aus Konservativen und Zentrum stützen. Die Wahlen von 1881 vergrößerten dieses Dilemma noch. Das Zentrum wurde erstmals zur größten Fraktion, währenddessen die linksliberale Fortschrittspartei ihr Ergebnis im Vergleich zur vorgezogenen Neuwahl von 1878 mehr als verdoppelte und zweitstärkste Kraft wurde. Hinzu kam, dass der Kaiser, von dessen Vertrauen die ganze Autorität des Kanzlers abhing, mittlerweile auf die neunzig zuging. Wilhelm I. hatte sich von den diversen Attentatsversuchen auf ihn zwar relativ gut erholt, seine physischen Kräfte schwanden aber zusehends. Es konnte somit jederzeit zu einem Thronwechsel kommen. Das war deshalb besonders wichtig, weil der Kaiser durch die Entstehung der reichseigenen Regierung und den damit verbundenen Strukturveränderungen, zum Beispiel der Einführung der Präsidialvorlagen und der Verlagerung des Verordnungsrechts vom bundesrätlichen in seinen eigenen Zuständigkeitsbereich, zunehmend in die Rolle eines Reichsmonarchen hineinwuchs, wie wir im vierten Kapitel gesehen haben. Diese funktionale Erhebung gab ihm im föderalen Entscheidungsprozess – beispielsweise durch die Möglichkeit, gegen missliebige Gesetzesentwürfe ein Veto einlegen zu können – eine viel herausgehobenere Stellung als noch zu Beginn der 1870er-Jahre. Die Aussicht, die Kaiserkrone könne bald vom konservativen Wilhelm auf seinen liberalen Sohn übergehen, sorgte daher nicht nur im Lager des Kanzlers für Unruhe. Kronprinz Friedrich und seine englische Frau Victoria verhehlten schließlich kaum, dass sie Bismarcks Regime zutiefst missbilligten und die Verfassung gründlich liberalisieren wollten.[75]

Diese Umstände machten es von Bismarcks Standpunkt aus umso dringlicher, die föderalen Entscheidungsstrukturen, die ihm in den letzten Jahren zunehmend entglitten waren und so ihre antiparlamentarische Schutzfunktion stellenweise verloren hatten, wieder mehr unter seine Kontrolle zu bringen. Deswegen berief er am 9. April 1879 zum ersten Mal überhaupt eine Konferenz mit allen Leitern der Reichsämter – sprich: eine Kabinettssitzung der Reichsregierung – ein. Was er in dieser Runde verkündete, lief im Prinzip darauf hinaus, die Uhr zurückzudrehen. Das föderale Regierungssystem sollte wieder so weit wie möglich in seinen originalen, von der Verfassung vorgesehenen Zustand versetzt werden. Anders gesagt: Bismarck wollte zurück zu den Strukturen, die er einst zum Schutz monarchischer Souveränität ersonnen und in den Schein des Fürstenbundes gehüllt hatte. Er stellte also kein Reform-, sondern ein Restaurationsprogramm vor. Dessen Kern war die Idee, den Bundesrat als Zentrum der Verfassung wiederzubeleben und so eine Barriere zu schaffen, die den Kanzler und die Staatssekretäre vor Angriffen des Reichstages schützen konnte. Er wollte also die Exekutivstellen des Bundes hinter die einzelstaatlichen Regierungen zurückziehen, deren Kräfte im Bundesrat bündeln und so die kollektive Autorität des Fürstenbundes gegen den Reichstag ins Feld führen. Das bedeutete zwar eine Schwächung der Reichsregierung zugunsten der Regierungen der Einzelstaaten, hielt das Parlament dafür aber auf Abstand. Zwei Monate nach der Kabinettssitzung griff er diese Abwägungsüberlegung wieder auf, als er dem preußischen Finanzminister erklärte, warum er die Aufnahme der Franckensteinschen Klausel in das Zolltarifgesetz und damit eine Stärkung der Einzelstaaten gegenüber dem Reich akzeptieren werde: „Wenn [ich mich] vor die Wahl gestellt sehe, entweder 25 Partikularregierungen zu stärken oder die Macht des Reichstages, dann wähle [ich] das Erstere."[76]

Bismarcks Restaurationsplan umfasste drei grundlegende Teile. Erstens wollte er die preußischen Ressorts und die Reichsämter klarer voneinander abgrenzen, um Letztere besser kontrollieren zu können. Zweitens wollte er den Bundesrat zu einem aktiven Gestaltungszentrum und damit zum Hauptgegenspieler des Reichstages im föderalen Entscheidungsprozess machen, gleichzeitig aber seinen Griff um die Länderkammer weiter schließen. Drittens wollte er den Kanzler aus dessen in den letzten Jahren gewachsener Rolle als Chef der reichseigenen Regierung herausholen und ihn auf die Position reduzieren, die er ihm vor der Annahme des Lex Bennigsen durch den konstituierenden Reichstag in seinen Putbuser Diktaten zugedacht hatte, nämlich die eines bloßen Vorsitzenden des Bundesrates. Diese bündische Zurückstellung, so die Überlegung, würde auch die Stellvertreter des Kanzlers – also die Staatssekretäre der Reichsämter – in den Kreis der verbündeten Regierungen mit hineinziehen und so hinter den anonymen Mehrheitsbeschlüssen des Bundesrates vor dem Reichstag schützen.[77]

Um diese Ideen in die Praxis umzusetzen, ergriff Bismarck in der ersten Hälfte der 1880er-Jahre eine ganze Serie von weitreichenden, sich teils widersprechenden Maßnahmen, die Hans-Otto Binder in seiner Studie zur Beziehung zwischen Reich und Einzelstaaten eingehend untersucht hat. Zunächst versuchte Bismarck, seine persönliche Kontrolle über die leitenden Beamten der Reichsämter zu erhöhen. Da diese in der Maschinerie der Verfassung ausschließlich als preußische Bundesratsbevollmächtigte aktiv werden, also nur als solche im

Bundesrat und im Reichstag auftreten konnten, band er sie in eben dieser Position enger an sich. Dazu nutzte er die Verfügungsgewalt, die er in seiner Funktion als preußischer Außenminister über die Bundesratsdelegation des Hegemonialstaates hatte. In der oben erwähnten Kabinettssitzung der Reichsregierung verfügte er, dass Vertreter der Reichsämter künftig nur noch Vorlagen in den Bundesrat einbringen konnten, wenn sie dazu vorher die Genehmigung des preußischen Außenministers eingeholt hatten. Außerdem legte er in einer Anordnung an den Reichsinnenamtsleiter Hofmann fest, dass von nun an die ausdrückliche Instruktion des Außenministers für jede Stimmabgabe der preußischen Bank notwendig war und zwar ungeachtet dessen, ob ein Mehrheitsentschluss des Staatsministeriums zur betreffenden Entscheidung vorlag oder nicht. Damit führte für die Vertreter der Reichsregierung am preußischen Außenminister – sprich: an Bismarck – kein Weg mehr vorbei. Indirekt war diese Maßnahme also eine Stärkung der Richtlinienkompetenz des Kanzlers über die Reichsregierung.[78]

Außerdem versuchte Bismarck, die Praxis der Präsidialvorlagen wieder zugunsten eines Systems einzudämmen, das sich hauptsächlich auf preußische Vorlagen stützen würde. Hinter diesem Vorhaben steckten komplexe strategische Überlegungen, die er im Dezember 1883 dem Staatssekretär des Reichsjustizamtes in einem bemerkenswerten Brief über den Zustand des Regierungssystems erläuterte. Er habe „gegen die kanzlerische Initiative in der Gesetzgebung" ganz grundsätzliche „politische und verfassungsmäßige Bedenken". Es sei „zweifelhaft, ob die Form der ‚Präsidialanträge', also die Initiative des Reichskanzlers, nach den Worten und dem Geiste der Reichsverfassung überhaupt zulässig [sei], und ob nicht vielmehr Anträge der verbündeten Regierungen im Schoße des Bundesrates oder solche von Abgeordneten im Reichstage der einzige zulässige Weg der gesetzgeberischen Initiative" seien. Schließlich existiere „eine kaiserliche Regierung in ähnlichem Sinne, wie es die [königlich] preußische" sei, offiziell gar nicht. Aber selbst wenn eine legislative Initiative des Kanzlers beziehungsweise Präsidialanträge „in Ermangelung eines Einspruchs precario geübt worden [seien] und, vielleicht durch unitarische Strömungen begünstigt, auch weiter geübt werden [könnten], so [frage] sich doch, ob es politisch nützlich [sci], die Verfassung nach dieser Richtung hin zu entwickeln". Denn „eine solche Entwicklung [müsse] zur Folge haben, daß das Gewicht des Bundesrats [im] Verfassungsleben sich mehr und mehr [vermindere], das des Reichskanzlers [zunehme], und daß [die] Verfassung auf ein Einkammersystem, begründet auf allgemeinen, heimlichen Wahlen, mit einem einzigen verantwortlichen Minister eines Monarchen mit unvollständigen Rechten" hinauslaufe. Welch große „Gefahren" in einem „solchen Entwicklungsgang" lägen, erkenne man schon daran, „daß auch die oppositionellen Kreise" im Reichstag in diese Richtung denken würden, „wenn sie dem Bundesrate die ihm verfassungsmäßig zustehende Bedeutung in unserem Staatsleben zu verkürzen und seine Attribute nach Möglichkeit auf den Reichskanzler zu übertragen und diesen zu einer wirklichen Reichsregierung zu stempeln" suchten. Daher halte er es für seine „Pflicht, zu den ursprünglichen Bestimmungen zurückzukehren", das heißt, Präsidialanträge so weit wie möglich aufzugeben und wieder den Weg über preußische Vorlagen zu gehen. Denn nur so könne „das in den letzten Jahren durch Handlungen und Unterlassungen von verschiedenen Seiten über die Absicht der Verfassung hinaus verstärkte Gewicht des Reichskanzlers vermindert, und das des Bundesrates vermehrt und in den Vordergrund gerückt" werden.[79]

Bismarck wollte das Amt des Kanzlers im Politikbetrieb also ein Stück weit zurücknehmen und den Bundesrat wieder zum eigentlichen Ausgangspunkt der Gesetzgebung machen. Gleichzeitig gedachte er, wie er im Januar 1884 gegenüber dem neuen Leiter des Reichsinnenamtes, Karl Heinrich von Boetticher, erläuterte, „die bisherigen Beziehungen der Träger der Exekutivgewalt, also der Chefs der Reichsämter, [zum] Bundesrate und [...] Reichstage, [...] zu beschränken", da „die Gefahr, der direkten Regierung durch wechselnde Parlamentsmajoritäten zu verfallen, [...] auf der Einmischung der legislativen Körperschaften in die Aufgaben der Exekutive und ihrer Verwaltung" beruhe. „Das Gewicht dieser Einmischung", betonte er, sei „erfahrungsgemäß ein wachsendes und [basiere] auf der unmittelbaren Beteiligung der verwaltenden Minister an den öffentlichen Verhandlungen der gesetzgebenden Körperschaften". Aus dieser Überlegung zog er den Schluss, den „unentbehrlichen persönlichen Einfluß der Reichsminister [...] auf die Gesetzgebung aus den legislativen Körperschaften" abzuziehen und in andere Gremien zu verlegen. Einfacher ausgedrückt: Er wollte die Präsenz der Reichsamtsleiter in Bundesrat und Reichstag verringern und sie stattdessen in diversen anderen Beratungsgremien Gesetzesprojekte verhandeln lassen.[80]

Die wichtigsten alternativen Körperschaften, die er im Sinn hatte, waren ein Reichsrat und ein Volkswirtschaftsrat. Ersterer sollte nach seinem Plan schrittweise durch die Reaktivierung des preußischen Staatsrates entstehen, der erstmals im Anschluss an die Napoleonischen Kriege 1817 zur Beratung des Königs geschaffen worden war, seit 1854 aber nur noch auf dem Papier existierte. Dazu ernannte der preußische König auf Bismarcks Geheiß 1884 über siebzig neue Mitglieder, zu denen die Staatssekretäre der Reichsämter, die preußischen Minister, andere hohe Beamte sowie ausgewählte Persönlichkeiten aus Wirtschaft und Wissenschaft gehörten. Später sollten die Vertreter der verbündeten Regierungen und andere Interessenvertreter aus den verschiedenen Einzelstaaten hinzukommen und so die Versammlung zu einem nationalen Reichsrat erweitern. Die Gründung des preußischen Volkswirtschaftsrates hatte Bismarck bereits vier Jahre zuvor bei seiner Übernahme des preußischen Handelsministeriums veranlasst. Diese 75-köpfige Versammlung beriet die preußische Regierung in ökonomischen Fragen und bestand zu zwei Dritteln aus Delegierten, welche die Handelskammern, die kaufmännischen Korporationen und die Landwirtschaftsvereine aus von der Regierung aufgestellten Vorschlagslisten auswählten. Das restliche Drittel der Mitglieder wurde direkt von der Regierung ernannt, die dabei die Hälfte der Sitze an Handwerker und Arbeitervertreter vergab. Auch dieses Gremium wollte Bismarck zu gegebener Zeit in eine Reichsinstitution umwandeln. Dadurch sollte eine Art nationales Nebenparlament entstehen, das die Bedeutung des Reichstages schmälern und der Sozialdemokratie durch die bewusste Einbeziehung der Arbeiterschaft das Wasser abgraben sollte.[81]

Bismarcks Rätepolitik zielte also darauf ab, einen alternativen Legislativraum zu schaffen, in den sich die Vertreter der Reichsregierung zurückziehen konnten, um die offiziellen Gesetzgebungskammern zu meiden. Dabei ging es vor allem darum, den Reichstag auf Distanz zu den leitenden Stellen der Reichsexekutive zu halten. Um das zu erreichen, setzte Bismarck aber nicht nur auf Gremien außerhalb der Verfassung. Im Gegenteil: Seine Hauptanstrengung galt der Stärkung des Bundesrates. Damit sich dieser als mächtiges monarchisches Bollwerk zwischen den Reichstag und die Reichsregierung stellen konnte, wollte ihn Bismarck aus seinem Schattendasein herausholen und von innen heraus wiederbeleben.

Zu diesem Zweck drückte er 1880 eine umfangreiche Reform der Geschäftsordnung durch, der wir bereits im vorhergehenden Kapitel mehrmals begegnet sind. Ziel der neuen Regeln war es, die Anwesenheit von Ministern und anderen hochrangigen Regierungsvertretern aus den Ländern zu erhöhen und so das Plenum wieder zu einem aktiven Entscheidungsforum zu machen. So war es den einzelstaatlichen Regierungen von nun an verboten, ihre Stimme in zwei aufeinanderfolgenden Sitzungen an den Bevollmächtigten eines anderen Staates zu übertragen. Wollten sie ihre Stimme nicht verfallen lassen oder die Geschäftsordnung verletzen, waren sie also gezwungen, öfter eigene Vertreter ins Plenum zu schicken. Außerdem mussten Vorlagen nun mindestens zwei Mal in der Vollversammlung behandelt werden. Diese Bestimmung stärkte das Plenum gegenüber den Ausschüssen, zumal für die zweite Lesung eine Ausschussberatung gestrichen wurde. Ferner legte das reformierte Regelwerk fest, dass die wichtigeren Aufgaben des Bundesrates, wie etwa die finale Abstimmung über Gesetzesvorlagen oder die Budgetfeststellungen, „in möglichst rasch sich folgenden Sitzungen [...] zur definitiven Erledigung gebracht werden" mussten. Diese Aufteilung der Geschäfte sollte sicherstellen, dass die „ersten Bevollmächtigten der Regierungen", also die Minister, zumindest an den entscheidenden Sitzungen teilnehmen würden. Schließlich „werde sich kein Minister angelockt fühlen", wie Bismarck gegenüber dem württembergischen Gesandten Carl von Spitzemberg erklärte, „an einem Beschlusse über [die] Zulassung [von] Rosenblättern als Tabaksurrogat mitzuwirken". Außerdem schlug er vor, regelmäßig im Plenum Ministersitzungen abzuhalten, bei denen „die Minister wenigsten der größeren Staaten [...] die wichtigeren Gesetzesvorlagen beraten" sollten. Um den anderen Regierungen ein Beispiel zu geben und zu unterstreichen, wie ernst es ihm mit der Wiederbelebung des Bundesrates war, ließ Bismarck den König sofort nach Einführung der neuen Regeln alle preußischen Minister zu Bevollmächtigten ernennen.[82]

Die Regierungen der Mittel- und Kleinstaaten waren von der Abänderung der Geschäftsordnung allerdings wenig begeistert. Vor allem die kleinstaatlichen Regierungen fühlten sich unter Druck gesetzt, waren die meisten von ihnen finanziell doch kaum in der Lage, einen ständigen Bevollmächtigten in Berlin zu unterhalten. Die Regierungen der Mittelstaaten hatten dieses Problem zwar nicht. Aber auch sie sahen den Aktionismus kritisch, der in dem hastigen Durchpeitschen der Geschäftsordnung zum Ausdruck kam. Sie fürchteten, dass Bismarcks Versuche einer bündischen Restauration leicht nach hinten losgehen könnten, zumal sie nicht sicher waren, welche Motive wirklich dahintersteckten. Diese Skepsis wurde besonders deutlich, als sie während der Verhandlungen zur neuen Geschäftsordnung von Bismarcks Kabinettssitzung mit den Chefs der Reichsämter erfuhren. Der Berliner Gesandte der sächsischen Regierung betonte etwa in einem Bericht an seinen Außenminister, dass solche „gemeinschaftliche[n] Beratungen der Vorstände der obersten Reichsbehörden", also der Stellvertreter des Kanzlers, „eine Art von Reichsministerium" konstituierten. Sollten derartige Kabinettssitzungen regelmäßig abgehalten werden, bestünde daher spätestens „unter einem minder begabten und herrschgewaltigen Reichskanzler" die Gefahr, dass dieses Reichsministerium in die Abhängigkeit des Parlamentes gerate. Was hinter Bismarcks Schachzug stecke, sei deshalb schwer zu sagen. Man könne nur vermuten, dass er wohl versuche, „die Reichsgewalt und die Reichsregierung von der Regierung des Königreichs Preußen loszulösen, erstere als eine selbstständige Gewalt hinzustellen und das preußische Staatsministerium in Hinsicht auf Reichsangelegenheiten in dieselbe Lage zu versetzen, in welche die Regierungen der übrigen Bundesstaaten mit Hilfe der preußischen Übermacht gedrängt worden" seien.[83]

Trotz dieser Unsicherheit über die Erfolgsaussichten und Motive von Bismarcks Reformversuchen lehnten sich weder das preußische Staatsministerium noch die anderen Landesregierungen groß dagegen auf. Das hatte mehrere Gründe. Zum einen war eine bündische Restauration natürlich ganz im Interesse der einzelstaatlichen Regierungen, konnten sie sich davon doch versprechen, zumindest einen Teil des Einflusses wiederzugewinnen, den die unitarische Entwicklung des Bundes ihnen in den letzten zehn Jahren genommen hatte. Zum anderen zog Bismarck spürbar die Zügel an und setzte die einzelstaatlichen Regierungen deutlich mehr unter Druck als noch in den 1870er-Jahren. Gerade gegenüber den Regierungen der Kleinstaaten legte er oft jede Form von Bundesfreundlichkeit ab und agierte mit Drohungen und Zwang, um seinen Willen durchzusetzen. Besonders deutlich wurde das in einem Konflikt über die Integration Hamburgs in das deutsche Zollgebiet, den das nächste Kapitel ausführlich betrachten wird. Als in diesem Streit die Frage aufkam, ob der Bundesrat ein Recht habe, die Verfassung auszulegen, fuhr Bismarck schweres Geschütz auf. Sollte ein dahingehender Präzedenzfall geschaffen werden, mahnte er die beteiligten Regierungen, werde Preußen den Bund umgehend verlassen. Diese Warnung drohte den klein- und mittelstaatlichen Regierungen damit, die Hegemonialmacht von ihrem wichtigsten Verbündeten zu ihrem größten Feind zu machen, den preußischen Schutzschirm abzuziehen und sie im Kampf gegen den Parlamentarismus allein zu lassen. Um ein solches Albtraumszenario abzuwenden, entschieden sich die Regierungen der Mittel- und Kleinstaaten immer wieder, Bismarck auch gegen ihre Überzeugung in die Richtung zu folgen, die er dem föderalen Regierungssystem geben wollte.[84]

Es gab allerdings noch einen anderen wichtigen Grund, aus dem die monarchischen Regierungen Bismarcks undurchsichtige Versuche, am Räderwerk der föderalen Regierungsmaschine herumzuschrauben, mehr oder minder stillschweigend mittrugen: die zunehmende Gefahr einer Parlamentarisierung. Die fortlaufende Konzentration neu erschlossener Kompetenzfelder auf der Bundesebene stärkte den Reichstag, weil die Gesetzgebungstätigkeit des Reiches stieg und die Rolle des Parlaments dadurch allgemein wichtiger wurde. Gleichzeitig gab die Tatsache, dass in den letzten Jahren eine – wenn auch nicht so genannte – Reichsregierung entstanden war und diese die Exekutivarbeit des Reiches immer unabhängiger von den einzelstaatlichen Regierungen übernahm, besonders all jenen Kräften Auftrieb, die parlamentarisch verantwortliche Reichsminister forderten. Im April 1884 entstand am linken Rand des liberalen Spektrums gar eine neue Partei. In Erwartung eines baldigen Thronwechsels fusionierten die Fortschrittspartei und die Liberale Vereinigung. Der Zusammenschluss ihrer Reichstagsfraktionen umfasste mehr als ein Viertel aller Mandate und zielte unter anderem darauf ab, dem Kronprinzen gleich im Moment seiner Thronübernahme eine breite parlamentarische Basis für die Berufung einer liberal orientierten Regierung zu geben. In ihrem Gründungsprogramm erklärte die Deutsche Freisinnige Partei denn auch die Einführung verantwortlicher Reichsminister offen zu ihrem Hauptziel.[85]

Als Reaktion auf diese Provokation stellten die monarchischen Regierungen demonstrative Geschlossenheit zur Schau. Auf Bismarcks Betreiben hin gaben sie eine gemeinsame Erklärung des Bundesrates „betreffend die Parteibestrebungen zur Errichtung eines verantwortlichen Reichsministeriums" ab. Diese diplomatische Note betonte, dass „die verbündeten Regierungen ohne Ausnahme entschlossen [seien], die Verträge, auf welchen [die] Reichs-Institutionen [beruhten], in unverbrüchlicher Treue aufrecht zu erhalten" und dass sie „in jeder Überschreitung der Bedürfnißgrenze in unitarischer Richtung" einen „politischen Mißgriff" sähen. Die Forderung nach verantwortlichen Reichsministerien sei ein ebensolcher „Mißgriff". Denn die Einrichtung solcher Ministerien sei gar „nicht anders möglich, als auf Kosten der Summe der vertragsmäßigen Rechte, welche die verbündeten Regierungen gegenwärtig im Bundesrat" übten. Schließlich würden „die wesentlichsten Regierungsrechte der Bundesstaaten [...] von einem Reichsministerium absorbirt werden, dessen Thätigkeit durch die Art der ihm auferlegten Verantwortlichkeiten dem maßgebenden Einflusse der jedesmaligen Majorität des Reichstages unterliegen" müsse. Folglich müsse man „in der von der neuen fortschrittlichen Partei erstrebten Einrichtung eines solchen Ministeriums ein Mittel zur Unterwerfung der Regierungsgewalt im Reich unter die Mehrheitsbeschlüsse des Reichstages" erblicken. Eine „derartige Verschiebung des Schwerpunktes der Regierungsgewalt" sei „eine große Gefahr für die Dauer der neugeborenen Einheit Deutschlands". Denn „selbst wenn es gelänge, feste Majoritäten aus den heute im Reichstag vorhandenen Parteien zu bilden", würde „die Herstellung eines parlamentarischen Regiments" doch die „sichere Einleitung zum Verfall und zur Wiederauflösung des Deutschen Reichs" sein. Kurz gesagt: Die Note erklärte die Einführung verantwortlicher Ministerien zu einer groben Verletzung der föderalen Grundlagen der Verfassung und machte so klar, dass die verbündeten Regierungen alle derartigen Bestrebungen mit der Auflösung des Bundes beantworten würden.[86]

Um dem Vordringen des Parlamentarismus Einhalt zu gebieten, scharten sich die einzelstaatlichen Regierungen also um den Kanzler, traten gegenüber dem Reichstag als geschlossener Fürstenbund auf und gaben einen Warnschuss in Richtung des preußischen Kronprinzen ab, seine Gedankenspiele bezüglich einer Liberalisierung des politischen Systems zu stoppen. Für Bismarck war dieses sogenannte „Aprilgewitter" ein voller Erfolg. Die gemeinsame Erklärung zeigte nämlich nicht nur, dass er die einzelstaatlichen Regierungen zur Abwehr vermeintlich radikaler Vorstöße nach wie vor wirkungsvoll zusammenführen konnte. Sie machte gleichzeitig auch seine Vorstellung von den bündischen Grundlagen der Verfassung zu einer Leitlinie föderalen Regierens und legitimierte somit seine Versuche, zum strukturellen Ursprungszustand des Reiches zurückzukehren. Im Angesicht der parlamentarischen Gefahr gaben die einzelstaatlichen Regierungen Bismarck gewissermaßen grünes Licht, die Uhr zurückzudrehen. Selbst die bayerische Regierung, die als einziges Bundesratsmitglied die preußische Vorlage nur unter Abgabe einer Zusatzerklärung billigte, betonte darin, dass die „thätige Mitwirkung an der nationalen Entwickelung auf föderativer Grundlage" erfolgen, „eine Fortbildung der Reichsverhältnisse in unitarische Richtung aber mit Nachdruck" bekämpft werden müsse. Wie wichtig diese Idee der bündischen Grundlagen für die föderale Entwicklung in der Folgezeit wurde, werden wir im Laufe dieses und des nächsten Kapitels noch genauer sehen.[87]

So erfolgreich Bismarck in dieser Experimentierphase auch damit war, eine monarchische Phalanx gegen den Reichstag aufzustellen, so kläglich schlug sein Vorhaben fehl, die Entwicklung, die die föderalen Entscheidungsstrukturen seit der Reichsgründung genommen hatten, zurückzuspulen. Keine seiner Restaurationsmaßnahmen griff. Die meisten scheiterten entweder an praktischen Umständen oder dem fehlenden Interesse der entscheidenden Akteure. Ein paar Beispiele müssen genügen. Der infolge der anhaltenden Zentralisierung stetig steigende Umfang der Reichsgeschäfte machte es für eine Person – in diesem Fall den preußischen Außenminister – schlicht unmöglich, die Beziehungen zwischen den Reichsämtern und dem Bundesrat in allen Angelegenheiten zu kontrollieren. Selbst Bismarcks Kräfte reichten dafür nicht aus. 1885 lockerte er deshalb die Direktive, mit der er fünf Jahre zuvor jeden direkten Kontakt zwischen den Staatssekretären und dem Bundesrat verboten hatte. Von nun an waren alle „unerheblichen Gegenstände der laufenden Verwaltung" von diesem Verbot ausgenommen. Dadurch sollte es dem Kanzler erspart bleiben, sich mit solchen Trivialitäten wie der Bewilligung von Ruhestandsgeldern für einzelne Postbeamte des Reiches zu beschäftigen. Die Ausnahmeregelung war allerdings so ungenau formuliert, dass in den folgenden Jahren immer öfter wichtigere Vorlagen über die preußische Bank in den Bundesrat eingebracht oder die preußische Stimme zu ebensolchen abgegeben wurde, ohne dass Bismarck seine ausdrückliche Zustimmung dazu erteilt hatte. 1889 beschwerte er sich gegenüber einem Unterstaatssekretär des preußischen Staatsministeriums, dass es „neuerdings wieder mehrfach vorgekommen" sei, dass ihm „Staatsministerzirkulare […] nicht vorgelegt und […] überhaupt nicht [an ihn] adressiert worden" seien. So sei der Antrag zur „Erhebung einer neuen Anbaustatistik […] dem Bundesrat zugegangen, ohne daß [er] von demselben Kenntnis gehabt habe". Er lehne diese Vorlage ab, da die „Lokalbehörden ohnehin mit statistischen Arbeiten von zweifelhaftem Nutzen überlastet" seien, und verlange deshalb die Rücknahme des Antrages. In diesem Zusammenhang wolle er daran erinnern, dass „Erklärungen im Namen Preußens an die verbündeten Regierungen oder den

Bundesrat niemals ohne Mitwirkung des kompetenten preußischen Ministers der auswärtigen Angelegenheiten entworfen, befördert oder in Umlauf gesetzt werden" dürften. Diese für Bismarck ausgesprochen zaghaft formulierte Ordre glich fast einem frustrierten Eingeständnis, dass der Versuch, alles Tun der diversen und immer weiter wachsenden Exekutivbehörden des Reiches zentral zu steuern, spätestens Ende der 1880er-Jahre aussichtslos geworden war.[88]

Noch viel früher musste Bismarck erkennen, dass sein Plan einer Parallellegislative nicht aufging. Keines der alternativen Beratungsgremien, die er in die Gesetzgebung hatte einbinden wollen, entwickelte sich zu einer ständigen, geschweige denn nationalen Institution. Der preußische Staatsrat tagte anfangs zwar regelmäßig, schlief dann aber rasch ein. Weder die preußischen Minister noch der König oder Kronprinz zeigten großes Interesse an dem Kollegium. Die Ministerien legten dem Rat nur sehr wenige Projekte vor und machten ihn dadurch praktisch funktionslos. Der Volkswirtschaftsrat litt unter ähnlichen Problemen. Gleich zwei Mal misslang es Bismarck, ihn zu einem Reichs-Volkswirtschaftsrat zu erweitern. Sowohl 1881 als auch 1882 verweigerte der Reichstag die dafür nötigen Geldmittel. Die Mehrheit aus Zentrum und Liberalen durchschaute Bismarcks Absicht, ein Wirtschaftsparlament zur Schwächung des Reichstages schaffen zu wollen. Der Kanzler hätte eine solche Institution zwar auch ohne Einwilligung des Reichstages per kaiserlicher oder bundesrätlicher Verordnung einrichten lassen können. Er sah letztlich aber davon ab, da der preußische Volkswirtschaftsrat ohnehin nicht das gehalten hatte, was er sich von ihm versprochen hatte. Das schlaffe Gremium um den Preis eines Dauerstreits mit dem Reichstag zu einer Reichsinstitution umzuformen, schien der Mühe nicht wert. Als das preußische Abgeordnetenhaus keine Gelder mehr bereitstellen wollte, wurde der Rat schließlich 1887 aufgelöst.[89]

Als größter Flop erwies sich allerdings die Revidierung der Geschäftsordnung des Bundesrates. Die Reform von 1880 brachte keinerlei dauerhaften Effekt. Minister und andere hohe Vertreter der Landesregierungen besuchten das Plenum nicht wesentlich öfter als zuvor, selbst dann, wenn die Sitzungen für ihre jeweiligen Staaten oder Ressorts von größerer Bedeutung waren. Als Reaktion auf die Verschärfung der Anwesenheitsregeln fiel der Anteil der Substitutionen unter den kleinstaatlichen Regierungen im Jahr der Reform zwar um gut 10 Prozentpunkte (Graph 14). Trotzdem saß immer noch auf mehr als jeder zweiten Bank ein landesfremder Bevollmächtigter. Außerdem begannen die meisten kleinstaatlichen Regierungen bereits im Jahr darauf, das Substitutionsverbot aus Kostengründen zu umgehen. Dazu bedienten sie sich des im vorherigen Kapitel näher beschriebenen Kniffs, ihre bewährten Substitutionsbevollmächtigten einfach als reguläre Mitglieder ihrer Bundesratsdelegation zu registrieren. Auf diese

Weise kletterte der Anteil an Substitutionen bis 1887 wieder auf 70 Prozent. Selbst auf der preußischen Bank sah das Bild nicht viel besser aus. Die Ressortminister kamen zwar 1880 häufiger als jemals zuvor ins Plenum (Graph 11), aber schon ein Jahr später fiel ihre Anwesenheit wieder nahezu auf ihr altes, ausgesprochen schwaches Niveau zurück. Auch die Minister der Mittelstaaten tauchten nicht wesentlich öfter im Bundesrat auf als vorher. Das lag vor allem daran, dass die Ministersitzungen, die Bismarck hatte einführen wollen, schnell wieder vergessen wurden, zumal der Kanzler keine Anstalten machte, selber daran teilzunehmen.[90]

Die Reform der Geschäftsordnung verfehlte das Ziel, aus dem Plenum eine Ministerrunde zu machen, also meilenweit. Der Schwerpunkt der Bundesratsverhandlungen blieb denn auch trotz der Einführung der zweiten Plenarsitzung in den Ausschüssen. Und dort bestimmten weiterhin die Verwaltungsexperten aus den Ministerialapparaten des Reiches und der Einzelstaaten das Geschehen. Bismarck schaffte es daher nicht, die Hoffnung, die er bei Aushandlung der Geschäftsordnungsrevision gegenüber Spitzemberg geäußert hatte – nämlich „die Macht der Geheimen Räte" zu brechen und die einzelstaatlichen Minister zu den Hauptakteuren des Bundesrates zu machen –, Realität werden zu lassen. Von einer Wiederbelebung des Bundesrates oder gar einer Aufwertung zu einem aktiven Entscheidungsforum der höchsten monarchischen Regierungsvertreter konnte keine Rede sein. Im Gegenteil: Das einzige Verfassungsorgan, das den Fürstenbund institutionell verkörperte, führte sein Schattendasein fort und konnte folglich auch den Schutz, den es der Reichsregierung gegen parlamentarische Übergriffe bot, nicht verstärken.[91]

Die unveränderte Passivität des Bundesrates war vielleicht das deutlichste Anzeichen dafür, dass eine Restauration der ursprünglichen Verfassungszustände im zweiten Jahrzehnt nach der Gründung des Bundes unmöglich geworden war. Als Bismarck ihm 1883 erzählte, er wolle an dem Versuch festhalten, das Amt des Kanzlers hinter den Bundesrat zurückzunehmen, erwiderte der württembergische Ministerpräsident Hermann von Mittnacht nur, dass er „eine Rückwärtsrevidierung mit dem Deutschen Reichstag [...] für ausgeschlossen" halte. Mit dieser skeptischen Bemerkung legte er den Finger in die Wunde des zu diesem Zeitpunkt in wichtigen Teilen bereits erkennbar missglückten Restaurationsprogramms. Die institutionellen Strukturen und Mechanismen des föderalen Entscheidungssystems hatten sich in den letzten anderthalb Jahrzehnten viel zu sehr verfestigt und eine viel zu starke Eigendynamik entwickelt, als dass der Kanzler sie einfach so per Ordre hätte zurückbauen und dadurch das Kräfteverhältnis zwischen den verschiedenen monarchischen, parlamentarischen, hegemonialen, bündischen und unitarischen Teilen wieder in seinen Urzustand hätte versetzen können. Das Kernproblem war also, dass Bismarck die zentralen Wandlungsprozesse, die er teilweise selbst mit angestoßen hatte, nicht mehr einfangen konnte. Der „Zauberlehrling", wie ihn Lothar Gall mit Blick auf seine Kanzlerschaft genannt hat, wurde gewissermaßen die Geister, die er gerufen hatte, nicht mehr los.[92]

Es lohnt sich, einige dieser Entwicklungen, die die Verfassung in den 1880er-Jahren unaufhaltsam weiter veränderten und alle Restaurationsbemühungen hinfällig machten, näher zu betrachten, um so ihre Zusammenhänge besser zu verstehen. Die Ausweitung und Verselbstständigung der obersten Reichsverwaltung ging mehr oder weniger ungebremst weiter. Es kamen nach 1880 zwar keine neuen Reichsämter hinzu. Die bestehenden obersten Ministerialbehörden des Reiches bauten aber ihre internen Abteilungen kontinuierlich aus. Dieser relativ unübersichtliche Ausdifferenzierungsprozess schuf so viele neue Stellen, dass der Kanzler schon im Juni 1880 den Direktor des Statistischen Amtes darum bat, eine Studie darüber zu erstellen, „in welchem Maße die Zeit und die Arbeitskraft der einzelnen Reichsbeamten" eigentlich durch ihre Dienstgeschäfte beansprucht würden. Das Ergebnis der statistischen Erhebung zeigte Bismarck, dass die beiden größten Reichsbehörden – das Reichsinnen- und das Reichsjustizamt – zusammen mittlerweile 110 hauptamtliche Beamte beschäftigten. Die Abteilungsleiter arbeiteten täglich durchschnittlich sechs Stunden, die ihnen nachgeordneten Beamten zwischen sieben und acht Stunden im Büro. Dazu kamen noch drei bis sechs Stunden häusliche Tätigkeit zur Erledigung der während der Dienststunden liegengebliebenen Arbeiten. Das Reichsinnenamt alleine verbrauchte inzwischen jährlich über 100 000 Bogen Papier, die zusammengerechnet eine Fläche von fast 14 000 Quadratmetern abdeckten. Die Vorbereitung und Revidierung der Drucksachen, die das Reichsinnenamt für die Bundesratsprotokolle, das Reichsgesetzblatt und andere amtliche Interna oder Veröffentlichungen erstellte, beanspruchten mittlerweile über 9000 Dienststunden pro Jahr.[93]

Hinzu kam, dass zur Unterstützung der einzelnen Reichsämter immer mehr spezialisierte Unterbehörden eingerichtet wurden. So erhielt das Reichsinnenamt im Laufe der 1880er-Jahre zu seinen bereits existierenden elf nachgeordneten Behörden noch sieben weitere dazu. Die wichtigsten waren das Reichsversicherungsamt und die aus ihrem preußischen Namensvetter hervorgehende Reichsschuldenkommission. Auch diese Unterbehörden bildeten sich kontinuierlich weiter aus. Einige wuchsen dabei im letzten Jahrzehnt von Bismarcks Kanzlerschaft zu großen Ämtern heran. Hatte beispielsweise das Kaiserliche Patentamt bei seiner Gründung 1877 nur 31 Mitarbeiter, zählte es 1890 ganze 176. Andere nachgeordnete Behörden erhöhten ihren Personalstock zwar, blieben insgesamt aber recht klein. Das Reichseisenbahnamt etwa besaß 1890 gerade einmal 29 Mitarbeiter.[94]

Eine Folge dieser institutionellen und personellen Ausdehnung war, dass die oberste Reichsverwaltung immer stärker auf die Machtinstrumente der preußischen Regierung übergriff. Die Beamten der Reichsämter und ihrer nachgeordneten Behörden konnten nur als Teil der preußischen Bundesratsdelegation im Räderwerk der Verfassung aktiv werden. Darum verstärkte der fortschreitende Ausbau der Reichsverwaltung die Verreichung der preußischen Bank. Im offiziellen Register des Bundesrates explodierte der Anteil an Bundesbeamten unter den stellvertretenden Bevollmächtigten Preußens zwischen 1878 und 1880 von 0 auf über 50 Prozent (Graph 8). Bis 1890 stieg er weiter auf 63 Prozent. Schon 1880 kamen fast zwei Drittel aller Bevollmächtigten, die im Plenum auf der preußischen Bank Platz nahmen, aus einer der obersten Reichsbehörden (Graph 10). Dieser Anteil sank in den nächsten zwei Jahren zwar unter die 50-Prozentmarke, kletterte bis Ende der 1880er-Jahre aber wieder auf über 60 Prozent. Bismarcks Versuche, die Reichsgewalt von der preußischen Regierung zu lösen, drosselten die Verreichlichung der preußischen Bank also nur kurz. Mittel- und langfristig änderten sie aber nichts daran, dass die Interessenvertretung der preußischen Regierung im Bund immer mehr zum Instrument der Reichsregierung wurde beziehungsweise – wenn man es andersherum betrachtet – die stetig wachsende Reichsverwaltung ihre preußischen Wurzeln zunehmend mediatisierte.

Diese Entwicklung spiegelte sich auch in der Auswahl der dualen Amtsträger wider, die zu preußischen Bevollmächtigten ernannt wurden. 1881 listete das Register neben dem Reichskanzler beziehungsweise preußischen Ministerpräsidenten erstmals auch einen anderen, nachrangigen Offiziellen, der sowohl Ämter im preußischen als auch im nationalen Ministerialapparat innehatte. Dabei handelte es sich um Karl Rudolf von Jacobi, der lange im preußischen Handelsministerium tätig gewesen war, bevor er zwischen 1877 und 1879 zusätzlich die Leitung des neu geschaffenen Kaiserlichen Patentamtes und ab 1880 einen Abteilungsleiterposten im Reichsinnenamt übernommen hatte. Nach einem kurzen Zwischenspiel in der freien Wirtschaft wurde er sechs Jahre später Staatssekretär des Reichsschatzamtes. An derartigen Karriereverläufen kann man leicht erkennen, dass die betroffenen Zwitterfunktionäre weniger als Interessensvertreter Preußens in den Reichsbehörden denn als Mittelsmänner der Reichsregierung in den preußischen Ministerien fungierten und als ebensolche auf der preußischen Bundesratsbank Platz nahmen.

Noch klarer trat die verstärkte Mediatisierung Preußens allerdings in einer anderen, eng mit dem Bundesrat zusammenhängenden Stellenbesetzung zutage. Als neuer Chef des Reichsinnenamtes gab Karl Heinrich von Boetticher (Abb. 6.3) in den meisten Bundesratssitzungen der 1880er-Jahre die preußische Stimme ab. Während schon seine Vorgänger an der Spitze des wichtigsten Reichsamtes regelmäßig die preußische Stimmführerschaft übernommen hatten, um die Zusammenarbeit zwischen den Exekutivstellen des Bundes und seines hegemonialen Mitgliedsstaates zu beaufsichtigen, war er der erste Reichstaatssekretär, der ob dieser Koordinationsfunktion 1888 zum Vizepräsidenten des preußischen Staatsministeriums ernannt wurde. Er erhielt also den Stellvertreterposten des Ministerpräsidenten, obwohl er selber überhaupt keinem preußischen Ressort vorstand. Seine Berufung offenbarte daher in aller Deutlichkeit, wie sehr die Reichsregierung das preußische Kabinett mittlerweile unterwanderte.[95]

Darüber hinaus ermöglichte die wachsende Schar an Mitarbeitern den Reichsbehörden, sich im Laufe der 1880er-Jahre zunehmend mit den Verwaltungsstellen der Einzelstaaten zu vernetzen. Besonders in jenen Politikfeldern, die sich die Reichsgesetzgebung neu erschloss, wie etwa der Sozialpolitik, arbeiteten die Reichsämter immer enger mit ihren Pendants auf Landesebene zusammen. Der Kontakt beschränkte sich dabei nicht auf die jeweiligen Staatssekretäre und Minister, sondern sorgte auch für zahlreiche Verflechtungen zwischen den mittleren Behördenebenen. Da viele Reichsämter nicht in allen Verwaltungsfeldern bereits eigenes Fachpersonal hatten, integrierten sie häufig entsprechende Experten aus den einzelstaatlichen Behörden in ihre Arbeitsgruppen. Stellenweise entwickelten sich sogar intensive Kontakte zwischen den Reichsämtern und der kommunalen Ebene. So etablierte das Reichsversicherungsamt enge Beziehungen zu den neu eingerichteten Allgemeinen Ortskrankenkassen. Die übergeordneten Landesbehörden, die eigentlich für die Regulierung der jeweiligen Materien in den Einzelstaaten zuständig waren, ließen derartige, sie überspringende Direktverbindungen meist ohne Widerspruch zu, da sie dadurch ihre eigene Arbeitslast verringern konnten. Überhaupt förderten die Regierungen der Einzelstaaten den inneren Ausbau der Reichsämter und die Einrichtung neuer Verflechtungen immer dann, wenn sie selbst dadurch finanziell oder administrativ entlastet wurden. Um das zu erreichen, schufen sie allerdings auch günstige Bedingungen. Sie bemühten sich darum, ihre Verwaltungsstrukturen zu vereinheitlichen und mit denen des Bundes kompatibel zu machen. Da es dabei zu keinem zentralen Plan kam und sich die Gesetzgebungskompetenzen der Einzelstaaten und des Bundes oft überlappten, gab es immer wieder Koordinationsschwierigkeiten. Diese konnten am einfachsten vermieden werden, indem die einzelstaatlichen Verwaltungsbehörden Empfehlungen von den Reichsämtern übernahmen oder umgekehrt.[96]

Die wachsende Verflechtung zwischen den Verwaltungsapparaten des Bundes und der Einzelstaaten begünstigte wiederum die Ausbildung neuer Ver-

Abb. 6.3: Karl Heinrich von Boetticher, Fotografie um 1880

handlungskanäle und Entscheidungsmechanismen. Am wichtigsten war das Aufkommen der Praxis, jenseits der Bundesratsauschüsse Spezialkommissionen einzurichten, die Richtlinien für komplexe Gesetzgebungsvorhaben aufstellen, Kompromisse aushandeln oder spezielle inhaltliche, oft technisches Expertenwissen voraussetzende Probleme lösen sollten. Diese Kommissionen konnten offiziell in den legislativen Prozess eingebunden, ihm halboffiziell angegliedert oder informell an der Ausarbeitung von Gesetzen beteiligt sein. Sie umfassten neben den Repräsentanten der Reichsregierung wahlweise Delegierte der einzelstaatlichen Regierungen, Abgeordnete des Reichstages, Interessenvertreter aus der Wirtschaft und Wissenschaftler. Es handelte sich bei diesen Gremien also um ein sehr flexibles Instrument, das die Reichsregierung im Lichte der guten Erfahrungen mit der Zolltarifskommission von 1879 vor allem ab Mitte der 1880er-Jahre immer häufiger dafür einsetzte, um das offizielle Gesetzgebungsverfahren abzukürzen, externe Expertise von vornherein in die Ausarbeitung von Entwürfen mit einzubeziehen und besonders strittige Fragen bereits zu klären, bevor Vorlagen in den Bundesrat eingebracht wurden. Kurz gesagt: Die Kommissionen dienten dazu, alle relevanten staatlichen und privaten Akteure in die Entwurfsphase von Gesetzen einzubinden, dadurch frühzeitig Mehrheiten in Bundesrat und Reichstag zu organisieren, und so die erfolgreiche Annahme der entsprechenden Vorlagen zu garantieren.[97]

Ein gutes Beispiel ist das sogenannte Weinparlament von 1892. Die Regulierung der Weinproduktion hatte die Reichsorgane über die gesamten 1880er-Jahre beschäftigt. Die Interessengegensätze zwischen den Vertretern der verschiedenen Weinanbaugebiete hatten jedoch nie überwunden werden können. Ein Gesetz war nicht zustande gekommen. Schuld daran war vor allem die mangelnde Abstimmung zwischen den Reichsämtern, dem Reichskanzleramt, den preußischen Ministerien, den einzelstaatlichen Regierungen sowie dem Bundesrat und dem Reichstag gewesen. Trotz der erfolgreichen Anwendung von Kommissionen in anderen Bereichen hatte man es nämlich versäumt, ein geeignetes Koordinationsinstrument einzurichten. Die oberste Reichsverwaltung lernte aber von diesem Fehler. Als sie Anfang der 1890er-Jahre den nächsten Anlauf nahm, beauftragte das Reichsinnenamt das Kaiserliche Gesundheitsamt, eine Spezialkommission einzuberufen, um bereits vor der Ausarbeitung eines Gesetzesentwurfs einen Überblick über die Interessen der verschiedenen Weinanbaugebiete und Weinhandelsbezirke zu bekommen, Kompromisse auszuloten und erste Eckpunkte einer Vorlage festzulegen. Zur Auswahl der Kommissionsmitglieder sprach sich das Gesundheitsamt eng mit den Regierungen jener Einzelstaaten ab, die Wein herstellten beziehungsweise im großen Stil damit handelten. Man einigte sich schließlich auf diverse Beamte aus den Reichsämtern, eine Gruppe von Regierungsvertretern aus Preußen, Bayern, Württemberg, Baden, den Hansestädten und Elsass-Lothringens sowie eine Reihe von Experten aus Weinbau und Weinhandel, unter denen neben Fachleuten aus der Nahrungsmittelindustrie – besonders aus den Handwerkskammern – auch einige Reichstagsabgeordnete waren. In den vier Tagen, die dieser Sachverständigenrat im September 1891 tagte, gelang es tatsächlich, erste gemeinsame Positionen zu verschiedenen Herstellungsprozessen und deren Kennzeichnung im Handel festzulegen. Auf Grundlage dieser Vorentscheidungen erstellte das Gesundheitsamt einen Entwurf, den die beiden offiziellen Legislativorgane dann innerhalb von nur vier Monaten erfolgreich in Gesetzesform gossen.[98]

Wie das Beispiel des Weinparlamentes zeigt, schuf die Reichsregierung mit den Spezialkommissionen ergänzende Strukturen, die den Gesetzgebungsprozess effektiver machten, indem sie alle relevanten staatlichen und nicht staatlichen Akteure an einem Tisch zusammenbrachten. Das förderte nicht nur weitere Verflechtungen zwischen Bundes- und Landesverwaltungen, sondern auch die Einübung neuer Verhaltensweisen zur Kompromissfindung zwischen den Reichsorganen. In den Kommissionen saßen Exekutivvertreter ausgewählten Parlamentsabgeordneten direkt gegenüber. Reichsregierung und Reichstag intensivierten dort also ihre Kontakte und verhandelten gewissermaßen auf Augenhöhe. Dadurch erhielt das Parlament direkten Einfluss auf die höchsten Exekutivstellen des Reiches. Das war einer der Hauptgründe, warum die monarchischen Regierungen dem Drang der Reichsregierung, Kommissionen einzurichten, lange eher skeptisch gegenüberstanden. Trotz ihrer Einbindung in diese Zusatzforen befürchteten sie, wie der württembergische Ministerpräsident Hermann von Mittnacht formulierte, eine „Schwächung der Föderalität", das heißt eine weitere Beeinträchtigung des ohnehin schon stark kompromittierten bündischen Charakters der Verfassung und damit einen Verlust monarchischer Macht. Gerade in den ersten Jahren, als die Praxis der Kommissionen aufkam, passierte es daher gelegentlich, dass die einzelstaatlichen Regierungen die Einrichtung von Kommissionen ablehnten. 1879 boykottierten sie zum Beispiel die Einsetzung einer von Bismarck vorgeschlagenen Kommission zum Eisenbahngütertarifwesen. Stattdessen setzten sie einen zusätzlichen Bundesratsausschuss zu dieser für die Landesfinanzen äußerst wichtigen Materie durch, der nach der Regelung der entsprechenden Fragen nur noch auf dem Papier weiterbestand. Solche Aktionen zeugten von der Sorge der einzelstaatlichen Regierungen, durch die Einrichtung von Spezialkommissionen bei der Aushandlung von Gesetzen an den Rand gedrängt zu werden. Diese Befürchtung war alles andere als unberechtigt. Bezeichnenderweise schlug das Reichsinnenamt bei der Auswahl der Mitglieder des Weinparlamentes zunächst vor, die süddeutschen Staaten nicht durch Regierungsbeamte, sondern durch zwei fachlich versierte Reichstagsabgeordnete vertreten zu lassen.[99]

Trotz solcher Marginalisierungsversuche willigten die einzelstaatlichen Regierungen im Laufe der 1880er-Jahre regelmäßig in die Einrichtung von Spezialkommissionen ein. Dadurch wurden diese komplementären Gremien zu einem festen Teil des Gesetzgebungsprozesses. Das lag nicht zuletzt daran, dass viele politische Inhalte immer komplexer wurden und daher kaum noch ohne zusätzliche Beratungen von Fachleuten aus Staat und Zivilgesellschaft bewältigt werden konnten. Um 1880 wandelte sich das Reich vom liberalen Ordnungs- zum modernen Interventionsstaat. Die fortschreitende Industrialisierung und die mit ihr zusammenhängenden Veränderungen in Wirtschaft und Gesellschaft zwangen die Reichsregierung, in mehreren Richtungen gesetzgeberisch aktiv zu werden. Auf der einen Seite mussten bestehende Rechtsgebiete wie das Gewerberecht durch entsprechende Gesetzesnovellen an die neuen Verhältnisse angepasst werden. Auf der anderen Seite entstanden zahlreiche neue Politikfelder, die es erstmals gesetzlich zu regulieren galt. Darunter waren zum Beispiel die verschiedenen Zweige des Gesundheitsrechts, wie das Ärzte- oder Apothekerrecht, diverse Gebiete des Technikrechts, bei denen es vor allem um Standarisierung und Normierung neuer industrieller Verfahren und maschineller Innovationen ging, und erste Ansätze des Umweltrechts, wie zum Beispiel der Vogelschutz. Ganz besondere Aufmerksamkeit lag auf dem Auf- und Ausbau des Sozialversicherungswesens, den Bismarck als Mittel zur Bekämpfung der Sozialdemokratie energisch forcierte. Zusätzlich differenzierte die Reichsgesetzgebung bestehende Rahmengesetze weiter aus. Das konnte durch Erweiterung geschehen, wie bei der Ausdehnung der Unfallversicherung auf neue Berufsgruppen, durch Ergänzungen der bestehenden Vorschriften, wie bei der Prüfung von Seeschiffern, oder durch Spezialgesetze, wie zum Beispiel im Bereich der Nahrungsmittelregulierung durch das Margarinegesetz von 1887.[100]

Keines der in diesem Rahmen zustande gekommenen Gesetze der 1880er-Jahre griff nennenswert direkt in die föderale Kompetenzverteilung ein. Und doch verschob die Gesetzgebungstätigkeit des Reiches die Machtverhältnisse zugunsten der unitarischen Teile der Verfassung und torpedierte so Bismarcks Plan einer bündischen Restauration. Das lag vor allem an zwei Dingen. Zum einen verlagerten die legislativen Verfahren zusammengenommen den Schwerpunkt des staatlichen Lebens zunehmend von der Landes- auf die Bundesebene: Sie machten Gebrauch von Spezialkommissionen, schufen deutschlandweit einheitliche Institutionen wie die Ortskrankenkassen, legten die meisten Kompetenzen zur Regulierung der neuen Politikfelder in die Hände der Reichsorgane, überließen die Aushandlung neuer Regeln sowie die Überwachung von deren Ausführung den Reichsämtern und erhöhten dadurch den Personalbedarf der nationalen Behörden weiter. Diese Verlagerung wiederrum stärkte die unitarischen Reichsorgane – also den Reichstag, den Kaiser, den Kanzler und in dessen Schlepptau die ganze Reichsregierung – gegenüber dem Vertretungsorgan der Einzelstaaten, dem Bundesrat.[101]

Zum anderen konnten die zunehmende Bandbreite und Komplexität der Materien, die immer mehr und immer spezialisierteres Wissen erforderten, nur auf der Reichsebene und am leichtesten im Rahmen der Spezialkommissionen gebündelt werden. Das rückte das politische Geschehen noch zusätzlich von den Einzelstaaten weg. Außerdem führte die zunehmend benötigte Spezialisierung dazu, dass Gesetze in höherem Maße von fachlich versierten Verwaltungsbeamten anstatt von Diplomaten oder Ministern verhandelt wurden. Das spiegelte sich deutlich im Bundesrat wider. Die preußische Bank wurde komplett von Spezialbeamten aus der mittleren Führungsebene der Reichsämter und ihrer nachgeordneten Behörden dominiert. 1887 traten derartige Bevollmächtigte in den 47 Sitzungen des Plenums fast 250 Mal auf (Graph 9). Auch die allermeisten Gesandten der Mittel- und Kleinstaaten waren Fachbeamte, die aus unterschiedlichen Zweigen der jeweiligen Landesverwaltungen kamen. Besonders häufig handelte es sich um Experten aus der Finanzverwaltung. Die starke Präsenz dieser Spezialisten aus den Reichs- und Landesbehörden erhöhte zwar die Sachkunde im Bundesrat, verringerte gleichzeitig aber dessen politische Bedeutung. Genau deshalb wollte Bismarck ja die „Verbeamtung des Bundesrats" stoppen und wieder mehr Minister anstatt „Geheimer Räte" im Plenum sehen. Da ihm das nicht zuletzt wegen der Veränderung der politischen Inhalte nicht gelang, wurde der Bundesrat zusehends zu einem Gremium von Verwaltungsfachleuten. Die Länderkammer wandelte sich also mehr und mehr von einem Machtmittel des Monarchismus zu einem „Machtmittel des Bürokratismus", wie Ernst Rudolf Huber betont hat. Als solches taugte es freilich aufgrund seines geringen politischen Gewichts nur noch begrenzt zur Abwehr des Parlamentarismus.[102]

Diese Wandlung des Bundesrates zu einer Art gemeinsamem Verwaltungsausschuss von Bund und Ländern förderte wiederum die Entstehung von dauerhaften Koalitionen unter den Regierungen, die ähnliche Interessen, aber nicht das nötige Kleingeld hatten, um eigene Gesandte in den Bundesrat zu schicken. Ab Mitte der 1880er-Jahre wurden die Anwesenheitsmuster auf den Bänken der Kleinstaaten daher noch einheitlicher als zuvor. Immer mehr Regierungen machten dieselben Verwaltungsexperten zu ihren Substitutionsbevollmächtigten. Ein Paradebeispiel ist der Finanzfachmann Adolf Heerwart, der uns im vorhergehenden Kapitel bereits begegnet ist. Er diente in den 1880er-Jahren nicht nur seinem Heimatland Sachsen-Weimar-Eisenach, sondern auch noch bis zu fünf anderen thüringischen Staaten als Stimmführer. 1889 vertrat er in den 36 Sitzungen des Plenums Sachsen-Weimar-Eisenach, Sachsen-Altenburg und Schwarzburg-Sondershausen je 34-mal, Sachsen-Coburg-Gotha 31-mal, und Schwarzburg-Rudolstadt 32-mal. Im selben Jahr übernahm der hessische Ministerialbeamte Karl Neidhardt die Abstimmung für Schaumburg-Lippe 30- und für Lippe 35-mal. Die Bevollmächtigten Braunschweigs und Mecklenburg-Schwerins, der Jurist Christian von Cramm-Burgdorf und der Steuerexperte Karl

Oldenburg, taten dasselbe für Anhalt beziehungsweise Mecklenburg-Strelitz und Reuß älterer Linie ebenfalls über 30-mal.[103]

Diese Uniformität erleichterte der preußischen Bank, das Abstimmungsverhalten der kleinstaatlichen Regierungen zu überwachen. Mehrheiten waren ihr deswegen praktisch sicher. Um die Stimmen der Mittelstaaten galt es nur noch zu werben, um möglichst einstimmige Abstimmungsergebnisse herzustellen. Die preußische Bank dominierte so stark, dass Bismarck immer öfter darauf verzichtete, die Zusatzstimme des mit Preußen per Akzessionsvertrag verbundenen Fürstentums Waldeck-Pyrmont abgeben zu lassen (Graph 16). Da die preußische Delegation sich mittlerweile allerdings komplett in den Händen der Vertreter aus den Reichsämtern befand, war es nicht die preußische, sondern die Reichsregierung, deren Kontrolle über den Bundesrat weiter stieg. Diese Ausdehnung ihrer Verfügungsgewalt festigte die Rolle des Kanzlers und der Chefs der Reichsämter als eigenständige Regierung des Reiches. Gleichzeitig sammelte der Bundesrat als politisches Entscheidungsgremium keine neue Kraft, sondern erlahmte zu einem reinen Verwaltungsgremium. Als solches konnte er dem Reichstag, dessen Einfluss im Zuge der Ausdehnung der Reichsgesetzgebung weiter zunahm, nur noch in abgeschwächter Form Paroli bieten. Die 1880er-Jahre brachten also das Gegenteil von dem, was sich Bismarck zu Anfang des Jahrzehnts vorgenommen hatte. Es kam zu keiner staatenbündischen Restauration, sondern die Unitarisierung des organischen Verfassungsgefüges setzte sich fort, ja nahm sogar noch weiter an Fahrt auf. Dadurch lösten sich die bündischen Strukturen, die die kaiserliche Reichsregierung vom Einfluss des Reichstages abschirmten, allmählich auf. Kurzum: Statt sich als Fürstenbund zu rekonstituieren, entwickelte sich die föderale Verfassung immer mehr in Richtung einer Reichsmonarchie, in der die Regierung dem Reichstag direkt gegenüberstand.

Wie sehr sich das Regierungssystem vom Ideal des Fürstenbundes besonders in den neuen Politikfeldern entfernte, zeigt ein Blick auf die Entstehung des Unfallversicherungsgesetzes von 1884, die Julia Liedloff aufschlussreich nachgezeichnet hat. Die ursprüngliche Initiative zur Verbesserung des Unfallschutzes von Arbeitern ging von keiner der verbündeten Regierungen aus, sondern von Parlament und Öffentlichkeit. Vertreter der Industrie, Rechtswissenschaften und der liberalen Parteien forderten Ende der 1870er-Jahre immer lauter, das Missverhältnis zwischen der Rechtsstellung verunglückter Arbeiter und den Entschädigungsregeln im Zivilrecht zu beheben. Das preußische Handelsministerium nahm den Ball als erstes auf und arbeitete 1878/79 eine Revision des Haftpflichtgesetzes und ein Unfallanzeigegesetz aus. Beide Entwürfe scheiterten jedoch am Widerstand Bismarcks, der von ihrer Ausarbeitung nicht unterrichtet worden war. Im Fall des Unfallanzeigegesetzes kassierte er den Entwurf sogar, obwohl vorher das preußische Staatsministerium mehrheitlich zugestimmt, der Kaiser seine Ermächtigung erteilt und der Bundesrat die entsprechende Vorlage angenommen hatte. Dadurch beanspruchte er die Richtlinienkompetenz über die Gestaltung der Reichssozialpolitik für sich und emanzipierte so die Stellung des Kanzlers in diesem Bereich von der preußischen Regierung. Anders gesagt: Er trat in dem gerade entstehenden Politikfeld nicht als Leiter der dem Fürstenbund vorstehenden Hegemonialregierung, sondern als Chef einer unabhängigen kaiserlichen Reichsregierung auf. Die Regierungen der Mittel- und Kleinstaaten protestierten dagegen nicht, ja bekräftigten ihn in den folgenden Anläufen zur Regulierung der neuen Materie sogar noch darin. Sie verstanden den Ausbau des Sozialversicherungswesens als genuine Reichsangelegenheit, für deren Gestaltung die Reichsregierung zuständig war. Solange sie ihre eigenen Hoheitsrechte nicht verletzt sahen, bemühten sie sich daher gar nicht, sich nennenswert einzubringen oder untereinander abzustimmen.[104]

Trotz dieser klaren Kompetenzzuweisung brauchte die Reichsregierung drei Entwürfe, bis ein Gesetz zustande kam. Nachdem Bismarck im August 1880 das preußische Handelsministerium übernommen hatte, entwickelte er in engem Austausch mit dem Ruhrindustriellen Louis Baare das Grundkonzept einer öffentlich-rechtlichen Unfallversicherung, die die Arbeiter enger an das Reich binden sollte. Statt sich mit den verbündeten Regierungen kurzzuschließen, holte der Kanzler also externe Expertise ein und ließ dann das preußische Handelsministerium eine erste Entwurfsfassung ausarbeiten. Erst danach informierte er die einzelstaatlichen Regierungen über die preußischen Gesandten an den jeweiligen Höfen. Er benutzte die Gesandtschaften des Hegemonialstaates also gewissermaßen als Vertretungen des Reichs in den Ländern. Die so eingeholten Stellungnahmen ignorierte das Handelsministerium bei der Umarbeitung des Entwurfs, und das, obwohl die geäußerten Bedenken schwer wogen. Die meisten Regierungen wehrten sich vor allem gegen die geplante Errichtung einer Reichsversicherungsanstalt und die finanzielle Heranziehung von Armenverbänden, da diese beiden Maßnahmen in die landesherrliche Verwaltungshoheit eingriffen. Die Reichsregierung brachte den Entwurf trotzdem unverändert als Präsidialvorlage in den Bundesrat ein, verzögerte dann aber die Ausschussberatungen, um erst den Preußischen Volkswirtschaftsrat über die Angelegenheit beraten zu lassen. Die bündischen Verhandlungen traten also hinter denen des extrakonstitutionellen Expertengremiums zurück.[105]

Erst nachdem der Volkswirtschaftsrat eine Empfehlung abgegeben und die Einbindung der Armenverbände zugunsten eines Reichszuschusses aus dem Entwurf gekippt hatte, gingen die Beratungen in den Bundesratsausschüssen für

Handel und Verkehr sowie Justizwesen richtig los. Die meisten der in den Ausschüssen vertretenen Regierungen kamen dabei Bismarcks kürzlich erlassener Ordre nach und erschienen in Person ihrer wichtigsten Minister. Trotz ihrer Amtsautorität schreckten diese aber davor zurück, einen Konflikt mit dem Kanzler vom Zaun zu brechen. Stattdessen stimmten selbst die mittelstaatlichen Regierungen entgegen ihrer Bedenken der gemäß der Vorschläge des Volkswirtschaftsrates angepassten Vorlage der Reichsregierung zu und setzten darauf, dass sich im Reichstag sowieso keine Mehrheit dafür finden würde. Sie spielten gewissermaßen über Bande, indem sie es dem Reichstag überließen, ein Projekt der Reichsregierung – also der Instanz, die im Namen des Bundesrates die verbündeten Regierungen gegenüber dem Parlament vertrat – zu Fall zu bringen. Genau das geschah dann auch. Der Reichstag änderte den Regierungsentwurf drastisch um und überwies ihn im Juni 1881 zurück an den Bundesrat. Dort lehnte das Plenum den abgeänderten Entwurf zwei Tage später ab. Dabei votierten die mittelstaatlichen Regierungen wieder rein taktisch. Sie lehnten den Reichstagsentwurf nämlich ab, obwohl dieser ihren Kernforderungen weitgehend entsprach. Dahinter steckte die Überlegung, die preußische Bank bloß nicht zu überstimmen, so eine neue Kanzlerkrise zu vermeiden und dem Parlament keinen Punktsieg gegen die Reichsregierung zuzugestehen.[106]

Im zweiten Anlauf, der nur ein Jahr später startete, war die Dynamik des Scheiterns sehr ähnlich. Wieder holte Bismarck externe Expertise ein, dieses Mal bei den Nationalökonomen Albert Schäffle und Adolph Wagner. Wieder erhielt der Volkswirtschaftsrat Gelegenheit, den Gesetzesentwurf zu prüfen. Wieder ließ die Reichsregierung die einzelstaatlichen Regierungen im Dunkeln, bis die entsprechende Vorlage in den Bundesrat eingebracht wurde. Wieder verließen sich die süddeutschen Regierungen darauf, dass der Reichstag den Entwurf ablehnen würde, anstatt den offenen Konflikt im Bundesrat zu suchen. Und wieder ging diese Strategie auf. Es gab allerdings auch einige wichtige Unterschiede. Die Ausarbeitung des Entwurfs übernahm dieses Mal die zwischenzeitlich geschaffene Abteilung II des Reichsinnenamtes, die für Handel und Gewerbe zuständig und hauptsächlich mit ehemaligen Mitarbeitern des preußischen Handelsministeriums besetzt war. Dadurch trennte die Reichsregierung die Politikformulierung vom preußischen Ministerialapparat ab und festigte ihre Unabhängigkeit. Außerdem war die Rolle des Bundesrates noch passiver als in dem Verfahren von 1881. Unter dem Druck der Reichsregierung überwies die Länderkammer den Entwurf in die Ausschüsse, bevor die Vorlage dazu überhaupt ins Plenum eingebracht worden war. Die Ausschussverhandlungen selber verzichteten auf große Anpassungsvorschläge und beschränkten sich darauf, den Protest verschiedener Staaten entgegenzunehmen. Am wichtigsten war eine Vorbehalterklärung der süddeutschen Regierungen gegen die geplante Heranziehung der Poststellen, die ihrer Meinung nach eine Verletzung ihrer Reservatrechte darstellte. Getrieben vom Drängen der Reichsregierung reduzierten die Landesregierungen den Bundesrat also zu einer Durchgangstation, die überhaupt keinen Beitrag zur Gestaltung des Gesetzes mehr machte, sondern nur dafür da war, einzelstaatliche Bedenken protokollarisch festzuhalten.[107]

Der Reichstag trat indes noch selbstbewusster gegenüber der Reichsregierung auf als beim vorherigen Verfahren. Bei den Wahlen im Oktober 1881 hatte Bismarcks sozialpolitisches Programm nicht gezogen und keine konservative Mehrheit produziert. Der Kanzler musste also auf Zentrum und Liberale zugehen und spielte gar mit dem Gedanken, einen parlamentarischen Vizekanzler zu ernennen. Diese missliche Lage der Reichsregierung nutzten die Mehrheitsparteien weidlich aus. Sie trennten in den Kommissionsvorlagen das Unfall- vom Krankenversicherungsgesetz, verwarfen das zur Gegenfinanzierung geplante Tabakmonopol, sprachen sich gegen einen Staatsausschuss aus, verschleppten dann die Beratungen zum Ärger Bismarcks bis in den Sommer 1883, erklärten schließlich die Vorlage in allen Teilen für unbrauchbar und richteten eine Resolution an den Kanzler, in der sie ihn aufforderten, einen neuen Entwurf gemäß einer Liste konkreter Forderungen zu erstellen. Das Parlament stellte sich also nicht nur gegen den Vorschlag der Reichsregierung, sondern ließ diese zunächst zappeln und gab ihr anschließend einen spezifischen Auftrag. Der Reichstag behandelte die Reichsregierung somit als ein eigenes, von den einzelstaatlichen Regierungen vollkommen gelöstes Exekutivorgan, das so abhängig von seiner Zustimmung war, dass er es mit der Ausarbeitung gesetzlicher Forderungen beauftragen konnte. Mit einem Fürstenbund hatten diese Verhältnisse nichts mehr zu tun.[108]

Bismarck war entsprechend alarmiert und versuchte folglich, beim dritten, letztlich erfolgreichen Anlauf zum Unfallversicherungsgesetz andere Wege zu gehen. Dabei zeigte sich aber, dass die Uhr nicht einfach zurückgestellt und das Reich wieder bündisch regiert werden konnte. In seinem Ärger über die lasche Verteidigung des zweiten Entwurfs in der Reichstagskommission tauschte Bismarck als erstes die zuständigen Referenten im Reichsamt des Innern aus und stellte ihnen mehrere Mitarbeiter des preußischen Handelsministeriums zur Seite. Er nahm die Verselbstständigung der Reichsregierung also ein Stück weit zurück und setzte wieder auf eine engere Kooperation mit dem Ministerialapparat des Hegemonialstaates. Das machte die Ausarbeitung des Entwurfs allerdings nicht einfacher, weil sich die Vertreter der beiden Ämter mit einigem Misstrauen begegneten. Beim Erstellen der Erstfassung orientierten sich die Beamten sowohl an den Direktiven des Kanzlers als auch an den Forderungen, die der Reichstag bei Ablehnung des letzten Entwurfs gestellt hatte. Sie nahmen den Auftrag des Parlamentes also an und akzeptierten damit, dass die Regierungsstellen in ihrer praktischen Arbeit vom Willen der parlamentarischen Mehrheit abhängig waren.[109]

Die einzelstaatlichen Regierungen hielt der Staatssekretär des Reichsinnenamtes dieses Mal über ihre Berliner Gesandtschaften von Anfang an über die Änderungen an der Konzeption auf dem Laufenden. Um die Front der verbündeten Regierungen zu schließen und so mit vereinten Kräften im Reichstag auftreten zu können, kam die Reichsregierung den Landesregierungen dabei auch inhaltlich entgegen. So sahen die neuen Pläne nicht mehr die ehemals so umstrittene Reichsanstalt vor, sondern ein Reichsversicherungsamt, das lediglich für die Aufsicht über die Berufsgenossenschaften, Schiedsgerichte und Gesetzesausführung zuständig sein sollte. Bevor die Reichsregierung allerdings eine Vorlage in den Bundesrat einbrachte, konsultierte sie wieder zuerst den Volkswirtschaftsrat. Bismarck bestand darauf, weil er angesichts des Fiaskos des letzten Entwurfs zwischenzeitlich wieder Gefallen an seiner alten Idee gefunden hatte, aus dem extrakonstitutionellen Gremium eine antiparlamentarische Reichsinstitution zu machen. Den nach den Empfehlungen des Rates überarbeiteten Entwurf berieten die einzelstaatlichen Regierungen mit den verantwortlichen Reichsstellen vor allem außerhalb des Bundesrates. Die Minister der Mittel- und Kleinstaaten kamen nicht in die Länderkammer, sondern übermittelten dem Kanzler schriftlich ihre Stellungnahmen, in denen sie ob ihrer frühen Einbeziehung in das Projekt relativ wenige Bedenken äußerten. Die Beratungen im Bundesrat konnten dementsprechend ganz dem Wunsch der Reichsregierung gemäß rasch durchgezogen werden, um so das Gesetz noch vor Ende der Legislaturperiode im Herbst des Jahres durch den Reichstag zu bringen. Im Vergleich zum letzten Anlauf intensivierte die Reichsregierung also den Austausch mit den einzelstaatlichen Regierungen, während sie gleichzeitig den Bundesrat mehr denn je marginalisierte. In anderen Worten: Statt die Länderkammer wiederzubeleben, stärkte die Reichsregierung aus praktischen Verfahrensgründen jene bündischen Strukturen, die nicht zum offiziellen Entscheidungsprozess gehörten.[110]

Im Reichstag standen bis auf die Sozialdemokraten alle Fraktionen der Regierungsvorlage grundsätzlich positiv gegenüber, hatte die Reichsregierung die Forderungen des Parlamentes doch zu einem großen Teil umgesetzt. Die Front der verbündeten Regierungen bröckelte jedoch schon, bevor der Entwurf offiziell in das Parlament eingebracht wurde, da sich die süddeutschen Regierungen bei einzelnen Abgeordneten aus ihren Ländern versicherten, dass Zentrum und Konservative etwaige Zentralisierungstendenzen verhindern würden.

Die parlamentarische Lage war aus Sicht der Reichsregierung ohnehin schwierig genug, da das Sozialistengesetz vor der Verlängerung stand, der Kulturkampf noch schwelte und die Beratungen daher von vielerlei anderen Problemen belastet wurden. Bismarck kämpfte deshalb von Beginn an mit harten Bandagen und drohte umgehend mit einem Abbruch der Verhandlungen, als die eingesetzte Reichstagskommission Änderungen an dem Entwurf vornehmen wollte. Auf Basis einer persönlichen Annäherung zwischen ihm und dem Zentrumsführer Ludwig Windthorst kam es aber dann durch die Schaffung eines neuen Formates doch zu einem Kompromiss. Unter der Federführung des Reichsinnenamtes hielt die Reichsregierung vertrauliche Besprechungen mit den Führern der parlamentarischen Schlüsselfraktionen – dem Zentrum und den konservativen Parteien – ab, an denen auch einige Vertreter der einzelstaatlichen Regierungen als Beobachter teilnahmen. Die Reichsregierung setzte also im Rahmen der Reichstagskommission eine Art inoffiziellen Koalitionsausschuss ein. Dabei kleideten sich ihre Vertreter zwar in das schützende Gewand von Bundesratsbevollmächtigten. Das änderte aber nichts daran, dass sich die Reichsregierung nun – wenn auch inoffiziell – in institutionalisierter Form mit den Repräsentanten der Mehrheitsparteien auseinandersetzte. Letztere erhielten dadurch faktisch mehr gestalterischen Einfluss als die einzelstaatlichen Regierungen. So konnte Georg Arbogast von und zu Franckenstein ohne viel Mühe die Forderung des Zentrums durchsetzen, Landesversicherungsanstalten in die Vorlage aufzunehmen.[111]

Als das Gesetz wenig später im Juni 1884 angenommen wurde, waren die Uhren somit kein Stück zurückgestellt. Im Gegenteil: Die drei Anläufe, die es gebraucht hatte, machten allen Beteiligten klar, dass das föderale Regierungssystem einen Übergang zu einer neuen Zeit durchmachte, in der die Reichsregierung wie in einer konstitutionellen Monarchie dem Parlament direkt gegenüberstehen würde. So, wie sich vor allem die mittelstaatlichen Regierungen am Reichstag orientierten, um die ersten beiden Entwürfe zu verhindern und einer etwaigen Zentralisierung des dritten vorzubeugen, wandte sich Bismarck den parlamentarischen Schlüsselfraktionen zu, um sein Programm der sozialpolitischen Integration durchzubringen. Das gelang ihm zwar schließlich, weil die Reichstagskommission auf Grundlage der Änderungen des Koalitionsausschusses praktisch die ursprüngliche (dritte) Regierungsvorlage mit einigen unwesentlichen Änderungen wiederherstellte. Das geschah aber zu dem Preis, dass in dem aufstrebenden Regierungsfeld der Sozialpolitik der Reichstag zum „Zünglein an der Waage" des föderalen Entscheidungsprozesses wurde, wie Julia Liedloff bilanziert hat. Dem Bundesrat wurde dagegen seine ihm eigentlich gemäß der Verfassung zustehende Schlüsselrolle versagt, weil ihn die Reichsregierung links liegen ließ und auch die einzelstaatlichen Regierungen nach anderen Wegen suchten, um sich an der Gestaltung der Reichspolitik zu beteiligen.[112]

In dieser Neuorientierung der Regierungspraxis waren die Verfahren zum Unfallversicherungsgesetz kein Einzelfall. Die 1880er-Jahre waren – trotz oder gerade wegen der experimentellen Restaurationsversuche Bismarcks – eine Epoche der „Flexibilisierung und Pluralisierung von Prozessabläufen", wie Christian Henrich-Franke mit Blick auf die Ergebnisse seiner Forschungsgruppe betont hat. Dabei galt ganz allgemein, dass der Bundesrat an den Rand des Geschehens rückte, der prälegislative Raum durch die Hinzuziehung von Experten, die Einsetzung von Kommissionen und anderen Sonderberatungen an Bedeutung gewann, die Reichsämter sich von der preußischen Verwaltung emanzipierten und die Reichsregierung und der Reichstag zunehmend direkt miteinander in Kontakt traten. Die föderalen Entscheidungsstrukturen änderten sich also generell grundlegend und rissen dadurch erste Lücken in die bündischen Schutzmauern, die die Verfassung zur Einhegung des Parlamentes um den Bundesrat herum errichtet hatte. Kurz gesagt: Der Bund wandelte sich zusehends zu einer Reichsmonarchie und erweiterte dadurch den Aktionsradius des Reichstages gegenüber den Regierungsvertretern.[113]

Spätestens infolge der Vorgänge um das Unfallversicherungsgesetz musste Bismarck erkennen, dass seine Restaurationsmaßnahmen diese Entwicklung nicht aufhielten, geschweige denn revidierten. Er konzentrierte sich deshalb ab 1885 darauf, den Strukturwandel zumindest zu verlangsamen, ein Ausarten desselbigen zu verhindern und dadurch wenigstens den Status quo so weit als möglich zu sichern. Seine Maßnahmen gegenüber dem Reichstag wurden dementsprechend defensiver, soll heißen, er machte keine großen Experimente mehr mit neuen Institutionen oder Prozessabläufen, sondern verschanzte die Reichsregierung nur noch hinter dem – mittlerweile allerdings geschwächten – Bundesrat. Vor allem war ihm daran gelegen, sicherzustellen, dass die Mitglieder der Reichsämter nicht unautorisiert mit Reichstagsabgeordneten zusammenarbeiteten, auf diese Weise die praktische Abhängigkeit der Reichsregierung vom Parlament leichtfertig vergrößerten und so Versuche förderten, „die einzelnen Reichsbeamten für die Beschlüsse und das Verhalten der verbündeten Regierungen verantwortlich zu machen". Zu diesem Zweck verbot er im Januar 1885 allen preußischen Bundesratsbevollmächtigten und damit allen mit dem Reichstag verhandelnden Vertretern der Reichsämter, dem Parlament oder dessen Kommissionen irgendwelche „Zusicherungen" zu geben, die nicht durch einen anonymen Mehrheitsbeschluss des Bundesrates gedeckt waren und dadurch die Reichsregierung entblößten beziehungsweise angreifbar machten. Diese Maßnahme schien ihm so wichtig, dass er am Ende des Jahres ob der wiederholten

Missachtung des Erlasses das zweite – und in der Tat letzte Mal – eine Kabinettssitzung mit den Chefs der Reichsämter abhielt, um in dieser allerhöchsten Runde das Verbot nachdrücklich zu erneuern.[114]

Bismarck klammerte sich also an bündische Lösungen, um dem unitarischen Strukturwandel Einhalt zu gebieten. Der Erfolg dieser Strategie war äußerst gering. Die mit dem Reichstag zu verhandelnden Geschäfte waren vor allem infolge der Erschließung immer neuer Politikfelder so umfangreich geworden, dass es für die Vertreter der Reichsämter schon aus Gründen der Effektivität schlicht unvermeidbar war, den bündischen Schutzschirm des Bundesrates ein Stück weit zu verlassen und eigenverantwortlich zu handeln. Nach 1887 wurde die Kooperation zwischen den Reichsämtern und dem Reichstag enger denn je. Die Wahlen dieses Jahres brachten Bismarck zwar die gewünschte Mehrheit aus Konservativen und Nationalliberalen, die ihm die Durchsetzung des Septennats, eine Veränderung des Landwehrgesetzes zur Stärkung des Heeres, eine vorübergehende Verlängerung der Legislaturperiode des Reichstages auf fünf Jahre und die Verlängerung des Sozialistengesetzes ermöglichte.

Der Wahlsieg des Kartells machte die Handlungsfähigkeit der Reichsregierung aber auch ganz von der Kooperation dieses Bündnisses abhängig. Das gab den Nationalliberalen, die nie von ihrer Forderung nach verantwortlichen Reichsministerien abgerückt waren, die Chance, zu verlangen, eng in die Gesetzesprojekte der Reichsregierung eingebunden zu werden. Die daraus resultierende Zusammenarbeit konnte gelegentlich so weit gehen, dass Vertreter der Reichsämter die Kartellparteien dabei unterstützten, Resolutionen und Anträge auszuarbeiten. Diese Amtshilfe hatte den Vorteil, dass sich die Reichsämter den umständlichen Weg über den Bundesrat sparen und ihre eigenen Vorhaben als parlamentarische Initiativen befördern konnten. Allerdings war der Vorteil nur um den hohen Preis zu haben, dass sich im Gegenzug die Abhängigkeit der Reichsregierung vom Parlament verstärkte. Bismarck wandte sich deswegen scharf gegen diese aufkommende Praxis. Im Dezember 1888 wies er den für die Koordination der Reichsbehörden zuständigen Reichsinnenamtschef Boetticher in scharfen Worten an, „daß die Bundesratsmitglieder nicht Mitarbeiter des Reichstages" seien und es deshalb gefälligst „demselben überlassen sollen, seine Anträge und Resolutionen ohne ihre Mitwirkung zustande zu bringen". Der Bundesrat büße nämlich seine Bedeutung als „gesetzgebende Körperschaft" und folglich als Schutzvorrichtung vor parlamentarischen Übergriffen gänzlich ein, „wenn er sich zum Hilfsorgan des Reichstages" machen lasse.[115]

Mit derartigen Befehlen griff Bismarck in der zweiten Hälfte der 1880er-Jahre immer wieder von oben steuernd in die Prozessabläufe ein. Zumindest in den jeweils laufenden Verfahren zwang das die Betroffenen, sich an seine Anweisungen zu halten, auch wenn die praktischen Umstände die meisten Vorgaben danach schnell wieder vergessen machten. Auf Grundlage seiner persönlichen Autorität gelang es Bismarck also, die verschiedenen Fliehkräfte des föderalen Entscheidungssystems wenn schon nicht permanent, so doch immerhin punktuell zu bremsen. Aber auch mit diesem Rest an Kontrolle war es nach 1888 vorbei. Nach dem Tod Wilhelms I. und dem kurzen Interregnum Friedrichs III. veränderte der Thronwechsel die Dynamik der Verfassungsordnung deutlich. Da das Reich eben keine in das Gewand eines Fürstenbundes gehüllte Mischordnung zwischen Großpreußen und Staatenbund mehr war, sondern immer deutlicher die Form einer Reichsmonarchie annahm, hatte die Person an der Spitze entscheidenden Einfluss auf die Ausrichtung der föderalen Entscheidungsstrukturen. Der junge und ambitionierte Wilhelm II. war entschlossen, das Kaiseramt selbstständiger auszuüben als sein zurückhaltender Großvater. Bei allem Respekt für Bismarck war er nicht gewillt, sich diesem in gleichem Maße unterzuordnen. Wilhelms Drang, persönlich zu herrschen, den John Röhl in seinem beeindruckenden Opus ausführlich dokumentiert hat, nahm allen Versuchen Bismarcks, die verschiedenen Teile des Regierungssystems an die Kandare zu nehmen, ihre Kraft. Denn er verlor dadurch das Fundament, auf das sich seine gesamte Autorität als Kanzler und damit die Wirkmächtigkeit seiner Anordnungen stützte: das unvoreingenommene Vertrauen des Kaisers.[116]

Das ließ Bismarck nicht mehr viel Spielraum, um den Vorstößen des Reichstages zu begegnen. Er konnte keine neuen Pläne zu adäquaten Strukturreformen mehr schmieden, sondern nur noch seine alten wie ein Mantra wiederholen und deren Einhaltung anmahnen. Typisch für diese Passivität, in die er eingeklemmt zwischen Kaiser und Reichstag geriet, war eine seiner letzten Anordnungen zur föderalen Entscheidungspraxis, die er im Dezember 1889 dem Staatssekretär des Auswärtigen Amtes – seinem Sohn Herbert – bezüglich des Prozederes für die weitere Entwicklung des Eisenbahnnetzes gab. Darin stellte er frustriert fest, dass die fortwährende Anwendung von Präsidialanträgen, die er in den vergangen Jahren immer wieder zu unterbinden versucht hatte, „die Deckung [auflöse], welche anonyme und also unverantwortliche Mehrheitsabstimmungen [des Bundesrates gewährten]". Infolgedessen falle „die Verteidigung monarchischer und konservativer Grundsätze gegen parlamentarische Angriffe [...] auf die Nerven der im Vordergrund stehenden Persönlichkeiten, bei uns einstweilen auf den jedesmaligen Reichskanzler und dessen Stellvertreter". Er appellierte deshalb daran, in dem vorliegenden, besonders sensiblen Fall der militärisch relevanten Eisenbahnen seiner schon so oft geäußerten Bitten nachzukommen, die entsprechenden Vorlagen „als preußische Anträge vor den Bundesrat zu bringen und die Verantwortlichkeit für alle Regierungsinitiativen auf diese Weise dem verfassungsmäßig gleich dem Reichstag durch Mehrheitsabstimmungen beschließenden Bundesrate zu überlassen, ohne sie auf die kaiserlichen Reichsbeamten zu übernehmen".[117]

Kurz nachdem er diese fast resignierend klingende Anweisung erteilt hatte, verengte sich der Handlungsspielraum des Kanzlers weiter. In der Kartellkoalition kriselte es schon seit einigen Monaten, da die Konservativen mit einem antiliberalen Kurs liebäugelten und die Nationalliberalen Kritik an der Kolonial- und Sozialpolitik übten. Die Gesetze zur Altersrenten- und Invaliditätsversicherung hatte die Reichsregierung 1889 nur mithilfe des Zentrums durch das Parlament bringen können. Als die Verlängerung des Sozialistengesetzes im Januar 1890 an der Verweigerungshaltung der Nationalliberalen scheiterte, ließ Bismarck die restlichen Wochen der Legislaturperiode nur noch ohne weitere Aktionen auslaufen. Bei den anschließenden Wahlen Mitte Februar verloren die Kartellparteien ihre Mehrheit, und die Sozialdemokraten gewannen erstmals die meisten Stimmen aller Parteien. Über die dadurch immer akuter werdende Frage, wie man mit der Arbeiterschaft umgehen musste, drohte das Verhältnis zwischen Kaiser und Kanzler nun endgültig zu zerbrechen.

In dieser verfahrenen Situation blieben Bismarck nicht mehr viele Möglichkeiten, um die verschiedenen Fliehkräfte des föderalen Entscheidungssystems wieder unter seine Kontrolle zu bringen und seine Position gegenüber dem Kaiser zu stärken. Er entschied sich für die radikalste. Anfang März schlug er im preußischen Staatsministerium vor, das Reich mit Verweis auf die bündischen Grundlagen der Verfassung aufzulösen und einen neuen Bund zu errichten, der – wenn überhaupt – ein Parlament mit sehr viel weniger Rechten als bisher umfassen würde. Die Reaktionen auf diesen Staatsstreichplan, den wir im nächsten Kapitel näher betrachten werden, fielen allerdings ernüchternd aus. Weder der Kaiser noch die preußischen Minister oder die Leiter der Reichsämter verstanden das Reich zwei Jahrzehnte nach seiner Gründung noch als einen Fürstenbund, den man einfach hätte auflösen und neu konstituieren können. Niemand ging auf die Idee ernsthaft ein. Stattdessen entließ der Kaiser Bismarck zwei Wochen später.[118]

Diese Vorgänge in der exekutiven Führungsetage des Reiches offenbarten nicht nur, wie gering die Autorität des Reichsgründers am Ende seiner Kanzlerschaft geworden war, sondern auch, wie sehr die unitarische Entwicklung der Verfassung deren ursprüngliche Konzeption überholt hatte. Das Beiseiteschieben des Staatsstreichplanes und Bismarcks folgender Abgang kamen dem Eingeständnis gleich, dass das Regierungssystem einen Zustand erreicht hatte, in dem die kaiserliche Regierung das Parlament nicht mehr einfach aushebeln konnte, sondern sich in direkter Auseinandersetzung mit ihm arrangieren musste. Den Wandlungsprozessen, die für diese fundamentale Veränderung der föderalen Entscheidungsstrukturen verantwortlich waren, schuf der Rücktritt der Schlüsselfigur, die sich in den letzten Jahren gegen sie gestemmt hatte, ganz neue Räume. Als der Lotse von Bord ging, begannen daher auf dem Regierungsdampfer die Uhren, die er vergebens hatte zurückstellen wollen, noch schneller zu ticken als zuvor.

## V. 1890–1907/08: Die Neuausrichtung der Reichsmonarchie

„Mit dem Abgang Bismarcks änderte sich manches", erinnerte sich Hugo Graf von und zu Lerchenfeld-Köfering in seinen Memoiren. „Wenn man vor dem 19. März 1890 seine Uhr nach der Wilhelmsstraße gestellt hatte, wusste man jedesmal, zu welcher Zeit man war. Mit dem Rücktritt Bismarcks war die Normaluhr abgelaufen. Es gab jetzt viele Uhren. Diese gingen oft auch verschieden und man musste viel herumhören, ehe man wusste, wieviel es geschlagen hatte." Was der langjährige bayerische Bundesratsbevollmächtigte beschrieb, war mehr als nur ein Wechsel an der Regierungsspitze des Reiches. Es war eine Zeitenwende, die den Takt, dem der föderale Entscheidungsprozess in den letzten zwei Jahrzehnten gefolgt war, auflöste und dadurch die mittlerweile entstandene Reichsmonarchie zwang, sich ganz neu einzuspielen. Das Amt des Kanzlers blieb zwar auch nach Bismarcks Abgang das zentrale Zahnrad des föderalen Uhrwerks. Aber es gab niemanden mehr, der diese Schlüsselfunktion mit der gleichen Autorität ausübte. Es lockerten sich gewissermaßen die Fäden, an denen das Kanzleramt die verschiedenen unitarischen, partikularistischen, hegemonialen, monarchischen und parlamentarischen Teile der Verfassung angeleint hatte. Infolgedessen konnten sich die entsprechenden Fliehkräfte stärker denn je entfalten und in den verschiedenen Bereichen des föderalen Entscheidungsprozesses ganz unterschiedliche Rhythmen erzeugen. Wie veränderte diese Vieltaktigkeit das Regierungssystem? Welche Neuerungen brachte sie mit sich? Und wie wirkte sie sich insbesondere auf die spannungsgeladene Beziehung zwischen Reichsregierung und Reichstag aus?[119]

Bismarcks Nachfolger im Chefsessel verzichteten auf jene Richtlinienkompetenz, die der alte Kanzler immer beansprucht hatte, um den Strukturwandel des Bundesstaates zu steuern. Daher lösten sich einerseits die Reichsregierung von ihrem preußischen Pendant und andererseits die Reichsämter vom Kanzleramt. Als Leo von Caprivi 1890 die Kanzlerschaft antrat, übernahm er nach dem Vorbild seines Vorgängers gleichzeitig das preußische Außenministerium. Er bestand allerdings nicht länger darauf, dass sämtlicher Verkehr zwischen den Reichsämtern und den preußischen Ministerien über diese Verbindungsstelle laufen musste. Aus praktischer Sicht schien diese Maßnahme unumgänglich. Der Geschäftsumfang der Reichsregierung war in den vergangenen Jahren so stark angewachsen, dass an einer Reduzierung der Arbeitslast des Kanzlers kaum mehr ein Weg vorbeiführte. Durch die Preisgabe der Koordinationsfunktion des Außenministers gab Caprivi allerdings die Kontrolle über die für das Funktionieren des Regierungssystems so wichtigen Beziehungen zwischen den Ministerialapparaten des Bundes und seiner Hegemonialmacht faktisch auf.[120]

Zudem zog sich die Reichsregierung ein Stück weit aus dem preußischen Staatsministerium zurück, um so mehr Bewegungsfreiheit im Bund zu erlangen. 1892 gab Caprivi nach dem Scheitern einer Reform des Schulwesens in Preußen das dortige Ministerpräsidentenamt an Botho zu Eulenburg ab. Chlodwig zu Hohenlohe-Schillingsfürst machte diese Ämtertrennung zwar umgehend rückgängig, als er zwei Jahre später auf den Kanzlerposten rückte, ließ dafür aber zu, dass andere systemkritische Personalunionen zwischen den Regierungsstellen Preußens und des Reiches zerfielen. Ab 1897 überließ er Bernhard von Bülow, dem neuen Staatssekretär des Auswärtigen Amtes und Kanzler im Wartestand, die Leitung des preußischen Außenministeriums. Der Regierungschef gab damit das wichtigste Instrument zur Kontrolle der preußischen Hegemonie im Bund aus der Hand: das Recht zur Instruktion der preußischen Bundesratsdelegation. Überdies konnte Schillingsfürst nach dem Rücktritt Karl Heinrich von Boettichers 1897 nicht durchsetzen, dass der neue Staatssekretär des Reichsinnenamtes wie sein Vorgänger zum Vizepräsidenten des preußischen Staatsministeriums ernannt wurde. Das entzog ausgerechnet dem Mitglied der Reichsregierung, das üblicherweise der preußischen Bundesratsbank vorsaß und damit zu den wichtigsten Koordinatoren des föderalen Entscheidungsprozesses gehörte, einen wesentlichen Teil seiner Autoritätsgrundlage im preußischen Kabinett. Außerdem bedeutete diese Ämtertrennung, dass es in den meisten Feldern der Innenpolitik nun mindestens zwei verschiedene Stellvertreter für den Kanzler und preußischen Ministerpräsidenten im Reich und in Preußen gab.[121]

Diese Aufsplittung der Vertretungsfunktion fiel deshalb besonders ins Gewicht, weil Bismarcks Nachfolger das Stellvertretergesetz von 1878 angesichts der Größe, die der Aufgabenkreis der Reichsregierung mittlerweile erreicht hatte, viel konsequenter umsetzten. Nach 1890 ließen die Kanzler die Chefs der Reichsämter zunehmend an der langen Leine. In ihren jeweiligen Geschäftsbereichen übernahmen die Staatssekretäre immer eigenständiger die Ausarbeitung von Gesetzesentwürfen, die legislativen Verhandlungen mit den Vertretern der einzelstaatlichen Regierungen und des Reichstages, das Erlassen von Verordnungen, die Zusammenarbeit mit den relevanten Landesbehörden sowie alle sonstigen wichtigen Regierungsfunktionen. Eine strikte Dauerüberwachung wie zu Zeiten Bismarcks, der ständig in alle Politikfelder hineinregiert und so den eigenständigen Handlungsspielraum der jeweiligen Staatssekretäre eng begrenzt hatte, fand nicht mehr statt. Seine Nachfolger auf dem Stuhl des Regierungschefs entließen die Staatssekretäre und die ihnen unterstellten Behörden in die kontrollierte Unabhängigkeit. Dadurch prägte sich die funktionale Arbeitsteilung der verschiedenen Reichsämter stärker aus denn je. Folgerichtig waren die obersten Reichsbehörden und ihre jeweiligen Leiter – auch wenn sie sich nach wie vor hinter bündischen Bezeichnungen versteckten und keine gemeinsamen Kabinettssitzungen abhielten – kaum noch von echten Reichsministerien beziehungsweise -ministern zu unterscheiden. 1892 kam das Reichsjustizamt daher nicht umhin, in dem bereits im vierten Kapitel ausführlich diskutierten Gutachten zur Rechtmäßigkeit von Präsidialanträgen offiziell festzustellen, dass das Reich mittlerweile eine eigene, von der preußischen Exekutive unabhängige Regierung hatte.[122]

Die Eigenständigkeit der Reichsregierung manifestierte sich nicht zuletzt im Bundesrat. Im Laufe der 1890er-Jahre wurde dort die preußische Bank endgültig mediatisiert. Bis 1908 erhöhte sich im Plenum der Anteil der Vertreter der obersten Reichsverwaltung unter den preußischen Gesandten auf über 90 Prozent (Graph 10). In den knapp zwei Jahrzehnten zwischen 1895 und dem Ausbruch des Ersten Weltkrieges gab es nicht weniger als zehn Jahre, in denen die preußische Delegation in keiner einzigen Sitzung von einem Mitglied des preußischen Ministerialapparates angeführt wurde (Graph 12). Als Vorsitzender fungierte routinemäßig der Chef des Reichsinnenamtes. War dieser verhindert, fiel die für den reibungslosen Ablauf des Gesetzgebungsprozesses so wichtige Position des Stimmführers üblicherweise an einen anderen Beamten der Reichsämter statt an einen Funktionsträger der preußischen Behörden. Die Reichsregierung verdrängte die preußische Regierung also praktisch vollständig aus dem offiziellen Vertretungsorgan der Einzelstaaten, das trotz des mittlerweile fest etablierten inoffiziellen Entscheidungsnetzwerkes zur Beteiligung der Landesregierungen an der Reichspolitik nach wie vor das unumgängliche Drehkreuz des verfassungsmäßig vorgegebenen Gesetzgebungsprozesses war.

Bismarck verfolgte die hinter dieser Mediatisierung der preußischen Bundesratsbank steckenden Entwicklungen mit „Verwunderung" und „Sorge". Der Altkanzler hielt die Entflechtung der exekutiven Querverbindungen zwischen dem Reich und Preußen sowie die zunehmende Loslösung der Reichsämter vom Kanzleramt für einen schweren Fehler, der nicht nur die preußische Hegemonie, sondern auch den Fortbestand monarchischer Herrschaft gefährdete. Zu der von Caprivi ein Jahr vorher vollzogenen Trennung der Ämter des Kanzlers und preußischen Ministerpräsidenten erklärte er 1893 während eines Kuraufenthaltes in Bad Kissingen in einer Ansprache vor einer Besuchergruppe aus Thüringen, dass es geradezu „eine verfassungswidrige Künstelei" sei, „wenn man den Reichskanzler als den verantwortlichen Träger unserer Gesetzgebung aus seiner preußischen Stellung [herauslöse], oder wenn man den Reichsschatzsekretär als eine verantwortliche Persönlichkeit hinstellen [wolle], während er nur Untergebener des Reichskanzlers" sei. Eine solche „tendenziöse Abweichung von der Verfassung" führe zu einer Unitarisierung der föderalen Strukturen, die letztlich nur dem Parlamentarismus Vorschub leiste. Man dürfe daher „im Unitarismus nicht über die Verfassung hinausgehen". Schließlich habe diese „nicht nur der Opfer an Blut und Leben genug gekostet, und [sei] deren wert gewesen, sondern [bringe auch] die seit Jahrhunderten kämpfenden divergierenden Interessen unter einen Hut". Wenn an diesem Kompromiss „gerüttelt" werde und „sich die Dinge [weiter] so gestalten" würden, wie sie es augenblicklich täten, könne dies langfristig nur „ein Abbröckeln der Verfassung" und damit das Ende monarchischer Souveränität und preußischer Schutzherrschaft bedeuten.[123]

Bismarcks Warnung war mehr als nur einer der üblichen Querschüsse, die er aus dem Ruhestand heraus oft und gerne gegen seine vermeintlich dilettantischen Nachfolger im Berliner Machtzentrum abfeuerte. Seine Auslassungen zeugen von einer aufrichtigen Sorge um sein Lebenswerk. Angesichts der zahlreichen, meist erfolglosen Experimente, die er während seiner Kanzlerschaft unternommen hatte, um die Ministerialbehörden des Bundes und Preußens besser zu koordinieren, wusste er, welch einschneidende Folgen selbst kleinste Veränderungen in dem komplexen Beziehungsgeflecht zwischen diesen Exekutiveinrichtungen für das föderale Regierungssystem haben konnten. Er befürchtete deswegen wohl, dass die Verselbstständigung der Reichsämter und die Loslösung der nationalen von den preußischen Regierungsstellen das Potenzial hatten, die noch verbliebenen bündisch-hegemonialen Schutzstrukturen der Verfassung zu beseitigen und auf diese Weise einer Parlamentarisierung der seit der Reichsgründung entstandenen Reichsmonarchie Tür und Tor zu öffnen.

In der Tat veränderte die Neujustierung der Beziehungen zwischen den wichtigsten Regierungsstellen die föderalen Entscheidungsabläufe sowohl zwischen den verschiedenen Ebenen des Bundesstaates als auch zwischen den verschiedenen Akteuren im Bund nachhaltig. Die Folgen waren allerdings noch komplexer, als der Altkanzler es in der erwähnten Ansprache prognostizierte. Das wird deutlich, wenn wir uns die beiden wichtigsten Veränderungen genauer anschauen: die Ausbreitung des Verwaltungsföderalismus und die zunehmende

Verlagerung der Gesetzesverhandlungen in die Reichstagskommissionen und diverse prälegislative Beratungsforen. Möglich machte diese beiden Entwicklungen der ungebremste institutionelle Ausbau der Reichsverwaltung, der nach Bismarcks Rücktritt noch einmal an Fahrt aufnahm. Im Zuge ihrer Emanzipation von ihren preußischen „Mutterbehörden" einerseits und dem Kanzleramt andererseits vergrößerten die Reichsämter viele ihrer bestehenden Abteilungen und Unterbehörden. Teilweise richteten sie sogar ganz neue ein. Folglich erhöhte sich ihr Mitarbeiterstab stetig. Eine ehemalige Zwergeinrichtung wie das Kaiserliche Gesundheitsamt wuchs so bis Ende der 1890er-Jahre zu einer stattlichen Behörde heran, die neben ihrem Präsidenten siebzehn ordentliche Mitglieder sowie vierzehn festangestellte und sechzehn einstweilig engagierte Hilfsarbeiter beschäftigte.[124]

Diese personelle Aufstockung erlaubte es den Reichsämtern, sich stärker zu spezialisieren und die Expertise anzusammeln, die es brauchte, um die immer komplexer werdenden Gesetzgebungsmaterien aus eigener Kraft – das heißt, ohne die Hilfe einzelstaatlicher Ministerialbehörden – bearbeiten zu können. Über die Einrichtung spezieller Beratungsgremien bezogen sie dabei nicht nur Verwaltungsexperten aus den Ländern, sondern auch Fachleute aus der Privatwirtschaft, Verbänden und vor allem Universitäten mit ein. Einige Spezialbehörden wie das Kaiserliche Gesundheitsamt unterhielten gleich mehrere dieser „Think Tanks", die sie zu regelrechten „Großbetrieben der Wissenschaft" machten. Ein gutes Beispiel ist der sogenannte Reichsgesundheitsrat, den das Reichsseuchengesetz 1900 als beigeordnete Kommission des Gesundheitsamtes einrichtete. Er umfasste 81 Mitglieder, die vom Bundesrat auf fünf Jahre gewählt wurden. Dabei handelte es sich um ausgewählte Verwaltungs- und Medizinalbeamte, Professoren, Apotheker, Industrielle und Techniker. Insgesamt bildete der Sachverständigenrat neun Ausschüsse, die jeweils für solche Spezialgebiete wie Ernährungswesen, Gewerbehygiene, Seuchenbekämpfung, Heilmittel, Veterinärwesen oder Schiffs- und Tropenhygiene zuständig waren. Wichtigste Aufgabe des Rates war es, dem Gesundheitsamt bei der Ausarbeitung von Gesetzen konkrete Empfehlungen zu geben. Auf Anfrage durfte der Rat außerdem auch die Gesundheitsbehörden der Einzelstaaten beraten, von ihnen Auskünfte einholen und Aufklärungsmissionen entsenden.[125]

Die Einrichtung derartiger ständiger Spezialgremien und die generelle Aufstockung des Personalbestands der Reichsämter machte die Reichsregierung deutlich unabhängiger von den Verwaltungsbehörden der Einzelstaaten, als sie es zu Bismarcks Zeiten jemals gewesen waren. Die Reichsämter waren zusehends weniger darauf angewiesen, die nach wie vor bedeutend größeren Ministerialapparate Preußens und der Mittelstaaten um direkte Amtshilfe zu bitten. Dementsprechend stellten die jeweiligen Regierungen nach 1890 merklich weniger Verwaltungsexperten dafür ab, um die Reichsregierung bei der Konzeption von Gesetzesentwürfen und anderen Aufgaben zu unterstützen. Einmal mehr war die preußische Bank der Ort, wo sich diese Entwicklung wie unter einem Brennglas zeigte. Erschienen dort 1890 immerhin noch 93 Beamte, die die Reichsregierung zur Ausarbeitung und Verhandlung der entsprechenden Projekte aus den preußischen Behörden rekrutiert hatte, waren es acht Jahre später nur noch 33 (Graph 9). Bis zum Ausbruch des Krieges kamen nur noch drei Mal mehr als 50 preußische Verwaltungsexperten innerhalb eines Jahres in den Bundesrat, wo sie ab der Jahrhundertwende von über 100 Vertretern der Reichsämter flankiert wurden.[126]

Die größere operative Unabhängigkeit der Reichsämter bedeutete aber nicht, dass die Verbindungen zwischen den Verwaltungsapparaten der Einzelstaaten und des Reiches abbrachen. Ganz im Gegenteil: Durch ihren anhaltenden internen Ausbau erhielten die Reichsämter immer bessere Möglichkeiten, die für sie jeweils relevanten Behörden der Einzelstaaten in ein „filigranes […] Netzwerk" permanenter Kommunikationskanäle und institutioneller Querverbindungen zu integrieren, wie Axel Hüntelmann für das Gesundheitsamt gezeigt hat. Der Reichsgesundheitsrat war eine solche Verbindungsstelle. Die ständige Kommission wurde nicht zuletzt deshalb eingerichtet, um die Expertise der einzelstaatlichen Verwaltungen für das Reich nutzbar zu machen, ohne dass die Reichsregierung jedes Mal den Umweg über die entsprechenden Landesministerien gehen musste. Zu diesem Zweck nahm der Präsident des Gesundheitsamtes die wichtigsten Fachbeamten der einzelstaatlichen Medizinalverwaltungen in das Expertengremium auf, indem er sie einfach zu außerordentlichen Mitgliedern seiner Behörde ernannte.[127]

Derartige institutionalisierte Verflechtungen zwischen den Verwaltungsbehörden auf Bundes- und Landesebene hatten für die Reichsregierung gleich einen doppelten Vorteil. Zum einen gewann sie dadurch die Fähigkeit, in komplexen Politikfeldern Gesetzesentwürfe selbstständig zu erstellen und Regulierungsfragen in Eigenregie zu klären. Zum anderen konnte sie über das sich im Laufe der Jahre immer weiter ausdehnende Verwaltungsnetzwerk versuchen, Meinungsverschiedenheiten zwischen den einzelstaatlichen Gesundheitsbehörden schon gleich am Anfang eines größeren Projektvorhabens aus dem Weg zu räumen, um so eventuelle Schwierigkeiten in der eigentlichen Kernphase des Gesetzgebungsprozesses – also bei den Beratungen im Bundesrat und Reichstag – zu vermeiden. Auch für die Regierungen der Einzelstaaten war die zunehmende Verwaltungsverflechtung auf Bundesebene ein Gewinn. Für die preußischen und mittelstaatlichen Ministerien war es effektiver, etablierte Kommunikationskanäle zu nutzen und durch ausgewählte Experten in ständigen Fachgremien präsent zu sein als sich für jedes Projekt auf ein neues Verhandlungsformat einstellen zu müssen. Sie konnten sich dadurch nicht nur enger und lückenloser in die Formulierung der Reichspolitik einbringen, sondern sparten auch das Geld und die Zeit, die sie in den ersten beiden Jahrzehnten des Reiches darin investiert hatten, immerfort über neue Wege der Kompromissfindung zu verhandeln und dabei ständig wechselnde Vertreter nach Berlin zu schicken.[128]

Die Regierungen der allermeisten Kleinstaaten begrüßten ohnehin jede zusätzliche Verknüpfung unter den Verwaltungsbehörden, solange damit keine direkte Kompetenzabgabe verbunden war. Aus ihrer Sicht war es nur logisch, ein zentral gesteuertes System der Verwaltungsvernetzung mitzutragen, dessen Spielregeln die Reichsregierung dazu anhielten, ihre Interessen selbst dann zu berücksichtigen, wenn sie sich selbst nicht aktiv einbringen konnten. Die Anforderungen, die solch komplexe und innovative Politikfelder wie das Sozialversicherungswesen oder die Nahrungsmittelregulierung an die Staatsverwaltung stellten, überforderte die institutionellen, personellen und finanziellen Kapazitäten der meisten Kleinstaaten bei Weitem. Daher waren die betroffenen Regierungen prinzipiell froh über jede Verwaltungsverknüpfung, die ihre eigenen Ministerialapparate entlastete. Nicht zuletzt erhielten sie dadurch Gelegenheit, sich noch stärker als ohnehin schon aus dem offiziellen Teil des Gesetzgebungsverfahrens – also vor allem aus dem Bundesrat – zurückzuziehen und sich so aus der Regierungsverantwortung zu stehlen, gleichzeitig aber durch die Entsendung einzelner Experten sowie informelle Absprachen mit der Reichsregierung einen Rest Einfluss in den entsprechenden Politikfeldern zu behalten.[129]

Die zunehmende Verflechtung von Bundes- und Landesbehörden änderte die föderale Regierungspraxis nach Bismarcks Abgang teilweise erheblich. In vielen Bereichen nahm der politische Entscheidungsprozess einen stark „verwaltungsföderalistischen Charakter" an, wie Christian Henrich-Franke betont hat. Die Reichsämter entschieden viele Angelegenheiten allein in Kooperation mit den jeweils relevanten Verwaltungsbehörden der Einzelstaaten, anstatt den mühsamen Weg über den Gesetzgebungsprozess zu gehen, auf dem sie sich zwangsweise mit dem Reichstag hätten auseinandersetzen müssen. Das innerdeutsche Eisenbahnwesen ist eines von vielen Beispielen. Die Regulierung des stetig wachsenden Schienennetzes und Zugverkehrs besorgte das Reichseisenbahnamt fast ausschließlich in Absprache mit seinen Schwesterbehörden in den Ländern. Der Reichstag stand genauso außen vor wie der Bundesrat.[130]

Dieser verwaltungsföderalistische Ansatz föderalen Regierens machte das von der Verfassung vorgegebene Verfahren zur Einbindung der einzelstaatlichen Regierungen in die Entscheidungsfindung des Bundes in vielen Politikfeldern zusehends unwichtiger. Die Regierungsstellen des Reiches und der Einzelstaaten entwickelten gewissermaßen den alten Exekutiv- zu einem neuen Verwaltungsföderalismus weiter. Dieser beruhte nicht mehr auf den Beratungen des Bundesrates, sondern auf der direkten Kooperation der Bundes- und Landesbehörden und umging so das offizielle Legislativverfahren. Unter den seit der Reichsgründung stark veränderten politischen und strukturellen Umständen, die dem Reichstag einen erheblich größeren Einfluss auf die Arbeit der Exekutive gaben, als es Bismarck bei der Aushandlung der Verfassung einst vorgesehen hatte, stabilisierte dieser Schritt die monarchischen Kräfte. Denn die Reichsregierung machte im Verbund mit den einzelstaatlichen Regierungen im Prinzip nichts anderes, als innerhalb des zunehmend enger integrierten Bundesstaates in bestimmten neu entstandenen Politikfeldern die föderale Entscheidungsfindung aus dem mittlerweile viel stärker vom Reichstag als vom Bundesrat bestimmten Gesetzgebungsprozess so weit wie möglich abzuziehen. Sie verlagerte sie in den fest unter ihrer Kontrolle stehenden, ständig expandierenden Bereich der Verwaltung und minimierte auf diese Weise den Einfluss des Parlamentes. Einfacher gesagt: Angesichts des parlamentarischen Drucks auf die zentralen Regierungsstellen bauten Bismarcks Nachfolger jenen Teil der föderalen Verfassungsstrukturen aus, in dem unter ihrer Aufsicht der Zusammenschluss der einzelstaatlichen Regierungen – sprich: der Fürstenbund – relativ ungestört fortbestehen und dadurch die Reichsregierung gegen parlamentarische Übergriffe weiter abschirmen konnte.

Diese die monarchischen Entscheidungsträger schützende Entwicklung hatte der Altkanzler in seiner oben erwähnten Prognose nicht vorhergesehen. Dennoch lag er mit seiner düsteren Warnung davor, dass die von seinen Nachfolgern betriebene strukturelle Neuausrichtung der Beziehungen zwischen den wichtigsten Regierungsstellen des Bundes zu einer Parlamentarisierung der Reichsgewalt führen könnte, keineswegs falsch. Das hing vor allem mit der zweiten großen Veränderung des föderalen Entscheidungsprozesses zusammen, zu der es in diesem Zusammenhang kam. Infolge ihrer Emanzipation vom Reichskanzler und den preußischen Ministerien mussten die Vertreter der Reichsämter ihre Projekte viel eigenständiger formulieren und gegenüber den anderen Akteuren der Verfassung durchsetzen als zu Zeiten Bismarcks. Die Wege, die sie dafür wählten, verschoben die Gesetzesverhandlungen zunehmend in jene alternative Verhandlungsforen, die sich in den vorangegangenen Jahrzehnten jenseits des Bundesrates aufgetan hatten, um Kompromisse zwischen der Reichsregierung, den einzelstaatlichen Regierungen und dem Reichstag herzustellen.

Es gab zwei generelle Tendenzen. Erstens erfuhr der prälegislative Raum eine signifikante Stärkung. Spezialkommissionen und Ministerkonferenzen spielten eine immer größere Rolle. Das galt auch für diverse andere Gremien, in denen schon vor Beginn des eigentlichen Gesetzgebungsprozesses legislative Entwürfe diskutiert, Konflikte ausgetragen und Kompromisse gefunden werden konnten, wie zum Beispiel in dem bereits erwähnten Weinparlament von 1892, das vierzehn Jahre später zur Verhandlung eines neuen Weingesetzes in noch größerer Form wieder einberufen wurde. Gerade in neu erschlossenen Politikbereichen, die wie zum Beispiel die Nahrungsmittelregulierung eine hohe technische Expertise verlangten, führte die Reichsregierung oft bereits Verhandlungen, bevor sie die entsprechenden Vorlagen überhaupt erstellt oder in den Bundesrat eingebracht hatte. Das war in gewisser Weise eine Rückkehr zum Regierungsansatz Delbrücks, der in den ersten Jahren des Bundes die Verhandlungen zwischen den verbündeten Regierungen fast ausschließlich in den inoffiziellen Vorhof des Verfassungsbaus gezogen hatte. Dieser Vorhof war mittlerweile allerdings ganz anders ausgebaut. Es dominierten nicht mehr die monarchischen Gesandtschaften, sondern der Verwaltungsföderalismus. Die Entscheidungsfindung lag jetzt vor allem in den Händen der Fachbeamten und der Sachverständigen, die von den großen Ministerialapparaten des Bundes, Preußens und der Mittelstaaten dafür abgestellt beziehungsweise von den verschiedenen Spezialgremien aus Wissenschaft, Wirtschaft und Verbänden zusammengerufen wurden. Statt Diplomaten waren es nun also vor allem fachkundige Technokraten, die im prälegislativen Raum Politik machten. Außerdem sah sich die Reichsregierung ob des steigenden Drucks des Reichstages gelegentlich gezwungen, in Fällen, bei denen eine besonders schwierige Mehrheitsfindung im Parlament zu erwarten war, auch Unterhändler der großen Fraktionen zu den Vorverhandlungen einzuladen. Das geschah zwar nur vereinzelt und wurde keinesfalls zur Regel. Dennoch öffnete die Reichsregierung dadurch dem Reichstag einen Spalt breit die Tür zum bündischen Vorhof des Verfassungsgebäudes, der ja eigentlich dafür gedacht war, wichtige Vorentscheidungen vom Parlament fernzuhalten und so monarchische Interessen zu schützen.[131]

Zweitens entwickelten sich die Kommissionen des Reichstages in den 1890er-Jahren zum zentralen Verhandlungsforum für die Hauptphase des Gesetzgebungsverfahrens. Die große Mehrheit aller Vorlagen, die in den Bundesrat eingebracht und dort vom Plenum abgesegnet wurden, landete früher oder später in diesen parlamentarischen Spezialausschüssen. Dort verhandelten die Unterhändler der einzelnen Fraktionen mit einer Abordnung des Bundesrates. Diese Abordnungen bestanden in der Regel aus den Vertretern der Reichsregierung, die die entsprechende Vorlage erstellt hatten, und einigen vom Bundesratsplenum ausgewählten Gesandten der einzelstaatlichen Regierungen. In der Bismarckära war die Rolle, die diesen Delegierten aus den Einzelstaaten in den Reichstagskommissionen zukam, weitgehend darauf beschränkt gewesen, die Verhandlungen zwischen der Reichsregierung und den Fraktionen zu beobachten und darüber Bericht zu erstatten. Das änderte sich ab den 1890er Jahren zunehmend. Die Bundesratsabordnungen traten immer häufiger nicht mehr als eine von der Reichsregierung geführte Einheit auf. Sie fungierten mithin nicht mehr als Gruppierung, die im Namen der verbündeten Regierungen Kompromisse mit den parlamentarischen Vertretern aushandelte und dann an den Bundesrat überwies, damit die einzelnen Regierungen dort dazu Stellung nehmen, Änderungen fordern und eine revidierte Fassung der entsprechenden Vorlage erstellen konnten, die schließlich an den Reichstag zurückging. Vielmehr bildete sich die Praxis heraus, dass die Delegierten der Landesregierungen direkt mit den parlamentarischen Unterhändlern und den Vertretern der Reichsregierung über die Änderungswünsche, die die Fraktionen vorbrachten, verhandelten, dabei ihre eigenen Interessen vorbrachten und Kompromissvorschläge gleich vor Ort annahmen oder verwarfen. Kurz gesagt: Die einzelstaatlichen Regierungen wurden zu eigenständigen Verhandlungspartnern. Das veränderte den Charakter der Reichstagskommissionen. Während sie früher ausschließlich dafür da waren, Vereinbarungen zwischen dem Kollektiv der verbündeten Regierungen einerseits und dem Reichstag andererseits zu treffen, dienten sie jetzt auch dazu, die einzelnen Regierungen aktiv an den Verhandlungen über die Änderungsvorschläge der parlamentarischen Unterhändler zu beteiligen. Sie entwickelten sich also zu einem zusätzlichen Ort der föderalen Kompromissfindung.[132]

Diese funktionelle Erweiterung hatte den Vorteil, dass alle Akteure, deren Zustimmung gebraucht wurde, um Vorlagen durch den Reichstag und den Bundesrat zu bringen, nun direkt an einem Ort miteinander verhandeln konnten. Die Kommissionen fungierten gewissermaßen als „Vermittlungsausschuss" zwischen den beiden Legislativorganen, wie Henrich-Franke argumentiert hat. Das machte es einfacher und schneller, Kompromisse zu finden, als ständig Vorlagen zwischen dem Bundesrat und dem Reichstag hin und her zu überweisen, wie es die Verfassung eigentlich verlangte. Stimmten die einzelstaatlichen Regierungsvertreter in den Kommissionen einem dort ausgehandelten Kompromiss zu, erübrigte es sich, die daraus folgenden Beschlüsse des Reichstagsplenums im Bundesrat noch einmal zu verhandeln. Dementsprechend verhandelten die Ausschüsse des Bundesrates auch immer weniger. Die Reichstagskommissionen liefen ihnen folglich zusehends den Rang als wichtigster Ort der föderalen Kompromissfindung innerhalb des offiziellen Gesetzgebungsverfahrens ab.[133]

Der Ausbau des prälegislativen Raumes und der Reichstagskommissionen sowie deren jeweilige – wenn auch zunächst nur zaghafte – Öffnung für die Vertreter des Parlaments beziehungsweise der einzelstaatlichen Regierungen veränderte die Dynamik des föderalen Entscheidungsprozesses in vielerlei Hinsicht erheblich. Die Reichsregierung schlüpfte zunehmend in eine neue Rolle. Unter Bismarck hatte die oberste Reichsverwaltung teilweise die Züge eines diktatorischen Machtapparates gehabt, der dafür da gewesen war, die einzelstaatlichen Regierungen auf Linie zu bringen, um mit der so gesammelten kollektiven Autorität des Fürstenbundes den Willen des Kanzlers gegen den Reichstag durchzusetzen. Nun wurden die leitenden Figuren der Reichsämter immer mehr zu Moderatoren, die im prälegislativen Raum zunächst zwischen den Interessen der verschiedenen einzelstaatlichen Regierungen und privaten Akteuren aus Wissenschaft, Wirtschaft und Verbänden vermitteln und anschließend in den Reichstagskommissionen versuchen mussten, die so erzielten Ergebnisse in einen Kompromiss mit den Abgeordneten der wichtigsten Fraktionen umzuwandeln, dem auch die Vertreter der Landesregierungen zustimmen konnten. Nachdem sich die Fäden, die die Reichsämter früher so eng an den Kanzler gebunden hatten, gelockert hatten, verteilte sich also die vormals gänzlich von Bismarck reklamierte Funktion, die verschiedenen Kräfte des Bundes zu koordinieren, auf alle Teile der Reichsregierung. Auf diese Weise wurden die Minister der Reichsmonarchie und ihr nachgeordnetes Führungspersonal zunehmend zu eigenverantwortlichen Managern eines Regierungsapparates, der infolge der verstärkten Verflechtung seiner internen Strukturen, der vermehrten Einbeziehung nichtstaatlicher Interessenvertreter und der erhöhten Anforderungen der politischen Inhalte in einer modernen Industriegesellschaft Jahr für Jahr komplexer wurde.[134]

Dieser Rollenwechsel wurde dadurch begünstigt, dass nach Bismarcks Abgang mit der Ausnahme des greisen Chlodwig zu Hohenlohe-Schillingsfürst eine ganz neue Generation von Regierungsbeamten ans Ruder kam. Bis 1897 verschwanden mit dem Innenstaatssekretär Karl Heinrich von Boetticher und dem Generalpostmeister Heinrich von Stephan die letzten beiden Chefs der Reichsämter, die noch zur alten Reichsgründungsgeneration gehörten. Danach übernahmen deutlich jüngere Persönlichkeiten die Leitung der obersten Bundesbehörden. Die meisten waren um die fünfzig. Ein paar Beispiele müssen genügen. Der neue Chef des Reichspostamtes, Victor von Podbielski, und sein Nachfolger Reinhold Kraetke waren Jahrgang 1844 beziehungsweise 1845. Der neue Dirigent der Innenpolitik, Reichsinnenamtsleiter Arthur von Posadowsky-Wehner (Abb. 6.4), war 1845 geboren worden. Max von Thielemann, der 1897 von eben jenem das Reichsschatzamt übernahm, war nur ein Jahr jünger.

Im Gegensatz zur Generation Bismarck, deren Mitglieder während der Restaurationszeit nach dem Wiener Kongress in den Staatsdienst eingetreten waren, hatte die neue exekutive Führungsriege des Reiches also den Großteil ihrer Laufbahn, wenn nicht gar ihre ganze Karriere nicht mehr in der zwischenstaatlichen Ordnung des Deutschen Bundes absolviert. Stattdessen waren die nach-

Abb. 6.4: Undatierte Porträtfotografie des Politikers Arthur von Posadowsky-Wehner

rückenden Mitglieder der Reichsregierung vor allem im föderalen System des Kaiserreiches sozialisiert worden. Die Erfahrungen, die ihr Politikverständnis prägten, waren nicht die 1848er-Revolutionen und der langsame Zerfall des alten Staatenbundes, sondern die Reichsgründung und die schrittweise Integration des neuen Bundesstaates in den 1870er- und 1880er-Jahren. Die alten Gegensätze zwischen Reich, Hegemonial-, Mittel- und Kleinstaaten zählten für sie nur noch begrenzt. Als sie an die Macht kamen, füllten sie die föderalen Strukturen, die ihnen ihre Vorgänger hinterlassen hatten, daher ganz anders aus. Sie verstanden sich in erster Linie nicht als Interessenvertreter ihres jeweiligen Heimatlandes oder als Sachverwalter der verbündeten Regierungen, sondern als Reichsbeamte, deren Aufgabe darin bestand, ihren jeweiligen Geschäftsbereich so zu gestalten, dass sie dafür die Zustimmung sowohl des Bundesrates als auch des Reichstages bekamen. Dieser pragmatische Führungsstil war viel stärker national als bündisch-hegemonial orientiert und gerade deshalb mehr auf Konsens denn auf Konflikt ausgerichtet, weil er sich darauf konzentrierte, die gegensätzlichen Kräfte, die im föderalen Entscheidungsprozess wirkten, unter einen Hut zu bringen.[135]

Die Regierungen der Mittel- und Kleinstaaten begrüßten diesen Paradigmenwechsel generell. Nach den bleiernen Bismarckjahren, in denen der Kanzler oft jede Eigeninitiative auf ihrer Seite zu ersticken versucht hatte, verschaffte ihnen die neue Herangehensweise der Reichsregierung wieder etwas mehr Luft zum Atmen. Direkt nach Bismarcks Abgang äußerte sich diese neu gewonnene Bewegungsfreiheit zum Beispiel in einer interessanten Veränderung im Bundesrat. Die kleinstaatlichen Regierungen loteten dort erkennbar den Handlungsspielraum aus, den ihnen die neue Situation gab, und schickten deshalb deutlich mehr eigene Regierungsvertreter ins Plenum. Der Anteil der Substitutionen fiel dementsprechend Anfang der 1890er-Jahre um gut 10 Prozent (Graph 14). Bis 1903 stieg er allerdings wieder nahezu auf sein altes Niveau.

Die kleinstaatlichen Regierungen stellten schnell fest, dass ihnen die laufende Umstrukturierung der föderalen Entscheidungsstrukturen andere, vielversprechendere Partizipationsmöglichkeiten bot als das Akklamationsorgan, zu dem der Bundesrat in den vergangenen Jahrzehnten verkümmert war. Die Ministerkonferenzen, Spezialkommissionen und diversen anderen Steuerungsinstrumente im prälegislativen Raum institutionalisierten den Einfluss der jeweils in diesen Foren eingebundenen Regierungen gleich zu Beginn des langen Weges, den legislative Projekte bis zu ihrem Inkrafttreten zurücklegen mussten. In dieser Phase, in der es hauptsächlich darum ging, erste Entwürfe zu erstellen, war es für die kleinstaatlichen Regierungen deutlich aussichtsreicher, für eine Berücksichtigung etwaiger Sonderwünsche zu werben. In späteren Etappen des Gesetzgebungsverfahrens hätten sie ihre Belange schließlich in bereits ausgearbeitete und eventuell schon von den Regierungen der größeren Einzelstaaten abgesegnete Vorlagen einpflegen müssen. Auch in den Reichstagskommissionen standen die Chancen der kleinstaatlichen Regierungen deutlich besser als im Bundesrat. Denn hier konnten sie immerhin versuchen, die Abgeordneten aus den Wahlkreisen ihres Landes dazu zu bringen, ihre speziellen Interessen aufzunehmen und gegen die anderen Bundesratsvertreter durchzusetzen. Dabei spielte es eine eher untergeordnete Rolle, ob sie selbst einen Gesandten in der entsprechenden Kommission stellten oder – was die Regel war – von den dortigen Verhandlungen ausgeschlossen waren.

In der Praxis gelang es den kleinstaatlichen Regierungen allerdings nach wie vor zumeist nicht, sich Gehör zu verschaffen. Wie Philipp Höfer für die weiter unten näher betrachteten Finanzreformen dieser Periode gezeigt hat, standen sie beim Gros der Verhandlungen im prälegislativen Raum und in den Reichstagskommissionen völlig außen vor. Einzige Ausnahme waren die drei Hansestädte, die sich aufgrund ihrer handelspolitischen Bedeutung immer wieder bei der Klärung einzelner Spezialfragen effektiv einbringen konnten. Die Regierungen der vier Mittelstaaten waren derweil an allen wichtigen Entscheidungen beteiligt. Tatsächlich nutzten sie die neuen Möglichkeiten des prälegislativen Raumes, um vermehrt legislative Projekte selbst anzustoßen, auch wenn die entsprechenden Vorlagen offiziell von der Reichsregierung ausgingen. Diese Lancierungspraxis stellte eine gewisse Erweiterung ihrer Handlungsoptionen dar. Dennoch mussten auch die mittelstaatlichen Regierungen weiterhin hart darum kämpfen, sich gegeneinander, vor allem aber gegen die Regierungsstellen des Reiches und Preußens zu behaupten. Es war längst nicht so, dass sie auch nur die Grundzüge ihrer jeweiligen Interessen immer durchsetzen konnten. Im Gegenteil: Die Reichsregierung bestand nach wie vor auf der von Bismarck etablierten, der Idee vom Fürstenbund folgenden Regel, dass im Bundesrat gefällte Beschlüsse von allen Regierungen gegenüber dem Reichstag mit einer Stimme vertreten werden mussten. Denn nur so konnte sie ihre Vorlagen hinter der anonymen Mehrheit des Bundesrates beziehungsweise sich selbst hinter dem Kollektiv der verbündeten Regierungen vor dem Reichstag verstecken. Das bedeutete für die mittelstaatlichen Regierungen, dass sie auch dann, wenn ihre Änderungswünsche im Bundesrat nicht berücksichtigt worden waren, die entsprechende Vorlage im Parlament mitzutragen hatten. In den Kommissionen des Reichstages nahmen sie zwar, wie oben beschrieben, zunehmend unabhängig zu den Forderungen der parlamentarischen Unterhändler Stellung. Dabei hielt die Reichsregierung sie aber dazu an, nicht an den vorher gefassten Beschlüssen des Bundesrates zu rütteln und diese stattdessen als unumstößliche Verhandlungsgrundlage zu betrachten.[136]

Nichtsdestotrotz bedeutete die unabhängigere Teilnahme der Vertreter der Einzelstaaten an den Reichstagsverhandlungen, dass gerade die in den Kommissionen in der Regel stets präsenten Regierungen der Mittelstaaten zur Durchsetzung ihrer Interessen nun viel direkter über parlamentarische Bande spielen konnten als zu Zeiten Bismarcks. Das konnte in Fällen besonders schwerwiegender Meinungsverschiedenheiten zwischen den verbündeten Regierungen dazu führen, dass ihre gemeinsame Front gegenüber dem Reichstag aufbrach und so die Reichsregierung für parlamentarische Angriffe verwundbar machte. Zu dem beeindruckendsten derartigen Vorfall kam es 1894. Seit dem Vorjahr versuchte sich der neue preußische Finanzminister Johannes von Miquel daran, das komplizierte föderale Finanzsystem zu reformieren, um das wachsende Haushaltsdefizit des Reiches in den Griff zu bekommen. Ziel seiner ambitionierten Pläne war es, die Einnahmen des Reiches zu erhöhen und gleichzeitig den preußischen Fiskus zu entlasten, der über die von den Ländern an den Bund jährlich zu entrichtenden Matrikularumlagen die Hauptlast an den steigenden Reichsausgaben zu tragen hatte. Zu diesem Zweck sah sein Reformprogramm unter anderem die Einführung einer Weinsteuer vor. Diese hätte hauptsächlich die süddeutschen Staaten belastet, da sich dort die größten Weinanbaugebiete des Reiches befanden. Vor allem die württembergische Regierung wehrte sich deshalb gegen Miquels Pläne. Weder auf einer Konferenz der Finanzminister noch im Bundesrat konnte sie jedoch eine Mehrheit der anderen Regierungen dazu bewegen, sich gegen den nach einigen Auseinandersetzungen von der Reichsregierung übernommenen preußischen Vorstoß zu stellen und die Steuer zu verwerfen. Ministerpräsident Hermann von Mittnacht entschied sich daher, seine letzte Karte zu ziehen und aktiv in die Verhandlungen des Reichstages einzugreifen. Dabei sorgte er für einen handfesten Eklat, der ein erhellendes Licht auf die Zustände des föderalen Regierungssystems nach dem Abgang Bismarcks warf.[137]

Gleich in der ersten Lesung brach Mittnacht das ungeschriebene Gesetz der verbündeten Regierungen, vor dem Reichstag stets als Einheit aufzutreten und sich so schützend vor die Reichsregierung zu stellen. Im Anschluss an den linksliberalen Abgeordneten und späteren Vizekanzler Friedrich Payer, der selbst aus Württemberg kam und das Parlament zur Ablehnung der Vorlage aufgefordert hatte, ergriff Mittnacht das Wort, um die Argumente seines Vorredners durch die Preisgabe einiger delikater Interna aus den Vorverhandlungen zwischen den Regierungen zu bekräftigen. Er habe schon in der Konferenz der Finanzminister und im Bundesrat darauf hingewiesen, dass Württemberg 1870 im Rahmen der Beitrittsverhandlungen zum Bund, an denen er selbst als Unterhändler teilgenommen habe, garantiert worden sei, unter den bestehenden Bestimmungen der Verfassung inländischen Wein nicht für Bundeszwecke zu besteuern. Diese Zusage sei damals nur nicht als formelles Sonderrecht in die Einigungsverträge aufgenommen worden, weil die anderen Regierungsvertreter ob der negativen Erfahrungen mit vergleichbaren einzelstaatlichen Steuern versichert hätten, dass die Einführung einer solchen niemals auch nur zur Diskussion stehen würde. 23 Jahre später müsse er nun feststellen, dass diese Garantie keinen Wert mehr habe. Dabei wäre es gerade jetzt notwendig, diese aufrechtzuerhalten. Der Zustand der württembergischen Staatsfinanzen sei aufgrund der Kosten für den Betrieb des Bundes schlechter als damals und die wirtschaftliche Lage der lokalen Weinbauern am Rande der Existenzmöglichkeit. Deswegen, schloss er, habe die württembergische Regierung „dem Gesetzentwurf, wenigstens in der Gestalt, in der er jetzt eingebracht ist, im Bundesrath [die] Zustimmung nicht ertheilen können".[138]

Diese Aktion, mit der Mittnacht dem preußischen Finanzminister für sein arrogantes Vorgehen einen Denkzettel verpassen wollte, durchlöcherte die bündische Schutzmauer, hinter der sich die Reichsregierung verschanzte, von der Seite derjenigen aus, die sie einst errichtet hatten. Der württembergische Ministerpräsident zerrte einen internen Streit der verbündeten Regierungen auf die Bühne des Reichstages und bezichtigte dort die anderen Regierungsvertreter der Einzelstaaten und des Reiches, die bündischen Garantien der Reichsgründungszeit zu brechen. Dadurch machte er das Parlament zum Schiedsrichter über eine Angelegenheit, die die verbündeten Regierungen gemäß der Bismarckschen Praxis unter sich hätten klären und dann mit einer Stimme gegenüber dem Reichstag hätten vertreten müssen. Das verpasste der seit Langem dahinsiechenden Idee vom Fürstenbund endgültig den Todesstoß und entkleidete die Reichsregierung damit eines wesentlichen Teils des Schutzes, mit dem Bismarck sie ausgestattet hatte, um den Reichstag auf Distanz zu halten.

Bezeichnenderweise ernteten Mittnachts spitze Ausführungen, wie das Protokoll notiert, denn auch ein „lebhaftes Bravo links und aus der Mitte", also von den Rängen des Reichstages, auf denen mit den Sozialdemokraten, den Linksliberalen, den Nationalliberalen und dem Zentrum jene Parteien saßen, die auf eine stärkere parlamentarische Kontrolle der Reichsregierung drängten. Paul Singer, der Co-Vorsitzende der SPD jubilierte, dass „das Verhältniß, wie es damals [...] geherrscht haben muß, wo eine eiserne Faust im Bundesrath geherrscht hat, vielleicht [endlich] anders geworden" sei. Die Konservativen waren dagegen schockiert über die nach außen getragene Uneinigkeit der monarchischen Regierungen. Wilhelm von Kardorff, der zur Generation Bismarcks gehörte und Ende der 1860er-Jahre die Freikonservative Partei mitbegründet hatte, betonte, dass Mittnachts Äußerungen „eine so traurige Perspektive auf die Zustände [eröffneten], die sich im Bundesrath jetzt eingeschlichen haben [müssten], namentlich da diese Erklärung in Abwesenheit des Herrn Reichskanzlers abgegeben [worden sei], dass alle Betheiligten, sowohl die Bundesregierungen wie die Parteien, Stellung zu dieser veränderten Situation nehmen" [müssten].[139]

Auf allen Seiten des Reichstages herrschte also große Aufregung darüber, wie mit einer Vorlage zu verfahren sei, die im Parlament aus den Reihen der einzelstaatlichen Regierungen torpediert wurde. Die Diskussion der Abgeordneten drehte sich dabei allerdings nur noch um die Frage, ob die Beratungen erst einmal vertagt werden sollten, um diese vorher noch nie dagewesene Situation erst einmal in Ruhe zu bewerten, oder ob die Vorlage gleich verworfen werden sollte. Daran, dass sie den Entwurf unter den gegebenen Umständen ablehnen würden, ließen nahezu alle Fraktionen keinen Zweifel. Schon vor dem Eklat hatten die meisten Parteien dem Reformprojekt äußerst skeptisch gegenübergestanden. Mittnachts Auftritt machte diese ablehnende Haltung sowohl für das linke als auch für das rechte Lager unumstößlich, wenn auch aus unterschiedlichen Gründen. Für die progressiven Parteien bot sich die Gelegenheit, die fallengelassene Deckung der monarchischen Regierungen auszunutzen und der Reichsregierung einen Wirkungstreffer zu verpassen. Die konservativen Fraktionen hielten eine Ablehnung der unter diesen Umständen eingebrachten Vorlage dagegen für notwendig, um den Regierungsstellen zu signalisieren, dass föderale Interessen und damit die bündische Komponente des Reiches unbedingt zum Schutz des Monarchismus verteidigt werden mussten.[140]

Der Verhandlungsleiter der Reichsregierung Arthur von Posadowsky-Wehner versuchte derweil zu retten, was zu retten war. Er erklärte, dass „die Reichsregierung" regelmäßig Entwürfe in den Reichstag einbringe, die von einzelnen Regierungen im Bundesrat abgelehnt worden seien. Anders sei der Gesetzgebungsbetrieb gar nicht aufrechtzuerhalten, da „die Einigkeit innerhalb des Bundesrathes" doch nicht immer so sein könne, dass dort „alle Beschlüsse [...] einstimmig gefaßt" würden. Außerdem sei „die württembergische Regierung durchaus loyal verfahren". Sie habe die Reichsregierung nie im Zweifel darüber gelassen, dass sie eine Weinsteuer im Bundesrat ablehnen werde. Trotzdem habe sie ihre Beamten nach Berlin geschickt und der Reichsregierung „mit ihrem sachverständigen Rath" bei der Ausarbeitung der Entwürfe zur Finanzreform zur Seite gestanden. Mit ihrer umstrittenen Wortmeldung im Reichstag habe die württembergische Regierung schließlich „nur von einem verfassungsmäßig ihr zustehenden Rechte Gebrauch gemacht". Der Chef des Reichsinnenamtes bemühte sich also, den Vorfall so darzustellen, als ob überhaupt nichts Außergewöhnliches geschehen sei, das die Verfassungsverhältnisse in irgendeiner Form beeinträchtige. Mittnacht, der ob der heftigen Reaktion der Abgeordneten mittlerweile wohl realisierte, was er angerichtet hatte, sprang Posadowsky-Wehner daraufhin zur Seite und betonte, dass er die Reichsregierung im Vorhinein über seine Absicht informiert habe, im Reichstag über die Garantien aus den Beitrittsverhandlungen von 1870 zu sprechen, falls ein württembergischer Abgeordneter diesen Gegenstand berühren sollte.[141]

Dieser Rettungsversuch konnte die eingestürzte Front der verbündeten Regierungen gegenüber dem Reichstag allerdings nicht wirklich wieder aufrichten.

Indirekt halfen Posadowskys Ausführungen sogar, die bündische Fassade, hinter der sich die Reichsregierung unbedingt weiterhin verbergen wollte, noch mehr einzureißen. Zum einen zeigte er sich von dem Geschehen so aus dem Konzept gebracht, dass er in seinen Ausführungen nicht – wie sonst nach wie vor üblich – von den „verbündeten Regierungen", sondern von der „Reichsregierung" sprach und damit den progressiven Kräften ein von den Einzelstaaten unabhängiges Ziel bot. Zum anderen implizierten seine Aussagen, dass es keinen Anlass zu der Erwartung gab, dass sich eine Mehrheit der Landesregierungen bei einer Rücküberweisung der Vorlage an den Bundesrat anders entscheiden würde. Der Reichstag lehnte denn auch den Antrag der Konservativen auf eine Vertagung der Beratungen ab. Das war für die Linken ein gefundenes Fressen, weil die Reichsregierung jetzt endgültig im Parlament alleine dastand. Ihres bündischen Schutzmantels gänzlich entkleidet, konnte sie für die Vorlage und ihr Scheitern nun voll in die Verantwortung genommen werden.[142]

Besonders süffisant machte das in einer der nächsten Sitzungen Heinrich Rickert. Der Vorsitzende der im Vorjahr neu gegründeten linksliberalen Freisinnigen Vereinigung wies die Reichsregierung auf die finanzielle Abhängigkeit all ihrer Pläne vom Parlament hin, indem er betonte, dass die hundert Millionen Goldmark, die für die Durchführung der vorgeschlagenen Finanzreform notwendig seien, nie bewilligt worden seien. Daher habe das Projekt von Anfang an auf wackligen Füßen gestanden und die Reichsregierung gewusst, dass wesentliche Teile ihrer Vorlage von der Reichstagsmehrheit aus Zentrum und Linken abgelehnt werden würde. Dieses Verhalten sei völlig unverantwortlich, weil „in einem konstitutionellen Staat [...] die verbündeten Regierungen die Verpflichtung [hätten], eine gewisse Fühlung mit dem Reichstag oder wenigstens mit denjenigen Parteien zu nehmen, welche im Stande [seien], für ihre Vorlage eine Majorität zu schaffen". Man könne es „im Interesse eines konstitutionellen Regiments und im Interesse des Ansehens der verbündeten Regierungen verlangen, daß sie sich so weit wenigstens orientieren, daß die Vorlagen [...] wenigstens doch eine ansehnliche Stimmenanzahl auf sich vereinigen" können. In anderen Worten: Rickert konnte es sich nicht verkneifen, der Reichsregierung den Rat zu erteilen, künftig doch nur noch solche Vorlagen in den Reichstag einzubringen, die wenigstens ansatzweise Aussicht auf Erfolg hatten.[143]

Solche Auslassungen riefen die Reichsregierung unverhohlen dazu auf, sich in der Gestaltung ihrer Gesetzgebungsvorhaben nach der Mehrheit des Reichstages zu richten. Das lief im Endeffekt auf die alte, nun aber wegen der bröckelnden bündischen Schutzfront auf sehr viel mehr Angriffsfläche stoßende Forderung hinaus, die für die Ausarbeitung der Entwürfe jeweils zuständigen Leiter der Reichsämter zu parlamentarisch verantwortlichen Reichsministern zu machen. Die Reichsregierung zeigte sich entsprechend beeindruckt. Reichskanzler Caprivi fühlte sich so sehr unter Druck gesetzt, dass er Posadowsky umgehend zurückpfiff und Miquel die Unterstützung für dessen Reformverstoß entzog. Die ganze Vorlage wurde daraufhin auf Eis gelegt. Selbst eine gemeinsame Erklärung, die Miquel mit den Finanzministern der Mittelstaaten in der Reichstagskommission abgeben wollte, um die Geschlossenheit der verbündeten Regierungen zu demonstrieren, blies der Kanzler ab – und das, obwohl die Einladungen dafür schon erfolgt waren.

Stattdessen beorderte Caprivi die Bundesratsbevollmächtigten der wichtigsten Einzelstaaten zu sich und gab ihnen zu verstehen, wie der sächsische Gesandte an seine Regierung berichtete, „dass man den Fraktionen keine Gelegenheit geben solle, sich [in der Angelegenheit weiter] festzureden und dass es besser sei, die Session möglichst bald, eventuell schon nächste Woche, zu schließen". Die Kommissionsberatungen seien ja ohnehin hinsichtlich der Erfolgsaussichten der vorliegenden Reformakte nur noch ein „Leichenbegräbnis 1. Klasse". Alles, was man tun könne, sei, im Reichstag zu erklären, dass die verbündeten Regierungen in der nächsten Session wiederum Vorschläge für eine Finanzreform machen würden. Der Reichskanzler wies die einzelstaatlichen Regierungen also dazu an, sich gemeinsam vor dem Reichstag zurückzuziehen und die Auseinandersetzung erst dann wieder zu suchen, wenn sich die Reihen geschlossen hätten und erfolgversprechendere Vorschläge auf dem Tisch lägen.[144]

Diese Reaktion ist ein frühes Beispiel dafür, wie sehr der föderale Strukturwandel, der sich in den ersten anderthalb Jahrzehnten nach Bismarcks Abgang vollzog, das Verhältnis zwischen den monarchischen Regierungen der Einzelstaaten und des Reiches auf der einen und dem Reichstag auf der anderen Seite beeinflusste. Das Erdbeben, das Mittnachts Eklat auslöste, war Teil einer größeren Verschiebung der föderalen Verfassungstektonik, die den Einfluss des Reichstages auf die Arbeit der Reichsregierung erheblich ausdehnte. Die verschiedenen Fraktionen wurden zu immer selbstbewussteren Verhandlungspartnern. Sie banden ihre Zustimmung zu legislativen Projekten an die Erfüllung konkreter Forderungen, passten die Regierungsvorlagen ihren Vorstellungen gemäß an, setzten die Reichsregierung gezielt unter Druck und arbeiteten zunehmend offensiv auf die von ihnen jeweils verlangten strukturellen Reformen an der Verfassung hin. Dieser Ausbau der parlamentarischen Machtstellung hatte verschiedene Ursachen. Einige davon sind bereits zur Sprache gekommen: die funktionelle Ausdifferenzierung der Reichsregierung, durch die die Leiter der Reichsämter und der Kanzler gegenüber dem Reichstag in die Rollen mehrerer jeweils für konkrete Geschäftsbereiche zuständiger Reichsminister beziehungsweise eines die Gesamtverantwortung tragenden Kabinettschefs gedrängt wurden; die Aufweichung der hegemonialen Verschränkungen, die die Reichsregierung einst in den Kreis der preußischen Regierung hineinge- und so dem Zugriff des Reichstages entzogen hatten; das Bröckeln der Front der verbündeten Regierungen, hinter der sich die Reichsregierung vor dem Reichstag verstecken konnte; und die Verlagerung des legislativen Verhandlungsprozesses, die auf Kosten der wichtigsten anti-parlamentarischen Schutzvorrichtung – nämlich des Bundesrates – die Reichstagskommissionen stärkte und dort die Vertreter der Reichsregierung den Unterhändlern der wichtigsten Fraktionen direkt gegenüberstellte.

Darüber hinaus gab es aber noch eine Reihe weiterer Gründe dafür, dass der Reichstag seine Position gegenüber der Reichsregierung in dieser Phase deutlich ausbauen konnte. So vollzog sich zum Beispiel ein parlamentarischer Kulturwandel, der die Stellung der einzelnen Abgeordneten aufwertete und dadurch den Reichstag insgesamt schlagkräftiger machte. Da die Aufgabenfülle des Reiches stetig wuchs und vor allem in den immer wichtigeren Feldern der Wirtschafts- und Sozialgesetzgebung die politischen Inhalte fortwährend komplexer wurden, stiegen die Anforderungen an die einzelnen Abgeordneten gegen Ende des 19. Jahrhunderts enorm. Dadurch wurde es zusehends unmöglich, einem ordentlichen Brotberuf nachzugehen und das Reichstagsmandat quasi im Nebenjob auszuüben. Immer mehr Abgeordnete waren deshalb im Hauptberuf Reichstagspolitiker. Diese Professionalisierung der Abgeordnetentätigkeit machte die Diätenfrage zusehends dringlicher. Bismarck hatte das Diätenverbot, das er in den Verfassungsverhandlungen des konstitutiven Reichstages als Korrektiv für das allgemeine und geheime Wahlrecht durchgesetzt hatte, während seiner gesamten Kanzlerschaft zäh verteidigt, um Vertretern der Arbeiterschaft den Weg ins Parlament zu versperren und dadurch die parlamentarische Tätigkeit der Sozialdemokraten zu behindern. 1874 hatte er den ersten von vielen Anträgen auf Einführung von Diäten abgeschmettert. Zehn Jahr später hatte er auch den Versuch vereitelt, Tagegelder für die Abgeordneten einzurichten. Nach seinem Abgang witterten die Parteien von der Sozialdemokratie bis zum Zentrum Morgenluft. Immer wieder setzten sie die Einführung von Diäten auf die Tagesordnung und machten ihre Kooperation in anderen Fragen von einem Entgegenkommen in dieser Angelegenheit abhängig. Derart getrieben bröckelte der Widerstand der Reichsregierung denn auch zusehends. Da die verschiedenen Fraktionen aber lange Zeit nicht gemeinsam vorgingen, dauerte es, bis sie endlich einen Durchbruch erzielen konnten. Nach insgesamt fünfzehn gescheiterten Anläufen brachte man schließlich 1906 die Einführung von Diäten unter Dach und Fach. Die Abgeordneten erhielten nun jährlich eine steuerfreie, in mehreren Raten ausgezahlte Aufwandsentschädigung von 3000 Mark. Diese lang erkämpfte Verbesserung der Mandatsbedingungen machte aus dem Honoratioren- endgültig ein Berufsparlament, dessen Mitglieder finanziell unabhängig waren und den Regierungsvertretern des Reiches entsprechend selbstbewusst entgegentreten konnten.[145]

Ein noch wichtigerer Faktor, der den Reichstag vis-à-vis der Reichsregierung stärkte, war die Veränderung der parlamentarischen Mehrheitsverhältnisse, zu der die sozio-ökonomischen Folgen der Industrialisierung und der Aufstieg der Massenpolitik führten. Wie wir teilweise schon eingangs bei unserem Blick auf die Auflösungspraxis des Reichstages gesehen haben, gingen aus den Reichstagswahlen von 1893, 1898, 1903 und 1907 jeweils Parlamente hervor, die es für die Reichsregierung ausgesprochen schwierig machten, Mehrheiten zu finden. Die Zeit der komfortablen Mehrheiten der Reichsgründungsparteien war endgültig vorbei. Die konservativen Parteien verloren zwischen 1893 und 1907 fast zwanzig Prozent ihrer Mandate, während die Nationalliberalen nie auch nur annähernd zu ihrer Stärke der 1870er-Jahre zurückfanden. Derweil etablierte sich das Zentrum mit rund hundert Mandaten als größte parlamentarische Fraktion, an der vorbei nur schwer Mehrheiten gebildet werden konnten. Die Linksliberalen gewannen zwar nie mehr als fünfzig Sitze, stabilisierten sich aber auf diesem Niveau. Gleichzeitig wurde die Sozialdemokratie zu einer der bestimmenden parlamentarischen Kräfte. 1893 gewannen sie deutlich hinzu, fünf Jahre später wurden sie erstmals zweitstärkste Fraktion, und 1903 hatten sie ihr Ergebnis gegenüber jenem bei der letzten Wahl unter Bismarck mehr als verdoppelt. Bei den „Hottentottenwahlen" von 1907 verzeichneten sie zwar empfindliche Verluste. Mit über vierzig Mandaten blieben sie aber eine schlagkräftige Fraktion. Jene Parteien, die zumindest mittelfristig ein parlamentarisches Regierungssystem anstrebten und sich nach der Revolution zur Weimarer Koalition zusammenfinden sollten, übernahmen in dieser Phase also die Führung im Reichstag. 1898 und 1903 stellten sie eine absolute Mehrheit, 1893 und 1907 verfehlten sie diese knapp.

Bismarcks Nachfolger entwickelten verschiedene Ansätze, um unter solch schwierigen Verhältnissen Gesetzesprojekte durch das Parlament zu bringen. Caprivi bemühte sich, durch eine sachorientierte Zusammenarbeit mit allen Fraktionen außer den Sozialdemokraten einen innenpolitischen Ausgleich herzustellen. Hohenlohe-Schillingsfürst versuchte, sich vor allem auf die alten Kartellparteien der Nationalliberalen und Konservativen zu stützen und von dieser Basis ausgehend genügend Zusatzstimmen aus den Reihen des Zentrums und der anderen liberalen Parteien zu gewinnen. Bernhard von Bülow verfolgte schließlich eine „Sammlungspolitik", die alle bürgerlichen Kräfte als staatserhaltende Elemente gegen die Sozialdemokratie vereinigen wollte. Zunächst versuchte er es dabei mit einem Bündnis aus Konservativen und Zentrum, bevor er nach dem politischen Erdrutsch bei den Wahlen von 1907 den „Bülow-Block" aus Konservativen, National- und Linksliberalen formte. Mit jeder dieser Strategien machte die Reichsregierung den Erfolg ihrer Vorhaben abhängig von einer bestimmten Parteienkonstellation oder dem gesamten Parteienspektrum, ausgenommen der Sozialdemokratie. Damit begab sie sich – getrieben von den parlamentarischen Umständen – viel stärker in die Hände einzelner Schlüsselfraktionen, als es unter Bismarck je der Fall gewesen war. Zwar ging sie keine formalisierten Koalitionen ein und suchte auch immer wieder Mehrheiten in anderen Fraktionen, wenn sie ihre Stammpartner im Stich ließen. Aber sie orientierte sich in der Erstellung und Durchsetzung ihrer Projekte doch zunehmend an den Vorstellungen bestimmter, klar definierter Parteien oder Parteiengruppen, mit der sie nicht nur punktuell, sondern fortwährend kooperierte. Das Zentrum wurde so ob seiner parlamentarischen Schlüsselstellung als stärkste Fraktion ab der Jahrhundertwende vor allem beim Ausbau des Sozialwesens faktisch zur „Regierungspartei", da viele seiner sozialpolitischen Ansichten mit denen des für die Reformen auf diesem Gebiet zuständigen Reichsinnenamtsleiters Posadowsky-Wehner übereinstimmten. Den vorläufigen Höhepunkt dieser parlamentarischen Abhängigkeit erreichte die Reichsregierung unter Bülow, der erst das Zentrum und die Konservativen und dann den nach ihm benannten Block quasi als feste Koalitionen behandelte. Das Zerbrechen des Blocks über die Reichsfinanzreformen besiegelte 1909 denn auch den Rücktritt des durch einen Streit mit dem Kaiser schwer angeschlagenen Kanzlers. Dazu später mehr.[146]

Schließlich sorgten auch die Inhalte, die in der Wilhelminischen Epoche an die Spitze der politischen Agenda rückten, dafür, dass der Reichstag seinen Einfluss gegenüber der Reichsregierung ausbauen konnte. Gepuscht von der Agitation mächtiger nationaler Verbände und Gewerkschaften, deren Rolle wir im nächsten Abschnitt näher untersuchen werden, standen vor allem zwei Felder im Mittelpunkt: die Sozialpolitik zur Integration der Arbeiterschaft in das politische System des Kaiserreiches und die Kolonial- und Flottenpolitik, mit der die Reichsregierung Deutschland in der Auseinandersetzung der Weltmächte um die verbliebenen freien Flecken auf der Weltkarte einen „Platz an der Sonne" sichern wollte, wie Bülow vor dem Reichstag formulierte. Jedes dieser Felder verlegte den Schwerpunkt der Staatsgewalt weiter auf die Bundesebene. Der größte Nutznießer dieser Unitarisierung war der Reichstag. Denn der Ausbau des Sozialwesens, die Erschließung der Kolonien und der Aufbau der Flotte verschlangen enorme Gelder, die ohne Zustimmung des Parlamentes nicht bewilligt werden konnten.[147]

Wie sehr dieser Zusammenhang die Reichsregierung zu einer engeren Kooperation mit den wichtigsten Fraktionen zwang, zeigte sich beispielsweise in den Verhandlungen zum zweiten Flottengesetz im Jahr 1900. Um die Finanzierung seines umfangreichen Flottenbauprogramms sicherzustellen, gab der Chef des Reichsmarineamtes Alfred von Tirpitz im Reichstag eine Erklärung ab, in der er die Grundzüge seiner geplanten Vorlage zur Flottenvermehrung dem Parlament bekannt gab. Über den Inhalt der Erklärung hatte er die einzelstaatlichen Regierungen zuvor nur informiert, aber nicht mit ihnen verhandelt. Er schaltete den Bundesrat lediglich kurz zwischen, um den Schein zu wahren. Als seinen wichtigsten Verhandlungspartner behandelte er ganz klar den Reichstag, genauer gesagt dessen stärkste Fraktion, das Zentrum. Dieses Vorgehen markierte eines der ersten Male, wie Manfred Rauh gezeigt hat, dass sich ein Mitglied der Reichsregierung gezwungen sah, sich prozedural von den verbündeten Regierungen beziehungsweise dem Bundesrat unabhängig zu machen, um in den Verhandlungen mit den wichtigsten parlamentarischen Kräften mehr Freiraum zu haben. Posadowsky-Wehner trieb eine derartige Herangehensweise nach der Jahrhundertwende in der Sozialpolitik auf die Spitze. Er machte es in diesem kostspieligen Feld zur Regel, dass sich die Reichsregierung zuerst mit der Reichstagsmehrheit über wichtige Gesetzesvorhaben abstimmte, bevor sie den Bundesrat darüber beschließen ließ. Diese Umkehrung der ursprünglichen, von der Verfassung eigentlich vorgegebenen Praxis stieß nicht nur die einzelstaatlichen Regierungen vor den Kopf, sondern kräftigte auch die Position des Reichstages erheblich. Tatsächlich wurde dessen Kooperation mit der Reichsregierung so eng, dass selbst die Sozialdemokraten ihre Fundamentalopposition aufgaben und den vorgelegten sozialpolitischen Novellen zur Erweiterung der Unfall- und Krankenversicherung, der Einführung der kommunalen Gewerbegerichte, der Abschaffung der Kinderarbeit und diverser sozialer Wohnungsbauprojekte zustimmten.[148]

In der Summe ließen die genannten Entwicklungen den Reichstag gegenüber der Reichsregierung so sehr erstarken, dass das Parlament den Bundesrat endgültig als zentrales Organ der Verfassung ablöste. Innerhalb des Gesetzgebungsverfahrens äußerte sich das in vielen kleinen prozeduralen Verschiebungen, die Manfred Rauh in seiner Arbeit zur Parlamentarisierung detailliert herausgearbeitet hat. Zwei Beispiele müssen genügen. Unter Bismarck war es üblich gewesen, dass die Reichsregierung bei Unzufriedenheit des Reichstags mit einer Vorlage, die sie unbedingt durchbringen wollte, diese entsprechend anpasste und dann erneut vom Bundesrat beschließen ließ, bevor sie sich damit wieder ans Parlament wandte. In den 1890er-Jahren ging die Reichsregierung dann dazu über, in solchen Fällen die veränderte Vorlage auf mehr oder minder inoffiziellen Umwegen, meist durch einen ihr nahe stehenden Abgeordneten, direkt wieder in die zuständige Reichstagskommission einzubringen, wo dann die Vertreter sowohl der Fraktionen als auch der Einzelstaaten dazu Stellung nehmen konnten. Ab etwa der Mitte des ersten Jahrzehnts des neuen Jahrhunderts versuchten die großen Fraktionen sogar vermehrt, unliebsame Regierungsvorlagen durch eigene Entwürfe zu ersetzen und so den verbündeten Regierungen ihren Willen aufzuzwingen. Der Bundesrat wurde in dieser schrittweisen Verfahrensänderung also zunächst von der Reichsregierung umgangen und dann vom Reichstag kaltstellt.[149]

Selbst bei der wichtigsten aller Aufgaben der Gesetzgebungsorgane verlor der Bundesrat gegenüber dem Reichstag deutlich an Boden, nämlich bei der Feststellung des Haushaltes. Schon während Bismarcks Kanzlerschaft kam es gelegentlich vor, dass die Reichsregierung den Etat verspätet in den Bundesrat einbrachte und so den einzelstaatlichen Regierungen weniger Zeit zur Beratung gab. In den ersten Jahren nach Bismarcks Abgang wurde dieses Vorgehen zur Regel. Um die wichtigen Fraktionen gnädig zu stimmen, war die Reichsregierung sehr darauf bedacht den Haushalt gleich nach dem jährlichen Zusammentritt des Reichstages im November in das Parlament einzubringen. Dem Bundesrat leitete sie den Haushaltsentwurf meistens nur wenige Wochen vorher zu, sodass die Länderkammer kaum Zeit hatte, die umfangreiche Vorlage eingehend zu prüfen. Dieses verspätete Einbringen in den Bundesrat hatte einerseits einen praktischen Grund. Die Reichsämter brauchten immer länger, um die wegen der Ausweitung der Reichsaufgaben stetig komplexer werdende Vorlagen zusammenzustellen. Andererseits war die Verkürzung der Beratungszeit des Bundesrates aber auch politisch motiviert. Besonders angesichts der unten näher beschriebenen Spannungen, die Anfang der 1890er-Jahre zwischen dem Reichsschatzamt und dem preußischen Finanzministerium herrschten, wollte die Reichsregierung den einzelstaatlichen Regierungen möglichst wenig Gelegenheit geben, in den Bundesratsverhandlungen Änderungen am Etat vorzunehmen und dadurch womöglich eine Verständigung mit dem Reichstag zu erschweren.

Als Posadowsky-Wehner 1893 zum Chef des Reichsschatzamtes ernannt wurde, entspannte sich die Lage kurzzeitig, weil er die Reichsämter zur rechtzeitigen Anmeldung ihrer Budgets anhielt und sich schon vor Einbringen der Vorlage in den Bundesrat mit seinem preußischen Kollegen abstimmte. Damit war es aber schnell wieder vorbei. Nachdem Posadowsky 1897 an die Spitze des Reichsinnenamtes gewechselt war, setzte die Reichsregierung den Bundesrat wieder unter größeren Zeitdruck. Dabei drängte ausgerechnet Posadowsky darauf, die Verhandlungen in erster Linie mit Rücksicht auf den Reichstag anzuberaumen, um so die Chancen zu erhöhen, die gerade in dem von ihm verantworteten Bereich der Sozialpolitik explodierenden Reichsausgaben durch das Parlament zu bringen. Während der Bundesrat nicht die Kraft hatte, sich gegen die dadurch bedingte Verkürzung seiner Beratungen zu wehren und folglich faktisch auf eine angemessene Prüfung des Haushaltes verzichtete, war der Reichstag mittlerweile so stark, dass er sich einfach alle Zeit nahm, die er brauchte, um den Entwurf eingehend zu diskutieren. Das führte sogar so weit, dass 1904, 1906 und 1907 das normalerweise bis April laufende Haushaltsjahr um einen Monat verlängert werden musste, weil das Parlament den neuen Etat noch nicht beschlossen hatte. 1912 einigte man sich deshalb darauf, dem Kanzler das Recht zu geben, immer dann, wenn der Reichstag seine Budgetberatungen noch nicht abgeschlossen hatte, alle unabdingbaren finanziellen Verpflichtungen für ein Vierteljahr nach dem 1. April eigenmächtig bedienen zu dürfen. Ein deutlicheres Zeichen als diese Ausnahmeregelung hätte es kaum dafür geben können, dass sich der föderale Entscheidungsprozess auch in den wichtigsten Angelegenheiten mittlerweile primär nach dem Verhältnis zwischen Reichsregierung und Reichstag statt nach dem zwischen Reichsregierung und Bundesrat richtete.[150]

Das ursprünglich vorgesehene Kräfteverhältnis der beiden Legislativorgane hatte sich somit spätestens Anfang der 1910er-Jahre komplett umgekehrt. Die Verschiebung der von den wichtigsten Verfassungsinstitutionen im föderalen Entscheidungsprozess eingenommenen Funktionen, die schon in den ersten Jahren nach der Reichsgründung eingesetzt und nach Bismarcks Abgang Fahrt aufgenommen hatte, erreichte im ersten Jahrzehnt des neuen Jahrhunderts gewissermaßen ihren vorläufigen Abschluss. Die kaiserliche Reichsregierung um den Kanzler war nun der unumstrittene Träger der Regierungsgewalt, die vom Bundesrat auf sie übergegangen war. Die Länderkammer war dagegen durch den weitgehenden Abzug der legislativen Verhandlungen zwischen den einzelstaatlichen Regierungen in den prälegislativen Raum und die Reichstagskommissionen häufig nur noch eine leere Hülle, die vor allem dazu diente, die Reichsregierung formal zu umschließen und so die Regierungsgewalt vor Übergriffen des Reichstages zu schützen. Dreh- und Angelpunkt des Gesetzgebungsverfahrens war nicht mehr die Versammlung der verbündeten Regierungen, sondern das Parlament. Der Reichstag war jetzt der Hauptverhandlungspartner der Reichsregierung. Als solchem waren ihm der Kanzler und die Chefs der Reichsämter zwar nicht verantwortlich, er konnte sie aber in beträchtlichem Maße vor sich hertreiben. Auf engstem Raum manifestierte sich diese über Jahrzehnte gewachsene, jetzt voll ausgeprägte Umverteilung der Rollen der verschiedenen Verfassungsorgane in den Kommissionen des Reichstages. Hier verhandelten die Vertreter der Reichsregierung direkt mit denen der Fraktionen, um ihre Projekte durch das Parlament zu bringen. Dabei drängten sie die Unterhändler der einzelstaatlichen Regierungen zur Seite, hüllten sich selbst aber in das Gewand von Bundesratsbevollmächtigten, damit aus der Abhängigkeit von der Kooperationsbereitschaft der Parteien keine Verantwortlichkeit gegenüber der Reichstagsmehrheit werde.

Bis sich die in diesem Mikrokosmos eingefangene Konstellation der verschiedenen monarchischen und parlamentarischen Kräfte endgültig verfestigte und neben den Verfassungsorganen auch die diversen Institutionen des prälegislativen Raumes einen klar definierten Platz im föderalen Entscheidungsprozess fanden, variierte Letzterer lange Zeit relativ stark von Gesetzgebungsverfahren zu Gesetzgebungsverfahren. Mal stand der Bundesrat bei den Verhandlungen komplett außen vor, mal spielte er eine größere Rolle. Mal arrangierte sich die Reichsregierung mit den wichtigsten Parteien des Reichstages und/oder den einzelstaatlichen Regierungen bereits in der prälegislativen Phase, mal schmiedete sie Kompromisse erst in den Reichstagskommissionen. Mal richtete man gleich mehrere Spezialgremien ein, mal verzichtete man komplett auf die Einbindung zusätzlicher Konsultationsforen.

Auch wenn man eine große Zahl an Gesetzgebungsverfahren betrachtet, lässt sich in diesen Unterschieden nur schwer ein spezielles Muster erkennen. Man kann allerdings beobachten, dass sich die Reichsregierung in traditionellen Politikfeldern wie der Finanzpolitik, die die Machtverteilung zwischen Einzelstaaten und Bund, monarchischen und parlamentarischen Körperschaften, Hegemonialstaat, Mittelstaaten und Kleinstaaten unmittelbar betrafen, enger an dem in der Verfassung vorgegebenen Legislativprozess orientierte. Diese konservative Herangehensweise hielt die einst von Bismarck eingerichteten Schutzmechanismen – soweit sie denn noch existierten – zumindest bei den allerwichtigsten Entscheidungen am Leben. In jenen Politikfeldern, die sich das Reich neu erschloss, wie etwa der Nahrungsmittelregulierung, war die Reichsregierung dagegen experimentierfreudiger und probierte mannigfaltige Ansätze aus. Das lag häufig alleine schon an der technischen Expertise, die auf solchen Gebieten verlangt war und die die Einbindung spezieller Fachleute unumgänglich machte. Im Einzelnen sind die Abweichungen zwischen den verschiedenen Politikfeldern nicht weiter relevant. Wichtiger ist die allgemeine Feststellung, dass es lange Zeit relativ große Differenzen gab. Angesichts dessen kann man nämlich insbesondere für die 1890er-Jahre eigentlich gar nicht von *einem* föderalen Entscheidungsprozess sprechen. Vielmehr gab es, wie Christian Henrich-Franke auf Basis der Ergebnisse seiner Siegener Forschungsgruppe argumentiert hat, *viele verschiedene*.[151]

Bis sich die Unterschiede der föderalen Entscheidungsstrukturen abgeflacht hatten, dauerte es nach Bismarcks Rücktritt gut anderthalb Jahrzehnte. Das lag insbesondere an drei Faktoren, die das Räderwerk des Bundes daran hinderten, nach dem Abgang der Person, auf die seit der Reichsgründung alles ausgerichtet gewesen war, einen gleichmäßigen Rhythmus zu finden. Um besser zu verstehen, wie schließlich ein voll integriertes System entstand, lohnt es, sich diese Störfaktoren nacheinander näher anzuschauen.

Ein ganz wesentliches Integrationshemmnis war der Mann, der an der Spitze der Reichsmonarchie stand. Wilhelm II. war anders als sein Großvater kein Ruhepol, der sich im politischen Geschehen zurücknahm und es dem Kanzler überließ, die Richtlinien der Politik zu bestimmen, die Kräfte der verbündeten Regierungen zu bündeln und den Reichstag in Schach zu halten. Im Gegenteil: Er versuchte, die seit der Reichsgründung kontinuierlich gewachsene Stellung des Kaisers als Reichsmonarch immer wieder dafür zu nutzen, um seinen eigenen Willen durchzusetzen. Ob es ihm dabei wirklich gelang, eine „persönliche Monarchie" zu errichten, wie John Röhl in seinem Œuvre behauptet hat, darüber kann man sich streiten. Angesichts des hohen Vernetzungsgrades, den das föderale Regierungssystem in den 1890er-Jahren erreicht hatte, spricht vieles dagegen. Immerhin war die gesamte Gesetzgebung und damit auch die Finanzierung aller exekutiven Handlungen von einem komplizierten Zusammenspiel zwischen Reichsregierung, einzelstaatlichen Regierungen, parlamentarischen Parteien und einer immer größeren Anzahl nicht staatlicher Akteure abhängig, das der Kaiser und seine Entourage überhaupt nicht umgehen, geschweige denn durchweg kontrollieren konnten. Letztlich spielte es für die Entwicklung des föderalen Entscheidungssystems und den Aufstieg, den diese dem Reichstag ermöglichte, keine große Rolle, ob Wilhelms persönliches Regiment Einbildung oder Wirklichkeit war. Fest steht, dass Wilhelms Gebaren das sensible Gefüge zwischen den verschiedenen Teilen der Verfassung empfindlich störte und damit wesentlich dazu beitrug, dass sich der durch Bismarcks Entlassung vor eine völlig neue Situation gestellte föderale Entscheidungsprozess lange Zeit nicht beruhigte und nur langsam wieder neu einpendelte.[152]

Wilhelm untergrub Letzteren schon dadurch ganz grundsätzlich, dass er die kaiserlichen Kabinette zu einer Art „höfischen Nebenregierung" machte, wie es Thomas Nipperdey ausgedrückt hat. Das Zivil- und das Militärkabinett gingen noch auf die Zeit des Absolutismus zurück. Dort waren sie als vertrauliche Beratungsorgane des preußischen Königs geschaffen worden. Nach der Reichsgründung gingen sie dazu über, diesem auch in seiner Funktion als deutscher Kaiser zu dienen. 1889 kam das Marinekabinett hinzu. Die Hauptaufgabe dieser drei jeweils für verschiedene Regierungsfelder zuständigen Stäbe bestand darin, den Geschäftsverkehr des Kaisers mit den anderen Reichsorganen zu organisieren, von ihm zu entscheidende Personalsachen zu bearbeiten und ihn bei der Ausübung des Oberkommandos über Heer und Marine zu unterstützen. Als persönliche Büros unterstanden sie dem Kaiser direkt und bildeten keinen offiziellen Teil der Verfassung. Somit waren sie auch nicht in das dichte Netz gegenseitiger Kontrollmechanismen eingebunden, die das föderale System nach der Reichsgründung ausbildete, um monarchische, parlamentarische, hegemoniale, partikularistische und unitarische Interessen auszugleichen. Insbesondere waren sie sowohl der Kontrolle der Reichsregierung als auch dem Einfluss des Parlaments entzogen. Sie standen also gänzlich außerhalb des föderalen Entscheidungsprozesses, konnten aber über den Kaiser jederzeit in diesen eingreifen.

Da Bismarcks ganz auf seine eigene Person ausgerichteter Regierungsansatz solchen exekutiven Nebenstellen keinen Platz einräumte, war die Bedeutung der Kabinette in den ersten zwei Jahrzehnten nach der Reichsgründung relativ gering. Wilhelm II. stärkte ihre Rolle nach seiner Thronbesteigung jedoch massiv. Zum einen bezog er sie häufig eng in die Entscheidung über die Besetzung der wichtigsten Regierungsposten in Preußen und im Reich ein. So tauschte er etwa auf Betreiben des Militärkabinetts zwischen 1890 und 1896 nicht weniger als drei Mal den Kriegsminister aus. Zum anderen beteiligte Wilhelm die Kabinette vermehrt an der Politikformulierung, indem er sich mit ihnen darüber absprach, ob er bestimmte Projekte lancieren, bewilligen, blockieren oder Änderungen an diesen fordern sollte. Auf diese Weise griffen die Kabinette in den 1890er-Jahren ständig in laufende Verfahren ein und sorgten dafür, dass das ohnehin im Umbau befindliche föderale Regierungssystem nicht zur Ruhe kam. Nach der Jahrhundertwende schwand ihr Einfluss langsam, weil der neue Kanzler Bernhard von Bülow sich als „Höfling" gerierte und Wilhelms Anspruch auf Selbstregierung direkt bediente. Deutlich zurückgedrängt wurden die Kabinette aber erst nach 1908, als sich Wilhelm im Zuge der unten näher beschriebenen Erschütterungen um die *Daily-Telegraph*-Affäre spürbar aus den Regierungsgeschäften zurückzog.[153]

Bis dahin wirbelten seine unberechenbaren, oft von einzelnen Mitgliedern seiner Kabinette angestachelten Interventionen den föderalen Entscheidungsprozess regelmäßig durcheinander, ohne einen erkennbaren übergeordneten Plan zu verfolgen. Tatsächlich beförderten diese Störungen mitunter das Gegenteil dessen, was eigentlich im kaiserlichen beziehungsweise monarchischen Sinne war. So zum Beispiel im Fall der Verhandlungen zur Militärstrafprozessordnung, die sich ob der ständigen Einmischungen Wilhelms über einen großen Teil der 1890er-Jahre hinzogen und die von Manfred Rauh eingehend untersucht worden sind. Nach mehreren erfolglosen Anläufen seitens des Reichstages nahm sich 1894 der neue preußische Kriegsminister Walther Bronsart von Schellendorff der Erstellung einer reichsweiten Militärstrafprozessordnung an. Dabei befürwortete er genauso wie die meisten anderen preußischen Minister und der neue Kanzler Hohenlohe-Schillingsfürst, dieses Gesetzbuch nach dem Vorbild der relativ liberalen bayerischen Militärstrafprozessordnung zu gestalten. Diese war in den 1860er-Jahren entstanden, als Hohenlohe noch bayerischer Ministerpräsident gewesen war. Der Kaiser stellte sich jedoch quer. Angetrieben vom Chef des Militärkabinetts, Wilhelm von Hahnke, bestand er darauf, die veraltete preußische Militärstrafprozessordnung mit ihrem Fokus auf der absoluten Autorität der militärischen Führung in weiten Teilen zu erhalten. Mit Verweis auf seinen monarchischen Oberbefehl und die Einheit des deutschen Heeres sperrte er sich insbesondere dagegen, die Öffentlichkeit zu Strafverfahren zuzulassen, das Letztentscheidungsrecht über militärische Urteile nicht dem Kaiser, sondern einem Reichsgericht zu überlassen und eine Spezialregelung für die bayerischen Regimenter zu schaffen, die das Reservatrecht Bayerns auf eine gesonderte Militärgerichtsbarkeit befriedigen würde. Um seine Vorstellung gegen die Mehrheit des Staatsministeriums durchzusetzen, griff er zu harten Bandagen. Den unbeliebten preußischen Innenminister Ernst von Köller entließ er als eine Art Bauernopfer, um den Rest des Kabinetts auf seine Seite zu ziehen. Wenig später ersetzte er auf Drängen Hahnkes auch Schellendorff, der hartnäckig an einer Liberalisierung der preußischen Regel festgehalten hatte. Zu dessen Nachfolger ernannte er den ihm ganz und gar ergebenen Generalleutnant Heinrich von Goßler, der denn auch alsbald einen Entwurf vorlegte, der ganz im Sinne Wilhelms war. Von dieser Entschlossenheit des Kaisers eingeschüchtert, beugten sich die anderen Minister und winkten die Vorlage mit zusammengebissenen Zähnen durch das Staatsministerium.[154]

Im Bundesrat liberalisierten die Ausschussverhandlungen den Entwurf auf Betreiben der bayerischen Regierung zunächst deutlich. Eine Mehrheit der klein- und mittelstaatlichen Regierungen knickte jedoch bald ein ob des heftigen Protests des Kaisers, der damit drohte, ein solches Gesetz nicht zu verkünden. Am Ende stellte der Bundesrat den ursprünglichen Entwurf in weiten Teilen wieder her. Die Regelungen zur Öffentlichkeit und zum Bestätigungsrecht des Kaisers wurden zwar mit der Einwilligung Wilhelms abgeschwächt, eine Lösung für die bayerischen Regimenter kam aber nicht zustande. Um den ohnehin schwachen Hohenlohe gegenüber dem Kaiser nicht noch weiter in Verlegenheit zu bringen, entschieden sich die Regierungen Bayerns und der anderen desavouierten Einzelstaaten entgegen ihrer inhaltlichen Überzeugung dazu, die überarbeitete Fassung des von der Reichsregierung von Anfang an nur notgedrungen vertretenen Entwurfs nicht im Bundesrat zu blockieren. Auch verzichteten sie darauf, wie Mittnacht im Fall des Weingesetzes die Front der verbündeten Regierungen aufzubrechen und die Vorlage im Reichstag anzugreifen. Dahinter stand die taktische Überlegung, es einfach dem Parlament zu überlassen, die Vorlage zu liberalisieren. Dass es genau dazu kommen würde, war angesichts der dortigen

Mehrheitsverhältnisse nämlich abzusehen. Dieses von Wilhelms unbedachten Einmischungen provozierte Vorgehen trug allerdings einen vom Bundesrat nicht geklärten Richtungsstreit in den Reichstag und machte so das Parlament zum Schiedsrichter zwischen dem Kaiser, den einzelstaatlichen Regierungen und der Reichsregierung. Das schwächte die monarchischen Kräfte erheblich, weil „in einer Frage, die der Natur der Sache nach von [den verbündeten Regierungen] ausgetragen [hätte werden müssen], der Reichstag die Initiative" gewann, wie der bayerische Bundesratsgesandte Lerchenfeld-Köfering gegenüber dem Kanzler erklärte.[155]

Besonders das Zentrum nutzte diese Situation geschickt aus. Es vermied einen offenen Konflikt mit dem Kaiser und trat nur für eine begrenzte Liberalisierung des Entwurfs ein. Gleichzeitig machte es sich aber in der für das Gesetzgebungsprojekt eingerichteten Reichstagskommission den Streitpunkt des bayerischen Sonderrechts zu eigen und setzte eine Überbrückungsregelung durch, die bestimmte, dass „die Errichtung einer obersten militärgerichtlichen Instanz [...] mit Rücksicht auf die Verhältnisse Bayerns anderweitig gesetzlich geregelt" werde. Diese Überweisung an die Reichsgesetzgebung sicherte dem Reichstag einen bleibenden Einfluss auf die weitere Ausgestaltung des für das Militär zuständigen Gerichtswesens. Dadurch machte sie die Reichsregierung in der zwischen Kaiser und bayerischer Regierung schwelenden Konfliktfrage von der fortwährenden Kooperation des Zentrums abhängig – jedenfalls solange die Partei ihre parlamentarische Schlüsselstellung als stärkste Fraktion behalten würde.[156]

Wie sehr dieser Schachzug die monarchische Prärogative des Militärs bedrohte, zeigte sich noch in der Reichstagskommission. Bei der Vorstellung des Zentrumsantrags verlor Goßler vollkommen die Beherrschung und attackierte die bayerische Regierung scharf dafür, dem Parlamentsausschuss ihre eigenen Vorschläge über den bayerischen Zentrumsabgeordneten und späteren Reichskanzler Georg von Hertling zugespielt zu haben. Dadurch gab er das eigentlich größte Verhandlungspfund der Reichsregierung preis: die Geschlossenheit des Bundesrates beziehungsweise der verbündeten Regierungen. Um Schlimmeres zu verhindern, beeilte sich Hohenlohe, hinter den Kulissen einen Kompromiss zu vermitteln. Für den aufgewühlten Zustand des föderalen Entscheidungssystems bezeichnend, ging er dafür einen Weg, der mehr an den alten Fürstenbund als an die neue Reichsmonarchie erinnerte. Er wandte sich an den bayerischen Ministerpräsidenten Friedrich Krafft von Crailsheim und bat ihn, den bayerischen Prinzregenten einzubeziehen, um die Sache aus der Welt zu schaffen. Dieser sollte dem Kaiser quasi von Fürst zu Fürst den bereits seit Längerem diskutierten Plan vorschlagen, ein Reichsmilitärgericht mit einem gesonderten, nur für die bayerischen Regimenter zuständigen Senat einzurichten, der vom bayerischen Monarchen zu ernennen sei. Prinzregent Luitpold tat, wie ihm geheißen, und der Kaiser gab sich mit dieser respektvollen Geste zufrieden. Damit war Mitte 1898 eine Lösung gefunden und dem Zentrum zumindest vorübergehend der Wind aus den Segeln genommen. Unter dem Strich hatten Wilhelms ständige Querelen während der vergangenen Jahre das Gesetzgebungsverfahren jedoch derart durcheinander gebracht, dass an dessen Ende ein klarer Punktsieg für den Reichstag stand.[157]

Neben dem Kaiser war der wohl schlimmste Störfaktor, der den föderalen Entscheidungsprozess in den 1890er-Jahren von innen heraus belastete, der Dualismus zwischen den Regierungsstellen des Reiches und Preußens. Zwischen den exekutiven Führungsebenen des Bundes und denen seines Hegemonialstaates hatte es schon seit den ersten Jahren nach der Reichsgründung immer wieder geknirscht. Nach Bismarcks Abgang häuften sich allerdings durch die Loslösung der Reichsregierung von ihren preußischen Wurzeln die Koordinationsprobleme. Vor allem die Instruktion der preußischen Bundesratsbank, also der Betrieb jener Nahtstelle zwischen Bund und Ländern, mit deren Hilfe die Reichsregierung überhaupt erst innerhalb der Verfassung aktiv werden konnte, entwickelte sich nach Bismarcks Abgang zu einem ständigen Zankapfel zwischen Reichsregierung und preußischem Staatsministerium.

Besonders heftig wurde diese Auseinandersetzung, nachdem Caprivi 1892 das Amt des Ministerpräsidenten an Botho zu Eulenburg abgetreten hatte. In einem ständigen Hin und Her berief sich Caprivi auf das alte bündische, angesichts der realen Verfassungsverhältnisse nur noch rein formalistische Argument, dass das Abstimmungsverhalten der preußischen Delegation im Bundesrat eine auswärtige Angelegenheit sei, deshalb in den Kompetenzbereich des preußischen Außenministers falle, und damit bei ihm liege. Eulenburg sah dagegen die Instruktion an einen Mehrheitsentscheid des Staatsministeriums gebunden. Alle Versuche, die er als Teil eines gegen den Kanzler gerichteten Kurses in dieser Richtung unternahm, scheiterten letztlich aber. Das lag nicht zuletzt daran, dass ihm einfach die Zeit fehlte, weil Hohenlohe genau wegen solcher Streitigkeiten die Trennung zwischen Kanzleramt und Ministerpräsidentschaft bei seinem Amtsantritt 1894 sofort wieder rückgängig machte. Danach verloren die preußischen Minister endgültig das Interesse am Bundesrat. 1903 erschien das ganze Jahr über kein einziger von ihnen im Plenum (Graph 11). Auch wenn dort nach wie vor die entscheidenden Abstimmungen stattfanden, hatte es für sie mehr Sinn, sich auf die Ministerkonferenzen, Sonderkommissionen, Reichstagsausschüsse und andere Verhandlungsforen zu konzentrieren, wo zusehends die Musik spielte, als zu versuchen, die preußische Bundesratsvertretung von der Reichsregierung zurückzuerobern.[158]

In eben jenen alternativen Entscheidungsgremien zogen sich die preußischen Minister jedoch genau wie im preußischen Staatsministerium in den 1890er-Jahren vermehrt auf Positionen zurück, die ganz an den Interessen des Hegemonialstaates ausgerichtet waren und den Bund außer Acht ließen. Diese „bundesunfreundliche" Haltung machte es für die Reichsregierung erheblich schwerer, föderale Kompromisse herzustellen. Hans Goldschmidt hat in seiner 1931 veröffentlichten Studie über den preußisch-deutschen Dualismus gar von einer Phase „partikularistischer Entartung" gesprochen, in der die preußischen Ministerien die Arbeit der sich von ihnen mehr und mehr emanzipierenden Reichsämter geradezu torpedierten. Im Lichte des heutigen Forschungsstandes erscheint diese Einschätzung stark übertrieben. Eine Daueropposition quer durch alle Politikfelder gab es nicht. Andernfalls wäre es ja gar nicht möglich gewesen, das Reich weiter zu regieren. Die Lage war komplizierter. Wie oben bereits erörtert, wuchsen die institutionellen Verflechtungen zwischen den obersten Behörden Preußens und des Reiches ständig. Diese Kanäle stellten in den meisten Fällen sicher, dass die Regierungen des Bundes und seines Hegemonialstaates an einem Strang zogen. Allerdings kam es zwischen beiden auch immer wieder zu Konflikten, die das föderale Entscheidungssystem punktuell erschütterten oder sogar eine Zeit lang lähmten. Dabei gelang es keinem, dem anderen permanent seinen Willen aufzuzwingen. Es setzte sich vielmehr einmal diese und einmal jene Seite durch. Im Dualismus zwischen Bund und Hegemonialstaat schlug das Pendel der Macht gewissermaßen ständig, aber vollkommen unregelmäßig hin und her.[159]

Am heftigsten waren die Ausschläge auf dem ob des wachsenden Haushaltsdefizits des Reiches besonders umkämpften Gebiet der Finanzpolitik. 1894 scheiterte der preußische Finanzminister Johannes von Miquel mit der oben bereits im Hinblick auf das Weinsteuergesetz ausführlicher beschriebenen, ganz auf die Interessen des Hegemonialstaates zugeschnittenen Reform des föderalen Finanzwesens. Zu Beginn der Verhandlungen zwischen den einzelstaatlichen Regierungen und der Reichsregierung sah es keineswegs danach aus, dass Miquel seine Pläne nicht würde durchsetzen können. Im Gegenteil: Es gelang ihm sogar, seinen wichtigsten Kritiker in den Reihen der Reichsregierung aus dem Weg zu räumen. Helmut von Maltzahn, der Staatssekretär des Reichsschatzamtes, der im Vorjahr selbst mit einem Reformversuch gescheitert war, lehnte Miquels Ideen zur Einführung neuer Spezialsteuern als zu einseitig-preußisch ab. Er wollte stattdessen lieber eine Reihe bestehender Verbrauchssteuern erhöhen, die alle Einzelstaaten gleichermaßen belastet hätten. Indem Miquel jedoch eine Konferenz der Finanzminister dazu nutzte, eine Mehrheit der einzelstaatlichen Regierungen auf die preußischen Grundlinien zu verpflichten, demontierte er Maltzahn so sehr, dass dieser anschließend seinen Rücktritt einreichte. Danach wendete sich das Blatt. Im Reichstag vermochte Miquel den Widerstand der Kartellparteien, die aus der gerade erst stattgefundenen Neuwahl als Sieger hervorgegangen waren und sich dementsprechend selbstbewusst gegen neue indirekte Reichssteuern aussprachen, nicht zu überwinden. Das lag neben dem offenen Protest des württembergischen Ministerpräsidenten, durch den die Vorlage in den parlamentarischen Verhandlungen das Pfund der ungeteilten Unterstützung der verbündeten Regierungen verlor, maßgeblich an der passiven Haltung der Reichsregierung. Weder Caprivi noch Posadowsky-Wehner, der das Reichsschatzamt von Maltzahn übernommen hatte, stellten sich nach dem Eklat Mittnachts hinter den Reformversuch. Stattdessen instruierte der Kanzler die Bundesratsbevollmächtigten, den Entwurf in der Reichstagskommission versanden zu lassen. Dadurch stellte er den preußischen Finanzminister praktisch kalt und reklamierte zugleich gegenüber dem Staatsministerium die Führungsrolle der Reichsregierung beim Ausbau des föderalen Finanzwesens.[160]

Zwölf Jahre später schaffte es hingegen der neue preußische Finanzminister Georg von Rheinbaben, sich gegen die Reichsregierung durchzusetzen und die größte Steuererhöhung seit Bismarcks Finanzreform von 1878/79 ganz entscheidend im Sinne des Hegemonialstaates abzuändern. Das Großprojekt des mittlerweile von Hermann von Stengel geleiteten Reichsschatzamtes sah ursprünglich vor, den Löwenanteil der geplanten Mehreinnahmen des Reiches über eine vom Reichstag seit Langem geforderte Reichserbschaftssteuer zu generieren. Rheinbaben lehnte dieses Konzept sowohl in den Vorverhandlungen zwischen den einzelstaatlichen Regierungen und der Reichsregierung als auch im preußischen Staatsministerium vehement ab, da er darin eine Gefahr für den Besitzstand der agrarischen Großgrundbesitzer sah. Unterstützung bekam er von den Konservativen im preußischen Herren- und Abgeordnetenhaus, die als Sprachrohr der ostelbischen Junker die Pläne Stengels aufs Schärfste verurteilten und in der rechten Presse einen regelrechten Sturm dagegen entfachten. Das derart verstärkte Veto des preußischen Finanzministers zwang Stengel schließlich, seine Vorlage dahingehend anzupassen, dass Kinder und Ehepartner von der neuen Erbschaftssteuer nun ausgenommen sein sollten. Dadurch fiel der Hauptteil der Einnahmen weg, die andernfalls aus der Steuer zu erwarten gewesen wären. Um diesen Verlust zu kompensieren, blieb Stengel keine andere Wahl, als Rheinbabens Forderung nachzukommen und die Tabak-, Stempel- und Brausteuer – also drei Verbrauchsabgaben, die die breite Masse viel mehr belasteten als die Erbschaftssteuer – deutlich stärker zu erhöhen, als anfänglich vorgesehen. Diese konservative „Programmänderung" war, wie der bayerische Gesandte Lerchenfeld-Köfering nach München berichtete, ein eindeutiger „Sieg des preußischen Finanzministeriums über das Reichsschatzamt". In diesem Fall hatte die preußische Regierung also demonstriert, dass sie ihre hegemoniale Stellung im Bund nach wie vor dazu nutzen konnte, um die Reichsregierung in die Knie zwingen.[161]

Die Auseinandersetzung um die sogenannte Große Lex Stengel von 1906 ist auch deshalb interessant, weil sie eine der wichtigsten Quellen aufzeigt, die den Dualismus zwischen den Regierungsstellen Preußens und des Reiches speisten und so den föderalen Entscheidungsprozess immer wieder mit Problemen überfluteten: die unterschiedlichen Wahlrechte im Bund und seinem Hegemonialstaat. Das allgemeine Männerwahlrecht des Reichstages und das Dreiklassenwahlrecht des preußischen Landtages produzierten automatisch unterschiedliche Mehrheitsverhältnisse. In der Bismarckära hielt sich die Diskrepanz noch in Grenzen. Nach 1890 wurde sie vor allem infolge des rasanten Aufstiegs der Sozialdemokratie auf der Bundesebene jedoch immer größer. Die Mitglieder der Reichsregierung mussten deshalb ganz andere parlamentarische Interessen berücksichtigen als die preußischen Minister. So musste Stengel versuchen, den Forderungen eines Reichstages entgegenzukommen, in dem gemäßigte und Linksliberale gut ein Viertel der Mandate hielten und die Sozialdemokraten hinter dem Zentrum die zweitstärkste Fraktion stellten. Rheinbaben sah sich dagegen einem Abgeordnetenhaus gegenüber, in dem die konservativen Parteien fast die Hälfte der Sitze innehatten und die Sozialdemokraten überhaupt nicht vertreten waren. Kein Wunder also, dass Rheinbaben die Erbschaftssteuer auf große Vermögen eindämmen und Stengel eine Belastung breiter Volkschichten durch höhere Verbrauchsabgaben vermeiden wollte.[162]

Noch vertrackter war die Situation allerdings für diejenigen, die sowohl im Reich als auch in Preußen wichtige Regierungsposten bekleideten und deswegen zwischen den unterschiedlichen Belangen der beiden Volksvertretungen hin- und herlavieren mussten, allen voran der Kanzler beziehungsweise preußische Ministerpräsident. Bülow weigerte sich denn auch genauso wie alle anderen Mitglieder der Reichsregierung, die einen Sitz im preußischen Staatsministerium innehatten, wegen eines – wenn auch wichtigen – Details von Stengels Finanzreform einen dauerhaften Bruch mit den preußischen Konservativen zu riskieren. Damit verwehrten sie dem Reichsschatzsekretär den Rückhalt, den er gebraucht hätte, um sich in der Frage der Erbschaftssteuer gegen den preußischen Finanzminister zu behaupten. Die erzwungene Revision seiner Vorlage ist deshalb ein Paradebeispiel dafür, wie die Wahlrechtsdiskrepanz zwischen Preußen und dem Reich die hegemonialen Verschränkungen des Bundes zu einer Belastung für den föderalen Entscheidungsprozesses machte und somit die Regierbarkeit des Reiches erschwerte. Anders gesagt: Die verschiedenen Wahlrechte streuten insofern Sand ins Getriebe des föderalen Zweitaktmotors, als die unterschiedlichen Mehrheitsverhältnisse der beiden Parlamente solche Konflikte zwischen den Regierungen des Bundes und seines hegemonialen Mitgliedsstaates befeuerten. Angesichts dieses Zusammenhanges war die Intensivierung des preußisch-deutschen Dualismus ausgangs des 19. und eingangs des 20. Jahrhunderts auch ein Zeichen davon, dass die beiden Volksvertretungen die jeweiligen Regierungen immer mehr vor sich hertrieben.[163]

Die Querschüsse, die den Bund aus der Deckung der Länder heraus trafen, kamen allerdings nicht allein aus Preußen. Auch die süddeutschen Staaten wurden nach Bismarcks Abgang zunehmend zu einem Faktor, der den föderalen Entscheidungsprozess mehr störte als beruhigte. Die Regierungen südlich der Mainlinie erwachten in den 1890er-Jahren langsam aus einem Dornröschenschlaf. Besonders in der letzten Phase von Bismarcks Kanzlerschaft, in der er ja eigentlich den Fürstenbund hatte reaktivieren wollen, hatten sich die mittelstaatlichen Regierungen weitgehend aus der aktiven Gestaltung der Bundespolitik zurückgezogen. Selbst die Landespolitik war ein Stück weit eingeschlafen, so sehr hatte Bismarcks autoritäres Regime jede Eigeninitiative erstickt. Nun erlebte die einst so auf ihre Eigenständigkeit bedachte süddeutsche Politik eine regelrechte „Renaissance", wie Albert Funk in seiner *Kleinen Geschichte des Föderalismus* treffend formuliert hat. Die Regierungen in München, Karlsruhe, Stuttgart und – zu einem gewissen Grad auch – Dresden entdeckten jetzt, da sich der bleierne Schleier der Bismarckzeit gehoben hatte, wie viel Raum das immer noch vergleichsweise grobe Verfassungsgerüst der in den letzten Jahren entstandenen Reichsmonarchie ihnen eigentlich ließ. Sowohl auf Landes- als auch auf Bundesebene regte sich ihr Betätigungsdrang, um der aus ihrer Sicht allzu unitarischen und von Preußen gelenkten Entwicklung des Reiches entgegenzuwirken.[164]

In der Landespolitik äußerte sich dieser Versuch, das Heft des Handelns in die Hand zu nehmen und die eigene Position zu stärken, am deutlichsten darin, dass die traditionell liberalen Beamtenregierungen der Südstaaten die ihnen zustehende Verfassungsautonomie nach der Jahrhundertwende dazu nutzten, um das Wahlrecht zu modernisieren. Baden, Württemberg und Bayern passten ihre ohnehin relativ liberalen Wahlrechte zwischen 1904 und 1907 dem des Reichstages an. Damit galt in drei der fünf Mittelstaaten das allgemeine, geheime, gleiche und direkte Wahlrecht. Hessen und Oldenburg folgten wenig später. Selbst die konservative sächsische Regierung ersetzte angesichts regelmäßiger Massendemonstrationen das Dreiklassenwahlrecht, das sie erst 1896 erlassen hatte, um die Sozialdemokratie einzudämmen, 1909 durch ein Pluralwahlrecht. Das war zwar wegen der Zusatzstimmen, die es an ältere, reichere und gebildetere Wähler verteilte, immer noch nicht gleich, kannte aber immerhin keinen Zensus mehr und gestand jedem männlichen Bürger eine Grundstimme zu. Auch einige thüringische Kleinstaaten folgten dem Vorbild ihrer großen Nachbarn und führten demokratischere Regeln ein.[165]

Als das erste Jahrzehnt des neuen Jahrhunderts sich dem Ende neigte, war das Reich somit zweigeteilt: Der reformunwilligen Hegemonialmacht im Norden, die eisern an dem für die Regierbarkeit des Bundes so problematischen Dreiklassenwahlrecht festhielt, standen die modernisierten Südstaaten gegenüber, die immer größere Schritte hin zur parlamentarischen Monarchie unternahmen. In Baden und in Württemberg arbeiteten die Regierungen schon länger relativ eng mit den größten Fraktionen des jeweiligen Landtages zusammen. Nach 1900 war das auch in Bayern zusehends der Fall, wo die Landtagsmehrheit denn auch prompt eine Schulreform durchsetzte. Auf diese Weise wurden das Zentrum und die Sozialdemokraten im Süden immer stärker in die Regierungsarbeit eingebunden. Die bayerische Wahlrechtsreform kam zum Beispiel maßgeblich durch ein Bündnis dieser beiden Parteien zustande. 1912 ernannte der bayerische Prinzregent gar den schon erwähnten Zentrumspolitiker Georg von Hertling zum Ministerpräsidenten. Auch wenn dieser keine Parlamentsabgeordneten in sein Kabinett berief, sendete seine Ernennung das klare Zeichen nach Berlin, dass der Süden sich immer weiter von Preußen abkoppelte und Richtung Parlamentarisierung tendierte.[166]

Auf Bundesebene manifestierte sich das Aufleben der Südstaaten darin, dass sich deren Regierungen nach Bismarcks Ausscheiden vermehrt gegen die Regierungen Preußens und des Reiches stellten. Der beeindruckendste Vorfall dieser Art ist uns bereits mehrfach begegnet: Mittnachts Protest gegen die Weinsteuer, der nicht nur die Führungsqualitäten der preußischen Regierung bei der Reform des föderalen Finanzwesens offen in Zweifel zog, sondern auch der Reichsregierung den bündischen Schutz vor dem Reichstag nahm. Beständiger als der württembergische Hirsch brüllte jedoch der bayerische Löwe, der in den 1880er-Jahren relativ leise geworden war. Die oben beschriebenen Verhandlungen zur Militärstrafprozessordnung waren nur eines von vielen Gesetzgebungsverfahren, in denen die bayerische Regierung mit neuer Energie ihre Eigenstaatlichkeit herausstellte und geradezu demonstrativ jedes in der Praxis noch so irrelevante Reservatrecht verteidigte. Bemerkenswert war auch die Wende, die Baden vollzog. Hatte sich die Karlsruher Regierung während Bismarcks Kanzlerschaft als getreueste süddeutsche Unterstützerin der preußischen Führung erwiesen, ging sie nach 1900 selbst im Bundesrat immer öfter eigene Wege. In dem Freiraum, der für die einzelstaatlichen Regierungen durch die Lockerung der eisernen Faust entstand, mit der die Reichsregierung sie unter Bismarck festgehalten hatte, übersetzte sich die „liberal akzentuierte Landeskultur" und die

„sozialliberale Aufbruchsbewegung" also in eine „föderale Profilierung", wie Hans-Jürgen Kremer beschrieben hat.[167]

Dieses wiedergewonnene Engagement der süddeutschen Staaten bei sich zu Hause und in Berlin verkomplizierte den föderalen Entscheidungsprozess schon allein dadurch, dass es die Stimmen im Lager der verbündeten Regierungen polyphoner werden ließ. Vor allem machte es die Südstaaten aber zu einem Dorn im monarchischen Gewebe des Bundeskörpers. Das lag zuvorderst daran, dass die relative Liberalisierung der Südstaaten die Fronten verschob, die seit Jahrzehnten gegolten hatten. Wenn die süddeutschen Regierungen in Berlin einen partikularistischen Standpunkt einnahmen, bedeutete das spätestens nach 1900 nicht mehr automatisch, dass sie dabei auch monarchische Interessen vertraten, da ihre Positionen mehr und mehr die Ansichten der wichtigsten Parteien berücksichtigten, mit denen sie in ihren heimischen Landtagen kooperierten. Das konnte mitunter die Gemeinschaft der verbündeten Regierungen auseinanderdividieren und so Löcher in die bündische Schutzmauer schlagen. Mittnachts Eklat im Reichstag war ein frühes Beispiel dafür, legte er seinen Protest gegen die Steuervorlage Miquels doch nicht zuletzt deswegen ein, um auf Drängen des württembergischen Landtages den lokalen Weinbauernstand zu schützen. Es konnte also nun vorkommen, dass einzelne süddeutsche Regierungen – angetrieben durch ihre Landtage – sich offen auf die Seite der Reichstagsmehrheit stellten anstatt mit ihren alten Bundespartnern aus dem Norden einen schützenden Ring um die Reichsregierung zu bilden.[168]

Außerdem isolierte die schrittweise Liberalisierung der Südstaaten das konservative Preußen unter den wichtigsten Mitgliedsländern des Bundes. Die Hegemonialmacht, die die Geschicke des Reiches wie kein anderer Einzelstaat beeinflusste, blieb gewissermaßen als reaktionärer Bremsklotz – Stichwort: Dreiklassenwahlrecht – in der föderalen Maschinerie zurück und erschwerte so deren Betrieb für die strukturell eng mit den preußischen Exekutivstellen verbundene Reichsregierung erheblich. Dazu kam, dass die Abkopplung der süddeutschen Staaten mittelfristig nicht ohne Konsequenzen für den Bundesrat bleiben konnte, der trotz seiner Marginalisierung bei den Gesetzesverhandlungen nach wie vor ein entscheidender Knotenpunkt der Verfassung war. Dass die Instruktionen für die Delegationen der nach Preußen wichtigsten Einzelstaaten von Regierungen kamen, die sich zunehmend an den Mehrheiten in ihren jeweiligen Landtagen orientierten, unterminierte zwangsläufig die Funktion der Länderkammer als antiparlamentarisches Bollwerk.[169]

Schließlich übte die Liberalisierung der süddeutschen Landespolitik sozusagen „von unten" einen gewissen Druck auf das Reich aus, ihrem Vorbild zu folgen, die Bremswirkung der reaktionären Hegemonialmacht zu überwinden und sich ebenfalls mehr in Richtung einer parlamentarischen Monarchie zu bewegen. Die Parteien erkannten, dass die Einzelstaaten ihnen die Möglichkeit boten, auf der Basis pragmatischer Zusammenarbeit mit der jeweiligen Regierung ganz konkrete Maßnahmen durchzusetzen, die den föderalen Charakter des Reiches nutzten, um den Bundesstaat von der Landesebene aus zu modernisieren. Die Wahlrechtsreformen waren der wohl wichtigste Ausdruck dieser Strategie. „Die spezifischen Kompetenzbereiche der Landtage erleichterten es [dabei selbst] der Sozialdemokratie", wie Simone Lässig argumentiert hat, „jenseits von rein ideologischen Statements eine reformorientierte und kooperationsbereite Politik zu verfolgen", mit der sie ihre Zukunftshoffnungen für das Reich untermauerten. Am deutlichsten war das in Baden, wo Nationalliberale und Sozialdemokraten 1905 eine Wahlabsprache trafen, um die politische Dominanz des Zentrums zu brechen. Diese informelle Kooperation der Reichsgründungs- mit der Radikalpartei mündete 1909 gegen den Willen des Großherzogs in eine offizielle Koalition, den sogenannten „Großblock", der in den folgenden Jahren gegen den Widerstand des Zentrums das Volksschulwesen, das kommunale Wahlrecht und sogar das Steuersystem reformierte. Spätestens als die Sozialdemokraten 1910 um den Preis heftiger innerer Konflikte und entgegen der Vorgabe der Reichstagsfraktion auch dem Landeshaushalt zustimmten, war dieses ungleiche Bündnis de facto zu der Kraft geworden, auf die sich die großherzogliche Regierung wohl oder übel im Parlament stützte. Diese Einbindung der Sozialdemokratie im Südwesten sendete mit jedem Schritt, der sie verstärkte, größere Schockwellen nach Berlin, mussten die Führungsebenen Preußens und des Reiches doch fürchten, dass hier ein Modell entstand, das sich der Reichstag zu eigen machen könnte, um den Druck auf sie ganz empfindlich zu erhöhen und eine Parlamentarisierung der Reichsgewalt herbeizuführen.[170]

Genau wie die Interventionen des Kaisers und der preußisch-deutsche Dualismus steuerte die Renaissance der Südstaaten also ihren Teil dazu bei, dass der sich nach Bismarcks Abgang neu sortierende föderale Entscheidungsprozess lange sehr unbeständig blieb und je nach Politikfeld stark variierte. Nach einer gewissen Zeit vereinheitlichten sich jedoch die Abläufe. Es ist indes schwierig zu sagen, wann genau schließlich ein integriertes System entstanden war. Einige Störfaktoren, wie die Konflikte zwischen dem preußischen Staatsministerium und der Reichsregierung über die Emanzipation der Reichsämter, schwächten sich im ersten Jahrzehnt nach der Jahrhundertwende spürbar ab. Andere verstärkten sich dagegen, wie zum Beispiel die Liberalisierung der süddeutschen Landespolitik oder die Koordinationsprobleme, die sich aus den unterschiedlichen Wahlrechten in Preußen und im Bund ergaben. Einen klaren Punkt, an dem sich alle Teile der föderalen Ordnung auf einmal zu einem einheitlichen System zusammengefunden hätten, gab es deshalb nicht. Man kann daher leicht zu verschiedenen Periodisierungen kommen. So argumentiert Christian Henrich-Franke, dass die „Nivellierung der Ungleichzeitigkeiten" bereits um die Jahrhundertwende abgeschlossen war. Diese Einschätzung übersieht allerdings, dass die meisten Entwicklungen, die mit dem preußisch-deutschen Dualismus oder dem Aufleben der Südstaaten zusammenhingen, mal integrationshemmend, mal integrationsförderlich wirkten und sich bis in den Krieg hinein fortsetzten. Hinsichtlich eines Störfaktors lässt sich jedoch relativ genau festlegen, wann seine Bedeutung abflaute und er den föderalen Entscheidungsprozess zumindest ein Stück weit zur Ruhe kommen ließ. Die Rede ist vom Kaiser, der sich gegen Ende des Jahrzehnts gezwungen sah, sein Verhalten merklich zu ändern, und auf diese Weise vielleicht für die klarste Zäsur dieser Zeit sorgte.[171]

1908 gab Wilhelm während eines Urlaubsaufenthaltes in Südengland ein unbedachtes Interview über die deutsch-britischen Beziehungen, dessen Veröffentlichung im *Daily Telegraph* das Reich in seine bis dato schwerste Staatskrise stürzte. Der Kaiser behauptete in dem Gespräch unter anderem, dass er selbst zu einer englandfreundlichen Minderheit im Reich gehöre, die meisten in der deutschen Politik und Bevölkerung aber eine Abneigung gegenüber dem Inselkönigreich hegten. Damit nährte er den ohnehin bestehenden Argwohn Großbritanniens gegenüber der deutschen Flottenaufrüstung und manövrierte das Reich so in äußerst schwieriges diplomatisches Fahrwasser. Diese Taktlosigkeit löste in der deutschen Öffentlichkeit einen Sturm der Entrüstung aus, in dem sich die über die letzten anderthalb Jahrzehnte angesammelte Frustration über Wilhelms eigenmächtigen Herrschaftsstil entlud. Teilweise wurde gar der Ruf nach einer Abdankung des Kaisers laut. Im Reichtags kam es über zwei Tage hinweg zu einer tumultartigen Debatte, in der alle Parteien, selbst die Konservativen, Wilhelms „persönliches Regiment" scharf verurteilten. Einige Fraktionen drängten dabei auf konkrete Schritte in Richtung Parlamentarisierung, um dem Kaiser Einhalt zu gebieten. So forderten die Linksliberalen, die Ministerverantwortlichkeit endlich in der Verfassung zu verankern, damit der Reichstag die Reichsregierung in Zukunft zur Verantwortung ziehen könne, wenn sie derartige Verfehlungen des Kaisers erlaube. Am weitesten gingen die Sozialdemokraten. Sie verlangten die Abschaffung der Monarchie und den sofortigen Übergang zu einem parlamentarischen Regierungssystem. Die Nationalliberalen und die Konservativen sprachen sich zwar nicht für eine grundlegende Verfassungsänderung aus, forderten aber unmissverständlich, dass Wilhelm sich in Zukunft zurückhalten und die Reichsregierung gegen die sich in der Freigabe des Interviews manifestierende Unzulänglichkeit des Regierungsapparates etwas tun müsse.[172]

Ob dieser allseitigen Geißelung der Reichsmonarchie herrschte auf der Regierungsbank panische Ratlosigkeit. Bülow stellte sich nicht vor den Kaiser, sondern distanzierte sich von ihm. So betonte er im Reichstag etwa, dass er die „feste Überzeugung [...] gewonnen" habe, dass der Aufruhr um das Interview „Seine Majestät den Kaiser dahin führen [werde], fernerhin in Privatgesprächen seine Zurückhaltung zu beobachten, die im Interesse einer einheitlichen Politik und für die Autorität der Krone gleich unentbehrlich" sei. Andernfalls könne weder er noch ein Nachfolger im Kanzleramt in solchen Fällen die Verantwortung übernehmen. Kurzum: Bülow versuchte, von seinem eigenen Versagen abzulenken und so seine Haut zu retten. Eigentlich wäre es als Kanzler seine Aufgabe gewesen, die Veröffentlichung des Interviews zu stoppen oder die desaströsen Aussagen des Kaisers zumindest so abzuschwächen, dass sie keine diplomatischen Verwicklungen hätten auslösen können. Bülow war aber seiner Verpflichtung zur Gegenzeichnung nicht gewissenhaft nachgekommen. Der *Daily Telegraph* hatte das Interview nach guter journalistischer Sitte dem Kaiser zur Freigabe nach Berlin geschickt. Dieser hatte es dann ganz verfassungsgemäß an den Kanzler zur Autorisierung weitergeleitet. Auf Norderney im Urlaub weilend, hatte Bülow das Interview aber zurück nach Berlin ins Auswärtige Amt gesendet, wo es schließlich auf dem Tisch eines untergeordneten Beamten gelandet war, der die Freigabe ohne große Bedenken abgezeichnet hatte.

Es ist in der Forschung umstritten, inwieweit Bülow das Interview wirklich nicht gelesen hatte. Letztlich war das aber egal. Ob der Kanzler im Reichstag log oder nicht, seine halbherzige Verteidigung des Kaisers demaskierte den getreuen Höfling, als der sich Bülow gegenüber Wilhelm immer ausgegeben hatte. Letzterer verzichtete zwar für den Moment darauf, das Rücktrittsgesuch, das ihm Bülow anbot, anzunehmen, weil er selbst einfach zu sehr unter Beschuss stand, als dass er einen Wechsel im Kanzleramt hätte vornehmen können, ohne durch dieses vermeintliche Bauernopfer die Rufe nach seiner Abdankung noch lauter werden zu lassen. Das Vertrauensverhältnis zu seinem Regierungschef war aber irreparabel zerrüttet. Auch eine vordergründige Aussprache änderte nichts daran: Bülow war nach seinem Auftritt im Reichstag ein Kanzler auf Abruf.[173]

Nur wenige Monate später kam der Knall, der schließlich zu seiner Entlassung führte. Bülow schaffte es im Sommer 1909 nicht, seinen parlamentarischen „Block" aus Konservativen, National- und Linksliberalen bei einer dringend benötigten Reform der Reichsfinanzen zusammenzuhalten. Das Haushaltsdefizit des Reiches war vor allem ob der wachsenden Ausgaben für die Sozialpolitik und den Flottenbau mittlerweile so groß, dass die Reichsregierung nicht länger umhin konnte, über einen Schritt nachzudenken, den sie bisher seit der Reichsgründung immer wieder vermieden hatte, um das ohnehin starke Budgetrecht des Reichstages nicht noch weiter auszubauen: die Einführung direkter Steuern. Um die jährlich benötigten 500 Millionen Mark aufzubringen, unterbreitete die Reichsregierung daher dem Reichstag eine Vorlage, die neben der Einführung beziehungsweise Erhöhung diverser Verbrauchssteuern auf Alkohol und Tabak auch eine von den Liberalen seit Langem immer wieder ins Spiel gebrachte Erbschaftssteuer umfasste. Die Konservativen lehnten Letztere jedoch rigoros ab, weil sie dem Reichstag keinesfalls Zugriff auf Steuern gewähren wollten, die den Grundbesitz betrafen. Sie waren aus ihrer Sicht bei den Landtagen besser aufgehoben, herrschten hier doch außer im Süden in den meisten Staaten – allen voran in Preußen – wegen diverser Wahlrechtsbeschränkungen nach wie vor deutlich weniger progressive Mehrheitsverhältnisse. Der konservative Bund der Landwirte zeichnete in der Presse gar das Schreckgespenst von drohenden Enteignungen. Bei der entscheidenden Abstimmung im Reichstag zerbrach denn auch der Bülow-Block. Während die liberalen Parteien die Vorlage der Regierung unterstützten, scherten die Konservativen aus und stimmten gemeinsam mit dem Zentrum gegen die Vorlage. Im Anschluss an diese Niederlage reichte Bülow seinen Rücktritt beim Kaiser ein, der dieses Gesuch jetzt, wo es allein der Kanzler und nicht länger auch er selbst war, der im Kreuzfeuer der Kritik stand, umgehend annahm. Bülow brachte zwar die Finanzreform noch zustande, indem er mit veränderten Mehrheiten eine Reihe von Konsumsteuern als Ersatz für die Erbschaftssteuer erhöhte beziehungsweise neu einrichtete. Seine Entlassung war aber besiegelt.[174]

Manfred Rauh hat diese in direkter Folge einer Niederlage im Reichstag erfolgte Demission als den „ersten parlamentarischen Kanzlersturz" der deutschen Geschichte bezeichnet. Angesichts des weiteren Kontexts, in dem Bülow sich verabschiedete, scheint diese Einschätzung stark übertrieben. Die durch die Gefolgsverweigerung der Konservativen herbeigeführte Schlappe bei der Abstimmung über die Finanzreform war der Auslöser, aber nicht die Ursache für seinen Sturz. Dieser ging letztlich auf sein Zerwürfnis mit dem einzigen Mann zurück, dem der Kanzler – die gesteigerte parlamentarische Abhängigkeit der Reichsregierung hin oder her – nach wie vor verantwortlich war: dem Kaiser. Bülow war nicht erst über den Misserfolg bei der Erbschaftssteuer, sondern bereits über die *Daily-Telegraph*-Affäre neun Monate zuvor gestolpert. Die parlamentarische Abstimmungsniederlage bei der Finanzreform gab dem Gestürzten lediglich den letzten Schubs vom Rand der Klippe, an der er ohnehin nur noch mit einer Hand hangelte. Allerdings bedeutete Bülows sich in zwei Etappen vollziehender Fall zweifelsohne eine weitere Annäherung an ein parlamentarisches System. Der Reichstag demonstrierte schließlich, dass seine Position ob der anhaltenden Strukturveränderungen des föderalen Regierungssystems mittlerweile so stark war, dass er politische Krisen dazu ausnutzen konnte, ein Zerwürfnis zwischen Kaiser und Kanzler herbeizuführen und Letzteren zum Abschuss freizugeben. Dabei wies er gleichzeitig auch den Kaiser in der seit der Reichsgründung entstandenen Reichsmonarchie in die Schranken, schließlich waren es die parlamentarischen Parteien, die es Wilhelm mit der scharfen Verurteilung seines persönlichen Regiments zunächst unmöglich machten, den Kanzler auszutauschen, und ihm dann mit der Ablehnung der Erbschaftssteuer den Zeitpunkt vorgaben, an dem er von seinem Entlassungsrecht ohne weiteres Risiko Gebrauch machen konnte. Insofern markierte Bülows Rücktritt nicht den „ersten parlamentarischen Kanzlersturz", sondern einen vom Parlament geführten Befreiungsschlag des föderalen Entscheidungssystems gegenüber den Ansprüchen Wilhelms auf Selbstregierung.[175]

Und diese Aktion zeigte zweifelsohne Wirkung. Es ist zwar umstritten, inwieweit die *Daily-Telegraph*-Affäre und ihre Folgen um Bülows Sturz etwas am persönlichen Regiment des Kaisers änderten. Fest steht jedoch, dass sich Wilhelm nach der Kritik an seiner Person und der Demontage Bülows im Reichstag in den folgenden Jahren deutlich seltener in laufende Gesetzgebungsverfahren einmischte. Offenbar fühlte er sich gezwungen, seine Rolle als Reichsmonarch zu überdenken. Zu solch manifesten kaiserlichen Interventionen wie beim Zustandekommen der Reichsmilitärstrafprozessordnung kam es nicht mehr. Selbst John Röhl, in dessen Augen das persönliche Regiment auch nach 1908/09 weiterexistierte und eine entscheidende Rolle beim Ausbruch des Krieges fünf Jahre später spielte, beschreibt in seinem Werk, dass sich Wilhelm nach der Affäre nicht mehr so häufig direkt einmischte, sondern zusehends subtiler agierte und den Kanzler und die anderen Mitglieder der Reichsregierung aus dem Hintergrund heraus steuerte. Laut Röhls Kritikern war jedwedes persönliche Regiment – wenn sie überhaupt davon ausgehen, dass ein solches jemals existierte – sowieso spätestens mit Bülows Rücktritt vorbei. So oder so war für den föderalen Entscheidungsprozess der Rückgang der unberechenbaren Interventionen des Kaisers das Entscheidende. Denn durch den Wegfall dieses Störfaktors konnte sich quer durch alle Politikfelder eine gewisse Regelmäßigkeit der verschiedenen Abläufe einstellen, die das System insgesamt stabilisierte.

# VI. 1909–1914: Das integrierte System zwischen Stabilität und Krise

Die letzten Jahre vor Ausbruch des Ersten Weltkrieges werden oft als eine Phase des verfassungspolitischen Stillstandes beschrieben, in der ein krisengeschütteltes Regierungssystem in einer Sackgasse steckte, aus der es nur noch durch die Flucht in den Krieg herauskam. Etabliert hat diese Sichtweise vor allem Hans-Ulrich Wehler. In seinen Standardwerken zur Politik- und Gesellschaftsgeschichte hat er argumentiert, dass sich das Reich ab 1890 immer tiefer in eine „permanente Staatskrise" hineinmanövriert habe. Dabei sei eine „Polykratie rivalisierender Machtzentren" für eine verhängnisvolle „Dauerlabilität" des politischen Systems verantwortlich gewesen, die gleichzeitig jede Reform der Verfassung unmöglich gemacht habe.[176]

Wenn man das späte Wilhelminische Regierungssystem durch die Linse des föderalen Entscheidungsprozesses betrachtet, lässt sich diese Interpretation kaum aufrechterhalten. Natürlich gab es mit dem Kanzler, den Reichsämtern, den preußischen Ministerien, den Regierungen der Mittel- und Kleinstaaten, den untergeordneten Verwaltungsbehörden, den Landesparlamenten, dem Kaiser und seinen Kabinetten, dem Bundesrat, den diversen Konferenzen, Sachverständigenräten und Beratungsgremien des prälegislativen Raumes und schließlich mit dem Reichstag – um nur die wichtigsten Institutionen zu nennen – eine große Zahl unterschiedlicher Machtzentren, die sich in den letzten vier Jahrzehnten ausgebildet hatten und miteinander um politischen Einfluss konkurrierten. Die Verfassungsordnung versank deshalb aber nicht in einem ausweglosen Chaos. Im Gegenteil: Am Vorabend des Krieges verfügte das Reich über ein voll integriertes föderales Entscheidungssystem, das sich quer durch alle Politikfelder durch einheitliche und professionalisierte politisch-administrative Abläufe auszeichnete, die verschiedenen Machtzentren auf Bundes- und Landesebene in einem dichten Netz von Verflechtungen miteinander koordinierte, dabei das Verhältnis zwischen Monarchismus und Parlamentarismus neu kalibrierte und alle größeren Erschütterungen relativ unbeschadet überstand. Von einer permanenten Staatskrise kann deshalb keine Rede sein. Auch die These von der Reformunfähigkeit scheint verfehlt. Es gab zwar schwerwiegende Probleme, die das integrierte System nicht zu lösen vermochte, bevor der Krieg ausbrach. Die föderalen Strukturen waren aber nicht erstarrt, sondern weiterhin im Fluss. Tatsächlich waren die Barrieren, die sie einer Parlamentarisierung der Reichsgewalt entgegenstellten, Anfang 1914 so niedrig wie nie zuvor. Das Potenzial zur

Weiterentwicklung der Staatsordnung, die sich in den vergangenen Jahrzehnten ja immer wieder veränderten Umständen angepasst hatte, war also bei Weitem nicht erschöpft, als der Ausbruch des Krieges alle Reformgedanken erst einmal abwürgte.

Wie funktionierte also das integrierte föderale Entscheidungssystem, das spätestens um 1910 aus den Entwicklungen der vorangegangenen Jahrzehnte entstanden war? Die prozessualen Grundzüge sind schnell erklärt. Die Ausarbeitung von Gesetzesvorlagen fand in dem für das jeweilige Politikfeld zuständigen Reichsamt in Abstimmung mit den anderen betroffenen Reichsbehörden statt. Der erste Entwurf wurde für gewöhnlich direkt an die einzelstaatlichen Regierungen weitergeleitet, um schriftliche Stellungnahmen einzuholen und insbesondere mit dem preußischen Staatsministerium vorläufige Absprachen zu treffen. Auf der Basis der so erhaltenen Informationen überarbeitete die verantwortliche Dienststelle den Entwurf. Danach ging dieser in die Vorberatungen im prälegislativen Raum, wo neben den als Vertreter der Reichsregierung fungierenden Fach- und Führungsbeamten des entsprechenden Reichsamtes, den Gesandten der einzelstaatlichen Regierungen und eventuell benötigten Experten aus Wissenschaft und Wirtschaft auch zunehmend Mitglieder der wichtigsten Reichstagsfraktionen in verschiedenen Formaten miteinander verhandelten.

Auf Basis der so erzielten Kompromisse erstellte das zuständige Reichsamt einen weiteren Entwurf, wobei je nach Bedarf immer wieder informelle Rücksprachen mit einzelnen Regierungen, Reichstagsabgeordneten und anderen Reichsbehörden stattfanden. Danach brachte die Reichsregierung die offizielle Vorlage über die preußische Bank in den Bundesrat ein. In den dortigen Ausschüssen feilschten die Fachbeamten der verantwortlichen Reichsbehörde mit den einzelstaatlichen Regierungsvertretern um die Streitfragen, die in den Vorberatungen nicht hatten geklärt werden können. Selbst wenn dabei zu einzelnen Punkten keine Kompromisse erzielt werden konnten, überwies das Plenum die so erneut der Prüfung durch die Landesregierungen unterworfene und eventuell mit Änderungen versehene Vorlage zumeist mit großer Mehrheit an den Reichstag. Die eigentlichen Kernverhandlungen fanden dann in den vom Parlament eingesetzten Kommissionen statt. Dort rangen die Vertreter der Reichsregierung direkt mit den Unterhändlern der einzelnen Fraktionen. Auch die Gesandten der einzelstaatlichen Regierungen, die der für die Kommissionsberatungen abgestellten Bundesratsdelegation angehörten, brachten sich unabhängig in die Verhandlungen ein und versuchten, ihre Belange durchzusetzen. Zwischen den einzelnen Verhandlungsrunden fanden die Lesungen des Reichstagsplenums statt. Nach der dritten konnte die Reichsregierung die Vorlage zurückziehen oder zur Abstimmung stellen. Nahm der Reichstag die Vorlage an und hatten die einzelstaatlichen Regierungsvertreter dieser vorher in der Kommission zugestimmt, erübrigten sich weitere Verhandlungen in den Bundesratsausschüssen, und das dortige Plenum konnte das Gesetz zur Ausfertigung durch den Kaiser freigeben.[177]

Die meisten Merkmale dieses Entscheidungsprozesses haben wir bereits in den vorhergehenden Abschnitten über jene föderalen Entwicklungsstadien kennengelernt, in denen sie erstmals auftraten. Um das integrierte System besser zu verstehen, lohnt es aber, auf einige der zentralen Besonder- und Neuheiten im Folgenden näher einzugehen. Am bemerkenswertesten ist wohl die Tatsache, dass die jahrzehntelange Transformation von einer bündisch organisierten Regierungsordnung, in der vor allem die Ministerien des hegemonialen Mitgliedsstaates die Regierungsaufgaben erledigten, zu einer Reichsmonarchie mit einer selbstständigen und arbeitsteiligen Reichsregierung nun abgeschlossen war. Die mittlerweile zu großen Behörden herangewachsenen Reichsämter operierten jetzt als unabhängige Fachressorts des Bundes, die von der preußischen Ministerialbürokratie komplett gelöst waren, in ihren jeweiligen Zuständigkeitsbereichen die Politikformulierung übernahmen, mit den einzelstaatlichen Regierungen und den Reichstagsfraktionen selbstverantwortlich verhandelten und sich untereinander abstimmten. Dadurch erhielten sie eine Art „Vermittlerfunktion" zwischen den verschiedenen Verfassungsorganen und Institutionen, die in den Gesetzgebungsprozess eingebunden waren, wie Julia Liedloff hinsichtlich des Reichsinnenamtes im Fall der Verhandlungen zur Reichsversicherungsordnung resümiert hat. Dabei beanspruchte der neue Kanzler Theobald von Bethmann Hollweg die Richtlinienkompetenz, die schon Bülow nach der schwachen Amtsführung Hohenlohe-Schillingsfürsts wieder gefestigt hatte. Die Reichsleitung hatte nun also ganz klar die Qualität einer modernen Regierung, die über fachlich ausdifferenzierte Ministerialressorts verfügte und deren Chefs als eigenverantwortliche Bundesminister fungieren ließ.[178]

Im Juni 1914 kam es denn auch zur ersten richtigen Kabinettssitzung der Reichsregierung. Hatten die beiden außerordentlichen Konferenzen, die Bismarck mit den Staatssekretären der Reichsämter 1879 und 1885 abgehalten hatte, noch allein dazu gedient, die Leiter der obersten Bundesbehörden von den Maßnahmen in Kenntnis zu setzen, die der Reichskanzler zur Eindämmung des Reichstages für nötig hielt, trafen sich Bethmann Hollweg und seine Minister jetzt, um alle für die Zeit nach der Sommerpause anstehenden Gesetzesvorhaben miteinander abzusprechen. Diese Neuerung war Teil eines unten näher erläuterten Reformprogramms, das der Reichsinnenamtsleiter Clemens von Delbrück zur Verbesserung der Geschäftsabläufe im Frühsommer 1914 vorstellte. An der Sitzung nahm interessanterweise auch der preußische Kriegsminister teil, der dadurch endgültig in die Rolle eines Reichsministers rückte. Außerdem weigerte sich Bethmann Hollweg, Entscheidungen über Angelegenheiten zu treffen, die das Reichsschatzamt betrafen, da der zuständige Staatssekretär krankheitsbedingt nicht an der Sitzung teilnahm. Mit dieser Haltung unterstrich der Kanzler, dass die Chefs der obersten Bundesbehörden als eigenverantwortliche Ressortminister zu respektieren waren. Der Ausbruch des Krieges gut einen Monat später verhinderte zwar, dass Delbrücks Reformprogramm umgesetzt und damit solche Kabinettssitzungen zu einer regelmäßigen Einrichtung wurden. Allein schon der Plan demonstrierte aber, dass sich die Reichsleitung zu einer selbstständigen Reichsregierung erhoben hatte, deren Mitglieder die exekutiven Aufgaben des Bundes genauso ressortmäßig ausdifferenziert wahrnahmen wie die einzelstaatlichen Minister diejenigen der Länder.[179]

Diese Funktionsweise der Reichsregierung machte den föderalen Entscheidungsprozess deutlich egalitärer. Da die Reichsressorts mittlerweile über genügend eigene personelle und andere Ressourcen verfügten, um selbst solch komplexe Gesetzesprojekte wie die Reichsversicherungsordnung von 1911 im Alleingang zu stemmen, waren sie nicht länger auf die Amtshilfe der preußischen Ministerien angewiesen. Deswegen verhandelten sie jetzt mit allen einzelstaatlichen Regierungen gleichzeitig und holten nicht mehr zunächst die Zustimmung des preußischen Staatsministeriums ein. Letzteres informierten sie zwar in der Regel vorab über anstehende Vorhaben. Dabei handelte es sich aber meist um nicht viel mehr als eine bündisch-hegemoniale Höflichkeitsgeste, die aus förmlichen Gründen aufrechterhalten wurde, dem Staatsministerium aber keinen nennenswerten Wissensvorsprung mehr gegenüber den anderen Regierungen verschaffte. Auf vielen Gebieten, in denen sich der Schwerpunkt der Kompetenz nicht zuletzt durch den Abzug der entsprechenden Fachbeamten von den preußischen in die reichseigenen Ministerien verlagert hatte, verlor die Regierung Preußens so ein Stück weit ihre Sonderstellung im Bund.[180]

Gleichzeitig wurde es spätestens nach dem spektakulären Erfolg der Sozialdemokraten bei der Reichstagswahl von 1912 zunehmend schwieriger, die unterschiedlichen Mehrheiten, die die ungleichen Wahlrechte im preußischen Landtag und im deutschen Bundesparlament produzierten, unter einen Hut zu bringen. Daher wandte sich die Reichsregierung auf ihrer Suche nach Kooperationspartnern für einzelne Projekte vermehrt vom preußischen Staatsministerium ab und den mittelstaatlichen Regierungen zu. Die Zusammenarbeit mit der bayerischen Regierung wurde dabei so eng, dass die *Vossische Zeitung* im März 1912 polemisierte, dass „unter dem fünften Reichskanzler [...] die Hegemonie im neuen Deutschen Reich von Preußen auf Bayern übergegangen" sei. Diese Einschätzung war natürlich stark übertrieben. Die Strukturen der preußischen Hegemonie waren nach wie vor intakt. Das zeigte sich schon daran, dass die Reichsregierung nicht umhinkonnte, diese zu nutzen, um die Kontrolle über die föderale Regierungsmaschine zu behalten. So änderte sich etwa an der Staatssekretarisierung des preußischen Staatsministeriums und an der Verreichung der preußischen Bundesratsbank (Graph 10) rein gar nichts. Sie blieben auf konstant hohem Niveau. Und doch verkleinerte die Verselbstständigung der Reichsregierung die Vormachtstellung der preußischen Regierung im Bund gehörig. Deutlich wurde das zum Beispiel, als es dem preußischen Staatsministerium 1909/10 nicht gelang, eine spezielle Abgabe für die Kanalschifffahrt durchsetzen, um die ostelbischen Großgrundbesitzer vor billigen Getreideimporten zu schützen. War es der preußischen Regierung 1878 noch gelungen, dem Reich aus demselben Grund den Übergang zur Schutzzollpolitik aufzuzwingen, scheiterte sie also vierzig Jahre später mit einem ähnlichen Vorhaben kläglich. Der Reichsadler hatte seinem Muttertier in der Zwischenzeit die Flügel so weit gestutzt, dass es sich in die Schar seiner Untergebenen einordnen musste.[181]

Auch wenn das integrierte System somit weniger hegemonial war als die Föderalordnung früherer Jahre, hieß das nicht, dass es alle einzelstaatlichen Regierungen im gleichen Maße an der Entscheidungsfindung beteiligte. Im Gegenteil: Die Regierungen der Kleinstaaten wurden sowohl im prälegislativen Raum als auch im offiziellen Teil des Gesetzgebungsprozesses fast völlig von der Politikformulierung ausgeklammert. Nur die drei Hansestädte schafften es auf Grundlage ihrer wirtschaftlichen Bedeutung, sich wie schon in den vorangegangenen Jahrzehnten immer wieder durch geschickte Zusammenarbeit aktiv in die Gestaltung für sie wichtiger Vorhaben einzubringen. Die Rolle der anderen Kleinstaaten war darauf beschränkt, bei den Abstimmungen des Bundesrates als Mehrheitsbeschaffer der Reichsregierung zu dienen. Große Klagen darüber gab es selbst dann nicht, wenn sie bei empfindlichen Eingriffen in die föderale Kompetenzverteilung gänzlich außen vor standen, wie zum Beispiel bei der unten näher erläuterten Ausarbeitung diverser direkter Reichssteuern. Diese Ergebenheit lag zum einen daran, dass die Komplexität der Materien und die Vielzahl der Entscheidungsgremien, die in solche Verfahren eingebunden waren, die personellen und fachlichen Kapazitäten der meisten kleinstaatlichen Ministerialapparate bei Weitem überforderte. Zum anderen fanden die betroffenen Regierungen andere Mittel und Wege, um ihre Interessen in das integrierte System einfließen zu lassen. Die Verwaltungsbehörden des Bundes und der Länder waren mittlerweile so eng miteinander verflochten, dass auch die Kleinstaaten zahlreiche permanente Kanäle zu den Reichsämtern unterhielten, über die sie sozusagen auf dem kleinen Dienstweg ihre Belange vorbringen konnten. Das brachte ihnen in der Regel mehr ein, als ihr verschwindend geringes Gewicht bei den Gesetzesverhandlungen direkt in die Waagschale zu werfen. Außerdem wandten sich die kleinstaatlichen Regierungen – genau wie die der Mittelstaaten und Preußens auch – vermehrt an ihre lokalen Reichstagsabgeordneten, um über diese Einfluss auf die Beratungen in den parlamentarischen Kommissionen zu nehmen.[182]

Dieses Vorgehen war deshalb besonders effektiv, weil die Reichstagskommissionen mittlerweile unangefochten der Ort waren, an dem innerhalb des offiziellen Gesetzgebungsprozesses die wichtigsten Entscheidungen gefällt wurden. Hier kamen mit den Vertretern der Reichsregierung, der einzelstaatlichen Regierungen und der Reichstagsfraktionen alle Akteure zusammen, deren Zustimmung zum inhaltlichen Zustandekommen eines Gesetzes notwendig war, um Streitpunkte auszufechten, Vorlagen anzupassen und sich auf Kompromisse zu einigen. Besonders die Regierungen der Mittelstaaten brachten sich nun entweder direkt über ihre Bundesratsbevollmächtigten oder indirekt über ihre lokalen Reichstagsmitglieder intensiv in die hiesigen Verhandlungen ein. Oft benutzten sie sogar beide Wege.

Dieses in das Parlament verlagerte Engagement der einzelstaatlichen Regierungen diente nicht nur zur Durchsetzung der eigenen Interessen, sondern auch zur Kontrolle der Reichsregierung. Es kam immer wieder vor, dass Letztere sich in den Verhandlungen mit den Reichstagsparteien nicht an Kompromisse hielt, die sie mit den einzelstaatlichen Regierungen im prälegislativen Raum und/oder im Bundesrat geschlossen hatte. Anders gesagt: Der Druck, eine parlamentarische Mehrheit zu gewinnen, zwang die Reichsregierung regelmäßig dazu, bündische Absprachen zu brechen. Um das zu verhindern beziehungsweise zumindest bei inhaltlichen Neujustierungen ein Wort mitreden zu können, bemühten sich die einzelstaatlichen Regierungen, in den Kommissionen so präsent wie möglich zu sein. Das konnte ihnen bisweilen die Gelegenheit geben, sogar Anliegen durchzusetzen, für die sie im Bundesrat keine Mehrheit hatten finden können. Die Reichsregierung reagierte ihrerseits auf das verstärkte Engagement der einzelstaatlichen Regierungen, indem sie häufig parallel zu den Kommissionsverhandlungen auf informelle Beratungen mit den wichtigsten Fraktionen auswich, wie Julia Liedloff am Beispiel für die Verhandlungen der Reichsversicherungsordnung gezeigt hat. Dieses Kaltstellen der Landesregierungen gab der Reichsregierung die Möglichkeit, parlamentarische Mehrheiten für ihre Vorhaben ohne direktes Störfeuer zu schmieden und dabei einzelstaatliche Interessen nur insoweit zu berücksichtigen, als sie selbst oder die jeweiligen Reichstagsvertreter es für nötig hielten. Trotz aller Bemühungen der einzelstaatlichen Regierungen, die Reichstagskommissionen für ihre Zwecke zu nutzen, konnten sie also nicht verhindern, dass bei den dortigen Verhandlungen – also beim mittlerweile wichtigsten Teil des Gesetzgebungsverfahrens – der Fokus der Reichsregierung ganz klar auf der Kompromissfindung mit dem Parlament lag und bündische Interessen nur mehr eine untergeordnete Rolle spielten.[183]

Das zweite zentrale Forum der Kompromissfindung und Politikkoordination war nach wie vor der prälegislative Raum. Hier konnten die Reichsregierung und die einzelstaatlichen Regierungen Vorentscheidungen treffen, die dem direkten Zugriff des Reichstages zunächst entzogen waren, weil dieser ja erst ins Spiel kam, nachdem Vorlagen in den offiziellen Gesetzgebungsprozess eingebacht wurden. Allerdings sperrte die Reichsregierung die Tür zu dieser bündischen Schutzzone stückchenweise weiter auf. Immer häufiger zog sie einzelne Vertreter der parlamentarischen Schlüsselfraktionen zu den dortigen Beratungen hinzu. Der Charakter der Vorverhandlungen veränderte sich aber auch noch in zwei anderen wichtigen Aspekten. Erstens reagierte die Reichsregierung mit ihren Gesetzesentwürfen verstärkt auf konkrete gesellschaftliche Interessen. Dazu orientierte sie sich in der prälegislativen Phase zunehmend an der öffentlichen Meinung. Das geschah einerseits über die Presse und andererseits dadurch, dass nicht staatliche Akteure, allen voran Vertreter der mächtigen nationalen Verbände, in den Vorverhandlungen Gelegenheit bekamen, ihre Belange zu artikulieren. Auch diese Öffnung des prälegislativen Raumes diente letztlich dazu, einen möglichst breiten Konsens herzustellen, auf dessen Basis der jeweilige Entwurf zügig und ohne größere Probleme durch den Reichstag gebracht werden konnte. Zweitens wurden in den Vorverhandlungen noch mehr Spezialkommissionen eingesetzt als in früheren Jahren. Das lag einfach daran, dass die Gesetzgebungsmaterien ob des fortlaufenden wirtschaftlichen und gesellschaftlichen Wandels immer komplexer wurden. Eine technokratische Herangehensweise an die Ausarbeitung von Gesetzesentwürfen war deshalb für das integrierte System gar nicht zu vermeiden, besonders in den Gebieten, die wie zum Beispiel die Nahrungsmittelregierung ganz spezielles chemisches, technisches und ökonomisches Knowhow verlangten. Dabei fällt auf, dass die Spezialkommissionen zahlenmäßig nicht unbedingt mehr externe Fachleute aus Wissenschaft und Wirtschaft umfassten als zum Beispiel in den 1890er-Jahren. Oft waren es sogar weniger. Der Grund dafür lag in dem vergrößerten Personalbestand der Reichsämter. Diese beschäftigten mittlerweile in allen wichtigen Feldern eigene Experten. Zu einem gewissen Grad galt das auch für die Ministerialapparate der Mittelstaaten, da sich diese ebenfalls seit der Jahrhundertwende immer stärker ausdifferenziert und vergrößert hatten. Die Beratungen in den Spezialkommissionen waren daher jetzt vor allem Sache von hoch spezialisierten Fachbeamten aus Bund und Ländern. In dieser Hinsicht gab es also nicht nur eine Verwissenschaftlichung, sondern auch eine Bürokratisierung der Gesetzgebung.[184]

Für den Bundesrat hatte die Tatsache, dass sich die Position der Reichstagskommissionen und des prälegislativen Raumes als wichtigste Verhandlungsforen festigte und sich dort gleichzeitig die interne Dynamik veränderte, gemischte Auswirkungen. Auf der einen Seite erhöhte sich die Bedeutung der Bundesratsausschüsse als Rückfalloption. Wann immer Streitpunkte im prälegislativen Raum nicht ausgeräumt werden konnten oder die einzelstaatlichen Gesandten in den Reichstagskommissionen einem von den Vertretern der Reichsämter und den Delegierten der parlamentarischen Fraktionen ausgehandelten Kompromiss nicht zustimmten, konnte die Reichsregierung die jeweiligen Projekte nicht einfach durch den Bundesrat winken lassen, sondern musste in den dort zuständigen Ausschüssen eine Einigung mit einer Mehrheit der Landesregierungen erzielen. Insofern verlagerte sich ein Teil der legislativen Verhandlungen im integrierten System wieder dorthin zurück, wo sie Bismarck ursprünglich einst vorgesehen hatte. Das hatte aus Sicht der einzelstaatlichen Regierungen den Vorteil, dass sie zumindest vorübergehend umstrittene Vorlagen dem Einfluss des Reichstages entziehen und die Reichsregierung dazu zwingen konnten, sich mit ihren Vorstellungen näher auseinanderzusetzen. Auf der anderen Seite ergab sich aber meistens erst gar nicht die Situation, dass die Bundesratsausschüsse ernsthaft zum Zuge kamen. In der Regel täuten entweder bereits die Beratungen im prälegislativen Raum eine im Bundesrat mehrheitsfähige Position fest oder man gelangte in den Reichstagskommissionen zu einem Kompromiss, mit dem auch die ursprünglich skeptischsten Landesregierungen leben konnten. In beiden Fällen reduzierte sich dann die Rolle des Bundesrates auf die eines reinen Akklamationsorgans, das bereits anderswo getroffene Entscheidungen nur noch formal absegnete.[185]

Diese Marginalisierung spiegelte sich deutlich darin wider, wie sich die Regierungen im Bundesratsplenum verhielten, also an jenem Ort, wo sie per Mehrheitsbeschluss Gesetzesvorlagen an den Reichstag weiterleiteten beziehungsweise zur finalen Ausfertigung durch den Kaiser freigaben. Die für die Mehrheitsbildung so wichtigen kleinstaatlichen Regierungen zogen sich weitgehend aus der Vollversammlung zurück, da es dort kaum noch um etwas ging, das die für sie beträchtlichen Kosten einer permanenten Delegation in Berlin hätte rechtfertigen können. Schon im ersten Jahrzehnt des neuen Jahrhunderts war der Anteil an Substitutionen auf ihren Bänken wieder auf über 60 Prozent gestiegen (Graph 14). Nach 1910 steigerte er sich noch einmal und kratzte drei Jahre später sogar an der 70-Prozentmarke. Im Gegensatz zu früheren Jahren machten sich die kleinstaatlichen Regierungen jetzt nicht einmal mehr die Mühe, je nach den zu entscheidenden Sachfragen unterschiedliche Experten aus anderen Delegationen als Substitutionsbevöllmächtigte zu benennen. Stattdessen beauftragten sie nun häufig einfach ein und denselben Gesandten, sie in allen Sitzungen zu vertreten. Das Plenum wurde so zu einer relativ kleinen Runde der immer gleichen Beamten. 1913 etwa gab es insgesamt 38 Sitzungen. In jeder einzelnen davon vertrat der Jurist Arnold Paulssen aus dem Großherzogtum Sachsen-Weimar-Eisenach sein Heimatbundesland, Schwarzbug-Sondershausen, Schwarzbug-Rudolstadt, Reuß älterer Linie und Reuß jüngerer Linie. Daneben übernahm er noch 31 Mal die Substitution Sachsen-Coburg-Gothas. Sein Oldenburger Kollege Georg von Eucken-Addenhausen tat in 35 Sitzungen das Gleiche für Anhalt, Schaumburg-Lippe und Lippe.[186]

Diese Einheitlichkeit der Substitutionsmuster machte es wiederum für die Reichsleitung einfacher, das Abstimmungsverhalten der kleinstaatlichen Regierungen zu kontrollieren und Mehrheiten – wenn nötig – zu erzwingen. Sie konnte deswegen immer öfter darauf verzichten, von der an den preußischen Außenminister – also den Kanzler – gebundenen Stimme Waldeck-Pyrmonts Gebrauch zu machen. Ab 1908 blieb die Bundesratsbank Waldeck-Pyrmonts denn auch in den meisten Sitzungen leer (Graph 16). Wie sehr die Reichsregierung den Bundesrat im integrierten System beherrschte, zeigte sich zum Beispiel bei den Verhandlungen zum letzten große Reformpaket, das vor Ausbruch des Krieges verabschiedet wurde. Die diversen, weiter unten näher erläuterten Projekte zur Neuordnung des Steuerwesens beinhalteten teilweise empfindliche Eingriffe in die Finanzhoheit der Länder und waren darum entsprechend umstritten. Um sie trotz aller Streitpunkte sicher durch den Bundesrat zu bringen, schickte die Reichsregierung eine kleine Armee von Fiskalexperten in die Ausschüsse und ins Plenum. Allein in der Sitzung zur Abstimmung über die gleich von drei verschiedenen Ausschüssen überarbeitete Vorlage zur Vermögenszuwachssteuer tummelten sich auf der preußischen Bank nicht weniger als zehn Steuerfachmänner aus den Reichsämtern. Ein Auflehnen gegen diese Übermacht an Expertise und Autorität war für die kleinstaatlichen Regierungen, auch wenn sie gewollt hätten, kaum möglich. Die überwiegende Mehrheit verzichtete daher darauf, selbst für solch wichtige Sitzungen eigene Vertreter in den Bundesrat zu schicken, und instruierte einfach die üblichen Substitutionsbevollmächtigten. Auch in den Ausschüssen, wo die Mittelstaaten sich eigentlich auf ihre Stimmenmehrheit stützen konnten, erdrückten die Experten aus den Reichsämtern jene aus den einzelstaatlichen Regierungen schon allein zahlenmäßig. Genau deswegen hatte es für die Landesregierungen nur begrenzt Sinn, die oben beschriebene Option zu wählen und die Verhandlungen über umstrittene Vorlagen aus dem prälegislativen Raum und/oder den Reichstagskommissionen in die Bundesratsausschüsse zu verlagern. Die Chancen, hier mehr herauszuschlagen als bei den Vorverhandlungen beziehungsweise den flexibleren Runden im Parlament, standen nicht unbedingt besser. Das galt nicht zuletzt deshalb, weil die mittelstaatlichen Regierungen sich fast nie dazu durchringen konnten, ihre Kräfte zu bündeln und konzertiert vorzugehen.[187]

Derweil ging die Zentralisierung des Bundes, die schon im Zuge der Sozial-, Kolonial- und Flottenpolitik Anfang des neuen Jahrhunderts weiter an Fahrt aufgenommen hatte, ungebremst weiter. Im Unterschied zu früheren Jahren baute die Reichsebene im integrierten System aber nicht mehr nur ihre eigenen Kompetenzen gegenüber denen der Länder sukzessive aus. Vielmehr griff sie jetzt auch direkt in Letztere ein und beschnitt sie. Besonders deutlich war das auf dem Gebiet der Finanzpolitik. Bereits 1904 wurde die Franckensteinsche Klausel abgeschafft und damit den Einzelstaaten ihr Anteil an den Zolleinnahmen genommen, um so die Einnahmen des Reiches zu erhöhen. Zu dem gleichen Zweck führte das Reich bis 1910 eine ganze Palette neuer Verbrauchssteuern ein, zum Beispiel auf Schaumwein, Zigaretten und Streichhölzer. Da diese Maßnahmen nicht ausreichten, um die wachsenden Ausgaben zu decken und das Haushaltsdefizit des Reiches in den Griff zu bekommen, begann das Reich, das Monopol der Einzelstaaten auf die Erhebung von direkten Steuern aufzuweichen. 1906 richtete die oben bereits erwähnte „Große" Lex Stengel die vom preußischen Finanzminister zurechtgestutzte Erbschaftssteuer de facto als direkte Reichssteuer ein. Die Einzelstaaten behielten zwar formal das Recht, die Steuer auf Erbschaften zu erheben. Das Reich kassierte aber die Einnahmen. Sieben Jahre später legte man den bündischen Deckmantel ganz ab und führte ohne Umweg zwei direkte Reichssteuern ein: die Vermögenszuwachs- beziehungsweise Besitzsteuer und einen außerordentlichen Wehrbeitrag.[188]

Bemerkenswerterweise akzeptierten die allermeisten einzelstaatlichen Regierungen diesen Einbruch des Reiches in ihr Hoheitsrecht der direkten Besteuerung ohne große Proteste. Die Kleinstaaten standen mit Ausnahme der drei Hansestädte bei den Gesetzesberatungen sowieso außen vor. Allerdings machten sie auch keine nennenswerten Anstrengungen, daran etwas zu ändern. Auch die Regierungen Preußens und der Mittelstaaten legten der Reichsregierung keine unüberwindbaren Steine in den Weg. Die politischen Umstände ließen ihnen kaum eine andere Wahl. Eine Neuordnung der Reichsfinanzen war ob des stetig anschwellenden Haushaltsdefizits unumgänglich. Die liberalen Parteien und das Zentrum, ohne die eine solche Reform nicht durch den Reichstag gebracht werden konnte, machten ihre Zustimmung jedoch von der Einführung direkter Reichssteuern abhängig. Den Landesregierungen blieb also nicht viel anderes übrig, als sich mit der Aufgabe ihres Steuermonopols abzufinden, die Verhandlungen dafür zu nutzen, das Bestmögliche für sich herauszuschlagen und im Verbund mit der Reichsregierung zu versuchen, durch eine vorsichtige Ausgestaltung der Steuer das Budgetrecht des Reichstages nicht mehr als unbedingt nötig zu stärken. Mit dieser Strategie waren sie auch durchaus erfolgreich, wie etwa das Beispiel der Großen Lex Stengel zeigt. Bis auf die sächsische Regierung war keine der wichtigen Landesregierungen bereit, es über die Frage der direkten Besteuerung auf einen Konflikt mit dem Reichstag ankommen zu lassen. Alle anderen stimmten sich eng mit dem federführenden Staatssekretär des Reichsschatzamtes ab. Das lohnte sich insofern, als Hermann von Stengel im Gegenzug die Reichsregierung und die Schlüsselfraktionen des Reichstages bei der Zentralisierung des Steuersystems zur Zurückhaltung mahnte und den einzelstaatlichen Regierungen gleichzeitig in allen Fragen entgegenkam, solange dadurch nicht der Erfolg der Vorlage gefährdet war. Genau auf diese Weise kam die seltsame Kompromisslösung zustande, die Steuer von den Einzelstaaten erheben und vom Reich einstreichen zu lassen. Auch eine Begrenzung der Matrikularbeiträge schaffte es auf diesem Weg in das Gesetzespaket. Außerdem konnten die süddeutschen Regierungen und die Senate der Hansestädte eine Reihe spezieller Übergangsbestimmungen durchsetzen, die es ihnen erlaubte, ihre Landeshaushalte an die neuen Steuerregelungen schrittweise anzupassen.[189]

Während die einzelstaatlichen Regierungen die Zentralisierung des Bundes im Bereich des Finanzwesens also durchaus konstruktiv mittrugen, verteidigten sie ihre Verwaltungshoheit als die wichtigste noch unversehrt gebliebene Bastion ihrer Souveränität zäh gegen jeden Übergriffsversuch des Reiches. Dieser in allen wichtigen Politikfeldern auftretende Widerstand hatte einen guten Grund. Durch den Erhalt ihrer Verwaltungshoheit stellten die einzelstaatlichen Regierungen nämlich sicher, dass sie es waren, die die wachsende Zahl an staatlichen Aufgaben wahrnahmen, die zum Beispiel der Ausbau des Sozialwesens mit sich brachte. Das verursachte zwar Kosten, die sie nicht immer auf das Reich abwälzen konnten, stärkte aber entgegen allen Zentralisierungstendenzen ihre Existenzberechtigung als selbstständige Glieder des Bundes. Außerdem gab ihnen ihre Verwaltungshoheit die Möglichkeit, durch das Erlassen von Verordnungen und Ausführungsbestimmungen die auf Reichsebene beschlossenen Gesetze zu einem nicht unerheblichen Grad an ihre eigenen Bedürfnisse anzupassen. Vor allem die süddeutschen Regierungen machten davon regen Gebrauch. Bei dieser Betonung ihrer staatlichen Eigenständigkeit fällt auf, dass sie meistens nicht versuchten, sich von den Maßnahmen des Reiches abzugrenzen, sondern diese zu ergänzen. Angetrieben von den progressiven Mehrheiten in ihren Landtagen, versuchten die süddeutschen Regierungen gewissermaßen, die Entwicklung, die das Reich in Richtung regulierender Interventionsstaat vorgab, auf Landesebene mit der für sie richtigen, im Vergleich zum Norden meist schnelleren Geschwindigkeit umzusetzen. So gab zum Beispiel der von den süddeutschen Regierungen gewählte Zuständigkeitszuschnitt für die lokalen Versicherungsämter, die die Einzelstaaten infolge der Reichsversicherungsordnung von 1911 einrichten mussten, der Organisation der Arbeiterversicherungen im Süden einen viel fortschrittlicheren, versichertenfreundlicheren Charakter als etwa in Preußen.[190]

Bei vielen Gesetzgebungsverfahren, die die föderale Kompetenzverteilung weiter zugunsten des Reiches verschoben, spielte die Agitation von großen Zeitungen und Verbänden eine gewichtige Rolle. Das Presse- und Verbandswesen hatten sich seit den 1880er-Jahren stark ausgeweitet und kontinuierlich an Einfluss gewonnen. Spätestens in den Vorkriegsjahren wurden beide zu festen Bestandteilen des integrierten Systems. Die Politisierung immer breiterer Bevölkerungsschichten, die sich zum Beispiel in der bis auf 85 Prozent gestiegenen Wahlbeteiligung bei den Reichstagswahlen von 1912 äußerte, machte es für Regierungs- wie Parlamentsvertreter unumgänglich, bei ihren Entscheidungen die öffentliche Meinung viel mehr zu berücksichtigen als etwa noch zu Beginn der 1890er-Jahre. Dadurch erhielt die Presse bei allen Gesetzesberatungen eine absolute Schlüsselfunktion. Es kam denn auch immer häufiger vor, dass die Reichsregierung mit Gesetzesentwürfe unmittelbar auf Belange reagierte, die von den wichtigen Blättern des Reiches vorgebracht wurden. Gleichzeitig betrieben die großen nationalen Verbände, wie zum Beispiel der besonders einflussreiche Bund der Industriellen, auf allen Ebenen des Bundesstaates gezielte Lobbypolitik. Besonders im Reichstag versuchten sie, über die Anwerbung ganzer Fraktionsreihen Einfluss zu nehmen. Der Bund deutscher Landwirte leistete regelmäßig Zahlungen an fast ein Drittel aller Abgeordneten.

Durch diesen Lobbyismus hatten die großen Verbände selbst dann Einfluss auf die Gesetzgebung, wenn die Reichsregierung sie mal nicht zu den Beratungen der Spezialkommissionen im prälegislativen Raum hinzuzog. Außerdem hatten einige Verbände ihre eigenen Strukturen schon länger so umgeformt, dass sie den föderalen Entscheidungsprozess eng mitverfolgen und gegebenenfalls unterstützen konnten. Um ihre Interessen in das integrierte System leichter einzuspeisen, hatten sich diese Vereinigungen gewissermaßen selbst anschlussfähig gemacht. So fungierte beispielsweise der Deutsche Handelstag nach diversen Reformen als ein „institutionalisierter Kompromissort", an dem die verschiedenen Handelskammern des Reiches ihren ökonomischen Regelungsbedarf ausloteten, entsprechende Handlungsvorschläge für den Gesetzgeber machten und die wirtschaftlichen Auswirkungen von legislativen Maßnahmen bewerteten, wie Boris Gehlen gezeigt hat. Eine solche informelle Begleitung des Legislativverfahrens von der ersten Konzeptionierung bis zur finalen Umsetzung eines Gesetzes machte die Einrichtung offizieller korporatistischer Verfassungsgremien nach Art des ehemaligen Volkswirtschaftsrates überflüssig. Denn sowohl die Reichsregierung als auch die einzelstaatlichen Regierungen orientierten sich eng an diesen Parallelstrukturen, da sie ob der Komplexität der zu regelnden Materien zwangsweise immer wieder auf die dort angesammelte Fachkompetenz zurückgreifen mussten.[191]

Wie effektiv extrakonstitutionelle Akteure Einfluss auf politische Entscheidungen nehmen konnten, variierte allerdings immer wieder. Das lag nicht zuletzt daran, dass das integrierte System nicht komplett uniform war. Der föderale Entscheidungsprozess war zwar sehr viel integrierter als früher, aber keinesfalls einheitlich. Eine gewisse Variabilität war nach wie vor eines der wesentlichen Merkmale des Systems. Die Prozessabläufe waren vielleicht nicht mehr von Politikfeld zu Politikfeld unterschiedlich, wie es noch in den ersten Jahren des 20. Jahrhunderts gewesen war. Dennoch handelte es sich bei der oben beschriebenen Entscheidungspraxis, die den prälegislativen Raum und die Reichstagskommissionen zu den Hauptbühnen des föderalen Theaters machte, um kein unumstößliches Drehbuch, von dem man keinesfalls abweichen konnte. Wenn die Reichsregierung oder die einzelstaatlichen Regierungen darauf bestanden, konnten sich die Prozesspraktiken jederzeit ändern und das Entscheidungssystem wieder auf die Vorgaben zurückfallen, die die Verfassung machte. Scheiterte zum Beispiel die Kompromissbildung in der Reichstagskommission an überzogenen Forderungen einer der beteiligten Verhandlungsparteien, erfolgten die Neuverhandlungen – sofern solche denn erwünscht waren – meist auf dem klassischen Weg. In diesem Fall kam die umstrittene Vorlage zurück in die Bundesratsausschuss, wo sich die Reichsregierung und die einzelstaatlichen Regierungen neu positionieren konnten, bevor sie einen neuen Anlauf im Reichstag machten. Waren die Verhandlungen aussichtslos beziehungsweise die Haltung der anderen Seite unannehmbar, konnten der Bundesrat und der Reichstag außerdem jederzeit von ihrem Recht Gebrauch machen, den Entwurf abzulehnen und ihn damit in seiner bestehenden Form aus dem Verkehr zu ziehen.[192]

Auch das integrierte System hatte also mehrere Gesichter. Zu diesen gehörte ebenso die Aufrechterhaltung bündischer Praktiken, die gut zwei Jahrzehnte nach Bismarcks Rücktritt auf den ersten Blick vollkommen aus der Zeit gefallen schienen. So hielten die meisten einzelstaatlichen Regierungen trotz der modernen funktionalen Ausdifferenzierung, die den gesamten Verwaltungsapparat des Bundes und der Länder nun prägt und sich in der weitgehend eigenverantwortlichen Verhandlungsführung der jeweiligen Ressorts äußerte, eisern daran fest, sämtliche amtliche Korrespondenz mit den Reichsorganen über ihre Außenministerien laufen zu lassen. Offiziell behandelten sie also die Beziehungen zum Bund und zu den anderen Einzelstaaten weiterhin als auswärtige Angelegenheiten und damit die Reichsmonarchie als Fürstenbund. Die Reichsregierung tat das ihrerseits ebenfalls, indem sie den Topos der „verbündeten Regierungen" nach wie vor häufig benutzte und den Reichsämtern und Staatssekretären nicht die Titel von „Ministerien" beziehungsweise „Ministern" gab. Diese bündischen Verhaltensweisen waren keine irrelevante „Folklore", hinter der eine verschrobene Realitätsverweigerung steckte, wie Henrich-Franke behauptet hat, sondern eine bewusste politische Strategie – genau, wie es die Legende vom Fürstenbund immer schon gewesen war. Schließlich gab das Festhalten am bündischen Schein den einzelstaatlichen Regierungen ebenso wie der Reichsregierung die Möglichkeit, sich im Ernstfall auf die rechtlich nach wie vor bestehenden monarchischen Schutzstrukturen der Verfassung berufen zu können. So ramponiert diese mittlerweile auch waren, hatten die monarchischen Regierungen dadurch eine Art Versicherung, die sie bei Bedarf anwenden konnten, um die Reichsregierung wieder hinter den Bundesrat zurückzuziehen, dadurch parlamentarische Übergriffe auf die Exekutive ins Leere laufen zu lassen und so letztlich ihre eigene Stellung zu schützen.[193]

Das Festhalten an oftmals anachronistisch wirkenden Praktiken in der Tradition des Fürstenbundes war also ein wichtiger Teil des Versuchs, in der Reichsmonarchie die Balance zwischen monarchischen und parlamentarischen Kräften zu erhalten, die den Kern der Verfassung ausmachte und sich seit der Reichsgründung immer wieder an veränderte Umstände angepasst hatte. Das war im integrierten System der Vorkriegsjahre schwieriger denn je, da beide Seiten dieses fragilen Gleichgewichts stark auf das jeweils andere Lager einwirkten. So kann man auf der einen Seite eine „Föderalisierung der parlamentarischen Entscheidungsfindung" beobachten. Diese hatte laut den Ergebnissen der Siegener Forschungsgruppe drei Hauptaspekte. Erstens durchsetzten die einzelstaatlichen Regierungen den Reichstag von innen heraus, indem sie ihre Vertreter zu den Verhandlungen in den dortigen Kommissionen schickten. Zweitens wandten sie sich inzwischen routinemäßig an ihre lokalen Reichstagsabgeordneten, um diese zur Vertretung spezifischer Landesinteressen zu bewegen. Drittens berücksichtigten die Reichstagsabgeordneten schon von sich aus verstärkt die Interessen ihrer jeweiligen Wahlkreise, da die Berichterstattung über die Vorgänge im Parlament mittlerweile so intensiv war, dass sie ihre Positionen gegenüber ihren Wählern rechtfertigen mussten, wollten sie bei den nächsten Wahlen wiedergewählt werden.[194]

Auf der anderen Seite gab es auch eine Parlamentarisierung des föderalen Entscheidungsprozesses, da das integrierte System viele der strukturellen Hürden, die den Reichstag von der Regierungsgewalt des Reiches fernhielten, noch weiter abbaute, als es die Entwicklungen der vorhergehenden Jahrzehnte schon getan hatten. Die Arbeitsweise der Reichsleitung, nunmehr eine moderne arbeitsteilige

Regierung, in der die Chefs der Reichsämter eigenverantwortlich Verhandlungen führten und der Kanzler die Richtlinienkompetenz ausübte, gab dem Reichstag die Möglichkeit, zu versuchen, ganz konkrete Personen für ganz konkrete Projekte zu belangen. Anders gesagt: Die Träger der Reichsgewalt und damit die Stellen, die parlamentarisiert werden konnten, waren jetzt so klar umrissen wie nie zuvor. Der Bundesrat war indessen im politischen Tagesgeschäft derart marginalisiert, dass er dort den Zugriff des Reichstages auf die Reichsregierung nicht mehr groß behinderte.

Überhaupt war der ganze Gesetzgebungsprozess nicht mehr – wie ursprünglich von Bismarck vorgesehen – auf die Länderkammer ausgerichtet, sondern auf das Parlament. Der Schwerpunkt der legislativen Verhandlungen lag jetzt ganz klar in den Reichstagskommissionen. Gleichzeitig öffnete sich die monarchische Schutzzone des prälegislativen Raumes vermehrt für die Vertreter der wichtigsten Fraktionen. Das war ob der unten näher beschriebenen Mehrheitsverhältnisse besonders nach der Wahl von 1912 geradezu unvermeidlich, da die Reichsregierung sich von Fall zu Fall andere Mehrheiten suchen musste und daher alle großen Parteien außer die SPD in die Ausarbeitung von Gesetzen einband. Zudem schärfte der erzwungene Einbruch des Reiches in die direkte Besteuerung die ohnehin mächtigste Waffe, die der Reichstag im Kampf um mehr parlamentarische Mitbestimmung gegenüber der Reichsregierung führte, noch einmal erheblich: das Budgetrecht. Genau deswegen machten die liberalen Parteien und das Zentrum die Einführung direkter Reichssteuern ja zur conditio sine qua non für ihre Zustimmung zu einer föderalen Finanzreform.[195]

All diese Ausprägungen des integrierten Systems rissen Löcher in die Einhegung, die die Verfassung um den Reichstag errichtet hatte, um ihn von der Regierungsgewalt des Reiches fernzuhalten. 1912 nutzte das eine breite Koalition von den Sozialdemokraten bis zu den Nationalliberalen aus und ergriff die Initiative, um einen großen Schritt in Richtung Parlamentarisierung zu machen. Durch eine Reform seiner Geschäftsordnung gab sich der Reichstag selbst das Recht, dem Kanzler das Misstrauen auszusprechen. Ein solches Misstrauensvotum hatte zwar keinerlei rechtliche Konsequenzen, da der Kanzler weiterhin allein vom Vertrauen des Kaisers abhängig war und daher derartige Parlamentsabstimmungen einfach ignorieren konnte. Das Recht, in aller Öffentlichkeit deutlich zu machen, dass der Kanzler keine parlamentarische Mehrheit mehr kommandierte, gab dem Reichstag aber ein weiteres Druckmittel an die Hand, um die Reichsregierung zur Kollaboration zu bewegen. In den knapp zwei Jahren bis zum Ausbruch des Krieges wandte der Reichstag diese Maßnahme denn auch nicht weniger als drei Mal an. Zum wohl bedeutendsten Misstrauensvotum kam es 1913 im Zusammenhang mit der sogenannten Zabernaffäre, die wir im neunten Kapitel genauer untersuchen werden. Obwohl diese Aktion – genau wie die beiden anderen – folgenlos blieb, dokumentierte sie immerhin, wie selbstbewusst die auf eine Parlamentarisierung drängenden Parteien geworden waren und wie wenig sie die föderalen Strukturen noch daran hindern konnten, die Reichsregierung frontal anzugreifen. Angesichts dessen war es am Vorabend des Krieges strukturell gesehen zumindest zu einer ernsthaften Möglichkeit geworden, dass der Reichstag in die Exekutive einbrechen und die Reichsregierung verantwortlich machen, sprich: dass ein parlamentarisches Regierungssystem entstehen könnte.[196]

Die Tatsache, dass das integrierte System genügend Raum für solch fundamentale Veränderungsprozesse wie die Föderalisierung der parlamentarischen Entscheidungsfindung und die Parlamentarisierung der föderalen Verhandlungsstrukturen ließ, ohne zu kollabieren, zeugt davon, wie flexibel und gleichzeitig stabil es war. Es gab zwar etliche ungelöste Probleme und Krisen, die wir weiter unten noch genauer betrachten werden. Das System zeigte sich aber so anpassungs- und funktionsfähig, dass die Reichsregierung, die einzelstaatlichen Regierungen und die parlamentarischen Parteien trotz aller unterschiedlichen Interessen immer wieder auf einen Nenner kamen und die Staatsgeschäfte am Laufen hielten. Das „politische Tagesgeschäft" verlief weitgehend reibungslos. Von einer „permanenten Staatskrise", wie Wehler sie diagnostiziert hat, kann keine Rede sein. Wie geölt das System im Grunde genommen lief, zeigte sich spätestens, als es 1914 trotz aller vorhergehenden Probleme den Übergang zur Kriegsordnung ohne größere Schwierigkeiten schaffte. Wäre es von einer dauerhaften Staatskrise zerrüttet gewesen, hätte dieser größte aller denkbaren Umbrüche dagegen vermutlich sofort zu ernsthaften Verwerfungen, vielleicht sogar zu einem Staatsstreich oder einer Revolution geführt.[197]

Wie problemlos das integrierte System selbst solche Gesetzgebungsmaterien erfolgreich behandelte, die seit Jahrzehnten schwer umstritten waren und in der Vergangenheit teilweise schwerwiegende Krisen ausgelöst hatten, veranschaulichen die Verhandlungen zum Weingesetz von 1909. Die Regulierung der Weinproduktion und des Weinhandels betraf nicht nur die Einzelstaaten, in denen die großen Anbaugebiete und Umschlagsplätze lagen. Durch die Kosten für die Weinkontrolle hatten die entsprechenden Bestimmungen finanzielle Auswirkungen auf alle Mitglieder des Bundes. Darüber hinaus hatte die Weinregulierung für die Reichsregierung auch eine außenpolitische Dimension, da sie die Handelsbeziehungen zu anderen Staaten beeinflusste. Zudem war das Thema für viele Reichstagsabgeordnete von großer Wichtigkeit, weil es die Rahmenbedingungen für einen bedeutenden Wirtschaftszweig in ihren Wahlkreisen festsetzte und damit die Existenz vieler ihrer Wähler direkt berührte. 1894 hatte diese verwickelte Interessenlage noch dazu geführt, dass der württembergische Ministerpräsident ob der rücksichtslosen Vorlage des preußischen Finanzministers zur Weinbesteuerung die Front der verbündeten Regierungen gesprengt, die Reichsregierung dadurch den Angriffen des Reichstages ausgesetzt und schließlich das ganze Gesetzespaket zum Scheitern gebracht hatte. Nach der Jahrhundertwende sorgte dagegen das sich immer stärker integrierende föderale Entscheidungssystem trotz aller Interessenskonflikte auf diesem Gebiet für eine relativ reibungslose, wenn auch sich über mehrere Jahre hinziehende Kompromissfindung, die Paul Lukas Hähnel eingehend durchleuchtet hat.[198]

Das gesamte Gesetzgebungsverfahren war von einem mehrstufigen Abstimmungsprozess zwischen den einzelstaatlichen Regierungen und den zuständigen Reichsämtern geprägt. Als zentrale Steuerungsinstanzen fungierten dabei die beiden führenden Fachmänner im Reichsamt des Innern, der Ministerialdirektor Wilhelm von Jonquières und dessen aus Bayern stammender Sachreferent Hans von Stein. Deren Hauptaufgabe lag darin, die Interessengegensätze zwischen den norddeutschen Ländern und den weinproduzierenden Staaten im Süden zu überwinden und in einen tragfähigen Kompromiss zu überführen. Dazu öffneten sie im prälegislativen Raum zahlreiche Kanäle, über die die Landesvertreter ihre jeweiligen Belange vorbringen, sich miteinander abstimmen und so die Gestaltung des Gesetzesentwurfs beeinflussen konnten. Darunter waren neben den üblichen schriftlichen Stellungnahmen zu einem ersten Entwurf und zahlreiche bilaterale Gespräche auch eine Regierungskonferenz und das oben schon erwähnte erweiterte Weinparlament, das Regierungsvertreter, Winzer, Weinhändler, das Führungspersonal des Deutschen Weinbauvereins, Weinkontrolleure, sachkundige Juristen und verschiedene relevante Sachverständige aus der Industrie zusammenbrachte und die Eckpunkte eines Entwurfs absteckte. Gleichzeitig fand über das dichte Netzwerk an Kontakten zwischen den Verwaltungsbehörden des Bundes und der Länder ein ständiger Informationsaustausch statt, den besonders die Hansestädte dazu nutzten, um Einfluss zu nehmen und so ihr Gewicht in den Verhandlungen zu erhöhen.[199]

Sowohl der Reichstag als auch die Landtage der weinbautreibenden Südstaaten brachten sich durch Anträge und Interpellationen intensiv in die prälegislative Phase ein. Tatsächlich war es der Reichstag, der die Ausarbeitung eines neuen Weingesetzes nach dem Fiasko der 1890er-Jahre wieder ins Rollen brachte, indem er das Thema 1903 ausführlich debattierte und anschließend eine entsprechende Resolution an die Reichsregierung richtete. Danach setzten die süddeutschen Landtage ihre jeweiligen Regierungen gezielt unter Druck, bestimmte Positionen in den Vorberatungen mit den anderen Regierungen und den Reichsstellen zu vertreten. Besonders die Regierungen in Baden und München gingen darauf ein. Das lag einerseits an ihrer oben bereits beschriebenen Teilparlamentarisierung, andererseits an dem zusätzlichen Verhandlungsgewicht, das ihnen die Vertretung von parlamentarisch legitimierten Forderungen gab. So konzipierte die Karlsruher Regierung auf Betreiben des Landtages einen eigenen Gesetzesentwurf, während das Münchner Gesamtministerium sich vom Abgeordnetenhaus dazu anspornen ließ, in Berlin bei den Vorberatungen ordentlich die Muskeln spielen zu lassen. Sogar die preußische Regierung reagierte auf den Druck aus dem Süden, indem sie das Weinkontrollsystem reformierte und ihren Widerstand gegen die Neuauflage eines Weingesetzes durch das Reichsinnenamt aufgab. Bei dieser parlamentarischen Einflussnahme auf die prälegislative Phase spielten die Abgeordneten, die sowohl ein Mandat im Reichstag als auch in einem der süddeutschen Landtage innehatten, eine besonders wichtige Rolle. Gewissermaßen als föderale Vermittler in eigener Sache verlagerten sie parlamentarische Debatten gezielt von der Bundes- auf die Landesebene, um über die dortigen Regierungen Einfluss auf die Vorverhandlungen zu nehmen und so ihren weitgehenden Ausschluss von den prälegislativen Beratungsgremien zu kompensieren.[200]

Jene Streitpunkte, die in der Entwurfsphase nicht ausgeräumt werden konnten, wurden in den Bundesratsausschüssen weiterverhandelt. Dabei gab es im Vergleich zu früheren Jahren, wo beispielsweise durch eine Stimmblockade oft der direkte Konflikt gesucht wurde, zahlreiche taktische Winkelzüge. So versuchten die im Gewand der preußischen Bundesratsbevollmächtigten auftretenden Vertreter der Reichsregierung etwa, zur Durchsetzung ihrer eigenen Ziele den Abstimmungsmodus durch eine raffinierte Auslegung der Geschäftsordnung zu manipulieren. Die Regierungen aus Bayern, Baden und Hessen sprachen sich wiederum im Vorfeld der wichtigsten Abstimmungen miteinander ab, um so gegenüber der preußischen Bank mehr Gewicht zu haben. Bemerkenswerterweise bezogen sie auch die Vertreter Elsass-Lothringens in diese Sonderkonsultationen mit ein. Dadurch wurde selbst das Reichsland, das eigentlich im Bundesrat kein Stimmrecht hatte, in den Entscheidungsprozess integriert. Obwohl die Ausschussberatungen einige wichtige Streitpunkte nicht klären konnten, nahm das Plenum die Vorlage schließlich einstimmig an. Das lag hauptsächlich daran, dass sich die bayerischen und preußischen Ausschussmitglieder in bilateralen Gesprächen darauf einigten, den Nord-Süd-Konflikt vorerst zu vertagen, um die Reichsregierung nicht geschwächt in die Verhandlungen mit dem Reichstag zu schicken. Dieses Vorgehen reduzierte das Bundesratsplenum zu einer Durchgangsstation und verlagerte die weitere Kompromissfindung zwischen den Regierungen in die vom Reichstag einzusetzende Kommission.[201]

Dorthin entsandten denn auch beinahe alle einzelstaatlichen Regierungen und Reichsämter eigene Vertreter. Das machte die Kommission zu einem Vermittlungsausschuss zwischen Bundesrat, Reichstag und Reichsregierung. Die süddeutschen Regierungen konnten diesen Charakter der Verhandlungen geschickt nutzen, um die meisten der Anliegen, die sie im Bundesrat nicht hatten durchsetzen können, jetzt in die Vorlage einzuarbeiten. Dieser Erfolg rührte nicht zuletzt daher, dass sie in den Reihen der Parlamentarier zahlreiche eifrige Unterstützter hatten. Viele davon hatten sie vorher in inoffiziellen Gesprächen aktiv angeworben. Dabei kam ihnen entgegen, dass nicht weniger als die Hälfte aller Abgeordneten in den Ausschüssen auch ein Mandat auf Landesebene bekleidete. Auch innerhalb der Kommission verschränkten sich also föderale mit parlamentarischen Interessen. Die weiteren Reichstagsberatungen in der zweiten und dritten Gesetzeslesung drehten sich mit dem Weinverschnitt hauptsächlich um eine Angelegenheit, die die Handelsverträge des Reiches mit anderen Staaten betraf und damit in den außenpolitischen Kompetenzbereich der Reichsregierung fiel. Die Gesandten der Landesregierungen überließen die Auseinandersetzung mit den parlamentarischen Fraktionen dementsprechend ganz den Vertretern des Auswärtigen Amtes. Nachdem das Plenum des Reichstags die in der Kommission von allen wichtigen Akteuren des Gesetzgebungsverfahrens ausgehandelte Kompromissversion der Vorlage angenommen hatte, gab der Bundesrat diese ohne weitere Beratungen einstimmig zur Ausfertigung durch den Kaiser frei.[202]

Das Weingesetz kam somit trotz der komplexen Materie und der vielen inhaltlichen Differenzen, die es zu lösen galt, ohne größere Störungen oder gar Systemerschütterungen zustande. Damit bildete es keine Ausnahme. Im Gegenteil: Die allermeisten Gesetzgebungsverfahren im integrierten System der Vorkriegsjahre verliefen – strukturell gesehen – geradezu harmonisch. Da dadurch Kompromisse einfacher zu erzielen waren, erhöhte sich die Dichte und Tiefe der Regulierungsinhalte in den produzierten Gesetzen im Vergleich zu früheren Jahrzehnten enorm. Während das Nahrungsmittelgesetz von 1879 zum Beispiel gerade einmal 17 kurze Paragrafen beinhaltet hatte, zählte allein das neue Weingesetz 34 Paragrafen, die sich jeweils auch noch in mehrere Unterabschnitte gliederten. Die Reichsversicherungsordnung von 1911, die das Recht der Arbeiterkrankenversicherung, das Unfallversicherungsrecht sowie das Invaliditäts- und Altersversicherungsgesetz in einem Gesetzeswerk zusammenfasste, umfasste gar sechs Bücher mit mehr als 1800 Paragrafen. Solch detaillierte Gesetze zeigten nicht zuletzt, dass die Reichsämter sich jetzt die Zeit nehmen konnten, über viele Jahre komplexe Entwürfe mit den einzelstaatlichen Regierungen und dem Reichstag auszuarbeiten beziehungsweise zu verhandeln, ohne dadurch den Erfolg des Vorhabens zu gefährden. Auch das zeugte von der Stabilität des integrierten Systems.[203]

Zu dieser trug ebenfalls die Stärke des Verwaltungsföderalismus bei. Auf allen Ebenen des Bundesstaates nutzten die verantwortlichen Behörden ihr Recht auf das Erlassen von Ausführungsverordnungen konsequent. Dadurch erhöhte sich das Regulierungsniveau immer weiter, ohne dass dafür aufwendige Gesetzgebungsverfahren notwendig gewesen wären. Das sparte Zeit, Arbeit und Geld. Die Ausführungsbestimmungen für das Weingesetz wurden zum Beispiel geradezu autonom vom Kaiserlichen Gesundheitsamt mit den einzelstaatlichen Verwaltungsbehörden verhandelt. In der Regel gab es auch keine Diskussionen darüber, ob sich die einzelstaatlichen Regierungen bei der Implementierung der Gesetze an die legislativen Vorgaben hielten. Das lag nicht zuletzt daran, dass in jenen Fällen, wo sich in den Gesetzesverhandlungen zwischen den einzelstaatlichen Regierungen ein Streit über die spätere Implementierung abzeichnete, das Verordnungsrecht in großen Teilen einfach dem Bundesrat übertragen wurde. So auch im Fall des Weingesetzes, wo die süddeutschen den norddeutschen Regierungen vorwarfen, frühere Gesetze zur Regulierung von Weinhandel und -produktion aus finanziellen Gründen nicht richtig umgesetzt und damit ihrem eigenen Weingewerbe einen unlauteren Vorteil verschafft zu haben. In solchen Situationen war eine einheitliche Ausgestaltung der Rahmengesetze oft der einzig gangbare Kompromiss. Das brachte die einzelstaatlichen Regierungen denn auch immer wieder dazu, ihre Aversion gegen Eingriffe in ihre Verwaltungshoheit zu überwinden und darin einzuwilligen, die wichtigsten Ausführungsbestimmungen durch den Bundesrat regeln zu lassen.[204]

Und dennoch: Auch wenn die meisten Legislativverfahren ohne größere Verwerfungen abliefen, beeindruckend vielschichtige Gesetze daraus hervorgingen und der Verwaltungsföderalismus für eine verlässliche Implementierung sorgte, von einer „permanenten Staatskrise" also keine Spur war, gab es mehrere politische und strukturelle Probleme, die das integrierte System nicht in den Griff bekam, bevor sich die Umstände mit Ausbruch des Krieges dramatisch veränderten. Vor allem gelang es nicht, die politischen Gegensätze zu entschärfen, die das Reich in jene Kräfte spalteten, die die bestehende Regierungsordnung erhalten, reformieren oder ganz überwinden wollten. Das integrierte System schaffte es zwar, im politischen Tagesgeschäft zu speziellen Sachfragen wie etwa der Weingesetzgebung routinemäßig Kompromisse herzustellen. Den ideologischen Grundkonflikt zwischen Bewahrern, Reformern und Revolutionären vermochte es aber nicht aufzulösen. Am deutlichsten spiegelte sich das im Reichstag wider, wo es für die Reichsregierung immer schwieriger wurde, Mehrheiten zu finden. Als Theobald von Bethmann Hollweg 1909 von der Spitze des Reichsinnenamtes auf den Stuhl des Kanzlers wechselte, musste er im Parlament mit den Trümmern arbeiten, die ihm Bülow nach seinem

Sturz hinterlassen hatte. Eine Wiederbelebung des Bülow-Blocks war nach dem schweren Zerwürfnis der Konservativen und Liberalen über die Finanzreform aussichtslos. Bethmann Hollweg versuchte es deswegen mit einem Ansatz, der an die Sammlungspolitik in den ersten Jahren von Bülows Kanzlerschaft erinnerte. In einer „Politik der Diagonalen" bemühte sich Bethmann Hollweg darum, für jedes Projekt nach partiellen Übereinstimmungen zwischen allen Parteien von den Konservativen bis zu den Linksliberalen zu suchen und so mit wechselnden Mehrheiten an den Sozialdemokraten vorbeizuregieren. Die Strategie funktionierte so lange relativ gut, wie eine Partei der Mitte – das Zentrum – die stärkste Fraktion stellte und die Sozialdemokraten deutlich in der Minderheit waren. Diese Konstellation änderte sich jedoch schon zweieinhalb Jahre später fundamental. Dank systematischer Wahlkreisbündnisse mit der linksliberalen Fortschrittspartei konnten die Sozialdemokraten bei den Reichstagswahlen vom Januar 1912 ihre Mandate mehr als verdoppeln. Mit 110 Abgeordneten stellten sie jetzt mit fast 20 Sitzen Abstand die stärkste Fraktion. Gleichzeitig hatten das Zentrum und die konservativen Parteien so stark verloren, dass sie zusammen über keine Mehrheit mehr verfügten. Rechnerisch war es zwar immer noch möglich, an den Sozialdemokraten vorbeizuregieren. Angesichts der teilweise erheblichen Differenzen zwischen den anderen Parteien war die Reichsregierung von einer verlässlichen Mehrheit aber weiter entfernt denn je. Bethmann Hollweg blieb nichts anderes übrig, als sich „im Rahmen des bisherigen Systems" weiter „fortzuwurschteln", wie Wolfgang Mommsen argumentiert hat.[205]

Der Kern dieses Problems war die mangelnde Einbindung der Sozialdemokratie. Im Gegensatz zur Situation in einzelnen süddeutschen Ländern, allen voran in Baden, nahm man die Sozialdemokraten auf Bundesebene nicht einmal teilweise in das integrierte System auf. Die Linksliberalen und der progressive Flügel des Zentrums waren im Reichstag zwar durchaus dazu bereit, je nach Sachlage mit den Sozialdemokraten zusammenzuarbeiten. Für die konservativen Parteien und weite Teile der Nationalliberalen stand das aber völlig außer Frage. Nicht zuletzt wegen des Drucks aus diesem Lager konnte sich die Reichsregierung nicht dazu durchringen, auf die SPD zuzugehen. Im Gegenteil: Die Weiterentwicklung der sozialpolitischen Gesetzgebung der 1890er-Jahre zur Reichsversicherungsordnung war nicht zuletzt der Versuch, die Arbeiterschaft von den Sozialdemokraten wegzulocken und so die Partei zu schwächen. Diese reagierte ihrerseits auf die Missachtung, mit der sie im Reichstag gestraft wurde, indem sie den Kampf um weitere Verbesserungen in der Sozialpolitik auf die Straße trug – ganz besonders, nachdem sich an ihrer Marginalisierung selbst dann nichts änderte, als sie stärkste Fraktion wurde.

1912 erreichten die Arbeitskämpfe, die die SPD-nahen Gewerkschaften schon seit zwei Jahren organisierten, einen Höhepunkt. Im ganzen Reich gab es Tausende Arbeitsniederlegungen und zahlreiche Massendemonstrationen, vor allem unter den Kumpeln im Ruhrgebiet. Diese radikalen Proteste, die teilweise nur mit militärischer Gewalt unter Kontrolle gebracht werden konnten, bekräftigten die bürgerlichen Kräfte darin, dass die Sozialdemokraten trotz ihrer parteiinternen Kämpfe um eine revisionistische Neuausrichtung nach wie vor auf einen revolutionären Umsturz des bestehenden Regierungssystems hinarbeiteten. Das verhärtete wiederum die Blockade im Reichstag und machte die Aufgabe der Reichsregierung dadurch umso schwerer. Die Auseinandersetzung mit der erstarkten Sozialdemokratie verursachte also unzweifelhaft in den letzten Vorkriegsjahren eine politische Krise im Reich. Dabei handelte es sich aber nicht um eine „permanente Staatskrise". Angesichts der Tatsache, dass trotz aller politischen Verwerfungen der föderale Entscheidungsprozess nicht groß erschüttert wurde, ja in den allermeisten Fällen vollkommen reibungslos funktionierte, scheint es angebrachter, wie Thomas Nipperdey von einer „stabilen Krise" zu sprechen, die überdies weniger die staatlichen Strukturen als die politische Kultur betraf.[206]

Das zweite große Problem, das das integrierte System nicht vor Kriegsausbruch lösen konnte, war dagegen struktureller Natur, nämlich die Unstimmigkeit zwischen den Wahlrechten des Bundes und seines Hegemonialstaates. Die Verzerrung durch das preußische Dreiklassenwahlrecht war mittlerweile politisch unhaltbar geworden. Bei der Landtagswahl von 1908 erhielten die beiden konservativen Parteien nur rund 17 Prozent aller abgegebenen Stimmen. Deren unterschiedliche Gewichtung bescherte ihnen mit 202 von 443 Sitzen jedoch fast 48 Prozent der Mandate im neuen Abgeordnetenhaus. Gleichzeitig kam die SPD trotz des bei Weitem größten Stimmenanteils von fast 24 Prozent mit 7 Mandaten auf weniger als 2 Prozent der Sitze. Selbst die linksliberalen Freisinnigen erhielten mit ihren mageren 0,88 Prozent der Stimmen einen Sitz mehr. Der Protest blieb nicht aus. Um die Regierung unter Druck zu setzen, an den bestehenden Zuständen etwas zu ändern, organisierten die Sozialdemokraten regelmäßig Großdemonstrationen. In Berlin gingen Anfang Februar 50 000 Menschen auf die Straße und forderten die Einführung des freien, gleichen und geheimen Wahlrechts.[207]

Der Kanzler sah sich zum Handeln genötigt, nicht zuletzt deshalb, weil ein Hinzugewinn der Sozialdemokraten bei der nächsten Reichstagswahl – zu dem es 1912 dann ja auch kam – die Mehrheiten im Landtag und im Reichstag so weit auseinanderzudividieren drohte, dass sie kaum noch unter einen Hut zu bringen wären. Eine einfache Übertragung des Reichstagswahlrechts auf das preußische Abgeordnetenhaus lehnte Bethmann Hollweg aber genau wie seine Vorgänger ab. Preußen sollte das konservative Rückgrat des Bundesstaates, der Hort des monarchischen Prinzips bleiben. Der Kanzler schlug deswegen eine Teilrevision vor, bei der das Stimmgewicht der Wähler weiterhin an ihr Steueraufkommen gebunden sein sollte, sogenannte „Kulturträger" aus dem Staatsdienst und dem Militär aber in eine höhere Wählerklasse eingestuft werden sollten. Davon versprach er sich, die höheren Wählerklassen sozial stärker zu durchmischen und gleichzeitig deren konservatives Profil zu stärken.

Seine Initiative zerschellte jedoch am Widerstand an allen Fronten. Den Konservativen ging die Reform zu weit. Das Zentrum verriss die Vorlage ebenfalls, da die Partei zu den Profiteuren des bestehenden Wahlrechts gehörte. Aus demselben Grund konnten sich auch die Nationalliberalen nicht mit der Revision anfreunden. Die Sozialdemokraten verurteilten den Vorschlag ohnehin als halbgare Scheinreform, die die Einführung des allgemeinen Wahlrechts nicht ersetzen konnte. Da der Entwurf also in keinem politischen Lager Anklang fand und eine Annahme im Abgeordnetenhaus daher aussichtslos war, zog ihn Bethmann Hollweg Ende Mai zurück. Unter dem Strich hatte er mit seiner Aktion mehr Schaden angerichtet als Nutzen geschaffen. An der Wahlrechtsdiskrepanz, die das föderale Regieren so sehr erschwerte, änderte sich rein gar nichts. Das integrierte System verpasste somit die Chance, sich mit dem 1849 eingeführten Dreiklassenwahlrecht von einer historischen Altlast aus der Reaktionszeit zu befreien. Nach dem Erdrutschsieg der Sozialdemokraten bei den Reichstagswahlen von 1912 wog diese Bürde schwerer denn je. Gleichzeitig hatte Bethmann Hollwegs Vorstoß mit den Konservativen den zuverlässigsten parlamentarischen Partner der Reichsregierung verstört und das drückende politische Klima weiter angeheizt.[208]

Neben der Verschärfung der politischen Gegensätze und dem preußischen Dreiklassenwahlrecht gab es noch eine Reihe anderer Probleme, bei denen sich strukturelle und politische Schwierigkeiten zu einer zähen Gemengelage verbanden, die das integrierte System nicht zu durchdringen vermochte. An dieser Stelle genügt es, drei besonders wichtige kurz zu nennen. Erstens tat man nichts gegen die Arbeitsüberlastung des Bundesrates und des Reichstages. Beiden Organen fehlte ein institutioneller Unterbau, um die infolge der anhaltenden Zentralisierung stetig wachsende Zahl von zunehmend komplexeren Angelegenheiten, mit denen sie sich beschäftigen mussten, effizient zu erledigen. Der Reichstag nutzte dementsprechend seine erstarkte Stellung dazu, sich immer mehr Zeit zur Beratung solch komplizierter Vorlagen wie dem jährlichen Haushaltsentwurf zu nehmen, während die Reichsregierung den in seinem Schattendasein gefangenen Bundesrat zu immer rascheren Verhandlungen drängte. Eine Entlastung war in beiden Fällen auch überhaupt nicht erwünscht.

Die Regierungen des Reiches und der Einzelstaaten dachten gar nicht daran, den Reichstag durch die Finanzierung eines parlamentseigenen Verwaltungsapparates noch schlagkräftiger zu machen. Umgekehrt war der Reichstag nicht daran interessiert, dem Bundesrat aus seiner Not zu helfen, war dieser doch die zentrale Einrichtung, die einer Parlamentarisierung strukturell im Wege stand. Entsprechend taten die Parteien, die auf eine Reform des Regierungssystems drängten, alles, was sie konnten, um das Dilemma des Bundesrates weiter zu vergrößern, indem sie ihn besonders in Haushaltsfragen mit mehr und mehr Resolutionen bombardierten. Im Kampf um die Macht versagten sich die beiden Legislativorgane also gegenseitig bessere Arbeitsbedingungen und nahmen so die Gefahr in Kauf, das integrierte System durch den Kollaps ihres jeweiligen Gegenübers zu paralysieren.[209]

Zweitens wurde die imperiale Peripherie des Reiches nie richtig in die föderale Regierungsordnung eingegliedert. Bethmann Hollweg setzte 1911 zwar gegen den Widerstand der Konservativen die Einführung einer Verfassung für Elsass-Lothringen durch, die der lokalen Bevölkerung erstmals eine Volksvertretung zugestand. Den Status eines vollwertigen Bundeslandes erhielt das Reichsland aber trotzdem nicht. Besonders deutlich war das im Bundesrat, wo die drei Stimmen, die Elsass-Lothringen dort infolge der Reform erhielt, in vielen Fällen nicht mitgezählt wurden. Für die Kolonien galt ohnehin ein ganz spezieller Status, der sie zu einem vom föderalen Kernland getrennten Anhang des Reiches machte. Diese strukturelle Sonderbehandlung des Reichslandes und der Schutzgebiete destabilisierte das föderale Regierungsgefüge mitunter erheblich. Genaueres dazu werden wir im letzten Kapitel dieses Buches erfahren.

Drittens gelang es auch dem integrierten System nicht, die zivilen und militärischen Entscheidungsstrukturen des Reiches ordentlich zu koordinieren. Innerhalb der föderalen Prozessabläufe zeigte sich zwar keine nennenswerte „Militarisierung" der Politik. Auf der preußischen Bundesratsbank erschienen Armeevertreter zum Beispiel genauso selten wie zu Bismarcks Zeiten (Graph 9). In den letzten Jahren vor Ausbruch des Krieges zeigten sich Militärbeamte sogar nie mehr als ein Dutzend Mal im Plenum. Das Entscheidende war aber, dass sich die militärischen Strukturen um den Kaiser weiterhin fast gänzlich der Kontrolle der anderen Reichsorgane entzogen, also nicht Teil des integrierten Systems mit seinen umfangreichen Verschränkungen waren. Auf den Oberbefehl hatten Reichstag und Bundesrat nach wie vor nur indirekt über die Festsetzung des Reichshaushaltes Einfluss. Das Militärkabinett des Kaisers stand sowieso völlig außerhalb der regulären Verfassungsordnung. Die Koordinationsprobleme, die dieser extrakonstitutionelle Status der Armee zwischen den zahlreichen zivilen und militärischen Führungsstellen der Exekutive verursachte, spielten bei der chaotischen Entscheidungsfindung, die im Juli 1914 zur Kriegserklärung führte, eine wichtige Rolle und rächten sich später bei der Organisation der Kriegsanstrengungen bitterlich.[210]

Das integrierte System litt also zweifelsohne an einer größeren Zahl von politischen und strukturellen Mängeln, die es entweder trotz ernsthafter Änderungsversuche nicht beheben konnte oder erst gar nicht in Angriff nahm. Deswegen war es aber noch lange nicht reformunfähig, wie in der Tradition von Wehler immer wieder behauptet wird. Tatsächlich machte die Reichsregierung mit dem Abhalten der oben bereits erwähnten ersten richtigen Kabinettssitzung Ende Juni 1914 – also nur anderthalb Monate vor Ausbruch des Krieges – einen großen Schritt in Richtung einer fundamentalen Weiterentwicklung der bestehenden Entscheidungsstrukturen. Das zeigte sich ganz deutlich an dem Reformvorschlag, mit dem Clemens von Delbrück die Sitzung angestoßen hatte. Der Reichsinnenamtsleiter, der auch als Vizekanzler und Bundesratsvorsitzender fungierte, war wie Bethmann Hollweg alles andere als ein begeisterter Anhänger der Idee einer parlamentarischen Regierung (Abb. 6.5). Nach dem Krieg gehörte er zu den Mitbegründern der nationalkonservativen DNVP, die sich in den ersten Jahren der Weimarer Republik vehement für eine Wiedereinführung der Monarchie stark machte. Er war aber auch und vor allem ein Mann der Verwaltung, der wie der Kanzler seine Karriere im Behördenapparat des Bundes gemacht hatte und dessen Funktionstüchtigkeit als Voraussetzung für den Erhalt der Monarchie, ja der staatlichen Ordnung insgesamt begriff. Ihn beunruhigte es daher, innerhalb des föderalen Entscheidungsprozesses ob der vielen verschiedenen Foren und Akteure zunehmend eine gewisse – wie er es formulierte – „Schwerfälligkeit des Geschäftsganges" zu beobachten. Im Mai 1914 unterbreitete er deshalb dem Kanzler eine Denkschrift, in der er einige zentrale Probleme des bestehenden Systems identifizierte und entsprechende Lösungsvorschläge machte.[211]

Delbrücks Ausführungen liefen im Endeffekt darauf hinaus, die Staatssekretäre der Reichsämter und den Reichskanzler zu einer kollegialen Reichsregierung ähnlich dem preußischen Staatsministerium zusammenzufassen und die Gesetzesvorschläge, die aus den parlamentarischen Fraktionen kamen, direkt mit dem Reichstag zu verhandeln statt diese wie bisher nur im Rahmen der jährlichen Haushaltsdebatte zu diskutieren. Was Delbrück vorschlug, war also nichts anderes, als die Reste der verworrenen bündisch-hegemonialen Strukturen, durch die Bismarck die Exekutive vor dem Reichstag hatte abschirmen wollen, in weiten Teilen endgültig abzuschaffen. Die Reichsleitung sollte offiziell zu einer richtigen Reichsregierung werden, die sich nicht hinter dem Bundesrat oder ihren Querverbindungen zu Preußen verstecken, sondern dem Reichstag als ein Kabinett von Ministern unter der Führung des Kanzlers gegenübertreten und

Abb. 6.5: Clemens von Delbrück, undatierte Fotografie

sogar parlamentarische Initiativanträge unmittelbar beraten und gegebenenfalls aufnehmen würde. Davon versprach sich Delbrück einerseits eine Verbesserung der Kommunikation unter den einzelnen Stellen des gewaltigen Regierungsapparates und andererseits eine effizientere Abwicklung der Verhandlungen mit dem Reichstag, an denen ja ohnehin kein Weg vorbeiführte.²¹²

Dieses Programm und die Tatsache, dass Bethmann Hollweg mit der Einberufung der erwähnten Kabinettssitzung ohne großes Zögern darauf einging, sind gleich in zweierlei Hinsicht aufschlussreich. Zum einen zeigen sie, dass die Reichsregierung am Vorabend des Krieges durchaus reformwillig war. Zum anderen bezeugen sie, dass das föderale Entscheidungssystem, das sich in den vergangenen Jahrzehnten ja ständig verändert hatte, keinesfalls erstarrt, sondern weiterhin im Fluss war. Denn Delbrücks Vorschlag war im Prinzip nichts anderes als eine Anerkennung jener beiden strukturellen Entwicklungen, die im integrierten System immer mehr Fahrt aufnahmen und dabei waren, es umzusortieren: die Föderalisierung der parlamentarischen und die Parlamentarisierung der föderalen Entscheidungsfindung. Hinter dem Programm steckte also die Einsicht, dass die Reichsregierung diese Wandlungsprozesse nicht länger ignorieren durfte, sondern anfangen musste, diese aktiver zu managen, um nicht gegenüber dem Reichstag ins Hintertreffen zu geraten. Anders gesagt: Delbrück erkannte, dass im integrierten System vor allem ob der in den Reichstagskommissionen und im prälegislativen Raum stattfindenden Durchmischung von Regierungs- und Parlamentsvertretern die Grenzen zwischen Monarchismus und Parlamentarismus so sehr verschwammen, dass sich die Regierungsordnung unweigerlich früher oder später weiter verändern würde. Um diese Entwicklung nicht dem Zufall oder dem freien Spiel der Kräfte zu überlassen, in dem der Reichstag aufgrund seiner über die Jahre erstarkten Position mittlerweile gute Karten hatte, machte der Vizekanzler seinen Reformvorschlag.

Bethmann Hollweg reagierte darauf ausgesprochen schnell und beraumte die von Delbrück in diesem Zusammenhang verlangte Kabinettssitzung nur drei Wochen nach Erhalt der Denkschrift an. Damit machte der Kanzler deutlich, dass die Zeit auch aus seiner Sicht zu drängen schien, waren die Hürden, die einer Parlamentarisierung entgegenstanden, in den letzten Jahren doch so niedrig geworden wie nie zuvor. Angesichts dieser Situation schien es den beiden wichtigsten Männern der Reichsregierung geboten, das Heft des Handelns in die Hand zu nehmen und das bestehende System neu zu ordnen, auch wenn das hieß, sich von alten Schutzstrukturen zu trennen und ein Stück weit auf den Reichstag zuzugehen. Allein: Acht Tage nach der Kabinettssitzung wurde in Sarajevo der österreichische Thronfolger erschossen. Danach überstürzten sich die Ereignisse. Binnen weniger Wochen brach der Krieg aus und machte durch die fundamentale Veränderung der politischen Umstände alle bisherigen Pläne hinfällig, durch die sich das Entwicklungspotenzial des integrierten Systems auf dem Weg der Reform weiter hätte entfalten können.

## VII. 1914–1918: Die Doppeldiktatur und der Durchbruch des Reichstages

Der Krieg, der die deutschen Monarchien schließlich hinwegfegen sollte, hätte ohne deren Zustimmung nicht beginnen können. Das Recht, im Namen des Reiches eine Kriegserklärung auszusprechen, lag zwar beim Kaiser. Laut der Verfassung benötigte dieser dafür aber die Zustimmung des Bundesrates. Um diese Genehmigung einzuholen, erschien am 1. August 1914 mit Bethmann Hollweg – was in den letzten Jahrzehnten kaum noch vorgekommen war – der Kanzler persönlich im Bundesrat. Dort gab er eine ausführliche Erklärung zum Stand der Verhandlungen der Reichsregierung mit den anderen europäischen Großmächten über die Krise auf dem Balkan ab. Dabei betonte er, dass er die Einwilligung des Bundesrates in eine Kriegserklärung an Russland und Frankreich schon jetzt suche, obgleich die Ultimaten an diese beiden Länder zur Einstellung ihrer Mobilmachung beziehungsweise zur Abgabe einer Neutralitätserklärung noch nicht abgelaufen seien, um im Fall der Fälle „keine Zeit mehr zu verlieren". Er zollte den „Hohen verbündeten Regierungen" also seinen Respekt, drängte sie aber mit Verweis auf die nationale Sicherheitslage unmissverständlich dazu, eine Entscheidung zu treffen, bevor alle Tatsachen auf dem Tisch lagen. Der Druck zeigte Wirkung. Die Versammlung stellte dem Kaiser einstimmig einen Freifahrtschein aus.[213]

Genau wie der Blankoscheck, den die Spitzen des Reiches der österreichischen Regierung im Umgang mit Serbien ausstellten, rächte sich auch diese „bündische" Carte blanche am Ende für diejenigen, die sie ausgestellt hatten. Gleich zu Beginn des Kriegs wurden die föderalen Entscheidungsstrukturen des integrierten Systems durch eine unitarische Doppeldiktatur ersetzt, in der die Regierungen der Einzelstaaten nahezu ohnmächtig waren. Im Laufe der folgenden vier Kriegsjahre implodierte auch der Rest des alten monarchischen Bundesstaates. Die damit verbundene Auflösung der antiparlamentarischen Föderalstrukturen der Verfassung machte den Weg frei für den Reichstag, um sich vor dem Hintergrund der schlechter werdenden militärischen Lage im Machtkampf mit der Obersten Heeresleitung und der Reichsregierung durchzusetzen und im Oktober 1918 die Regierungsgewalt zu übernehmen. Die anschließende Revolution richtete sich nicht gegen den politisch weitgehend ausgehöhlten Bundes-, sondern gegen den sich an die Macht klammernden Obrigkeitsstaat. Während das Reich und die Länder blieben, mussten der Kaiser und die Fürsten gehen. Was Bethmann Hollweg am Ende seiner erwähnten Bundesratsrede mit Blick auf das Schicksal des Reiches in einem europäischen Krieg erklärt hatte, galt rückblickend also genauso für das Los der Monarchien, die die vor ihm sitzenden Gesandten vertraten: „Wenn die eisernen Würfel nun rollen, wolle Gott uns helfen."[214]

Das Fundament der deutschen Kriegsordnung bestand aus zwei Säulen: einer Militär- und einer Zivildiktatur. Die erstgenannte beruhte auf dem sogenannten Kriegs- oder Belagerungszustand, den der Kaiser in Vorbereitung auf den sich anbahnenden Kriegsausbruch bereits am 31. Juli 1918 per Verordnung über das ganze Reich verhängte. Geregelt war dieser rechtliche Ausnahmezustand in Artikel 68 der Reichsverfassung. Dieser bestimmte, dass bis zum Erlass eines entsprechenden Reichsgesetzes für „die Voraussetzungen, die Form der Verkündigung und die Wirkung" des Kriegszustandes die Vorschriften des preußischen Belagerungsgesetzes von 1851 galten. Ein solches Reichsgesetz war allerdings in den 43 Jahren seit der Reichsgründung nie zustande gekommen. Art und Umfang der Vollmachten, die dem Militär während des Krieges übertragen wurden, richteten sich also nach einem Gesetz, das die Hegemonialmacht des Bundes zwei Jahrzehnte vor dessen Gründung als Reaktion auf die Revolution von 1848 erlassen hatte. Anders gesagt: Das Reich zog in den ersten europaweiten Krieg des Industriezeitalters, indem es sich gemäß eines Bündels von Vorgaben reorganisierte, die noch aus den Tagen der Restaurationszeit stammten. Die Anwendung des preußischen Belagerungsgesetzes hatte noch eine andere kuriose Folge. Da es kein Reichsgesetz gab, das etwas anderes bestimmt hätte, galt die durch den Kaiser angeordnete Verhängung des Kriegszustandes laut einer Sonderklausel des Einigungsvertrages von 1870 nicht für Bayern. Der Kaiser musste daher den bayerischen König bitten, seinerseits eine gleichlautende Verordnung auf Grundlage des bayerischen Landesrechtes zu erlassen. Das tat dieser auch noch am gleichen Tag. Als der Krieg in der folgenden Woche an allen Fronten ausbrach, herrschte somit im ganzen Reich ein und derselbe Belagerungszustand.[215]

Dieser Rechtsstatus hatte weitreichende Auswirkungen auf die Organisation und Ausübung der Staatsgewalt. Die wichtigste war der Übergang der vollziehenden Gewalt auf die Militärbefehlshaber. Alle zivilen Verwaltungsstellen und Kompetenzbereiche wurden den militärischen Dienststellen unterworfen. Das bedeutete, dass die einzelstaatlichen und kommunalen Behörden zwar in ihren jeweiligen Funktionen verblieben, von nun an aber die Anordnungen der zuständigen Militärbefehlshaber zu befolgen hatten. Die Zivilbehörden wurden also zu ausführenden Organen der Militärgewalt. Dadurch wurden die einzelstaatlichen Regierungen de facto entmachtet. Von den Militärbefehlshabern, an die sie ihre Verfügungsgewalt verloren, gab es im gesamten Reich 62: den preußischen Oberbefehlshaber in den Marken, 23 stellvertretende Generäle, den Kommandeur der dritten bayerischen Division, sowie die Gouverneure beziehungsweise Kommandanten von 37 Festungen. Jeder dieser Militärchefs übernahm in seinem jeweiligen Korpsbezirk die oberste Zivilgewalt. Folge leisten mussten sie dabei nur den Anweisungen des obersten Kriegsherrn, des Kaisers, dessen Kommandogewalt sie unterstellt waren. Das galt auch für die bayerischen Befehlshaber.[216]

Die Verhängung des Kriegszustandes schuf folglich im Reich eine flächendeckende Militärdiktatur, in der der Kaiser formal gesehen an der Spitze stand, die Ausübung der Diktaturgewalt aber bei den Militärbefehlshabern lag. Dieses Konstrukt veränderte das gesamte deutsche Staatswesen fundamental. Aus der föderalen wurde eine unitarische Ordnung. Da die Militärbefehlshaber als Diktaturorgane nur dem Kaiser und damit dem Träger der zentralen Reichsgewalt unterworfen, sie also keine Landes-, sondern mittelbare Reichsinstanzen waren, ging durch ihre Übernahme der vollziehenden Gewalt die Verwaltungshoheit der Einzelstaaten staatsrechtlich gesehen auf das Reich über. Die Erklärung des Kriegszustandes suspendierte also das föderale Verfassungsgefüge aus Friedenszeiten zugunsten einer unitarischen Organisationsstruktur. Das hatte den Sinn, den Belagerungszustand zumindest theoretisch im ganzen Reich einheitlich gestalten zu können.[217]

Die wichtigste diktatorische Vollmacht der Militärbefehlshaber war das Recht, Verfügungen und Verordnungen zu erlassen. Dabei handelte es sich um zwei verschiedene Formen von Dekreten. Mit Verfügungen konnten die Militärbefehlshaber konkrete Einzelakte regeln, wie zum Beispiel Festnahmen, Beschlagnahmungen oder individuelle Gebote, Verbote und Genehmigungen. Das Erlassen von Verordnungen ermöglichte ihnen dagegen, allgemeingültige Vorschriften zu machen. Zu Beginn des Krieges war es noch umstritten, ob sie sich dabei an bestehende Gesetze halten mussten. Schnell erkannte das Reichsgericht jedoch an, dass die ihnen mit der Verhängung des Kriegszustands übertragene Verordnungsgewalt sie auch dazu ermächtigte, den geltenden Rechtszustand zu ändern. Demnach beinhaltete die militärische Diktaturgewalt ein umfangreiches Notverordnungsrecht, das selbst die Vorgaben der Verfassung jederzeit durchbrechen konnte. Die Militärbefehlshaber nutzten das, um ungeachtet jedweder föderalen Kompetenzverteilung in alle Angelegenheiten einzugreifen, die auch nur irgendwie mit der militärischen Sicherheit zusammenhingen. Dabei geriet vor allem die Kriegswirtschaft in ihren Fokus. So erließen sie in ihren jeweiligen Korpsbezirken zahllose Verordnungen über Höchstpreise, Bewirtschaftungsvorschriften, Exportstopps, Vorratsanlegungen sowie Produktions-, Verarbeitungs- und Verwendungsverbote. Unabhängig von ihrem konkreten

Gegenstand waren allen Verordnungen, die die Militärbefehlshaber verhängten, strafrechtlich sanktionierbar. Anfänglich stand auf jede Verletzung ausnahmslos eine Gefängnisstrafe. Ab Dezember 1915 machte es eine gesetzliche Abänderung des Belagerungszustandes dann möglich, bei kleineren Vergehen und / oder mildernden Umständen Geld- statt Haftstrafen zu verhängen. Ob die Verordnungen selbst rechtmäßig waren, durfte derweil nur der Kaiser prüfen. Es führte also kaum ein Weg an ihnen vorbei.[218]

Neben der Übertragung der vollziehenden Gewalt an die Militärbefehlshaber hatte die Verhängung des Kriegszustandes noch zwei weitere einschneidende Konsequenzen. Zum einen erhielten die militärischen Diktaturorgane nach den Regularien des preußischen Belagerungsgesetzes das Recht, die sieben wichtigsten Grundrechte der preußischen Verfassung außer Kraft zu setzen. Dabei handelte es sich um die persönliche Freiheit, die Unverletzlichkeit der Wohnung, die Zusicherung eines gesetzlichen Richters und das Verbot von Ausnahmegerichten, die Meinungsfreiheit, die Vereinsfreiheit, die Versammlungsfreiheit und das Verbot des Einsatzes des Militärs im Staatsinnern ohne vorherige Genehmigung der Zivilbehörden. Während der Kaiser in seiner Verordnung zur Verhängung des Kriegszustandes davon absah, diese Grundrechte grundsätzlich überall zu suspendieren, annullierten die Militärbefehlshaber sie je nach Lage in ihrem jeweiligen Korpsbezirk entweder in Gänze oder in Teilen. Diese Aufhebung der wichtigsten Garantien zum Schutz des Einzelnen vor der Staatsgewalt gab ihnen dann die Möglichkeit, verschiedene Zwangsmaßnahmen durchzusetzen, wie zum Beispiel die Anordnung von Schutzhaft oder Aufenthaltsbeschränkungen, die Veranlassung von Hausdurchsuchungen, die Einsetzung von außerordentlichen Kriegsgerichten, die Vor- und Nachzensur der Presse, die Schließung oder Auflösung von Vereinen und Versammlungen und die militärische Niederschlagung von inneren Unruhen.[219]

Zum anderen brachte die Verhängung des Kriegszustandes eine empfindliche Verschärfung des Strafrechts und der Strafjustiz mit sich. Für alle Militärangehörigen galten nun besonders strikte Vorschriften des Militärstrafgesetzbuches. Auch das für alle Zivilisten geltende allgemeine Strafrecht verschärfte sich. Eine Reihe von Verbrechen, auf die in Friedenszeiten eine lebenslange Gefängnisstrafe stand, wurden jetzt mit dem Tod bestraft, darunter der Hoch-, Landes- und Kriegsverrat sowie die vorsätzliche Brandstiftung. Zuständig für die Verhandlung von Strafsachen waren generell die ordentlichen Strafgerichte. Von einer flächendeckenden Einführung von Kriegsgerichten sah der Kaiser ab. Auch die Militärbefehlshaber hielten sich damit zurück. Nach und nach schufen sie aber immer mehr dieser Sondertribunale, auf die dann die Zuständigkeit der ordentlichen Gerichte überging. 1917 gab es im gesamten Reich immerhin sechzig Stück. Die meisten davon waren bei den Landgerichten angesiedelt und umfassten fünf Richter, von denen drei Offiziere und zwei zivile Berufsrichter waren. Insgesamt kam es dort zu etwa 150 000 Verhandlungen, von denen viele Bagatellsachen betrafen.[220]

Die zweite Säule der deutschen Kriegsordnung war eine Zivildiktatur. Diese gründete sich auf ein umfassendes Gesetzespaket, das der Reichstag nur drei Tage nach der deutschen Kriegserklärung am 4. August 1914 verabschiedete. Die darin enthaltenen siebzehn Kriegsgesetze stellten die Regierungsstrukturen, die Volkswirtschaft, die Reichsfinanzen, die Sozialversicherungen und das Rekrutierungssystem auf Kriegsbetrieb um. Am wichtigsten war neben einem Gesetz zum Nachtragshaushalt, das dem Reich einen ersten Kriegskredit über fünf Milliarden Mark zur Verfügung stellte, das „Gesetz über die Ermächtigung des Bundesrats zu wirtschaftlichen Maßnahmen und über die Verlängerung der Fristen des Wechsel- und Scheckrechts im Falle kriegerischer Ereignisse". Paragraf 3 dieses sogenannten Kriegsermächtigungsgesetzes autorisierte den Bundesrat, „während der Zeit des Krieges diejenigen gesetzlichen Maßnahmen anzuordnen, welche sich zur Abhilfe wirtschaftlicher Schädigungen als notwendig erweisen". Diese Regelung war außerordentlich weit gefasst. In dem kontinentalen Krieg, der sich gerade entfaltete, konnte alles, was die Mobilmachung der nationalen Hilfsmittel auch nur peripher beeinträchtigte, als wirtschaftliche Schädigung gelten. Demnach bekam der Bundesrat das Recht, unter Umgehung des normalen Gesetzgebungsprozesses Notverordnungen in nahezu allen Bereichen des öffentlichen Lebens zu erlassen. Ausdrücklich fielen unter den Anwendungsbereich des Gesetzes alle sozialen und finanziellen Angelegenheiten, wie etwa das Versicherungs-, Haushalts-, Abgaben-, Münz-, Währungs- und Kreditwesen. Durch den Verweis auf indirekte wirtschaftliche Schädigungen konnte der Bundesrat aber auch ganz andere Bereiche an sich ziehen, beispielsweise die Organisation des Gerichtswesens. Dabei musste er nicht einmal Rücksicht auf die Verfassung nehmen. Da diese laut ihrer eigenen Bestimmungen durch ein einfaches Gesetz geändert werden konnte und das Ermächtigungsgesetz den Notverordnungen des Bundesrates den Rang „gesetzlicher Maßnahmen" gab, vermochte dieser nun alle verfassungsrechtlichen Bestimmungen – inklusive der Kompetenzverteilung zwischen Bund und Ländern – ohne Weiteres zu durchbrechen. Kurzum: Das Ermächtigungsgesetz übertrug dem Bundesrat – ähnlich wie die Kriegszustandsverhängung den militärischen Befehlshabern – eine äußerst umfangreiche Diktaturgewalt.[221]

Unbegrenzt war diese allerdings nicht. Zum einen gab es trotz der Weite der Regelung gewisse inhaltliche Schranken. Nicht zu allen Gebieten gab es einen klaren direkten oder indirekten wirtschaftlichen Zusammenhang. So erließ der Bundesrat während der vier Kriegsjahre zum Beispiel keine einzige Anordnung auf dem Gebiet des Polizei-, Versammlungs- oder Presserechts. Insbesondere waren sich alle wichtigen politischen Akteure darüber einig, dass die jährlichen Bewilligungen des Reichshaushaltes, die Freigabe weiterer Kriegskredite und die Erhöhung bestehender Steuern nicht unter das Notverordnungsecht des Bundesrats, sondern unter das Budgetrecht des Reichstages fielen und damit auf dem Weg der normalen Gesetzgebung erledigt werden mussten. Der Bundesrat hielt sich auch an diese inhaltliche Begrenzung. Von den über 800 Verordnungen, die er während des Krieges erließ, sorgten nur fünf auf dem Gebiet des Gerichtsverfahrensrechtes getroffene Maßnahmen für Diskussionen darüber, ob hier der Anwendungsbereich des Ermächtigungsgesetzes überschritten wurde.[222]

Zum anderen war die Ermächtigung des Bundesrates – im Gegensatz zu der des Militärs – durch eine in das Gesetz eingebaute parlamentarische Kontrollfunktion beschränkt. Der zweite Absatz des oben zitierten Paragrafen bestimmte, dass die vom Bundesrat verordneten gesetzlichen „Maßnahmen [...] dem Reichstag bei seinem nächsten Zusammentritt zu Kenntnis zu bringen und auf sein Verlangen aufzuheben" waren. Das Gesetz gab dem Parlament also ein Vetorecht. Dadurch stellte es ein „gewisses Machtgleichgewicht zwischen dem anordnungsbefugten Bundesrat und dem kontrollbefugten Reichstag" her, wie Ernst Rudolf Huber argumentiert hat. Denn das Mitspracherecht des Reichstages machte es für den Bundesrat unmöglich, die Meinung der parlamentarischen Mehrheit zu ignorieren, konnte diese doch ihr missliebige Maßnahmen einfach aufheben und so die Verordnungsgewalt im Falle eines ernsthaften Konfliktes sogar dauerhaft blockieren. Das konnte der Bundesrat zwar theoretisch dadurch verhindern, dass er von seinem verfassungsmäßig verbrieften Recht Gebrauch machte, den Reichstag zu schließen oder zu vertagen. Praktisch war diese staatsstreichartige Ausschaltung der Volksvertretung ob der Kriegssituation, in der es entscheidend auf die Opferbereitschaft der Bevölkerung und die Unterstützung der Parteien – vor allem bei der Bewilligung der Kriegskredite – ankam, aber keine wirkliche Option. Andererseits konnte allerdings auch der Reichstag in der Praxis nicht einfach jede Verordnung, die ihm nicht passte, annullieren. War eine Maßnahme erst einmal in Kraft, konnte diese nur noch schwer zurückgenommen werden, ohne mitunter empfindliche Störungen in dem sowieso relativ unruhigen wirtschaftlichen, sozialen und rechtlichen Gefüge der Kriegszeit zu verursachen. Der Reichstag benutzte sein Vetorecht denn auch äußerst selten. In der Regel entschied er sich lieber dafür, missliebige Maßnahmen mit Kritik zu überziehen und konkrete Forderungen nach künftigen Verbesserungen zu stellen.[223]

Die praktische Begrenztheit des parlamentarischen Vetorechtes änderte aber nichts daran, dass das Ermächtigungsgesetz durch diese Befugnis des Reichstages aus einer absoluten eine beschränkte Diktaturgewalt des Bundesrates machte. Überdies war Letztere wie die Diktaturgewalt des Militärs kommissarischer Natur, da sie dem Bundesrat durch ein jederzeit widerrufbares Gesetz übertragen wurde, auf einen bestimmten Zeitraum – nämlich die Dauer des Krieges – begrenzt war und dazu diente, Schäden abzuwenden, das heißt, den bestehenden Staats- beziehungsweise Verfassungszustand zu erhalten und nicht einen neuen herbeizuführen. Ermächtigungsgesetze oder verfassungsrechtliche Vorschriften, die einem Exekutivorgan auf diese oder ähnliche Weise das Recht zu einer umfangreichen Notgesetzgebung übertrugen, waren im internationalen Kontext keine Seltenheit. Alle europäischen Regierungen machten im Krieg von solchen Vollmachtregimen Gebrauch, selbst in den Staaten, die sich wie die Schweiz neutral erklärten. Da im Krieg die Stunde der Exekutive schlug, hielt man es allerorts für notwendig, die Gewaltenteilung zu durchbrechen und einen vereinfachten Erlass von Notverordnungen zu ermöglichen, der schneller auf neue Situationen reagieren konnte als das oft behäbige Gesetzgebungsverfahren. Dennoch war es im August 1914 alles andere als klar, ob sich das Reich mit dem Ermächtigungsgesetz auf verfassungsmäßigem Boden bewegte. Die Reichsverfassung kannte im Unterschied zu den Verfassungen Preußens und der meisten anderen Einzelstaaten des Bundes kein Notverordnungsrecht. Konnte man die spontane Schließung dieser Lücke relativ einfach mit Verweis auf den Ausbruch des Krieges und die unmittelbar bevorstehenden Kampfhandlungen rechtfertigen, war das mit der Übertragung der Vollmacht an den Bundesrat schwieriger. Die Länderkammer war kein reines Exekutiv-, sondern ein eigentümliches Mischorgan, das exekutive, legislative und judikative Funktionen hatte, wie wir im vorhergehenden Kapitel gesehen haben. Eine von ihr getrennte kaiserliche Reichsregierung gab es aber offiziell nach wie vor nicht, auch wenn die Reichsleitung diesen Status in der politischen Praxis seit Jahrzehnten voll und ganz ausfüllte. Formalrechtlich blieb daher gar nichts anderes übrig, als das Notverordnungsrecht dem Bundesrat zu übertragen.[224]

Wie heikel die Einführung einer allgemeinen Vollmacht trotz allem war, offenbarte die Art und Weise, wie die Ermächtigungsklausel zustande kam. Die Reichsregierung erkannte bei der Ausarbeitung der Entwürfe für die oben beschriebenen Kriegsgesetze ganz klar die Notwendigkeit einer solchen Regelung. Sie verzichtete aber darauf, diese entweder in Form eines eigenständigen oder als Teil eines anderen Entwurfs in das Gesetzespaket einzuarbeiten, das sie dem Bundesrat und dem Reichstag vorlegte. Hinter dieser Entscheidung stand die Überlegung, so das Risiko zäher Verhandlungen oder gar einer Ablehnung zu minimieren, da ein umfangreiches Notverordnungsrecht leicht den Protest einzelner Landesregierungen oder parlamentarischer Fraktionen hätte erregen können, wenn es im Verdacht gestanden hätte, nur einer unkontrollierten Zentralisierung oder einer absichtlichen Schwächung des Parlaments zu dienen. Stattdessen lancierte die Reichsregierung bei den Vorbesprechungen mit den Fraktionsspitzen der Reichstagsparteien über einen Abgeordneten die Anregung, dass man in diesen Krisenzeiten unbedingt ein Notverordnungsrechts schaffen müsse. Auf diesen scheinbar spontanen Vorschlag reagierten die Vertreter der Reichsregierung, wie sich der liberale Abgeordnete Friedrich von Payer erinnerte, indem sie die vorgefertigte Formulierung zur Generalvollmacht des Bundesrates aus der Tasche zogen und erklärten, sie hätten „nicht den Mut gehabt", dem Reichstag von sich aus einen solch weitgehenden Verzicht auf seine legislativen Rechte vorzulegen. Trotz seiner Durchsichtigkeit funktionierte dieses Manöver. Die Parteiführer willigten ob der „Not des Augenblicks" in die Ermächtigung ein und hängten diese dann auf Vorschlag Payers als zusätzlichen dritten Paragrafen an den Entwurf des Gesetzes über die Verlängerung der Fristen des Wechsels- und Scheckrechts an. Am Nachmittag des gleichen Tages nahm der Reichstag diese so entscheidend erweiterte Vorlage dann genau wie alle übrigen sechzehn Kriegsgesetze ohne weitere Ausschussberatungen einstimmig an.[225]

Dass es zu keinen größeren Diskussionen kam, lag maßgeblich daran, dass die Klausel den Bundesrat und nicht die Reichsregierung zum Träger der Generalvollmacht erklärte. Indem die Reichsregierung auf eine direkte Stärkung ihrer selbst verzichtete, stattdessen der bündischen Logik der Verfassung folgte und das Notverordnungsrecht dem Bundesrat überließ, gab sie den skeptischen Reichstagsfraktionen, allen voran den Sozialdemokraten, keinen guten Vorwand, unter dem sie eine auch in den demokratischen Staaten Europas in ähnlicher Weise vollzogene, kriegsnotwendige Ermächtigung der Exekutive hätten ablehnen können – zumal in Anbetracht des parlamentarischen Vetorechts, mit dem das Ermächtigungsgesetz der in den vergangenen Jahrzehnten so sehr gesteigerten Bedeutung des Reichstages Rechnung trug. Gleichzeitig machte es die Bevollmächtigung des Bundesrates den einzelstaatlichen Regierungen einfacher, einem zentralistischen Notverordnungsrecht zuzustimmen. Tatsächlich erklärten sich diese denn auch noch im Rahmen der Vorbesprechungen mit den parlamentarischen Parteien damit einverstanden, sodass der Bundesrat letztlich gar nicht mehr über den revidierten Entwurf und damit über seine eigene Ermächtigung abstimmte.[226]

Durch das auf diese Weise zustande gekommene Gesetz feierte die fürstenbündische Auslegung der Verfassung, die ja spätestens seit den 1890er-Jahren von der Realität der Reichsmonarchie überholt worden war, eine ungeahnte

Auferstehung. Das Ermächtigungsgesetz organisierte die zivilen Entscheidungsstrukturen des Reiches durch die Generalvollmacht des Bundesrates formal gesehen als bündische Diktatur beziehungsweise als diktatorischen Fürstenbund. Allein: Das war – wie die Vorstellung vom Reich als Fürstenbund immer schon – bloßer Schein. Der Bundesrat trat zwar aus seinem Schattendasein hinaus und erlebte eine Renaissance als zentraler Entscheidungsort des Reiches, die sich nicht nur in den vielen von ihm erlassenen Notverordnungen, sondern auch in einer wahren Flut an Petitionen äußerte, die betroffene Bürger während des Krieges bezüglich verschiedener Anliegen an ihn richteten. Seine Generalvollmacht bedeutete aber nicht, dass das von ihm repräsentierte Kollektiv der verbündeten Regierungen die Geschicke des Reiches übernahm. Das Gegenteil war der Fall. De facto übertrug das Ermächtigungsgesetz das Notverordnungsrecht an die Reichsregierung, weil diese den Bundesrat vollkommen kontrollierte.[227]

Dass die Länderkammer im Krieg nicht viel mehr als ein Satellitenorgan der Reichsregierung war, hatte mehrere Ursachen. Einerseits sicherten die einzelstaatlichen Regierungen der Reichsregierung noch in der Sitzung, in der Bethmann Hollweg den Bundesrat um seine Zustimmung zur Kriegserklärung bat, durch die einstimmige Annahme aller siebzehn Kriegsgesetze ihre Unterstützung für den kommenden nationalen Überlebenskampf zu. Genau wie im Reichstag gab es also auch im Bundesrat eine Art Burgfrieden. Im Unterschied zu dem Pakt zwischen den Parteien und der Reichsregierung handelte es sich hierbei allerdings um einen Schulterschluss auf der Basis monarchischer Solidarität. Nicht zuletzt deshalb erwies sich diese Allianz als sehr viel zuverlässiger als ihr parlamentarischer Cousin. Während der Burgfrieden im Reichstag spätestens 1916 mit der öffentlichen Diskussion der Kriegsziele beendet war, stellte sich der Bundesrat bis zum Ende des Krieges hinter alle wichtigen Maßnahmen – ob Gesetz oder Verordnung – mit großer Mehrheit, ja meist sogar einstimmig. Andererseits fehlte den einzelstaatlichen Regierungen nach der Erklärung des Kriegszustandes und der damit zusammenhängenden Installation der Militärgouverneure in den Ländern auch einfach die Machtbasis, um dem Druck der Reichsregierung standzuhalten und die erweiterte Kompetenz des Bundesrates als zentrales Verordnungsorgan für sich zu beanspruchen. Darüber hinaus besaßen sie weder den erforderlichen Überblick über die militärisch-wirtschaftliche Gesamtlage noch die personellen und finanziellen Ressourcen, um quer durch alle Politikfelder den anfallenden Handlungsbedarf zu identifizieren und entsprechende Verordnungen auszuarbeiten. Diese Mammutaufgabe konnte nur der Verwaltungsapparat des Reiches stemmen.[228]

Der wichtigste Faktor für den Satellitenstatus des Bundesrates war aber sicherlich, dass sich jene internen Entwicklungen, die das eigentliche Zentralorgan der Verfassung schon in Friedenszeiten häufig genug zu einer Abstimmungsmaschine der Reichsregierung degradiert hatten, im Krieg noch verstärkten: die Übernahme der preußischen Bank durch die Vertreter der Reichsämter und die systematische Substitutionspraxis unter den Kleinstaaten. 1914 stieg der Anteil an preußischen Beamten in der Delegation des Hegemonialstaates zwar das erste Mal seit über zehn Jahren auf fast 20 Prozent (Graph 10). Diese erhöhte Präsenz landeseigener Vertreter war aber nur Folge einer Strategie der Reichsregierung. Um die Geschlossenheit der verbündeten Regierungen zu demonstrieren, bestand sie darauf, dass die Landesregierungen bei allen richtungsweisenden Entscheidungen zu Beginn des Krieges – allen voran bei der Kriegserklärung und der Annahme der siebzehn Kriegsgesetze – eigene, möglichst hohe Amtsträger zu den Sitzungen des Bundesrates schickten. Aus eben jenem Grund erschienen in diesem Jahr auch ungewöhnlich viele preußische Ressortminister im Plenum (Graph 11). Nach 1914 änderte sich das Bild drastisch. Die zusätzlichen Gesichter aus den preußischen Ministerien verschwanden binnen eines Jahres wieder, während die Reichsbeamten die preußische Bank stärker in Beschlag nahmen denn je. Bis 1917 schwoll ihr Anteil auf über 90 Prozent an (Graph 10). Bereits ein Jahr zuvor hatte die preußische Delegation in mehr als einem Viertel aller Sitzungen ausschließlich aus Abgesandten der obersten und nachgeordneten Reichsbehörden bestanden. Gleichzeitig stiegen die Substitutionen unter den Kleinstaaten schon 1915 auf ein Allzeithoch von über 70 Prozent (Graph 14). Möglich machte das die im selben Jahr durchgeführte, im vorhergehenden Kapitel bereits beschriebene Reform der Geschäftsordnung, die es den Regierungen erlaubte, sich nun auch in direkt aufeinanderfolgenden Sitzungen von Bevollmächtigten anderer Länder vertreten zu lassen. Die daraus resultierende weitere Vereinheitlichung der Substitutionsmuster machte es für die Reichsregierung noch einfacher, die Mehrheitsbildung von der preußischen Bank aus zu kontrollieren.

Die vollkommene Verfügungsgewalt der Reichsregierung über den Bundesrat war einer der wichtigsten Eckpfeiler der Kriegsordnung. Denn nur durch sie konnten die Dekrete, die in den Reichsämtern ausgearbeitet wurden, um auf Veränderungen der wirtschaftlichen und militärischen Lage zu reagieren, schnell und zuverlässig erlassen werden. So ergingen zwischen dem 6. August 1914 und dem 7. November 1918 insgesamt 825 Notverordnungen. Diese betrafen vor allem fünf große Gebiete. Die weitaus meisten Maßnahmen beschäftigten sich mit dem Bewirtschaftungsrecht. Darunter waren zum Beispiel Preisregelungen, Import- und Exportvorschriften, umfangeiche Schritte zur Sicherung des Kriegsbedarfs und der Volksernährung sowie diverse Herstellungs- und Verwendungsverbote. Auch in das Währungs- und Finanzrecht griff der Bundesrat empfindlich ein. Er regulierte die Vermehrung des Umlaufgeldes und die Ausgabe von Kassenscheinen, erweiterte das Notenausgaberecht der Privatbanken und erließ diverse Vorschriften bezüglich einzelner Steuer- und Zollbefreiungen. Auf dem Gebiet des Zivilrechtes nahm der Bundesrat zwar keine grundsätzlichen Änderungen vor. Er traf aber eine Reihe von Notfallmaßnahmen, indem er zum Beispiel diverse Zahlungspflichten definierte, Vorschriften zur treuhänderischen Verwaltung und zur Überwachung von konfisziertem Feindesvermögen aufstellte, Patente, Gebrauchsmuster und Warenzeichen speziell schützte, die Todeserklärung von im Krieg Verschollenen regelte und den Mieterschutz einführte. Außerdem stellte er viele Anordnungen im Arbeits- und Sozialrecht auf. Besonders wichtig waren die Festsetzung von Löhnen, die Beschränkung der Lohnpfändung und des Kündigungsschutzes, der Schutz der Rechte der zum Militärdienst eingezogenen Arbeitnehmer, diverse Maßnahmen zum Erhalt der Sozialversicherungen und die Einrichtung eines allgemeinen staatlichen Arbeitsnachweises. Schließlich erließ der Bundesrat auch die fünf oben bereits kurz angeschnittenen Verordnungen zur Anpassung des Verfahrensrechtes der Zivil- und Strafgerichte. Dabei schuf er unter anderem die prozessrechtlichen Institutionen des Straf- und Zahlungsbefehls.[229]

Um Notverordnungen zu dieser großen Bandbreite an komplexen Materien auszuarbeiten und gegenüber den anderen politischen Akteuren zu vertreten, brauchte es in erster Linie die Expertise von ausgewiesenen Spezialisten aus den Verwaltungsbehörden des Reiches. In den Bundesrat eingeschleust wurden diese Fachbeamten wie eh und je über die preußische Bank. Genau deshalb stieg dort ja der Anteil an Reichsoffiziellen in noch nie dagewesene Höhen. Besonders viele dieser „Kriegsgesandten" kamen aus dem Reichsinnen-, Reichsschatz- und Reichseisenbahnamt, da sich dort die Kompetenzen in den kriegsentscheidenden Bereichen der Wirtschaft, Finanzen und Infrastruktur konzentrierten. Häufig erschienen aber auch Mitarbeiter aus den zahlreichen untergeordneten Spezialbehörden der Reichsämter. Ein typisches Beispiel war Georg Kautz, der das Reichskanalamt leitete und gleichzeitig als Abteilungsleitung für Ernährungsangelegenheiten im Reichsinnenamt fungierte. Nach seiner Ernennung zum preußischen Bevollmächtigten am 6. Mai 1915 nahm er an nicht weniger als 31 der verbleibenden 51 Sitzungen des Jahres teil. Die Übermacht solcher Spezialbeamten auf der preußischen Bank machte aus dem Bundesrat ein reines Verwaltungsgremium, das die Vorgaben der Reichsregierung zur Regulierung der Kriegsordnung ohne große Diskussionen umsetzte. Eine eigenständige Rolle in der Festlegung des Regierungskurses des Reiches spielte der Bundesrat im Krieg nicht. Das offizielle Diktaturorgan war eine willfährige Genehmigungs- und keine unabhängige Entscheidungsinstanz.[230]

Diese Instrumentalisierung schmälerte die Vollmachten des Bundesrates allerdings kein Stück. Auch wenn in Wirklichkeit die Reichsregierung den Kurs der Länderkammer bestimmte, blieben deren diktatorische Vollmachten bis zur Revolution erhalten. Somit bestanden während des gesamten Krieges zwei kommissarische Diktatorialregime gleichzeitig im Reich: die auf dem Kriegszustand beruhende, von den Befehlshabern ausgeübte Militärdiktatur des Kaisers und die durch das Ermächtigungsgesetz geschaffene, von der Reichsregierung gesteuerte Zivildiktatur des Bundesrates. Dieses Nebeneinander zweier unterschiedlicher Kriegsdiktaturen war in gewisser Weise die logische Folge der Tatsache, dass die militärischen Prärogativen des Kaisers in den viereinhalb Jahrzehnten seit der Reichsgründung nie in die zivilen Strukturen der Verfassung integriert worden waren, etwa durch eine Erweiterung der Gegenzeichnungspflicht des Kanzlers auf die Kommandogewalt. Dieses Versäumnis stellte sich nun als verhängnisvolle Bürde heraus, da die gleichzeitige Existenz zweier getrennter Diktaturen, deren Kompetenzen nicht klar voneinander abgegrenzt waren, zahllose Koordinationsprobleme zwischen der zivilen und militärischen Führung verursachte und so die Kriegsanstrengungen erheblich untergrub. Der amerikanische Kriegshistoriker Roger Chickering hat diesbezüglich gar von einem „bürokratischen Irrgarten" gesprochen, der eine effektive Organisation der Heimatfront geradezu sabotierte.[231]

Am deutlichsten war die Kollision der verschiedenen zivilen und militärischen Vollmachten bei der Regulierung der Kriegswirtschaft. Hier standen das Notverordnungsrecht des Bundesrates und das der Militärbefehlshaber in offener Konkurrenz zueinander. Schließlich produzierten beide Instanzen Dekrete, die den Rang von Gesetzen hatten und die Verfassung nach Belieben durchbrechen konnten. Das führte immer wieder dazu, dass die Militär- und die Zivilgewalt in einzelnen Korpsbezirken bezüglich ein und derselben Angelegenheit widersprüchliche Anweisungen gaben. Da keine Verordnung automatisch Vorrang vor der anderen hatte, blieb als Lösung nur eine immer wiederkehrende Neuregelung durch weitere Verordnungen. Das machte die jeweils gültige Rechtslage in den verschiedenen Teilen des Reiches ausgesprochen unübersichtlich. Noch komplexer wurden die rechtlichen Verhältnisse dadurch, dass die Grenzen der Militärbezirke nicht unbedingt mit denen der Länder übereinstimmten. Die verschiedenen Korpsbereiche wurden zu Beginn des Krieges einfach ohne viel Rücksicht auf die föderale Gliederung des Reiches installiert. Infolgedessen durchschnitten fünfzehn von ihnen bestehende Landesgrenzen. Viele andere umfassten wiederum zwei oder mehrere komplette Einzelstaaten. Der Bezirk des elften Armeekorps erstreckte sich auf nicht weniger als acht thüringische Staaten. Solche Einteilungen hatten zur Folge, dass in ein und demselben Militärbezirk nicht nur voneinander abweichende Verordnungen des lokalen Befehlshabers und des Bundesrates, sondern zusätzlich widersprüchliche Gesetze unterschiedlicher Einzelstaaten gelten konnten. Es bestanden daher sowohl in der Regulierung der Kriegswirtschaft als auch in allen anderen kriegsrelevanten Angelegenheiten beträchtliche regionale Unterschiede, die an der Heimatfront teilweise für völlig verworrene Zustände sorgten.[232]

Ein gutes Beispiel ist die Pressezensur. Jeder Militärgouverneur verhängte in seinem jeweiligen Korpsbezirk andere Regeln zur Beschränkung der Pressefreiheit. Ausgeübt wurde die Vor- und Nachzensur dabei von extra bei den stellvertretenden Generalkommandos eingerichteten Presseabteilungen, die sich im Rahmen des Kriegszustandsrechtes der örtlichen Polizei bedienten. Einheitliche Zensurregeln zur Kontrolle des Bildes, das die Presse an der Heimatfront über den Krieg zeichnete, gab es nicht. Die Oberzensurstelle, die der Chef des Stellvertretenden Generalstabs im Oktober 1914 zu diesem Zweck einrichtete, konnte nur Richtlinien aufstellen, die die Militärgouverneure jedoch nicht befolgen mussten. Um Ordnung in das Chaos zu bringen, ordnete der Kaiser in seiner Funktion als preußischer König im August 1915 die Schaffung eines Kriegspresseamtes an, das beim Kriegsministerium angesiedelt war, aber der Obersten Heeresleitung unterstand. Da die Gouverneure allerdings nur dem Kaiser direkt verantwortlich waren, konnte auch das Kriegspresseamt nicht mehr tun, als nicht bindende Richtlinien auszugeben. Gleichzeitig hatten viele der obersten Reichsbehörden ihre eigenen Pressestellen, die über bundesrätliche Verordnungen und Verwaltungsverfügungen ebenfalls Zensur betrieben. Besonders groß waren die Presseabteilung im Auswärtigen Amt und im Reichsamt des Innern. Zusammengerechnet gab es somit auf Reichsebene und in den Militärbezirken knapp siebzig verschiedene militärische und zivile Zensurbehörden, von denen keine die Oberaufsicht über die anderen führte. Folglich gab es eine schier undurchdringliche Masse von Zensuranordnungen, die sich häufig gegenseitig widersprachen oder sogar aufhoben. Das vom Kriegspresseamt herausgegebene Zensurbuch umfasste mehrere tausend unterschiedliche Anordnungen.[233]

Ähnliche Zustände herrschten auch auf allen anderen Politikgebieten. Die Koexistenz der beiden Diktaturen verhinderte somit geradezu eine einheitliche Organisation der Kriegsanstrengungen und sorgte stattdessen für einen Flickenteppich, der das Reich in vielerlei Hinsicht mehr zersplitterte, als es die föderale Ordnung in Friedenszeiten je getan hatte. Erst im Laufe der Kriegsjahre schwächten sich die Unterschiede durch die Rechtsprechung des Reichsmilitärgerichts sowie durch eine Reihe von unten näher beschriebenen Entwicklungen etwas ab, allen voran durch die Zentralisierung mehrerer wichtiger Kompetenzbereiche in neuen Reichsbehörden und die vom Reichstag betriebene reichsgesetzliche Regelung zentraler Wirtschafts- und Sozialsachen. Ganz überwunden wurden die „partikularistischen Momente des Kriegszustandsrechts" aber nie, wie Huber gezeigt hat. Dazu kam, dass die diversen zusätzlichen Stellen, die mit der Zeit geschaffen wurden, um die Koordinierung der verschiedenen Teile des zweigleisigen Systems wenigstens etwas zu verbessern, das von Chickering so harsch kritisierte „bürokratische Netzwerk" des Reiches endgültig zu einem „Alptraum" machten.[234]

Der Mangel an Koordinierung spiegelte sich auch sehr deutlich darin wider, dass in dem Diktaturorgan, in dem die Unterhändler der militärischen und zivilen Führung regelmäßig hätten zusammenkommen können, um die Ausübung der jeweiligen Vollmachten miteinander in einem geordneten Rahmen abzustimmen, von Vertretern der Armee nicht viel zu sehen war. Tatsächlich war der Bundesrat nahezu eine militärfreie Zone. Armeeangehörige oder Mitarbeiter der unmittelbar für das Militär zuständigen Behörden zeigten kaum Präsenz. Ihr Anteil an den Bevollmächtigten auf der preußischen Bank schwankte während des Krieges zwischen mageren 4 und 7 Prozent (Graph 10). Der Chef des Kriegsamtes – einer Spezialabteilung des preußischen Kriegsministeriums, die 1916 zur Steuerung der Rüstungswirtschaft geschaffen wurde und uns weiter unten noch näher beschäftigen wird – erschien bis Kriegsende zu gerade einmal fünf Sitzungen. Auch das Reichsmarineamt entsendete während des gesamten Krieges nicht öfter als achtzehn Mal einen Vertreter. Es lohnte sich für die militärische Führung einfach nicht, zur Abstimmung mit der Reichsregierung Abgesandte in ein Verwaltungsgremium zu schicken, das nur umsetzte und nicht entschied, während sie gleichzeitig die Option hatte, über die Leiter der Korpsbezirke jederzeit ihre eigenen Vorstellungen umsetzen zu können.[235]

Derjenige, der die beiden Diktatorialregime hätte harmonisieren können, war der Kaiser. Wilhelm II. stand als Chef des Kanzlers und oberster Kriegsherr formal gesehen an der Spitze sowohl der zivilen als auch der militärischen Befehlskette. Somit kam ihm im Krieg eine entscheidende Koordinationsfunktion zu. Diese nahm er aber nie richtig wahr. Hans-Ulrich Wehler hat ihn im Hinblick auf seine Rolle im Krieg – in Anlehnung an eine Aussage Hans Delbrücks vor dem Untersuchungsausschuss des Reichstages der Weimarer Republik zur Weltkriegsverantwortlichkeit – als bloßen „Schattenkaiser" bezeichnet, der von den obersten Militärs manipuliert und in ihrer Auseinandersetzung mit der Reichsregierung ganz und gar an den Rand der exekutiven Entscheidungsstrukturen gedrängt wurde. Diese Einschätzung trifft insofern zu, als sich Wilhelm gleich nach Kriegsausbruch beeilte, dem Generalstabschef die Vollmacht zu übertragen, in seinem Namen Befehle zu erteilen. Er trat die Kommandogewalt also freiwillig an die Oberste Heeresleitung ab. Spätestens da wurde das „einst hochgerühmte, persönliche Regiment [...] zu einer Hinterbank, auf der eine vernachlässigte, schlecht informierte und immer unbedeutendere Galionsfigur saß", wie der amerikanische Historiker Lamar Cecil argumentiert hat. Es ist allerdings auch richtig, wie zum Beispiel Holger Afflerbach und Christopher Clark betont haben, dass der Kaiser wegen seiner formalen Befugnisse stets ein gewisser Machtfaktor blieb. Weder die Reichsregierung noch die Oberste Heeresleitung konnten ihn je vollständig ignorieren. Insbesondere seine Personalgewalt rückte den Kaiser immer wieder in den Mittelpunkt des Gezerres zwischen den verschiedenen Entscheidungsträgern. Das galt nicht zuletzt in Bezug auf die Besetzung des Postens des Generalstabschefs. Im September 1914 setzte sich Wilhelm über die lauten Bedenken zahlreicher hoher Militärs und Regierungsmitglieder hinweg und ersetzte Helmuth von Moltke (der Jüngere) nach den ersten schweren Niederlagen durch seinen persönlichen Favoriten Erich von Falkenhayn. Im Sommer 1916 konnte Paul von Hindenburg schließlich das wichtigste Amt der operativen Leitung nur übernehmen, weil er und seine rechte Hand Erich von Ludendorff Wilhelm vorher so sehr unter Druck gesetzt hatten, dass dieser zähneknirschend bereit war, seinen umstrittenen „Günstling" Falkenhayn auszuwechseln.[236]

Der entscheidende Punkt war freilich, dass Wilhelm die ihm verbliebene Stellung nicht dazu nutzte, Ordnung in das Wirrwarr der Kriegsordnung zu bringen. Das galt gleich in zweierlei Hinsicht. Erstens war Wilhelm ob seiner schon in Friedenszeiten eklatanten Unentschlossenheit und Kurzsichtigkeit komplett damit überfordert, bei Meinungsverschiedenheiten zwischen der zivilen und militärischen Führung beruhigend auf beide Seiten einzuwirken, geschweige denn zu vermitteln. Besonders deutlich zeigte sich diese Unfähigkeit im Streit über den Einsatz von U-Booten. Seit Beginn des Jahres 1915 riss diese Grundsatzfrage immer tiefere Gräben zwischen den Verantwortlichen in Regierung und Militär auf. Wilhelm stellte sich dabei zunächst auf die Seite der gemäßigten Elemente um Bethmann Hollweg, ohne aber ein klares Machtwort in deren Sinne zu sprechen. Infolgedessen ebbte die Diskussion in den nächsten Jahren nicht ab und hing stattdessen als ständiger Schatten über der politischen und militärischen Entscheidungsfindung. Im Januar 1917 gab Wilhelm dann schließlich doch dem Druck des ultrarechten Netzwerks in Heer, Marine und Regierung nach und willigte in den uneingeschränkten U-Bootkrieg ein. Durch diese Kehrtwende ermutigte er Hindenburg und Ludendorff dazu, ihr Störfeuer gegen den ihnen unliebsamen Kanzler weiter zu verstärken. Statt für Stabilität zu sorgen, trug Wilhelm so dazu bei, dass wenig später genau das eintrat, was er eigentlich hatte vermeiden wollen, nämlich dass Bethmann Hollweg, an dem er bisher entgegen aller Forderungen der Obersten Heeresleitung festgehalten hatte, das Handtuch warf.[237]

Zweitens versäumte es der Kaiser, eine einheitliche Anwendung der Diktaturgewalt sicherzustellen, die die Militärgouverneure in den Korpsbezirken in seinem Namen ausübten. Das lag allerdings weniger an seinen persönlichen Defiziten als an den mangelhaften Strukturen, die ihm zur Verfügung standen, um die Kriegsverwaltung vor Ort zu dirigieren. Die Oberste Heeresleitung hatte mit der Kriegsführung im Felde alle Hände voll zu tun. Das Militärkabinett war wiederum viel zu klein, um als zentrale Koordinationsinstanz aller militärischen Verwaltungsaufgaben zu dienen. Und das preußische Kriegsministerium, dem diese Aufgabe eigentlich anheimfiel, hatte keine Kommandogewalt gegenüber den Gouverneuren. Zwar erhielt der Kriegsminister im Dezember 1916 zusätzlich den Posten eines „Obermilitärbefehlshabers", der die Gouverneure beaufsichtigen und Beschwerden gegen deren Maßnahmen überprüfen sollte. Dieses Amt ermächtigte ihn aber nicht zu viel mehr, als Empfehlungen auszusprechen. Ein Recht, den Gouverneuren Anordnungen zu erteilen, bekam er nicht. Zu einer solch einschneidenden Reform des Kriegszustandsrechts rang man sich erst im Oktober 1918 durch, als es schon zu spät war. Bis dahin unterstanden die Gouverneure einzig und allein dem Kaiser. Daher konnte ihnen keine Zwischeninstanz – weder das Kriegsministerium noch der Obermilitärbefehlshaber – Befehle geben. Selbst der Kanzler hatte keine direkte Verfügungsgewalt über sie. Auf der Basis dieser Immedeatsstellung konnten die Militärbefehlshaber alle zivilen Eingriffe in ihre Befugnisse beziehungsweise jeden zivilen Widerspruch gegen die von ihnen getroffenen Maßnahmen einfach abschmettern. Wilhelms Versagen als oberster Kriegsherr bestand nicht zuletzt darin, dass er es versäumte, genau diesen Partikularismus der militärischen Verwaltung zu unterbinden, dadurch den oben beschriebenen Flickenteppich zu vereinheitlichen und so Ordnung in die Kriegsorganisation zu bringen.[238]

Mindestens genauso wie durch die wenigen, meist unglücklichen Aktionen, die er unternahm, schädigte Wilhelm das Staatswesen im Krieg also durch das, was er nicht tat. Denn sein Nichthandeln erlaubte es den beiden bei Kriegsausbruch geschaffenen Diktaturen, in scharfe Konkurrenz zueinander zu treten und so den Entscheidungsprozess des Reiches in viele unkoordinierte Teile zu zersplittern. Noch unübersichtlicher wurde die Kriegsordnung dadurch, dass neben den zivilen und militärischen Notverordnungsregimen auch noch das reguläre Gesetzgebungsverfahren fortbestand. Die Entscheidungsstrukturen der Doppeldiktatur existierten gewissermaßen Seite an Seite mit denen der in den letzten viereinhalb Jahrzehnten entstandenen Reichsmonarchie. So arbeitete die Reichsregierung nach wie vor Gesetze aus, die dann vom Bundesrat und vom Reichstag verhandelt wurden. Diese Aufrechterhaltung des normalen Regierungsbetriebes war notwendig, weil eben nicht alle Angelegenheiten unter die diktatorischen Vollmachten des Bundesrates fielen. Insbesondere die Kriegskredite und der alljährliche Haushalt bedurften der Zustimmung des Parlaments.

Innerhalb des komplizierten strukturellen Rahmens, in dem die Entscheidungsfindung während des Krieges stattfand, gab es insgesamt gesehen folglich drei große, miteinander konkurrierende Machtzentren: die Reichsregierung, die über die diktatorischen Vollmachten des Bundesrates verfügte; die Oberste Heeresleitung, die die Befehlsgewalt des Kaisers übernahm und diesen für ihre Zwecke instrumentalisierte; und den Reichstag, ohne den der Krieg nicht finanziert werden konnte. Den schwersten Stand in diesem Dreieck der Macht hatte die Reichsregierung. Deren unabhängige Machtbasis verbreiterte sich zwar durch die Ausübung des bundesrätlichen Notverordnungsrechtes so sehr, dass sie ein Stück weit die bündische Fassade fallen ließ, sich ab 1915 in Präsidialvorlagen offiziell als „Reichsregierung" bezeichnete und zwei Jahre später im Zuge der Übernahme des Kanzleramtes durch Georg von Hertling damit begann, regelmäßige Kabinettssitzungen abzuhalten.

Zwischen den Machtansprüchen der Obersten Heeresleitung und des Reichstages wurde die Reichsregierung aber langsam zerrieben. Der schon angeschnittene Rücktritt Bethmann Hollwegs war der erste Höhepunkt dieses Zermürbungsprozesses, der die Reichsregierung letztlich im Oktober 1918 in die Arme des Reichstages treiben sollte. Nachdem schon der Konflikt um den uneingeschränkten U-Bootkrieg und die Diskussion um eine vom Zentrumsabgeordneten Matthias Erzberger angestoßene Friedensresolution die Position des Kanzlers geschwächt hatten, schmiss Bethmann Hollweg im Juli 1917 letztlich deswegen hin, weil er von den einander diametral entgegengesetzten Forderungen des Reichstages und der Obersten Heeresleitung bezüglich einer Reform des preußischen Dreiklassenwahlrechts regelrecht zerrissen wurde. Sowohl die Mehrheit der Abgeordneten als auch Hindenburg und Ludendorff forderten vom Kaiser die Entlassung des Kanzlers. Die einen, weil sie ihm eine Verschleppung der Einführung des demokratischen Wahlrechts vorwarfen, die anderen, weil sie dessen Pläne für eine solche Wahlrechtsreform für viel zu weitgehend hielten. Hindenburg und Ludendorff scheuten dabei sogar nicht davor zurück, dem Kaiser mit ihrem eigenen Rücktritt zu drohen, sollte er an Bethmann Hollweg festhalten. Angesichts dieses unversöhnlichen Widerstandes der Militärführer und des gleichzeitigen Vertrauensverlustes im Reichstag konnte sich Bethmann Hollweg nur noch auf die Unterstützung des in seiner Personalie immer mehr unter Druck geratenden Kaisers stützen. Das war ihm zu wenig. Erschöpft vom ständigen Kampf an zwei Fronten trat er zurück.[239]

Die Oberste Heeresleitung stand zu keinem anderen Verfassungsorgan als dem Kaiser in direkter Beziehung. Weder die Reichsregierung und der Bundesrat noch der Reichstag hatten irgendeine Kontrolle über die Leiter des Generalstabs. Alles, was sie tun konnten, um auf deren Entscheidungen Einfluss zu nehmen, war, beim Kaiser vorzusprechen beziehungsweise über öffentliche Kritik und die jährliche Festlegung des Haushaltes Druck auszuüben. Inwieweit die Generalstabsleitung diesen extrakonstitutionellen Status nutzen konnten, um ihrerseits eine Diktatur über das deutsche Staatswesen zu errichten, ist umstritten. Nach der Verfassung stand die Leitung des Heeres allein dem Kaiser zu. Der Belagerungszustand verlieh dementsprechend ihm und nicht dem Chef des Generalstabs die militärische Diktaturgewalt. Die Ausübung der damit verbundenen Vollmachten überließ der Kaiser wiederum nicht seinen obersten Generälen, sondern den Militärgouverneuren. Allerdings bevollmächtigte er gleich nach Ausbruch des Krieges den Generalstabschef, in seinem Namen eigenmächtig Befehle zu erteilen. Dadurch wurde dieser zum „eigentlichen Träger der Befugnisse der Obersten Heeresleitung [...], und jedenfalls der einzige, der für deren Handlungen oder Unterlassungen verantwortlich war", wie Erich von Falkenhayn in seinen Kriegsmemoiren später betonte. Der Kaiser trat die Oberste Heeresleitung also gewissermaßen an den Generalstabschef ab und gab ihm damit auch die Möglichkeit, den stellvertretenden Generälen, die die Korpsbezirke leiteten, Befehle zu erteilen.[240]

Nachdem Hindenburg und Ludendorff an die Spitze des Generalstabs gerückt waren, benutzten sie diese herausgehobene Position, um in alle möglichen Bereiche einzugreifen. Gleichzeitig steuerten die von den Westalliierten so getauften „furchtbaren Zwillinge" den Kaiser, um auf die wichtigsten Entscheidungen der zivilen Führung Einfluss zu nehmen. Das gelang ihnen so gut, dass sie selbst den langjährigen Kanzler Bethmann Hollweg, wie gerade erwähnt, aus dem Amt jagen konnten. Angesichts dieser Diskrepanz zwischen rechtlichen Rahmenbedingungen und tatsächlicher Praxis ist es vielleicht am angebrachtesten, wie der anglo-kanadische Historiker Martin Kitchen von einer „stillen Diktatur" der dritten Obersten Heeresleitung zu sprechen. Denn das wirkliche Ausmaß der Entscheidungsgewalt der Generalstabsspitze hing maßgeblich von der Popularität Hindenburgs, der Manipulierbarkeit des Kaisers sowie der militärischen Lage ab und unterlag deshalb ständig lautlosen Schwankungen. So schrumpfte es denn auch schnell zusammen, als sich im Sommer 1918 die Niederlage an der Westfront immer klarer abzeichnete. Bis dahin war die Machtfülle der Obersten Heeresleitung jedoch zumindest so groß, dass sie der Reichsregierung einen permanenten Machtkampf lieferte und dabei regelmäßig als Sieger vom Platz ging.[241]

Der große Profiteur dieser zermürbenden Auseinandersetzung war der Reichstag. Das Parlament konnte den Druck, der im Krieg ohnehin auf der Reichsregierung lastete und sich mit der zunehmenden Konkurrenz der militärischen Führung noch erhöhte, geschickt dazu nutzen, um seinen Einfluss auf die Regierungsspitzen des Reiches bis zum Sommer 1917 erheblich auszudehnen.

Die Basis dafür legten die parlamentarischen Parteien bereits bei Ausbruch des Krieges. Auf Betreiben der Sozialdemokraten setzten die Fraktionsführer in den Verhandlungen zu den oben erwähnten Kriegsgesetzen durch, dass der Reichstag nach der Ermächtigung des Bundesrates nicht – wie ursprünglich geplant – dauerhaft geschlossen, sondern nur vorübergehend vertagt wurde. Durch diese Abschwächung der Marginalisierung, die die Einführung der Zivildiktatur zwangsweise für den Reichstag erst einmal mit sich brachte, konnte dieser alsbald seine Arbeit als öffentliches Diskussions- und Entscheidungsforum wieder aufnehmen, die normale Gesetzgebung neben dem Notverordnungsregime des Bundesrates fortsetzen und der Reichsregierung weiterhin auf die Finger schauen. Letzteres taten die verschiedenen Fraktionen zum Beispiel durch Hunderte sogenannter kleiner parlamentarischer Anfragen, mit denen sie die Reichsregierung quer durch alle innen- und außenpolitischen Themenbereiche ab dem Frühjahr 1915 geradezu bombardierten, als klar wurde, das die anfänglichen Hoffnungen auf einen Blitzsieg reine Träumerei gewesen waren und man sich auf einen lang andauernden Krieg einstellen musste.[242]

Der weitaus mächtigste Hebel, der den Parteien zur Verfügung stand, um die Reichsregierung zur Zusammenarbeit zu zwingen und so den politischen Kurs des Reiches mitzubestimmen, war allerdings die parlamentarische Budgetgewalt. Deren Bedeutung stieg durch den Ausbruch des Krieges noch einmal erheblich, da nicht nur der jährliche Haushalt, sondern auch die Kriegskredite nicht ohne die Zustimmung des Reichstages freigegeben werden konnten. Trotz ihrer Verfügungsgewalt über das bundesrätliche Notverordnungsrecht war die Reichsregierung deshalb mehr denn je gezwungen, mit dem Parlament zu kooperieren. Dabei spielten die Umstände gerade jenen Parteien in die Hände, die zumindest mittelfristig auf die Einrichtung eines parlamentarischen Systems drängten. Ob des Ausnahmezustandes, in dem sich das Reich befand, waren die nächsten Reichstagswahlen auf die Zeit nach dem Krieg verschoben. Die Reichsregierung musste also mit den Mehrheitsverhältnissen zurechtkommen, die die Wahlen von 1912 produziert und die ihr schon in den letzten Friedensjahren das Leben so schwer gemacht hatten. Genauer gesagt: Sie musste unter dem Druck des Krieges einen Modus Vivendi mit einem Parlament finden, in dem die Sozialdemokraten die stärkste Fraktion stellten und gemeinsam mit dem Zentrum und den Liberalen das Sagen hatten.

Anfänglich war das auch noch kein Problem, da der Kriegsausbruch eine Phase der „nationalen Einheit" einläutete, in der die Reichstagsfraktionen ihre uneingeschränkte Unterstützung für die Kriegsanstrengungen der zivilen und militärischen Führung erklärten. Dieses Versprechen beinhaltete nicht nur die Absegnung der ersten Kriegsgesetze und -kredite, sondern auch den Verzicht auf die Diskussion grundsätzlicher Systemfragen, die das Potenzial hatten, die Bevölkerung zu spalten. Selbst die Sozialdemokraten hielten sich an diesen Burgfrieden. Schon im Sommer 1915 war es damit aber vorbei. Innerhalb der SPD formierte sich ein radikaler linker Flügel, der den Krieg verurteilte, die Reichsregierung und die Oberste Heeresleitung öffentlich infrage stellte und im Reichstag gegen die nächsten Kriegskredite stimmte. Diese Splittergruppe entfernte sich schrittweise immer weiter von der offiziellen Fraktionslinie und gründete schließlich im April 1917 die Unabhängige Sozialdemokratische Partei Deutschlands (USPD). Auch die gemäßigtere Mehrheit der Sozialdemokraten begann Mitte 1915, neben sozialen und politischen Verbesserungen für die an der Front kämpfende Arbeiterklasse zunehmend lauter den Verzicht auf einen Eroberungskrieg und eine Reform des preußischen Wahlrechts zu fordern. Gleichzeitig agitierte die extreme Rechte für eine Annexionspolitik und den uneingeschränkten U-Bootskrieg. Im Frühjahr 1917 verschärfte sich das Dilemma für die Reichsregierung. Die russische Februarrevolution und die Lebensmittelknappheit, die im vorangegangenen „Steckrübenwinter" in Teilen des Reiches zu Hungersnöten geführt hatte, erzeugten in einigen großen Industriestädten erste Unruhen. Auf die kompromisslose Haltung der Konservativen reagierten alle übrigen Parteien von der SPD bis zu den Nationalliberalen, indem sie innenpolitische Reformen forderten, allen voran die Einführung eines demokratischen Wahlrechts in Preußen. Das setzte die Reichsregierung derart unter Druck, dass Bethmann Hollweg den Kaiser dazu bewegte, in einer „Osterbotschaft" eine Wahlrechtsreform für die Zeit nach dem Krieg anzukündigen. Dieses vage Versprechen lud die brisante Stimmung aber nur noch mehr auf. Während es auf den Straßen zu den ersten größeren Streiks seit Kriegsbeginn kam, legten viele Abgeordnete nun jedwede Zurückhaltung ab und stellten die Systemfrage.[243]

Vor dem Hintergrund dieser sich verändernden politischen Dynamik baute der Reichstag seine Position gegenüber der Reichsregierung kontinuierlich aus. Das geschah hauptsächlich auf zwei Wegen. Auf der einen Seite gelang es dem Reichstag, seine durch das Ermächtigungsgesetz eingeschlafene gesetzgeberische Funktion wiederzubeleben. In Kombination mit der zunehmend angespannten innenpolitischen und militärischen Lage zwang der steigende Druck der parlamentarischen Mehrheit aus SPD, Zentrum und Linksliberalen die Reichsregierung ab 1916 immer häufiger, Grundsatzentscheidungen nicht durch bundesrätliche Notverordnungen, sondern durch reguläre Gesetze zu regeln und damit den Reichstag an der Entscheidungsfindung zu beteiligen. Sogar bei der wohl wichtigsten kriegswirtschaftlichen Maßnahme während des gesamten Krieges, für die eigentlich die diktatorischen Vollmachten des Bundesrates prädestiniert gewesen wären: die Einführung des vaterländischen Hilfsdienstes.

Letzterer verpflichtete alle sechzehn- bis sechzigjährigen Männer, die nicht zum Militärdienst eingezogen waren und nicht vor 1916 in einem Agrar- oder Forstbetrieb gearbeitet hatten, dazu, in der Rüstungsindustrie oder einem kriegswichtigen Betrieb zu arbeiten. Angestoßen hatte diese Maßnahme Hindenburg in einem Programm, das er kurz nach seiner Ernennung zum Generalstabschef zur Steigerung der Kriegsgüterproduktion vorgelegt hatte. Um dafür die volle Kraft der Nation zu mobilisieren, unterstützte die Oberste Heeresleitung die Forderung der Mehrheitsparteien, diese einschneidende Maßnahme auf dem Weg der Gesetzgebung zu beschließen. Das durch solch unerwartete Schützenhilfe am 5. Dezember 1916 zustande gekommene Gesetz über den vaterländischen Hilfsdienst markierte insofern einen Wendepunkt, als es dem Reichstag trotz aller kriegsrechtlichen Kompetenzänderungen wieder Mitsprache bei einer wichtigen wirtschaftlichen Richtungsentscheidung einräumte. Das Parlament war gewissermaßen zurück im Spiel. Tatsächlich verbreitete die Wiedererstarkung des traditionellen Legislativverfahrens die Machtbasis des Reichstages so sehr, dass dieser bei der nur einen Tag vor dem Hilfsdienstgesetz beschlossenen Revision des Belagerungszustandes, aus der unter anderem das oben erwähnte Amt des Obermilitärbefehlshabers hervorging, eine wichtige kriegsrechtliche Befugnis der Militärgouverneure empfindlich einschränken konnte. Zum Schutz gegen willkürliche Eingriffe in die persönliche Freiheit banden die Mehrheitsparteien das Recht der Gouverneure, Schutzhaft und Aufenthaltsbeschränkungen zu verhängen, an mehrere eng definierte Bedingungen, wie zum Beispiel „die Abwendung einer Gefahr für die Sicherheit des Reichs" oder die schriftliche Darlegung der dieser Zwangsmaßnahme zugrunde liegenden Tatsachen.[244]

Auf der anderen Seite vergrößerte der Reichstag seinen Einfluss auf die Reichsregierung durch die Einrichtung beziehungsweise Kompetenzerweiterung einer Reihe von wichtigen Ausschüssen. Der mächtigste war wie eh und je der Haushaltsausschuss, konnte er doch damit drohen, der Reichsregierung den Geldhahn zuzudrehen. Mit dem scharfen Schwert der parlamentarischen Budgetgewalt in der Hinterhand verlangte der Haushaltsausschuss Auskunft zu, Rechenschaft über, und gegebenenfalls Änderungen an allen möglichen Regierungshandlungen, inklusive der Notverordnungen, die die Reichsregierung über den Bundesrat erließ. Je länger sich der Krieg hinzog, desto mehr rückte dabei die Außenpolitik in den Mittelpunkt. Mehr als auf jedem anderen Feld drängten die Mehrheitsparteien hier auf eine fortwährende parlamentarische Kontrolle der Reichsregierung. Im Oktober 1916 nahm der Reichstag einen Antrag des Zentrums an, der den Haushaltsausschuss dazu ermächtigte, alle auswärtigen Angelegenheiten auch während der Vertagung des Parlamentes beraten zu dürfen. Bethmann Hollweg ließ sich notgedrungen darauf ein und akzeptierte damit, dass die von nun an auch oft als „Hauptausschuss" bezeichnete Budgetkommission zum „Motor für die Aufsichtstätigkeit des Reichstags gegenüber der Reichsregierung" wurde, wie Manfred Rauh, Reinhard Schiffers und andere gezeigt haben.[245]

So erwuchs aus der Mitte dieses Ausschusses im Juli 1917 nicht nur die schon erwähnte Friedensresolution von Matthias Erzberger, sondern auch ein im Zusammenhang mit dieser Initiative ganz neu gegründetes überparteiliches Koordinationsgremium: der Interfraktionelle Ausschuss. Dieses inoffizielle Diskussionsforum tagte öfter als der Reichstag selbst und versammelte Vertreter der gemäßigten Sozialdemokraten, des Zentrums, der linksliberalen Fortschrittlichen Volkspartei und – bis Januar 1918 – der Nationalliberalen an einem Tisch, um die Arbeit der jeweiligen Fraktionen miteinander abzustimmen, Kompromisse auszuloten und die Verhandlungen des Reichtages so zu beschleunigen. Der Interfraktionelle Ausschuss institutionalisierte also die parlamentarische Mehrheit und förderte dadurch die Formulierung konkreter Reformziele gegenüber der Reichsregierung. Udo Bermbach hat die Gründung des Ausschusses deswegen als den Beginn der Parlamentarisierung der Reichsgewalt beschrieben. Konkrete Erfolge, wie zum Beispiel eine Revision des Belagerungszustandes oder eine Reform des preußischen Wahlrechtes, blieben dem Ausschuss allerdings zunächst verwehrt. Erst nach dem Rücktritt Bethmann Hollwegs wurde sein Einfluss konkreter, da ihm die häufigen Regierungsneubildungen die Gelegenheit gaben, zunehmend in die Rolle eines Koalitionsausschusses zu schlüpfen. Dazu später mehr.[246]

Ein weiterer wichtiger Ausschuss im Bemühen des Reichstages um mehr Kontrolle über die Reichsregierung war der sogenannte Siebenerausschuss. Dieser entstand ebenfalls im Sommer 1917, als der neue Reichskanzler Georg Michaelis dem Drängen der Mehrheitsparteien nachgeben musste, die an den Beratungen über die Friedensinitiative des Papstes beteiligt werden wollten. Hintergrund war ein Appell, in dem Benedikt XV. die kriegsführenden Mächte am dritten Jahrestag des Kriegsausbruchs dazu aufgefordert hatte, unter seiner neutralen Vermittlung Friedensverhandlungen aufzunehmen, auf Annexionen zu verzichten, konkrete Abrüstungsschritte zu beschließen und eine internationale Schiedsgerichtsbarkeit zur Vermeidung künftiger Kriege zu schaffen. Der Ausschuss bestand aus je sieben Mitgliedern des Bundesrates und des Reichstages, wobei alle Parteien vertreten waren außer der erst vor wenigen Monaten gegründeten, nun komplett von den Mehrheitssozialdemokaten (MSPD) getrennt operierenden USPD. Dazu kamen der Kanzler, einige weitere Köpfe der Reichsregierung, der Reichstagspräsident und ein Vertreter der Obersten Heeresleitung. Insgesamt tagte der Ausschuss nur zwei Mal. Dabei konnte er die außenpolitische Linie der Reichsregierung, die genau wie ihre Pendants in den anderen europäischen Staaten die päpstliche Initiative als vermeintliche Benachteiligung ablehnte, nicht nennenswert beeinflussen. Dennoch waren seine Verhandlungen ein Meilenstein in Richtung eines parlamentarischen Systems, wie Manfred Rauh betont hat. Denn im Siebenerausschuss wurden die wichtigsten Reichstagsfraktionen erstmals in einem extra dafür eingerichteten institutionellen Rahmen in die außenpolitische Entscheidungsfindung der Regierung miteinbezogen.[247]

Noch wichtiger für den letztendlichen Durchbruch des Reichstages war der Verfassungsausschuss. Eingerichtet wurde dieses Spezialgremium im Frühjahr 1917 im Zusammenhang mit der sich zuspitzenden Diskussion um das preußische Wahlrecht. Diese Frage spielte in der anschließenden Tätigkeit des Ausschusses aber eine eher untergeordnete Rolle. Im Mittelpunkt stand vielmehr die Reform der Reichsverfassung. Insgesamt umfasste der Ausschuss 28 Mitglieder aus allen Parteien. Den Vorsitz führte der Sozialdemokrat Philipp Scheidemann, der später zum ersten Regierungschef der neuen Republik avancieren sollte. Für die Reichsregierung nahm regelmäßig der Ministerialdirektor Theodor Lewald aus dem für Verfassungsfragen zuständigen Reichsamt des Innern teil. Nach intensiven Beratungen legte der Ausschuss im Mai einen detaillierten Gesetzentwurf zur Abänderung der Reichsverfassung vor. Dieser Forderungskatalog war vor allem insofern bemerkenswert, als dass er einen Kompromiss der verfassungspolitischen Vorstellungen der Mehrheitsparteien darstellte und somit gegenüber der Reichsregierung schwarz auf weiß dokumentierte, dass das Mitte-Links-Bündnis nun bezüglich einer Systemreform eine gemeinsame Zielsetzung verfolgte, auf deren Umsetzung es drängte.

Die wichtigste Änderungsforderung betraf die Stellung des Reichskanzlers und der Leiter der Reichsämter. Der Entwurf sah vor, diese höchsten Regierungsposten gegenüber dem Reichstag juristisch verantwortlich zu machen. Die Verantwortlichkeit sollte das Parlament vor einem Staatsgerichtshof einklagen können, mit dessen Einrichtung der Ausschuss die Reichsregierung in einem entsprechenden Zusatzantrag beauftragte. Noch weiter gehende Eingriffe in die Position der Reichsregierung machte der Entwurf nicht. Insbesondere sah er davon ab, die Unvereinbarkeit von Bundesrats- und Reichstagsmandat, die die Verfassung in der sogenannten Inkompatibilitätsklausel festschrieb, aufzuheben und so die Vorrausetzung dafür zu schaffen, dass Parlamentsabgeordnete Teil der nach wie vor strukturell an den Bundesrat gebundenen und über die dortige preußische Bank operierenden Reichsregierung werden konnten. Der Reformvorschlag war also nicht darauf ausgerichtet, direkt ein parlamentarisches Regierungssystem einzuführen. Vielmehr beschränkte er sich darauf, die

Regierung formal unter die Kontrolle des Reichstages zu bringen und so die Ausgangssituation für eine künftige Parlamentarisierung verbessern zu wollen.[248]
Dass der Reformentwurf sich damit begnügte, hatte mehrere Gründe. Die Sozialdemokraten und die Linksliberalen verzichteten ausdrücklich auf ihre Maximalforderungen, weil ihr Hauptaugenmerk darauf lag, einen tragfähigen Kompromiss mit dem bürgerlichen Zentrum herzustellen. Dadurch hofften sie, das Mitte-Links-Bündnis zu festigen und es für eine Systemänderung in Stellung zu bringen. Dementsprechend lehnten die beiden linken Parteien alle über die Kompromissbereitschaft des Zentrums hinausgehenden Änderungsvorschläge der USPD ab – selbst dann, wenn diese eigentlich ihrem eigenen Programm entsprachen, wie etwa der Antrag, den Kaiser dazu zu verpflichten, den Kanzler auf Beschluss einer Mehrheit des Reichstages zu entlassen. Außerdem machten die Verhandlungen deutlich, dass die Reformbereitschaft der militärischen und zivilen Führung nach wie vor klare Grenzen kannte. Auf den Vorschlag, die Ernennung der Offiziere von der Gegenzeichnung des Reichskanzlers und so de facto von der Zustimmung der parlamentarischen Mehrheit abhängig zu machen – laut dem Entwurf war der Reichskanzler dem Reichstag juristisch verantwortlich –, reagierten sowohl die Militärs als auch der Kaiser und die Reichsregierung mit heftigster Ablehnung. Die Mehrheitsparteien ließen diese Idee denn auch schnell wieder fallen. Gleichzeitig schlossen sie aus der ganzen Kontroverse, dass es vielversprechender war, ihre Strategie langfristig anzulegen anstatt alles auf einmal zu fordern und so vielleicht schier unüberwindbaren Widerstand heraufzubeschwören. Als Bethmann Hollweg einen Monat nach Vorstellung des Reformvorschlages zurücktrat, blieb der Gesetzesentwurf daher auch erst einmal im Verfassungsausschuss liegen. Es schien den Mehrheitsparteien klüger zu sein, erst einmal abzuwarten, wie sich die Dinge unter dem neuen Regierungschef entwickeln würden.[249]
Alles in allem herrschte zum Zeitpunkt des Rücktritts Bethmann Hollwegs also trotz der beiden Diktaturen im Reich ein seltsamer „verfassungspolitischer Schwebezustand", wie Manfred Rauh resümiert hat. Die Reichsregierung musste ständig zwischen der Obersten Heeresleitung und dem Reichstag hin- und herlavieren. Dabei geriet sie mehr denn je in eine gewisse Abhängigkeit von der parlamentarischen Mehrheit, die das ihrerseits ausnutzte, um ihren Einfluss auf die Regierung kontinuierlich auszubauen und ihre Forderungen nach einer Reform des Verfassungssystems zusehends selbstbewusster zu formulieren. Dadurch spielten sich verschiedene Praktiken ein, die typisch für die parlamentarischen Monarchien der Zeit waren, wie zum Beispiel das Bemühen, zwischen Mehrheitsparteien und der Regierung einen Konsens über die außenpolitische Linie herzustellen. Ein richtiges parlamentarisches System, in dem der Regierungschef

und die Minister als Ausführungsorgane der Parlamentsmehrheit dienten, gab es aber trotzdem nicht. In diesem Zwischenzustand wie Rauh einen Beleg dafür zu sehen, dass das Reich geradewegs auf eine Parlamentarisierung zusteuerte, ist sicherlich übertrieben. Auch im Sommer 1917 war die Entwicklung vollkommen offen, schon allein wegen der unkalkulierbaren Rückwirkungen der sich ständig verändernden militärischen Lage auf die inneren Verhältnisse des Reiches. Man kann aber nicht umhin festzustellen, dass die Strukturen des Regierungssystems mehr denn je im Fluss waren.[250]

In gewisser Hinsicht ist das paradox, schließlich gab es in der Kriegsordnung nicht nur eine, sondern gleich zwei Diktatorialregime. Dass die Verfassungsstrukturen dennoch immer mehr in Bewegung gerieten, lag einerseits an den sich ständig verändernden Kräfteverhältnissen in dem Dreieck der Macht, das zwischen Oberster Heeresleitung, Reichsregierung und Reichstag aufgespannt war und wie ein launiges Segel den Kurs des deutschen Staatsschiffes jedes Mal änderte, wenn der Wind sich drehte. Andererseits hing die zunehmende Unruhe dieses seltsam zusammengezimmerten Gefährts aber auch damit zusammen, dass jene Stabilitätsanker, die in Friedenszeiten stets einen gewissen Halt geboten hatten, über kein ausreichendes Gewicht mehr verfügten, um dem schweren Fahrwasser etwas entgegenzusetzen: die einzelstaatlichen Regierungen. Deren Machtbasis in den Ländern war durch die Übertragung der vollziehenden Gewalt an die Militärgouverneure, die der Belagerungszustand bedingte, praktisch ausgelöscht. Im Bundesrat waren sie zwar immer noch durch ihre Gesandten vertreten und damit Teil eines der zentralen Diktaturorgane. Die erdrückende Dominanz, die die Reichsregierung über die preußische Bank ausübte, machte sie aber auch dort faktisch machtlos. Um wirklich mit der Reichsregierung auf Augenhöhe über die komplexe Regulierung der Kriegswirtschaft verhandeln zu können, fehlten ihnen sowohl die Ressourcen als auch der Überblick über die militärische Lage. Hinzu kam, dass das Solidaritätsversprechen, das sie am Anfang des Krieges abgegeben hatten, jede eigenmächtige Abweichung vom Kurs der Reichsregierung als Unterwanderung der Kriegsanstrengungen erscheinen ließ. Gegenüber der Obersten Heeresleitung fehlte ihnen sowieso ein wirklicher Machthebel, zumal sie keinen direkten Zugang zum Kaiser hatten, der die meiste Zeit bei den Militärs im Hauptquartier fernab von Berlin weilte.

Wie weit die einzelstaatlichen Regierungen in der Kriegsordnung an den Rand des politischen Entscheidungsprozesses gedrängt wurden, zeigte sich vielleicht am deutlichsten in der Informationspolitik der Reichsregierung. Innerhalb der ersten zwei Kriegsjahre wurde es gängige Praxis, dass die Reichsregierung ihre Vorhaben nicht mehr zuerst zumindest mit den Regierungen der großen Mittelstaaten absprach. Stattdessen ging sie regelmäßig in inoffizielle Vorverhandlungen mit den Fraktionsspitzen der Mehrheitsparteien, um so sicherzustellen, dass der Reichstag die entsprechenden bundesrätlichen Notverordnungen später nicht kassieren würde. In den großen parlamentarischen Ausschüssen, die zunehmend die Reichsregierung vor sich hertrieben, spielten die einzelstaatlichen Regierungen – wenn sie überhaupt vertreten waren – ohnehin keine nennenswerte Rolle. Philipp Scheidemann konnte sich in seinen Kriegsaufzeichnungen nicht einmal mehr an die Namen der Bundesratsmitglieder im Siebenerausschuss erinnern.[251]

Diese Marginalisierung der einzelstaatlichen Regierungen ging Hand in Hand mit einer bisher nie dagewesenen Zentralisierung des Reiches. Die Errichtung der Doppeldiktatur machte die föderale Kompetenzverteilung, die bis zum Ausbruch des Krieges gegolten hatte, faktisch hinfällig. Das lag zum einen daran, dass die Militärbezirke die Länder als wichtigste nachgeordnete Ebene des Bundes ersetzten und ihnen so einen Großteil ihrer praktischen Bedeutung im mehrgliedrigen Reichsgefüge nahmen, vor allem bei der Steuerung der Zivilbehörden zum Vollzug der zentral erlassenen Verordnungen und Gesetze. Zum anderen konnten die von der Reichsregierung mittels des Bundesrates verhängten Notverordnungen wegen ihres oben beschriebenen Gesetzescharakters die Verfassung jederzeit durchbrechen. Das gab dem Reich die Möglichkeit, alle eigentlich den Einzelstaaten vorbehaltenen Zuständigkeiten mit Verweis auf die Abwendung potenzieller Schäden für die Kriegswirtschaft ohne große Anstrengungen an sich zu ziehen. Da sich die anfänglich praktizierte Zersplitterung der Regulierungsaufgaben zwischen den Militärbezirken, Kommunen, Einzelstaaten und dem Bund als ausgesprochen chaotisch und ineffektiv herausstellte, konzentrierte die Reichsregierung denn auch nach 1916 quer durch alle staatlichen Betätigungsfelder mehr und mehr Kompetenzen auf nationaler Ebene, allen voran in solch kriegswichtigen Bereichen wie der Lebensmittel- und Energieversorgung. Auch das Finanzsystem durchlief eine starke Zentralisierung. Um für die galoppierenden Kriegskosten aufzukommen, reichte es spätestens 1917 nicht mehr, einfach nur ständig weitere Anleihen auszugeben. Da das Reich auf die astronomische Summe von über 150 Milliarden Schulden zusteuerte und damit dem Staatsbankrott gefährlich nahe kam, musste es zwingend seine Einnahmen erhöhen. Dazu unterwanderte es immer stärker das einzelstaatliche Vorrecht auf direkte Steuern, in das es bereits in den letzten Friedensjahren eingebrochen war. Neben mehreren einmalig zu zahlenden „außerordentlichen Kriegsabgaben" erfand die Reichsregierung zahlreiche neue Steuern, die sie ob des Budgetrechts des Reichstages zwangsweise auf dem Weg der Gesetzgebung statt per Notverordnung einführte. Dabei handelte es sich meistens um mehr oder weniger einträgliche Verbrauchssteuern auf gewöhnliche Konsumgüter, wie zum Beispiel Mineralwasser oder Limonade.[252]

Um die neu unter das Dach des Bundes gebrachten Kompetenzen wahrzunehmen, schuf die Reichsregierung eine Reihe zusätzlicher Zentralbehörden. Die wichtigsten waren das Kriegsernährungsamt, das Reichswirtschaftsamt und das Reichsarbeitsamt, die im Mai 1916, August 1917 und Oktober 1918 gegründet wurden. Der Aufbau dieser obersten Verwaltungsbehörden unterschied sich teilweise stark von demjenigen der zu Friedenszeiten eingerichteten Reichsämter. Das galt vor allem für das Kriegsernährungsamt, das, um potenziellen Widerständen vorzubeugen, alle für die Lebensmittelversorgung wichtigen zivilen und militärischen Kräfte von vornherein in seine Arbeit einband. Im Gegensatz zu allen anderen Reichsämtern hatte die Behörde neben ihrem Präsidenten noch zwei kollegiale Leitungsorgane. Im Vorstand saßen anfangs neun, später zwölf Mitglieder, die die Militär- und Zivilverwaltung, die Industrie, den Handel, die Landwirtschaft sowie die Arbeitnehmer und Verbraucher repräsentierten und unter dem Vorsitz des Behördenchefs das operative Geschäft steuerten. Der sogenannte Beirat umfasste wiederum mehr als hundert Personen aus Stadt- und Landkreisen, diversen kriegswirtschaftlichen Organisationen und den bereits im Vorstand vertretenen Interessensgruppen. Um alle relevanten Wirtschaftszweige und Bevölkerungsgruppen für die Lebensmittelversorgung zu mobilisieren, leistete sich das Kriegsernährungsamt also gleich zwei Gremien der wirtschaftlichen Selbstverwaltung. Das war einer der Gründe dafür, warum die Reichsregierung ihm zunächst nicht den formellen Status eines „Reichsamtes" gab. An der Spitze der Behörde stand kein Staatssekretär, sondern ein Präsident, der zwar auch dem Reichskanzler direkt unterstellt war, aber nicht wie die Leiter der anderen obersten Reichsbehörden als dessen Stellvertreter fungieren, sprich: Gesetze und Verordnungen gemäß des Stellvertretergesetzes von 1878 selbstständig gegenzeichnen durfte. Auch wenn es Aufgabe des Präsidenten war, die Tätigkeit des Kriegsernährungsamtes vor dem Reichstag zu erklären, lag die formale Verantwortung folglich beim Kanzler beziehungsweise beim Staatssekretär des Reichsinnenamtes, der als Generalstellvertreter des Regierungschefs in der Regel die Gegenzeichnung der von der Behörde getroffenen Maßnahmen übernahm.[253]

In dieser speziellen Organisation des Kriegsernährungsamtes spiegelte sich die Tatsache wider, dass die Zentralisierung, die die Errichtung der Doppeldiktatur mit sich brachte und die in der zweiten Hälfte des Krieges noch einmal deutlich an Fahrt aufnahm, weitreichende Auswirkungen auf die politisch-wirtschaftliche Ordnung hatte. Diese waren ganz verschiedener Natur. So machte es die Zentralisierung der Entscheidungs- und Verwaltungsstrukturen einfacher, die Privatwirtschaft der staatlichen Weisungsgewalt zu unterwerfen und für die im Machtdreieck Oberste Heeresleitung – Reichsregierung – Reichstag beschlossenen Zwecke zu mobilisieren. Anders gesagt: Kriegszentralismus und Kriegssozialismus hingen eng miteinander zusammen. Am deutlichsten zeigte sich das im Herbst 1916, als auf Drängen der Obersten Heeresleitung zur Umsetzung des schon erwähnten Hindenburg-Programms das sogenannte Kriegsamt unter der Leitung Wilhelm Groeners errichtet wurde. Um die Rüstungsproduktion zu erhöhen, bündelte diese neue Spezialbehörde des preußischen Kriegsministeriums alle wichtigen rüstungswirtschaftlichen Zuständigkeiten, die bisher auf diverse Dienststellen der Wirtschafts-, Ernährungs- und Sozialpolitik verstreut gewesen waren und wegen der dadurch regelmäßig entstehenden Konflikte nie eine ausreichende Durchschlagskraft gegenüber der Reichsregierung, den Militärgouverneuren, den Industrieorganisationen und den Gewerkschaften entwickelt hatten. Folglich verleibte sich das Kriegsamt ganze ehemalige Haupt- und Unterabteilungen des Kriegsministeriums ein, allen voran das Kriegsersatz- und Arbeits-Departement, das Waffen- und Munitionsbeschaffungsamt, die Kriegsrohstoffabteilung, das Bekleidungsbeschaffungsamt, die Einfuhr- und Ausfuhrabteilung und die Abteilung für Volksernährung. Hindenburg und Ludendorff bekamen so zwar nicht den vom Kriegsministerium vollkommen unabhängigen „Rüstungsdiktator", den sie der Reichsregierung ursprünglich hatten abringen wollen, aber doch eine extrem mächtige Zentralstelle zur Planung und Kontrolle der gesamten wirtschaftlichen Mobilisierung. Drei Monate später führte diese Zentralisierung denn auch in Form des Hilfsdienstgesetzes zum bisher tiefgreifendsten staatlichen Eingriff in die Wirtschaftsordnung überhaupt. Die Zwangsrekrutierung von Zivilisten für die Rüstungsindustrie und die kriegswichtigen Betriebe machte den Übergang von der Markt- zur Planwirtschaft, den unzählige Beschlagnahmungen, Kriegszuteilungen, Produktionsauflagen, Verwendungsbeschränkungen und Preisregulierungen in den vergangenen Jahren bereits angestoßen hatten, endgültig perfekt.[254]

Für den Reichstag bedeutete jede Zentralisierung wie schon zu Friedenszeiten einen Gewinn an Einfluss, ging damit doch automatisch eine Ausweitung seiner Budgetgewalt einher. Der Kriegszentralismus spielte dem Parlament aber auch insofern in die Hände, als er dessen Mitbestimmungsrechte gegenüber der Reichsregierung spätestens ab Dezember 1916 stärkte, als Letztere wieder dazu überging, vermehrt auf Gesetze statt auf Notverordnungen zu setzen. Außerdem gab die Schaffung der neuen Zentralbehörden dem Anspruch der Mehrheitsparteien, die Reichsregierung zu kontrollieren, einen direkten Schub. Besonders deutlich war das im Fall des Kriegsernährungsamtes. Schon einige Monate vor Gründung der Behörde sah sich die Reichsregierung gezwungen, einem Vorschlag des Zentrumsabgeordneten Matthias Erzberger nachzukommen und den „Beirat des Reichstags für Volksernährung" einzurichten. Dabei handelte es sich um einen parlamentarischen Verwaltungsausschuss, dessen fünfzehn

Mitglieder von den Reichstagsfraktionen nach einem zwischen ihnen vereinbarten Schlüssel nominiert und vom Reichskanzler berufen wurden. Der Beirat trat wöchentlich zusammen und hatte das Recht, die Reichsregierung bei der Organisation der Lebensmittelversorgung zu beraten. Diese Befugnis bekam eine ganz neue Bedeutung, als sich im Mai das Kriegsernährungsamt konstituierte und dem Reichstag damit eine eigenständige Behörde gegenüberstand, die er für die Ernährungspolitik verantwortlich machen konnte. Infolge dieser neuen Konstellation, die sich darin manifestierte, dass der Vorsitz des Ausschusses vom Staatssekretär des Reichsinnenamts – dem Mann für alles – zum Präsidenten des Kriegsernährungsamtes wechselte, entwickelte sich aus der Beratungs- schnell eine Aufsichts- und Gestaltungsfunktion. Der Beirat ging dazu über, die vom Kriegsernährungsamt ausgearbeiteten Maßnahmen zu prüfen und seinerseits konkrete Entwürfe vorzulegen. Da der Reichstag alle Gesetze und Notverordnungen über sein Zustimmungs- beziehungsweise Vetorecht blockieren konnte, blieb der Reichsregierung gar nichts anderes übrig, als diese Beaufsichtigung zu akzeptieren und die Vorschläge des Beirates als bindende Beschlüsse zu behandeln.[255]

Nach der Einrichtung des Kriegsernährungsamtes garantierte der Beirat dem Parlament im Bereich der Lebensmittelversorgung folglich ein beachtliches Maß an Einfluss auf die Regierung. Dazu kam, dass die interne Organisation der Behörde ohnehin schon Verbindungsleute der Mehrheitsparteien in den laufenden Geschäftsbetrieb miteinbezog. Im zwölfköpfigen Vorstand saßen mit dem Generalsekretär der Christlichen Gewerkschaften und dem Präsidenten der deutschen Konsumgenossenschaften zwei prominente Persönlichkeiten des Zentrums beziehungsweise der SPD. Unter den hundert Mitgliedern des amtlichen Beirates – nicht zu verwechseln mit dem parlamentarischen Verwaltungsausschuss gleichen Namens – befanden sich als Vertreter der Arbeitnehmer und der Verbraucher noch viele weitere Mitglieder der beiden großen Parteien. Selbst ins Kriegsamt schaffte es ein Sozialdemokrat, als Groener nach dem Erlass des Hilfsdienstgesetzes den Vorsitzenden des Freigewerkschaftlichen Deutschen Metallverbandes Alexander Schlicke als Berater für Arbeiterangelegenheiten ins Kriegsersatz- und Arbeits-Departement holte. Um alle Teile der Bevölkerung für die Kriegswirtschaft zu mobilisieren, kam die zivile und militärische Führung also nicht mehr umhin, Funktionäre aus Gewerkschaften und Verbänden fest in die Arbeit der neu geschaffenen Reichsbehörden zu integrieren. Diese Einbindung ging zwar nicht so weit, dass die betroffenen Ämter auch Reichstagsabgeordnete aufnahmen. Aber sie öffnete den Ministerialapparat des Reiches doch ein ganzes Stück für jene Kräfte, die im Reichstag versuchten, die Reichsregierung unter ihre Kontrolle zu bringen.[256]

Besonders die Regierungen der größeren Einzelstaaten gerieten infolge des zusätzlichen Zentralisierungsschubs, der durch ihre weitgehende Kaltstellung im Zuge der Errichtung der Doppeldiktatur ja erst möglich geworden war, nicht so weit in die Defensive, wie man zunächst annehmen könnte. Den Verlust ihrer an die Militärgouverneure übertragenen Hoheitsfunktionen und die auf die Reichsebene abgewanderten Zuständigkeiten konnten sie nämlich bis zu einem gewissen Maße kompensieren, indem auch sie in den Betrieb der durch die neuen Zentralstellen verantworteten Geschäftsbereiche personell eingebunden wurden. Unter der Ägide der kriegswirtschaftlichen Reichsbehörden entwickelte sich ein ausgeklügelter Vollzugsapparat aus diversen nachgeordneten Einrichtungen, in denen vielfach neben verschiedenen anderen Funktionären Delegierte der Landesregierungen tätig waren.

Wieder ist die Organisation der Lebensmittelversorgung ein gutes Beispiel. Schon zu Beginn des Krieges bildeten sich sogenannte „Kriegsgesellschaften", die Vertreter aus Landes- und Gemeindeverwaltungen sowie relevanten Privatunternehmen zusammenbrachten, um die von der militärischen und zivilen Führung vorgegebenen planwirtschaftlichen Beschaffungs- und Verteilungsmaßnahmen umzusetzen. An der im November 1914 gegründeten Kriegsgetreidegesellschaft waren zum Beispiel 10 einzelstaatliche Regierungen, 49 Großstädte, und 13 Industrieunternehmen beteiligt. Die Aufsicht über die als Gesellschaften mit beschränkter Haftung organisierten Koordinationsforen übernahmen nach und nach geschaffene kollegiale Reichsbehörden, die als „Reichsstellen" bezeichnet wurden. Auch in diesen übergeordneten Instanzen saßen nicht Reichs-, sondern meistens vom Bundesrat abgestellte Landesvertreter, die mit Abgesandten aus Wirtschafts- und Verbraucherverbänden zusammenarbeiteten. So bestand etwa der Vorstand der für die Getreideversorgung zuständige Reichsverteilungsstelle aus 16 Bundesratsdelegierten und je einem Vertreter der Landwirtschaft, des Handels und der Verbraucherschaft.

Häufig gab es neben oder über den Reichsstellen noch sogenannte „Reichskommissare", die je nach Wirtschaftszweig unterschiedliche Kontroll- und Aufsichtsfunktionen innehatten. Der Kriegsgetreidegesellschaft und der Reichsverteilungsstelle stand zum Beispiel ab März 1915 der Reichskommissar und spätere Reichskanzler Georg Michaelis vor, der seinerseits dem Reichsinnenamt unterstellt war. Ab Mitte 1915 ersetzte man dieses mehrgliedrige, nicht besonders effektive System in den wichtigsten Wirtschaftsgebieten durch „Reichsstellen neuen Typus". Diese umfassten üblicherweise eine Verwaltungs- und eine Geschäftsabteilung, die jeweils als Leitungsgremium beziehungsweise Vollzugsorgan fungierten. Durch die Übernahme der ehemaligen Kriegsgesellschaften und Reichsstellen spielten auch in diesen neuen Zentralstellen die Vertreter der Landesregierungen in der Regel eine wichtige Rolle. So gingen in der Verwaltungsabteilung der im Juni 1915 neu formierten Reichsgetreidestelle die ehemalige Reichsverteilungsstelle und das Amt des Reichskommissars auf, der den Vorsitz über das Leitungsgremium übernahm. Bei der Geschäftsabteilung handelte es sich derweil um die alte Kriegsgetreidegesellschaft, die als Vollzugsorgane die Landesämter der Einzelstaaten und die Kommunalverbände der Stadt- beziehungsweise Landkreise in die Pflicht nahm. Im Sommer 1916 kamen die derart organisierten Reichsstellen schließlich unter die Aufsicht des neu gegründeten Kriegsernährungsamtes. Insgesamt gab es Ende 1917 nicht weniger als 40 dieser Unterbehörden, die den Landesregierungen einen nicht unwesentlichen Einfluss auf die Organisation der Lebensmittelversorgung sicherten. Darunter waren etwa die Reichsfuttermittelstelle, die Reichskartoffelstelle, die Reichsfleischstelle, die Reichszuckerstelle und die Reichsbranntweinstelle.[257]

Auf die Beziehungen zwischen dem Reich und seiner Hegemonialmacht wirkte sich die kriegsbedingte Zentralisierung ganz speziell aus. Das preußische Staatsministerium blieb für die Reichsregierung auch nach Errichtung der Doppeldiktatur eines der wichtigsten Entscheidungsgremien, um ihre politischen Vorhaben umzusetzen. Die Übergriffe des Reiches verursachten aber zusehends Reibungen, die teilweise zu ganz erheblichen Problemen bei der Koordination der Kriegsanstrengungen führten. Kurzum: Der Kriegszentralismus sorgte für einen Wiederausbruch des preußisch-deutschen Dualismus. Zu welchen institutionellen Verwicklungen das führen konnte, zeigte sich zum Beispiel im Zusammenhang mit der Errichtung des Kriegsernährungsamtes. Der ostpreußische Verwaltungsjurist Adolf von Batocki verzichtete bei seiner Ernennung zum Präsidenten der neuen Dienststelle darauf, sich wie die Leiter der anderen obersten Reichsbehörden einen Sitz im preußischen Staatsministerium geben zu lassen. Er ging davon aus, dass das durch eine Notverordnung des Bundesrates im Mai 1916 begründete Recht des Kanzlers, den Ministerien der Einzelstaaten und den nachgeordneten Landesbehörden in dringenden Fällen direkte Anweisungen bezüglich der Sicherung der Lebensmittelversorgung zu erteilen, ausreichen würde, um eine einheitliche Umsetzung der von seiner Behörde ausgearbeiteten Maßnahmen sicherzustellen. Das erwies sich jedoch bald als Trugschluss. Die drei für Ernährungsfragen zuständigen preußischen Ministerien des Innern, des Handels und der Landwirtschaft gingen immer wieder eigene Wege. Batocki verlangte deshalb Anfang 1917 – also nur ein gutes halbes Jahr nach Gründung des Kriegsernährungsamtes –, in das preußische Staatsministerium berufen zu werden. Der Widerstand gegen eine weitere Staatssekretarisierung war innerhalb des preußischen Kabinetts aber so groß, dass ihm Bethmann Hollweg, der wegen der Frage des Dreiklassenwahlrechtes im Ministerrat gerade ohnehin unter enormem Druck stand, diesen Wunsch nicht gewährte. Da der Dualismus zwischen den preußischen und nationalen Dienststellen zunehmend zu einem ernsthaften Problem für die Lebensmittelversorgung wurde, schaltete sich daraufhin die Oberste Heeresleitung ein. Auf ihre Forderung hin wurde Michaelis, der Präsident der Reichsgetreidestelle, der gleichzeitig dem Vorstand des Kriegsernährungsamtes angehörte, im Februar 1917 zum preußischen „Staatskommissar für Volksernährung" berufen. In dieser Aufsichtsfunktion gelang es ihm zwar, die Koordination der verschiedenen preußischen und reichsweiten Verwaltungseinrichtungen zu verbessern. Die Tatsache, dass die Kontrolle über die Lebensmittelversorgung in drei Fünfteln des Reichsgebietes nun in den Händen eines eigenständigen Kommissars konzentriert war, schwächte aber wiederum das Kriegsernährungsamt. Erst als Michaelis im Juli überraschend Reichskanzler wurde und anschließend für einen Wechsel an der Spitze des Ernährungsamtes sorgte, gelang es, den Dualismus in der Ernährungsverwaltung ein Stück weit zu entschärfen. Das Kriegsernährungsamt wurde gegenüber den preußischen Ministerien gestärkt, indem es formal in den Rang eines Reichsamtes erhoben wurde. Gleichzeitig übernahm der neue Behördenleiter Wilhelm von Waldow das Amt des preußischen Staatskommissars in Personalunion.[258]

Derartige Turbulenzen zwischen den Regierungsapparaten des Reiches und Preußens waren beileibe kein Einzelfall, der nur auf dem Gebiet der Ernährungspolitik auftrat. Der durch die kriegsbedingte Zentralisierung neu heraufbeschworene Dualismus zog sich durch alle Bereiche der Verwaltung. Schon 1916 wurde die nach der Verbindung von Kanzler- und Ministerpräsidentenamt wichtigste Personalunion zwischen der preußischen Regierung und der Reichsleitung nicht mehr erneuert. Nachdem Clemens von Delbrück im Mai als Staatssekretär des Reichsinnenamtes zurückgetreten war, wurde das Amt des Vizepräsidenten, das er seit 1914 im Staatsministerium innegehabt hatte, nie wieder von einem Mitglied der Reichsregierung ausgeübt. Die beiden wichtigsten Stellvertreterposten des Kanzlers beziehungsweise preußischen Ministerpräsidenten lagen seit Delbrücks Abgang also in verschiedenen Händen. Das Resultat war eine schleichende Wiederkehr des Dualismus, die quer durch alle Verwaltungsbereiche die Entscheidungsprozesse lähmte und Koordinationsbemühungen frustrierte. Die ab Ende 1917 regelmäßig abgehaltenen Kabinettssitzungen des Reichskanzlers mit den Leitern der Reichsämter mussten einen Großteil ihrer Zeit darauf verwenden, Kompetenzstreitigkeiten zwischen den Verwaltungseinrichtungen Preußens und des Reiches zu lösen. Einige dieser Dispute waren in Anbetracht der äußeren Umstände geradezu grotesk. Als im Herbst 1918 unmittelbar mit dem Zusammenbruch der Westfront gerechnet werden musste, hatte etwa der preußische Finanzminister nichts Besseres zu tun, als formal dagegen Einspruch zu erheben, dass der Staatssekretär des Reichsschatzamtes interne Informationen des Staatsministeriums an Georg von Hertling in einem Brief weitergegeben hatte, der an diesen nicht in seiner Funktion als preußischer Ministerpräsident, sondern in der als Reichskanzler adressiert gewesen war. Diese Beschwerde dokumentierte in ihrer kaum zu überbietenden Realitätsverweigerung eindrucksvoll, wie sich der Dualismus zwischen den Behördenapparaten Preußens und des Reiches immer mehr in einem absurden Kleinkrieg verlor, der die Bündelung der Kräfte an der Heimatfront erheblich erschwerte und so die Anstrengungen im Kampf gegen die militärischen Gegner untergrub. Nicht die demokratische Linke, wie später von der Heeresleitung behauptet, sondern der Dualismus zwischen den Regierungsstellen führte also einen Dolch, der sich langsam in den Rücken der Armee bohrte.[259]

Die Einrichtung der Doppeldiktatur, die Degradierung des Bundesrates zu einem bloßen Erfüllungsgehilfen der Reichsregierung, der Kriegszentralismus, die Wiederbelebung des preußisch-deutschen Dualismus und der damit einhergehende Verlust der Koordinationsfunktion der preußischen Hegemonie, die Marginalisierung der einzelstaatlichen Regierungen als bündische Stabilitätsanker, das Untergraben der zivilen durch die militärischen Entscheidungsverfahren, die Volatilität des Machtdreiecks aus Oberster Heeresleitung, Reichsregierung und Reichstag, die Vorstöße der parlamentarischen Mehrheitsparteien und die diversen anderen angesprochenen Entwicklungen, die der föderale Entscheidungsprozess nach 1914 durchmachte – in Kombination miteinander bauten diese kriegsbedingten Veränderungen die Staatsordnung so sehr um, dass der alte monarchische Bundesstaat im Laufe des Krieges aufhörte zu existieren. Er fiel ohne großen Knall einfach irgendwann in sich zusammen. Einen genauen Zeitrahmen für diese Implosion zu bestimmen, ist kaum möglich, da die einzelnen Wandlungsprozesse an unterschiedlichen Punkten einsetzten, mit verschiedenen Geschwindigkeiten abliefen und dementsprechend auch nicht zur selben Zeit abgeschlossen waren.

Daran, dass sich dieser schleichende Zerfall vollzog, gibt es aber keinen Zweifel. Das zeigte neben der Entwicklung der einzelnen Strukturen, die die Funktionsweise der Kriegsordnung bestimmten, auch das Innenleben des Bundesrates, wo das Teilnahmeverhalten der Kleinstaaten wie immer schon ein Gradmesser für den Gesundheitszustand der alten Ordnung Bismarckscher Prägung war. Nach der Errichtung der Doppeldiktatur bei Kriegsausbruch lohnte es sich für die Regierungen der kleinen Fürstentümer weniger denn je, sich mit eigenen Gesandten an der Arbeit des Bundesrates zu beteiligen. Der Anteil an Substitutionen auf ihren Bänken stieg bis 1915/16 denn auch auf ein Allzeithoch von rund 74 Prozent

(Graph 14). Im Jahr danach sank er deutlich, bevor er 1918 schließlich auf ungefähr 50 Prozent geradezu absackte. Dieser Abfall lag aber nicht etwa daran, dass die kleinstaatlichen Regierungen wieder öfter eigene Vertreter in den Bundesrat schickten. Im Gegenteil: In den letzten beiden Kriegsjahren verzichteten sie einfach immer häufiger darauf, überhaupt einen Repräsentanten in den Bundesrat zu entsenden. Sie hielten es also nicht einmal mehr der Mühe wert, regelmäßig einen Substitutionsbevollmächtigten zu ernennen. Stattdessen blieben sie den Sitzungen lieber ganz fern (Graph 14). Diese Verwaisung des Schlüsselorgans, das einst das Herzstück von Bismarcks Verfassungskonstruktion geformt hatte und nun nur noch als Abnickeinrichtung der faktisch durch die Reichsregierung im Verbund mit dem Reichstag ausgeübten Zivildiktatur diente, offenbarte in aller Deutlichkeit, dass der monarchische Bundesorganismus von einst mittlerweile eingegangen war und selbst seine strukturellen Überreste zusehends verfielen.

Jene föderalen Schutzstrukturen, die es dem Reichstag jahrzehntelang unmöglich gemacht hatten, den Kanzler und die Chefs der Reichsämter zu einer parlamentarisch verantwortlichen Regierung umzugestalten, verloren in den letzten beiden Kriegsjahren also immer mehr an Lebenskraft, bis sie schließlich ganz verschwanden. Im Sog dieser Implosion brachen die Mehrheitsparteien ab Sommer 1917 schrittweise in die Reichsexekutive ein und übernahmen die Regierungsgewalt. Schon Bethmann Hollweg hatte gegen Ende seiner Amtszeit angesichts des steigenden parlamentarischen Drucks ins Auge gefasst, vereinzelte Reichstagsabgeordnete in die Regierungen des Reiches und Preußens aufzunehmen, um so die Fühlung zu den Mehrheitsparteien zu verbessern. Der Kaiser hatte ihm dafür Ende Juni 1917 auch tatsächlich grünes Licht gegeben. Als Bethmann Hollweg einen Monat später der Erpressung der Obersten Heeresleitung nachgab und zurücktrat, stand die Frage nach einer parlamentarischen Beteiligung an der Regierung plötzlich ganz konkret im Raum. Allerdings konnte sich der Kaiser bei der Auswahl des neuen Kanzlers noch einmal allen Mitspracheforderungen der Mehrheitsparteien entziehen, obwohl diese ja ebenfalls kräftig am Stuhl Bethmann Hollwegs gesägt hatten. Bei allen Beratungen des Interfraktionellen Ausschusses war es bisher hauptsächlich immer um das Wie einer Parlamentarisierung gegangen. Über geeignete Personen für die zentralen Regierungsämter hatten sich die Mehrheitsparteien dagegen noch nicht verständigt. Dieses Versäumnis machte es diversen Figuren aus der zweiten Reihe der exekutiven Führungsriege relativ leicht, das Überraschungsmoment von Bethmann Hollwegs Rücktritt auszunutzen, einen eigenen Kandidaten für das Kanzleramt zu lancieren und diesen nur einen Tag später dank der Unterstützung Ludendorffs beim Kaiser durchzusetzen: den bisher in den großen Fragen der

Innen- und Außenpolitik kaum in Erscheinung getretenen preußischen Staatskommissar für Volksernährung, Georg Michaelis (Abb. 6.6).²⁶⁰

Angesichts dieser Hintergründe erscheint dessen Berufung mit Blick auf den Reichstag weniger als „Verlegenheitslösung" denn als „verfassungspolitischer Verteidigungsakt", mit dem die zivile und militärische Führung „die Vorrechte der Krone und den Vorrang der Regierungsgewalt gegenüber dem Parlament […] zu behaupten" suchte, wie Ernst Rudolf Huber betont hat. Der Schachzug ging allerdings komplett nach hinten los. Der ihnen einfach vor die Nase gesetzte Michaelis hatte bei den Parteien des Interfraktionellen Ausschusses von Anfang an keinen großen Rückhalt. Um Mehrheiten im Reichstag zusammenzubekommen und so überhaupt regieren zu können, musste der neue Kanzler daher gleich mehrere äußerst bedeutende Zugeständnisse in Sachen Parlamentarisierung machen, die ihm als überzeugtem Monarchisten eigentlich zuwiderliefen. Viel Zeit blieb ihm dafür nicht. Schon eine Woche nach seiner Ernennung am 14. Juli stand die Bewilligung eines weiteren Kriegskreditgesetzes an. In seiner Regierungserklärung sicherte Michaelis daher zu, seine Regierung mit Männern zu besetzen, die das volle Vertrauen der Mehrheitsparteien genossen. Die entsprechenden Kabinettsumbildungen im Reich und in Preußen erfolgten zwei Wochen später. Dabei gab es erstmals Verhandlungen zwischen der Reichsleitung und den Mehrheitsparteien darüber, wer in die Regierung zu berufen sei.

Wenn in früheren Jahren ein Abgeordneter ins Kabinett geholt worden war, was selten vorkam, hatte der Kanzler diese Entscheidung eigenständig getroffen, so etwa bei der Ernennung des Nationalliberalen Miquels zum preußischen Finanzminister 1890. Nun schlugen die Parteien dem Regierungschef erstmals konkrete Personen zur Besetzung von Ministerialstellen vor. Auf diese Weise wurde der bisher der nationalliberalen Fraktion im preußischen Abgeordnetenhaus angehörende Paul von Krause zum Leiter des Reichsjustizamtes berufen. Peter Spahn, der seit Jahren im Reichstag zu den führenden Köpfen des Zentrums zählte, trat an die Spitze des preußischen Justizministeriums. Der Sozialdemokrat August Müller übernahm den wichtigen Posten eines Unterstaatssekretärs im Kriegsernährungsamt. Die Nationalliberalen, deren Mitglieder dem Kaiser leichter zu vermitteln waren als Sozialdemokraten, Katholiken oder Linksliberale, stellten mit Eugen Schiffer zudem einen Abteilungsleiter im Reichsschatzamt. Jeder dieser neuen Regierungsmitglieder musste zwar aufgrund der oben erwähnten Inkompatibilitätsklausel sein Parlamentsmandat aufgeben. Mit der Durchsetzung dieser Ernennungen hatten die Parteien in die ihnen bis dahin verschlossenen Türen zu den Kabinettsräumen des Reiches und Preußens aber immerhin ein erstes großes Loch getreten.²⁶¹

Abb. 6.6: Georg Michaelis, undatierte Fotografie

In den folgenden Wochen musste Michaelis weitere Zugeständnisse machen. Als der Interfraktionelle Ausschuss die schon angesprochene Friedensresolution, die der Anführer des linken Zentrumsflügels Matthias Erzberger noch unter Bethmann Hollweg angeregt hatte, Mitte Juli im Namen der drei Mehrheitsparteien in den Reichstag einbrachte, konnte der Reichskanzler diese ob seiner schwachen Position nicht einfach rundheraus ablehnen. Vielmehr betonte er in seiner Regierungserklärung, dass die gefundene Kompromissformel, die zu einem Verständigungs- und Versöhnungsfrieden unter Verzicht auf „erzwungene Gebietserwerbungen" und „politische, wirtschaftliche oder finanzielle Vergewaltigungen" aufrief, einen „Rahmen" darstelle, innerhalb dessen die Reichsregierung ihre Ziele erreichen könne. Damit nutzte er die Mehrdeutigkeit der Resolution zwar aus und hielt ausdrücklich die Möglichkeit offen, Annexionen als Teil einer Vereinbarung mit den anderen Kriegsparteien anzustreben. Gleichzeitig akzeptierte er durch diese Konfliktvermeidungsstrategie aber auch den Anspruch des Reichstages, Richtlinien für die Außenpolitik aufzustellen, das heißt, die Reichsregierung in dieser ehemaligen Kernprärogative monarchischer Souveränität an Weisungen zu binden. Im Hauptausschuss sah er sich daraufhin den ganzen August über mit Forderungen nach weiteren konkreten Parlamentarisierungsschritten konfrontiert. Diesem Druck musste er schließlich im Zusammenhang mit der Diskussion über die Friedensinitiative des Papstes nachgeben und den großen Reichstagsfraktionen mit der Einrichtung des oben bereits erwähnten Siebenerausschusses erstmals eine offizielle Rolle bei der Formulierung der Außenpolitik zugestehen.[262]

Der exekutive Verteidigungsakt, der die Ernennung von Michaelis gewesen war, hatte somit letztlich nur verstärkte Vorstöße der Mehrheitsparteien in den Bereich der Regierungsgewalt zur Folge. Am deutlichsten wurde diese Tatsache wohl daran, dass die Mehrheitsparteien den ihnen ungefragt vorgesetzten Kanzler nur drei Monate nach seinem Amtsantritt wieder zum Rücktritt zwangen. Anfang Oktober hatte Michaelis keine Aussicht mehr auf eine Mehrheit im Reichstag, da er sich in der Auseinandersetzung um die Rolle der USPD in einem Matrosenkomplott, das die Flotte im August erschüttert hatte, die Feindschaft der gemäßigten Sozialdemokraten zugezogen hatte. Am 9. Oktober musste er sich sogar einem Misstrauensvotum stellen. Dieses überstand er angesichts der Solidarität unter den linken Parteien nur, weil das Zentrum und die Fortschrittspartei – die die Regierung für die beweislose Verurteilung der USPD ebenfalls scharf kritisierten – nach den negativen Erfahrungen um Bethmann Hollwegs plötzlichen Rücktritt einen geordneten Kanzlerwechsel sicherstellen wollten. Da die Abstimmungen über die nächsten Kriegskredite anstanden und die Mehrheitssozialisten keinen Zweifel daran aufkommen ließen, dass sie den Kanzler dabei auflaufen lassen würden, war ohnehin klar, dass Michaelis' Tage im Amt gezählt waren. In einer gemeinsamen Aktion forderten die Sozialdemokaten, das Zentrum, die Fortschrittspartei und die Nationalliberalen ihn denn auch hinter verschlossenen Türen zum Rücktritt auf.[263]

Michaelis ging aber nicht unmittelbar darauf ein. Stattdessen begab er sich erst einmal auf eine zweiwöchige Reise durch die Kriegsgebiete im Osten. Die Mehrheitsparteien reagierten darauf, indem sie den Interfraktionellen Ausschuss kurzerhand zu einem Koalitionsausschuss machten, der die Kanzlerfrage klären sollte. Als sich bei den dortigen Beratungen kein Konsens über einen geeigneten Nachfolger einstellte, entschlossen sie sich, ihre Strategie zu ändern und den Kanzlerwechsel nicht über die Forcierung eines Nachfolgekandidaten, sondern über die Festlegung eines gemeinsamen Sachprogramms zu betreiben, auf das sie den Regierungschef verpflichten wollten. In diesen „Koalitionsvertrag" nahmen sie nur vier relativ zahme Forderungen auf: die Bemühung um eine Beendigung des Krieges auf Grundlage der Vorschläge des Papstes, die Umsetzung der preußischen Wahlrechtsreform gemäß der Osterbotschaft des Kaisers, die Beseitigung der politischen Zensur durch die Militärbefehlshaber sowie die Durchführung von zwei sozialpolitischen Maßnahmen, nämlich die Verabschiedung des liegengebliebenen Arbeitskammergesetzes und die volle Gewähr der Koalitionsfreiheit durch die Annullierung des sogenannten Boykott-Paragrafen in der Gewerbeordnung."[264]

Dieses Programm war genau wie die ihm zugrundeliegende Vorgehensweise ein Kompromiss. Die verfassungspolitischen Vorstellungen der Parteien im Interfraktionellen Ausschuss gingen nach wie vor deutlich auseinander. Darüber, wie weit die Parlamentarisierung eigentlich gehen sollte, bestanden weiterhin große Differenzen. Während das Zentrum als Schutzpartei der Einzelstaaten zumindest den gegenwärtigen föderalen Besitzstand sichern und daher die Grundstrukturen der Verfassung so weit wie möglich erhalten wollte, zielte die MSPD – getrieben von den radikalen Linken, die sich gerade erst von ihr abgespalten hatten – auf einen kompletten Systemwechsel hin zu einer unitarischen Republik. Die Liberalen standen irgendwo dazwischen und vertraten viele verschiedene Modelle einer parlamentarischen Monarchie. Bei den Beratungen des Interfraktionellen Ausschusses gelang es den Parteien, diese Unterschiede durch die Ignorierung der Kandidatenfrage vorläufig auszublenden und sich zumindest auf einen Weg in Richtung eines wie auch immer im Detail gearteten parlamentarischen Systems zu einigen. Dieser Konsens bestand im Wesentlichen darin, schrittweise vorzugehen statt zu versuchen, alles auf einmal zu erreichen. Kern dieser langfristig angelegten Strategie war die Bereitschaft, vorläufig selbst einen weiteren Gegner des parlamentarischen Systems im Kanzleramt zu akzeptieren, solange der Neue die vier genannten Minimalforderungen anerkennen und den Mehrheitsparteien dadurch die Gelegenheit geben würde, in der politischen Praxis nach und nach ihre Kontrolle über die Regierungsgewalt auszubauen. Dass sich die Parteien auf diesen Kompromiss einigen konnten, zeigte, dass sie – anders als noch drei Monate zuvor beim Rücktritt Bethmann Hollwegs – nun als feste Koalition funktionierten, für deren Zusammenhalt die einzelnen Mitglieder eigene Präferenzen zurückzustellen bereit waren, was die Grundlage für eine eventuelle spätere Regierungsübernahme schuf.[265]

Ihr Programm legten die Parteien des Interfraktionellen Ausschusses dem Kaiser in Form eines Memorandums vor, das sie dem Chef des Zivilkabinetts übergaben. Darin forderten sie den Reichsmonarchen im „höchsten Staatsinteresse" dazu auf, vor der Ernennung eines neuen Kanzlers dem von ihm ausgesuchten Nachfolger aufzutragen, „sich mit dem Reichstag zu besprechen", damit ein erneuter schneller Ausfall vermieden und eine „vertrauensvolle Verständigung über die äußere und innere Politik des Reichs bis zum Kriegsende" sichergestellt werden könne. Statt dem Kaiser einen konkreten Kandidaten vorzuschlagen, machten die Mehrheitsparteien ihm also unmissverständlich klar, dass jede ausgewählte Person sich zu dem von ihnen aufgestellten Minimalprogramm bekennen müsse, um mit ihrer Unterstützung rechnen zu können. Sie versuchten also nicht das Kanzleramt, sondern vielmehr die Kanzlerauswahl zu parlamentarisieren. Das bedeutete einen ganz empfindlichen Eingriff in die kaiserliche Personalgewalt, das Herzstück der monarchischen Regierungsordnung. Das Memorandum war daher in Wirklichkeit nichts anderes als ein Erpressungsschreiben, das Wilhelm die Pistole auf die Brust setzte.

Dem so erzeugten Druck beugte sich Michaelis alsbald und reichte am 26. Oktober seinen Rücktritt ein – allerdings vorerst nur vom Amt des Kanzlers, für das er den bayerischen Ministerpräsidenten und ehemaligen Vorsitzenden der Zentrumsfraktion im Reichstag Georg von Hertling vorschlug. Preußischer Ministerpräsident und Außenminister wollte Michaelis bleiben, um so dem Vorstoß der Mehrheitsparteien die Kraft zu nehmen und gemeinsam mit der Obersten Heeresleitung die Reichspolitik über die preußische Bundesratsbank weiter zu lenken. Während der Kaiser diesen Plan goutierte, lehnte der für den Kanzlerposten Ausersonnene nach einer ersten Fühlungnahme mit den Berliner Parteiführern jede Ämtertrennung als Schwächung seiner Position ab. Damit war die Situation so verfahren, dass Wilhelm nichts anderes mehr übrig blieb, als Michaelis aus allen Funktionen zu entlassen, Hertling unter dem Vorbehalt einer vorhergehenden Verständigung mit den Reichstagsfraktionen an die Spitze beider Regierungen zu berufen, und damit den Interfraktionellen Ausschuss als einen die Kanzlerauswahl kontrollierenden Koalitionsausschuss anzuerkennen.[266]

Vor seiner Ernennung am 1. November verpflichtete sich Hertling, wie von den Mehrheitsparteien gefordert, auf das von ihnen aufgestellte Vier-Punkte-Programm. Auch wenn er als Vertreter des rechten Zentrumsflügels die Einführung eines voll ausgeprägten parlamentarischen Systems im Reich genauso ablehnte wie seine Vorgänger, machte er sich dadurch von Anfang an zum Kanzler einer ganz bestimmten, in ihren Erwartungen klar definierten Regierungskoalition. Der Interfraktionelle Ausschuss, der seine Berufung zunächst abgelehnt hatte, rang ihm als Bedingung für die Zustimmung zu seiner Ernennung sogar noch eine Reihe weiterer Zugeständnisse ab, die deutlich über das ursprüngliche Minimalprogramm hinausgingen. Neben dem Versprechen, Elsass-Lothringen zu einem gleichwertigen Mitgliedsstaat des Bundes zu erheben, handelte es sich dabei vor allem um die Erfüllung von personalpolitischen Forderungen, durch die der Reichstag noch ein Stück tiefer in die Kabinette des Bundes und seiner Hegemonialmacht eindrang. Der nationalliberale Landtagsabgeordnete Robert Friedberg wurde stellvertretender preußischer Ministerpräsident, der Fortschrittler Friedrich von Payer Vizekanzler. Die Durchsetzung dieser Personalien für die beiden wichtigsten Stellvertreterposten des Regierungschefs war der bis dato größte Parlamentarisierungserfolg. Denn im Gegensatz zur Berufung des Kanzlers, bei der die Mehrheitsparteien den Kandidaten nicht selber ausgewählt, sondern „nur" ihren Bedingungen unterworfen hatten, setzten sie für diese beiden Schlüsselstellen ganz bestimmte, von ihnen nominierte Parlamentsabgeordnete durch – und das gegen den anfänglichen Widerstand Hertlings. Die MSPD hielt sich bei den entsprechenden Verhandlungen zurück und forderte selbst keine Ministerposten, um so die Regierungsbildung nicht noch weiter zu erschweren.

Wie groß der durch diesen Verzicht ermöglichte Durchbruch der Parlamentarisierung war, manifestierte sich in dem weiteren Verfahren, das die Mehrheitsparteien dem Kanzler als Teil der Bedingungen für ihre Zustimmung zu seiner Ernennung aufzwangen. Hertling musste sich nicht nur dazu verpflichten, eine Regierungserklärung im Reichstag abzugeben, sondern auch dazu, sich danach sofort einer Vertrauensabstimmung zu stellen. Auf Letztere verzichtete man schließlich zwar, weil zwei Tage später mit der Abstimmung über die zehnte Kriegskreditvorlage ohnehin ein faktisches Vertrauensvotum anstand. Bei der parlamentarischen Aussprache über die Regierungserklärung machten aber besonders die Sozialdemokraten klar, dass sie die von ihnen ins Amt gehobene Regierung auch jederzeit wieder fallen lassen würden, wenn sie ihnen nicht entgegenkäme.[267]

Das knappe Jahr, das sich Hertling anschließend auf dem Stuhl des Kanzlers hielt, war denn auch eine Übergangsphase, in der die Mehrheitsparteien über den Interfraktionellen Ausschuss die Richtlinien der Politik mitbestimmten, die Verfügungsgewalt des Parlamentes über die Regierung aber auch noch klar beschränkt war. Manfred Rauh hat deswegen von einem „Kryptoparlamentarismus" gesprochen. Die Grenzen, die der neue Kanzler der Parlamentarisierung setzte, wurden gleich nach seinem Amtsantritt deutlich. Hertling nahm längst nicht alle Personalwechsel vor, die er versprochen hatte. Weder sorgte er für die Entlassung des bei den Mehrheitsparteien verhassten konservativen Leiters des Kriegsernährungsamtes, Wilhelm von Waldow, noch berief er einen Linksliberalen in das preußische Staatsministerium. Außerdem bestand er darauf, die Inkompatibilitätsklausel aufrechtzuerhalten. Alle neuen parlamentarischen Mitglieder der Regierung mussten folglich bei Amtsantritt ihr Mandat niederlegen. Friedberg gewann seinen Sitz im preußischen Abgeordnetenhaus allerdings im Februar 1918 zurück, indem er bei einer Nachwahl in einem vakant gewordenen Wahlkreis antrat. Damit folgte er dem Beispiel seiner schon unter Michaelis berufenen nationalliberalen Kollegen Paul von Krause und Eugen Schiffer. Der Chef des Reichsjustizamtes und der mittlerweile zum Unterstaatssekretär aufgestiegene Abteilungsleiter des Reichsschatzamtes waren auf demselben Weg bereits in den vorangegangenen zwei Monaten in den preußischen Landtag zurückgekehrt.

Seinem Vizekanzler Payer untersagte Hertling indes ein solches Manöver zum Wiedereinzug in den Reichstag. Dieses Verbot galt vornehmlich dem Schutz der wohl bedeutendsten noch intakten Schranke gegen die Parlamentarisierung. Als wichtigster Stellvertreter des Kanzlers wurde Payer preußischer

Bundesratsbevollmächtigter und leitete regelmäßig die Sitzungen der Länderkammer. Hätte er gleichzeitig einen Sitz im Reichstag gehabt, wäre das Parlament in das zentrale Bollwerk eingedrungen, dessen bloße Existenz eine direkte Übernahme der Regierung durch den Reichstag weiterhin strukturell blockierte. Entsprechend verfolgte Hertling die Linie, den parlamentarischen Mitgliedern der Reichsregierung beziehungsweise des preußischen Staatsministeriums die Wiedergewinnung ihres Mandates nur dann zu erlauben, wenn es sich um einen Sitz in der Volksvertretung der jeweils anderen Regierungsebene handelte. Einfacher ausgedrückt: Der Kanzler gestattete leitenden Reichsbeamten ins preußische Abgeordnetenhaus zurückzukehren und Mitgliedern des preußischen Staatsministeriums in den Reichstag, aber nicht umgekehrt. Während diese Verknüpfungen einerseits den Forderungen der Mehrheitsparteien nach einer engeren Verbindung zu den exekutiven Verantwortungsträgern entgegenkamen, brachen sie andererseits die Schutzstrukturen um die Reichsregierung nicht noch weiter für den Reichstag auf.[268]

Wie ambivalent das Verhältnis zwischen diesen beiden Verfassungsorganen unter Hertling war, äußerte sich vor allem darin, dass die Mehrheitsparteien der Regierung zwar eine ganze Reihe von wichtigen Reformprojekten aufnötigen, sie aber nicht darauf festnageln konnten, diese auch zu einem erfolgreichen Abschluss zu bringen. Neben der Annullierung des Boykott-Paragrafen kam letztlich nur eine kleinere Reform des Reichstagswahlrechtes zustande, die verschiedene größere Wahlkreise zusammenlegte und für die dortigen Mandate die Verhältniswahl einführte. Alle anderen Initiativen zur Umsetzung des Minimalprogramms, auf das der Interfraktionelle Ausschuss Hertling verpflichtet hatte, wurden hingegen von der Regierung wegen diverser Schwierigkeiten an verschiedenen Stellen des Entscheidungsprozesses aufgegeben, ohne dass die Mehrheitsparteien etwas dagegen hätten unternehmen können. Das Arbeitskammergesetz schaffte es immerhin bis in die Reichstagskommission, versandete dort jedoch, weil die Regierung nicht bereit war, den Entwurf, den sie einfach von einer sieben Jahre alten Vorlage übernommen hatte, an die Machtverhältnisse von 1917 anzupassen. Insbesondere weigerte sie sich, die Forderungen der Sozialdemokraten zu berücksichtigen, die die Streikfreiheit auf alle Berufsgruppen ausweiten und die paritätische Struktur der in dem Gesetz vorgesehenen öffentlich-rechtlichen Berufsvertretungen neu regeln wollten.[269]

Das Schicksal der preußischen Wahlrechtsreform wurde ebenfalls durch die fehlende Durchsetzungsbereitschaft der Regierung entschieden. Der preußische Innenminister Wilhelm Drews brachte zwar nur wenige Wochen nach dem Amtsantritt Hertlings eine Vorlage zur Einführung des gleichen Wahlrechts in den Landtag ein. Dort passte die konservative Mehrheit des Abgeordnetenhauses die Vorlage gegen den Willen der Regierung aber dahingehend ein, dass sie aus dem gleichen ein Pluralwahlrecht machte, das jedem Wähler eine Grundstimme und – je nach Bildung, Vermögen und Familienstand – mehrere Zusatzstimmen geben sollte. Anschließend versackte die Vorlage im Herrenhaus, das sich weigerte, die Entscheidung des Abgeordnetenhauses zu revidieren und vom Pluralwahlrecht abzurücken. Die Regierung hatte während des langwierigen Verfahrens mehrfach klargestellt, dass die Mitte-Links-Mehrheit des Reichstages nur das gleiche Wahlrecht akzeptieren werde. Hertling weigerte sich allerdings trotz aller Aufforderungen vor allem vonseiten der Sozialdemokraten, diesen Widerstand – der ja erst daraus resultierte, dass das Dreiklassenwahlrecht seit Jahrzehnten eine reformunwillige Mehrheit im Abgeordnetenhaus konservierte – durch geeignete Zwangsmaßnahmen zu brechen. Weder war er dazu bereit, den Landtag aufzulösen, anschließend Neuwahlen abzuhalten und mit einer neuen Mehrheit einen weiteren Anlauf zu versuchen, noch wollte er den Weg beschreiten, über den 1849 das Dreiklassenwahlrecht eingeführt worden war, und das gleiche Wahlrecht durch eine königliche Verordnung von oben oktroyieren.[270]

Auch die Beschränkung der Befugnisse der Militärbefehlshaber scheiterte daran, dass die Reichsregierung sich nicht dem Druck der Mehrheitsparteien, sondern dem anderer politischer Akteure beugte. Anfang Juni nahm der Reichstag eine im Hauptausschuss ausgearbeitete Resolution an, die die Regierung dazu aufforderte, das Belagerungsgesetz so zu ändern, dass alle Eingriffe der Militärgouverneure in die Presse-, Vereins- und Versammlungsfreiheit der Aufsicht des Kanzlers statt wie bislang derjenigen des Kriegsministers beziehungsweise des Obermilitärbefehlshabers unterliegen sollten. Die Mehrheitsparteien forderten die Regierung also auf, in den genannten Bereichen die militärische Gewalt der zivilen zu unterstellen, da das dem Reichstag die Möglichkeit gegeben hätte, auf einen besseren Schutz der Freiheitsrechte hinzuwirken. Vizekanzler Payer nahm die Resolution zwar auf, streckte aber angesichts der kompromisslosen Haltung des Kaisers und der Obersten Heeresleitung, die eine solche Reform rigoros ablehnten, alsbald die Waffen.[271]

Trotz dieser gescheiterten Versuche der Mehrheitsparteien, die Regierung zur Durchsetzung der Projekte zu bringen, die sie ihr in den Koalitionsverhandlungen ins Programm geschrieben hatten, verschoben sich die Kräfteverhältnisse zwischen den Verfassungsorganen während Hertlings Kanzlerschaft weiter zugunsten des Reichstages. Das Parlament okkupierte die Reichsregierung nämlich so sehr, dass der Bundesrat und damit das größte noch verbliebene Strukturhindernis einer Parlamentarisierung weiter denn je ins Abseits geriet. Besonders deutlich bekundete sich das in der Amtsführung des neuen Vorsitzenden der

Länderkammer. Payer, dessen Berufung die Mehrheitsparteien ja zur conditio sine qua non für ihre Zustimmung zu Hertlings Ernennung gemacht hatten, vertrat in dieser Funktion derart offen die Interessen der Reichstagsmehrheit statt der verbündeten Regierungen, dass die mittelstaatlichen Delegationen zeitweise eine formelle Beschwerde gegen ihn erwogen. Sie verzichteten darauf schließlich wohl vor allem deswegen, weil im Bundesrat ohnehin für sie nichts mehr zu holen war. Die Reichsregierung war so sehr auf den Reichstag fixiert, dass sie der Länderkammer kaum noch Zeit ließ, Entwürfe zu Gesetzen und Notverordnungen auch nur oberflächlich zu prüfen, bevor die Weiterleitung an das Parlament erfolgen musste. Zudem gingen die Reichsbehörden zunehmend dazu über, Vorlagen ohne jede Absprache mit den einzelstaatlichen Regierungen auszuarbeiten. Auch die Experten und Interessenvertreter, die die Reichsregierung bei der Erstellung von Vorlagen konsultierte, wählte sie meistens nicht mehr auf Vermittlung der Landesregierungen aus, sondern benannte sie entweder direkt oder auf Empfehlung des Reichstages. Als 1918 in der ersten Jahreshälfte ein umfangreiches Paket mit neuen Finanzgesetzen zur Verhandlung stand, ließ sich die Reichsregierung vom Hauptausschuss gar dazu drängen, einen Referenten des Reichsschatzamtes abzustellen, um zwei zusätzliche Entwürfe über eine außerordentliche Kriegsabgabe und die Errichtung eines Reichsfinanzhofes gemeinsam mit dem Zentrumsvorsitzenden Adolf Gröber auszuarbeiten. Damit machte sie sich praktisch zum Ausführungsorgan des Parlamentes und hebelte den Bundesrat und die Belange der dort versammelten einzelstaatlichen Regierungen aus.[272]

Wie sehr die fortschreitende Parlamentarisierung den Bundesrat kaltstellte, zeigte sich in aller Deutlichkeit, als die Regierung im Frühjahr 1918 damit begann, sich Gedanken darüber zu machen, wie nach Beendigung des Krieges der Übergang zu einer normalisierten Wirtschaftsordnung geregelt werden könnte. Zu diesem Zweck sollte ein neues Ermächtigungsgesetz erlassen werden. Schon bei den ersten Beratungen darüber machte der Reichstag klar, dass er in diesem Zusammenhang auf einer Steigerung seiner formalen Kompetenzen bestand. Die Mehrheitsparteien banden ihre Zustimmung zu einem neuen Ermächtigungsgesetz nämlich daran, dass bis zu dessen Zustandekommen das im Vorjahr gegründete und für die Regelung der Kriegswirtschaft nun zuständige Reichswirtschaftsamt „den Ausschuß des Reichstages für Handel und Gewerbe fortlaufend über seine Pläne" informieren würde. Damit bedingten sie sich für den Reichstag die totale Überwachung der Regierung bei der Regulierung der Kriegswirtschaft aus. In der Ausübung des Notverordnungsrechtes geriet folglich der Bundesrat, dem diese Diktaturgewalt ja eigentlich zustand, vollkommen ins Hintertreffen. So brachte das Reichswirtschaftsamt im April den Entwurf einer Verordnung betreffs der Übergangsregelung für die Textilindustrie in den erwähnten Parlamentsausschuss ein, ohne dass der Bundesrat die Vorlage vorher auch nur gesehen hatte. Das war ein ganz neues Level der Marginalisierung. Hatten sich bisher die Vorabsprachen zwischen den Reichsämtern und dem Parlament stets auf informelle Gespräche beschränkt, verhandelte die Reichsregierung unter dem Druck der Mitspracheforderungen der Mehrheitsparteien jetzt mit einem noch nicht einmal extra dafür eingerichteten, sondern ständigen Reichstagsausschuss eine Notverordnung, über die sie den Bundesrat vorher nicht informiert, geschweige denn hatte abstimmen lassen.

Angesichts dieser vollkommenen Hinwendung zum Reichstag war es nur folgerichtig, was schließlich in dem Entwurf zum geplanten Ermächtigungsgesetz stand, den die Regierung vor dem Hintergrund der bevorstehenden militärischen Niederlage im September durch den Bundesrat zwang und einen Monat später dem Parlament vorlegte. Die Neuregelung sah zwar vor, dass der Bundesrat nach wie vor die Notverordnungen zur Regulierung der Wirtschaft erlassen sollte. Vor der Verfügung von grundlegenden Maßnahmen sollte er allerdings die Zustimmung eines Ausschusses einholen müssen, der aus fünfzehn vom Reichstag zu wählenden Abgeordneten bestehen sollte. Der Entwurf sprach dem Parlament somit bei der Organisation der Übergangswirtschaft faktisch eine Komplettkontrolle über die Regierung zu, während er den Bundesrat in der drittrangigen Nebenrolle beließ, zu der ihn die Verfassungsentwicklung der letzten Jahre degradiert hatte. Letztlich war es für den Reichstag aber gar nicht mehr nötig, sich diese formelle Bestätigung seiner Machtausdehnung zu sichern. Wenige Tage nachdem der Entwurf an den Ausschuss für Handel und Gewerbe überwiesen worden war, führten die Oktoberreformen ein parlamentarisches System ein.[273]

Da war Hertling schon nicht mehr im Amt. Der Kanzler hatte das Vertrauen der Mehrheitsparteien seit Anfang des Jahres schrittweise verloren. Vor allem die Sozialdemokraten zeigten sich äußerst unzufrieden mit seinen schleppenden Reformbemühungen. Auch die Passivität Hertlings gegenüber der militärischen Führung, die besonders beim Abschluss des Friedensvertrages mit Russland im März deutlich geworden war, stieß der MSPD bitter auf. Nachdem die Westoffensive, die die Oberste Heeresleitung im Frühjahr als letzten militärischen Befreiungsschlag gestartet hatte, spätestens im August unwiderruflich gescheitert war, stieg der Druck auf Hertling noch einmal. Weiten Teilen des Mitte-Links-Bündnisses im Reichstag erschien er weder für die Aushandlung eines Friedensvertrages als der richtige Mann noch für die endliche Einleitung der Verfassungsreformen, die als Voraussetzung zur Aufnahme von Waffenstillstandsverhandlungen und zur Verhinderung einer Revolution immer notwendiger erschienen. Anfang September entzogen die Sozialdemokraten Hertling förmlich das Vertrauen.

Auf die Unterstützung der größeren Landesregierungen konnte der Kanzler ebenfalls nicht mehr bauen. Die Regierungen Bayerns, Sachsens, Badens, Württembergs und Hessens verzichteten im September nur deshalb auf einen formellen Protest gegen die unter Hertling betriebene Ausschaltung des Bundesrates, weil die drohende militärische Niederlage den Zusammenbruch der bestehenden Verfassungsstrukturen ohnehin immer wahrscheinlicher und damit einen Einspruch gegen das Verhalten der Reichsregierung hinfällig machte. Als der Interfraktionelle Ausschuss am 12. September nach einer zweimonatigen Sommerpause wieder zusammentrat, erklärte die MSPD sich zum Eintritt in die Regierung bereit, aber nur unter einem neuen Kanzler. Zwei Wochen später hatte sich die militärische Lage so weit verschlechtert, dass sich die Oberste Heeresleitung gezwungen sah, die zivile Führung endlich über die Unausweichlichkeit der Niederlage zu informieren. Dabei ließen Hindenburg und Ludendorff Hertling wissen, dass auch sie eine Regierungsumbildung auf breiter Basis, das heißt unter Einbeziehung der gemäßigten Sozialdemokraten, für unumgänglich hielten. Hinter dieser unerwarteten Schützenhilfe für die MSPD stand nicht zuletzt die Idee, den linken Parteien die Abwicklung des verlorenen Krieges zu überlassen, um ihnen so die Verantwortung für die Niederlage in die Schuhe schieben zu können. Das erste Opfer im Zusammenhang mit der hierdurch vorbereiteten Dolchstoßlegende war Hertling. Am 29. September erhielt er vom Kaiser im Großen Hauptquartier in Spa seinen Entlassungsbescheid. Einen Tag später wurde der sogenannte „Parlamentarisierungserlass" veröffentlicht. Darin erklärte der Kaiser im Zusammenhang mit der Demission Hertlings, dass „das deutsche Volk wirksamer als bisher an der Bestimmung der Geschicke des Vaterlandes [mitarbeiten]" solle. Daher sei es sein „Wille, daß „Männer, die vom Vertrauen des Volkes getragen [seien], in weitem Umfange teilnehmen an den Rechten und Pflichten der Regierung".[274]

Auf die ihnen so angetragene Rolle als „Konkursverwalter" ließen sich die MSPD, das Zentrum und die Linksliberalen in einer Mischung aus patriotischem Verantwortungsgefühl und parlamentarischem Eigeninteresse umgehend ein. Die Chance, die Regierungsgewalt endgültig unter die volle Kontrolle des Reichstages zu bringen, war gekommen. In den ersten Oktobertagen nahm der Interfraktionelle Ausschuss die Koalitionsberatungen auf. Dabei wurden drei Grundsatzentscheidungen gefällt. Erstens beschlossen die Mehrheitsparteien, bei den anstehenden Verfassungsreformen zur Parlamentarisierung der Reichsgewalt den Bundesrat und die strukturelle Verknüpfung zwischen den Exekutivorganen Preußens und des Reiches vorerst bestehen zu lassen. Auch die

Inkompatibilitätsklausel sollte aus Rücksicht auf das Zentrum, das an der föderalen Grundausrichtung der Verfassung festhalten wollte, nicht direkt fallen. Stattdessen sollte die Verfassung dahingehend geändert werden, dass Reichstagsabgeordnete Stellvertreter des Kanzlers – sprich: Staatssekretäre – werden konnten, ohne ihr Mandat aufgeben zu müssen. Zur Einführung dieser parlamentarischen Staatssekretärsposten musste lediglich das Stellvertretergesetz von 1878 geändert werden und allen Kabinettsmitgliedern – also auch jenen, die wegen ihres Reichstagsmandats nicht gleichzeitig zu Bundesratsbevollmächtigten ernannt werden konnten – das Recht zukommen, im Reichstag im Namen der Regierung zu sprechen. Kurzum: Die Koalition einigte sich darauf, die Parlamentarisierung weitgehend innerhalb der Grenzen der bestehenden Verfassung durchzuführen, um so das ohnehin ob der militärischen Situation zum Zerreißen gespannte politische System nicht zu überfordern.[275]

Zweitens verteilte der Ausschuss die wichtigsten Kabinettsposten an die Abgeordneten der Mehrheitsparteien. Vizekanzler Payer sollte sein Amt behalten und auch Vorsitzender des Bundesrates bleiben. Karl Trimborn vom Zentrum und Gustav Bauer von der MSPD wurden als Leiter des Reichsinnenamtes beziehungsweise des neu geschaffenen Reichsarbeitsamtes nominiert. In der frisch konzipierten Funktion der parlamentarischen Staatssekretäre sollten mit Adolf Gröber, Philipp Scheidemann, Matthias Erzberger und Conrad Haußmann einige der wichtigsten Führungsfiguren der Koalitionsparteien in das Kabinett eintreten, ohne dabei ein Ressort zu übernehmen. Sie sollten die Regierung stützen, gleichzeitig aber genügend Handlungsspielraum behalten, um die Arbeit der Fraktionen im Parlament zu koordinieren. Darüber hinaus benannten die Parteien noch mehrere parlamentarische Unterstaatssekretäre für verschiedene Reichsämter und einigten sich darauf, die Leitung der übrigen Ressorts den bisherigen Amtsinhabern oder ausgewählten Fachbeamten zu überlassen. Drittens und letztens sprach sich der Ausschuss nach langem Hin und Her vor allem auf Betreiben von Payer und seinem linksliberalen Parteikollegen Haußmann für Prinz Max von Baden als neuen Reichskanzler aus. Die Details dazu, wie der im Volk beliebte, politisch aber weitgehend unerfahrene Prinz zum Kandidaten der Mitte werden konnte, hat der Bremer Historiker Lothar Machtan in einer fantastischen Biografie über den „Endzeitkanzler" eingehend dargelegt.[276]

Als der Kaiser am 3. Oktober Max von Baden zum Regierungschef ernannte und einen Tag später die vom Interfraktionellen Ausschuss nominierten Kandidaten in die jeweiligen Ämter berief, sprang das Reich, wie der bayerische Bundesratssenior Hugo von und zu Lerchenfeld-Köfering in einem Bericht festhielt, „mit beiden Füßen in den Parlamentarismus". Mit dem ganzen Körper war es allerdings noch nicht darin eingetaucht. Die durch die Bildung der Regierung von Baden vollzogene Parlamentarisierung war ausgesprochen provisorisch. Ein richtiges parlamentarisches System gab es nach wie vor nicht. Die Berufung und Entlassung des Regierungschefs war weiterhin Vorrecht des Kaisers. Der Kanzler war überdies kein Abgeordneter, sondern ein Repräsentant der alten monarchischen Herrschaftselite. Gemäß der vorsichtigen Verfassungsrevision, die der Interfraktionelle Ausschuss in seinen Koalitionsverhandlungen angedacht hatte, war ein Parlamentarier im Kanzleramt auch gar nicht möglich. Die Schonung der Länderkammer und die Beibehaltung der Verknüpfung zwischen preußischem Staatsministerium und Reichsregierung in der Person des Ministerpräsidenten beziehungsweise Kanzlers implizierte, dass Letzterer auch preußischer Bevollmächtigter im Bundesrat sein musste, um dort überhaupt irgendwelche Maßnahmen durchbringen zu können. Als Bundesratsbevollmächtigter durfte er aber wegen der vorläufigen Aufrechterhaltung der Inkompatibilitätsklausel kein Mandat im Reichstag halten.

Auch die Regierungsposten, die extra geschaffen wurden, um der Regierung durch die Präsenz der wichtigsten Parteiführer Stabilität zu verleihen, beruhten noch auf einer äußerst wackligen Grundlage. Der Kaiser ernannte die parlamentarischen Staatssekretäre vorerst nur kommissarisch, da diese Ämter ja künftig noch durch eine Reform der Verfassung formal geschaffen werden mussten. Trotz alledem gab es keinen Zweifel: Die neue Regierung war aus dem Reichstag erwachsen und dafür angetreten, die Regierungsgewalt durch entsprechende Änderungen der Verfassung endgültig in dessen Hände zu überführen. Am 24. Oktober sprach der Reichstag dem Reichskanzler denn auch formell das Vertrauen aus. Dieser Legitimationsakt nahm die Reform, die wenige Tage später verabschiedet werden sollte, quasi vorweg.[277]

Zuvor hatte die Regierung in den ersten drei Oktoberwochen durch permanente Verhandlungen im Interfraktionellen Ausschuss ein umfangreiches Paket zur Abänderung der Verfassung geschnürt. Dabei musste nicht nur ein Kompromiss zwischen den Mehrheitsparteien gefunden werden, der auch dem Kaiser, den einzelstaatlichen Regierungen im Bundesrat und der Obersten Heeresleitung vermittelbar war, sondern zudem ein Zeichen des Entgegenkommens an die Kriegsgegner gesendet werden. Während der Verhandlungen tauschte sich die Regierung mehrmals mit dem amerikanischen Präsidenten Woodrow Wilson aus, der in jeder seiner diplomatischen Noten, mit denen er auf entsprechende Anfragen der Reichsregierung antwortete, klarer machte, dass die Beseitigung des alten undemokratischen Regimes und die Einführung eines parlamentarischen Systems Voraussetzung für einen Waffenstillstand und die Aufnahme von Friedensverhandlungen sein würden. Die vor diesem Hintergrund ausgehandelte Revision der Reichsverfassung wurde schließlich im Reichstag in

Form von zwei Gesetzen am 26. Oktober mit großer Mehrheit verabschiedet. Zwei Tage später stimmte der Bundesrat zu, und die Änderungen traten wenige Stunden später durch kaiserliche Ausfertigung und Verkündung in Kraft.[278] Die so zustande gekommenen Oktoberreformen umfassten im Wesentlichen drei große Maßnahmen. Erstens führte man ein kollegiales Reichskabinett ein, indem man alle Staatssekretäre formell gleichstellte. Zusätzlich wurden die Bestimmungen so geändert, dass Reichstagsabgeordnete nun in die Regierung eintreten, die Leitung von Reichsämtern übernehmen und Mitglieder des Bundesrates werden konnten, ohne dafür ihr Parlamentsmandat niederlegen zu müssen. Zweitens machten die Reformen den Reichskanzler und die Reichsminister verfassungsrechtlich verantwortlich gegenüber dem Reichstag, und zwar sowohl für ihre eigenen Amtshandlungen als auch für alle von ihnen gegengezeichneten Akte des Kaisers. Diese Verantwortlichkeit konnte der Reichstag durch ein Misstrauensvotum einfordern und so den Kanzler, einzelne Minister oder die ganze Regierung zum Rücktritt zwingen. Drittens gab man dem Reichstag verschiedene Kontrollbefugnisse über die Wehrverfassung. Kriegserklärungen und Friedensschlüsse bedurften jetzt nicht mehr nur der Zustimmung des Bundesrates, sondern auch der des Reichstages. Außerdem mussten nun alle militärischen Personalentscheidungen von einem verantwortlichen Minister gegengezeichnet werden. Bei der Ernennung, Versetzung, Beförderung und Verabschiedung der Offiziere und Heeresbeamten oblag diese Aufgabe dem Kriegsminister, der für das entsprechende Kontingent zuständig war. Deshalb wurden alle vier Kriegsminister des Reiches – der preußische, der bayerische, der sächsische und der württembergische – gegenüber dem Bundesrat und dem Reichstag verantwortlich gemacht. Bei der Ernennung der Marineangehörigen, der Kontingentskommandierenden und der Obersten Heeresleitung musste künftig der Kanzler gegenzeichnen. Über den Hebel der jeweiligen Verantwortlichkeit des Kanzlers und der Kriegsminister konnte der Reichstag somit von jetzt an alle wichtigen militärischen Personalentscheidungen kontrollieren.[279]

Die Oktoberreformen nahmen also eine äußerst umfangreiche Parlamentarisierung vor, die nicht nur die Zivil-, sondern auch die Militärgewalt betraf. Eine wirkliche Systemänderung waren sie aber nur in Teilen. Nicht wenige der zentralen Bestimmungen bestätigten im Prinzip nur den Verfassungszustand, der sich seit der Reichsgründung erst langsam und dann nach Ausbruch des Krieges immer schneller in der politischen Praxis herausgebildet hatte. Die Leiter der Reichsämter bildeten schon seit mehreren Jahrzehnten faktisch eine kollegiale Reichsregierung unter dem Vorsitz des Kanzlers, auch wenn es bis zu Hertlings Amtsantritt offiziell keine regelmäßigen Kabinettssitzungen gab. Wichtige Schlüsselposten in der Regierung wurden zudem bereits seit dem Ende der

Kanzlerschaft Bethmann Hollwegs mit Vertrauensleuten besetzt, die aus der Mitte des Reichstages kamen. In den letzten anderthalb Jahren hatten die Mehrheitsparteien außerdem zwei Mal infolge bewiesen, dass sie einen ihnen unliebsam gewordenen Kanzler stürzen konnten – so stark war die immer schon bestehende Abhängigkeit der Reichsregierung von der Kooperation der Reichstagsmehrheit im Krieg geworden. In vielen Punkten schrieben die Verfassungsreformen also „letztlich nur den bereits vollzogenen Wandel der Verfassungspraxis fest, wie er sich bei der Einsetzung der Regierung Max von Baden herauskristallisiert hatte". Diese rechtliche Fixierung des Status quo, die Gunther Mai in seiner Studie über *Das Ende des Kaiserreichs* hervorgehoben hat, entsprach ganz der vorsichtigen Herangehensweise, die die Mehrheitsparteien Ende September bei den Verhandlungen über die Bildung der neuen Regierungen als Leitfaden für die anstehenden Verfassungsänderungen ausgegeben hatten.[280]

In anderen Teilen gingen die Oktoberreformen jedoch weit über das hinaus, was im Interfraktionellen Ausschuss ursprünglich diskutiert worden war. Die Einführung der rechtlichen Verantwortlichkeit des Kanzlers war eine grundlegende Neuerung. Das gleiche galt für die Aufhebung der Inkompatibilitätsklausel, die die Mehrheitsparteien einen Monat vorher noch ausdrücklich nicht hatten antasten wollen, um das föderale Grundgerüst der Verfassung durch die Aufnahme von Reichstagsabgeordneten in den Bundesrat vorerst nicht zu sehr durcheinanderzubringen. Auch die Parlamentarisierung der Wehrverfassung war ein tiefer Einschnitt, den man bei den Beratungen über das Programm der neuen Regierung noch als zu heißes Eisen angesehen hatte. Die Reformen umfassten also auch mehrere grundsätzliche Systemänderungen, die die Mehrheitsparteien erst im Laufe des Monats Oktober in das Revisionsvorhaben aufgenommen hatten. Verantwortlich dafür war die katastrophale politische und militärische Lage des Reiches. Die Reichsregierung ließ sich von dem Druck, den Wilson durch seine Notenpolitik von außen und die radikale Linke durch ihre Agitation im Innern auf sie ausübte, dazu treiben, ihre ursprüngliche Strategie der vorsichtigen Anpassung der bestehenden Ordnung aufzugeben und stattdessen weitgehende Änderungen am Grundgerüst der Verfassung zu wagen, um so außen- wie innenpolitisch ein Zeichen zu setzen. Sie beugte sich bei der Einführung des parlamentarischen Systems somit den bedrohlichen Umständen des militärischen Zusammenbruchs und ging in vielen Punkten folglich weiter, als sie es eigentlich wollte.[281]

Das Ergebnis war eine Verfassungsreform, die zwischen dem Wunsch nach Absicherung des Bestehenden und dem Drang nach Innovation hin- und herschwankte und dementsprechend unausgegoren war. Am deutlichsten wurde das in den Maßnahmen, die am weitesten von den behutsamen Originalplänen des Interfraktionellen Ausschusses entfernt waren: die Einführung der Kanzlerverantwortlichkeit und die Parlamentarisierung der Wehrverfassung. Der Kanzler wurde zwar rechtlich vom Vertrauen des Reichstages abhängig gemacht. Die Oktoberreformen führten aber kein parlamentarisches Vorschlagsrecht ein, das diese Verantwortlichkeit komplementiert hätte. Es war vollkommen unklar, ob die überarbeitete Verfassung den Kaiser bei der Ernennung des Kanzlers an die Vorschläge der Parlamentsmehrheit band oder ob sie ihm weiterhin ermöglichte, den Regierungschef aus eigener Initiative – das heißt, unabhängig vom Parlament – berufen zu können. Was wiederum die Militärgewalt betrifft, so wurde diese lediglich teilparlamentarisiert. Der Reichstag brachte zwar alle wichtigen militärischen Personalentscheidungen unter seine Kontrolle, indem er diese Kommandosache durch die Einführung der Gegenzeichnungspflicht des Kanzlers und der Kriegsminister in die Sphäre der Militärverwaltung zog. Grundsätzlich blieb Letztere aber vom Kommandobereich getrennt. Folglich waren abgesehen von Postenbesetzungen alle anderen Kommandoangelegenheiten – insbesondere die Truppenführung – nach wie vor der Mitsprache des Parlamentes entzogen. Das monarchische Heer wurde also allenfalls eine halbe Parlamentsarmee.[282]

Ob dieser inneren Zerrissenheit befriedigten die Oktoberreformen letztlich niemanden. Den Bewahrern gingen sie zu weit, den Erneuerern nicht weit genug. Folglich konnten sie den enormen Druck, der wegen der militärischen Niederlage auf dem deutschen Staatswesen lastete, auch nicht entscheidend verringern. Der amerikanische Präsident hatte in seiner dritten Note vom 23. Oktober unmissverständlich klargemacht, dass die Vereinigten Staaten nicht mit den „militärischen Beherrschern und monarchischen Autokraten Deutschlands" verhandeln würden. Seitdem waren die Rufe nach einer Abdankung des Kaisers immer lauter geworden. Gemeinsam mit den anderen beiden Regierungsparteien hatten die gemäßigten Sozialdemokraten zwar am 24. Oktober noch einmal ihre Unterstützung für Wilhelm erklärt. Diese Solidaritätsbekundung verhinderte aber genauso wenig wie die Annahme der Reformgesetze im Reichstag zwei Tage später, dass sich große Teile der Arbeiterschaft – angetrieben von der revolutionären Rhetorik der USPD und des kommunistischen Spartakusbundes – immer weiter radikalisierten und ein Ende der Monarchie forderten.

Als die Verfassungsreformen am 29. Oktober in Kraft traten, war die Lage bereits so explosiv, dass der Kanzler den Kaiser darum bat, freiwillig auf den Thron zu verzichten. Wilhelm ließ sich aber nicht dazu bewegen und entfloh der Berliner Realität am nächsten Morgen noch einmal ins Große Hauptquartier nach Spa. Diese Flucht aus dem brennenden Verfassungsbau goss nur noch mehr Öl ins Feuer. Wenige Stunden nach der Abreise des Kaisers schloss sich auch die

MSPD den Abdankungsforderungen an. Noch am gleichen Tag brach auf den ersten Schiffen der in Kiel vor Anker liegenden Hochseeflotte die Meuterei aus. Der Aufstand der Matrosen gegen einen letzten rücksichtslosen Einsatzbefehl der Seekriegsleitung war der Funke, der im ganzen Reich die Revolution entzündete. Überall bildeten sich Arbeiter- und Soldatenräte. In der Reichshauptstadt spitzte sich die Situation auf den Straßen immer weiter zu. Um eine Eskalation der Lage zu verhindern, verkündete Max von Baden am 9. November eigenmächtig die Abdankung des Kaisers und übergab die Regierungsgeschäfte anschließend an Friedrich Ebert, den Fraktionsvorsitzenden der MSPD. Diese gleich in mehrfacher Hinsicht verfassungsbrüchige Verzweiflungsaktion legte schonungslos offen, wie viel die Reformen anderthalb Wochen nach ihrer Verabschiedung noch wert waren: nichts. Wenige Stunden später zog Scheidemann daraus die Konsequenz. Um der Proklamation einer sowjetischen Räterepublik durch die Kommunisten zuvorzukommen, rief er von einem Fenster des Reichstages aus die Republik aus. Damit war das Kaiserreich Geschichte. Zwei Tage später unterzeichnete die neue Übergangsregierung im französischen Compiègne einen Waffenstillstand und beendete damit den Krieg.[283]

Während dieses galoppierenden Zusammenbruchs der monarchischen Ordnung spielte das Verfassungsorgan, das Bismarck einst entworfen hatte, um die Macht der Fürsten zu sichern und eine Parlamentarisierung zu verhindern, zu keinem Zeitpunkt eine größere Rolle. Der Bundesrat stand vollkommen am Rande des Geschehens und trat nur ein einziges Mal zumindest ein bisschen in Erscheinung: Während der Diskussion der zweiten Regierungsvorlage zu den Oktoberreformen beschwerten sich einige der mittelstaatlichen Regierungen über den zeitlichen Druck, unter dem sie dem Entwurf zustimmen sollten, weswegen sie ihre Stimmabgabe offenließen. Dieser sanfte Protest bewegte den Kanzler immerhin dazu, die weiteren Schritte um einige Tage aufzuschieben. Letztlich umging die Reichsregierung den Bundesrat aber einfach. Die dritte und letzte Vorlage brachte sie über die Fraktionen der Mehrheitsparteien als Initiativantrag in den Reichstag ein. So sparte sie sich eine vorhergehende Konsultation und Beschlussfassung des Bundesrates. Die Länderkammer durfte lediglich die vom Parlament bereits angenommene Vorlage zwei Tage später formell absegnen, als eine Ablehnung ob der öffentlichen Erwartungshaltung schon gar nicht mehr möglich war. Der Bundesrat ergab sich denn auch ganz in sein Schattendasein. Tatsächlich notierte er die Verfassungsreformen genauso nüchtern in sein Protokoll wie jede andere der zahllosen kleinen Verwaltungsmaßnahmen, die er in den vergangenen Jahren beschlossen hatte. Die Revolution erwähnte er nicht einmal. Weder gab es große Diskussionen noch einen speziellen Moment des Innehaltens, um den historischen Übergang zur parlamentarischen

Monarchie und dann – wenige Tage später – zur Republik zu markieren. Als das Plenum am 28. November das erste Mal seit der Abdankung des Kaisers wieder zusammentrat, war der erste Tagesordnungspunkt nach den üblichen Formalien nicht etwa der epochale Umbruch oder die Kriegsniederlage, sondern die Verpflichtung eines Hilfsarbeiters für die Staatsschuldenverwaltung.[284]

In dieser Nebenrolle beim Wechsel von einem System zum anderen manifestierte sich im Grunde nur die Tatsache, dass aus dem ehemals wichtigsten Regierungsorgan bereits seit Jahren ein reines Verwaltungsgremium geworden war – auch die formelle Aufwertung zum Diktaturorgan bei Kriegsausbruch hatte daran nichts geändert. Preußische Ressortminister kamen in den letzten beiden Kriegsjahren fast gar nicht mehr in den Bundesrat. 1918 erschien lediglich ein einziger und das auch nur ein Mal (Graph 11). Auch die mittelstaatlichen Regierungen ließen sich bei den wichtigsten Sitzungen zu den Verfassungsänderungen nicht von ihren Ministern, sondern von ihren üblichen Gesandten vertreten. Selbst die Führungsriege der Reichsregierung zeigte sich in dieser entscheidenden Phase nur beim Einbringen der ersten Vorlage zu den Verfassungsreformen und überließ es ansonsten den Unterstaatssekretären, Ministerialdirektoren und mittelrangigen Fachbeamten aus den Reichsämtern und deren nachgeordneten Behörden, den Bundesrat durch ihre erdrückende zahlenmäßige Dominanz und ihren überlegenen Einblick in den Stand der Verhandlungen mit den Mehrheitsparteien zu lenken.[285]

Im Herbst 1918 war die in diesen Anwesenheitsmustern zum Ausdruck kommende Selbstbeschränkung im Prinzip ein Glück für die Länderkammer. Denn die Revolution richtete sich nicht gegen den bürokratischen Föderalismus, den der Bundesrat mittlerweile verkörperte, sondern gegen die monarchischen Machthaber, deren Souveränität er einst strukturell abgesichert hatte, sprich: gegen den Obrigkeitsstaat. Auch innerhalb des Bundesrates wurde das deutlich. Knapp einen Monat nach der Ausrufung der Republik traten die Minister der Landesregierung kollektiv als Bundesratsbevollmächtigte zurück. Im Gegensatz dazu blieben die Fachbeamten aus den Verwaltungsbehörden des Bundes und der Einzelstaaten auch nach der Revolution Vertreter Preußens beziehungsweise der anderen Länder. In dieser Position führten sie die Geschäfte des Bundesrates genauso unaufgeregt fort wie zuvor. Dieser reibungslose Übergang war nur möglich, weil der Bundesrat eben schon lange keine wirklich politische Funktion mehr hatte. Als Verwaltungsgremium tangierte ihn der Wechsel von der Monarchie zur Republik allenfalls peripher. Die Fachbeamten, die ihn am Laufen hielten, konnten daher einfach weitermachen, als ob nichts Großes geschehen wäre. Diese Elitenkontinuität spiegelte im Innern des Bundesrates wider, was sich außerhalb im Rest des deutschen Staatsgebäudes abspielte: Während der Kaiser, die Könige, Herzöge und Fürsten „aus der Geschichte fielen", wie Lothar Machtan formuliert hat, blieben das Reich und seine Einzelstaaten erhalten.[286]

## VIII. Der Bund und die Parlamentarisierung

Der Aufstieg des Reichstages war ein langer Weg, der viele Wendungen nahm, nicht immer in eine Richtung führte, zahleiche Gabelungen aufwies, lange Zeit kein genaues Ziel besaß und schließlich ganz anders endete, als es die meisten Kräfte innerhalb der Volksvertretung gewollt hatten, nämlich in der Republik statt in einer parlamentarischen Monarchie. Auf diesem verschlungenen Pfad waren die Parlamentarisierung und die Entwicklung der föderalen Entscheidungsstrukturen aufs Engste miteinander verknüpft. Nach der Reichsgründung setzte Bismarck zunächst die in der Reichsgründungszeit entwickelte Idee vom Fürstenbund in die Praxis um, indem er mithilfe seines Kanzleramtspräsidenten Rudolph von Delbrück um den Bundesrat herum ein einfaches System bündischer Koordinationsstrukturen errichtete, das den Reichstag so fern von der Regierungsgewalt hielt, wie unter der Verfassung nur irgend möglich. Die schon in den ersten Jahren des Bundes einsetzende Zentralisierung führte dann aber bis zur Mitte der 1870er-Jahre zur Entstehung einer Reichsregierung um den Kanzler, die dem Reichstag einen konkreten Angriffspunkt bot, die einzelstaatlichen Regierungen vor ganz neue Herausforderungen stellte und die Beziehungen zwischen Reich und Preußen zunehmend belastete. Der Versuch, die durch diese Entwicklung gestärkte Position des Reichstages durch eine Restauration der bündischen Strukturen wieder zu schwächen, misslang in den 1880er-Jahren vollkommen. Bei Bismarcks Rücktritt existierte bereits eine weitgehend ausgeformte Reichsmonarchie, in der die Regierung von der Kooperation des Parlamentes abhängig war, der Bundesrat nur noch eine sehr begrenzte Rolle spielte und die einzelstaatlichen Regierungen über eine Reihe alternativer Kanäle an der Willensbildung des Reiches teilnahmen.

Nach dem Abgang des übermächtigen ersten Kanzlers verlor das föderale Entscheidungssystem für gut anderthalb Jahrzehnte ein Stück weit seine Koordination. In einem sehr wechselhaften Transformationsprozess mit großen Unterschieden zwischen verschiedenen Politikbereichen entstand eine moderne, arbeitsteilige Regierungsordnung, geprägt von der Einrichtung zahlreicher Kommissionen und Zusatzgremien, der Einbindung von Experten, der Herausbildung unzähliger Verknüpfungen zwischen den Verwaltungsbehörden der Einzelstaaten und des Reiches, den immer komplexer werdenden politischen Inhalten und der dadurch bedingten Verwissenschaftlichung der Gesetzesausarbeitung sowie der immer intensiveren Auseinandersetzung der Reichsregierung mit dem Reichstag. Gegen Ende des ersten Jahrzehnts des neuen Jahrhunderts hatte sich ein enorm dichtes, relativ einheitliches Netz föderaler Entscheidungsstrukturen herausgebildet, innerhalb dessen die Zusammenarbeit und Konkurrenz zwischen Reichsregierung und Reichstag den politischen Kurs des Reiches bestimmte. Trotz mehrerer großer politischer Krisen, die dieses integrierte System zu überstehen hatte, waren dessen Grundstrukturen ausgesprochen stabil und voller Entwicklungspotenzial. Der Ausbruch des Ersten Weltkrieges marginalisierte den Reichstag zunächst durch die Errichtung der zivil-militärischen Doppeldiktatur. Schon nach einem Jahr begann sich jedoch die Kontrolle der Mehrheitsparteien über die durch den ständigen Kampf mit der Obersten Heeresleitung geschwächte Reichsregierung weiter auszudehnen denn je, währenddessen die verbliebenen Reste der bündischen Strukturen um den Bundesrat langsam implodierten. Vor dem Hintergrund der Kriegsniederlage wurde schließlich im Herbst 1918 der Kanzler vom Vertrauen des Reichstages abhängig gemacht. Wenige Tage später fegte die Revolution die Monarchie hinweg und gebar die Republik.

In diesem vielschichtigen Lebensweg, den die föderale Verfassungsordnung zwischen Versailles und Compiègne durchlief, manifestierte sich das, was der britische Historiker Mark Hewitson in seiner Globalgeschichte des Wilhelminischen Reiches als das „Paradoxon des deutschen Konstitutionalismus" bezeichnet hat: Die Zentralisierung des deutschen Nationalstaates führte auf Kosten der bündischen Strukturen der Verfassung zur Entstehung einer Reichsmonarchie, stärkte aber gleichzeitig die Position des Reichstages so sehr, dass die Reichsgewalt schließlich auf das Parlament überging. Dieser scheinbare Widerspruch zwischen Monarchisierung und Parlamentarisierung weist auf einen wichtigen Punkt hin, der in der so umstrittenen historiografischen Debatte über das Ausmaß der Machtausdehnung des Reichstages häufig missverstanden worden ist. Die Parlamentarisierung war kein singulärer Prozess, der als Folge einer vorher stattgefundenen Verschiebung des föderalen Systems einsetzte. Vielmehr war sie ein unmittelbarer Teil der allumfassenden Entwicklung des Bundesstaates, in der vor dem Hintergrund der fortwährenden Zentralisierung staatlicher Kompetenzen jene großen Wandlungsprozesse, die wir in diesem und den beiden vorhergehenden Kapiteln kennengelernt haben – also die Monarchisierung des Kaiseramtes, die Nationalisierung des Bundesrates und der Aufstieg des Reichstages –, miteinander verschmolzen, sich gegenseitig mal beförderten, mal behinderten und den föderalen Entscheidungsprozess ständig umstrukturierten, politische Macht also unaufhörlich zwischen den beteiligten Akteuren hin und her schoben.[287]

Ob wir einen Strang dieser verwobenen Föderalentwicklung als Parlamentarisierung bezeichnen wollen und – wenn ja – welchen, ist letztlich eine Frage der Definition. Welche Art von Kontrolle muss der Reichstag in unseren Augen über die Regierungsarbeit gehabt haben, damit eine Klassifizierung des verworrenen Regierungssystems als „parlamentarisch" gerechtfertigt ist? Musste der Reichstag die Möglichkeit haben, die vom Kanzler verfolgten Gesetzesvorhaben vereiteln und / oder ihm den Geldhahn zudrehen zu können? Mussten konkrete, von den Einzelstaaten unabhängige Regierungsstellen des Bundes in der Durchführung ihrer Projekte von der dauerhaften Kooperation des Reichstages abhängig sein? Musste die Reichstagsmehrheit die Macht haben, einem angeschlagenen Kanzler den letzten Stoß verpassen und ihn so in den Rücktritt treiben zu können? Musste der Reichstag das Recht haben, dem Kanzler formell sein Misstrauen aussprechen zu können? Musste es eine konkrete Regierungskoalition geben? Mussten die großen Fraktionen personell im erweiterten beziehungsweise engeren Führungskreis der Regierung vertreten sein? Musste der Kanzler auf ein Programm verpflichtet sein, das die ihn stützenden parlamentarischen Kräfte festlegten? Mussten die Mehrheitsparteien bei der Auswahl des Kanzlers und der Besetzung der übrigen Regierungsstellen mitsprechen? Oder musste der Kanzler rechtlich gegenüber dem Reichstag verantwortlich sein? Je nachdem, welchen dieser Maßstäbe wir anlegen, können wir argumentieren, dass das Reich bereits bei seiner Gründung 1871 teilparlamentarisiert war, ab Mitte der 1870er-Jahre praktisch ein parlamentarisch geprägtes Regime bestand, sich die Parlamentarisierung nach der Jahrhundertwende beziehungsweise während des Krieges Bahn brach oder erst im Herbst 1918 ein parlamentarisches System entstand. Nur wenn uns keiner dieser Gradmesser genügt, wir also keine Monarchie, sondern ausschließlich eine Republik als Referenzrahmen akzeptieren, können wir behaupten, dass überhaupt nie eine wirkliche Parlamentarisierung im Kaiserreich stattfand und erst dessen Untergang zur Errichtung eines parlamentarischen Systems führte.

Für jede dieser Interpretationen gibt es triftige Argumente und Gegenargumente, wenn auch für einige sicher mehr als für andere. Letztlich ist es aber egal, welche Sichtweise wir einnehmen. Jede geht nämlich von einem gewissen Aufstieg des Reichstages aus, der zu dem jeweils genannten Punkt führte beziehungsweise – wenn wir die Verfassung von Anfang an als teilparlamentarisiert betrachten – auf diesem aufbaute. Und da dieser Aufstieg eben ein Teil der größeren Transformation des Föderalsystems war, begann er in jedem Fall bereits bei Gründung des Bundes und nicht erst im Wilhelminischen Reich oder gar erst im Krieg. So gesehen verlieren sich Historiker in der Parlamentarisierungsdebatte allzu häufig darin, einen Bruchteil eines der vielen verzwirbelten Stränge der föderalen Verfassungsentwicklung des Reiches isolieren und in unterschiedliche theoretische Schablonen pressen zu wollen. Statt die dadurch verursachten Grabenkämpfe endlos weiterzuführen, scheint es sinnvoller, einfach anzuerkennen, dass sich die Parlamentarisierung ob des Paradoxons des deutschen Konstitutionalismus allen Definitionsversuchen entzieht. Wir können also lediglich festhalten, dass der Reichstag seine Position gegenüber der Reichsregierung im Zusammenhang mit der fortlaufenden Umstrukturierung des föderalen Entscheidungsprozesses zuerst allmählich und dann immer stärker ausbaute. Das Ergebnis war schließlich die offizielle Einführung einer parlamentarischen Monarchie, die wegen der wenige Tage später beginnenden Revolution jedoch nicht mehr unter Beweis stellen konnte, wie gut sie funktioniert und wohin sie sich noch entwickelt hätte.

# TEIL III

# RUHELOSIGKEIT

*Unsere Verfassung ist ein höchst komplizirter und ungemein empfindlicher Mechanismus, mit welchem man nur äußerst vorsichtig operiren darf, und welcher auch so nicht immer die Gewähr richtigen Funktionierens bietet.*

Der Staatsrechtler Hugo Preuß in seinem 1884 in der liberalen Wochenzeitschrift *Die Nation* erschienenen Aufsatz „Kolonialpolitik und Reichsverfassung", S. 16

Teil III Ruhelosigkeit 605

## Kapitel 7: Macht vor Recht

Jedes Jahr der gleiche Ärger. Der Dorfweg überflutet. Die Keller vollgelaufen. Und die Wiesen und Felder bedeckt mit angeschwemmtem Sand, auf dem kaum kein Vieh grasen und kaum keine Nutzpflanze wachsen will. Den etwas mehr als einhundert Einwohnern des malerischen Dorfs Dechow an der Mecklenburgischen Seenplatte stand das Wasser in jedem Frühjahr und Winter wortwörtlich bis zum Hals. Der kleine Ort lag in dem seit dem Deutsch-Österreichischen Krieg von 1866 zu Preußen zählenden Herzogtum Lauenburg direkt am Südufer des Röggeliner Sees, der zum Großherzogtum Mecklenburg-Strelitz gehörte. Nahe des dortigen Dorfes Stove stand eine alte Mühle. Um diese auch in den Sommermonaten mit ausreichend Wasser zu versorgen, staute der Müller den See auf der Nordseite zwei Mal im Jahr so stark an, dass weite Teile Dechows überflutet wurden. Seit Mitte des 18. Jahrhunderts plagten sich die Dechower schon mit diesem Problem herum. Mehrmals hatten sie über ihre jeweiligen Territorialherren versucht, den mecklenburgischen Großherzog dazu zu bewegen, Abhilfe zu schaffen. Alle Verhandlungen waren jedoch gescheitert. Auch die Anwendung von Gewalt hatte nichts geholfen. 1756 und 1772 hatten die Dorfbewohner die Stover Mühlenschleuse eigenhändig zerstört. 1849 hatten sie ihrerseits das auf Mecklenburger Seite liegende Kuhlrader Moor durch die Sperrung eines Abflusses geflutet. Diese Aktionen hatten die Situation aber nur noch verfahrener gemacht. Nachdem Dechow 1866 unter preußische Herrschaft gekommen war, versuchten es die Einwohner deshalb nicht länger mit Eigenjustiz, sondern mit regelmäßigen Beschwerden bei der preußischen Regierung. Und tatsächlich: 1880 kam neue Bewegung in die Sache.[1]

Auf Initiative der preußischen Regierung setzte sich ihr Gegenüber aus Mecklenburg-Strelitz wieder an den Verhandlungstisch. Nach anderthalb Jahren brachen die preußischen Unterhändler die Gespräche allerdings auf Geheiß von oben wieder ab. Wie Bismarck später gegenüber dem Bundesrat erklärte, stellte er die Verhandlungen ein, „da die mecklenburgischen Bevollmächtigten keinerlei Abhülfe in Aussicht stellen konnten und schließlich sich auf den Standpunkt zurückzogen, daß die ganze Streitsache überhaupt nicht durch ein Uebereinkommen zwischen den beiden Regierungen, sondern lediglich durch die Entscheidung der Gerichte zum Austrag zu bringen sei". Die Anrufung eines unabhängigen Gerichts wollte der Kanzler aber unbedingt vermeiden. Deswegen brachte er im Oktober 1884 in seiner Eigenschaft als preußischer Außenminister einen zweiteiligen Antrag in den Bundesrat ein. Zum einen forderte er von der

Länderkammer, eine einstweilige Verfügung zu erlassen, die die Strelitzer Regierung dazu verpflichten würde, die Stauung des Sees über eine gewisse Höhe hinaus umgehend zu unterbinden. Zum anderen beantragte er, der Strelitzer Regierung aufzutragen, an den Mühlschleusen und Staumauern alle nötigen Vorkehrungen zu treffen, um dauerhaft sicherzustellen, dass es zu keinen Überschwemmungen in Dechow mehr kommen würde. Er verlangte also vom zentralen Verfassungsorgan des Bundes, die großherzogliche Regierung zu ganz konkreten Maßnahmen in einer Angelegenheit zu verdonnern, die eigentlich in den Bereich der Landeshoheit fiel.[2]

Um diese Forderung nach einem direkten Eingriff in die souveränen Angelegenheiten eines Einzelstaates zu begründen, fuhr Bismarck schweres Geschütz auf. In seinem Antragsschreiben argumentierte er nicht nur, dass „die Gemeinde Dechow in ihren wesentlichsten Interessen fortgesetzt bedroht" werde, sondern auch, dass durch die regelmäßigen Überschwemmungen „die Integrität des [preußischen] Staatsgebietes, auf welche nach völkerrechtlichen Grundsätzen ein jeder Staat Anspruch machen [dürfe], verletzt" werde. Neben dem wirtschaftlichen Schaden der betroffenen Ortsgemeinde führte er folglich auch das vermeintliche Wesen des Reiches als Fürstenbund an, in dem jeder Mitgliedsstaat als souveränes Völkerrechtsobjekt die Unverletzlichkeit seines eigenen Territoriums geltend machen konnte. Eben um dieses bündische Argument zu unterstreichen, stellte er den Antrag nicht als preußischer Ministerpräsident, sondern in seiner Rolle als preußischer Außenminister. Dadurch hob er nämlich hervor, dass er den Bundesrat um Vermittlung in einer Streitsache bat, die die auswärtigen Beziehungen Preußens zu einem anderen Mitgliedsstaat des Bundes betraf.[3]

Hinter diesem betont bündischen Anstrich des Antrages steckte vermutlich die Absicht Bismarcks, auch die Klärung rechtlicher Streitfragen zu einem Teil seines im vorhergehenden Kapitel ausführlich beschriebenen Versuches zu machen, den Fürstenbund der Reichsgründungszeit in den 1880er-Jahren wiederzubeleben. Interessanter ist an dieser Stelle aber die Tatsache, dass die auf solche Weise aufgeblasene Angelegenheit den Bundesrat beziehungsweise – genauer gesagt – dessen Justizausschuss beinahe zwei Jahre lang beschäftigte. Erst im Sommer 1886 kam es zu einer Entscheidung. Die Strelitzer Regierung willigte in den Eilantrag ein und versprach, einstweilen dafür zu sorgen, dass der See nicht über eine gewisse Höhe hinaus gestaut werden würde. Hinsichtlich des zweiten Antrages schlug der Bundesrat den Streitparteien vor, entweder das hanseatische Oberlandesgericht in Hamburg einen Schiedsspruch fällen zu lassen oder einem Vergleich zuzustimmen. Laut Letzterem sollte Mecklenburg-Strelitz an den Stauvorrichtungen alle Änderungen vornehmen, die nötig sein würden, um weitere Überschwemmungen zu verhindern, und Preußen sich mit einer Abfindungszahlung an den anfallenden Baukosten beteiligen. In der Tat hatten sich die Regierungen der beiden Länder schon kurz vor der Entscheidung des Bundesrates weitgehend in dieser Richtung geeinigt. Sie erklärten denn auch umgehend ihre Bereitschaft, den vorgeschlagenen Vergleich umzusetzen. Im September des Folgejahres erklärte der Bundesrat die Sache daher für erledigt.[4]

In Gänze betrachtet ist der Fall Dechow gleich in mehrfacher Hinsicht bemerkenswert. Wie konnte sich eine zwar ärgerliche, aber doch vergleichsweise triviale lokale Angelegenheit wie die Stauung eines kleinen Sees im Nordwesten Mecklenburgs zu einer solch umkämpften Streitfrage hochschaukeln, dass sie zwei ansonsten weitgehend harmonisch miteinander kooperierende Einzelstaaten des Reiches als Streitparteien vor dem zentralen Organ der Verfassung – dem Bundesrat – einander gegenüberstellte, gleichzeitig den Kanzler involvierte und so das gesamte Regierungssystems über zwei Jahre lang belastete? Wieso ging eine Landesregierung dabei so weit, der anderen unter Beschwörung des Fürstenbundes vorzuwerfen, souveränes Staatsgebiet zu verletzen? Und warum einigten sich die beiden dann schließlich doch außerhalb des Bundesrates und stimmten dessen Entscheidung nur noch pro forma zu? Die kurze Antwort auf all diese komplizierten Fragen lautet: weil das Reich ganz eigentümliche Mechanismen zur Lösung von staatsrechtlichen beziehungsweise föderativen Streitigkeiten hatte, die mitunter mehr Probleme verursachten, als sie lösten.

Abb. 7.1: Das Reichsgerichtsgebäude in Leipzig, Fotografie von 1956

Das Reich hatte keinen unabhängigen Verfassungsgerichtshof. 1879 wurde zwar im Zuge einer zwei Jahre zuvor beschlossenen Reform des Justizwesens in Leipzig das sogenannte „Reichsgericht" gegründet (Abb. 7.1). Dessen Zuständigkeit war aber generell auf Zivil- und Strafsachen beschränkt. Der dadurch bestehende Mangel eines obersten Gerichtshofs zur Verhandlung von staatsrechtlichen Konflikten war relativ ungewöhnlich. Es gab in der zweiten Hälfte des 19. Jahrhunderts zwar nicht viele Staaten, die eine solche Instanz besaßen, beziehungsweise, wenn sie es taten, dieser nennenswerte Befugnisse zugestanden. Die anderen bedeutenden Föderalordnungen der Zeit umfassten aber alle einen unabhängigen Staatsgerichtshof mit vergleichsweise weitgehenden Kompetenzen. Der Supreme Court der USA gab sich gewissermaßen selbst durch das Fallrecht, das seine Rechtsprechung im Laufe des 18. und 19. Jahrhunderts schuf, eine so in der Verfassung von 1787 nicht ausdrücklich definierte Hauptrolle im föderalen Entscheidungsprozess. Insbesondere kreierte er für sich das Recht, Gesetze auf ihre Rechtmäßigkeit hin zu überprüfen. Auch das im Zuge der Verfassungsrevision von 1874 geschaffene Schweizer Bundesgericht hatte durchaus weitgehende Kompetenzen. Neben schwersten Strafsachen wie Hochverrat, Völkerrechtsbruch und politische Verbrechen urteilte es nicht nur über zivilrechtliche Streitigkeiten, in die der Bund und die Kantone verwickelt waren, sondern auch „über Kompetenzkonflikte zwischen Bundesbehörden einerseits und Kantonalbehörden andererseits, über Streitigkeiten staatsrechtlicher Natur zwischen den Kantonen, und über Beschwerden betreffend [der] Verletzung verfassungsmäßiger Rechte der Bürger sowie über solche wegen Verletzung von Konkordaten und Staatsverträgen". Auch die Verfassungen der Frankfurter Paulskirche und der Erfurter Union von 1849 hatten einen Obersten Gerichtshof vorgesehen und diesen mit mächtigen Befugnissen ausgestattet. Zu seinen Zuständigkeiten gehörten Verfassungsverletzungen der Einzelstaaten und des Reiches/der Union, zum Beispiel durch das Erlassen verfassungsbrüchiger Gesetze, Streitigkeiten zwischen den Reichs-/Unionsorganen, politische und privatrechtliche Konflikte zwischen den Einzelstaaten, Thronfolgestreite, Dispute zwischen der Regierung eines Einzelstaates und der dortigen Volksvertretung über die Gültigkeit oder Auslegung der Landesverfassung, Klagen der Bürger wegen Verletzung einer Landes- oder der Reichs-/Unionsverfassung, Beschwerden wegen verweigerter oder gehemmter Rechtspflege, Anklagen gegen die Minister des Reiches/der Union und der Einzelstaaten bezüglich ihrer ministeriellen Verantwortlichkeit, Hoch- und Landesverrat, Klagen gegen den Reichs-/Unionsfiskus und Klagen gegen einzelne oder mehrere Einzelstaaten betreffend die Nichterfüllung von eingegangenen Verpflichtungen.[5]

Dass die Reichsverfassung diesen föderalen Vorbildern nicht folgte und keinen Verfassungsgerichtshof schuf, lag maßgeblich an Bismarck. Wie wir in Kapitel 2 und 3 gesehen haben, verwarf er zunächst bei der Ausarbeitung des Verfassungsentwurfs alle Vorschläge zur Einrichtung eines Bundesgerichts und wehrte sich dann in den Verhandlungen mit den anderen einzelstaatlichen Regierungen und dem konstituierenden Reichstag mit Händen und Füßen dagegen, eine solche Institution in die Vorlage einzuarbeiten. Um diese Abneigung besser zu verstehen, lohnt ein kurzer Blick zurück. Die im Nachklang der 1848er-Revolution entstandene preußische Verfassung von 1850 sah ausdrücklich einen „obersten Gerichtshof der Monarchie" vor, der per Gesetz eingerichtet werden sollte. Während des preußischen Heereskonfliktes, der Bismarck 1862 ins Amt des Ministerpräsidenten spülte, forderten die Liberalen im preußischen Abgeordnetenhaus mehrmals, diesem Auftrag endlich nachzukommen und anschließend das Gericht darüber entscheiden zu lassen, ob die Regierung mit ihrem Vorgehen, die Heeresreform ohne ein vom Parlament bewilligtes Budget durchzuführen, gegen die Verfassung verstoße oder nicht. Bismarck lehnte diese Idee, den Konflikt zwischen Krone und Parlament einem unabhängigen Gericht zu überlassen, vehement ab. Am 22. April 1863 führte er dazu im Abgeordnetenhaus aus: „Wenn [...] ein Gericht berufen würde, [...] die Frage zu entscheiden: Ist die Verfassung verletzt oder ist sie es nicht? So wäre damit dem Richter zugleich die Befugnis des Gesetzgebers zugewiesen; er wäre berufen, die Verfassung authentisch zu interpretieren oder materiell zu vervollständigen. So hoch ich auch den preußischen Richter als juristische Autorität stelle, so hat doch die Regierung nicht geglaubt, daß von dem einzelnen Urtheilssprüche eines Gerichts [...] die politische Zukunft des Landes, die Machtverteilung zwischen Krone und dem Landtag sowie zwischen den Häusern des Landtags abhängig gemacht werden dürfe."[6]

Bismarck betonte also, dass Verfassungsstreitigkeiten bezüglich des Verhältnisses zwischen monarchischen und parlamentarischen Kräften primär keine rechtliche, sondern eine politische Angelegenheit waren, in die sich kein Gericht einzumischen habe. Schon drei Monate zuvor hatte er gegenüber den Liberalen im Hinblick auf den schwebenden Verfassungsstreit unmissverständlich klargestellt, dass „das konstitutionelle Leben [nichts anderes als] eine Reihe von Compromissen [sei]; [würden] diese vereitelt, so [entstünden] Conflicte; Conflicte aber [seien] Machtfragen, und wer die Macht in Händen [habe], [gehe] dann [eben] in seinem Sinne vor". Der liberale Frontmann Maximilian von Schwerin-Putzar, ein ausgebildeter Jurist aus einem alten preußischen Adelsgeschlecht, der unmittelbar vor Bismarcks Berufung zum Ministerpräsidenten zwischen 1859 und 1862 das preußische Innenministerium geleitet hatte, warf Bismarck unter lautem Beifall des Abgeordnetenhauses daraufhin vor, eine solche Ansicht zum Verhältnis der Grundprinzipien des Staates kulminiere in einer einfachen Formel: „Macht geht vor Recht".[7]

Dieser Maxime folgend unternahm Bismarck denn auch nichts, um den von der preußischen Verfassung vorgesehenen obersten Gerichtshof ins Leben zu rufen. Wenige Jahre später weigerte er sich dann konsequenterweise ebenfalls, eine solche Institution für das neue Reich zu schaffen. Dahinter stand dieselbe Überlegung. Da das ganze Grundgerüst der neuen Bundesverfassung von ihm mit dem Ziel entworfen wurde, jenes ungleiche Gleichgewicht, das sich im Laufe des Vereinigungsprozesses zwischen monarchischen und parlamentarischen Kräften austariert hatte, einzufrieren und erstere so vor letzteren zu schützen, hatte ein Reichsverfassungsgericht für ihn in dieser Ordnung nichts zu suchen. Zu groß war die Gefahr, dass ein unabhängiger Gerichtshof in Konfliktfragen Partei für die parlamentarische Seite ergreifen und dadurch das föderale Regierungssystem liberalisieren könnte. Das galt ganz besonders, da viele Verfassungsjuristen mit den Liberalen sympathisierten, wenn nicht gar für diese politisch aktiv waren, wie wir im nächsten Kapitel sehen werden. Es gab aber auch noch einen persönlichen Grund, aus dem Bismarck einen Verfassungsgerichtshof für das Reich ablehnte: Eitelkeit. „Als Schöpfer der Verfassung betrachtete [er] sich [...] auch als den allein kompetenten Ausleger", wie der langjährige bayerische Bundesratsbevollmächtigte Hugo Graf von und zu Lerchenfeld-Köfering im Hinblick auf einen Streit zwischen Hamburg und Preußen beobachtete, den wir später noch genauer unter die Lupe nehmen werden.[8]

Es war somit alles andere als Zufall, dass in der Reichsverfassung von einem Verfassungsgerichtshof keine Rede war. Der Verzicht auf eine solche Institution wirft gleich mehrere ganz konkrete Fragen auf: Wie löste der Bundesstaat in Ermangelung eines dafür zuständigen Gerichtshofs Streitigkeiten zwischen seinen Mitgliedern, verschiedenen Regierungsebenen und Verfassungsorganen? Welche alternativen Verfahren zur Beilegung solcher Dispute sah die Reichsverfassung vor? Wie veränderten sich diese mit der Zeit, und inwieweit kamen im Laufe der Jahre neue hinzu? Und welchen Einfluss hatten diese Konfliktlösungsmechanismen auf die Entwicklung des föderalen Regierungssystems? Diese Fragen haben bisher unter Historikern verhältnismäßig wenig Beachtung gefunden. Zu den einzelnen Konfliktfällen, denen wir im Laufe dieses Kapitels begegnen werden, gibt es zwar teilweise gleich mehrere ganz ausgezeichnete Studien. Damit, wie sich die Verfassungsgerichtsbarkeit des Kaiserreiches insgesamt entwickelt hat, hat sich die Geschichtswissenschaft aber kaum beschäftigt. Lediglich die beiden rechtshistorischen Dissertationen von Ulf Björner und Claus Bönnemann sind diesem Problem ausführlicher nachgegangen. Sie beschränken sich aber ganz auf die Analyse der jeweiligen Rechtsnormen und interessieren sich nicht weiter für den größeren politischen Kontext, innerhalb dessen diese zur Anwendung kamen. Die Bedeutung des eigentümlichen Konfliktlösungssystems für den Wandel der föderalen Staatsordnung liegt daher zu einem großen Teil im Dunkeln.[9]

Dass dieses Thema bislang so sehr vernachlässigt wurde, hat vermutlich drei Ursachen. Erstens sind wir heutzutage durch die starke Präsenz des Bundesverfassungsgerichts, des amerikanischen Supreme Courts und anderer mächtiger oberster Gerichtshöfe daran gewöhnt, dass staatsrechtliche Streitigkeiten in Föderalsystemen von speziell dafür zuständigen Gerichten behandelt werden. Dadurch assoziieren wir die Lösung von Verfassungskonflikten in bundesstaatlichen Ordnungen unweigerlich mit Staatsgerichtshöfen. Das macht es relativ leicht, zu übersehen, dass es in föderalen Systemen auch zahlreiche alternative Konfliktlösungsmechanismen geben kann, die für das jeweilige Staatswesen nicht minder wichtig sind. Von daher ist es kein Wunder, dass die verschiedenen Verfahren, die das Kaiserreich zur Beilegung von Verfassungsstreitigkeiten kannte, bisher nur schwach vom historiografischen Radar erfasst worden sind.

Zweitens war auf Letzterem bislang wohl auch deshalb kaum etwas zu sehen, weil sich die Konfliktlösungsverfahren der Reichsverfassung – anders als diejenigen der meisten heutigen föderalen Verfassungsordnungen – nicht auf die Beschwerden einzelner Bürger oder Bürgergruppen erstreckten. Für uns ist es heute alltäglich, dass Individuen in Föderalstaaten wegen vermeintlicher Rechtsverletzungen des Bundes vor einem obersten Verfassungsgericht klagen. Im Kaiserreich hatten die Bürger dazu keine Möglichkeit. Das Gros ihrer Rechte war ihnen durch die Grundrechtskataloge der einzelstaatlichen Verfassungen garantiert. Die Reichsverfassung umfasste dagegen keine solche Absicherung, wie Kapitel 3 bereits ausführlich erläutert hat. Die meisten Individualrechtsverletzungen waren daher Landes- und nicht Bundessache und konnten dementsprechend auch nicht vor eine Reichsinstanz gebracht werden. Aber auch jene Rechte, die den Bürgern reichsrechtlich zustanden, konnten selbige nicht durchsetzen. Das war schlicht in der Verfassung nicht vorgesehen.

Es gab nur eine Ausnahme. Artikel 77 gab allen Bürgern einen Anspruch auf richterlichen Rechtsschutz, indem er unter bestimmten Umständen dem Einzelnen erlaubte, sich wegen einer Justizverweigerung – das heißt, wegen der Verschleppung eines ordnungsgemäßen Gerichtsverfahrens oder der Nichtumsetzung eines rechtskräftigen Richterspruchs – an den Bundesrat zu wenden. Diese Vorschrift war 1867 im verfassungsgebenden Reichstag auf Antrag der Liberalen nahezu wortgleich aus der Wiener Schlussakte von 1820 in die neue Bundesverfassung übernommen worden. Eine nennenswerte Bedeutung erlangte diese Regelung zur Stärkung des Rechtsstaates freilich nicht. Das lag einfach daran, dass es besonders infolge der 1879 in Kraft getretenen Reichsjustizgesetze, die die ordentliche Gerichtsbarkeit im ganzen Reich einheitlich regelten, zu keiner einzigen größeren Justizverweigerung kam. Es gab zwar durchaus Versuche einzelner Bürger, den Bundesrat vermittels des dafür vorgesehenen Verfahrens in verschiedene Streitsachen einzuschalten. Bei all diesen Fällen handelte es sich aber nicht wirklich um Verweigerung des gerichtlichen Rechtsschutzes, sondern um Beschwerden gegen eine richterliche Entscheidung, mit der die jeweils unterlegene Partei inhaltlich nicht einverstanden war. Der Bundesrat lehnte denn auch alle solche Klagen ab. Kurzum: Die eigentümliche Verfassungsgerichtsbarkeit des Bundes ist bisher wahrscheinlich auch deshalb weitgehend außerhalb des Blickfeldes der meisten Historiker geblieben, weil in ihr ausschließlich Staaten, Verfassungsorgane und fürstliche Häuser, aber keine Bürger involviert waren.[10]

Drittens ist die Aufgabe, die es zu meistern gilt, um die Entwicklung der Verfassungsgerichtsbarkeit in den knapp fünf Jahrzehnten zwischen Reichsgründung und Revolution darzustellen, ein wenig abschreckend. Denn dieses Thema ist schon seinem Wesen nach über ein weites Feld ganz verschiedener Konfliktfälle verstreut, die sich unter jeweils anderen Bedingungen abspielten, viele unterschiedliche Akteure involvierten, sich teilweise über viele Jahre erstreckten und oft nur in sehr trockenen Quellen und Darstellungen dokumentiert sind, die nicht unbedingt zur bevorzugten Lektüre der meisten Historiker zählen dürften. Da es nicht nur einen Prozess zur Lösung von Verfassungsstreitigkeiten gab, sondern viele, dürfen wir uns nicht nur auf einen Fall – so wichtig dieser auch gewesen sein mag – konzentrieren. Vielmehr ist es nötig, die ganze Bandbreite an einzelnen, häufig sehr kleinen Fällen in den Blick zu nehmen, die sich auf den verschiedenen Regierungsebenen abspielten. Will man dies tun, muss man sich mit nicht weniger als sechs unterschiedlichen Arten von Verfassungskonflikten beschäftigen, nämlich mit Streitigkeiten zwischen verschiedenen Einzelstaaten, Disputen innerhalb einzelner Mitgliedsstaaten des Bundes, Auseinandersetzungen zwischen dem Reich und einem oder mehreren Einzelstaaten, Thronfolgekontroversen, Organstreitigkeiten und dem Ringen um die Verfassungsmäßigkeit von Gesetzen.

Um vollauf zu begreifen, wie das föderale Regierungssystem mit Verfassungskonflikten umging, reicht es außerdem keinesfalls aus, nur auf die abgehandelten Rechtsverfahren zu schauen. Ganz im Gegenteil: Wir müssen unseren Blick so weit schweifen lassen, dass auch jene Dispute in unser Sichtfeld kommen, die – obwohl sie teilweise für äußerst großen Ärger sorgten – niemals im Rahmen eines offiziellen Prozesses angegangen wurden, wie zum Beispiel der Dauerkonflikt um eine Modernisierung des preußischen Wahlrechts. Die Betrachtung solcher Fälle kann uns nämlich zeigen, unter welchen Bedingungen die jeweiligen Akteure davor zurückschreckten, ein formelles Verfahren anzustreben beziehungsweise zu eröffnen. Diese Erkenntnis hilft uns wiederum, besser zu verstehen, inwiefern die föderalen Strukturen der Verfassung im Kampf zwischen parlamentarischen und monarchischen, unitarischen und partikularistischen, hegemonialen und bündischen Kräften manipuliert wurden. Eine solche Herangehensweise verlangt, eine enorm große Anzahl an einzelnen Fällen zu betrachten. Dazu können und müssen wir uns auf die jeweilige Spezialliteratur verlassen. Es gilt gewissermaßen, aus der beträchtlichen Masse an kleinen Studien die Essenz dessen zu destillieren, was die Verfassungsgerichtsbarkeit des Kaiserreiches ausmachte. Bevor wir uns aber konkreten Fällen zuwenden können, müssen wir uns über den strukturellen Rahmen im Klaren sein, den die Reichsverfassung für die Lösung von staatsrechtlichen Streitigkeiten schuf. Deshalb wird dieses Kapitel zunächst die entsprechenden Regelungen der Reichsverfassung und die ihnen zugrunde liegenden Prinzipien durchleuchten. Dafür wird es zwei besonders erhellende Quellen zur Hilfe nehmen: die relevanten Erklärungen der preußischen Regierung während der Verfassungsverhandlungen im konstituierenden Reichstag und die Kommentare, die die zeitgenössischen Staatsrechtler zu den entsprechenden Punkten im Laufe der Jahre verfassten. Im Lichte dieser Dokumente werden wir erkennen, dass die Verfassung eine ganze Reihe ausgeklügelter Sicherheitsvorkehrungen beinhaltete, die dafür gedacht waren, monarchische Macht in Konfliktsituationen zu schützen beziehungsweise zu verhindern, dass rechtliche Verfahren dafür genutzt werden konnten, die bestehende Ordnung zu liberalisieren. Anschließend wird sich das Kapitel dann mit konkreten Streitfällen beschäftigen und dabei die verschiedenen Konfliktlösungsmechanismen aufdecken, die mit der Zeit entstanden. Auf diese Weise wird deutlich werden, dass das Reichsgericht über die Jahre gewohnheitsrechtlich für eine relativ breite Palette an Verfassungsstreitigkeiten zuständig wurde. Es wuchs gewissermaßen in die Rolle eines partiellen Verfassungsgerichtshofes hinein. Alle Streitpunkte, die essenzielle Machtfragen im Ringen der verschiedenen Verfassungsakteure betrafen, wurden allerdings weiterhin nicht durch rechtliche, sondern durch politische Instrumente erledigt. Das galt insbesondere für Kompetenzkonflikte unter den Reichsorganen und Auseinandersetzungen um die Verfassungsmäßigkeit von Gesetzen.

Vor diesem Hintergrund werden wir im Laufe der folgenden Ausführungen erkennen, dass die Verfassungsordnung des Kaiserreiches weitgehend rechtliche durch politische Konfliktlösungsverfahren ersetzte. Im Rahmen der Letzteren kam es immer wieder zu anrüchigen Deals und schweren Drohungen, die mitunter sogar mit der Auflösung des Reiches kokettierten. Unbedeutende Rechtsfragen wurden durch dieses System der Streitschlichtung im Spannungsfeld der verschiedenen monarchischen, parlamentarischen, partikularistischen, unitarischen und hegemonialen Fliehkräfte des Bundes schnell zu grundsätzlichen Machtfragen hochstilisiert. Die Politisierung rechtlicher Probleme untergrub die

Verfassung so sehr, dass die föderale Regierungsordnung überhaupt keinen festen Rahmen an Regeln und Prozederen kannte. Folglich trug das eigentümliche Konfliktlösungssystem des Reiches maßgeblich zu jener Ruhelosigkeit bei, die den Bund auf seinem Weg vom Fürstenbund zur Reichsmonarchie prägte und die wir im vorherigen Kapitel anhand der fortwährenden Umsortierung des föderalen Entscheidungsprozesses zwischen Reichsgründung und Revolution bereits genauestens beobachtet haben.

## I. Der Bundesrat als Richter

Das zentrale Justizorgan der Verfassung war der Bundesrat. An der Beilegung der meisten staatsrechtlichen Streitigkeiten war er in der einen oder anderen Form beteiligt. Für Konflikte zwischen der Bundes- und Landesebene war er vermittels der mächtigen Prozesse der Reichsaufsicht und Reichsexekution in Gemeinschaft mit dem Kaiser zuständig. Bei Verfassungsstreitigkeiten innerhalb jener Mitgliedsstaaten des Bundes, die keine eigene Instanz zur Beilegung solcher Konflikte hatten, fiel ihm dagegen die Aufgabe zu, eine gütliche Einigung zu vermitteln, und – wenn dieser Versuch scheiterte – die Sache zusammen mit dem Reichstag auf dem Weg der Reichsgesetzgebung zu klären. Dispute zwischen verschiedenen Einzelstaaten konnte er sogar ganz alleine erledigen. Durch diese Konzentration an Befugnissen war die Länderkammer gewissermaßen der oberste Richter des Bundes. Anders gesagt: Der Bundesrat fungierte als eine Art Ersatzverfassungsgericht.[11]

Woher kam dieser außergewöhnliche Status? In den Verhandlungen des konstituierenden Reichstags im Frühjahr 1867 beschwerten sich die Liberalen bitterlich darüber, dass der Verfassungsentwurf, den die verbündeten Regierungen ihnen vorgelegt hatten, kein Bundesgericht vorsah. Die zahlreichen Beschwerden zwangen die preußische Regierung, eine Begründung dafür zu liefern, warum der Bundesrat in der künftigen Verfassung an die Stelle eines solchen Gerichts treten sollte. Um diese delikate Angelegenheit zu erklären, schickte Bismarck seinen besten Mann vor: Karl Friedrich von Savigny, der sich zu diesem Zeitpunkt noch selbst Hoffnungen auf das Kanzleramt machte, wie wir im zweiten Kapitel gesehen haben. Der preußische Diplomat und Sohn des berühmten Rechtswissenschaftlers Friedrich Carl von Savigny erklärte in seiner Rede, dass der Verfassungsentwurf hinsichtlich der Verfassungsgerichtsbarkeit genau wie für jede andere Angelegenheit auch, „nur das [aufstelle], was [man] sofort in das Leben treten lassen [könne] als Garantie für rechtliche Schlichtung etwaiger Streitigkeiten und Verwickelungen", ohne die verbündeten Regierungen zu überfordern. Die Idee der Einrichtung eines Bundesgerichtes habe in der jüngeren deutschen Geschichte – namentlich im deutschen Bund – „niemals einen rechten Erfolg gehabt", da, „wenn es darauf angekommen [sei], die Sache in's Leben zu rufen, die meisten Staaten Bedenken getragen [hätten], mit Rücksicht auf die ihnen theure Selbstständigkeit und Souverainetät im Voraus sich dieser zu begeben". Er müsse darauf hinweisen, „daß die Preußische Regierung ihrerseits auch jetzt nicht gewillt [sei] in ein ähnliches Verhältniß zu treten". Denn „für Fragen, die nicht rein privatrechtlicher Natur [seien], sondern recht eigentlich Fragen, die sich auf politischem Gebiete [bewegten], [könne] man einem Staate wie Preußen ebenso wenig wie seinen Mitverbündeten anempfehlen, sich a priori dem Urtheil eines Collegiums zu unterwerfen, das [ – ] wenn es auch aus noch so namhaften und bedeutenden Elementen zusammengesetzt sein sollte [ – ] jedenfalls [...] doch vorzugsweise bloß nach rein juristischen Grundsätzen und nach Maßgabe rein juristischer Gesichtspunkte entscheiden würde". Das hieße nicht, dass die verbündeten Regierungen „sich [...] vor dem Recht selbst [...] [scheuten]". Vielmehr seien sie der Überzeugung, „daß Fragen von eminent politischer Natur weit besser so behandelt werden [sollten], wie es ihre Natur [erheische] und [indicire]". „Darum [habe] man es vorgezogen, [...] den Bundesrath und [in gewissen Fällen auch] den andern Factor der Gesetzgebung, nämlich den Reichstag, zu berufen, um gemeinschaftlich auf dem Gebiete politischer Gesetzgebungsbefugniß, wenn solche Fragen sonst nicht lösbar gefunden [würden], und freiwillig ein Theil diese Entscheidung [anrufe], hier ihre Competenz zu entwickeln".[12]

Savigny führte also gleich mehrere Argumente an, um den Abgeordneten in der Verfassungsversammlung den Status des Bundesrats als Ersatzverfassungsgericht schmackhaft zu machen. Es lohnt sich, diese Argumente nach und nach kurz näher zu betrachten, da sie zwischen den Zeilen viel über die wahren Absichten hinter jener eigentümlichen Konstruktion verraten. Erstens betonte der preußische Unterhändler, dass die vorgeschlagene Regelung die beste sei, die man unter den gegebenen Umständen erreichen könne, da die einzelstaatlichen Regierungen – inklusive der preußischen – nicht bereit seien, ihre souveränen Angelegenheiten einem unabhängigen Bundesgericht zu unterstellen. Er implizierte also, dass man, wenn man die Gründung des Bundes nicht gefährden wolle, den Fürsten nicht mehr zumuten dürfe, als Verfassungsstreitigkeiten vom Bundesrat beziehungsweise, wie er formulierte, „im Familienrathe" klären zu lassen. Diese Begründung stellte ganz im Sinne von Bismarcks Leitlinie den zu gründenden Staat als Fürstenbund dar. Dahinter stand die Logik, dass in einer Allianz souveräner Monarchien, wie Ernst Rudolf Huber dargelegt hat, nur eine Versammlung aus den gekrönten Häuptern oder deren Bevollmächtigten die Autorität und Legitimität besaß, um Streitigkeiten zu schlichten, in die einzelne Fürsten beziehungsweise deren Regierungen oder Staaten verwickelt waren. Dementsprechend folgte der Verfassungsentwurf nicht dem Modell der Frankfurter Paulskirchen- oder der Erfurter Unionsverfassung, sondern dem der Wiener Schlussakte, die 1820 die generelle Zuständigkeit für Verfassungsstreitigkeiten der Bundesversammlung – sprich: dem Fürstenkongress des Deutschen Bundes – übertragen hatte. Dieser Bezug war äußerst vielsagend. Die Verfassungsordnung des alten Bundes hatte als Teil der Restaurationsbemühungen, mit denen der Wiener Kongress die Französische Revolution hatte vergessen machen wollen, ganz der Verteidigung monarchischer Souveränität gedient. Folglich offenbarte Savignys indirekter Verweis auf dieses Modell, dass die verbündeten Regierungen vor allem deswegen gegen ein Bundesgericht waren und die Verfassungsgerichtsbarkeit des künftigen Bundes lieber dem Bundesrat übertrugen, um ihre eigene Macht zu schützen.[13]

Das Fürstenbundsargument und der in diesem angelegte Hinweis auf den gerade erst erloschenen Deutschen Bund verraten uns aber noch mehr über die Intentionen hinter der justiziellen Funktion des Bundesrates. Die Befugnisse, die der Entwurf und letztlich auch die Verfassung der Länderkammer übertrug, gingen nämlich ein ganzes Stück weiter als jene des alten Bundestages. Letzterer war dazu verpflichtet gewesen, Konflikte, die er zwischen verschiedenen Mitgliedsstaaten nicht zu lösen vermocht hatte, an sogenannte „Austrägelinstanzen" beziehungsweise Schiedsgerichte zu überweisen. Der Bundesrat besaß dagegen das Recht, in diesen Fällen – wenn er wollte – selbst eine endgültige Entscheidung zu treffen. Da das angesichts der Stimmenverteilung in der Länderkammer gegen den Willen der preußischen Bank kaum möglich war, verstärkte die Übertragung der Verfassungsgerichtsbarkeit an den Bundesrat den hegemonialen Charakter des Reiches.

Diese Tatsache gibt zu erkennen, dass Bismarck den Bundesrat auch deshalb zu einem Ersatzverfassungsgericht machte, um Preußen ein bestimmtes Maß an Kontrolle über die Verfassungskonflikte zu geben, die in dem neuen Bund eventuell auftreten würden. Das war aus seiner Sicht eine wichtige Sicherheitsvorkehrung, konnte doch niemand mit Gewissheit vorhersagen, wie sich die Verhältnisse zwischen den Einzelstaaten in der widersprüchlichen Verfassungsordnung, die man gerade ins Leben rief, entwickeln würden. Dazu passt, dass Savigny – obwohl er im Namen der verbündeten Regierungen das Wort ergriff – fast ausschließlich von den Interessen der preußischen Regierung sprach. Allerdings hatte die Idee, Preußen über den Bundesrat einen entscheidenden Einfluss auf die Beilegung staatsrechtlicher Streitigkeiten zu sichern, einen erheblichen Schwachpunkt, wie sich später herausstellen sollte. Die preußische Regierung konnte die Verfassungsgerichtsbarkeit des Bundes nur so lange über den Bundesrat kontrollieren, wie sie ihre dortige Delegation im Griff hatte. Aus den vorhergehenden Kapiteln wissen wir, dass dies nicht lange der Fall war. Die Reichsregierung, die nach der Reichsgründung entstand und sich schrittweise von ihren preußischen Wurzeln lossagte, übernahm schon in den 1880er-Jahren weitgehend das Sagen über die preußische Bundesratsbank. Von da an war sie es und nicht mehr die preußische Regierung, die die Fäden in der Hand hielt, wenn es um die Beilegung von Verfassungskonflikten vermittels des Bundesrates ging. Ironischerweise stärkte die bündische Schutzvorrichtung daher letztlich den Gesamtstaat.[14]

Zweitens argumentierte Savigny, dass die historische Erfahrung lehre, auf ein Bundesgericht zu verzichten. Er redete zwar hauptsächlich über die Ordnung des Deutschen Bundes und erinnerte daran, dass sich die Einzelstaaten dort trotz aller Bemühungen solch großer Figuren wie des „seligen und berühmten Ministers [Wilhelm von] Humboldt" letztlich nie bereitgefunden hätten, eine solche Institution zu gründen. Die Bezugnahme auf den alten Bund spielte aber automatisch auch auf das Scheitern des Projektes an, das diesen zu ersetzen versucht hatte: der Verfassungsentwurf der Paulskirche. Savigny bediente sich also derselben geschickten Taktik, die auch Bismarck immer wieder im konstituierenden Reichstag bemühte, wie wir im zweiten Kapitel gesehen haben: Er beschwor das Trauma der gescheiterten Revolution herauf und verbreitete so unter den Abgeordneten die Angst, die Gründung eines deutschen Nationalstaates könne erneut kurz vor Schluss am Widerstand der monarchischen Einzelstaaten fehlschlagen, wenn man es mit der Umsetzung liberaler Forderungen – wie eben der Einrichtung eines Bundesgerichtes – übertreibe. Diese implizierte Distanzierung von der Frankfurter Ordnung mit ihrem parlamentarischen Regierungssystem ließ erkennen, dass die Übertragung der wichtigsten verfassungsgerichtlichen Funktionen auf den Bundesrat auch dazu diente, den Reichstag in eben jenen Schranken zu halten, die der Verfassungsentwurf für ihn vorsah. Als Ersatzverfassungsgericht sollte der Bundesrat den Reichstag daran hindern, staatsrechtliche Konflikte dazu zu nutzen, seine eigene Machtstellung auszubauen. Kurzum: Die Rolle des Bundesrates als oberster Bundesrichter war auch ein Mittel gegen die Gefahr der Parlamentarisierung.[15]

Drittens stellte Savigny fest, dass Verfassungskonflikte „eminent politischer Natur" seien und daher besser von einem politischen Organ wie dem Bundesrat statt von einer unabhängigen rechtlichen Instanz wie einem Bundesgericht behandelt werden sollten. Er nahm also genau jenes Argument wieder auf, das Bismarck – wie wir eingangs gesehen haben – schon im preußischen Heereskonflikt vorgebracht hatte, um die Einrichtung eines obersten Gerichtshofes zu verhindern. Diese Anknüpfung war insofern entlarvend, als sie zeigte, dass es der preußischen Regierung bei der Übertragung der wichtigsten verfassungsgerichtlichen Befugnisse auf den Bundesrat gar nicht primär darum ging, sicherzustellen, dass umstrittene Rechtsfragen in einem geordneten Verfahren abgehandelt werden. Vielmehr versuchte sie, die Verfassungsgerichtsbarkeit vor allem dahingehend zu regeln, dass bei wichtigen Machtfragen in der Auseinandersetzung zwischen Parlament und Krone eine Entscheidung im Sinne der Letzteren garantiert wäre.[16]

Viertens und letztens versuchte Savigny, den Abgeordneten klarzumachen, dass die vorgeschlagene Regelung auch dem Reichstag zugute käme. In der Tat gaben der Entwurf und später die Verfassung dem Parlament eine wichtige Rolle für die Beilegung von Verfassungsstreitigkeiten innerhalb jener Mitgliedsstaaten des Bundes, die keine eigenen Mechanismen zur Lösung solcher Konflikte besaßen. Wie schon erwähnt musste der Bundesrat in solchen Fällen zunächst versuchen, einen Ausgleich zwischen den Streitparteien zu vermitteln. Scheiterte er damit, musste der Disput durch die Verabschiedung eines entsprechenden Reichsgesetzes geregelt werden. In diesem Verfahren führte am Reichstag als der zweiten großen legislativen Körperschaft des Regierungssystems kein Weg vorbei. Insofern sicherte die um den Bundesrat herum aufgebaute Verfassungsgerichtsbarkeit des Bundes auch dem Parlament einen gewissen Einfluss. Das mag ein Grund dafür gewesen sein, warum Savignys Ausführungen am Ende seiner Rede mit lauten „Bravo!"-Rufen aus den Abgeordnetenrängen bedacht wurden, wie das Sitzungsprotokoll vermerkt.[17]

Diese Reaktion ist nicht uninteressant, da sie zeigt, dass viele Mitglieder der Verfassungsversammlung es durchaus guthießen oder zumindest nicht für übermäßig problematisch hielten, dem Bundesrat die Beilegung staatsrechtlicher Konflikte anzuvertrauen. Der Reichstag nahm denn auch die von den verbündeten Regierungen vorgeschlagenen Paragrafen bezüglich der Schlichtung von Streitigkeiten ohne nennenswerte Änderungen an. Weder bestand er auf der Schaffung eines Bundesgerichts, noch machte er größere Anstrengungen, eine Regelung für jene Arten von Verfassungskonflikten einzuführen, die der Entwurf einfach überging, allen voran Streitigkeiten unter den verschiedenen Reichsorganen. Offensichtlich teilte die nationalliberal-konservative Mehrheit des Parlaments die von Savigny vorgebrachte Auffassung der verbündeten Regierungen, dass staatsrechtliche Auseinandersetzungen lieber durch politische Kompromisse als durch gerichtliche Verfahren beigelegt werden sollten. Man kann nur vermuten, dass hinter dieser Beipflichtung wahrscheinlich dieselbe Motivation stand, die die Nationalliberalen auch in den meisten anderen Fragen der Verfassungsverhandlungen dazu bewegte, immer wieder mit den Konservativen zu stimmen und so dem Entwurf der verbündeten Regierungen eine Mehrheit zu verschaffen, wie wir in Kapitel 2 gesehen haben. Nämlich die Hoffnung, dass der Reichstag – sobald der Nationalstaat erst einmal gegründet sein würde – im Laufe der Zeit stärker werden und dann die Regierungsordnung inklusive der Organisation der Verfassungsgerichtsbarkeit im liberalen Sinne umgestalten können würde.[18]

Für den Moment aber widersprach die gefundene Lösung liberalen Rechtsvorstellungen geradezu diametral. Tatsächlich war das ganze Konfliktlösungssystem ob der Richterrolle, die es dem Bundesrat gab, unvereinbar mit dem von den Liberalen ansonsten so hochgehaltenen Rechtsstaatsprinzip. Der renommierte Tübinger Verfassungsrechtler Robert von Mohl, der einst für die Liberalen in der Frankfurter Nationalversammlung gesessen und der dortigen Regierung kurzzeitig als Reichsjustizminister gedient hatte, legte in einem der ersten nach der Reichsgründung erschienenen Kommentare zum neuen Reichsstaatsrecht den Finger in die Wunde. Jedes Urteil des Bundesrates war, wie der Veteran von 1848 frustriert betonte, notwendigerweise ein „Spruch in eigener Sache" – auch dann, wenn der Reichstag daran mitwirkte. Mohls Kollege Karl Binding wurde in einem Artikel zum Thema „Bundesrat und Staatsgerichtshof", den er kurz vor der Jahrhundertwende veröffentlichte, noch deutlicher. Der Verfassungsgerichtsbarkeit des Bundesrats fehlten, wie der Leipziger Professor am Beispiel des weiter unten näher erläuterten Lippischen Thronfolgestreits zeigte, „nicht weniger wie alle Garantien gerechten Urteils". Weder war es möglich, ein Urteil des Bundesrates aufzuheben, noch konnte dagegen Revision eingelegt werden. Am schwersten wog jedoch, dass die Bevollmächtigten der monarchischen Regierungen alles andere als unparteiische Richter waren. Wann immer eine von ihnen in einen vor dem Bundesrat verhandelten Streitfall verwickelt war, schlüpften deren Gesandte automatisch in eine Doppelrolle als Richter und Kläger beziehungsweise Angeklagte. Angesichts dieser Umstände war der Bundesrat mit keinem anderen Verfassungsgericht vergleichbar. Vielmehr stellte er „als Richter", wie Binding betonte, „ein welthistorisches Unikum" dar.[19]

## II. Reichsaufsicht und Reichsexekution

Die mangelnde richterliche Neutralität des Bundesrates war besonders problematisch, wenn das Reich mit einem oder mehreren Einzelstaaten aneinandergeriet. Denn in solchen Fällen standen der Länderkammer im Rahmen der sogenannten Reichsaufsicht und Reichsexekution die mächtigsten Sanktionsmechanismen zur Verfügung, die die Verfassung überhaupt vorsah. Die Aufsichtsgewalt des Reiches war das Gegenstück der einzelstaatlichen Verwaltungshoheit. Gemäß der Letzteren war es an den Einzelstaaten, die Reichsgesetze zu implementieren. Um dabei eine gewisse Einheitlichkeit quer durch den Bund sicherzustellen, gab die Verfassung dem Kaiser das Recht, die Durchführung der Reichsgesetze zu überwachen. Wahrgenommen wurde diese Befugnis in der Praxis durch eine Heerschar sogenannter Reichskontrollbeamter, die im Namen des Kaisers beobachteten, was in den Einzelstaaten vor sich ging. Meldete der Kaiser aufgrund der Berichte der Kontrollbeamten dem Bundesrat einen Mangel bei der Implementierung eines Reichsgesetzes, durfte die Länderkammer Gegenmaßnahmen beschließen, die dann wiederum der Kaiser auszuführen hatte. Die härteste Sanktion, die der Bundesrat gegen einen Einzelstaat verhängen konnte, der seine föderalen Verpflichtungen nicht erfüllte, war die Reichsexekution. Dabei handelte es sich um eine direkte Intervention des Bundes in den betroffenen Einzelstaat, die alle Strafmaßnahmen umfassen konnte, die der Bundesrat für angemessen hielt, um sicherzustellen, dass der entsprechende Verstoß aufhörte. Selbst die Anwendung militärischer Gewalt war möglich. Umso schwerer wog, dass dieser ganze Zwangsvollstreckungsprozess nicht vom Urteil eines Gerichtes, sondern von einer Entscheidung der Versammlung der monarchischen Regierungen abhing. In einem föderalen Regierungssystem, das ganz wesentlich auf dem Gedanken der monarchischen Solidarität beruhte, waren die Reichsaufsicht und die Reichsexekution daher schlagkräftige Waffen gegen aufmüpfige Parlamente und andere liberale Tendenzen, die den Status der Länder als Festungen monarchischer Macht bedrohten.[20]

Um diese Funktion vollends zu verstehen, müssen wir die beiden Mechanismen etwas genauer in den Blick nehmen. Es gab zwei verschiedene Arten der Reichsaufsicht, die Heinrich Triepel, der spätere Begründer der Vereinigung der Deutschen Staatsrechtslehrer, 1917 in einer mehr als 700 Seiten starken Studie eingehend untersucht hat. Zum einen hatten der Kaiser und der Bundesrat das Recht, zu überwachen, wie die Einzelstaaten konkrete Gesetze umsetzten. Zum anderen konnten sie die Länder aber auch dahingehend beaufsichtigen, wie sie sich auf Gebieten verhielten, die überhaupt nicht durch die Reichsgesetzgebung reguliert waren. Diese Befugnis war zwar umstritten. Die meisten Verfassungsrechtler gingen aber davon aus, dass es sich dabei um ein legitimes, aus der Verfassung ableitbares Recht der beiden Reichsorgane handelte. Der wichtigste Unterschied zwischen den sogenannten „abhängigen" und den „unabhängigen" Reichsaufsichtsverfahren bestand darin, was der Kaiser und der Bundesrat jeweils überwachten, auf welcher Grundlage sie also letztlich Maßnahmen ergreifen konnten. Im Rahmen der abhängigen Reichsaufsicht kontrollierten sie, ob die Einzelstaaten die in den Reichsgesetzen definierten Bestimmungen umsetzten und beachteten. Bei der unabhängigen Reichsaufsicht war das anders. Hier lag das Augenmerk des Kaisers und des Bundesrates nicht darauf, ob die Einzelstaaten gegen die Gesetze verstießen, sondern darauf, ob sie im nationalen Interesse handelten. Triepel erläuterte dazu: „Das Reich wacht darüber, daß die Einzelstaaten das im Dienste gewisser Zwecke Notwendige tun, das mit diesen Zwecken Unverträgliche unterlassen. Sein Absehen ist also hier niemals auf bloße Legalität, sondern auf die ‚Zweckmäßigkeit' des gliedstaatlichen Verhaltens gerichtet, [das heißt, auf] die Erfüllung der verfassungsmäßigen Bundespflicht, die Interessen des Reichs oder andere von der Reichsverfassung anerkannte Gemeininteressen zu achten."[21]

Die Verfassung schrieb diesen vagen Maßstab in dem Artikel über die Reichsexekution fest. Dort hieß es, dass diese Strafmaßnahme immer dann verhängt werden konnte, „wenn Bundesglieder ihre verfassungsmäßigen Bundespflichten nicht [erfüllten]". Demnach hing der mächtigste Sanktionsmechanismus des Reiches, ja die Anordnung einer militärischen Strafexpedition gegen einen Einzelstaat allein von der Auslegung dessen ab, was im Interesse des Bundes lag, politisch zweckmäßig war und eine Bundespflicht konstituierte. Einfacher gesagt: Die Verhängung einer Reichsexekution war reine Interpretationssache. Wenn der Bundesrat unbedingt einen Einzelstaat mit einer Strafmaßnahme belegen wollte, konnte er leicht einen Vorwand dafür finden. Dieses Manipulationspotenzial seitens des zentralen monarchischen Vertretungsorgans machte die Verfahren der Reichsaufsicht und der Reichsexekution zu flexiblen, wirkungsvollen Instrumenten im Kampf gegen ausufernde parlamentarische Machtansprüche in den Einzelstaaten und dadurch gegen eine Parlamentarisierung des Reiches von unten. Schließlich ließen sich schon die ersten Anzeichen ziviler Unruhen, staatsstreichartiger Regimewechsel oder gar einer Revolution ohne Weiteres so darstellen, dass die Voraussetzung für alle Strafmaßnahmen erfüllt war, die der Bundesrat beziehungsweise – nach dessen Degradierung zu einem Satellitenorgan – die Reichsregierung für notwendig erachtete.[22]

In einem scharfsinnigen Artikel im *Archiv für öffentliches Recht* wies der preußische Jurist Paul Schilling 1907 darauf hin, dass dieser Charakter der Reichsexekution als monarchisches Machtinstrument noch dadurch verstärkt wurde, dass der Bundesrat eine Intervention gegen einen ungehorsamen Einzelstaat verhängen konnte, aber nicht musste. Es war für die Länderkammer vollkommen legitim, Strafmaßnahmen nur dann zu beschließen, wenn sie im monarchischen Interesse lagen, und alle anderen Fälle, in denen Reichsgesetze nicht richtig umgesetzt oder Bundespflichten verletzt wurden, einfach zu ignorieren. Aufgrund der hegemonialen Organisation des Bundes war diese Tatsache besonders relevant im Hinblick auf Preußen. Da die Durchführung der vom Bundesrat beschlossenen Strafmaßnahmen Sache des Kaisers war, also dem preußischen König in seiner Eigenschaft als *primus inter pares* des Fürstenbundes zufiel, war eine Reichsexekution gegen die preußische Regierung praktisch unmöglich. Schließlich war kaum vorstellbar, warum und wie der deutsch-preußische Kaiser-König sich selbst bestrafen sollte. Was der Bundesrat aber tun konnte, war, den Kaiser damit zu beauftragen, Maßnahmen gegen das preußische Parlament zu unternehmen. Für Preußen bestand bezüglich der Reichsexekution also eine faktische Teilbefreiung, die ganz klar die monarchischen Kräfte bevorzugte und der ein erhebliches Missbrauchspotenzial innewohnte.[23]

Die Tatsache, dass die genauen Umstände, unter denen der Bundesrat eine Intervention gegen einen Einzelstaat beschließen konnte, so ungenau definiert waren, machte allein schon die Möglichkeit einer Reichsexekution umso bedrohlicher. Insofern hatten die diesbezüglichen Bestimmungen der Verfassung einen gewissen Präventivcharakter. Während der ganzen Lebensspanne des Kaiserreiches kam es denn auch zu keiner einzigen Reichsexekution. Das zeugt von der Stabilität der Verhältnisse in den Einzelstaaten, zu der sicherlich auch die Existenz dieses mächtigen Sanktionsmechanismus ein Stück weit beitrug. Es ist aber wichtig, die Perspektive nicht zu verlieren. Eine Reichsexekution konnte in der Praxis natürlich nicht wegen jeder Kleinigkeit verhängt werden. Das hätte weder eine Mehrheit im Bundesrat, wo die betroffene Regierung ja selbst über den im Raum stehenden Vorwurf mitverhandelte, noch der Reichstag, geschweige denn die Öffentlichkeit ohne größere Proteste mitgemacht. Wie Schilling betonte, setzte die Verfassung mit einer Verletzung der „verfassungsmäßigen Bundespflichten" ja gerade deshalb einen so weitgefassten Maßstab für eine Reichsexekution an, damit dieses Mittel nur bei allerschwersten, die Existenz des Bundes bedrohenden Vergehen eingesetzt werden würde.[24]

Der Knackpunkt des ganzen Verfahrens war demnach also, was genau unter den „Bundespflichten", von denen die Verfassung sprach, eigentlich zu verstehen war. In der politischen und rechtlichen Debatte des Kaiserreiches hat sich nie eine einheitliche Definition dieses abstrakten Konzepts entwickelt. Es gab allerdings einen Punkt, bei dem sich die allermeisten Regierungsvertreter, Parlamentarier und Rechtswissenschaftler ungeachtet all ihrer sonstigen ideologischen Differenzen bezüglich dieses Themas einig waren: Die Bundespflichten umfassten nicht nur die geschriebenen Bestimmungen der Verfassung, sondern auch allgemeinere Verbindlichkeiten gegenüber dem Bund, die in der Verfassung nicht ausdrücklich aufgeführt waren. Diese ungeschriebenen Pflichten fasste man für gewöhnlich unter dem Sammelbegriff der „Bundestreue" zusammen, dem wir uns im Folgenden genauer zuwenden werden.

## III. Bundestreue

Die meisten Beobachter des Verfassungsgeschehens verstanden Bundestreue als die Einhaltung aller Prinzipien, die für ein harmonisches Verhältnis zwischen dem Reich und den Einzelstaaten wichtig waren. Eine Reichsexekution war demgemäß nur gerechtfertigt, wenn ein Einzelstaat das Fundament des Bundes ernsthaft gefährdete. Paul Laband, der wohl berühmteste Verfassungsrechtler der Zeit, erläuterte in seinem 1876 erstmals erschienenen Standardwerk über *Das Staatsrecht des Deutschen Reiches*, was für ein Betragen damit gemeint war: „[Ein Staat] kann [...] durch sein Verhalten die Interessen des Reichs gefährden und dadurch gegen die Treueverpflichtung verstoßen; z. B. durch Störung der Beziehung des Reichs zu auswärtigen Staaten oder des friedlichen Verhältnisses unter den Bundesgliedern oder durch Entgegenwirken gegen die Tendenz der Reichspolitik."[25]

Mit Blick auf Interpretationen wie diese hat Ernst Rudolf Huber aus der zeitgenössischen Debatte drei Grundpflichten abgeleitet, die das Konzept der Bundestreue definierten. Die „Friedenspflicht" verlangte von jedem Einzelstaat, „im Verhältnis zum Reich wie im Verhältnis zu den anderen Ländern [...], den Frieden zu wahren, Ansprüche nicht mit Gewalt zu verfolgen, Meinungsverschiedenheiten und Konflikte in bundesfreundlichem Geist zu behandeln, die eigenen Interessen in schiedlichen Ausgleich mit den Interessen der anderen Länder und denen des Reiches zu bringen". Gemäß der „Einordnungspflicht" musste jeder Mitgliedsstaat des Bundes „seine Landespolitik [...] in den allgemeinen Rahmen der Reichspolitik [einfügen]". Das bedeutete, dass die Einzelstaaten sich in der Außenpolitik der „grundsätzlichen Führung des Reichs" zu unterwerfen und in der Innenpolitik die vom Reich „festgelegten Grundlinien [...] auch für den Landesbereich als maßgebend anzuerkennen" hatten. Die „Sicherungspflicht" gebot den Ländern wiederum, auf ihrem jeweiligen Staatsgebiet „die innere Ruhe, Ordnung und Sicherheit [...] zu bewahren und Störungen und Gefährdungen abzuwehren", das heißt, auf Basis ihrer „polizeilichen Sicherungsbefugnisse" alles zu tun, was nötig war, „um den Reichsfrieden störende Angriffe [...] zu verhindern oder zu unterdrücken."[26]

Vor allem letztere Pflicht ist interessant, da sie die Einzelstaaten dazu anhielt, den Status quo in ihren Territorien zu sichern, sprich: ihre monarchischen Regierungsordnungen zu verteidigen. Taten sie das nicht, brachen sie die Bundestreue und konnten folglich mit einer Reichsexekution bestraft werden. Wenn dem Bundesrat und dem Kaiser beziehungsweise der Reichsregierung die

Parlamentarisierungsversuche in einem Einzelstaat zu weit gingen, konnten sie dort also direkt intervenieren und die Verhältnisse aus ihrer Sicht wieder gerade rücken. Dieser Zusammenhang deutet darauf hin, wie wichtig das Konzept der Bundestreue für den Schutz monarchischer Souveränität im Reich war. Wegen eben dieser Bedeutung entstand unter Politikern und Rechtswissenschaftlern im Laufe der Jahre eine gehaltreiche Debatte darüber, was dieses Konzept genau meinte. Dabei bildeten sich zwei Grundanschauungen heraus, die sich hauptsächlich in ihrer Sichtweise darüber unterschieden, wer wem Bundestreue schuldete.

Die meisten Verfassungsrechtler argumentierten, dass die Bundstreue eine Loyalitätsverpflichtung der Einzelstaaten gegenüber dem Reich bezeichnete. Diese Anschauung entsprang einer starken Orientierung am Nationalstaat. Wie wir im nächsten Kapitel sehen werden, standen viele Staatsrechtler den Liberalen nahe und teilten deren Präferenz für einen starken Zentralstaat. Dementsprechend sprachen sie sich für ein strikt hierarchisches Verständnis der Föderalordnung aus, laut dem die Landes- der Bundesebene ganz und gar untergeordnet war. Bundestreue definierte in ihren Augen folglich ein einseitiges Gehorsamsverhältnis. Der Kieler Rechtsprofessor Albert Hänel, der für die linksliberale Fortschrittspartei 1871 in den Reichstag einzog und drei Jahre später dessen Vizepräsident wurde, erläuterte dazu 1892 im ersten Band seines Opus Magnum zum deutschen Staatsrecht, dass die Bundestreue zwei Arten der Gefügigkeit umfasse, nämlich den „passiven Gehorsam der Einzelstaaten, der sie [verpflichte], nichts zu thun und alles zu unterlassen, was mit dem objektiven Reichsrecht [...] in Widerspruch [stehe, und die] Verpflichtung der Einzelstaaten zum positiven Handeln, zur Handhabung der Staatsgewalt, um die Vorschriften des Reichsrechts zur Anwendung zu bringen und die von demselben gewollten Erfolge zu erzielen". Demnach war die Bundestreue also ganz im Sinne eines „verfassungsmässigen Gehorsames" der Länder gegenüber dem Bund zu verstehen, wie Hänel zusammenfasste. Zumindest teilweise war diese Interpretation wohl politisch motiviert. Denn indem sie das Reich den Einzelstaaten vollkommen überordnete, unterstützte sie die von den Liberalen so herbeigesehnte Zentralisierung des Bundes, die zu dem Zeitpunkt, als Hänel seine Thesen veröffentlichte, den Einfluss des Reichstages im Vergleich zur Gründerzeit bereits gehörig ausgebaut hatte und für die Zukunft noch weitere Schübe in Richtung Parlamentarisierung versprach.[27]

Um genau solche Konsequenzen zu vermeiden, hatten Bismarck und die konservativen Verteidiger monarchischer Souveränität kein Interesse an Rechtsfiguren, die die Bundes- gegenüber der Landesebene über Gebühr stärkten. Für sie war die Bundestreue denn auch etwas vollkommen anderes. Mit Verweis auf die Einigungsverträge argumentierten sie, dass die Bundstreue primär einen vertraglichen Charakter habe. Als eine spezielle Form der Vertragstreue definierte die Bundestreue demnach kein Unterwerfungsverhältnis der Einzelstaaten zum Reich, sondern eine Loyalitätsverpflichtung aller Mitglieder des Bundes zueinander. Anders gesagt: Sie war das egalitäre Band, das den Fürstenbund zusammenhielt. Im konstituierenden Reichstag umriss Bismarck diese Sichtweise unter anderem, als er versuchte, der Kritik an dem hegemonialen Aufbau des vorgeschlagenen Bundes den Wind aus den Segeln zu nehmen: „Die Basis dieses [Bundes-]Verhältnisses soll nicht die Gewalt sein, weder den Fürsten noch dem Volke gegenüber. Die Basis soll das Vertrauen zu der Vertragstreue Preußens sein und dieses Vertrauen darf nicht erschüttert werden, so lange man uns die Vertragstreue hält." Diejenigen, die diese Vertragstreue üben sollten, waren eben jene, in deren Namen die Einigungsverträge abgeschlossen wurden: die Fürsten.[28]

Nach dieser Argumentationslinie war die Bundestreue somit keine Pflicht der einzelnen Mitgliedsstaaten des Bundes, sondern der gekrönten Häupter, die über diese herrschten. Kurzum: Bundestreue war für Bismarck und – in seinem Gefolge – die Verteidiger des Status quo nichts anderes als die gelebte Solidarität unter den Fürsten. Als Bismarck anderthalb Jahrzehnte nach der Reichsgründung versuchte, die angekratzten bündischen Strukturen der Verfassung zur Eindämmung des Reichstages wieder zu stärken, wie wir im vorhergehenden Kapitel gesehen haben, trichterte er denn auch den Bundesratsbevollmächtigten der einzelstaatlichen Regierungen ein, dass „das Deutsche Reich [...] die feste Basis in der Bundestreue der Fürsten [habe], in welcher [daher] seine Zukunft verbürgt [sei]". Anfang 1888 hob er die Bedeutung dieser Auffassung erneut hervor, dieses Mal allerdings in einem Schreiben an Prinz Wilhelm, dessen Thronübernahme angesichts des Alters seines Großvaters und der schweren Krankheit seines Vaters absehbar war. „Die Sicherheit des Reichs und seiner monarchischen Institutionen", versuchte der Kanzler dem ambitionierten, zur Überheblichkeit neigenden Thronfolger einzubläuen, liege „in der ‚Einigkeit der Fürsten'". Diese seien „nicht Unterthan, sondern Bundesgenossen des Kaisers, und [werde] ihnen der Bundesvertrag nicht gehalten, [würden] sie sich auch nicht dazu verpflichtet fühlen".[29]

Auf der Grundlage dieses Verständnisses konnten jene Verfassungsinstrumente, deren Anwendung von einer vorgeblichen Verletzung der Bundestreue abhing, also allen voran die Reichsexekution, ohne größeren Rechtfertigungsaufwand zur Unterdrückung aller parlamentarischen Vorstöße genutzt werden, die den Fürstenbund gefährdeten. Dass es letztlich nie zu einer solchen Anwendung kam, änderte nichts an dem Drohpotenzial, das so entwickelt werden konnte. Wie sehr die als Fürstensolidarität verstandene Bundestreue als antiparlamentarische Waffe taugte, wurde zum Beispiel 1884 deutlich, als das bereits im sechsten Kapitel ausführlich besprochene „Aprilgewitter" über die politische Landschaft hinweg fegte. In Erwiderung auf das Gründungsprogramm der linksliberalen Deutschen Freisinnigen Partei, das ganz offen die Einführung verantwortlicher Reichsminister forderte, gaben die verbündeten Regierungen im Bundesrat auf Betreiben Bismarcks eine gemeinsame Erklärung ab, die die Bundestreue direkt gegen den neuen Feind ins Feld führte. Die diplomatische Note stellte unmissverständlich klar, dass die monarchischen Regierungen „ohne Ausnahme entschlossen [seien], die Verträge, auf welchen [die] Rechtsinstitutionen [beruhten], in unverbrüchlicher Treue zu erhalten", und dass sie daher keine Sekunde zögern würden, in Erfüllung jener Bundestreue alle weiteren parlamentarischen Vorstöße, die diese Verträge gefährdeten, mit deren sofortigen Annullierung – soll heißen: der Auflösung des Deutschen Reiches – zu beantworten.[30]

Dieser Fall ist auch deshalb so interessant, weil er wie unter einem Brennglas zeigt, wie sehr sich die Auffassung, die Bismarck und die verbündeten Regierungen von der Bundestreue hatten, von derjenigen unterschied, die die Reichsstaatsrechtslehre beziehungsweise das politische Spektrum jenseits der Konservativen dominierte. Entsprechend ihrer jeweiligen politischen Ziele – nämlich der Bewahrung monarchischer Souveränität einerseits und der Stärkung des Zentralstaates andererseits – betonten die beiden Lager zwei verschiedene Aspekte der Bundestreue, wie Rudolf Smend 1916 in seinem einflussreichen Essay über *Ungeschriebenes Verfassungsrecht im monarchischen Bundesstaat* erläuterte: „Theorie und Parlament [halten] sich [in diesem Punkt] an die geschriebene Reichsverfassung und [verkennen] ihre ungeschriebene Ergänzung, während die verbündeten Regierungen diese letztere Seite eher […] überschätzen […]."[31]

Von dieser Beobachtung ausgehend versuchte Smend in seiner Studie unter dem Eindruck der verstärkten Parlamentarisierung, die sich vor dem Hintergrund des Krieges vollzog, die beiden unterschiedlichen Konzepte von Bundestreue miteinander in Einklang zu bringen. Der Bonner Professor argumentierte, dass nur die Gesamtheit der geschriebenen und ungeschriebenen Teile des deutschen Verfassungsrechtes das Verhältnis zwischen den Einzelstaaten und dem Reich vollständig definiere. Während dabei die geschriebene Verfassung die formale Überordnung der Bundes- über die Landesebene etabliere, würden die in dem Sammelbegriff der Bundestreue zusammengefassten ungeschriebenen Prinzipien die Einzelstaaten dazu verpflichten, sich untereinander solidarisch zu zeigen und gleichzeitig gegenüber dem Reich loyal zu sein, das im Gegenzug ihnen gegenüber Rücksicht zu üben habe: „Reich und Einzelstaaten stehen nicht nur in dem Verhältnis der Über- und Unterordnung, das die staatsrechtliche Auslegung aus der Reichsverfassung zunächst als ihren Hauptinhalt entnehmen muß, sondern zugleich in dem Verhältnis des Bundes zu den Verbündeten: d. h. jeder der Verbündeten schuldet den anderen und dem Ganzen die Bundes-[...] Treue und hat in diesem Sinne seine reichsverfassungsmäßigen Pflichten zu erfüllen und seine entsprechenden Rechte wahrzunehmen."[32]

Laut Smend bezeichnete die Bundestreue also ein Netzwerk gegenseitiger Loyalitäten, das alle Einzelstaaten und das Reich miteinander verband. Im Laufe des 20. Jahrhunderts entwickelte sich diese Vorstellung zum vorherrschenden Verständnis der Bundestreue. Dieses spielt auch heute noch eine wichtige Rolle in der Bundesrepublik. Die Bundestreue zählt zu den immanenten Normen des Grundgesetzes, die die Beziehungen zwischen Bundes- und Landesebene regeln. Wie das Bundesverfassungsgericht 1957 in einem Urteil feststellte, haben „die Länder [...] ebenso wie der Bund die verfassungsrechtliche Pflicht, dem Wesen des sie verbindenden verfassungsrechtlichen ‚Bündnisses' entsprechend zusammenzuwirken und zu seiner Festigung und zur Wahrung der wohlverstandenen Belange des Bundes und der Glieder beizutragen". Der renommierte bayerische Rechtswissenschaftler Hartmut Bauer habilitierte sich 1992 mit einer als *Beitrag zur Dogmatik des Bundesstaatsrechts und zur Rechtsverhältnislehre* untertitelten Arbeit zur Bundestreue, in der er von den „ersten Ansätzen zur Ausbildung" dieses Konzeptes im Bismarckreich ausgeht und Smends Synthese als „wegweisenden Vorstoß" zur Entstehung des heutigen Rechtsgrundsatzes beschreibt.[33]

Eben jener Vorstoß kam allerdings erst ganz am Ende des Kaiserreiches. Bis dahin spielte die Diskrepanz zwischen den beiden Auffassungen von Bundestreue eine wichtige Rolle in der Entwicklung der Strukturen, die das föderale Regierungssystem zur Lösung von Verfassungskonflikten besaß beziehungsweise ausbildete. Solange die monarchischen Regierungen den Ton angaben und der primäre Bezugspunkt der Reichsregierung waren, bestimmte ihre Interpretation solch vager Begriffe wie der Bundestreue und der Bundespflichten, wie und wann die von diesen abhängigen Instrumente genutzt wurden. Je mehr sich die Reichsregierung im föderalen Entscheidungsprozess allerdings am Reichstag statt an den einzelstaatlichen Regierungen orientierte, desto mehr drängte die Vorstellung der Bundestreue als Loyalitätsverpflichtung der Einzelstaaten gegenüber dem Reich die Idee der Fürstensolidarität in den Hintergrund. Letztere hörte daher irgendwann im Laufe der Machtausdehnung des Reichstages über die Reichsregierung ganz auf, relevant zu sein. Man kann dafür zwar keinen genauen Zeitpunkt festlegen. Das ist aber auch nicht weiter wichtig. Das Entscheidende ist, dass infolge dieser Entwicklung jene Mechanismen, deren

Anwendung von der Einhaltung oder Verletzung der Bundestreue abhing, also allen voran die Reichsaufsicht und die Reichsexekution, nicht länger mir nichts, dir nichts gegen Vorstöße des Reichstages und/oder der Landesparlamente eingesetzt werden konnten. Die antiparlamentarischen Waffen, die Bismarck in das Konfliktlösungssystem der Verfassung eingebaut hatte, wurden stumpf und konnten daher die Machtstellung der Monarchien nur noch begrenzt verteidigen. Mit den Jahren wurden Verfassungskonflikte daher zunehmend von anderen Faktoren als ausschließlich von den Interessen der monarchischen Akteure entschieden. Die Auseinandersetzung, die sich Letztere mit den auf eine Reform des Staatswesens drängenden Kräften lieferten, zeigte vor dem Hintergrund dieser Entwicklung immer wieder, dass die wenigen Prozesse, die die Verfassung zur Beilegung von staatsrechtlichen Streitigkeiten einrichtete, einfach zu manipulieren waren und genug Raum zur Entwicklung alternativer Verfahren ließen, wie wir im Laufe der folgenden Betrachtungen zu den verschiedenen Arten von Verfassungskonflikten sehen werden.

## IV. Verfassungsstreitigkeiten innerhalb einzelner Bundesländer

Um Konflikte zu lösen, die ausschließlich die eigene Landesverfassung betrafen, hatten die einzelnen Mitgliedsstaaten des Bundes verschiedene Möglichkeiten. 12 der insgesamt 25 Einzelstaaten besaßen für solche Fälle spezielle Schiedsgerichte. Sachsen hatte einen eigenen Staatsgerichtshof. In Oldenburg, Braunschweig, Sachsen-Altenburg und den beiden Mecklenburger Großherzogtümern bestimmten die jeweiligen Landesverfassungen gewisse Schieds- beziehungsweise Kompromissgerichte für derartige Angelegenheiten. Die drei Hansestädte führten wiederum bis 1895 landesgesetzliche Vorschriften ein. Hamburg übertrug dabei die Entscheidung über landeseigene Verfassungskonflikte an das Reichsgericht, während Lübeck und Bremen das hanseatische Oberlandesgericht in Hamburg für zuständig erklärten. In Schaumburg-Lippe und Reuß älterer Linie beauftragten die Verfassungen dagegen in jeweils ganz allgemein gefassten Regelungen das zuständige Bundesorgan mit der Beilegung solcher Streitigkeiten. Die Verfassung von Reuß jüngerer Linie verwies gar noch auf das einstige Bundesschiedsgericht von 1834.[34]

Natürlich konnten sich die jeweiligen Streitparteien in den genannten Staaten aber auch darauf verständigen, das in der entsprechenden Landesverfassung vorgesehene Verfahren nicht in Anspruch zu nehmen und stattdessen eine ganz andere Instanz mit der Urteilsfindung in ihrer Sache zu beauftragen. Auch in den Ländern, deren Verfassungen keine Vorkehrungen zur Beilegung von Verfassungskonflikten trafen, besaßen Konfliktparteien stets die Möglichkeit, sich auf ein individuelles Schiedsverfahren zu einigen. So kamen zum Beispiel die beiden Parlamente des aus zwei unterschiedlichen Landesteilen zusammengesetzten Herzogtums Sachsen-Coburg-Gotha 1907 dahin überein, ein spezielles Schiedsgericht darüber entscheiden zu lassen, ob sie zur Annahme von Gesetzen, die die Durchführung von reichsgesetzlichen Vorgaben betrafen, in gemeinsamer Sitzung tagen mussten oder nicht. Das war allerdings das einzige Mal in der Geschichte des Kaiserreiches, dass eine größere staatsrechtliche Streitigkeit innerhalb eines Einzelstaates auf diese Weise erledigt wurde. Das hatte vermutlich einen einfachen Grund: Um die Urteile, die in solchen per Übereinkunft eingesetzten Schiedsverfahren zustande kamen, anschließend auch durchsetzen zu können, gab es in der Regel keine geeigneten Vollstreckungsmaßnahmen. Wenn eine der Streitparteien die Entscheidung des Schiedsgerichtes nicht anerkannte, konnte daher die andere dagegen wenig bis gar nichts unternehmen.[35]

Aus diesem Grund fochten die Beteiligten solche Konflikte üblicherweise entweder aus, bis einer von ihnen nachgab, oder sie bedienten sich jenes Verfahrens, das Artikel 76.2 der Reichsverfassung vorsah. Dieser gab den in derartige Streitigkeiten involvierten Parteien in jenen 13 Einzelstaaten, deren Verfassung keine Instanz zur Erledigung solcher Angelegenheiten kannte, die Möglichkeit, den Bundesrat anzurufen. Letzterer war dann verpflichtet, zunächst zu versuchen, eine gütliche Einigung zu vermitteln. War er damit nicht erfolgreich, musste er sich mit dem Reichstag auf ein Gesetz einigen, das die Sache entweder entschied oder an ein geeignetes Schiedsgericht überwies. In beiden Fällen konnte der Bundesrat das finale Urteil notfalls mit einer Reichsexekution durchsetzen. Dieses Verfahren hatte also den großen Vorteil, sich auf den mächtigsten Vollstreckungsmechanismus stützen zu können, den der Bund überhaupt kannte.

Das ganze Prozedere hatte aus Sicht der monarchischen Regierungen allerdings auch einen Haken: Die Beteiligung des Reichstages brachte ein gewisses Risiko mit sich. Um die in den Einzelstaaten verankerte Souveränität der Monarchen zu schützen, musste der Reichstag davon abgehalten werden, sich zum Helfer der Landtage aufzuschwingen und auf deren Seite in lokale Verfassungskonflikte zu intervenieren, insbesondere, wenn diese die Machtverteilung zwischen Krone und Parlament betrafen. Letzteres war in der Regel immer der Fall, wenn ein Verfassungsdisput innerhalb eines Mitgliedsstaates vor den Bundesrat gebracht wurde, da man allgemein davon ausging, dass die Zuständigkeit der Länderkammer zur Beilegung solcher Dispute nach Vorbild der alten Bundesversammlung nur für Konflikte zwischen den beiden gegensätzlichen Polen des Konstitutionalismus galt. Das bedeutete, dass einzelne Bürger das Verfahren unter Artikel 76.2 der Reichsverfassung nicht nutzen konnten. Beschwerden bezüglich einer vermeintlichen Verletzung bestimmter Grundrechte, die die Verfassung eines Einzelstaates garantierte, waren von dem Prozedere folglich gänzlich ausgenommen – es sei denn, der jeweilige Landtag nahm sich der Sache an und machte die Rechte Einzelner zu einer Verfassungsstreitigkeit mit der Krone beziehungsweise Regierung.[36]

Um den Reichstag daran zu hindern, den Landtagen in einzelstaatlichen Verfassungskonflikten beiseite zu springen und so womöglich die monarchischen Regierungsordnungen der Mitgliedsstaaten zu untergraben, bediente sich der Bundesrat einer ebenso geschickten wie effektiven Taktik: Er manipulierte einfach den Anwendungsbereich von Artikel 76.2. Die Grundidee bestand darin, die Latte für die Zulassung von Disputen zwischen einzelstaatlichen Parlamenten und Regierungen für das beschriebene Verfahren so hochzulegen, dass selbiges nicht als Mittel zur Liberalisierung der Länder benutzt werden konnte. Diese Strategie war keinesfalls neu. Schon im Deutschen Bund waren die Zulassungskriterien des Bundesschiedsgerichtes so hoch, dass der Göttinger Rechtsprofessor Heinrich Albert Zachariä dieses noch in der dritten, im Jahr der Gründung des Norddeutschen Bundes erschienenen Auflage seiner Studie über *Deutsches Staats- und Bundesrecht* als „totgeborenes Kind" bezeichnete. Diese krasse Wortwahl erscheint rückblickend fast zynisch, bedenkt man, dass der Veteran der Frankfurter Paulskirche kurz nach der Veröffentlichung seines Werkes für die Linksliberalen auch ein Mandat im verfassungsgebenden Reichstag ausübte, dort immer wieder mit Änderungsanträgen scheiterte und sich angesichts des historischen Vorbildes zweifelsohne denken konnte, auf welche Weise die Bestimmungen der neuen Bundesverfassung bezüglich der Beilegung einzelstaatlicher Verfassungskonflikte in der Praxis vermutlich ausgelegt werden würden.[37]

Der mit Abstand wichtigste Fall, in dem sich Bismarck und die monarchischen Regierungen dieses Zulassungstricks bedienten, war der jahrzehntelange Konflikt über die Einführung einer modernen Verfassungsordnung in Mecklenburg-Strelitz und Mecklenburg-Schwerin, den Anke John in einer faszinierenden Studie über die Entwicklung der beiden nordostdeutschen Länder im Kaiserreich detailliert nachgezeichnet hat. Die beiden Großherzogtümer formten zusammen den mecklenburgischen Gesamtstaat, waren administrativ aber weitgehend voneinander getrennt. Sie bildeten im Bund insofern eine Ausnahme, als dass sie die beiden einzigen Mitgliedsstaaten waren, die über keine modernen Verfassungen nach dem Modell des deutschen Konstitutionalismus verfügten. Ihre Regierungsstrukturen beruhten auf dem sogenannten Landesgrundgesetzlichen Erbvergleich von 1755, in dem sich die mecklenburgischen Landstände – das heißt die Ritterschaft, die Städte und die Geistlichkeit – auf ein feudales Ständesystem geeinigt hatten. In diesem besaßen die beiden Teilstaaten jeweils eigene monarchische Oberhäupter und Regierungen, aber teilten sich einen gemeinsamen Landtag, der aus den Vertretern der Ritterschaft und 49 mecklenburgischen Städten bestand, einmal jährlich im Herbst für einige Wochen zusammentrat und als Legislativorgan fungierte.[38]

Schon im verfassungsgebenden Reichstag wurden diese anachronistischen Regierungsstrukturen zum Thema. Die Liberalen forderten eindringlich, die Reichsverfassung so zu gestalten, dass die beiden Großherzogtümer dazu gezwungen wären, ordentliche Landesverfassungen mit einem repräsentativ gewählten Parlament einzuführen. Die Konservativen lehnten das als unzulässigen Eingriff in die Landeshoheit ab. Mit Verweis auf eben dieses Argument gelang es Bismarck letztlich, alle Versuche zur Änderung der lokalen Ordnung abzuschmettern, wie wir in Kapitel 3 gesehen haben. Nach der Gründung des neuen Bundes riss die Diskussion um die Mecklenburger Verfassungsfrage aber nicht ab. Der Reichstag erhielt immer wieder Petitionen von lokalen Reformkräften, die das Parlament dazu aufforderten, für eine Modernisierung der rückständigen Verhältnisse in ihren Ländern zu sorgen. Das Gros dieser Anfragen leitete der Reichstag mit entsprechenden Forderungen an den Bundesrat weiter.

Auf diese Weise landeten zwischen 1867 und 1874 gleich drei Anträge vor der Länderkammer, die diese dazu aufforderten, sich des Mecklenburger Verfassungsstreits gemäß des in der Reichsverfassung festgelegten Verfahrens zur Beilegung landesinterner staatsrechtlicher Konflikte anzunehmen. Da eine gütliche Einigung in dieser Auseinandersetzung zwischen den Befürwortern und Gegnern der lokalen Ständeverfassung nicht zu erwarten war, konnte man absehen, dass die ganze Angelegenheit, so sie denn vom Bundesrat zu dem angesprochenen Verfahren zugelassen würde, früher oder später durch ein Reichsgesetz und damit unter Beteiligung des Reichstages erledigt werden müsste. Der Bundesrat lehnte denn auch jede der drei Anfragen ab. Als Begründung führte er dabei jeweils an, dass überhaupt „keine Verfassungsstreitigkeit im Sinne von Art. 76.II" vorliege, die Zulassungsvoraussetzungen für das angestrebte Verfahren also nicht erfüllt seien und er daher die Sache gar nicht verhandeln dürfe. Im ersten Fall, der von den Bewohnern des mit Mecklenburg-Strelitz in Personalunion verbundenen Fürstentums Ratzeburg angestrengt wurde, erübrigte sich eine spezifischere Argumentationslinie, weil vor der Verkündung des Ablehnungsbescheids eine Verfassung in dem kleinen Landfleck oktroyiert wurde. Der zweite Fall war für den Bundesrat schwieriger abzuweisen. Hier ging es um den Antrag einer Bürgergruppe aus Mecklenburg-Schwerin, die den

Bundesrat dazu aufforderte, „die Kompetenz des Freienwalder Schiedsgerichts zur Fällung eines Urteilsspruches in der Mecklenburger-Schwerinschen Verfassungsangelegenheit einer Prüfung zu unterziehen". Das war eine geschickt formulierte Anfrage, die lediglich um ein Kompetenzurteil bezüglich einer anderen gerichtlichen Instanz bat und es dadurch vermied, dem Bundesrat eine direkte Entscheidung in der sensiblen Verfassungsfrage abzuverlangen. Letzterer reagierte jedoch, indem er darauf verwies, dass „Art. 76 [II] […] auf aktuellen Verfassungsbruch von unten oder oben Anwendung finden [könne], nicht aber auf weit zurückliegende Anfechtungen einer bestehenden Verfassung", die in Form des im Landesgrundgesetzlichen Erbvergleich verbürgten Ständesystems ja zweifellos vorlag.[39]

Der letzte der drei Fälle war für den Bundesrat am schwierigsten abzuschmettern, da es sich bei dem Antragssteller dieses Mal nicht um eine Gruppe von Bürgern, sondern um den Magistrat der Stadt Rostock handelte. Der Anlass, den dieser wählte, um eine Erledigung der Mecklenburger Verfassungsfrage beim Bundesrat zu beantragen, brachte die Länderkammer unter Zugzwang. Denn es ging um eine Angelegenheit, die die Interessen des Reiches direkt betraf, nämlich um die Rechtmäßigkeit einer Ausführungsverordnung, die die Schweriner Regierung zur Umsetzung der gerade erst in Kraft getretenen Reichsgewerbeordnung erlassen hatte. Um sich aus dieser Situation herauszuwinden, argumentierte der Bundesrat, „daß […] die von einer Korporation aufgestellte Behauptung, daß ein von den verfassungsmässigen Faktoren der Landesgesetzgebung vereinbartes Gesetz der Landesverfassung nicht entspreche, eine Verfassungsstreitigkeit im Sinne des herangezogenen Artikels der Reichsverfassung überhaupt nicht begründe".[40]

Die politische Motivation hinter den drei Ablehnungsbescheiden war offensichtlich. Der Bundesrat zog alle auch nur irgendwie möglichen Argumente heran, um zu verhindern, dass jene Kräfte, die in Mecklenburg auf eine Reform drängten, den Konfliktlösungsmechanismus der Reichsverfassung dafür instrumentalisieren konnten, ihre eigenen Belange durchzusetzen und damit den Status quo des Bundes zu untergraben. Besonders deutlich wurde das in einem Bericht, den der Justizausschuss im Mai 1869 zur Begründung der Ablehnung des zweiten Falles vorlegte. Wie der zuständige Referent Heinrich Eduard Pape, der ein Jahr später zum ersten Präsidenten des Reichsoberhandelsgerichtes wurde, im Plenum laut der Zusammenfassung des Bundesratsbiografen Heinrich von Poschinger ausführte, sei „die mecklenburgische Verfassung […] notorisch seit 1850 in voller Wirksamkeit und Gilitgkeit [sic]. Dies verstehe sich eigentlich bei einer lange bestanden habenden [sic] Verfassung von selbst, hier aber ganz besonders, da die Regierungen 1866 dem Bunde unmöglich in der Absicht beigetreten sein könnten, ihre bestehenden Verfassungszustände zu erschüttern, sie vielmehr solche durch Vorbehalt des ständischen Zustimmungsrechtes ausdrücklich zur Anerkennung gebracht hätten. Die ganze Bundesverfassung wäre invalidirt, wenn das Gegenteil der Fall wäre, der gesamte Rechtszustand des Landes erschüttert, wenn alle seit fast 19 Jahren vorgenommenen Akte der Gesetzgebung zurückgenommen werden sollten."[41]

Mit solchen Begründungen und der sich daraus ergebenden Abweisung der jeweiligen Anträge folgte der Bundesrat einer Order von oben. Angesichts der Sympathie, die die liberalen Fraktionen im Reichstag dem unablässigen Fluss an Petitionen aus Mecklenburg entgegenbrachten, erklärte Bismarck die geschlossene Opposition der verbündeten Regierungen gegen eine Modernisierung der Großherzogtümer zu einer Frage der Bundestreue. Im Oktober 1871 berichtete der Strelitzer Gesandte Bernhard Ernst von Bülow – der Vater des späteren Reichskanzlers gleichen Namens – an seine Regierung: „Die ganze mecklenburgische Verfassungssache, so sagte der Fürst, gehöre nicht vor den Reichstag; man müsse dem im Prinzip durch Bestreitung der Kompetenz widerstehen. Er denke nicht daran, Verfassungsänderungen von solcher Tragweite zuzugeben; wenn der Reichstag in der Weise dränge, komme man bei der Frage der Gewalt und wer der Stärkste sei, an."[42]

Bismarck sah in dem Mecklenburger Verfassungsproblem also weniger eine Rechts- als eine Machtfrage, die für die Auseinandersetzung um das Gleichgewicht zwischen monarchischen und parlamentarischen Kräften von erheblicher Bedeutung war. Dementsprechend lag unter seiner Anleitung der Fokus des Bundesrates darauf, unter allen Umständen die Schaffung eines Präzedenzfalles zu vermeiden. Der Reichstag sollte keine Möglichkeit erhalten, vermittels der Kompetenz des Reiches zur Beilegung von landesinternen Streitigkeiten Einzelstaaten zur Reform ihrer jeweiligen Verfassung zu zwingen und so die Säulen monarchischer Macht, auf denen der Bund ruhte, ins Wanken zu bringen. Von daher ist es keine Überraschung, dass der Bundesrat während der gesamten Lebensspanne des Kaiserreichs nur zwei Fälle zu dem Verfahren unter Artikel 76.2 zuließ. In beiden ging es um rein technische Streitfragen in zwei relativ unbedeutenden Einzelstaaten. 1886 vermittelte der Bundesrat einen Vergleich zwischen dem Fürsten von Waldeck-Pyrmont und den dortigen Ständen, der die Verwendung eines Sondervermögens zur Schuldentilgung betraf. Vierzehn Jahre später legte er einen Disput zwischen dem Landtag und der Regierung von Lippe über die Anlage einer Wasserleitung in der Residenzstadt Detmold bei. Der Mecklenburger Verfassungsstreit wurde hingegen nie gelöst und blieb daher ein ständiger Zankapfel, der immer wieder Unruhe im föderalen Gefüge zwischen Bund und Ländern stiftete und die Beziehungen zwischen der Reichsregierung und dem Reichstag belastete. Dabei waren die Fronten so verhärtet, dass die reformorientierten Kräfte in Mecklenburg und der Reichstag nach dem Scheitern des dritten Versuchs von 1874 keinen weiteren Anlauf mehr unternahmen, um die Einführung einer modernen Landesverfassung über den Weg der Verfassungsgerichtsbarkeit des Reiches zu erzwingen.[43]

## V. Streitigkeiten zwischen verschiedenen Einzelstaaten

Ganz anders verhielten sich die Dinge, wenn zwei oder mehr Mitgliedsstaaten des Bundes aneinandergerieten. In solchen Fällen bestand das Hauptproblem der verbündeten Regierungen nicht darin, den Reichstag auf Distanz zu halten, sondern darin, den jeweiligen Disput so zu lösen, dass es zwischen ihnen kein böses Blut gab. Ein faires Verfahren abzuhalten und ein für alle Beteiligten annehmbares Urteil zu finden, war eine Frage monarchischer Solidarität. Dieses Lebensprinzip des Bundes hielt die einzelstaatlichen Regierungen ohnehin die meiste Zeit davon ab, den direkten Konflikt miteinander zu suchen. Kam es dennoch dazu, gaben sich die beteiligten Regierungen in der Regel alle Mühe, die jeweilige Angelegenheit hinter den Kulissen schnell und leise aus der Welt zu schaffen. Monarchische Geschlossenheit im Antlitz der parlamentarischen Bedrohung war aus ihrer Sicht schließlich das Herzstück der Bundestreue. In den knapp fünfzig Jahren zwischen der Gründung des Reiches und dem Untergang der Monarchie in der Revolution kam es denn auch nur relativ selten vor, dass verschiedene Einzelstaaten einen Disput auf offener Bühne austragen wollten und den Bundesrat als Schiedsrichter anriefen. Insgesamt kann man nur sieben Konflikte zählen, die sich länger hinzogen und für größeres Aufsehen sorgten.[44]

Es gab allerdings noch einen weiteren Grund dafür, warum das Verfahren, das Artikel 76.1 der Reichsverfassung zur Beilegung zwischenstaatlicher Dispute einrichtete, nicht gerade häufig zum Einsatz kam. Mit Verweis auf die Reichsaufsicht war es für den Bundesrat ein Leichtes, Streitfälle zwischen verschiedenen Mitgliedsstaaten des Bundes unter seine Kontrolle zu bringen und ohne einen offiziellen Prozess zu entscheiden. In dem komplexen Netz sich überlappender nationaler und einzelstaatlicher Kompetenzen war es nicht schwer, einen Vorwand zu finden, um eine Angelegenheit in die Zuständigkeit der Reichsaufsicht zu ziehen. De facto besaßen der Bundesrat und – nachdem sie sich die dortige Vertretung Preußens einverleibt hatte – die Reichsregierung also eine umfangreiche Verfügungsgewalt über alle einzelstaatlichen Dispute. So überstellte der Bundesrat der Reichsaufsicht schon 1872 eine Streitigkeit zwischen Preußen und Hessen über die Besteuerung gewisser Beamter, indem er eine ansonsten wenig beachtete Bestimmung des 1870 in Kraft getretenen Gesetzes über die Doppelbesteuerung aus der Schublade kramte.[45]

Solch technische Angelegenheiten wie die Veranlagung von Beamtengehältern waren typisch für Streitigkeiten zwischen verschiedenen Mitgliedsstaaten des Bundes. Alle sieben Dispute, in denen der Bundesrat im Laufe der Zeit angerufen wurde, betrafen sehr spezifische juristische Probleme. Besonders häufig ging es um Territorial-, Vertrags- und Steuerfragen, wie wir im Folgenden sehen werden. Für ein politisches Organ wie den Bundesrat war es extrem schwierig, sich mit derart komplexen rechtlichen Materien zu beschäftigen und dabei all seine Mitglieder, die in die jeweiligen Fälle verwickelt waren, fair zu behandeln. Seine nach der Reichsgründung von Jahr zu Jahr steigende Arbeitsbelastung machte diese Aufgabe nicht gerade einfacher, zumal, wenn er sich mit mehreren solchen Fällen gleichzeitig zu beschäftigen hatte. Vor diesem Hintergrund entschied sich der vom preußischen Justizminister Heinrich von Friedberg geleitete Justizausschuss gleich bei der ersten sich bietenden Gelegenheit, einen Präzedenzfall zur Einrichtung eines Delegationsverfahrens zu schaffen, das dem oben erwähnten Austrägelmodell des alten Bundes folgte. Dazu nutzte der Ausschuss 1877 einen Konflikt zwischen Preußen und Sachsen über die staatliche Übernahme einer Eisenbahngesellschaft, die die wenige Jahre zuvor eingerichtete Linie zwischen Berlin und Dresden betrieb, nun aber in finanzielle Schwierigkeiten geraten war. Um diesen Streit zwischen zwei der mächtigsten Staaten des Bundes zu entschärfen, dem Bundesrat eine Zerreißprobe zu ersparen und gleichzeitig den Anstoß für eine neue Verfahrenspraxis zu geben, beantragte der Ausschuss, dass „das gemeinschaftliche Ober-Appellationsgericht der freien und Hansestädte in Lübeck ersucht werde, einen Schiedsspruch [...] zu fällen, und beide Königlichen Regierungen verpflichtet werden, sich dem ergehenden Schiedsspruch zu unterwerfen". Das Plenum segnete diesen Antrag wenige Tage später ab. Als das Gericht drei Monate später eine Entscheidung fällte, nahm der Bundesrat das Urteil offiziell zur Kenntnis. Dadurch erkannte er dieses quasi als sein eigenes an und machte es damit rechtskräftig.[46]

Noch im selben Jahr wählte der Bundesrat diesen Weg auch in einem Streitfall über die Besteuerung gewisser thüringischer Eisenbahnen, den wir in Kürze noch genauer betrachten werden. In diesem Fall überwies er die Angelegenheit allerdings an das Reichsoberhandelsgericht in Leipzig. Nachdem Letzteres 1879 im Rahmen der Reichsjustizgesetze vom Reichsgericht ersetzt worden war, delegierte der Bundesrat jeden zwischenstaatlichen Konflikt an eben jene Instanz.

Dadurch setzte sich – ganz so, wie es der Justizausschuss beabsichtigt hatte – ein allgemeines, gerichtsförmiges Verfahren zur Beilegung derartiger Streitigkeiten durch. In der Tat fällte der Bundesrat bis zum Ende des Kaiserreiches in keinem einzigen Konflikt zwischen verschiedenen Einzelstaaten einen eigenen Schiedsspruch. Diese Entscheidung für die Etablierung eines Delegationssystems zugunsten des Reichsgerichtes hatte wohl verschiedene Gründe. Einerseits war der Bundesrat, wie schon angedeutet, ganz einfach auf die Kompetenz von Fachrichtern angewiesen. Andererseits hatte die Einrichtung einheitlicher Verfahrensregeln um ein unabhängiges Gericht den Vorteil, Konflikten zwischen verschiedenen Mitgliedern des Bundesrates die Sprengkraft zu nehmen, die diese potenziell für das zentrale Bollwerk monarchischer Macht haben konnten. Darüber hinaus entsprach die Heranziehung eines unabhängigen, hinsichtlich seiner Kompetenz über jeden Zweifel erhabenen Gerichtes aber auch dem Geist der Reichsjustizgesetze, die zur gleichen Zeit verhandelt wurden wie der angesprochene Präzedenzfall. Dem Justizausschuss, der Letzteren herbeiführte, gehörten viele Mitglieder an, die auch an den Beratungen dieser richtungsweisenden Gesetze zur Reform des deutschen Gerichtswesens beteiligt waren. Man kann deshalb durchaus spekulieren, wie Ulf Björner betont hat, dass die Einrichtung des Delegationssystems zumindest teilweise deswegen erfolgte, um jene Gedanken, die die Reichsjustizgesetze prägten – Unabhängigkeit der Justiz, faires Verfahren, allgemeine Rechtsstaatlichkeit –, auch auf dem Gebiet der Verfassungsgerichtsbarkeit voranzubringen.[47]

Durch die routinemäßige Überweisung der entsprechenden Fälle wurde das Reichsgericht für zwischenstaatliche Konflikte tatsächlich zu einer Art „Reichsverfassungsgericht", wie unter anderem Ernst Rudolf Huber argumentiert hat. Das galt vor allem in dreierlei Hinsicht. Erstens handelte es sich um ein unabhängiges Gericht aus juristischen Fachleuten. Zweitens waren die in solchen Streitfällen ergehenden Urteile des Reichsgerichts endgültig, da sie im Namen des Bundesrates gefällt wurden und daher nicht mehr angefochten werden konnten. Drittens stand hinter den Entscheidungen, die das Reichsgericht infolge einer Überweisung durch den Bundesrat fällte, ein adäquater Vollstreckungsmechanismus. Da die Schiedssprüche verfassungsrechtlich nämlich als Beschlüsse der Länderkammer galten, konnte selbige sie, wenn nötig, durch eine Reichsexekution durchsetzen.[48]

Es ist allerdings wichtig, die Perspektive nicht zu verlieren. In vielen anderen Aspekten hatte das Delegationssystem für zwischenstaatliche Streitigkeiten wenig bis gar nichts mit den rechtsstaatlichen Standards zu tun, wie wir sie zum Beispiel von den Konfliktlösungsverfahren des Bundesverfassungsgerichts her kennen. Vor allem gab es zwei große Probleme. Zum einen war das die preußische Übermacht im Bund. In allen Fällen, in denen der Hegemonialstaat in einen zwischenstaatlichen Konflikt involviert war, galten die normalen Regeln nur unter Vorbehalt. Kein Urteil konnte die preußische Regierung binden, wenn es ihren fundamentalen Interessen widersprach. Dafür kontrollierte diese über ihre organische Verbindung mit der Reichsregierung nicht nur den Bundesrat und damit die wichtigsten Machthebel der Verfassung – allen voran die Reichsexekution – viel zu sehr, sondern sie war wirtschaftlich und finanziell den anderen Einzelstaaten auch einfach zu überlegen. Besonders deutlich wurde das in dem gerade schon kurz erwähnten Konflikt über die Besteuerung der thüringischen Eisenbahnen, den Preußen zwischen 1873 und 1882 mit Sachsen-Weimar-Eisenach und Sachsen-Coburg-Gotha ausfocht. In diesem Fall missachtete Preußen schlicht das Urteil, das das Reichsoberhandelsgericht gefällt hatte, nachdem es die Streitsache vom Bundesrat übernommen hatte. Statt die Besteuerung der thüringischen Eisenbahngesellschaft wie gefordert einzustellen, erhöhte Preußen die entsprechenden Abgaben sogar. Als die zwei Kleinstaaten daraufhin wieder den Verfahrensweg beschritten, entzog sich Preußen einfach einem erneuten Urteil, indem es flugs alle Anteile seiner beiden Prozessgegner an der betroffenen Eisenbahngesellschaft aufkaufte und so die Streitfrage obsolet machte. Dieses Verhalten unterminierte nicht nur die Autorität des Delegationsverfahrens ganz erheblich, sondern signalisierte auch allen anderen Einzelstaaten des Bundes, dass – gleichgültig, was selbst das höchste Gericht entschied – Preußen aufgrund seiner schieren Übermacht in allen Streitfällen stets seinen Willen würde durchsetzen können, wenn es denn nur wollte. Der einzige Grund, warum sich die preußische Staatsführung in der Regel zurückhielt und die meisten Schiedssprüche anstandslos akzeptierte, war im Umkehrschluss die Solidarität unter den monarchischen Regierungen, sprich: das von ihr zwecks der Abwehr aller parlamentarischer und sonstiger Gefahren so hochgehaltene Prinzip der Bundestreue.[49]

Zum anderen litt das Delegationssystem unter einem Mangel an Vertrauen. Die einzelstaatlichen Regierungen setzten lieber auf politische Verhandlungen und Kompromisse als darauf, einen Konflikt unter sich durch ein unberechenbares Urteil klären zu lassen, das von Richtern gefällt wurde, über die sie wenig bis gar keine Kontrolle hatten und die nicht selten liberale Neigungen besaßen. Aus diesem Grund gingen sie in vielen Streitfällen einer Entscheidung des Reichsgerichts aus dem Weg, indem sie entweder erst gar nicht den Bundesrat anriefen oder sich unter dem Druck des Verfahrens auf einen Vergleich einigten, noch bevor die Länderkammer die Sache überweisen konnte. Letzteres geschah zum Beispiel 1883 in einem Streit der beiden Schwarzburger Fürstentümer über die Aufteilung eines gemeinsamen Sondervermögens und drei Jahre später in dem eingangs erwähnten Disput zwischen Preußen und Mecklenburg-Strelitz über die Stauung des Dechower Sees. Im Lichte solcher Verfahren scheint es, dass die Landesregierungen den Konfliktlösungsprozess, der sich im Laufe der Jahre zur Beilegung zwischenstaatlicher Streitigkeiten entwickelte, nicht unbedingt immer deshalb in Anspruch nahmen, um die betroffene Streitsache durch ein gerichtliches Urteil zu entscheiden. Wenn sie den Bundesrat anriefen, lag ihr Interesse vielmehr häufig darauf, durch die Auslösung des Delegationsverfahrens so viel Druck zu erzeugen, dass sie sich mit der jeweils anderen Streitpartei außergerichtlich einigen konnten. Kurzum: Die Verfassungsgerichtsbarkeit war für sie bisweilen kein rechtsstaatlicher Selbstzweck, sondern ein Instrument zur Erleichterung politischer Kompromisse.[50]

Das änderte aber nichts daran, dass das Reichsgericht durch die Etablierung des Delegationssystems seine Position als wichtigste gerichtliche Instanz des Bundes festigte. Nach der Jahrhundertwende kam es sogar gelegentlich vor, dass miteinander streitende Einzelstaaten das Gericht direkt als Schiedsinstanz nominierten, also ohne vorher die jeweilige Streitsache an den Bundesrat gebracht zu haben. Preußen und Braunschweig entschieden sich zum Beispiel für diesen Weg, um 1916 die Verteilung der Einkünfte aus einer gemeinschaftlich betriebenen Lotterie zu klären. Dafür wandten sie sich direkt an den Reichskanzler und baten ihn, ihre Angelegenheit dem Reichsgericht zu überstellen. Das anschließende Urteil fiel zugunsten Braunschweigs aus. Dass Preußen diese Entscheidung anders als noch in den 1870er-Jahren in dem Streit über die thüringischen Eisenbahnen respektierte, war auch ein Zeichen dafür, wie sehr die Autorität des Gerichtes im Vergleich zu derjenigen des ehemaligen Reichsoberhandelsgerichtes in der Zwischenzeit gewachsen war. Wie herausgehoben und gleichzeitig limitiert die Stellung war, die das Reichsgericht im Laufe der Jahre bezüglich der Beilegung staatsrechtlicher Streitigkeiten gewann, zeigt sich allerdings noch deutlicher mit Blick auf jene Art von Verfassungskonflikten, der wir uns als nächstes widmen werden.[51]

# VI. Streitigkeiten zwischen Bund und Ländern

Das Reichsgericht entwickelte sich mit der Zeit auch zur zentralen Instanz für die Erledigung von Konflikten, in denen das Reich mit einem seiner Einzelstaaten aneinandergeriet. Ob solche Dispute vor den Leipziger Richtern landeten oder nicht, hing jedoch ganz wesentlich von der politischen Bedeutung des jeweiligen Streitgegenstandes ab. Alle Fälle, die über die Jahre vor das Reichsgericht gebracht wurden, betreffen mehr oder weniger triviale Angelegenheiten. Das lässt sich an den bekanntesten Beispielen sofort erkennen. 1880/81 musste sich das Reichsgericht mit einem Streit zwischen Preußen und dem Reich über die Nutzung der Dienstwohnung eines Divisions-Kommandeurs beschäftigen. Vier Jahre später sah das Gericht die beiden Streitparteien wieder, um über die Übernahme der Reparaturkosten für einen entgleisten Eisenbahnwaggon zu urteilen. Anfang 1906 verhandelte das Gericht erneut einen Streit zwischen dem Reich und dem Hegemonialstaat. Dieses Mal ging es um die Kosten für die Konstruktion eines Eisenbahntunnels. Im darauf folgenden Jahr hatte es das Gericht schließlich mit einem Konflikt zwischen Hamburg und dem Reich über die Nutzung ausländischer Telegrafensysteme auf deutschen Schiffen zu tun.[52]

Bei all diesen Verfahren stand – politisch gesehen – nicht viel auf dem Spiel. Der Ausgang eines Streits über einen umgekippten Eisenbahnwagen oder die Vermietung eines Appartements hatte keinen großen Einfluss auf die Machtstrukturen des Bundes. Von daher konnten das Reich und die betroffenen Länder – insbesondere der so häufig beteiligte Hegemonialstaat Preußen – die Erledigung solcher Angelegenheiten getrost dem Reichsgericht überlassen. Wann immer es aber zwischen den verschiedenen Regierungsebenen des Bundes zu einem Streit kam, in dem es um ein für das Gleichgewicht zwischen monarchischen und parlamentarischen, unitarischen und partikularistischen oder hegemonialen und bündischen Kräften wichtiges Problem ging, hüteten sich die Regierungen des Reiches und der Einzelstaaten davor, das Reichsgericht zu involvieren. Das galt ganz besonders, wenn eine Streitfrage die spezielle Stellung Preußens im Bund und/oder die monarchischen Schutzstrukturen der Verfassung berührte. Um diesen Zusammenhang besser zu verstehen, lohnt es sich, drei der massivsten Konflikte zwischen Preußen und dem Reich nacheinander etwas genauer zu betrachten.

Das 1877 erlassene Gerichtsverfassungsgesetz verpflichtete die Einzelstaaten dazu, ordentliche Oberlandesgerichte mit entsprechenden Gerichtsbezirken einzurichten. Für Bremen war das ein Problem. Die Hansestadt war so klein, dass sie für sich allein keinen vollen Oberlandesgerichtsbezirk bilden konnte. Der Bremer Senat bat deshalb die preußische Regierung, einen Bezirk einzurichten, der neben der Hansestadt auch Teile der preußischen Provinz Hannover umfassen würde. Bismarck unterstützte diesen Plan, hatte sich Bremen seit der Gründung des Bundes doch als einer der loyalsten Unterstützer der preußisch dominierten Staatsführung des Reiches erwiesen. Im Februar 1877 legte Bismarck dem aus Hannover stammenden preußischen Justizminister Adolph Leonhardt daher schriftlich dar, was für ein „politischer Gewinn darin liegen" würde, „wenn durch

Errichtung eines Kondominatsgerichts in Bremen die Grenzen der Justizhoheit und die Justizverwaltung nicht unbedingt an die Landesgrenzen gebunden blieben". Indem er dabei in aller Deutlichkeit unterstrich, dass „die Ausführung des Planes [...] in allgemeinen Reichsinteressen [sei]", erklärte er die Einwilligung in die Schaffung einer solchen Institution praktisch zu einer Frage der Bundestreue.[53]

Leonhardt lehnte den Bremer Vorschlag aber genauso ab wie die meisten seiner Ministerkollegen im preußischen Staatsministerium. Unter seiner Führung betonten sie, wie Bernhard Ernst von Bülow, der mittlerweile zum Staatssekretär des Auswärtigen Amtes aufgestiegen war, berichtete, „daß es sich [bei der Einrichtung der Gerichtsbezirke] um eine innere preußische, durch fremde Staaten oder den Reichsgedanken nicht zu beeinflussende Angelegenheit handle", was schon daran erkennbar sei, „daß ihrerseits alle deutschen Fürsten [...] an der Ehre eines eigenen Oberlandesgerichts tunlichst lange [festhielten]". Die rebellierenden Minister argumentierten also, dass Preußen nicht dazu gezwungen sei, eine sich aus dem Gerichtsverfassungsgesetz ergebende Verpflichtung zu erfüllen beziehungsweise einem anderen Staat dabei zu helfen, wenn dadurch die eigene Justizhoheit beeinträchtigt werden würde.

Dass sich die Mehrheit des Kabinetts auf diese Sichtweise versteifte, hatte verschiedene Gründe, wie Bülow in seinem Bericht erläuterte. Zum einen war vielen Ministern der Sonderstatus der Hansestadt, die zum Beispiel vom gemeinsamen Zollgebiet des Reiches befreit war, seit Langem ein Dorn im Auge. Sie sahen in der Verweigerung eines gemeinsamen Gerichtsbezirkes daher eine gute Gelegenheit, dem Bremer Senat eins auszuwischen. Zum anderen beriefen sie sich darauf, dass ein gemeinsames Gericht der Hannoveraner Bevölkerung angesichts ihrer traditionellen Abneigung gegen Bremen nicht zugemutet werden könne, wie ihnen der lokale Wahlkreisabgeordnete und nationalliberale Fraktionsführer im Reichstag Rudolf von Bennigsen versichert habe. Folglich lehnte das preußische Kabinett denn auch „jedes Eintreten auf Bremische Anträge unter Voraussetzung einer Zuteilung hannoverscher Distrikte" mit sechs zu drei Stimmen ab. Lediglich ein preußischer Ressortminister und die beiden Mitglieder der Reichsregierung, die einen Sitz im Staatsministerium hatten, nämlich Bülow und der Kanzleramtspräsident Karl von Hofmann, stimmten für die Aufnahme von Verhandlungen über die Errichtung eines gemeinsamen Oberlandesgerichtes.[54]

Bismarck geriet angesichts dieses bundesunfreundlichen Verhaltens außer sich, zumal sich das Staatsministerium auch noch zum Sprachrohr eines ohnehin schon äußerst einflussreichen, die Reichsleitung immer wieder vor sich hertreibenden Parlamentariers machen zu lassen schien. In einer schriftlichen Stellungnahme drohte Bismarck dem Kabinett, dem er ja selbst in seiner Funktion als preußischer Ministerpräsident vorstand, ziemlich unverhohlen mit einer Reichsexekution, sollte es weiterhin seiner Bundespflicht, Bremen zu helfen, nicht nachkommen. Als Begründung verwies er auf die Überwachungsaufgaben des Kaisers im Rahmen der Reichsaufsicht. Aus diesen ergebe sich „für den Reichskanzler, welcher verfassungsmäßig die Verantwortlichkeit für die kais. Anordnungen zu tragen [habe], die korrelate Pflicht, überall, wo sich die Ausführung eines Reichsgesetzes in einem dem Inhalt oder der Absicht desselben widerstreitenden Sinn bemerkbar [mache], eine Remedur dagegen seitens des Reichs [nachzusuchen]", sprich: diesen Missstand mit allen nötigen Mitteln zu beheben. „Dieser [...] unbestreitbare Rechtssatz auf den vorliegenden Fall angewendet, [ergebe] für den Reichskanzler die Pflicht, [den] bezüglich der Ausführung der Reichsjustizgesetze in Preußen gefaßten Beschluß [des Staatsministeriums] der Prüfung vom Standpunkte des Reiches zu unterziehen, um sich unter Umständen die Möglichkeit einer Remedur desselben durch das Reich und dessen Gesetzgebung offen zu halten". Schließlich beruhe „der Beschluss des kgl. Staatsministeriums, obgleich derselbe zunächst eine Frage preußischer Justizorganisation [regele], [...] auf dem Grunde eines Reichsgesetzes und [sei] dazu bestimmt, ein solches zur Ausführung zu bringen; die Lösung dieser Aufgabe [dürfe] nicht lediglich aus dem Gesichtspunkt der Interessen der einzelnen Staaten gesucht, sondern [müße] in einer Weise vorgenommen werden, welche geeignet [sei], gleichzeitig die Interessen der deutschen Gerichtsorganisation überhaupt zu fördern, jedenfalls eine solche nicht zu beeinträchtigen". Daher wolle er „darüber keinen Zweifel bestehen lassen, daß [er sich] durch jenen Beschluß in [seiner] Eigenschaft als Reichskanzler nicht dergestalt für gebunden erachte, daß [er] dem gefaßten Beschlusse gegenüber auf die Wahrung der deutschen Gesamtinteressen im Wege der Reichsgesetzgebung zu verzichten bereit wäre".[55]

Im Zentrum dieser Konfrontation standen zwei grundlegende Fragen bezüglich des komplexen Netzes an teilweise widersprüchlichen einzel- und gesamtstaatlichen Interessen, das die Reichsverfassung aufspannte: Durfte ein Reichsgesetz eine Verpflichtung aufstellen, deren Erfüllung einen Eingriff in die Souveränität der Einzelstaaten voraussetzte? Und war der Kanzler infolge der Reichsaufsicht dazu verpflichtet, Maßnahmen, die sich aus Reichsgesetzen ergaben, notfalls mit Gewalt gegen sein preußisches Heimatkabinett durchzusetzen? Nur ein gerichtliches Urteil hätte diese Fragen ein für alle Mal klären können. Weder Bismarck noch die aufbegehrenden preußischen Minister dachten jedoch auch nur eine Sekunde lang daran, sich zur Beilegung des Streits an das Reichsgericht zu wenden. Dazu war das Risiko, dass eine Entscheidung des Gerichtes die hegemonialen Strukturen des Bundes untergraben, ja womöglich die organische Verbindung zwischen Reichskanzler- und preußischem Ministerpräsidentenamt in Zweifel ziehen könnte, viel zu groß. Dementsprechend ließen sie die ganze Sache erst für einige Zeit vor sich hinbrodeln und einigten sich dann auf einen politischen Kompromiss. Dieser sah vor, auf ein gemeinsames Oberlandesgericht für Hannover und Bremen zu verzichten, dafür aber in Anregung zu bringen, die drei großen Hansestädte in einen Gerichtsbezirk zusammenzufassen. Gemäß dieses Vorschlages der preußischen Regierung gründeten Bremen, Hamburg und Lübeck 1879 das Hanseatische Oberlandesgericht. Während das praktische Problem damit gelöst war, blieb die Rechtsunsicherheit bezüglich der genauen Pflichten des Kanzlers und des Ausmaßes der Souveränität der Einzelstaaten beziehungsweise der Suprematie des Reiches bestehen. Das untergrub die föderale Ordnung schon allein insofern, als es den Boden für weitere derartige Konflikte nicht trockenlegte.[56]

Noch viel intensiver waren Streitigkeiten über Fragen einzelstaatlicher Souveränität immer dann, wenn es der Reichstag war, der versuchte, in die landeshoheitlichen Angelegenheiten der preußischen Regierung einzugreifen. Derartige Dispute entwickelten sich quasi automatisch zu einem Kräftemessen zwischen den wichtigsten monarchischen und parlamentarischen Stellen des Bundes. Angesichts dessen verließ sich die preußische im Verbund mit der Reichsregierung in solchen Konflikten ganz auf die altbewährten politischen Machtmittel, anstatt den für sie riskanten Rechtsweg über das Reichsgericht zu beschreiten. So zum Beispiel auch beim Streit über die preußische Einwanderungspolitik. Anfang der 1880er-Jahre kam es in den preußischen Ostprovinzen zu einem starken Zuzug von polnischstämmigen Immigranten aus dem russischen Teil Polens und dem zum Habsburgerreich gehörenden Kronland Galizien. Gleichzeitig wanderten immer mehr Deutsche aus Westpreußen und Posen in die großen Industriezentren in den westlichen Teilen des Reiches ab. Infolge dieser beiden Entwicklungen verschob sich das Nationalitätengleichgewicht in den ostelbischen Gebieten Preußens immer mehr zugunsten der Polen. Dieser „Polonisierung" versuchte die preußische Regierung mit einer strikten Eindämmungspolitik zu begegnen. Eine der ersten Maßnahmen, die sie dazu ergriff, war 1885 eine Massenausweisung von 30 000 Polen mit russischer und österreichischer Staatsangehörigkeit.[57]

Die polnische Partei, die sich schon seit der Reichsgründung eine ständige Fehde mit der preußischen Regierung um die Rechte der polnischen Minderheit lieferte, reagierte darauf umgehend, indem sie den Reichstag einschaltete. Das war eine neue Strategie. Bisher hatte die polnische Partei ihre Proteste stets im preußischen Abgeordnetenhaus vorgebracht. Im Reichstag waren die Mehrheitsverhältnisse für die polnische Sache aber günstiger. Hier waren mit dem

Zentrum und den Liberalen jene Parteien, bei denen die Verteidigung katholischer Interessen beziehungsweise der Minderheitenschutz zum Kernprogramm gehörten, deutlich stärker als im preußischen Abgeordnetenhaus, wo wegen des Dreiklassenwahlrechtes die Konservativen dominierten. Mit der Rückendeckung dieser Parteien sowie der Sozialdemokraten brachte der angesehene Theologe Ludwig von Jazdzewski am 1. Dezember im Namen der polnischen Fraktion eine Interpellation „betreffend die Ausweisung Nichtdeutscher aus den östlichen Provinzen des preußischen Staates" in den Reichstag ein, die von 155 der insgesamt 397 Abgeordneten unterzeichnet worden war. Darin wurde die „Reichsregierung" aufgefordert zu erläutern, „ob [sie] bereits Schritte gethan [habe] oder noch zu thun beabsichtige, um der weiteren Durchführung der verhängten Maßregel [zur Deportation der Polen] entgegen zu wirken".[58]

Bismarck reagierte auf diesen Vorstoß, durch den der Reichstag eine Kontrollfunktion über die preußische Innenpolitik beanspruchte, mit schwerstem Geschütz. Gleich nach der Aufrufung der Interpellation verlas er im Reichstag eine Botschaft des Kaisers, die die Anfrage aufs Schärfste verurteilte. Dieser liege „die Rechtsauffassung zu Grunde [...], als ob in Deutschland eine Reichsregierung [bestünde], die verfassungsmäßig in der Lage [sei], Schritte zu thun, um die Durchführung von Maßregeln zu hindern, welche [vom preußischen König] in [seinem] Königreich [...] bezüglich der Ausweisung ausländischer Unterthanen angeordnet worden [sei]". Für diese „Rechtsauffassung [finde sich aber] in keiner Bestimmung der Bundesverträge, der Verfassung oder der Gesetze des Reichs [ein] Anhalt". Denn „es [gebe] keine Reichsregierung, welche berufen [sei], unter der Kontrole des Reichstags, wie sie durch jene Interpellation versucht [werde], die Aufsicht über die Handhabung der Landeshoheitsrechte der einzelnen Bundesstaaten zu führen, soweit das Recht dazu nicht ausdrücklich dem Reiche übertragen worden [sei]". Man „dürfe das Zeugniß der durch [die] Bundesgenossen geeinigten Nation dafür anrufen, daß die verfassungsmäßigen Rechte der Volksvertretung von [...] den verbündeten Regierungen jederzeit sorgfältig geachtet worden [seien]". Daher dürfe man „auch erwarten, daß der Reichstag mit gleicher Gewissenhaftigkeit die Rechte eines Jeden der verbündeten Fürsten und Freien Städte achten werde". Schließlich beruhe „auf [eben] dieser Gegenseitigkeit [...] das Vertrauen, welches die deutschen Stämme und ihre Fürsten und Obrigkeiten der Reichsverfassung [entgegenbrächten]". Da „es [ein] ernstes Bemühen [sein müsse], dieses Vertrauen allerseits ungeschwächt zu erhalten", sei der Kaiser dazu verpflichtet, dem Reichstag mitzuteilen, dass „die Rechtsauffassung, zu welcher die Mehrzahl der anwesenden Abgeordneten durch ihre Unterstützung der gedachten Interpellation sich bekannt [habe], [aus den genannten Gründen] im Widerspruch mit dem deutschen Verfassungsrechte [stünde], und daß [er deshalb] etwaigen Versuchen einer Bethätigung derselben nicht nur [seine] Mitwirkung versagen, sondern [all solchen Versuchen] gegenüber die Rechte einer Jeden der verbündeten Regierungen nach Maßgabe des Bundesvertrages vertreten und schützen [werde]".[59]

In seiner Gegenattacke stellte Bismarck also wieder einmal auf den angeblichen Charakter des Reiches als Fürstenbund ab. Seine Argumentationslinie war dabei genauso einfach wie bedrohlich: Da die vertragliche Grundlage dieses Bundes verletzt werde, wenn der Reichstag davon ausgehe, dass es eine Reichsregierung gebe, die er mit einer Intervention in eine landeshoheitliche Angelegenheit eines Monarchen beauftragen könne, sei es die Pflicht des Kaisers, entsprechende Gegenmaßnahmen gegen das Parlament zu unternehmen. Das war eine unverhohlene Androhung von Zwangsmaßnahmen, bei der sogar die Auflösung des „Bundesvertrages" – das heißt, die Annullierung der Verfassung – und damit die Beseitigung des Reichstages mitschwang. Um die Ernsthaftigkeit dieser Möglichkeit zu unterstreichen, betonte die Botschaft, dass die Abwehr der Interpellation für den Kaiser eine Frage der Bundestreue unter den „verbündeten Fürsten" sei. Da diese „wesentliche und unbestrittene Hoheitsrechte der Einheit der Deutschen Nation willig geopfert und dem Reichstage bezüglich [ihrer] Staaten weitgehende Rechte eingeräumt [und] die dadurch geschaffenen Rechte und Prärogativen des Reichtags stets unverbrüchlich geachtet [hätten]", sei der Kaiser „mit gleicher Gewissenhaftigkeit [...] auch entschlossen, die Rechte [seiner] angestammten [preußischen] Krone so, wie sie nach den Bundesverträgen zweifellos in Geltung [stünden], nicht minder wie die eines Jeden [seiner] Bundesgenossen, unverdunkelt und unvermindert zu erhalten und sie zu schützen".[60]

Den Grund, warum Bismarck wegen einer bloßen Interpellation so tief ins bündische Waffenarsenal griff, erläuterte er gleich im Anschluss an die Verlesung der Botschaft. Die Anfrage des Reichstages sei nichts anderes als „der Versuch [...], eine vorausgesetzte Reichsregierung zu einer Pression auf den König von Preußen zu Gunsten ausländischer Ansprüche und Interessen herbeizuführen". Was diesen Versuch so schlimm mache, sei die breite Unterstützung quer durch die Parteien. „Wenn [er] lediglich von den polnischen Abgeordneten ausgegangen wäre" und vielleicht noch „von der sozialdemokratischen Fraktion, allenfalls auch von den sonstigen ausländischen Elementen" des Parlamentes, das heißt den Vertretern der dänischen und elsässischen Minderheiten, „so [wäre] darauf nicht in dieser Form reagirt worden". Durch die Beteiligung der Links- und Nationalliberalen werde die Sache aber ernster. Der schon immer auf Reichsministerien drängenden Fortschrittspartei könne man das ob ihrer steten „stiefmütterlichen Behandlung" der Verfassung noch nachsehen. „Wenn aber eine so gewichtige und angesehene Partei, wie das Zentrum [...] in der Gesammtzahl ihrer anwesenden Mitglieder eine solche Rechtsauffassung sich [aneigne] und [unterstütze], so [gebe] das der Sache doch ein Gewicht, dem gegenüber ein voller und formeller Protest wohl angebracht [sei]". Denn „man habe bisher allgemein in dieser Partei – und namentlich [hätten] die einzelnen verbündeten Regierungen es gethan – eine sichere Stütze und einen Hort für diejenigen Rechte zu besitzen geglaubt, welche den einzelnen Regierungen und Landesherren durch die Verfassung gesichert [seien]". „Wenn nun auch das Zentrum die Hand dazu [biete], einen Weg zu betreten, in dessen weiterer Verfolgung die Möglichkeit einer Entwickelung des Reichstags in unitarischer Richtung [liege], zu einer Art von Konvent, welcher die Befugniß hätte, [...] unter Zuhilfenahme einer von der Majorität unterschriebenen Interpellation, die verschiedenen deutschen Landesherren, heute den König von Preußen, morgen den König von Bayern, übermorgen vielleicht den Goßherzog von Baden oder von Hessen vor seine Schranken zu rufen, um sich zu rechtfertigen [...] über die Art, wie sie die ihnen zweifellos zustehenden Landeshoheitsrechte namentlich in Bezug auf Ausländer ausüben, [dann sei] das eine Entwicklung der Verfassung, die im Widerspruch mit den Bundesverträgen [stehe], auf denen die Verfassung [beruhe], eine Entwicklung, an der die verbündeten Regierungen sich nicht betheiligen [könnten]". Infolgedessen lehne er in deren Namen „die Beantwortung dieser Interpellation" rundweg ab und werde „sich an einer Erörterung über dieselbe nicht betheiligen". Um diese Mahnung an das Zentrum und die Ernsthaftigkeit der ausgesprochenen Drohung zu unterstreichen, verließ Bismarck daraufhin gemeinsam mit allen anwesenden Bundesratsbevollmächtigten demonstrativ den Sitzungssaal des Reichstages.[61]

Das zeigte Wirkung. Der Zentrumsführer Ludwig Windthorst beantragte umgehend, „die Interpellation [...] von der Tagesordnung abzusetzen, damit [man] ruhig überlegen [könne], was einem Akte dieser Art gegenüber zu thun [sei]". In der anschließenden Haushaltsdebatte nutzten die Unterzeichner der Interpellation allerdings trotzdem noch am gleichen Tag die Gelegenheit, um ihre Sicht auf die preußische Polenpolitik und die Botschaft des Kaisers darzulegen. Dabei hielt sich das Zentrum auffallend zurück. Offenbar hatte Bismarcks Appell gefruchtet, die Partei möge sich wieder auf ihre Verantwortung als einer der wichtigsten Kooperationspartner der verbündeten Regierungen besinnen. Dafür verhielten sich die Liberalen umso aufmüpfiger. Vor allem die angesehenen Staatsrechtler in ihren Reihen nahmen kein Blatt vor den Mund. Der Kieler Rechtsprofessor Albert Hänel und sein Erlanger Kollege Heinrich Marquardsen, die der freisinnigen beziehungsweise der nationalliberalen Fraktion angehörten, legten eindrucksvoll offen, wie widersprüchlich die Interventionspraxis des Reiches in landeshoheitliche Angelegenheiten war. Dabei zeigten sie gleich mehrere Wege auf, über die sich für den Reichstag ein Recht begründete, die Reichsleitung dazu aufzufordern, die Deportationspolitik Preußens zu unterbinden. Hänel verwies in Anlehnung an einen zuvor bereits von Windthorst aufgeworfenen Gedanken darauf, dass das Reich für die Fremdenpolizei zuständig sei, „und zwar nicht etwa bloß gesetzgeberisch, [sondern auch und gerade] im Wege der Beaufsichtigung". Außerdem betonte er, dass Preußen seine Maßnahmen ja nicht zuletzt mit dem Schutz von Handel und Gewerbe begründet habe, also von zwei Materien, die die Verfassung zu Reichskompetenzen erklärte. Marquardsen führte zudem aus, dass für alle Fragen bezüglich der Beziehungen der Einzelstaaten zum Ausland – also auch für massenhafte Ausweisungen von nicht deutschen Staatsbürgern – „in letzter Instanz [...] das Reich" zuständig sei, da dessen völkerrechtliche Vertretung dem Kaiser obliege.[62]

Jede dieser Argumentationslinien stellte auf die Reichsaufsicht ab, wie Ernst Rudolf Huber deutlich gemacht hat. Das Recht, dieses Instrument zur Kontrolle der Einzelstaaten auszuüben, lag zwar nicht beim Reichstag, sondern beim Kaiser und beim Bundesrat. Es war für den Reichstag jedoch vollkommen legitim, diese beiden in einer Interpellation zu fragen, ob sie es nicht für angebracht hielten, wegen einer bestimmten Verhaltensweise ein Reichsaufsichtsverfahren gegen einen Einzelstaat einzuleiten. Sowohl Hänels als auch Marquardsens Begründungen waren also gut fundiert. Allein: Ohne eine bindende richterliche Entscheidung in der Angelegenheit führten alle Argumente – so gut sie auch waren – letztlich zu nichts.[63]

Eine solche war aber vollkommen ausgeschlossen. Der Reichstag hatte keine Möglichkeit, die Streitsache vor das Reichs- oder irgendein anderes unabhängiges Gericht zu bringen. Die Regierungsverantwortlichen um Bismarck in Preußen und im Bund hatten wiederum keinerlei Interesse an einem gerichtlichen Verfahren. Das Risiko, dass ein Gericht offiziell bestätigen könnte, dass seit der Reichsgründung eine von Preußen unabhängige Reichsregierung – eben so, wie es die Interpellation annahm – entstanden war und dass der Reichstag das Recht hatte, diese mit der Überprüfung einzelstaatlicher Maßnahmen zu beauftragen, war viel zu groß. Ein solches Urteil hätte nicht nur allen Forderungen, den Kanzler und die Staatssekretäre der Reichsämter zu verantwortlichen Reichsministern zu machen, enormen Auftrieb gegeben. Überdies hätte es auch noch einen Präzedenzfall für ein Recht des Reichstages geschaffen, die monarchischen Regierungen zu überwachen, gegebenenfalls in den Einzelstaaten zu intervenieren und so im schlimmsten Fall die dortigen Verfassungsverhältnisse nach seinen Vorstellungen anzupassen.

Alles, was die Unterzeichner der Interpellation tun konnten, war folglich, den Reichstag dafür zu nutzen, ein Zeichen zu setzen. Nach der Weihnachtspause hoben sie das Thema im Januar wieder auf die Tagesordnung und nahmen schließlich eine von Windthorst eingebrachte Resolution an. Darin hieß es, „daß die von der Königlich Preußischen Regierung verfügten Ausweisungen russischer und österreichischer Unterthanen nach ihrem Umfange und nach ihrer Art nicht gerechtfertigt [erschienen] und mit dem Interesse der Reichsangehörigen nicht vereinbar [seien]". Das war eine unmissverständliche Missbilligung der Haltung des Kanzlers. Die rechtlichen Probleme, die der Streit aufgeworfen hatte, konnte diese symbolhafte Aktion freilich nicht klären. Im Gegenteil: Das Missbilligungsvotum musste Bismarck und die Reichsregierung noch darin bestärken, Angelegenheiten wie diese im Namen der verbündeten Regierungen primär nicht als Rechts-, sondern als Machtfrage im Ringen zwischen monarchischen und parlamentarischen Kräften zu behandeln. Der Disput über die preußische Deportationspolitik brachte daher nicht nur für den Moment erhebliche Unruhe in das föderale Regierungssystem. Durch die Verstärkung eines politischen Konfliktlösungsansatzes und die Offenlegung, aber nicht Beseitigung ganz entscheidender rechtlicher Unklarheiten im Verhältnis zwischen Reich und Einzelstaaten belastete er die Entwicklung des Bundes vielmehr langfristig.[64]

Eine noch deutlich größere Bürde war in dieser Hinsicht die Auseinandersetzung um das preußische Dreiklassenwahlrecht. Sie brach nach dem Abgang der den preußisch-deutschen Dualismus zumindest halbwegs im Zaum haltenden Überfigur Bismarck mit aller Macht aus und zog sich danach bis zum Untergang der Monarchie hin. Das vorhergehende Kapitel hat bereits eingehend geschildert, wie schwer es die voneinander abweichenden Wahlrechte des preußischen Abgeordnetenhauses und des Reichstages für die verschiedenen Kanzler der Wilhelminischen Epochen machten, das Reich zu regieren. Schon 1891 und 1893 unternahm die Regierung Caprivi deswegen mehrere kleinere Anpassungen am Dreiklassenwahlrecht, wie zum Beispiel eine Neugliederung der Urwahlbezirke und eine Ausweitung der Berechnungsgrundlage des Gesamtsteueraufkommens auf die Kommunalsteuern. Diese technischen „Reförmchen" änderten aber nichts an dem fundamentalen Problem, dass das Dreiklassenwahlrecht ob des anhaltenden Bevölkerungswachstums und der starken Wanderungsbewegung vom Land in die Großstädte das Verhältnis zwischen den prozentual abgegebenen Stimmen für eine Partei und deren tatsächlich gewonnenen Mandaten immer mehr verzerrte und dadurch die Gegensätze zwischen den Mehrheiten im Abgeordnetenhaus und im Reichstag weiter verschärfte. Ab der Jahrhundertwende nahm daher in allen politischen Lagern die Kritik am preußischen Wahlrecht zu. Die Nationalliberalen und das Zentrum, die sich bis dahin als Nutznießer des Zensuswahlrechtes zurückgehalten hatten, forderten nun zumindest die Überarbeitung einzelner zentraler Bestimmungen. Für eine Fundamentalreform warben die Linksliberalen, wobei sie zwischen Vorschlägen zur Neueinteilung der Wahlkreise, der Einführung des geheimen Wahlrechtes und der sofortigen Übernahme des Reichstagswahlrechtes hin- und herschwankten. Am deutlichsten positionierte sich die Partei, die vom Dreiklassenwahlrecht mit Abstand am meisten benachteiligt wurde: die SPD.[65]

Am 2. Dezember 1905 brachten die Sozialdemokraten einen Antrag in den Reichstag ein, der das Parlament dazu aufforderte, dem von ihnen ausgearbeiteten Gesetzentwurf „betreffend die Volksvertretung in den Bundesstaaten und in Elsaß-Lothringen" zuzustimmen. Der Entwurf sah vor, den dritten Artikel der Reichsverfassung mit einem Zusatz zu versehen, laut dem „in jedem Bundesstaat und in Elsaß-Lothringen [...] eine auf Grund des allgemeinen, gleichen, direkten und geheimen Wahlrechtes gewählte Vertretung bestehen [müsse]", deren „Zustimmung [...] zu jedem Landesgesetz und zur Feststellung des Staatshaushalts-Etats erforderlich" zu sein habe. „Das Recht, zu wählen und gewählt zu werden", sollte dabei allen „über 20 Jahre alten Reichsangehörigen ohne Unterschied des Geschlechtes in dem Bundesstaate, in dem sie ihren Wohnsitz haben", zustehen.[66]

Dieser Antrag hatte aus Sicht der Sozialdemokraten gleich zwei Vorteile. Zum einen versprach er, mehrere Fliegen mit einer Klappe zu schlagen. Denn die Einführung eines derartigen, für alle Einzelstaaten gültigen Homogenitätsgebots hätte nicht nur das preußische Wahlrechtsproblem gelöst, sondern gleichzeitig auch eine Modernisierung der Verfassungsverhältnisse in Elsass-Lothringen und in den beiden Mecklenburger Großherzogtümern erzwungen. Überdies hätte er für alle deutschen Landtage das Frauenwahlrecht eingeführt. Zum anderen verlagerte der Antrag die Auseinandersetzung um das preußische Wahlrecht wirkungsvoll von der Landes- auf die Reichsebene, genauer gesagt: in den Reichstag. Das war vor allem deshalb wichtig, weil die SPD hier als zweitstärkste Fraktion hinter dem Zentrum deutlich mehr Einfluss hatte als in Preußen, wo sie wegen des Dreiklassenwahlrechts keinen einzigen Sitz im Abgeordnetenhaus hielt.

Der Antrag war rechtlich sehr geschickt durchdacht. Die Verfassung konnte jederzeit durch ein einfaches Reichsgesetz geändert werden. Es bestand also ohne jeden Zweifel ein berechtigter Grund zu der Annahme, dass das Reich das Recht habe, ein Homogenitätsgebot einzuführen und dadurch in die Verfassungsverhältnisse der Länder einzugreifen. Nicht umsonst war die Schaffung einer solchen Vorschrift schon im verfassungsgebenden Reichstag lang und breit diskutiert worden, wie wir im zweiten Kapitel gesehen haben. Der Antrag setzte die Reichsregierung denn auch spürbar unter Druck. Der für Wahlrechtsfragen zuständige Chef des Reichsinnenamtes Arthur von Posadowsky-Wehner sah sich im Laufe der Beratungen gezwungen, die „schweren Mängel" des Dreiklassenwahlrechts vor dem Reichstag offen einzugestehen und sein Bedauern darüber zu äußern, „daß die Arbeiter nicht auch in genügender Zahl im preußischen Parlament vertreten" [seien]. Um den Vorstoß dennoch zu entkräften, führte er ganz in Bismarckscher Manier den Fürstenbundscharakter des Reiches ins Feld. „Die Reichsverfassung [bestehe] zunächst aus einem Bunde, den die deutschen Fürsten miteinander geschlossen [hätten]" und der alsbald „durch die Gesetzgebung der Einzelstaaten sanktioniert worden [sei]". Daraus folge, dass „die Reichsinstanz im föderalistischen Staate [...] von den Bundestaaten und unter der Bedingung des innerhalb derselben gültigen Rechts" geschaffen worden sei. Man könne daher nicht einfach hingehen und „jenen Spieß umdrehen", das heißt, „das Reich den Hebel [ansetzen lassen], um die innere Verfassung der Bundesstaaten zu ändern, um das verfassungsmäßige Verhältnis zu ändern zwischen Regierung und Volksvertretung". Denn „das würde [...] dem föderalistischen Prinzip schnurstracks entgegenlaufen". Außerdem sei die Motivation des Antrages nur, Sozialdemokraten und damit deren umstürzlerische Agitation in das preußische Abgeordnetenhaus zu bringen. Warum die Regierung dazu „die Hand [...] bieten [solle], daß eine Partei in die Volksvertretung [Preußens] ihren Einzug [halte], die [erkläre], ihr Ziele sei die Beseitigung des bestehenden [monarchischen] Staates", sei ihm schleierhaft. Aber auch für die bürgerlichen Parteien gelte, wenn sie die SPD bei diesem Versuch unterstützen würden: „Nur die allergrößten Kälber, geh'n zu ihrem Schlächter selber."[67]

Diese Mischung aus bündischer Rhetorik und Appell an das jeweilige Eigeninteresse war insofern effektiv, als sie dabei half, die antisozialistische Mehrheit im Reichstag zu mobilisieren. Das Zentrum und die konservativen Parteien verwarfen den Antrag als einen unerlaubten Eingriff in die Verfassungsautonomie der Länder. Die dort jeweils geltenden Wahlrechtsbestimmungen fielen ihrer Meinung nach bei allen Problemen, die das preußische Dreiklassenwahlrecht verursachte, nicht in den Zuständigkeitsbereich des Reiches. Dagegen teilten die Nationalliberalen und die Freisinnigen die Auffassung der Sozialdemokraten, dass das Reich sich durch eine Verfassungsänderung in Form eines entsprechendes Reichsgesetzes eine solche Zuständigkeit selbst schaffen könne. Das hielt die Nationalliberalen aber nicht davon ab, dem konkreten Vorschlag aus parteipolitischen Gründen trotzdem ihre Zustimmung zu versagen. Der Antrag wurde dementsprechend Ende Februar 1906 von einer relativ klaren Mehrheit des Reichstages abgelehnt.[68]

Die entscheidende rechtliche Frage wurde durch diese vorläufige politische Entscheidung in keiner Weise geklärt: War der Hegemonialstaat des Bundes dazu verpflichtet, sein Wahlrecht zu ändern, um den föderalen Regierungsprozess zu erleichtern? Man konnte diese Frage entweder mit dem Argument, dass es sich dabei um eine Bundespflicht Preußens handelte, bejahen, oder sie mit dem Hinweis, dass eine solche Maßnahme die jedem Einzelstaat von der Verfassung garantierte Souveränität empfindlich verletze, verneinen. Eine geringfügige Erhöhung der Mitgliederzahl im preußischen Abgeordnetenhaus und die Einführung von zehn zusätzlichen Wahlkreisen in städtischen Ballungsgebieten, die die preußische Regierung noch im selben Jahr beschloss, brachten keine Ruhe in die aufgewühlte Debatte. Schon im Februar 1907 stellte die SPD ihren Antrag im Reichstag erneut zur Abstimmung. Wieder scheiterte sie damit an der Front der von der Reichsregierung in die Pflicht genommenen bürgerlichen Parteien, die den Antrag einfach unerledigt versacken ließen.

Im Januar des Folgejahres unternahmen die am stärksten auf eine Reform drängenden Kräfte den nächsten Anlauf. Dieses Mal beantragte die linksliberale Freisinnige Partei im preußischen Abgeordnetenhaus die Einführung des Reichstagswahlrechtes in Preußen. Dieser Vorschlag brachte den Kanzler und preußischen Ministerpräsidenten Bernhard von Bülow in noch ärgere Bedrängnis als die bisherigen sozialdemokratischen Vorstöße, weil er den Parteienblock aus Konservativen und Liberalen, auf den sich Bülow stützte, zu sprengen drohte. Um eben dieses Szenario zu vermeiden, lavierte Bülow vor dem Abgeordnetenhaus hin und her. Er gab zwar zu, „daß das geltende Wahlsystem auch jetzt noch Mängel [aufweise]", betonte gleichzeitig aber, „daß die Übertragung des Reichstagswahlrechts auf Preußen dem Staatswohl [aber] nicht entsprechen würde", da „jede gesunde Reform des preußischen Wahlrechts […] den Einfluß der breiten Schichten des Mittelstandes auf das Wahlergebnis aufrechterhalten und sichern sowie auf eine gerechte Abstufung des Gewichts der Wahlstimmen Bedacht nehmen [müsse]".[69]

Diese vagen Ausführungen reichten zwar, um eine Ablehnung des freisinnigen Antrages herbeizuführen. Sie steigerten aber auch in jedem politischen Lager die ohnehin große Unzufriedenheit über die unklare Haltung, die die Regierung in der Wahlrechtsfrage einnahm. Die Sozialdemokraten nutzten diese Stimmungslage aus, um Bülow weiter unter Druck zu setzen. Nur drei Tage nach der Debatte im preußischen Abgeordnetenhaus brachten sie ihrerseits eine Interpellation gegen Bülows dortige Erklärung in den Reichstag ein. Dieses Mal konnte sich der Kanzler aus der Affäre ziehen, indem er die Beantwortung der Anfrage mit dem Hinweis verweigerte, dass der Reichstag von der Reichsregierung keine Stellungnahme über eine im Abgeordnetenhaus vorgetragene preußische Regierungsangelegenheit verlangen könne. Dadurch erreichte er aber auch nicht mehr, als nur ein bisschen Zeit zu gewinnen. Knapp ein Jahr später legten die Freisinnigen am 26. Januar 1909 dem preußischen Abgeordnetenhaus ihren Antrag abermals vor. In den folgenden Monaten wurde die Wahlrechtsfrage dann vorübergehend von der *Daily-Telegraph*-Affäre und dem anschließenden Sturz Bülows von der Tagesordnung verdrängt.[70]

Einer Lösung war dieser Dauerkonflikt am Ende von Bülows Kanzlerschaft also kein Stück näher. Im Gegenteil: Die Situation hatte sich vollkommen festgefahren. Die reformorientierten Kräfte stellten immer wieder Anträge, die die bürgerlichen Parteien auf Drängen der alle Register föderaler Argumentation ziehenden Reichsregierung stets ablehnten. Einen Ausweg aus dieser Sackgasse hätte nur ein höchstrichterliches Urteil zu der zentralen rechtlichen Frage nach der föderalen Dimension des preußischen Wahlrechts bieten können. Dazu, ein entsprechendes Verfahren beispielsweise vor dem Reichsgericht anzustrengen, fehlte den Parteien aber jede Möglichkeit. Und für die preußische Regierung war eine derartige Bewältigung des Konflikts angesichts der damit verbundenen Unwägbarkeit genauso wenig eine Option wie für die Reichsregierung, schließlich ging es um das zentrale Bauprinzip des monarchischen Bundes: die preußische Hegemonie.

Die Sozialdemokraten entschlossen sich ob dieser verfahrenen Lage und der wiederholten Ablehnung ihrer parlamentarischen Vorstöße schon Ende 1907 dazu, die Beseitigung des Dreiklassenwahlrechts von nun an „mit allen dem organisierten Proletariat zu Gebote stehenden Mitteln" anzustreben. Infolge dieses Parteitagsbeschlusses organisierten sie in den nächsten Jahren immer wieder Massendemonstrationen gegen das preußische Wahlrecht. Im April 1910 brachten sie nicht weniger als eine Viertelmillion Bürger auf die Straßen von Berlin. Diese Menschenmassen waren ein eindrucksvolles Zeugnis dafür, dass das Fehlen adäquater rechtlicher Konfliktlösungsmechanismen im Ringen um das Dreiklassenwahlrecht zu einer Radikalisierung führte, die am Ende nichts bewirkte, als die Fronten weiter zu verhärten. Ausbaden musste das letztlich Bülows Nachfolger. Wie wir im vorhergehenden Kapitel bereits gesehen haben, scheiterten alle Initiativen Theobald von Bethmann Hollwegs zur Reform des Wahlrechtes sowohl vor als auch während des Krieges an den zwischen den verschiedenen politischen Lagern herrschenden Differenzen. Diese waren ohne eine gerichtliche Klärung der ihnen zugrunde liegenden Rechtsfragen kaum zu überbrücken und bohrten dadurch den Stachel des Dreiklassenwahlrechtes immer tiefer in das Fleisch des Bundeskörpers, bis dieser schließlich in der Revolution erschöpft in sich zusammenbrach.[71]

## VII. Thronfolgestreitigkeiten

Jeder staatsrechtliche Disput zwischen den gegensätzlichen Kräften des Bundes war für das sensible Gleichgewicht des Regierungssystems eine Belastung. Vor einem ganz besonderen Problem stand das Reich aber immer dann, wenn in einem Einzelstaat eine Herrscherlinie ausstarb und mehrere Prätendenten um den verwaisten Thron kämpften. Solche Auseinandersetzungen unterschieden sich von allen anderen föderalen Verfassungskonflikten, da hier nicht die Mitgliedsstaaten, Regierungsebenen oder Organe des Bundes miteinander stritten, sondern verschiedene Adelshäuser beziehungsweise dynastische Linien. In einem Bundesstaat, der fast ausschließlich aus einzelstaatlichen Monarchien bestand, immer wieder als Fürstenbund daherkam und vor dem Hintergrund des ständigen Widerstreits zwischen monarchischen und parlamentarischen Kräften seine Regierungsstrukturen fortwährend weiterentwickelte, waren auf offener Bühne ausgetragene Differenzen zwischen unterschiedlichen Dynastien über Fragen von verfassungsrechtlicher Bedeutung zwangsläufig ausgesprochen heikel. Für Thronfolgestreitigkeiten galt das erst recht, da sie die Zusammensetzung des monarchischen Grundgerüsts, das dem sensiblen Bundesgefüge Stabilität verlieh, direkt berührten. Deutlich wurde die föderale Dimension derartiger Konflikte vor allem im Bundesrat. Denn wenn in einer einzelstaatlichen Monarchie unklar war, wer an dessen Spitze stand, kam im Bund automatisch die Frage auf, ob der betroffene Mitgliedsstaat überhaupt Bevollmächtigte in den Bundesrat entsenden konnte, schließlich war das zentrale Verfassungsorgan des Reiches formal gesehen ein Kongress aus den Gesandten der Fürsten und nicht der Länder.

Trotz dieser enormen Bedeutung, die Thronfolgestreitigkeiten für den gesamten Bund hatten, machte die Reichsverfassung für deren Behandlung keinerlei Vorgaben. Weder bestimmte sie, dass dynastische Erbfolgefragen auf den Wegen zu klären seien, die sie für die Beilegung anderer staatsrechtlicher Dispute definierte, noch richtete sie ein eigenes Konfliktlösungsverfahren ein. Diese „Lücke" war weniger ein Versäumnis als eine logische Konsequenz aus Bismarcks Bemühungen, der Verfassung so weit wie möglich den Anschein eines Fürstenbundes zu geben. In einer Union souveräner Monarchen war es prinzipiell allein deren Sache, die Erbfolge in ihren jeweiligen Ländern zu regeln und für eventuell aufkommende Streitigkeiten bezüglich der Thronfolge Vorsorge zu treffen – andernfalls wären sie kaum souverän gewesen. Folglich stand es dem Gesamtstaat, zu dem sie sich zusammenschlossen, nicht zu, ein zentrales Verfahren für die Lösung solcher Konflikte vorzuschreiben. Das brachte aber unweigerlich ein Problem mit sich. Ohne allgemeine Regelung in der Reichsverfassung musste für jeden Thronfolgestreit ein eigenes Schlichtungsverfahren gefunden werden, das die involvierten Parteien akzeptierten und dessen Ergebnis sie auch anerkennen würden. Dadurch war praktisch vorprogrammiert, dass sich derartige Dispute in die Länge zogen, schwer in den Griff zu kriegen waren und jederzeit neu ausbrechen konnten.

Dazu trat noch ein weiteres Problem. Welche Rechtsgrundlagen zur Entscheidung von Thronfolgefragen herangezogen werden durften beziehungsweise mussten, war nicht immer ganz klar. Zu Zeiten des Absolutismus war das noch eine relativ unkomplizierte Angelegenheit gewesen. Es hatten einfach die Hausgesetze gegolten, die von den Oberhäuptern der jeweiligen Dynastien im Laufe der Zeit erlassen worden waren. Der Status dieses sogenannten Privatfürstenrechts hatte sich durch die Einführung der modernen Verfassungen, die sich – abgesehen von den beiden Mecklenburger Großherzogtümern – alle deutschen Staaten im Zuge der Napoleonischen Kriege und der Revolutionen von 1848 gegeben hatten, jedoch verändert. Da die Monarchien nun in eine konstitutionelle Ordnung eingebettet waren, bildeten die dynastischen Regeln zu Thronfolge, Regentschaft und Regierungsfähigkeit einen Teil der Verfassung. Folglich konnte das jeweilige Familienoberhaupt diese Vorschriften nicht länger einfach nach Belieben erweitern, aufheben oder umformulieren. Vielmehr bedurfte jede Änderung jetzt der Zustimmung der an der Gesetzgebung der jeweiligen Länder beteiligten Verfassungsorgane. Da sich die verschiedenen Monarchen des Bundes bei der Regelung ihrer Nachfolge mal an diesen neuen Rechtsrahmen hielten und mal nicht, entstand immer wieder Verwirrung darüber, welche Vorschriften denn nun eigentlich galten.[72]

Angesichts dieser Probleme ist es fast überraschend, dass es in den knapp fünfzig Jahren zwischen Reichsgründung und Revolution nur zwei Mal zu einem größeren Streit um eine Thronfolgeregelung kam. Dafür waren diese beiden Konflikte allerdings umso intensiver. Der Braunschweigische und der Lippische Thronfolgestreit hielten das Kaiserreich jeweils viele Jahre lang in Atem, für eine ganze Weile sogar gleichzeitig. Je nachdem, von wo gerade der Wind wehte, schallte dabei der Krach, den sie produzierten, so laut von der nordwestdeutschen Provinz ins Zentrum des Bundes, dass er den Berliner Politikbetrieb empfindlich störte. Die Hintergründe dieser beiden Konflikte sind von Wilhelm Bringmann und Anna Bartels-Ishikawa in zwei faszinierenden Spezialstudien ausführlich untersucht worden. Für unsere Zwecke reicht es, im Folgenden die Entstehung, den Verlauf und die Folgen der beiden Auseinandersetzungen kurz zu betrachten und dabei unser Augenmerk darauf zu legen, was uns die jeweiligen Verfahren zu ihrer Beilegung über den Charakter des föderalen Konfliktlösungssystems verraten.⁷³

Der Braunschweigische Thronfolgestreit war ein Drama in drei Akten. Der erste begann bereits, bevor der alte Herzog gestorben war. Wilhelm August von Braunschweig war einer der am längsten regierenden Monarchen des Bundes. Er hatte die Regierung des Herzogtums schon 1830 übernommen. Als er Ende der 1870er-Jahre auf die achtzig zuging und immer noch kinderlos und unverheiratet war, stellte sich die Frage, was nach seinem Tod mit seinem Thron geschehen würde. Nach den Hausgesetzen des sogenannten „Neuen Hauses Braunschweig", das seit 1533 in Braunschweig regierte und die ältere Hauptlinie des weitverzweigten Geschlechts der Welfen bildete, wäre der Thron mit Wilhelms Tod an den Chef der jüngeren Hauptlinie der Welfendynastie gefallen. Bei dieser handelte es sich um das ehemalige „Neue Haus Lüneburg", das schon seit mehreren Jahrhunderten unter dem Namen seines wichtigsten Territoriums firmierte: Haus Hannover. Dessen Oberhaupt war Herzog Ernst August von Cumberland, der einzige Sohn des 1878 verstorbenen Königs Georg V. von Hannover, der seinen Thron 1866 verloren hatte, als sein Königreich von Preußen im Rahmen des Deutsch-Deutschen Krieges annektiert worden war (Abb. 7.2).

Ernst August weigerte sich genauso, wie es sein blinder Vater stets getan hatte, die Ansprüche seines Hauses auf das Königreich Hannover aufzugeben. Deshalb erkannte er weder die preußische Annexion noch die Gründung des Reiches an. Diese Haltung machte eine Thronübernahme Ernst Augusts in Braunschweig geradezu unmöglich. Abgesehen davon, dass es nicht denkbar war, einen Monarchen an der Spitze eines Einzelstaates zu haben, der das Existenzrecht des Bundes bestritt, drohte eine sofortige Intervention Preußens. Der Hegemonialstaat und die Welfen waren seit der Annexion von 1866 verfeindet. Georg V. hatte in seinem Pariser Exil gar eine Privatarmee aus hannoverschen Flüchtlingen aufgestellt, um mit dieser „Welfenlegion" an der Seite Frankreichs gegen Preußen zu Felde zu ziehen. Bismarck hatte im Gegenzug eine schon zugesagte finanzielle Entschädigung ausgesetzt und das Privatvermögen der Dynastie beschlagnahmt. Auch nach der Reichsgründung betrachtete er die Welfen weiterhin als Reichsfeinde. Das lag nicht zuletzt an der anhaltenden Opposition, die ihm und Preußen von hannoverschen Abgeordneten besonders im Reichstag entgegengebracht wurde.⁷⁴

Angesichts dieser Lage drängte sich der braunschweigischen Regierung die Notwendigkeit auf, angemessene Vorkehrungen für die Zeit nach dem Tod Herzog Wilhelms zu treffen. 1879 erließ sie daher mit Zustimmung des lokalen Landtages, der sogenannten Landesversammlung, ein Regentschaftsgesetz.

Abb. 7.2: Herzog Ernst August von Cumberland

Dieses bestimmte, dass, wenn ein Thronfolger sein Amt nicht antreten könne, ein fünfköpfiger Regentschaftsrat die landesherrlichen Befugnisse so lange übernehmen solle, bis der Prätendent den Thron in Besitz nehmen würde. Sofern er daran dauerhaft gehindert sei und sich gleichzeitig innerhalb eines Jahres kein berechtigter Regent gemeldet habe, um die Regierung stellvertretend zu übernehmen, berechtigte das Gesetz die Landesversammlung, aus der Mitte der volljährigen, nicht regierenden Prinzen der souveränen deutschen Fürstenhäuser einen Regenten zu wählen. Die Absicht hinter diesen Vorschriften war ganz klar, ein Verfahren einzurichten, das es ermöglichen würde, im Falle der sehr wahrscheinlich zu erwartenden Auseinandersetzungen um die Thronansprüche Ernst Augusts einen anderen Kandidaten an die Spitze des Herzogtums setzen zu können.

Wie notwendig diese Versicherung war, zeigte sich schließlich fünf Jahre später. Als Herzog Wilhelm am 18. Oktober 1884 verstarb, erklärte Ernst August von Cumberland noch am selben Tag in einem Besitzergreifungspatent, dass er die Thronfolge in Braunschweig antrete. Um seine Regierungsübernahme offiziell zu machen, sendete er gleichzeitig entsprechende Notifikationsschreiben an den Kaiser und alle Bundesfürsten. Die braunschweigische Regierung hielt sich derweil an das Regentschaftsgesetz und übertrug die landesherrliche Gewalt an den Regentschaftsrat. Außerdem wandte sie sich umgehend über Bismarck mit dem Antrag an den Kaiser, „das Erforderliche anzuordnen, damit das Verhältnis Braunschweigs zum Reich, insbesondere das Stimmrecht im Bundesrat, auf die Dauer der durch den Regentschaftsrat geführten provisorischen Regierung in einer der Reichsverfassung entsprechenden Weise geordnet werde". Der Kaiser beauftragte anschließend den Kanzler, den Antrag an den Bundesrat zu bringen. Dieser beschloss wiederum wenige Tage später mit nur einer Gegenstimme, die Bevollmächtigten, die der Regentschaftsrat berufen würde, als offizielle Vertreter Braunschweigs anzuerkennen. Damit war gesichert, dass Braunschweig auch künftig am föderalen Entscheidungsprozess würde teilnehmen und das Räderwerk der Verfassung ungehindert würde weiterlaufen können, auch wenn die Thronfolgefrage länger ungeklärt bliebe.[75]

Um Letztere in seinem Sinne zu entscheiden, brachte Bismarck ein Dreivierteljahr später im Mai 1885 einen Antrag in den Bundesrat ein, der die Versammlung mit Verweis auf deren Zuständigkeit für Konflikte zwischen verschiedenen Einzelstaaten des Bundes dazu aufforderte, sich der braunschweigischen Frage anzunehmen und den Herzog von Cumberland von der Thronfolge auszuschließen. Der Antrag argumentierte, dass der Herzog, wie sein Besitzergreifungspatent gezeigt habe, sich „noch im ideellen Kriegszustande gegen Preußen [befinde] und [dass daher] bei seinem Regierungsantritte [...], wenn nicht Preußen und Braunschweig dem Deutschen Reiche [angehören würden], rechtlich der Kriegszustand zwischen beiden Staaten eintreten [müßte]". Deswegen solle der Bundesrat beschließen, „daß die Regierung des Herzogs von Cumberland in Braunschweig mit dem inneren Frieden und der Sicherheit des Reiches nicht verträglich sei". Mit der Forderung nach diesem Unvereinbarkeitsbeschluss machte Bismarck den Ausschluss Ernst Augusts von der Thronfolge zu einer Frage der Bundestreue. Denn der Antrag bedeutete ja nichts anderes, als dass der Cumberlander durch die Gefährdung des Bundesfriedens einen der wichtigsten Aspekte dieses Prinzips verletze und dass Letzteres folglich von den verbündeten Regierungen durch eine Ausschaltung des Thronprätendenten verteidigt werden müsse.[76]

Die Reaktionen auf dieses Vorgehen fielen ausgesprochen heftig aus. In der Öffentlichkeit herrschten durchaus Sympathien für den Herzog von Cumberland, erschien die Auflehnung des enteigneten Exilanten gegen die preußische Hegemonialmacht doch ein bisschen wie der Kampf Davids gegen Goliath. „Ein deutscher Protest gegen den preußischen Antrag", der im Juni in einer Mecklenburger Zeitung erschien, beklagte beispielsweise, dass Preußen den Antrag gestellt hatte, ohne Ernst August zuvor auch nur anzuhören, geschweige denn versucht zu haben, die Angelegenheit gütlich zu einigen. Vor allem die sächsische Regierung nahm diese Kritik auf. Wilhelm Hohenthal von Bergen, der Leiter der sächsischen Bundesratsdelegation, erklärte gar, dass eine „Erklärung, wie sie von Preußen beantragt [sei], hieße, den Prozeß mit dem Urteil zu beginnen". Die sächsische Regierung schlug denn auch im Justizausschuss des Bundesrates vor, den Antrag dahingehend abzuschwächen, dass man dem Herzog von Cumberland zumindest dann eine Thronübernahme erlaube, wenn er vorher auf seine Ansprüche am ehemaligen Königreich Hannover verzichte.[77]

Bismarck fühlte sich von diesem Vorschlag so sehr provoziert, dass er mit der Annexion Braunschweigs drohte. In einem Schreiben an seine rechte Hand, den Staatssekretär des Reichsinnenamtes Karl Heinrich von Boetticher, verlangte er, den Bundesrat daran zu erinnern, dass dieser „eine politische Behörde und kein Richter-Kollegium" sei. Sollte die Länderkammer dennoch weiter Widerstand leisten, solle Preußen sich auf die Position zurückziehen, dass „das gegenseitige Erbrecht zwischen Braunschweig und Hannover nicht als ein dynastisches, sondern als ein staatsrechtliches anzusehen [sei]". Von dieser Warte aus betrachtet sei nämlich „Braunschweig beim Aussterben seiner Herzöge dem gegenwärtigen Besitzer von Hannover zugefallen, der mit dem Königreich Hannover auch das demselben anhängende Recht der Sukzession in Braunschweig erworben [habe]". Das würde Preußen folglich berechtigen, „ohne weiteres von Braunschweig, als nunmehrigem Zubehör zu Hannover, Besitz zu nehmen".[78]

Diese Drohung zeigte alsbald Wirkung. Am 2. Juli 1885 beschloss der Bundesrat mehrheitlich, „die Ueberzeugung der verbündeten Regierungen dahin auszusprechen, daß die Regierung des Herzogs von Cumberland in Braunschweig, da derselbe sich in einem dem reichsverfassungsmäßig gewährleisteten Frieden unter Bundesgliedern widerstreitenden Verhältnisse zu dem Bundesstaate [befinde] und im Hinblick auf die von ihm geltend gemachten Ansprüche auf Gebietsteile dieses Bundesstaates, mit den Grundprinzipien der Bündnisverträge und der Reichsverfassung nicht vereinbar sei". Die Länderkammer übernahm also Bismarcks bündische Argumentationslinie, schwächte sie aber ein Stück weit ab. Sie schloss Ernst August mit ihrer Entscheidung nämlich nicht, wie Bismarck es eigentlich angestrebt hatte, prinzipiell von der Thronfolge in Braunschweig aus, sondern nur für so lange, wie dieser seine Ansprüche auf Hannover aufrechterhalten würde. Einigen Regierungen ging auch das zu weit. Oldenburg enthielt sich bei der Abstimmung genauso wie Braunschweig selbst. Mecklenburg-Strelitz und Reuß ältere Linie stimmten gar gegen den Antrag. Als Begründung dafür verwiesen sie in ihren jeweiligen Sondererklärungen darauf, dass die Abgabe der beschlossenen Deklaration „nicht ohne einen mit der Verfassung des Deutschen Reiches und dem deutschen Fürstenrechte unvereinbaren Eingriff in die in einem Bundesstaate bestehende Thronfolge möglich [sei]" und dass Ernst August in seinem Besitzergreifungspatent ausdrücklich betont habe, die Regierung in Braunschweig im Einklang mit der Reichsverfassung ausüben zu wollen.[79]

Die Abschwächung des ursprünglichen Antrages und die anhaltende Opposition einiger Einzelstaaten änderte aber nichts daran, dass der Bundesratsbeschluss rechtskräftig von Reichs wegen feststellte, dass in Braunschweig der nach den Hausgesetzen erbberechtigte Anwärter dauerhaft an der Übernahme des Thrones gehindert war. Somit lag nun nach dem braunschweigischen Regentschaftsgesetz von 1879 die Voraussetzung vor, um durch die Landesversammlung einen Regenten wählen zu lassen. In der Person, auf die schließlich die Wahl fiel, zeigte sich noch einmal in aller Deutlichkeit, wie sehr die ganze Thronfolgefrage davon bestimmt war, ja nicht die Hegemonialmacht des Bundes gegen das kleine Herzogtum aufzubringen. Am 21. Oktober 1885 bestellte die Landesversammlung den Neffen und Wunschkandidaten des Kaisers zum Regenten, Prinz Albrecht von Preußen, der Braunschweig von mehreren Militärmanövern gut kannte. Damit war der erste Akt dieses Dramas geschlossen.

Der zweite begann mit dem Tod Albrechts im September 1906. Nachdem die Landesspitze wieder vakant und die Regierungsgewalt einmal mehr an den Regentschaftsrat übergegangen war, entschied sich der mittlerweile schon 61-jährige Herzog von Cumberland für einen gewieften Schachzug. Am 15. Dezember verzichtete er für sich und seinen ältesten Sohn und Erben Georg Wilhelm formell auf die Thronfolge in Braunschweig. Dadurch machte er seinen jüngeren, erst neunzehn Jahre alten Sohn Ernst August zum ersten Anwärter auf den Herzogsthron. Gleichzeitig ließ er seinen Junior erklären, im Gegensatz zu seinem Vater und älteren Bruder für sich und seine Nachkommen auf alle Ansprüche am ehemaligen Königreich Hannover verzichten zu wollen, wenn dies für eine Thronübernahme für nötig erachtet werden würde. Diese geschickte Rochade im Hause Cumberland bewegte die braunschweigische Landesversammlung dazu, einen Vermittlungsversuch zwischen dem Reich, Preußen und dem jungen Prinzen zu unternehmen. Anfang 1907 bat sie den Bundesrat darum, zu entscheiden, „ob bei einem Verzichte des Herzogs von Cumberland und dessen ältesten Sohnes auf den Braunschweigischen Thron und bei der Aufrechterhaltung der Geltendmachung von Ansprüchen auf Gebietsteile [...] Preußens seitens des Herzogs von Cumberland die Regierung des nach jenem Verzichte zur Thronfolge in Braunschweig berufenen jüngsten Sohnes des Herzogs von Cumberland, Prinz Ernst August, in Braunschweig, sofern derselbe für sich und seine Deszendenz auf Hannover verzichte, mit den Grundprinzipien der Bündnisverträge und der Reichsverfassung vereinbar sei".[80]

Der Bundesrat hatte also wieder darüber zu richten, ob der bündische Charakter des Reiches und die daraus sich ergebende Verpflichtung zur Bundestreue eine Thronübernahme eines Cumberlanders erlaubten. Dabei standen die Vorzeichen von Anfang an schlecht für den jungen Prinzen. Sowohl Kaiser Wilhelm II. als auch Reichskanzler Bernhard von Bülow weigerten sich, einen Welfen auf dem braunschweigischen Thron zu akzeptieren, solange nicht die ganze Dynastie ihre Ansprüche auf Hannover aufgab. Der Bundesrat beschloss denn auch Ende Februar 1907, „daß, solange [...] der Herzog von Cumberland oder ein Mitglied seines Hauses sich in einem dem reichsverfassungsmäßig gewährleisteten Frieden unter den Bundesgliedern widerstreitenden Verhältnisse zu dem Bundesstaate Preußen [befinde] und Ansprüche auf Gebietsteile dieses Bundesstaats erhebt, auch die Regierung eines anderen Mitglieds [dieses] Hauses in Braunschweig mit den Grundprinzipien der Bündnisverträge und der Reichsverfassung nicht vereinbar sei, selbst wenn dieses Mitglied gleichzeitig mit dem Verzichte der übrigen Mitglieder des Hauses auf Braunschweig seinerseits für sich und seine Dezendenz allen Ansprüchen auf das frühere Königreich Hannover [entsage], daß demnach [...] eine entscheidende Änderung in der dem Beschlusse des Bundesrats vom 2. Juli 1885 [...] zu Grunde liegende Sach- und Rechtslage nicht eingetreten sei". Die Länderkammer blieb somit ganz bei der Linie, die Bismarck zwei Jahrzehnte zuvor vorgegeben hatte. Dieses Mal war der Beschluss aber so formuliert, dass er de facto das ganze Welfenhaus zumindest für diese und die kommende Generation von der Thronfolge ausschloss, hatten doch sowohl der alte Herzog von Cumberland als auch sein ältester Sohn zuvor ausdrücklich erklärt, an ihren Ansprüchen auf Hannover festzuhalten. Die braunschweigische Landesversammlung fand sich mit dem Urteil ab und wählte drei Monate später Herzog Johann Albrecht von Mecklenburg-Schwerin, der zwischen 1897 und 1901 bereits die Regierungsgewalt über sein Heimatland stellvertretend ausgeübt hatte, zum Regenten von Braunschweig.[81]

Der dritte und letzte Akt des Thronfolgedramas begann wieder mit einem Todesfall. Im Mai 1912 verunglückte Georg Wilhelm, der älteste Sohn des Herzogs von Cumberland, auf der Fahrt zur Beerdigung seines Onkels König Friedrich VII. von Dänemark am Steuer seines Tourenwagens in der Nähe von Berlin tödlich. Da Georg Wilhelms Vater schon 1906, wie oben geschildert, auf die

Thronfolge in Braunschweig verzichtet hatte, lagen nun alle welfischen Erbansprüche auf die Herzogsposition in der Hand des jungen Ernst August. Das erleichterte eine Einigung in dem Streit erheblich. Dazu kam, dass die Anteilnahme, die das preußische Herrscherhaus gezeigt hatte, als Georg Wilhelm auf ihrem Territorium auf so tragische Weise den Tod fand, eine Versöhnung zwischen den Hohenzollern und den Welfen einleitete. Diese wurde ein Jahr später mit der Hochzeit Ernst Augusts und der jüngsten Tochter des Kaisers, Viktoria Luise von Preußen, besiegelt. Schon bei Bekanntgabe der Verlobung trat der Bräutigam als Offizier in die preußische Armee ein und schwor dabei dem Kaiser und preußischen König durch den Fahneneid Treue und Gehorsam. Nachdem der alte Herzog von Cumberland seinen Verzicht auf den braunschweigischen Thron zugunsten seines Sohnes förmlich erneuert hatte, wandte sich die preußische Regierung Mitte Oktober 1913 an den Bundesrat und erklärte, dass „nicht mehr behauptet werden [könne], daß [...] der Herzog von Cumberland und sein Haus sich zu dem Bundesstaate Preußen in einem Verhältnis [befänden], das dem reichsverfassungsmäßig gewährleisteten Frieden unter den Bundesgliedern widerstreite". Daher sei „die königlich preußische Regierung [...] der Überzeugung, daß die Voraussetzungen, auf denen die [bisher in dieser Sache gefällten] Beschlüsse des Bundesrates [beruhten], weggefallen [seien]" und Ernst August daher die Thronfolge in Braunschweig antreten könne.[82]

Es war offensichtlich, dass dieser Antrag nichts weiter wollte, als eine rechtliche Absegnung der vorher durch die Hochzeit und den Treueid bereits erzielten politischen Einigung. Das Bemerkenswerte daran war, dass die preußische Regierung noch nicht einmal auf dem bestand, was ihr bisher immer so wichtig gewesen war, nämlich dass Ernst August als nun einziger erbberechtigter Sohn des alten Herzogs von Cumberland und damit als zukünftiges Oberhaupt des Welfenhauses ausdrücklich alle Ansprüche auf Hannover aufgab. Stattdessen gab sie sich mit dem stillen Verzicht zufrieden, den die Heirat und die Ablegung des Fahneneides auf den preußischen König implizierten. Ob dieser Preisgabe der bisherigen preußischen Position zeigte sich der Bundesrat relativ verstört. Der sächsische Bevollmächtigte Ernst von Salza und Lichtenau bezweifelte noch am Tag der Abstimmung, ob der Bundesrat seine Beschlüsse wirklich ändern müsse, da dieser „nicht preußischer zu sein [brauche] als Preußen". Letztlich entschied der Bundesrat in einer Sondersitzung am 27. Oktober 1913 aber, „die Überzeugung der verbündeten Regierungen dahin auszusprechen, daß die Regierung [...] des Prinzen Ernst August [...] in Braunschweig im Hinblick auf die inzwischen eingetretene Veränderung der Sach- und Rechtslage mit den Grundprinzipien der Reichsverfassung vereinbar sein würde". Damit waren die vorherigen Urteilssprüche der Länderkammer aufgehoben und der Weg für Ernst

August frei. Nur fünf Tage später übernahm er offiziell die Regierungsgewalt in Braunschweig.[83]

Auch der Lippische Thronfolgestreit war ein Drama voller Wendungen, das sich in drei Akten vollzog und gelegentlich an ein Possenspiel erinnerte. Die Ausgangssituation war allerdings noch komplizierter als in Braunschweig. Als Woldemar zur Lippe-Detmold 1875 seinem Bruder Leopold III. als Fürst des kleinen westfälischen Staates nachfolgte, war er 51 Jahre alt, unverheiratet und kinderlos. In den folgenden zwanzig Jahren gelang es ihm zwar, die turbulenten innenpolitischen Verhältnisse in Lippe zu beruhigen. Dort tobte seit Jahrzehnten ein Streit um die Wiedereinführung der in der 1848er-Revolution durch ihren konservativen Vorgänger ersetzten Verfassung, Konservative und Liberale bekämpften sich gegenseitig bis aufs Messer und die Residenzstadt Detmold lag mit dem ländlichen Rest des Fürstentums ständig im Klinsch. Doch schaffte es Woldemar nicht, einen legitimen Erben zu produzieren. Je älter er wurde, desto dringlicher wurde daher das Problem, wer die Regierung in Lippe nach seinem Tod übernehmen würde. Nach den Hausgesetzen würde die Krone automatisch an seinen jüngeren, ebenfalls kinderlosen Bruder Karl Alexander fallen (Abb. 7.3). Dieser galt jedoch seit einem Reitunfall 1851 als unheilbar geistesgestört und lebte in einem oberfränkischen Irrenhaus. 1871 war er gar formell entmündigt worden. Es stellte sich daher die Frage, wer nach Woldemars Tod für Karl Alexander die Regentschaft übernehmen und später einmal, wenn Letzterer gestorben und damit die Hauptlinie des regierenden Hauses Lippe-Detmold erloschen wäre, die Thronfolge antreten würde.

Gleich drei Nebenlinien des fürstlichen Hauses lieferten sich darüber einen erbitterten Streit: das Haus Lippe-Biesterfeld, das Haus Lippe-Weißenfeld und das Haus Schaumburg-Lippe, das über das gleichnamige Nachbarfürstentum regierte. Die Hausgesetze von Lippe-Detmold regelten die Nachfolge nach dem Prinzip der Primogenitur, also der Erstgeburt in der männlichen Linie. Danach fiel die Fürstenkrone über mehrere Ecken zuerst auf das Haus Lippe-Biesterfeld, das nach der Thronbesteigung Woldemars denn auch gleich entsprechende Ansprüche anmeldete. Selbige wurden allerdings vor allem von der Schaumburger Linie bestritten. Dabei stellte sich diese auf den Standpunkt, dass die Biesterfelder Dynastie aufgrund einer unstandesgemäßen Heirat nicht ebenbürtig sei. Konkret ging es um die 1803 geschlossene Ehe zwischen Wilhelm Ernst zur Lippe-Biesterfeld und Modeste von Unruh, der Tochter eines niederadligen preußischen Generalleutnants. Mit diesem Argument warfen die Schaumburger allerdings mit Steinen, während sie selbst im Glashaus saßen. Denn auch in ihrer Linie war es in der Vergangenheit zu einer fragwürdigen Eheschließung gekommen. 1722 hatte Friedrich Ernst zur Lippe-Alverdissen mit Philippine von

Abb. 7.3: Karl Alexander zur Lippe

Friesenhausen ebenfalls eine Frau geheiratet, die nicht dem Hochadel angehört hatte.

Hinter den Kulissen mischte sich Woldemar aktiv in diesen Konflikt ein. Da er unbedingt einen Nachfolger aus einem regierenden Haus haben wollte, schloss er 1886 im Namen seiner Dynastie einen Geheimvertrag mit der Schaumburger Linie, der Letzterer das Sukzessionsrecht übertrug und Prinz Adolf, den vierten Sohn des regierenden Fürsten gleichen Namens, als Regenten für Karl Alexander festlegte. In den folgenden Jahren bemühte sich Woldemar, dieses Arrangement in eine landesgesetzliche Regelung zu gießen und so rechtlich über jeden Zweifel erhaben zu machen. Anfang Oktober 1890 lehnte der lippische Landtag ein dahingehendes Regentschaftsgesetz jedoch ab. Daraufhin bestimmte Woldemar zwei Wochen später in einer geheimen Anordnung, dass die abgelehnte Regentschaftsordnung nach seinem Tod in Form einer letztwilligen Verfügung erlassen werden solle. Bei dieser Entscheidung spielte ein gewisser Druck von oben wahrscheinlich eine nicht ganz unwesentliche Rolle. Adolf hatte sich in der Zwischenzeit nämlich mit Viktoria von Preußen, der zweiten Tochter des zwei Jahre zuvor verstorbenen Kaisers Friedrichs III., verlobt. Deren Bruder Kaiser Wilhelm II. war entschlossen, seiner Schwester, der Bismarck in den 1880er-Jahren aus politischen Gründen eine Heirat mit ihrer großen Liebe Prinz Alexander von Battenberg, dem Fürsten von Bulgarien, untersagt hatte, einen deutschen Thron zu verschaffen. Vermutlich mit diesem Gedanken im Hinterkopf hatte Wilhelm in den beiden Vorjahren der Schaumburger Dynastie gleich zwei Mal einen Besuch in deren Residenzstadt Bückeburg abgestattet.

Als Woldemar schließlich am 20. März 1895 starb, veröffentliche die lippische Regierung die letztwillige Verfügung mit der Regentschaftsordnung. Für den Landtag, wo besonders die Liberalen in Erinnerung an den staatsstreichartigen Austausch der Verfassung vier Jahrzehnte zuvor jeden Schritt der fürstlichen Regierung immer noch mit Argusaugen überwachten, war diese Umgehung des landesgesetzlichen Verfahrens zur Regelung von Erbfolgefragen ein Schlag ins Gesicht. Entsprechend erbost bezweifelte das Parlament zunächst die Echtheit der Verfügung. Deren Ursprünge erschienen äußerst zwielichtig, hatte die Regierung Woldemars Tod doch zunächst mehrere Stunden lang geheim gehalten und so Adolf ermöglicht, ohne viel Aufsehens nach Lippe einzureisen. Der Regierung gelang es jedoch relativ bald, die Echtheit der Urkunde zu belegen. Daraufhin versteifte sich der Landtag darauf, dass die darin enthaltene Abänderung der privatfürstlichen Thronfolgeregelung rechtswidrig sei, da sie ohne seine Mitwirkung zustande gekommen war. Nach vier Tagen hitziger Konfrontation einigten sich Regierung, Landtag und Prätendent schließlich auf ein Regentschaftsgesetz, um das kleine Fürstentum nicht schon wieder in eine lähmende Verfassungskrise zu stürzen. Der darin erzielte Kompromiss sah vor, dass Adolf die Regentschaft für Karl Alexander vorläufig so lange übernehmen solle, bis die Thronfolge abschließend geregelt worden sei.

Um diese Frage zu entscheiden, beschlossen die Streitparteien, das Reichsgericht als Schiedsgericht anzurufen. Die lippische Regierung beantragte daraufhin im Juli 1895 beim Bundesrat, ein Reichsgesetz zu verabschieden, durch das „das Reichsgericht als zuständiger Gerichtshof zur Erledigung der vorliegenden Thronstreitigkeit eingesetzt [werde]". Auf eine bestimmte Befugnis des Reiches zur Behandlung solcher Streitigkeiten berief sich der Antrag dabei nicht. Was er vorschlug, lief im Endeffekt aber darauf hinaus, den Nachfolgedisput als einen Konflikt zwischen Lippe und Schaumburg-Lippe aufzufassen und durch das mittlerweile für zwischenstaatliche Streitigkeiten fest etablierte Delegationssystem beilegen zu lassen. Der Bundesrat lehnte dieses Vorgehen jedoch ab, weil er in der dynastischen Auseinandersetzung mehrheitlich eine innere Landesangelegenheit Lippes sah. Als Alternativlösung beschloss der Bundesrat im Februar 1896, „den Reichskanzler zu ersuchen, einen Kompromiß unter den streitenden Theilen für die Bestellung eines Schiedsgerichts herbeizuführen". Diese Entscheidung sorgte wiederum für Unmut beim Kaiser, da dieser den Kanzler – Chlodwig zu Hohenlohe-Schillingsfürst – in der lippischen Frage für befangen hielt und deswegen seine Hoffnungen auf einen Thron für seine gebeutelte Schwester schwinden sah. Hohenlohe war nämlich ein Onkel zweiten Grades des Thronanwärters aus der Biesterfelder Linie, Ernst zur Lippe-Biesterfeld.[84]

Dem Kanzler gelang es allerdings relativ geräuschlos, sich mit den drei beteiligten Häusern, der lippischen Regierung und dem Landtag auf eine Schiedsinstanz zu einigen und diesen verfahrenstechnischen Kompromiss durch die Vermittlung eines entsprechenden Landesgesetzes dingfest zu machen. Letzteres überantwortete den Streit im Oktober 1896 an ein Schiedsgericht, das aus König Albert von Sachsen und sechs Richtern bestand, die dieser aus den Reihen des Reichsgerichtes auszuwählen hatte. Im Juni des folgenden Jahres entschied dieses Gremium ganz so, wie es der Kaiser befürchtet hatte, nämlich dahingehend, dass „Graf Ernst zur Lippe-Biesterfeld nach Erledigung des zur Zeit von Fürst Karl Alexander zur Lippe innegehabten Thrones zur Regierungsnachfolge in dem Fürstentum Lippe berechtigt und berufen sei". Dieses Urteil implizierte, dass auch die bestehende Regentschaft rechtmäßig bereits von Ernst zur Lippe-Biesterfeld auszuüben sei. Als Begründung für diese Entscheidung führte das Gericht an, dass zum einen die Ehe zwischen dem Großvater des Biesterfelder Prätendenten und Modeste von Unruh als standesgemäß anzuerkennen sei und dass es zum anderen auch in der Schaumburger Linie Heiraten mit unebenbürtigen Frauen gegeben habe. Das Argument, das die Schaumburger zur Begründung ihrer Ansprüche angeführt und sowohl Woldemar als auch der Kaiser übernommen hatten, schlug also mit voller Wucht zurück. Adolf zu Schaumburg-Lippe zog sich daraufhin widerwillig aus Lippe zurück und Ernst zur Lippe-Biesterfeld übernahm im Juli 1897 die Regentschaft.[85]

Der zweite Akt des Dramas folgte allerdings umgehend. Weder die Schaumburger noch der Kaiser waren bereit, die Niederlage kampflos hinzunehmen. Wilhelm II. stellte den neuen Regenten in aller Öffentlichkeit bloß, indem er ihm ein offizielles Begrüßungsschreiben verweigerte und stattdessen seinem geschassten Schwager eine Dankesbotschaft widmete, in der es hieß, dass Lippe „einen besseren und würdigeren Herrn und auch Herrin als den Prinzen Adolf und seine Gemahlin [...] nie wieder erhalten" werde. Von dieser allerhöchsten Parteinahme ermutigt, bezweifelte das Haus Schaumburg erneut die Legitimität der Biesterfelder Linie. Das Thronfolgegesetz, das die lippische Regierung bald nach der Entscheidung des Schiedsgerichts ausgearbeitet, aber noch nicht verabschiedet hatte, bestimmte, dass das „Gräflich Lippe-Biesterfeldsche Haus" von nun an in der männlichen Linie erbberechtigt sei. Demnach waren der gegenwärtige Regent Ernst sowie dessen Söhne und Brüder zur Thronfolge berufen. Gegen diese Regelung legte Adolf von Schaumburg-Lippe im Januar 1898 offiziell Protest beim Bundesrat ein, den er abermals mit Verweis auf dessen Kompetenzen zur Erledigung zwischenstaatlicher Streitigkeiten anrief. Sein Antrag argumentierte, wie der linksliberale Reichstagsabgeordnete Julius Lenzmann in einer Parlamentsdebatte zusammenfasste, dass die Ehe zwischen Ernst zur Lippe-Biesterfeld und Karoline von Wartensleben nicht standesgemäß sei, da Letztere „das entsetzliche Unglück" verfolge, eine bürgerliche Mutter zu haben, deren Konfession unbekannt und die überdies auch noch Amerikanerin sei. Infolgedessen hätten die Söhne, die aus dieser „noch viel schlimmeren Mischehe" hervorgegangen seien, kein Recht zur Erbfolge. Daher müsse der Bundesrat die lippische Regierung dazu veranlassen, den Gesetzentwurf zur Thronfolge zu verwerfen.[86]

Die so unter Zugzwang gesetzte Länderkammer überwies den Antrag erst einmal in den Justizausschuss. Knapp eine Woche später legte die lippische Regierung ihrerseits einen Antrag vor, der die Zuständigkeit des Bundesrates mit dem Hinweis bestritt, dass es sich bei dem Streit um das Thronfolgegesetz gar nicht um einen zwischenstaatlichen Konflikt handele. Der Bundesrat entschied wenige Tage später am 3. Februar dennoch, „an die Fürstlich lippische Regierung das Ersuchen zu richten, zu veranlassen, daß vor der Beschlußfassung des Bundesraths über den Antrag von Schaumburg-Lippe der Berathung des dem lippischen Landtage vorliegenden Gesetz-Entwurfs, betreffend die Thronfolge und Regentschaft im Fürstenthum Lippe, kein Fortgang gegeben werde". Allerdings betonte dieser Beschluss gleichzeitig, dass er „weder der Frage [der] Zuständigkeit [des Bundesrates], den Antrag Schaumburg-Lippes [...] zu erledigen, noch der materiellen Entscheidung in der Sache vorgreifen [wolle]" und daher nicht mehr tue, als eine Bitte an die lippische Regierung zu stellen. Letztere fand sich durch diese Entscheidung trotzdem einmal mehr auf der Anklagebank wieder und stimmte dementsprechend gegen den Beschluss. Der Aufforderung des Bundesrates kam sie anschließend nur halbherzig entgegen. Zwar legte sie das Thronfolgegesetz auf Eis. Gleichzeitig änderte sie aber im März 1898 das alte Regentschaftsgesetz von 1895 dahingehend, dass sie Leopold zur Lippe-Biesterfeld zum Nachfolger seines Vaters Ernst bestimmte. Der erneute Einspruch der Schaumburger ließ nicht lange auf sich warten. Dieses Mal weigerte sich der Bundesrat jedoch, direkte Maßnahmen zu unternehmen.[87]

Je länger sich der Streit hinzog, desto mehr stieg der Zorn des Kaisers. Im Sommer nach dem beschriebenen Scharmützel im Bundesrat platzte Wilhelm II. der Kragen. Als Ernst zur Lippe-Biesterfeld höflich darauf hinwies, dass ihn die in Lippe stationierten Truppen seit seiner Regentschaftsübernahme nicht mit den sonst für Landesherren üblichen Ehrbezeugungen begrüßten, schickte der Kaiser ihm ein rüdes Telegramm, in dem es hieß: „Dem Regenten, was dem Regenten gebührt. Sonst nichts!". Wohl nicht zuletzt wegen dieser Parteinahme von ganz oben beschloss der Bundesrat Anfang 1899, den Antrag wieder aufzugreifen, den der Kaiserschwager Adolf zu Schaumburg-Lippe ein Jahr zuvor gestellt hatte. Dabei entschied die Länderkammer, dass die „Zuständigkeit des Bundesraths zur Erledigung der Streitigkeit nach Art. 76.1 der Reichsverfassung [zwar] begründet sei, [...] zur Zeit [aber] kein hinreichender Anlaß zu einer sachlichen Erledigung gegeben sei, da ein mit den Ansprüchen Schaumburg-Lippes unvereinbarer Fall der Thronfolge oder Regentschaft nicht vorliege". In anderen Worten: Der Bundesrat zog den Streit um die Thronfolge offiziell an sich, schob eine Entscheidung aber gleichzeitig bis zum Tod des gegenwärtigen, von allen Seiten anerkannten Regenten auf die lange Bank. Dieses Vorgehen war äußerst umstritten. Im Bundesrat stimmten gleich fünf Regierungen dagegen. Darunter war neben der lippischen auch die mächtige bayerische Staatsregierung. In der Öffentlichkeit entbrannte daraufhin eine leidenschaftliche Diskussion um die Entscheidung der Länderkammer und die Einmischungen des Kaisers, in der zahlreiche namhafte Staatsrechtler die Zuständigkeit des Bundesrates energisch ablehnten. An der Rechtskräftigkeit des Beschlusses änderte das freilich nichts, da es keine Instanz gab, die selbigen hätte überprüfen können.[88]

Der Dritte Akt des Dramas begann folglich genau zu dem Zeitpunkt, den der Bundesrat durch seine Vertagungsentscheidung vorherbestimmt hatte. Als Ernst zur Lippe-Biesterfeld am 26. September 1904 starb, war der Streit um den lippischen Thron neu eröffnet. Zunächst verlief dabei alles in den Bahnen, die die oben erwähnte Neuregelung des Regentschaftsgesetzes vorgab. Ernsts Sohn Leopold übernahm die Regentschaft anstelle des nach wie vor im Irrenhaus lebenden Karl Alexander. Das rief allerdings abermals den Kaiser auf den Plan. Als Leopold ihn vom Tod seines Vaters und der eigenen Regentschaftsübernahme offiziell informierte, antwortete Wilhelm mit einem taktlosen Beileidsschreiben, das nicht nur alle bündischen Umgangsformen verletzte, sondern auch für jeden erkennbar versuchte, Druck auf die anstehende Entscheidung über die Thronfolge auszuüben: „Da die Rechtslage in keiner Weise geklärt ist, kann ich eine Regentschaftsübernahme Ihrerseits nicht anerkennen. Ich lasse auch das Militär nicht verteidigen."[89]

Infolge dieses diplomatischen Eklats und der heftigen öffentlichen Reaktionen darauf sah sich Kanzler Bernhard von Bülow gezwungen, den Kaiser öffentlich in seine Schranken zu weisen. Um zu vermeiden, dass der Streit um die Nachfolge in der westfälischen Provinz durch die Einmischungen des Kaisers das ganze

Reich in eine Verfassungskrise stürzen würde, richtete er einen öffentlichen Brief an den lippischen Landtagspräsidenten, in dem er diesem die Unabhängigkeit des rechtlichen Konfliktlösungsverfahrens garantierte: „Mit der Auffassung des Bundesrats, daß die Rechtslage noch ungeklärt sei, konnte seine Majestät sich nicht in Widerspruch setzen. Jeder Eingriff in die verfassungsmäßigen Rechte des Fürstentums hat Seiner Majestät dem Kaiser selbstverständlich ferngelegen, und insbesondere liegt es außerhalb Allerhöchstseiner Absicht, der derzeitigen Ausübung der Regentschaft im Fürstentum durch den Herrn Grafen Leopold zur Lippe irgendwelches Hinderniß zu bereiten. Die lippische Frage wird ihre Erledigung ausschließlich nach Rechtsgrundsätzen finden."[90]

Diese Zusicherung beruhigte die Situation immerhin so weit, dass die beiden miteinander streitenden Dynastien sich auf das weitere Vorgehen einigen konnten. Anfang November 1904 schlossen Leopold und Georg zu Schaumburg-Lippe im Namen ihrer jeweiligen Häuser einen Schiedsvertrag, der den Thronfolgestreit an ein Schiedsgericht aus dem Präsidenten des Reichsgerichts und zwei Reichsgerichtssenaten überwies. Zugleich baten sie den Bundesrat, der sich ja 1899 offiziell für die weitere Behandlung des Disputs zuständig erklärt hatte, dieses Schiedsverfahren zu bewilligen. Das tat dieser denn auch nur zwei Wochen später in einer Sondersitzung. Zudem beauftragte die Länderkammer den Reichskanzler damit, „dem Reichsgerichte das schiedsgerichtliche Verfahren, für welches die Vereinbarungen des [...] Schiedsvertrages maßgebend sein sollen, zu übertragen".[91]

Noch bevor das Gericht sein Urteil fällen konnte, starb Karl Alexander am 13. Januar 1905. Das hatte auf das Verfahren allerdings keinen nennenswerten Einfluss mehr. Am 25. Oktober desselben Jahres entschied das Schiedsgericht, dass die männlichen Nachkommen des verstorbenen Ernst zur Lippe-Biesterfeld erbfolgeberechtigt seien und daher die Thronfolge in Lippe antreten könnten. Leopold bestieg daraufhin einen Tag später offiziell den Thron des Fürstentums. Der Bundesrat nahm von dem Schiedsspruch kurz vor Weihnachten offiziell Kenntnis und beschloss hierauf, „alle auf die Angelegenheit bezüglichen, dem Bundesrate zugegangenen Eingaben für erledigt zu erklären".[92]

Genau wie sein Pendant in Braunschweig offenbarte auch der Lippische Thronfolgestreit sehr deutlich, dass die Konfliktlösungsmechanismen des Reiches immer wieder Macht über Recht stellten. In Gänze betrachtet erscheinen die beiden Dispute fast wie Theaterstücke, bei denen die Beteiligten den rechtlichen Rahmen zur Beilegung von staatsrechtlichen Streitigkeiten nur als Bühne nutzten, um ihre politischen Interessen mit allen ihnen zur Verfügung stehenden Mitteln durchzusetzen. Die Zuständigkeit des Bundesrates war in beiden Fällen mehr als zweifelhaft. Um überhaupt aktiv werden zu können, musste er jeweils einen dynastischen Konflikt als einen Disput zwischen zwei Einzelstaaten auslegen. Selbst bei einer Interpretation des Reiches als Fürstenbund bewegte er sich damit am äußersten Rande der Verfassung, wenn nicht gar darüber hinaus. Die Tatsache, dass er sich jedes Mal davor drückte, eine Begründung dafür zu liefern, warum er den jeweiligen Streitfall an sich zog, sprach Bände darüber, wie wacklig die Füße waren, auf denen sein Vorgehen rechtlich gesehen stand. Seine Beschlüsse von 1885, 1899 und 1907 verstießen nach der Meinung der allermeisten Staatsrechtler grob gegen die Verfassung. Selbst wenn man davon ausgeht, dass sie davon gedeckt waren, bestand an ihrer politischen Motivation kein Zweifel. Ihr Ansinnen lag in allererster Linie darauf, die von Bismarck vertretene antiwelfische Staatsräson Preußens beziehungsweise die persönlichen Interessen Kaiser Wilhelms II. zu befriedigen. Letzterer spielte in beiden Konflikten eine äußerst unrühmliche Rolle, die in die lange Reihe seiner Versuche fällt, das Verfassungssystem des Reiches seinem „persönlichen Regiment" zu unterwerfen. Um seiner Tochter beziehungsweise Schwester einen Thron zu verschaffen, mischte er sich immer wieder in die laufenden Verfahren ein, übte enormen Druck auf die Beteiligten aus und untergrub so das rechtliche Entscheidungssystem erheblich.

Aber auch abgesehen von den Interventionen des Kaisers waren beide Prozesse nicht gerade eine Sternstunde der Rechtsstaatlichkeit. Gegen die sich verfassungsrechtlich auf so dünnem Eis bewegenden Beschlüsse des Bundesrates gab es keinerlei Möglichkeit einer Berufung. Dafür fehlte schlicht und einfach eine Instanz, die das Recht gehabt hätte, über Entscheidungen des Organs zu urteilen, das die Gemeinschaft der verbündeten Regierungen repräsentierte. Außerdem trug die Mitwirkung der jeweiligen Inhaber des Kanzleramtes nicht gerade dazu bei, die Unabhängigkeit der beiden Verfahren zu fördern. Im Gewand des preußischen Bundesratsbevollmächtigten drohte Bismarck dem Bundesrat offen mit der Annexion Braunschweigs, sollte dieser es wagen, sich als neutraler Richter aufzuspielen. Hohenlohe war wiederum in seiner Rolle als Vermittler eines geeigneten Schiedsverfahrens alles andere als unparteiisch, war er doch mit einer der beiden Streitparteien verwandt. Ferner wurden ganz grundsätzliche rechtsstaatliche Prinzipien nicht eingehalten. So hatte etwa der Angeklagte im braunschweigischen Disput, der Herzog von Cumberland, nicht einmal die Möglichkeit erhalten, sich selbst zu den von Bismarck vorgebrachten Anklagepunkten gegen die Welfen zu äußern, bevor der Bundesrat ihn von der Thronfolge ausschloss. Wie sehr politische Machtspiele den Ablauf des vom Reich durchgeführten Konfliktlösungsverfahrens bestimmten, zeigte sich aber noch deutlicher an dessen Ende. Schließlich wurde der ganze Prozess infolge einer ehelichen Verbindung zwischen den Hohenzollern und den Cumberlandern eingestellt. Dass sich Preußen mit einer solchen, fast mittelalterlich anmutenden Lösung des Konfliktes zufrieden gab, bezeugte vor allem eines: Wenn es um knallharte Machtfragen ging, zählte eine politische Einigung immer noch mehr als jedes durch ein rechtliches Verfahren zustande gekommene Urteil.[93]

Um der Wahrheit gerecht zu werden, muss man allerdings auch anerkennen, dass die beiden Thronfolgestreite mehr taten, als nur die rechtsstaatlichen Defizite des föderalen Konfliktlösungssystems offenzulegen. Vor allem die lippische Krise war auch ein Wendepunkt hin zu einer professionalisierten, stärker an Gerichten orientierten Verfassungsgerichtsbarkeit. Zum einen war der Thronfolgestreit einer der ersten großen staatsrechtlichen Konfliktfälle im Kaiserreich, an dessen Erledigung außenstehende juristische Experten direkt beteiligt waren. Einige der renommiertesten Verfassungsrechtler der Zeit verfassten für die verschiedenen Streitparteien Gutachten. Darunter waren zum Beispiel Heinrich Albert Zachariä, Heinrich Zöpfl, Max von Seydel und Philipp Zorn. Mit der Leipziger Juristenfakultät erstellte gar eine ganze akademische Institution ein *Gutachten [...] über das Recht der Söhne Seiner Erlaucht des Graf-Regenten Ernst zur Lippe-Biesterfeld auf die Thronfolge im Fürstentum Lippe*. Tatsächlich begleitete die Reichsstaatsrechtslehre jede einzelne Etappe des sich gut zehn Jahre hinziehenden Verfahrens mit einer überaus lebhaften Diskussion um die jeweils involvierten Rechtsfragen. Die einschlägigen Fachzeitschriften, wie die *Deutsche Juristen-Zeitung* oder das *Archiv für öffentliches Recht*, waren voll mit Artikeln zu den unterschiedlichen Aspekten des Erbfolgestreits. Auch in kleineren Sonderschriften, die üblicherweise eine deutlich größere Breitenwirkung erzielten, kommentierten prominente Staatsrechtler wie Paul Laband den Disput und seine Implikationen für das Verfassungssystem ausgiebig. Die einzelnen Meinungen, die dabei ausgetauscht wurden und teilweise weit auseinandergingen, hat Anna Bartels-Ishikawa in ihrer schon erwähnten Studie penibel dokumentiert. Hier reicht es, festzuhalten, dass der Lippische Thronfolgestreit ein wichtiger Schritt zur Einbindung der Rechtswissenschaft in die Verfassungsgerichtsbarkeit des Reiches war und damit erheblich zur Professionalisierung der Letzteren beitrug.[94]

Zum anderen sorgte die heftige öffentliche Kritik an der Handhabung des Verfahrens durch den Bundesrat und die gleich zweimalige Überstellung der Streitsache an die aus Richtern des Reichsgerichtes bestehenden Schiedsgerichte dafür, dass das Reichsgericht auch für dynastische Konflikte verstärkt als die natürliche Entscheidungsinstanz angesehen wurde. Anders gesagt: Das Reichsgericht etablierte sich im Laufe der Lippe-Krise ein Stück weit als kompetentes Gericht für Thronstreitigkeiten. Dadurch näherte es sich insgesamt dem Charakter eines für föderale Streitigkeiten zuständigen, informellen Reichsverfassungsgerichts an. In der Tat kam es nach dem finalen Schiedsspruch, der 1905 in der lippischen Frage erging, außer im Rahmen der letzten beiden Akte des Braunschweigischen Thronfolgekonfliktes nie wieder vor, dass der Bundesrat zur Beilegung eines zwischenstaatlichen Konfliktes oder einer Verfassungsstreitigkeit innerhalb eines Einzelstaates angerufen wurde. Offenbar hatte sich in dem Verfahren die Länderkammer zu sehr disqualifiziert und das Reichsgericht gleichzeitig zu sehr als neutrale, von Rechtsgrundsätzen geleitete Institution vom Rest des Verfassungssystems abgehoben, als dass Streitparteien weiterhin auf die in der Verfassung vorgesehenen Mechanismen zur Konfliktlösung setzen wollten. 1907 willigte gar die niederländische Königin Wilhelmina in einem Schiedsvertrag darin ein, dem Leipziger Gericht eine Erbstreitigkeit mit Großherzog Wilhelm Ernst von Sachsen-Weimar-Eisenach zu übertragen, in der es um eine Beteiligung an einer Rentenkapitale ging. Selbst ausländische Monarchen beziehungsweise deren Regierungen sahen das Reichsgericht nach dem lippischen Thronfolgestreit also als die bestmögliche Schiedsinstanz im Reich an.[95]

Es ist allerdings wichtig, das Gesamtbild nicht aus den Augen zu verlieren. Auch die unleugbare Stärkung, die das Reichsgericht im Laufe des lippischen Thronfolgestreits erfuhr, machte dieses nicht zu einem ordentlichen Verfassungsgerichtshof. Es rückte zwar näher an diese Stellung heran, nahm sie aber nie vollständig ein. Dazu fehlte ihm sowohl die Rechtsbasis als auch die Rechtshoheit. Die wichtigsten verfassungsgerichtlichen Kompetenzen verblieben stets beim Bundesrat, auch wenn dieser mit der Zeit immer seltener angerufen wurde und, wenn dies doch der Fall war, zunehmend die jeweiligen Streitfragen an das Reichsgericht delegierte. Eine Verfassungsreform, die das Gericht offiziell für bestimmte Arten von föderalen Konflikten zuständig gemacht hätte, stand niemals auch nur zur Diskussion. Alle Fälle, in denen die Leipziger Richter ein Urteil fällten, waren ihnen vorher entweder vom Bundesrat oder direkt von den betroffenen Streitparteien übertragen worden. Überdies entwickelte sich das Reichsgericht nie zu einer Instanz, vor der alle Arten von verfassungsrechtlichen Konflikten früher oder später landen konnten. Insbesondere gewann es zu keiner Zeit irgendeinen Einfluss auf jene für die Entwicklung der föderalen Entscheidungsstrukturen besonders wichtige Angelegenheit, mit der wir uns jetzt befassen werden.

## VIII. Die Verfassungsmäßigkeit von Entscheidungsbefugnissen und Gesetzen

Trotz seines vielschichtigen Gefüges aus mehreren Regierungsebenen, sich häufig überlappenden Zuständigkeiten und zahlreichen am föderalen Entscheidungsprozess beteiligten Institutionen kannte der Bund keinerlei Kontrollmechanismen, um zu überprüfen, ob sich die Reichsorgane mit den Kompetenzen und Gesetzen, die sie ausübten beziehungsweise erließen, im Rahmen der Verfassung bewegten oder nicht. Rechtlich gesehen war das kein allzu großes Problem. Da die Reichsverfassung keinen besonderen Rechtsstatus hatte, sondern nur als normales Gesetz galt, konnten ihre Bestimmungen durch ein eben solches jederzeit erweitert, geändert oder aufgehoben werden. Politisch und strukturell war der Mangel eines rechtlichen Überprüfungssystems für die Handlungen der Reichsorgane und den Inhalt der Reichsgesetze allerdings umso problematischer. Denn das Reich besaß folglich auch kein verfassungsrechtlich festgelegtes Grundgerüst, das in der Auseinandersetzung zwischen den gegensätzlichen monarchischen und parlamentarischen, unitarischen und partikularistischen, hegemonialen und bündischen Kräften, die im föderalen Regierungsbetrieb wirkten, nicht hätte angetastet werden dürfen. Diese Tatsache gab der Verfassung einerseits zwar eine erstaunliche Flexibilität, die sich in der fortwährenden Umsortierung der föderalen Entscheidungsstrukturen äußerte, die wir in Kapitel 6 beobachtet haben. Andererseits machte sie den politischen Prozess aber auch vollkommen unberechenbar und sorgte so für ein gehöriges Maß an Unruhe im ganzen Regierungssystem.

Angetrieben von dem Bemühen, das in der Reichsgründung eingerichtete Gleichgewicht der Kräfte zu bewahren beziehungsweise zu seinen Gunsten zu verschieben, kämpften der Bundesrat, der Reichstag, der Kaiser, der Kanzler und die mit der Zeit um diesen herum entstehenden Ministerialbehörden des Reiches andauernd um Entscheidungsbefugnisse, die von der Verfassung nicht eindeutig verteilt wurden oder im Zuge der Zentralisierung des Bundes neu entstanden. Das zentrale Problem solcher Kompetenzkonflikte war, dass sie nie ein für alle Mal gelöst werden konnten. Es gab keine Instanz, die das Recht gehabt hätte zu entscheiden, wem umstrittene Befugnisse letztlich zufielen. Die Unsicherheit, wer was wann wo tun durfte oder konnte, war deshalb ein ständiger Begleiter des föderalen Entscheidungsprozesses.

Bismarck versuchte, dieses Problem zumindest hinsichtlich des stetig wachsenden Ministerialapparates des Reiches in den Griff zu bekommen, indem er seine eigene Position als Kanzler so weit wie möglich stärkte. Als die verschiedenen Reichsämter in Zuständigkeitsfragen immer häufiger aneinandergerieten, nachdem das Stellvertretergesetz den Behördenleitern das Recht gegeben hatte, Anordnungen und Verfügungen des Kaisers in ihrem jeweiligen Geschäftsbereich stellvertretend für den Kanzler gegenzuzeichnen, bestimmte Bismarck Anfang der 1880er-Jahre, dass ihm alle Meinungsverschiedenheiten über unklare Kompetenzen sofort zu melden waren. In seiner Ordre an die Staatssekretäre des Reichspost- und Reichsschatzamtes führte er aus, dass „die Verfassung [...] dem Reichskanzler allein die Stellung als des verantwortlichen Reichsministers [...] und damit auch die Leitung der in der Regierungsgewalt des Kaisers liegenden Angelegenheiten [zuweise]". Daher sei „den Bestimmungen der Verfassung stets Genüge geleistet, sobald eine Entscheidung des Reichskanzlers ergangen [sei]". Daraus folgerte er für sich das Recht, alle Kompetenzstreitigkeiten zwischen den verschiedenen Zweigen der obersten Reichsverwaltung zu entscheiden.[96]

Das war eine pragmatische Lösung, die sicherstellte, dass Unklarheiten bezüglich einzelner Befugnisse quasi auf dem kleinen Dienstweg direkt ausgeräumt werden konnten. Diese Herangehensweise beinhaltete aber auch ein großes Problem. Ob sie funktionierte oder nicht, hing einzig und allein von der persönlichen Autorität des Kanzlers ab. Da Bismarcks Nachfolger es in diesem Punkt nicht annähernd mit ihm aufnehmen konnten, verpuffte die obige Anordnung bald nach seinem Rücktritt, und die Konkurrenz der Reichsbehörden um einzelne Entscheidungsbefugnisse erreichte eine ganz neue Intensität. Das äußerte sich am deutlichsten in den zahllosen Koordinationsproblemen, die die Reichsregierung in den 1890er-Jahren plagten und somit die Neujustierung der Reichsmonarchie nach dem Abgang ihres Übervaters erheblich belasteten. Die Einzelheiten dazu hat das vorhergehende Kapitel bereits eingehend beschrieben.

Was die rechtliche Unsicherheit, die die Ausübung vieler Kompetenzen begleitete, so heikel machte, war der Umstand, dass sie eben nicht nur vergleichsweise unwichtige, eher technische Zuständigkeiten im dichten Netz der verschiedenen Verwaltungsbehörden betraf, sondern auch einige der grundlegendsten Entscheidungsbefugnisse, die es auf der Bundesebene überhaupt gab. Besonders unklar war die Situation hinsichtlich der Sanktionsgewalt. Die Verfassung ließ vollkommen offen, wer eigentlich den entscheidenden Befehl zum Inkrafttreten eines Reichsgesetzes erteilte. Anders gesagt: Es war ungewiss, ob ein Reichsgesetz rechtskräftig wurde, sobald der Bundesrat und der Reichstag es mehrheitlich annahmen, oder ob es dazu erst noch der Ausfertigung und Verkündung durch den Kaiser bedurfte. Je nachdem, welche Sichtweise man dazu einnahm, lag das Sanktionsrecht entweder beim Bundesrat oder beim Kaiser. Für das Verhältnis zwischen der monarchischen Exekutive und der vom

Reichstag dominierten Legislative war das eine ganz entscheidende Frage. Denn von ihrer Beantwortung hing ab, ob dem Kaiser im Gesetzgebungsprozess ein Vetorecht zustand oder nicht. Während es sowohl unter den politischen Akteuren als auch unter den Staatsrechtlern allgemein anerkannt war, dass der Kaiser die Ausfertigung eines Gesetzes verweigern konnte und sogar musste, wenn dieses nicht auf verfassungsmäßigem Weg zustande gekommen war (formelles Veto), herrschte infolge der unterschiedlichen Ansichten zum Sanktionsrecht große Uneinigkeit darüber, ob er dies auch aus materiellen Gründen tun durfte, sprich: weil er mit dem Inhalt eines Gesetzes nicht einverstanden war (inhaltliches Veto).

Wir müssen an dieser Stelle nicht noch einmal die ganze Diskussion über das Vetorecht des Kaisers neu aufrollen. Das vierte Kapitel hat die Debatte um die Sanktionsgewalt und die Präzedenzfälle, in denen der Kaiser im Rahmen seiner Metamorphose vom *primus inter pares* zum Reichsmonarchen ein Vetorecht in Anspruch nahm, ausführlich besprochen. Hier reicht es, uns noch einmal kurz zu vergegenwärtigen, dass er ungeachtet jeder rechtlichen Grundlage schon allein deswegen jederzeit ein ihm missliebiges Gesetz blockieren konnte, weil es keine Instanz gab, die ihn daran hätte hindern können. Die Folge war, dass alle, die am legislativen Prozess beteiligt waren – sei es im Bundesrat, im Reichstag oder in den Reichsämtern –, stets damit rechnen mussten, dass der Kaiser einen Gesetzesentwurf stoppen würde. Allein die Möglichkeit machte es notwendig, Vorlagen von Anfang an so zu gestalten, dass sie die Allerhöchste Zustimmung finden würden. Das galt besonders unter Wilhelm II., hatte dieser doch eine Vorliebe für völlig unberechenbare Eingriffe in laufende Entscheidungsprozesse.

Der Kaiser gewann also durch das faktische Vetorecht, das er in Ermangelung einer klaren Regelung der Sanktionsgewalt für sich in Anspruch nehmen konnte, einen indirekten Einfluss auf die inhaltliche Ausgestaltung von Gesetzen. Das verwischte wiederum die Grenze zwischen Exekutive und Legislative und beeinträchtigte dadurch das Gleichgewicht zwischen monarchischen und parlamentarischen Kräften. Diese Aushöhlung der Verfassung und ihre politischen Folgen, die im Streit um Wilhelms persönliches Regiment spätestens in der im vorhergehenden Kapitel näher geschilderten *Daily-Telegraph*-Affäre mit aller Macht zutage traten, wären nur zu verhindern gewesen, wenn eine übergeordnete Instanz geklärt hätte, wem die Sanktionsgewalt eigentlich zustand. Ein solcher Urteilsspruch hätte nämlich automatisch auch Aufschluss darüber gegeben, ob der Kaiser ein Vetorecht hatte und – wenn ja – unter welchen Umständen er davon Gebrauch machen konnte. Wäre die Befugnis zur Erteilung des Gesetzesbefehls dem Bundesrat zugesprochen worden, hätte das dem Kaiser jede Art von Veto untersagt. Wäre das Sanktionsrecht dagegen in die Hände des Kaisers gelegt worden, hätte eine derartige Entscheidung unweigerlich spezifizieren müssen, ob dieses frei oder gebunden gewesen, das heißt, ein inhaltliches oder nur ein formelles Vetorecht mit ihm einhergegangen wäre. Da es aber keine Instanz gab, die ein solches Urteil fällen, geschweige denn durchsetzen hätte können, blieben die Verortung des Sanktionsrechtes und infolgedessen die Existenz und der Umfang des kaiserlichen Vetorechts vom ersten bis zum letzten Tag des Bundes ungeklärt. Die Möglichkeit einer Intervention von oben hing dadurch ständig wie ein Damoklesschwert über dem Gesetzgebungsprozess.

Nicht minder problematisch waren die Auswirkungen, die das Fehlen eines Verfahrens zur Normenkontrolle der Reichsgesetze für das föderale Regierungssystem hatte. Eine institutionalisierte Überprüfung der Verfassungsmäßigkeit der Bundesgesetze, wie wir sie etwa vom Bundesverfassungsgericht her kennen, gab es schon deshalb nicht, weil weder die Verfassung noch ein nachfolgendes Gesetz eine Einrichtung mit einem solchen Recht schuf. Auch das Reichsgericht erhielt diese Befugnis nicht, als es 1879 gegründet wurde. Darüber hinaus stand es außerdem auch keinem Richter zu, bei der Entscheidung über eine andere Rechtsfrage die Verfassungsmäßigkeit einer auf den betroffenen Streitfall anzuwendenden reichsgesetzlichen Norm zu prüfen. Es gab also kein richterliches Prüfungsrecht für Reichsgesetze. Anders sah es für Reichsverordnungen sowie für einzelstaatliche Gesetze und Verordnungen aus. Um den Vorrang der Gesetzgebungs- vor der Verordnungsgewalt beziehungsweise des Reichs- vor dem Landesrecht zu sichern, war es allgemein anerkannt und durch mehrere Urteile des Reichsgerichts beurkundet, dass Richter das Recht hatten, im Rahmen anderer Streitsachen zu prüfen, ob jene Reichsverordnungen, Landesgesetze und Landesverordnungen, die für das jeweils zu entscheidende Verfahren relevant waren, gegen die Reichsverfassung oder die Reichsgesetze verstießen. Allein die Rechtsungültigkeit von Landesgesetzen und -verordnungen wurde durch das Reichsgericht in etwa 200 Fällen festgestellt.[97]

Dagegen bestätigten die Leipziger Richter im Laufe der Jahre in mehreren Urteilen zu verschiedenen zivil- und strafrechtlichen Streitsachen wiederholt, dass es weder ihm noch irgendeinem anderen Gericht gebührte, den Inhalt von Reichsgesetzen auf seine Verfassungsmäßigkeit hin zu kontrollieren. Somit gab es keinerlei Verfahren, um zu prüfen, ob Reichsgesetze sich an die Reichsverfassung hielten, und sie, wenn sie es nicht taten, zu annullieren. 1911 bekräftigte das Reichsgericht in einem Prozess, bei dem die Frage nach der Gültigkeit eines Reichssteuergesetzes aufgekommen war, gar ausdrücklich, dass Bestimmungen der Reichsverfassung keinen höherrangigen Status hätten als diejenigen irgendeines anderen Reichsgesetzes. Demnach konnte jede reichsgesetzliche Regelung die korrespondierenden Verfassungsartikel ohne Weiteres außer Kraft setzen, solange sie unter den Voraussetzungen zustande kam, die die Verfassung für den Erlass von verfassungsdurchbrechenden Gesetzen festlegte, nämlich weniger als vierzehn Gegenstimmen im Bundesrat und – wenn das Gesetz nur die Rechte einzelner Bundesstaaten betraf – die Zustimmung eben jener Landesregierungen. Infolge dieses geringen Schutzes der Verfassung und des gleichzeitigen Mangels jedweden Prüfungsrechts für Reichsgesetze bestimmten allein die politischen Organe des föderalen Entscheidungsprozesses, inwieweit sie sich bei den legislativen Projekten, die sie aushandelten, an die Verfassung halten wollten oder nicht. Kurzum: Die Verfassungsmäßigkeit von Reichsgesetzen war ganz und gar der Gnade der politischen Kompromisse ausgeliefert, auf die sich die verschiedenen Fliehkräfte des Regierungssystems in ihrem gegenseitigen Machtkampf einigten.[98]

Infolgedessen brachen Reichsgesetze fast routinemäßig die Verfassung. Nicht selten kam es sogar vor, dass Gesetze, die erst nach harten politischen Auseinandersetzungen zustande kamen, gleich mehrfach gegen die Verfassung verstießen. Ein gutes Beispiel ist die sogenannte Franckensteinsche Klausel, der wir bereits bei unserem Blick auf den Aufstieg des Reichstages im sechsten Kapitel begegnet sind. Dieser Paragraf des Zolltarifgesetzes von 1879 bestimmte, dass das Reich alle Einnahmen aus den Zöllen und der Tabaksteuer, die 130 Millionen Mark pro Jahr überschritten, an die Bundesstaaten auszahlen musste. Damit unterlief er die Verfassung gleich in dreifacher Hinsicht. Erstens verteilte er Zolleinnahmen, die laut der Verfassung ausschließlich dem Bund zustanden, auf die verschiedenen Regierungsebenen des Föderalstaates. Zweitens versorgte er die Einzelstaaten mit Mehreinnahmen aus einer Quelle, deren Überschüsse die Verfassung ganz klar für die „Bestreitung [...] gemeinschaftlicher Ausgaben" – soll heißen: zur Subvention des Reichshaushaltes – reservierte. Drittens fügte er acht Jahre nach der Reichsgründung dem bestehenden, um die Matrikularumlagen herum organisierten Umverteilungssystem zwischen Bund und Ländern einen weiteren Teil hinzu, obwohl die Verfassung dieses als eine vorübergehende Behelfsmaßnahme deklarierte, die langfristig durch Reichssteuern ersetzt und daher nicht weiter ausgebaut werden sollte.[99]

Es ist vielsagend, dass diese grob verfassungsbrüchige Klausel nicht von einem Mitglied der Reichsregierung, einem Vertreter der einzelstaatlichen Regierungen, einem konservativen oder einem sozialdemokratischen Parlamentarier, sondern von einem Reichstagsabgeordneten des Zentrums vorgeschlagen wurde. Diese Tatsache zeigt uns nämlich, dass es nicht nur die Verteidiger des Status quo im Lager der monarchischen Regierungen und der konservativen Parteien sowie die radikalen Systemkritiker am linken Rand des politischen Spektrums waren, die dazu bereit waren, die Verfassung so zu verdrehen, wie es für ihre politischen

Ziele jeweils nötig war. Für jene gemäßigten Kräfte der bürgerlichen Mitte, die die bestehenden Verhältnisse behutsam weiterentwickeln und dem Parlament mehr Einfluss auf die Regierungsarbeit verschaffen wollten, galt das ganz genauso. Das lag schlicht und ergreifend daran, dass die komplexe Verfassung mit ihren vielen Verschränkungen, Sicherheitsvorkehrungen und Schlupflöchern gar nichts anderes zuließ, als sie zu manipulieren, um politische Interessen durchzusetzen. Die Motive, die hinter der Klausel standen, sind dafür ein Paradebeispiel. Georg Arbogast von und zu Franckenstein, der Fraktionsvorsitzende des Zentrums, gedachte mit seinem Vorschlag sicherzustellen, dass das Reich von den Ländern finanziell abhängig bleiben würde. Das sollte vor allem die Einzelstaaten im Süden stärken und auf diese Weise die dort lebende katholische Minderheit des Reiches, deren politische Stimme die Zentrumspartei im Reichstag ja war, gegen die Übermacht des protestantischen Hegemonialstaats Preußen schützen. Außerdem wollte Franckenstein mit seiner föderalen Garantie zumindest ein Stück weit das Wohlwollen Bismarcks gewinnen und so das Zentrum aus der Oppositionsrolle herausholen, in die der Kulturkampf die Partei gedrängt hatte. Die Konservativen konnten ihrerseits gut mit der Klausel leben, stützte diese doch durch die Stärkung der Einzelstaaten das monarchische Rückgrat des Bundes. Eine parlamentarische Mehrheit für die Aufnahme der Regelung in das Zolltarifgesetz war damit trotz ihrer offensichtlichen Verfassungswidrigkeit sicher.[100]

Die Bereitschaft seitens aller am föderalen Entscheidungsprozess Beteiligten, bei der Aushandlung legislativer Kompromisse die Grundregeln des Bundes zu kompromittieren und so verfassungswidrige Gesetze in die Welt zu setzen, konnte mitunter überaus folgenschwere, kaum vorhersehbare Auswirkungen haben. Wieder ist die Franckensteinsche Klausel ein Paradebeispiel. Dadurch, dass sie eine Obergrenze für die Einkünfte des Reiches aus dessen wichtigster Einnahmequelle – den Zöllen – festlegte, machte sie das Reich dauerhaft zum Kostgänger der Länder und hielt die stetig expandierende Reichsregierung davon ab, von dem wirtschaftlichen Wachstum zu profitieren, das 1896 nach dem Ende eines längeren globalen Konjunkturtiefs, der sogenannten Großen Depression, europaweit einsetzte. Nach der Jahrhundertwende führten die dadurch verursachten Engpässe im Reichshaushalt dazu, wie Niall Ferguson in einem einflussreichen Artikel über die innenpolitischen Ursachen des Ersten Weltkrieges gezeigt hat, dass die Führungsebenen des Generalstabes und des Kriegsministeriums angesichts der gleichzeitigen Aufrüstungsbemühungen in Russland und Frankreich immer nervöser wurden und ihre Bereitschaft stieg, einen Präventivschlag zu führen, bevor das Reich ob seiner finanziellen Beschränkungen militärisch gänzlich ins Hintertreffen geraten würde. Auch wenn die Franckensteinsche Klausel 1904 aufgehoben wurde, trug diese Bestimmung – die nie hätte in Kraft treten dürfen, wenn man die Grundbestimmungen der Verfassung zum Reichsfinanzsystem respektiert hätte – also zur Entstehung einer Mentalität bei, die das Reich 1914 dazu bewegte, in den Krieg zu ziehen. Eine einschneidendere Folge, die sich aus dem Mangel eines Verfahrens zur Normenkontrolle und gegebenenfalls Annullierung von Reichsgesetzen hätte ergeben können, lässt sich kaum vorstellen.[101]

Was ihre partikularistische Stoßrichtung anbelangt, war die Franckensteinsche Klausel indes eher ungewöhnlich. Die meisten Reichsgesetze, die sich nicht an die Reichsverfassung hielten beziehungsweise deren Vorschriften ersetzten, stärkten die Einzelstaaten gegenüber dem Reich nicht, sondern schwächten sie. Durch das Fehlen eines richterlichen Prüfungsrechtes waren auch die grundlegendsten Bestimmungen der Verfassung zur föderalen Organisation des Bundes nicht gegen politische Kompromisse gefeit. Für die Einzelstaaten erwies sich diese Tatsache im Laufe der Entwicklung des Bundes als großes Dilemma. Je mehr der Bundesrat unter die Kontrolle der Reichsregierung geriet, desto weniger konnten ihn die einzelstaatlichen Regierungen dazu nutzen, Gesetze mit zentralistischen Tendenzen zu blockieren. Um allzu weitgehende Zentralisierungsmaßnahmen dennoch zu verhindern, mussten sie sich daher in die anderen, inoffiziellen Instanzen des föderalen Entscheidungsprozesses einbringen, die wir im vorhergehenden Kapitel kennengelernt haben, allen voran in die Spezialkonferenzen der prälegislativen Phase und in die Reichstagskommissionen. Das war jedoch nur bis zu einem gewissen Grad von Erfolg gekrönt. Denn je mehr sich die Reichsregierung an den parlamentarischen Mehrheitsparteien orientierte, desto weniger wurden die Stimmen der einzelstaatlichen Regierungen gehört – es sei denn, es gelang ihnen, parlamentarische Abgeordnete auf ihre Seite zu ziehen und über diese Einfluss auf die Verhandlungen auszuüben. Die Möglichkeiten dazu waren aber relativ begrenzt. Außer dem Zentrum und den konservativen Parteien bevorzugten alle anderen großen Parteien einen starken Zentralstaat, versprach ein solcher dem Parlament doch, die Regierung frei von föderalen Schutzschranken sehr viel stärker kontrollieren zu können. Aus diesem Blickwinkel gesehen erscheint die Annahme von Gesetzen, die den in der Verfassung definierten Status der Einzelstaaten untergruben, fast wie eine Parlamentarisierungsstrategie.

An der vielleicht größten Verletzung des eigenwilligen bündischen Aufbaus der Verfassung war der Reichstag allerdings nur sehr begrenzt beteiligt, nämlich an der in den vorangegangenen Kapiteln bereits detailliert beschriebenen Entstehung und schrittweisen Expansion des reichseigenen Ministerialapparates. Dieser hätte gemäß der Verfassung nie existieren sollen, sahen deren Bestimmungen eine unabhängige Reichsregierung doch überhaupt nicht vor. Die gleich nach der Gründung des Bundes einsetzende Zentralisierung staatlicher

Kompetenzen und die Notwendigkeit, den neuen Nationalstaat im europäischen Großmachtgefüge politisch, wirtschaftlich und militärisch stark aufzustellen, ließ Bismarck und seinen Nachfolgern aber gar keine andere Wahl, als eigenständige oberste Reichsbehörden einzurichten. Obwohl die Verfassung die Schaffung solcher Einrichtungen zu einem Vorrecht des Bundesrates machte, wurden die meisten Reichsämter durch Anordnung des Kaisers gegründet, die dieser in seiner Eigenschaft als Oberhaupt der Reichsverwaltung traf. Diese Umgehung des Bundesrates und damit der einzelstaatlichen Regierungen, die eigentlich gemäß der Konstruktion der Verfassung die für das Reich anfallenden ministeriellen Aufgaben hätten mitübernehmen sollen, entbehrte jedweder konstitutionellen Basis. Der Reichstag gab dafür stillschweigend grünes Licht, indem er die für die neu geschaffenen Behörden erforderlichen Finanzmittel als Teil des Reichshaushaltes bewilligte. Der Grund, aus dem er das tat, war offensichtlich: Die Einrichtung individueller Reichsämter machte es für ihn einfacher, die Regierung zu kontrollieren. Das galt schon allein insofern, als die Gelder für den Betrieb der jeweiligen Behörden im Rahmen der Budgetverhandlungen jedes Jahr neu zur Debatte standen.[102]

Die Ausweitung des reichseigenen Behördenapparates war nur eine Angelegenheit von vielen, bei denen sich die Kanzler beziehungsweise die Reichsregierung mit dem Reichstag auf ein Vorgehen einigten, das die Einzelstaaten in die Defensive brachte. Tatsächlich geschah das nach Bismarcks Abgang immer häufiger. Die Gesetze, die so verabschiedet wurden, unterliefen den in der Verfassung festgelegten föderalen Kompetenzkatalog fast routinemäßig. Dadurch gaben sie dem Reich eine zusehends unitarische Ausrichtung. Einige föderale Strukturen, die die Staatsgewalt in bestimmten Bereichen auf die verschiedenen Regierungsebenen des Bundesstaates verteilte, lösten sie gar ganz auf. Das galt ganz besonders für die Gesetze, die zwischen der Jahrhundertwende und dem Ausbruch des Ersten Weltkrieges auf dem besonders umstrittenen Feld der Finanzen zustande kamen. Die Reform der Erbschaftssteuer, die Einführung der Vermögenszuwachs- beziehungsweise Besitzsteuer und die anderen Finanzgesetze, die das sechste Kapitel bereits ausführlich diskutiert hat, drangen nicht nur in das von der Verfassung garantierte Monopol der Einzelstaaten auf direkte Steuern ein, sondern sie verringerten durch die Verbreiterung der reichseigenen Einkommensquellen auch die Bedeutung der Matrikularbeiträge der Länder und – infolgedessen – den Einfluss der einzelstaatlichen Regierungen auf die Gestaltung der Reichspolitik.

Die Finanzreformen aus der Schlussphase des Reiches waren somit nicht zuletzt ein Zeugnis dafür, wie sehr die Annahme verfassungswidriger Gesetze die Föderalordnung aushöhlte. In dieser Hinsicht war das Fehlen eines Normenkontrollverfahrens geradezu eine Vorbedingung für den Wandel, der den Bund im Laufe der Zeit zu einer Reichsmonarchie mit starken unitarischen Tendenzen machte. Hätte es einen Verfassungsgerichtshof gegeben, der befugt gewesen wäre, jene Gesetze zu annullieren, die die von der Verfassung garantierten Rechte der Einzelstaaten verletzten, wäre das Kaiserreich vermutlich zeitlebens eine dezentralisierte Mischordnung zwischen Staatenbund und Bundesstaat geblieben. Das hätte wiederum fraglos nicht nur den Kurs der deutschen, sondern auch den der europäischen Geschichte nachhaltig verändert.

## IX. Das gefährdete Dasein des Reiches

Nach allem, was wir gesehen haben, kann kein Zweifel daran bestehen, dass das eigentümliche und teilweise äußerst lückenhafte System zur Beilegung verfassungsrechtlicher Streitigkeiten mehr zur Beunruhigung als zur Stabilisierung der föderalen Regierungsordnung beitrug. Was dieses System so problematisch machte, war, dass es rechtliche durch politische Konfliktlösungsmechanismen ersetzte und gleichzeitig auf jedwedes Normenkontrollverfahren beziehungsweise richterliche Prüfungsrecht verzichtete. In der spannungsgeladenen Atmosphäre, die das fortwährende Ringen der unterschiedlichen monarchischen, parlamentarischen, unitarischen, partikularistischen, hegemonialen und bündischen Kräfte schuf, sorgte diese Kombination nämlich dafür, dass jede noch so kleine Rechtsfrage sich schnell zu einer das ganze Regierungssystem ins Wanken bringenden Machtfrage hochschaukeln konnte. Tatsächlich untergrub diese Politisierung rechtlicher Probleme die Verfassung so sehr, dass die weitere Existenz des Reiches jederzeit infrage gestellt werden konnte.

Um besser zu verstehen, wie Konflikte über vergleichsweise unwichtige Fragen derart eskalieren konnten, lohnt es sich, ein besonders aufschlussreiches Beispiel noch einmal etwas genauer zu betrachten. Im Frühjahr 1880 stellte Preußen im Bundesrat den Antrag, die beiden Hamburger Stadtteile Altona und St. Pauli in das deutsche Zollgebiet aufzunehmen. Bis dahin war das gesamte Stadtgebiet Hamburgs von der Zollgemeinschaft des Bundes ausgenommen, da sich die Hansestadt in den Verfassungsverhandlungen von 1867 das Recht auf einen Freihafen gesichert hatte. Mit Verweis auf eben dieses verfassungsrechtlich verbriefte Privileg argumentierte der Hamburger Senat in einem Gegenantrag, dass der preußische Vorstoß unzulässig sei und eine „Einverleibung" der beiden Stadtteile nicht ohne seine Zustimmung erfolgen könne. Um diese Frage zu klären, forderte der Antrag den Bundesrat dazu auf, die Streitsache zur Entscheidung an dessen Verfassungsausschuss zu überweisen.[103]

Dieses Vorgehen wollte Bismarck unter allen Umständen verhindern. Denn schließlich wäre dadurch ein Präzedenzfall geschaffen worden, auf dessen Grundlage der Verfassungsausschuss – der bis dahin noch niemals nennenswert aktiv geworden war – für sich ein generelles Recht zur Auslegung der Verfassung hätte in Anspruch nehmen können. Das war für den Kanzler aber völlig undenkbar. Da er sich selbst „als Schöpfer der Verfassung" für den einzigen legitimen Interpreten derselbigen hielt, war der Ausschuss für ihn schon immer „das rote Tuch" gewesen, wie Bayerns Bundesratsveteran Hugo von und zu Lerchenfeldt-Köfering sich erinnerte. Bismarck schlug deshalb vor, statt den Verfassungsausschuss die Ausschüsse für Zoll- und Steuerfragen sowie für Handel und Verkehr über die technischen Fragen der beiden Anträge beraten und für die diesbezüglichen Probleme – wie zum Beispiel den genauen Grenzverlauf des Zollgebietes – Lösungen ausarbeiten zu lassen.[104]

Mehrere einzelstaatliche Regierungen sprangen dem Hamburger Senat allerdings zur Seite und bestanden darauf, dass der Verfassungsausschuss die beste Instanz zur Beilegung des Konfliktes sei. Daraufhin setzte Bismarck den Bundesrat unter größtmöglichen politischen Druck. Zu diesem Zweck drohte er nicht nur mit seinem Rücktritt, sondern attackierte die Rädelsführer persönlich. Den leitenden bayerischen Gesandten, der es gewagt hatte, darauf hinzuweisen, dass er erst seine Regierung um Instruktion bitten müsse, bevor er in der Sache abstimmen könne, und andernfalls für die Überweisung an den Verfassungsausschuss plädiere, stellte Bismarck bei einer Soiree derart bloß, dass dieser anschließend von seinem Posten abberufen wurde. Der Kanzler hatte ihm vor aller Augen vorgeworfen, mit den beiden linksliberalen Reichstagsabgeordneten „Richter und Lasker und den Hamburger Juden zusammen gegen [seine] Pläne [zu konspirieren]".[105]

Das schwerste Geschütz, das Bismarck auffuhr, war aber die Drohung, dass Preußen den Bund verlassen und diesen dadurch auflösen könne. Gleich bei seinem ersten Auftritt im Bundesrat betonte er, wie sich verschiedene Bevollmächtigte später erinnerten, dass „er die Sache so [auffasse], daß daraus für Preußen eine Lage entstehen könne wie diejenige, in der es sich im Juni 1866 im Bundestag [befunden habe]". Er führte also die Fürstenbundsidee ins Feld und erinnerte die Versammlung schamlos daran, wie Preußen vierzehn Jahre zuvor den alten Deutschen Bund aufgekündigt hatte. Als sich einige Landesregierungen daraufhin immer noch querstellten, wies er alle preußischen Gesandten an den deutschen Höfen in einem Runderlass an, diese Drohung gegenüber ihren Gastgebern dahingehend zu wiederholen, „daß [die preußische Regierung] dem Versuche, den König von Preußen im Bundesrat oder im Reichstag verfassungswidrig zu behandeln, heute mit derselben Entschlossenheit entgegentreten würden wie im alten Bunde, und daß das Staatsministerium darüber seine Einstimmigkeit heute festgestellt [habe]". Gegenüber den besonders standhaften Regierungen in Oldenburg und Lippe wurde er zwei Tage später noch deutlicher. Dem dortigen preußischen Gesandten trug er auf, den beiden Regierungen noch einmal ausdrücklich klarzumachen, dass „die Forderung, die [Preußen] an [seine] Bundesgenossen [stelle], [lediglich] die Ausübung eines verfassungsmäßigen Rechtes und einer verfassungsmäßigen Pflicht des Bundesrats [sei]", nämlich über den preußischen Antrag zu entscheiden. Falls der Bundesrat diese Pflicht „verweigere [...] oder den Versuch [mache], sie auf andere [ – genauer gesagt: den Verfassungsausschuss – ] zu übertragen, so versage er sich der Verfassung und den ihr zugrundeliegenden Verträgen, und Preußen [werde] in die Lage gesetzt, seine Zollhoheit wieder selbst und ohne Konkurrenz seiner Nachbarn zu handhaben", das heißt, den Bund zu verlassen.[106]

Unter dem Druck dieser schwersten aller möglichen Androhungen gaben die opponierenden Landesregierungen alsbald auf und verzichteten darauf, den Verfassungssauschuss anzurufen. Stattdessen überwiesen sie – ganz so, wie es Bismarck gefordert hatte – die beiden Anträge zur Klärung der technischen Fragen in den Zoll- und Handelsausschuss. Hamburg, das kein Interesse daran haben konnte, sich den Kanzler und die hinter ihm stehende Hegemonialmacht dauerhaft zum Feind zu machen, erklärte sich ausdrücklich unter Wahrung aller ihm nach der Verfassung zustehenden Rechte mit diesem Vorgehen einverstanden. In dem Ausschuss einigten sich die beiden Streitparteien schließlich auf einen politischen Kompromiss, der die entscheidende rechtliche Frage, ob das Privileg eines Freihafens Hamburg vor einer einseitigen Aufnahme in das deutsche Zollgebiet schützte, großzügig umging. Altona trat Letzterem auf Beschluss des Bundesrates bei, während St. Pauli Teil der hamburgischen Freihandelszone blieb.[107]

Was diesen Streitfall so bemerkenswert machte, war die Tatsache, dass Preußens Drohung mit der Auflösung des Bundes keinerlei nennenswerten Protest hervorrief. Keine der beteiligten Regierungen wehrte sich gegen diese Einschüchterung, indem sie argumentierte, dass die Existenz des Bundes beziehungsweise die Erhaltung der Verfassung in einem Konflikt über ein Sonderrecht eines einzelnen Mitgliedsstaates unantastbar sei und damit außer Frage stehen müsse. Für dieses Verhalten gab es sicherlich gute Gründe. Zum einen verlangte die Aufrechterhaltung der Fassade des Fürstenbundes, hinter der sich die monarchischen Regierungen vor den Vorstößen des Parlamentes versteckten, dass die verbündeten Regierungen auch stets die Möglichkeit offen hielten, jenen notfalls auch aufzukündigen, um so die Klinge ihrer schärfsten Waffe gegen den Reichstag nicht abstumpfen zu lassen. Zum anderen hatten gerade die Kleinstaaten angesichts der Übermacht Preußens gar keine realistische Chance, die Auflösungsdrohung anzufechten, ohne politischen Selbstmord zu begehen. Die lippische Regierung bekam das besonders deutlich zu spüren. In einem handschriftlichen Zusatz zu dem oben bereits erwähnten Erlass an den preußischen Gesandten in Lippe und Oldenburg befahl Bismarck diesem, „sich mit der fürstlich Lippischen Regierung [...] auf weitere Verhandlungen nicht [einzulassen], bei vorkommender Gelegenheit indes von dem befremdenden Eindruck [keinen] Hehl [zu] machen, den die reservierte und anspruchsvolle Haltung dieser Regierung [...] bei [der preußischen Regierung] hinterlassen [habe]", und dabei deutlich zu machen, dass „der Zeitpunkt[, sich] dessen zu erinnern[,] gelegentlich eintreten [werde]".[108]

Und dennoch: Das Fehlen jedweden Widerspruchs gegen Bismarcks Drohung zeigte, dass die Auflösung des Bundes nicht nur ein äußerst wirkungsvolles politisches Druckmittel, sondern auch eine unter den einzelstaatlichen Regierungen allgemein akzeptierte Möglichkeit zur Beilegung von Streitigkeiten war. Die föderale Grundorganisation des Reiches, ja dessen ganze Existenz konnte so im Laufe eines jeden Konfliktes – unabhängig vom genauen Streitgegenstand – jederzeit zum Thema werden. Eine umfassende Änderung oder gar eine komplette Annullierung der Verfassung war kein Tabu. Anders gesagt: Der Bund und mit ihm der ganze Nationalstaat genoss keine Bestandsgarantie. Dass eine Beseitigung beziehungsweise Komplettrevision des Reiches auf Basis der Legende vom Fürstenbund angesichts der zu erwartenden Proteste des Reichstages und der nach der Reichsgründung schnell in den neuen Nationalstaat hineinwachsenden Öffentlichkeit – von der unklaren Haltung des Auslandes ganz zu schweigen – tatsächlich auch umsetzbar gewesen wäre, muss man stark bezweifeln. Das ist aber nicht der Punkt. Solange es keine ausdrückliche Garantie des Bundes gab, konnte dessen Dasein in jeder Art von Streitigkeit als Verhandlungsmasse eingesetzt werden. Die Aufkündigung der vertragsmäßigen Grundlagen der Verfassung wurde denn auch seitens der verbündeten Regierungen als ein Konfliktlösungsmittel begriffen, dessen Einsatz vollkommen legitim angedroht werden konnte, wann immer es politisch opportun erschien.[109]

Diese auf der Fürstenbundsidee beruhende Auffassung spielte natürlich nicht nur eine bedeutende Rolle in Konflikten, die die preußische Staatsführung mit den anderen einzelstaatlichen Regierungen austrug. Mindestens genauso wichtig war sie für alle Dispute, in die der Reichstag involviert war. Denn die Möglichkeit, den Bund einseitig aufzukündigen, gab den verbündeten Regierungen beziehungsweise der Reichsregierung ein kraftvolles Kampfmittel gegen die Machtansprüche des Parlamentarismus an die Hand. Verschiedene Beispiele dafür sind uns im Laufe dieses und der vorangegangenen Kapitel immer wieder begegnet, wie etwa das Aprilgewitter von 1884 oder der Konflikt um die Interpellation des Reichstages bezüglich der preußischen Deportationspolitik. Wie flexibel sich die Idee von der Auflösung des Bundes im Umgang mit dem Parlament manipulieren ließ, zeigt ein abschließender Blick auf einen der einschneidendsten Momente in der Entwicklung des Reiches: die Krise um Bismarcks Entlassung.

Im Januar 1890 scheiterte der Kanzler damit, eine Verschärfung des Sozialistengesetzes durch den Reichstag zu bringen. Anschließend geriet Bismarck mit dem jungen Kaiser über die Frage nach dem richtigen Umgang mit der Arbeiterschaft so heftig aneinander, dass Wilhelm II. Anfang Februar zwei Verordnungen zur Reaktivierung der Sozialpolitik einfach ohne Gegenzeichnung des Kanzlers erließ. Wenige Wochen später verlor die schon seit Längerem kriselnde Kartellkoalition aus Nationalliberalen und Konservativen, auf die sich Bismarck in der abgelaufenen Legislaturperiode gestützt hatte, bei den Reichstagswahlen ihre Mehrheit. Gleichzeitig gewannen die Sozialdemokraten erstmals die meisten Wählerstimmen. Das machte es für die Reichsregierung schwieriger denn je, im Parlament eine ausreichende und verlässliche Basis zur Durchsetzung ihrer Projekte zu finden. Über dieses Problem drohte das Verhältnis zwischen Kaiser und Kanzler Anfang März endgültig zu zerbrechen. Bismarcks Demission lag somit in der Luft.[110]

Derart in die Enge getrieben, entschied sich der Kanzler, in die Offensive zu gehen, um seine bröckelnde Machtposition zu retten. Am 2. März unterbreitete er dem preußischen Staatsministerium einen Staatsstreichplan. Dieser beruhte auf der alten Legende vom Reich als Fürstenbund. Das Reich sei kein Zusammenschluss aus den Einzelstaaten, so Bismarck, sondern aus deren Souveränen. Die Verfassung habe daher einen vertraglichen Charakter. Dementsprechend könnten „nöthigen Falls die Fürsten und die Senate der freien Reichsstädte den Beschluß fassen, von dem gemeinschaftlichen Vertrage allseitig zurückzutreten", sprich: die Verfassung zu annullieren und den bestehenden Bund damit aufzulösen. „Auf diese Weise würde es möglich sein, sich von dem Reichstag loszumachen, wenn die Wahlen fortgesetzt schlecht ausfallen sollten", wie er in einem Zusatz betonte, den er später aus dem Protokoll herausstreichen ließ. Was Bismarck den verblüfften Ministern präsentierte, war also ein Weg, wie die monarchischen Regierungen den bestehenden Bund auflösen und anschließend einen neuen schließen konnten, dessen Verfassung dem Parlament eine sehr viel geringere oder gegebenenfalls gar keine Rolle zugestehen würde.[111]

Nach der Vorstellung dieses Staatsstreichplanes zur Beseitigung der kompletten Regierungsordnung zählte Bismarck noch mehrere mögliche Alternativmaßnahmen zur Kaltstellung des Reichstages auf, die ebenfalls auf dem Gedanken beruhten, dass sich die einzelnen Mitglieder des Bundes von diesem zurückziehen könnten. So könne der König von Preußen zum Beispiel sein Amt als Deutscher Kaiser niederlegen. Da dann der Kanzler und die Reichsämter ihre Dienste einstellen müssten, könne man so dem Reichstag jeglichen Angriffspunkt nehmen. Genauso könne der König von Preußen aber auch einfach keine Bevollmächtigten in den Bundesrat mehr entsenden. Dann sei nämlich der Bundesrat nur noch eine leere Hülle, wodurch dem Reichstag wiederum kein Vertretungsorgan der verbündeten Regierungen mehr gegenüberstünde. Außerdem könne der König dem Kanzler die Akkreditierung als preußischer Stimmführer entziehen und ihn so von eben jener Stellung befreien, die ihn für den Reichstag überhaupt erst angreifbar mache.[112]

Bismarck zeigte dem Staatsministerium also auf, dass die Möglichkeit der Aufkündigung des Bundes gleich auf zwei verschiedene Weisen als Kampfmittel in einem möglichen Dauerkonflikt mit dem Reichstag taugte. Auf der einen Seite konnte sie in der Form eines gleichzeitigen Rücktritts aller Fürsten als eine Art Atombombe eingesetzt werden, um das ganze Reich auszulöschen. Auf der anderen Seite ermächtigte sie den preußischen König zum Gebrauch verschiedener Kleinwaffen, die den Reichstag durch die Zerstörung einzelner Schlüsselstrukturen der Verfassung ausschalten konnten. Unter Historikern ist viel spekuliert worden, inwiefern diese Ausführungen des mit dem Rücken zur Wand stehenden Kanzlers wirklich ernst gemeint waren. Einige haben dabei betont, dass hinter den Vorschlägen die feste Absicht stand, diese auch umzusetzen. Andere haben dagegen argumentiert, dass Bismarck – wie er zwei Jahre später selbst in einem Zeitungsbericht zu verstehen gab – nur seine Bereitschaft ausdrücken wollte, im Fall einer notfallartigen Konfliktlage mit dem Reichstag zu staatsstreichartigen Mitteln zu greifen. Ernst Rudolf Huber hat gar behauptet, dass es sich nur um eine „Nebelbank" handelte, mit der der Kanzler dem Kaiser und den Ministern die Sicht verstellen wollte, um gegen deren Willen eine Annäherung mit dem Zentrum zustandezubringen und so die Krise auf parlamentarischem Weg zu lösen.[113]

Letztlich ist es aber egal, ob Bismarcks Staatsstreichplan nun eine Absicht, eine Bereitschaft oder eine Ablenkung darstellte. Das eigentlich Entscheidende war, dass niemand in der Führungsriege der preußischen Regierung ernsthaft darauf einging und Bismarck stattdessen zwei Wochen später seinen Hut nehmen musste. Denn das zeigte nicht nur, wie sehr die Autorität des Eisernen Kanzlers mittlerweile zusammengeschrumpft war, sondern auch, wie wenig überzeugend die Fürstenbundsidee zwei Jahrzehnte nach der Reichsgründung noch war. Umso bemerkenswerter ist jedoch folgende Tatsache: Der Vorschlag, die

Aufkündigung des Bundes seitens der Hegemonialmacht als Mittel zur Lösung des drohenden Konfliktes mit dem neuen Reichstag zu benutzen, vergrößerte die Unruhe in dem mit Preußen so eng verknüpften Regierungsapparat des Reiches immens. Und zwar so sehr, dass die ohnehin aufgewühlte Situation weiter eskalierte, der angeschlagene Garant des Status quo schließlich ganz umfiel und eine flatterhafte Neujustierung des föderalen Entscheidungsprozesses begann, wie wir im vorhergehenden Kapitel gesehen haben. Daran lässt sich ablesen, wie sehr jene radikalen Konfliktlösungsmittel, die Bismarck zum festen Bestandteil der eigentümlichen Verfassungsgerichtsbarkeit des Reiches gemacht hatte, die innere Stabilität des föderalen Regierungssystems selbst dann untergruben, wenn sie gar nicht in einem konkreten rechtlichen Streitfall zum Einsatz kamen, sondern als Drohung in einer rein politischen Auseinandersetzung verpufften.

# Kapitel 8: Der Widerstreit der Ideen

*Nun ist unsere deutsche Reichsverfassung für staatsrechtliche Controversen ein überaus fruchtbarer Boden, in dem sie nur allzu üppig Wurzeln schlagen. Die Bestimmungen derselben, welche ohne wissenschaftlichen Streit, ohne Kritik und Interpretationskunst anwendbar sind, lassen sich wohl an den Fingern einer Hand herzählen. Sie ist in der That in juristischer Hinsicht das vollendete Muster eines Staatsgrundgesetzes, wie es nicht sein sollte.*[1]

Für den 27-jährigen Habilitanden der Staatsrechtswissenschaft war die Reichsverfassung Fluch und Segen zugleich. Fluch, weil er sich ob ihrer Mehrdeutigkeit zu jeder Frage mit zahlreichen verschiedenen Lehrmeinungen auseinandersetzen musste. Segen, weil er sie aus dem gleichen Grund ohne größere Schwierigkeiten so auslegen konnte, dass seine juristischen Argumente bestimmte politische Ansichten beförderten, ohne dabei gleich unseriös zu wirken. Die kleine Studie, in der der junge Hugo Preuß 1887 seine forsche Kritik an der Verfassung vorbrachte, war ein Paradebeispiel für diesen Zwiespalt. Es ging um die schon seit den Verfassungsverhandlungen der Reichsgründungszeit so umstrittene Frage der Präsenzstärke des Heeres in Friedenszeiten. Einige von Preuß' älteren Kollegen vertraten die Auffassung, dass der Reichstag dazu verpflichtet werden könne, die für die Ausstattung des Militärs notwendigen Gelder gleich für drei oder sieben Jahre im Voraus zu bewilligen. Andere gingen sogar noch weiter und meinten, die Reichsleitung dürfe dem Parlament für das Heer auch einen Budgetplan vorlegen, der für unbestimmte Zeit eine fixe Ausgabensumme festlegte. Für jede dieser Sichtweisen ließen sich aus der Verfassung mehr oder weniger gute Argumente ableiten. Preuß hielt jedoch alle drei der diskutierten Optionen – Triennat, Septennat und Aeternat – weder für zulässig noch für angebracht. Mit dem Ansinnen, das Parlament gegenüber den Regierungsstellen zu stärken, schloss er sich stattdessen der Position seiner linksliberalen Parteifreunde an und argumentierte, dass jegliche mehrjährige Bewilligung rechtswidrig sei und die Heeresausgaben als Teil des normalen Haushaltes jedes Jahr neu vom Reichstag genehmigt werden müssten.[2]

Eine solch provokante Meinung gleich in einer seiner ersten größeren Publikationen zu vertreten war für den ambitionierten jüdischen Nachwuchswissenschaftler ein gewagtes Unterfangen (Abb. 8.1). Schließlich glich die Diskussion unter den Staatsrechtlern des Kaiserreiches, wie er in seiner Kritik an der Bismarckschen Verfassung halb frustriert, halb angriffslustig andeutete, einem wissenschaftlichen Mienenfeld, in dem ein falscher Schritt eine akademische Existenz schwer beschädigen konnte. Preuß kümmerte sich aber nicht groß darum und veröffentlichte noch viele kontroverse Schriften. Nach seiner Habilitation 1889 musste er denn auch ganze 17 Jahre lang auf eine Professur warten. Erst nach dem Untergang der Monarchie schlug seine große Stunde. Er avancierte zum Reichsinnenminister und wurde in dieser Position zum Vater der Weimarer Verfassung.

Die Reichstaatsrechtlehre, in der sich Peuß zuvor im Kaiserreich zu behaupten versucht hatte, war eine ganz besondere Debatte. Sie war eine der gehaltvollsten, gleichzeitig aber auch kontroversesten Rechtsdiskurse, die es im langen 19. Jahrhundert im deutschen Sprachraum gab. Ganz besonders galt das hinsichtlich der Auseinandersetzung, die sich die Staatsrechtler um den föderalen Charakter des Reiches lieferten. Das war insofern kein Wunder, als dass diese Debatte einige der grundlegendsten Fragen betraf, die die lückenhafte Verfassung überhaupt aufwarf: Was für ein föderales Staatswesen war das aus rechtlicher Sicht eigentlich, das da 1867 beziehungsweise 1871 ins Leben gerufen worden war? Ein Staatenbund, wie es Bismarcks Rhetorik vom Fürstenbund suggerierte? Oder ein Bundesstaat, wie es die Diskussionen im verfassungsgebenden Reichstag hatten vermuten lassen? Und welcher rechtliche Rahmen ergab sich aus dieser Einschätzung für das politische System? Kurzum: Wie war die von der Verfassung eingerichtete Föderalordnung juristisch zu bewerten?

Einer der Gründe, warum sich die Rechtswissenschaftler so schwer damit taten, diese auf den ersten Blick relativ simpel erscheinenden Fragen zu beantworten, war die Tatsache, dass sie relativ überrascht davon waren, dass sich solche Fragen überhaupt stellten. Bevor die Einigungskriege 1866 die staatenbündische Ordnung des Deutschen Bundes auslöschten und durch den Norddeutschen Bund beziehungsweise vier Jahre später das Kaiserreich ersetzten, hatten viele unter ihnen nicht mehr damit gerechnet, dass sie sich jemals wieder ernsthaft mit der juristischen Konstruktion eines deutschen Bundesstaats beschäftigen müssten. Nachdem der von der Frankfurter Nationalversammlung geplante Bundesstaat noch vor seinem ersten richtigen Atemzug eingegangen und auch dessen konservative Umdeutung – die Erfurt Union – gescheitert war, stellte der Göttinger Rechtshistoriker Georg Waitz, der für die rechtsliberale Casino-Fraktion selbst Mitglied der Paulskirche gewesen war, 1853 in einer Abhandlung über „Das Wesen des Bundesstaates" desillusioniert fest, dass „die Tage, da alles in Deutschland, was sich mit der Gegenwart und Zukunft des Vaterlandes [beschäftigte], das Wort Bundesstaat im Munde [getragen habe,] vorüber [seien]".[3]

Nur anderthalb Jahrzehnte später strafte Bismarck diese Aussage jedoch Lügen. Dem genauso spektakulären wie unerwarteten Erfolg seiner bundes-

Abb. 8.1: Hugo Preuß 1919 als Staatssekretär des Innern

staatlichen Einigungspolitik konnten die Staatsrechtler nur verblüfft zuschauen. Weder die verbündeten Regierungen noch der konstituierende Reichstag banden sie in einer institutionalisierten Form – etwa durch die Einrichtung einer Expertenkommission – in den Prozess der Verfassungsgebung ein. Wie Ludwig von Rönne in einer „historisch-dogmatischen" Darstellung des Verfassungsrechts ein Jahr nach Gründung des Reiches schrieb, war das föderale Regierungssystem „hervorgegangen aus den realen Zuständen und praktischen Bedürfnissen" und hatte dabei „abstrakten Postulaten der Staatsrechtswissenschaft keine Rechnung getragen". Lediglich die Staatsrechtler, die einen Sitz im konstituierenden Reichstag oder in einem der Landtage hatten, die der Verfassung beziehungsweise den Einigungsverträgen zustimmen mussten, konnten einen direkteren Einfluss auf die Gestaltung der neuen Ordnung ausüben. Als Mitglied des preußischen Abgeordnetenhauses war Rönne, der 1871 für die Nationalliberalen auch in den ersten gesamtdeutschen Reichstag einzog, einer dieser Parlamentsjuristen. Alle anderen Staatsrechtler waren dagegen nur Beobachter am Rande des historischen Prozesses, der dazu führte, dass sich ihre Disziplin gut zwei Jahrzehnte nach dem Scheitern der Paulskirche plötzlich doch wieder mit einem Bundesstaat befassen konnte beziehungsweise musste.[4]

Angesichts dieses Umstandes stellt sich die Frage, warum es sich dennoch lohnt, die komplizierte, nicht gerade einladende Diskussion unter den Staatsrechtlern überhaupt näher zu betrachten. Schließlich gehörte zum intellektuellen Umfeld, in dem sich das Reich entwickelte, auch ein lebhafter Austausch zwischen Historikern, Philosophen, Schriftstellern, Journalisten und anderen Autoren, die sehr viel zugänglichere Schriften über den föderalen Charakter des widersprüchlichen Staatswesens verfassten. Zwei besonders prominente Beispiele müssen hier genügen.

Der schon mehrmals erwähnte borussische Geschichtsschreiber Heinrich von Treitschke verfasste sowohl vor als auch nach der Reichsgründung mehrere Aufsätze zum Gegensatz zwischen Einheitsstaat und Bundesstaat, die die Sicht seiner nationalliberalen Parteigänger auf den deutschen Föderalismus erheblich beeinflussten. 1864 verglich der gerade dreißigjährige Professor der Staatswissenschaften in seinem Essay „Bundesstaat und Einheitsstaat" das Problem der deutschen Nationalstaatsbildung mit dem Föderalismus in den USA und der Schweiz. Dabei kam er zu dem Ergebnis, dass das demokratische Modell des Bundesstaates nicht auf die deutschen Verhältnisse anwendbar sei, da die konstitutionelle Monarchie einfach zu kompliziert sei, als dass man dreißig solcher Staaten in der „denkbar kunstvollsten Form des Staatenvereins" zusammenfassen könne. Folglich betonte er, dass eine Vereinigung Deutschlands nur durch die Errichtung eines Einheitsstaates möglich sei. Letzteren zuwege zu bringen, sei der Beruf Preußens, das für diesen Zweck die kleineren nord- und mitteldeutschen Staaten annektieren müsse. Drei Jahre später versuchte er in einer Abhandlung über „Die Verfassung des Norddeutschen Bundes", diese Auffassung mit den von Bismarck geschaffenen Verhältnissen in Einklang zu bringen. Dazu interpretierte er den Norddeutschen Bund als einen „nationalen Staatenbund unter preußischer Hegemonie", den Letztere wie einen Einheitsstaat erscheinen lasse. 1874 führte er diesen Erklärungsansatz in seiner Denkschrift „Bund und

Reich" fort. Darin betonte er mit Blick auf die in den drei Jahren seit der Reichsgründung gemachten Erfahrungen, dass die Reichsverfassung den „Souveränitätsschwindel" der deutschen Mittel- und Kleinstaaten ein für alle Mal beendet habe. Nur Preußen habe seine Souveränität behalten, da es jede Verfassungsänderung blockieren könne. Die Souveränität des Gesamtstaates sei daher mit der Preußens identisch und das Reich demzufolge ein als Bundesstaat getarnter Einheitsstaat. Zwölf Jahre später brachte er diese Argumentationslinie in seinem Aufsatz „Unser Reich" zum Abschluss. Darin argumentierte er, dass der Kaiser mittlerweile der einzige Souverän des Reiches und der deutsche Einheitsstaat durch diese Umsetzung der monarchischen Idee auf nationaler Ebene endgültig Realität sei.[5]

Dem kleindeutschen Unitaristen Treitschke gegenüber stand der föderalistisch-großdeutsch gesinnte Publizist und Philosoph Constantin Frantz, der Bismarcks Einigungspolitik und den daraus resultierenden Nationalstaat scharf kritisierte. Schon 1851 hatte er in seinem Buch *Von der deutschen Föderation* zu beweisen versucht, dass Preußen historisch gesehen nicht dazu legitimiert sei, bei der Lösung der deutschen Frage die Führung zu übernehmen. Als anderthalb Jahrzehnte später seine Befürchtung eintrat und Preußen die deutschen Verhältnisse neu ordnete, veröffentlichte er eine vernichtende Schmähschrift über *Die Schattenseite des Norddeutschen Bundes*. Darin betonte er – Treitschke nicht unähnlich, aber mit vollkommen anderer Intention –, dass ob der preußischen Hegemonie gar kein richtiges Bundesverhältnis bestehe, sondern nur ein hinter einer föderativen Fassade getarnter Einheitsstaat, der die anderen Staaten zu Vasallen Preußens mache. 1879 führte er diese Kritik in seinem Hauptwerk *Der Föderalismus als das leitende Prinzip für die soziale, staatliche und internationale Organisation* weiter aus, indem er zu beweisen versuchte, dass das Ungleichgewicht zwischen der Übermacht Preußen auf der einen und den kaum lebensfähigen Kleinstaaten auf der anderen Seite gar kein föderales Staatswesen zuließe: „Der Löwe und die Maus können sich nicht konföderieren." Um aus dem vorgeblichen einen echten Bundesstaat zu machen, mussten daher seiner Meinung nach eine Reihe von „Umbildungen und Neubildungen" erfolgen. Insbesondere hielt er es für notwendig, die preußischen Annexionen von Hessen-Kassel und Hannover rückgängig zu machen, um so das Gewicht zu stärken, das die anderen Mitgliedsstaaten des Bundes dem Hohenzollernkönigreich entgegensetzen konnten.

So scharfsinnig diese Beobachtungen auch waren, auf größere Resonanz stießen sie nicht. Das lag vor allem daran, dass Frantz seine Gedanken im Rahmen einer größeren Gesamtvision präsentierte, die sich an der supranationalen Reichsidee des Heiligen Römischen Reiches orientierte und die Errichtung eines mitteleuropäischen Staatenbundes aus Preußen, Österreich, den anderen deutschen Staaten, den Niederlanden, der Schweiz, Litauen und Polen vorsah. Diese Vorstellung war nicht nur politisch völlig utopisch, sondern stand auch in krassem Widerspruch zu der den Zeitgeist so stark dominierenden Nationalstaatsidee. Dementsprechend interessierte sich kaum jemand für das, was Frantz zu sagen hatte. Erst nach dem Ersten Weltkrieg entdeckte die deutsche Rechte seine Ideen wieder und deutete sie zu einer pangermanischen Vision um, die ihn als einen frühen Vordenker des Dritten Reiches erscheinen ließ.[6]

Dass es trotz solch interessanter Abhandlungen wie denen von Treitschke und Frantz geboten ist, sich auf die vergleichsweise eher trockene Bundesstaatsdebatte der Staatsrechtler zu konzentrieren, hat einen einfachen Grund. Um den komplexen Wandlungsprozess besser zu verstehen, der aus der dezentralen, in den Anschein eines Fürstenbundes gehüllten Föderalordnung der Reichsgründungszeit die integrierte Reichsmonarchie der Vorkriegsjahre machte, ist es äußerst wichtig zu wissen, wie die rechtlichen Grundlagen des Bundes zur damaligen Zeit juristisch eingeschätzt wurden. Und genau für diese Art von Bewertung waren nun einmal die Protagonisten der Reichsstaatsrechtslehre zuständig. Die Staatsrechtler waren für die rechtliche Auslegung der Verfassung schlicht und ergreifend die sachkundigste Instanz. Einen ordentlichen Verfassungsgerichtshof, dessen Richter diese Rolle hätten einnehmen können, gab es ja nicht, wie wir im vorhergehenden Kapitel gesehen haben. Es ist allerdings auch wichtig, die Bedeutung der Schriften, die die Reichsstaatsrechtslehre produzierte, nicht zu überschätzen. Diese hatten nämlich keinesfalls den Status einer Rechtsquelle. Selbst wenn die überwältigende Mehrheit der Staatsrechtler – was selten genug vorkam – in einem bestimmten Punkt vollkommen übereinstimmten, war die aus dieser Einigkeit resultierende herrschende Meinung rechtlich nicht bindend.

Zudem handelte es sich bei den Studien der Verfassungsexperten in erster Linie um Beiträge zur wissenschaftlichen und nicht zur politischen Diskussion. Nichtsdestotrotz hatten die Staatsrechtler einen gewissen Einfluss auf das, was im Regierungssystem vor sich ging. Das galt schon insofern, als dass sie die Ministerialbeamten, Regierungsmitglieder und Parlamentsabgeordneten des Reiches mit einer großen Vielfalt an Interpretationen zu verfassungsrechtlichen Problemen versorgten, aus der sich diese je nach Situation und Bedarf die jeweils passenden zu eigen machen konnten. Umgekehrt wirkte sich das politische Geschehen natürlich auch auf die Debatte unter den Rechtswissenschaftlern aus, wiewohl Letztere meistens eine Weile brauchten, bevor sie auf spezifische Kontroversen oder strukturelle Veränderungen reagierten. Die staatsrechtliche und die politische Diskussion um den Bundesstaat waren also zu einem gewissen Grad miteinander verflochten. Das lag ganz einfach daran, dass die Verfassungsexperten nach der Reichsgründung eben keine rein theoretische Auseinandersetzung mehr führen mussten, sondern sich mit der Auslegung einer ganz konkreten Verfassung beschäftigen konnten. In einem der ersten umfangreichen Kommentare, die nach der Kaiserproklamation zur Reichsverfassung erschienen, stellte der bayerische Staatsrechtsprofessor Joseph von Held geradezu erleichtert fest: „Die Wissenschaft des Deutschen Staatsrechtes, so lange eine Disciplin *in partibus*, hat durch die Gründung des Reiches endlich eine entschiedene, positive Basis bekommen und aufgehört, blos ein Staatsrecht *in hypothesi* zu construiren."[7]

In den ersten Jahren nach der Reichsgründung konzentrierten sich die Staatsrechtler auf die absoluten Grundzüge der Verfassung. In den Mittelpunkt ihrer Debatte stellten sie die Frage, ob das neue Reich ein Bundesstaat oder ein Staatenbund war. Um diese Frage zu klären, versuchten sie, die Lücken der Verfassung allein durch dogmatische Deduktion zu schließen. Die politische Praxis ließen sie dagegen weitgehend außer Acht. Durch diese rechtspositivistische Methode, die wir später noch genauer betrachten werden, entwickelten sie teilweise sehr unterschiedliche Konzepte, die nicht unbedingt mit den föderalen Entscheidungsstrukturen übereinstimmten, die das Regierungssystem in seinen ersten Lebensjahren tatsächlich ausformte. Um 1875 schlief diese Diskussion langsam ein. Viele Staatsrechtler schienen vorerst genug zu haben von abstrakten Debatten über Souveränität und Staatlichkeit. Die Zahl an Publikationen zur Staatenbund-Bundesstaat-Kontroverse ging merklich zurück. Das lag vor allem daran, dass sich inzwischen der allgemeine Konsens gebildet hatte, dass das Reich eindeutig ein Bundesstaat war.

Erst in der zweiten Hälfte der 1880er-Jahre erwachte die Debatte über die juristische Konstruktion des Reiches wieder von Neuem. Der Fokus lag nun darauf, zu klären, wie die verschiedenen Elemente der Föderalordnung eigentlich genau funktionierten und zusammenwirkten. Mittlerweile hatte sich das Regierungssystem jedoch schon zu großen Teilen in eine Reichsmonarchie gewandelt. Auch die entschiedensten Befürworter einer strikten Beschränkung der juristischen Analyse auf die logische Auslegung von Rechtsnormen konnten nicht länger ignorieren, dass die Verfassungspraxis nur noch wenig mit den Vorschriften zu tun hatte, auf die sich die verbündeten Regierungen und der Reichstag während der Reichsgründung geeinigt hatten. Selbst Paul Laband, der Vorreiter des Rechtspositivismus, der mit seinem 1876 erstmals veröffentlichten *Staatsrecht des Deutschen Reiches* das Denken der Reichsstaatsrechtslehre so sehr prägte wie kein anderer, versuchte nun, die bemerkenswerte Entwicklung, die die föderalen Entscheidungsstrukturen in den letzten Jahrzehnten genommen hatte, rechtlich einzuordnen. In einem Vortrag vor der Dresdner Gehe-Stiftung, einer Bildungseinrichtung zur öffentlichen Verbreitung wissenschaftlicher Erkenntnisse, sprach er 1895 vorsichtig von den „Wandlungen" der Verfassung. Zwölf Jahre später verfasste er für das renommierte *Jahrbuch des öffentlichen Rechts* gar einen Aufsatz über „Die geschichtliche Entwicklung der Reichsverfassung seit der Reichsgründung".[8]

Derart behutsame, fast ängstlich erscheinende Versuche, den gewaltigen Veränderungsprozess, den die Verfassungsordnung durchmachte, konzeptionell zu erfassen, erscheinen rückblickend fast ein bisschen lächerlich. Das waren sie zur damaligen Zeit allerdings überhaupt nicht. Sie spiegelten vielmehr wider, wie sehr die Staatsrechtler darum rangen, ihren rechtspositivistischen Ansatz mit dem zu vereinbaren, was sie in der politischen Praxis beobachten konnten. Im Zuge dieser disziplinären Selbstreflexion öffneten sich die meisten Protagonisten der Reichsstaatsrechtslehre methodisch zumindest insoweit, als dass sie den föderalen Verfassungswandel nicht mehr leugneten, sondern dessen konkrete Manifestationen in den Blick nahmen. Bis zum Untergang des Kaiserreiches beschäftigte sich die Bundesstaatsdiskussion daher vornehmlich nicht mehr mit dem theoretischen Problem der Souveränität. Sie widmeten sich vielmehr dem praktischen Widerstreit von *Unitarismus und Föderalismus im Deutschen Reiche*, wie es der 37-jährige Tübinger Rechtsprofessor Heinrich Triepel 1907 im Titel eines jener frühen Werke formulierte, mit denen er die Grundlage für seinen späteren Aufstieg zu einem der wichtigsten Staatsrechtler der Weimarer Republik legte. Diese Verlagerung des Themenschwerpunktes der Debatte zeigt, dass die Reichsstaatsrechtslehre zusehends von einer Wechselbeziehung zwischen Verfassungsrecht und Politik ausging. Mitunter orientierten sich einige Staatsrechtler bei der Analyse bundesstaatlicher Probleme jetzt so eng an der politischen Praxis, dass ihre konventionelleren Kollegen davor warnten, das Recht nicht der Politik unterzuordnen.[9]

Im Laufe dieser sich über die ganze Lebensspanne des Kaiserreiches hinziehenden Debatte entwickelten die Rechtswissenschaftler eine bunte Palette an Konzepten, um die föderale Organisation des deutschen Staatswesens zu beschreiben. Eine einheitliche Auffassung darüber, wie der Bundesstaat des Reiches staatsrechtlich gesehen aufgebaut war, entstand dabei nie. Vielmehr herrschte ein reges Hin und Her unterschiedlicher Theorien, die genauso komplex wie widersprüchlich waren. Die meisten davon arbeiteten sich an der Legende vom Fürstenbund ab und versuchten, die Rechtsnatur des Reiches im Lichte der vermeintlichen Souveränität der verbündeten Regierungen zu charakterisieren. So sah der in Königsberg und Bonn lehrende Bayer Philipp Zorn im Reich eine „Pleonarchie", in der die Souveränität bei der „durch [die] Errichtung der Centralgewalt [geschaffenen] Einheit derjenigen 25 Faktoren [liege], welche bis dahin Träger der Landessouveränität [gewesen seien]".

Sein Heidelberger Kollege Georg Meyer, der zwischen 1881 und 1890 für die Nationalliberalen im Reichstag saß, bezeichnete das Reich dagegen in seinem berühmten *Lehrbuch des Deutschen Staatsrechts*, das nach seinem Tod von Gerhard Anschütz weiter herausgegeben wurde und insgesamt sieben Auflagen erlebte, als „konstitutionelle aristokratische Republik". Am bekanntesten war wohl die Einschätzung des Übervaters der rechtspositivistischen Methode. Paul Laband, der an der 1872 neu eröffneten Kaiser-Wilhelms-Universität in Straßburg wirkte, bezeichnete das Reich in allen fünf zwischen 1876 und 1911 veröffentlichten Auflagen seines Staatsrechts beharrlich als eine „juristische Person [...] von 25 Mitgliedern".[10]

Wir müssen hier nicht darüber richten, inwieweit die einzelnen Einschätzungen mit ihrer dogmatischen Auslegung der Verfassung richtig lagen oder nicht. Eine solche juristische Bewertung der verschiedenen Bundesstaatstheorien ist Sache der Rechtshistoriker, die zu diesem Thema einen beachtliches Korpus an Literatur angehäuft haben. Unser Interesse richtet sich vielmehr auf das intellektuelle Umfeld, in der sich die föderale Metamorphose des Reiches vollzog. Für uns gilt es, die Bundesstaatsdebatte der Staatsrechtler unter dem Gesichtspunkt zu betrachten, auf welche Weise deren kompetentesten Köpfe versucht haben, sich einen Reim auf die rechtlichen Grundlagen des Bundes zu machen. Während wir in den bisherigen Kapiteln einzelne Schriften der Reichsstaatsrechtslehre als Informationsquelle abgeschöpft haben, müssen wir nun also die Bundesstaatsdebatte als Ganzes betrachten und dabei untersuchen, wie die Rechtsgelehrten den föderalen Aufbau des Reiches zu den unterschiedlichen Zeitpunkten der Entwicklung wahrnahmen, was ihnen als sicher galt, wobei sie ins Schlingern kamen und welche unterschwelligen Faktoren ihre Interpretationen beeinflussten. Kurzum: Wir müssen die Ideengeschichte des Bundesstaates beleuchten.

Auf einige ausgezeichnete Vorarbeiten kann sich dieses Kapitel dabei stützen. Michael Stolleis hat in seinem monumentalen Meisterwerk zur *Geschichte des öffentlichen Rechts in Deutschland* die Entwicklung der Reichsstaatsrechtslehre als wissenschaftliche Disziplin mit größter Genauigkeit nachgezeichnet. Manfred Friedrich hat ebenfalls eine aufschlussreiche Wissenschaftsgeschichte des Staatsrechts vorgelegt, in der er vor allem aufzeigt, wie dieses Fach auf neue Ideen und Veränderungen seiner Umgebung reagierte. Eine ebenso präzise wie zugängliche Analyse der juristischen Konstruktion des Reiches als Bundesstaat findet sich in Heiko Holstes Studie zum Wandel des deutschen Föderalsystems zwischen 1867 und 1933. Michael Dreyer hat wiederum im Rahmen seiner eindrucksvollen Studie über *Das föderative Denken der Deutschen im 19. Jahrhundert* die Bundesstaatsdebatte dahingehend untersucht, was sie uns über den Föderalismus als ordnungspolitisches und normatives Prinzip der Zeit verrät. Überdies hat Dreyer die staatsrechtliche Diskussion in seiner faszinierenden Biografie über Hugo Preuß noch einmal aus der Perspektive eines der größten Herausforderer der dominierenden Labandschen Denkschule beleuchtet.[11]

Es fällt auf, dass keine dieser Arbeiten von einem Historiker geschrieben worden ist. Stolleis, Friedrich und Holste sind von Haus aus Rechtswissenschaftler, Dreyer ist Politologe. Schon allein deshalb lohnt es sich also, einen frischen Blick auf die Bundesstaatsdebatte zu werfen, um sie ohne Verengung auf eine bestimmte rechtliche, disziplingeschichtliche, politikwissenschaftliche oder biografische Fragestellung neu zu historisieren. Anders gesagt: Es gilt, den Austausch zwischen den Staatsrechtlern in all seiner Dynamik, Widersprüchlichkeit und Komplexität als Teil des geschichtlichen Bedingungsfeldes zu begreifen, innerhalb dessen sich die föderale Organisation des Reiches fortwährend veränderte. Im Folgenden wird deshalb zunächst dargelegt, welche Ideen die Staatsrechtler in den knapp fünf Jahrzehnten zwischen der Reichsgründung und der Revolution entwickelten, um die föderalen Strukturen der Verfassung juristisch zu erfassen. Dieser Überblick über den Widerstreit der wichtigsten Konzepte wird deutlich machen, wie sehr der ganze Diskurs von Zweifeln und Widersprüchen geprägt war. Anschließend wird das Kapitel mit der Genossenschaftstheorie kurz einen Ansatz vorstellen, der sich komplett von der herkömmlichen Bundesstaatsdebatte abwandte und deren Verunsicherung noch steigerte, indem er eine in sich geschlossene Alternativinterpretation der föderalen Staatsordnung entwarf. Die letzten beiden Abschnitte werden schließlich untersuchen, aus welchen Quellen sich die Verunsicherung der Diskussion speiste und auf welchen Wegen diese in das politische System sickerte. Je tiefer wir dabei in die Reichsstaatsrechtslehre eintauchen, desto deutlicher werden wir erkennen, wie problematisch sie als intellektuelles Umfeld für die föderale Entwicklung des Reiches war.

# I. Zwischen Überzeugung und Zweifel

Zur Zeit der Gründung des Norddeutschen Bundes stand das föderale Denken der deutschen Rechtswissenschaft noch ganz im Zeichen des Modells, das der vom Scheitern des Nationalstaatsprojektes der Paulskirche so enttäuschte Georg Waitz 1853 in eben jenem Aufsatz entworfen hatte, in dem er den Bundesstaat in Deutschland vorschnell für tot erklärt hatte. Inspiriert von den Schriften Alexis de Tocquevilles zum US-amerikanischen Bundesstaat ging Waitz davon aus, dass es „für jeden Staat ein erstes Erfordernis [sei], daß er selbständig sei, unabhängig von jeder ihm selbst fremden Gewalt". Die Staatlichkeit einer politischen Einheit war demnach durch ihre Souveränität definiert beziehungsweise mit dieser identisch. Ein Bundesstaat, das heißt ein aus mehreren Staaten zusammengesetzter Gesamtstaat, war in Waitz' Augen folglich „nur da [...] vorhanden, wo die Souveränität nicht dem einen und nicht dem anderen, sondern beiden, dem Gesamtstaat und dem Einzelstaat, jedem innerhalb seiner Sphäre, [zustand]". Aus diesem Prinzip der doppelten oder geteilten Souveränität folgerte Waitz, dass in einem Bundesstaat die Staatsaufgaben zwischen Gesamtstaat und Einzelstaat nach Politikfeldern aufgeteilt sein, beide zu deren Wahrnehmung geeignete exekutive, legislative und judikative Strukturen haben und die jeweiligen Staatsorgane unabhängig voneinander arbeiten müssten. Letzteres bedeutete, dass die Einzelstaaten praktisch keinen Anteil an der Arbeit des Gesamtstaates haben durften. Waitz bestand also darauf, dass in einem Bundesstaat Gesamtstaat und Einzelstaaten in Bezug auf ihre Aufgaben, Staatsorgane und Willensbildung strikt voneinander getrennt sein mussten.[12]

Dieses Konzept sorgte in akademischen Kreisen für einige Aufmerksamkeit. Als Waitz seinen Aufsatz über „Das Wesen des Bundesstaats" 1862 in seiner Aufsatzsammlung zu den *Grundzügen der Politik* neu veröffentlichte, lebte die nach dem Scheitern der 1848er-Revolutionen eingeschlafene Diskussion um die theoretischen Grundlagen bundesstaatlicher Staatsorganisation tatsächlich wieder ein wenig auf. Das lag vor allem an dem Kompromisscharakter des von ihm vorgeschlagenen Modells, ermöglichte dieses doch, sich einen gesamtdeutschen Bundesstaat zu denken, in dem die Monarchen der einzelnen Staaten ihre Souveränität würden behalten können.[13]

Die Gründung des Norddeutschen Bundes brachte das Waitzsche Modell allerdings unter erheblichen Druck. Die Lösung, die Bismarck für die Organisation des monarchischen Bundesstaates gefunden hatte, wollte nämlich so gar nicht zu der Theorie passen. Zwar gab es vereinzelte Juristen, die sich an Waitz' Ideen hielten und den Norddeutschen Bund konsequenterweise als Staatenbund klassifizierten, wie zum Beispiel der langjährige Herausgeber der *Deutschen Gerichtszeitung*, Karl Christian Eduard Hiersemenzel. Die überwiegende Mehrheit der Staatsrechtler sah im Norddeutschen Bund aber einen Bundesstaat. Und da dieser allein schon wegen der zentralen Rolle des Bundesrates, durch den die einzelstaatlichen Regierungen die Willensbildung des Gesamtstaates entscheidend mitbestimmten, dem Waitzschen Modell diametral widersprach, verwarfen sie Letzteres. Die strikte Trennung zwischen der Staatsgewalt des Gesamtstaates und derjenigen der Einzelstaaten wurde nicht länger als zentrales Wesensmerkmal des Bundesstaates begriffen. Stattdessen erhoben junge Rechtswissenschaftler wie der schon erwähnte Georg Meyer (Jahrgang 1841) oder der später in Freiburg, Tübingen und Berlin lehrende Ferdinand von Martitz (Jahrgang 1839) in ihren Betrachtungen zur neuen Bundesverfassung die Unmittelbarkeit der Bundesgewalt zum zentralen Kriterium der Bundesstaatlichkeit. Demnach war jeder aus mehreren Einzelstaaten zusammengesetzte Staat ein Bundesstaat, der seine Staatsgewalt direkt über das Volk ausübte – was der Norddeutsche Bund in Form der Bundesgesetzgebung zweifelsohne tat.[14]

Auch viele der älteren Granden der deutschen Staatsrechtslehre verlagerten ihr Denken in diese Bahnen. So definierte der sächsische Rechtsprofessor Karl von Gerber, der – wie wir später noch genauer sehen werden – die rechtspositivistische Tradition nach 1848/49 begründet hatte, „eine wirkliche Staatsgewalt und ein in dieser politisch geeintes Volk" als die wichtigsten Merkmale eines Bundesstaates. Allerdings betonte er in Anlehnung an Waitz auch, dass sich ein Bundesstaat durch eigenständige Ministerien, Beamte, Steuern und Regierungsorgane auszeichnete. All das gab es unter der neuen Verfassung jedoch nicht. Gerber löste dieses Problem, indem er den Norddeutschen Bund einfach als eine von den „Normaltypen dieser Gattung" – nämlich „der schweizerischen oder amerikanischen Verfassung" – „abweichende Art" des Bundesstaates charakterisierte. Deren Besonderheiten, wie etwa die durch den Bundesrat sichergestellte Einbindung der einzelstaatlichen Regierungen in die Entscheidungsfindung des Gesamtstaates, seien dadurch bedingt, „eine Mehrzahl altbegründeter monarchischer Staaten zu [einer solchen] Staatengemeinschaft zu verbinden". Ähnlich sah es auch der Breslauer Rechtsprofessor Hermann Schulze, der sich seit den 1850er-Jahren als einer der größten Spezialisten auf dem Gebiet des Fürstenrechtes hervorgetan hatte und als überzeugter Verfechter eines kleindeutschen Nationalstaates für die Nationalliberalen im preußischen Abgeordnetenhaus saß. In seiner *Einleitung in das deutsche Staatsrecht mit besonderer Berücksichtigung der Krisis des Jahres 1866 und der Gründung des Norddeutschen Bundes* sprach er von „einem Bundesstaate, zwar nicht in abstrakter Durchführung eines Schulbegriffes, sondern in origineller Erfassung der einmal gegebenen deutschen Staatsverhältnisse".[15]

Nach der Ausdehnung der Bundesverfassung auf die süddeutschen Staaten setzte sich diese Tendenz, die konkreten Bestimmungen der Verfassung zu allgemeinen Wesensmerkmalen einer – wenn auch ob der historischen Umstände eigenwillig ausgeprägten – Bundesstaatlichkeit zu erheben, in einigen Teilen der rechtswissenschaftlichen Diskussion fort. Der Göttinger Staats- und Kirchenrechtler Otto Mejer behauptete gar mit einem Seitenblick auf den Bundesrat, dass in einem Bundesstaat „die Obergewalt dem durch die Gesamtheit seiner

Gliedstaatsgewalten formierten Collegium" zustehen müsse. Selbst Paul Laband erklärte in der 1876 erschienenen Erstausgabe seines Staatsrechts, ein allgemeines Kriterium für Bundesstaaten liege darin, dass sich „die Centralgewalt zum Zwecke der Erreichung der staatlichen Aufgaben der Gliedstaaten [bediene]". Solchen Versuchen, die Ordnung der Reichsverfassung zu einem generellen Bundesstaatsmodell zu erheben, begegneten viele andere Staatsrechtler jedoch mit Verweis auf den amerikanischen und Schweizer Bundesstaat mit harscher Kritik. Ferdinand von Martitz schrieb zum Beispiel in einer Rezension zu Labands Staatsrecht: „Und wenn nun gar [Laband] weiter der Meinung ist, dass diejenige Grundauffassung, die er für das deutsche Reich geltend macht, für jede bundesstaatliche Verfassung zutreffe, [...] so fürchte ich doch, dass solche Behauptungen ohne genügend Kenntniss ausländischer föderaler Rechtszustände gewagt werden; ich fürchte, dass [Laband] sich damit auf ein Gebiet begiebt, auf dem er nicht zu Hause ist. Jeder Nordamerikaner wird ihm die Unrichtigkeit solcher Thesen aus und an seiner eigenen Person deducieren können." Derartige Bedenken setzten sich ob der offensichtlichen Abweichung der republikanischen Gegenmodelle relativ problemlos durch. Auch Laband distanzierte sich in späteren Auflagen seines Standardwerkes von seiner ursprünglichen Verallgemeinerung.[16]

Die Kriterien, die in der Diskussion um die neue Verfassung in den ersten Jahren nach der Reichsgründung zu den zentralen Wesensmerkmalen eines Bundesstaates erhoben wurden, waren derweil die Beteiligung der Einzelstaaten an der Willensbildung des Gesamtstaates und die Aufteilung der Staatsaufgaben zwischen den verschiedenen Regierungsebenen, wie Heiko Holste gezeigt hat. Mit Blick auf derartige Prüfsteine erstellte der Breslauer Staatsrechtler Siegfried Brie 1874 eine – wie er im Untertitel seines Werkes verkündete – „historisch-dogmatische Untersuchung" über den Bundesstaat, in der er mit Blick auf die Geschichte zusammengesetzter Staaten seit dem Westfälischen Frieden betonte, dass stets nur Mischsysteme mit staatenbündischen und bundesstaatlichen Elementen existiert hätten. Daraus schloss er die „Unhaltbarkeit des von der neueren Theorie" – sprich: von Waitz – „behaupteten principiellen Unterschieds zwischen Bundesstaat und Staatenreich". Diese Ansicht konnte sich allerdings nicht durchsetzen. Der Gegensatz zwischen Staatenbund und Bundesstaat blieb in der Diskussion über die föderalen Strukturen des Reiches über Jahre hinweg *das* beherrschende Denkmuster. Wie fest selbiges im staatsrechtlichen Denken verankert war, zeigte sich noch anderthalb Jahrzehnte später, als der Marburger Rechtsprofessor Justus Westerkamp eine Studie vorlegte, die auf ganz ähnliche Weise wie die Bries die Entwicklung historischer Föderalsysteme untersuchte, Staatenbünde und Bundestaaten dabei aber nicht als wesensgleich beschrieb, sondern eine lange Reihe von Merkmalen für deren Unterscheidung herausstellte.[17]

In einigen Teilbereichen der Debatte über den föderalen Aufbau der neuen Verfassung, die sich in der ersten Dekade nach der Reichsgründung entfaltete, wirkte das Waitzsche Modell nicht nur als analytischer Rahmen fort, den es mit dem Bundestaat-Staatenbund-Gegensatz definierte, sondern auch als ein zentrales inhaltliches Konzept. Manche Staatsrechtler hielten nämlich zunächst am Gedanken der doppelten beziehungsweise geteilten Souveränität fest. So betonte zum Beispiel Robert von Mohl, der in der Frankfurter Paulskirche ein Kollege von Waitz gewesen war, in seinen Ausführungen zur Kompetenzverteilung zwischen den Regierungsebenen, dass in einem Bundesstaat „die Gliederstaaten nicht [aufhörten], abgesondert zu bestehen, ihre eigenen Verfassungen und Verwaltungen zu haben, einen bestimmten Teil des Zwecks eines Staates selbständig und mit eigenen Mitteln und nach eigenen Bestimmungen zu verfolgen", und daher „allein ein durch Zuständigkeit der Bundesgewalt bestimmter Teil der Souveränität [...] für sie verloren und an die Bundesorgane [übergehe]". Mohl argumentierte also genauso wie sein alter politischer Weggefährte, dass sich in einem Bundesstaat der Gesamtstaat und die Einzelstaaten die Souveränität teilten. Da er gleichzeitig auch die Gleichsetzung von Souveränität und Staatlichkeit beibehielt, folgte aus alldem mit Blick auf die Reichsverfassung, dass sowohl die Länder als auch das Reich souveräne Staaten waren und es sich beim Kaiserreich somit um einen Bundesstaat handelte.[18]

Die allermeisten Vertreter der Reichsstaatsrechtslehre kehrten der Waitzschen Idee von der zweifachen Souveränität jedoch bald nach der Reichsgründung den Rücken. Für den endgültigen Bruch sorgte allen voran der junge bayerische Staatsrechtler Max von Seydel, den wir im Laufe dieses Kapitels noch genauer kennenlernen werden. Seydel, den sein unitarisch gesinnter Kollege Heinrich Triepel später einmal als den „orthodoxesten Föderalisten der deutschen Staatslehre" bezeichnen sollte, wollte beweisen, dass ein Bundesstaat – in Deutschland wie überall sonst auch – begrifflich überhaupt nicht existieren könne. Dazu beschrieb er die Souveränität in seinem 1872 erschienenen Aufsatz „Der Bundesstaatsbegriff" als einen einheitlichen, höchsten Willen. Die zentrale Eigenschaft dieser obersten Staatsgewalt sei gerade die Tatsache, dass sie nicht teilbar sei. Gleichzeitig betonte er, dass die Staatlichkeit einer jeden politischen Ordnung an die Souveränität gebunden sei. Aus dieser Ablehnung des einen Waitzschen Dogmas – der Aufteilungen der Souveränität – und der Aufrechterhaltung des anderen – der Einheit von Staatlichkeit und Souveränität – folgerte Seydel, dass der Bundesstaatsbegriff „rechtlich unhaltbar [sei], weil er im Widerspruch [stünde] mit dem Begriff des Staates". Daraus zog er den Schluss, dass „alle staatlichen Gebilde, die man mit dem Namen Bundesstaat zu bezeichnen [pflege], [...] entweder einfache Staaten oder Staatenbünde sein [müssten]", in denen die Souveränität bei den Einzelstaaten verbliebe.[19]

Um zu klären, in welche dieser Kategorien das gerade erst gegründete Kaiserreich fiel, war es laut Seydel notwendig, dessen Rechtsgrundlage näher zu bestimmen. Beruhte das Reich nämlich auf einem bloßen Vertrag zwischen den Einzelstaaten, dann hätten selbige ihre Souveränität behalten und lediglich einen Staatenbund gegründet. Läge dagegen eine Verfassung vor, das heißt ein Gesetz, in dem die Staatsgewalt sich selbst organisiere, wäre das Reich ein selbstständiger Staat, zu dessen Gründung die Einzelstaaten ihre eigene Souveränität aufgegeben hätten. In Seydels Augen war die sogenannte Reichsverfassung lediglich ein „Vertrag souveräner Staaten" und das Reich damit ein Staatenbund. Dafür sprachen seiner Meinung nach zwei Dinge. Zum einen gäbe es keinen Anhaltspunkt dafür, dass auch nur ein deutscher Staat während der Reichsgründung die Absicht gehabt hätte, seine Souveränität aufzugeben. „Was die Staaten [getan hätten]", so Seydel, sei „nichts anderes [gewesen] als daß sie sich zur gemeinsamen Ausübung gewisser Hoheitsrechte [verbunden hätten]". Zum anderen enthalte die Verfassung selbst einen ganz eindeutigen Beleg für ihren vertraglichen Charakter, nämlich die Klausel, nach der die Sonderrechte einzelner Mitgliedsstaaten des Bundes nur mit deren Zustimmung geändert werden konnten. Diese Bestimmung sei „der beste Beweis dafür", dass „ein Vertragsverhältnis" vorliege, also die Rechte der Einzelstaaten nicht „vom Reiche sich herschreiben, sondern daß umgekehrt das Reich seine Rechte den Einzelstaaten [verdanke]". In der zweiten Auflage seines erstmals 1873 veröffentlichten Kommentars zur Reichsverfassung bezeichnete er den besagten Artikel 78.2 in diesem Sinne gar als „ein unverkennbares Wahrzeichen des Staatenbundes".[20]

Diese provokanten Argumente, die sich auffallend nahe an der von Bismarck propagierten Legende vom Fürstenbund bewegten, traten eine vielschichtige Debatte darüber los, ob und, wenn ja, wie der Prozess der Reichsgründung die Rechtsnatur des Reiches nachhaltig bestimmte. Dabei war Seydel insofern erfolgreich, als seine Theorie der unteilbaren Souveränität die Waitzsche Idee der doppelten Souveränität ein für alle Mal verdrängte. Seiner Charakterisierung des Reiches als Staatenbund folgte hingegen kaum einer seiner Kollegen. Vor allem die großen Namen der Reichsstaatsrechtslehre lehnten diese These rigoros ab. Das hatte nicht nur rechtlich-dogmatische, sondern auch politische Gründe. Der Begriff des Staatenbundes war durch die Erinnerung an den erst kürzlich eingegangenen Deutschen Bund historisch stark belastet. In der allgemeinen Wahrnehmung stand er geradezu synonym für politische Stagnation und Repression. Als Beschreibung für einen frisch gegründeten Nationalstaat, mit dem alle politischen Lager große, wenn auch unterschiedliche Hoffnungen verbanden, war er deshalb denkbar ungeeignet. Hinzu kam, dass sich die meisten Staatsrechtler einer der vielen Strömungen des politischen Liberalismus zugehörig fühlten, die im Rahmen der deutschen Nationalbewegung seit den Napoleonischen Kriegen für einen gesamtdeutschen Bundesstaat gekämpft hatten. Da die Verfassung des neuen Reiches mit mehr oder weniger großen Anstrengungen als solcher ausgelegt werden konnte, war es einfach unrealistisch, wie Michael Dreyer betont hat, dass die deutsche Staatsrechtsdebatte wegen der unverhohlen partikularistisch daherkommenden „Vorbehalte" eines bayerischen Außenseiters bereit sein sollte, „den Bundesstaatsbegriff im Moment seiner Vollendung aufzugeben, egal, wie fundiert diese Vorbehalte theoretisch [auch] sein mochten".[21]

An der Spitze des Generalangriffs auf Seydels These vom Reich als Staatenbund stand einer der renommiertesten Staatsrechtler aus der anderen Hälfte Deutschlands: der Kieler Rechtsprofessor Albert Hänel, der 1867 selbst Abgeordneter im verfassungsgebenden Reichstag gewesen und nach der Reichsgründung sowohl im preußischen Abgeordnetenhaus als auch im Reichstag für die linksliberale Fortschrittspartei aktiv war. Hänel versuchte, Seydel nur ein Jahr nach der Veröffentlichung von dessen Aufsatz über die Unmöglichkeit des Bundesstaatsbegriffes in einer Studie über *Die vertragsmäßigen Elemente der deutschen Reichsverfassung* quasi mit seinen eigenen Waffen zu schlagen, indem er sich mit der Bedeutung der im Rahmen der Reichsgründung abgeschlossenen Bündnis- beziehungsweise Einigungsverträge von 1866 und 1870 auseinandersetzte. Diese, so sein Argument, hätten nicht das Reich an sich geschaffen, sondern nur eine Verpflichtung, selbiges zu gründen. Anders gesagt: Die Verträge hatten laut Hänel nur eine koordinierende und eben keine konstitutive Funktion. Geschaffen wurde das Reich seiner Ansicht nach von den an den Verfassungsverhandlungen beteiligten Organen, die durch die Verträge eben dazu autorisiert worden seien. Die auf diese Weise produzierte Verfassung war demnach nicht „die Summe übereinstimmender Partikulargesetze", die auf Grundlage der Verträge in den einzelnen Staaten erlassen worden waren, wie Seydel behauptet hatte, sondern ein echtes „Gesetz der Gesamtheit". Folglich sei die Reichgründung „keinesfalls das unmittelbare Ergebnis eines frei geschlossenen völkerrechtlichen Vertrages der norddeutschen Staaten, sondern die Erfüllung der vertragsmäßigen Verbindlichkeiten [gewesen], welche in einem vorhergehenden, völkerrechtlichen Vertrage, dem Bündnisvertrage vom 18. August 1866 und den Accessionsverträgen zu demselben eingegangen worden waren". Mit der Annahme der Verfassung seien diese Verbindlichkeiten erfüllt worden und die Verträge, die diese umfassten, dadurch erloschen. Durch diese Interpretation der historischen Vorgänge machte Hänel eben jene vertraglichen Elemente der Reichsgründung, auf die sich Seydels Staatenbundthese stützte, zum Bestandteil einer bundesstaatlichen Auslegung der Verfassung. Er erkannte nämlich ausdrücklich an, dass die Verträge eine wichtige Rolle in der Genese der Verfassung gespielt, betonte aber gleichzeitig, dass sie mit deren Zustandekommen ihre Bedeutung verloren hatten. Mithilfe dieser geschickten Entkräftung von Seydels Argument konnte Hänel der Verfassung den Charakter eines Gesetzes attestieren, das einen souveränen Bundesstaat geschaffen habe.[22]

Bis auf wenige Ausnahmen machten sich in den folgenden Jahren die allermeisten Staatsrechtler diese Position zu eigen. Dadurch wuchs – da die höchste Staatsgewalt ja jetzt gemeinhin als unteilbar galt – automatisch auch die Akzeptanz für die Vorstellung, dass die Einzelstaaten im Gegensatz zum Gesamtstaat, den sie formten, nicht souverän waren. Unter dem Strich bestritten also immer mehr Staatsrechtler die Souveränität der Mitgliedsländer des Bundes. Das brachte allerdings gleich das nächste Problem mit sich: Wenn man die Länder für sich genommen nicht mehr für souverän hielt, sprach man ihnen gerade jene Eigenschaft ab, aufgrund derer sie bisher als Staaten gegolten hatten. Besonders hinsichtlich der Zwergfürstentümer, deren verschwindend geringe politische, wirtschaftliche und militärische Macht schon immer Zweifel an ihrer Eigenstaatlichkeit gestreut hatte, war das eine heikle Angelegenheit, die schnell zur Existenzbedrohung werden konnte. In seiner 1882 erschienenen Studie über *Die Lehre von den Staatenverbindungen* formulierte der Wiener Rechtsprofessor Georg Jellinek, der zu den bedeutendsten Vertretern des Rechtspositivismus in Österreich gehörte und 1891 nach Heidelberg wechselte, das hinter diesem Dilemma stehende staatsrechtliche Problem ganz allgemein: „Ist die Souveränetät [...] ein wesentliches Merkmal des Staates oder nicht?"[23]

Diese Frage legte den Finger in die Wunde. Denn sie wies darauf hin, dass noch ein weiterer Schritt nötig war, um das Kaiserreich juristisch als einen souveränen Bundesstaat konstruieren zu können, der aus nicht-souveränen Staaten bestand: Das Konzept der Souveränität musste von dem der Staatlichkeit getrennt werden. Georg Meyer, Paul Laband, und Georg Jellinek erreichten das, indem sie den Souveränitätsbegriff auf seine negative Seite reduzierten. Laut Meyer waren all jene Staaten souverän, „welche keiner höheren Gewalt unterworfen [seien]". Jellinek definierte die Souveränität gleichermaßen als „eine Gewalt, die keine höhere über sich [kenne]". Auch Laband deutete die Souveränität als „höchste, oberste Gewalt" und stellte im selben Atemzug klar, dass durch diese Definition „nicht positiv ausgedrückt [werde], welche Befugnisse eine Gewalt in sich [schließe], sondern es [werde] das negative Moment hervorgehoben, daß sie keine Gewalt über sich [habe], welcher die Befugnis [zustünde], ihr rechtlich verbindliche Befehle zu erteilen". Kurzum: Die drei Schwergewichte der Reichsstaatsrechtslehre beschränkten den Souveränitätsbegriff auf eine unabhängige, höchste Staatsgewalt, die von keiner anderen Gewalt gebunden werden konnte. Durch diese negative Auslegung stuften sie die Souveränität vom konstitutiven Wesenskern zu einem möglichen, aber nicht unbedingt notwendigen Merkmal eines Staates herab. Folglich kannte die Reichsstaatsrechtslehre nun zwei Arten von Staaten: souveräne und nicht-souveräne. Das machte es nun möglich, sich das Reich als souveränen Bundesstaat zu denken, der aus nicht-souveränen Staaten – den Ländern – zusammengesetzt war.[24]

Mit dieser Konstruktion des nicht-souveränen Staates stellten Laband und seine Mitstreiter endgültig den „Todtenschein der weiland herrschenden Bundesstaatstheorie" aus, wie Hugo Preuß 1889 kommentierte. „Von deren ganzem Gebäude", das Waitz in der historischen Atempause zwischen den 1848er-Revolutionen und der Reichsgründung errichtet hatte, „[blieb] auch nicht ein Stein auf dem andern. Seydel hatte Bresche in sie gelegt, Laband schleift sie." Die neue Bundesstaatstheorie schuf allerdings für die juristische Konstruktion des Reiches mindestens genauso viele Probleme, wie sie löste. Anders gesagt: Das alte Gebäude war zerstört, das neue aber nicht viel mehr als eine halbfertige Baustelle.[25]

Da man nun davon ausging, dass es souveräne und nicht souveräne Staaten gab, stellte sich als grundlegendste Frage, wie man die Souveränität im Bundesstaat verorten konnte, das heißt, in welchen Strukturbestimmungen der Verfassung sich die Souveränität des Reiches gegenüber den Ländern manifestierte. Um darauf eine Antwort zu geben, stellten die Staatsrechtler vor allem auf das Recht des Reiches ab, die Verfassung durch ein einfaches Reichsgesetz ändern zu dürfen. Durch diese Befugnis konnte das Reich nämlich jederzeit seine eigenen Zuständigkeiten erweitern und diejenigen der Einzelstaaten beschneiden. „In dieser Rechtsmacht des Staates über seine Kompetenz", so Hänel, „liegt die oberste Bedingung der Selbstgenügsamkeit, der Kernpunkt seiner Souveränität." Nach dieser Logik begründete sich die Souveränität des Reiches gegenüber den Ländern also auf eine Schlüsselbefugnis, durch die das Reich im Gegensatz zu Letzteren frei über seine Rechte im Bundesstaat verfügen konnte: die Kompetenz-Kompetenz. Dabei war es entscheidend, wie Paul Laband erklärte, dass Verfassungsänderungen einseitig per Reichsgesetz erfolgten, also „nicht in Gestalt der Betätigung oder Ausübung der Einzelstaaten, sondern in Gestalt einer sie bindenden Rechtsnorm, der Betätigung eines über ihnen stehenden Herrscherwillens".[26]

Diese Argumentationskette hatte allerdings eine ganz wesentliche Schwachstelle, nämlich den alten Seydelschen Vorbehalt, dass die Verfassung die Kompetenz-Kompetenz des Reiches durch die Regelung beschränkte, dass Sonderrechte einzelner Staaten nur mit deren Zustimmung abgeändert werden konnten. Um sich davon die Verortung der Souveränität beim Reich nicht kaputt machen zu lassen, verwiesen die meisten Staatsrechtler darauf, dass auch diese Bestimmung vom Reich einfach per Gesetz außer Kraft gesetzt werden könne. Georg Jellinek erklärte zum Beispiel, dass die Verfassung sich mit dieser Klausel nur „selbst eine Ausnahme" gesetzt habe, diese „Schranke für die Verfassungsänderung [also] wie die verfassungsmässige Beschränkung des souveränen Staatswillens keine absolute [sei], da ja auch jede principielle Festsetzung im Wege der Verfassungsänderung aufgehoben werden [könne]". Dieser Auslegungstrick rettete zwar aus logischer Sicht das Argument, dass die volle Kompetenz-Kompetenz beim Reich lag und Letzteres damit im Gegensatz zu den Ländern innerhalb des Bundesstaates Souveränität genoss. Wirklich überzeugend war das angesichts der historischen Umstände, unter denen der besondere Schutz der Sonderrechte eingeführt worden war, aber nicht. Die besagte Klausel war in den Verfassungsverhandlungen ja gerade deshalb geschaffen worden, um den Einzelstaaten das Gefühl zu geben, gewisse Hoheitsrechte sicher gegen Eingriffe des Reiches verwahrt und dessen Souveränitätsansprüche dadurch begrenzt zu wissen. Selbst Laband, der sich ja selber der geschilderten Argumentationskette bediente, gab in seinem Staatsrecht im Rahmen einer Kritik an einer Sondermeinung Hänels zu, dass der Auslegungstrick zur Aufrechterhaltung der Souveränitätsverortung „zweifellos nicht der Tendenz [entspreche], in welcher bei der Reichsgründung gewissen Staaten Sonderrechte eingeräumt worden [seien]".[27]

Die überwältigende Mehrheit der Staatsrechtler stellte solche Bedenken aber einfach hintan und begründete die Souveränität des Reiches fortan mit dessen vermeintlich allumfassender Kompetenz-Kompetenz. Das gab dem von Preuß beschriebenen Gebäude, das die Reichsstaatsrechtslehre mit der juristischen Konstruktion des Reiches als Bundesstaat errichten wollte, einen zentralen, wenn auch etwas wackligen Grundpfeiler, an dem man sich bei den restlichen Bauarbeiten orientieren konnte. Diese pragmatische Stabilisierung war insofern auch dringend nötig, als es beim Hochziehen der rechtlich-theoretischen Grundmauern des Bundeshauses eine ganze Reihe weiterer Probleme zu lösen galt. In der einen oder anderen Form ließen diese die Reichsstaatsrechtslehre bis zum Ende des Kaiserreiches nicht los. Meistens näherten sich die Rechtswissenschaftler den jeweiligen Fragen dabei durch Überlegungen, bei denen sie früher oder später immer wieder auf die Kompetenz-Kompetenz des Reiches zurückkamen. Für unsere Zwecke ist es vor allem interessant, die vier wichtigsten Probleme unter dem Gesichtspunkt zu betrachten, auf welche Weise die Staatsrechtler versuchten, die konkreten Lücken in der Verfassung zu schließen, und wie erfolgreich sie dabei waren.[28]

Erstens verlangte die Trennung von Souveränität und Staatsgewalt, zu definieren, was Letztere eigentlich ausmachte. Das war schon allein deshalb nötig, um zu klären, was die Staatsgewalt der Länder denn noch eigentlich von der Hoheitsgewalt der anderen nicht souveränen Einheiten des politischen Systems, also den Gemeinden, unterschied. Anders gesagt: Es galt, die Staatsqualität der Länder festzustellen. Dazu erklärten die meisten Rechtswissenschaftler die Ursprünglichkeit der Herrschaftsgewalt zum zentralen Wesensmerkmal eines Staates. Wieder gab Laband den Ton an: „Wenn [den Gliedern eines Bundesstaates ihre] Herrschermacht zu eigenem Recht zusteht, d. h. nicht kraft Delegation oder Auftrag der ihnen übergeordneten (souveränen) Gewalt und sie diese selbständig nach eigener Willensbestimmung zur Geltung bringen und durchführen, so hören sie zwar auf, souverän zu sein, aber sie hören nicht auf, Staaten zu sein." Gemäß dieser Sichtweise hatten all jene politische Einheiten innerhalb eines Bundesstaates die Qualität von Staaten, die sich ohne fremdes Zutun selbst organisieren konnten, sprich: aus eigenem Recht eine Verfassung hatten. Georg Jellinek drückte es in seiner *Allgemeinen Staatslehre* andersherum aus: „Wo immer ein Gemeinwesen seine Verfassung von einer anderen Macht erhält, so daß sie nicht auf seinem Willen ruht, sondern dauernd auf dem Gesetz dieser Macht ruht, da ist kein Staat, sondern nur das Glied eines Staates vorhanden."[29]

Die Verfassung stellte allerdings nirgendwo ausdrücklich fest, dass die Hoheitsgewalt der Einzelstaaten diesen aus eigener Kraft zustand. Um den Ländern Staatsqualität zu attestieren, musste die Reichsstaatsrechtslehre also erst die Ursprünglichkeit der Landesgewalt beweisen. Dieses Unterfangen war alles andere als leicht. Über die Jahre entstanden zwei verschiedene Hauptansätze, wie Heiko Holste demonstriert hat. Zum einen bemühten viele Staatsrechtler ein historisches Argument. Laut diesem waren die Rechte, die den Einzelstaaten im Reich zustanden, nicht erst bei Gründung des Bundesstaates geschaffen, sondern aus der Zeit, als die Länder noch souveräne Staaten waren, mit in die neue bundesstaatliche Ordnung hinübergenommen worden. Zum anderen verwiesen die Staatsrechtler immer wieder auf die Verfassungsautonomie der Einzelstaaten. Damit meinten sie die Fähigkeit der Länder, die Rechte, die ihnen die Reichsverfassung überließ, innerhalb ihrer Landesgrenzen nur nach Maßgabe ihrer jeweiligen Landesverfassung und durch ihre eigenen Verfassungsorgane – also ohne Mithilfe des Reiches – auszuüben.[30]

Sowohl das eine als auch das andere Argument waren als Beweis für die Ursprünglichkeit der Landesgewalt und damit für die Staatsqualität der Länder alles andere als wasserdicht. Der Verweis auf die Reichsgründung entbehrte jedweder Rechtsgrundlage. Weder in den Bündnisverträgen noch in der Verfassung war davon die Rede, dass die Rechte der Mitgliedsländer des neuen Bundes irgendeinen Bezug zu deren Vergangenheit als souveräne Staaten hatten. In der ansonsten rein dogmatisch geführten Debatte wirkte diese zweifelhafte historische Herleitung denn auch geradezu deplatziert. Die vermeintliche Verfassungsautonomie der Einzelstaaten war als Begründung nicht minder problematisch. Das lag vor allem an jener Befugnis des Reiches, die die Reichsstaatsrechtslehre in das Zentrum ihrer Neuauslegung der Bundesstaatstheorie gestellt hatte: die Kompetenz-Kompetenz. Da das Reich das Recht hatte, die Verfassung jederzeit auf dem Weg der Gesetzgebung zu ändern, konnte es auch jederzeit selbst per Gesetz in die Verfassungsangelegenheiten einzelner, mehrerer oder aller Länder eingreifen, ja diesen sogar alle Kompetenzen, die die Reichsverfassung ihnen bisher garantierte, einfach entziehen. Darauf, wie diese Tatsache mit der von ihnen angenommenen Ursprünglichkeit der einzelstaatlichen Hoheitsgewalt zu vereinbaren war, hatten die Staatsrechtler keine richtige Antwort. Laband zog sich einfach mit dem formalrechtlichen Hinweis aus der Affäre, dass man von der Möglichkeit des Reiches, der Landesgewalt ein Recht zu entwenden, nicht darauf schließen könne, auf welcher Grundlage selbige beruhe.[31]

Den meisten Staatsrechtlern reichte dieser Umkehrschluss, um von der Ursprünglichkeit der einzelstaatlichen Herrschaftsgewalt auszugehen und folgerichtig die Länder als nicht souveräne Staaten anzusehen. Eine nähere Diskussion um die Grundlagen dieser Annahme vermieden sie indessen geflissentlich. Damit stand Letztere auf relativ tönernen Füßen. Wie groß die Zweifel daran waren, zeigte sich schon daran, dass mit Hänel ein absolutes Schwergewicht der Debatte den Ländern beharrlich ihren Staatscharakter absprach. Der überzeugte Unitarist vertrat eine ganz eigene Ansicht darüber, wie die Staatlichkeit im Bundesstaat verteilt war: „Nicht der Einzelstaat, nicht der Gesamtstaat sind Staaten schlechthin, sie sind nur nach der Weise von Staaten organisirte und handelnde politische Gemeinwesen. Staat schlechthin ist nur der Bundestaat als Totalität beider." Wir müssen die Einzelheiten dieses frühen Vorläufers der dreigliedrigen Bundesstaatstheorie nicht näher untersuchen. Es reicht, festzuhalten, dass in einer derart grundlegenden Frage wie der Staatsqualität der einzelnen Mitgliedsländer des Bundes eine solch wichtige Figur wie Hänel eine Auffassung vertrat, die sich diametral von derjenigen der meisten anderen Staatsrechtler unterschied. Diese Tatsache zeigt nämlich, dass selbst dann, wenn eine bestimmte Meinung relativ klar vorherrschte, eben nicht alle Ungewissheiten beseitigt waren.[32]

Zweitens musste die Reichsstaatsrechtslehre das in der Verfassung nicht ausdrücklich bestimmte Verhältnis zwischen Einzelstaaten und Reich klären. Dabei ging nur Seydel infolge seiner Theorie vom Reich als Staatenbund davon aus, dass die Gesamtheit und die Glieder des Bundes gleichgeordnet waren. Alle anderen wichtigen Staatsrechtler interpretierten die Verfassung strikt hierarchisch. Sie nahmen also an, dass das Reich den Einzelstaaten generell übergeordnet war. Dafür sprach in ihren Augen nicht nur die Verortung der Souveränität auf Bundesebene, sondern auch eine Reihe von vereinzelten Verfassungsvorschriften. Am wichtigsten war der allgemeine Vorrang des Bundes- vor dem Landesrecht. Darin, so diese Vorstellung, äußere sich nämlich eine generelle Unterordnung der Einzelstaaten, da das Reich auf deren Territorien eine unmittelbare Herrschaftsgewalt ausübe. Auch die Lehre von der Kompetenz-Kompetenz half den Staatsrechtlern, die Überordnung des Reiches zu begründen. Denn diese Befugnis implizierte, dass die Einzelstaaten auch in den Bereichen, in denen sie ihre eigenen Hoheitsbefugnisse wahrnahmen, nur so viel Bewegungsfreiheit hatten, wie das Reich ihnen gestattete, konnte Letzteres diese Felder doch stets per Gesetz begrenzen oder gar ganz an sich ziehen. Laband fasste diese Vorstellung der vollkommenen Unterordnung der Einzelstaaten unter das Reich in einem prägnanten Lehrsatz zusammen: „Der Gliedstaat ist nach unten Herr, nach oben Untertan."[33]

Hänel, der die Länder ja noch nicht einmal für vollwertige Staaten hielt, ging ohnehin von einer absoluten Überordnung des Reiches aus. Auch in seinen Augen war die Kompetenz-Kompetenz des Reiches das Entscheidende. Sie beweise nämlich, dass die Einzelstaaten nur eine „mitgliedschaftlich ein- und untergeordnete Herrschaft" ausübten. Diese Übereinstimmung ist insofern interessant, als sie zeigt, dass die Staatsrechtler mithilfe der Kompetenz-Kompetenz zu ein und derselben Schlussfolgerung kommen konnten, auch wenn sie von ganz unterschiedlichen Vorannahmen – in diesem Fall bezüglich der Staatsqualität der Länder – ausgingen. Die Kompetenz-Kompetenz war gewissermaßen ein Allzweckmittel, dessen sich jeder bedienen konnte, um Löcher in den Grundmauern der Bundesstaatskonstruktion zu stopfen, egal, von welcher Seite aus er das tat. Diese breite Anwendbarkeit machte die Kompetenz-Kompetenz zwar zu einem äußerst nützlichen Instrument, verringerte gleichzeitig aber auch dessen Überzeugungskraft. Folglich war auch die Stabilität, die dieses interpretatorische Universalwerkzeug den theoretischen Grundlagen des Bundes verleihen konnte, begrenzt.[34]

Drittens mussten die Staatslehrer bestimmen, auf welcher Rechtsbasis das Reich eigentlich beruhte. Die Verfassung schwieg dazu weitgehend. Nur die Präambel sprach vom „ewigen Bund", den die Fürsten zum Schutz Deutschlands geschlossen hatten. Diese Einleitung gehörte allerdings nicht zum rechtlich bindenden Korpus an Regeln und Vorschriften, die der Haupttext aufstellte. Es herrschte deshalb eine lebhafte Diskussion darüber, um welche Art von Abkommen es sich bei der Verfassung handelte und wer in dem Bund, der das Reich konstituierte, eigentlich miteinander verbunden war. Einen besonderen Stellenwert hatte dabei – wie bei fast allen Fragen – die Einschätzung des Übervaters der rechtspositivistischen Auslegungspraxis. Laband wandte sich zur Ermittlung der Rechtsbasis des Bundes den so umstrittenen Vorgängen um die Gründung des Norddeutschen Bundes und des Reiches zu und interpretierte diese strikt legalistisch. Um den „Standpunkt der historischen Spekulation" zu verlassen, konzentrierte er sich also „ausschließlich auf die rechtlich relevanten Vorgänge", das heißt auf das Verfassungsrecht und die Gesetzgebung der einzelnen Staaten, die sich zum Bund zusammengeschlossen hatten. So kam er zu dem Ergebnis, dass „die Gründung des Norddeutschen Bundes und des Deutschen Reiches nicht als eine Tat des deutschen ‚Volkes', sondern als eine Tat der im Jahre 1867 resp. 1870 vorhanden gewesenen deutschen Staaten" anzusehen sei, da „alle Akte, welche die Errichtung des Bundesstaates herbeiführten, [...] Akte dieser Staatspersönlichkeiten" gewesen seien. „Durch den Eintritt in den Bund [hätten diese] wohl ihre Souveränität, aber nicht ihre staatliche Persönlichkeit [aufgegeben]; ihre rechtliche Individualität [hätte] kontinuierlich [fortgedauert] und [sei] die Grundlage der bundesstaatlichen Gesamtperson [geworden]." Die „Mitglieder des Reiches [seien] daher nicht die einzelnen Bürger", genau wie diese „auch nicht zusammengenommen Träger der Reichsgewalt" seien. „Mitglieder des Reiches [seien] vielmehr die einzelnen Staaten". Deswegen sei „das Deutsche Reich [...] nicht eine juristische Person von stets sich vermehrenden Millionen Mitgliedern, sondern von 25 Mitgliedern".[35]

Mit dieser Interpretation begab sich ausgerechnet Laband, der die Souveränität des Reiches ansonsten so stark betonte wie kaum ein anderer Staatsrechtler, in die unmittelbare Nähe von Bismarcks Legende vom Fürstenbund. Auch zu Seydel, der die Verfassung als ein in allen Einzelstaaten gleichlautendes Landesgesetz ansah, war es nicht weit. Der Unterschied bestand nur noch darin, dass der bayerische Staatenbund-Advokat nicht von einer staatsrechtlichen Beziehung, sondern von einem völkerrechtlichen Vertragsverhältnis zwischen den Staaten ausging. Tatsächlich verschwammen die Grenzen zwischen den beiden Ansätzen, legten beide die Rechtsbasis des Reiches doch ausgesprochen föderalistisch aus. Dadurch zog Laband den in den Theorieschlachten der Reichsstaatsrechtslehre so hart erkämpften Charakter des Reiches als Bundesstaat letztlich wieder in Zweifel. Genau deswegen lehnten die allermeisten Staatsrechtler seine erstmals 1876 vorgelegte Theorie von der juristischen Person aus 25 Mitgliedern rigoros ab. Eine klare Alternativposition, auf die sich die meisten Staatsrechtler hätten einigen können, gab es allerdings zunächst nicht. Auch der etwas weniger föderalistische Vorschlag des Leipziger Rechtsprofessors Karl Binding, die Verfassung als eine Vereinbarung zwischen den einzelnen Staaten und dem Reichstag zu sehen, wusste nicht zu überzeugen. Dafür schwang auch hier zu sehr die Vorstellung eines mit der Auslegung des Reiches als Bundesstaat nur schwer zu vereinbarenden Monarchenbundes mit.[36]

Dass sich die Debatte lange schwertat, jenseits des Fürstenbundes andere Theorien zur Rechtsbasis des Reiches zu entwickeln, hatte vor allem einen Grund: Die meisten Staatsrechtler betrachteten die Reichsgründung – genau wie Laband – ausschließlich durch die Brille des bis zum Inkrafttreten der neuen Bundesverfassung geltenden Rechtsrahmens, der vor allem durch die Verfassungsordnungen der Einzelstaaten vorgegeben wurde. Dadurch musste das Reich zwangsweise als „etwas von bestehender Staatlichkeit Abgeleitetes" erscheinen, das „mangels originärer Hoheitsgewalt kein Staat sein konnte", wie Heiko Holste hervorgehoben hat. Den Anstoß dazu, diese Vorstellung zu überwinden, gab Georg Jellinek 1882 in seiner *Lehre von den Staatenverbindungen*, in der er vom Osmanischen Bereich bis zu den Vereinigten Staaten eine Vielzahl zusammengesetzter Staaten untersuchte. Mit Blick auf diese breite Palette an empirischen Beispielen argumentierte er, dass jede Staatsgründung eine „völlige Neuschöpfung" sei. „Alle Vorgänge", durch welche Staaten geschaffen würden, entzögen sich folglich „der juristischen Qualification", da es sich um „Facta" handele, „welche historisch, aber nicht mit einer juristischen Formel begriffen werden" könnten. „Erst wenn der Staat fertig [dastehe], [könne] der Jurist die Formen untersuchen und begreifen, in denen sich das Leben desselben [vollziehe]."[37]

Dieser Befreiungsschlag aus dem engen Käfig der legalistischen Interpretation von Staatsgründungen versetzte die Staatsrechtler in die Lage, die Rechtsbasis, die die Vereinigung der deutschen Staaten für das Reich geschaffen hatte, völlig neu zu denken. Es zählte jetzt nicht mehr der vermeintlich bündische Charakter des Verhandlungsprozesses von 1866/67 und 1870, sondern das sehr viel unitarischere Ergebnis, das Letzterer erzeugt hatte. Selbiges unterwarf die Bürger direkt der Hoheitsgewalt des Reiches, zum Beispiel durch die unmittelbare Gültigkeit von Reichsgesetzen, die eben nicht wie in einem Staaten- oder Fürstenbund zuerst noch von den einzelnen Staaten landesgesetzlich bestätigt werden mussten. Außerdem hatten die Bürger durch die Wahl eines mächtigen Bundesparlamentes – des Reichstages – einen direkten Einfluss auf die föderale Entscheidungsfindung. Angesichts solcher Merkmale der Verfassung ließen die meisten Staatsrechtler die Labandsche Rechtsfigur der 25 Mitglieder umfassenden juristischen Person links liegen und betonten stattdessen, dass das Reich ein „Bund der Staaten" und ein „Bund des Volkes", genauer gesagt: „der nationale korporative Verband [sei], welcher, fundiert auf die deutschen Staaten und das deutsche Volk, beide, Staaten und Volk, als seine Untertanen und Mitglieder zu einem souveränen Staatswesen [zusammenfaße]", wie Georg Meyer in seinem *Lehrbuch des Deutschen Staatsrechts* ausführte. Allerdings drückten sich die Staatsrechtler davor, genauer zu definieren, was dieser „nationale korporative Verband" war. Am genauesten wurde noch Hänel, der ausführte, dass der „Gemeinzweck" dieses Verbandes „die oberste Zusammenordnung und Leitung aller an der Kulturentwicklung des deutschen Volkes gesellschaftlich wirksamen Faktoren" sei.[38]

Viertens und letztens mussten die Staatsrechtler aufzeigen, welchem Organ der Verfassung die Souveränität des Reiches eigentlich übertragen war und was für eine Staatsform Letzteres infolgedessen besaß. Einige wenige frühe Studien – allen voran die 1872 beziehungsweise 1873 erschienenen Staatsrechtskommentare der beiden altliberalen Veteranen Ludwig von Rönne und Robert von Mohl – behaupteten, dass die Verfassung den Kaiser unmittelbar zum Inhaber der Reichsgewalt und das Reich demnach zu einer Monarchie mache. Solche Einschätzungen beruhten aber weniger auf sorgsamen juristischen Ableitungen als auf den politischen Forderungen ihrer Urheber, die offensichtlich versuchten, die Verfassungsurkunde so zurechtzubiegen, dass das Reich als eine konstitutionelle Monarchie erschien, in der dem Reichstag eine verantwortliche Regierung gegenüberstehen würde. Die meisten Staatsrechtler sprachen dagegen erst im Laufe der Verfassungsentwicklung davon, dass der Kaiser in die Rolle eines Reichsmonarchen hineinwuchs, ohne dabei allerdings gleich die Souveränität bei ihm zu verorten, wie wir in Kapitel 4 gesehen haben. Ferner gab es in der späten Bismarckzeit ein paar verschrobene Versuche, den Bundesrat und den Kaiser als gemeinsame Inhaber oder „Mitträger der Reichssouveränetät" auszuweisen. Der Fürstenrechtsexperte Hermann Schulze, der mit Abstand prominenteste Vertreter dieser Kondominatsidee, folgerte daraus, dass das Reich zwar „keine Monarchie im strengen Schulbegriffe des deutschen Staatsrechts [sei], [...] in seiner Verfassung [aber] ein starkes monarchisches Elemente liege, [das] nicht verkannt werden [dürfe] und mit der ganzen geschichtlichen Entwickelung Deutschlands [zusammenhänge]". Genauer wurde auch er nicht.[39]

Die große Mehrheit der Staatsrechtler argumentierte, dass die im Bundesrat verkörperte „Gesamtheit der verbündeten Regierungen" der Souverän des Reiches war. Diese Vorstellung entsprang im Wesentlichen einem Übertragungsprozess. Laut dem Souveränitätskonzept, das in den konstitutionellen Monarchien der Einzelstaaten galt, war der Monarch Inhaber der gesamten Staatsgewalt, auch wenn er bei deren Ausübung durchaus durch diverse Mitwirkungsrechte der Volksvertretung beschränkt sein konnte. Auf einen aus einzelstaatlichen Monarchien zusammengesetzten Bundesstaat angewandt, folgte aus dieser Vorstellung, dass das Kollektiv der früheren Souveräne der Länder der Träger der gemeinsamen Gesamtstaatsgewalt war – genau wie in einem republikanischen Bundesstaat das aus allen einzelstaatlichen Bürgern gebildete Gesamtvolk als Inhaber der Souveränität galt. Mit dieser Argumentationslinie ließen die Staatsrechtler die Bismarcksche Idee vom Fürstenbund, die sie als Rechtsbasis des Reiches ja eigentlich ablehnten, quasi durch die Hintertür wieder in die theoretische Konstruktion des Bundeshauses hinein. Das war ein klares Zeichen für die Verunsicherung, die ob der lückenhaften, oft widersprüchlichen Strukturen der Verfassung in der Staatsrechtsdebatte über die ganze Frage der Souveränität herrschte. Ebenso deutlich wurde diese Orientierungslosigkeit in den umständlichen Formeln, die die Rechtsgelehrten bemühten, um aus der abstrakten Figur der „Gesamtheit der verbündeten Regierungen" eine Staatsform abzuleiten. Man war sich zwar weitgehend darüber einig, dass das Reich ob eines solchen kollektiven Souveräns eine „Mehrherrschaft" sein musste. Einige bezeichneten diese jedoch als „Pleonarchie", andere als „Republik". Georg Meyer versuchte gar, all diese Bezeichnungen zu kombinieren. Um auf Nummer sicher zu gehen, sprach er vom Reich als einer „Mehr- oder Vielherrschaft (Pleonarchie, Pleonokratie) und zwar vom Typus der konstitutionellen aristokratischen Republik". Solch komplizierte Formeln waren zu einem nahezu unverständlichen Grad abstrakt und offenbarten eben dadurch, wie schwierig es selbst für die Staatsrechtler war, im konfusen Dickicht der Verfassung eine konkrete Staatsform zu erkennen.[40]

Zusammen mit den anderen drei geschilderten Problemen beschäftigte die Frage nach dem Inhaber der Reichsgewalt und der daraus folgenden Staatsform des Reiches die Reichsstaatsrechtslehre in der ein oder anderen Form bis in den Ersten Weltkrieg hinein. Das Bundeshaus, das die Staatsrechtler juristisch zu konstruieren versuchten, blieb gewissermaßen immer eine Baustelle, auf der die wackligen Fundamente des halbfertigen Gebäudes nie richtig stabilisiert werden konnten. Allerdings wurde die Debatte, nachdem sie aus ihrem eingangs bereits erwähnten Winterschlaf, in den sie Mitte der 1870er-Jahre gefallen war, gut ein Jahrzehnt später wieder erwachte, deutlich konkreter. Statt der absoluten theoretischen Grundlagen des Bundesstaates rückten zusehends pragmatische Fragen darüber in den Mittelpunkt, wie die verschiedenen Instrumente der Verfassung in der Praxis eigentlich funktionierten. Das lag nicht zuletzt daran, dass aufgrund der anhaltenden Zentralisierung des Bundes und der ständigen Umsortierung der föderalen Entscheidungsstrukturen die Kluft zwischen der geschriebenen Verfassung und der politischen Praxis immer größer wurde. Die entscheidenden Auslegungsfragen der Verfassung betrafen daher nicht mehr die theoretischen Probleme der Souveränität und Staatlichkeit, sondern die praktischen Manifestationen des Unitarismus und Föderalismus. Hermann Rehm, der bei Max von Seydel studiert hatte und sich als Professor in Marburg, Erlangen und schließlich Straßburg schrittweise von Labands staatsrechtlichem Positivismus emanzipierte, widmete dem Widerstreit der beiden letztgenannten Organisationsprinzipien 1898 einen Vortrag in der Dresdner Gehe-Stiftung. Heinrich Triepel ließ 1907 eine ganze Studie zu diesem Thema folgen.⁴¹

Die Fragen, die in diesem pragmatischeren Rahmen der Debatte diskutiert wurden, waren äußerst breit gefächert. Ein gutes Beispiel sind die Beiträge des jungen Hugo Preuß, der sich neben seiner weiter unten noch näher beschriebenen Hauptarbeit zur Genossenschaftstheorie fast ausschließlich mit staatsrechtlichen Angelegenheiten beschäftigte, die von bestimmten politischen Tagesproblemen aufgeworfen wurden. So bewegte ihn die Debatte um den Erwerb einer Dampfbarkasse für den Gouverneur von Kamerun 1884/85 dazu, eine staatsrechtliche Abhandlung über den Kolonialbesitz in Bundesstaaten abzufassen. Eine Kontroverse um mehrere Auslieferungsverträge, die zunächst auf Reichsebene am Widerstand des Reichstages gescheitert waren und daraufhin von den Einzelstaaten abgeschlossen wurden, veranlasste ihn zu einem Aufsatz, in der er darzulegen versuchte, dass ausschließlich das Reich für derartige Abkommen zuständig sei und der Reichstag an deren Zustandekommen folglich beteiligt werden müsse. Der immer wiederkehrende Streit um Triennat, Septennat und Aeternat bot ihm Anlass, wie wir eingangs bereits gesehen haben, die staatsrechtlichen Grundlagen des parlamentarischen Bewilligungsrechts in den Blick zu nehmen. Außerdem beschäftigte er sich in einem Aufsatz über „Die organische Bedeutung von Art. 15 und 17 der Reichsverfassung", der auf seinem Habilitationsvortrag von 1889 beruhte, mit der Rolle des Bundesrates als Gegenüber des Reichstages, der Position des Kanzlers als Regierungschef, dessen Verhältnis zum Amt des preußischen Ministerpräsidenten, dem Vetorecht des Kaisers und dessen darin sich manifestierender Stellung als Reichsmonarch.⁴²

Ungeachtet dessen, ob solche Studien von einem Außenseiter wie Hugo Preuß oder von einem Anhänger des nach wie vor vom Labandschen Rechtspositivismus bestimmten Mainstreams der Reichsstaatsrechtslehre kamen, hatten sie automatisch wichtige Implikationen für den theoretischen Überbau der Bundesstaatsdebatte. Das galt vor allem insofern, als sie deren Bewusstsein für die wachsende Diskrepanz zwischen Verfassungsrecht und Verfassungsrealität schärften. Sogar Laband begann, wie oben bereits erwähnt, Mitte der 1890er-Jahre von den „Wandlungen" der Reichsverfassung zu sprechen. In seinem diesbezüglichen Vortrag in der Dresdner Gehe-Stiftung legte er ausführlich dar – so die spätere Zusammenfassung seines Berliner Kollegen Conrad Bornhak –, „wie der ursprüngliche Bismarcksche Gedanke der Staatenverbindung auf der Grundlage der preußischen Hegemonie sich in der Gesetzgebung wandelte, und durch die Macht der Tatsachen ein über den Einzelstaaten stehender Bundesstaat erwuchs". Bornhak selbst betrachtete die „Wandlungen der Reichsverfassung" anderthalb Jahrzehnte später aus einem anderen Blickwinkel, nämlich dahingehend, „wie das in Reichsverfassung und anderen Reichsgesetzen abgeschlossen vorliegende gesetzliche Verfassungsrecht durch Gewohnheitsrecht und Rechtswissenschaft umgestaltet wurde". In der Zwischenzeit hatte Georg Jellinek 1906 eine ausführliche Studie zu den theoretischen Aspekten von *Verfassungsänderung und Verfassungswandlung* vorgelegt.[43]

Im Rahmen der etwa ab der Jahrhundertwende voll einsetzenden Diskussion um die Veränderungen, die die Verfassungsordnung im Laufe der Jahrzehnte durchlaufen hatte, mussten die Staatsrechtler unweigerlich dazu Stellung nehmen, wodurch die Zentralisierung des Bundes eigentlich gerechtfertigt wurde. Laband berief sich in dieser Frage schlicht auf den natürlichen Lauf der Dinge: „Aber da die wichtigsten und schwerwiegendsten Interessen der Nation gemeinsame sind und deshalb einheitlich wahrgenommen werden müssen, und da alle Seiten und Zweige des öffentlichen Rechts und des politischen Lebens in einem engen und unlöslichen Zusammenhang miteinander stehen, so musste nach der ‚Logik der Tatsachen' der Partikularismus immer weiter vor der Vereinheitlichung zurückweichen, der ‚Gesamtwille' in immer grösserem Umfange den Sonderwillen der Einzelstaaten verdrängen." Viele Staatsrechtler orientierten sich überdies am Wilhelminischen Zeitgeist und erklärten, dass eine starke Nation nun einmal einen starken Staat mit einer einheitlichen Führung brauche. Heinrich Triepel argumentierte 1907 in seinen Überlegungen zu Unitarismus und Föderalismus beispielsweise, dass die Zentralisierung einerseits schlicht aus dem „Einheitsbedürfnis der Nation" erwachse. Da dieses „noch keineswegs gesättigt" sei, könne man vor allem auf dem Gebiet des Verkehrswesens noch weitere Vereinheitlichungen erwarten. Andererseits sei es „aber auch Deutschlands Stellung in Europa und in der Welt, die [das Reich] zu einer Zusammenfassung aller nationalen Werte einfach [nötige]". Schließlich sei es angesichts des Wettbewerbs der europäischen Großmächte, gerade im Zusammenhang mit der Kolonialpolitik, „weder angebracht, noch auch nur möglich, kostbare Kräfte in der dutzendfachen Vervielfältigung von Arbeiten zu zersplittern, die, in eine Richtung gebracht, die Leistungsfähigkeit der Gesamtheit verdoppeln [könnten]". Denn „für den Kampf um den ‚Platz an der Sonne' [brauche] es nicht bloß Soldaten, Kanonen und Schiffe, sondern der Anspannung aller ökonomischen und geistigen Fähigkeiten unter einheitlicher Leitung". Daher sei es „mit der stillen Beschaulichkeit, in welcher der deutsche Mittel- und Kleinstaat dereinst sein ungestörtes Sonderdasein leben konnte, […] für immer vorbei". Immerhin sei dieser „nicht umsonst […] Glied am Körper eines Großstaates geworden!".[44]

Es ist auffällig, dass im Schatten solch unverhohlen unitarisch motivierter Einschätzungen wie der Labands und Triepels die von der Zentralisierung des Bundes automatisch aufgeworfene Frage nach der Legitimation der bundesstaatlichen Ordnung kaum diskutiert wurde, wie Heiko Holste hervorgehoben hat. Wenn die Staatsrechtler sich überhaupt dazu äußerten, warum das Reich föderal und nicht einheitsstaatlich organisiert war, übernahmen die meisten einfach Bismarcks rein pragmatisches Argument, dass der Nationalstaat unter den praktischen Umständen der Reichsgründung schlicht in keiner anderen Gestalt hätte geschaffen werden können. So argumentierte etwa der 32-jährige Gerhard Anschütz, der gerade seine erste Professorenstelle an der Universität Tübingen ergattert und damit seinen Aufstieg zu einem der bedeutendsten Staatsrechtler des späten Kaiserreiches und der Weimarer Republik begonnen hatte, 1899 in einem Vortrag über „Bismarck und die Reichsverfassung": „Mit der [föderalistischen Struktur des Reiches] ist unzweifelhaft [...] diejenige Form der nationalen Staatseinheit gefunden worden, die bei näherer Betrachtung sich als die allein mögliche erwies, wenn anders man die deutschen Einzelstaaten, insbesonderheit die größeren, zum freiwilligen und freudigen Eintritt in das Reich bewegen, – falls anders man, um Bismarcks Worte zu gebrauchen, das Reich auf die Basis der Verbündung und nicht der Gewalt zu stellen Willens war. Gutwillig wären die süddeutschen Staaten, Bayern voran, ganz gewiß nicht in ein unitarisches Reich eingetreten, wo die deutschen Fürsten zu Unterthanen des Kaisers herabgedrückt und von jeder Einflußnahme auf Lenkung der Dinge im Reich sorgfältig abgesperrt sind. [...] Sollte man aber Gewalt gebrauchen und so bei Pflanzung des jungen Baumes der nationalen Einheit zugleich – wiederum gebrauche ich verba magistri – auf Jahrhunderte hinaus eine Saat von Mißtrauen und Haß ausstreuen?".[45]

Mit derartigen Einschätzungen taten nahezu alle Staatsrechtler den Föderalismus als ein rein pragmatisches Instrument zur Erlangung der nationalen Einheit ab. Tiefergehende Reflexionen über den Eigenwert des Föderalismus gab es so gut wie nicht. Das hatte vor allem drei Gründe. Erstens verbat es die Doktrin des Rechtspositivismus, die Legitimation der bestehenden Ordnung näher in den Blick zu nehmen. Die strikte Unterscheidung von Geschichte, Politik und Rechtsdogmatik verlangte von den Staatsrechtlern vielmehr, die Verfassung einfach als gegeben hinzunehmen und sich Stück für Stück an ihr abzuarbeiten. Zweitens waren die verschiedenen Strömungen des Liberalismus, denen sich die meisten Staatsrechtler nahe fühlten, ausgesprochen negativ gegenüber dem Reichsföderalismus eingestellt, wie wir schon mit Blick auf die Verfassungsverhandlungen von 1867 in Kapitel 3 gesehen haben. Das lag neben den verhassten Erinnerungen an das Heilige Römische Reich und den Deutschen Bund daran, dass die Liberalen die föderalen Strukturen der Verfassung in erster Linie als den Versuch Bismarcks begriffen, die Einrichtung einer verantwortlichen Reichsregierung zu verhindern. Einzelne liberale Staatsrechtler, die wie zum Beispiel

Robert von Mohl auch ein Auge auf das amerikanische Beispiel hatten, wussten bundesstaatliche Staatsmodelle zwar im Allgemeinen durchaus zu schätzen und zählten denn auch am Rande ihrer staatsrechtlichen Ausführungen gelegentlich einige inhärente Vorteile föderaler Organisation auf, die auch als Legitimation der bundesstaatlichen Ordnung des Reiches hätten herhalten können, etwa die lokale Verbundenheit der Bevölkerung, die Sachnähe von Entscheidungen oder die Bewahrung kultureller Vielfalt. In der speziellen Ausführung der Reichsverfassung war ihnen der Bundesstaat aber im Grunde zuwider, sahen sie in dessen Strukturen doch ein Haupthindernis für die Verwirklichung der politischen Freiheit. Kein Wunder also, dass sich die liberale Mehrheit unter den Rechtswissenschaftlern nicht groß darum scherte, nach positiven Legitimationsgründen für die bundesstaatliche Ordnung zu suchen.[46]

Drittens betrachteten die meisten Staatsrechtler die Verfassung aus einer so engen unitarischen Perspektive, dass die Frage nach der Legitimation des Reichsföderalismus gar nicht erst in ihr Sichtfeld kam. Ob konservativ oder liberal, ob pro oder contra Parlamentarisierung – alle bedeutenden Rechtsgelehrten sahen auf das Reich aus der Blickrichtung des Nationalstaates und nicht aus derjenigen der Einzelstaaten. Einzige grundsätzliche Ausnahme war Seydel, der sich aber in den Augen seiner Kollegen durch seine Auslegung des Reiches als Staatenbund von vornherein disqualifizierte. Auch die wenigen Vertreter der Hauptrichtung der Reichsstaatsrechtslehre, die ihren Blick weiteten und die Bedeutung der bündischen Komponenten des Verfassungssystems herausstellten, wie etwa Rudolf Smend in seiner im vorhergehenden Kapitel schon geschilderten Theorie über die Bundestreue, ernteten kaum Zuspruch. Das lag hauptsächlich daran, dass sie relativ stark auf die vertraglichen Grundlagen der Reichsverfassung abstellten und dadurch in den Dunstkreis eben jener staatenbündischen Interpretation des Reiches gerieten, die die meisten ihrer Mitstreiter so rigoros ablehnten. Mitunter spielten die Betroffenen sogar mit dieser Provokation. So erklärte Otto Mayer, der Vater des deutschen Verwaltungsrechts, in seinem 1903 erschienenen Aufsatz „Republikanischer und monarchischer Bundesstaat" freiheraus, dass seiner Meinung nach „Seydel im Wesentlichen Recht gehabt" habe. Mit solchen Aussagen war bei den hartgesottenen Advokaten der Auslegung des Reiches als Bundesstaat natürlich keine Werbung für ein besseres Verständnis vom Eigenwert des besonderen Föderalismus der Reichsverfassung zu machen.[47]

Dass die Reichsstaatsrechtslehre der bundesstaatlichen Ordnung jenseits ihres Beitrages zur Vereinigung des Nationalstaates keinerlei nennenswerten Eigenwert beimaß, hatte für die Debatte erhebliche Konsequenzen. Zum einen konnten die Rechtswissenschaftler dank dieser Außerachtlassung der positiven Legitimation des Bundesstaates den unitarischen Verfassungswandel, der die föderalen Grundlagen des Reiches mit den Jahren immer stärker aushöhlte, einfach mit dem wachsenden Einheitsdrang der Nation rechtfertigen, wie wir gerade eben schon gesehen haben. Da die Staatsrechtler bei dieser pragmatischen Anerkennung des Verfassungswandels gleichzeitig aber an ihren alten, mittlerweile weitgehend überholten Konzepten zum Bundestaat festhielten, verwickelten sie sich ab der Jahrhundertwende zunehmend in geradezu groteske Widersprüche. So beharrte Laband gemäß der Vorstellung von der Souveränität der Gesamtheit der verbündeten Regierungen in einem 1911 in der *Deutschen Juristenzeitung* veröffentlichten Artikel darauf, dass der Bundesrat als „das höchste" Reichsorgan anzusehen sei, obwohl er ihm wenige Seiten später „vollständige politische Bedeutungslosigkeit bei allen Fragen der Gesetzgebung und der Politik des Reichs" bescheinigte.[48]

Zum anderen erkundete die Debatte ob ihrer fehlenden Auseinandersetzung mit den systemimmanenten Vor- und Nachteilen des Föderalismus nur sehr begrenzt, inwieweit die speziellen bundesstaatlichen Strukturen der Verfassung mit einer Parlamentarisierung des Regierungssystems vereinbar waren. Auch als der Reichstag im letzten Jahrzehnt vor dem Krieg immer stärker die Agenda der Reichsregierung bestimmte, hielten die allermeisten Staatsrechtler daran fest, zwischen dem Föderalismus der Reichsverfassung und einem parlamentarischen Regierungssystem einen grundsätzlichen Widerspruch sehen. Das galt selbst dann, wenn sie die wichtigsten Voraussetzungen für eine Parlamentarisierung als gegeben ansahen. Heinrich Triepel erkannte in seiner Studie über Unitarismus und Föderalismus zum Beispiel an, dass alle exekutiven Kompetenzen des Bundesrates de facto bereits von einer sich hinter diesem versteckenden und vom Reichstag abhängigen Reichsregierung ausgeübt wurden, erklärte aber gleichzeitig, dass eine Parlamentarisierung dieser Regierung „eine Bedrohung für den Bundesrat, dessen gesetzgeberische Initiative, dessen politische Position dem Reichstage gegenüber" sei. Conrad Bornhak wand sich auf ganz ähnliche Weise. In seinem Aufsatz über die Wandlungen der Reichsverfassung betonte er 1910, dass „der Rechtszustand […] heute schon ein ganz anderer [sei] als in der Bismarckschen Zeit". Denn „zum ersten Male [habe] der Reichstag selbständig eine Finanzreform durchgeführt gegen den Willen von Regierung und Bundesrat". In diesem Zusammenhang sei „der Leiter der Regierung" – nämlich Bernhard von Bülow – „zurückgetreten, und der Bundesrat [habe] sich gefügt". Somit habe „zum ersten Male […] der Reichskanzler offiziell seinen Abschied genommen, weil er für seine Politik im Reichstage keine geschlossene Mehrheit mehr [habe] finden [können]". All dies bedeute, dass das Reich „langsam, aber sicher in das parlamentarische System [hinübergleite], das mit [seinen] föderativen Grundlagen […] unvereinbar [und] nur auf unitarischer Grundlage denkbar [sei]". Bornhak erkannte also genau, wie das politische System begann, sich zu parlamentarisieren, behauptete im selben Moment aber dennoch, dass eine parlamentarische Regierung im föderalen Rahmen der Verfassung nicht existieren könne.[49]

In derartigen Widersprüchen zeigte sich, wie sehr der Aufstieg des Reichstages die Reichsstaatsrechtslehre verunsicherte. Der Ausbruch des Krieges gab der Debatte zwar zunächst eine kurze Atempause, spätestens 1917 stand die Frage der Vereinbarkeit der bundesstaatlichen Ordnung mit einer parlamentarischen Regierung aber wieder voll im Fokus. Schließlich stieg nach Bethmann Hollwegs Rücktritt die Abhängigkeit der Reichsregierung von den parlamentarischen Mehrheitsparteien mit jedem Kanzlerwechsel, wie wir in Kapitel 6 gesehen haben. Eine einheitliche Auffassung bezüglich der Möglichkeiten und Grenzen einer Parlamentarisierung im Rahmen der bestehenden Ordnung entwickelten die Staatsrechtler allerdings auch unter dem Druck dieser Umstände nicht. Besonders diejenigen, die sich nach der Revolution als Kritiker beziehungsweise Verteidiger der Weimarer Verfassung gegenüberstehen sollten, vertraten ganz unterschiedliche Positionen, die teilweise völlig realitätsfremd waren. Um die parlamentarische Demokratie abzulehnen, beharrte zum Beispiel Erich Kaufmann in einer Schrift über *Bismarcks Erbe in der Reichsverfassung* auf der Unvereinbarkeit des Bundesstaates mit einem parlamentarischen Regierungssystem, indem er auch jetzt noch argumentierte, dass es überhaupt keine Reichsregierung gäbe, die parlamentarisiert werden könnte. Dabei ging er sogar so weit, zu behaupten, dass ein „eigentliches Reichsbeamtentum" nicht existiere. Angesichts von fast 200 000 Reichsbeamten war das reiner Formalismus, der mit der Wirklichkeit nichts zu tun hatte.[50]

Im Gegensatz dazu propagierte Gerhard Anschütz, der sich in den vergangenen Jahren vom Anhänger der konstitutionellen Monarchie zum überzeugten Befürworter einer Parlamentarisierung gewandelt hatte, dass Letzterer strukturtechnisch nichts weiter im Weg stünde, da sie das föderale Grundgerüst des Reiches gar nicht wesentlich berühre. In einem 1917 erschienenen Artikel über „Die Parlamentarisierung der Reichsleitung" betonte er, dass „die ‚verbündeten Regierungen' [im Fall einer Übernahme der Reichsregierung durch die Mehrheitsparteien zwar] nicht mehr als Träger des Reichsregiments erscheinen, an dessen Ausübung [über den Bundesrat] aber nach wie vor weitgehend beteiligt sein" würden. „Ein Bundesstaat", so seine Schlussfolgerung, „wäre das Deutsche Reich also dann immer noch". Zudem wies er darauf hin, dass an dieser Entwicklung ohnehin nichts vorbeiführe und formalistische Winkelzüge wie die Kaufmanns daher gänzlich sinnlos seien. Denn „der Parlamentarismus [werde] vielleicht nicht gemacht werden, aber er [werde] kommen".[51]

Solch diametral entgegengesetzte Meinungen wie die von Anschütz und Kaufmann über die Parlamentarisierung in der Schlussphase des Krieges legten Zeugnis darüber ab, wie sehr die Reichsstaatsrechtslehre bis zum Untergang der Monarchie von inneren Streitigkeiten über die grundlegendsten Fragen der Bundesstaatsordnung geprägt war. Die Rechtswissenschaftler lavierten gewissermaßen von der ersten bis zur letzten Lebensminute des Kaiserreiches ständig zwischen Überzeugung und Zweifel hin und her. Diese Orientierungslosigkeit spiegelte die Rechtsunsicherheit wider, die bezüglich vieler ganz grundlegender Aspekte der föderalen Verfassungsordnung herrschte und die – im Gegenzug – vom oft diffusen Streit der Staatsrechtler noch vergrößert wurde. Das intellektuelle Umfeld, das der vermeintlich kompetenteste Teil der deutschen Geisteselite für die föderale Entwicklung des Bundes formte, war also vor allem von einem geprägt: tiefer Verunsicherung. Dazu trug auch bei, dass die Staatsauffassung, auf die sich die Debatte um den Bundesstaat stützte, quasi aus dem Innern der Reichsstaatsrechtslehre heraus von einem schillernden Gegenmodell ganz grundsätzlich herausgefordert wurde, wie wir im Folgenden sehen werden.

## II. Jenseits des Spinnennetzes

Der Bundesstaatsdebatte gegenüber stand die sogenannte Genossenschaftslehre. Deren geistiger Vater war der Rechtshistoriker Otto von Gierke (Abb. 8.2). Mit gerade einmal 27 Jahren legte dieser 1868 den ersten Teil seiner insgesamt vierbändigen Studie über *Das deutsche Genossenschaftsrecht* vor, in der er das Staatsdenken der deutschen Rechtswissenschaft durch eine Verlagerung von der dominierenden positivistischen und römisch-rechtlichen Tradition hin zur germanisch-historischen Rechtsschule völlig neu ausrichten wollte. Die Theorien, die er und seine Schüler bei diesem Versuch entwarfen, hatten für die juristische Konstruktion des Bundesstaates weitreichende Implikationen. Das machte Gierke schon gleich zu Beginn seines Wirkens deutlich. Als während seiner Arbeit am ersten Band seines Genossenschaftsrechts der Norddeutsche Bund gegründet wurde, fügte er seinem Manuskript die Bemerkung hinzu, dass hoffentlich ein einheitliches Reich aus genossenschaftlich verbundenen Einzelstaaten zustande kommen werde, die zwar ihre Souveränität, nicht aber „ihre staatliche Natur überhaupt" verlieren würden. Mit dieser Idee von weitgehend autonomen, wenn auch souveränitätslosen Teilstaaten war der Konflikt mit der Hauptrichtung der Reichsstaatsrechtslehre vorprogrammiert, wie Michael Stolleis betont hat. Denn Laband und Co. versuchten in den nächsten Jahrzehnten schließlich alles, um das Reich den Ländern überzuordnen, sprich: den Letzteren ihre Autonomie zu nehmen. Um besser zu verstehen, wie Gierke und seine Mitstreiter die an sich schon wackligen Grundsätze der Bundesstaatsdebatte weiter in Zweifel zogen, lohnt es, einen kurzen Seitenblick auf die Genossenschaftstheorie zu werfen.[52]

Gierke war davon überzeugt, dass das aktuelle Recht aus einer jahrhundertealten evolutionären Entwicklung hervorgegangen sei. Deswegen tauchte er tief in die deutsche Rechtsgeschichte ein und suchte dort nach Anhaltspunkten, um die Gegenwart besser zu verstehen. Dabei ging er bis auf die germanischen Stammesgesellschaften zurück. Unter den Rechtsaltertümern dieser Provenienz fand er die zentralen Kategorien für seine organische Staatsauffassung: die „Genossenschaft" und die ihr gegenüberstehende „Herrschaft", das heißt die konkrete Gemeinschaft der Schwurgenossen eines Stammes und die persönliche Bindung der Untergebenen an einen konkreten Herrn. Zu abstrakten Ideen wurden diese Rechtsverhältnisse in Gierkes Augen erst mit dem Aufstieg der mittelalterlichen Städte zu rechtlich geordneten Räumen im 11. und 12. Jahrhundert. Michael Dreyer schreibt dazu: „Aus der Genossenschaft wird die Körperschaft, die als solche einen immanenten Willen hat, der von der Summe der Einzelwillen getrennt ist. Als Einheit der Vielheit steht eine Gesamtperson, etwa die Stadt, die selbst handelt und einen Willen hat. Ähnlich verwandelt sich die persönliche Herrschaft in die abstrakte Idee der Anstalt, in der hinter der konkreten Person des Herren der transzendente Willen des Stifters fortwirkt – etwa in der Kirche der Wille Gottes." Eine klare Trennung zwischen Körperschaft und Anstalt gab es Gierkes Meinung nach allerdings nie. Vielmehr waren für ihn beide Komplexe im realen Rechtsleben stets auf vielfache Art und Weise miteinander verwoben.[53]

Von solchen historischen Überlegungen ausgehend kam Gierke schließlich auf den Staat des 19. Jahrhunderts. Dieser hatte für ihn „als moderner Verfassungsstaat die innere und begriffliche Verschmelzung anstaltlich-obrigkeitlicher und gemeinheitlich-volksthümlicher Elemente zur höchsten und umfassendsten Allgemeinpersönlichkeit vollzogen". Mit dieser Einschätzung bezog sich Gierke natürlich vor allem auf die Staatsform, der zeitlebens seine Loyalität galt: die konstitutionelle Monarchie in Deutschland. Diese sah er als den vorläufigen End- und Höhepunkt der historischen Entwicklung, weil sich in ihr der germanisch-genossenschaftliche Assoziationsdrang und der absolutistisch-anstaltliche Führungsanspruch nach Jahrhunderten der gegenseitigen Bedrängung in perfekter Harmonie vereinten. Die konstitutionelle Monarchie war für ihn also nicht nur die Fortsetzung der germanischen Rechtstradition, sondern auch „die Ver-

Abb. 8.2: Otto von Gierke als Berliner Professor

söhnung der uralten Genossenschaftsidee mit der uralten Herrschaftsidee, von denen jede in ihrer Sphäre zur Geltung [käme], deren feindlicher Gegensatz aber in einer höheren Sphäre seine Lösung finden [solle]".[54]

Im Endeffekt rechtfertigte Gierke also genauso wie die Labandsche Schule den Status quo, ging dabei aber bedeutend tiefer. Der fundamentale Gegensatz begann schon bei der Vorstellung über die Entstehung des Rechts. Während der staatsrechtliche Positivismus diesbezüglich die Willensmacht des Staates als Rechtssubjekt betonte, deutete Gierke auf den Volksgeist und das Konzept der „Rechtsidee". Bei dieser spielten die zentralen Kategorien der konventionellen Staatsauffassung der Reichsstaatsrechtslehre – das Individuum und der abstrakte, souveräne Anstaltsstaat – nicht die Hauptrolle. Vielmehr standen die „Körperschaften" im Mittelpunkt, die laut Gierke immer eine reale Existenz hatten und ein Organismus mit Willens- und Handlungsfähigkeit waren. Gemeinsam formten sie einen konkreten, gegliederten Organismus, den Staat, der als „reale Verbandspersönlichkeit" mit den abstrakten römisch-rechtlichen Kategorien der „persona moralis", „persona ficta" oder „juristischen Person", die im Zentrum des rechtspositivistischen Denkens standen, gar nicht zu fassen war. Gierke begann also nicht mit dem Individuum, sondern mit der in einer organischen Einheit verbundenen Vielfalt der Genossen. Folglich stellte er auch nicht auf die Allmacht des Staates ab, sondern kam immer wieder auf die Selbstverwaltung der körperschaftlichen Gesamtperson zurück, die vor staatlichen Eingriffen zu schützen war. Gemäß dieses Grundgedankens war es seiner Meinung nach am besten, das gesamte genossenschaftliche Gemeinschaftsleben in der zwischen Staats- und Privatrecht angesiedelten Kategorie des Sozialrechts zu erfassen. Für das 1900 in Kraft getretene Bürgerliche Gesetzbuch hatte er dementsprechend nichts als Kritik übrig.[55]

In ihrer Gesamtheit bildeten Gierkes Ideen ein „Konglomerat von spätromantischem idealisiertem Geschichtsbild, Deutschtümelei, aktuellem sozialem Engagement und einer Vision von ‚Volksstaat' jenseits des nationalen Machtstaats", wie Michael Stolleis argumentiert hat. Einige seiner Gedanken gingen gar auf das organische Föderalismuskonzept des an der Schwelle vom 16. zum 17. Jahrhundert wirkenden calvinistischen Staatstheoretikers Johannes Althusius zurück, dessen Werk er aus dem Nebel der Geschichte holte. Genau durch diesen Charakter eines Sammelsuriums aus vielen verschiedenen Ansätzen unterminierte die Genossenschaftstheorie die ausschließlich an den Interessen des Staates orientierte Staatsauffassung der Reichsstaatsrechtslehre ganz grundsätzlich. Gierkes Kritik richtete sich vor allem auf vier Punkte. Erstens warf er den Positivisten vor, durch die strikte Trennung von Staatsrecht und Rechtsgeschichte den historischen Wesenskern des Rechtes zu verkennen und dadurch nur inhaltlich leere Theorien zu produzieren. Zweitens beschuldigte er die Hauptrichtung der Reichsstaatsrechtslehre, durch ihre Unterscheidung zwischen Staatsrecht und Allgemeiner Staatslehre auf eine bloße Staatsrechtskunde abzusinken und politische sowie philosophische Ansichten hinter juristischen Begrifflichkeiten zu verbergen. Drittens lehnte er die Verwendung abstrakter, privatrechtlicher Begrifflichkeiten aus dem römischen Recht für die Untersuchung des Staates ab und forderte, diese durch konkrete öffentlich-rechtliche Alternativen zu ersetzen, wie zum Beispiel die „juristische Person" durch die „reale Verbandspersönlichkeit".[56]

Auf Basis dieser drei Kritikpunkte an der unten noch genauer beleuchteten rechtspositivistischen Methode verurteilte Gierke – viertens – eine der wichtigsten inhaltlichen Grundlagen der Bundesstaatsdebatte: die Reduktion des Staates auf einen rein abstrakten Herrschaftsverband. An deren Stelle setzte er das Bild des Staates als eine die Gegensätze der Genossenschaft und Herrschaft in einem harmonischen Zusammenspiel verbindende Einheit. Für die rechtliche Interpretation der bestehenden Staatsordnung hatte diese Vorstellung eine ganze Reihe konkreter Konsequenzen, die ganz und gar nicht mit den in der Reichsstaatsrechtslehre zirkulierenden positivistischen Ansichten vereinbar waren, wie Michael Stolleis erläutert hat: „Wer das Volk nicht nur als Herrschaftsobjekt betrachtete, sondern ihm auch eine aktive Rolle zubilligte, mußte zur Anerkennung von Grundrechten kommen, ein richterliches Prüfungsrecht von Gesetzen und einen materialen Rechtsstaatsbegriff annehmen. Dann wurde auch die Verteilung der Funktionen der Staatsgewalt auf verschiedene Organe möglich, und entsprechend konnte der Reichstag ein größeres Gewicht erhalten." Was Gierke also tat, war, nicht die Reichsverfassung direkt auszulegen, sondern durch den Blick in die Vergangenheit neue Grundlagen für die Betrachtung der Gegenwart zu legen und so „Optionen" aufzuzeigen „für den Verfassungsstaat, für Grundrechte, für ein zwar altgermanisch romantisiertes, aber gleichzeitig in modernem Sinne sozial orientiertes Königtum".[57]

Allerdings war Gierkes bunt zusammengewürfeltes Ideengemisch auch leicht manipulierbar. In weiten Teilen war selbiges nämlich so unkonkret, dass sich jeder daraus die Bausteine herauspicken konnte, die er für seine jeweiligen Zwecke brauchte. Die Liberalen und die Linken konnten die im Gedanken der Selbstverwaltung angelegten pluralistischen und freiheitlichen Aspekte nutzbar machen, die rechten Kräfte – darunter später auch die Nationalsozialisten – die Vorstellung einer auf einem germanisch-ethnischen Volksgeist beruhenden Rechtsidee. Diese Vagheit bestand besonders deswegen, weil Gierke seine Grundgedanken nicht konsequent zu Ende führte und etwa auf den zeitgenössischen Bundesstaat konkret anwandte – dazu blieb er, der in Breslau, Heidelberg und Berlin nacheinander einige der renommiertesten juristischen Lehrstühle des Reiches innehatte und 1911 von Wilhelm II. nobilitiert wurde, wohl einfach „zu sehr [...] den politischen Idealen der Hohenzollernmonarchie verhaftet", wie Michael Dreyer argumentiert hat. In seinem Werk machte er denn auch stellenweise äußerst merkwürdige Zugeständnisse an den staatstheoretischen Geist, den er eigentlich zu vertreiben suchte. So tauchte in seiner Gliederung organischer Körperschaften – quasi als Fremdkörper – auf einmal doch wieder der souveräne Staat auf. Die konsequente Anwendung der Genossenschaftstheorie zur Überwindung des auf den Souveränitätsbegriff fixierten Staatsrechtsdenkens gelang erst Gierkes prominentestem Schüler: Hugo Preuß.[58]

Der linksliberale jüdische Außenseiter, dem so viele Jahre ein Lehrstuhl verwehrt blieb, hatte kein Problem damit, die Obsession der Reichsstaatsrechtslehre mit der abstrakten Rechtsfigur der Souveränität als fatalen Irrweg zu kritisieren: „Im Gespinst des Souveränitätsbegriffs hat sich die Staatsrechtslehre verfangen wie die Fliege im Gewebe der Spinne", schrieb er mit Blick auf die Bundesstaatsdebatte 1889 in der Einleitung zu seiner Habilitationsschrift *Gemeinde, Staat, Reich als Gebietskörperschaften*. In diesem *Versuch einer deutschen Staatskonstruktion auf Grundlage der Genossenschaftstheorie*, so der Untertitel, entwickelte er Gierkes Ansätze zu einem konsequent genossenschaftlichen und demokratischen Staatsverständnis fort, dessen Grundlagen er 1906 in einer Studie über *Die Entwicklung des deutschen Städtewesens* und 1908 in einem in einer Festgabe für Laband veröffentlichten Aufsatz über „Selbstverwaltung, Gemeinde, Staat, Souveränität" weiter ausbaute. Dabei zeigte sich, wie Michael Dreyer dargelegt hat, dass „das Problem der Souveränität [...] die Trennlinie" war, jenseits derer sich Preuß von seinem Doktorvater emanzipierte. Der überzeugte Demokrat lehnte den vorherrschenden Souveränitätsbegriff schon allein deshalb ab, weil er darin „das tragende Princip des absoluten Obrigkeitsstaates" sah. Diese Legitimationsgrundlage nicht-demokratischer Herrschaft wollte er nicht einfach nur umdefinieren oder sie abschwächen. Es galt in seinen Augen vielmehr, sie ganz aus dem Staatsdenken zu verbannen. Dazu definierte er Gemeinde, Staat und Reich nicht nur – wie sein akademischer Mentor – als wesensgleiche, mit einem eigenen Willen ausgestattete Gebietskörperschaften, sondern betonte auch, dass diese alle „Evolutionen der gleichen Idee" seien. Demnach waren jene Körperschaften, die in einen Staat eingegliedert waren – also die Gemeinden –, „nicht Geschöpfe [von dessen] Willkür". Der Gesamtstaat setzte das Recht dieser Glieder nicht, sondern stellte nur fest, was als Recht bereits vorhanden war. Eine Verfügungsgewalt des Gesamtstaates über die gegliederte Selbstverwaltung, sprich: Souveränität gab es somit nicht.[59]

Indem Preuß den mehrgliedrigen Staat strikt genossenschaftlich interpretierte und dabei das Element der Herrschaft auf ein Minimum reduzierte, löschte er den die demokratisch-genossenschaftliche Substanz der kleineren Gebietskörperschaften aushöhlenden Souveränitätsbegriff also gänzlich aus. Dadurch entzog er der Reichsstaatsrechtslehre das zentrale Analysekriterium, an dem sich die Bundesstaatsdiskussion seit den Tagen von Waitz abgearbeitet hatte. Zudem nahm er einer der wenigen vermeintlichen Gewissheiten der Debatte ihre Bedeutung, nämlich der Abgrenzung zwischen Staaten und Gemeinden. Kurzum: Preuß rüttelte nicht an den Mauern des Bundeshauses, das die anderen Staatsrechtler zu konstruieren versuchten, sondern untergrub gleich dessen ganzes Fundament. Er präsentierte nämlich nicht einfach nur eine weitere Variante der schon bestehenden Konzepte zum Bundesstaat oder – wie Gierke – ein Sammelsurium von theoretischen Alternativansätzen. Was er entwarf, war vielmehr ein kohärentes organisches Gegenmodell zu der Staatsauffassung der Labandschen Denkschule, die sich in ihren komplexen Begrifflichkeiten immer wieder verhedderte und so zahlreiche interpretatorische Widersprüche produzierte. Preuß' Gegenmodell hatte überdies durch seine Elemente der Subsidiarität, Herrschaftsbegrenzung und Selbstverwaltung einen ausgesprochen freiheitlich-demokratischen Charakter, den der Verfasser nicht leugnete, sondern selbstbewusst herausstellte. Auch politisch war seine Interpretation der Genossenschaftsidee also eine echte Herausforderung für die stark monarchisch geprägte Bundesstaatskonzeption der positivistischen Staatsrechtler.[60]

Die Provokation war umso größer, weil Preuß selbst in der Berliner Kommunalpolitik aktiv war – 1895 zog er in die Stadtverordnetenversammlung ein, fünfzehn Jahre später in den Magistrat – und keinen Hehl daraus machte, dass er trotz des latenten Antisemitismus, der ihm sowohl in der akademischen als auch in der politischen Landschaft immer wieder Steine in den Weg legte, entschlossen war, Karriere zu machen. Tatsächlich änderte sich an den Grundüberzeugungen seiner Staatsauffassung auch nichts, als er im November 1918 Staatssekretär des Innern wurde und für die gerade geborene Republik die Verfassung entwarf. Die letztlich nach vielen Verhandlungen und Änderungen angenommene Schlussfassung unterschied sich zwar deutlich von diesem Originalentwurf. Einige Aspekte von Preuß' organischer Staatsidee schafften es aber dennoch in die Weimarer Verfassung. So ist es kein Zufall, wie Michael Dreyer dargelegt hat, dass Artikel 1 bestimmte, dass lediglich „die" – und nicht „alle" – „Staatsgewalt vom Volke [ausgehe]". Mit dieser Formulierung wollte Preuß ausdrücken, dass selbst in der Republik nicht die gesamte Staatsgewalt beim Volk liegt, sondern nur die in der Verfassung vorgesehenen Befugnisse. Auch trotz seines Engagements für einen demokratischen Verfassungsstaat mit einer durch freie Wahlen legitimierten Regierung lehnte er nämlich die Volkssouveränität als qualitativen Rechtsbegriff genauso ab wie jede andere Erscheinungsform der Souveränität.[61]

Während der Kaiserzeit hatte Preuß mit seinen Ideen allerdings keinen allzu großen Erfolg, insbesondere unter seinen Wissenschaftskollegen. Genauso wie Gierke blieb Preuß stets ein Außenseiter. Der einzige bekannte Staatsrechtler, der die Genossenschaftsidee aufnahm, war der Freiburger Rechtsprofessor Heinrich Rosin, der wie Preuß jüdischen Glaubens war und sich vor allem um die Erschließung des Sozialversicherungsrechts verdient machte, nebenbei in den 1880er-Jahren allerdings auch zwei wichtige Abhandlungen über *Souveränetät, Staat, Gemeinde, Selbstverwaltung* und *Das Recht der öffentlichen Genossenschaft* verfasste, in denen er die Ursprünglichkeit der Rechte der Selbstverwaltungskörper bewies und die Autonomie der Letzteren im Umfeld staatlich-hoheitlicher Rechtserzeugung begrifflich konstruierte. Ansonsten beschränkte sich der Einfluss der Genossenschaftstheoretiker darauf, das Denken einiger junger Rechtswissenschaftler zu inspirieren, die später zu wichtigen Figuren der juristischen Diskussion in der Weimarer Republik werden sollten. So hörte zum Beispiel Hugo Sinzheimer, der in den 1920er-Jahren zum Vater des modernen Arbeitsrechts aufsteigen sollte, während seiner Berliner Studienzeit zahlreiche Vorlesungen von Gierke. Dessen Gedanken, zwischen altständischer Gesellschaft und Kapitalismus nach einem dritten Weg zu suchen und dabei auf genossenschaftliche Zusammenschlüsse zu setzen, beschäftigte ihn denn auch zeitlebens stark, wobei die politische Kluft zwischen dem sozialdemokratischen Arbeitsrechtler und dem am Ende seines Lebens überaus nationalistisch und reaktionär denkenden Rechtshistoriker kaum größer hätte sein können.[62]

Für die verunsichernde Wirkung, die die Genossenschaftstheorie auf die Diskussion um den Bundesstaat hatte, war es letztlich allerdings relativ egal, dass nur sehr wenige Staatsrechtler Gierke und Preuß direkt folgten. Das Entscheidende war, dass die Genossenschaftstheoretiker die Baustelle zur Konstruktion des Bundesstaates um einen ganz neuen Denkraum erweiterten, der sich von allen bestehenden Teilen des Rohbaus fundamental unterschied. Auch wenn sie an diesem Denkraum für den Moment weitgehend alleine werkelten, machte das die Baustelle insgesamt noch komplexer, als sie ohnehin schon war. Anders gesagt: Die bloße Tatsache, dass eine durchdachte organische Alternativinterpretation existierte, mit der man sich – auch wenn man sie rigoros ablehnte – auseinandersetzen musste, schwächte die sowieso schon wackligen Grundlagen der konventionellen Bundesstaatstheorien noch ein wenig mehr.

# III. Quellen der Verunsicherung

Wieso taten sich die Rechtswissenschaftler des Kaiserreiches so schwer damit, den Bundesstaat, in dem sie lebten, juristisch zu erfassen? Warum gab es so viele Zweifel und Widersprüche in ihren Argumenten? Und wieso konnten sie sich bezüglich zahlreicher zentraler Fragen nie auf eine gemeinsame Linie einigen? Kurzum: Woher kam die Verunsicherung, die die Bundesstaatsdiskussion über die gesamte Kaiserzeit hinweg prägt? Eine der Hauptquellen war zweifelsohne die Eigentümlichkeit des Gegenstandes, den die Staatsrechtler zu untersuchen hatten und über den sich Preuß gleich zu Beginn seiner akademischen Karriere so bitterlich beschwerte, wie wir eingangs gesehen haben. Die Reichsverfassung war in vielen Punkten so ungenau, dass sie den Juristen kaum etwas an die Hand gab, mit dem sie arbeiten konnten. Gleichzeitig war sie ob ihres Kompromisscharakters zwischen monarchischen und parlamentarischen, partikularistischen und unitarischen, hegemonialen und bündischen Kräften aber auch so komplex, dass die meisten traditionellen Konzepte der Staatsrechtswissenschaft auf sie nicht anwendbar waren. In einem Vortrag vor der Dresdner Gehe-Stiftung über „Die rechtliche Stellung des Kaisers im heutigen Deutschen Reiche" konstatierte Karl Binding 1898 fast ein bisschen frustriert, dass „gegenüber der Eigenart [der] staatsrechtlichen Ausgestaltung [der Reichsverfassung] alle alten Schablonen der staatsrechtlichen Theorie [versagten]".[63]

In der Tat gab es zu dem aus monarchischen Einzelstaaten zusammengesetzten Bundesstaat, den die Reichsverfassung errichtete, kein Äquivalent, an dessen Konzeptionierung sich die Staatsrechtler hätten orientieren können. Ein Blick in die deutsche Geschichte konnte ihnen nur begrenzt helfen. Schließlich war der Deutsche Bund ein Staatenbund und das Heilige Römische Reich ein föderales Gebilde ganz eigener, supranationaler Prägung gewesen. Beide boten zwar zahlreiche interessante Vergleichspunkte, als Referenzmodelle zur Auslegung der Verfassungsordnung eines föderalen Nationalstaates taugten sie aber kaum. Auch die Bundesstaaten, die die Verfassungsentwürfe der Paulskirche und der Erfurter Union angedacht hatten, waren keine allzu große Orientierungshilfe. Dafür waren die Unterschiede in vielen zentralen Konstruktionspunkten, in denen Bismarck die Reichsverfassung bewusst von ihren revolutionären Vorgängern abgehoben hatte, einfach zu gravierend, wie wir bereits in den Kapiteln 2 und 3 feststellen konnten. Zudem war auch der Vergleich mit den anderen beiden großen Bundesstaaten der Zeit nur bedingt nützlich. Da die Vereinigten Staaten und die Schweiz republikanische Bundesstaaten waren, konnte die Reichsstaatsrechtslehre die Theorien, die dort zur Konstruktion der jeweiligen Föderalordnung kursierten, wenig bis gar nicht als dogmatische Vorbilder verwenden.

Darüber hinaus machte die Reichsverfassung die Aufgabe der Staatsrechtler auch noch in anderer Hinsicht ausgesprochen schwierig. Da alle ihre Regularien eine bestimmte Rolle in dem Versuch spielten, die verschiedenen Fliehkräfte des Bundes in einem gewissen Machtverhältnis zu halten, war jede interpretatorische Auslegung zwangsweise ein politischer Drahtseilakt. Die Staatsrechtler durften gewissermaßen nie das Gesamtgleichgewicht zwischen monarchischen, parlamentarischen, partikularistischen, unitarischen, bündischen und hegemonialen Komponenten aus den Augen verlieren, wenn sie sich nicht des Vorwurfs der direkten Parteinahme für eine bestimmte Interessengruppe aussetzen wollten. Das führte dazu, dass nur wenige es wagten, so wie Gierke und Preuß in ganz neuen Bahnen zu denken. Stattdessen ergingen sich die meisten Staatsrechtler in immer feingliedrigeren Varianten derselben

Grundtheorien, die genau dadurch im Laufe der Zeit zusehends widersprüchlich wurden. Dazu kam noch, dass auch die Volatilität des Strukturrahmens, den die Verfassung definierte, die Rechtswissenschaftler unter Druck setzte. Jenseits dessen, was in der Urkunde von 1871 festgelegt war, einen bestimmten Ist-Zustand der Verfassung einzufangen, war nahezu unmöglich. Da insbesondere die föderalen Strukturen ständig im Fluss waren, wie wir im Laufe der vorherigen Kapitel gesehen haben, hatten die Staatsrechtler gar keine Zeit, die jeweilige Beschaffenheit des Regierungssystems in Ruhe zu analysieren, auf dieser Basis neue Theorien zu entwickeln und anschließend eine ausführliche Debatte zu führen, bevor die Verfassungswirklichkeit ihre Interpretationen schon wieder überholt hatte. Angesichts dieses Dilemmas war es kein Wunder, dass bei der juristischen Konstruktion des Bundesstaates stets eine gehörige Portion Zweifel mitschwang.

Auch wenn die Verfassung also gleich aus mehreren Gründen ein äußerst problematischer Untersuchungsgegenstand war, rührte die Verunsicherung des staatsrechtlichen Diskurses über den Bundesstaat nicht alleine von ihr her. Vielmehr speiste sich diese auch noch aus einer anderen Hauptquelle. Diese hing ihrerseits mit mehreren anderen Faktoren zusammen, die den Austausch zwischen den Staatsrechtlern unterschwellig mitbestimmten. Die Rede ist von der alles dominierenden, schon mehrmals angesprochenen Methode, mit deren Hilfe die Staatsrechtler die Verfassung interpretierten: dem Rechtspositivismus. Um dessen Auswirkungen auf die Dynamik des Gedankenaustauschs zu verstehen, müssen wir tiefer in die Debatte eintauchen und erkunden, welche Erfahrungen, Motivationen und Ideale unter deren Oberfläche lagen.

Begründet hatte die moderne rechtspositivistische Methode – diverse Vorläufer hatte es schon im 18. Jahrhundert gegeben – Karl von Gerber in den gut anderthalb Jahrzehnten, die zwischen dem Scheitern der 1848er-Revolutionen und der von Bismarcks Einigungspolitik herbeigeführten Auflösung des Deutschen Bundes gelegen hatten. Gerber, ein akademisches Wunderkind, das schon mit 23 Jahren seine erste Professur innehatte, war eigentlich Experte für Zivilrecht. Sein Ansinnen hatte darin bestanden, die methodischen Postulate dieser Disziplin für ihre jüngere Schwester, das öffentliche Recht, nutzbar zu machen. Dafür hatte er, wie er in seinem 1865 erschienenen Standardwerk *Grundzüge eines Systems des deutschen Staatsrechts* formulierte, eine Übertragung der „konstruktiven juristischen Methode" auf das Staatsrecht vorgenommen. Es ging ihm um das „Bedürfniss einer schärferen und correkteren Präcisirung der dogmatischen Grundbegriffe" und die „Aufstellung eines wissenschaftlichen Systems, [...] in welchem sich die einzelnen Gestaltungen als die Entwickelung eines einheitlichen Grundgedankens [darstellten]". Letzteren sah er in dem von Preuß später so heftig kritisierten Souveränitätsbegriff, den er politisch entkernte und ihn so auf eine rein juristische Kategorie reduzierte.⁶⁴

Nach der Reichsgründung führte Paul Laband diesen Ansatz in seinem monumentalen *Staatsrecht des Deutschen Reiches* zur Vollendung. Dort fokussierte er die „juristische Methode", die bei Gerber noch auf allgemeine staatsrechtliche Grundbegriffe ausgerichtet gewesen war, auf das positive Staatsrecht des neuen Nationalstaates. Dieses gelte es, wie er im Vorwort der 1876 erschienenen Erstauflage des ersten Bandes formulierte, allein durch die logische „Analyse der neu entstandenen öffentlich rechtlichen Verhältnisse, [...] die Feststellung der juristischen Natur derselben und [...] die Auffindung der allgemeinen Rechtsbegriffe, denen [diese] untergeordnet [seien]", zu untersuchen. Dazu sollte sich die Staatsrechtslehre auf nichts als die vom Staat gesetzten Normen konzentrieren. Fehlten diese, sollten die erforderlichen Rechtsfiguren und -begriffe durch Analogiebildungen, Umkehrschlüsse und die Synthese verstreuten Materials gebildet werden. Auf historische Ableitungen, politische Zielsetzungen oder philosophische Überlegungen musste und durfte man dagegen laut Laband nicht zurückgreifen, da die Rechtsordnung alle Lücken aus sich selbst heraus schließen konnte. Ganz in der Tradition Gerbers waren dabei für Laband Analogiebildungen zum Zivilrecht besonders wichtig. So verglich er zum Beispiel den Kaiser – um dessen Rechtsstellung als *primus inter pares* unter den deutschen Bundesfürsten zu erfassen – mit dem Vorstand einer Aktiengesellschaft. In der überaus technischen Natur derartiger Versuche, die Lücken der Verfassung zu schließen, spiegelte sich deutlich wider, welche Intention hinter der juristischen Methode stand. Es ging, wie Maximilian Herberger in einem Aufsatz zur Logik und Dogmatik Labands erläutert hat, um das Betreiben einer von allen äußeren politischen, philosophischen und historischen Erklärungsansätzen „gereinigten" Staatsrechtswissenschaft, die nicht mehr und nicht weniger zu tun hatte, als ein zur „Rekonstruktion des positiven Rechts geeignetes bzw. auf die Erklärung des positiven Rechts abzuzielendes Begriffs- und Satzsystem zu entwerfen" – egal, wie bizarr die dafür nötigen Abstraktionen auch erscheinen mochten.⁶⁵

Der Kern der juristischen Methode war also die vollständige Loslösung des Rechts von allen anderen gesellschaftlichen Faktoren, insbesondere von der Politik. In dem gerade angesprochenen Vorwort, das er in allen fünf Neuauflagen seines Staatsrechts bis 1911 übernahm und jeweils nur kurz ergänzte, erhob Laband die strikte Trennung von Recht und Politik zum zentralen Programm der Reichsstaatsrechtslehre: „Die Verfassung des Reiches ist nicht mehr Gegenstand des Parteienstreites, sondern sie ist die gemeinsame Grundlage für alle Parteien und ihre Kämpfe geworden; dagegen gewinnt das Verständniß dieser Verfassung selbst, die Erkenntniß ihrer Grundprinzipien und der aus den letzteren herzuleitenden Folgesätze und die wissenschaftliche Beherrschung der neu geschaffenen Rechtsbildungen ein immer steigendes Interesse. Mit dem Ausbau der Verfassung und ihrer Durchführung gliedern sich die Verhältnisse des neuen öffentlichen Rechts immer feiner und reicher, es wird immer schwieriger, zugleich aber auch wichtiger, in den einzelnen Erscheinungen des öffentlichen Rechtslebens die einheitlichen Grundsätze und leitenden Principien festzuhalten; es entstehen durch die Praxis selbst in unerschöpflicher Fülle neue Fragen und Zweifel, welche nicht nach dem politischen Wunsch oder der politischen Macht, sondern nach den Grundsätzen des bestehenden Rechts entschieden werden müssen. Nachdem die That der Neugestaltung Deutschlands vollbracht ist, entsteht das Bedürfniß, sich zum Bewußtsein zu bringen, worin diese That bestanden hat, welchen Erfolg sie bewirkt hat. Die Befriedigung dieses Bedürfnisses ist die Aufgabe der Rechtswissenschaft."[66]

Was Laband hier formulierte, war eine vollständige Absage an die Politik. Vermittels der juristischen Methode sollte die Staatsrechtswissenschaft die Auslegung der Verfassung den „Parteien" gewissermaßen entziehen. Anders gesagt: Die Staatsrechtslehre sollte sich, wie er im Vorwort zur zweiten Auflage seines Standardwerkes weiter ausführte, durch „eine rein logische Denktätigkeit" ganz auf die „Konstruktion der Rechtsinstitute" konzentrieren, da „alle historischen, politischen und philosophischen Betrachtungen […] für die Dogmatik eines bestimmten Rechtsstoffes ohne Belang [seien] und […] nur zu häufig dazu [dienten], den Mangel an konstruktiver Arbeit zu verhüllen".[67]

Dieses apolitische Programm war vor allem historisch bedingt. Nachdem die alte Reichspublizistik in den Wirren der Napoleonischen Kriege untergegangen war, hatte die deutsche Staatsrechtswissenschaft ältere positivistische Ansätze aufgegeben und war durch und durch politisch geworden. Es hatten sich im Vormärz zwar mehrere konkurrierende Lehrmeinungen gebildet, allen voran die historische Rechtsschule von Friedrich Carl von Savigny, das historisch germanische Volksrecht von Georg Beseler, dem Doktorvater Gierkes, und die universelleren Ansätze von Staatsdenkern wie Johann Ludwig Klüber, Carl Theodor Welcker und Karl von Rotteck, die am Naturrecht der Aufklärung festgehalten hatten. Trotz aller Unterschiede war all diesen Denkschulen eines gemein gewesen: Sie hatten Recht, Politik und Geschichte zu einem organischen Ganzen verschmolzen und so eine allgemeine Staatslehre betrieben, in der juristische nicht von politischen, philosophischen oder sozialen Überlegungen zu unterscheiden gewesen waren. Gewisse politische Philosophien hatten folglich bestimmte staatsrechtliche Auslegungen befördert und umgekehrt. Aus dieser Politisierung ihrer wissenschaftlichen Auseinandersetzung mit dem Recht hatten die Staatsrechtler meistens keinen Hehl gemacht. Typisch war vielmehr der „politische Professor" gewesen, der seine Ansichten zum Recht offensiv in der politischen Arena vertrat und die dortigen Entwicklungen zum Maßstab seiner staatsrechtlichen Interpretationen machte.[68]

Die große – und gleichzeitig letzte – Stunde dieser politischen Staatsrechtswissenschaft hatte 1848 geschlagen. Sowohl in der Frankfurter Nationalversammlung als auch in den Revolutionsparlamenten der Länder hatten prominente Staatsrechtler die Verfassungsverhandlungen wesentlich mitbestimmt. Welcker war zum Beispiel für die rechtsliberale Casino-Fraktion Mitglied des Verfassungsausschusses der Paulskirche gewesen. Durch diese enge Verstrickung zwischen Recht und Politik war das letztliche Scheitern der Revolution auch ein Scheitern des politischen Ansatzes der deutschen Staatsrechtswissenschaft gewesen. In der Restaurationszeit hatte sich folglich gerade in der politischen Mitte das Bedürfnis bemerkbar gemacht, die Rechtswissenschaft politisch zu reinigen und so „das Recht gegen revolutionäre Eingriffe von unten und gegen autokratische Eingriffe von oben" zu bewahren, sprich: es gegen alle Arten von Manipulation, die man in den vergangenen hundert Jahren erlebt hatte, zu schützen, wie Michael Stolleis aufgezeigt hat. Genau aus dieser Motivation heraus hatte Gerber in den 1860er-Jahren jene positivistische Wende eingeleitet, die Laband als dessen „geistiger Testamentsvollstrecker" nach der Reichsgründung schließlich vollendete.[69]

Die juristische Methode, die Laband zu diesem Zweck definierte, entwickelte sich schnell zur alles bestimmenden Richtschnur der Reichsstaatsrechtslehre. Nur vereinzelt gab es in den 1870er-Jahren noch Versuche, rechtliche und politische Ansätze miteinander zu vermischen, etwa durch den liberalen Paulskirchenveteran Robert von Mohl, der schon im Untertitel seines Reichsstaatsrechts darauf hinwies, dass es sich um „rechtliche und politische Erörterungen" handelte. Die überwältigende Mehrheit der Staatsrechtler war dagegen ob des Fiaskos, das ihre Disziplin zwei Jahrzehnte zuvor erlebt hatte, durch und durch von der Notwendigkeit einer vollständigen Entpolitisierung der Rechtswissenschaft überzeugt. Dabei half, dass Laband die juristische Methode äußerst einleuchtend und nachvollziehbar verkaufte. In seinem *Staatsrecht des Deutschen Reiches* präsentierte er, sofern man denn seine methodischen Prämissen akzeptierte, ein aus logischer Sicht ganz in sich geschlossenes System, das er überdies auch noch mit großer sprachlicher Klarheit zu schildern wusste.[70]

Derart geschickt beworben breitete sich die positivistische Denkschule in allen politischen Lagern aus. Selbst Staatsrechtler, die im Gegensatz zu Gerber und Laband zu den Kritikern des politischen Systems gehörten, übernahmen die juristische Methode. Das beste Beispiel war Albert Hänel (Abb. 8.3). Als Abgeordneter der Fortschrittspartei und später der Freisinnigen Vereinigung

Abb. 8.3: Albert Hänel nach einem Porträt von Max Liebermann, 1892

geißelte der Kieler Rechtsprofessor die Bismarcksche Verfassungsordnung im Reichstag immer wieder für ihre antiparlamentarischen Strukturen und das Fehlen einer verantwortlichen Regierung. In seinen Schriften zur Verfassung setzte aber auch er auf die logisch-deduktive Herangehensweise des Positivismus. Allerdings erweiterte er diese insofern, als er darauf bestand, bei der Analyse von Rechtsproblemen zunächst einmal deren historische Entstehungsgeschichte und die jeweils dahinter stehenden politischen Prämissen zu benennen. Grund dafür war sein materialistischer Standpunkt, dass man Fragen überhaupt erst juristisch entscheiden könne, wenn die jeweiligen rechtlichen Strukturen die vorgelagerten nicht rechtlichen Sachprobleme vollständig absorbiert hatten. Diese Sichtweise führte gelegentlich dazu, dass er sich in Detailfragen heftige Wortgefechte mit Laband lieferte, wobei dieser seine politischen Ansichten hinter begrifflichen

Auslegungen versteckte, während Hänel seine nicht juristischen Auffassungen häufig offen darlegte. Wie überzeugt er nichtsdestotrotz von der juristischen Methode war, machte er 1877 in einem Aufsatz „Zur Kritik der Begriffsbestimmung des Bundesstaates" deutlich, in dem er betonte, dass der Positivismus die Wissenschaft von dem „trüben Gemenge politischer, historischer, statistischer, juristischer Betrachtungen [befreie], die man Reichsstaatsrecht zu nennen beliebt".[71]

Neben den Genossenschaftstheoretikern gab es nur einen bedeutenden Staatsrechtler der jüngeren Generation, der sich grundsätzlich von der Labandschen Methodik abgrenzte: Max von Seydel. Der bayerische Rechtsprofessor, der schon durch seine staatenbündische Interpretation des Reiches ein absoluter Außenseiter war, setzte dem dominanten Positivismus einen naturalistischen Ansatz entgegen, dessen theoretische Grundlagen er 1873 in einer Studie über die *Grundzüge einer allgemeinen Staatslehre* vorstellte. Bereits die Veröffentlichung eines solchen Werkes – vom Inhalt ganz zu schweigen – war für die Positivisten eine Provokation, konnten diese ob ihrer bewussten Selbstbeschränkung auf konkrete Verfassungen und Gesetze mit „allgemeinen" Staatslehren doch nicht besonders viel anfangen. Was Seydel in seinem Werk entwickelte, stand denn auch in starkem Kontrast zur juristischen Methode. Statt den Staat wie Laband als eine abstrakte juristische Person zu verstehen, deren Konstruktion notwendig war, um die Lücken des Rechtssystems zu füllen, sah Seydel den Staat als eine konkrete, von Menschen gemachte Tatsache. Diese besaß keinen persönlichen Willen oder gar eine Persönlichkeit, sondern war an den Willen eines Herrschers gebunden, der durch seine Gewalt das Recht schuf und folglich alle darin bestehenden Leerstellen füllen konnte. Wo Laband auf die schöpferische Macht der rechtlichen Deduktion setzte, verwies Seydel also auf die persönliche Gewalt des Herrschers. Im 1884 veröffentlichten ersten Teil seiner Studie über *Bayerisches Staatsrecht*, die insgesamt sieben Bände umfasste und schnell zum Standardwerk für die bayerische Beamtenausbildung wurde, fasste er diese Sicht prägnant zusammen: „Der Staat ist jene thatsächliche Erscheinung, aus welcher vermittels der Herrschaft das Recht entsteht. Der Staat ist die unter Einem höchsten Willen, dem des Herrschers, vereinigte Gesammtheit des Menschen eines Landes, Herrscher und Staat sind von einander geschieden wie Subject und Object. Am klarsten tritt diese Scheidung in der Monarchie zu Tage. Der Monarch ist kein ‚Organ' des Staates, er steht als Herrscher, als Souverän über ihm. Will man den Staat aus einem Objecte zum Subjecte machen, sei es nun in der Form des Organismus oder der Juristischen Person oder sonst wie, so geräth man in Fiction, d. h. man verläßt den Boden der Wirklichkeit."[72]

Die Resonanz auf diese Auffassung fiel vernichtend aus. Das hatte vor allem damit zu tun, dass Seydels Naturalismus ganz offenkundig darauf bedacht war, die Uhr zurückzudrehen. Hugo Preuß prangerte die ganze Theorie als einen Versuch an, „den alten Wein der absolutistischen Staatstheorie in neue Schläuche zu füllen". Einen solchen Angriff auf die theoretischen Grundfesten des mühsam errungenen Kompromisses der konstitutionellen Monarchie konnten und wollten die anderen Staatsrechtler nicht mittragen. Denn die abstrakte Staatspersönlichkeit zu leugnen, hätte nichts anderes bedeutet, als den alten Konflikt zwischen Volks- und Fürstensouveränität von hinten wieder völlig neu aufzurollen.[73]

Da Seydels naturalistische Gegenposition also genauso wie die genossenschaftlichen Ansätze von Gierke und Preuß keinerlei großen Anklang fand, stand die Reichsstaatsrechtlehre ganz im Zeichen des Labandschen Positivismus. Diese Dominanz einer einzigen, dazu noch äußerst restriktiven Methode war für die Entwicklung der Bundesstaatsdebatte alles andere als hilfreich. Sie führte nämlich dazu, dass die Diskussion in gewisser Weise verarmte. Über die gesamte Lebensspanne des Kaiserreiches gesehen tauschten die Staatsrechtler ob ihres strikt positivistischen Ansatzes immer wieder die gleichen Argumente und Gegenargumente aus. Kreative Versuche, die wackligen theoretischen Fundamente, auf die die rein positivistische Auslegung der Verfassung die Konstruktion des Bundesstaates setzte, durch andere Grundmauern zu ersetzen, ohne dabei gleich wie Gierke, Preuß und Seydel ein ganz anderes Staatsverständnis als Maßstab anzulegen, gab es nicht. Der Widerstreit der Ideen über den Bundesstaat war daher im Prinzip nicht mehr als ein Widerstreit verschiedener Varianten der immer selben Grundansichten. Da Letztere aber in vielen Punkten widersprüchlich oder umstritten waren, wie wir oben gesehen haben, führte diese Wiederholungsschleife dazu, dass sich die Debatte fortwährend in ihrer eigenen Verunsicherung bestärkte.

Dazu kam noch ein anderes grundsätzliches Problem. Die juristische Methode war bei Weitem nicht so unpolitisch, wie Laband sie nach außen hin darstellte. Im Gegenteil: Der Versuch, die Auslegung der Verfassung zu entpolitisieren, war zwangsläufig selber politisch. Da die Positivisten sich rein auf die technische Auslegung der in der Verfassung und in den Gesetzen niedergeschriebenen Rechtsnormen konzentrierten und jedwede inhaltliche Analyse ablehnten, konnten ihre Interpretationen nämlich gar nicht anders, als systemerhaltend zu wirken. Denn „wenn die Ergebnisse begrifflicher Deduktionen zu unumstößlichen Naturwahrheiten gesteigert und historisch-politische Gegenargumente kraft Konvention des Fachs nicht zugelassen sind, ist die konservierende Wirkung der methodisch begrenzten Optik unausweichlich", wie Michael Stolleis hervorgehoben hat. Die automatische Folge der „intendierten Entpolitisierung" war daher die „Versteinerung des politisch gebilligten Verfassungsrechts". Anders gesagt: Die juristische Methode konservierte den Status quo, der in der Verfassung eingefangen war. Dadurch stützten die Interpretationen der Positivisten vor allem jene Kräfte, deren Position durch den 1867 eingerichteten und 1871 erneuerten Kompromiss strukturell geschützt wurde: die monarchischen Regierungen.⁷⁴

Die allermeisten Staatsrechtler nahmen diese Voreingenommenheit ihres methodischen Ansatzes stillschweigend in Kauf. Darüber, warum sie keine größeren Reflexionen über dessen konservative Wirkung anstellten, geschweige denn darüber nachdachten, wie Letztere hätte vermieden werden können, kann man nur mutmaßen. Eine Schlüsselrolle spielte aber zweifelsohne ein gewisser politischer Grundtenor. Das Gros der Staatsrechtler identifizierte sich mit einer der diversen Ausprägungen des politischen Liberalismus. Während die meisten den Nationalliberalen nahestanden und nicht wenige sogar für die Reichsgründungspartei parlamentarisch aktiv waren, wie etwa Ludwig van Rönne, Georg Meyer oder Hermann Schulze, gab es auch etliche Altliberale, wie Carl Friedrich von Gerber oder Robert von Mohl, und einige Linksliberale, allen voran Albert Hänel und Hugo Preuß. Es fanden sich aber auch Konservative jeglicher Spielart, wie zum Beispiel der renommierte Heidelberger Staatsrechtler Heinrich Zöpfl, der sich vom liberalen Rechtsprofessor der Revolutionszeit zum Vorzeigegutachter des Hochadels wandelte, oder der Berliner Professor Conrad Bornhak, der nach der Revolution wegen republikfeindlicher Äußerungen seinen Lehrstuhl verlor, daraufhin zunächst an die Universität Kairo ging, sich dann von den Nationalsozialisten reinstallieren ließ und schließlich auf ministerielle Anweisung 1939/40 zwangspensioniert wurde. Es gab also durchaus politische Unterschiede zwischen den verschiedenen Protagonisten der Debatte. Aber es herrschten doch bestimmte Grundüberzeugungen, die nahezu alle teilten und die folglich den Diskurs prägten. Wie Manfred Friedrich gezeigt hat, kann man diese „Grundfärbung [...] kaum spezifischer als mit den Termini ‚liberal-konstitutionell‘, ‚national‘ und ‚monarchisch‘" beschreiben.⁷⁵

Auch wenn dieser Tenor eher vage war, hatte er für die Debatte eine enorme Bedeutung. Während die juristische Methode die Staatsrechtler nämlich davon abhielt, ihre Interpretationen plump an irgendwelchen Parteiüberzeugungen auszurichten, sorgte die pro-monarchische Grundhaltung dafür, dass sie gleichzeitig die konservierende Wirkung dieses Ansatzes akzeptierten. Das galt selbst für Systemkritiker wie Albert Hänel. Auch wenn der Kieler Professor als Linksliberaler im Reichstag dafür kämpfte, die eigentümliche Regierungsordnung des Reiches zum Beispiel durch die Einführung verantwortlicher Minister zu reformieren und idealerweise durch ein System zu ersetzen, das den Gegensatz zwischen monarchischer und parlamentarischer Gewalt durch die Klammer der Volkssouveränität aufheben würde, unterstützte er doch grundsätzlich die

Monarchie. Von daher konnte er gut damit leben, dass seine staatsrechtlichen Schriften diese Staatsform durch die von der juristischen Methode produzierten Schlüsse generell stützten. Auf seine weniger vormärzlich und stärker national-konservativ gesinnten Kollegen um Laband traf das ohnehin zu, weil sie den Parlamentarismus vor allem als Korrektiv der monarchischen Gewalt sahen, die das einzige souveräne Willenszentrum des Staates bildete.[76]

Diese die gesamte Debatte bis weit in den Ersten Weltkrieg hinein prägende Loyalität gegenüber der Monarchie speiste sich nicht zuletzt aus einer gewissen Zufriedenheit mit den politischen und gesellschaftlichen Verhältnissen, in denen sich die Rechtswissenschaftler nach der Reichsgründung wiederfanden. Während ihre Vorgänger im Vormärz noch an vorderster Front für einen nationalen Verfassungsstaat hatten kämpfen müssen, konnten die Staatsrechtler der Kaiserzeit das Erreichte in aller Ruhe von ihren Kathedern aus analysieren. Dabei verwiesen einige zwar gelegentlich darauf, dass die Einrichtung einer verantwortlichen Regierung, eines Grundrechtskatalogs und anderer Elemente einer freiheitlichen Grundordnung noch ausstanden. Fundamentalkritik an der Monarchie übte aber so gut wie niemand. Tatsächlich war die Bundesstaatsdebatte trotz aller strukturellen Schwächen und Widersprüche, die die Staatsrechtler in der föderalen Verfassungsordnung ausmachten, frei von jeglichem „radikalen" Gedankengut. Ein reformerischer Impetus war, wenn überhaupt, nur sehr schwach zu spüren.[77]

Das war angesichts der komfortablen gesellschaftlichen Stellung der Staatsrechtler kein Wunder. Besonders die Lehrstuhlinhaber an den prestigeträchtigen Universitäten des Reiches – Berlin, Göttingen, Leipzig, Heidelberg, Bonn, München, Breslau, Straßburg – waren hochrespektierte Mitglieder der bürgerlichen Oberschicht. Viele von ihnen erhielten Auszeichnungen und Ehrentitel, einige wurden gar in den Adelsstand erhoben, wie zum Beispiel Karl von Gerber oder Hermann Schulze, der nach seiner Nobilitierung im Dreikaiserjahr für die letzten Monate seines Lebens als von Schulze-Gävernitz firmierte. Besonders hochdekoriert war Paul Laband, der neben zahllosen Orden, Ehrendoktoraten und Festschriften auch einen Sitz im preußischen Staatsrat und den Titel „Wirklicher Geheimer Rat mit dem Prädikat Exzellenz" verliehen bekam (Abb. 8.4). In seinen fast vierzig Jahren an der nach dem Deutsch-Französischen Krieg neu gegründeten und von der Berliner Regierung stets als Vorzeigeprojekt behandelten Reichsuniversität Straßburg entwickelte sich der Vorreiter des Positivismus – wie Michael Stolleis ihn geschildert hat – geradezu zu einer „offiziösen Figur", einem „Denkmal staatsrechtlicher Selbstgewißheit des Kaiserreiches". Wilhelm II. tat ihm gegenüber 1893 gar sein Bedauern darüber kund, dass er bei ihm keine Vorlesungen besuchen könne. Der so Geschmeichelte revanchierte sich drei Jahre später anlässlich des dreißigsten Geburtstages Seiner Majestät mit einer Universitätsrede, in der er einen regelrechten Lobgesang auf das Kaisertum anstimmte: „Der eigentliche Träger der nationalen Einheit und der gemeinsamen Interessen des Reichs ist [...] der Kaiser, dessen erhabene Stellung von der Gunst oder Ungunst der Parteien unabhängig ist. Er ist der Fels, an welchen die tobende Brandung der aufgeregten Parteienlandschaft sich bricht."[78]

Labands Beispiel zeigt besonders deutlich, wie eng der soziale Status der Staatsrechtler mit der Monarchie verbunden war. Diese Verflechtung nährte eine Geisteshaltung, die sich – wie Manfred Friedrich betont hat – durch „das Bewußtsein von den gesicherten bürgerlichen Daseinsgrundlagen im neuen Reich, die vorbehaltlose Zustimmung zu der von Bismarck geschaffenen politische Ordnung der Dinge, das mangelnde Problemempfinden für alle Inhaltsprobleme des positiven Rechts, [und] überhaupt die Überzeugung" auszeichnete, „daß sich das juristische Denken grundsätzlich nur für die Formseite des Rechts zu interessieren habe". Eben aus dieser Grundbefindlichkeit heraus akzeptierten die meisten Staatsrechtler die systemerhaltende Wirkung der juristischen Methode ohne großes Murren, ja hießen sie in den meisten Fällen vermutlich sogar gut. Karrieretechnisch war das aus ihrer Sicht nur sinnvoll, nahmen staatliche Stellen doch immer wieder Einfluss darauf, wer auf die großen Lehrstühle des Reichs berufen wurde und wer nicht. Einer der wenigen Vertreter des Fachs, der diese politischen Hintergründe und die dadurch bedingte konservative Voreingenommenheit des alles dominierenden Positivismus offen ansprach, war Hugo Preuß. In einem kurzen Aufsatz über einen von Gerhard Anschütz verfassten Kommentar zur preußischen Verfassung machte der Außenseiter seinem Ärger über die Scheinheiligkeit der angeblich so unpolitischen Herangehensweise seiner Kollegen Luft: „Auch die seit einem Menschenalter in unserer Wissenschaft vorherrschende Methode, die unter Herausdestillierung der politischen Elemente ein Staatsrecht in juristischer Reinkultur darzustellen vorgibt, hat sich zwar große Verdienste um die Herausarbeitung der juristischen Elemente im Staatsrecht erworben; aber politisch bedingt ist sie genau so, wie jede andere Richtung. Daran ändert es nichts, daß ihre Anhänger nur die anderen Richtungen als politisch, ihre eigene aber als unpolitisch zu bezeichnen lieben."[79]

Diese Unwilligkeit der Positivisten, sich die Befangenheit ihrer Herangehensweise an die Verfassung einzugestehen und etwas dagegen zu unternehmen, war für die Bundesstaatsdebatte eine echte Bürde. Durch ihre unangefochtene Dominanz sorgte die juristische Methode nämlich dafür, dass die auf den Status quo der Reichsgründung fixierten Konzepte, mit denen die Staatsrechtler den Bundesstaat beschrieben, im Laufe der Zeit immer weniger mit den Entscheidungsstrukturen zu tun hatten, die das föderale Regierungssystem tat-

Abb. 8.4: Paul Laband als Straßburger Rechtsprofessor

sächlich ausbildete. Mit anderen Worten: Die Kluft zwischen dem Verfassungsrecht, das die herrschende Meinung der Reichsstaatsrechtslehre propagierte, und der Verfassungsrealität, in der das politische System operierte, wurde Jahr für Jahr größer. Ab den späten 1880er-Jahren reagierte die Debatte zwar darauf, indem selbst die hartgesottensten Positivisten die geschichtliche Entwicklung beziehungsweise die „Wandlungen" der Reichsverfassung anerkannten, wie wir oben gesehen haben. Das war aber nicht viel mehr als eine Erweiterung der schon bestehenden Perspektive. Eine grundsätzliche methodische Öffnung oder gar Reorientierung erfolgte nie. Die Gefahr, den Bezug zu der praktischen Ausprägung ihres Untersuchungsgegenstandes ganz zu verlieren, wuchs damit auch in der Wilhelminischen Epoche ständig weiter.

Im Angesicht eben dieser Gefahr warnte Georg Jellinek zur Jahrhundertwende in seiner *Allgemeinen Staatslehre*, dass „einseitige Dogmatik […], die sich [anmaße], das Ganze zu erfassen, dieses Ziel verfehlen [müsse], [da] sie der Ergänzung durch die anderen dem Staate zugewandten Disziplinen zu gedeihlicher Forschung [benötige]". Diese Mahnung verhallte aber weitgehend ungehört. Selbst Jellinek, der sich neben Laband zum zweiten großen Vordenker des rechtspositivistischen Ansatzes aufschwang, zog aus seiner Warnung vor einer rein an technischen Lehrsätzen orientierten Disziplin nicht die Konsequenz, die juristische Methode um die Analyse der hinter jeder rechtlichen Norm und Auslegung notwendigerweise stehenden politischen Motive zu ergänzen. Das war geradezu symptomatisch dafür, wie festgefahren die Debatte in methodischer Hinsicht war. Da die Theorien der Staatsrechtler durch diese dogmatische Verbohrtheit die realen Verhältnisse des Föderalsystems mit den Jahren immer weniger abbildeten, drehte sich die Debatte zusehends um sich selbst. Dabei machte die juristische Methode quasi mit jeder Rotation jede Gewissheit noch gewisser, jede Ungewissheit noch ungewisser und jeden Widerspruch noch widersprüchlicher.[80]

Zudem erwies sich der positivistische Ansatz der Reichsstaatsrechtslehre noch in einem weiteren Punkt als Quell der Verunsicherung. Da der in der Verfassung eingefangene Status quo der Reichsgründung konserviert wurde, zwang die juristische Methode die Staatsrechtler dazu, in ihren Interpretationen ein staatsorganisatorisches System zu stützen, das den politischen Idealen, die viele von ihnen vertraten, deutlich widersprach. Als Liberale egal welcher Couleur hegten die meisten Protagonisten der Reichsstaatsrechtslehre die Wunschvorstellung einer unitarischen Reichsmonarchie mit einer verantwortlichen Reichsregierung. Sie befürworteten grundsätzlich also die Monarchie, wünschten sich aber im Vergleich zu der eigentümlichen, halb staatenbündischen Mischordnung, die die Verfassung einrichtete, einen straff organisierten Einheitsstaat, der dem konstitutionellen Modell der Einzelstaaten entsprach. Diese Präferenz für eine unitarische Staatsordnung äußerte sich in der Bundesstaatsdebatte in vielen Kleinigkeiten. Interpretatorisch schlug sie sich wohl am deutlichsten in der strikten Überordnung des Reiches über die Länder nieder, die die meisten Staatsrechtler mit aller Anstrengung zu konstruieren suchten. Denn eine solche Auslegung der Verfassung machte den Bundesstaat so unitarisch, wie es unter Anwendung der juristischen Methode nur eben ging. Dazu passte, dass die meisten Teilnehmer der Debatte im Laufe der Jahre bezüglich des höchsten Staatsamtes ihre rein normative Fokussierung bereitwillig aufweichten, um so in der ein oder anderen Form die Wandlung des Kaisers von einem *primus inter pares* zu einem Reichsmonarchen aus juristischer Sicht zu bestätigen, wie wir in Kapitel 4 gesehen haben. Der Wunsch nach einem Einheitsstaat wurde aber auch daran deutlich, was die Staatsrechtler geflissentlich ignorierten. Größere Kritik an der Zentralisierung des Bundes, die nach der Reichsgründung einsetzte und die föderalen Strukturen schrittweise in Richtung einer Reichsmonarchie vereinheitlichte, gab es so gut wie nicht – und das, obwohl diese Entwicklung keinerlei Rückhalt in der Verfassung hatte und viele von deren grundlegendsten Prinzipien verletzte, bei einer rein technischen Auslegung der geltenden Rechtsnormen also gar nicht übersehen oder gar goutiert werden konnte.[81]

Gelegentlich stellten diejenigen Staatsrechtler, die politisch für eine der liberalen Parteien aktiv waren, ihre unitarischen Präferenzen auch direkter dar. Besonders deutlich war dabei Albert Hänel, der gemeinhin als der größte Unitarist der Debatte galt. In seinem 1877 veröffentlichten Aufsatz „Zur Kritik der Begriffsbestimmung des Bundesstaates" erklärte er ohne Umschweife: „Ich halte es für die wesentliche Aufgabe des deutschen Reiches, seine Organisation weiter zu entwickeln in der Richtung der wesentlichen Verstärkung der kaiserlichen Rechte und der eigenen, unmittelbaren Exekutivgewalt des Reiches möglichst auf allen Gebieten seiner Kompetenz." Als 1917 angesichts der unter dem Druck des Krieges immer lauter werdenden Rufe nach einer Reform des Regierungssystems die Frage der Vereinbarkeit der föderalen Strukturen der Verfassung mit einer parlamentarischen Regierung in den Mittelpunkt der Debatte rückte, gab Gerhard Anschütz in einem kurzen Beitrag für die *Deutsche Juristen-Zeitung* ein noch unmissverständlicheres Bekenntnis zum Einheitsstaat ab: „Auf die Befürchtung, daß die Parlamentarisierung seiner Leitung das Reich dem deutschen Einheitsstaate zutreiben werde, fühlt man sich versucht, zu entgegen: Und wenn schon!".[82]

In einer ganz speziellen Form zeigte sich das unitarische Verlangen der meisten Staatsrechtler außerdem darin, wie sie mit dem einzigen bedeutenden Föderalisten der Debatte umgingen. Max von Seydel wurde von seinen Kollegen regelrecht bloßgestellt. Ob seiner Interpretation des Reiches als Staatenbund attackierten ihn die anderen Staatsrechtler auf eine Art und Weise, die für die ansonsten sehr nüchterne Debatte ungewöhnlich harsch und persönlich war. Am direktesten war – wie zu erwarten – der Vorzeigeunitarist Hänel, der als Schleswig-Holsteiner schon von Haus aus mit dem Bayern fremdelte. In dem gerade erwähnten Aufsatz legte er alle Zurückhaltung gegenüber Seydel ab und erklärte mit Blick auf dessen Staatenbundtheorie freiheraus: „Ich gestehe gern, daß mir das Verständniß seiner Deduktionen schwer gefallen ist und daß ich mich vor allerlei Mißverständnissen nicht sicher weiß. [...] Daher das Wunderliche, Unfaßbare, Abstruse, das wir uns gegenseitig in unseren Erörterungen vorwerfen." Seydel reagierte seinerseits auf solche Angriffe, indem er diesen vorwarf, von nichts anderem motiviert zu sein als von „politischen Verdächtigungen meiner Person und meiner Lehre, welche zumeist mehr von Eifer als von Sachkunde zeugten".[83]

Wenn man genau hinschaut, kann man also in der Bundesstaatsdebatte gleich mehrere deutliche Anhaltspunkte dafür erkennen, dass die Hoffnungen der meisten Staatsrechtler auf einem Einheitsstaat lagen. Da die Verfassung aber eben keinen solchen errichtete, sondern ein föderales Zwitterwesen, das juristisch – wenn man nur wollte – durchaus als Staatenbund konstruierbar war, wie Seydel demonstrierte, stand dieser unitarische Wunsch in scharfem Gegensatz zu der Staatsordnung, die die Positivisten durch die Anwendung ihrer systemerhaltenden Methode stützten – selbst wenn sie dabei alles im Rahmen ihrer Herangehensweise Mögliche taten, um das Bild eines unitarischen Bundesstaats zu zeichnen. Dieser Widerspruch zwischen juristischen Interpretationen und politischen Idealen musste ihren Ideenaustausch zwangsläufig enorm verunsichern. Denn im Prinzip geschah nichts anderes, als dass die vertrackte Kombination aus der Bismarckschen Reichsverfassung und den methodischen Zwängen, in die sich die Reichsstaatsrechtslehre aus disziplingeschichtlichen Gründen begab, die Rechtswissenschaftler dazu bewegte, nicht nur ihre politischen Präferenzen zu einem großen Teil zu unterdrücken, sondern in ihren juristischen Analysen auch bis zu einem bestimmten Grad dagegen zu arbeiten.

Dieses Dilemma war vermutlich auch einer der Hauptgründe dafür, dass die Staatsrechtler weitgehend davon absahen, sich im Rahmen ihrer wissenschaftlichen Betätigung direkter in die politische Debatte um das föderale Regierungssystem einzuschalten, etwa durch die Formulierung von Reformvorschlägen zur Harmonisierung der geschriebenen Verfassung mit den im Zuge der Zentralisierung des Bundes entstandenen Strukturen. Durch diesen Verzicht und das sture Festhalten an der juristischen Methode betrieben die Positivisten konsequent die „Ablösung des [juristischen] Begriffsapparates von der bedingenden realen Grundlage", wie der Politikwissenschaftler Peter von Oertzen in einer Studie über die soziale Funktion des staatsrechtlichen Positivismus nachgewiesen hat. Alles, was ihre Interpretationen folglich noch taten, war, „jenes seltsame Bild eines sinnentleerten Systems von Kompetenz- oder Machtparzellen" zu zeichnen, „das zum Leben an sich keine Beziehung hat, wohl aber durch Nichterfüllung der dieser Wissenschaft obliegenden Aufgabe lebensschädigend wirken muß", wie Rudolf Smend ihnen rückblickend vorwarf. Dieses rückblickende Urteil des Hänel-Schülers, der 1911 in Tübingen seine erste Professur antrat und später in der Weimarer Republik mit seiner sogenannten Integrationslehre versuchte, den Positivismus und die von diesem betriebene Auflösung von Norm und Wirklichkeit zu überwinden, war harsch formuliert. Es zeugte darin ohne Zweifel von den Vorurteilen, die Smend und viele andere Kritiker der juristischen Methode deren beiden Hauptvertretern, Laband und Jellinek, aufgrund ihrer jüdischen Herkunft entgegenbrachten. In der Sache traf Smends Einschätzung allerdings zumindest in einer Hinsicht zu. Die positivistische Debatte um den Bundesstaat schädigte selbigen insofern, als sie der volatilen Entwicklung der föderalen Entscheidungsstrukturen nicht nur durch die weitgehende Ausblendung der Verfassungsrealität wenig Orientierung bot, sondern diese durch ihre eigenen, mannigfaltigen Widersprüche und Zweifel noch zusätzlich destabilisierte.[84]

## IV. Schleichwege

Unsere Expedition in die Ideenwelt der Reichsstaatsrechtslehre hat uns bis hierhin gezeigt, wie schwer sich selbst die hellsten Köpfe des Reiches damit taten, den rechtlichen Rahmen des Bundes zu verstehen. Es gab nicht vieles, was in der Debatte, die die Staatsrechtler über den Bundesstaat führten, als Gewissheit gelten konnte. Der Widerstreit der Ideen über die föderale Organisation des Reiches war vielmehr von zahlreichen Zweifeln und Widersprüchen geprägt. Diese betrafen nicht etwa nur die Details der bundesstaatlichen Ordnung, sondern deren absolute Grundlagen. So schafften es die Staatsrechtler zwar mit viel Mühe, die mehrdeutige, von zahlreichen Lücken geprägte Verfassung, die ihnen die Reichsgründung vorgesetzt hatte, als eine zu konstruieren, die einen speziellen Typus des Bundesstaates definierte. Auf welcher Legitimitäts- und Rechtsgrundlage dieses föderale Staatswesen beruhte, wer die Souveränität darüber ausübte, und welche Regierungsform sich aus alldem ergab, blieb aber immer umstritten. Darüber hinaus konnten sich die Staatsrechtler nie darauf einigen, wie die „Wandlungen", die sie in der Verfassungsrealität beobachteten, in ihre Theorien vom Bundesstaat hineinpassten und was diese für das Regierungssystem des Reiches eigentlich bedeuteten. Die Alternativtheorien, die die Genossenschaftstheoretiker der Debatte gegenüberstellten, ließen deren analytische Defizite in aller Deutlichkeit zutage treten und steigerten dadurch die Verunsicherung noch. Letztere hatte neben der juristisch nur schwer greifbaren Verfassung vor allem eine Hauptquelle: die rechtspositivistische Methode. Die Zwänge, die dieser Ansatz den Staatsrechtlern auferlegte, produzierten eine Debatte, die so abstrakt und in sich verschachtelt war, dass die Beteiligten sie mitunter selbst nicht mehr nachvollziehen konnten. Tatsächlich waren viele Theorien und Konzepte nicht viel mehr als Manifestationen allgemeiner Verwirrung über den Bundesstaat. Bei einigen handelte es sich gar um hochkomplexe Antworten auf Fragen, die keinerlei Bezug zur Realität hatten, sondern sich allein aus den Deduktionen der juristischen Methode ergaben. Dadurch schuf die Debatte im Grunde mehr konzeptionelle Probleme, als sie löste.

Für die spektakuläre Entwicklung, die das Reich nach seiner Gründung von einer dezentralen, den Schein eines Fürstenbundes ausstrahlenden Staatengemeinschaft in einen voll integrierten Bundesstaat mit einer Reichsmonarchie verwandelte, war die Reichsstaatsrechtslehre somit ein intellektuelles Umfeld, das problematischer kaum hätte sein können. Denn es wühlte die Verhältnisse durch seine vielen Widersprüche, Zweifel und verdeckten Vorentscheidungen eher auf als sie zu beruhigen – zumal der Gegensatz zwischen dem, was die Staatsrechtler als Verfassungsrecht darstellten, und dem, was sich in der Verfassungswirklichkeit abspielte, von Jahr zu Jahr größer wurde.

Um diese destabilisierende Wirkung besser zu verstehen, lohnt es, abschließend noch kurz zu beleuchten, auf welchen Wegen die Verunsicherung der Bundesstaatsdebatte unter den Staatsrechtlern in das politische System sickerte. Wie bereits eingangs erwähnt, hatten die Schriften der Reichsstaatsrechtslehre nicht den Status einer Rechtsquelle, aus der sich zum Beispiel das Reichsgericht in seinen Urteilen hätte bedienen können. Die Debatte über den Bundesstaat hatte folglich keine direkten Auswirkungen auf die politische Praxis. Es gab jedoch mehrere subtile Einflusskanäle, durch die die Verunsicherung des Ideenaustauschs unter den Staatsrechtlern Eingang in die politische Arena fand und dort dazu beitrug, dass die föderalen Entscheidungsstrukturen nie zur Ruhe fanden. Vier scheinen besonders wichtig.

Erstens gelangten die Ansichten der Reichsstaatsrechtslehre über die Parlamente des Reiches in den politischen Prozess. Einige der bedeutendsten Vertreter der Disziplin hielten die alte Tradition des „politischen Professors" aufrecht und bekleideten ein Mandat im Reichstag und / oder in einem der Landtage. Allein im konstituierenden Reichstag von 1867 saß eine illustre Auswahl der renommiertesten Lehrstuhlinhaber des Landes. Darunter waren drei der wichtigsten Rechtsgelehrten, die uns bei unserem Gang durch die Bundesstaatsdebatte überhaupt begegnet sind: Karl von Gerber, Albert Hänel und Ludwig von Rönne. Dazu kamen mit dem Berliner Professor Rudolf von Gneist und seinem Erlanger Kollegen Heinrich von Marquardsen noch zwei weitere bedeutende Staatsrechtler. Sie alle wirkten unmittelbar an der Verhandlung des Verfassungsentwurfs mit und brachten dabei natürlich auch ihre Überzeugungen und Zweifel bezüglich des darin vorgesehenen Bundesstaatsmodells in die Diskussion ein. Auch später blieben verschiedene führende Figuren der Reichsstaatsrechtslehre in den Volksvertretungen präsent und prägten dort immer wieder die Debatte. Hänel und Marquardsen spielten zum Beispiel eine wichtige Rolle in der Auseinandersetzung, die sich Bismarck und der Reichstag in den 1880er-Jahren um die preußische Einwanderungspolitik lieferten. Wie wir im vorhergehenden Kapitel gesehen haben, legten die beiden Staatsrechtler im Reichstag dar, dass es im Rahmen der Verfassung gleich mehrere rechtliche Wege gab, über die das Parlament die Reichsleitung damit beauftragen konnte, Schritte gegen die Deportationsmaßnahmen der preußischen Regierung einzuleiten.

Damit die Volksvertretungen des Reiches als Katalysatoren der Bundesstaatsdebatte wirkten, bedurfte es aber gar nicht unbedingt der Anwesenheit der obersten Spitzen der Staatsrechtswissenschaft. Dieser Effekt war alleine schon dadurch sichergestellt, dass in allen Parlamenten während jeder Phase des Kaiserreiches zahlreiche Juristen saßen, deren Ansichten zum Bundesstaat von den Lehrsätzen geprägt waren, die sie während ihres Universitätsstudiums – inklusive aller Vorurteile, Widersprüche und Ungewissheiten – eingesogen hatten. In den 1870er-Jahren lag der Juristenanteil im Reichstag bei sage und schreibe 58 Prozent. Im folgenden Jahrzehnt fiel er zwar auf rund 43 Prozent, blieb danach aber auf konstant hohem Niveau. Besonders in den so wichtigen Kommissionen und Ausschüssen dominierten die Juristen weiterhin. So waren zum Beispiel von den zwölf Abgeordneten, die zwischen 1876 und 1915 der Wahlprüfungskommission vorstanden, elf Juristen, fünf davon mit Promotion.[85]

Zweitens infiltrierten die Ansichten der staatsrechtlichen Bundesstaatsdebatte nicht nur die Parlamente, sondern auch die Amtsstuben des Reiches. Die Reichsämter, Landesministerien und nachgeordneten Verwaltungsbehörden des Reiches und der Einzelstaaten waren von Natur aus fest in der Hand von Juristen, denen genau wie ihren Pendants in den Volksvertretungen die rechtspositivistische Denkschule zur Auslegung der Verfassung während ihrer Ausbildung eingetrichtert worden war. Innerhalb des Beamtenapparates des Reiches galten die Schriften der Reichsstaatsrechtslehre denn auch als Referenzwerke, allen voran Labands *Staatsrecht des Deutschen Reiches*. Diese Wertschätzung für die Arbeit der Staatsrechtler spiegelte sich auch in der großen Zahl an Handbüchern wider, die ab den 1870er-Jahren zum Staats- und Verwaltungsrecht des Reiches sowie der Einzelstaaten veröffentlicht wurden und häufig etliche, fortwährend aktualisierte Auflagen erfuhren. Darunter waren zum Beispiel Felix Stoerks *Handbuch der Deutschen Verfassungen*, Julius Illings *Handbuch für Preußische Verwaltungsbeamte im Dienste des Staates, der Kommunalverbände, der Korporationen und für Geschäftsleute* und vor allem Robert Graf Hue de Grais' *Handbuch der Verfassung und Verwaltung in Preußen und dem Deutschen Reiche*, das bis zum Ausbruch des Ersten Weltkrieges in ganzen 22 Neuauflagen erschien, in keiner Amtsstube des Hegemonialstaates fehlte und 1890 sogar ins Japanische übersetzt wurde. Solche Referenzwerke beschränkten sich zwar in der Regel darauf, die Verfassung, Gesetze und anderen verstreuten Rechtsnormen systematisch wiederzugeben und gegebenenfalls knapp zu kommentieren. Indem sie auf die größere staatsrechtliche Debatte verwiesen, in die sie eingebettet waren, trugen sie aber zweifellos dazu bei, deren Verunsicherung zu verbreiten.[86]

Drittens wurden die Staatsrechtler bisweilen im Rahmen von konkreten Verfassungskonflikten damit beauftragt, Gutachten zu den jeweils strittigen Rechtsfragen zu erstellen. Einer der berühmtesten derartigen Fälle war der Lippische Thronfolgestreit. Wie wir im vorhergehenden Kapitel gesehen haben, gaben in dieser sich über ein ganzes Jahrzehnt hinziehenden Auseinandersetzung um die Sukzession in dem kleinen westfälischen Fürstentum gleich mehrere Experten offizielle Einschätzungen ab, darunter Max von Seydel, Philipp Zorn und die Juristenfakultät der Universität Leipzig. Einige Rechtswissenschaftler entwickelten sich gar zu regelrechten Spezialgutachtern, die man immer wieder zu bestimmten Feldern konsultierte. Der schon erwähnte Heidelberger Professor Heinrich Zöpfl galt beispielsweise als ausgewiesener Experte für das Sonderrecht des Adels (Abb. 8.5). Solche Gutachtertätigkeiten machten die Meinung der jeweiligen Juristen – und damit die dahinterstehenden staatsrechtlichen Debatten über das föderale Regierungssystem – zu einem wichtigen Bestandteil von offiziellen Konfliktlösungsverfahren, bei denen es um die Klärung teilweise ganz zentraler Verfassungsfragen ging, wie etwa der Befugnis des Bundesrates, über Thronfolgestreitigkeiten in den Ländern zu richten.[87]

Viertens und letztens beeinflussten die Schriften der Reichsstaatsrechtslehre den Blick, den das Ausland auf das deutsche Staatswesen hatte. In dem Versuch, das undurchsichtige Regierungssystem des Reiches besser zu verstehen, war es gerade für Wissenschaftler aus anderen Staaten naheliegend, sich die Werke derjenigen genauer anzuschauen, die gemeinhin als die größten Experten auf diesem Gebiet galten. Ein aufschlussreiches Beispiel ist John William Burgess, der Vater der amerikanischen Politikwissenschaft. Der gelernte Historiker studierte direkt im Anschluss an die Reichsgründung für zwei Jahre in Göttingen, Leipzig und Berlin, wo er unter anderem Vorlesungen des Geschichtswissenschaftlers Theodor Mommsen und des Staatsrechtlers Rudolf von Gneist besuchte. Zurück in seiner Heimat wurde er 1876 Professor an der Rechtsfakultät der Columbia University in New York, wo er später die Fakultät für Politikwissenschaft gründete und so das Fach in den USA etablierte. Im Dreikaiserjahr 1888 veröffentlichte er in der von ihm begründeten Zeitschrift *Political Science Quarterly* einen schon in Kapitel 4 kurz angesprochenen Artikel über „Die Amtszeit und die Rechte des Deutschen Kaisers". Darin zeichnete er auf der Grundlage der Verfassungskommentare von Rönne, Mayer, Zorn, Laband und Schulze das Bild eines verworrenen, halbfertigen Regierungssystems, in dem der Kaiser „keine Souveränität, sondern ein Amt" sei. Letzteres komme „in einigen Punkten als ein starkes Regierungsorgan eines Zentralstaates [und] in anderen als ein schwaches Regierungsorgan eines Staatenbundes" daher und ähnele am ehesten noch einer „konstitutionellen Präsidentschaft". Daher solle man es am besten durch eine Reform stärken und so den diffusen Regierungsstrukturen ein klares Machtzentrum geben. Derartige, auf einer Analyse der Reichsstaatsrechtslehre beruhende Studien von Fachleuten wie Burgess besaßen automatisch eine gewisse Autorität und spielten daher keine unwesentliche Rolle für den Eindruck, den sich die öffentlichen Diskurse anderer Staaten über das Deutsche Reich machten. Angesichts dessen kann man wohl mit gutem Recht behaupten, dass die Lektüre der Reichsstaatsrechtslehre im Ausland ihren Teil dazu beitrug, wie fremde Mächte mit dem so widersprüchlichen Staatswesen in der Mitte Europas umgingen. Folglich sickerte die Verunsicherung der staatsrechtlichen Debatte über den Bundesstaat auch durch das Netz der internationalen Beziehungen langsam, aber sicher in das politische System des Reiches.[88]

# Kapitel 9: Peripherie und Zentrum

„Wenn Sie aber angegriffen werden, machen Sie von Ihrer Waffe Gebrauch", belehrte Günter Freiherr von Forstner Ende Oktober 1913 die Rekruten, die gerade ihre Grundausbildung bei seiner Kompanie im kleinen elsässischen Städtchen Zabern angetreten hatten (Abb. 9.1). „Wenn Sie dabei so einen Wackes niederstechen", fuhr der zwanzigjährige Leutnant gegenüber einem bekanntermaßen wegen einer Messerstecherei vorbestraften Neuling fort, „dann bekommen Sie von mir noch zehn Mark". „Und von mir noch drei Mark dazu", rief der Korporalschaftsführer aus dem Hintergrund. Als die Lokalpresse wenige Tage später von diesem Vorfall Wind bekam, war die Entrüstung unter den Einheimischen groß. „Wackes" war in der Region ein geächtetes Schmähwort, das in etwa so viel bedeutete wie „Taugenichts" und aus dem Mund eines preußischen Offiziers für einen Elsässer ungefähr so klang, wie das süddeutsche „Saupreuß" in den Ohren eines Berliners. Den im Reichsland Elsass-Lothringen stationierten Truppen war es daher per Regimentsbefehl verboten, den Begriff in den Mund zu nehmen. Es war allerdings nicht das erste Mal, dass Forstner die Beleidigung vor versammelter Mannschaft benutzt hatte. Wie der *Zaberner Anzeiger* und der *Elsäßer* in den folgenden Wochen nach und nach zutage brachten, hatte der Leutnant in der Vergangenheit mehrmals elsässische Soldaten dazu aufgefordert, bei ihm mit den Worten „Ich bin ein Wackes" Meldung zu machen. Darüber hinaus hatte er im Rahmen eines äußerst aggressiven Appells, in dem er seine Untergebenen davor gewarnt hatte, sich nicht von Auslandsagenten für die französische Fremdenlegion anwerben zu lassen, das Hoheitssymbol des Nachbarlandes, dem sich viele Elsässer auch vier Jahrzehnte nach der Annexion ihrer Heimat durch das Deutsche Reich nach wie vor nahe fühlten, aufs Gröbste beleidigt: „Auf die Fahne Frankreichs könnt ihr scheißen!".[1]

Je mehr über das wiederholte Fehlverhalten des jungen Leutnants ans Licht der Öffentlichkeit kam, desto größer wurde die Aufregung im Reichsland. Zwischen dem 7. und 10. November formierten sich auf den Straßen von Zabern erste Proteste, bei denen vor allem Jugendliche gegen die Überheblichkeit der Militärs demonstrierten. Darüber, wie man auf diese Aufläufe reagieren sollte, gerieten die lokalen Militär- und Zivilbehörden bald in Streit. Der Regimentskommandeur Ernst von Reuter forderte den zuständigen Kreisdirektor Georg Mahl mehrmals auf, polizeiliche Maßnahmen zu ergreifen. Der gebürtige Elsässer Mahl lehnte das jedoch immer wieder ab. Umgekehrt weigerte sich der kommandierende General Berthold von Deimling, der Bitte des Statthalters Karl von

Wedel – dem Regierungsleiter des Reichslandes – nachzukommen und Forstner in ein anderes Regiment zu versetzen, da er einen solchen Rückzug mit der Ehre des Militärs nicht für vereinbar hielt. Stattdessen beorderte er auf Anweisung des kaiserlichen Militärkabinetts Reuter, der eigentlich seinen Abschied nehmen wollte, aus dem Urlaub zurück und trug ihm auf, eine offizielle Untersuchung einzuleiten. Dabei sollte der Oberst nicht nur gegen Forstner ermitteln, sondern auch herausfinden, welche Soldaten die internen Vorgänge an die Presse durchgestochen und damit das militärische Dienstgeheimnis verletzt hatten. Auf Grundlage dieser Ermittlungen belegte Deimling Forstner wenige Tage später mit einer Woche Stubenarrest und ordnete die Verhaftung von zehn Kompanieangehörigen wegen Geheimnisverrats an. Zudem ließ er am 11. November eine offizielle Erklärung veröffentlichen. Darin hieß es, die Untersuchungen hätten zweifelsfrei ergeben, „daß es ausgeschlossen sei, daß der Leutnant mit dem Ausdruck ‚so einen Wackes' die elsässische Bevölkerung allgemein bezeichnet, daß er vielmehr mit dem Ausdruck ‚so einen Wackes' nur streitsüchtige Persönlichkeiten und Raufbolde gemeint [habe]".[2]

Die lokale Presse reagierte auf diese Auslegung der Tatsachen mit scharfer Kritik an den leitenden Militärs. Vor allem das milde Urteil gegen Forstner und die Festnahme der angeblichen Denunzianten, von denen die meisten Elsässer waren, erregten großen Unmut unter den Einheimischen. Die Proteste ebbten denn auch nicht ab. Im Gegenteil: Forstner sah sich nun bei jedem Gang durch die Stadt, sei es auf Patrouille oder beim Zigarettenkaufen, Beschimpfungen von jugendlichen Demonstranten ausgesetzt. Oberst Reuter befahl daraufhin seinen Offizieren, die Kaserne nur noch unter Begleitschutz zu verlassen. Diese Provokation heizte die Gemüter nur noch mehr an. Der Kreisdirektor weigerte sich jedoch beharrlich, die Polizei damit zu beauftragen, die Proteste zu zerschlagen. Als Reuter ihm daraufhin drohte, den Belagerungszustand zu verhängen, wies Mahl – der offen mit seinen Landsleuten sympathisierte – kühl darauf hin, dass eine solche Maßnahme nicht im Kompetenzbereich eines Regimentskommandeurs liege und nur vom Kaiser verhängt werden könne.

Ende des Monats eskalierte die Situation. Am 26. November verhaftete das Militär zum ersten Mal zwei randalierende Zivilisten und überstellte sie der Polizei, die die Festgenommenen nach Aufnahme der Personalien aber wieder freiließ. Zwei Tage später riss Oberst Reuter ob der wiederholten Laxheit der Zivilbehörden endgültig der Geduldsfaden. Als sich auf dem Vorplatz des Stadtschlosses, das den preußischen Truppen als Kaserne diente, wieder eine größere Menschenmasse versammelte und gegen die Soldaten skandierte, befahl er dem wachhabenden Offizier, den Protest aufzulösen. Nachdem dieser die Menge drei Mal dazu aufgefordert hatte, den Platz zu räumen, ließ er einen Wachzug

Abb. 9.1: Leutnant Günter Freiherr von Forstner

antreten und die Demonstranten mit vorgehaltenen Gewehren in eine Seitenstraße treiben. Dort nahmen die Soldaten willkürlich etwa dreißig Person fest und brachten sie in die Kaserne, wo sie die Nacht über in einem Kohlenkeller eingekerkert wurden. Unter den Inhaftierten waren auch der Präsident, mehrere Richter und ein Staatsanwalt des Zaberner Landgerichts, die beim Verlassen des Gerichtsgebäudes zufällig in das Gedränge geraten waren und umgehend die rechtsgrundlosen Verhaftungen moniert hatten. Am nächsten Morgen wurden die Gefangenen dem zivilen Haftrichter vorgeführt, der die sofortige Freilassung anordnete. Darauf reagierten die Militärs mit einer weiteren Verschärfung ihrer vermeintlichen Sicherheitsvorkehrungen. Für die folgenden zwei Tage ließ der Regimentskommandeur Wachzüge mit aufgepflanztem Bajonett durch die Straßen Zaberns patrouillieren, Maschinengewehre aufstellen und die Redaktionsräume der lokalen Zeitungen durchsuchen, um herauszufinden, wer die Presse von Forstners Fehltritten informiert hatte. Faktisch übernahm das Militär also die Regierungsgewalt in dem kleinen Städtchen. Die zivilen Behörden wurden vor vollendete Tatsachen gestellt und das reichsgesetzlich garantierte Grundrecht der Pressefreiheit aufgehoben.

In der Presse löste diese „Selbsthilfeaktion des Zaberner Militärs" einen „Orkan der Entrüstung aus", wie Ernst Rudolf Huber mit leicht apologetischem Unterton formuliert hat. Nicht nur die elsässischen und deutschen Zeitungen, sondern auch die großen internationalen Blätter, allen voran die französischen, geißelten das Vorgehen des Militärs auf das Heftigste. Überall war von der Herrschaft der „Soldateska", der Aufrichtung einer „Militärdiktatur" oder gar „militärischer Anarchie" zu lesen. Der Berliner Publizist Theodor Wolff, der in den 1890er-Jahren durch seine Berichterstattung zur französischen Dreyfus-Affäre bekannt geworden war, kommentierte fassungslos: „Leben wir in einer südamerikanischen Republik, wo jeder Oberst den Gerichtsbehörden das Gesetz diktieren darf, und hängen bei uns Leben und Freiheit der Bürger von den Entschlüssen einer Kasinogesellschaft ab?". Gerhard Anschütz, der große liberale Staatsrechtler, der uns schon im vorhergehenden Kapitel mehrmals begegnet ist, sprach Anfang Dezember in der *Deutschen Juristen-Zeitung* von einem „Militärskandal", der „alles andere als eine lokale Angelegenheit, als ein Sturm im Glase Wasser [sei]" . Die französischen Satirezeitschriften schlachteten den Vorfall weidlich aus und zeichneten das Bild eines vollkommen militarisierten Staates, der das Elsass auch noch vierzig Jahre nach der Annexion immer wieder aufs Neue vergewaltigte. Das Wochenblatt *Le Rire* (Das Lachen) druckte zum Beispiel Mitte Dezember eine Zeichnung des Karikaturisten Ricardo Florès über „Das teutonische Ideal", die das Deutsche Reich als einen grobschlächtigen preußischen Soldaten mit Bismarckschen Gesichtszügen zeigt, der sich darüber beschwert, auch vier Jahrzehnte, nachdem er der weinenden Marianne ihre Kinder Elsass und Lothringen entrissen hatte, von diesen nicht geliebt zu werden (Abb. 9.2). Die englischsprachige Presse kreierte angesichts der Vorfälle gar ein ganz neues Wort für den Missbrauch militärischer Gewalt: „zabernism" beziehungsweise „to zabernize".[3]

Diese Berichterstattung heizte die öffentliche Stimmung Ende November/Anfang Dezember so sehr an, dass sich die regionale Auseinandersetzung binnen weniger Tage zu einer nationalen Staatskrise hochschaukelte. Fünf Jahre nach

Abb. 9.2: „L'Idéal Teuton", Le Rire (13. Dezember 1913), Ricardo Florès

der *Daily-Telegraph*-Affäre geriet die Verfassungsordnung des Reiches dadurch abermals heftig ins Wanken. Es ging nämlich bald nicht mehr primär um das Verhalten der Militärinstanzen vor Ort, sondern um das generelle Verhältnis zwischen ziviler und militärischer Gewalt im föderalen Regierungssystem, sprich: darum, wer im Deutschen Reich eigentlich das Sagen hatte – die Militärs oder die Regierungsverantwortlichen? Vor allem die Sozialdemokraten, die bei den Reichstagswahlen ein Jahr zuvor erstmals stärkste Fraktion geworden waren, machten sich zum Sprachrohr der Kritik an der angeblichen Willkürherrschaft des Militärs. Am 30. November organisierten sie im elsässischen Mühlhausen eine erste Demonstration, bei der 3000 Teilnehmer gegen die Übergriffe in Zabern auf die Straße gingen und das Reich in einer Resolution als Militärdiktatur brandmarkten. In der ersten Dezemberwoche folgten Großdemonstrationen in siebzehn deutschen Städten, darunter Berlin, Köln, München, Düsseldorf und Straßburg, bei denen die SPD das Regierungssystem als militaristisch verurteilte und sowohl den Kriegsminister als auch den Kanzler zum Rücktritt aufforderte.

Von alledem bekam derjenige, der kraft seines Amtes dazu berufen war, das Verhältnis zwischen ziviler und militärischer Gewalt auszutarieren und so das Regierungssystem in der Balance zu halten, nicht viel mit. Während die Situation in Zabern eskalierte und immer stärkere Schockwellen nach Berlin sandte, verlustierte sich Wilhelm II. bei einem schon länger geplanten Jagdaufenthalt auf den Gütern des Fürsten Max von Fürstenberg im badischen Donaueschingen. Dort stand der Kaiser ganz unter dem Einfluss der militärischen Entourage, die ihn begleitete. Der Chef des Militärkabinetts Moritz von Lyncker kontrollierte den Informationsfluss streng und sorgte dafür, dass zunächst nichts anderes über die Vorfälle in Zabern an die Allerhöchsten Ohren gelangte als die Version des Militärs. Sogar dem elsass-lothringischen Statthalter Wedel wurde eine Audienz verweigert, in der er den Kaiser über die „Exzesse und Ungesetzlichkeiten" der lokalen Truppen ins Bild setzen wollte. Auf die schriftlichen Berichte des lokalen Regierungschefs reagierte Wilhelm derweil hinhaltend. Offensichtlich wusste oder begriff der Kaiser nicht, welches Ausmaß die Krise mittlerweile erreicht hatte – und das, obwohl sich der Kanzler in Berlin für die Vorgänge im Reichsland mittlerweile im Reichstag verantworten musste. Die Situation änderte sich erst, als Bethmann Hollweg am 30. November den Kriegsminister nach Donaueschingen schickte. Erich von Falkenhayn klärte den Kaiser über den Stand der Dinge auf und brachte ihn im Auftrag des Kanzlers dazu, am 1. Dezember ein Mitglied des Generalkommandos in Straßburg, Viktor Kühne, nach Zabern zu entsenden, um dort alle militärischen Maßnahmen mit sofortiger Wirkung einstellen zu lassen. Gleichzeitig instruierte Wilhelm die beiden obersten Vertreter der Zivil- und Militärgewalt im Reichsland – Wedel und Deimling – dahingehend, zukünftig eine reibungslose Zusammenarbeit zwischen ihren jeweiligen Behörden sicherzustellen. General Deimling erhielt zusätzlich den ausdrücklichen Befehl, dafür zu sorgen, dass das Militär den gesetzlichen Rahmen seiner Kompetenzen nicht mehr überschreiten würde.[4]

Diese Anordnungen implizierten zwar eine gewisse Missbilligung der bisherigen Aktionen seitens der in Zabern stationierten Truppen. Von einer Schuldzuweisung an die Militärs konnte aber keine Rede sein. Im Gegenteil: Für die Eskalation der Affäre machte der Kaiser jetzt, da er deren Dimension augenscheinlich zu verstehen begann, eine angebliche französische Unterwanderung des Reichslandes sowie die Presse verantwortlich. In einer Randnotiz zu einem

Zeitungsbericht notierte er am 2. Dezember: „Die ganze Zaberner Geschichte ist explosiv[,] ein Zeichen, wie großartig die französische Hetze unter der Nase unserer Zivilbehörden unentdeckt und ungehindert gewühlt und gearbeitet hat, bis dieses Ergebnis erreicht worden ist in einer einst deutschen Stadt." Den Bericht von Generalmajor Kühne kommentierte er am selben Tag knapp mit der Bemerkung: „Also zu ¾ ist die Schweinepresse schuld!" Die Sicht des Kaisers war also immer noch von der Luft des militärischen Dunstkreises vernebelt, in dem er sich bewegte. Das änderte aber nichts an den Tatsachen, die er mit seinen Entscheidungen geschaffen hatte. Dadurch, dass er mit seinen Befehlen dem durch Falkenhayn vorgebrachten Drängen des Kanzlers nachgegeben hatte, wies er die zuständigen lokalen Militärstellen in die Schranken. Am 2. Dezember war der Vorrang der Zivilgewalt in Zabern praktisch wiederhergestellt.[5]

Zu diesem Zeitpunkt hatte die öffentliche Debatte über die Vorgänge im Reichsland allerdings längst eine Dynamik entwickelt, die die Reichsregierung in arge Bedrängnis brachte. Um die Bredouille besser zu verstehen, in der sich besonders der Kanzler Anfang Dezember plötzlich wiederfand, müssen wir noch einmal ein paar Tage zurückgehen und unseren Blick von der elsässischen beziehungsweise südbadischen Provinz in die Reichshauptstadt verlagern. Schon am Vormittag des 28. November – also noch bevor die Situation auf den Straßen von Zabern eskalierte – brachte eine parteiübergreifende Gruppe von sechs elsässischen Abgeordneten die Fehltritte Forstners vor den Reichstag. In einer sogenannten kleinen Anfrage ersuchten sie den Kanzler darum, zu erklären, ob es ihm „bekannt [sei], daß im Infanterie-Regiment Nr. 99 in Zabern [...] ein Offizier gegenüber elsaß-lothringischen Soldaten höchst beleidigende und die Gefühle der gesamten elsaß-lothringischen Bevölkerung auf das schwerste verletzende Ausdrücke sich [habe] zu schulden kommen lassen, ohne daß die Militärbehörde für genügend Sühne gesorgt [habe]", und „was [er] zu tun [gedenke], um die elsaß-lothringischen Soldaten vor solchen Insulten und die Bevölkerung Elsaß-Lothringens vor derartigen Herausforderungen zu schützen".[6]

Hinter dieser Interpellation stand für jeden sichtbar die Absicht, den Regierungschef des Reiches dazu zu bewegen, im Reichsland einzugreifen und an der Person des jungen Leutnants ein Exempel zu statuieren, das die dortigen Militärs zurechtweisen würde. Bethmann Hollweg ging darauf zunächst nicht ein und schickte stattdessen seinen Kriegsminister vor. Falkenhayn beantwortete die Interpellation allerdings mehr als ungeschickt. Anstatt einfach sein Bedauern über das Fehlverhalten Forstners zu äußern und darauf zu verweisen, dass bereits eine Strafversetzung des Leutnants zu einer anderen elsässischen Kompanie veranlasst worden war, versuchte er, den Vorfall mit Blick auf dessen jugendliches Alter herunterzuspielen. Dabei erging er sich in einer geradezu peinlichen

Auslegung des Schimpfwortes, die immer wieder von johlenden Zwischenrufen der Sozialdemokraten unterbrochen wurde, und warf zu allem Überfluss auch noch eine Grundsatzfrage über das Verhältnis zwischen militärischer und ziviler Gewalt auf. Denn er versicherte den Abgeordneten zwar, dass derartige „Ungehörigkeiten" wie die Forstners „in der Armee [...] nicht geduldet" würden, betonte aber im gleichen Atemzug, dass „die Frage, ob eine für derartige Ausdrücke verhängte Strafe eine genügende Sühne sei, ausschließlich [der] Beurteilung" der „höheren Vorgesetzten" obliege und er „als Vertreter der Heeresverwaltung [daher] nicht befugt [sei], [...] näher darauf einzugehen". Mit dieser Bemerkung stellte sich der Kriegsminister auf den Standpunkt, dass weder er selbst noch das Parlament die Befugnis hätten, militärische Disziplinarstrafen, die in den Kommandobereich fielen, zu kontrollieren. Das war rein rechtlich gesehen ob der Unabhängigkeit der kaiserlichen Kommandogewalt ohne Frage richtig. In politischer Hinsicht war dieses formalistische Argument jedoch eine plumpe Provokation gegenüber dem Reichstag. Dessen Kontrollanspruch hatte sich nämlich im Zuge der über die letzten Jahrzehnte immer enger gewordenen Zusammenarbeit mit der Reichsregierung durchaus auch auf all jene innermilitärischen Vorgänge ausgedehnt, die sich auf die Außenwelt auswirkten.[7]

Wenige Stunden nach dieser aufreizenden Rede, die Falkenhayn überhaupt nur hatte zu Ende bringen können, weil der Sitzungspräsident die aufgebrachten Sozialdemokraten mehrmals zur Räson gerufen hatte, kam es zu besagtem Zusammenstoß in Zabern, bei dem das Militär willkürlich mehrere dutzend Zivilisten inhaftierte. Diese neue Qualität der Vorgänge im Reichsland zwang den Kanzler am nächsten Sitzungstag des Reichstages, dem 1. Dezember, aus seinem Versteck herauszukommen und sich persönlich zu den Vorfällen zu erklären – immerhin lagen ganze drei Interpellationen zu dem heftigen Zwischenfall im Reichsland vor, inklusive einer der SPD. In seiner überaus kurzen Stellungnahme betonte Bethmann Hollweg, dass sich „inzwischen [...] in Zabern Vorgänge ereignet [hätten] von so bedauerlicher Art, daß [er] selbst größten Wert darauf lege, baldmöglichst dem Reichstag und dem Lande darüber Auskunft zu geben". Dabei wolle er „jeden Zweifel [...] beseitigen, daß die Autorität der Gesetze ebenso geschützt [werde] wie die öffentliche Ordnung und die Autorität der öffentlichen Gewalten". Deshalb werde er, „sobald [ihm] das Ergebnis der sofort eingeleiteten Untersuchung [vorliege]", den Reichstag umgehend davon informieren. Der Kanzler versuchte also, die aufbrausenden Wogen etwas zu glätten und auf Zeit zu spielen. Das war taktisch klüger als das provozierende Verhalten seines Kriegsministers drei Tage zuvor, schaffte allerdings die Grundsatzfrage, die dieser bezüglich des Verhältnisses zwischen Militär- und Zivilgewalt aufgeworfen hatte und die durch die neuen Vorfälle noch viel dringlicher geworden war, nicht aus der Welt. Die Abgeordneten sahen das Entgegenkommen des Kanzlers indes zunächst einmal als gutes Zeichen und bedachten seine Ausführungen mit vorsichtigem Beifall.[8]

Am nächsten Tag machte ein neuerlicher Zwischenfall im Reichsland allerdings alle Friedensbemühungen des Kanzlers – der mittlerweile ja auch dafür gesorgt hatte, dass die Zaberner Einheiten vom Kaiser zurückgepfiffen worden waren – wieder zunichte. Abermals war Forstner der Störenfried. Während einer Militärübung seiner neuen Kompanie nahe des Dorfes Dettweiler stieß der Leutnant auf eine Gruppe von Arbeitern einer örtlichen Schuhfabrik, die ihn erkannten und wegen seiner Vorgeschichte verhöhnten. Daraufhin ordnete er trotz der Vorkommisse der vergangenen Tage die Verhaftung der unbewaffneten Passanten an. Als diese jedoch bis auf einen halbseitig gelähmten Schustergesellen entkommen konnten, brannten bei Forstner alle Sicherungen durch. Mit einem Säbelhieb streckte er den wehrlosen, behinderten Mann nieder und verletzte ihn dabei schwer am Kopf.

Dieser neuerliche Akt militärischer Aggression brachte das Fass im Reichstag endgültig zum Überlaufen. Am folgenden Tag erzwangen die Linksliberalen, Sozialdemokraten und Elsässer mit drei inhaltsgleichen Interpellationen die Generalaussprache über die Vorgänge im Reichsland. Dabei übten sie in den jeweiligen Begründungen ihrer Anfragen schärfste Kritik an der passiven Haltung der Reichsregierung, der Überheblichkeit und dem Machtanspruch der Militärs sowie den Verfassungszuständen in Elsass-Lothringen. Der elsässische Fortschrittsparteiler Adolf Röser sprach davon, dass „Gesetz und Recht [...] verletzt und mit Füßen getreten worden [seien] durch die Errichtung einer militärischen Willkürherrschaft", wie sie „eines Kulturstaates und der Armee eines Kulturstaates unwürdig" sei. Dadurch stehe man „heute vor einem Trümmerfeld von Hoffnungen und Erwartungen für die friedliche Weiterentwicklung" des Reichslandes. Entstanden sei „die ganze Affäre" überhaupt nur „durch falsche militärische Ehrbegriffe, die nicht [zugelassen hätten], ein begangenes Unrecht zeitig wieder gut zu machen", und „durch die Ohnmacht [der lokalen] Zivilbehörde, die infolge der unvollkommenen Verfassung in Elsaß-Lothringen und infolge ihrer Abhängigkeit von Berlin nicht imstande [gewesen seien], das Land vor derartigen Erschütterungen zu schützen". Daher sei die Krise genau „aus dem Geiste [erwachsen], der sich [im Reichstag] einmal in dem Wunsche geäußert [habe], daß ein Leutnant mit 10 Mann berechtigt sein [solle], [das] hohe Haus auszuräumen".[9]

Rösers Landsmann Karl Hauss bekräftigte diese Argumente noch einmal im Namen der Zentrumspartei. Dabei zeigte er mit dem Finger noch direkter auf die Reichsregierung und insbesondere den Kriegsminister. Letzterer habe hoffentlich angesichts des „Gang[s] der Ereignisse" mittlerweile realisiert, „daß seine Worte wenig klärend und beruhigend gewirkt" hätten. Kaum habe nämlich „der Telegraph die Worte des Herrn Kriegsministers vom letzten Freitag in das Land hinausgetragen, da [habe] neuer Mut die Brust des Leutnants v. Forstner und seiner gleichgesinnten Kameraden [geschwellt]". Diese hätten dann „wider Recht und Gesetz [...] in dem herrlichen Vogesenstädtchen die Militärdiktatur proklamiert, friedliche Bürger, darunter Staatsanwälte, Richter und Rechtsanwälte, verhaftet und in den Kerker gesteckt, Frauen und Kinder mißhandelt, kurzum sich gebärdet wie eine wildgewordene Horde". Die Regierung habe es daher durch ihre lange Untätigkeit „zum schlimmsten kommen lassen, aus kleinen Ursachen große Wirkung entstehen lassen". Man frage sich: „Wie kann man so lange zaudern, um Ordnung zu schaffen?"[10]

Der sozialdemokratische Abgeordnete Jacques Peirotes, der den elsässischen Wahlkreis Colmar im Reichstag vertrat und zwischen Röser und Hauss sprach, wurde noch sehr viel deutlicher. In einer leidenschaftlichen Rede, die der Reichstagspräsident mehrmals unterbrach, um ihn wegen vermeintlicher Beleidigungen des Kriegsministers, des kommandierenden Generals, des Militärs, der Konservativen und des deutschen Volkes zur Ordnung zu rufen, verurteilte er die „Akte der Militärdiktatur" und die „Übergriffe des säbelrasselnden Generalissimus" auf Schärfste. In Zabern, der „deutschfreundlichste[n] Stadt, die es in ganz Elsaß-Lothringen [gebe]", habe „sich der Militarismus auf der höchsten Höhe seines Kulturniveaus gezeigt", wobei man wohl besser „tiefste Tiefe" sage. Forstner habe mit seiner zuerst bekannt gewordenen Beleidigung nichts anderes getan, als „eine Prämie auf den Totschlag" auszusetzen. „Wenn derartige Dinge passieren [könnten], so [zeige] das, wie weit es der Militarismus [...] gebracht" habe. Der „Gipfelpunkt, den der Militarismus erreicht" habe, werde darin deutlich, „daß der Herr v. Forstner mit seinem Säbel einen lahmen Schuhmacher kriegsunfähig gemacht" habe. Das beweise, dass „in Zabern die Säbeldiktatur" herrsche und das Militär dort versuche, „Aufstände [zu provozieren]". Folglich habe „das Militär [...] in diesem Falle [...] direkt einen Hochverrat begangen" oder müsse von einem „nervöse[n] Verfolgungswahnsinn" erfasst worden sein.

Der Kriegsminister habe derweil vor wenigen Tagen eine „Entschuldigungsrede" gehalten, mit der „er den Leutnant v. Forstner gewissermaßen [gedeckt]" und das Militär noch zu weiteren Fehltritten ermutigt habe, indem er es so dargestellt habe, als sei es in Ordnung, „zum Totschlagen [aufzufordern], [...] wenn es nur nicht an die Öffentlichkeit [komme]". In diesem Verhalten zeige sich entweder eine völlige Unkenntnis über die Lage der Dinge im Reichsland oder eine eklatante „Weltfremdheit". Er müsse den Kriegsminister nämlich darauf hinweisen, „daß er dem Reichstage für alle Dinge verantwortlich [sei], die in der

Armee passieren; und wenn für solche Dinge eine so milde Strafe ausgesprochen [werde], dann [habe der Reichstag] das Recht, [...] den Herrn Kriegsminister zur Verantwortung zu ziehen und ihn zur Rede zu stellen". Eigentlich gehe es aber gar nicht um Forstner. Dessen Fehlverhalten sei nur „der Funke, der ins Pulverfaß [geflogen sei]". „Der wahre Schuldige an diesen Dingen" sei zusammen „mit dem Herrn Kriegsminister, und zwar in allererster Linie, der Herr v. Deimling". Der stolze „Sieger vom Hererolande" gehöre zum schlimmsten „Typus einer übermütigen Soldateska". Bereits in seiner Zeit als Kommandeur der Schutztruppen in Deutsch-Südwestafrika habe dieser im Umgang mit dem Reichstag seine Aggressivität bewiesen, habe er doch schon damals hinsichtlich der Sozialdemokraten die Parole ausgegeben „Haut die Rothosen!". Ausgerechnet einen solchen Charakter auf den Posten des Befehlshabers der Truppen im Reichsland zu setzen, sei eine denkbar unkluge Entscheidung, könnten „er und das mit ihm verbundene Regime" in dem durch das französische Erbe und die soziale Frage geprägten Gebiet doch kaum „die nötige Achtung und das nötige Entgegenkommen finden".

Ferner hätten die von Deimling verschuldeten Vorgänge in aller Deutlichkeit gezeigt, dass man mit Blick auf das Reichsland nicht mehr nur „von einer militärischen Nebenregierung" sprechen könne. „Heute [sei] das Militär [vielmehr dort] die Regierung." Insbesondere den Einfluss des Militärkabinetts des Kaisers könne der Kanzler nicht länger hinnehmen. Er solle daher „vor seinen kaiserlichen Herrn hintreten und ihm erklären, daß er die Verantwortung für solche Dinge – Dinge, die uns an das 16. Jahrhundert erinnern – nicht länger zu tragen in der Lage sei". Da „die Ohnmacht [des] Verfassungswesens in Elsaß-Lothringen" nun zweifelsfrei „erwiesen" sei, müsse der Reichskanzler jetzt dafür „sorgen, daß dem beleidigten elsaß-lothringischen Volke volle Genugtuung [getan werde], daß die Hochverräter [...] in gebührende Strafe genommen [würden]". Schließlich sei es so, dass, „wenn in Venezuela oder Mexiko einem deutschen Staatsbürger der Hut eingetrieben [werde], [...] sich hier zu Lande [jedes Mal] ein mörderlich Geschrei [erhebe], dann [sei] die deutsche Ehre besudelt, dann [müsse] ein deutsches Kriegsschiff in See stechen, dann [gelte] es, den deutschen Staatsbürger zu schützen". Deshalb frage er den Kanzler, ob „dieser deutsche Staatsbürger [...] nicht auch innerhalb der Grenzen des Deutschen Reichs Anspruch auf Schutz habe". Sei das nicht der Fall, werde „Deutschland [...] in den Augen des Auslandes auch weiterhin hinter Venezuela und hinter Mexiko rangieren". Darum fordere er den Kanzler auf: „Holen Sie nach, was Sie und Ihre Vorgänger bisher versäumt, bestrafen Sie die Schuldigen von Zabern und arbeiten Sie mit uns an der Umgestaltung des Deutschen Reichs [...] zu einem modernen freiheitlichen Staate".[11]

Bethmann Hollweg reagierte auf diese heftigen Angriffe sichtlich angeschlagen. In einer stellenweise äußerst fahrig wirkenden Rede arbeitete er sich stückchenweise an den Geschehnissen in Zabern und der Bedeutung des Wortes „Wackes" ab. Forstner habe mit der „Aussetzung einer Geldprämie [...] selbstverständlich eine Ungehörigkeit" begangen, wofür er auch bestraft worden sei. Bezüglich seiner angeblichen Beleidigung der französischen Fahne würden die Untersuchungen noch laufen. Derartige „Beleidigungen einer Armee, mit der [das Reich] vor mehr als 40 Jahren in ehrenvoller Weise die Waffen gekreuzt [habe], würden selbstverständlich in der deutschen Armee nicht geduldet werden". Es sei aber nötig, sich darüber klarzuwerden, was „bei diesen Vorgängen" eigentlich vorliege, nämlich „Ungehörigkeiten eines jungen Offiziers, begangen in den Wänden der Kaserne". Das sei „unerfreulich, aber doch nicht weltbewegend". „Mit der verhältnismäßig geringen Bedeutung dieses Anfangs der Dinge [stehe] die spätere Entwickelung in keinerlei Verhältnis." Die „Erregung in Zabern und über Zabern hinaus" sei erst durch die Presse „weiter geschürt worden". Zweifelsohne hätten sich die Elsässer „tatsächlich durch den Gebrauch des Wortes beleidigt gefühlt". Das rechtfertige aber „doch noch in keiner Weise [...], daß in der Folge tatsächlich Offiziere und Mannschaften öffentlich beleidigt und verhöhnt worden [seien]". Es sei „vollkommen verständlich", dass der Kommandeur den Schlossplatz habe räumen lassen, um „tätliche Beleidigungen der Offiziere, die die Armee nicht dulden [könne]", zu verhüten. Schließlich müsse „der Rock des Königs [...] unter allen Umständen respektiert werden".

Die einzige wirkliche Streitfrage sei daher, ob das Militär eingeschritten sei, weil „die zivilen Sicherheitsorgane versagt und bei den bisherigen Vorkommnissen [...] keinen oder keinen genügenden Schutz gewährt hätten". Während das Militär dies behaupte, bestritten „die Zivilbehörden von Zabern [...] dies aufs allerentschiedenste". „Wer von beiden absolut recht [habe]", sei ihm aber auf Grundlage „der vorliegenden Untersuchungsverhandlungen zu entscheiden nicht möglich". Auch in Zukunft werde er das wohl kaum tun können, weil eine Seite stets das Gegenteil der anderen behaupten werde. Man müsse daher einfach daran glauben, „daß es lediglich das Bewußtsein [der] Pflicht, die Armee zu schützen, gewesen [sei], was die Militärbehörde in Zabern veranlaßt [habe], einzuschreiten, [...] auch wenn in der Folge bei den Maßnahmen, die ergriffen worden [seien], die gesetzlichen Grenzen nicht eingehalten" worden seien. Dementsprechend müsse er sich dagegen verwahren, wie Peirotes „von Hochverrätern" zu sprechen. Außerdem sei es „vollkommen verfehlt [...], die bedauerlichen Vorgänge in Zabern nicht aus ihren besonderen Umständen heraus, sondern als Ausdruck eines tiefgehenden allgemeinen Gegensatzes zwischen Zivil- und Militärverwaltung ansehen zu wollen". Der Fall sei, wie er dargelegt habe, aus sehr speziellen Umständen heraus entstanden. Folglich sei dieser auch „weder für die allgemeinen Zustände [im Deutschen Reich] charakteristisch, noch [könne] oder [müsse] ein allgemeiner Gegensatz zwischen Militär- und Zivilverwaltung in den Reichslanden als Ursache für diese Unstimmigkeiten in Zabern unterstellt werden".

Das Beste sei, sich jetzt nicht länger auf die Vergangenheit, sondern auf die Zukunft zu konzentrieren, das heißt darauf, wie „Vorgänge wie die jetzigen, bei denen eine gesunde Kooperation zwischen den öffentlichen Gewalten nicht stattgefunden [habe], nicht wiederkehren [könnten]". Dazu bedürfe es eines „andauernde[n] Kontakt[es] zwischen der militärischen und der zivilen Behörde" sowie der „Wiederherstellung des guten und freundschaftlichen Verhältnisses zwischen dem Militär und der Bevölkerung, wie es in Deutschland allgemein [vorhanden sei], und wie es in Zabern bis vor kurzer Zeit ein besonders gutes gewesen [sei]". Die zivilen und militärischen Stellen seien schon dabei, „auf dieses Ziel [hinzuarbeiten]". Zu diesem Zweck sei bereits „ein General [...] nach Zabern gesandt worden, um von der militärischen Seite aus das Nötige zu tun". Alles in allem könne er daher dabei bleiben, was er schon am Montag gesagt habe und wofür er sich auch weiterhin einsetzen wolle: „die Autorität der öffentlichen Gewalten und die Autorität der Gesetze [müsse] gleichmäßig geschützt werden".[12]

Diese Ausführungen liefen – so zusammenhanglos sie stellenweise auch waren – letztlich auf eine Ja-Aber-Strategie hinaus. Was der Kanzler nämlich tat, war einerseits einen allgemeinen Gegensatz zwischen Militär- und Zivilgewalt im gesamtdeutschen Regierungssystem zu bestreiten, andererseits aber offen zuzugeben, dass ein aus den speziellen lokalen Umständen heraus geborener Konflikt zwischen den Zivil- und Militärbehörden in Zabern bestehe, der schnellstens behoben werden müsse. Auch wenn er es dabei vermied, näher auf das Verhältnis zwischen Statthalter und Generalkommando des Reichslandes einzugehen, war eine gewisse Kritik an den örtlichen Militärbefehlshabern nicht zu überhören. Das galt vor allem insofern, als er unumwunden anerkannte, dass die Soldaten den gesetzlichen Rahmen überschritten hatten. Genau deswegen stellte er ja noch einmal klar, dass die Rechtsstaatlichkeit denselben Schutz genießen müsse wie die öffentliche Ordnung. Wie wenig überzeugend diese Strategie allerdings war, zeigte sich bereits während seiner Rede. Immer wieder wurde der Kanzler von aufgebrachten Zwischenrufen unterbrochen. Vor allem die Sozialdemokraten ließen keinen seiner Punkte unkommentiert. Dabei griffen sie ihn teilweise aufs Schärfste an. Als er das Schimpfwort „Wackes" mit dem im Elsaß für die Deutschen gebräuchlichen Begriff „Schwaben" verglich, schmetterte ihm der SPD-Abgeordnete Georg Ledebour entgegen, ob er sich nicht schäme, „In so ernster Sache solchen Kohl vorzubringen". Für das Verständnis, das er für den Räumungsbefehl des Obersts äußerte, verhöhnten ihn die Sozialdemokraten als den „Schützer der deutschen Verfassung". Seine Aussage, er könne nicht entscheiden, ob die Zivilbehörden, wie vom Militär behauptet, versagt hätten oder nicht, prangerten sie freiheraus als „Bankrotterklärung" an.[13]

Anschließend machte Falkenhayn die Situation für die Regierung noch schlimmer. Direkt im Anschluss an den Kanzler ließ er sich in seiner Verärgerung über die harschen Anschuldigungen gegen das Militär zu einer regelrechten Wutrede hinreißen, die Bethmann Hollwegs Ausführungen zwar nicht direkt widersprach, aber doch einen ganz anderen Schwerpunkt bei der Beurteilung der Geschehnisse legte und dadurch das Parlament geradezu aufwiegelte. Gleich zu Anfang betonte der Kriegsminister, dass er seinen Anmerkungen von letzter Woche „nichts hinzuzufügen" habe außer der „Zusicherung […], daß sich die Militärbehörden den von lärmenden Tumultuanten und hetzerischen Preßorganen aufgestellten Forderungen" – weiter kam er nicht, da wurde er durch „stürmische Zurufe bei den Sozialdemokraten" unterbrochen, wie das Protokoll vermerkt: „Unverschämtheit! – Pfui, Pfui! – Gemeinheit! – Herunter von der Tribüne! […] – Sie sprechen wie ein agent provocateur! Schämen Sie sich gar nicht?! – Er provoziert hier den Reichstag! Genau wie Forstner in Zabern, so arbeiten Sie hier!"

Nachdem der Präsident mithilfe seiner Glocke zumindest für etwas Ruhe gesorgt hatte, nahm Falkenhayn einen zweiten, nicht minder herausfordernden Anlauf. Der „springende Punkt" sei, dass „es […] sich längst nicht mehr um die mehr oder weniger übertriebenen Verfehlungen des Leutnants oder seiner Rekruten [handele] – auch der Blödeste im Lande [wisse], daß deren Angelegenheiten in den festen Händen der Vorgesetzten ihre gesetz- und ordnungsmäßige Erledigung finden [würden] –, sondern es [handele] sich [mittlerweile] um den ausgesprochenen Versuch, durch Pressetreibereien, durch Aufläufe, durch systematische Beschimpfungen von Militärpersonen, ja durch deren Behinderung in ihren gewöhnlichen Dienstverrichtungen einen ungesetzlichen Einfluß auf die Entscheidung der zuständigen Behörden zu erringen". Und eben in diesem „Versuche erblicke [er] eine nicht zu ertragende Anmaßung!". Denn „die läppischen Geschichten in der Kaserne" würden nur als „Vorwände" verwendet, um sie für andere Zwecke „auszubeuten". Er spreche „im Sinne der ordnungs- und gesetzliebenden Kreise, […] wenn [er] sage, daß die Armee vor [solchen] Elementen, mögen sie sich auch noch so wild gebären, nicht zurückweichen [könne] und [werde]". Natürlich ginge es auch um die „Wahrung der Volksrechte". Aber „die Armee [sei] bekanntlich ein Teil des Volks […] und […] nicht der unwichtigste". Also müssten auch ihre Rechte verteidigt werden. Zu diesen gehöre aber „wie der Sauerstoff zum Atmen [...], daß die Autorität, die Disziplin und das Ehrgefühl geschützt und hochgehalten [würden]". Das sei aber nur möglich, wenn man verhindere, „daß Soldaten dauernd planmäßige Beschimpfungen ertragen sollten". Daher sei das Vorgehen des Militärs insofern gerechtfertigt gewesen, als „Unterlassungen und Versäumnisse eine schwerere Belastung bilden [würden] als ein Fehlgreifen in der Wahl der Mittel". Selbstverständlich sei es nicht erstrebenswert, dass das Militär die Aufgaben der Polizei erledige. Aber wenn es dazu kommen müsse, dass „eine Armee oder ein Teil der Armee [einschreite], so [seien] Härten dabei ganz unvermeidlich".[14]

Der Kriegsminister stellte folglich nicht – so, wie es der Kanzler getan hatte – den zeitweiligen Koordinationsverlust zwischen den lokalen Zivil- und Militärbehörden und das infolgedessen eingetretene ungesetzliche Vorgehen der Letzteren als den Kern des Problems dar, sondern die vermeintlich aufrührerische Berichterstattung der Presse und die damit einhergehenden Versuche, aus ganz anderen Motiven Druck auf die Regierung und die Armee auszuüben. Auf diese Akzentverschiebung wiesen die aufgebrachten Abgeordneten der progressiven Parteien noch während der provokativen Ausführungen Falkenhayns hin. Als er die Härte des Vorgehens der örtlichen Truppen rechtfertigte, schallte ihm von links der Zuruf entgegen: „Ganz so auf der anderen Seite." Dadurch sah er sich gezwungen, noch einmal ausdrücklich klarzustellen, dass er sich „den Darlegungen des Herrn Reichskanzlers [anschließe]". Auf den ebenfalls durch einen Zwischenruf vorgebrachten Vorwurf „Diktatur ist bei Ihnen Ordnung!" ging er indes nicht ein. Durch diese veränderte Schwerpunktsetzung auf der Regierungsbank schienen die Zusicherungen des Kanzlers bezüglich der Gleichwertigkeit von Rechtsstaatlichkeit und öffentlicher Ordnung auf einmal nur noch halb so viel wert.[15]

Dementsprechend heftig fielen die Reaktionen aus, die der Regierung im Anschluss an Falkenhayns Ausführungen entgegenschlugen. Die Aussprache eröffnete der Zentrumspolitiker Constantin Fehrenbach, der in den 1920er-Jahren für gut ein Jahr Regierungschef der Weimarer Republik werden sollte. In einem emotionalen, in der Presse später viel beachteten Plädoyer für den Rechtsstaat verurteilte er jede Sonderrolle für das Militär im Regierungssystem. „Die Empfindungen, mit denen [man] den Vorgängen in Zabern", aber „noch mehr den Ausführungen gegenüberstehen [müsse], die [man] von der Regierung gehört [habe]," seien ein „Gefühl der Beschämung" und „ein bitterer Schmerz über die moralischen Verluste dieses unglücklichen Monats, die nur in schwerer Arbeit und erst nach langer, langer Zeit wieder gut gemacht werden [könnten]". Der Reichskanzler habe gesagt: „Schützen des Rechts, aber auch Schützung der öffentlichen Gewalt". Darauf müsse er entgegnen, dass „das zarteste Pflänzchen, das hier des meisten Schutzes [bedürfe], Recht und Gesetz [sei], und wenn Recht und Gesetz beeinträchtigt [würden] durch irgendwen, auch durch eine öffentliche Gewalt, dann [seien] die hiesigen Stellen berufen, hier Remedur eintreten zu lassen und für das geschwächte Recht ein mächtiges Wort auszusprechen". Man habe allerdings „von seiten des Herrn Reichskanzlers" nichts darüber gehört, „was dagegen getan [werde], wie für das gebeugte Recht Sühne geschaffen [werde]". Stattdessen habe sich dieser allein „auf die Berichte der Militärs gestützt" und dabei „die Pflicht und Tätigkeit der Zivilverwaltung in das bedenklichste Licht [gesetzt]". „Was [man derweil] von dem Herrn Kriegsminister gehört [habe]", sei geradezu „unheimlich". „Auch das Militär [unterstehe] dem Gesetz und dem Recht, und wenn [man] zu den Zuständen [käme], das Militär ‚ex lex' zu stellen und die Zivilbevölkerung der Willkür des Militärs preiszugeben, dann [...]: finis Germaniae!". Nach den Ungeheuerlichkeiten, die die Regierung von sich gegeben habe, könne man festhalten, dass „es [...] ein *dies ater* [Kursivsetzung d. Verf.] für das Deutsche Reich [sei], dieser 3. Dezember 1913".

Seinem alten „Schulkameraden und Konabiturenten und bis auf den heutigen Tag gute[n] Freunde" General von Deimling könne man die Schuld an der ganzen Affäre nicht alleine in die Schuhe schieben. Er sei im Prinzip ein guter Charakter. Auch müsse man der „Versuchung" widerstehen, „auf die allgemeinen Verhältnisse im Elsaß zu sprechen zu kommen" und „diese Anlässe" dafür zu benutzen, um das dortige, „mit viel Mühe und viel Aussicht auf Erfolg geschaffene Verfassungswerk zu diskreditieren" und die Wiedereinführung einer „Diktatur in Elsaß-Lothringen" zu verlangen. Denn er sei der Meinung, „daß es sich hier nicht um einen Elsässer Fall", sondern „um einen Fall, der ganz genau im übrigen Deutschland unter ähnlichen Verhältnissen sich ebenso wiederholen und abspielen würde wie in Zabern". Genau deswegen mache sich ja „die Entrüstung [...] geltend durch das ganze Deutsche Reich". Daher müsse er fragen: „Halten Sie sich, Herr Reichskanzler, für stark genug, dieser Entrüstung mit den Mitteln Herr zu werden, die Sie bis jetzt versucht haben?"[16]

Anschließend erhöhte der nationalliberale Abgeordnete Fritz van Calker, der seit sechzehn Jahren an der Reichsuniversität in Straßburg Strafrecht lehrte, den Druck auf die Regierung weiter. Seine „ganze Disposition [sei ihm] über den Haufen geworfen durch das, was der Herr Reichskanzler gesagt [habe]". Denn man müsse sich fragen, ob die Jahrzehnte lange Arbeit „für die innere Vereinigung des Elsaß mit dem Reich", an der er mit seiner Tätigkeit an der Reichsuniversität beigetragen habe, nun „wieder kaput" sei. Und die Antwort könne nur lauten: „Alles wieder kaput!" Die ursprünglich rein militärische Angelegenheit sei längst „eine Frage von höchster politischer Bedeutung geworden". Der Schaden sei dabei angerichtet worden aufgrund einer „ganz falschen Prestigepolitik, einer Prestigepolitik, die meint, daß sie selbst dann die Autorität [gefährde], wenn sie ein begangenes Unrecht [einsehe]". Aber „es [sei doch gerade] umgekehrt", nämlich, „daß man die Autorität dann [gefährde], wenn man ein Unrecht zu beschönigen [suche]!". „Darin [liege] der schwere Fehler, den die Militärverwaltung gemacht [habe]. Er „habe erwartet [...], daß der Herr Kriegsminister heute sagen würde: wir haben einen Fehler damit gemacht, daß wir das nicht gleich am zweiten oder dritten Tage korrigiert haben. Wäre das geschehen, dann wäre volle Befriedigung gewesen, und dann würde dem Herrn Reichskanzler seine schwere Arbeit erleichtert gewesen sein." Allerdings sei „das, was geschehen [sei]", nun „nicht so wichtig wie das, was geschehen [werde]". Die entscheidende Frage sei: „Wie denken Sie sich, Herr Kriegsminister, und wie denkt sich der Herr Reichskanzler die Zukunft des Landes Elsaß-Lothringen[?]" Er wisse, „daß gar manche der Meinung [seien], [eine] Militärdiktatur [sei] das richtige für dieses Land". Er wolle daher „den Herrn Reichskanzler dringend bitten – und nur das [könne] wirklich eine Beruhigung [...] erzeugen, und danach [strebe man] doch –, daß er selbst [sage], in welcher Richtung denn die Politik weitergehen [solle]". „Um also ein klares Bild über die Absichten der Regierung zu bekommen, bitte [er] den Herrn Reichskanzler ausdrücklich, [dem Reichstag] in dieser Schicksalsstunde für Elsaß-Lothringen zu sagen, welche Maßregeln getroffen werden sollen, um Elsaß-Lothringen nicht vom Deutschen Reiche zurückzustoßen, sondern um es näher und fester mit [dem] deutschen Vaterlande zu verbinden."[17]

Als Calker seine Ausführungen schloss, hatten bis auf die beiden konservativen Parteien, die zusammen auf gerade einmal 57 der 397 Mandate kamen, alle Fraktionen nicht nur das Vorgehen des Militärs in Zabern, sondern auch das diesbezügliche Verhalten der Reichsregierung unmissverständlich verurteilt. Letztere stand damit im Parlament mit dem Rücken zur Wand. Der Kriegsminister goss noch einmal Öl ins Feuer, als er auf Calkers Frage brüsk antwortete, er könne zur Zukunft Elsaß-Lothringens nichts sagen, da es ihm nur obliege, „über die militärische Zukunft zu sprechen" – und diesbezüglich könne er versichern, dass man „schon Ordnung in der Armee halten" werde. Die Fortschrittspartei nutzte die aufgeheizte Stimmung und legte dem Präsidium umgehend den Antrag vor, „der Reichstag wolle beschließen, festzustellen, daß die Behandlung der den Gegenstand der Interpellationen [...] bildenden Angelegenheit durch den Herrn Reichskanzler der Anschauung des Reichstags nicht [entspreche]". Die Linksliberalen schlugen somit vor, ein Misstrauensvotum gegen den Kanzler auf die Tagesordnung zu setzen. Dieses Instrument, das nur auf den Kanzler und nicht auf die anderen Regierungsstellen – etwa den Kriegsminister – anwendbar war, hatte der Reichstag erst wenige Monate zuvor durch eine Reform seiner Geschäftsordnung selbst geschaffen. Jetzt kam es erstmals zum Einsatz. Die dreißig

Stimmen, die notwendig waren, um eine Abstimmung über das Misstrauensvotum anzusetzen, fanden sich ohne Probleme sofort zusammen. Daraufhin vertagte der Sitzungspräsident die Beratung bis zum nächsten Tag. Dem Kanzler war somit gewissermaßen eine Galgenfrist gewährt, die er dafür nutzen konnte, um sich neu aufzustellen.[18]

Als Bethmann Hollweg am folgenden Nachmittag die Debatte eröffnete, wirkte er zwar aufgeräumter als am Tag zuvor, das Ruder herumreißen konnte er aber nicht mehr. Im Gegenteil: Er brachte sich noch tiefer in die Bredouille. Dabei schienen seine konzilianten Ausführungen zunächst die Wogen etwas zu glätten. Er betonte ausdrücklich, auf die Fragen Calkers „antworten und zugleich auf einige Angriffe eingehen" zu wollen. Danach legte er dar, dass er sowohl die Militär- als auch die Zivilberichte genau kenne und sorgsam gegeneinander abgewogen habe. Außerdem bezog er explizit „Stellung zu der zukünftigen Politik in Elsaß-Lothringen". Er habe sich „in voller Übereinstimmung mit dem Statthalter Grafen Wedel dafür eingesetzt, daß die verfassungsmäßigen Zustände, wie [man] sie jetzt in Elsaß-Lothringen [habe], dort eingeführt [worden seien]". Er „habe das nicht getan aus Vorliebe oder aus Nachgiebigkeit gegen demokratische Doktrinen, sondern [er] habe diese Politik geführt, weil [er] der Überzeugung [sei], daß [man] in Elsaß-Lothringen nicht vorwärtskommen [könne], wenn [man] nicht [ablasse] von dem ganz fruchtlosen Bestreben, aus dem süddeutschen Reichsländer einen norddeutschen Preußen zu machen". Man könne kaum argumentieren, dass „gerade diese Verfassung [...] es [sei], die die jetzigen schlechten Zustände in Elsaß-Lothringen herbeigeführt habe". Denn man habe „auch vor der Verfassung leider Gottes eine Fülle von unerfreulichen Erscheinungen in Elsaß-Lothringen gehabt". „Kein Mensch [habe] erwarten können, [...] daß die Einführung der neuen Verfassung, diese große Verselbständigung des Landes, eines Landes, das jahrhundertelang unselbständig zwischen zwei Nationen hin- und hergezerrt [worden sei], ohne Erschütterung vor sich gehen [könne]. „Wenn [man] vorwärtskommen [wolle], so [müsse man] mit Ruhe und mit fester Hand an der Politik festhalten, die eingeschlagen [sei]". Man dürfe sich dabei „nicht durch jeden Rückschlag nervös machen lassen. Vielmehr müsse man „Ausdauer und Geduld zeigen".[19]

Als er jedoch auf seine eigene Person zu sprechen kam und betonte, „die Stunde [sei] ernst, nicht etwa, weil [seine] Stellung gefährdet [sei], oder weil die Herren gestern die Mißbilligung gegen [ihn] beantragt [hätten] und nachher beschließen [würden], [...] sondern [...] weil sich aus der tiefen Erregung die Gefahr aufgetan [habe], daß eine Kluft zwischen Armee und Volk geschaffen werde", ließ er sich zu einer ausgesprochen ungeschickten Bemerkung hinreißen. Auf sein Statement, dass es nun „die erste Aufgabe wäre, Harmonie zwischen

Militär und Zivilverwaltung herbeizuführen", schleuderte ihm inmitten lebhafter Zurufe Georg Ledebour von den Rängen der Sozialdemokraten entgegen: „Sagen Sie das dem Kriegsminister!" Darauf erwiderte Bethmann Hollweg wohl ohne groß nachzudenken: „Meine Herren, ich stehe in vollem Einvernehmen mit dem Herrn Kriegsminister." Dieser Satz löste geradezu tumultartige Szenen auf der linken Seite des Hauses aus. Was der Kanzler wohl meinte, war, dass er und Falkenhayn darin übereinstimmten, dass die Harmonie zwischen den lokalen Militär- und Zivilbehörden wiederhergestellt werden müsse. Seine Bemerkung war aber so ungenau formuliert, dass sie auch so verstanden werden konnte, dass er sich hinter die provozierenden Äußerungen stellte, die der Kriegsminister am Vortag zur generellen Beziehung zwischen Militär- und Zivilgewalt im Reiche gemacht hatte. Ledebour warf ihm ob dieser Ungeheuerlichkeit unter dem stürmischen Geschrei der Menge ohne Umschweife vor: „Sie haben vollständig den Kopf verloren!" Die derart ausgeuferte Situation konnte Bethmann Hollweg nicht mehr beruhigen. Auch die doppelte Zusicherung, dass eine militärische „Nebenregierung" nicht existiere, sondern nur eine „Hauptregierung, für die [er] dem Kaiser verantwortlich [sei], und dass er seinen Platz räumen werde, „wenn [er] diese Verantwortung nicht mehr tragen zu können glaube", half nicht. Das Kind war endgültig in den Brunnen gefallen.[20]

Die beiden konservativen Parteien stärkten der Regierung in der weiteren Debatte zwar den Rücken. Aber selbst die Freikonservativen hielten in der Person des Rittergutsbesitzers Karl von Gamp-Massaunen mit Kritik an der Haltung der Militärgewalt nicht mehr hinter dem Berg. Die Sozialdemokraten schlachteten derweil Bethmann Hollwegs Fauxpas weidlich aus und versuchten so, die Parteien der bürgerlichen Mitte – die Nationalliberalen und das Zentrum – auf ihre Seite zu ziehen. Der elsässische Abgeordnete Georg Weill erklärte im Namen der SPD, dass seine Partei „sicherlich [...] keine übertriebene Vorstellung von der politischen Begabung oder gar von der freiheitlichen Gesinnung der Regierung [habe]; aber darauf, was [dem Reichstag] gestern [seitens des Kriegsministers] geboten worden [sei], [sei] wirklich niemand gefaßt [gewesen]". Und heute habe sich dann der Kanzler „mit dem Herrn Kriegsminister solidarisch erklärt, und damit solidarisch erklärt mit denjenigen Auffassungen, die gestern fast von dem ganzen Hause mit berechtigter Entrüstung zurückgewiesen worden [seien]!". Man könne sich nur darüber wundern, woher der Sinneswandel des Kanzlers komme, schließlich habe „die gestrige Rede [...] in vollendetem Widerspruch [gestanden] zu der Erklärung", in der er eine Woche zuvor die Bedeutung der Autorität von Recht und Gesetz betont habe. Zwischen den beiden Beiträgen liege allerdings „die Unterhaltung, die in Donaueschingen geführt worden [sei], und man [werde] im Volke allzu leicht zu der Vermutung gelangen, daß der

Herr Reichskanzler nicht nur eine Abdikation vor der Militärdiktatur vollzogen [habe], sondern auch vor dem Militärkabinett".

Das alles sei „nicht nur eine Frage [der] elsaß-lothringischen Verfassung, auch die Verfassungszustände im Reich [seien] in diesen Tagen gebührend beleuchtet worden. [...] Welch demokratische Lektion! Tagelang [habe] man warten müssen auf die geringste Aufklärung, bis die Jagdvergnügungen in Donaueschingen zur Behandlung der Frage Zeit gelassen [hätten]". „Unter diesen Umständen [sei] die Pflicht des Reichstags klar und einfach." Man [habe] heute vernehmen müssen, mit welcher Geringschätzung der Herr Reichskanzler von dem Mißtrauensvotum sprach, das ihm heute wohl erteilt [werde], mit derselben Geringschätzung, mit der das Militär der Zivilbevölkerung [gegenüberstehe]". Natürlich sei es wahr, dass „das Parlament [...] in Deutschland nicht die Macht [habe], den Reichskanzler durch ein solches Votum zu stürzen". Aber der Reichstag könne „zeigen, daß er, wenn er nicht alle Macht [habe], so doch genug [besitze], um sie gegen die Regierung ausüben zu können". Denn „die Etatsberatung [werde] für den Reichstag die Möglichkeit geben, die verfassungsmäßigen und geschäftsordnungsmäßigen Mittel in Anwendung zu bringen, mit deren Hilfe die Regierung gezwungen werden [könne], dem Volke Genugtuung zu leisten". Für die SPD sei „das eine Kampfansage, und [er] hoffe bestimmt, daß die Mehrheit, die gestern von tiefer Entrüstung ergriffen worden [sei], mit uns in den Kampf gehen [werde]". Schließlich handele es „sich jetzt nicht mehr einfach um die Autorität des Heeres und das Selbstgefühl der Militärdiktatur – [man habe] im Reichstag [nun] die Autorität der Volksvertretung und das Ehrgefühl des Volkes zu wahren!"[21]

Die Sozialdemokraten forderten die bürgerlichen Kräfte also nicht nur dazu auf, dem Kanzler das Misstrauen auszusprechen, sondern auch dazu, ihn danach durch eine prinzipielle Verweigerungshaltung bei den anstehenden Haushaltsverhandlungen in den Rücktritt zu treiben. Der ersten Hälfte dieser Einladung kamen die Nationalliberalen und das Zentrum umgehend nach. Bei der gleich nach dem Ende der Debatte durchgeführten Abstimmung votierten sie geschlossen für den Misstrauensantrag. Insgesamt erhielt dieser eine überwältigende Mehrheit von 293 Stimmen. Dagegen stimmten nur die beiden konservativen Fraktionen. Der Reichskanzler ging also deutlich als Geschlagener vom Feld. Direkte Konsequenzen hatte das freilich nicht. Die parlamentarische Niederlage – so herb sie auch war – verpflichtete weder den Kanzler zum Rücktritt noch den Kaiser dazu, Letzteren zu entlassen. Bethmann Hollweg versuchte denn auch, demonstrative Gelassenheit an den Tag zu legen und fuhr zunächst einmal nach Donaueschingen, um dort mit dem Kaiser, dem Statthalter des Reichslandes und den Militärbefehlshabern das weitere Vorgehen im Elsass zu besprechen. Dabei wurde entschieden, die in Zabern stationierten Truppen bis auf Weiteres auf einen Truppenübungsplatz außerhalb der Stadt zu verlegen, die mittlerweile gegen Forstner und Oberst Reuter eingeleiteten Kriegsgerichtsverfahren zu beschleunigen und amtlich bekannt zu geben, dass der Kaiser dem Statthalter zusichere, künftig streng auf die Einhaltung der verfassungsmäßigen Zustände in Elsass-Lothringen durch das Militär zu achten. Besonders diese letzte Maßnahme verbesserte die Situation für den Kanzler ein Stück weit, da er sich nun gegenüber den bürgerlichen Parteien darauf berufen konnte, dafür Sorge getragen zu haben, die Rechtsstaatlichkeit zu schützen. Derart gestärkt, kehrte er wenige Tage später nach Berlin zurück, um sich dem Reichstag erneut zu stellen.[22]

Als er am 9. Dezember zum ersten Mal seit seiner Abstimmungsniederlage wieder im Parlament erschien, um eine seit Längerem angekündigte Grundsatzrede zur außenpolitischen Lage abzugeben, forderte ihn Philipp Scheidemann anschließend im Namen der Sozialdemokraten dazu auf, das Misstrauensvotum ernst zu nehmen und zurückzutreten. Der Kanzler sei mit keinem Wort auf die Geschehnisse der Vorwoche eingegangen. Das sei geradezu skandalös, wenn man bedenke, dass „Herr v. Bethmann Hollweg selber es gewesen [sei], der sich die gegenwärtige verworrene, für ihn so außerordentlich unangenehme Situation geschaffen [habe], [...] eine Situation, aus der ein Ausweg gefunden werden [müsse], und zwar ein Ausweg, der der Würde der deutschen Volksvertretung [entspräche]". Es sei ein „peinlicher Augenblick" gewesen, als „der Herr Reichskanzler heute seinen Fuß wieder in diesen Saal [gesetzt habe]". „Die ganze Lage, in der [man sich befinde], [sei] eine für die deutsche Volksvertretung sowohl wie für den Herrn Reichskanzler nicht würdige". Denn „in der Demission eines Kabinetts, die nach erfolgtem Mißtrauensvotum in allen parlamentarisch regierten Ländern ganz selbstverständlich [eintrete], [liege] nicht nur die Anerkennung der politischen Macht des Parlaments, sondern auch eine Wahrung der Selbstachtung des Ministers, der seine Entlassung [gebe]". Man müsse nur einen Blick nach England und nach Frankreich richten. „Was der Reichstag am 4. Dezember dem Herrn Reichskanzler an Nichtanerkennung seiner Führerschaft bescheinigt [habe], das [stecke] kein europäischer Staatsmann ein. Kein Staatsmann [kehre] in das Parlament auf seine Ministerbank zurück, dem man das schwarz auf weiß mitgegeben habe, was die große Mehrheit dieses Hauses dem Herrn v. Bethmann Hollweg in der vorigen Woche mit auf den Weg nach Donaueschingen gegeben [habe]". Es gebiete nämlich schon allein „der Stolz des Staatsmannes [...], einer rebellierenden Mehrheit das Bündel vor die Füße zu werfen und zu sagen: ich gehe meiner Wege".[23]

Bei dieser Rücktrittsaufforderung beließ es Scheidemann aber nicht. Er spekulierte weiter, dass der Reichskanzler, wenn es allein nach dessen „eigene[m] Gefühl" ginge, „dieses Haus lieber nicht wieder betreten haben würde" und schon lange zurückgetreten wäre. Dass er das nicht getan habe, liege alleine an einer Sache: dem „Fetisch des persönlichen Regiments". Dieser bestehe in einer „Verwirrung der politischen Begriffe: ein leitender Staatsmann [dürfe] nicht gehen, wenn seine Autorität erschüttert [sei]; er [müsse] warten, bis man die Gnade [habe], ihn zu entlassen! Und diese Gnade [habe] man zurzeit nicht; denn man [glaube], die Autorität der Krone dadurch wahren zu müssen, daß man ihren vor aller Welt desavouierten Vertreter in seinem Amte [belasse]. Das [sei] im Großen dieselbe Verwirrung der Begriffe wie im Kleinen die Nichtentfernung der schuldigen Offiziere von Zabern", denn „man [habe] die Offiziere in Zabern nicht entfernt im Interesse der militärischen Autorität". Den Kanzler lasse man gleichfalls „nicht gehen im Interesse der monarchischen Autorität". In beiden Fällen gelte die Parole: „Nur keine Zugeständnisse an die Öffentlichkeit, an das Parlament, an das Zivilpack!" Eben „in diesem Beharren [finde aber] ein aufmerksamer Beobachter kein Zeichen wirklichen Kraftbewußtseins". „Ganz im Gegenteil, man [sage] sich: eine Autorität, die eine so große Angst vor Zugeständnissen hat, verrät damit alles andere als das Gefühl der Sicherheit." Folglich sei „der Herr Reichskanzler in seine gegenwärtige unglückliche Situation gekommen durch einen falschen Autoritätsbegriff". „Er [klebe] nicht, er [sei] geklebt worden."[24]

Aus dieser Situation könne der Reichstag nur einen Schluss ziehen, fuhr Scheidemann mit einem deutlichen Seitenblick auf die bürgerlichen Parteien fort: Er müsse den Kanzler durch die Verweigerung des Etats zum Rücktritt zwingen. Dabei handele „es sich gar nicht um das parlamentarische Regime". Vielmehr ginge es nur „um eine selbstverständliche praktische Beschränkung der monarchischen Gewalt durch das Recht des Parlaments zur Gesetzgebung". „Der Kaiser [könne] einen x-beliebigen Mann zum Reichskanzler machen: aber er [könne] den Reichstag nicht zwingen, mit einem ihm hierher gesetzten Reichskanzler zu arbeiten." Daher komme es „jetzt [...] in der Tat auf den Reichstag an, was [geschehe]". Das Parlament müsse nun „beweisen, daß es nicht nur ein Strohfeuer [gewesen sei] in der vorigen Woche", und „zur Fahne stehen". Schließlich gebe es nur zwei Möglichkeiten: „entweder [ziehe] der Reichstag aus seinem Beschlusse von voriger Woche die Konsequenzen, oder aber er [bezichtige] sich selber der unüberlegten Beschlußfassung" und gestehe damit, „politisch nicht reif [zu sein]". „Vom Standpunkte [der SPD] könne daher kein Abgeordneter, der in der vorigen Woche für das Mißbilligungsvotum gestimmt [habe], dem Reichskanzler in diesem Jahre den Etat bewilligen". Dies sei „für den Reichstag, für alle Parteien, die jetzt am Kreuzweg [stünden] und nicht [wüssten], wie sie sich verhalten [sollten], [...] eine Schicksalsfrage". Es komme schließlich nicht nur darauf an, „die gegenwärtige Krise zu lösen", sondern auch darauf, dass „die

Lösung der Würde des Volkes [entspreche]" und „die Erwartungen des Volkes [erfülle], die der 3. und 4. Dezember in den Massen erweckt [habe]".[25]

Bethmann Hollweg reagierte auf diese aggressive Mischung aus Rücktrittsaufforderung und Werbung für eine lagerübergreifende Koalition zum Kanzlersturz durch Etatverweigerung viel geschickter als bei seinen bisherigen Auftritten zur Causa Zabern. Statt sich lange mit den einzelnen Angriffen Scheidemanns aufzuhalten, malte er das Schreckgespenst eines subtilen Umsturzes der bestehenden Ordnung an die Wand, um die bürgerlichen Parteien davon abzubringen, mit der SPD gemeinsame Sache zu machen. Er müsse „Verwahrung [...] dagegen einlegen, daß der Herr Vorredner durch seine Ausführungen [die bestehenden] verfassungsrechtlichen Zustände zu verschieben und zu verdunkeln [beginne]". Scheidemann habe „sich Mühe gegeben, der Mehrheit des Reichstags klarzumachen, daß nach dem sogenannten Mißbilligungsvotum [...] es die Pflicht der Mehrheit, die dieses Votum beschlossen [habe], sei, entweder mit [ihm] nicht zu verhandeln oder sonstige Mittel zu ergreifen, damit [er] von [seinem] Platze abtrete". „Das [setze allerdings] einen Zustand [der] verfassungsrechtlichen Verhältnisse voraus", der gar nicht bestünde. Ein Antrag, der an eine Interpellation geknüpft sei, habe keinen anderen Zweck, als „dem Reichstag selbst zu erleichtern, festzustellen, wie die Mehrheit des Reichstags über den in der Interpellation behandelten Gegenstand denke". Nichts anderes sei in den Verhandlungen zu der Reform der Geschäftsordnung, die dieses Instrument vor einigen Monaten geschaffen habe, selbst vonseiten sozialdemokratischer Abgeordneter gesagt worden. Und nun wolle die SPD „mit einem Mal" durch eben einen solchen Antrag „einen Druck ausüben, sei es auf die Entscheidung des Kaisers, sei es auf die Entscheidung des Reichskanzlers". „Das [sei] eine Veränderung [der bestehenden] verfassungsrechtlichen Zustände", ja „die Aufrichtung der Herrschaft des Parlaments". Da „nach der Reichsverfassung [...] dem Kaiser die Ernennung und die Entlassung des Reichskanzlers in vollkommen freier Entschließung [zustehe], [...] sei es verfassungswidrig, darauf einen Druck ausüben zu wollen". Folglich habe er „wegen des Beschlusses vom vorigen Donnerstag [...] nicht [seine] Demission eingereicht, und [werde auch in Zukunft] wegen dieses Beschlusses [...] nicht [seine] Demission einreichen". Stattdessen werde er „ruhig abwarten", ob sich die Mehrheit des Hauses wirklich dazu entschließen werde, den Etat zu verweigern. Davor wolle er aber „noch einmal in aller Schärfe betonen: [er] werde jedem Versuch, die in der Verfassung fixierten Rechte des Kaisers einzuschränken, den entschiedensten Widerstand entgegensetzen". Die Sozialdemokraten sollten sich daher nicht einbilden, „daß [sie] mit [ihren] Wünschen durchdringen [würden]". Vielmehr würden sie „auf einen ganz unbeugsamen Widerstand stoßen". Denn „trotz der Millionen Wählerstimmen, von denen der Herr Abgeordnete Scheidemann eben gesprochen [habe], [...]

[werde] das deutsche Volk in seiner Mehrheit nicht wollen, daß die Kaiserliche Gewalt unter sozialdemokratischen Zwang gestellt [werde]".[26]

Mit dieser Strategie schaffte es der Kanzler am Ende tatsächlich, seine Haut zu retten. Der Appell an das staatstragende Gewissen der bürgerlichen Parteien fruchtete. Weder die Nationalliberalen noch das Zentrum erachteten es letztlich für ihre Zwecke als sinnvoll, mit den offen an ihrem revolutionären Programm festhaltenden Sozialdemokraten – Scheidemann erklärte in seiner Rede frei heraus, dass es der SPD vor allem darauf ankomme, „die Massen zum Klassenbewußtsein zu erziehen und damit für den Klassenkampf zu gewinnen" – noch weiter gemeinsame Sache zu machen und den Kanzler durch eine Dauerblockade des Etats zu stürzen. Immerhin hatte Bethmann Hollweg dem Kaiser wenige Tage zuvor in Donaueschingen ja eine öffentliche Garantie der Einhaltung rechtsstaatlicher Grenzen durch das Militär abgerungen. Der Reichstag beschloss allerdings parteiübergreifend nach der Weihnachtspause, einen Ausschuss zu der Frage einzurichten, wie die Kompetenzen des Militärs gegenüber der Zivilgewalt geklärt werden könnten. Auf der Basis der Kommissionsergebnisse nahm eine Mehrheit der Abgeordneten Ende Januar zwei Anträge des nationalliberalen Parteivorsitzenden Ernst Bassermann und des Zentrumspolitikers Martin Spahn an, die die Reichsregierung dazu aufforderten, eine entsprechende gesetzliche Regelung zu treffen. Daraus resultierte Mitte März die kaiserliche Verordnung, die „Vorschrift über den Waffengebrauch des Militärs und seine Mitwirkung zur Unterdrückung innerer Unruhen" betreffend, die es der Armee verbot, eigenmächtig in den Aufgabenbereich der Zivilbehörden einzugreifen. Voraussetzung für derartige Militärinterventionen war von nun an eine ausdrückliche vorherige Anfrage seitens der zivilen Regierungsstellen. Aufgehoben wurde diese relativ strikte Regelung zum Militäreinsatz im Innern erst 1936 von den Nationalsozialisten.[27]

An anderer Stelle endete die Zabern-Affäre aus liberaler Sicht weniger erfreulich. Die Kriegsgerichtsverfahren gegen Forstner und Reuter resultierten je in zwei Urteilen, die abermals Zweifel an den rechtsstaatlichen Standards innerhalb des Militärs säten. Der junge Leutnant wurde für den Säbelhieb gegen den behinderten Schustergesellen zwar in erster Instanz wegen vorsätzlicher Körperverletzung und rechtswidrigen Waffengebrauchs zu 43 Tagen Gefängnis verurteilt. In zweiter Instanz hob das Oberkriegsgericht in Straßburg dieses Urteil jedoch wieder auf und entschied stattdessen auf Freispruch, weil Forstner in sogenannter Putativnotwehr gehandelt habe. Er sei mit anderen Worten irrtümlich davon ausgegangen, dass eine Bedrohung vorgelegen habe, gegen die er sich legitim mit einem Säbelhieb habe zur Wehr setzen dürfen. Kurze Zeit später wurde Forstner nach Pommern versetzt. Der Hauptprozess gegen Oberst Reuter und Leutnant Schadt, der den Befehl zur Räumung des Schlossplatzes gegeben hatte, endete ebenfalls in einem Freispruch. Zur Begründung kramte das Kriegsgericht eine preußische Kabinettsordre von 1820 „betreffend die gegenseitigen Befugnisse und Pflichten der Militär- und Zivilbehörden in den Festungen und anderen Garnisonsstädten in polizeilichen Angelegenheiten" aus der Schublade, von der weder zweifelsfrei feststand, ob sie überhaupt noch gültig war, noch, ob sie auch auf Elsass-Lothringen Anwendung fand. Dementsprechend enttäuscht fielen die Reaktionen der liberalen Öffentlichkeit auf den Freispruch aus. Eben aus dieser Verärgerung heraus startete der Reichstag seine Initiative zur Neuregelung des Militäreinsatzes im Innern, um besagte Kabinettsordre durch eine den bestehenden Verfassungsverhältnissen angemessene Regelung zu ersetzen. Das Militär zeigte sich dagegen über die Absolution der Hauptangeklagten begeistert. Wilhelm II. zögerte nicht lange und verlieh Reuter gar einen Orden.[28]

Innerhalb der Zivilverwaltung Elsass-Lothringens führte die Zabern-Affäre auf Geheiß des Kanzlers zu einem Wechsel auf den wichtigsten Regierungspositionen. Der in der Bevölkerung beliebte Statthalter Karl von Wedel wurde durch den bisherigen preußischen Innenminister Johann von Dallwitz ersetzt, der die 1911 unter seinem Vorgänger in Kraft getretene Verfassung des Reichslandes ablehnte. Zusätzlich musste der Staatssekretär der elsass-lothringischen Landesregierung Hugo Freiherr Zorn von Bulach dem bisherigen Potsdamer Oberpräsidialrat Siegfried von Roedern Platz machen. Dieses Revirement an der Spitze der lokalen Zivilverwaltung stärkte eindeutig die konservativen Kräfte. Dahinter steckte seitens der Reichsregierung nicht zuletzt die Überlegung, das Gleichgewicht zwischen der örtlichen Militär- und Zivilgewalt dadurch wiederherzustellen, dass man Letztere mit Hardlinern besetzte, die in einem erneuten Konfliktfall den Militärs mehr Paroli würden bieten können, als es der zaghafte Wedel getan hatte. Bethmann Hollwegs rechte Hand für die Innenpolitik, der Leiter der Reichskanzlei Arnold Wahnschaffe, schrieb in diesem Sinne an den Chef des kaiserlichen Zivilkabinetts Rudolf von Valentini, dass Dallwitz gewiss „bei den Militärs Zutrauen und Autorität" haben werde. Für die liberalen Kräfte war der Personalwechsel nach dem Drama der vorangegangenen Wochen dennoch ein Schlag ins Gesicht. Das galt insbesondere, weil in der militärischen Führungsetage personell überhaupt keine Konsequenzen aus der Affäre gezogen wurden. Deimling, der ja während des gesamten Skandals immer wieder im Kreuzfeuer der Kritik gestanden hatte, kam ungeschoren davon und durfte auf seinem Posten als kommandierender General für die im Reichsland stationierten Truppen verbleiben.[29]

Unter dem Strich war die Wirkung der Zabern-Affäre auf das föderale Regierungssystem also äußerst gemischt. Auf der einen Seite zeigte sich, dass sich die politische Ordnung seit der Reichsgründung in einem gewissen Maße liberalisiert hatte. Der Militarismus sah sich nun harscher Kritik ausgesetzt. Die zivilgesellschaftliche Öffentlichkeit handelte als selbstbewusste Kontrollinstanz der politischen Klasse. Der Reichstag nahm wie selbstverständlich für sich die Hauptrolle innerhalb des politischen Prozesses in Anspruch. Die linken Parteien trieben die Regierung unnachgiebig vor sich her. Und der Kaiser beziehungsweise seine Regierung konnten sich nicht mehr hinter den verbündeten Regierungen verstecken, sondern mussten sich mit offenem Visier der politischen Auseinandersetzung mit dem Reichstag stellen.

Auf der anderen Seite machte die Affäre aber auch deutlich, dass das Kaiserreich von einem liberalen Verfassungsstaat oder gar einem parlamentarischen Regierungssystem am Vorabend des Ersten Weltkrieges nach wie vor weit entfernt war. Das Militär nahm auch vierzig Jahre nach den Einigungskriegen noch immer eine Sonderrolle ein, die zumindest Zweifel am Vorrang der Zivilgewalt aufkommen ließ und es jeder direkten Kontrolle durch das Parlament entzog. Der Kanzler konnte sich weiterhin durch den simplen Rückzug auf die kaiserliche Regierungsgewalt sogar bei einem direkten Misstrauensvotum im Sattel halten. Und die progressiven Parteien waren nach wie vor so unversöhnlich in einen bürgerlichen und einen revolutionären Block gespalten, dass sie auch bei schwersten Bedrohungen der Rechtsstaatlichkeit nur begrenzt gemeinsam gegen die Regierung vorgingen. Aus föderaler Sicht ist allerdings eine ganz andere Tatsache besonders interessant. Die Zabern-Affäre zeigt nämlich wie unter einem Brennglas, welch enormes Konfliktpotenzial in den verfassungsrechtlichen Beziehungen zwischen der Peripherie und dem Zentrum des Reiches steckte. Wie konnte es sein, dass der Gebrauch eines Schimpfwortes durch einen jungen Leutnant in der vogesischen Provinz den gesamten Berliner Politikbetrieb in eine Staatskrise stürzte, die selbst die *Daily-Telegraph*-Affäre in den Schatten stellte? Mit anderen Worten: Warum vermochte der kleine elsässische Wackes den übermächtigen deutschen Michel so sehr aus der Ruhe zu bringen?

## I. Der unreine Bundesstaat

Das Deutsche Reich umfasste nicht nur 25 Einzelstaaten, sondern auch noch zwei andere Arten von Territorien. Neben dem Reichsland Elsass-Lothringen, das sich der neu gegründete Nationalstaat infolge des siegreichen Krieges gegen Frankreich 1871 einverleibte, waren das die sogenannten Schutzgebiete, die Deutschland ab Mitte der 1880er-Jahre schrittweise in Afrika, China und im Pazifik erwarb: Deutsch-Südwestafrika, Kamerun, Togo, Deutsch-Ostafrika, Deutsch-Neuguinea, Deutsch-Samoa und Kiautschou. All diese Gebiete gehörten untrennbar zum Reich. Ihr Status unterschied sich aber grundlegend von demjenigen der Einzelstaaten. Im Gegensatz zu diesen standen sie nämlich unter der direkten Kontrolle der Reichsregierung. Sie hatten keine eigenständigen Verfassungen, keine eigenständigen Finanzen und keine eigenständigen Beamten. Ihre politische Ordnung war vielmehr vom Willen der Berliner Regierungsstellen abhängig, ihre Ausgaben bildeten einen Teil des Reichshaushaltes und ihre öffentlichen Angestellten galten als Reichsbeamte. Solche Spezialarrangements machten Elsass-Lothringen und die Kolonien zu Sonderfällen in einem Verfassungssystem, das ansonsten um die Koordination der Landes- und Bundesebene herum aufgebaut war. Sie machten das Reich also gewissermaßen zu einem „unreinen Bundesstaat".[30]

Wie sah die Rechtsstellung dieser besonderen Territorien genau aus, und welchen Einfluss hatte sie auf das föderale Regierungssystem? Anders gefragt: Welche verfassungsrechtlichen Probleme erzeugte die Peripherie des Reiches für dessen Zentrum? Wie ging Letzteres damit um? Und welche Rückschlüsse lassen sich aus alledem auf die bundesstaatliche Ordnung des Reiches ziehen? Die Geschichtswissenschaft hat diesen föderalen Fragen bisher nicht gerade viel Aufmerksamkeit geschenkt. Das liegt hauptsächlich daran, dass sich Historiker im Rahmen der großen sozial- und kulturgeschichtlichen Debatten über den Nationalismus, den Militarismus und den Imperialismus mit Blick auf Elsass-Lothringen und die Kolonien einfach für andere Probleme interessiert haben. Im Schatten dieser Diskussionen sind allerdings vereinzelt ganz exzellente Studien zu den verfassungsrechtlichen Strukturen entstanden, die sich in den Beziehungen zwischen dem Reich und Elsass-Lothringen beziehungsweise den Kolonien im Laufe der Jahre entwickelten. So hat Hans-Ulrich Wehler als Teil seiner großen Studie *Krisenherde des Kaiserreichs* einen scharfsinnigen Aufsatz darüber vorgelegt, wie die Reichsregierung damit scheiterte, das Reichsland staatsrechtlich in das Reich einzugliedern. Sophie Charlotte Preibusch hat gar eine ganze Dissertation zu dem Thema „Integration durch Verfassungsrecht?" verfasst, in der sie die Verfassungsentwicklung Elsass-Lothringens minutiös dargestellt hat. Auch über die Rechtsverhältnisse der Kolonien gibt es mit den rechtshistorischen Promotionen von Norbert Wagner und Marc Grohmann zwei ausgezeichnete Grundlagenarbeiten. Ferner hat Ernst Rudolf Huber in seinem Monumentalwerk zur deutschen Verfassungsgeschichte sowohl das Reichsland als auch die Schutzgebiete ausführlich behandelt.[31]

Diese Studien bieten uns in dem komplizierten Geflecht der verfassungsrechtlichen Beziehungen zwischen der Peripherie und dem Zentrum des Reiches eine erste Orientierungshilfe. Um dieses Dickicht zu durchdringen und zu verstehen, wie dessen zahlreiche Verästelungen mit dem Heranwachsen des vermeintlichen Fürstenbundes der Gründerjahre zur Reichsmonarchie der Vorkriegszeit zusammenhingen, müssen wir jedoch einen genaueren Blick auf das zeitgenössische Verständnis der jeweiligen Rechtsverhältnisse werfen. Zu diesem Zweck wenden wir uns im Folgenden einer Debatte zu, die die meisten Historiker bei ihrer Betrachtung des Kaiserreiches weitgehend vernachlässigt, wir aber im Laufe dieses Buches immer wieder als ausgesprochen wertvolle Informationsquelle zu schätzen gelernt haben: die Reichsstaatsrechtslehre. Unter den Verfassungsexperten des Kaiserreiches herrschte eine äußerst lebhafte Diskussion über die exotischen Rechtsstrukturen des Reichslandes und der Schutzgebiete. Besonders beliebt war die Thematik unter jungen Juristen. So finden sich gerade in der Wilhelminischen Epoche zahlreiche Promotionen zu solchen Themen wie *Die staatsrechtliche Stellung des Reichslandes Elsaß-Lothringen nach seiner geschichtlichen Entwicklung und dem geltenden Recht, Die staatsrechtliche Stellung Elsaß-Lothringens nach dem neuen Verfassungsgesetz, Die landesherrliche Gewalt des Kaisers in Elsaß-Lothringen, Die Geltung der Reichsverfassung in den deutschen Kolonien, Die deutschen Schutzgebiete, ihre Erwerbung und rechtliche Stellung, Der koloniale Inlands- und Auslandsbegriff der Reichsgesetze in seiner Anwendung auf das Verhältnis von Mutterland und Schutzgebieten, Die Rechtsstellung des Kaisers in den deutschen Schutzgebieten,* und *Das Gesetzgebungs- und Verordnungsrecht in den deutschen Kolonien.* Jede neue Entwicklung in den Verfassungsverhältnissen zwischen der Peripherie und dem Zentrum des Reiches brachte neue wissenschaftliche Analysen hervor, für die sich ob des Ausnahmecharakters des Untersuchungsgegenstandes wissenschaftliche Qualifikationsarbeiten ganz besonders gut eigneten.[32]

Aber auch alle großen Namen der Reichsstaatsrechtslehre äußerten sich zur Rechtsstellung Elsass-Lothringens und der Schutzgebiete, wie zum Beispiel Paul Laband, Albert Hänel oder Georg Meyer. Die von ihnen verfassten Standardkommentare zur Reichsverfassung umfassen meist ein oder sogar mehrere Kapitel zu diesem Themenkomplex. Von besonderer Bedeutung sind die Einschätzungen Labands, der ja nicht nur als Vorreiter des Rechtspositivismus der ganzen Staatsrechtsdebatte seinen Stempel aufdrückte, wie wir in Kapitel 8 gesehen haben, sondern auch in Straßburg an der Reichsuniversität lehrte, also inmitten der öffentlichen Ordnung des Reichlandes lebte. Ferner widmeten sich natürlich auch die gebürtigen Elsass-Lothringer unter den Staatsrechtlern mit großem Interesse der Verfassungsentwicklung ihrer Heimat. Der renommierteste war Robert Redslob, der 1913 Professor in Rostock wurde und mit seiner kurz vor der Novemberrevolution 1918 vorgestellten Theorie über *Die parlamen-*

*tarische Regierung in ihrer wahren und unechten Form* die Ausarbeitung der Weimarer Reichsverfassung erheblich beeinflusste, bevor er an die nun wieder unter französischer Obhut stehende Straßburger Universität zurückkehrte. Schon 1914 verfasste er eine vielbeachtete Studie *Abhängige Länder*, die mit Blick auf Elsass-Lothringen die österreichischen Kronländer, Finnland, Island, Kanada, Australien, Südafrika und die Territorien der USA den Begriff der „ursprünglichen Herrschergewalt" analysierte.[33]

Solche Spezialstudien können uns genau wie die großen Staatsrechtskommentare und die Arbeiten der Nachwuchswissenschaftler gewissermaßen als optisches Instrument dienen, durch das wir hindurchschauen, um die verfassungsstrukturellen Zusammenhänge zwischen der Peripherie und dem Zentrum des Reiches besser zu erkennen. Dabei gilt es natürlich zu bedenken, dass auch der Blick der Staatsrechtler nicht frei von Verzerrungen war. Den speziellen, im vorhergehenden Kapitel aufgedeckten Charakter der Staatsrechtsdebatte mit seiner einseitigen Konzentration auf geschriebene Rechtsnormen und der stillen Präferenz für monarchische und unitarische Auslegungen gilt es immer im Hinterkopf zu behalten. Tun wir das, so entfaltet sich durch die Analyse der staatsrechtlichen Schriften vor uns ein faszinierendes Bild von der Spannung, die innerhalb der Verfassungsordnung zwischen der Peripherie und dem Zentrum des Reiches herrschte, sich fortwährend veränderte und die Entwicklung des föderalen Regierungssystems maßgeblich mitbeeinflusste.

Um eben jenes Bild nachzuzeichnen, wird dieses Kapitel im Folgenden zunächst genauer untersuchen, welchen Rechtsstatus die Schutzgebiete und das Reichsland hatten und welche Probleme sich daraus für die bundesstaatliche Kernordnung des Reiches ergaben. Die Betrachtung wird zeigen, dass die Schutzgebiete niemals in das Bundesstaatsgebiet eingegliedert wurden und das Reichsland schrittweise zu einem Scheinstaat aufstieg, der die föderalen Strukturen der Verfassung gleich in mehrfacher Hinsicht untergrub. Anschließend wird das Kapitel seinen Blick weg von der Peripherie und hin zum Zentrum des Reiches verlagern, um die allgemeineren Auswirkungen zu beleuchten, die die speziellen Organisationsformen der Kolonien und Elsass-Lothringens für das föderale Regierungssystem hatten. Dabei wird deutlich werden, dass der besondere Status dieser Territorien die unitarischen Reichsorgane – also den Kaiser und den Reichstag – auf Kosten der bündischen Elemente der Verfassung – sprich: der einzelstaatlichen Regierungen beziehungsweise des Bundesrates – stärkte und so seinen Teil dazu beitrug, dass sich die Regierungsordnung in eine Reichsmonarchie verwandelte.

Im Laufe dieser Tour durch die Außenbezirke und das Berliner Herz des Reiches werden wir immer deutlicher erkennen können, wieso die Zaberner Vorfälle das föderale Regierungssystem so sehr erschüttern konnten. Die strukturellen Verbindungen zwischen der Peripherie und dem Zentrum des Reiches testeten nämlich die Flexibilität der ja ohnehin schon äußerst angespannten Verfassungsordnung. Der Sonderstatus der niemals vollständig in das föderale Regierungssystem integrierten Gebiete an der deutsch-französischen Grenze und in Übersee brachte das fragile, von der Verfassung eingerichtete Gefüge aus monarchischen und parlamentarischen, unitarischen und partikularistischen, bündischen und hegemonialen Kräften noch mehr aus dem Gleichgewicht, als es die fortwährende, von der Zentralisierung des Bundes angetriebene Umformung der föderalen Entscheidungsstrukturen sowieso schon tat, wie wir in Kapitel 6 gesehen haben. An den Gründen dafür, warum die verantwortlichen Stellen in Berlin diese Störwirkung in Kauf nahmen, anstatt Elsass-Lothringen und die Kolonien zu gleichberechtigten Mitgliedsstaaten des Bundes zu machen, zeigte sich zudem besonders deutlich, dass die föderalen Strukturen des Reiches für die verschiedenen politischen Kräfte in erster Linie ein Machtinstrument waren, mit dem diese so umsprangen, wie es ihnen jeweils am besten passte.

## II. Zwischen In- und Ausland

Das grundsätzliche Rechtsverhältnis Elsass-Lothringens zum Reich wurde nur wenige Monate nach dem militärischen Sieg über Frankreich im Juni 1871 durch das sogenannte Vereinigungsgesetz geregelt. Dieses bestimmte, dass „die von Frankreich durch den Artikel I. des Präliminar-Friedens vom 26. Februar 1871 abgetretenen Gebiete Elsaß und Lothringen in der durch den Artikel I. des Friedens-Vertrages vom 10. Mai 1871 und den dritten Zusatzartikel zu diesem Vertrage festgestellten Begrenzung mit dem Deutschen Reiche für immer vereinigt" wurden. Zwei Jahre später führte ein weiteres Reichsgesetz in den annektierten Territorien die Reichsverfassung ein und machte sie so zu einem Teil der föderalen Verfassungsordnung. Für die Kolonien kam es dagegen nie zu irgendwelchen Regelungen, die mit diesen Arrangements vergleichbar gewesen wären. Das Schutzgebietsgesetz vom April 1886 umriss zwar grob die staatsorganisatorischen Verhältnisse in den neu erworbenen Überseegebieten. Viele ganz entscheidende Rechtsfragen, die damit zusammenhingen, ließen die vier kurzen Artikel aber offen. Vor allem blieb unklar, inwieweit die Schutzgebiete überhaupt zum Reich gehörten. Noch sechzehn Jahre später stellte ein Bericht des preußischen Justizministeriums mit einiger Frustration fest, dass sich „bei der eigenartigen Stellung der Schutzgebiete [...] nicht allgemein feststellen [lasse], ob die Schutzgebiete im Verhältnisse zum Deutschen Reiche als Inland oder Ausland zu gelten haben".³⁴

In dem Versuch, die Rechtsstellung der Schutzgebiete im Verhältnis zum Reich zu beschreiben, entwickelten die Staatsrechtler viele verschiedene Konzepte. Einige sprachen mit Blick auf einzelne Kolonien von einem „Tochterland" oder „Neuland". Andere charakterisierten die Schutzgebiete als „Nebenstaaten" und „Provinzstaaten". Wieder andere sahen in den Überseebesitzungen bloßes „Zubehör", „Dependenzen", Domänen", „Untertanenland" oder „Objekte". In diesem bunten Potpourri unterschiedlicher Einschätzungen spiegelte sich die allgemeine Unsicherheit über den Status der Kolonien wider. Der Berliner Rechtsprofessor Conrad Bornhak versuchte, diese zu verringern, indem er vorschlug, dass man die Schutzgebiete völkerrechtlich als Inland und staatsrechtlich als Ausland betrachten solle. Sein Auslegungstrick überzeugte jedoch nur wenige. Die meisten Staatsrechtler bestanden darauf, dass die Schutzgebiete als Inland angesehen werden müssten. 1911 bestätigte das Reichsgericht diese Anschauung in einem Urteil zu einem strafrechtlichen Fall. Das Gericht argumentierte, dass nur diejenigen Territorien als Ausland gelten konnten, die entweder einer fremden Staatsgewalt oder überhaupt keiner Staatsgewalt unterstanden. Gemäß dieser Logik waren die Schutzgebiete zweifelsohne Inland, da Artikel 1 des Schutzgebietsgesetzes bestimmte, dass die in den Kolonien gültige Staatsgewalt – die sogenannte „Schutzgewalt" – im Namen des Reiches vom Kaiser ausgeübt wurde.³⁵

Dass die Schutzgebiete allgemeinhin als Inland galten, bedeutete aber nicht, dass sie als Teil des Bundesstaates verstanden wurden. Im Gegenteil: Der Konsens unter den Staatsrechtlern ging dahin, dass die Kolonien zwar zum Deutschen Reich, nicht aber zu dessen Föderalordnung gehörten. Diese Ausgrenzung manifestierte sich in zahlreichen verschiedenen Aspekten. Am wichtigsten war der Umstand, dass – anders als in Elsass-Lothringen – die Reichsverfassung in den Schutzgebieten keine Gültigkeit hatte. Alle Bestimmungen der Verfassung, wie zum Beispiel die Garantie der Beteiligung des Reichstages an den Gesetzesverhandlungen, fanden in den Kolonien nicht automatisch Anwendung, sondern mussten in jedem einzelnen Fall vermittels eines Reichsgesetzes eingeführt werden. Dadurch unterschied sich die Regierungsordnung der Schutzgebiete fundamental von derjenigen im Rest des Reiches. Das Schutzgebietsgesetz machte die Kolonien zu einer ausschließlich nationalen Angelegenheit, die ganz in der Regierungsgewalt des Kaisers als unitarischer Spitze des Reiches lag. Währenddessen spielte der Bundesrat – das bündische Regierungsorgan der Verfassung – bis auf seine Teilnahme an den Verhandlungen des die kolonialen Finanzen einschließenden Reichshaushaltes oder anderer die Schutzgebiete betreffender

Gesetze keine Rolle. Die Kolonien bildeten also einen Teil des Inlandes, der nicht in den Bundesstaat ein-, sondern diesem angegliedert war. Der Verwaltungsjurist Eduard Schalfejew, der nach seiner Promotion 1917 ins preußische Justizministerium eintrat und es im Laufe seiner Karriere bis zum Staatssekretär der jungen Bundesrepublik bringen sollte, bezeichnete die Schutzgebiete daher in seiner Doktorschrift in Abgrenzung zu dem in das Bundesgebiet aufgenommenen Reichsland Elsass-Lothringen als „Reichsnebenland".[36]

Angesichts ihrer Stellung außerhalb des föderalen Verfassungssystems müssen wir uns für unsere Zwecke nicht eingehender damit beschäftigen, wie die Regierungsstrukturen der Kolonien im Einzelnen aussahen. Es wäre allerdings falsch, sie komplett zu ignorieren. Auch wenn die Schutzgebiete niemals Teil der von der Reichsverfassung eingerichteten Föderalordnung wurden, hatten sie doch einen gewissen Einfluss darauf, wie sich diese entwickelte. Die Regulierung der kolonialen Staatsverhältnisse schuf nämlich für die Reichsorgane eine Reihe von Rechten und Pflichten, die durchaus wichtige Auswirkungen auf die Kräfteverhältnisse im föderalen Verfassungsgefüge hatten. Während wir Letztere später genauer in den Blick nehmen werden, seien hier kurz zwei der wichtigsten Befugnisse genannt, die die kolonialen Rechtsverhältnisse für die zentralen Akteure des föderalen Regierungssystems einrichteten. Das Recht, die Chefs der Zivilverwaltung in den Schutzgebieten – die sogenannten Gouverneure – zu ernennen, lag in den Händen des Kaisers. Die Ausübung der militärischen Kommandogewalt des Kaisers oblag in den Kolonien wiederum im Gegensatz zu allen anderen Teilen des Reiches zivilen Instanzen, das heißt zuerst den Gouverneuren und in letzter Konsequenz dem Reichskanzler. Wie groß die Auswirkungen waren, die solche Rechte auf die Regierungsstrukturen des Reiches haben konnten, wurde besonders offenkundig, als man 1907 die Kolonialabteilung aus dem Auswärtigen Amt ausgegliederte und ein ganz neues Ministerium schuf, um den Kaiser und den Reichskanzler bei der praktischen Wahrnehmung ihrer Befugnisse in den Schutzgebieten zu unterstützen: das Reichskolonialamt.[37]

Die Verfassungsverhältnisse in Elsass-Lothringen waren hingegen direkt mit denen des Reiches verknüpft, da das Vereinigungsgesetz und die Einführung der Reichsverfassung das Reichsland gewissermaßen mit dem bundesstaatlichen Kern des Reiches verschmolzen. Dieser Zusammenschluss hatte zahlreiche pragmatische Folgen. Die grundlegendste war die Tatsache, dass die Beziehungen zwischen dem Reich und dem Reichsland als inländische Angelegenheiten zu behandeln waren. Bismarck unterstrich dies zum Beispiel 1885 in einem Schreiben, in dem er den preußischen Kriegsminister dafür tadelte, an den Kaiser in einer auf das Reichsland bezogenen Frage vermittels des Auswärtigen Amtes herangetreten zu sein. „Das Auswärtige Amt", stellte der Kanzler klar, „[wäre] in einer

Elsaß-Lothringischen Sache auch in Vertretung des Kanzlers nicht competent, da Elsaß-Lothringen nicht Ausland [sei]". Diese Auffassung war nur die logische Konsequenz aus der Annexion, hätten alle Anzeichen, dass das Reich Elsass-Lothringen als Ausland ansehe, die dortige deutsche Hoheitsgewalt doch wieder untergraben und den Ansprüchen Frankreichs auf die abgetretenen Gebiete in die Hände gespielt.[38]

Auch wenn am Inlandsstatus des Reichslandes also keinerlei nennenswerte Zweifel bestanden, war es überaus umstritten, um was für eine Art von politischem Gemeinwesen es sich bei diesem Teil des Reiches eigentlich handelte. Nur in einem Punkt waren sich die Staatsrechtler einig, nämlich darin, dass Elsass-Lothringen kein Einzelstaat des Bundes war, da das Reichsland im Gegensatz zu den Ländern keine unabhängige Staatsgewalt besaß, sprich: über keinerlei Verfassungsautonomie verfügte, die es ihm gestattet hätte, sein Regierungssystem auch nur in irgendeiner Hinsicht selbst auszugestalten. Der junge Jurist Otto Hellmann, der später in der bayerischen Landespolitik tätig war, erläuterte in seiner Promotion 1907 eindrucksvoll, was dieser vermeintlich abstrakte Unterschied konkret bedeutete: „Die ganze Verfassung Elsaß-Lothringens nun ist Sache des deutschen Reichs; es ist unbestritten, daß das deutsche Reich aus Elsaß-Lothringen eine Monarchie oder eine Republik machen könnte, oder dasselbe als ganzes oder geteilt Gliedstaaten einverleiben, oder dasselbe an einen fremden Staat veräußern könnte, ohne daß den Bewohnern Elsaß-Lothringens oder einem Organe oder einer Vertretung desselben irgend ein Einspruch dagegen zustände."[39]

Abgesehen davon, dass das Reichsland keinen Einzelstaat darstellte, war der Status, den es innerhalb des Reiches einnahm, weitgehend unklar. „Vasallenstaat", „Unterthanenland", „Reichsprovinz", „Kommunalverband", „Gebietskörperschaft" und „Verwaltungsbezirk" waren nur einige der vielen verschiedenen, häufig widersprüchlichen Konzepte, die zur Einordnung seiner Rechtsstellung kursierten. Die Staatsrechtler waren sich selbst darüber uneins, ob es als juristische Person unter das öffentliche Recht – so wie die Einzelstaaten – oder unter das Privatrecht oder gar unter beides fiel. Der große Georg Jellinek, der uns bereits im vorangegangenen Kapitel begegnet ist, versuchte, zwischen all diesen verschiedenen Positionen einen Kompromiss zu finden und schlug vor, Elsass-Lothringen als ein „Staatsfragment" zu betrachten. Was darunter allerdings genau zu verstehen war, konnte auch er nicht klarmachen. Otto Hellmann argumentierte daher in seiner Dissertation ganz pragmatisch, dass die Rechtsverhältnisse Elsass-Lothringens eine ganz eigene, mit nichts zu vergleichende Prägung hätten und man es daher schlicht und einfach im Sinne des Wortes „Reichsland" als „ein Land" begreifen müsse, „das dem Reiche unmittelbar [gehöre]".[40]

Diese Uneinigkeit unter den Staatsrechtlern demonstrierte, „daß die rechtliche Natur Elsaß-Lothringens in den Kategorien des bundesstaatlichen deutschen Reichsrechts nicht recht faßbar war". Das wies laut Hans-Ulrich Wehler wiederum darauf hin, „wie sehr das Reichsland der Konstruktion und Verfassung des Reiches und auch der an ihnen ausgebildeten staatsrechtlichen Terminologie fremd war". Der Straßburger Rechtsprofessor Hermann Rehm, dessen Arbeit zur Spannung zwischen Unitarismus und Föderalismus im Reich die vorangegangenen Kapitel schon mehrfach konsultiert haben, fasste diesen Zustand 1911 in einem Vortrag vor der Dresdner Gehe-Stiftung prägnant zusammen, wie sich sein Sohn Max später erinnerte: „Alles [ist] abnorm. Anomalie, Norm- und Prinzipienwidrigkeit, das [sind] die Merkmale des reichsländischen Staatsrechts."[41]

## III. Von der Kaiserdiktatur zum Scheinstaat

Worin genau bestand die „Anomalie", von der Rehm sprach? Mit anderen Worten: Auf welche Art und Weise untergruben die verfassungsrechtlichen Arrangements für Elsass-Lothringen diejenigen der föderalen Kernordnung des Reiches? Die Probleme begannen schon auf ganz grundsätzlicher Ebene. Der Status Elsass-Lothringens als ein Reichsland, das unter der unmittelbaren Kontrolle der kaiserlichen Reichsregierung stand, verletzte das der ganzen Verfassung zugrunde liegende Strukturprinzip, dass das Reich ein Föderalstaat mit einer Bundes- und einer Landesebene war. Ob dieses Dilemmas standen gegen Ende des Feldzuges gegen Frankreich denn auch neben der Reichslandslösung noch einige andere Möglichkeiten im Raum, wie die annektierten Gebiete in das Reich eingegliedert werden könnten. Bismarck, die einzelstaatlichen Regierungen und der Reichstag diskutierten drei Hauptalternativen. Jede von ihnen drohte jedoch, die Solidarität unter den verbündeten Regierungen zu gefährden, die sich ja gerade erst nach langem Hin und Her zur Gründung des Nationalstaates bereitgefunden hatten. Der Vorschlag, die neu gewonnenen Territorien direkt dem preußischen Staat einzuverleiben, hätte dessen hegemoniale Übermacht noch weiter vergrößert und stieß daher unter den anderen Einzelstaaten auf vehementen Widerstand. Nicht minder problematisch war die Idee, Elsass-Lothringen zwischen den beiden angrenzenden süddeutschen Ländern Bayern und Baden aufzuteilen. Für den Fall eines solchen Deals forderten die anderen Mitglieder des Bundes eine angemessene Kompensation, von der völlig unklar war, wie sie überhaupt aussehen könnte. Auch der Plan, die Frankreich gerade abgerungenen Provinzen zu einem eigenen Einzelstaat zu machen, war voller Fallstricke. Schon allein die Frage, welche Dynastie an die Spitze eines solchen Bundeslandes gestellt werden sollte, barg enormes Konfliktpotenzial. So stand Bismarck als Schöpfer des neuen Nationalstaates für einige Zeit gleich einem Vater, der die zwei widerspenstigen Halbwüchsigen Elsass und Lothringen an der Hand führte, unentschlossen zwischen den verschiedenen Optionen, wie es der Karikaturist Wilhelm Scholz im *Kladderadatsch* im Mai 1871 darstellte, und fragte dabei sogar den Reichstag, „wie und wo" er denn nun die beiden Bengel „unterbringen" solle (Abb. 9.3). Schlussendlich entschied er sich für die Variante, die – so wenig sie auch in die föderale Grundstruktur des Reiches passte – immer noch die wenigsten Zerwürfnisse unter den verbündeten Regierungen versprach: ein unter zentraler Verwaltung stehendes Reichsland.[42]

Infolge dieser Richtungsentscheidung bestimmte das Vereinigungsgesetz, dass „die Staatsgewalt in Elsaß-Lothringen [...] der Kaiser [ausübe]". Diese Regelung machte Letzteren formalrechtlich gesehen nicht zu einem territorialen Souverän. Im Unterschied zu den Monarchen der Einzelstaaten – also zum Beispiel zu seinem Alter Ego dem König von Preußen – übte der Kaiser nämlich keine von der Reichsgewalt unabhängige Souveränität in Elsass-Lothringen aus. Vielmehr fungierte er als Beauftragter des Reiches, der in dessen Namen die Staatsgewalt im Reichsland ausübte. Eine eigenständige Staatsgewalt besaß Elsass-Lothringen also genauso wenig wie die Schutzgebiete. Das Reichland war kein Staat mit einer eigenen Regierung, die mit der Bundesebene in einer durch diverse Rechte und Pflichten definierten Wechselbeziehung stand. Es gab keine unabhängige elsasslothringische Regierung, die so wie die Landesregierungen in bestimmten Kompetenzfeldern souveräne Befugnisse wahrnahm und mithilfe eines eigenen Verwaltungsapparates die Reichsgesetze vor Ort umsetzte. Im Gegenteil: In all diesen Angelegenheiten war Elsass-Lothringen vom Reich abhängig.[43]

Durch die Definition dieser Grundstruktur des Reichslandes verstieß das Vereinigungsgesetz nur acht Wochen, nachdem der Reichstag die gesamtdeutsche Verfassung angenommen hatte, gegen deren föderale Grundordnung. In dieser groben Rechtsverletzung zeigte sich mit aller Deutlichkeit, wie wenig Respekt die bundesstaatliche Organisationsform des Reiches unter den politischen Entscheidungsträgern von Anfang an genoss. Auch als im Laufe der Zeit immer klarer wurde, wie groß die Probleme waren, die der Status Elsass-Lothringens als Reichsland verursachte, änderte man daran nichts. Alle Reformen, die über die Jahre an den Verfassungsstrukturen Elsass-Lothringens herumschraubten, behielten den beschriebenen Grundaufbau bei. Dadurch unterliefen die öffentlichen Verhältnisse des Reichslandes das föderale Regierungssystem, bis das Kaiserreich schließlich am Ende des Ersten Weltkriegs in sich zusammenfiel und

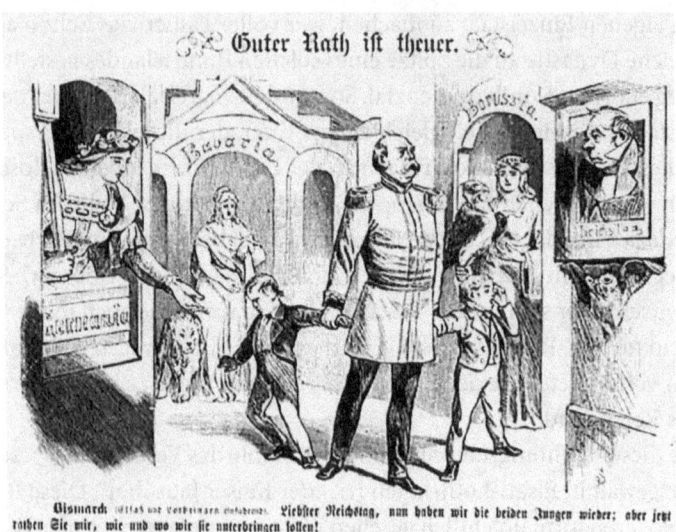

Abb. 9.3: „Guter Rath ist theuer". Kladderadatsch (14. Mai 1871), Wilhelm Scholz

Deutschland Elsass-Lothringen infolge des Versailler Vertrages wieder an Frankreich abtreten musste.

Dass schon die Grundidee eines Territoriums unter Zentralverwaltung nicht in den deutschen Bundesstaat passte, war so offensichtlich, dass dieses hausgemachte Problem selbst jenseits des Atlantiks diskutiert wurde. Der amerikanische Verfassungsexperte Burt Estes Howard, der 1906 ein umfangreiches Buch zum Regierungssystem des Reiches veröffentlichte, wies in einem im gleichen Jahr in der Fachzeitschrift *Political Science Quarterly* publizierten Artikel über „Alsace-Lorraine and its Relations to the German Empire" darauf hin, dass der Rechtsstatus des Reichslandes dem gesamten Konzept des Reichsföderalismus zuwiderlief: „Es ist offenkundig, dass die Theorie, auf der die föderale Organisation des Reiches beruht – die Theorie einer durch die Einzelstaaten vermittelten Regierungsgewalt –, auf Elsass-Lothringen keine Anwendung finden konnte, es sei denn, dieses Territorium wäre als ein Staat errichtet worden. Wo ein Territorium ganz oder teilweise von der zentralen Gewalt regiert wird; wo Selbstregierung und Autonomie in dem Sinne, in dem diese Worte in Föderalstaaten gebraucht werden, fehlen; wo die Gesetze nicht Gesetze dieses Territoriums, sondern Gesetze der Zentralregierung für dieses Territorium sind, da greift die föderale Idee nicht."[44]

Wie Howard hervorhob, fehlte wegen des Mangels einer eigenständigen Regierungsgewalt also von Anfang an die wichtigste Grundvoraussetzung dafür, um das Reichsland in die föderale Verfassungsordnung integrieren zu können. Der bayerische Staatsrechtler Philipp Zorn zog in seinem Standardwerk über *Das Staatsrecht des Deutschen Reiches* daraus den Schluss, dass „es sich [demgemäß] bei der Einbeziehung [Elsass und Lothringens] in den staatsrechtlichen Organismus des Reiches [gar] nicht darum [habe] handeln [können], die Reichsverfassung einzuführen, sondern vielmehr nur sie für den neuen Bestandteil des Reiches anzupassen". Mit anderen Worten: Als die Entscheidung für die Reichslandslösung einmal gefallen war, mussten die in diesem Rahmen eingerichteten Regierungsstrukturen Elsass-Lothringens zwangsweise das föderale Verfassungssystem untergraben, da sie dort im besten Fall nur hineingeflickt werden konnten.[45]

Es war also kein Wunder, dass alles, was mit der öffentlichen Ordnung des Reichslandes zusammenhing – wie eben auch die Beziehung zwischen den lokalen Zivil- und Militärbehörden –, direkte Auswirkungen auf den Berliner Regierungsbetrieb hatte. Das lag schon allein daran, dass die im föderalen Kerngebiet des Reiches so akribisch getrennten Machtsphären der lokalen und nationalen Entscheidungsträger in Elsass-Lothringen komplett miteinander vermischt waren. Besonders deutlich war die Verschmelzung der Funktionen der verschiedenen Regierungsebenen in der Rolle des Kaisers. Zusätzlich zu den Rechten, die ihm sowieso schon als exekutive Spitze des Reiches und Bundesfeldherrn zustanden, verfügte er in Elsass-Lothringen durch die bereits erwähnte Übernahme der dortigen Staatsgewalt über alle Befugnisse, die in den Einzelstaaten normalerweise den souveränen Monarchen zukamen. Am größten war seine Machtfülle in den ersten Jahren nach der Annexion. Da in dieser Übergangszeit die Reichsverfassung in den neu gewonnenen Gebieten noch keine Anwendung fand, vereinigte der Kaiser nicht nur die gesamte Exekutivgewalt auf sich, sondern übte unter Zustimmung des Bundesrates auch die Legislativgewalt aus. Der Reichstag war aus der Gesetzgebung des Reichslandes also ausgeschaltet. Regiert wurde vor allem per kaiserlicher Verordnung, die der Kanzler gegenzuzeichnen hatte. Somit bestand de facto zunächst eine kaiserliche Diktatur in den annektierten Provinzen.[46]

Um die Diktaturgewalt vor Ort auszuüben, wurde Ende 1871 das Amt des Oberpräsidenten von Elsass-Lothringen geschaffen. Dieser oberste Verwaltungsleiter war kein Minister oder gar Ministerpräsident Elsass-Lothringens. Dessen Stellung hatte vielmehr in den Anfangsjahren der dem lokalen Diktator – sprich: dem Kaiser – direkt unterstehende Reichskanzler inne. Der Oberpräsident war vielmehr ein dem Kanzler nachgeordnetes, von dessen Weisungen abhängiges Vollzugsorgan. Seine Position war – wie der Name schon sagte – derjenigen der Oberpräsidenten der preußischen Provinzen nachempfunden, die dem preußischen Ministerpräsidenten unterstellt waren. Die Befugnisse des Oberpräsidenten waren allerdings umfangreich. Der Reichskanzler übertrug ihm einen Großteil der Verwaltungsbefugnisse, die vor der Annexion den französischen Zentralbehörden zugestanden hatten. Damit er den damit verbundenen Verwaltungsaufgaben effektiv nachkommen konnte, unterstanden ihm zwei weitere Dienststellen, nämlich die Präsidenten der drei Bezirke Unterelsass Oberelsass und Lothringen, und die Direktoren der 22 Kreise. Über diese Hierarchie erreichte die Diktaturgewalt des Kaisers jeden Winkel der gerade eroberten Gebiete.[47]

Der kraftvollste Ausdruck dieser Gewalt war der sogenannte Diktaturparagraf des Verwaltungsgesetzes, das im Dezember 1871 das Amt des Oberpräsidenten einrichtete. Nach Vorbild der preußischen Instruktion für die Oberpräsidenten von 1825 bestimmte diese Regelung, dass „bei Gefahr für die öffentliche Sicherheit [...] der Oberpräsident ermächtigt [war], alle Maßregeln ungesäumt zu treffen, welche er zur Abwendung der Gefahr für erforderlich [erachtete]", inklusive der „Gewalten, welche [den] Militärbehörden für den Fall des Belagerungszustands" zustanden. Diese Ausnahmebefugnis war dazu gedacht, den lokalen Behörden angesichts des Widerstandes weiter Teile der elsass-lothringischen Bevölkerung gegen die Annexion die Möglichkeit zu geben, subversive Vorgänge und eventuelle Unruhen effektiv in den Griff zu bekommen. Er kam denn auch in den folgenden Jahren immer wieder zum Einsatz, um diverse Repressionsmaßnahmen gegen antideutsche Agitationen durchzuführen. Dadurch entwickelte er sich zu einem ständigen Zankapfel zwischen den auf mehr Autonomie bedachten Kräften vor Ort und den Regierungsstellen in Berlin. Letztere hielten ob der auch wegen dieser Auseinandersetzung lange äußerst angespannten Sicherheitslage im Reichsland für mehr als drei Jahrzehnte an der Regelung fest. Erst 1902 entschlossen sie sich dazu, diese aufzuheben.[48]

Damit war der Diktaturparagraf der mit Abstand langlebigste Teil der Übergangsordnung, die direkt nach der Annexion eingerichtet wurde. Das Gros des kaiserlichen Diktatorialregimes verschwand dagegen 1874, als mit der Einführung der Reichsverfassung in Elsass-Lothringen ein jahrzehntelanger Prozess begann, in dem das Reich dem Reichsland schrittweise mehr und mehr Autonomie zugestand. Der Kaiser behielt zwar als Inhaber der örtlichen Staatsgewalt auch nach diesem Stichjahr seine Doppelrolle als Oberhaupt der nationalen und lokalen Exekutive, weshalb auch das Amt des Oberpräsidenten und die diesem unterstellten Behörden fortbestanden. Die Legislativgewalt wurde aber in geordnetere Bahnen überführt. Anstelle des kaiserlichen Verordnungsregimes galt in Elsass-Lothringen von nun an das reguläre Verfahren der Reichsgesetzgebung. Die Aufgabe, reichslandspezifische Gesetze zu verabschieden, lag somit jetzt beim Bundesrat und beim Reichstag. Um der lokalen Bevölkerung dabei eine Stimme zu geben, schuf das „Gesetz, betreffend die Einführung der Verfassung des Deutschen Reiches in Elsaß-Lothringen" fünfzehn zusätzliche Sitze im Reichstag. Außerdem errichtete die Reichsregierung per kaiserlicher Verordnung einen sogenannten Landesausschuss, der aus dreißig Mitgliedern der elsass-lothringischen Bezirkstage bestand und den Kanzler auf dessen Anfrage hin bei der Ausarbeitung der Landesgesetze beriet.[49]

Die Absichten hinter der Gründung dieses verkappten Landesparlamentes waren vielfältig. Auf der einen Seite sah Bismarck in der Einrichtung dieser indirekt gewählten, nur eine beratende Funktion ausübenden Körperschaft ein adäquates Mittel, um den von den Bezirkstagen vorgebrachten Forderungen der elsass-lothringischen Bevölkerung nach einer Beteiligung an der lokalen Gesetzgebung nachzukommen. Wie er dem Kaiser in dem Schreiben mitteilte, in dem er ihn um die Erlaubnis zur Ausarbeitung einer entsprechenden Verordnung bat, stehe es zwar „außer Zweifel [...], daß die Einrichtung einer Landesvertretung mit einer entscheidenden [sic!] Stimme bei der Gesetzgebung ein zur Zeit unerfüllbares Verlangen [sei]". Er halte es aber „in Uebereinstimmung mit der Ansicht des Oberpräsidenten nach Lage der Verhältnisse nicht nur für ungefährlich, sondern vom politischen Gesichtspunkte [auch] nützlich, den beschränkteren Wünschen der Bezirkstage in geeigneter Form entgegen zu kommen". Denn „auf diesem Wege [könne] die Entwicklung des deutschen, das heißt zunächst des elsässischen Bewußtseins im Gegensatz zum Franzosenthum, gefördert [werden]".[50]

Auf der anderen Seite bot die Einführung des Landesauschusses Bismarck die Gelegenheit, den Einfluss des Reichstages zurückzudrängen. Diese Absicht wurde schon an dem Weg deutlich, den Bismarck wählte, um das Vertretungsorgan aus der Taufe zu heben. Im Gegensatz zur Verabschiedung eines Gesetzes, an der der Reichstag ja beteiligt gewesen wäre, war der Erlass der Verordnung allein Sache des Kaisers. Bismarck betonte denn auch gegenüber Letzterem, dass „Form und Fassung des Entwurfs [...] darauf berechnet [seien], Bedenken, welche dagegen erhoben werden [könnten], daß die Einrichtung ohne Mitwirkung des Bundesrathes und des Reichstages ins Leben treten [solle], auszuschließen". Hinter diesen Zeilen stand erkennbar die Idee, dass die Beteiligung einer lokalen Volksvertretung an der Gesetzgebung des Reichlandes im Laufe der Zeit dafür genutzt werden könnte, dem Reichstag in den dortigen Geschäften das Wasser abzugraben. Nur drei Jahre später war es denn auch so weit. Im Mai 1877 wandelte eine Reform der örtlichen Verfassungsverhältnisse – sie wird in ihren einzelnen Maßnahmen in den folgenden Ausführungen genauer beschrieben – den Landesausschuss in ein echtes Landesparlament um, das den lokalen Gesetzen zustimmen musste, bevor diese in Kraft treten konnten. Damit verlor der Reichstag seine bisherige Rolle, war er doch von nun an von dem Gesetzgebungsprozess des Reichslandes ausgeschlossen. Das einzige Reichsorgan, das den von der kaiserlichen Regierung vorgeschlagenen Gesetzen für das Reichsland noch zustimmen musste, war der Bundesrat.[51]

Die Aufwertung des Landesauschusses zu einem mitbestimmenden Landesparlament brachte die elsass-lothringischen Verfassungsstrukturen ein ganzes Stück weit mehr in Einklang mit denjenigen der Einzelstaaten. Von einer Normalisierung der verfassungsrechtlichen Beziehungen zwischen Berlin und Straßburg konnte jedoch keine Rede sein. Die Reichsorgane behielten noch bis 1911 das Recht, ihrerseits Landesgesetze für das Reichsland zu erlassen. Auf diese Weise konnten sie jederzeit ein Gesetz, das der Landesausschuss abgelehnt hatte, gewissermaßen von oben herab doch noch ins Leben rufen. Tagte der Reichstag gerade nicht, konnte der Kaiser mit Zustimmung des Bundesrates außerdem Notverordnungen mit gesetzlicher Kraft erlassen, sprich: die Gesetzgebungsgewalt im Reichsland an sich ziehen. Am schwersten wog jedoch die Tatsache, dass die Verfassungsstrukturen des Reichslandes auch nach 1877 komplett von der Gnade der Reichsorgane abhingen, da sie jederzeit durch ein gewöhnliches Reichsgesetz verändert, zurückgebaut oder ganz abgeschafft werden konnten. In diesem Zusammenhang war es im Rahmen des Reichsföderalismus besonders ungewöhnlich, dass die einzelstaatlichen Regierungen über den Bundesrat direkt über das Schicksal der verfassungsrechtlichen Verhältnisse des Reichslandes mitbestimmten. Eine solche Untergrabung der eigenen Verfassungsautonomie durch die anderen Mitglieder des Bundes wäre selbst in Bezug auf den kleinsten Einzelstaat vollkommen undenkbar gewesen, da dadurch die Idee vom Reich als eines Bundes souveräner Fürsten ad absurdum geführt worden wäre. Dass diese Bedenken hinsichtlich Elsass-Lothringens nicht galten, offenbarte eindrucksvoll, wie weit das Reichsland vom Status eines Einzelstaates noch entfernt war. Hans-Ulrich Wehler hat von einem „System der Halbheiten" gesprochen, das Konflikte zwischen den lokalen und nationalen Institutionen geradezu unvermeidbar machte.[52]

Besonders groß war dieses Konfliktpotenzial im Bereich der Verwaltung, wo die Befugnisse nach der Annexion zwischen der Abteilung III des Kanzleramtes und dem Amt des Oberpräsidenten aufgeteilt wurden. Da jede dieser beiden Dienststellen dem Kanzler direkt unterstellt war, bestand zwischen ihren jeweiligen Kompetenzen keine klare Abgrenzung. Infolgedessen kam es immer wieder zu langwierigen Auseinandersetzungen. Als 1874 die Reichsverfassung in Elsass-Lothringen eingeführt wurde, verkomplizierte das die Lage noch zusätzlich. Drei Jahre später versuchte man deshalb, eine klare Hierarchie herzustellen, indem man die Zentralverwaltung des Reichslandes reorganisierte. Die Abteilung III wurde aus dem Kanzleramt ausgegliedert und unter dem Namen „Reichskanzleramt für Elsaß-Lothringen" zu einer eigenständigen obersten Reichsbehörde gemacht. Dessen Leiter stand genau wie die Chefs der anderen Reichsämter im Rang eines Staatssekretärs, der gemäß des ein Jahr später verabschiedeten Stellvertretergesetzes innerhalb seines Geschäftsbereiches die Aufgaben des Kanzlers übernehmen konnte. Der Oberpräsident in Straßburg wurde derweil dieser neuen Behörde unterstellt. Diese Neuordnung der reichsländischen Verwaltung hatte einen großen Vorteil: Sie reduzierte die Arbeitslast des Kanzlers. Das Grundproblem, das die Beziehungen zwischen Berlin und Straßburg störte, wurde durch diese Reform jedoch nicht behoben, nämlich die Aufteilung der Verwaltungsbefugnisse über das Reichsland zwischen mehreren verschiedenen lokalen und nationalen Dienststellen. Das zweigleisige System aus eigenständiger Bundesbehörde und Straßburger Oberpräsidenten hielt denn auch nicht länger als zwei Jahre. 1879 wurden beide Institutionen abgeschafft, ihre Kompetenzen zusammengelegt und dem neu geschaffenen „Ministerium für Elsaß-Lothringen" übertragen.[53]

Die Gründung dieser Straßburger Behörde war Teil einer umfangreichen Reform, die die Verfassungsverhältnisse des Reichslandes durch die Einführung eines Statthalterregimes komplett veränderte. Während die Konzentration aller wichtigen verwaltungstechnischen Kompetenzen in einer einzigen, dem neuen Statthalter direkt unterstellten Straßburger Dienststelle die komplizierte Verbindung zwischen Reich und Reichsland entwirrte, bewirkten andere Teile der Reform genau das Gegenteil. Das galt vor allem für das Amt des Statthalters, in dem nationale und lokale Verantwortlichkeiten mehr verschmolzen denn je. Der Statthalter ersetzte den Kanzler als Regierungschef des Reichslands. Als solcher war er dem Kaiser direkt unterstellt und zeichnete für diesen folglich alle Gesetze und Verordnungen bezüglich Elsass-Lothringens gegen. Obwohl sich die Kompetenzen des Statthalters auf das Reichsland beschränkten, war er also dem Oberhaupt des Reiches verantwortlich, da dieses die Staatsgewalt über Elsass-Lothringen innehatte. Durch diese Zirkelkonstruktion war vollkommen unklar, zu welcher Regierungsebene der Statthalter denn nun eigentlich gehörte. Anders gesagt: Es blieb offen, ob der Regierungschef des Reichslandes ein Vertreter Elsass-Lothringens mit besonderer Beziehung zum Reich oder ein Vertreter des Reiches mit einer besonderen Stellung in Elsass-Lothringen war. Da er dem Kaiser direkt verantwortlich und dem Kanzler dadurch nicht unter-, sondern gleichgeordnet war, ähnelte er am ehesten noch einer Art „Vize-Kaiser", wie Carl Schulze 1904 in seiner Dissertation argumentierte. Was das in dem komplexen Geflecht aus föderalen Verantwortlichkeiten genau für seine Position bedeutete, wusste allerdings auch Schulze nicht zu bestimmen. Angesichts dieser konstruktionsbedingten Unklarheit bezeichnete der Straßburger Bürgermeister Rudolf Schwander, der im Oktober 1918 den Statthalterposten notgedrungen für die letzten Lebenswochen des Kaiserreiches übernahm, dieses Amt als „Ausfluss einer staatsrechtlichen Verlegenheit". Der berühmte Ökonom Gustav von Schmoller sprach gar von einem „Machwerk ohne Überlegung aus dem Stegreif". In der Tat verlangte das Amt des Statthalters einen schier unmöglichen Balanceakt zwischen lokalen und nationalen Interessen, der letztlich nur dazu führen konnte, dass sich die jeweiligen Inhaber – so wie Karl von Wedel in der Zabern-Affäre – immer wieder zwischen allen Stühlen wiederfanden und infolgedessen nirgendwo mehr richtig Gehör fanden.[54]

Darüber hinaus untergrub das Statthalterregime die Kohärenz der im Reich geltenden Verfassungsstrukturen ganz grundsätzlich. Da der Statthalter beziehungsweise Regierungschef des Reichslandes mit dem Kaiser einem Verfassungsorgan des Reiches gegenüber verantwortlich war, gab es im Reichsland auch nach 1879 immer noch keine eigenständige Landesregierung. Dieser Zustand bedingte, dass das Reich in Elsass-Lothringen nicht wie im Rest des Reiches als föderale, sondern als unitarische Staatsordnung auftrat. Der große linksliberale Staatsrechtler Albert Hänel, den wir schon im vorhergehenden Kapitel kennengelernt haben, wies in seinem Kommentar zur Reichsverfassung bereits Anfang der 1890er-Jahre auf dieses Problem hin: „Das Reich ist in der territorialen Beschränkung auf Elsaß-Lothringen nicht ein Staatswesen in der Weise des Bundesstaates, sondern in der Weise des Einheitsstaates. Die Reichsgewalt ist in Elsaß-Lothringen trotz ihrer verschiedenen Organisation je nach Reichs- und Landesangelegenheiten die konsolidierte Staatsgewalt des Einheitsstaates." Das Statthalterregime stellte also die Staatsorganisation des Reiches in Elsass-Lothringen auf den Kopf. Dadurch kratzte es die ohnehin nicht gerade sehr starke Legitimität der bundesstaatlichen Ordnung weiter an. Noch wichtiger war allerdings, dass die einheitsstaatliche Natur der Regierungsstrukturen im Reichsland das fragile Gleichgewicht zwischen unitarischen, bündischen, hegemonialen und partikularistischen Elementen, das die föderale Verfassungsordnung auszeichnete und das sich im Zuge der Zentralisierung des Bundes wie in Kapitel 6 gezeigt sowieso ständig neu justierte, noch zusätzlich ganz empfindlich störte. Welche Auswirkungen das konkret hatte, werden wir später noch ausführlich beleuchten.[55]

Ungeachtet dieser Probleme für das föderale Gesamtgefüge der Verfassung fanden sich im Laufe der Jahre immer weitere Teile der elsass-lothringischen Bevölkerung mit der Inkorporation ihrer Heimat in das Deutsche Reich ab. Das äußerte sich zuvorderst in den Ergebnissen der Reichstagswahlen, an denen die

Bürger des Reichslandes seit 1874 teilnehmen durften. Während bei der ersten Wahl noch die sogenannte Protestpartei dominierte, gewannen die Kräfte, die eine pragmatische Zusammenarbeit mit den Berliner Regierungsstellen propagierten und sich an das übliche Parteienspektrum des Reiches anschlossen, kontinuierlich an Boden. 1911 bewegte diese Beruhigung der politischen Lage die Reichsregierung dazu, dem Reichsland endlich eine eigene Verfassung zu gewähren. Die dadurch geschaffenen Verhältnisse untergruben die föderalen Strukturen der Reichsverfassung jedoch weiterhin. Das lag ganz einfach daran, dass sich im Prinzip nicht viel änderte. Die Reform gab zwar vor, Elsass-Lothringen den Status eines Einzelstaates und damit volle gliedstaatliche Autonomie innerhalb des Bundes zu geben. Aber sie tat das eben nicht wirklich. Die einzige grundsätzliche Strukturveränderung betraf den Landesausschuss, der in einen ordentlichen Landtag umgewandelt wurde. Dieser umfasste ein Ober- und ein Unterhaus. Während die Erste Kammer aus Mitgliedern bestand, die entweder vom Kaiser ernannt wurden oder als Vertreter von Städten, Berufsvereinigungen, der Reichsuniversität oder anderen Institutionen ihr Mandat kraft ihres Amtes bekamen, galt für die Zweite Kammer das allgemeine, freie, gleiche und unmittelbare Wahlrecht, wobei im Gegensatz zum Reichstagswahlrecht im Falle eines zweiten Wahlganges nicht wie im ersten das absolute, sondern das relative Mehrheitswahlrecht Anwendung fand.[56]

Abgesehen von diesem Ausbau der lokalen Volksvertretung ließ die neue Landesverfassung alle anderen Schlüsselstrukturen mehr oder weniger unberührt. Die Staatsgewalt lag nach wie vor in den Händen des Kaisers. Auch der Statthalter behielt grundsätzlich seine Position. Lediglich seine Notverordnungsrechte wurden etwas beschränkt. Was dem Reichsland derweil zumindest die „äußere Gestalt eines Gliedstaates" gab, wie Robert Redslob formulierte, war das neue Recht, an den Abstimmungen des Bundesrates teilnehmen zu dürfen. Unter dem alten Statthalterregime von 1879 hatte das Reichsland im Bundesrat nur einen Beobachterstatus gehabt. Die vom Statthalter ernannten Bevollmächtigten hatten also den Verhandlungen der Länderkammer beiwohnen, aber nicht mit abstimmen dürfen. Mit Einführung der Landesverfassung änderte sich das. Das Reichsgesetz, durch das die Verfassung am 31. Mai 1911 erlassen wurde, verlieh dem Reichsland drei Stimmen im Bundesrat, über deren Abgabe der Statthalter zu entscheiden hatte.[57]

Auf den ersten Blick sorgte dieses Arrangement dafür, dass sich Elsass-Lothringen besser in die föderale Ordnung der Reichsverfassung einfügte. In Wahrheit lichtete sich der Nebel in dem komplizierten Verhältnis zwischen Reich und Reichsland aber nicht, sondern verdichtete sich weiter. Das lag vor allem daran, dass die seltsame Stellung des Statthalters als Mittelsmann zwischen den nationalen und lokalen Regierungsstellen jetzt noch ambivalenter war als zuvor. Die neuen Regeln machten es nämlich endgültig unmöglich, zu bestimmen, wem gegenüber der Statthalter in welchen Angelegenheiten und in welchem Ausmaß verantwortlich war. Durch die Befugnis, stimmberechtigte Bevollmächtigte im Bundesrat zu instruieren, war er nun auf die gleiche Art und Weise am föderalen Entscheidungsprozess beteiligt wie die souveränen Monarchen der Einzelstaaten. Aus Sicht der Grundsätze, auf denen die Konstruktion der Reichsverfassung beruhte, war er also dem preußischen König und damit dem Kaiser – dem *primus inter pares* unter den Fürsten – prinzipiell gleichgestellt. Unterdessen war er aber auch ein Beauftragter des Reiches, der in dessen Namen die elsass-lothringische Regierung leitete. Insofern war er seinem Dienstherrn, der ihn ernannte und entließ, untergeordnet: dem Kaiser. Diese Abhängigkeit implizierte, dass es für den Statthalter de facto unmöglich war, die reichsländischen Bevollmächtigten im Bundesrat gegen den Willen des Kaisers beziehungsweise der Reichsregierung zu instruieren, es sei denn, er war bereit, seine Entlassung zu riskieren.[58]

Folglich schuf die Einführung des elsass-lothringischen Stimmrechtes im Endeffekt drei Zusatzstimmen für die preußische Bundesratsbank, die sich 1911 ja schon seit mehreren Jahrzehnten fest in der Hand der Reichsregierung befand, wie wir in Kapitel 5 gesehen haben. Letztere konnte dadurch ihre Kontrolle über die Länderkammer noch einmal steigern. Dementsprechend laut beschwerten sich vor allem die Regierungen der süddeutschen Mittelstaaten, als der Plan bekannt wurde, Elsass-Lothringen mit Einführung der neuen Landesverfassung zu einem gleichberechtigten Mitglied im Bundesrat zu machen. Dieser Protest mündete darin, dass die Reichsregierung sich damit einverstanden erklärte, das Stimmrecht des Reichslandes mit einigen Einschränkungen zu belegen. Das war aus ihrer Sicht kein großes Opfer, hatte sie den Bundesrat zu diesem Zeitpunkt durch die Übernahme der preußischen Bank und das Substitutionssystem unter den Kleinstaaten doch ohnehin längst zu einem Satellitenorgan degradiert. So bestimmte das „Gesetz über die Verfassung Elsaß-Lothringens", dass die Stimmen des Reichslandes im Bundesrat in drei Fällen nicht gezählt wurden: erstens, „wenn die Präsidialstimme nur durch den Hinzutritt dieser Stimmen die Mehrheit für sich [erlangt]", das heißt, Preußen nur durch die Unterstützung Elsass-Lothringens eine Abstimmung für sich entschieden hätte; zweitens, wenn durch das Abstimmungsverhalten des Reichslandes Stimmengleichheit eingetreten wäre, da in solchen Pattsituationen die preußische Präsidialstimme den Ausschlag gab; und drittens, wenn eine Änderung der Reichsverfassung zur Abstimmung stand.[59]

Diese Stimmbeschränkungen machten ganz klar deutlich, dass Elsass-Lothringen immer noch kein richtiger Einzelstaat war und die Autonomie, die das

Reichsland durch die neue Landesverfassung genoss, „bloßer Schein" blieb, wie Robert Redslob kritisierte. Für die föderale Regierungsordnung war das laut des einheimischen Verfassungsexperten besonders deswegen problematisch, weil die gleichberechtigte Aufnahme Elsass-Lothringens in den Bundesrat im zentralen Organ der Reichsverfassung einen „Mangel an systematischer Geschlossenheit" verursachte. Anders gesagt: Die Inklusion eines nicht souveränen Reichslandes in das Vertretungsorgan der souveränen Gliedstaaten des Reiches war eine Anomalie, die mit dem verfassungsrechtlichen Grundrahmen des föderalen Entscheidungsprozesses nicht vereinbar war. Das zeigte sich nicht zuletzt auch in der Revision der Reichsverfassung, durch die das Stimmrecht des Reichslandes eingerichtet wurde. Um das Reichsland in die in Artikel 6 der Reichsverfassung aufgeführte Liste aufzunehmen, die die Stimmverteilung im Bundesrat regelte und auch bei einigen Folgevorschriften eine Rolle spielte, bestimmte das Gesetz zur Einführung der neuen Landesverfassung, dass „Elsaß-Lothringen im Sinne des Artikels 6.2 und der Artikel 7 und 8 als Bundesstaat" zu gelten habe. Diese Änderung der Reichsverfassung machte Elsass-Lothringen also nicht zu einem Staat, sondern verkleidete es für gewisse Zwecke nur behelfsweise als solchen.[60]

Paul Laband verurteilte diesen Winkelzug in seinem Standardwerk zum deutschen Staatsrecht aufs Schärfste: „Diese Abänderung der Reichsverfassung ist eine prinzipienwidrige und unlogische; denn der Bundesrat besteht nach Art. 6 aus den Vertretern der Mitglieder des Bundes, das Reichsland ist aber kein Mitglied, sondern ein dem Reich unterworfenes und seinem Gebiet eingefügtes Territorium, dessen unmittelbarer Herr das Reich selbst ist; das Reich kann aber nicht sein eigenes Mitglied sein. Um die den Bundesrat betreffenden Vorschriften auf Elsaß-Lothringen anwendbar zu machen, mußte der Gesetzgeber [daher] zu einer Fiktion greifen. [...] [H]insichtlich bestimmter Vorschriften der Reichsverfassung soll Elsaß-Lothringen so behandelt werden als wäre es ein Bundesstaat. Obgleich der Begriff des Reichslandes von dem des Bundesglieds wesentlich verschieden ist und diese Verschiedenheit gerade durch die Mitgliedschaft im Bundesrat und dem Ausschluß von demselben zum deutlichsten Ausdruck gelangt, so soll diese Verschiedenheit als nicht vorhanden angesehen und das Nichtmitglied Elsaß-Lothringen als Mitglied behandelt werden. Der Gesetzgeber ist ja souverän und er kann verordnen, daß was schwarz ist als weiß und was rot ist als blau gelten soll. Freilich wird die Sache selbst dadurch nicht anders und auch die Bundesratsstimmen Elsaß-Lothringens sind und bleiben von denen der Bundesmitglieder in erheblicher Weise verschieden."[61]

Diese Kritik des Straßburger Rechtsprofessors stützte sich ganz, so wie es die von ihm verfochtene und im vorhergehenden Kapitel bereits genau beschriebene juristische Methode verlangte, auf eine rein logische Auslegung der relevanten

Rechtsvorschriften. Gerade dadurch belegt sie, wie grundsätzlich der Sonderstatus des Reichslandes die föderalen Strukturen des Reiches auch noch nach Einführung der Landesverfassung untergrub. Die einzige Maßnahme, durch die dieses Dilemma hätte behoben werden können, wäre eine Reform gewesen, die Elsass-Lothringen zu einem echten Einzelstaat gemacht hätte. Dazu fand sich die Reichsregierung aber nie bereit. Um Elsass-Lothringen in die volle gliedstaatliche Autonomie zu entlassen, fehlte ihr schlicht das Vertrauen in die lokale Bevölkerung, deren Loyalität gegenüber dem Reich sie immer wieder aufgrund einzelner Zwischenfälle anzweifelte. Das galt selbst für Bethmann Hollweg, der sich zwar maßgeblich für die Einführung der Landesverfassung engagierte, eine Erhebung des Reichslandes zu einem gleichberechtigten Einzelstaat aber nie wirklich in Betracht zog. Offensichtlich wog das im hypernationalistischen Klima der Zeit florierende Misstrauen gegenüber den vermeintlich verkappten Franzosen im Reichsland größer als die Sorge um die strukturellen Probleme, die dessen mangelnde Integration in das Verfassungsgefüge des Reiches verursachte. Dadurch blieb Elsass-Lothringen stets ein „Fremdkörper" im Reich, wie Robert Redslob zusammenfasste. Als solcher musste das Reichsland unweigerlich ein ständiger Störfaktor sein, der immer dann, wenn es um ganz grundsätzliche Fragen bezüglich des föderalen Regierungssystems ging – wie etwa in Zabern um das Verhältnis zwischen Zivil- und Militärgewalt –, sein volles Konfliktpotenzial entfalten und dadurch die Grundfesten des Reiches ins Wanken bringen konnte.[62]

## IV. Gleichgewichtsstörungen

Die zentralistischen Verfassungsverhältnisse an der Peripherie des Reiches wirkten sich unmittelbar auf das fragile Gefüge aus unitarischen und bündischen Regierungsorganen aus, das im Zentrum der Föderalordnung stand. Das galt vor allem insofern, als die Übertragung der Staatsgewalt in Elsass-Lothringen und den Schutzgebieten an den Kaiser dessen Stellung im Bund erheblich stärkte. Denn dieses Arrangement legte nicht nur die Ernennung aller reichsländischen und kolonialen Exekutivbeamten – inklusive des Statthalters und der Gouverneure – in seine Hände, sondern stattete sein Amt auch mit einer ganz grundlegenden Art von Macht aus, die er laut Verfassung überhaupt nicht besaß, nämlich mit der direkten Oberhoheit über einen Teil des Reichsgebietes, sprich: mit der Souveränität über ein beziehungsweise gleich mehrere konkrete Territorien.

Diese Territorialgewalt manifestierte sich in ganz verschiedener Art und Weise. In Elsass-Lothringen war der Kaiser in den ersten Jahren nach der Annexion praktisch ein Diktator, wie wir bereits gesehen haben. Danach war seine Stellung begrenzter, da er beziehungsweise der von ihm ernannte Regierungschef des Reichlandes sich bei der Leitung der lokalen Geschäfte zunächst mit dem Bundesrat und dem Reichstag und dann mit dem Landesauschuss auseinandersetzen musste. Die Ausübung der Landesgewalt blieb aber stets sein Vorrecht. In den Kolonien kannte seine Position noch viel weniger Schranken. Das Schutzgebietsgesetz ermächtigte ihn, alle Felder des öffentlichen Lebens per Dekret zu regulieren. Irgendwelche Grenzen setzte es diesem Verordnungsrecht nicht. Ein spezielles Gesetzgebungsverfahren für die Schutzgebiete, das die anderen Reichsorgane oder bestimmte Kolonialinstitutionen involviert hätte, gab es nicht.

Der Reichstag gewann allerdings mit der Zeit beträchtlichen Einfluss auf die Leitung der Schutzgebiete. Das lag zuvorderst daran, dass alle kolonialen Ausgaben Teil des Reichshaushaltes waren und damit unter das Budgetrecht des Parlamentes fielen. Aber auch ungeachtet dieses mächtigen Hebels war der Reichstag für gewöhnlich ebenso wie der Bundesrat an den kolonialen Regierungsgeschäften beteiligt, da die kaiserliche Reichsregierung die große Mehrheit aller diesbezüglichen Angelegenheiten über das normale Gesetzgebungsverfahren des Reiches regelte. Dieser freiwillige Verzicht auf die Wahrnehmung des einseitigen Verordnungsrechts hatte vor allem praktische Gründe. Zum einen betrafen die meisten Kolonialfragen die Rechte und Pflichten deutscher Staatsbürger. Daher bot es sich an, die jeweiligen Angelegenheiten durch ein Reichsgesetz gleich für alle Deutschen zu regeln, die in Übersee oder im Kerngebiet des Reiches lebten. Zum anderen stellte die Einbeziehung des Reichstages über das Gesetzgebungsverfahren sicher, dass Letzterer während der Haushaltsverhandlungen keine Probleme machen würde. Der weitgehende Verzicht auf den Erlass kaiserlicher Verordnungen war also auch der Versuch, den Reichstag frühzeitig an Bord zu holen und so gefügig zu machen. Von daher äußerte sich in diesem Entgegenkommen nicht zuletzt die Abhängigkeit der Reichsregierung von der Kooperation des Reichstages. Ganz entscheidend blieb allerdings, dass es die freie Entscheidung des Kaisers war, ob eine auf die Schutzgebiete bezogene Frage unter Mitwirkung des Reichstages geregelt wurde oder nicht. In dieser Entscheidungsfreiheit manifestierte sich nämlich, dass der Kaiser die territoriale Herrschaft über die Kolonien – die Schutzhoheit – letztlich ganz alleine ausübte und nicht etwa mit dem Reichstag teilte oder gar an diesen abtrat.[63]

Um die Territorialgewalt des Kaisers in Elsass-Lothringen und den Schutzgebieten mit den staatsrechtlichen Grundlagen des Reiches in Einklang zu bringen, griffen einige Verfassungsexperten – allen voran Paul Laband – tief in die

Schublade historisch überlieferter Rechtsfiguren und bemühten ein Konzept aus den Tagen des Heiligen Römischen Reiches: „prodominium imperii", zu Deutsch die „Fürherrlichkeit des Reiches". Die Kernidee dieser komplexen Theorie bestand darin, dass ein Stellvertreter die Territorialgewalt über ein bestimmtes Gebiet im Auftrag eines Staatswesens wahrnahm, das nicht die Fähigkeit besaß, selbst direkt zu handeln, weil es aus mehreren Mitgliedern zusammengesetzt war. Gemäß dieser Theorie übte der Kaiser die territoriale Souveränität über das Reichsland und die Schutzgebiete aus, weil der kollektive Souverän des Reiches – die Gemeinschaft der verbündeten Regierungen – dazu selbst nicht in der Lage war. Die deutschen Fürsten beauftragten demnach den Kaiser als ihren *primus inter pares* damit, die souveränen Rechte über Elsass-Lothringen und die Kolonien wahrzunehmen, weil ihre durch aufwendige Entscheidungsprozesse geprägte Vollversammlung – der Bundesrat – dafür nicht angemessen schien.[64]

Es ist vielsagend, dass die Staatsrechtler es für nötig hielten, auf die altertümliche Idee der Fürherrlichkeit zurückzugreifen, um die außergewöhnliche Stellung des Kaisers in der Peripherie des Reiches mit dem verfassungsrechtlichen Aufbau des föderalen Zentrums und der dahinterstehenden Idee – dem Fürstenbund – zu vereinbaren. Auf der einen Seite machte dies von theoretischer Seite aus noch einmal deutlich, wie schlecht die Regierungsstrukturen des Reichslandes und der Schutzgebiete in den föderalen Rahmen der Reichsverfassung passten. Der einzige Weg zur Behebung dieses Problems wäre eben jene grundlegende Reform gewesen, die in Bezug auf Elsass-Lothringen beharrlich von der Reichsregierung blockiert und hinsichtlich der Kolonien noch nicht einmal diskutiert wurde: die Umwandlung dieser Sonderterritorien in ordentliche Staaten.

Auf der anderen Seite weist die Wiederentdeckung eines aus Feudalrechtszeiten stammenden Konzeptes zur Beschreibung der Stellung des Kaisers in der imperialen Peripherie darauf hin, dass dieser dort praktisch ein Landesfürst war. In den Kolonien trat der Kaiser als absoluter Monarch auf, da seine Regierungsgewalt weder an die Kontrolle der Gesetzgebungsorgane noch an irgendwelche besonderen Statute gebunden war, wie zum Beispiel 1895 eine Dissertation argumentierte, die das Amt des Kaisers mit dem des amerikanischen Präsidenten verglich. In Elsass-Lothringen war die Lage nach 1873 ob der Beteiligung des Reichstages und des Bundesrates und später des Landesausschusses zwar komplizierter. Aber auch hier genoss der Kaiser selbst nach Einführung der Landesverfassung alle exekutiven und legislativen Rechte, die ansonsten nur den souveränen Fürsten der Einzelstaaten in ihren jeweiligen Ländern zustanden. Er erschien folglich als konstitutioneller Monarch des Reichslandes, wie etwa 1911 eine andere Promotionsarbeit über die Rechtsstellung des Kaisers im alten, im neuen und im von der Frankfurter Paulskirche vorgesehenen Reich betonte. Der Leipziger Rechtsprofessor Karl Binding sprach sich deshalb 1898 in einem Vortrag über die staatsrechtliche Funktion des Kaisers vor der Dresdner Gehe-Stiftung für eine Verfassungsreform aus, die selbigen offiziell zu dem machen würde, was er in Wirklichkeit schon seit dem Vereinigungsgesetz immer gewesen war: der monarchische Landesherr Elsass-Lothringens.[65]

Mit dieser Ansicht war Binding keinesfalls allein. Auch wenn die Staatsrechtler bezüglich einzelner Aspekte der Stellung des Kaisers durchaus unterschiedliche Meinungen vertraten, wie wir in Kapitel 4 gesehen haben, waren sie sich in einem Punkt doch alle einig, nämlich darin, dass das von ihm ausgeübte Amt des Bundespräsidiums durch seine spezielle Rolle in Elsass-Lothringen und den Kolonien um ein territoriales Machtelement erweitert wurde. Paul Laband brachte diese Einschätzung in seinem Standardkommentar zur Reichsverfassung auf den Punkt: „Die Präsidialbefugnisse [des Kaisers] haben keinen territorialen Charakter, sind keine Staatsgewalt. Durch die Regierung des Reichslandes dagegen hat die Stellung des Kaisers eine territoriale Fundierung erhalten; das Kaisertum als solches ist mit der Beherrschung eines bedeutenden Landes ausgestattet und dadurch ein ganz anders geartetes Moment ihm hinzugefügt worden. Das gleiche gilt von der Schutzgewalt in den deutschen Schutzgebieten, welche der Kaiser im Namen des Reiches ausübt; auch sie ist eine territoriale Staatsgewalt." Daraus konnte man nur schließen, wie etwa Heinrich Triepel in seiner Studie *Unitarismus und Föderalismus im Deutschen Reiche* klarstellte, dass sich das Amt des Kaisers durch die Funktion, die er in Elsass-Lothringen und den Kolonien erfüllte, bis zu einem gewissen Grad dem eines konstitutionellen Monarchen annäherte. Schließlich war territoriale Herrschaft *das* wesentliche Merkmal für die Stellung eines souveränen Fürsten. Kurzum: Die speziellen Verfassungsverhältnisse Elsass-Lothringens und der Kolonien trugen direkt zu der Monarchisierung des Kaiseramtes bei, die wir bereits im vierten Kapitel ausführlich betrachtet haben. Insofern spielte die Peripherie des Reiches eine ganz zentrale Rolle in der Verwandlung des föderalen Verfassungssystems vom vorgeblichen Fürstenbund der Reichsgründungszeit in die Reichsmonarchie der Vorkriegsjahre. Es war also kein Wunder, dass der Streit um die Verfehlungen eines unreifen Leutnants in einem kleinen elsässischen Städtchen das ganze Reich in eine schwere Staatskrise stürzen konnte.[66]

Die Verfassungsverhältnisse an der Peripherie des Reiches verzerrten den föderalen Regierungsrahmen aber nicht nur dadurch, dass sie den Kaiser stärkten. Vielmehr taten sie das auch, indem sie die einzelstaatlichen Regierungen marginalisierten und dem Reichstag so zusätzliche Angriffsfläche boten. Der Bundesrat spielte in den allermeisten Angelegenheiten, die das Reichsland und die Kolonien angingen, so gut wie keine Rolle. Das lag einerseits daran, dass die diesbezüglichen Regierungsgeschäfte als genuin nationale Aufgaben verstanden wurden, in denen den einzelstaatlichen Regierungen nicht automatisch ein Mitspracherecht zustand und ihr Vertretungsorgan folgerichtig nicht unbedingt konsultiert werden musste. Andererseits zeigten die einzelstaatlichen Regierungen auch nur sehr begrenztes Interesse. Hinsichtlich Elsass-Lothringens lag ihr Hauptaugenmerk darauf, zu verhindern, dass der Status des Reichslandes ihre eigene Stellung innerhalb des Bundes nicht schmälerte. Abgesehen von der anfänglichen Diskussion darüber, in welcher Form die annektierten Gebiete an das Reich angeschlossen werden sollten, und der Debatte um die Aufnahme Elsass-Lothringens als stimmberechtigtes Mitglied des Bundesrates brachten sie sich kaum ein. In Bezug auf die Kolonien zeigten sie sogar überhaupt keine nennenswerte Eigeninitiative. Dadurch gaben sie freiwillig ein Politikfeld preis, das in der Wilhelminischen Epoche im Zusammenhang mit der Welt- und Flottenpolitik auf der politischen Agenda des Reiches ganz nach oben rückte. Dieser Rückzug der einzelstaatlichen Regierungen und die daraus resultierende Passivität des Bundesrates eröffnete dem Reichstag wiederum die Chance, die Reichsregierung in allen Fragen, die die Kolonien und Elsass-Lothringen betreffen, frontal anzugreifen. Schließlich mussten der Kanzler und die anderen obersten Regierungsverantwortlichen des Reiches hier auf den Schutz verzichten, mit dem die einzelstaatlichen Regierungen beziehungsweise der Bundesrat sie auf allen anderen Sachgebieten umgaben. Die schärfste derartige Attacke war das Misstrauensvotum gegen Bethmann Hollweg in der Zabern-Affäre. Selbiges war somit wohl das eindrucksvollste Zeugnis dafür, wie sehr die eigenwilligen Verfassungsverhältnisse an der imperialen Peripherie das ohnehin durch die ständige Umstrukturierung des föderalen Entscheidungsprozesses sehr fragile Gleichgewicht zwischen den verschiedenen Reichsorganen störten.[67]

Diese Wirkung rührte in allererster Linie daher, dass Elsass-Lothringen und die Kolonien trotz aller Reformen niemals richtig in den föderalen Strukturrahmen der Reichsverfassung integriert wurden. Anstatt diesen Territorien irgendwann den Status von Einzelstaaten zu geben, bevorzugte es die Reichsregierung, sie mit dem bundesstaatlichen Kerngebiet des Reiches behelfsmäßig zusammenzuflicken und die daraus resultierenden Probleme durch eine Reihe von Reformen anzugehen. Diese behoben zwar die Symptome, nicht aber die Ursache des Gebrechens, an dem das Verhältnis zwischen der Peripherie und dem Zentrum des Reiches litt. Dementsprechend erwies sich der Bund als vollkommen unfähig, neue Mitglieder aufzunehmen. Im Gegensatz etwa zu den Vereinigten Staaten von Amerika, die die neu erschlossenen Gebiete im Westen nach und nach zu gleichberechtigten Mitgliedsländern der Union machten, war das Kaiserreich kein Bundesstaat mit einer offenen Mitgliedschaft. Bismarcks großer parlamentarischer Gegenspieler, der Hannoveraner Zentrumsführer Ludwig Windthorst, beschwerte sich mit Blick auf das Reichsland knapp ein Jahr, nachdem dort die Reichsverfassung eingeführt worden war, dass offenbar „die Kunst, neue Länder zu regieren, in Berlin noch nicht recht heimisch geworden" sei.[68]

In der Tat geschah es nur ein einziges Mal, dass das Reich einen neuen Flecken Erde in sein föderales Kerngebiet aufnahm. Dabei handelte es sich um eine kleine, für die inneren Verhältnisse des Reiches nicht weiter ins Gewicht fallende Insel: Helgoland. Nachdem das Reich die Nordseeinsel 1890 von Großbritannien erworben hatte, wurde diese in den Kreis Süderdithmarschen in der preußischen Provinz Schleswig-Holstein eingegliedert. Dass die sehr viel bedeutenderen Sonderterritorien an der deutsch-französischen Grenze und in Übersee nicht auf diese oder eine andere Weise in das föderale System integriert wurden, offenbart, wie unbeweglich der äußere Rahmen der Reichsverfassung trotz der großen Flexibilität seiner inneren Strukturen tatsächlich war. Obgleich sich der föderale Entscheidungsprozess zwischen den verschiedenen Reichsorganen und der Bundes- und Landesebene fortlaufend veränderte, wie wir in Kapitel 6 gesehen haben, zeigte sich das Reich nicht dazu in der Lage, seine Verfassung für neue Mitgliedsstaaten zu öffnen.[69]

Diese Unfähigkeit lag vor allem daran, dass jede Neuaufnahme und die dafür nötigen Reformen wegen des Charakters der Verfassung als eines Kompromisses zwischen unitarischen und partikularistischen, hegemonialen und bündischen sowie monarchischen und parlamentarischen Kräften aus deren Sicht automatisch mehr eine politische Macht- denn eine rechtliche Strukturfrage war. Den 1867 eingerichteten und 1871 noch einmal bestätigten Ausgleich durch die Integration eines zusätzlichen Bundesmitgliedes neu auszutarieren, war vor allem für die kaiserliche Reichsregierung ein Risiko, hatte Bismarck diesen Ausgleich doch so festgezurrt, dass die Verfassung die Reichsregierung strukturell vor parlamentarischen Übergriffen schützte. Ein gleichberechtigter Beitritt Elsass-Lothringens und/oder der Kolonien zum Bund, sprich: die Aufgabe jedweder direkten Kontrolle über diese umstrittenen Gebiete kam für die Reichsregierung daher nicht in Frage. Bismarck spielte Mitte der 1870er-Jahre zwar vorübergehend mit dem Gedanken, den preußischen Kronprinzen formalrechtlich zum Landesfürsten von Elsass-Lothringen zu machen. Ernsthaft weiter verfolgt wurde diese Idee, aus dem Reichsland ein Kronprinzenland zu machen, jedoch nie.[70]

Auch für den Reichstag war die Beziehung des Reiches zu Elsass-Lothringen und den Kolonien vor allem eine Machtfrage. Um diese für die eigenen Zwecke zu nutzen, mussten die auf eine Parlamentarisierung drängenden Parteien gar nicht unbedingt auf eine Reform drängen. Es reichte für sie, einfach abzuwarten. Da sich die Reichsregierung ohnehin in allen Politikfeldern nach der Jahrhundertwende zu einer zunehmend engeren Zusammenarbeit mit konkreten Fraktionen gezwungen sah, wie wir in Kapitel 6 gesehen haben, gerieten alle kolonialen und reichsländischen Angelegenheiten automatisch mehr und mehr unter parlamentarische Kontrolle. Zudem boten der Bundesrat beziehungsweise die einzelstaatlichen Regierungen dem Kanzler in diesen Bereichen nicht den üblichen Schutz. Dadurch ging es beim Streit um Elsass-Lothringen und die Kolonien gar nicht mehr hauptsächlich um die imperiale Peripherie an sich. Vielmehr wurde diese im Ringen der monarchisch-konservativen und parlamentarisch-progressiven Kräfte zu einem besonders umkämpften Schlachtfeld, auf dem Letztere versuchten, die speziellen Umstände zu nutzen, um den Druck auf den Kanzler so weit zu erhöhen, dass dieser im Zentrum des Reiches eine Verantwortlichkeit gegenüber dem Reichstag akzeptieren würde. Genau deswegen erreichte die Zabern-Affäre solch große Dimensionen. Sobald sich die Sozialdemokraten als größte Fraktion des Reichstages den Verfehlungen Forstners und dann dem willkürlichen Vorgehen gegen die Demonstranten angenommen hatte, verlagerten sie die Debatte von der lokalen auf die nationale Ebene und machten dabei aus den öffentlichen Verhältnissen im Reichsland eine Grundsatzfrage über das Verhältnis zwischen Militär- und Zivilgewalt im gesamten Reich. Dabei rückten sie das miserable Krisenmanagement des Kanzlers in den Mittelpunkt der Kritik und schufen so die Möglichkeit, Letzteren erstmals mit einem offiziellen Missbilligungsvotum an den Pranger zu stellen.

Dieser Charakter der Peripherie des Reiches als Stellvertreterschauplatz für den Machtkampf um die Ausrichtung der Regierungsordnung des föderalen Zentrums zeigte sich auch an der Art und Weise, wie die Verfassung des Reichslandes von 1911 zustande kam. Im Februar 1910 brachte die SPD-Fraktion eine Resolution in den Reichstag ein, die sich einen Antrag des elsasslothringischen Landesausschusses zu eigen machte. Darin hatte dieser wenige Tage zuvor die Reichsregierung dazu aufgefordert, das Reichsland zu einem vollständig gleichberechtigten Gliedstaat des Reiches zu erheben und diesem eine aus allgemeinen, gleichen, direkten und geheimen Wahlen hervorgehende Volksvertretung zu geben. Die bürgerliche Mehrheit des Reichstages lehnte den Antrag ab. Noch am gleichen Tag nahm selbige jedoch einen Antrag der beiden reichsländischen Abgeordneten Jacques Preiß und Albert Grégoire an, der genau das Gleiche forderte. Es ging bei der Ablehnung der ersten Vorlage also nur darum, den Sozialdemokraten einen Punktsieg gegenüber der Reichsregierung zu verwehren. Aus Sicht der bürgerlichen Mehrheit war es schlicht unnötig, der Reformdiskussion durch eine Zusammenarbeit mit der

SPD einen radikalen Anstrich zu geben, weil Bethmann Hollweg – der sich schon seit 1909 gemeinsam mit dem kaiserlichen Statthalter Karl von Wedel für eine weitere Verselbstständigung des Reichslandes aussprach – bereits am Vortag im Reichstag verkündet hatte, alsbald eine Gesetzesvorlage über eine geeignete Landesverfassung vorzulegen.[71]

Der entsprechende Entwurf, der dem Reichstag schließlich im Dezember präsentiert wurde, war ausgesprochen konservativ. Das Parlament nahm daher in einigen Punkten ganz wesentliche Änderungen vor. So ersetzte es zum Beispiel das Pluralwahlrecht, das der Entwurf für die geplante Volksvertretung vorgesehen hatte, durch dass allgemeine und gleiche Wahlrecht. Außerdem machte der Reichstag die Einführung der drei reichsländischen Bundesratsstimmen zur Vorbedingung für seine Zustimmung zu dem Entwurf. Die elsasslothringischen Abgeordneten waren mit dem so erreichten Ergebnis keinesfalls zufrieden. Besonders die Tatsache, dass sich der Reichstag auf Drängen des Kanzlers mit der Einrichtung der Ersten Kammer und dem Vetorecht des Kaisers gegen ihm missliebige Landesgesetze abgefunden hatte, sorgte für großen Unmut unter ihnen. In der Absegnung dieser Strukturmerkmale sahen sie genauso wie in dem gleichzeitigen Beharren auf dem allgemeinen Wahlrecht eine rein taktische Überlegung der großen Parteien, die mit einer besonnenen Berücksichtigung der Bedürfnisse vor Ort nicht viel zu tun hatte. Bei der Abstimmung über den Schlussentwurf stimmten denn auch sieben der elf elsasslothringischen Abgeordneten mit Nein, und das, obwohl die Einführung einer eigenen Landesverfassung ja seit der Annexion zu den Kernforderungen der lokalen Politikvertreter gehört hatte.[72]

Hinter dieser Zustimmungsverweigerung steckte folglich ein genereller Protest dagegen, wie die Verfassungsverhältnisse des Reichslandes von den Berliner Entscheidungsstellen behandelt wurden, nämlich als Spielball der eigenen Machtkämpfe. Diese Einstellung gegenüber der Peripherie des Reiches war kein Zufall. Da alle politischen Kräfte die föderalen Strukturen der Reichsverfassung vor allem als ein Machtinstrument begriffen, wie wir im Laufe dieses Buches immer wieder gesehen haben, war es nur logisch, dass das Hauptaugenmerk sowohl der Reichsregierung als auch des Reichstages im Umgang mit Elsass-Lothringen und den Kolonien nicht darauf lag, diese so gut wie möglich in die bundesstaatliche Ordnung einzubetten, sondern darauf, durch die Organisation dieser Territorien einen Vorteil zu erlangen. Die Interessen, die sie dabei antrieben, mussten noch nicht einmal zwingend etwas mit dem Machtkampf zwischen Monarchisten und Parlamentarisierungsanhängern zu tun haben. Im Gegenteil: Häufig waren die Motive, die hinter der Einrichtung der Regierungsstrukturen in der imperialen Peripherie steckten, nicht innen-, sondern geo- und wirtschaftspolitischer Natur. Es lohnt sich daher, abschließend noch einen kurzen Seitenblick auf diese beiden Faktoren zu werfen.

Bei der Angliederung der von Frankreich eroberten Provinzen an das Reich spielten militärstrategische Überlegungen eine ganz zentrale Rolle. Nachdem die Annexion erfolgt war, bestand sowohl die militärische als auch die zivile Führung des Reiches darauf, Elsass-Lothringen zumindest für die ersten Jahre unter die direkte Kontrolle der kaiserlichen Reichsleitung zu stellen, um so eine verlässliche Pufferzone zu schaffen, die das Reich im Fall eines französischen Revancheangriffs schützen könnte. Bismarck erläuterte diese Sichtweise 1874 im Reichstag, als er auf die Beschwerde der elsässischen Abgeordneten einging, dass das Reich die Universität Straßburg nur aus nationalem Interesse errichtet habe: „In der That, wir haben die Universität im Interesse der Reichspolitik angelegt, wie wir denn überhaupt diese ganzen Landestheile lediglich im Interesse der Reichspolitik Deutschland einverleibt haben [...] Im Reichsinteresse haben wir diese Länder in einem guten Kriege, in einem Vertheidigungskriege, wo wir uns unserer Haut zu wehren hatten, erobert; nicht für Elsaß-Lothringen haben unsere Krieger ihr Blut vergossen, sondern für das Deutsche Reich, für seine Einheit, für den Schutz seiner Grenzen. Wir haben diese Länder an uns genommen, damit die Franzosen bei ihrem nächsten Angriff, den Gott lange hinausschieben möge, den sie aber doch planen, die Spitze von Weißenburg nicht zu ihrem Ausgangspunkt haben, sondern damit wir ein Glacis haben, auf dem wir uns wehren können, bevor sie an den Rhein kommen."[73]

Quer durch die bürgerlichen Parteien teilten die allermeisten Abgeordneten diese Auffassung. Elsass-Lothringen galt einfach als zu wichtig für die geopolitische Absicherung des neuen Nationalstaates, als dass man das Experiment hätte wagen wollen, den gerade annektierten Gebieten gliedstaatliche Unabhängigkeit zu gewähren – zumal die anfängliche Stärke der Protestpartei keinen Zweifel darüber ließ, wie unzufrieden die lokale Bevölkerung mit der Annexion war. Aus diesen Gründen segnete der Reichstag mit der Annahme des Vereinigungsgesetzes den Sonderstatus des Reichslandes ohne großen Streit ab. Auch in den folgenden vier Jahrzehnten stachen Sicherheitsüberlegungen strukturelle Bedenken immer wieder aus. Wiederholt unterstützte das Parlament die Reichsregierung durch die Bewilligung der entsprechenden Legislativakte dabei, Elsass-Lothringen unter Einsatz aller möglichen Behelfskonstruktionen die volle Autonomie eines Einzelstaates vorzuenthalten. So wurde aus dem Provisorium eines Reichslandes unter Zentralverwaltung schließlich eine Dauerlösung. Nicht zu Unrecht sprach der elsässische Sozialdemokrat Jacques Peirotes in seiner oben ausführlich geschilderten Rede zu den Zaberner Vorfällen noch 1913 davon, dass angesichts der „militärischen Nebenregierung" im Reichsland „das Wort, das

Bismarck einst [gesprochen habe], wonach Elsaß-Lothringen nur ein Glacis sein [solle], [...] heute in der Tat erfüllt [sei]".[74]

Für die Regierungsstrukturen der Schutzgebiete waren neben geopolitischen Überlegungen vor allem wirtschaftliche Interessen entscheidend. Das Schutzgebietsgesetz wurde 1886 von einer äußerst breiten parlamentarischen Mehrheit angenommen, die von den Linksliberalen bis zu den Konservativen reichte. Nur die Zentrumspartei und die Sozialdemokraten stimmten mehrheitlich gegen die Lösung, die Kolonien direkt dem Kaiser zu unterstellen. Die parteiübergreifende Mehrheit formierte sich vor allem deswegen, weil die meisten Abgeordneten ihre Entscheidung über die Organisationsform der Kolonien danach richteten, was für Handel und Gewerbe am zuträglichsten war. Ein koloniales Zentralregime unter der direkten Kontrolle der Reichsregierung galt gemeinhin schon deshalb als notwendig, um Handelsrouten und Exportmärkte mit der ganzen exekutiven – und nicht zuletzt militärischen – Macht der Nation abzusichern. Solch pragmatische Überlegungen ließen kaum Raum für das grundsätzliche Bedenken, dass der Sonderstatus der Schutzgebiete mit der föderalen Verfassungsordnung nicht wirklich vereinbar war. Diese Vernachlässigung verfassungsrechtlicher Strukturfragen ist umso bemerkenswerter, als in dem zuständigen Parlamentsausschuss mit den national- beziehungsweise linksliberalen Abgeordneten Georg Meyer und Albert Hänel zwei der renommiertesten Staatsrechtler der Zeit saßen. Angesichts der messerscharfen Studien, mit denen diese beiden Fachmänner die Reichsverfassung im Laufe ihrer Karriere sezierten, wie wir im vorhergehenden Kapitel gesehen haben, kann kein Zweifel daran bestehen, dass sie sich darüber bewusst waren, wie problematisch es für das föderale Gefüge des Reiches war, Territorien anzugliedern, die unter Zentralverwaltung stehen sollten. Dass sie dennoch diese Lösung unterstützten und alle dadurch zu erwartenden Strukturprobleme willentlich in Kauf nahmen, ließ erkennen, wie gering die Wertschätzung für die föderale Grundordnung des Reiches war. Selbige zu verletzen, um anderen, in diesem Fall wirtschaftlichen Interessen gerecht zu werden, sahen selbst die Verfassungsexperten nicht als allzu großes Problem an.[75]

Genau wie die Entwicklung der föderalen Entscheidungsstrukturen im Zentrum des Reiches waren dessen Beziehungen zur imperialen Peripherie also von einem Mangel an Respekt gegenüber dem bundesstaatlichen Charakter der Verfassung geprägt. Die föderalen Strukturen des Reiches waren für die meisten politischen Akteure nicht viel mehr als ein Machtinstrument, das sie zur Verwirklichung ihrer jeweiligen Ziele nach Belieben manipulieren und umgehen konnten, wie wir in diesem und in den vorherigen Kapiteln immer wieder gesehen haben. Eben aus diesem Grund bot die Reichsverfassung nicht die Art von unantastbarem Rahmen, der gar keine andere Wahl gelassen hätte, als Elsass-Lothringen und die Kolonien auf föderaler Basis in das Reich zu integrieren. Stattdessen ließ sie genug Spielraum, um diese umstrittensten Teile des Reichsterritoriums nur behelfsmäßig mit dem föderalen Kerngebiet zu verbinden. In dem dadurch geschaffenen Flickwerk destabilisierte die Peripherie das Zentrum immer wieder durch den bloßen Umstand, dass sie existierte.

# Schluss: Der ewige Bund im Strom der Zeit

Die Gründung des Deutschen Kaiserreiches war Bismarcks Versuch, die Zeit einzufrieren. Unter seiner Anleitung überführte der Einigungsprozess die Kräftekonstellation eines ganz bestimmten historischen Moments in einen vermeintlich „ewigen Bund", nämlich jenes Moments, in dem die Kriege gegen Dänemark, Österreich und Frankreich einerseits den preußischen Heereskonflikt zwischen Krone und Parlament zugunsten der Monarchie und andererseits den Dualismus zwischen dem Habsburger- und dem Hohenzollernstaat zugunsten Preußens entschieden hatten. Das Medium dieses Prozesses war die Reichsverfassung. Aus diesem Grund standen deren föderale Strukturen von Anfang an im Zentrum des Widerstreits jener unitarischen und bündischen, hegemonialen und partikularistischen, monarchischen und parlamentarischen Kräfte, die durch das spezielle strukturelle Gefüge des ersten deutschen Bundesstaates eigentlich ausgeglichen werden sollten.

Die Entwicklung, die dieses Verfassungssystem in den Jahrzehnten nach der Reichsgründung nahm, war denn auch maßgeblich davon bestimmt, dass die wichtigsten politischen Akteure die föderalen Strukturen des Reiches als bloßes Machtmittel ansahen, das sie zur Förderung ihrer jeweiligen Ziele nach Belieben manipulieren konnten. Die daraus resultierenden Konflikte beförderten die Zentralisierung staatlicher Kompetenzen, die Monarchisierung des Kaiseramtes, die Nationalisierung des Bundesrates und die Parlamentarisierung der Reichsgewalt, mithin die vier grundlegenden Wandlungsprozesse, die dafür sorgten, dass die seltsame, in den Schein eines Fürstenbundes gehüllte Mischordnung der Anfangsjahre im Laufe der Zeit zu einer Reichsmonarchie heranwuchs. Da sich die föderalen Entscheidungsstrukturen dabei fortwährend umformten, kam das Verfassungssystem nie zur Ruhe. Politische Macht flackerte ständig zwischen den verschiedenen Regierungsorganen und -ebenen hin und her. In der ersten Lebenshälfte des Reiches gab die alles überragende Figur Bismarcks diesem unruhigen System Halt. Als der zentrale Strippenzieher abtrat, häuften sich die Koordinationsprobleme. Die Föderalordnung war durch die kontinuierliche Erweiterung und Verflechtung ihrer Strukturen aber mittlerweile derart integriert, dass der Bundesbau auch in der Wilhelminischen Ära trotz aller politischen Krisen nicht einstürzte. So wacklig er teilweise im Innern war, so stabil war er als Gesamtsystem nach außen. Erst unter dem Druck der Niederlage im Ersten

Weltkrieg fiel er gemeinsam mit der Monarchie in sich zusammen und machte den Weg frei für eine parlamentarische Regierung.

Diese spannungsgeladene Entwicklung des Bundesstaates beeinflusste alle wichtigen Fragen der politischen Geschichte des Kaiserreiches. Angesichts der vielen Wendungen, die diese Geschichte nahm, und der Tragödie, in der sie endete, war Bismarcks Versuch, die Uhr anzuhalten, also letztlich fulminant gescheitert. Das hatte einen ganz bestimmten Grund. Als Teil der dynamischen politischen Kultur, aus der sie hervorging und in der sie existierte, war die Reichsverfassung ständig im Fluss und daher nicht in der Lage, einen bestimmten historischen Moment auch nur einen Tag lang festzuhalten, geschweige denn, zu verewigen. Wie alle Verfassungen vor und nach ihr war sie kein unbeweglicher Fels im Strom der Zeit, sondern Teil des Wassers, das in diesem wilden Fluss ständig durcheinandergewirbelt wird.

## I. Ein föderaler Sonderweg?

Inwiefern war die föderale Evolution des Kaiserreiches „typisch deutsch"? Was unterschied sie von der Entwicklung der anderen beiden großen Bundesstaaten des ausgehenden 19. Jahrhunderts, den Vereinigten Staaten von Amerika und der Schweiz? Hier ist nicht der Ort, um einen großangelegten Vergleich zu unternehmen, der die drei Staaten detailliert gegenüberstellt. Eine solch komparative Analyse bedarf einer eigenen, vermutlich sogar mehrbändigen Studie. An dieser Stelle aber können zumindest einige besonders markante Unterschiede hervorgehoben werden. Auch wenn eine solche Betrachtung notwendigerweise nicht in die Tiefe zu gehen vermag, so erlaubt sie uns doch, einige aufschlussreiche Rückschlüsse auf die Einzigartigkeit der Föderalentwicklung des Kaiserreiches zu ziehen.

Der offensichtlichste Unterschied zu den beiden republikanischen Föderalordnungen war die Tatsache, dass der Bundesstaat des Kaiserreiches ein monarchisches Regierungssystem besaß. Das Kaiserreich war der einzige größere Versuch, den es im Europa der Moderne gab, einen nationalen Bundesstaat aus mehreren souveränen Monarchien zu formen – und dieser Versuch schlug letzten Endes fehl. Sogar Bismarck, der unbestrittene Großmeister der Staatskunst des 19. Jahrhunderts, vermochte nicht, eine Formel zu finden, die die unteilbare Natur monarchischer Souveränität mit dem machtteilenden Wesen des Föderalismus so unter einen Hut brachte, dass sie sich harmonisch ergänzten statt durch ihre Gegensätze das Gesamtsystem zu verunsichern. Sein innovativer Ansatz, dieses staatsorganisatorische Dilemma zu lösen, indem er das Reich nicht als eine Gemeinschaft von Staaten, sondern als einen Bund von Fürsten konstruierte, eröffnete zwar ganz neue Möglichkeiten, eine Bundesstaatsordnung zu strukturieren und zu managen, das gewünschte Ziel verfehlte dieser Trick aber dennoch. Jene föderalen Strukturen, die dafür gedacht waren, die monarchischen Regierungen vor dem Parlamentarismus zu schützen, begannen sich aufzulösen, sobald die Tinte unter der Verfassung getrocknet war. Ständig mussten die jeweiligen Sicherheitseinrichtungen daraufhin um- und fortgebildet werden. Dem Andrängen des Reichstages konnten diese letzten Endes aber dennoch nicht widerstehen. Spätestens, als sich unter dem Druck des Ersten Weltkrieges die Parlamentarisierung Bahn brach, stellte sich der „Beruf", den der Rechtshistoriker Georg Waitz nach dem Scheitern der 1848er-Revolutionen zur historischen Aufgabe Deutschlands erklärt hatte, nämlich „die konstitutionelle Monarchie in der Form des Bundesstaates zu entwickeln", als eine „Mission Impossible" heraus.[1]

Tatsächlich war das monarchische Wesen des ersten deutschen Bundesstaates einer der Hauptgründe für dessen erratische Entwicklung. Denn es bedingte automatisch, dass sich die Kräfte, die das monarchische Prinzip bewahren wollten, und diejenigen, die auf eine parlamentarische Regierungsordnung drängten, einander in einem ständigen Konflikt gegenüberstanden: Zur Durchsetzung ihrer jeweiligen Interessen waren sie gezwungen, die föderalen Strukturen des Verfassungssystems zu verbiegen, zu verstärken oder auszuhöhlen, sprich: als ein Kampfmittel in der Auseinandersetzung um die Regierungsgewalt zu behandeln. Folglich war nicht etwa Recht oder Zweckmäßigkeit, sondern Machtkalkül der wichtigste Antriebsmotor der Evolution des Bundesstaates. Für die kaiserliche Reichsregierung ging es im Verbund mit den einzelstaatlichen Regierungen darum, sich so gut wie möglich hinter dem Bundesrat und dem föderalen Beziehungsgeflecht, das diesen umgab, zu verschanzen. Für den Reichstag ging es dagegen darum, eben diesen Schutzwall aufzubrechen und sich so einen direkten Zugriff auf die exekutiven Entscheidungsträger zu verschaffen.

Einen nennenswerten Eigenwert maßen beide Seiten der bundesstaatlichen Organisation des Reiches derweil nicht zu. Die Regierungen der Einzelstaaten hatten sich im Rahmen der Reichsgründung nur deshalb dazu bereit erklärt, die Einrichtung eines Bundesstaates anstelle einer staatenbündischen Neuauflage des Deutschen Bundes zu akzeptieren, weil sie ob der Hegemonie Preußens und dem Vordrängen des Liberalismus zum einen die Gründung eines kleindeutschen Nationalstaates ohnehin nicht verhindern konnten und zum anderen keine andere Möglichkeit sahen, um die Souveränität der Fürsten in einen solchen hinüberzuretten. Und der verfassungsgebende Reichstag hatte vor allem aus der Angst heraus zugestimmt, dass ein Bestehen auf den unitarischen Idealen der Liberalen die Vereinigung Deutschlands nach 1848 zum zweiten Mal kurz vor Schluss scheitern lassen könnte.

Die Grundeinstellung, die in den republikanischen Bundesstaaten gegenüber dem Föderalismus vorherrschte, war eine komplett andere. In den USA wurde die föderale Organisation des Nationalstaates von Anfang an nicht zuletzt als eine Vorkehrung zum Schutz individueller Freiheit vor einer willkürlichen Ausuferung staatlicher Gewalt begriffen. In ihrer faszinierenden Studie *The Ideological Origins of American Federalism* spricht die in Chicago lehrende Rechtshistorikerin Alison LaCroix mit Blick auf die Gründungsepoche der Vereinigten Staaten von einer „föderalen Ideologie", die in der „Überzeugung" bestand, „dass in einem Staatswesen legitim mehrere unabhängige Regierungsebenen bestehen können und dass solch ein Arrangement kein Mangel ist, den es zu beklagen gilt, sondern eine Tugend, die man feiern muss". Sogar jene amerikanischen Gründerväter, die eine deutlich zentralistischere Staatsordnung bevorzugt hätten, vertraten den Standpunkt, dass – so Alexander Hamilton ein Jahr nach Annahme der Bundesverfassung von 1787 – „die einzelstaatliche Staatsgewalt inhärente Vorteile [besitze], die [...] die Möglichkeit unrechtmäßiger Übergriffe der Zentralgewalt für alle Zeit [verhindere]".[2]

In dem 1848 gegründeten Schweizer Bundesstaat gehörte der Föderalismus wiederum zu einem über Jahrhunderte gewachsenen „Ideengeflecht", durch das sich die Eidgenossenschaft von den homogenen Nationalstaaten absetzte, die um sie herum existierten oder zu entstehen begannen, wie zum Beispiel der amerikanische Historiker Jonathan Steinberg in seinem Standardwerk *Why Switzerland?* gezeigt hat. Die tradierten föderalen Strukturen genossen dementsprechend einen ganz besonderen Respekt, waren sie es doch, die sicherstellten, dass die unterschiedlichen nationalen, konfessionellen, sprachlichen und kulturellen Gruppen ihre Eigenständigkeit weitgehend behalten und die Eidgenossenschaft als Ganzes ihre politische Unabhängigkeit gegenüber dem Ausland behaupten konnte. Ausgerechnet ein deutscher Immigrant formulierte diese positive Grundhaltung gegenüber dem Föderalismus besonders deutlich. Der radikalliberale Rechtsprofessor Wilhelm Snell, der in den 1820er-Jahren in die Schweiz ausgewandert war, weil man ihm in seiner hessischen Heimat die Lehrerlaubnis entzogen hatte, schrieb 1859 in seinem Hauptwerk *Naturrecht* mit einem deutlichen Seitenblick auf sein Gastland: „Der Bundesstaat [...] ist die eigenthümliche Form des repräsentativen Freistaates für ein großes Volk, [weil] sie [...] die freieste individuelle Entwicklung und den regsamsten Wetteifer kleiner Republiken mit den Vortheilen größerer Staaten, namentlich mit einer tüchtigen Gesammtkraft nach Außen, und der Möglichkeit großer, gemeinsamer Nationalanstalten im Innern [verbindet]."³

Derartige Respektsbekundungen gegenüber dem Bundesstaat gab es im Kaiserreich so gut wie gar nicht. Zu keiner Zeit und in keinem politischen Lager herrschte dort in nennenswertem Ausmaß eine aufrichtige, nicht durch irgendwelche anderen Motive bedingte Wertschätzung des Reichsföderalismus. Selbst die Zentrumspartei schwang sich mit den Jahren ja vor allem deswegen zum Verteidiger des Föderalismus auf, weil sie darin eine Möglichkeit sah, sich politisch gegenüber den anderen, bis auf die Konservativen allesamt ausgesprochen unitarisch orientierten Parteien zu profilieren, die Dominanz des protestantischen Hegemonialstaates Preußen nicht ausufern zu lassen und den vornehmlich in den Südstaaten beheimateten katholischen Teil der Reichsbevölkerung zu schützen.

Zwischen dem monarchischen Bundesstaat des Kaiserreiches und seinen republikanischen Cousins in den USA und der Schweiz bestand also ein ganz erheblicher Unterschied hinsichtlich der in den jeweiligen politischen Systemen vorherrschenden Grundeinstellung gegenüber dem Föderalismus. Darüber hinaus lassen sich aber auch zahlreiche wichtige strukturelle und kontextuelle Gegensätze ausmachen. Der erste Teil dieses Buches hat gezeigt, dass die Vereinigung Deutschlands in Form eines Bundesstaates nur auf einer relativ schwachen Legitimitätsgrundlage beruhte. Die föderale Ordnung, die die Reichsgründung schuf, konnte sich angesichts des staatenbündischen Charakters des gerade aufgelösten, in liberalen Kreisen förmlich verhassten Deutschen Bundes und der weithin belächelten föderalen Vergangenheit des Heiligen Römischen Reiches auf keine historische Tradition berufen, die positiv konnotiert war. Auch das monarchische Prinzip und der Parlamentarismus taugten nur bedingt als Legitimationsquelle. Schließlich wurden beide im Laufe des Einigungsprozesses durch die preußischen Annexionen, die 180-Grad-Wende der Liberalen im preußischen Heereskonflikt und den Opportunismus des verfassungsgebenden Reichstages ganz erheblich kompromittiert.

Derartige Legitimationsprobleme waren den föderalen Systemen der Schweiz und der USA fremd, da sich diese direkt auf die Geschichte beziehungsweise die Demokratie berufen konnten. In den Schweizer Alpen hatten die Kantone schon seit Jahrhunderten einen direktdemokratisch geprägten Verbund gebildet. Der 1848 geschaffene Bundesstaat knüpfte unmittelbar an diese Tradition an. Er verstand sich als Nachfolger der bis ins 14. Jahrhundert zurückreichenden Alten Eidgenossenschaft und des Schweizer Staatenbundes, der diese 1815 ersetzt hatte. Das zentrale Regierungsorgan des Staatenbundes, die sogenannte Tagsatzung, formte 1848 den Revisionsausschuss, der die Verfassung für den Schweizer

Bundesstaat ausarbeitete. Dieses neue Staatsgrundgesetz wurde darüber hinaus durch die direkteste aller möglichen Methoden zur Einbindung des Volkes legitimiert, nämlich durch kantonale Volksentscheide.[4]

Die USA konnte bei ihrer Gründung auf keine eigene Vorgeschichte zurückgreifen. Dafür bezog sie sich umso stärker auf republikanische Traditionen. John Pocock hat gezeigt, dass sich die amerikanische Revolution und die spätere Verfassungsgebung in einer Gedankenwelt vollzogen, deren Wurzeln bis in die Florentinische Renaissance zurückreichten. Die Bildung der Vereinigten Staaten war daher laut Pocock der „letzte Akt der bürgerlichen Renaissance". Es war aber nicht nur die intellektuelle Tradition, die dem amerikanischen Bundesstaat starke republikanische Wurzeln gab. Die politischen Vorgänge der Gründerzeit verflochten den Föderalismus nämlich ganz eng mit dem Republikanismus. Die Dreizehn Kolonien schlossen sich ja gerade deshalb zu einem Staatenverbund zusammen, um sich von den Ketten der britischen Monarchie zu lösen und eine unabhängige Republik zu gründen. Als sich anderthalb Jahrzehnte nach der Unabhängigkeitserklärung von 1776 die anfangs gebildete Konföderation als zu schwach erwiesen hatte, um das dauerhafte Überleben der Republik als staatlicher Einheit zu sichern, formten die Einzelstaaten eine engere, *föderale* Union. Die von Volksvertretern auf dem Konvent von Philadelphia ausgearbeitete und durch ein mehrstufiges demokratisches Verfahren angenommene Verfassung schuf 1787 den ersten republikanischen Bundesstaat der Welt. Föderale Staatsorganisation und republikanisches Regierungssystem verschmolzen so zu einer untrennbaren Einheit, die eine ganz konkrete, eigene Idee von politischer Freiheit verkörpert. Diese „Freiheit", so der Cambridge Historiker David Reynolds, wurde gewissermaßen „in das Gewebe des amerikanischen Föderalismus eingewoben".[5]

Angesichts dieser starken Legitimationsquellen war es für den amerikanischen und den Schweizer Bundesstaat nicht nötig, die staatsrechtliche Realität des föderalen Systems in den Schleier einer vermeintlich legitimationsstiftenden Fiktion zu hüllen. Zwar pflegten auch sie mit dem Rütli-Schwur sowie mit den Pilger- und Gründungsvätern wirkmächtige Ursprungsmythen. Keiner davon spielte im föderalen Regierungsbetrieb aber eine so konkrete Rolle wie die Legende vom Fürstenbund im Kaiserreich. Eine Legitimationsquelle teilten die drei Bundesstaaten allerdings, nämlich Krieg. Genauer gesagt: Die Gründung beziehungsweise Konsolidierung der Föderalordnungen in der Schweiz und den USA involvierten genauso wie die Reichsgründung Bürgerkriege. In dieser Hinsicht war der Deutsch-Deutsche Krieg von 1866 nichts Besonderes. Der Impulsgeber für die Umformung des alten helvetischen Staatenbundes in einen Bundesstaat war der Sonderbundskrieg im November 1847. Auslöser dieses Konfliktes war die Abspaltung sieben katholischer Kantone, die eine neue Allianz, den sogenannten Sonderbund, bildeten. Der anschließende Krieg dauerte nicht länger als drei Wochen und forderte lediglich 86 Todesopfer. Aufgrund dieser überschaubaren Ausmaße hat ihn der amerikanische Historiker Joachim Remak als einen „very civil war" bezeichnet. Die Auswirkungen des Krieges waren freilich alles andere als gering. Unter dem Eindruck des Zerfalls des alten Staatenbundes ignorierte das Bundesparlament die Regeln zur Änderung des bestehenden Bundesvertrages und schuf innerhalb der nächsten zehn Monate eine neue Verfassung, die den modernen Schweizer Bundesstaat aus der Taufe hob.[6]

Die Geschichte der Vereinigten Staaten begann mit dem Unabhängigkeitskrieg der Dreizehn Kolonien vom Britischen Empire im April 1775. Zumindest bis zur Bekanntmachung der Unabhängigkeitserklärung am 4. Juli des nächsten Jahres war dieser revolutionäre Aufstand ein Bürgerkrieg, wie zum Beispiel der in Harvard lehrende britische Globalhistoriker David Armitage argumentiert hat. Ein noch größerer Bürgerkrieg folgte knapp hundert Jahre später. Der Ausdehnungs- und Integrationsprozess, den die USA im 19. Jahrhundert durchlief, umfasste mit dem Amerikanischen Bürgerkrieg zwischen 1861 und 1865 den wohl ersten totalen Krieg der Geschichte. Und dieser Konflikt hing eng mit dem föderalen Charakter der USA zusammen. Nord- und Südstaaten unterschieden sich in ihren Wirtschafts- und Sozialstrukturen, politischen Werten und gesellschaftlichen Bräuchen stark. Das Festhalten des Südens an der Institution der Sklaverei war einer der wichtigsten Gegensätze. Nachdem die Auseinandersetzungen zwischen Nord und Süd über Jahre immer schärfer wurden, erklärten schließlich sieben Südstaaten ihren Austritt aus den Vereinigten Staaten und gründeten die Konföderierten Staaten von Amerika. Der anschließende Krieg zog sich über vier lange Jahre hin und kostete ungefähr 700 000 Menschen das Leben. Am Ende siegte die alte Union und die Sklaverei wurde abgeschafft. In den folgenden anderthalb Jahrzehnten, der sogenannten „Reconstruction Era", wurde die nationale Einheit zumindest institutionell wiederhergestellt. Die Befugnisse der Bundesregierung wurden dabei auf Kosten der Einzelstaaten vergrößert und die Bürgerrechte – jedenfalls formal – auf die befreiten Sklaven ausgeweitet. Durch den Anstoß dieser Reformen veränderte der Bürgerkrieg die föderalen Strukturen der USA nachhaltig.[7]

Teil I dieses Buches hat ferner gezeigt, dass der Prozess der Reichsgründung Preußen zur unangefochtenen Hegemonialmacht des neuen deutschen Bundesstaates machte. Dessen Cousins in Übersee und in den Alpen wiesen nicht einmal ansatzweise ein derartiges Geburtsmal auf. Im Gegenteil: Da die beiden republikanischen Bundesstaaten durch die gemeinsamen Anstrengungen der Abgesandten aus den Volksvertretungen der Einzelstaaten beziehungsweise durch die Arbeit einer Verfassungskommission des Bundesparlamentes entstanden, und nicht durch die Expansionspolitik der monarchischen Regierung einer alle anderen künftigen Bundesglieder bei Weitem in den Schatten stellenden Großmacht, produzierten die jeweiligen Gründungsprozesse keine hegemonialen, sondern egalitäre Föderalstrukturen. Am deutlichsten schlug sich dieser Umstand im Aufbau der Verfassungsorgane nieder, die jeweils zur Einbindung der Einzelstaaten in den nationalen Willensbildungsprozess eingerichtet wurden. Im Gegensatz zum Bundesrat des Kaiserreiches, wo die unterschiedliche Stimmgewichtung die Vormachtstellung Preußens gegenüber den anderen Ländern strukturell absicherte, saßen im Schweizer Ständerat und im amerikanischen Senat von Anfang an aus jedem Mitgliedsstaat zwei Repräsentanten mit je einer Stimme. Bekanntlich ist das auch heute noch der Fall. Einzige Ausnahme sind – mit je einem Vertreter und einer Stimme – die sechs Schweizer Halbkantone, die wir später noch genauer in den Blick nehmen werden.[8]

Die Schweizer Verfassungsväter bewahrten bei der Umwandlung des staatenbündischen in ein bundesstaatliches System nach dem Sonderbundskrieg ganz bewusst viele egalitäre Maßnahmen, die bereits Anfang des 19. Jahrhunderts getroffen worden waren, als die Schweiz unter französischer Vormundschaft gestanden und sich nach Vorbild der Grande Nation zu einer Helvetischen Republik erklärt hatte. So hielt man 1848 insbesondere an der Abschaffung der komplizierten Rangfolge der bis 1799 bestehenden Alten Eidgenossenschaft fest, die ihre Mitglieder in souveräne Kantone, zugewandte Orte, gemeine Herrschaften, Schirmherrschaften und einzelörtische Untertanen von Länderorten und Zugewandten eingeteilt hatte. Der US-Kongress stellte wiederum durch verschiedene Legislativakte sicher, dass im Zuge der Ausdehnung des Bundesstaates nach Westen kein Mitgliedsstaat entstehen würde, der das Potenzial haben könnte, sich über die anderen zu erheben. So bestimmte zum Beispiel die Northwest Ordinance von 1787, dass das durch diesen Rechtsakt rund um die Großen Seen geschaffene Nordwest-Territorium in mehrere Staaten aufzuspalten und Letztere als gleichberechtigte Mitglieder in die Union aufzunehmen seien, sobald in den jeweiligen Gebieten die Bevölkerungsanzahl 60 000 Einwohner überschreiten sollte. Auf diese Weise gingen aus dem Territorium zwischen 1803 und 1848 die Staaten Ohio, Indiana, Illinois, Michigan und Wisconsin hervor, ohne das institutionelle Gleichgewicht des Föderalsystems groß durcheinander zu bringen.[9]

Die Bedingungen zur Gründung eines ausgewogenen Bundesstaatssystems waren in den USA und der Schweiz allerdings auch sehr viel günstiger als in Deutschland. Wie Teil I dieses Buches geschildert hat, waren die eigentümlichen, oft widersprüchlichen Föderalstrukturen der Reichsverfassung nicht zuletzt das

Resultat des verworrenen Pfades, den die Verfassungsgeschichte Deutschlands seit dem Wiener Kongress genommen hatte. Das Scheitern der Verfassungsprojekte, die im Kontext der Revolutionen von 1848 versucht hatten, die deutschen Einzelstaaten in einem Bundesstaat zu vereinen, warf lange Schatten auf die Entstehung der Reichsverfassung. Die Geschichte saß gewissermaßen immer mit am Verhandlungstisch. Das gab Bismarck die Möglichkeit, den Reichstag durch die Erinnerung an das Fiasko der Frankfurt Nationalversammlung dazu zu drängen, einer Neuordnung Deutschlands zuzustimmen, die in erster Linie monarchischen Interessen entgegenkam. Umgekehrt ließen sich die Liberalen von ihrer Angst vor einem wiederholten Scheitern der Gründung eines Nationalstaates dazu verleiten, der pragmatischen Kooperation mit der preußischen Monarchie viele ihrer wichtigsten Ideale zu opfern, wie zum Beispiel eine Garantie der Grundrechte, parlamentarisch verantwortliche Reichsminister oder eben eine unitarische Staatsorganisation.

Die Gründungen der föderalen Systeme der USA und der Schweiz mussten solche historischen Altlasten nicht schultern. Schließlich schufen die Verfassungen von 1787 und 1848 jeweils den ersten Bundesstaat in Nordamerika beziehungsweise den Schweizer Alpen. In den USA hatten zuvor die sogenannten Articles of Confederation gegolten, die die dreizehn Gründerstaaten nach der Loslösung von der englischen Krone in einen losen Staatenbund zusammengefasst hatten. Auch die Schweiz war vor ihrer staatsorganisatorischen Konversion auf Grundlage des Bundesvertrages, den die 22 Kantone 1815 geschlossen hatten, staatenbündisch organisiert gewesen. Schon davor hatten in der Alten Eidgenossenschaft und der sogenannten Mediationszeit staatenbündische Ordnungen bestanden, unterbrochen nur von dem kurzen zentralistischen Zwischenspiel der Helvetischen Republik. Traumatisch gescheiterte Versuche, die jeweiligen Teilstaaten in einem föderalen System enger miteinander zu verbinden, gab es in dieser staatenbündischen Vorgeschichte des Schweizer und US-Bundesstaates nicht. Die Entstehungsprozesse der beiden republikanischen Föderalverfassungen hatten folglich jeweils den Vorteil eines frischen Starts.[10]

Das hegemoniale, in vielen Teilen so eigentümliche und widersprüchliche Föderalgefüge, das die Reichsverfassung einrichtete, war allerdings nicht allein den historischen Umständen geschuldet. Dahinter standen auch politische Gründe. Am wichtigsten war die Tatsache, wie Teil I gezeigt hat, dass sich die Konstruktion der Verfassung einem ganz bestimmten Ziel unterordnete: dem Schutz monarchischer Macht. Die wichtigste Sicherheitsvorkehrung, die die Verfassung gegen einen Übergriff des Parlamentes auf die monarchische Exekutive traf, war die Einrichtung des Bundesrates. Selbigen machte sie zum zentralen Knotenpunkt des föderalen Regierungssystems, indem sie ihm viele der wichtigsten exekutiven, legislativen und judikativen Befugnisse des Reiches übertrug. Der amerikanischen und Schweizer Verfassung war eine solche gewaltenverbindende Machtkonzentration in einem Bundesorgan fremd. Gemäß dem republikanischen Ideal der Gewaltenteilung richteten sie ein System der „Checks and Balances" ein, das die verschiedenen Staatsfunktionen unter den Bundesorganen aufteilte und Letztere so zu gegenseitigen Kontrollinstanzen machte. Darüber hinaus schrieben die Verfassungen der USA und der Schweiz die republikanische Staatsform für alle Einzelstaaten ausdrücklich verpflichtend fest. Die Reichsverfassung kannte ein solches Homogenitätsgebot nicht. Statt eine entsprechende rechtliche Regelung aufzustellen, verließ sie sich darauf, dass die Grundkoordination zwischen den Bundesgliedern durch die Einheitlichkeit der monarchischen Eliten an der Spitze der Einzelstaaten und des Reiches bewahrt werden würde. Dieser Ansatz garantierte Letzteren zwar eine enorm große Flexibilität in ihrem Abwehrkampf gegen den Parlamentarismus. Er bedingte aber auch, dass selbst die Grundstrukturen der Verfassung nicht vor fundamentalen Veränderungen gefeit waren.[11]

Genau solche stellten sich denn auch bald nach der Reichsgründung ein, wie wir im zweiten Teil dieses Buches gesehen haben. Die ständige Ansammlung staatlicher Kompetenzen auf der Bundesebene erhob den Kaiser zu einem Reichsmonarchen, sorgte für die Entstehung einer diesem unterstehenden Reichsregierung, förderte deren Übernahme des Bundesrates und stärkte die Position des Reichstages gegenüber der Reichsexekutive. Kurzum: Die Zentralisierung ging Hand in Hand mit der Monarchisierung des Kaiseramtes, der Nationalisierung des Bundesrates und der Parlamentarisierung der Reichsgewalt. Im Laufe dieses mehrgliedrigen Wandlungsprozesses erhielten die verschiedenen Reichsorgane neue Funktionen, gaben alte auf und veränderten so ihre Stellung im föderalen Regierungsgefüge. Die kaiserliche Reichsregierung entwickelte sich zum Zentrum der Exekutive. Der Bundesrat sank zu einem bloßen Satellitenorgan herab. Und der Reichstag schwang sich zum direkten Gegenspieler des Kanzlers und der Leiter der Reichsämter auf. Ferner entstand um die Verfassungsorgane herum ein hoch komplexes Netz aus alternativen Entscheidungsstrukturen, durch die sich die einzelstaatlichen Regierungen in die nationale Willensbildung einbringen konnten. Besonders wichtig waren die Reichstagsausschüsse und die zahlreichen Sonderkommissionen, die die Reichsregierung einrichtete, um die wichtigsten Akteure des Regierungssystems, Interessenvertreter aus Wirtschaft und Gesellschaft sowie ausgewiesene Sachexperten bereits vor dem Start des offiziellen Gesetzgebungsverfahrens zu konsultieren.

Die beiden republikanischen Bundesstaaten erlebten im Laufe des langen 19. Jahrhunderts ebenfalls diverse Zentralisierungswellen. Washington erweiterte seine Autorität gegenüber den amerikanischen Gliedstaaten vor allem im Zuge des Wiederaufbaus der Union nach dem Bürgerkrieg. In der schon erwähnten Reconstruction Era zwischen 1865 und 1877 stellte der Kongress auf Betreiben der Republikaner die besiegten Südstaaten jeweils für einige Zeit unter militärische Zentralverwaltung. Gleichzeitig verabschiedete er mehrere Zusatzartikel zur Verfassung, die die im Krieg versprochene Emanzipation der Afroamerikaner umsetzen sollten. Durch diese Verfassungsreformen schuf sich der Kongress eigenmächtig die Befugnis, im Interesse von einzelnen Bürgern beziehungsweise Bürgergruppen in den Einzelstaaten einzugreifen. Dieses Interventionsrecht wurde zwar infolge mehrerer Urteile des Obersten Gerichtshofes, die die entsprechenden Bestimmungen äußerst eng auslegten, bald wieder beschnitten. Ein dreiviertel Jahrhundert später bildete es aber die Grundlage für die Gesetzgebung, die die Bürgerrechte in den 1950er- und 1960er-Jahren endlich auch für die schwarzen Amerikaner in den Südstaaten durchzusetzen versuchte.[12]

In der Schweiz führten Zentralisierungsbestrebungen seitens der Liberalen 1874 – also gerade einmal 26 Jahre nach Gründung des Bundesstaates – sogar zu einer Totalrevision der Verfassung. Diese Reform gab dem Bund vor dem Hintergrund des Kulturkampfes unter anderem das Recht, den Kantonen in Schulangelegenheiten bindende Vorschriften zu machen. Alfred Kölz hat in seiner monumentalen Schweizer Verfassungsgeschichte das neue Staatsgrundgesetz aus Sicht der nichtliberalen Teile der Eidgenossenschaft deshalb als ein „Diktat der Mehrheit" bezeichnet. Weitere Maßnahmen der Totalrevision waren eine Vereinheitlichung zahlreicher Rechtsgebiete und eine Zentralisierung der Militärbefugnisse, durch die die Möglichkeit entstand, eine gesamtschweizerische Armee aufzubauen. Zudem führte die Verfassungsreform ein Gesetzesreferendum auf eidgenössischer Ebene ein. Sechzehn Jahre später wurde zusätzlich ein Initiativrecht auf Teilrevision der Bundesverfassung geschaffen. Seitdem kann eine bestimmte Anzahl an Stimmberechtigten – gegenwärtig 100 000 – erzwingen, dass konkrete Vorschläge zur Abänderung einzelner Teile der Verfassung dem Volk und den Kantonen zur Abstimmung gestellt werden.[13]

Keine dieser Zentralisierungswellen in den USA und der Schweiz führte aber dazu, dass das jeweilige Verfassungsgefüge so wie im Kaiserreich komplett auf den Kopf gestellt wurde. Die Grundfunktionen, die die verschiedenen Bundesorgane im Zusammenspiel von Exekutive, Legislative und Judikative ausübten, blieben trotz aller Kompetenzverschiebungen zwischen den verschiedenen Regierungsebenen doch stets dieselben. Allerdings verzeichneten auch einzelne Teile der republikanischen Bundesstaatssysteme deutliche Machtzuwächse. Ganz besonders galt das für das Amt des amerikanischen Präsidenten. Der amerikanische Historiker Arthur Schlesinger Jr. hat in seinem 1973 veröffentlichten Standardwerk *The Imperial Presidency* argumentiert, dass im 19. Jahrhundert ein Prozess begonnen habe, durch den der US-Präsident heutzutage mehr Macht besäße, als ihm nach der Verfassung eigentlich zustehe. Die einzelnen Präsidenten hätten nämlich im Rahmen der verschiedenen kriegerischen Auseinandersetzungen, die die USA auf ihrem Weg zur Großmacht führten, Schritt für Schritt mehr Befugnisse an sich gezogen, die der Kongress nach Ende der jeweiligen Militärkonflikte zwar größtenteils, aber eben nicht ganz wieder habe zurücknehmen können. Dementsprechend habe die Anhäufung außenpolitischer Vorrechte in Kriegszeiten eine Vergrößerung des innenpolitischen Kompetenzbereiches des Präsidenten in Friedenszeiten bewirkt. So habe etwa Lincolns Entscheidung, im Amerikanischen Bürgerkrieg mit Verweis auf die nationale Notlage – ohne klare Grundlage in der Verfassung und ohne Autorisierung durch den Kongress – die Truppenstärke zu erhöhen, Beschlagnahmungen durchzuführen, die Presse zu zensieren und die Emanzipation der Sklaven zu proklamieren, die Rolle des Präsidenten als Oberkommandierender der Streitkräfte stark erweitert. Seitdem hätten alle seine Nachfolger Machtbefugnisse im Krieg wie im Frieden in Anspruch genommen, die ohne diesen Präzedenzfall nur schwer begründbar wären.

Dieses komplexe Argument kam nicht von ungefähr. Schlesinger schrieb sein Buch vor dem Hintergrund der umstrittenen Präsidentschaften Lyndon B. Johnsons (1963–1969) und Richard Nixons (1969–1974), denen er vorwarf, die verfassungsrechtlich festgelegten Grenzen ihres Amtes so stark zu überschreiten, dass selbiges außer Kontrolle geraten sei. Von daher muss man seine Ausführungen mit Vorsicht genießen. Dass das Präsidentenamt auf Kosten des Kongresses im Laufe der Zeit einen gewissen Aufstieg erlebte, der dem des Kaiseramtes durchaus ähnlich war, lässt sich allerdings nicht bezweifeln. Es ist kein Zufall, dass schon die Reichsstaatsrechtslehre diverse Studien hervorbrachte, die die beiden Verfassungsorgane miteinander verglichen, wie etwa Rudolph Steinbachs 1903 publizierte Arbeit *Die rechtliche Stellung des Deutschen Kaisers verglichen mit der des Präsidenten der Vereinigten Staaten von Amerika*.[14]

Eine der Hauptursachen für die unkoordinierte Entwicklung des deutschen Föderalsystems und die Unruhe, die infolgedessen in der Verfassungsordnung entstand, war deren Mangel an ordentlichen Kommunikationsforen. Wie wir in Teil II gesehen haben, war ein freier Austausch im Bundesrat nicht möglich, weil die einzelnen Gesandten an die Instruktionen ihrer jeweiligen Regierung gebunden waren. Regelmäßige Kabinettssitzungen des Kanzlers und der Chefs der Reichsämter wurden erst in den letzten beiden Jahren des Ersten Weltkrieges institutionalisiert. Und einen von der Verfassung vorgegebenen Rahmen für Verhandlungen zwischen dem Reichstag und den Regierungsstellen des

Reiches und/oder denen der Länder gab es nicht. Folglich musste die föderale Regierungsordnung immer wieder ad hoc verschiedene Strukturen ausbilden, die es ihren verschiedenen Teilen erlaubte, sich in ihrem gegenseitigen Ringen um Einfluss wenigstens so weit auszutauschen, wie es nötig war, um den föderalen Regierungsbetrieb am Laufen zu halten. Diese Praxis konnte verlässliche, durch die Verfassung unverrückbar vorgegebene und in ihren Kompetenzen sowie Prozederen klar definierte Konsultationseinrichtungen aber nicht ersetzen. Das Resultat war ein ständiges Zurechtbiegen der föderalen Entscheidungsprozesse, das die genauen Funktionen der Reichsorgane immer wieder veränderte und dadurch das System insgesamt äußerst flatterhaft machte.

Die USA und die Schweiz hatten derartige Probleme zumindest in diesem Ausmaße nie. Das lag nicht zuletzt daran, dass sie von vornherein adäquate Kommunikationsforen zur Koordination der verschiedenen Entscheidungsträger besaßen. Die Verfassungen der beiden republikanischen Bundesstaaten schufen mit dem Senat beziehungsweise dem Ständerat zwei zentrale Vertretungsorgane für die Gliedstaaten, in denen sich deren Delegierte frei austauschen konnten und können. Außerdem gab es jeweils von Anfang an reguläre Sitzungen eines offiziellen, in seinen Kompetenzen relativ klar umrissenen Regierungskabinetts des Bundes. In der Schweiz war und ist der konsultative Charakter der 1848 geschaffenen Bundesstaatsordnung besonders stark ausgeprägt. Die Regierung der Eidgenossenschaft bestand beziehungsweise besteht mit dem sogenannten Bundesrat aus einer Kollegialbehörde, deren sieben gleichberechtigte Mitglieder von der aus National- und Ständerat gebildeten Vereinigten Bundesversammlung gewählt wurden/werden. Die Verfassung von 1848 etablierte also nach dem Vorbild des Direktorialsystems der französischen Revolutionszeit ein Modell, das der Regierung die Form eines egalitären Parlamentsausschusses gab, sich – mit einigen Veränderungen hinsichtlich Zusammensetzung und Kompetenzausstattung – auch nach den Totalrevisionen von 1874 und 1999 bis heute gehalten hat und einzigartig auf der Welt ist.[15]

Da dem Verfassungssystem des Kaiserreiches eine ähnlich gute Grundausstattung an Kommunikationsforen fehlte, musste es mit der Zeit diverse, ganz grundlegende Behelfseinrichtungen entwickeln, um den wichtigsten Entscheidungsträgern des Reiches zu ermöglichen, sich direkt miteinander kurzzuschließen. Die Bedeutendsten waren die Reichstagskommissionen, in denen die parlamentarischen Fraktionen mit der Reichsregierung und den für die Zustimmung des Bundesrates entscheidenden Landesregierungen verhandeln konnten, und die Berliner Gesandtschaften der Einzelstaaten. Letztere sorgten nicht nur für eine kontinuierliche Berichterstattung an die Staatsministerien in den Landeshauptstädten, sondern stellten für gewöhnlich auch die Bevollmächtigten der jeweiligen Regierung im Bundesrat. Das dortige Entscheidungsverfahren war jedoch in großen Teilen manipuliert. Teil II dieses Buches hat in allen Einzelheiten aufgedeckt, wie bald nach der Reichsgründung ein komplexes Registrations- und Substitutionssystem entstand, das die Reichsregierung dazu befähigte, die preußische Bank zu übernehmen, das Abstimmungsverhalten der kleinstaatlichen Regierungen zu kontrollieren und den Bundesrat infolge der dadurch weitgehend in ihrer Hand liegenden Mehrheitsbildung zu einem willfährigen Instrument zu degradieren.

Eine derartige Entmachtung der Länderkammer war in den USA und der Schweiz unmöglich. Denn hier regelte die Verfassung im Zusammenspiel mit verschiedenen Gesetzen und Geschäftsordnungsbestimmungen die Zusammensetzung des Senates beziehungsweise des Ständerates sehr viel genauer. Das bedeutete natürlich nicht, dass es überhaupt keine Manipulationen der föderalen Strukturen gab. Ganz im Gegenteil. In den USA war in dieser Hinsicht die Blockade des Abstimmungsprozesses im Kongress besonders wichtig. Die Anwendung eines sogenannten Filibusters, das heißt die Praxis, die Abstimmung über eine bestimmte Angelegenheit durch schier endlose Redebeiträge zu verschleppen oder gar ganz zu verhindern, kennen wir noch heute. Man denke nur an die 21-stündige Rede, mit der der texanische Senator Ted Cruz 2013 versuchte, die Annahme von Obamacare zu vereiteln – und dabei so verzweifelt nach Redestoff suchte, dass er schließlich das Kinderbuch *Green Eggs and Ham* vorlas. Im 19. Jahrhundert erlebte der Filibuster seinen Höhepunkt. Nicht nur im Senat, wie es heute der Fall ist, sondern auch im Repräsentantenhaus kam es teilweise zu über einhundert Filibustern pro Jahr. Gregory Koger hat deshalb in seiner faszinierenden Studie über Sabotagepraktiken in den beiden Kongresskammern mit Blick auf die Zeit zwischen 1789 und 1901 von einer „Eskalation der Filibusteranwendung" gesprochen. Diese Ausuferung gefährdete insbesondere die Arbeitsfähigkeit des Repräsentantenhauses, da hier die Zahl der Abgeordneten im Zuge der Ausdehnung der USA nach Westen zwischen 1803 und 1901 von 141 auf 386 anstieg. 1842 entschied man sich deshalb dazu, das Instrument des Filibusters dort ganz zu verbieten.[16]

Auch in der Schweiz waren Manipulationen der föderalen Verfassungsordnung keine Seltenheit. Hier betrafen diese vor allem die Grundlagen des Wahlsystems. Die dominierende liberale Partei, der sogenannte Freisinn, erwies sich in der zweiten Hälfte des 19. Jahrhunderts immer wieder als Meister des sogenannten Gerrymandering. Mittels einer geschickten Kombination diverser Maßnahmen der Wahlkreismanipulation, wie zum Beispiel der Verdünnung von Oppositionsanteilen und der Bildung von Hochburgen, gelang es dem Freisinn wiederholt, seine politische Hegemonialstellung durch herausragende Wahlerfolge zu untermauern. Dem katholischen Luzerner Föderalisten und Rechtshistoriker Philipp Anton von Segesser stieß dies so bitter auf, dass er im Zusammenhang mit einer Wahlrechtsreform 1850 freiheraus erklärte: „Man überlasse mir, den Kanton Lucern in Wahlkreise einzutheilen und sage mir, welche Partei die Mehrheit haben soll, ich werde für jede eine Eintheilung machen können, dass sie die Mehrheit erhält."[17]

Wir müssen diese Beispiele der Systemmanipulation nicht näher beleuchten. Der entscheidende Punkt, um den es hier geht, ist die Tatsache, dass es auch in den republikanischen Bundesstaaten Praktiken gab, die verschiedene Teile des föderalen Systems zur Erreichung ganz bestimmter politischer Ziele manipulierten. So wichtig diese Praktiken im Einzelnen auch waren, hatten sie doch allesamt eine andere Qualität als die Herabstufung des Bundesrates zu einem Satellitenorgan der Reichsregierung. Der Filibuster und die Wahlkreisverschiebung verbogen die Regeln und Prozeduren der jeweiligen Verfassungsordnung zweifellos ganz erheblich. Deren grundsätzlichen föderalen Charakter stellten sie jedoch nicht infrage. Anders die Nationalisierung des Bundesrates. Die Übernahme der preußischen Bank durch die Reichsregierung und die faktische Zwangsentrechtung der Kleinstaaten durch das Substitutionssystem untergruben nämlich das grundlegendste Prinzip föderaler Organisation überhaupt: die Beteiligung der Länder am Willensbildungsprozess des Bundes.

Eine Institution, die diese grobe Rechtsverletzung hätte ahnden können, gab es nicht. Das Kaiserreich besaß keinen ordentlichen Staatsgerichtshof. Wie wir in Teil III dieses Buches gesehen haben, hatte dieser Mangel weitreichende Konsequenzen. Das eigentümliche Alternativsystem, das sich im Laufe der Jahre zur Beilegung von Verfassungsstreitigkeiten entwickelte, ersetzte rechtliche weitgehend durch politische Konfliktlösungsmechanismen. Daher spielten anderweitig motivierte Verhandlungen, Drohungen und Deals oft eine größere Rolle bei der Streitschlichtung als Recht und Gesetz. Zudem gab es unter den Reichsorganen ständig Dispute um unklare Befugnisse und Pflichten. Darüber hinaus verletzten Reichsgesetze fast routinemäßig die von der Verfassung eigentlich vorgeschriebene Verteilung staatlicher Kompetenzen zwischen der Bundes- und Landesebene. Am wichtigsten war jedoch, dass durch das Fehlen einer unabhängigen Verfassungsgerichtsbarkeit unbedeutende Rechtsfragen im Spannungsfeld der verschiedenen monarchischen, parlamentarischen, partikularistischen, unitarischen, hegemonialen und bündischen Fliehkräfte des Bundes immer wieder zu grundsätzlichen Machtfragen hochstilisiert wurden. Diese Politisierung rechtlicher Probleme untergrub die Verfassung so sehr, dass die föderale Regierungsordnung praktisch überhaupt keinen festen Rahmen an Regeln und Prozederen kannte. Folge war eben jene Ruhelosigkeit des Regierungssystems, die sich in der fortwährenden Umsortierung der föderalen Entscheidungsstrukturen äußerte und alle politischen Entscheidungen des Reiches auf die eine oder andere Art beeinflusste.

Diese Kette an Problemen war den USA und der Schweiz fremd, da beide über mächtige oberste Gerichtshöfe zum Schutz der Verfassung verfügten. Der amerikanische Supreme Court emanzipierte sich rasch von den bescheidenen Wurzeln, die ihm die Verfassung von 1787 gegeben hatte. Durch das Fallrecht, das er im Laufe des 19. Jahrhunderts schuf, etablierte er sich aus eigener Kraft neben dem Kongress und dem Präsidenten als drittes, gleichberechtigtes Bundesorgan. Schon 1803 stellte er die Doktrin des „Judicial Review" auf und nahm so für sich das Recht in Anspruch, Gesetze auf ihre Rechtmäßigkeit hin zu überprüfen. Auf Grundlage dieser Schlüsselbefugnis erweiterte er in den nächsten einhundert Jahren schrittweise den Geltungsbereich der Bundesgewalt, während er gleichzeitig die Rechte der Einzelstaaten gegen exzessive Zentralisierungstendenzen schützte. Durch dieses Ausbalancieren der verschiedenen Regierungsebenen spielte er für die föderale Entwicklung der Union im 19. Jahrhundert eine herausragende Rolle, wie zum Beispiel der 2005 verstorbene Vorsitzende des Richtergremiums William Rehnquist betont hat. Präsident Woodrow Wilson, der die USA durch den Ersten Weltkrieg führte, beschrieb den Supreme Court ob seines zentralen Beitrages zur Fortbildung des politischen Systems gar als einen „immerwährenden Verfassungskonvent". In der Tat kam und kommt der Oberste Gerichtshof mit der regelmäßigen Auslegung des Staatsgrundgesetzes eben jener Aufgabe nach, die die Gründerväter einst in der Präambel der Verfassung als eines der übergeordneten Ziele der Bundesstaatsgründung definiert hatten, nämlich „die Union zu vervollkommnen".[18]

Das Schweizer Bundesgericht stand nie so sehr im Scheinwerferlicht wie sein amerikanisches Pendant. Man darf seine Bedeutung deshalb aber nicht unterschätzen. Ursprünglich war das Gericht nur für schwerste Strafsachen – wie etwa Hochverrat – und privatrechtliche Streitigkeiten zuständig, in die der Bund und/oder die Kantone verwickelt waren. Das änderte sich 1874. Im Zuge der Totalrevision der Verfassung wurde das Gericht auch zur obersten Instanz für völkerrechtliche Vergehen sowie für Kompetenzkonflikte zwischen den Bundes- und Kantonalbehörden, staatsrechtliche Streitigkeiten zwischen den Kantonen und vermeintliche Bürgerrechtsverletzungen. Diese Zuständigkeitserweiterung machte das Gericht zum Schiedsrichter der föderalen Ordnung. Zum Hüter der Verfassung wurde es dagegen nicht. Es gewann nämlich anders als der amerikanische Supreme Court nie das Recht, die Verfassungsmäßigkeit von Bundesgesetzen zu überprüfen. Das lag vornehmlich daran, dass das direktdemokratische System der Schweiz ein richterliches Prüfungsrecht überflüssig machte und noch immer macht. Es galt der Grundsatz, dass jedes Bundesgesetz einer Volksabstimmung unterworfen werden musste, sobald eine bestimmte Anzahl von stimmberechtigten Schweizer Bürgern dies verlangte – so noch heute. Die revidierte Verfassung von 1874 setzte dafür ein Minimum von 30 000 Bürgern. In der Schweiz lag beziehungsweise liegt das Prüfungsrecht von Gesetzen also nicht beim obersten Bundesgericht, sondern beim Volk. Diese Aufteilung der verfassungsgerichtlichen Kompetenzen zwischen Gerichtsbehörde und Souverän stellte sich im Laufe der Zeit als derart stabilitätsstiftend heraus, dass die scharfen konfessionellen, linguistischen, nationalen und kulturellen Gegensätze der Schweiz das 1848 eingerichtete Föderalsystem auch in so angespannten Zeiten wie dem Kulturkampf in der zweiten Hälfte des 19. Jahrhunderts nicht zu sprengen vermochten.[19]

Teil III dieses Buches hat überdies gezeigt, wie problematisch das wichtigste intellektuelle Umfeld war, in dem sich die föderale Evolution des Kaiserreiches vollzog. Die Reichsstaatsrechtslehre wühlte die ohnehin unklaren Strukturverhältnisse des Bundesstaates durch ihre vielen Widersprüche, Zweifel und verdeckten Vorentscheidungen eher auf als sie zu beruhigen, zumal der Gegensatz zwischen dem, was die Staatsrechtler als Verfassungsrecht darstellten, und dem, was sich in der Verfassungswirklichkeit abspielte, von Jahr zu Jahr größer wurde. Verantwortlich für diese Probleme war vor allem die Methode, die das Denken der Verfassungsexperten dominierte: der Rechtspositivismus. Dieser Ansatz zwang die Staatsrechtler, sich allein auf die Analyse der in der Verfassung und den Gesetzen niedergelegten Rechtsnormen zu konzentrieren und ihre politischen, ethischen und sozialen Überzeugungen, wenn überhaupt, nur unterschwellig in ihre Interpretationen einfließen zu lassen. Folge war eine Debatte über die föderalen Grundlagen der Verfassung, die sich in abstrakten Details verlor, so gut wie keine Gewissheiten kannte und nicht einmal den Versuch unternahm, Vorschläge zur Weiterentwicklung des politischen Systems zu machen.

Die Rechtsdiskurse, die die Entwicklung der beiden republikanischen Bundesstaaten begleitete, waren sehr viel proaktiver. Ihr Hauptforum war nicht wie im Fall der Reichsstaatsrechtslehre die akademische, sondern die politische Öffentlichkeit. Dort trugen die Juristen häufig zu ganz konkreten Auseinandersetzungen bei. Die amerikanischen Verfassungsexperten beschäftigten sich vor allem mit der sich über das ganze Jahrhundert hinziehenden „states' right controversy", bei der es darum ging, welche Rechte den Einzelstaaten in der Union gegenüber der Bundesgewalt verblieben. Besonders umstritten war im Zuge der sogenannten Nullifikationskrise Anfang der 1830er-Jahre die Frage, ob ein einzelner Bundesstaat die Befugnis hatte, Bundesgesetze innerhalb seiner Staatsgrenzen aufzuheben. In der Schweiz engagierten sich die Staatsrechtler wiederrum vor allem in dem ständigen Ringen um Wahlrechtsfragen. So spielten sie an der Wende vom 19. zum 20. Jahrhundert eine wichtige Rolle bei der Einführung des Proporzwahlrechtes.[20]

Dass sich die Staatsrechtler in den republikanischen Bundesstaaten sehr viel direkter in die politische Debatte um den Zustand und die Weiterentwicklung der föderalen Strukturen einbrachten, hatte wohl zwei Hauptgründe. Zum einen gab es mit dem Supreme Court und dem Bundesgericht in den beiden Verfassungsordnungen jeweils ganz konkrete Institutionen, durch die die Überlegungen der Staatsrechtsdiskurse direkt in das politische System einfließen konnten. Zum anderen war der Typus des „politischen Professors", der in Deutschland nach dem Scheitern der 1848er-Revolutionen zur Ausnahme geworden war, in den USA und der Schweiz die Regel. Lawrence Friedman spricht in seiner Geschichte des amerikanischen Rechts von „lawyer-politicians". Eine ganz wesentliche Rolle spielte unzweifelhaft aber auch die methodische Orientierung der Diskurse. Der Rechtspositivismus verbreitete sich in der Schweiz und den USA erst gegen Ende des 19. beziehungsweise zu Beginn des 20. Jahrhunderts. Bis dahin waren die Debatten unter den Verfassungsdenkern vom Widerstreit zahlreicher verschiedener Ansätze geprägt, die einen äußerst dynamischen Austausch von Ideen erzeugten. Die beiden republikanischen Bundesstaaten konnten sich also zunächst einmal in einer relativ günstigen intellektuellen Umgebung entfalten. Dem Kaiserreich war das nicht vergönnt, weil es als verspätete Nation gerade zu der Zeit ins Leben trat, als der Rechtspositivismus in Deutschland aufblühte und all jene Impulse abwürgte, die von der Debatte unter den hellsten Köpfen des Rechts für die Entwicklung des föderalen Systems andernfalls hätten ausgehen können.[21]

Neben der Staatsrechtsdebatte und dem eigenwilligen System zur Beilegung von Verfassungskonflikten haben wir im dritten Teil dieses Buches noch einen weiteren Faktor kennengelernt, der die Bundesstaatsordnung des Kaiserreiches teilweise erheblich destabilisierte: die imperiale Peripherie. Das Reichsland Elsass-Lothringen und die Schutzgebiete in Übersee wurden nie richtig in das föderale Verfassungssystem integriert. Das Reich gewährte diesen Sonderterritorien durch verschiedene Reformen im Laufe der Jahre zwar immer mehr Selbstständigkeit. Zu ordentlichen Einzelstaaten, die sich nahtlos in das föderale Gefüge hätten einfügen können, erhob es sie aber nie. Stattdessen blieben das Reichsland und die Kolonien stets unter der direkten Kontrolle der Reichsregierung. Das machte sie zu unitarischen Fremdkörpern, die der Bundesstaatsordnung nur behelfsmäßig an-, aber niemals ordentlich in diese eingegliedert werden konnten. Der Sonderstatus erzeugte ständig strukturelle Probleme und brachte das fragile Verfassungsgefüge noch mehr aus dem Gleichgewicht, als es die fortwährende Umformung der föderalen Entscheidungsstrukturen ohnehin schon tat. In politisch besonders aufgeladenen Situationen konnte die unitarisch geprägte Peripherie des Reiches dessen föderales Zentrum sogar in schwere Staatskrisen stürzen, wie uns das Beispiel der Zabern-Affäre gezeigt hat.

Das Föderalsystem der Schweiz kannte derartige Probleme nicht, da es neben den Kantonen keinerlei andere Territorien gab. Wie bereits erwähnt, war die Binnenhierarchie der Alten Eidgenossenschaft schon Anfang des 19. Jahrhunderts in der Helvetischen Republik abgeschafft worden. Der Bundesstaat von 1848 umfasste daher ausschließlich prinzipiell gleichgestellte Gliedstaaten. Darunter befanden sich allerdings sechs sogenannte „Halbkantone", die im Laufe der vorangegangenen Jahrhunderte aus einer Kantonsteilung hervorgegangen waren: Obwalden und Nidwalden, Appenzell Ausserrhoden und Appenzell Innerrhoden sowie Basel-Stadt und Basel-Landschaft. Im Unterschied zu den „Vollkantonen" besaßen diese Einzelstaaten nur eine statt zwei Stimmen im Ständerat. Abgesehen davon genossen sie jedoch genau die gleichen Rechte wie die anderen Kantone auch – und tun das bis heute. Kurzum: Eine strukturell grundsätzlich anders organisierte Peripherie, die das bundesstaatliche Zentrum hätte beeinträchtigen können, existierte in der Schweiz von 1848 nicht.[22]

Jenseits des Atlantiks lagen die Dinge anders. Die Vereinigten Staaten richteten im Zuge der Erschließung der westlichen Hälfte des amerikanischen Kontinents zahlreiche Territorien ein, die wie Elsass-Lothringen und die Kolonien unter Zentralverwaltung standen. Im Gegensatz zum Reichsland und den Schutzgebieten wurden diese Pioniergebiete aber allesamt im Laufe der Zeit in eigenständige Staaten aufgeteilt und dann gleichberechtigt in die Union aufgenommen, wie wir am Beispiel des Northwest Territory oben bereits gesehen haben. Die USA waren anders als das Kaiserreich also ein Bundesstaat mit einer offenen Mitgliedschaft. Darin äußerte sich eine besondere Art politischer und verfassungsrechtlicher Flexibilität, die das Kaiserreich nie entwickelte. Diese Flexibilität machte es möglich, Sonderterritorien nicht zu dauerhaften Störfaktoren des politischen Systems werden zu lassen, sondern sie zur Stärkung des föderalen Gesamtgefüges in eben jenes einzugliedern. In der Tat gab es nur drei im langen 19. Jahrhundert von den USA erworbene Territorien, die nicht mit der Zeit als vollberechtigte Einzelstaaten in die Union aufgenommen wurden. Bei allen dreien handelt es sich um kleine Inseln fernab des amerikanischen Festlandes, die noch heute zu den insgesamt fünf bewohnten Gebieten gehören, die als Territorien mit den USA assoziiert sind: Guam im Nordpazifik, Amerikanisch-Samoa im Südpazifik und Puerto Rico in der Karibik. Jedes dieser Inselterritorien hat im Laufe der Jahrzehnte verschiedene einzelstaatliche Rechte erhalten, wie zum Beispiel eigene Vertreter im US-Repräsentantenhaus. Zudem gibt es immer wieder ernsthafte Diskussionen darüber, einen 51. Staat in die amerikanische Union aufzunehmen. In Puerto Rico fand diesbezüglich 2017 gar ein Referendum statt. Der Prozess, der im 19. Jahrhundert begann, die drei genannten Territorien an die USA zu binden, scheint daher noch immer nicht abgeschlossen.[23]

Damit sind wir am Ende dieser kurzen Gegenüberstellung der drei wichtigsten Bundesstaaten des 19. Jahrhunderts angelangt. Was können uns also die Beobachtungen, die wir dabei gemacht haben, insgesamt über den föderalen Werdegang des ersten deutschen Nationalstaates sagen? Im Lichte der komparativen Überlegungen erkennen wir deutlich, wie sehr sich die Bundesstaatsentwicklung des Kaiserreiches von derjenigen der USA und der Schweiz unterschied. Selbst wenn man, wie es dieser Überblick getan hat, nur an der Oberfläche eines Vergleichs zwischen den drei Föderalsystemen kratzt, kann man so viele und so wichtige Besonderheiten freilegen, dass man mit Fug und Recht den Schluss ziehen darf: Die föderale Evolution des Kaiserreiches war in ihren Ursprüngen, ihrem Verlauf und ihren Folgen ein Wandlungsprozess ganz eigener Prägung.

Dennoch hat es keinen Sinn, von einem föderalen Sonderweg zu sprechen. Das zentrale Argument, mit dem David Blackbourn, Geoff Eley und zahlreiche andere, vor allem angloamerikanische Historiker das Konzept eines Sonderweges hinsichtlich anderer Aspekte der deutschen Geschichte widerlegt haben, gilt ebenso für deren föderale Dimension. Immerhin war die Transformation des Bundesstaates ein essenzieller, wenn auch bisher weitgehend vernachlässigter Teil jenes verschlungenen Pfades in die demokratische Moderne, den diese Geschichtswissenschaftler untersucht haben: Eine Entwicklungsnorm, auf deren Grundlage sich ein „Normal-" von einem „Sonderweg" unterscheiden ließe, hat es nie gegeben, weder in der englischsprachigen Welt noch irgendwo sonst. Selbst die Entwicklungen der beiden großen republikanischen Bundesstaaten des 19. Jahrhunderts wichen in vielen Punkten stark voneinander ab. Auch das hat unser kleiner Vergleich deutlich gemacht. Das historische Erbe, mit dem die Föderalunionen zurechtkommen mussten, die politischen Herausforderungen, die sie zu meistern hatten, und die ökonomischen, sozialen und kulturellen Bedingungen, unter denen sie sich entwickelten, waren so unterschiedlich, dass man unmöglich von einer Norm beziehungsweise einer Abweichung davon sprechen kann. Jede Bundesstaatsentwicklung war beziehungsweise ist folglich ein Sonderweg. Deutschlands südlicher Nachbar besitzt sogar einen eigenen Begriff, um die besondere Mischung aus Föderalismus, direkter Demokratie, Neutralität und sprachlich-kultureller Vielfalt einzufangen, die sein geschichtliches Werden geprägt hat: „Sonderfall Schweiz". Die Ideologie des amerikanischen Exzeptionalismus, die für die USA eine historisch bedingte Sonderstellung gegenüber allen anderen

Nationen beansprucht, beruft sich wiederum interessanterweise häufig auf einen „Gewährstext", in dem der Föderalismus eine Hauptrolle spielt, nämlich auf die 1835/40 von dem französischen Diplomaten und Publizisten Alexis de Tocqueville veröffentlichten Studie *De la démocratie en Amérique*.[24]

Wenn also jede föderale Entwicklung einen Sonderweg darstellt, ist es sowohl nichtssagend als auch unnötig, den Wandlungsprozess, den der Bundesstaat des Kaiserreiches erlebte, mit diesem problematischen Etikett zu belegen. Mehr Sinn hat es, wie es dieses Buch versucht hat, einfach die wichtigsten Besonderheiten der föderalen Evolution des Reiches herauszuarbeiten und zu klären, wodurch diese bedingt waren. So wurde hier unter anderem gezeigt, dass die erratische, von struktureller Unsicherheit geprägte Transformation des ersten deutschen Nationalstaates vom vermeintlichen Fürstenbund der Reichsgründungszeit zur Reichsmonarchie, die 1914 in den Ersten Weltkrieg zog und vier Jahre später in der Revolution unterging, maßgeblich von einem Konflikt bestimmt war, den es in den republikanischen Bundesstaaten naturgemäß nicht gab, nämlich vom Ringen zwischen monarchischen und parlamentarischen Kräften. Es war zu einem ganz wesentlichen Teil der Charakter des „ewigen Bundes" als Machtinstrument zum Schutz monarchischer beziehungsweise zur Verhinderung parlamentarischer Herrschaft, der seine Gründung ermöglichte, seinen Wandel antrieb und schließlich seinen Kollaps herbeiführte. Eben aus diesem Grund macht eine Durchleuchtung der föderalen Geschichte der Reichsverfassung die Anatomie der Macht sichtbar, die den Staatskörper des Kaiserreiches unter der Oberfläche von seiner Geburt bis zu seinem Tode prägte.

## II. Kontinuitäten

Welches Vermächtnis hinterließ die föderale Evolution des Kaiserreiches der Weimarer Republik? Und welche Auswirkungen hatte sie darüber hinaus? Mit anderen Worten: Inwiefern beeinflusste sie den Verlauf der deutschen Geschichte im 20. Jahrhundert? Auch wenn wir die Idee eines föderalen Sonderweges getrost verwerfen können, bedeutet dies nicht, dass die Bundesstaatsentwicklung des Kaiserreiches keine Konsequenzen für den weiteren Werdegang Deutschlands hatte. Im Gegenteil: Die „Erbschaft des Kaiserreichsföderalismus [gehört] zu den interessantesten Themen der neueren deutschen Verfassungsgeschichte", wie schon der große Staatsrechtler und Politikwissenschaftler Hans Boldt ein Jahr nach der Wiedervereinigung betont hat.[25]

In vielerlei Hinsicht war der deutsche Bundesstaat, der knapp zehn Monate nach Ende des Ersten Weltkrieges im August 1919 in Weimar ins Leben gerufen wurde, eine bewusste Abkehr von seinem Vorgänger. Das historische Vorbild für den republikanischen Bundesstaat war aus einleuchtenden Gründen nicht die monarchische Föderalverfassung von 1871, sondern der Verfassungsentwurf der Frankfurter Paulskirchenversammlung von 1849. Der linksliberale Staatsrechtler Hugo Preuß, der später als Reichsinnenminister den ersten Entwurf der Weimarer Verfassung zusammenstellen sollte, wie wir bereits in Kapitel 8 gesehen haben, erklärte schon 1917 in seinem längeren Essay „Vorschläge zur Abänderung der Reichsverfassung und der preußischen Verfassung", dass „Einzelreformen" nicht ausreichend seien, um eine republikanische Staatsordnung zu errichten. Vielmehr müsse man dazu einen „fundamentalen Systemwechsel" unternehmen. Gemäß dieser Grundüberlegung schuf die Weimarer Verfassung denn auch eine Föderalordnung, die sich von derjenigen der alten Reichsverfassung deutlich unterschied. An der Stelle eines ewigen Bundes der Fürsten setzte sie einen unitarischen Bundesstaat. Deutschland wurde also, wie es der umstrittene, später mit den Nationalsozialisten kollaborierende Staatsrechtler Carl Schmitt 1928 in seiner *Verfassungslehre* ausdrückte, zu einem „Bundesstaat ohne bündische Grundlage".[26]

Die konkreten strukturellen Lehren, die die Väter und Mütter der Weimarer Verfassung aus der föderalen Entwicklung des Kaiserreiches zogen, waren äußerst vielseitig. Am wichtigsten war wohl die Einsicht, die Regierungsform des Reiches ausdrücklich festzulegen, um so zu verhindern, dass auch der neue Bundesstaat zum Spielball der Machtkämpfe monarchischer und parlamentarischer Kräfte werden würde. Da während der Verfassungsverhandlungen von Weimar und in den ersten Jahren danach eine konservative Konterrevolution durchaus im Bereich des Möglichen schien, war diese Maßnahme von entscheidender Bedeutung. Gleich der erste Artikel der neuen Verfassung erklärte Deutschland denn auch zu einer Republik. Der Umsetzung dieser Demokratisierung des Bundesstaates widmeten sich dann die staatsorganisatorischen Teile der Verfassung. Der Reichstag wurde zum zentralen Organ des föderalen Regierungssystems gemacht, der Kaiser als Spitze des Reiches durch einen mächtigen, direkt vom Volk gewählten Präsidenten ersetzt und die Möglichkeit geschaffen, Volksentscheide abzuhalten. Außerdem richtete die Verfassung eine ordentliche, kollegiale Reichsregierung ein, in der sowohl der Kanzler als auch die Minister vom Vertrauen des Reichstages abhängig waren. Zusätzlich verpflichtete sie jeden Einzelstaat auf ein republikanisches Regierungssystem, in dem die Landesregierung von einer Volksregierung abhängig war, die nach dem allgemeinen, gleichen, unmittelbaren und geheimen Wahlrecht gewählt wurde.

Der Bundesstaat erhielt also endlich jenes Homogenitätsgebot, das im Kaiserreich gefehlt hatte, um verfassungsrechtlich ein Mindestmaß an Koordination zwischen den verschiedenen Gliedstaaten sicherzustellen.[27]

Das Herzstück der alten Föderalordnung – die Länderkammer – entmachtete die Weimarer Verfassung dagegen erheblich. Der sogenannte Reichsrat verlor im Vergleich zum Bundesrat alle richterlichen Funktionen. In der Legislative wurde seine Rolle so weit beschnitten, dass er von nun an dem Reichstag untergeordnet war. Seine Zustimmung war nicht länger nötig, um Gesetze in Kraft treten zu lassen. Der Reichstag konnte jedes Veto, das der Reichsrat einlegte, durch eine Zweidrittelmehrheit überstimmen. Das galt sogar im Hinblick auf Verfassungsänderungen. Außerdem besaß der Reichsrat im Gegensatz zu seinem Vorgänger nicht die Befugnis, Gesetze vorzuschlagen. In der Exekutive wurde die Ländervertretung noch bedeutungsloser. Das generelle Verordnungsrecht, das eine der Schlüsselbefugnisse des alten Bundesrates gewesen war, lag jetzt bei der Reichsregierung. Ferner hatte der Reichsrat keinen direkten Anteil an der auswärtigen Gewalt. Entscheidungen über Krieg und Frieden, bei denen der Bundesrat einst ein ausdrückliches Zustimmungsrecht genossen hatte, waren jetzt Sache der Reichsgesetzgebung, in der der Reichstag den Reichsrat – wie gerade erwähnt – überstimmen konnte. Bezüglich der Ratifizierung von internationalen Verträgen und Bündnissen, die Gegenstände der Reichsgesetzgebung betrafen, ging das Zustimmungsrecht des alten Bundesrates direkt auf den Reichstag über.[28]

Auch die inneren Strukturen und Verfahrensweisen der Länderkammer wurden stark abgeändert, um auf diese Weise eine erneute Manipulation zu verhindern. Die Treffen des Reichsrates fanden nicht wie diejenigen des Bundesrates hinter verschlossenen Türen statt, sondern waren öffentlich. Außerdem konnten die Länder nur noch durch Mitglieder ihrer Regierungen vertreten werden. Substitutionen und die mit ihnen verbundenen Tricksereien waren daher nicht länger möglich. Zudem wurde die Dominanz der preußischen Bank gebrochen. Die Stimmverteilung hing zwar weiterhin von der Einwohnerzahl der Länder ab. Kein Land durfte aber mehr als zwei Fünftel aller Stimmen auf sich vereinigen. Dadurch war das preußische Übergewicht erheblich abgeschwächt. Ferner musste die Hälfte der preußischen Stimmen von Vertretern der preußischen Provinzialverwaltungen abgegeben werden, die ihrerseits nicht an die Instruktionen der preußischen Zentralregierung gebunden waren.[29]

Diese Beschränkungen beseitigten praktisch die preußische Vormachtstellung in der Länderkammer. Damit entfiel die Basis, auf der die preußische Hegemonie in der föderalen Verfassungsordnung des Kaiserreiches beruht hatte. Um einem erneuten Dualismus vorzubeugen, löste die Verfassung ohnehin die meisten bisherigen Verflechtungen zwischen dem Bund und seinem größten Mitgliedsstaat auf. Der Reichskanzler war nicht mehr gleichzeitig Vorsitzender des Bundesrates und musste daher auch nicht mehr zwangsweise Präsidialgesandter und Ministerpräsident Preußens sein. Eine Verbindung zwischen den obersten Staatsorganen des Bundes und Preußens, wie sie in der Personalunion zwischen Kaiser und preußischem König vorgelegen hatte, existierte nicht mehr. Der Reichspräsident war von Preußen unabhängig. Die Indienstnahme der preußischen Ministerialbehörden für die Reichsverwaltung wurde beendet. Letztere wurde eine komplett eigenständige Institution. So wurde zum Beispiel das ehemals praktisch für das ganze Reich zuständige preußische Kriegsministerium mit seinen noch verbliebenen einzelstaatlichen Gegenstücken aus Bayern, Sachsen und Württemberg zusammengelegt, um ein von der preußischen Verwaltung getrenntes Reichswehrministerium zu bilden. Zusammengenommen lösten diese Maßnahmen die preußische Hegemonie in der Verfassung auf. Rechtlich wurde der hegemoniale Föderalismus also durch einen egalitären Föderalismus ersetzt, in dem alle Staaten die gleichen Rechte und Pflichten besaßen.[30]

Derweil verschob die Verfassung die Machtverhältnisse zwischen der Landes- und Bundesebene eindeutig zugunsten der Letzteren. Die Einzelstaaten wurden also untereinander gleicher, aber gemeinsam schwächer. Angesichts der Erfahrung mit der starken Zentralisierung, die das föderale System des Kaiserreiches erlebt hatte, überstellte die Weimarer Verfassung dem Reich nämlich gleich von Beginn an mehr Kompetenzen, als es ihr Vorgänger von 1871 getan hatte. Das galt ganz besonders im Bereich der Finanzen. Durch die in Artikel 8 geregelte Zuständigkeit für die „Gesetzgebung über alle Abgaben und sonstigen Einnahmen", die es „ganz oder teilweise für seine Zwecke in Anspruch" nehmen wollte, erhielt das Reich das Recht, direkte Steuern zu erheben. Außerdem durfte es laut Artikel 11 „Grundsätze über die Zulässigkeit und Erhebungsart von Landesabgaben aufstellen", um gewisse Beeinträchtigungen auszuschließen oder „wichtige Gesellschaftsinteressen zu wahren". Die einzige Beschränkung, der diese umfassende Finanzhoheit des Reiches unterlag, war die Verpflichtung, „auf die Erhaltung der Lebensfähigkeit der Länder Rücksicht zu nehmen".[31]

Die Abgrenzung von Kompetenzen, die zwischen Bund und Ländern umstritten waren, gehörte zu den Aufgaben des Staatsgerichtshofes. Artikel 108 der Verfassung verpflichtete das Reich angesichts der erheblichen Probleme, die der Mangel einer derartigen Institution im Kaiserreich erzeugt hatte, eine ebensolche per Reichsgesetz zu schaffen. Das entsprechende Gesetz erging 1921. Die Zuständigkeiten des Gerichts regelte indes die Verfassung selbst. Diese erstreckten sich hauptsächlich auf Konflikte föderaler Natur, nämlich auf Verfassungsstreitigkeiten innerhalb jener Länder, die kein eigenes Gericht für deren Erledigung hatten, sowie auf nichtprivatrechtliche Dispute zwischen verschiedenen Ländern oder zwischen dem Reich und einem Land. Zusätzlich behandelte der Staatsgerichtshof auch alle Anklagen, die der Reichstag gegen den Kanzler, die Minister oder den Reichspräsidenten erhob.[32]

Solch wichtige Innovationen wie der Staatsgerichtshof zeugten davon, dass die Väter und Mütter der neuen Verfassung bei ihren Beratungen in der Weimarer Nationalversammlung die föderale Evolution des Kaiserreiches im Hinterkopf hatten und dementsprechend versuchten, einen Bundesstaat zu schaffen, der nicht unter den gleichen strukturellen Problemen leiden würde. Nichtsdestotrotz produzierten sie am Ende ein föderales Gerüst, das unausgereift, wacklig und relativ einfach zu manipulieren war. Kurz vor der Schlussabstimmung der Nationalversammlung über die Verfassung richtete der nationalkonservative Abgeordnete Adelbert Düringer, der von 1902 bis 1915 Richter am Reichsgericht in Leipzig gewesen war und 1922 von der DNVP zur nationalliberalen DVP wechseln sollte, eine eindringliche Warnung an das Parlament: „Die großen zur Entscheidung stehenden Probleme: Bundesstaat oder Einheitsstaat, Partikularismus oder Unitarismus, sind in der Verfassung in ungenügender und unbefriedigender Art und Weise gelöst; sie sind überhaupt nicht gelöst, sondern die Lösung ist verschoben." An beiden Enden des politischen Spektrums kamen Kommentatoren zu dem gleichen Schluss. Der schon angesprochene Rechtsaußen Carl Schmitt sprach von der Verfassung als einer Ansammlung von „dilatorischen Formelkompromissen". In seinem 1930 veröffentlichten, viel diskutierten Essay „Weimar – und was dann?" argumentierte der erst 25-jährige Sozialist Otto Kirchheimer, der nach der Machtergreifung der Nationalsozialisten wegen seiner jüdischen Herkunft über Frankreich in die USA auswanderte und dort zu einem der bedeutendsten Staats- und Verfassungstheoretiker des 20. Jahrhunderts avancierte, dass die Republik wahrscheinlich kein gutes Ende nehmen werde, da sie auf einer „Verfassung ohne Entscheidungen" basiere und daher nicht zukunftsfest sei.[33]

Solch negative, im Rückblick fast prophetisch erscheinende Analysen gründeten sich auch auf der Tatsache, dass die Weimarer Verfassung zwar teilweise, aber eben nicht konsequent genug die Lehren umsetzte, die sich aus der Bundesstaatsentwicklung des Kaiserreiches ergaben. Das galt selbst für so fundamentale Fragen wie die territoriale Gliederung und den damit zusammenhängenden Grundaufbau des Reiches. Die Republik übernahm die Einzelstaaten im Wesentlichen in den Grenzen, wie sie schon im Kaiserreich bestanden hatten. Grundsätzliche Gebietsänderungen gab es nur bezüglich einiger Kleinstaaten. Die beiden Reußer Fürstentümer vereinigten sich noch während der Revolution. Gemeinsam mit sechs anderen mitteldeutschen Zwergstaaten wurden sie 1920 auf reichsgesetzlichen Beschluss hin zum neuen Land Thüringen zusammengefügt. Coburg trat im Zuge der Abspaltung der thüringischen Landesteile des ehemaligen Großherzogtums Sachsen-Coburg-Gotha auf Grundlage des gleichen Reichsgesetzes seinem großen Nachbarn Bayern bei. Waldeck-Pyrmont wurde neun Jahre später ebenfalls per Reichsgesetz Preußen einverleibt, mit dem es ja ohnehin schon seit der Reichsgründungszeit per Akzessionsvertrag engstens assoziiert war.[34]

Die weitgehende Übernahme der territorialen Gliederung des Kaiserreiches war gleich in zweifacher Hinsicht problematisch. Erstens warf sie hinsichtlich der Legitimation, Existenz und Integrität der Einzelstaaten empfindliche Fragen auf, denen die Verfassung eher auswich, als sie zu beantworten. Während der Kaiserzeit rechtfertigte sich gerade die Existenz der kleineren Staaten vor allem aus dynastischen Gründen. Da diese Legitimationsquelle in der Republik wegfiel, bedurften die Länder einer anderen Existenzgarantie. Die neue Verfassung schuf aber keine. Stattdessen bestimmte sie, dass die territoriale Organisation des Reiches „der wirtschaftlichen und kulturellen Höchstleistung des Volkes dienen" solle. Dementsprechend gab sie dem Reich die Befugnis, jederzeit per Gesetz die bestehende Gebietsverteilung zu ändern oder ganz neue Länder zu bilden, wie es im Fall der thüringischen Kleinstaaten ja auch geschah. Durch dieses Neustrukturierungsrecht hing die Existenz der überlieferten Glieder des Reiches ganz von dessen Willen ab. Eine solche Abhängigkeit zog wiederum deren Qualität als eigenständige Staaten eines Bundes in arge Zweifel. Letztere wurden noch weiter dadurch genährt, dass die Verfassung die Glieder des Reiches nicht wie ihre Vorgängerin von 1871 als „Staaten" oder „Bundesstaaten", sondern lediglich als „Länder" bezeichnete. Bald nach Annahme der Verfassung entwickelte sich in der Staatsrechtsdebatte denn auch ein lebhafter Streit darüber, ob die Länder nun Staaten waren oder nicht.[35]

Dazu kam noch, dass sich die neue Verfassung genau wie die alte über die Rechtsnatur des Reiches ausschwieg. Kein Artikel erklärte das Reich ausdrücklich zu einem Bundesstaat. Während die Nationalversammlung auf diese Weise genau wie einst Bismarck den theoretischen Kontroversen aus dem Weg ging, die sich aus einer solchen Festlegung hätten ergeben können, sorgte sie so gleichzeitig dafür, dass jene strukturelle Unsicherheit über die föderalen Grundlagen des Reiches, die schon die Kaiserzeit geprägt hatte, sich nicht auflöste, sondern in veränderter Form fortbestand. Im Kaiserreich war es die Staatlichkeit des Reiches gewesen, die nicht eindeutig feststand und deshalb zum Streit darüber führte, ob selbiges ein Staatenbund oder ein Bundesstaat war. In der Weimarer Republik bestand die große Unklarheit dagegen im Hinblick auf die Staatsqualität der Glieder. Das führte zu erbitterten Disputen darüber, ob das Reich überhaupt einen Bundesstaat oder doch einen Einheitsstaat konstituierte. Diese Unsicherheit über das Existenzrecht der Länder spielte bei der Machtergreifung der Nationalsozialisten keine unwichtige Rolle. Denn während das Fehlen einer expliziten verfassungsrechtlichen Garantie der Bundesstaatlichkeit des Reiches Bismarck einst erlaubt hatte, den neuen Nationalstaat zum Schutz monarchischer Souveränität als Fürstenbund zu verkaufen, erleichterte es eben dieser Mangel den Nazis gut sechs Jahrzehnte später, durch die Gleichschaltungsgesetze vom Frühjahr 1933 den Ländern ihre politische Selbstständigkeit zu nehmen, sprich: die machtteilenden Strukturen des Reiches abzuschaffen und so einen zentralisierten Führerstaat zu errichten.[36]

Zweitens bedingte die Beibehaltung der alten Territorialgliederung des Reiches, dass die preußische Hegemonie, deren rechtliche Grundlagen die Verfassung ja weitgehend auflöste, *de facto* weiterbestand. Genau deshalb wollte Hugo Preuß den übermächtigen Einzelstaat ursprünglich in mehrere Länder aufteilen. Da die Nationalversammlung sich aber letztlich gegen eine solche Zerschlagung entschied, behielt Preußen aufgrund der schieren Ausmaße seiner Landesfläche und Bevölkerung seine politische und ökonomische Vorrangstellung unter den Ländern. Auch wenn die strukturellen Querverbindungen der Kaiserzeit nicht mehr existierten, konnte das Reich somit in der politischen Praxis auch weiterhin nicht ohne beziehungsweise gegen Preußen regiert werden. Eben dies war der Grund, warum Franz von Papen kurz nach Übernahme des Kanzleramtes Reichspräsident Paul von Hindenburg im Juli 1932 dazu drängte, die preußische Regierung per Notverordnung abzusetzen und Preußen unter die Kontrolle der Reichsregierung zu stellen. Der Preußenschlag war notwendig, um das größte Hindernis zu beseitigen, das von Papens Plan einer nationalistisch-konservativen Einheitsregierung im Weg stand, nämlich die Mitte-links-Koalition, die Preußen unter dem sozialdemokratischen Ministerpräsidenten Otto Braun regierte. Durch die Entmachtung des hegemonialen Gliedstaates des Reiches stutzte dieser Staatsstreich die machtteilenden Strukturen des föderalen Regierungssystems auf einen Schlag so sehr zurecht, dass der Weg für die spätere Zentralisierung unter Hitler frei war. Hätte das Reich anstelle der Hegemonialmacht mehrere, in etwa gleich große Länder umfasst, hätte keine gegen ein einzelnes Bundesglied gerichtete Maßnahme eine so einschneidende Wirkung haben können.[37]

Auch im Hinblick auf die Machtverteilung und das Beziehungsgeflecht der Reichsorgane milderte die Weimarer Verfassung einige der schwersten Probleme des kaiserlichen Bundesstaates nur bedingt ab. Mitunter machte sie diese sogar noch schlimmer. Der Reichspräsident war viel mächtiger, als es sein Pendant im Bismarckreich – der Kaiser – selbst nach der Monarchisierung seines Amtes je gewesen war. Er hatte sowohl das Recht, den Reichstag aufzulösen, als auch, Notverordnungen zu erlassen. Die Kombination dieser Machtbefugnisse gab ihm eine quasi-diktatorische Stellung, die Hindenburg in den 1930er-Jahren dafür nutzte, das parlamentarische System auszuheben und durch ein präsidial-autokratisches Regime zu ersetzen. Schon vor dieser Eskalation der Ereignisse war die herausgehobene Position des Präsidenten problematisch genug. Aufgrund dieses Sachverhalts standen sich der Präsident und der Reichstag im Gesamtgefüge der Verfassung nämlich so gegenüber, dass die vom Staatsoberhaupt präsentierte Republik und das vom Parlament vertretene Volk als zwei getrennte, miteinander konkurrierende Sphären erschienen. Eine derartige Konstellation hielt jene dualistische Vorstellung von Staat und Gesellschaft aufrecht, die sich vor der Revolution in dem Gegenüber von kaiserlicher Regierung und Reichstag niedergeschlagen hatte und implizierte, dass der Staat nicht unbedingt dem Volk dienen müsse. Das untergrub die Legitimität der republikanischen Verfassungsinstitutionen erheblich und erschwerte so die Entstehung einer demokratischen Kultur.[38]

Ein anderer Faktor, der die Skepsis gegenüber der Republik nährte, waren die häufigen Regierungswechsel. In den vierzehn Jahren zwischen dem Ende des Ersten Weltkrieges und der Machtergreifung der Nationalsozialisten sah das Reich mehr als zwanzig unterschiedliche Regierungen kommen und gehen. Einige blieben nicht viel länger als ein paar Monate im Amt. Strukturell gesehen rührte diese Volatilität auf der Regierungsbank vor allem daher, dass das Parlament dem Kanzler das Vertrauen entziehen und diesen so zum Rücktritt zwingen konnte, ohne einen Nachfolger zu wählen. Das sogenannte destruktive Misstrauensvotum gab den extremistischen Parteien am rechten und linken Rand die Möglichkeit, die Republik fortwährend von den Oppositionsbänken aus zu destabilisieren. Die Einrichtung dieses Instruments hatte in gewisser Hinsicht auch etwas mit dem Erbe des Kaiserreichsföderalismus zu tun. Denn die Schaffung einer parlamentarischen Regierung in jener reinen Form, wie sie das destruktive Misstrauensvotum bedingte, war im Prinzip ja nichts anderes als ein Akt der Überkompensation, den die Nationalversammlung aus einem Mangel an Erfahrung unternahm. Die föderalen Strukturen des Kaiserreiches hatten den Reichstag beinahe ein halbes Jahrhundert lang von der Regierung ferngehalten. Als sich die Parlamentarisierung am Ende des Ersten Weltkrieges schließlich Bahn brach und es wenig später eine Verfassung für die neue Republik zu verhandeln galt, war es daher nur verständlich, dass die pro-parlamentarischen Kräfte gleich in die Vollen gingen. Schließlich hatte man keinerlei Erfahrungswerte damit, wie genau ein parlamentarisches Regierungssystem im Kontext des deutschen Föderalismus aussehen musste, um stabil zu sein.[39]

Bezüglich anderer Grundsatzfragen bot die Bundesstaatsentwicklung des Kaiserreiches relativ klare Anhaltspunkte, die die Weimarer Verfassung jedoch nur teilweise umsetzte. Das galt ganz besonders hinsichtlich der Verfassungsgerichtsbarkeit. Die negativen Erfahrungen mit dem politisch geprägten Konfliktlösungssystem des Kaiserreiches bewegten die Väter und Mütter der Weimarer Verfassung zwar dazu, einen Staatsgerichtshof einzurichten. Die Kompetenzen, deren Mangel ganz erheblich zur Unruhe der alten Föderalstrukturen beigetragen hatte, übertrugen sie ihm aber nicht. Der Staatsgerichtshof besaß weder das Recht, die Verfassungsmäßigkeit von Reichsgesetzen zu überprüfen, noch die Befugnis, Streitigkeiten zwischen den verschiedenen Reichsorganen beizulegen. Das hatte weitreichende Konsequenzen. Als die Nationalsozialisten das föderale Regierungssystem schrittweise in einen unitarischen Führerstaat umwandelten, gab es keine Instanz, die die von ihnen zu diesem Zweck getroffenen Gesetzesmaßnahmen – etwa die Annullierung der Grundrechte, die Abschaffung des Reichsrates oder das Ermächtigungsgesetz – für verfassungswidrig hätte erklären können. Das gab Hitler die Möglichkeit, die Machtergreifung als einen legalen Prozess darzustellen. Diese Lüge spielte eine nicht unwesentliche Rolle, als es darum ging, die Beamtenschaft, ohne die der Staatsbetrieb nicht am Laufen gehalten werden konnte, gegenüber dem Regime zum Gehorsam zu verpflichten. Dementsprechend wurde die Mär von der „legalen Revolution" denn auch zum festen Bestandteil der nationalsozialistischen Propaganda.[40]

Man könnte die Liste an Parallelen zwischen dem föderalen Verfassungssystem der Weimarer Republik und dem des Kaiserreiches noch eine ganze Weile weiter fortführen. Das ist aber gar nicht erforderlich. Genauso unnötig ist es, an dieser Stelle die gerade erst wieder anlässlich des einhundertjährigen Jubiläums der Reichsverfassung von 1919 viel diskutierte Frage zu erörtern, ob die Weimarer Republik wegen oder trotz ihres Staatsgrundgesetzes scheiterte. Die sinnvollste Einschätzung in dieser letztlich nicht zu lösenden Debatte kam im Rahmen des Gedenkjahres vielleicht von Christoph Gusy, der schlicht resümierte, dass die Reichsverfassung „eine gute Verfassung in schlechter Zeit" gewesen sei. Hier kommt es auf etwas anderes an. Der für unsere Betrachtung der historischen Kontinuitäten des deutschen Bundesstaates entscheidende Punkt ist die Tatsache, dass trotz aller institutionellen Neuerungen, der republikanischen Natur des Regierungssystems und der unitarischen Ausrichtung der Föderalordnung die Weimarer Verfassung „nicht [die] Antithese der alten [Verfassung], sondern [deren] geradlinige Fortbildung" war, da „sie die staatsrechtliche Entwicklung da [aufnahm] und [weiterführte], wo [diese] schon vor dem Zusammenbruch [von 1919] gestanden hatte", wie ihr führender Kommentator Gerhard Anschütz 1924 bemerkte. Bereits vier Jahre zuvor hatte sein Staatsrechtskollege Walter Jellinek – Sohn des großen Georg

Jellinek – betont, dass „überhaupt [...] der Unterschied zwischen heute und früher leicht übertrieben [werde]". Der liberale Politiker und Völkerrechtler Walther Schücking argumentierte gar, dass es zwischen der Weimarer Republik und jenem Kaiserreich, das im Oktober 1918 parlamentarisiert worden war, nur einen wirklich essenziellen Unterschied gebe, nämlich die „Abschaffung einer rein dekorativen kaiserlichen Spitze". Kurzum: Die Weimarer Verfassung war kein radikaler Bruch, sondern eine evolutionäre Weiterentwicklung der Verfassungsordnung des Kaiserreiches. Das galt auch und gerade für deren föderale Dimension. Der ewige Bund war also nicht eingegangen, sondern lebte in veränderter Form – nämlich ohne die Monarchen, die ihn einst geschlossen hatten – weiter.[41]

Einen kompletten Neustart hätte es nur geben können, wenn die Republik eine ganz andere Form der Staatsorganisation gewählt hätte als die föderale, wie zum Beispiel den von Preuß vorgeschlagenen dezentralen Einheitsstaat. Das politische Spektrum der Revolutionszeit war aber viel zu gespalten, als dass eine grundlegende Änderung der deutschen Föderalordnung hätte durchgesetzt werden können. Infolgedessen war der Weimarer Bundesstaat letztlich ein Kompromiss zwischen Tradition und Fortschritt, mit dem keine Seite so richtig zufrieden war. Für die Befürworter einer unitarischen Staatsordnung – die Sozialdemokraten, Kommunisten, Liberalen und Nationalsozialisten – war die Republik zu föderal. Für die Verteidiger der Einzelstaaten – die meisten Konservativen, monarchische Revisionisten, Separatisten und die Vertreter regionaler Parteien – war die Republik hingegen zu unitarisch. Der auch aus diesen Ansichten resultierende Mangel an Unterstützung machte die Weimarer Republik genau wie das Kaiserreich zu einem – wie Heiko Holste es formuliert hat – „ruhelosen Bundesstaat", dessen struktureller Rahmen zu wacklig war, um den schweren ökonomischen und politischen Krisen der 1920er- und frühen 1930er-Jahre zu widerstehen.[42]

Diese Beobachtungen weisen uns auf eine äußerst wichtige, aber leicht zu übersehende Tatsache hin: Die föderale Evolution des Kaiserreiches hinterließ der Weimarer Republik nicht nur ein komplexes strukturelles, sondern auch ein ganz bestimmtes kulturelles Erbe. Die rein pragmatischen Ursprünge und die erratische, von stetigen Manipulationsversuchen begleitete Entwicklung des ersten deutschen Bundesstaates vermachten dessen Nachfolger eine politische Kultur, die von einem ausgeprägten Mangel an Respekt vor dem Föderalismus und seinen Strukturen gekennzeichnet war. Diese negative Haltung war vielleicht sogar das wichtigste Erbe der föderalen Evolution des Kaiserreiches. Tatsächlich prägte diese Einstellung die strukturelle Entwicklung Deutschlands für den Großteil des 20. Jahrhunderts entscheidend mit.

In der Weimarer Nationalversammlung gab es nur sehr wenige, die davon überzeugt waren, dass der Föderalismus per se eine gute Organisationsform sei.

Unitarische Stimmen gaben eindeutig den Ton an. Die meisten Abgeordneten hielten einen Bundesstaat sowohl für weniger leistungsfähig als auch für undemokratischer als einen Einheitsstaat. Dass der Verfassungskonvent sich nichtsdestotrotz letztlich doch dazu entschloss, die föderale Struktur Deutschlands beizubehalten, hatte vor allem praktische Gründe. Erstens war das nicht nur die einfachste, sondern auch die einzige Option, für die sich in der ideologisch so polarisierten Versammlung eine Mehrheit fand. Zweitens war es in dem historischen Moment von 1919, in dem sich die Kriegsniederlage, der Untergang der Monarchie und die desolate Wirtschaftslage zu einer multiplen Krise verbanden, für die Reichsregierung zur Wiederherstellung und anschließend zur Aufrechterhaltung von Recht und Ordnung unumgänglich, den Schulterschluss mit den alten Eliten in den Staatsapparaten der Länder zu suchen. Und diese waren aus augenscheinlichen Gründen nicht dazu bereit, ihre Machtposition einfach so zugunsten einer unitarischen Reorganisation des Reiches aufzugeben. Drittens und letztens hätten die Siegermächte des Ersten Weltkrieges die Schaffung eines starken Einheitsstaates wohl kaum akzeptiert. Schließlich hätte eine derartige Konzentration staatlicher Macht dem Ziel, Deutschland durch Territorialabtretungen, Militärbeschränkungen und Reparationszahlungen zu schwächen, diametral widersprochen.[43]

Da die Nationalversammlung die bundesstaatliche Grundstruktur des Reiches also primär aus pragmatischen Gründen intakt ließ, vermochte die Annahme der Weimarer Verfassung die Föderalordnung denn auch nicht mit einer neuen, positiven Legitimation zu versehen. Nicht zufällig fehlte, wie bereits erwähnt, eine Existenzgarantie der Länder. Der Föderalismus wurde weiterhin im Allgemeinen vor allem als ein notwendiges Übel betrachtet, wenn auch aus gänzlich anderen Gründen als zu Zeiten des Kaiserreichs. Sogar unter den sich deutlich in der Minderheit befindenden Anhängern eines Mehrebenensystems galt der Bundesstaat häufig nur als Zwischenlösung auf dem Weg zu einem „Einheitsstaat mit autonomen Stammesländern", wie es der Zentrumspolitiker Ludwig Kaas formulierte. Die elegantesten Worte für die in der Öffentlichkeit vorherrschende Verachtung der föderalen Aufteilung des Reiches fand wohl der Schriftsteller Erich Kästner, der 1899 in Dresden geboren worden war, während der Weimarer Republik aber hauptsächlich in Berlin lebte. Mit dem für ihn so typischen Sarkasmus bedachte er den Föderalismus in seinem 1932 veröffentlichten Gedicht „Inschrift auf einem sächsisch-preußischen Grenzstein" mit nichts als Hohn und Spott:[44]

*Wer hier vorübergeht, verweile!*
*Hier läuft ein unsichtbarer Wall.*

*Deutschland zerfällt in viele Teile.*
*Das Substantivum heißt: Zerfall.*

*Was wir hier stehngelassen haben,*
*das ist ein Grabstein, dass ihr's wisst!*
*Hier liegt ein Teil des Hunds begraben,*
*auf den ein Volk gekommen ist.*

Die in diesen Zeilen eingefangene, sowohl in der Bevölkerung als auch in der politischen Klasse weit verbreitete Antipathie gegen den Föderalismus brachte die bundesstaatliche Organisation der Republik von Anfang an unter Beschuss. Als das politische System Ende der 1920er-Jahre unter dem Druck der Weltwirtschaftskrise in eine Präsidialdiktatur abrutschte, wurden die föderalen Verfassungsstrukturen schließlich schrittweise aufgelöst. Die Notverordnungen des Reichspräsidenten machten den Reichsrat praktisch überflüssig und griffen laufend in den Zuständigkeitsbereich der Länder ein. Diese Zentralisierung und die andauernde Propaganda auf linker wie rechter Seite für die Umwandlung Deutschlands in einen starken Einheitsstaat bereiteten den Boden für den Preußenschlag von 1932. Das folgende Urteil des Staatsgerichtshofes wirkte fast wie ein Kristallisationspunkt der Geringschätzung, mit der die staatlichen Eliten des Reiches die föderale Natur des Reiches behandelten: „Die Verordnung des Reichspräsidenten vom 20. Juli 1932 zur Wiederherstellung der öffentlichen Sicherheit und Ordnung im Gebiet des Landes Preußen ist mit der Reichsverfassung vereinbar, soweit sie den Reichskanzler zum Reichskommissar für das Land Preußen bestellt und ihn ermächtigt, preußischen Ministern vorübergehend Amtsbefugnisse zu entziehen und diese Befugnisse selbst zu übernehmen oder anderen Personen als Kommissaren des Reichs zu übertragen. Diese Ermächtigung durfte sich aber nicht darauf erstrecken, dem preußischen Staatsministerium und seinen Mitgliedern die Vertretung des Landes Preußen im Reichstag, im Reichsrat oder sonst gegenüber dem Reich oder gegenüber dem Landtag, dem Staatsrat oder gegenüber anderen Ländern zu entziehen."[45]

Die Richter entschieden also, dass die Entmachtung der preußischen Regierung seitens der Reichsregierung rechtens sei, solange Letztere dabei die Beteiligung Preußens an der nationalen Willensbildung sicherstelle. Das Gericht vermied also eine klare Verurteilung des Staatsstreichs und legitimierte auf diese Weise nicht nur Papens Vorgehen, sondern auch eine Erosion des föderalen Systems bis auf die absoluten Grundstrukturen des Bundesstaates. In föderaler Hinsicht war das Urteil also ebenfalls von „grotesker Zwiespältigkeit", wie der große

Weimar- und NS-Forscher Karl Dietrich Bracher zugespitzt formuliert hat: „Sein rechtlicher Teil sprach für den preußischen Standpunkt, während sein politischer Grundtenor mit der Anerkennung des einmal Geschehenen dem staatsreichförmigen Belieben einer nur auf die Autorität des Reichspräsidenten und die Machtmittel der Reichswehr gestützten Regierung entgegenkam." Papen und seine Nachfolger hielt sich denn auch nicht an die halbherzigen Bestimmungen, die das Urteil getroffen hatte. Statt die angeblich zur Beseitigung eines Staatsnotstandes notwendige kommissarische Reichsverwaltung Preußens als ein Provisorium zu behandeln, sprich: sie nach einer Weile wieder zu beenden, machte die Reichsregierung sie zu einer Dauereinrichtung. Der Hegemonialstaat des Bundes verlor durch den Preußenschlag folglich ein für alle Mal seine Eigenständigkeit – und das zumindest teilweise mit dem Segen der Justiz.[46]

Der sich in dem Urteil manifestierende Mangel an Wertschätzung und Schutz für die föderale Organisation des Reiches machte es für die Nationalsozialisten verhältnismäßig einfach, die machtteilenden Strukturen des Bundesstaates durch ein zentralistisches, ganz auf Hitler ausgerichtetes System zu ersetzen. In der nationalsozialistischen Ideologie war der unitarische Führerstaat der natürliche staatsorganisatorische Ausdruck der Volksgemeinschaft, der deren von der Republik künstlich aufrechterhaltene Fragmentierung beendete. Der Nationalsozialismus, so Hitler in *Mein Kampf*, habe das Recht, „der gesamten deutschen Nation ohne Rücksicht auf bisherige bundesstaatliche Grenzen seine Prinzipien aufzuzwingen", da seine Lehre nicht den „politischen Interessen einzelner Bundesstaaten [dienen], sondern [...] dereinst Herrin der deutschen Nation werden [solle]". Die Nazis vergeudeten denn auch keine Zeit und begannen gleich nach der Machtergreifung damit, die föderale Ordnung abzuschaffen. Nur eine Woche, nachdem das Ermächtigungsgesetz Hitler am 24. März 1933 die gesetzgebende Gewalt praktisch vollständig übertragen hatte, konstituierte das „Vorläufige Gesetz zur Gleichschaltung der Länder mit dem Reich" die Landesparlamente auf der Basis des Ergebnisses der Reichstagswahl vom 5. März neu und stellte sie damit faktisch unter die Kontrolle der NSDAP. Außerdem verlieh das Gesetz den Landesregierungen das Recht, ebenso wie die Reichsregierung unter dem Ermächtigungsgesetz, Gesetze ohne Beteiligung der Volksvertretung zu erlassen. Eine Woche später stellte das „Zweite Gesetz zur Gleichschaltung der Länder mit dem Reich" die Landesregierungen unter die Aufsicht von Reichsstatthaltern, die vom Reichspräsidenten auf Vorschlag des Kanzlers ernannt wurden und die Befugnis hatten, die örtlichen Regierungschefs zu ernennen und die Landesparlamente durch Neuwahlen aufzulösen. Die Stelle des Reichsstatthalters in Preußen übertrug das Gesetz direkt auf den Reichskanzler, sprich: auf Hitler. Ende Januar 1934 hob das „Gesetz über den Neuaufbau des Reichs" die

Souveränität der Länder endgültig auf. Es schaffte die Landtage ab, übertrug die Hoheitsrechte der Länder auf das Reich, unterstellte die Landesregierungen direkt der Reichsregierung, brachte die Reichstatthalter unter die Dienstaufsicht des Reichsinnenministers und ermächtigte die Reichsregierung dazu, neues Verfassungsrecht zu setzen. Dadurch wurden die Länder zu bloßen Provinzen eines Einheitsstaates. Infolgedessen schaffte ein weiteres Gesetz nur zwei Wochen später den Reichsrat ab.[47]

Damit hatten die Nationalsozialisten innerhalb nur eines Jahres das Regierungssystem des Reiches vollkommen zentralisiert. In weiten Teilen der Öffentlichkeit wurde das Ende der föderalen Aufteilung des Reiches goutiert. Selbst jene, die den Nationalsozialisten ansonsten eher kritisch gegenüberstanden, sahen diese „Leistung" des Regimes mitunter positiv. Der liberale Politiker Hermann Höpker-Aschoff, der von 1925 bis 1931 preußischer Finanzminister gewesen war und später der erste Präsident des Bundesverfassungsgerichts werden sollte, begrüßte „das Ende des deutschen Föderalismus" als einen „Markstein in der Geschichte des Reiches und der Länder", der „die freudige Zustimmung aller derer [finde], die sich seit Jahren die Finger wundgeschrieben [hätten], um der deutschen Libertät eines unseligen Föderalismus den Garaus zu machen". Eine preußische Aristokratin erinnerte sich mehrere Jahrzehnte später in einem Interview an die Reaktion ihres ansonsten von Hitler wenig begeisterten Mannes: „Bis Hitler kam, gab es noch verschiedene Staatsangehörigkeiten in Deutschland. Mein Mann hatte die badische Staatsangehörigkeit, nicht die preußische. Es gab die Bayern, die Sachsen etc. [...] Das wurde dann durch Hitler aufgehoben. Das ist positiv empfunden worden. Mein Mann sagte immer, wenn Hitler eins geschafft hat, dann ist es die Einheit der Deutschen."[48]

Derart negative Haltungen gegenüber dem Föderalismus stützten – ob die jeweiligen Personen das wollten oder nicht – automatsch die Legitimität des zentralistischen Nazi-Regimes. Die Konsequenzen waren fürchterlich. Es war die Zentralisierung des deutschen Staatsapparates und die daraus resultierende Machtkonzentration an dessen Spitze, die es den Nationalsozialisten in praktischer Hinsicht überhaupt erst ermöglichte, den Holocaust zu organisieren. Historiker haben in den letzten Jahrzehnten zwar überzeugend dargelegt, dass die „polykatische" Natur der NS-Herrschaft mit ihrem Kompetenzgerangel zwischen SS, der Partei und den staatlichen Stellen unterhalb Hitlers ein wesentliches Merkmal des Führerstaates war. Genauso bedeutend war aber die Zentralisierung der ehemals föderalen Strukturen. Ein Massentötungsprogramm vom Ausmaß der Shoa hätte in einem föderalen System aufgrund der dortigen Zerstreuung der Staatsmacht auf viele verschiedene Stellen und Ebenen wohl kaum oder zumindest nur sehr viel schwerer durchgeführt werden können. So legte die Zentralisierung zum Beispiel die Grundlage für die Deportationen aus dem Reichsgebiet, indem sie dem Reichsministerium des Innern ermöglichte, das Staatsangehörigkeitsrecht im Vorfeld entsprechend zu ändern. Ganz essenziell war außerdem die Verreichlichung der Polizeikräfte der Länder. Wolfgang Seibel resümiert im Rahmen eines aufschlussreichen Sammelbandes über *Networks of Nazi Persecution. Bureacracy, Business, and the Organization of the Holocaust*: „Mechanismen nicht-hierarchischer Kontrolle waren [...] genauso wichtig wie Mechanismen der Hierarchie". Anders gesagt: Die Aufhebung der bundesstaatlichen Ordnung war nicht die einzige, aber eine der entscheidenden organisatorischen Voraussetzungen für das größte Verbrechen der Geschichte.[49]

Angesichts der unsagbaren Schrecken, die der unitarische Terrorstaat der Nazis über die Welt brachte, war ein einheitsstaatlicher Neuaufbau Deutschlands nach dem Ende des Zweiten Weltkrieges völlig undenkbar. Die Amerikaner, Franzosen und Briten begannen in ihren jeweiligen Besatzungszonen schon 1946 damit, neue Länder einzurichten, deren Größe so gewählt war, dass sie die Verwaltung in den jeweiligen Gebieten effektiv übernehmen konnten, aber keine größere Gefahr der Machtkonzentration bestand. Dabei handelte es sich bis auf die Ausnahme Baden-Württembergs, über die später noch genauer zu reden sein wird, im Wesentlichen um die Länder, die noch heute die Bundesrepublik ausmachen. Im Februar 1947 löste der Alliierte Kontrollrat den ehemaligen Hegemonialstaat Preußen offiziell auf. Anderthalb Jahre später erklärten die westlichen Siegermächte eine föderale Staatsorganisation zu einer Voraussetzung für die Wiederherstellung eines deutschen Nationalstaates. In den sogenannten Frankfurter Dokumenten instruierten die Militärgouverneure der USA, Großbritanniens und Frankreichs die Ministerpräsidenten beziehungsweise regierenden Bürgermeister der deutschen Länder, einen Weststaat unter folgender Bedingung zu gründen: „Die verfassunggebende Versammlung wird eine demokratische Verfassung ausarbeiten, die für die beteiligten Länder eine Regierungsform des föderalistischen Typs schafft, die am besten geeignet ist, die gegenwärtig zerrissene deutsche Einheit schließlich wieder herzustellen, und die Rechte der beteiligten Länder schützt, eine angemessene Zentralinstanz schafft und Garantien der individuellen Rechte und Freiheiten enthält."[50]

Die Väter und Mütter des Grundgesetzes erfüllten diese Direktive im Parlamentarischen Rat gewissenhaft. Dabei setzten sie nicht auf einen kompletten Neuanfang, sondern stellten das politische System Deutschlands zurück in jene verfassungsgeschichtliche Zeitlinie beziehungsweise Tradition, die die Mitte Europas seit der Aufklärung geprägt und im Kaiserreich ihre erste bundesstaatliche Manifestation gefunden hatte, bevor sie von den Nazis gewaltsam unterbrochen worden war. Entsprechend groß war die Bedeutung, die die Urheber des Grundgesetzes dem Föderalismus gaben. Die Erosion des Weimarer Föderalsystems und deren schreckliche Folgen vor Augen, schufen sie nicht nur ein durchdachtes Gefüge aus Institutionen und Prozederen, um Bund und Länder besser zu koordinieren, sondern sie erhoben den Föderalismus auch zu einem unwiderruflichen Merkmal der deutschen Staatsordnung. In der sogenannten „Ewigkeitsklausel" verfügten sie, dass „eine Änderung [des] Grundgesetzes, durch welche die Gliederung des Bundes in Länder, die grundsätzliche Mitwirkung der Länder bei der Gesetzgebung oder die in den Artikeln 1 und 20 niedergelegten Grundsätze berührt werden, unzulässig [ist]". Dadurch gewährten sie der bundesstaatlichen Grundorganisation denselben Bestandsschutz wie den zentralen Säulen des demokratischen und sozialen Rechtsstaates. Somit erhielt der Föderalismus endlich eine Existenzgarantie.[51]

Im Osten Deutschlands war die Situation eine gänzlich andere. Die Sowjetische Militäradministration schuf zur Verwaltung ihrer Besatzungszone im Sommer 1945 – also noch früher als die Westmächte – fünf neue Länder. Diese erhielten im Laufe der nächsten zwei Jahre jeweils eigene Verfassungen. Mit der Gründung der Deutschen Demokratischen Republik im Oktober 1949 verloren Letztere den Großteil ihrer Bedeutung jedoch wieder. Die neue gesamtstaatliche Verfassung erklärte die DDR zu einer „unteilbaren Republik", die „auf den deutschen Ländern [aufbaue]". Gemäß des unitarischen Ideals des Sozialismus übertrug die Verfassung die gesamte Legislativ- und Exekutivgewalt dem zentralen Parlament – der Volkskammer – beziehungsweise der zentralen Regierung, dem Ministerrat. Von einem voll ausgeprägten föderalen System konnte also keine Rede sein. Es gab allenfalls föderalistische Züge. Selbst diese begann die regierende Sozialistische Einheitspartei Deutschlands (SED) in ihrem Drang zur Errichtung einer Einparteiendiktatur jedoch schnell zu untergraben. Bei den Landtagswahlen im Oktober 1950 brachte die SED durch die Vorauswahl aller Mandatsbewerber die Landesparlamente unter ihre Kontrolle. Zwei Jahre später übertrug sie durch das „Gesetz über die weitere Demokratisierung des Aufbaus und der Arbeitsweise der staatlichen Organe in den Ländern" deren verbliebene Befugnisse auf vierzehn neu eingerichtete Bezirke. Ein weiteres Jahr später löste sie die ohnehin nie groß in Erscheinung getretene, durch die Gründung der Bezirke nun gänzlich überflüssig gewordene Länderkammer auf und setzte so das sozialistische Ein-Kammer-Modell durch. 1968 wurde die alte durch eine neue Verfassung ersetzt, die die Verwirklichung des Sozialismus zum Staatsziel erklärte und demgemäß *de facto* einen Einheitsstaat errichtete. Offiziell blieben die Länder allerdings noch bis 1974 erhalten, als eine erneute Revision der Verfassung anlässlich des 25. Jahrestages der Staatsgründung auch die letzten, ohnehin ohnmächtigen Reste des Föderalismus beseitigte.[52]

Im Kontext des Kalten Krieges war diese sukzessive Umwandlung der DDR in einen sozialistischen Einheitsstaat ein wichtiger Bestandteil der ideologischen Auseinandersetzung mit dem Westen. Der demokratische Zentralismus nach russischem Vorbild war gewissermaßen das Gegenmodell zu dem föderalen Staatsmodell der Bundesrepublik und ihrer wichtigsten Schutzmacht, den Vereinigten Staaten. Der Glaube des SED-Regimes an den Triumph des Sozialismus über den Kapitalismus war auch der Glaube an den Triumph des Zentralismus über den Föderalismus. Zumindest in den ersten Jahrzehnten nach der Gründung der beiden deutschen Staaten war diese Überzeugung nicht vollkommen unbegründet. Denn im Gegensatz zum unitarischen System der DDR beruhte die Föderalordnung der Bundesrepublik auf keiner bestimmten, in sich geschlossenen Ideologie. Das bundesstaatliche System des Grundgesetzes zog den Großteil seiner Legitimation aus der Tatsache, dass es eine Lehre aus den Schrecken der Nazi-Ära war. Es war Teil jener „Verfassungsgebung als Zukunftsbewältigung durch Vergangenheitserfahrung", die das Grundgesetz durch und durch prägte, wie der Rechtswissenschaftler Michael Kloepfer gezeigt hat. Mit anderen Worten: Die vom Grundgesetz getroffene Entscheidung für eine föderale und nicht etwa für eine unitarische Republik war in erster Linie nicht Ausdruck einer optimistischen Zukunftsvision, sondern eine Reaktion auf die katastrophale Entwicklung der Vergangenheit. Genau wie seine Vorgänger im Kaiserreich und in der Weimarer Republik wurde der Bundesstaat des Grundgesetzes also ohne eine klar erkennbare, positive Daseinsberechtigung geschaffen. Die Gründerinnen und Gründer der Bundesrepublik erachteten deren föderale Organisation in erster Linie aus historischen Gründen und nicht etwa wegen irgendwelcher systemimmanenter Vorteile für notwendig. Man könnte auch sagen: Statt „Jetzt erst recht!" war das dem neuen Bundesstaat zugrundeliegende Motto „Niemals wieder!".[53]

Der damit zusammenhängende Mangel an positiver Legitimation verfolgte das föderale System nach der Gründung der Bundesrepublik noch für eine ganze Weile. Immer wieder standen in den ersten Jahrzehnten nach 1949 wichtige Grundlagen des Bundesstaates zur Debatte. Besonders groß war die Unruhe in Bezug auf die territoriale Gliederung des Bundes. Artikel 29 des Grundgesetzes gab in seiner ursprünglichen Fassung dem Bund den konkreten Auftrag, das Bundesgebiet „unter Berücksichtigung der landsmannschaftlichen Verbundenheit, der geschichtlichen und kulturellen Zusammenhänge, der wirtschaftlichen Zweckmäßigkeit und des sozialen Gefüges durch Bundesgesetz neu zu gliedern". Gleichzeitig bestimmte die Klausel, dass die Bevölkerung in den betroffenen Gebieten den jeweiligen Gesetzen per Volksentscheid zustimmen musste, bevor selbige in Kraft treten konnten. Vor dem Hintergrund dieser Regelung setzte der Bund bis in die 1970er-Jahre hinein mehrere Ausschüsse und Sachverständigenkommissionen ein, um Vorschläge für einen Neuzuschnitt der Länder zu machen. Am wichtigsten waren der Bundestagsausschuss für „innergebietliche Neuordnung", ein 1952 von der Adenauer-Regierung eingesetzter Ausschuss unter dem Vorsitz des ehemaligen Reichskanzlers Hans Luther, und eine 1970 von der sozial-liberalen Bundesregierung Willy Brandts berufene Kommission unter dem Vorsitz des ehemaligen Bundesverwaltungsrichters Werner Ernst. Die äußerst vielfältigen Vorschläge, die diese Expertengremien machten, führten indessen allesamt letztlich zu nichts. Eine Neugliederung wurde nie umgesetzt. Im Gegenteil: Alle in den 1950er- bis 1970er-Jahren in verschiedenen Teilen des Bundes angestrengten Initiativen zur Wiederherstellung historischer Länder, wie etwa Schaumburg-Lippe und Oldenburg, oder zur Umgliederung einzelner Gebietsteile, wie etwa dem Wechsel der Regierungsbezirke Koblenz und Trier von Rheinland-Pfalz nach Nordrhein-Westfalen, lehnte der Bund ab – und das, obwohl einige der diesbezüglich abgehaltenen Volksbegehren positiv ausfielen.[54]

So kam es in der Nachkriegszeit letzten Endes nur zu zwei großen territorialen Veränderungen. 1952 fusionierten Baden, Württemberg-Baden und Württemberg-Hohenzollern zum neuen Land Baden-Württemberg. Das geschah allerdings nicht unter Artikel 29 des Grundgesetzes, sondern auf der Basis einer Sonderklausel, die eine Neugliederung der drei Länder „durch Vereinbarung" ermöglichte, da sich die westdeutschen Ministerpräsidenten schon vor Annahme des Grundgesetzes auf die Schaffung eines Südweststaates verständigt hatten. Das Referendum, das zu diesem Zweck im Dezember 1951 stattfand, wurde durch ein Bundesgesetz geregelt und fiel nur knapp positiv aus – wobei die badische Bevölkerung mehrheitlich gegen die Fusion stimmte. In den folgenden Jahren unternahm der „Heimatbund Badnerland" große Anstrengungen, eine Wiederherstellung Badens zu erwirken. Dabei ging die partikularistische Vereinigung sogar bis vor das Bundesverfassungsgericht und konnte dadurch einen zweiten Volksentscheid erzwingen. Dieser fiel 1970 jedoch deutlich zugunsten des Verbleibs Badens im Südweststaat aus. 1957 trat das Saarland der Bundesrepublik auf Grundlage des ein Jahr zuvor zwischen Westdeutschland und Frankreich geschlossenen Saarvertrages bei. Zwei Jahre vorher hatte sich die lokale Bevölkerung in einem Volksentscheid gegen das von der Bonner und Pariser Regierung vereinbarte Saarstatut entschieden, welches vorgesehen hatte, das Saarland zu „europäisieren", das heißt, zu einem außerstaatlichen Territorium zu machen, in dem die sich gerade in der Gründung befindliche Westeuropäische Union ihre gemeinsamen Institutionen würde ansiedeln können.[55]

Die letzte größere Initiative der westdeutschen Bundesregierung zur Neugliederung des Bundesgebietes versandete dagegen 1973, als die Vorschläge der Ernst-Kommission unerledigt liegen blieben. Um diese umzusetzen, war der

Widerstand der mittlerweile fest etablierten Länder zu groß, der politische Wille der Regierungsverantwortlichen zu klein und die bundesdeutsche Öffentlichkeit zu desinteressiert. Diese Lage der Dinge spiegelte einen längerfristigen Wandel in der Debatte um den Föderalismus in der Bundesrepublik wider. Während sich die Diskussion in den ersten zwei Jahrzehnten nach Gründung der Republik darauf konzentriert hatte, sich mit deren Bundesstaatlichkeit an sich zu arrangieren, verlagerte sich das Interesse Ende der 1960er-Jahre darauf, relativ spezifische Aspekte des föderalen Systems auszugestalten und gegebenenfalls neu zu regulieren. Im Mittelpunkt standen dabei fast durchgehend die Verteilung der Gesetzgebungskompetenzen zwischen Bund und Ländern sowie das föderale Finanzsystem. 1969 schuf die sogenannte Große Finanzreform unter anderem einen großen Steuerverbund aus Einkommens-, Körperschafts- und Umsatzsteuer, in dem sich Bund und Länder die ergiebigsten Steuern nach einem gesetzlich festgelegten Schlüssel teilten. Außerdem wurde der im Grundgesetz verankerte Finanzausgleich zwischen einkommensschwachen und einkommensstarken Ländern verfeinert.[56]

In den nächsten vier Jahrzehnten tauchten die föderale Kompetenzverteilung und das Finanzsystem immer wieder ganz oben auf der politischen Agenda auf. Das führte zwar sowohl vor als auch nach der Wiedervereinigung immer wieder zu kleineren Reformen. Zu einem wirklich umfassenden Umbau des Bundesstaatssystems kam es aber erst im neuen Jahrtausend. Die unter der Kanzlerschaft Angela Merkels verabschiedeten Föderalismusreformen I und II von 2006 beziehungsweise 2009 änderten das Grundgesetz ganz fundamental, um die Kompetenzen zwischen Bund und Ländern klarer zu ordnen und die Finanzbeziehungen des Bundesstaates neu zu regeln. Zu diesem Zweck wurde unter anderem die Rahmengesetzgebung des Bundes abgeschafft, die Zahl der Gesetzgebungsmaterien, bei denen dem Bundesrat ein Zustimmungsrecht zusteht, drastisch reduziert, den Ländern im Gegenzug die ausschließliche Gesetzgebungskompetenz über eine ganze Reihe von wichtigen Rechtsfeldern gewährt (Versammlungsrecht, Presserecht, Ladenschluss- und Gaststättenrecht, Heimatrecht ohne das dazugehörige Gesundheitsrecht, Dienst-, Besoldungs-, und Versorgungsrecht der Landes- und Kommunalbeamten, Strafvollzugsrecht), dem Bund ein Mitwirkungsrecht bei bestimmten Vorhaben im Bereich Wissenschaft und Forschung gegeben, die Kompetenzen im Umweltrecht neu festgelegt, Schuldengrenzen für Bund und Länder eingeführt und die Kooperationsmöglichkeiten der beiden Regierungsebenen beim Steuervollzug und der Informationstechnik ausgebaut.[57]

Trotz dieser diversen Anpassungen an die sich verändernden politischen Verhältnisse und Lebenswirklichkeiten zieht der Föderalismus in der deutschen

Öffentlichkeit auch heute noch regelmäßig mitunter sehr harsche Kritik auf sich. Im Zuge der Corona-Krise, die während der Niederschrift dieser Zeilen gerade die zweite Infektionswelle erlebt, erheben sich immer wieder Klagen über den Flickenteppich aus sechzehn, teilweise äußerst unterschiedlichen Verordnungsregimen, der durch die Zuständigkeit der Länder für die Seuchenbekämpfung entstanden ist. Ein Picknick mit Freunden, das im württembergischen Allgäu erlaubt ist, kann beim unsichtbaren Grenzübergang nach Bayern zu empfindlichen Ordnungsstrafen führen. Die beliebte Satiresendung „Heute-Show" beschwor angesichts solcher Absurditäten im Mai 2020 das deutsche „Föderallala". Andererseits gibt es aber auch gerade im Ausland viele Stimmen, die im föderalen Ansatz, den die Bundesrepublik bei der Bekämpfung der Pandemie verfolgt, den zentralen Grund dafür sehen, dass Deutschland dabei erfolgreicher ist als viele andere Staaten. Der englische *Guardian* titelte im April 2020 „Germany's devolved logic is helping it win the coronavirus race". Einen Monat später stellte *Die Zeit* schlicht fest: „Der Föderalismus wirkt". Abschließend bewerten kann man die Vor- und Nachteile des Föderalismus in der Corona-Krise sicher erst, wenn diese vorbei ist. Man darf gespannt sein, ob und – wenn ja – welche Konsequenzen sich daraus ergeben (Abb. 10.1).[58]

Unabhängig davon gehört heutzutage Kritik am Föderalismus in einigen Bereichen fest zur politischen Debatte, und wird es wohl auch in Zukunft immer tun. Das gilt ganz besonders für das vielleicht wichtigste Kompetenzfeld, das den Ländern bis heute verblieben ist: die Bildungspolitik. Regelmäßig werden vor allem, aber nicht nur bei den Parteien links der Mitte Forderungen laut, ein bundesweites Zentralabitur einzuführen, Lehrpläne zu vereinheitlichen und dem Bund zumindest ein größeres Mitspracherecht bei der Organisation des Bildungswesens zu geben. Gregor Gysi, der damalige Fraktionsvorsitzende von Die Linke, der von 1989 bis 1993 letzter Vorsitzender der 1990 in Partei des Demokratischen Sozialismus umbenannten SED war, fasste diese Dauerkritik 2013 im Bundestag so zusammen: „Wir haben 16 Bundesländer, 16 verschiedene Schulsysteme und 16 verschiedene Lehrpläne. [...] Das ist 19. Jahrhundert. Das ist die Zeit der Postkutschen. Es hat mit dem 21. Jahrhundert rein gar nichts zu tun."[59]

Derartige Zuspitzungen sind deshalb besonders interessant, weil sie zeigen, wie sehr die Modernisierung des Föderalismus als eine der Schlüsselfragen des politischen Systems verstanden wird. Quer durch das politische Spektrum und auf allen Ebenen des Bundesstaates sind sich nahezu alle großen Parteien darüber einig, dass die föderalen Strukturen der Bundesrepublik an die Bedürfnisse eines globalen und digitalen Zeitalters angepasst werden müssen, zum Beispiel durch bundesweite Standards im Bildungssystem und eine Beteiligung des Bun-

Abb. 10.1: Föderalismus in Zeiten der Corona-Pandemie. Greser & Lenz, F. A. Z.

des an der Finanzierung der Schulen und Universitäten. Und dennoch: Im Umgang mit dem Föderalismus gibt es heute im Vergleich zum weitaus größten Teil des Lebensweges, den der deutsche Bundesstaat seit seiner Gründung 1867 beziehungsweise 1871 genommen hat, einen deutlichen Unterschied. Unserer Tage begrenzt sich die Kritik am Föderalismus – so harsch und zynisch sie gelegentlich auch ausfällt – auf konkrete Mängel in einzelnen, ganz spezifischen Feldern. Neben den schon genannten Gebieten sind die Terrorismusbekämpfung und der Klimaschutz gute Beispiele. In diesen Bereichen steht der Föderalismus gegenwärtig besonders in der Kritik, denn hier hat zum einen etwa die Aufgliederung des Verfassungsschutzes nach Ländern den Attentäter des 2016 verübten Terroranschlages auf den Berliner Breitscheidplatz durch das Raster der Fahnder fallen lassen, zum anderen erschwert beispielsweise die Zuständigkeit der Länder für den Strukturwandel der alten Kohleregionen die Einhaltung der Klimaziele. Keine der großen politischen Kräfte stellt dagegen mehr Deutschlands Organisation als Bundesstaat grundsätzlich in Frage. Der Föderalismus wird heute generell als ein essenzielles Merkmal der deutschen Staatsordnung akzeptiert. Mehr noch: Wie gerade die Diskussion um die Bekämpfung der Corona-Pandemie gezeigt hat, wird der Föderalismus mittlerweile in weiten Teilen der politischen Öffentlichkeit als ein hohes Gut wahrgenommen, das ganz wesentlich zur politischen Stabilität und wirtschaftlichen Kraft Deutschlands beiträgt. 2017 hat zum Beispiel eine Studie mehrerer Wissenschaftler vom Mannheimer Zentrum für Wirtschaftsforschung per Umfrage ermittelt, dass der „föderale Status Quo" im Hinblick auf die allermeisten Strukturelemente in der deutschen Bevölkerung einen „recht großen Rückhalt besitzt".[60]

Der Hauptgrund für diesen bemerkenswerten Verständniswandel, der sich im Laufe der wechselvollen Geschichte der Bundesrepublik vollzogen hat, war beziehungsweise ist vermutlich der große Erfolg des föderalen Systems. Unter dem Eindruck des spektakulären Wiederaufbaus nach dem Zweiten Weltkrieg betonte der gefeierte deutsch-schweizerische Historiker Golo Mann, dessen *Deutsche Geschichte des 19. und 20. Jahrhunderts* einige Jahre später zu einem Bestseller werden sollte, schon 1951: „Man könnte es geradezu als Regel aufstellen, daß immer, wenn das deutsche Reich mächtig ist und Unfug stiftet, die deutschen Staaten zu verschwinden scheinen; daß aber, wenn der Fall dem Hochmut folgt, es immer die einzelnen Länder sind, die die Rechnung übernehmen und zunächst einmal wieder leidliche Ordnung schaffen."[61]

Wenn wir bedenken, welch wichtige Rolle die Länder für die Entwicklung der Bundesrepublik seit deren Gründung spielten, scheint Manns Aussage heute richtiger denn je. Auf der Grundlage ihrer Kompetenzen für Verkehr, Infrastruktur und regionale Entwicklung waren die Länder nach dem Zweiten Weltkrieg die Hauptkoordinatoren des Wiederaufbaus der deutschen Städte, Transportwege und Kommunikationssysteme. Durch die Regulierung der örtlichen Rahmenbedingungen für die Entwicklung der Industrie, Landwirtschaft und des Dienstleistungssektors hatten sie einen entscheidenden Anteil am Wirtschaftswunder. Ihre Zuständigkeit für Flüchtlinge und Ausländer machte sie zu den Managern der Integration der Kriegsflüchtlinge aus den ehemaligen deutschen Ostgebieten, der Einwanderer aus Südeuropa, die ab Mitte der 1950er-Jahre als Gastarbeiter nach Deutschland kamen und der Migranten, die 2015/16 im Zuge der Europäischen Flüchtlingskrise Schutz in der Bundesrepublik suchten. Immer wieder erwiesen sie sich als Eckpfeiler der wehrhaften Demokratie, indem sie auf Grundlage ihrer Befugnisse über Polizei und Justiz halfen, Recht und Ordnung gegen extremistische Gefahren zu verteidigen. Auf der Basis ihrer Aufsicht über das Bildungswesen sorgten sie ab den 1970er-Jahren für eine erhebliche Expansion von Schulen und Universitäten, durch die mehr und mehr Menschen Zugang zu höherer Bildung erhielten. Nach dem Fall der Berliner Mauer waren sie maßgeblich daran beteiligt, Ost und West zusammenwachsen zu lassen. Die Wiedervereinigung war ein föderaler Prozess. Dieser stellte nicht nur die fünf Länder, die die DDR 1974 ausradiert hatte, wieder her, sondern organisierte den wirtschaftlichen Aufbau des Ostens durch ein komplexes Subventionssystem, in das alle Länder und der Bund solidarisch eingebunden waren. Und nicht zuletzt: Die Kultur- und Bildungshoheit der Länder machte sie zu einem der Hauptmotoren für die Entstehung einer aufgeklärten und liberalen Gesellschaft, die schrittweise ihre dunkle Vergangenheit aufgearbeitet und eine demokratische, tolerante und europäische Mentalität entwickelt hat, die sie gegenwärtig gegen die wiedererstarkenden Geißeln des Nationalismus, des Rassismus und des Antisemitismus zu verteidigen sucht.[62]

Diese föderale Erfolgsstory, die so weder in der Kaiserzeit noch in der Weimarer Republik ein Äquivalent besaß, hat die bundesstaatliche Organisation Deutschlands im Laufe der vergangenen sieben Jahrzehnte auf eine positive Legitimationsgrundlage gestellt. Zum ersten Mal in der Geschichte des 1871 gegründeten deutschen Nationalstaates gilt der Föderalismus trotz aller Kritik, die es an einzelnen Aspekten gibt und wohl auch immer geben wird, nicht mehr primär – wie im Kaiserreich – als ein Machtinstrument oder – wie in der Weimarer Republik – als ein notwendiges Übel, sondern als Stabilitätsanker und Freiheitsgarantie. Kurzum: Der Föderalismus ist in der Bundesrepublik zu einem integralen Bestandteil der deutschen Demokratie geworden. Als der Bundesrat im November 2015 den 25. Jahrestag der ersten gemeinsamen Sitzung der Landesregierungen aus Ost- und Westdeutschland feierte, gab Bundespräsident Joachim Gauck als erstes demokratisch gewähltes Staatsoberhaupt Deutschlands überhaupt der Länderkammer die Ehre eines offiziellen Besuchs. Dabei betonte er, wie sehr sich der Föderalismus seit 1949 bewährt habe und wie sehr man ihn deswegen trotz aller sicherlich bestehenden Probleme wertschätzen müsse: „Der Föderalismus ist mehr als eine technische Organisationsform politischer Herrschaft. Er steht in unserem Land auch für eine politische Kultur, die er geprägt hat und von der er wiederum geprägt ist. Diese Kultur zielt auf Abwägung, Kompromissfindung und Ausgleich. Das macht Entscheidungen manchmal etwas mühsamer und dämpft die Ausschläge des politischen Pendels. Manche nennen das dann ‚Schwerfälligkeit'. Man kann aber auch anderes dazu sagen, nämlich ‚Maß und Mitte'. Und das sind Werte, die unserem Land guttun, gerade auch in bewegten Zeiten, in denen wir heute leben." Zu Beginn des dritten Jahrzehnts des neuen Jahrtausends scheint es also, dass der deutsche Bundesstaat das schwierige kulturelle Erbe, das ihm die föderale Entwicklung des Kaiserreiches einst hinterließ, ein für alle Mal zum Guten gewandelt hat.[63]

## III. Deutschland, Europa und die Welt

Einige Strukturmerkmale des heutigen deutschen Bundesstaates stehen nach wie vor in der Tradition jener Föderalordnung, zu der sich die deutschen Einzelstaaten 1867 beziehungsweise 1871 zusammenschlossen. Neben diversen Parallelen bei der Kompetenzverteilung zwischen Bund und Ländern – man denke nur an die Bildungshoheit der Letzteren – haben sich vor allem drei organisatorische Grundprinzipien bis in die Gegenwart erhalten. Erstens nehmen die einzelnen Mitgliedsstaaten des Bundes genau wie im Kaiserreich am nationalen Willensbildungsprozess vermittels einer Länderkammer teil, die aus den Vertretern ihrer jeweiligen Regierungen besteht: der Bundesrat. Dieses bis auf den Bundestag des alten Deutschen Bundes von 1815 zurückgehende Arrangement stärkt die Regierungen gegenüber den Parlamenten der Länder. Es ist das Herzstück eines Exekutivföderalismus, in dem die Landesregierungen die internen Beziehungen des Bundes dominieren. Dieses System ist typisch deutsch. In anderen Bundesstaaten werden die Mitglieder des Vertretungsorganes der Länder auf Bundesebene entweder von den einzelstaatlichen Parlamenten bestimmt, wie etwa in Österreich, oder direkt vom Volk gewählt, wie zum Beispiel in Australien. Das Wahlverfahren für den US-amerikanischen Senat veränderte sich 1913 durch den 17. Verfassungszusatz gar von ersterer zu letzterer Methode.[64]

Der Exekutivföderalismus ist deutlich weniger demokratisch als diese alternativen Varianten, da er weder die Bevölkerung noch die Volksvertretungen der Einzelstaaten direkt an der Gestaltung der Bundespolitik beteiligt. Zudem untergräbt er die Gewaltenteilung. Da er die Landesregierungen vermittels des Bundesrates am Gesetzgebungsverfahren des Bundes beteiligt, verflicht er über die verschiedenen Ebenen des Bundesstaates hinweg die Exekutive mit der Legislative. Dieser gewaltenverbindende statt gewaltentrennende Aufbau des Föderalsystems ist das zweite zentrale Strukturprinzip, das die Bundesrepublik vom Kaiserreich geerbt hat. Ein solches Prinzip hat den Vorteil, einen hohen Verflechtungsgrad zwischen Bund und Ländern sicherzustellen und dadurch zu gewährleisten, dass die Länder die Gesetze des Bundes auch umsetzen. Der große Nachteil liegt hingegen darin, dass eine derart enge institutionelle Verbindung der verschiedenen Gewalten und Ebenen des Bundesstaates deren gegenseitige Kontrollfunktion schwächt.[65]

Drittens und letztens überlässt das Grundgesetz, genau wie es die Bismarckverfassung tat, das Recht zur Implementierung von Gesetzen generell den Ländern. Im Kaiserreich war diese dezentrale Organisation des Gesetzesvollzuges eine unumgängliche Notwendigkeit, gab es laut der Verfassung doch weder eine offizielle Reichsregierung noch einen bundeseigenen Verwaltungsapparat. Die Bundesrepublik hat dagegen stets eine große Anzahl an nationalen Ministerien und Behörden gehabt. Die Trennung von Gesetzgebung und Gesetzesvollzug besteht nichtsdestotrotz weiter. Sie ist zu einem Grundprinzip des deutschen Föderalismus geworden. Während heute die große Mehrheit an Gesetzen vom Bund und der Europäischen Union verabschiedet wird, werden die allermeisten davon nach wie vor von den Ländern umgesetzt. In der Tat hüten Letztere ihre Verwaltungshoheit mit genauso scharfen, wenn nicht sogar noch schärferen Argusaugen wie zur Kaiserzeit.[66]

In Gestalt dieser Parallelen hat der „ewige Bund", den die deutschen Fürsten beziehungsweise Staaten vor anderthalb Jahrhunderten unter Bismarcks Ägide schlossen, zum Teil strukturell bis heute überlebt. Die Ausdauer dieser Tradition hat natürlich viel mit den speziellen Umständen zu tun, unter denen sich der deutsche Bundesstaat seit der Reichsgründung entwickelt hat. Es ist aber auch so, dass alle föderalen Systeme ähnliche strukturelle Entscheidungen treffen müssen, für die es jeweils nur eine begrenzte Anzahl an Optionen gibt – und zwar ungeachtet dessen, ob die jeweilige Föderalordnung ein republikanisches oder ein monarchisches Regierungssystem besitzt. Genau deswegen können wir mit Blick auf die Bundesstaatsentwicklung des Kaiserreiches einige systemische Beobachtungen machen, die auch für die Föderalordnungen unserer Tage interessant sind. Es gilt, was wohl niemand so treffend formuliert hat, wie der berühmte deutsch-amerikanische Staatsrechtler und Politologe Karl Loewenstein, der 1933 vor dem Terrorregime der Nazis in die USA floh und dort vor dem Hintergrund des Scheiterns der Weimarer Republik das Modell der wehrhaften Demokratie entwickelte: „Wer den Föderalismus in seinem letzten Raffinement studieren will, muss sich an Deutschland halten, das ihn seit Jahrhunderten praktiziert."[67]

Die Einsichten, die wir in die Funktionsweise föderaler Systeme durch die Betrachtung historischer Beispiele gewinnen können, geben der wissenschaftlichen Beschäftigung mit diesem Thema eine besondere Bedeutung. Seit dem 19. Jahrhundert hat sich der Föderalismus über den ganzen Globus verteilt. Auf ungefähr vierzig Prozent der Landmasse der Erde finden sich heute Staaten, die auf die eine oder andere Art föderal organisiert sind. Darunter sind nicht nur verschiedene Großmächte wie die USA, Kanada, Russland und Indien, sondern auch zahlreiche Mittel- und Regionalmächte, wie zum Beispiel Mexiko, Nigeria und Australien. Mehr als fünfzig Prozent der Weltbevölkerung leben dieser Tage in föderalen Ordnungen, und dieser Anteil wächst stetig. Viele internationale und supranationale Organisationen haben ebenfalls einen föderalen Charakter.

Unter diesen sticht die Europäische Union hervor, da sie die verschiedenen Mitgliedsstaaten besonders stark integriert.[68]

In der Politikwissenschaft ist es hoch umstritten, inwieweit sich die EU bereits zu einem Bundesstaat entwickelt hat, noch immer ein Staatenbund ist oder eine föderale Ordnung ganz eigenen Typs konstituiert. Im Rahmen dieser Diskussion gibt es immer wieder Vergleiche zwischen der EU und dem Heiligen Römischen Reich. Das Kaiserreich hat diesbezüglich dagegen noch kaum Aufmerksamkeit auf sich gezogen. Man kann davon nur überrascht sein. Denn die EU weist so viele strukturelle Gemeinsamkeiten mit dem föderalen System des Kaiserreiches auf, dass es sich für einen Vergleich erübrigt, festzulegen, was für eine staatsorganisatorische Ordnung die Union denn nun genau ist. Schließlich wusste man ja auch im Kaiserreich nicht mit Sicherheit, ob man es mit einem Bundesstaat, einem Staatenbund oder einer Zwitterordnung zu tun hatte.[69]

Es muss hier genügen, kurz die wichtigsten strukturellen Parallelen zwischen dem Kaiserreich und der EU zu nennen. Wie schon dem Kaiserreich fehlt auch der EU eine konventionelle Verfassung. Die Rechtsbasis der EU ist ein Bündel an Verträgen, die in ihrer Gesamtheit oft als Verfassung betrachtet werden. Einen solch zusammengesetzten Charakter hatte die Reichsverfassung von 1871 ebenfalls, da sie ja nicht mehr als ein einfaches Gesetz war, das die Verfassung von 1867 und die vertraglichen Grundlagen des Bundes – die Einigungsverträge vom November 1870 – harmonisierte. Außerdem besitzt die EU genauso wie das Kaiserreich keine offizielle Regierung. So wie die Reichsämter im Kaiserreich erfüllt auch in der EU ein umfangreicher Ministerialapparat – die Europäische Kommission – die wichtigsten exekutiven Funktionen, etwa die Ausarbeitung von Gesetzen, ohne dabei formell gesehen den Status einer Zentralregierung zu haben. Gemeinsam mit dem Gremium der Staats- und Regierungschefs der Mitgliedsstaaten, dem Europäischen Rat, bildet die Kommission darüber hinaus gegenüber dem Europäischen Parlament eine kollektive Exekutive, die an das Tandem aus Bundesrat und Kanzler beziehungsweise Reichsleitung erinnert, das im Kaiserreich als Widerpart des Reichstages auftrat. Ferner ist auch die EU vom Exekutivföderalismus geprägt. Die 27 Mitgliedsstaaten partizipieren im Entscheidungsprozess der Union vor allem durch den Ministerrat, der aus einem Vertreter pro Regierung besteht und gemeinsam mit dem Europäischen Parlament die Rechtsetzung der EU ausübt. Zudem überlässt auch die EU den Vollzug der von ihr erlassenen Gesetze den einzelnen Ländern.[70]

Im Lichte dieser Parallelen hat die Bundesstaatsentwicklung des Kaiserreiches für die unablässige Diskussion über eine Reform der föderalen Strukturen der EU einige interessante Implikationen. Diese zu diskutieren, scheint heute lohnenswerter denn je. Die EU steht am Scheideweg. Anfang 2020 hat die

EU zum ersten Mal einen ihrer Mitgliedsstaaten verloren. Die schmutzige Scheidung zwischen Großbritannien und der EU läuft noch. Ob es am Ende einen Deal geben wird, der die ökonomischen Folgen des Brexit für beide Seiten abzufedern vermag, bleibt abzuwarten. So oder so ist der Austritt Großbritanniens nicht das einzige Problem der EU. Sowohl von Innen als auch von Außen stehen deren föderale Strukturen enorm unter Druck. Die Gemeinschaft ringt darum, wie der Erosion der Rechtsstaatlichkeit in einigen Mitgliedsländern – vor allem Ungarn und Polen – zu begegnen ist. Der anhaltende Flüchtlingsstrom aus dem Nahen Osten und Afrika stellt die Solidarität innerhalb der Union permanent auf die Probe. Eine gemeinsame Flüchtlingspolitik ist bisher nur in Ansätzen entstanden. Einige Mitgliedsländer beharren darauf, ihre Grenzen nach ihren eigenen Vorstellungen zu schützen und nur so viele Migranten aufzunehmen, wie es ihnen beliebt. Auch in der Corona-Krise war die EU mehr von nationalen Alleingängen als von gemeinsamen Strategien zur Bekämpfung der Pandemie geprägt. Außerdem haben sich die Gräben, die die Staatsschulden-, Banken- und Wirtschaftskrise der Europäischen Währungsunion ab 2010 aufgerissen hat, mitnichten geschlossen. Der Streit zwischen den sparorientierten Ländern im Norden der Union und den eine lockere Geldpolitik befürwortenden Ländern im Süden um die richtige Koordination der Fiskal-, Wirtschafts- und Sozialpolitik in Europa geht unvermindert weiter. Darüber hinaus muss sich die EU mehr denn je international behaupten. Die in der Annexion der Krim gipfelnde aggressive Außenpolitik Russlands, der sich im Bau der Neuen Seidenstraße manifestierende Weltmachtsanspruch Chinas und die unter dem gegenwärtig um seine Wiederwahl kämpfenden Präsidenten Donald Trump vollzogene Wende der USA zum Unilateralismus und Isolationismus lassen die traditionelle Sicherheitsarchitektur, in der es sich Europa über Jahrzehnte bequem gemacht hat, bröckeln. All dies zwingt die EU deshalb, ihre Rolle in der Welt neu zu definieren.

Angesichts dieser bedrohlichen Kombination an Herausforderungen, von denen jede für sich schon schwierig genug zu bewältigen wäre, steht die EU vor der Entscheidung, entweder den wiedererstarkenden Nationalstaaten bestimmte Kompetenzen willentlich zu überlassen beziehungsweise zurückzugeben oder die gemeinsamen Föderalstrukturen noch enger zu integrieren. Im März 2017 stellte der damalige Präsident der Europäischen Kommission Jean-Claude Juncker ein *Weißbuch zur Zukunft Europas* vor, das fünf unterschiedliche Szenarien für die weitere Entwicklung der Union auswies. Diese reichten von einer Beschränkung der EU auf einen gemeinsamen europäischen Markt bis zu einer Ausweitung der Unionskompetenzen auf allen Regierungsgebieten. Einen Monat später nahmen die Mitgliedsländer anlässlich des sechzigsten Geburtstages der Römischen Verträge, die 1957 die Europäische Wirtschaftsgemeinschaft begründet hatten, eine gemeinsame Erklärung an, die für einen Mittelweg eintrat, der oft als „multi-speed Europe" bezeichnet wird. Gemäß dieser Idee soll sich die Integration der Union je nach Politikbereich und betroffenen Strukturen unterschiedlich schnell vollziehen, um so den individuellen Umständen jedes einzelnen Mitgliedslandes gerecht werden zu können.

Jenseits des Bekenntnisses zu einer gemeinsamen Zukunft scheint dieses Konzept jedoch mindestens genauso viele Probleme zu schaffen, wie es zu lösen verspricht. Dementsprechend spielt es in der Diskussion um die konkrete Umgestaltung der föderalen Strukturen der EU auch keine große Rolle mehr. Für die Initiative, die Emmanuel Macron nur wenige Monate später gestartet hat, gilt das Gegenteil. Am 26. September 2017 hielt der französische Staatspräsident an der Pariser Sorbonne – also an jener Stelle, wo 135 Jahre zuvor der Universalgelehrte Ernest Renan in seiner berühmten Vorlesung über das Wesen der Nation die Entstehung einer europäischen Staatenföderation vorhersagte – eine Rede, die den Diskurs über die Zukunft der EU noch immer mitbestimmt. Er warb darin für die Neugründung eines souveränen, geeinten und demokratischen Europas, das durch vertiefte Zusammenarbeit und die Schaffung mehrerer konkreter Institutionen seine außen- und sicherheitspolitische Handlungsfähigkeit erhöht, eine gemeinsame Asylpolitik verfolgt, im Rahmen der Digitalisierung auf radikale Innovation setzt, die Wirtschafts- und Sozialsysteme in der Eurozone einander angleicht, den Austausch der Kulturen besonders unter der Jugend fördert und die Bürger in alle Strukturreformen direkt einbindet. Eine Antwort der deutschen Bundesregierung auf diese Vorschläge steht nach wie vor aus.[71]

Vor dem komplexen Hintergrund dieser gegenwärtigen Lage Europas kann uns ein Blick in die Geschichte interessante Denkanstöße liefern. Natürlich lassen sich aus der föderalen Evolution des Kaiserreiches keine konkreten Handlungsanweisungen für eine Reform der EU ableiten. So etwas kann die Geschichte nicht leisten. Was man aber mit Fug und Recht tun kann, ist, einige interessante Beobachtungen anzustellen, die dazu anregen, über die Fortbildung der europäischen Föderalstrukturen in einem anderen Licht nachzudenken. Sechs Beobachtungen scheinen besonders wichtig. Erstens zeigt die Entwicklung des Kaiserreiches beispielhaft, welch große strukturellen Probleme entstehen können, wenn unter den Mitgliedsländern einer Föderalordnung eine alles dominierende Hegemonialmacht existiert. Die Abhängigkeit des Reiches von Preußen drängte die Mittel- und Kleinstaaten an den Rand des föderalen Entscheidungsprozesses und machte die Arbeit des Kanzlers als Regierungschef des Reiches zu einem permanenten Balanceakt. Infolgedessen sorgte die preußische Hegemonie immer wieder dafür, dass der föderale Regierungsbetrieb ins Stocken geriet oder die Koordination verlor. Die Lektion, die man daraus ziehen kann, ist offensichtlich. Egal, wie genau sich die EU in Zukunft strukturell ausrichten wird, sie wird institutionelle Voraussetzungen dafür schaffen müssen, dass das wirtschaftliche und demografische Übergewicht Deutschlands sich nicht in eine politische Hegemonie verwandeln kann. Gleichzeitig muss eine Reform aber auch sicherstellen, dass jedem Mitgliedsstaat – also auch Deutschland – ein gerechter Anteil an den Entscheidungen der Union zusteht, wie auch immer dieser definiert sein mag.

Ein derartiges System einzurichten, wird äußerst schwierig sein. Wenn man in den Spiegel des preußisch-deutschen Dualismus schaut, lassen sich aber einige Maßnahmen erkennen, die wohl unumgänglich sein werden. Will die EU mehr Kompetenzen für sich in Anspruch nehmen, muss zum Beispiel garantiert sein, dass diese von unionseigenen Regierungsbehörden wahrgenommen werden. Die EU wird immer einen von den Mitgliedsstaaten unabhängigen Ministerialapparat brauchen, der mit den nötigen Zuständigkeiten, Finanzmitteln und Personalressourcen ausgestattet ist, um seinen exekutiven Aufgaben adäquat nachzukommen. Das spricht dafür, die Kommission zu einer echten unionseigenen Regierung weiterzuentwickeln und gleichzeitig die Rolle der Regierungen der Mitgliedsstaaten auf die Mitwirkung im Ministerrat oder in einem Staatenhaus eines neu zu schaffenden Zweikammerparlamentes zu begrenzen. Außerdem würde sich die Handlungsfähigkeit der Union beträchtlich erhöhen, wenn das Einstimmigkeitsprinzip bei den Abstimmungen unter den Staats- und Regierungschefs generell durch ein Mehrheitswahlrecht ersetzt werden würde. Sollte es jemals dazu kommen, empfiehlt das warnende Beispiel des Bundesrates im Kaiserreich, die Stimmverteilung umsichtig auszubalancieren, für bestimmte Entscheidungen – wie etwa Änderungen am föderalen Institutionengefüge – spezielle Mehrheitsanforderungen zu stellen und das Abstimmungsverfahren so eng zu definieren, dass es keinen Raum für Manipulationen lässt.

Zweitens ist die Geschichte des Kaiserreiches ein Paradebeispiel für die Probleme, die in einer Föderalordnung entstehen können, wenn dieser eine wohldefinierte Verfassung fehlt. Der Mangel einer solchen machte es überhaupt erst möglich, dass die Zentralisierung des Bundes eine derart große Eigendynamik entfaltete, sich die Funktionen der Reichsorgane im föderalen Entscheidungsprozess ständig veränderten und der Schwerpunkt politischer Macht mal hierhin und mal dorthin wanderte, ohne das Regierungssystem je zur Ruhe kommen zu lassen. Die EU zeigt bisweilen Anzeichen einer ähnlichen Entwicklung. Bei den Auseinandersetzungen des Rates, der Kommission und des Parlamentes gibt es selten ein klares Machtzentrum. Entscheidungen fallen oft erst kurz vor Schluss in irgendwelchen Hinterzimmern. Das Kräftemessen davor bringt die Union immer wieder an den Rand einer Existenzkrise. Die vermeintlich ausufernde Zentralisierung in Brüssel gehört ohnehin in vielen Ländern zu den Hauptkritikpunkten an der Union. In Großbritannien hat sie eine ganz zentrale Rolle in der Kampagne der Brexit-Befürworter gespielt. Um derartiger Kritik den Wind aus den Segeln zu nehmen und auch nur den Anschein jedweder Perversion der föderalen Strukturen zu vermeiden, wird sich die EU früher oder später eine ordentliche Verfassung geben müssen. Ungeachtet der Details wird eine solche Charta nicht umhinkönnen, die Organisationsform der Union ausdrücklich zu benennen, sprich: Letztere klar und deutlich zu einem Bundesstaat oder einem Staatenbund zu erklären. Ferner wird sie das Institutionengefüge der EU gleichzeitig ausbauen und vereinfachen, die Rechte und Pflichten der Verfassungsorgane strikt festlegen und die Kompetenzen der verschiedenen Regierungsebenen klar voneinander abgrenzen müssen.[72]

Drittens suggeriert die Bundesstaatsentwicklung des Kaiserreiches, dass es für föderale Ordnungen nicht unbedingt hilfreich ist, lediglich eine einzige Scharnierstelle aufzuweisen, von der die Koordination des gesamten Systems abhängt. Bismarck gab der Position des Kanzlers genau diese Funktion. Während er selbst dieses Amt bekleidete, führte das dazu, dass der Bundesrat marginalisiert, die Zentralisierung des Bundes gefördert und der Reichstag von der Regierungsgewalt ferngehalten wurde. Nach seinem Abgang verschlimmerte sich die Situation noch. Da keiner seiner Nachfolger der persönlichen Autorität des Reichsgründers auch nur annähernd nahekam, vermochten diese auch nicht, die für die Stabilität des Regierungssystems so wichtig gewordene Koordinationsfunktion ihres Amtes mit der gleichen Wirksamkeit wahrzunehmen. Die Folge war, dass sich der ohnehin schon intensive Machtkampf zwischen den verschiedenen Teilen der Verfassung weiter verschärfte und sich die Unruhe im föderalen Regierungssystem noch mehr vergrößerte. Angesichts dieser Entwicklung scheint der häufig gemachte, in weiten Teilen der Öffentlichkeit sehr populäre Vorschlag, den Kommissionspräsidenten direkt vom Volk wählen zu lassen, nicht wirklich durchdacht. Ein derart empfindlicher Eingriff in das Institutionengefüge der Union verspricht enorme strukturelle Schwierigkeiten, wenn nicht gar Chaos, sofern er nicht von einer umfangreichen Reform der ganzen Föderalordnung begleitet wird. Anstatt politische Autorität durch eine Direktwahl in einem einzigen Amt zu konzentrieren, scheint es gesünder, ein stabileres und faireres Gleichgewicht zwischen den verschiedenen Organen der Union einzurichten. Anders gesagt: Es gilt, die europäischen Entscheidungsprozesse so auszubalancieren, dass sie gleichzeitig transparenter und berechenbarer werden.[73]

Viertens demonstriert uns die Geschichte des Kaiserreiches, was in einer komplexen Föderalordnung passieren kann, die keinen vollwertigen Verfassungsgerichtshof besitzt. Die alternativen Mechanismen, auf die das Kaiserreich zur Beilegung von staatsrechtlichen Konflikten setzte, sorgten dafür, dass sich Rechtsprobleme regelmäßig zu politischen Machtfragen zwischen den verschiedenen Kräften des Bundes hochschaukelten, der föderale Integrationsprozess keinem geordneten Kurs folgte und die Verfassung ihre Stabilitätsfunktion verlor, weil jeder Streit das Potenzial hatte, zu deren Auflösung zu führen. Das Reichsgericht übernahm mit den Jahren zwar die Zuständigkeit für einige Arten von Verfassungskonflikten. Die Schlüsselbefugnisse, Kompetenzstreitigkeiten zwischen den verschiedenen Reichsorganen und -ebenen beilegen und die Verfassungsmäßigkeit von Reichsgesetzen überprüfen zu dürfen, gewann das Leipziger Gericht aber nie. Der Europäische Gerichtshof ist erheblich mächtiger. Seine Hauptaufgabe besteht darin, die einheitliche Auslegung des Unionsrechts sicherzustellen. Entsprechend ist er unter anderem zuständig für Klagen der Europäischen Kommission, der Organe der EU oder der Mitgliedsstaaten bezüglich vermeintlicher Vertragsverletzungen einzelner Unionsländer. Außerdem können beziehungsweise müssen nationale Gerichte dem Gerichtshof Fragen hinsichtlich der Auslegung des Unionsrechts vorlegen – es sei denn, es handelt sich um die obersten Gerichte der Mitgliedsländer, also etwa um den Bundesgerichtshof, den Bundesfinanzhof oder das Bundesverfassungsgericht. Ob dieser Einschränkung ist der Europäische Gerichtshof den nationalen Justizgewalten schlussendlich doch nicht klar übergeordnet. Dadurch können Letztere den Integrationsprozess jederzeit in seinem Lauf stoppen, wie es das Bundesverfassungsgericht in der Vergangenheit ja auch immer wieder getan hat. So verhinderten die Karlsruher Richter zum Beispiel die Schaffung eines einheitlichen Patentsystems, indem sie im März 2020 einer Verfassungsbeschwerde gegen die Errichtung eines europäischen Patentgerichts stattgaben. Will man die föderale Integration ernsthaft vertiefen, muss man daher wohl früher oder später die europäische Verfassungsgerichtsbarkeit weiterentwickeln. Das negative Vorbild des Kaiserreiches mag ein Ansporn sein, darüber nachzudenken, den Europäischen Gerichtshof unionsweit zur letzten Instanz für alle staatsrechtlichen Streitfragen, sprich: zu einem ordentlichen Verfassungsgericht zu machen.[74]

Fünftens lässt das mahnende Beispiel des monarchischen Bundesstaates von 1871 vermuten, dass Föderalismus ohne Demokratie in einer modernen Staatsordnung nicht funktioniert. Selbst Bismarck gelang es letztlich nicht, wie oben bereits erwähnt, die Unteilbarkeit monarchischer Souveränität und den machtteilenden Charakter föderaler Strukturen so in Einklang zu bringen, dass sie ein in sich ruhendes Regierungssystem bildeten, das einer geordneten Entwicklung folgte und das Gleichgewicht der Kräfte erhielt. Genau das Gegenteil war der Fall. Der dezentrale Bundesstaat der Reichsgründungszeit wandelte sich in einem unsicheren Schlingerkurs zu einer Reichsmonarchie, in der letztlich der Reichstag unter dem Druck des verlorenen Krieges die Regierungsgewalt übernahm und die Monarchie in der Revolution unterging. Angesichts dieses negativen Falles sowie der positiven Gegenbeispiele republikanischer Bundesstaaten wie der USA und der Schweiz scheint es fast so, als ob föderale Strukturen der gemeinsamen Klammer der Volkssouveränität bedürfen, um nicht auseinanderzudriften und eine unberechenbare Entwicklung zu nehmen. Die Implikation für die EU könnte deutlicher kaum sein: Sie muss ihr demokratisches Defizit in den Griff bekommen, das heißt, ihre föderalen Strukturen demokratisieren. Mit der Einführung der Unionsbürgerschaft und der Grundrechte-Charta hat die EU in den letzten dreißig Jahren einige wichtige Schritte in diese Richtung unternommen. Es müssen aber noch viele weitere folgen, wie zum Beispiel die Durchsetzung des im Kontext der Europawahl 2019 so kontrovers diskutierten Prinzips, demgemäß sich der Rat bei der Besetzung des Postens des Kommissionspräsidenten für einen der Spitzenkandidaten der bei den Wahlen angetretenen Parteien entscheiden muss. Auch an der Definition eines europäischen Staatsvolkes wird man nicht vorbeikommen. Am Ende des langen Weges der Demokratisierung muss letztlich die Umwandlung der Kommission in eine dem europäischen Parlament verantwortliche Regierung stehen.[75]

Sechstens und letztens zeigt uns die Geschichte des deutschen Bundesstaates seit der Reichsgründung, dass eine komplexe Föderalordnung nur eine gesunde Entwicklung nehmen kann, wenn Politik und Gesellschaft dem Föderalismus einen Eigenwert beimessen, sprich: ihn als staatsorganisatorisches Prinzip wertschätzen und respektieren. Der Bundesstaat von 1871 war schließlich nicht zuletzt deswegen so ruhelos und sein Weimarer Nachfolger so schwach, weil seine föderalen Strukturen hauptsächlich als ein Machtmittel beziehungsweise notwendiges Übel wahrgenommen wurden, das man nach Belieben manipulieren konnte. Der Mangel an Respekt für die föderale Organisation der EU nimmt eine ganz andere Gestalt an. Weniger problematisch ist er jedoch nicht. Die Strukturen und Prozesse der EU werden routinemäßig und oft leichtfertig als viel zu mühselig, viel zu bürokratisch und viel zu undemokratisch kritisiert. Die große politische Uneinigkeit zwischen den Mitgliedsstaaten in der Finanzkrise von 2007/08, in der anschließenden Eurokrise, in der anhaltenden Flüchtlingskrise und in der gegenwärtigen Corona-Krise hat diesen Eindruck von einer Union, die nicht in der Lage ist, die wirklich großen Probleme zu lösen, noch verstärkt. In diesem Zusammenhang ist es in vielen, sowohl konservativen als auch liberalen Zirkeln geradezu Standard geworden, Brüssel als eine abgehobene politische Elite zu verdammen, die Geld verschwendet, die Krümmung von Bananen reguliert und den Kontakt mit der Bevölkerung in den europäischen Regionen verloren hat. All das untergräbt die Legitimität der Union und trägt dazu bei, dass nationalistische Parteien – die Alternative für Deutschland, der Rassemblement National (bis 2018 Front National), die Partij voor de Vrijheid, die Brexit Party – quer durch Europa auf dem Vormarsch sind. Im Zuge des Austritts Großbritanniens steigen in einigen Teilen der Gesellschaft aber auch wieder das Interesse an und die Unterstützung für die EU. Das gilt vor allen Dingen im Hinblick auf die Jugend. Pro-europäische Bewegungen wie Pulse of Europe oder die Young European Federalists beweisen mit ihrem Engagement für die politische Integration Europas, dass der europäische Gedanke alles andere als tot ist.[76]

So viel Bürgerinitiativen allerdings auch bewegen: Alleine werden sie nicht dafür sorgen können, Bedingungen zu schaffen, unter denen das zarte Pflänzchen der Wertschätzung für die föderale Vereinigung Europas wachsen kann. Das kann letztlich nur die EU selbst tun. Zu diesem Zweck wird sie nicht umhinkommen, ihre Strukturen grundlegend zu reformieren. Aber auch wohl ausgewogene, demokratische und transparente Strukturen können nicht alles leisten. Wie das Beispiel der Entwicklung des deutschen Bundesstaates nach dem Zweiten Weltkrieg zeigt, legitimieren sich föderale Ordnungen nicht zuletzt durch ihren Erfolg. Darin liegt eine gewisse Tautologie: Föderale Ordnungen sind erfolgreich, wenn sie mit Respekt behandelt werden, erarbeiten sich aber auch erst Respekt, wenn sie erfolgreich sind. Im Prinzip ist das ein Problem, mit dem alle Arten staatlicher Systeme zu kämpfen haben. Von daher bleibt der EU gar nichts anderes übrig, als diese Herausforderung anzunehmen und ihre föderalen Strukturen durch eine mutige Politik zu unterfüttern, bei der alle Mitgliedsstaaten an einem Strang ziehen, um die großen Probleme zu lösen, die die Unionsbürger umtreiben. Sei es zum Beispiel die hohe Jugendarbeitslosigkeit in weiten Teilen Süd- und Osteuropas, die in einigen Mitgliedsländern geradezu erdrückende Last der Staatsschulden, die Migration aus Nordafrika und dem Nahen Osten, die wirtschaftlichen und politischen Folgen des Brexit oder sei es schließlich die Corona-Pandemie. Will die EU nicht riskieren, wieder einem Europa der Nationalstaaten Platz zu machen, wird sie beweisen müssen, dass sie die Fähigkeit besitzt beziehungsweise entwickeln kann, diese Probleme zu lösen.

Die Einrichtung eines effektiveren Systems zur Einbindung der Mitgliedsstaaten, die Fortbildung der Verträge zu einer ordentlichen Verfassung, die Institutionalisierung einfacherer, transparenterer und berechenbarerer Entscheidungsprozesse, die Aufwertung des Europäischen Gerichtshofes zu einem allen nationalen Instanzen übergeordneten Verfassungsgericht, die Schaffung einer parlamentarisch verantwortlichen Unionsregierung und die Entwicklung einer politischen Kultur, die den Föderalismus als das beste Organisationsprinzip für Europa versteht – zusammengenommen verlangen diese Denkanstöße, zu denen uns ein Blick in die föderale Geschichte des Kaiserreiches anregt, nicht weniger, als die EU von Grund auf zu reformieren. Genauer gesagt: Sie ermutigen uns dazu, uns mit der Gründung eines vollwertigen europäischen Bundesstaates zu beschäftigen. Zum gegenwärtigen Zeitpunkt ist jede solche Vision der „Vereinigten Staaten von Europa" gänzlich unrealistisch. Die Zentrifugalkräfte innerhalb der Union sind stark, wie der Brexit mit aller Wucht deutlich gemacht hat. Im März 2017 – also genau in jenem Monat, in dem Großbritannien in Brüssel offiziell den Antrag auf Austritt aus der EU einreichte – erklärte Kommissionspräsident Jean-Claude Juncker angesichts der weitverbreiteten Skepsis gegenüber weiteren Schritten der politischen Integration: „Wir werden nie erleben, dass die Europäische Union ein Staat wird."[77]

Genau dieser Art von desillusionierter Selbstaufgabe versucht Emmanuel Macron mit seinem Vorschlag eines souveränen Europas entgegenzuwirken. Seine Hoffnung, dadurch dem europäischen Gedanken neues Leben einzuhauchen, ist keineswegs unbegründet. Denn resignierende Feststellungen wie die Junckers beruhen letztlich auf einem Missverständnis darüber, wie ein europäischer Bundesstaat auszusehen hat. Föderalismus bedeutet nicht Assimilation, sondern die Bewahrung von Vielfalt in einem einheitlichen staatlichen Rahmen. Die Bundesrepublik ist genau wie die USA und die Schweiz ein Beispiel dafür, wie dieses Potenzial in einem Nationalstaat erfolgreich umgesetzt werden kann. Die EU muss beweisen, dass dies auch auf supranationaler Ebene möglich ist. Dazu muss sie den Mitgliedsstaaten erlauben, ihre kulturelle Identität und einen substanziellen Teil ihrer politischen Gestaltungsfreiheit zu behalten, gleichzeitig aber deren gemeinsame Beziehungen neu koordinieren und vertiefen. Um das zu erreichen, müsste und dürfte ein europäischer Bundesstaat gar nicht alle Staatsgewalt für sich beanspruchen. Im Gegenteil: Er könnte sich auf die Felder konzentrieren, die einzelne Staaten relativ kleiner Größe wie die EU-Mitgliedsländer in einer globalisierten Welt gar nicht mehr vernünftig alleine regeln können und die Macron deswegen in den Mittelpunkt seiner Initiative gestellt hat: die Außen- und Sicherheitspolitik, der Klimaschutz, die Migrationspolitik, die Digitalisierung, die Geldpolitik und einige, durch den gemeinsamen Binnenmarkt vorgegebene Bereiche der Wirtschafts- und Sozialpolitik. Alle anderen Kompetenzen könnten bei den Mitgliedsstaaten verbleiben beziehungsweise diesen sogar zurückgegeben werden. Kurzum: Einen europäischen Bundesstaat einzurichten, bedeutet nicht, einen die Mitgliedsländer erdrückenden Superstaat zu gründen. Vielmehr geht es darum, ein föderales System einzurichten, das institutionell stärker integriert ist als die bestehende Union, funktional aber so dezentral gestaltet ist wie unter den Umständen des 21. Jahrhunderts irgend möglich.

Diese Aufgabe ist derjenigen gar nicht so unähnlich, die Bismarck vor anderthalb Jahrhunderten zu bewältigen hatte, als er den Zusammenschluss der bisher unter dem losen Dach des Deutschen Bundes mehr schlecht als recht miteinander kooperierenden Einzelstaaten in die Wege leitete. Ob die EU den Mut findet, diese Aufgabe anzunehmen, bleibt abzuwarten. Tut sie es, wird jede, in ihren Details wie auch immer geartete Reform – so sie denn erfolgreich sein will – auf der Überzeugung aufbauen müssen, dass der Föderalismus einzigartige Möglichkeiten und Vorteile bietet. Das Beispiel des Kaiserreiches sollte Warnung genug sein, die strukturelle Evolution einer so komplexen Föderalordnung nicht allein den Machtinteressen beziehungsweise -kämpfen der verschiedenen politischen Kräfte zu überlassen. Eine politische Kultur auszubilden, die einen gewissen Grundrespekt vor dem Eigenwert des Föderalismus hat, ist einer der Schlüssel für eine gesunde Entwicklung. In einer Zeit, in der der Nationalismus überall in Europa wiedererstarkt, mag das zu viel verlangt sein. Man sollte aber langfristig denken und optimistisch bleiben. Europa hat aus der Geschichte des 19. und 20. Jahrhunderts schließlich viel gelernt. Warum also nicht auch in diesem Fall?

# Dank

Die Liste der Menschen und Institutionen, die dabei geholfen haben, dieses Buch in die Welt zu bringen, ist lang. An dieser Stelle seien stellvertretend für alle, die Ansporn, Inspiration und Unterstützung waren, die Wichtigsten kurz genannt. Zuerst danke ich der Studienstiftung des Deutschen Volkes, dem Arts and Humanities Research Council, dem Gates Cambridge Trust, dem JEV-Stipendium für Europäische Verwaltungsgeschichte, dem Max-Planck-Institut für europäische Rechtsgeschichte und dessen Freundeskreis für die finanzielle Förderung verschiedener Teile der Forschungsarbeit. Für seinen Rat, noch mehr aber für seine tiefe Freundschaft danke ich Sir Christopher Clark, der mir immer wieder zeigt, wie wach man sein muss, um weder durch die Geschichte noch durch die Gegenwart zu schlafwandeln. Michael Stolleis, Andreas Fahrmeir, Frank-Lorenz Müller, Michael Dreyer und Dominic Lieven danke ich für ihre stete Hilfsbereitschaft, Güte und Weisheit. Sie sind von Mentoren zu Freunden geworden. Mein besonderer Dank gilt außerdem Thomas Clausen und Justus Bieber, die immer da waren, um bei der Lösung von konkreten Problemen anzupacken. Für zahlreiche Anregungen und das Durchsehen verschiedener Teile des Manuskripts danke ich dem harten Kern des German History Colloquiums in Cambridge um Marcus Colla, Anika Seemann und Eirik Roesvik. Brendan Simms danke ich für viele nützliche Kommentare in der frühen Phase des Buchs. Trinity College und Magdalene College Cambridge danke ich für die schönste Umgebung, die sich ein Autor zum Schreiben nur wünschen kann. Sie sind voll von lieben Kolleginnen und Kollegen, mit denen man wunderbar anregende Unterhaltungen führen kann. Ganz besonders sei Joseph Hone, Joe Jarett, Pierre Haas, Christina Skott, James Raven, James Woodall, Ronald Hyam, dem leider 2019 verstorbenen Michael Keall und dem großen Rowan Williams gedankt. Jeden Tag, an dem ich die Stufen zum Senior Combination Room in Magdalene emporstieg, wusste ich, dass mich oben eine Inspiration erwartet. Henry Lumley, der so viele junge Historiker so großzügig gefördert hat, konnte ich beim Pepys Dinner im Frühjahr 2020 noch von diesem Buch erzählen, bevor er wenige Monate später leider verstarb. Außerdem gilt mein Dank der wbg. Clemens Heucke hat von Anfang an an dieses Buch geglaubt. Die Zusammenarbeit mit dem Lektorenteam um Daniel Zimmermann, Regine Gamm und Johannes Klemm war eine Freude. Ute Maack danke ich für ihr scharfes Auge und Lothar Machtan für die Empfehlung an den Verlag. Mein größter Dank geht schließlich an jene Menschen, die mich mit ihrer Liebe durch alle Höhen und Tiefen tragen, die die Arbeit an einem solch umfangreichen Buch gerade in derart schwierigen Zeiten wie der Corona-Pandemie unweigerlich mit sich bringt: meinen Eltern Dagmar und Harro, meinen Geschwistern Henning und Stephanie mit ihren Partnern Christiane und Markus, meinem Neffen Benno, meinen Nichten Mila und Anni, und ganz besonders meiner lieben Frau Rowena, die während der Arbeit an diesem Buch mit mir einen ewigen Bund eingegangen ist, der so viel wichtiger ist als der Bismarcks.

# ANHANG

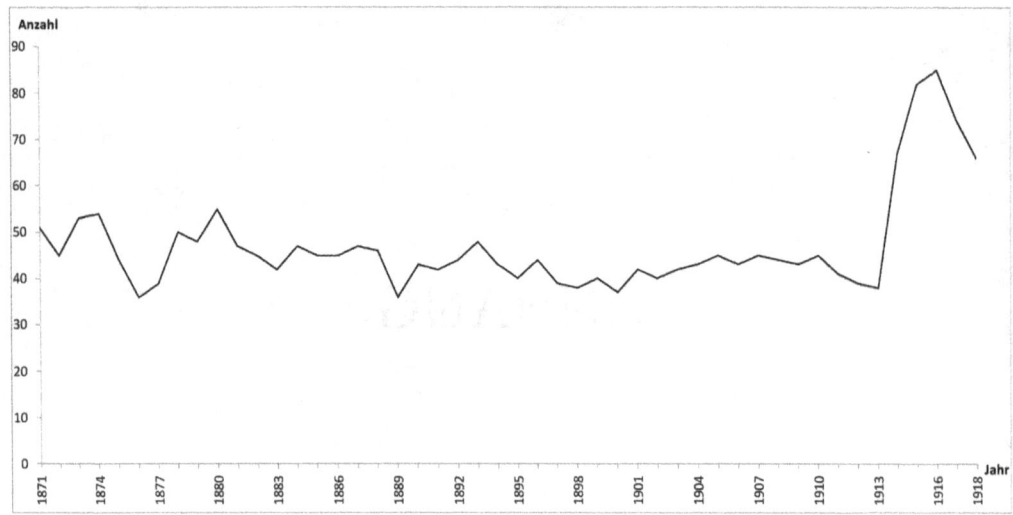

Graph 1: Anzahl der Bundesratssitzungen 1871–1918

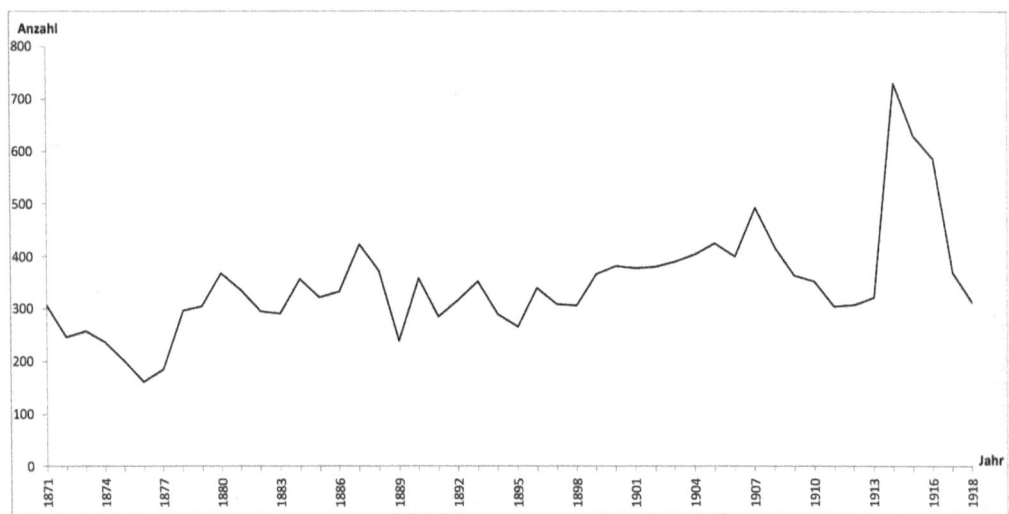

Graph 2: Anzahl aller im Plenum erschienenen preußischen Bevollmächtigten

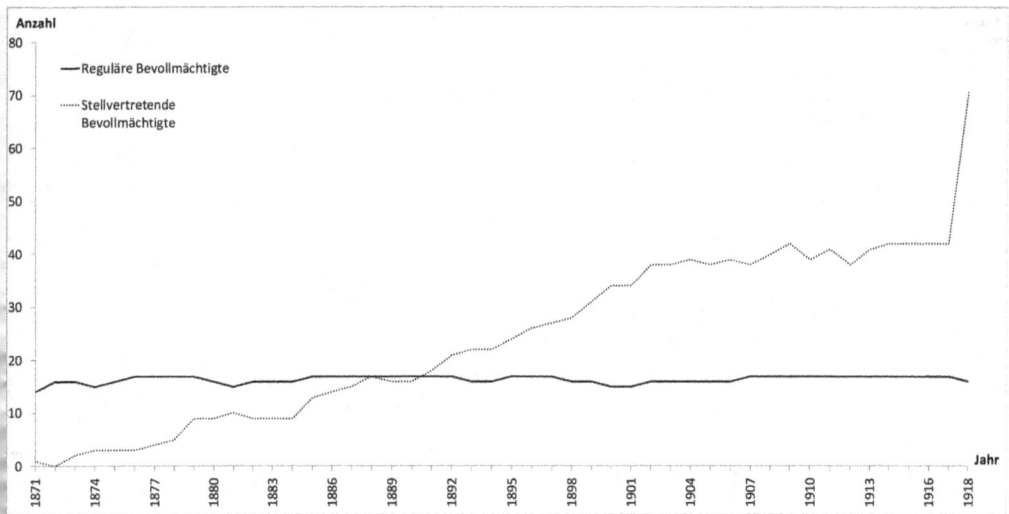

Graph 3: Anzahl der im Register gemeldeten preußischen Bevollmächtigten nach Registrationsstatus

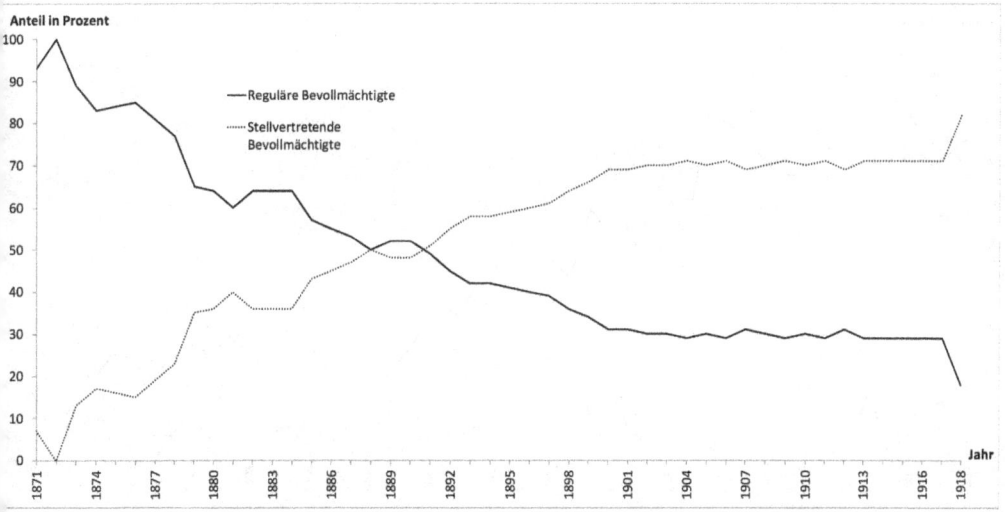

Graph 4: Prozentualer Anteil der im Register gemeldeten preußischen Bevollmächtigten nach Registrationsstatus

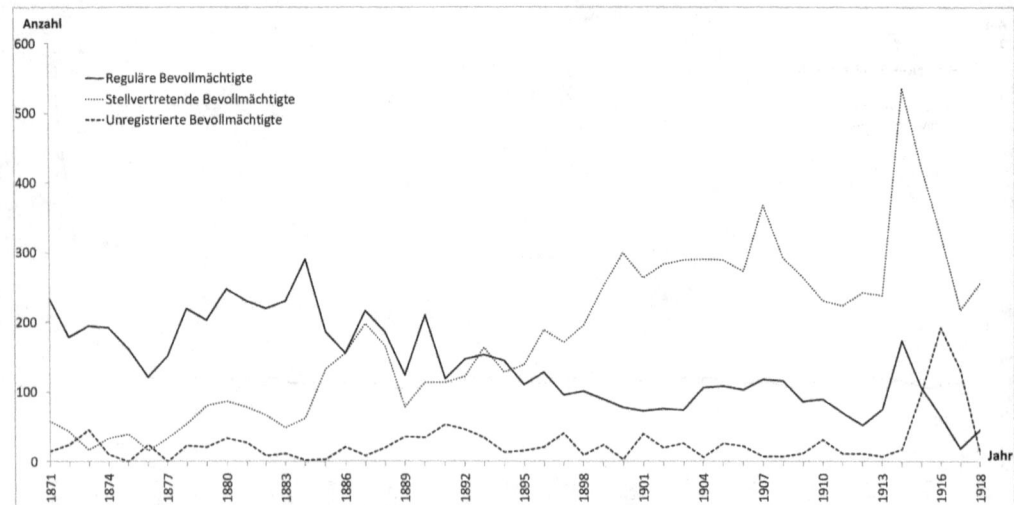

Graph 5: Anzahl der im Plenum erschienenen preußischen Bevollmächtigten nach Registrationsstatus

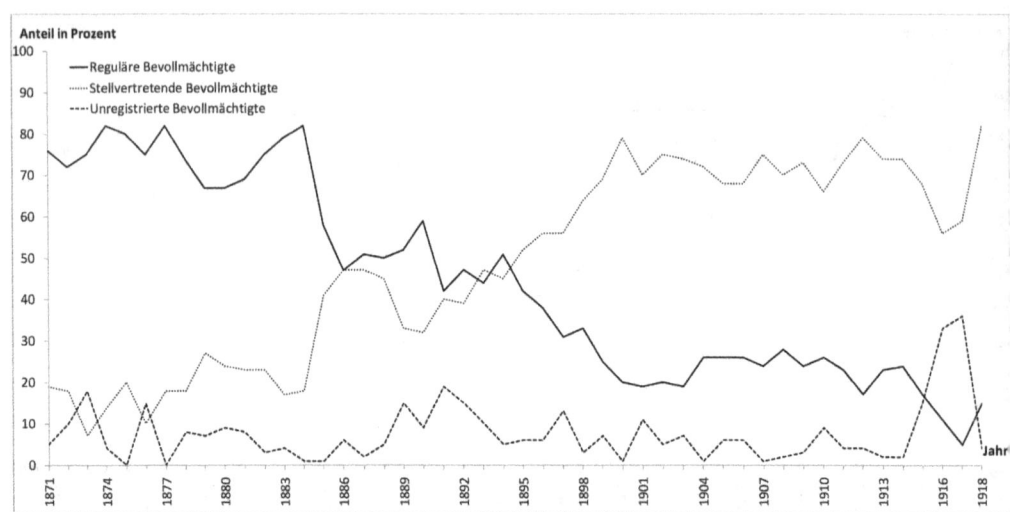

Graph 6: Prozentualer Anteil der im Plenum erschienenen preußischen Bevollmächtigten nach Registrationsstatus

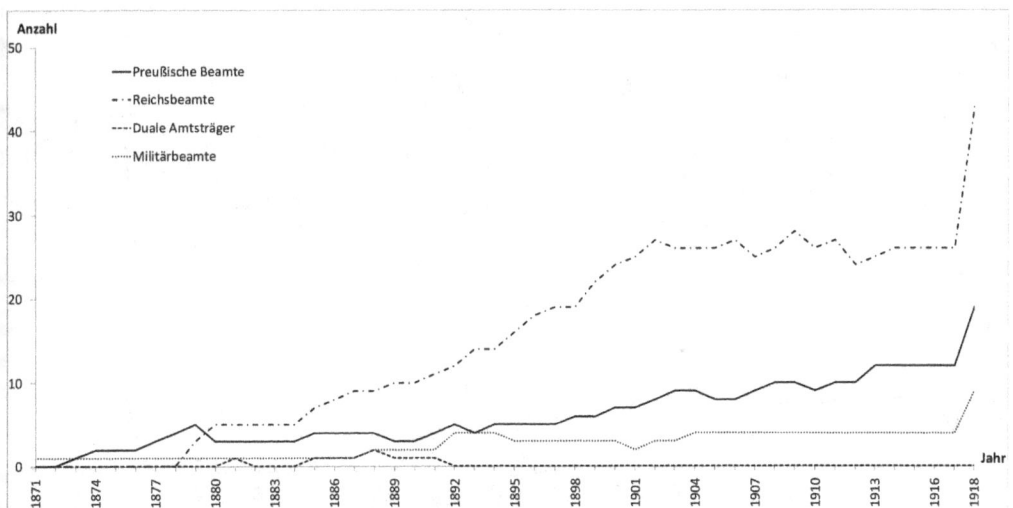

Graph 7: Anzahl der im Register gemeldeten stellvertretenden Bevollmächtigten Preußens nach Amtsträgerschaft

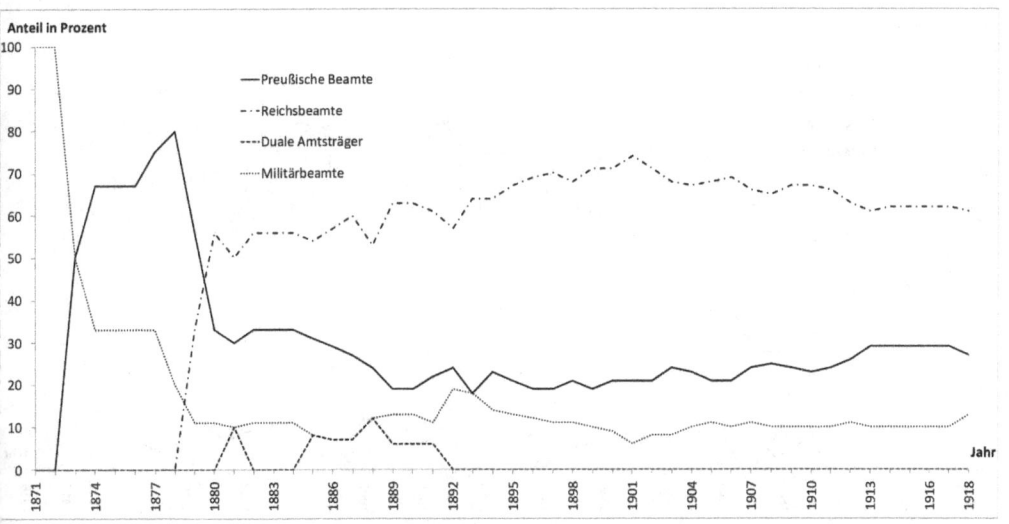

Graph 8: Prozentualer Anteil der im Register gemeldeten stellvertretenden Bevollmächtigten Preußens nach Amtsträgerschaft

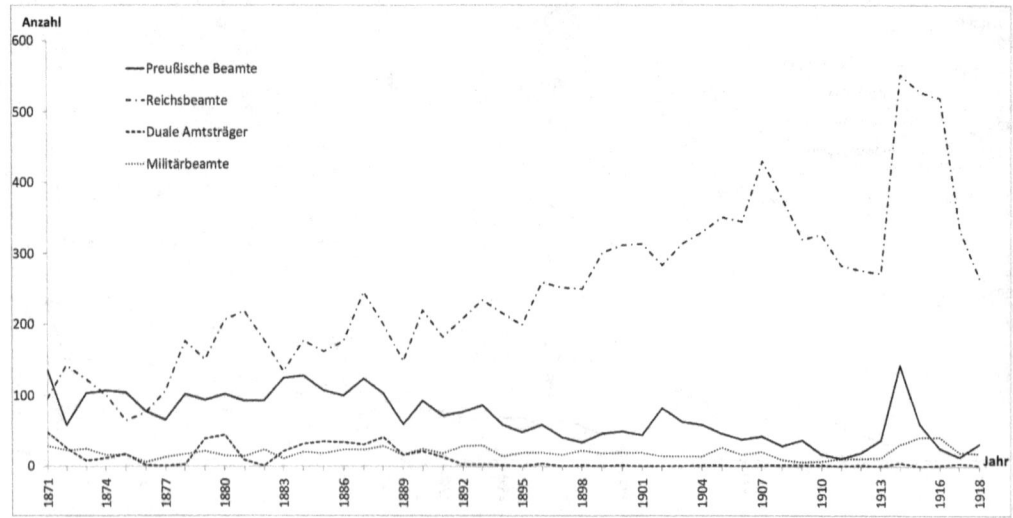

Graph 9: Anzahl der im Plenum erschienenen preußischen Bevollmächtigten nach Amtsträgerschaft

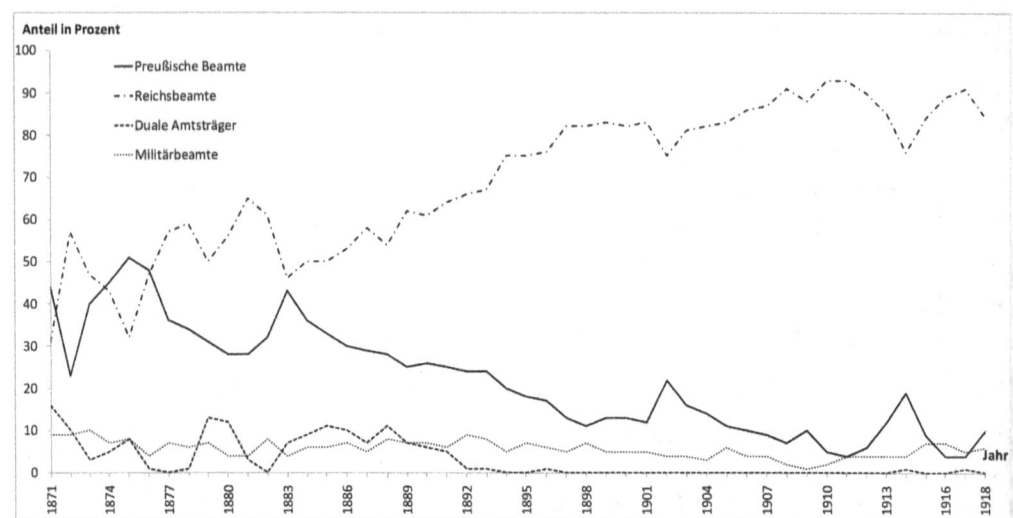

Graph 10: Prozentualer Anteil der im Plenum erschienenen preußischen Bevollmächtigten nach Amtsträgerschaft

Anhang 867

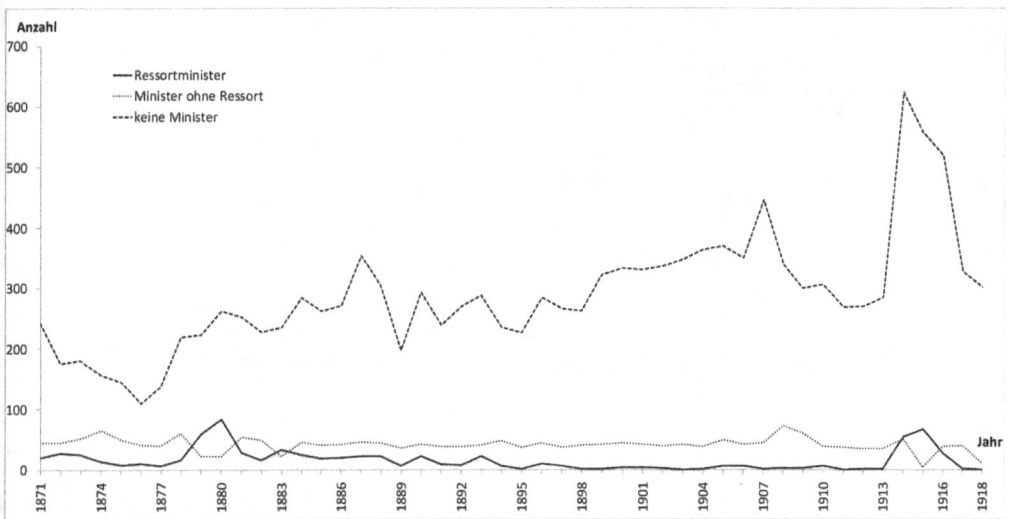

Graph 11: Anzahl der im Plenum erschienenen preußischen Bevollmächtigten nach Mitgliedschaft im Preußischen Staatsministerium

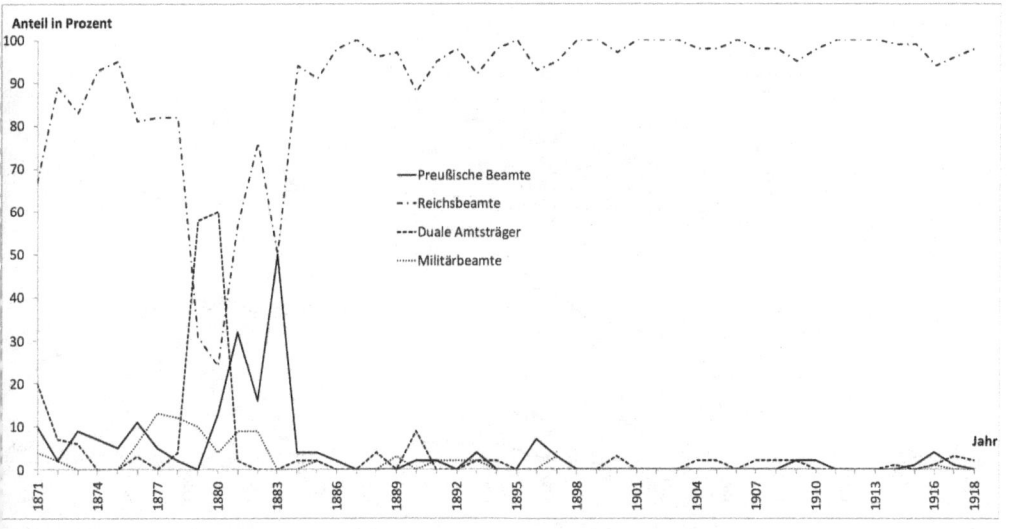

Graph 12: Prozentualer Anteil der preußischen Stimmführer nach Amtsträgerschaft

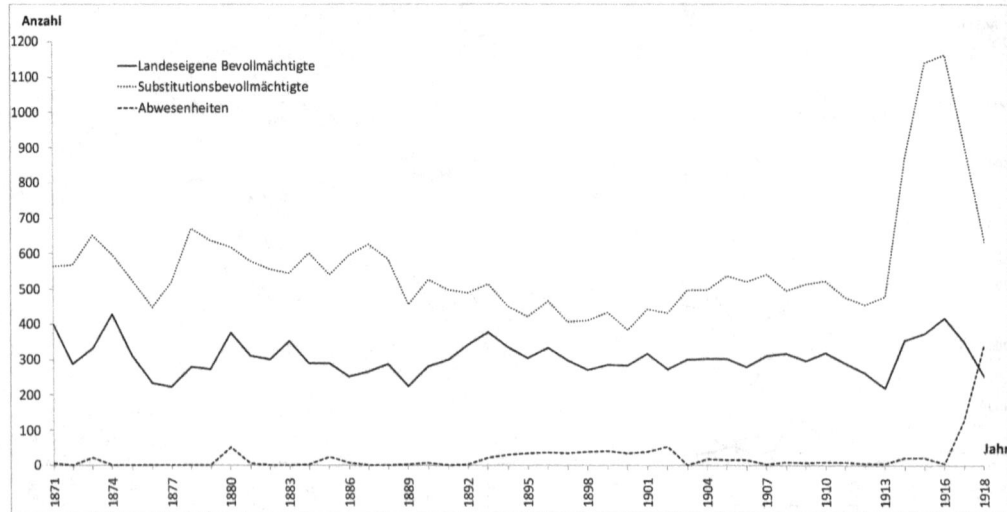

Graph 13: Anzahl der Bevollmächtigten und Abwesenheiten der Kleinstaaten im Plenum (ohne Waldeck-Pyrmont)

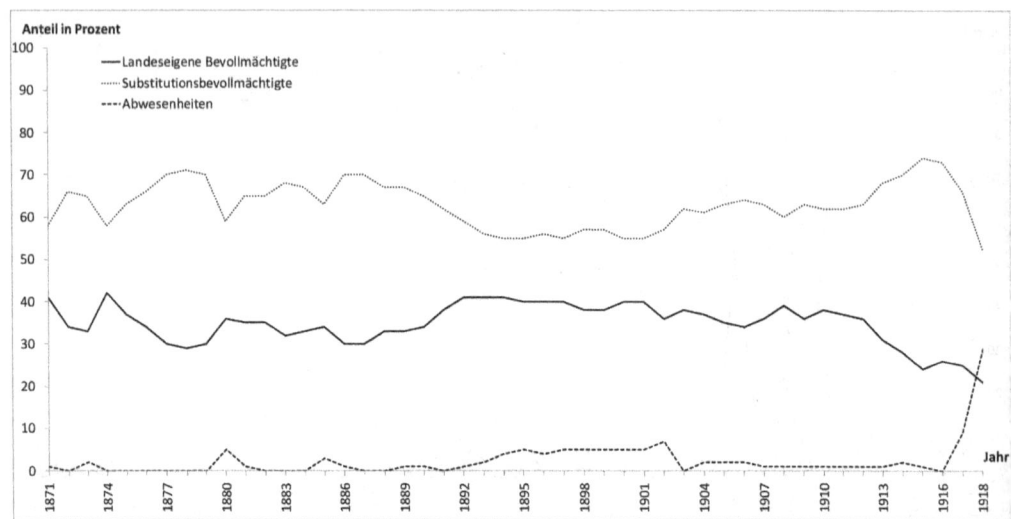

Graph 14: Prozentualer Anteil der Bevollmächtigten und Abwesenheiten der Kleinstaaten im Plenum (ohne Waldeck-Pyrmont)

Anhang 869

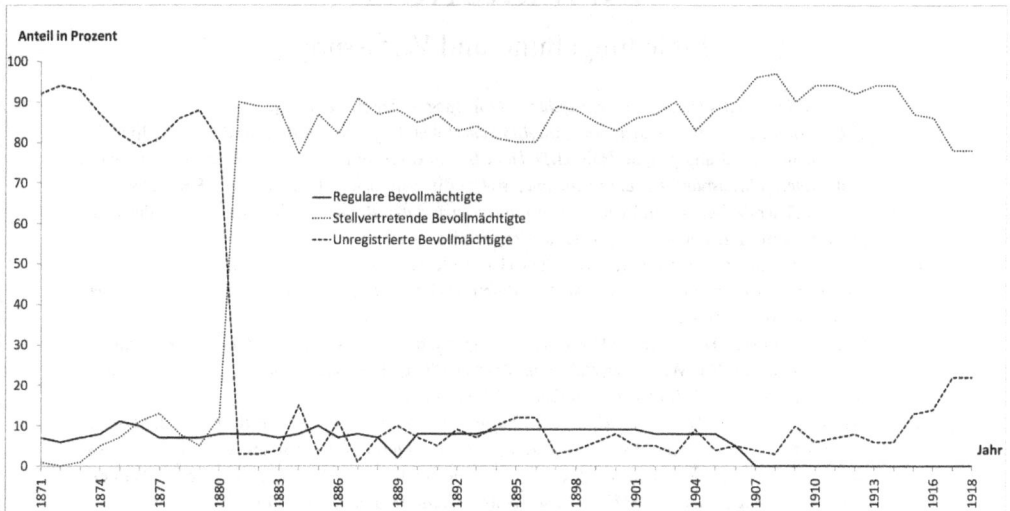

Graph 15: Prozentualer Anteil der im Plenum erschienenen Substitutionsbevollmächtigten nach Registrationsstatus (ohne Waldeck-Pyrmont)

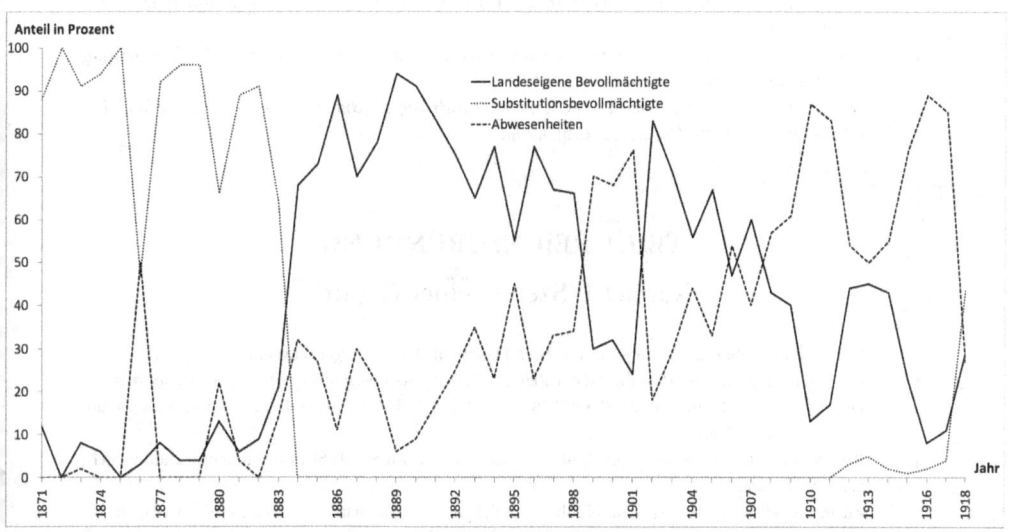

Graph 16: Prozentualer Anteil der Bevollmächtigten und Abwesenheiten Waldeck-Pyrmonts im Plenum

# ANMERKUNGEN
## Einleitung: Bund und Verfassung

1. Meyer, *Lehrbuch des Deutschen Staatsrechts*, 7. Aufl., hrsg. v. Anschütz, S. 474.
2. Holste, *Bundesstaat*. Binder, *Reich und Einzelstaaten*. Huber, *Verfassungsgeschichte*, Bd. 3–5. Teilprojekte der Siegener Forschungsgruppe: Hähnel, *Föderale Interessenvermittlung*, Liedloff, *Föderale Mitwirkung*, und Höfer, *Einzelstaatliche Einflussnahme*, sowie die Sammelbände Ambrosius/Franke/Neutsch (Hrsg.), *Föderale Systeme* und Dies. (Hrsg.), *Integrieren durch Regieren*. Alle erschienen in der Reihe „Föderalismus in historisch-vergleichender Perspektive", Bde. 2–6.
3. Zur Entwicklung der Historiografie das Überblickswerk Frie, *Das deutsche Kaiserreich*. Zahlen zur Historischen Zeitschrift ebd., S. 119. Conrad/Osterhammel (Hrsg.), *Das Kaiserreich transnational. Deutschland in der Welt 1871–1914*.
4. Stollberg-Rilinger, *Des Kaisers alte Kleider* und der methodische Aufsatz „Verfassungsgeschichte als Kulturgeschichte". Zur Verfassungskultur des Reiches z. B. der Überblick in Becker, „Verfassungskultur und politische Identität im Deutschen Kaiserreich 1871–1918".
5. Schmidt, *Das Deutsche Kaiserreich in der Kontroverse – Probleme und Perspektiven*. Tagungsbericht. 11. 1. 2007–13. 1. 2007, Berlin. In: H-Soz-u-Kult 25. 1. 2007. Online verfügbar unter https://www.hsozkult.de/conferencereport/id/tagungsberichte-1469 (letztmals abgerufen September 2020). Sammelband zur Tagung Müller/Torp (Hrsg.), *Das Deutsche Kaiserreich in der Kontroverse*.
6. Kirsch, *Monarch und Parlament*. Armitage, *The Declaration of Independence*.
7. Wehler, *Das Deutsche Kaiserreich*. Ders., *Deutsche Gesellschaftsgeschichte*, Bd. 3–4. Winkler, *Der lange Weg nach Westen*, Bd. 1. Nipperdey, *Deutsche Geschichte 1800–1866. Bürgerwelt und starker Staat*. Ders., *Deutsche Geschichte 1866–1918*, Bd. 1–2. Mommsen, *Das Ringen um den nationalen Staat*. Ders., *Der autoritäre Nationalstaat*. Blackbourn/Eley, *The Peculiarities of German History*. Stürmer, *Das ruhelose Reich*. Rauh, *Föderalismus und Parlamentarismus*. Ders., *Die Parlamentarisierung*. Huber, *Verfassungsgeschichte*, Bd. 3–5. Böckenförde, „Der Verfassungstyp der deutschen konstitutionellen Monarchie im 19. Jahrhundert". Röhl, *Kaiser Wilhelm II.*, Bd. 1–3. Clark, *Wilhelm II.* Ders., *Iron Kingdom*. Ders., *Die Schlafwandler*.
8. Goldschmidt, *Das Reich und Preußen im Kampf um die Führung*. Morsey, *Die oberste Reichsverwaltung unter Bismarck 1867–1890*, S. 14–16.
9. Wehler, *Das Deutsche Kaiserreich*, S. 69. Ders., *Gesellschaftsgeschichte*, Bd. 3, S. 1000–04. Stürmer, *Das ruhelose Reich*. Ullrich, *Die nervöse Großmacht*.

## TEIL I: REICHSGRÜNDUNG
## Kapitel 1: Szenen einer Geburt

1. Bismarck an seine Frau Johanna, 21. 1. 1871, in Deuerlein (Hrsg.), *Augenzeugenberichte*, S. 308.
2. Zur Gefühlslage Bismarcks während der Reichsgründung Steinberg, *Bismarck*, S. 258–311, bes. 305–08.
3. Disraeli zit. in Einleitung zu Mösslang/Whatmore (Hrsg.), *British Envoys*, Bd. 1, S. 1. Grant zit. in Junker, *Manichaean Trap*, S. 12.
4. Brief Sybel in Heyderhoff (Hrsg.), *Politische Briefe*, S. 494. Zu Sybels Sicht der Reichsgründung siehe Seier, *Staatsidee*.
5. Zit. in Treitschke, „Bundesstaat und Einheitsstaat", S. 11. Vgl. seine Schriften: *Zukunft*; „Der Krieg und die Bundesreform"; *Was fordern wir von Frankreich?* Zu den Borussen vgl.: Hardtwig, „Geschichtsinteresse"; Iggers, *Deutsche Geschichtswissenschaft*; Ders., „Nationalism"; Sheehan, „Problem"; Southard, *Droysen*.
6. Brief vom 30. 11. 1918, in Troeltsch, *Spektator*, S. 10. Zum Kriegstrauma und seiner Hypothek für die Weimarer Republik Crouthamel, *The Great War and German Memory*.

| | |
|---|---|
| 7 | Kaindl, *1848/49 – 1866 – 1918/19*. Srbik, *Deutsche Einheit*. Grieshammer, Rezension: Feine, S. 145. |
| 8 | Engelberg, *Bismarck*. Siehe auch Ders., *1849 bis 1871* und *Widerstreit*. Zur Entwicklung der DDR Historiografie vgl. Colla, „Prussia-Myth". |
| 9 | Becker, *Bismarcks Ringen*. Ähnliche Darstellung aus dem angloamerikanischen Kontext Pflanze, *Bismarck*, Bd. 1. |
| 10 | Wehler, *Gesellschaftsgeschichte*, Bd. 3. |
| 11 | Green, *Fatherlands*. Heinzen, *Making Prussians*. Zu koexistierenden Identitätsgefühlen und den Folgen siehe auch Applegate, *Nation of Provincials* und Confino, *Nation as a Local Metaphor*. |
| 12 | Zur hier beschriebenen Entwicklung der Historiografie seit den Borussen vgl. Frie, *Kaiserreich*, Zit. S. 21; Fahrmeir, „Opfer"; Sheehan, „What is German History?". |
| 13 | Zu diesem Problem im weiteren Kontext der deutschen Geschichte Siemann, *Vom Staatenbund zum Bundesstaat*, bes. S. 15, 389–430. |
| 14 | Zit. in der Einführung zu Rütten u. a. (Hrsg.), *Karikatur*, S. 11. Zur politischen Bedeutung von Bildsatire im 18. und 19. Jahrhundert vgl. generell Taylor, *Politics of Parody*. Zum Problem der Zensur vgl. die relevanten Passagen in Goldstein und Nedd (Hrsg.), *Arresting Images*, bes. die Kapitel zu Frankreich und Deutschland. |
| 15 | Zahlen und Zitat aus Siebe, *Politische Karikatur*, S. 33. |
| 16 | Zum Bismarckbild des *Kladderadatsch* Allen, *Satire and Society*, S. 14–34. Zur Darstellung der Bonapartes Parr, „Bismarck und Louis Napoleon", S. 443. |
| 17 | Zit. in Allen, *Satire and Society*, S. 9. |
| 18 | Zum *Kladderadatsch*: Siebe, *Politische Karikatur*, S. 27–37; Schulz, *Kladderadatsch*; Heinrich-Jost (Hrsg.), *Kladderadatsch*. Zu Scholz gibt es bisher leider keine biografische Studie. |
| 19 | Zu den Münchener Satireblättern die Onlineausstellung des Hauses der Bayerischen Geschichte „Bayern und Peußen. Eine historische Beziehung in Karikaturen". |
| 20 | Zum *Kikeriki*, der später antisemitisch wurde und schließlich die Nationalsozialisten unterstützte, Schäfer, *Judenbild*. |
| 21 | Baudelaire zit. in Hannoosh, *Baudelaire and Caricature*, S. 98. Zu *Le Charivari* Koch und Sagave, *Pariser Tageszeitung*. Zu Daumier LeMen, *Daumier*. Zu Cham ebd., S. 388f. und Ribeyre, *Cham*. |
| 22 | Zu dieser Funktion vgl. Koch „Völkerfrühling". |
| 23 | Nipperdey, *Deutsche Geschichte 1866–1918*, Bd. 2, S. 28. Zitat Bismarcks in *Gesammelte Werke*, Bd. 7, 1924, S. 222. |
| 24 | Stenographische Berichte, 24. 2. 1867, S. II. |
| 25 | Huber, „Bismarcksche Reichsverfassung", S. 165. Vgl. auch Willoweit, *Deutsche Verfassungsgeschichte*, S. 257 und Nipperdey, *Deutsche Geschichte 1866–1918*, Bd. 2, S. 879. |
| 26 | Reichsgesetzblatt 1871, S. 63–85. |
| 27 | Bündnisvertrag zwischen Preußen, Sachsen-Weimar, Oldenburg, Braunschweig, Sachsen-Altenburg, Sachsen-Coburg-Gotha, Anhalt, Schwarzburg-Sondershausen, Schwarzburg-Rudolstadt, Waldeck, Reuß jüngerer Linie, Schaumburg-Lippe, Lippe, Bremen und Hamburg, 18. 8. 1866, in Huber (Hrsg.), *Dokumente*, Bd. 2, Nr. 196, S. 268–70. Publikandum, die Verfassung des Norddeutschen Bundes betreffend, 16. 4. 1867, Bundesgesetzblatt 1867, Nr. 1, S. 1–23. Zur besonderen Situation in Hessen kurz und knapp Stolleis, „Die Entstehung des Landes Hessen". |
| 28 | Protokoll, betreffend die Vereinbarung zwischen dem Norddeutschen Bunde, Baden und Hessen über die Gründung des Deutschen Bundes und Annahme der Bundesverfassung, 15. 11. 1870, Bundesgesetzblatt 1870, Nr. 51, S. 650–53. Baden und der Norddeutsche Bund schlossen am 25. 11. 1870 zusätzlich eine Militärkonvention ab, siehe Huber (Hrsg.), *Dokumente*, Bd. 2, Nr. 226, S. 343–46. Vertrag, betreffend den Beitritt Bayerns zur Verfassung des Deutschen Bundes, nebst Schlußprotokoll, 23. 11. 1870, Bundesgesetzblatt 1871, Nr. 5, S. 9–26. Vertrag zwischen dem Norddeutschen Bunde, Baden und Hessen einerseits und Württemberg andererseits, betreffend den Beitritt Württembergs zur Verfassung des Deutschen Bundes, nebst dazu gehörigem Protokoll, 25. 11. 1870, Bundesgesetzblatt 1870, Nr. 51, S. 654–65, inklusive der Militärkonvention zwischen dem Norddeutschen Bunde und Württemberg, S. 658ff. |
| 29 | Zur Begriffsänderung vgl. die parlamentarische Debatte in Stenographische Berichte, 9. 12. 1870, S. 150f. |
| 30 | Schutz- und Trutzbündnis zwischen Preußen und Bayern, 22. 8. 1866, und Schutz- und Trutzbündnis zwischen Preußen und Hessen, 11. 4. 1867. Beide in Huber (Hrsg.), *Dokumente*, Bd. 2, Nr. 200f., |

S. 287-89. Die Verteidigungsbündnisse zwischen Preußen und Württemberg bzw. Baden waren wortgleich zu dem zwischen Preußen und Bayern. Zu den Bündnissen Kutz, *Bruderkrieg*. Vertrag zwischen dem Norddeutschen Bunde, Bayern, Württemberg, Baden und Hessen, die Fortdauer des Zoll- und Handelsvereins betreffend, 8. 7. 1867, Bundesgesetzblatt 1867, Nr. 9, S. 81-124. Zu Aufbau und Rolle des reorganisierten Zollvereins Hahn, *Geschichte*, S. 181-88. Zit. ebd. S. 184. Vgl. auch Meyer, *Zollverein*, Kapitel 3. Zum Zusammenhang zwischen Zollverein und Staatsgründung Hahn, „Zollverein und nationale Verfassungsfrage". Zu den Beziehungen zwischen Nord und Süd insgesamt Wilhelm, *Verhältnis*.

31 Wehler, *Gesellschaftsgeschichte*, Bd. 3, S. 307. Gewerbeordnung für den Norddeutschen Bund, 21. 6. 1869, Bundesgesetzblatt 1869, Nr. 26, S. 245-82. Gesetz, betreffend die privatrechtliche Stellung der Erwerbs- und Wirtschafts-Genossenschaften, 4. 7. 1868, Bundesgesetzblatt 1868, Nr. 24, S. 415-33. Maaß- und Gewichtsordnung für den Norddeutschen Bund, 17. 8. 1868, Bundesgesetzblatt 1868, Nr. 28, S. 473-78.

32 Reichsverfassung (1871), Art. 6, 11. Zahlen zu Staatsgebiet und Bevölkerung in Hohorst u. a. (Hrsg.), *Sozialgeschichtliches Arbeitsbuch*, Bd. 2, S. 46-49.

33 Zit. in Nipperdey, *Deutsche Geschichte 1800-1866*, S. 685.

34 Zu Bismarcks Vorgehen Kaernbach, *Bismarcks Konzepte*, S. 204-44.

35 Gall, *Bismarck*, S. 401. Clark, *Zeit und Macht*, S. 133ff. Zitat ebd., S. 156.

36 Langewiesche, „Was heißt ‚Erfindung der Nation'?", S. 612. Siehe auch Langewiesches Studien *Nation, Nationalismus, Nationalstaat* und *Reich, Nation, Föderation*.

37 Zum Großösterreich-Plan Luchterhandt, „Österreich-Ungarn", S. 83-90. Zum Deutschen Reformverein Real, *Der Deutsche Reformverein*.

38 Bremm, *1866*, S. 272-81.

39 Zur Reformdiskussion Müller, *Deutscher Bund*, bes. S. 197-388. Zu den Vorschlägen von Ernst II. und Beust, ebd., S. 218-22, 282f.

40 Zum österreichischen Reformvorschlag Huber, *Verfassungsgeschichte*, Bd. 3, S. 427-35.

41 Zum Frankfurter Fürstentag, insbesondere der Haltung der Mittelstaaten Wehner, *Frankfurter Fürstentag*.

42 Huber, *Verfassungsgeschichte*, Bd. 1, S. 668. Zur Haltung des Reformvereins ebd., Bd. 3, S. 426.

43 Müller, *Deutscher Bund*, S. 391-564, bes. 412-18. Zit. ebd., S. 24.

44 Green, *Fatherlands*. Zu Hannover nach 1866 siehe auch Heinzen, *Making Prussians*.

45 Heinzen, *Making Prussians*, S. 3-5. Dort auch Literaturübersicht zu anderen Sichtweisen. Wawro, *Austro-Prussian War*.

46 Nipperdey, *Deutsche Geschichte 1800-1866*, S. 791.

47 Schroeder, „Lost Intermediaries"; Burg, *Trias*; Simms, *Struggle for Mastery*. Zu den Würzburger Konferenzen Müller, *Deutscher Bund*, S. 301-07, 320f.

48 Zit. nach Strachey, *Queen Victoria*, S. 197. Zur Schleswig-Holstein-Frage Steefel, *The Schleswig-Holstein Question*.

49 Zu Vorgeschichte, Verlauf, und Folgen des Krieges Ganschow u. a., *Der Deutsch-Dänische Krieg*.

50 Schmitt, „Prussia's Last Fling", S. 316.

51 Zit. Bismarck in Holste, *Bundestaat*, S. 211. Zahlen aus Hohorst u. a. (Hrsg.), *Sozialgeschichtliches Arbeitsbuch*, Bd. 2, S. 45, 47.

52 Bosl, „Verhandlungen".

53 Zu Bismarcks Konzeption des Bundes als freiwilliger Zusammenschluss der Fürsten Haardt, „Reichsgründung als Fürstenbund".

54 Stimmverteilung festgelegt in Reichsverfassung (1871), Art. 6.

55 Siehe die Dokumente in Deuerlein (Hrsg.), *Augenzeugenberichte*, S. 196-202, 216, 232f.

56 Siehe Gall, *Bismarck*, S. 517f. und die Dokumente in Deuerlein (Hrsg.), *Augenzeugenberichte*, S. 254ff.

57 Zur württembergischen Krise siehe Bosl, „Verhandlungen", S. 160 und die Dokumente in Deuerlein (Hrsg.), *Augenzeugenberichte*, S. 205ff.

58 Brief an den preußischen Gesandten in Brüssel, 22. 4. 1871, und Brief an den preußischen Botschafter in London, 22. 6. 1871, in *Gesammelte Werke*, Neue Friedrichsruher Ausgabe, Bd. 1, Nr. 68, 138, S. 74, 143. Tatsächlich wurde es Praxis, dass niederrangige Beamte aus dem Auswärtigen Amt die Vertretung von Botschaftern übernahmen.

59 In Deuerlein (Hrsg.), *Augenzeugenberichte*, S. 276.

60 Zit. in *Wehler*, Kaiserreich, S. 40. Zur „Doppelrevolution" ders., *Gesellschaftsgeschichte*, Bd. 3, S. 251ff. Zum Problem der „Revolution von oben" siehe: Langewiesche, „Krieg und Nationalstaatsgründung"; Stürmer, „Jenseits des Nationalstaates"; Engelberg, „Über die Revolution von oben" (marxistische Sicht).
61 Zur Rolle der Parlamente in der Reichsgründung Pollmann, „Parlamentseinfluß".
62 Zum konstituierenden Reichstag Pollmann, *Parlamentarismus*, S. 21–257.
63 Zur Ratifikation durch die Landesparlamente Huber, *Verfassungsgeschichte*, Bd. 3, S. 666f., 748–50.
64 Huber, „Bismarcksche Reichsverfassung", S. 167. Vgl. auch Hubers „Bismarck und der Verfassungsstaat" und *Verfassungsgeschichte*, Bd. 3, S. 773–80. Ähnlich Schulze, *German Nationalism*, S. 97–101.
65 Zit. in Holste, *Bundesstaat*, S. 98. Zu dem geheimen Staatsvertrag Huber, *Verfassungsgeschichte*, Bd. 3, S. 654f., Fn. 27.
66 Zum preußischen Verfassungskonflikt und seiner Bedeutung für die Reichsgründung: Clark, *Iron Kingdom*, Kapitel 15; Nipperdey, *Deutsche Geschichte 1800–1866*, S. 749–68; Mommsen, *Ringen*, S. 121–38.
67 Grünthal, *Parlamentarismus*, bes. S. 126–74. Kraus, „Ursprung". Alle wichtigen Argumente gut zusammengefasst in Clark, *Zeit und Macht*, S. 149f., 174f.
68 Rede vor der Budgetkommission des Preußischen Abgeordnetenhauses, 30.9.1862, in *Gesammelte Werke*, Bd. 10, 1924, S. 140.
69 Zur Umorientierung der Liberalen Sheehan, *German Liberalism*, S. 123–40.
70 Zu der Beziehung zwischen den Nationalliberalen und Bismarck Langewiesche, „Bismarck und die Nationalliberalen".
71 Zum Deutschen Nationalverein Biefang, *Politisches Bürgertum*, bes. S. 66–119 und Na'aman, *Deutscher Nationalverein*.
72 Zit. Schleiden in Stenographische Berichte, 12.3.1867, S. 160. Zu den Depossedierten Gollwitzer, *Standesherren*, S. 147. Zum Reich als Fürstenbund Haardt, „Reichsgründung als Fürstenbund".
73 Zu Wilhelms erzwungener Einwilligung in die Annexionen Heinzen, „Monarchical State-building", S. 531 und Mommsen, *Ringen*, S. 170f., 174f.
74 Haardt, „Kaiser", bes. S. 538 und „Reichsgründung als Fürstenbund", S. 224f., 228f.
75 Tagebucheintrag des Kronprinzen in Hohlfeld (Hrsg.), *Dokumente*, Bd. 1, Nr. 80, S. 293, rechte Spalte. Zum Streit um den Kaisertitel Pflanze, *Bismarck*, Bd. 1, S. 505–9. und Steinberg, *Bismarck*, S. 306. Zur rechtlichen Einordnung der verschiedenen Alternativen der zeitgenössische Jurist Tophoff, *Rechte*, S. 34f.
76 Ansprache Wilhelms und Proklamationsurkunde in Hohlfeld (Hrsg.), *Dokumente*, Bd. 1, Nr. 80b–c, S. 296.
77 Ruville, *Das Deutsche Reich ein monarchischer Einheitsstaat. Beweis für den staatsrechtlichen Zusammenhang zwischen altem und neuem Reich.*
78 Müller, *Our Fritz*, S. 88–94. Zit. ebd., S. 92.
79 Stenographische Berichte, 6.12.1870, S. 104. Zu den Kontinuitäten Whaley, „Federal Habits".
80 Stenographische Berichte, 9.12.1870, S. 162.
81 Unter den vielen Studien zum vermeintlichen Primat der Außenpolitik in der Reichsgründung siehe besonders die relativ neue Analyse von Simms, *Kampf um Vorherrschaft*, Kapitel 5. Wimmer zit. in Heinzen, *Making Prussians*, S. 1. Zum Deutsch-Französischen Krieg im Speziellen Bremm, *70/71*.
82 Stenographische Berichte, 6.12.1870, S. 95.
83 Zur italienischen Einigung Beales und Biagini, *Risorgimento* und Riall, *Risorgimento*.
84 Zit. in Pflanze, *Reichsgründer*, S. 319.
85 In Deuerlein (Hrsg.), *Augenzeugenberichte*, S. 239.
86 Stenographische Berichte, 13.3.1867, S. 179.
87 Zum Südbundplan Wilhelm, *Verhältnis*, S. 79–96 und Huber, *Verfassungsgeschichte*, Bd. 3, S. 681–85.

## Kapitel 2: Die Legende vom Fürstenbund

1 Schwarzburg zit. in Rich / Fisher / Frauendienst (Hrsg.), *Die Geheimen Papiere Friedrich von Holsteins*, Bd. 1, S. 77. Bericht Schellendorffs in Deuerlein (Hrsg.), *Augenzeugenberichte*, S. 305. Rogges Predigt nach dem Bericht des Hofbuchhändlers und Hofdruckers Theodor Toeche-Mittler in ebd., S. 291–96, Zit. S. 292. Psalm 2:10. Zur geschilderten Episode Steinberg, *Bismarck*, S. 306–08.
2 Brief vom 2. 2. 1871 in Deuerlein (Hrsg.), *Augenzeugenberichte*, S. 308. Liste der Anwesenden in Toeche-Mittlers Bericht in ebd., S. 296f.
3 Zit. in Rich / Fisher / Frauendienst (Hrsg.), *Die Geheimen Papiere Friedrich von Holsteins*, Bd. 1, S. 77.
4 Zur Präambel Huber, *Verfassungsgeschichte*, Bd. 3, S. 788. Vgl. auch Stürmer, *Das ruhelose Reich*, S. 99f. Art. 1 Deutsche Bundesakte 1815 sprach von einem „beständigen Bund", Art. 5 Wiener Schlussakte 1820 von einem „unauflöslichen Bund".
5 Reichsverfassung (1871), Art. 4, 6, 11, 20.
6 Jellinek, *Staatenverbindungen*. Treitschke, „Verfassung des Norddeutschen Bundes". Überblick über die wichtigsten staatsrechtlichen Theorien in Huber, *Verfassungsgeschichte*, Bd. 3, S. 673–80. Zur juristischen Diskussion um den Fürstenbund auch Holste, *Bundesstaat*, S. 252f.
7 Huber, *Verfassungsgeschichte*, Bd. 3, S. 789. Vgl. auch Stürmer, *Ruheloses Reich*, S. 99f. Einzige Ausnahme ist der kurze Aufsatz Haardt, „Reichsgründung als Fürstenbund", auf dessen Ideen dieses Kapitel teilweise beruht.
8 Zu Bismarcks Plan Stürmer, „Staatsstreichgedanken" und Zechlin, *Staatsstreichpläne*.
9 Keudell, *Fürst und Fürstin Bismarck*, S. 343.
10 Triepel, „Zur Vorgeschichte der Norddeutschen Bundesverfassung", Zit. S. 599.
11 Becker, *Bismarcks Ringen*. Zur Entstehungsgeschichte des Buches Vorwort Scharff in ebd., S. 5–14.
12 Triepel, „Zur Vorgeschichte der Norddeutschen Bundesverfassung", S. 590.
13 Kaernbach, *Bismarcks Konzepte*, S. 215–44. Zit. S. 215.
14 Grundzüge einer neuen Bundesverfassung und Runderlass über den preußischen Bundesreform-Entwurf, 10. 6. 1866, in Huber (Hrsg.), *Dokumente*, Bd. 2, Nr. 172f., S. 233–36.
15 Grundzüge, Art. 1, 10.
16 Ebd., Art. 4, 9.
17 Ebd., Art. 7.
18 Ebd., Art. 2, 4, 6. Zit. in Keudell, *Fürst und Fürstin Bismarck*, S. 228.
19 Brief vom 9. 6. 1866, in *Gesammelte Werke*, Bd. 5, Nr. 382, S. 533f.
20 Brief an Ludwig von Pfordten, 6. 6. 1866, in *Gesammelte Werke*, Bd. 14/II, Nr. 1148, S. 713. *Gedanken und Erinnerungen*, Friedrichsruher Ausgabe, S. 252.
21 Preußisches Bündisangebot an die norddeutschen Staaten, 16. 6. 1866 und anschließender Bündnisvertrag, 18. 8. 1866, Art. 2, beide in Huber (Hrsg.), *Dokumente*, Bd. 2, Nr. 195f., S. 267–69.
22 Brief vom 9. 6. 1866, *Gesammelte Werke*, Bd. 5, Nr. 382, S. 533f.
23 Zur Überarbeitung der Grundzüge Becker, *Bismarcks Ringen*, S. 184–87.
24 Grundzüge, 10. 6. 1866, Art. 3–4 und Bündnisvertrag, 18. 8. 1866, Art. 2, beide in Huber (Hrsg.), *Dokumente*, Bd. 2, Nr. 173, 196, S. 234–36, 268f.
25 Zitat in Triepel, „Vorgeschichte", S. 616. Zur Entstehung von Dunckers Entwurf ebd., S. 615–30 und Becker, *Bismarcks Ringen*, S. 211ff. Zu Duncker die nur vier Jahre nach seinem Tod verfasste Biografie von Haym, *Duncker*. Zur Haltung liberaler Historiker zur föderalen Neuordnung Deutschlands der prägnante Überblick bei Gramley, *Propheten*, S. 194–97.
26 Entwurf Duncker, Art. 2, 6. Der Entwurf wurde von Heinrich Triepel wiederentdeckt und findet sich als Anlage 1 in seinem Aufsatz „Vorgeschichte", S. 631–41.
27 Zit. in Becker, *Bismarcks Ringen*, S. 213.
28 Entwurf Duncker, Art. 41–49. Zit. in Becker, *Bismarcks Ringen*, S. 214.
29 Entwurf Duncker, Art. 50–53, 57, 71. Zit. in Becker, *Bismarcks Ringen*, S. 215.
30 Entwurf Duncker, Art. 26–40.
31 Ebd., Art. 34, 69.
32 Triepel, „Vorgeschichte", S. 629.

Anhang 875

33  Zu Reichenbach Best/Weege (Hrsg.), *Handbuch*, S. 275 und Becker, *Bismarcks Ringen*, S. 222. Zur Zirkulation von Dunckers Entwurf im preußischen Außenministerium ebd., S. 220.
34  Reichenbachs Entwurf referiert bei Becker, *Bismarcks Ringen*, S. 222–24 und Heitsch, *Ausführung*, S. 31–33.
35  Wagener, *Staats- und Gesellschaftslexikon*. Zit. in Fontane, *Von Zwanzig bis Dreissig*, S. 303. Zu Wagener Albrecht, *Antiliberalismus* und Kraus, „Wagener". Zu Wageners Verhältnis zu Bismarck besonders Saile, *Wagener* und Albrecht, „Die ‚Nebensonne' in der Pflicht".
36  Wageners Entwurf referiert bei Becker, *Bismarcks Ringen*, S. 225–30. Zit. ebd., S. 227. Zum Verlust des Entwurfs in Wageners Nachlaß und der vorherigen Einsicht durch Becker siehe Schoeps, *Das andere Preußen*, S. 213.
37  Zit. Becker, *Bismarcks Ringen*, S. 219.
38  Zit. ebd., S. 219f.
39  Zit. ebd.
40  Bericht vom 11. 9. 1866, referiert ebd., S. 220.
41  Zu Hepke Kaernbach, „Hegemonie oder Interessensphärenteilung?", S. 260 und Triepel, „Vorgeschichte", S. 613f. Zit. ebd., S. 23.
42  Bundesakte und Bundesgeschäftsordnung referiert bei Becker, *Bismarcks Ringen*, S. 231–36.
43  Ebd., S. 231.
44  Ebd., S. 231f. Zum Kuriensystem Deutsche Bundesakte (1815), Art. 4.
45  Vgl. die Vorbemerkung zu *Gesammelte Werke*, Bd. 6a, 1929, Nr. 615, S. 167. Zu der im folgenden Abschnitt beschriebenen Ausarbeitung des Verfassungsentwurfs durch Bismarck und seine Mitarbeiter siehe auch die Vorbemerkung zu ebd., Nr. 629, S. 187f.
46  Diktat Bismarcks für Savigny, 22. 10. 1866, in Real (Hrsg.), *Savigny Nachlaß*, Nr. 823, S. 911. Zu Savigny Real, *Savigny*. Zu dessen Verfassungsauftrag Becker, *Bismarcks Ringen*, S. 237f.
47  Beide Diktate, das zweite, längere unter dem Titel „Unmaßgebliche Ansichten über Bundesverfassung", in *Gesammelte Werke*, Bd. 6a, 1929, Nr. 615f., S. 167–70.
48  Ebd.
49  Zit. ebd.
50  Ebd.
51  Zit. ebd.
52  Ebd.
53  Ebd.
54  Savignys Entwurf referiert bei Heitsch, *Ausführung*, S. 36–38 und Becker, *Bismarcks Ringen*, S. 258–61.
55  Zit. in Heitsch, S. 37f.
56  Zit. in Becker, *Bismarcks Ringen*, S. 262. Zu Bismarcks Ablehnung des Entwurfs ebd. 258ff. passim. Zum ambivalenten Verhältnis der beiden Staatsmänner in dieser Phase vgl. den Briefwechseln in Real (Hrsg.), *Savigny Nachlaß*, Nr. 828f., S. 916–18, inklusive Reals ausführlichem Kommentar in Fn. 1, S. 917.
57  Zu Bucher Studts Biografie *Lothar Bucher* und dessen prägnanter Aufsatz „Unter den Treuen der Treueste". Zu Buchers Mitarbeit bei der Ausarbeitung des Entwurfs Becker, *Bismarcks Ringen*, S. 263. Bucher, *Der Parlamentarismus, wie er ist*.
58  Becker, *Bismarcks Ringen*, S. 264–68. Zu Delbrück als Mitarbeiter Bismarcks Morsey, „Rudolph Delbrück".
59  Becker, *Bismarcks Ringen*, S. 264–8.
60  Vgl. den ersten Entwurf der Verfassung des Norddeutschen Bundes vom 9. 11. 1866, Art. 31–46 in *Gesammelte Werke*, Bd. 6a, 1929, Nr. 629, S. 187–96, der den Abschnitt zum Post- und Telegrafenwesen noch nicht enthält, und den gemäß der Verhandlungen der einzelstaatlichen Regierungen überarbeiteten offiziellen Entwurf vom 7. 2. 1867, Art. 30–49 in Anlagen Reichstag 1867, Nr. 10, S. 11–17. Zu Bismarcks strategischem Manöver Becker, *Bismarcks Ringen*, S. 267. Zu Treitschkes Haltung sein in Kapitel 8 näher untersuchter Aufsatz „Bundesstaat und Einheitsstaat".
61  Entwurf vom 9. 11. 1866, bes. Art. 7–21 in *Gesammelte Werke*, Bd. 6a, 1929, Nr. 629, S. 187–96. Dazu Becker, *Bismarcks Ringen*, S. 268–72. Zit. ebd., S. 272.
62  Zur Umwandlung des Präsidialgesandten vgl. Becker, *Bismarcks Ringen.*, S. 271.

63  Brief Bismarcks an Hermann von Thile, 9. 7. 1867, in Real (Hrsg.), *Savigny Nachlaß*, Nr. 864, S. 952. Zu Bismarcks persönlichen Ambitionen auf das Kanzleramt Becker, *Bismarcks Ringen*, S. 271–76.
64  Zit. in Becker, *Bismarcks Ringen*, S. 243.
65  Zit. ebd., S. 255. Passage gestrichen von Keudell.
66  Sitzung des Staatsministeriums referiert ebd., S. 281–85.
67  Zu den Änderungen ebd. Zit. aus Brief Roons an König Wilhelm, 24. 9. 1866, in Real (Hrsg.), *Savigny Nachlaß*, Nr. 819, S. 903f.
68  Kronratssitzung referiert bei Becker, *Bismarcks Ringen*, S. 286–89.
69  Zur Isolation des Kronprinzen im Kronrat ebd. Müller, *Our Fritz*, passim, bes. Kapitel 2 und 4.
70  Friedensvertrag zwischen Preußen und Hessen, 3. 9. 1866, Art. 14 als Anhang zum Schlussprotokoll der Regierungskonferenz in Anlagen Reichstag 1867, Nr. 10, S. 30. Friedensvertrag zwischen Preußen und Reuß älterer Linie, 26. 9. 1866, Art. 1, in ebd., S. 31. Friedensvertrag zwischen Preußen und Sachsen-Meiningen, 8. 10. 1866, Art. 1, in ebd., S. 31. Friedensvertrag zwischen Preußen und Sachsen, 21. 10. 1866, Art. 2, in ebd., S. 32.
71  Anlage zu erstem Protokoll der Regierungskonferenz, 15. 12. 1866, in Anlagen Reichstag 1867, Nr. 10, S. 18f.
72  Alle drei zit. in Becker, *Bismarcks Ringen*, S. 291–95.
73  Zu den individuellen Widerstandsmotiven der einzelnen Staaten ebd., S. 292–314.
74  Alle drei zit. ebd., S. 301f.
75  Zum Fahneneid ebd., S. 292, 313, 339f. Entwurf der Verfassung des Norddeutschen Bundes vom 9. 11. 1866, Art. 56 in *Gesammelte Werke*, Bd. 6a, 1929, Nr. 629, S. 187–96.
76  Zit. in Becker, *Bismarcks Ringen*, S. 308.
77  Zum Kaiserplan inklusive des Zit. ebd., S. 314.
78  Denkschrift referiert ebd., S. 306f. und bei Heitsch, *Ausführung*, S. 41f.
79  Oldenburger Verfassungsentwurf referiert bei Becker, *Bismarcks Ringen*, S. 305f.
80  Zu den gescheiterten Oppositionsversuchen und Bismarcks Verhandlungstaktik ebd., S. 314–19. Zur Ablehnung der Kaiseridee inklusive des Zit. ebd., S. 324f.
81  Zu den finanziellen Zugeständnissen und individuellen Versprechungen ebd., S. 327–30, 333.
82  Militärkonvention zwischen Preußen und Sachsen, 7. 2. 1867, bes. Präambel und Art. 7, in Huber (Hrsg.), *Dokumente*, Bd. 2, Nr. 202, S. 292–94. Militärkonvention zwischen Preußen und Hessen, 7. 4. 1867, bes. Art. 1 in ebd., Nr. 203, S. 295–99. Zum Zustandekommen der Militärkonventionen und ihrem Einfluss auf die Verfassungsverhandlungen der Regierungen Becker, *Bismarcks Ringen*, S. 334–46. Militärkonventionen mit zwölf weiteren norddeutschen Staaten, denen – wenn überhaupt – weitaus geringere Sonderrechte zugesprochen wurden, kamen erst nach Inkrafttreten der Verfassung zwischen Juni 1867 und November 1868 zustande. Vgl. Vorbemerkung in Huber (Hrsg.), *Dokumente*, Bd. 2, S. 291.
83  Bismarck an Eulenburg, 17. 1. 1867, in *Gesammelte Werke*, Bd. 6a, 1929, Nr. 659, S. 237f. Zit. Friedrich Wilhelm in Becker, *Bismarcks Ringen*, S. 289. Zu Bismarcks Pressekampagnen im Rahmen der Regierungskonferenz ebd., S. 332.
84  Zit. in Becker, *Bismarcks Ringen*, S. 342.
85  Savigny an Bismarck, 27. 1. 1867, in Real (Hrsg.), *Savigny Nachlaß*, Nr. 836, S. 923.
86  Heitsch, *Ausführung*, S. 43f. Zit. ebd, Fn. 98. Zur Ausweitung der Bundeskompetenz auch Becker, *Bismarcks Ringen*, S. 356. Regierungsentwurf (1867), Art. 4.2, 4.9, 4.11, 4.12.
87  Zit. in Becker, *Bismarcks Ringen*, S. 359.
88  Zum Streit über den Bundeskanzler ebd., S. 359f.
89  Beide Zit. ebd., S. 360f. Regierungsentwurf (1867), Art. 18.
90  Zur Veränderung von Hofmanns Amendement Heitsch, *Ausführung*, S. 43. Zu Bismarcks Motiven Becker, *Bismarcks Ringen*, S. 361–63. Zu Bismarcks Versprechungen gegenüber Savigny der Briefwechsel in Real (Hrsg.), *Savigny Nachlaß*, Nr. 855f., S. 937–39.
91  Zit. in Becker, *Bismarcks Ringen*, S. 363.
92  Drittes Protokoll der Regierungskonferenz, 7. 2. 1867, in Anlagen Reichstag 1867, Nr. 10, S. 21f. Becker, *Bismarcks Ringen*, S. 353f. Huber, *Verfassungsgeschichte*, Bd. 3, S. 653. Zu dem Protokoll auch Heitsch, *Ausführung*, S. 44f.

| | |
|---|---|
| 93 | Schlussprotokoll der Regierungskonferenz, 7. 2. 1867, in Anlagen Reichstag 1867, Nr. 10, S. 23-26. Zit. Hofmann ebd., S. 23. |
| 94 | Zit. in Becker, *Bismarcks Ringen*, S. 370. |
| 95 | Zit. Savigny in Brief an Bismarck, 7. 2. 1867, in Real (Hrsg.), *Savigny Nachlaß*, Nr. 842, S. 927. Hoch Bismarcks zit. in Bericht der Hamburger Zeitung *Die Boersen-Halle*, 11. 2. 1867, in ebd., Nr. 843, S. 928f. |
| 96 | Rundschreiben an die Regierungen des Norddeutschen Bundes, 20. 2. 1867, in *Gesammelte Werke*, Bd. 6a, 1929, Nr. 690, S. 273f. Zur Idee einer Fürstenzusammenkunft der Brief des sächsischen Außenministers Richard von Friesen an Savigny, 10./11. 2. 1867, in Real (Hrsg.), *Savigny Nachlaß*, Nr. 845, S. 929f. |
| 97 | Erlass Bismarcks an den preußischen Gesandten in Dresden, 19. 2. 1867, in *Gesammelte Werke*, Bd. 6a, 1929, Nr. 689, S. 272f. Geheimvertrag, Art. 1, zit. ebd., Fn. 4. Dazu auch Huber, *Verfassungsgeschichte*, Bd. 3, S. 654, inklusive Fn. 27. |
| 98 | Dazu Becker, *Bismarcks Ringen*, S. 612-24, bes. 614f. und Huber, *Verfassungsgeschichte*, Bd. 3, S. 703-05. |
| 99 | Erlass an Botschafter Bernstorff in London, 17. 1. 1870, *Gesammelte Werke*, Bd. 6b, 1931, Nr. 1478, S. 212-18. |
| 100 | Ebd. |
| 101 | Zit. ebd. |
| 102 | Antrag Lasker in Anlagen Reichstag 1870/12, Nr. 20, S. 204. Zur Reichsbegeisterung Badens Gall, *Liberalismus als regierende Partei*, Kapitel 7 und 8 sowie Becker, *Bismarcks Ringen*, S. 694-97. |
| 103 | Rede Bismarcks in Stenographische Berichte, 24. 2. 1870, S. 66-68, 71. |
| 104 | Erlass an den Gesandten in Karlsruhe von Flemming, 28. 2. 1870, in *Gesammelte Werke*, Bd. 6b, 1931, Nr. 1517, S. 260-64. Vgl. Prager Frieden, 23. 8. 1866, Art. 4 in Huber (Hrsg.), *Dokumente*, Bd. 2, Nr. 185, S. 249-52, der Süddeutschland eine vom Norddeutschen Bund „internationale unabhängige Existenz" zusicherte. |
| 105 | Zur Haltung der hessischen Regierung Becker, *Bismarcks Ringen*, S. 691-94. Zit. ebd., S. 691. |
| 106 | Zur Haltung der württembergischen Regierung Wilhelm, *Verhältnis*, S. 145-48. Zu Varnbühler Becker, *Bismarcks Ringen*, S. 564f., 575. Zit. ebd., S. 565. |
| 107 | Wilhelm, *Verhältnis*, S. 142-45. |
| 108 | Zit. in Becker, *Bismarcks Ringen*, S. 614. Dazu auch Wilhelm, *Verhältnis*, S. 155. |
| 109 | Zum nationalen „Frühlingssturm" in Württemberg nach der französischen Kriegserklärung Becker, *Bismarcks Ringen*, S. 697-99. Albert von Suckow, *Wo Süddeutschland Schutz für sein Dasein findet? Ein Wort an die Süddeutschen*. |
| 110 | Erlass an den Gesandten in Karlsruhe von Flemming, 12. 9. 1870, in *Gesammelte Werke*, Bd. 6b, 1931, Nr. 1795, S. 488f. Telegramm an den Gesandten in Stuttgart Rosenberg über die Einladung der bayerischen Regierung, 15. 9. 1870, in ebd., Nr. 1802, S. 494ff. Zit. Bray-Steinburg nach Bericht des Staatssekretärs von Thile, 13. 9. 1870, in Deuerlein (Hrsg.), *Augenzeugenberichte*, S. 126. |
| 111 | Delbrücks Reimser Denkschrift, 13. 9. 1870, in Stolze, „Reichsgründung", S. 3ff. Dazu auch Becker, *Bismarcks Ringen*, S. 709f., Huber, *Verfassungsgeschichte*, Bd. 3, S. 729f., und Fassbender, *Offener Bundesstaat*, S. 122f. |
| 112 | Erklärung Brays gegenüber sächsischem Gesandten in Becker, *Bismarcks Ringen*, S. 707. Antrag an Ludwig II. in ebd., S. 707f. und in Fassbender, *Offener Bundesstaat*, S. 123f. |
| 113 | Protokoll der Münchner Konferenz in Doeberl, *Bayern*, S. 256-70. Zu den Verhandlungen Becker, *Bismarcks Ringen*, S. 711-15. Zit. ebd., S. 712. |
| 114 | Protokoll der Münchner Konferenz in Doeberl, *Bayern*, S. 256. Vgl. ebd., S. 256-70, wo die Artikel der Norddeutschen Verfassung der Reihe nach durchgegangen und die jeweilige Haltung der Verhandlungspartner dazu festgehalten werden. Zit. Bismarck in Telegramm an preußischen Gesandten in München Werthern, 24. 9. 1870, in *Gesammelte Werke*, Bd. 6b, Nr. 1829, S. 516. |
| 115 | Zit. Bismarck in Becker, *Bismarcks Ringen*, S. 730. Zur Idee einer Fürstenzusammenkunft ebd., S. 717, 722, 730. Zum Drängen der bayerischen Regierung auf Ludwig II. die Gesuchsschreiben in Deuerlein (Hrsg.), *Augenzeugenberichte*, S. 169-72. Zur Absage Ludwigs inklusive des Zit. die Mitteilungen in ebd., S. 172, 208. |
| 116 | Antrag Badens in Deuerlein (Hrsg.), *Augenzeugenberichte*, S. 169. Anregung Bismarcks in Telegramm |

an preußischen Gesandten in Karlsruhe Flemming, 30. 9. 1870, in *Gesammelte Werke*, Bd. 6b, 1931, Nr. 1841, S. 527.
117  Beide zit. in Becker, *Bismarcks Ringen*, S. 720. Zur Haltung der hessischen Regierung ebd., S. 719-21.
118  Beide zit. ebd., S. 719. Zur Haltung der württembergischen Regierung ebd., S. 718f.
119  Brays Entwurf in Deuerlein (Hrsg.), *Augenzeugenberichte*, S. 183f. Auch referiert bei Becker, *Bismarcks Ringen*, S. 727.
120  Bericht Mittnachts über Gespräch mit Bismarck, 30. 10. 1870, in Deuerlein (Hrsg.), *Augenzeugenberichte*, S. 185. Bismarcks Schreiben an Bray, 4. 11. 1870, in *Gesammelte Werke*, Bd. 6b, 1931, Nr. 1905, S. 577f.
121  Zu Bismarcks Änderung der Verhandlungstaktik Becker, *Bismarcks Ringen*, S. 728. Zit. Bray ebd. Zu Brays Vorschlag vgl. Bismarcks Schreiben vom 4. 11. 1870, in *Gesammelte Werke*, Bd. 6b, 1931, Nr. 1905, S. 577f.
122  Becker, *Bismarcks Ringen*, S. 731f.
123  Bundesvertrag mit Baden und Hessen, 15. 11. 1870, in Huber (Hrsg.), *Dokumente*, Bd. 2, Nr. 219, S. 326–29. Bundesvertrag betreffend den Beitritt Bayerns zur Verfassung des Deutschen Bundes sowie dazugehöriges Schlussprotokoll und Geheime Verabredung, 23. 11. 1870, in ebd., Nr. 220-22, S. 329-36. Bundesvertrag mit Württemberg sowie dazugehöriges Zusatzprotokoll, 25. 11. 1870, in ebd., Nr. 223f., S. 336-38. Übersicht über die Sonderrechte in Huber, *Verfassungsgeschichte*, Bd. 3, S. 806-08.
124  Dazu Huber, *Verfassungsgeschichte*, Bd. 3, S. 807 und Becker, *Bismarcks Ringen*, S. 731f.
125  Bundesvertrag betreffend den Beitritt Bayerns zur Verfassung des Deutschen Bundes, 23. 11. 1870, Art. 3.3, in Huber (Hrsg.), *Dokumente*, Bd. 2, Nr. 220, S. 330.
126  Ebd., Art. 3. 3. 5. Zu den bayerischen Sonderrechten Becker, *Bismarcks Ringen*, S. 753 und die Übersicht in Huber, *Verfassungsgeschichte*, Bd. 3, S. 807.
127  Auszug aus Brief Bismarcks in Deuerlein (Hrsg.), *Augenzeugenberichte*, S. 206. Zum „württembergischen Zwischenfall" Becker, *Bismarcks Ringen*, S. 733-36.
128  Privatschreiben an Staatsminister Itzenplitz, 5. 12. 1870, in *Gesammelte Werke*, Bd. 6b, 1931, Nr. 1946, S. 611ff. Gespräch mit Frankenberg, 23. 11. 1870, in ebd., Bd. 7, 1924, Nr. 324, S. 413f.
129  Tagebucheintrag Großherzog Friedrichs, 19. 11. 1870, zit. in Doeberl, *Bayern*, S. 129.
130  Brief Jollys an seine Frau, 28. 10. 1870, in Deuerlein (Hrsg.), *Augenzeugenberichte*, S. 180. Erlass Bismarcks an Delbrück, 26. 11. 1870, in *Gesammelte Werke*, Bd. 6b, Nr. 1229, S. 598ff. Geheime Verabredung zwischen Preußen und Bayern, 23. 11. 1870, Art. 1 in Huber (Hrsg.), *Dokumente*, Bd. 2, Nr. 222, S. 335f. Von „Scheingaben" spricht auch Becker, *Bismarcks Ringen*, S. 729, 758.
131  Erlass Bismarcks an Delbrück, 26. 11. 1870, in *Gesammelte Werke*, Bd. 6b, Nr. 1229, S. 598ff. Zum Erhalt der Substanz und Form der norddeutschen Verfassung vgl. Becker, *Bismarcks Ringen*, S. 738f.
132  Vgl. Reichsverfassung (1871), Art. 4.16, 7.4, 11.2, 19, 78. Zu diesen Änderungen Becker, *Bismarcks Ringen*, S. 710f., 739f.
133  Geheime Verabredung zwischen Preußen und Bayern, 23. 11. 1870, Art. 2 in Huber (Hrsg.), *Dokumente*, Bd. 2, Nr. 222, S. 336. Zit. in Becker, *Bismarcks Ringen*, S. 702. Verschiedene Vorschläge zu Gebietstausch ebd., S. 703. Zur Überstellung der Düsseldorfer Galerie, ebd., S. 762f.
134  Denkschrift Hofmann referiert bei Becker, *Bismarcks Ringen*, S. 742f.
135  Oberhauspläne referiert ebd., S. 744. Zit. Dalwigk ebd., S. 741.
136  Brief Bismarcks an seine Frau Johanna, 16. 11. 1870, in *Gesammelte Werke*, Bd. 14/II, 1924, Nr. 1361, S. 800. Zu Brays Ablehnung die Aufzeichnungen Dalwigks in Deuerlein (Hrsg.), *Augenzeugenberichte*, S. 188f.
137  *Gedanken und Erinnerungen*, Friedrichsruher Ausgabe, S. 285. Augustdenkschrift des Kronprinzen und Auseinandersetzung mit Bismarck referiert bei Becker, *Bismarcks Ringen*, S. 743f., 747-49, wo sich das Zit. ebenfalls findet.
138  Brief Großherzog Friedrichs I. an Ludwig II., 31. 10. 1870, in Huber (Hrsg.), *Dokumente*, Bd. 2, Nr. 227, S. 347f.
139  Brief Bismarcks an Ludwig II., 27. 11. 1870, in ebd., Nr. 228, S. 348.
140  Kaiserbrief, 30. 11. 1870, in ebd., Nr. 229, S. 349. Vgl. das fast wortgleiche Schreiben Ludwigs an die Fürsten und Freien Städte Deutschlands, 30. 11. 1870, in ebd. Nr. 230, S. 349f. Zur Vorarbeit Rößlers Becker, *Bismarcks Ringen*, S. 617 und Wilhelm, *Verhältnis*, S. 154.

141  Erlass an Delbrück, 26.11.1870, in *Gesammelte Werke*, Bd. 6b, 1931, Nr. 1930, S. 600f. Huber, *Verfassungsgeschichte*, Bd. 3, S. 741.
142  Erlass an den preußischen Gesandten in München von Werthern, 24.12.1870, in *Gesammelte Werke*, Bd. 6b, Nr. 1988, S. 644ff.
143  Adresse des Reichstages des Norddeutschen Bundes an König Wilhelm von Preußen, 10.12.1870, in Huber (Hrsg.), *Dokumente*, Bd. 2, Nr. 233, S. 353. Erwiderung König Wilhelms an die Kaiserdeputation des Norddeutschen Reichstages, 18.12.1870, in ebd., Nr. 235, S. 354f.
144  Proklamationsurkunde, 18.1.1871, in Huber (Hrsg.), *Dokumente*, Bd. 2, Nr. 256, S. 378. Vgl. Ansprache Kaiser Wilhelms I. bei der Kaiserproklamation, 18.1.1871, in ebd., Nr. 255, S. 378, Kaiserbrief, 30.11.1870, in ebd., Nr. 229, S. 349, und Schreiben Ludwigs II. an die Fürsten und Freien Städte Deutschlands, 30.11.1870, in ebd., Nr. 230, S. 349f.
145  Zu diesen Funktionen der Fürstenbundsidee Haardt, „Reichsgründung als Fürstenbund".

## Kapitel 3: Verfassungsgebung als Realpolitik

1  Johannes von Miquel, 30.12.1866, in ders., *Reden*, Bd. 1, S. 198.
2  Ebd., S. 193.
3  Ebd., S. 193-99. Zu Miquel die klassische Biografie von Mommsen, *Miquel* und aus jüngerer Zeit die Dissertation von Kassner, *Der Steuerreformer Johannes von Miquel*, bes. Teil 1 und 5.
4  Stenographische Berichte, 23.3.1867, S. 325f.
5  Watzdorf in Becker, *Bismarcks Ringen*, S. 348. Talleyrand in Stürmer, *Ruheloses Reich*, S. 99.
6  Wehler, *Deutsches Kaiserreich*, S. 60-63. Mommsen, *Autoritärer Nationalstaat*, S. 11, 39. Stürmer, *Ruheloses Reich*, S. 99. Ullrich, *Nervöse Großmacht*, S. 31.
7  Huber, „Bismarcksche Reichsverfassung". Böckenförde, „Verfassungstypus". Zu dieser Kontroverse Kirsch, *Monarch und Parlament*, S. 57-65.
8  Gall, *Bismarck*, S. 453. Zehmen in Stenographische Berichte, 12.3.1867, S. 155.
9  Zit. Bismarck in Gall, *Bismarck*, S. 453. Clark, *Von Zeit und Macht*, S. 160.
10  Brandenburg, *Reichsgründung*, Bd. 2, S. 225.
11  Treitschke, „Verfassung des Norddeutschen Bundes", S. 365. Zur großen Zahl der Amendements Bismarck in Stenographische Berichte, 27.3.1867, S. 388.
12  Sybel, *Begründung des Deutschen Reiches*, Bd. 3, S. 103ff. Pollmann, *Parlamentarismus*.
13  Alle drei in Stenographische Berichte, 11.3.1867, S. 127f., 136.
14  Ebd., 4.3.1867, S. 41. Bündnisvertrag zwischen Preußen, Sachsen-Weimar, Oldenburg, Braunschweig, Sachsen-Altenburg, Sachsen-Coburg-Gotha, Anhalt, Schwarzburg-Sondershausen, Schwarzburg-Rudolstadt, Waldeck, Reuß jüngere Linie, Schaumburg-Lippe, Lippe, Bremen und Hamburg, 18.8.1866, Art. 6 in Huber (Hrsg.), *Dokumente*, Bd. 2, Nr. 196, S. 269.
15  Zur Luxemburgkrise der aufschlussreiche Aufsatz von Foot, „Great Britain and Luxemburg 1867", S. 352-79.
16  Anlagen Reichstag 1867, Nr. 64, S. 62. Zur Absprache mit Bismarck Pollmann, *Parlamentarismus*, S. 256.
17  Stenographische Berichte, 1.4.1867, S. 487-89.
18  Zu Simson und seiner Wahl Dow, *Prussian Liberal*, S. 141f. und Meinhardt, *Eduard von Simson*, S. 114-16.
19  Stenographische Berichte, 4.3.1867, S. 42.
20  Ebd., 11.3.1867, S. 128f.
21  Ebd., 13.3.1867, S. 184f.
22  Winkler, *Weg nach Westen*, Bd. 1, Kapitel 4, bes. S. 193-95.
23  Zur vermeintlichen Kapitulation der Liberalen der trotz seines Alters nach wie vor aufschlussreiche Artikel von Morck, „Bismarck and the ‚Capitulation' of German Liberalism", S. 59-75.
24  Stenographische Berichte, 9.3.1867, S. 107f.
25  Ebd., 9.3.1867, S. 112.
26  Ebd., 12.3.1867, S. 165.

27 Ebd., 9.3.1867, S. 112.
28 Meyer ebd., 28.3.1867, S. 431. Niendorf zit. in Pollmann, *Parlamentarismus*, S. 143, Fn. 266. Bündnisvertrag zwischen Preußen, Sachsen-Weimar, Oldenburg, Braunschweig, Sachsen-Altenburg, Sachsen-Coburg-Gotha, Anhalt, Schwarzburg-Sondershausen, Schwarzburg-Rudolstadt, Waldeck, Reuß jüngere Linie, Schaumburg-Lippe, Lippe, Bremen und Hamburg, 18.8.1866, Art. 5 in Huber (Hrsg.), *Dokumente*, Bd. 2, Nr. 196, S. 269. Wenn nicht anders angegeben, basieren die folgenden Ausführungen zur Wahl des Reichstages auf der detaillierten Analyse in Pollmann, *Parlamentarismus*, S. 66–154.
29 Reichstagserklärung in Stenographische Berichte, 28.3.1867, S. 429. Briefe an Prinzen Reuß und preußischen Gesandten in *Gesammelte Werke*, Bd. 5, S. 421f., 457.
30 Zit. in Pollmann, *Parlamentarismus*, S. 94, Fn. 4.
31 Zit. in ebd., S. 102, Fn. 50.
32 Stenographische Berichte, 18.3.1867, S. 207, 210.
33 Zum Adelsanteil Becker, *Bismarcks Ringen*, S. 372 und Pollmann, *Parlamentarismus*, S. 160, 163.
34 Zit. in Pollmann, *Parlamentarismus*, S. 144, Fn. 273.
35 Zit. in ebd., S. 145, Fn. 274.
36 Zit. in Kraus, *Ernst Ludwig von Gerlach*, Bd. 2, S. 842, Haupttext und Fn. 288.
37 Stenographische Berichte, 11.3.1867, S. 128.
38 Beide zit. in Pollmann, *Parlamentarismus*, S. 173, Fn. 119.
39 Stenographische Berichte, 9.4.1867, S. 641.
40 Ebd., 9.3.1867, S. 102–07.
41 Ebd., S. 111–15.
42 Ebd., 11.3.1867, S. 135–39. Zu den Reden Twestens, Miquels, und Bismarcks Becker, *Bismarcks Ringen*, S. 375–79.
43 Wiener Schlussakte (1820), Art. 1. Zur Debatte über das „Föderativprinzip" Huber, *Verfassungsgeschichte*, Bd. 3, S. 655–57.
44 Stenographische Berichte, 9.3.1867, S. 107.
45 Ebd., 11.3.1867, S. 136.
46 Ebd., 13.3.1867, S. 176.
47 Ebd., S. 186. Regierungsentwurf (1867), Art. 1, 3, 6–29.
48 Zit. Miquel ebd., 9.3.1867, S. 112. Antrag Miquel/Lasker ebd., 10.4.1867, S. 690. Regierungsentwurf (1867), Art. 71.
49 Lasker in Stenographische Berichte, 11.3.1867, S. 125. Sybel ebd., 10.4.1867, S. 677.
50 Ebd., 18.3.1867, S. 229. Rede Carlowitz ebd., S. 227–29.
51 Frankfurter Reichsverfassung (1849), §§ 130–89. Zur Grundrechtsdiskussion Pollmann, *Parlamentarismus*, S. 207–10.
52 Huber, *Verfassungsgeschichte*, Bd. 3, S. 665.
53 Antrag Mallinckrodt in Stenographische Berichte, 19.3.1867, S. 267. Weber in ebd., 10.4.1867, S. 680.
54 Ebd., 19.3.1867, S. 247. Anders Pollmann, *Parlamentarismus*, S. 207, der argumentiert, dass in der Debatte von sozialen Grundrechten als eigene Kategorie noch keine Rede sein kann.
55 Pollmann, *Parlamentarismus*, S. 207. Preußische Verfassung (1850), Art. 3–42.
56 Beide in Stenographische Berichte, 19.3.1867, S. 247, 255.
57 Rede Wiggers in ebd., 19.3.1867, S. 258–60. Antrag Braun ebd., 21.3.1867, S. 305 und Anlagen Reichstag 1867, Nr. 16, Ziff. 5, S. 41.
58 Stenographische Berichte, 19.3.1867, S. 253–55.
59 Ebd., 13.3.1867, S. 186.
60 Regierungsentwurf (1867), Art. 30–37, 45–49. Annahme und Anträge in Stenographische Berichte, 1.4.1867, S. 493, 500f.; 2.4.1867, S. 518–20; und En-bloc-Annahme in der Schlussabstimmung 15.4.1867, S. 712.
61 Bemerkung Miquel in Stenographische Berichte, 20.3.1867, S. 285. Unterstellung Staatsangehörigkeitsrecht ebd., S. 273. Antrag Miquel ebd., 19.3.1867, S. 235. Ablehnung von Miquels Antrag und Annahme von Laskers Antrag ebd., 20.3.1867, S. 292. Zu diesen liberalen Erfolgen Huber, *Verfassungsgeschichte*, Bd. 3, S. 663.
62 Regierungsentwurf (1867), Art. 38–44.

| | |
|---|---|
| 63 | Stenographische Berichte, 1.4.1867, S. 505. Dazu auch Pollmann, *Parlamentarismus*, S. 204, Fn. 33. |
| 64 | Ebd., 23.3.1867, S. 337. Regierungsentwurf 1867, Art. 4. Frankfurter Reichsverfassung (1849), §§ 24–47. |
| 65 | Zachariä in Stenographische Berichte, 19.3.1867, S. 240. Frankfurter Reichsverfassung (1849), § 5. |
| 66 | Stenographische Berichte, 13.3.1867, S. 178. |
| 67 | Regierungsentwurf (1867), Art. 32, 35, 66. Bismarck in Stenographische Berichte, 2.5.1879, S. 927. |
| 68 | Stenographische Berichte, 9.4.1867, S. 652. |
| 69 | Braun ebd. 11.3.1867, S. 131. Baumstark ebd., 20.3.1867, S. 273. |
| 70 | Ausweitung Bundesgesetzgebung auf direkte Steuern in ebd., 20.3.1867, S. 275f. Baumstark ebd., S. 273. Antrag Miquel ebd., 9.4.1867, S. 658 und Anlagen Reichstag 1867, Nr. 76, Ziff. 136, S. 69. Regierungsentwurf (1867), Art. 4. |
| 71 | Regierungsentwurf (1867), Art. 59, 60. Annahme Regierungsvorlage und Ablehnung Änderungsanträge Stenographische Berichte, 8.4.1867, S. 616f. |
| 72 | Stenographische Berichte, 26.3.1867, S. 371. Regierungsentwurf 1867, Art. 11. |
| 73 | Stenographische Berichte, 23.3.1867, S. 337. |
| 74 | Ebd., 9.3.1867, S. 112. |
| 75 | Regierungsentwurf (1867), Art. 2. Frankfurter Reichsverfassung, § 66. |
| 76 | Antrag in Anlagen Reichstag 1867, Nr. 16, Ziff. 2, S. 40. Wiggers in Stenographische Berichte, 19.3.1867, S. 259. US-Verfassung (1787), Art. 4.4. Schweizer Bundesverfassung (1848), Art. 6. |
| 77 | Stenographische Berichte, 19.3.1867, S. 252. |
| 78 | Ebd., 23.3.1867, S. 325. |
| 79 | Ebd., 11.3.1867, S. 136. |
| 80 | Ebd., 9.3.1867, S. 103f. |
| 81 | Ebd., 9.3.1867, S. 109. |
| 82 | Ebd., 23.3.1867, S. 339. Regierungsentwurf (1867), Art. 6–20, 59. |
| 83 | Stenographische Berichte, 23.3.1867, S. 340. Frankfurter Reichsverfassung, §§ 75–84. |
| 84 | Gneist, Stenographische Berichte, 26.3.1867, S. 372. Sybel und Wagener ebd., 23.3.1867, S. 327f., 333. |
| 85 | Ebd., 23.3.1867, S. 340. |
| 86 | Ebd., 26.3.1867, S. 366f. |
| 87 | Ebd., 23.3.1867, S. 345. |
| 88 | Ebd. S. 328. |
| 89 | Ebd., 12.3.1867, S. 150. |
| 90 | Wagener ebd., 23.3.1867, S. 334. Antrag Zachariä ebd., 28.3.1867, S. 436 und Anlagen Reichstag 1867, Nr. 40, Ziff. 71, S. 53. Frankfurter Reichsverfassung (1849), §§ 85–124. |
| 91 | Stenographische Berichte, 28.3.1867, S. 429f. Forderung nach einem Fürstenhaus zum Beispiel durch Hans von Gottberg ebd., 11.3.1867, S. 141. Zur Idee der Aufnahme auch der ehemals souveränen Häuser Ludwig Windthorst ebd., 28.3.1867, S. 426. Erfurter Unionsverfassung (1849), §§ 65, 67, 76, 77, 82, 99, 188, 194. |
| 92 | Stenographische Berichte, 23.3.1867, S. 343. |
| 93 | Ebd. Antrag in Anlagen Reichstag 1867, Nr. 17, Ziff. II.3.a, S. 43. |
| 94 | Stenographische Berichte, 23.3.1867, S. 330. |
| 95 | Regierungsentwurf 1867, Art. 5. |
| 96 | Stenographische Berichte, 26.3.1867, S. 374. |
| 97 | Lette ebd., 2.4.1867, S. 519. Anträge Ausfeld und Schulze sowie Erxleben, Jensen und Zachariä in Anlagen, Nr. 23, Ziff. I.1, S. 47 und Nr. 30, S. 49f. Preußische Verfassung (1850), Art. 48. |
| 98 | Bennigsen in Stenographische Berichte, 12.3.1867, S. 163. Waldeck ebd., 9.4.1867, S. 642. Zum Streit über das Budgetrecht Pollmann, *Parlamentarismus*, S. 241–51. |
| 99 | Regierungsentwurf (1867), Art. 65. |
| 100 | Waldeck in Stenographische Berichte, 9.4.1867, S. 643. Twesten ebd., 6.4.1867, S. 601. |
| 101 | Ebd., 9.4.1867, S. 643. |
| 102 | Bennigsen ebd., 12.3.1867, S. 164. Twesten ebd., 6.4.1867, S. 602. Zum unterschiedlichen Budgetrechtsverständnis der National- und Linksliberalen Pollmann, *Parlamentarismus*, S. 242–44. |
| 103 | Beide in Stenographische Berichte, 9.4.1867, S. 640, 645. |

104 Antrag Miquel ebd., S. 657. Zum „kooperativen Budgetverständnis" der Nationalliberalen und seiner Folgen Pollmann, *Parlamentarismus*, S. 248f.
105 Regierungsentwurf 1867, Art. 56, 58. Zum Streit um „Aeternat" und „eisernen Etat" neben Pollmann (siehe Fn. 98) Huber, *Verfassungsgeschichte*, Bd. 3, S. 663f.
106 Wagener in Stenographische Berichte, 9. 3. 1867, S. 119f. Blanckenburg ebd., 16. 4. 1867, S. 719.
107 Friedenthal ebd., 9. 4. 1867, S. 648. Vincke ebd., 16. 4. 1867, S. 717.
108 Ebd., 3. 4. und 9. 4. 1867, S. 536–40, 641–44.
109 Lasker ebd., 5. 4. 1867, S. 554. Twesten ebd., 6. 4. 1867, S. 601f.
110 Ebd., 5. 4. 1867, S. 571.
111 Begründung ebd. Antrag ebd., 6. 4. 1867, S. 611 und in Anlagen Reichstag 1867, Nr. 75, S. 68f.
112 Veto und Abwehr Kritik in Stenographische Berichte, 15. 4. 1867, S. 695, 699. Warnung vor Wiederholung Budgetstreit ebd., 16. 4. 1867, S. 719.
113 Ebd., 5. 4. und 16. 4. 1867, S. 554, 718.
114 Ebd., 16. 4. 1867, S. 724f. und Anlagen Reichstag 1867, Nr. 123, S. 84. Ursprüngliche Ablehnung von Moltkes Antrag in Stenographische Berichte, 6. 4. 1867, S. 611f.
115 Anträge in Stenographische Berichte, 21. 3. 1867 S. 312, 316 und Anlagen Reichstag 1867, Nr. 16, Ziff. 6, 7, S. 41.
116 Antrag in Stenographische Berichte, 16. 4. 1867, S. 720f. und Anlagen Reichstag 1867, Nr. 125, S. 91.
117 Stenographische Berichte, 28. 3. 1867, S. 427–29. Regierungsentwurf 1867, Art. 21. Zum Streit um das Wahlrecht Pollmann, *Parlamentarismus*, S. 223–31 und Huber, *Verfassungsgeschichte*, Bd. 3, S. 661f.
118 Meyer in Stenographische Berichte, 28. 3. 1867, S. 431. Miquel ebd., 29. 3. 1867, S. 451.
119 Beide ebd., 28. 3. 1867, S. 414, 429.
120 Bemerkung in Stenographische Berichte, 28. 3. 1867, S. 414. Antrag ebd., S. 437 und Anlagen Reichstag 1867, Nr. 17, Ziff. II.1, S. 42.
121 Stenographische Berichte, 28. 3. 1867, S. 430.
122 Twesten ebd., 30. 3. 1867, S. 478. Zahlen zur Zusammensetzung aus Pollmann, *Parlamentarismus*, S. 226, Fn. 143.
123 Stenographische Berichte, 28. 3. 1867, S. 437, wo als Folge der Annahme des Antrages Donnersmarck der Antrag Schulenburg gestrichen wird. Antrag Schulenburg ebd., S. 429.
124 Dazu Pollmann, *Parlamentarismus*, S. 226f.
125 Stenographische Berichte, 30. 3. 1867, S. 479.
126 Bismarck ebd., 15. 4. 1867, S. 695. Antrag ebd., 30. 3. 1867, S. 481f. und Anlagen Reichstag 1867, Nr. 17, Ziff. 6, S. 44.
127 Zit. in Pollmann, *Parlamentarismus*, S. 229, Fn. 158.
128 Stenographische Berichte, 15. 4. 1867, S. 699.
129 Jungermann ebd., 30. 3. 1867, S. 480. Antrag Arnim-Heinrichsdorf, 15. 4. 1867, S. 711 und Anlagen Reichstag 1867, Nr. 115, S. 81. Zur Warnung vor dem Diätenentzug als „revolutionärer Treibsatz" Pollmann, *Parlamentarismus*, S. 230.
130 Stenographische Berichte, 15. 4. 1867, S. 709f.
131 Regierungsentwurf (1867), Art. 12, 16, 18.
132 Zur Frage der Ministerverantwortlichkeit im Reichstag Pollmann, *Parlamentarismus*, S. 231–41 und Huber, *Verfassungsgeschichte*, Bd. 3, S. 658–61.
133 Vgl. die Zusammenfassung der Streitpunkte durch Georg von Vincke in Stenographische Berichte, 26. 3. 1867, S. 369. Frankfurter Reichsverfassung (1849), §§ 73, 74, 126.i, 192. Preußische Verfassung (1850), Art. 61.
134 Schulze-Delitzsch in Stenographische Berichte, 23. 3. 1867, S. 338. Schaffrath ebd., 13. 3. 1867, S. 172. Waldeck ebd., 27. 3. 1867, S. 389.
135 Ebd., 26. 3. 1867, S. 360.
136 Ebd., 23. 3. 1867, S. 333.
137 Ebd., 26. 3. 1867, S. 365.
138 Ebd., 23. 3. 1867, S. 329.
139 Ebd., 26. 3. 1867, S. 368f.
140 Alle drei ebd., 23. 3. 1867, S. 330, 333, 339.

141 Sybel ebd., S. 329. Planck ebd., 26.3.1867, S. 360.
142 Ebd., 26.3.1867, S. 368.
143 Anlagen Reichstag 1867, Nr. 48, Ziff. 79-81, S. 56. Regierungsentwurf (1867), Art. 18.
144 Stenographische Berichte, 26.3.1867, S. 375f.
145 Ebd., S. 376-78.
146 Thielau ebd., S. 376. Abstimmung und Streit über Geschäftsordnung ebd., S. 378-81.
147 Ebd., 27.3.1867, S. 387f.
148 Ebd., S. 388, 397.
149 Bennigsen und Abstimmung ebd., S. 398, 403.
150 Huber, *Verfassungsgeschichte*, Bd. 3, S. 659, der dort allerdings zu weit geht und behauptet, die Lex Bennigsen habe den Kanzler zu einem *parlamentarisch* verantwortlichen Bundesminister gemacht.
151 Antrag in Anlagen Reichstag 1867, Nr. 50, S. 58. Begründung Saenger in Stenographische Berichte, 27.3.1867, S. 402.
152 Bismarck in Stenographische Berichte, 27.3.1867, S. 393f. Zur vermutlichen Lancierung des Antrages Saengers durch Bismarck Gall, *Bismarck*, S. 450.
153 Gall, *Bismarck*, S. 450. Huber, *Verfassungsgeschichte*, Bd. 3, S. 660.
154 Schlussabstimmung in Stenographische Berichte, 16.4.1867, S. 729. Bebel ebd., 10.4.1867, S. 679.
155 Ebd., 22.3.1867, S. 332-34.
156 Ebd., 23.3.1867, S. 326, 329.
157 Ebd., 23.3. und 15.4.1867, S. 330, 699-701.
158 Bismarck und Simson ebd., 17.4.1867, S. 731f.
159 Ebd., S. 733f.
160 Zum „verfassungsändernden Charakter" der Einigungsverträge und dem daraus folgenden Ratifikationsrecht des Reichstages Huber, *Verfassungsrecht*, Bd. 3, S. 745.
161 Stenographische Berichte, 5.12.1870, S. 77f.
162 Ebd., S. 72, 74.
163 Ebd., S. 81-86.
164 Ebd., 6.12.1870, S. 98f.
165 Ebd., S. 99f.
166 Ebd., S. 91-94.
167 Ebd., 9.12.1870, S. 162f.
168 Ebd., S. 162, 164f. Zu der hohen Zahl der Abwesenden Huber, *Verfassungsgeschichte*, Bd. 3, S. 746.
169 Stenographische Berichte, 9.12.1870, S. 162.
170 Delbrücks Bekanntgabe ebd., 5.12.1870, S. 76. Bundesratsbeschluss und Erklärung Bennigsens ebd., 9.12.1870, S. 151, 162.
171 Delbrück ebd., 10.12.1870, S. 167. Zu dem „Monstrum", das die Verfassung vor der Vereinheitlichung darstellte, Huber, *Verfassungsgeschichte*, Bd. 3, S. 757.
172 Anlagen Reichstag 1871, Nr. 4, S. 10.
173 Stenographische Berichte, 27.3.1871, S. 22.
174 Anlagen Reichstag 1871, Nr. 12, S. 62f.
175 Reichensperger in Stenographische Berichte, 1.4.1871, S. 104, 106. Ketteler ebd., 3.4.1871, S. 112. Zu der wiederentfachten Grundrechtsdebatte Huber, *Verfassungsgeschichte*, Bd. 3, S. 758.
176 Stenographische Berichte, 1.4.1871, S. 107-09.
177 Abstimmung und Antrag Schulze-Delitzsch ebd., 4.4.1871, S. 154f.
178 Annahme der endgültigen Version der Verfassung ebd., 14.4.1871, S. 223. Zu Bismarcks Bestehen auf der Beibehaltung der Begriffe „Bundespräsidium" und „Bund" Huber, *Verfassungsgeschichte*, Bd. 3, S. 757f.

## TEIL II: VOM FÜRSTENBUND ZUR REICHSMONARCHIE
## Kapitel 4: Die Erhebung des Kaisers

1. Zu Friedrichs Krankheit und Tod Müller, *Our Fritz*, Kapitel 5.
2. Zur politischen Einstellung Friedrichs ebd., v. a. Kapitel 2 und passim.
3. Zit. und Schilderung der Episode in Ballhausen, *Bismarck-Erinnerungen*, S. 438f. Zu diesem Vorfall auch Müller, *Our Fritz*, S. 229.
4. Zit. und Schilderung der Episode in Ballhausen, *Bismarck-Erinnerungen*, S. 455–62. Zu dieser Kontroverse um die Entlassung Puttkamers auch Huber, *Verfassungsgeschichte*, Bd. 4, S. 173f.
5. Vetorecht des Königs in Preußische Verfassung (1850), Art. 62.
6. Müller, *Our Fritz*, Kapitel 4 und 5, bes. S. 228–32. Ballhausen, S. 462.
7. Zit. Kessler in Clark, *Wilhelm II.*, S. 333f. Zu den Forderungen nach einem Kriegsverbrecherprozess gegen den Kaiser Schabas, *The Trial of the Kaiser*. Zum Fall des Kaisers in der Revolution von 1918 Machtan, *Kaisersturz*.
8. Emil Ludwig, *Wilhelm der Zweite*. Dazu Frie, *Das Deutsche Kaiserreich*, S. 70–72. Zit. Tucholsky ebd., S. 72.
9. Eyck, *Das persönliche Regiment*, S. 73, 782. Auch zit. in Frie, *Das Deutsche Kaiserreich*, S. 73.
10. Zit. in Frie, *Das Deutsche Kaiserreich*, S. 73f.
11. Röhl, *Wilhelm II.*, 3 Bde. Zit. ebd., Bd. 2, S. 15. Siehe auch Röhls früheres Buch *Germany without Bismarck* sowie seinen Aufsatzband *Kaiser, Hof und Staat*, bes. Kapitel 4 zum „Königsmechanismus". Der 2014 veröffentlichte Überblick Röhl, *Kaiser Wilhelm II, 1859–1941. A Concise Life* fasst seine biografische Arbeit prägnant zusammen.
12. Wehler, *Gesellschaftsgeschichte*, Bd. 3, S. 1000, 1017. Zit. zum „Schattenkaiser" ebd., Bd. 4, S. 5 und mit ausführlicherer Einordnung in Wehlers frühere Studie *Das Deutsche Kaiserreich*, S. 70. Delbrück in *Das Werk des Untersuchungsausschusses der Verfassungsgebenden Deutschen Nationalversammlung und des Deutschen Reichstages 1919–1928*, Bd. 4, S. 156.
13. Exemplarisch seien genannt, Mombauer / Deist (Hrsg.), *The Kaiser. New Research on Wilhelm II's Role in Imperial Germany*; Hull, *The Entourage of Kaiser Wilhelm II.*; Röhl (Hrsg.), *Der Ort Kaiser Wilhelms in der Geschichte*; Lerman, *The Chancellor as Courtier*; Sombart, *Wilhelm II. Sündenbock und Herr der Mitte*; Freis, „Diagnosing the Kaiser". Zu den Jahren 1908–1914 König, *Wie mächtig war der Kaiser?*.
14. Mommsen, *War der Kaiser an allem schuld?*. Clark, *Wilhelm II.*, S. 13, 340.
15. Zum Kaiser in der Medienlandschaft Kohlrausch, *Der Monarch im Skandal*. Zur Verlagerung des symbolischen Kapitals des Kaisertums Malinowski, *Vom König zum Führer*.
16. Röhl, *Wilhelm II.*, Bd. 2, S. 16.
17. Wichtigste rechtshistorische Arbeiten zum Kaiser Ostermann, *Verfassungsrechtliche Stellung des Kaisers* sowie die relevanten Passagen in Huber, *Verfassungsgeschichte*, Bd. 3, S. 809–22, Bd. 4, S. 165–77, 329–47.
18. Nipperdey, *Deutsche Geschichte 1866–1918*, Bd. 2, S. 480–85.
19. Burgess, „Tenure and Powers of the German Emperor", S. 334. Ähnlicher Ansatz in Bouveret, *Stellung des Staatsoberhauptes*, der sich aber auf die staatsrechtliche und parlamentarische Diskussion selbst statt auf deren Gegenstand konzentriert.
20. Zur rechtspositivistischen Methodik der Reichsstaatsrechtslehre Stolleis, *Geschichte des öffentlichen Rechts*, Bd. 2, 330–48.
21. Rönne, *Staats-Recht*, Bd. 1, S. 224.
22. Die Ausführungen zu diesen beiden Themengebieten basieren auf dem Artikel „The Kaiser in the Federal State", den der Autor im Dezember 2016 in der Fachzeitschrift *German History* veröffentlicht hat.
23. Fehrenbach, *Wandlungen*, S. 221–30.
24. Zu dem Porträt Skokan, *Germania und Italia*, S. 267–71.
25. Zit. badischer Gesandter und Gräfin Asseburg in Röhl, *Wilhelm II.*, Bd. 2, S. 608. Zit. französischer General in Hartau, *Wilhelm II.*, S. 42.
26. Zit. in Röhl, *Kaiser, Hof und Staat*, S. 21.
27. Reichsverfassung (1871), Art. 11, 12, 15, 17–19.

28 Ebd., Art. 5, 24. Jellinek, *Allgemeine Staatslehre*, 1. Aufl., S. 625.
29 Preußische Verfassung (1850), Art. 45. Frankfurter Reichsverfassung (1849), §§ 80, 84. Reichsverfassung (1871), Art. 7.1.2.
30 Preußische Verfassung (1850), Art. 62, 64. Frankfurter Reichsverfassung (1849), §§, 80, 101.
31 Laband, *Staatsrecht*, 5. Aufl., Bd. 1, S. 230. Zit. Zorn ebd., S. 216, Fn. 3. Frankfurter Reichsverfassung (1849), Abschnitt III, §§ 68-84. Reichsverfassung (1871), Art. 11.
32 Laband, *Staatsrecht*, 1. Aufl., Bd. 1, S. 215. Ebenso Zorn, *Staatsrecht*, Bd. 1, S. 181. Zu den relevanten Regelungen der preußischen Verfassung und der Hohenzollernschen Hausgesetze Arndt, *Staatsrecht*, S. 85.
33 Zur Krondotation Fischer, *Das Recht des Deutschen Kaisers*, S. 69 und Loening, *Grundzüge der Verfassung*, S. 48. Zur neuen „deutschen" Klasse des Kronen-Ordens Held, *Verfassung*, S. 93. Zu Residenz und Zivilliste vgl. Frankfurter Reichsverfassung (1849), §§, 71, 72.
34 Laband, *Staatsrecht*, 1. Aufl., Bd. 1, S. 212. Zum „preußischen Kaisertum" z. B. Frederich, *Staatsrechtliche Stellung*, S. 98. Reichsverfassung (1871), Art. 5.2, 6, 7.2-3, 37, 53, 63, 78.
35 Zu diesen Ämterverbindungen und ihrer strukturellen Notwendigkeit Rosenau, *Hegemonie und Dualismus*, S. 27-32. Unter der kurzen Reichskanzlerschaft Max von Badens im Herbst 1918 blieb die Stelle des preußischen Ministerpräsidenten unbesetzt.
36 Laband, *Staatsrecht*, 1. Aufl., Bd. 1, 210f. Binding, *Rechtliche Stellung*, S. 14. Seydel, *Commentar*, 1. Aufl., S. 91. Fischer, *Das Recht des Deutschen Kaisers*, S. 21-44.
37 Zorn, *Staatsrecht*, Bd. 1, S. 179, 290. Zum komplizierten Konzept der „Gesamtheit der verbündeten Regierungen" verständlicher Überblick in Meyer, *Lehrbuch*, 7. Aufl., hrsgg. v. Anschütz, S. 472ff.
38 Fehrenbach, *Wandlungen*, S. 225. Vgl. zu Fehrenbachs Zusammenfassung Laband, *Staatsrecht*, 1. Aufl., Bd. 1, S. 214 und Zorn, *Staatsrecht*, Bd. 1, S. 180.
39 Held, *Verfassung*, S. 92f.
40 Zahlen zusammengetragen aus Kaiserliches Statistisches Amt (Hrsg.), *Statistisches Jahrbuch*, 1881-1925. Zur Entwicklung des Gesamthaushaltes auch Cholet, *Etat*, S. 175-82. Übersicht zu Staatsausgaben nach Nettosozialprodukt zu Faktorkosten in Hohorst u. a. (Hrsg.), *Sozialgeschichtliches Arbeitsbuch*, S. 148.
41 Ferguson, „Public Finance and National Security". Zur Entwicklung der Matrikularbeiträge, inklusive der entsprechenden Statistiken Cholet, *Etat*, S. 182-90.
42 Rosenau, *Hegemonie und Dualismus*, S. 70-77.
43 Zu den zentralisierenden und dezentralisierenden Tendenzen föderaler Systeme z. B. der Bericht „Decentralizing and Re-centralizing Trends in the Distribution of Powers within Federal Countries" der Konferenz der International Association of Centers for Federal Studies in Barcelona 2008. Gegen einen natürlichen Zentralisierungsdrang föderaler Systeme z. B. Blankart, „The Process of Government Centralization".
44 Denkschrift Hofmann in Real (Hrsg.), *Savigny Nachlaß*, Nr. 861, S. 945-48.
45 Morsey, *Die oberste Reichsverwaltung unter Bismarck*.
46 Ebd., S. 210.
47 Gesetz, betreffend die Stellvertretung des Reichskanzlers, 17.3.1878, Reichsgesetzblatt 1878, Nr. 4, S. 7f.
48 Verbot der Bezeichnung „Reichsregierung" in Erlass an den Direktoren des Bundeskanzleramtes Paul Eck, 1.9.1877, *Gesammelte Werke*, Bd. 3, Nr. 164, S. 214 und Erlass an den Staatssekretär des Reichsjustizamtes Hermann von Schelling, 21.12.1883, in Goldschmidt (Hrsg.), *Das Reich und Preußen*, Nr. 86, S. 297. Dazu auch Rosenthal, *Die Reichsregierung*, S. 76. Bismarck zu „Ministerien" zit. in Morsey, *Die oberste Reichsverwaltung unter Bismarck*, S. 320, Fn. 34. Gutachten des Reichsjustizamtes über die staatsrechtliche Zulässigkeit von Präsidialvorlagen im Bundesrat, 31.3.1892, in Huber (Hrsg.), *Dokumente*, Nr. 270, S. 415f.
49 Reichsverfassung (1871), Art. 7.2, 23. Hänel, *Studien*, Bd. 2, S. 42.
50 Hänel, *Studien*, Bd. 2, S. 42.
51 Statistik z. B. in Fischer, *Das Recht des Deutschen Kaisers*, S. 150 und Bornhak, „Die verfassungsrechtliche Stellung des Kaiserthums", S. 457. Zit. Bornhak ebd., S. 455. Hänel, *Studien*, Bd. 2, S. 43.
52 Triepel, *Unitarismus und Föderalismus*, S. 63. Zu dem Verfahren auch die beiden Aufsätze von Bornhak, „Wandlungen", S. 385f. und „Die verfassungsrechtliche Stellung des Kaiserthums", S. 455-57 sowie Frormann, „Die Beteiligung des Kaisers an der Reichsgesetzgebung", S. 82-84. Gutachten des Reichsjustiz-

amtes über die staatsrechtliche Zulässigkeit von Präsidialvorlagen im Bundesrat, 31.3.1892, in Huber (Hrsg.), *Dokumente*, Nr. 270, S. 415f.

53   Gutachten des Reichsjustizamtes über die staatsrechtliche Zulässigkeit von Präsidialvorlagen im Bundesrat, 31.3.1892, in Huber (Hrsg.), *Dokumente*, Nr. 270, S. 415f.
54   Protokoll über die Abgrenzung der Reichs- und der preußischen Ressorts, 9.4.1879, in Huber (Hrsg.), *Dokumente*, Nr. 268, S. 412f.
55   Laband, „Die geschichtliche Entwicklung", S. 16f. Mindermeinung z. B. Frormann, „Die Beteiligung des Kaisers an der Reichsgesetzgebung", S. 82f.
56   Reichsverfassung (1871), Art. 16. Fischer, *Das Recht des Deutschen Kaisers*, S. 153. Lackmann, *Kaisertum*, S. 29. Mohl, *Das deutsche Reichsstaatsrecht*, S. 291f. Posener, *Die Verfassung des Deutschen Reiches*, S. 76. Reincke, *Verfassung des Deutschen Reiches*, S. 155f. Steinbach, *Die rechtliche Stellung des Deutschen Kaisers*, S. 88. Dazu Ostermann, *Verfassungsrechtliche Stellung des Kaisers*, S. 140.
57   Protokolle Bundesrat, 3.4.1880, § 221, S. 130–34.
58   Rücktrittsgesuch in *Gesammelte Werke*, Bd. 6c, Nr. 177, S. 174ff.
59   Zu der Kontroverse um das Reichsstempelgesetz Arndt, *Die Verfassung*, S. 153f., Fischer, *Das Recht des Deutschen Kaisers*, S. 154f., Frormann, „Die Beteiligung des Kaisers an der Reichsgesetzgebung", S. 144, Hänel, *Studien*, Bd. 2, S. 49–51 sowie die beiden Aufsätze von Bornhak, „Die verfassungsrechtliche Stellung des Kaiserthums", S. 459f. und „Wandlungen", S. 387f.
60   Schlussabstimmung in Protokolle Bundesrat, 12.4.1880, § 242, S. 147f. Zum antizipierten / vorausgenommenen Veto z. B. Bornhak, „Die verfassungsrechtliche Stellung", S. 459f. und Hänel, *Studien*, Bd. 2, S. 50. Zur Alternativinterpretation z. B. Arndt, *Die Verfassung*, S. 153f.
61   Hänel, *Studien*, Bd. 2, S. 53.
62   Reichsverfassung (1871), Art. 16. Zum formalen Prüfungsrecht des Kaisers Fischer, *Das Recht des Deutschen Kaisers*, S. 156; Loening, *Grundzüge*, S. 49; Reincke, *Die Verfassung des Deutschen Reiches*, S. 168; Tophoff, *Die Rechte des deutschen Kaisers*, S. 39f. und bes. Steinbach, *Die rechtliche Stellung des Deutschen Kaisers*, S. 101f. Dazu auch Ostermann, *Verfassungsrechtliche Stellung des Kaisers*, S. 147.
63   Laband, *Staatsrecht*, 5. Aufl., Bd. 2, S. 29ff. Gute Übersicht über die Argumente sowie Literatur in Ostermann, *Verfassungsrechtliche Stellung des Kaisers*, S. 141–49 und Huber, *Verfassungsgeschichte*, Bd. 3, S. 922–26, die ihre eigene dogmatische Auslegung der Gruppe um Laband gegenüberstellen. Siehe auch den zeitgenössischen Überblick in Rosenberg, „Die Sanktion der Reichsgesetze".
64   Bornhak, „Die verfassungsrechtliche Stellung des deutschen Kaiserthums", S. 464, „Wandlungen", S. 387, *Grundriß*, S. 170. Fricker, *Die Verpflichtung des Kaisers zur Verkündigung der Reichsgesetze*, S. 18, 27f.
65   Laband zit. in Tophoff, *Die Rechte des deutschen Kaisers*, S. 38. Frormann, „Die Beteiligung des Kaisers an der Reichsgesetzgebung", S. 76. Zit. „Hilfsmittel" ebd., S. 72.
66   Stenographische Berichte, 24.2.1881, S. 30f.
67   Röhl, *Kaiser, Hof und Staat*, S. 126. Zum „negativen persönlichen Regiment" auch Nipperdey, *Deutsche Geschichte 1866–1918*, Bd. 2, S. 483–85 und der Überblick in Hull, „Persönliches Regiment", in Röhl, (Hrsg.), *Der Ort Kaiser Wilhelms II. in der deutschen Geschichte*, S. 3–23, v. a. S. 10. Als Beispiel für diese Wirkung Wilhelms siehe z. B. das Zustandekommen des Militärstrafgesetzbuches in Rauh, *Föderalismus und Parlamentarismus*, S. 151–207.
68   Antrittsrede Wilhelms II., 25.6.1888, in Huber (Hrsg.), *Dokumente*, Nr. 316, S. 505f.
69   Bornhak, *Grundriß*, S. 84. Vgl. auch Bornhaks Aufsätze „Die verfassungsrechtliche Stellung des deutschen Kaiserthums", S. 47–74 und „Wandlungen", S. 391.
70   Zum Eindringen der Reichsleitung in den Bundesrat vgl. Bornhak, „Wandlungen", S. 389–92.
71   Reichsverfassung (1871), Art. 7.1.2, 46.1, 50.2, 53.1, 56.1, 63.1, 63.5. Vgl. Dazu Hänel, *Studien*, Bd. 2, S. 76.
72   Übersicht in Hänel, *Studien*, Bd. 2, S. 76f., Fn. 1. Beispiele: Gesetz, betreffend die Rechtsverhältnisse der Reichsbeamten, 31.3.1873, Reichsgesetzblatt 1873, Nr. 10, S. 61–90, §§ 14, 17, 159; Reichsmilitärgesetz, 2.5.1874, Reichsgesetzblatt 1874, Nr. 15, S. 45–64, §§ 6–8, 17, 71; Einführungsgesetz zum Gerichtsverfassungsgesetz, 27.1.1877, Reichsgesetzblatt 1877, Nr. 4, S. 77–80, §§ 3, 15–17; Kautionsgesetz, 2.6.1869, Bundesgesetzblatt 1869, Nr. 19, S. 161–64, §§ 3, 7, 16; Bankgesetz, 14.3.1875, Reichsgesetzblatt 1875, Nr. 15, S. 177–98, § 40; Gesetz, betreffend die Einführung der Civilprozeßordnung, 30.1.1877, Reichsgesetzblatt 1877, Nr. 6, S. 244–50, § 6; Gesetz, betreffend den Zolltarif des Deutschen Zollgebietes und den Ertrag der Zölle und der Tabaksteuer, 15.7.1879, Reichsgesetzblatt 1879, Nr. 27, S. 207–44, § 6;

Gesetz, betreffend den Verkehr mit Nahrungsmitteln, Genußmitteln und Gebrauchsgegenständen, 14. 5. 1879, Reichsgesetzblatt 1879, Nr. 14, S. 145–48, § 7.
73   Gesetz, betreffend die Einführung der Verfassung des Deutschen Reiches in Elsaß-Lothringen, 25. 6. 1873, Reichsgesetzblatt 1873, Nr. 18, S. 161, § 8.
74   Hänel, *Studien*, Bd. 2, S. 93f.
75   Zur automatischen Rechtsgültigkeit der kaiserlichen Verordnungen Hänel, *Studien*, Bd. 2, S. 77f. Ausnahmen waren Verordnungen, die nicht im Reichsgesetzblatt veröffentlicht wurden und ihre Rechtsgültigkeit durch Veröffentlichung in den einzelstaatlichen Gesetzblättern bekamen, sowie preußische Militärverordnungen, die automatisch für alle Regimenter des Heeres bindend waren. Zur Möglichkeit des Entzuges legislativ übertragener Verordnungsrechte Fischer, *Das Recht des Deutschen Kaisers*, S. 177.
76   Reichsverfassung (1871), Art. 15.1, 18, 36.2, 56.1.
77   Rehm, *Unitarismus und Föderalismus*, S. 22f. Triepel, *Unitarismus und Föderalismus*, S. 19f. Zur speziellen Situation bei der Ernennung der Staatssekretäre unter dem Stellvertretergesetz siehe Rönne, *Staats-Recht*, Bd. 1, S. 235. Zu den genannten Beispielen Patentgesetz, 25. 5. 1877, Reichsgesetzblatt 1877, Nr. 23, S. 501–10, § 13 und Gerichtsverfassungsgesetz, 27. 1. 1877, Reichsgesetzblatt 1877, Nr. 4, S. 41–76, §§ 127, 150.
78   Smend, „Ungeschriebenes Verfassungsrecht", S. 43f.
79   Börsengesetz, 22. 6. 1896, Reichsgesetzblatt 1896, S. 157–76, § 3. Gesetz über das Auswanderungswesen, 9. 6. 1897, Reichsgesetzblatt 1897, S. 463–72, § 2. Bes. zum Fall des Auswanderungsgesetzes Rehm, *Unitarismus und Föderalismus*, S. 30–33 und Triepel, *Unitarismus und Föderalismus*, S. 86f.
80   Rehm, *Unitarismus und Föderalismus*, S. 33. Zum Übergang vom „improvisiertem" zum „institutionalisiertem persönlichen Regiment" Huber, *Verfassungsgeschichte*, Bd. 3, S. 333. Zu Bülow Lerman, *The Chancellor as Courtier*.
81   Zorn, *Staatsrecht*, Bd. 1, S. 213.
82   Triepel, *Unitarismus und Föderalismus*, S. 63.
83   Ebd., S. 72.
84   Preuß, „Die organische Bedeutung der Art. 15 und 17 der Reichsverfassung". Ders., *Städtisches Amtsrecht*, S. 65. Zu diesen Ausführungen von Preuß Dreyer, *Preuß*, S. 86, 221.
85   Zit. „Spitze des Reichs" bei Schweizer, *Kaisertum*, S. 79. Zit. „Reichsmitregent" bei Tophoff, *Die Rechte des Deutschen Kaisers*, S. 28f. Zum Aufkommen des Begriffs Reichsmonarch und dem Verschwinden des Ausdrucks „primus inter pares" Fehrenbach, *Wandel*, S. 226.
86   Laband, „Die geschichtliche Entwicklung", S. 15. Ebenso Bornhak, „Wandlungen", S. 391.

# Kapitel 5: Das Schattendasein des Bundesrates

1   Protokolle Bundesrat, 27. 2. 1905, S. 65f.
2   Zum „Prinzip der Heimlichkeit" im Bundesrat Poschinger, *Bundesrat*, Bd. 1, S. IXf. Geschäftsordnung Bundesrat 1871, §§ 22f.
3   Zu Bumm der Eintrag in Hansen / Tennstedt (Hrsg.), *Biographisches Lexikon*, Bd. 2, S. 26f. Zur Wahl der Protokollanten Geschäftsordnung Bundesrat 1871, § 14.
4   Jolly zit. in Fuchs, „Bundesstaaten", S. 93. Oldenburg, *Aus Bismarcks Bundesrat*, S. 18. Zum Kontext dieser „Extrempositionen" und ihrer häufig unbedachten Zitierung in der Literatur Hähnel, *Föderale Interessenvermittlung*, S. 34, 479.
5   Rauh, *Föderalismus*, S. 110. Zur organisatorischen Abhängigkeit vom Reichsinnenamt vgl. Bemerkung in *Handbuch für das Deutsche Reich*, 1884, S. 12.
6   Laband, „Der Bundesrat", S. 6. Zum Schnarchvorfall Rauh, *Föderalismus*, S. 111. *Augsburger Abendzeitung* und *Mittnacht* zit. in Funk, *Föderalismus*, S. 229.
7   Fenske, „Reich, Bundesrat und Einzelstaaten", S. 265.
8   Poschinger, *Bundesrat*, 5 Bde. Zit. ebd., Bd. 1, S. IX, XI.
9   Laband, „Der Bundesrat". Binding, „Bundesrat und Staatsgerichtshof". Bockler, *Kompetenzen des*

*Bundesrats und des Reichsrats.* Herwegen, *Reichsverfassung und Bundesrat.* Perels, „Stellvertretende Bevollmächtigte". Rosenberg, „Der Bundesrath". Schiffer, „Die Diktatur des Bundesrates". Siben, „Die richterlichen Funktionen des Bundesrates". Einzige wichtige Studie vor der Jahrhundertwende *Seydel*, „Der deutsche Bundesrat", 1878.

10  Holste, *Bundesstaat.* Scholl, *Bundesrat in Reichsverfassung und Grundgesetz.* Als gutes Beispiel für kürzere Kommentare siehe z. B. den Bericht zur Tagung der Vereinigung der Deutschen Staatsrechtslehrer 1998 Dolzer / Sachs (Hrsg.), *Das parlamentarische Regierungssystem und der Bundesrat,* S. 10.

11  Fuchs, „Bundesstaaten". Meisner, „Bundesrat, Bundeskanzler und Bundeskanzleramt". Binder, *Reich und Einzelstaaten.*

12  Rauh, *Föderalismus.* Ders., *Parlamentarisierung.*

13  Aussagen zur untergeordneten Rolle des Bundesrates und zum hegemonialen Föderalismus von Althammer, *Das Bismarckreich* beziehungsweise von Ullmann, *Politik im Deutschen Kaiserreich.* Beide zit. in Henrich-Franke, „Integrieren durch Regieren", S. 18.

14  Triepel, *Unitarismus und Föderalismus,* S. 122f. Zit. Lehmbruch in Henrich-Franke, „Integrieren durch Regieren", S. 18.

15  Hähnel, *Föderale Interessenvermittlung.* Liedloff, *Föderale Mitwirkung.* Höfer, *Einzelstaatliche Einflussnahme.* Dazu die relevanten Aufsätze in Ambrosius / Henrich-Franke / Neutsch (Hrsg.), *Föderale Systeme* und dies. (Hrsg.), *Integrieren durch Regieren.* Alle erschienen in der Reihe „Föderalismus in historisch-vergleichender Perspektive", Bde. 2–6.

16  Relevante Beobachtungen v. a. passim von Rauh, *Föderalismus,* ders., *Parlamentarisierung* und Fuchs, „Bundesstaaten".

17  Dahl, *Lübeck im Bundesrat.* Schönhoff, *Hamburg im Bundesrat.* Reichert, *Baden im Bundesrat.* Zu Bayern Binder, *Reich und Einzelstaaten* sowie Rauh, *Föderalismus.* Zu Württemberg ebenfalls Binder, *Reich und Einzelstaaten* und Kleine, *Mittnacht.* Zu den Mittelstaaten allgemein Fuchs, „Bundestaaten". Kurzbiografien in Lilla (Hrsg.), *Der Bundesrat,* dem ersten Band der Reihe „Föderalismus in historisch-vergleichender Perspektive".

18  Reichsverfassung (1871), Art. 5. Laut ebd., Art. 11.2 bedurfte auch jede Kriegserklärung des Kaisers – außer im Fall eines Angriffes auf das Reich – der Zustimmung des Plenums. Zum Wandel des Bundesrates in ein ständiges Organ Jellinek, *Verfassungsänderung und Verfassungswandlung,* S. 22.

19  Reichsverfassung (1871), Art. 8. Zu den Ausschüssen Lilla (Hrsg.), *Der Bundesrat,* S. 11.

20  Alle Ausnahmen bei der Ausschussbesetzung in Reichsverfassung (1871), Art. 8.2–8.3.

21  Geschäftsordnung Bundesrat 1871, § 17. Geschäftsordnung Bundesrat 1880, §§ 18f.

22  Zum Geschäftsgang im Bundesrat und der Wahl der Referenten Geschäftsordnung Bundesrat 1871, §§ 11–15, 18 und Geschäftsordnung Bundesrat 1880, §§13–16, 19.

23  Stenographische Berichte, 19. 4. 1871, S. 299.

24  Reichsverfassung (1871), Art. 5.1, 7.1, 19, 76.

25  Zweites Putbuser Diktat „Unmaßgebliche Ansichten über Bundesverfassung" in *Gesammelte Werke,* Bd. 6a, 1929, Nr. 616., S. 169. Zit. zur Erhaltung des Föderativstaates in Poschinger, *Bundesrat,* Bd. 4, S. 165.

26  Reichsverfassung (1871), Art. 6.1. Zweites Putbuser Diktat „Unmaßgebliche Ansichten über Bundesverfassung" in *Gesammelte Werke,* Bd. 6a, 1929, Nr. 616., S. 169.

27  Bundesakte (1815), Art. 6. Zweites Putbuser Diktat „Unmaßgebliche Ansichten über Bundesverfassung" in *Gesammelte Werke,* Bd. 6a, 1929, Nr. 616., S. 169. Bevölkerungszahlen in Hohorst u. a. (Hrsg.), *Sozialgeschichtliches Arbeitsbuch,* Bd. 2, S. 47f.

28  Reichsverfassung (1871), Art. 5.2, 37, 78.1.

29  Triepel, *Unitarismus und Föderalismus,* S. 85.

30  Lerchenfeld-Köfering, *Erinnerungen und Denkwürdigkeiten.* Zahlen nach Lerchenfelds Eintrag in Neue Deutsche Biographie, Bd. 14, S. 313f. Zu Lerchenfeld speziell im Bundesrat Lilla (Hrsg.), *Bundesrat,* S. 399.

31  Zur Diskussion um den preußisch-deutschen Dualismus exemplarisch der Sammelband von Hauser (Hrsg.), *Preußen und das Reich.* Zur Staatssekretarisierung des Preußischen Staatsministeriums Rosenau, *Hegemonie und Dualismus,* S. 32–38.

32  Protokolle Bundesrat, 1871–1918. Rauh, *Föderalismus,* S. 24. Liedloff, *Föderale Mitwirkung,* S. 38.

| | |
|---|---|
| 33 | Struktur der Protokolle festgelegt in Geschäftsordnung Bundesrat 1871, § 14. |
| 34 | Zit. nach Holste, *Bundesstaat*, S. 177. |
| 35 | Protokolle Preußisches Staatsministerium, 1867–1918, Bd. 6/I–10. |
| 36 | Handbuch für das Deutsche Reich, 1874–1918. In den ersten drei Jahren nach der Reichsgründung gab es das Handbuch noch nicht. Für diese Zeit findet sich das Register direkt in den Protokollen des Bundesrates, 20. 2. 1871, § 2, S. 2–4; 13. 3. 1872, § 63, S. 38–40; 17. 2. 1873, § 33, S. 18–21. |
| 37 | Die Ausführungen zu diesen beiden Phänomenen sowie die ihnen zugrunde liegende statistische Untersuchung basieren auf dem Artikel „Innenansichten des Bundesrates", den der Autor im Februar 2020 in dem Fachjournal *Historische Zeitschrift* veröffentlicht hat. |
| 38 | Reichsverfassung (1871), Art. 6.2. Geschäftsordnung Bundesrat 1871, § 2. |
| 39 | Zur Instruktion der Bundesratsbevollmächtigten Huber, *Verfassungsgeschichte*, Bd. 3, S. 855f. |
| 40 | Karl von Hofmann, Promemoria betrf. die Stellung des Bundeskanzlers, 31. 5. 1867, in Real (Hrsg.), *Savigny Nachlaß*, Nr. 861, S. 945. Bismarcks Rede in *Gesammelte Werke*, Bd. 13, S. 515f. |
| 41 | Laband, „Bundesrat", S. 9. |
| 42 | Protokolle Bundesrat, 20. 2. 1871, S. 1–12. Geschäftsordnung Bundesrat 1871, § 18. Zu den Kommissaren Fuchs, „Bundesstaaten", S. 95. |
| 43 | Reichsverfassung (1871), Art. 7.2, 9. |
| 44 | Protokolle Bundesrat, 25. 3. 1872, § 87, S. 51f. |
| 45 | Laband, „Bundesrat", S. 8. Ursprüngliche Regelung nach Geschäftsordnung Bundesrat 1871, § 17 in Verbindung mit Protokollen Bundesrat, 25. 3. 1872, § 87.3, S. 52. Dazu Perels, „Stellvertretende Bevollmächtigte", S. 261f. Neue Regelung nach Geschäftsordnung Bundesrat 1880, § 1. |
| 46 | Perels, „Stellvertretende Bevollmächtigte", S. 255–61 Zit. ebd., S. 256. |
| 47 | Ebd., S. 261–80. Zit. ebd., S. 266, 280. |
| 48 | Ebd., S. 267–69. |
| 49 | Geschäftsordnung Bundesrat 1871, § 2. Geschäftsordnung Bundesrat 1880, § 2. Protokolle Bundesrat, 8. 7. 1915, § 745, S. 619. Ebd., 8. 6. 1916, § 494, S. 454. |
| 50 | Zu Bismarcks Intentionen vgl. den Bericht des württembergischen Gesandten Carl von Spitzemberg an Ministerpräsident von Mittnacht, 15. 3. 1880, in Goldschmidt (Hrsg.), *Das Reich und Preußen*, Nr. 74, S. 275. |
| 51 | Zu den Finanzproblemen der Kleinstaaten bei der Teilnahme an der föderalen Willensbildung Cholet, *Etat*, S. 107. |
| 52 | Zit. Bismarck in Holste, *Bundesstaat*, S. 211. Exemplarisch zur Finanznot der Kleinstaaten im Heiligen Römischen Reich Ackermann, *Verschuldung, Reichsdebitverwaltung, Mediatisierung*. |
| 53 | Zur Position Hessens im Reichsverband Franz u. a., *Handbuch der hessischen Geschichte*, Bd. 4.2, 848ff. Zu Neidhardt Lilla (Hrsg.), *Bundesrat*, S. 452f. Die besagten Staaten waren Lippe, Oldenburg, Braunschweig, Anhalt, Schaumburg-Lippe. |
| 54 | Zum Braunschweiger Thronfolgestreit Bringmann, *Thronfolgefrage*. Ernennung Halleys in Protokolle Bundesrat, 16. 6. 1897, § 422, S. 480. Zu Halley Lilla (Hrsg.), *Bundesrat*, S. 291. Exemplarisch für die Substitution durch Neidhardt das Jahr 1895, wo er zwei Auftritte auf der Braunschweigischen Bank hatte. Protokolle Bundesrat, 8. 4. und 14. 6. 1895, S. 139–265. |
| 55 | Zum Mecklenburger Verfassungsstreit John, *Entwicklung der beiden mecklenburgischen Staaten*. Hauptbevollmächtigte der Koalition: 1871–1875 Alexander von Bülow; 1875–1888 Max von Prollius; 1890–1906 Fortunatus von Oertzen; 1907–1918 Joachim von Brandenstein. Zu den Genannten die entsprechenden Einträge in Lilla (Hrsg.), *Bundesrat*. |
| 56 | Sachsen-Weimar-Eisenach: zunächst Substitutionsbevollmächtigte aus Hessen (1871–1872 Karl Hofmann, 1873 Karl Neidhardt) und Sachsen (1874–1876 und 1878–1880 Oswald von Nostitz-Wallwitz, 1877 Paul von der Planitz), dann eigene Bevollmächtigte. Sachsen Coburg-Gotha: zunächst Substitutionsbevollmächtigte aus Hessen (1871–1872 Karl Hofmann, 1873–1879 Karl Neidhardt) und Sachsen-Weimar Eisenach (1880–1890 Adolf Heerwart), dann eigene Bevollmächtigte. Oldenburg: 1871–1885 und 1914–1916 Substitutionsbevollmächtigte aus Braunschweig (Friedrich von Liebe, Friedrich Boden), dazwischen eigene Bevollmächtigte. Zu den Genannten die entsprechenden Einträge in Lilla (Hrsg.), *Bundesrat*. |
| 57 | Häufigste Substitutionsbevollmächtigte der hanseatischen Koalition aus Lübeck: 1871–1894 Daniel Krüger; 1895–1913 Karl Klügmann; 1914–1918 Karl Sieveking. Substitutionsbevollmächtigte aus Bayern: 1871 |

Georg von Berr; 1884 Ferdinand von Raesfeldt; 1886, 1888–1891, 1893–1894, 1907, 1912–1918 Hugo Graf von und zu Lerchenfeld-Köfering; 1892, 1894 Joseph Haag; 1900 Hermann von Stengel; 1902 Karl von Enders; 1915–1918 Philipp von Kohl; 1915 Otto von Strößenreuther; 1915 Johann von Treutlein-Moerdes; 1917 Adam von Nüßlein, Karl von Köppel und Wilhelm von Wolf. Zu den Genannten die entsprechenden Einträge in Lilla (Hrsg.), *Bundesrat*. Zu Sieveking ebd., S. 565f. 1910 fungierte Sieveking bereits einmal als Substitutionsbevollmächtigter für die Hansestädte, siehe Protokolle Bundesrat, 7.3.1910, § 238, S. 116. Zur Sonderrolle der Hansestädte und insbesondere Hamburgs Hähnel, „Die Hansestaaten im Kaiserreich" und Höfer, *Einzelstaatliche Einflussnahme*, passim, zusammenfassend S. 346f.

58   Häufigste Substitutionsbevollmächtigte aus Bayern: 1881–1884 Ferdinand von Raesfeld; 1885–1903 Hermann von Stengel; 1904–1909 Wilhelm von Burkhard; 1910–1918 Wilhelm von Wolf. Häufigste Substitutionsbevollmächtigte während der Anfangsphase: 1871–1872 Karl Hofmann und 1873–1879 Karl Neidhardt, beide aus Hessen. Zu den Genannten die entsprechenden Einträge in Lilla (Hrsg.), *Bundesrat*. Zu Sachsen-Meiningen im Bundesrat Rauh, *Föderalismus*, S. 105.

59   Poschinger, *Bundesrat*, Bd. 1, S. 77–79. Zit. Bismarck ebd., S. 79. Zu von Liebe auch Lilla (Hrsg.), *Bundesrat*, S. 402f. Zahlen zu Fläche und Einwohnern in Hohorst u. a. (Hrsg.), *Sozialgeschichtliches Arbeitsbuch*, Bd. 2, S. 47f.

60   Zu von Eucken-Addenhausen Lilla (Hrsg.), *Bundesrat*, S. 227f. Zu seinen speziellen Kontakten zur Reichsregierung Rauh, *Föderalismus*, S. 105.

61   Zahlen zu Fläche und Einwohnern in Hohorst u. a. (Hrsg.), *Sozialgeschichtliches Arbeitsbuch*, Bd. 2, S. 47f. Berlin wurde erst 1881 aus der Provinz Brandenburg ausgegliedert.

62   Zu Heerwart, Paulssen und Nebe Lilla (Hrsg.), *Bundesrat*, S. 303, 350f., 470f. Zu Bonin-Brettin ebd., S. 154f.

63   Reichsverfassung (1871), Art. 4.7, 4.10, 41–52, 63.5, 65. Zu den genannten Druckmitteln Rosenau, *Hegemonie und Dualismus*, S. 51–53 und Anschütz / Thoma (Hrsg.), *Handbuch*, Bd. 1, S. 75.

64   Zur Intervention der Herzogin Rauh, *Föderalismus*, S. 105. Zur politischen Bedeutung der Familienbeziehungen der Hohenzollern im Allgemeinen Schönpflug, *Die Heiraten der Hohenzollern*.

65   Zu diesem praktischen Problem Rauh, *Föderalismus*, S. 104.

66   Karl Oldenburg, *Aus Bismarcks Bundesrat*, S. 18.

67   Zu den beiden genannten Ausnahmefällen Haardt, „The Kaiser in the Federal State", S. 536, 542f.

68   Zit. Wermuth in Rauh, *Föderalismus*, S. 79, Fn. 68 und Holste, *Bundesstaat*, S. 211.

69   Vertrag zwischen Preußen und Waldeck-Pyrmont, betreffend die Übertragung der Verwaltung der Fürstenthümer Waldeck und Pyrmont an Preußen, 18.7.1867, bes. Art. 1, 9.

70   Häufigste landeseigene Bevollmächtigte Waldeck-Pyrmonts: 1884–1888 Ernst Herrfurth; 1888–1892 Eduard Magdeburg; 1892–1899: Johann Meinecke; 1899–1901 Paul Lehnert; 1901/02 Friedrich Lehmann; 1902–1909 Adolf Dombois; 1909–1917 Georg Michaelis; 1917/18 Felix Busch. Zu den Genannten die entsprechenden Einträge in Lilla (Hrsg.), *Bundesrat*.

71   Laband, „Bundesrat", S. 9.

72   Stürmer, *Regierung und Reichstag*, S. 103–05. Fuchs, *Bundesstaaten*, S. 103.

73   Laband, „Bundesrat", S. 4. Zur Bremsfunktion des Bundesrates der Überblick bei Lehmbruch, „Der unitarische Bundesstaat", S. 83–85.

74   Wehler, *Kaiserreich*, S. 63.

# Kapitel 6: Der Aufstieg des Reichstages

1   Zu dem Attentat und seinen Folgen Mühlnickel, *Attentate im Kaiserreich*, v. a. S. 51–67, 125–30, 177–80. Zur Bedeutung von Attentaten für die Monarchien des 19. Jahrhunderts Hoffman, „The Age of Assassination".

2   Reichsverfassung (1871), Art. 24.

3   Umbach, *Parlamentsauflösung*, S. 242. Die folgenden Ausführungen zu den vier Auflösungsfällen basieren auf ebd., S. 220–59.

4 Antrag abgedruckt in Poschinger, *Bundesrat*, Bd. 3, S. 439f. Zitat *Hannoverscher Courier* ebd., S. 440. Zu den Hintergründen Binder, *Reich und Einzelstaaten*, S. 114-21.
5 Beide zit. in Poschinger, *Bundesrat*, Bd. 3, S. 440f.
6 Stenographische Berichte, 28.11.1881, S. 57. Huber, *Verfassungsgeschichte*, Bd. 4, S. 149.
7 Protokolle Bundesrat, 14.1.1887, § 20, S. 10. Rede Bismarcks in Stenographische Berichte, 11.1.1887, S. 347. Bekanntgabe Auflösung ebd., 14.1.1887, S. 433.
8 Bericht zit. in Umbach, *Parlamentsauflösung*, S. 252f., Fn. 134.
9 Protokolle Bundesrat, 6.5.1893, § 305, S. 143.
10 Erste Lesung in Stenographische Berichte, 28.11.1906, S. 3957ff. Schreiben Bülows an Wilhelm II., Anfang Dezember, in Huber (Hrsg.), *Dokumente*, Bd. 3, Nr. 6, S. 9. Einholung der Zustimmung der stimmführenden bevollmächtigten dokumentiert in Protokolle Bundesrat, 13.12.1906, § 810, S. 590.
11 Zit. Bülow in Stenographische Berichte, 13.12.1906, S. 4381. Ablehnung Kompromissanträge und Verlesung Auflösungsbeschluss mit Reaktion des Hauses ebd., S. 4379-81. Gesetz über die Einnahmen und Ausgaben der Schutzgebiete, 30.3.1892, Reichsgesetzblatt, 1892, Nr. 19, S. 369f.
12 Protokolle Bundesrat, 13.12.1906, § 810, S. 590.
13 Vgl. Umbach, *Parlamentsauflösung*, S. 255f.
14 Protokolle Bundesrat, 6.6.1878, § 357, S. 232; 14.1.1887, § 20, S. 10; 6.5.1893, § 305, S. 143; 13.12.1906, § 810, S. 590. Register 1893 ebd., S. 1-31. Vgl. zu dieser Entwicklung und ihrer Widerspiegelung in den Protokollen Umbach, *Parlamentsauflösung*, S. 249-55. Stürmer, *Regierung und Reichstag*, S. 104.
15 Vgl. Umbach, *Parlamentsauflösung*, S. 256-58. Zur gleichberechtigten Beteiligung des Reichstages an der Gesetzgebung Reichsverfassung (1871), Art. 5.
16 Umbach, *Parlamentsauflösung*, S. 258f. Stenographische Berichte, 14.1.1887, S. 433; 6.5.1893, S. 2217; 13.12.1906, S. 4381.
17 Vgl. zur Abhängigkeit vom Reichstag, in die sich „die Reichsleitung über die Okkupierung des Auflösungsinstituts" begab, Umbach, *Parlamentsauflösung*, S. 257.
18 Rauh, *Föderalismus*. Ders., *Parlamentarisierung*.
19 Böckenförde, „Verfassungstypus". Huber, „Bismarcksche Reichsverfassung". Boldt, „Parlamentarismustheorie". Ders., *Verfassungsgeschichte*, Bd. 2. Zu dieser Debatte und ihrem Bezug zur Parlamentarisierungsthese Hewitson, *Germany and the Modern World*, S. 167 sowie Kirsch, *Monarch und Parlament*, S. 57-65.
20 Kreuzer, „Und sie parlamentarisierte sich doch", S. 19.
21 Ebd., S. 17f., 19f.
22 Ebd., S. 20.
23 Zum Stand der Debatte ebd., S. 22 sowie Hewitson, *Germany and the Modern World*, S. 167, wo eine Übersicht über die wichtigsten Werke zu finden ist.
24 Kreuzer, „Und sie parlamentarisierte sich doch", bes. S. 22f.
25 Hähnel, *Föderale Interessenvermittlung*. Liedloff, *Föderale Mitwirkung*. Höfer, *Einzelstaatliche Einflussnahme*. Dazu die relevanten Aufsätze in Ambrosius / Henrich-Franke / Neutsch (Hrsg.), *Föderale Systeme* und dies. (Hrsg.), *Integrieren durch Regieren*. Alle erschienen in der Reihe „Föderalismus in historisch-vergleichender Perspektive", Bde. 2-6. Siehe auch Franke, „Wandlungen föderalen Regierens". Lehmbruch, „Der unitarische Bundesstaat in Deutschland", S. 86. Smend, „Ungeschriebenes Verfassungsrecht". Kaufmann, *Bismarcks Erbe*.
26 Henrich-Franke, „Integrieren durch Regieren", S. 22.
27 Leider gibt es noch immer keine umfassende Biografie über Delbrück. Eine Kurzbiografie findet sich in Kreutzmann, *Die höheren Beamten des Deutschen Zollvereins*, S. 248f. und ein ausführlicher Überblick in Morsey, „Rudolph Delbrück".
28 Meisner, „Bundesrat, Bundeskanzler und Bundeskanzleramt", S. 88.
29 Zur Sitzung unter der Leitung Camphausens Protokolle Bundesrat, 4.5.1873, S. 147-55. Zur Leitung der übrigen Sitzungen des Jahres durch Delbrück vgl. den Rest der Protokolle des genannten Jahrgangs.
30 Meisner, „Bundesrat, Bundeskanzler, und Bundeskanzleramt". Henrich-Franke, „Integrieren durch Regieren", 26f. Morsey, *Die oberste Reichsverwaltung unter Bismarck*, S. 46-62.
31 Brief Bismarcks an Otto zu Stolberg-Wernigerode, 5.11.1879, in Goldschmidt (Hrsg.), *Das Reich und*

Preußen, Nr. 71, S. 269. Rede im Preußischen Abgeordnetenhaus, 26. 4. 1876, in *Gesammelte Werke*, Bd. 11, S. 383ff. Zum Prinzip der Bundesfreundlichkeit Binder, *Reich und Einzelstaaten*, S. 181ff.

32 Liedloff, *Föderale Mitwirkung*, S. 88–91. Zur Außenpolitik der Länder über die Gesandtschaften Auswärtiges Amt (Hrsg.), *Die Außenpolitik der duetschen Länder im Kaiserreich*.

33 Ebd. Zit. in Schreckenbach, „Innerdeutsche Gesandtschaften", S. 407.

34 Zu den institutionellen Kontinuitäten Henrich-Franke, „Integrieren durch Regieren", S. 24.

35 Zur gescheiterten Finanzreform Morsey, *Die oberste Reichsverwaltung unter Bismarck*, S. 54–61. Zur Errichtung und gescheiterten Kompetenzerweiterung des Reichseisenbahnamtes ebd., S. 139–60.

36 Stenographische Berichte, 10. 3. 1877, S. 73. Zu der Ämtertrennung Huber, *Verfassungsgeschichte*, Bd. 3, S. 826f. und Rosenau, *Hegemonie und Dualismus*, S. 28f.

37 Zum Volumen der Gesetzgebung Henrich-Franke, „Integrieren durch Regieren", S. 26. Übersicht über die wichtigsten Gesetze in Rosenau, *Hegemonie und Dualismus*, S. 70–72.

38 Zur schwachen Ausprägung der Bundesverwaltung in den Anfangsjahren Morsey, *Die oberste Reichsverwaltung unter Bismarck*, passim, vor allem S. 63–104. Zur geringen institutionellen Dynamik auch Henrich-Franke, „Integrieren durch Regieren", S. 22f.

39 Zur personellen Kontinuität Henrich-Franke, „Integrieren durch Regieren", S. 24.

40 Zur Rechtsvereinheitlichung Stolleis, „Innere Reichsgründung durch Rechtsvereinheitlichung". Kurz zu den Wegen Henrich-Franke, „Integrieren durch Regieren", S. 25f.

41 Vgl. die überzogene Darstellung in Goldschmidt (Hrsg.), *Das Reich und Preußen*, S. 1–68.

42 Morsey, *Die oberste Reichsverwaltung unter Bismarck*, S. 54–61.

43 Bericht, 25. 9. 1867, in Goldschmidt (Hrsg.), *Das Reich und Preußen*, Nr. 3, S. 138f.

44 Zur Aufnahme Delbrücks ins preußische Staatsministerium Morsey, *Die oberste Reichsverwaltung unter Bismarck*, S. 58–60. Vgl. auch Protokolle preußisches Staatsministerium, Bd. 6/II, S. 762.

45 Antrag in Stenographische Berichte, 16. 4. 1869, S. 389. Rede Bismarcks ebd., S. 401–05, bes. S. 405. Zu der Aktion von Twesten und Münster Morsey, *Die oberste Reichsverwaltung unter Bismarck*, S. 57, 289f.

46 Stenographische Berichte, 16. 4. 1869, S. 405. Zur Einrichtung des Auswärtigen Amtes Morsey, *Die oberste Reichsverwaltung unter Bismarck*, S. 104–22.

47 Biefang, *Die andere Seite der Macht*.

48 Stenographische Berichte, 10. 3. 1877, S. 71f.

49 Zu Hofmann und seinen Problemen Morsey, *Die oberste Reichsverwaltung unter Bismarck*, S. 84ff.

50 Zu Bismarcks Absichten ebd. Bemerkung in Gespräch mit Robert von Benda in Bad Kissingen, *Gesammelte Werke*, Bd. 8, Nr. 134, S. 174ff.

51 Stenographische Berichte, 10. 3. 1877, S. 73.

52 Henrich-Franke, „Integrieren durch Regieren", S. 27. Bankgesetz, 14. 3. 1875, Reichsgesetzblatt 1875, Nr. 15, S. 177–98, § 27. Zu den nachgeordneten Behörden des Reichsinnenamtes Morsey, *Die oberste Reichsverwaltung unter Bismarck*, S. 218, bes. Fn. 42. Vgl. die Budgetaufstellung zum Reichsinnenamt in Gesetz, betreffend die Feststellung des Reichshaushalts-Etats für das Etatjahr 1880/81, 26. 3. 1880, Reichsgesetzblatt 1880, Nr. 6, S. 27–94.

53 Zur Reichsschulkommission *Meyers Großes Konversations-Lexikon*, Bd. 16, S. 742. Zu den Anfangsjahren des Reichsgesundheitsamtes Hüntelmann, *Hygiene im Namen des Staates*, S. 78–93 und Reichsgesundheitsamt (Hrsg.), *Das Reichsgesundheitsamt 1876–1926*, S. 3. Statistik Reichsinnenamt in Morsey, *Die oberste Reichsverwaltung unter Bismarck*, S. 285. Zu den Verflechtungen zwischen Bund und Ländern Henrich-Franke, „Integrieren durch Regieren", S. 29, wo auch Vogel, „Reformstau und Anpassungsdruck" angeführt ist.

54 Stenographische Berichte, 10. 3. 1877, S. 69, 73.

55 Gesetz, betreffend die Stellvertretung des Reichskanzlers, 17. 3. 1878, Reichsgesetzblatt 1878, Nr. 4, S. 7f., § 2. Zur Auseinandersetzung um das Stellvertretergesetz Morsey, *Die oberste Reichsverwaltung unter Bismarck*, S. 302–12, Zit. S. 307 und Binder, *Reich und Einzelstaaten*, S. 71-112.

56 Stenographische Berichte, 10. 3. 1877, S. 73.

57 Zu den Problemen bei der Reform des Eisenbahnwesens Henrich-Franke, *Gescheiterte Integration im Vergleich*. Brief Treitschkes an Gustav Freytag, 19. 12. 1875, in Fenske (Hrsg.), *Im Bismarckschen Reich*, Nr. 46, S. 157. Bericht des badischen Gesandten Hans von Türckheim an den Präsidenten des badischen

Staatsministeriums Ludwig Turban, 12.1.1879, in Goldschmidt (Hrsg.), *Das Reich und Preußen*, N. 60, S. 244.
58 Stenographische Berichte, 10.3.1877, S. 73.
59 Bismarck an Bülow, 15.12.1877, und Bismarck an Bennigsen, 17.12.1877, beide in Goldschmidt (Hrsg.), *Das Reich und Preußen*, Nr. 38 und 40, S. 193, 198. Zur Auseinandersetzung um die Finanzreform Morsey, *Die oberste Reichsverwaltung unter Bismarck*, S. 90–95. Zur Einführung des Stimmrechts für Hofmann und Bülow ebd., S. 86.
60 Morsey, *Die oberste Reichsverwaltung unter Bismarck*, S. 86, 95.
61 Henrich-Franke, „Integrieren durch Regieren", S. 30.
62 Ebd.
63 Zur inhaltlichen Entwicklung der Gesetzgebung in dieser Phase ebd., S. 29f.
64 Hähnel, *Föderale Interessenvermittlung*, S. 104–09.
65 Ebd., S. 109–18.
66 Ebd., S. 118f., inklusive des Zit.
67 Ebd., S. 119–22.
68 Ebd., S. 122–26.
69 Stenographische Berichte, 10.3.1877, S. 70.
70 Henrich-Franke, „Integrieren durch Regieren", S. 29.
71 Wahlprogramm in Fenske (Hrsg.), *Im Bismarckschen Reich*, Nr. 52, S. 170. Zur Stärkung des Reichstages durch die Entstehung der Reichsregierung Morsey, *Die oberste Reichsverwaltung unter Bismarck*, S. 287–312.
72 Stenographische Berichte, 10.3.1877, S. 72f., 74.
73 Gesetz, betreffend den Zolltarif des Deutschen Zollgebiets und den Ertrag der Zölle und der Tabaksteuer, 15.7.1879, Reichsgesetzblatt 1879, Nr. 27, S. 244, § 8. Zur Bedeutung der Franckensteinschen Klausel Thier, *Steuergesetzgebung und Verfassung*, S. 176–94, Huber, *Verfassungsgeschichte*, Bd. 3, S. 950–52 und Cholet, *Etat*, S. 480.
74 Zu den Sozialistengesetzen z.B. die Sitzung in Protokolle Bundesrat, 27.8.1878, S. 289–94. Zum Stellvertretergesetz die Sitzung in ebd., 21.2.1878, S. 91–94.
75 Zur „Erbfolgepolitik" im Zusammenhang mit dem über Jahre stets zu erwartenden Thronwechsel Müller, *Our Fritz*, bes. Kapitel 4 und 5. Zur Diskussion um die innere Reichsgründung die Übersicht in Frie, *Das Deutsche Kaiserreich*, S. 31–43.
76 Protokoll der Konferenz der Chefs der obersten Reichsämter, 9.4.1879, in Goldschmidt (Hrsg.), *Das Reich und Preußen*, Nr. 64, S. 250–58. Bismarcks Bemerkung zu Arthur Hobrecht zit. in Einführung, ebd., S. 69 nach einem Tagebucheintrag des preußischen Kultusministers Adalbert Falk.
77 Protokoll der Konferenz der Chefs der obersten Reichsämter, 9.4.1879, in Goldschmidt (Hrsg.), *Das Reich und Preußen*, Nr. 64, S. 250–58.
78 Ebd. Bismarck an Hofmann, 8.3.1880, ebd., Nr. 73, S. 271–73. Zu den Maßnahmen Binder, *Reich und Einzelstaaten*, S. 142–56.
79 Bismarck an Hermann von Schelling, 21.12.1883, in Goldschmidt (Hrsg.), *Das Reich und Preußen*, Nr. 86, S. 295–97.
80 Bismarck an Boetticher, 13.1.1884, in ebd., Nr. 87, S. 298–300.
81 Pflanze, *Bismarck*, Bd. 2, S. 302–04, 364f. Zum preußischen Staatsrat im speziellen Schneider, *Der preußische Staatsrat*.
82 Geschäftsordnung Bundesrat 1880, §§, 2, 3, 16. Bericht Spitzembergs an den württembergischen Ministerpräsidenten Mittnacht, 15.3.1880, in Goldschmidt (Hrsg.), *Das Reich und Preußen*, Nr. 74, S. 274f. Zur Ernennung der preußischen Minister zu Bevollmächtigten vgl. *Handbuch für das Deutsche Reich*, 1880, S. 4–6.
83 Bericht von Oswald von Nostitz-Wallwitz, 14.4.1879, in Goldschmidt (Hrsg.), *Das Reich und Preußen*, Nr. 65, S. 258–60. Zu den Änderungen der Geschäftsordnung und den Reaktionen der Mittel- und Kleinstaaten Binder, *Reich und Einzelstaaten*, S. 127–34.
84 Zu dem Konflikt Binder, *Reich und Einzelstaaten*, S. 134–40.
85 Gründungsprogramm in Fenske (Hrsg.), *Im Bismarckschen Reich*, Nr. 93, S. 315f.
86 Protokolle Bundesrat, 5.4.1884, § 180, S. 96–98.

87  Ebd., S. 97f. Zum Aprilgewitter Morsey, *Die oberste Reichsverwaltung unter Bismarck*, S. 297–99 und Binder, *Reich und Einzelstaaten*, S. 150–53.
88  Direktive an die Vorstände sämtlicher Reichsämter, 25. 5. 1885, in Goldschmidt (Hrsg.), *Das Reich und Preußen*, Nr. 92, S. 311f. Bismarck an den Unterstaatssekretär Homeyer, 25. 3. 1889, in ebd., Nr. 95, S. 315f.
89  Pflanze, *Bismarck*, Bd. 2, S. 302–04, 364f.
90  Zum raschen Einstellen der Ministersitzungen Binder, *Reich und Einzelstaaten*, S. 133.
91  Bericht Spitzembergs an den württembergischen Ministerpräsidenten Mittnacht, 15. 3. 1880, in Goldschmidt (Hrsg.), *Das Reich und Preußen*, Nr. 74, S. 275.
92  Mittnacht zit. in Binder, *Reich und Einzelstaaten*, S. 147. Gall, *Bismarck*, S. 525–27.
93  Fragebogen und statistische Auswertung abgedruckt in Morsey, *Die oberste Reichsverwaltung unter Bismarck*, S. 283–86.
94  Zahlen zum Reichsinnen- und Reichseisenbahnamt aus Henrich-Franke, „Integrieren durch Regieren", S. 31f. Zahlen zum Kaiserlichen Patentamt aus Deutsches Patent- und Markenamt, „Das Kaiserliche Patentamt von 1891 bis 1900".
95  Zu Jacobi Lilla (Hrsg.), *Bundesrat*, S. 342f. Zu Boettichers Ernennung zum Vizepräsidenten des Staatsministeriums vgl. Protokolle Preußisches Staatsministerium, Bd. 7, S. 508.
96  Henrich-Franke, „Integrieren durch Regieren", S. 32f.
97  Ebd., S. 31f.
98  Zur Regulierung der Weinproduktion Hähnel, *Föderale Interessenvermittlung*, S. 167–84, 236–52. Zum Weinparlament ebd., bes. S. 236–38.
99  Henrich-Franke, „Integrieren durch Regieren", S. 32–34. Mittnacht zit. ebd., S. 32. Zur Auswahl der Mitglieder des Weinparlamentes Hähnel, *Föderale Interessenvermittlung*, S. 236–38.
100  Henrich-Franke, „Intergieren durch Regieren", S. 34. Gesetz, betreffend den Verkehr mit Ersatzmitteln für Butter, 12. 7. 1887, Reichsgesetzblatt 1887, Nr. 28, S. 375f. Dazu Hähnel, *Föderale Interessenvermittlung*, S. 142–67.
101  Übersicht über die wichtigsten Gesetze in Rosenau, *Hegemonie und Dualismus*, S. 72f.
102  Huber, *Verfassungsgeschichte*, Bd. 3, S. 856f.
103  Protokolle Bundesrat, 4. 1.–19. 12. 1889, S. 1–326. Zu den genannten Bevollmächtigten Lilla (Hrsg.), *Bundesrat*, S. 198, 303, 452f., 465f.
104  Liedloff, *Föderale Mitwirkung*, S. 131–55. Überblick ebd., S. 215–18.
105  Ebd., S. 155–67.
106  Ebd., S. 167–84.
107  Ebd., S. 185–97.
108  Ebd., S. 194–97.
109  Ebd., S. 197–200.
110  Ebd., S. 200–05.
111  Ebd., S. 205–11.
112  Ebd., S. 218.
113  Henrich-Franke, „Integrieren durch Regieren", S. 35f.
114  Direktive an die preußischen Bundesratsbevollmächtigten, 27. 1. 1885, in Goldschmidt (Hrsg.), *Das Reich und Preußen*, Nr. 91, S. 308–11. Zur zweiten Kabinettssitzung der Reichsamtsleiter Goldschmidts Kommentar in ebd., S. 89f.
115  Bismarck an Boetticher, 4. 12. 1888, in ebd., Nr. 94, S. 314f.
116  Röhl, *Wilhelm II.*, v. a. Bd. 2.
117  Diktat für den Staatssekretär des Auswärtigen Amtes, 15. 12. 1889, in Goldschmidt (Hrsg.), *Das Reich und Preußen*, Nr. 97, S. 317–19.
118  Protokoll preußisches Staatsministeriums, 2. 3. 1890, abgedruckt in Huber (Hrsg.), *Dokumente*, Bd. 2, Nr. 325, S. 514f. Vgl. auch Zechlin, *Staatsstreichpläne Bismarcks und Wilhelm II. 1890–1894* und Stürmer, „Staatsstreichgedanken im Bismarckreich" und Binder, *Reich und Einzelstaaten*, S. 156–63.
119  Lerchenfeld-Köfering, *Erinnerungen und Denkwürdigkeiten*, S. 193f.
120  Zum Verzicht Caprivis auf den Lenkungsanspruch Henrich-Franke, „Integrieren durch Regieren", S. 39.
121  Vgl. die Kabinettslisten in Protokolle preußisches Staatsministerium, Bd. 8/II, S. 718.

122 Vgl. Hubatsch, „Das preußische Staatsministerium", S. 172, Henrich-Franke, „Integrieren durch Regieren", S. 37, 39, und Hähnel, *Föderale Interessenvermittlung*, S. 187f.
123 *Gesammelte Werke*, Bd. 13, S. 515f.
124 Zur Loslösung der Reichsämter von den preußischen Ministerien Henrich-Franke, „Integrieren durch Regieren", S. 37, wo sich auch die Zahlen zum Gesundheitsamt finden. Zur Expansion des Gesundheitsamtes im speziellen Hüntelmann, *Hygiene im Namen des Staates*, S. 102–23.
125 Glaser, *Reichsgesundheitsrat*.
126 Zur Verringerung der Beteiligung einzelstaatlicher Verwaltungsexperten bei der Gesetzeskonzeption Henrich-Franke, „Integrieren durch Regieren", S. 89.
127 Hüntelmann, *Hygiene im Namen des Staates*, S. 333.
128 Henrich-Franke, „Integrieren durch Regieren", S. 38.
129 Ebd.
130 Ebd., S. 37f.
131 Zum Bedeutungszuwachs des prälegislativen Raumes Henrich-Franke, „Integrieren durch Regieren", S. 40f., 42f. Zum Weinparlament von 1906 Hähnel, *Föderale Interessenvermittlung*, S. 340–45.
132 Zu den Reichstagskommissionen als zweites „Kompromissforum" Henrich-Franke, „Integrieren durch Regieren", S. 41, 45f. Vgl. dazu auch ders., „Wandlungen föderalen Regierens".
133 Henrich-Franke, „Integrieren durch Regieren", Zit. S. 44.
134 Zum Rollenwechsel der Reichsregierung ebd., S. 43f.
135 Zu diesem Generationenwechsels ebd., S. 39.
136 Zur Marginalisierung der Kleinstaaten ebd., S. 42. Zur vermehrten Initiative der Mittelstaaten ebd., S. 46. Zu den Hansestädten als Ausnahmefall Hähnel, „Die Hansestaaten im Kaiserreich".
137 Zum Versuch der Finanzreform von 1893/94 Höfer, *Einzelstaatliche Einflussnahme*, S. 109–57. Zur Kontroverse um das Weingesetz im Speziellen Rauh, *Föderalismus*, S. 139–50.
138 Stenographische Berichte, 20.1.1894, S. 763–65.
139 „Bravo" in ebd., 20.1.1894, S. 765. Kardorff und Singer ebd., S. 767–69.
140 Zu Mittnachts Aktion Höfer, *Einzelstaatliche Einflussnahme*, S. 150 und Rauh, *Föderalismus*, S. 148–50.
141 Beide in Stenographische Berichte, 20.1.1894, S. 769.
142 Posadowskys Verwendung der Bezeichnung „Reichsregierung" ebd. Ablehnung des Vertagungsantrages ebd., S. 771.
143 Ebd., 29.1.1894, S. 916.
144 Zur Reaktion der Reichsregierung Höfer, *Einzelstaatliche Einflussnahme*, S. 153–55. Zit. ebd., S. 154.
145 Zur Entwicklung der Diätenfrage Butzer, *Diäten und Freifahrt* und die kurze Übersicht in Cholet, *Etat*, S. 112f. Zum parlamentarischen Kulturwandel im föderalen Kontext vgl. Hähnel, *Föderale Interessenvermittlung*, S. 253.
146 Guter Überblick über die verschiedenen Ansätze der jeweiligen Kanzler in Halder, *Innenpolitik*, S. 96–120. Zur Schlüsselrolle des Zentrums gerade in der Sozialpolitik ebd., S. 114 und Loth, „Zwischen Autoritärer und demokratischer Ordnung", bes. S. 47–50.
147 Überblick über die wichtigsten Gesetze in Rosenau, *Hegemonie und Dualismus*, S. 73–75. Bülow zit. in Stenographische Berichte, 7.12.1897, S. 60.
148 Zu Tirpitz' Vorgehen Rauh, *Föderalismus*, S. 220–41, bes. S. 223f. Zu Posadowsky-Wehners Praxis Halder, *Innenpolitik*, S. 114f.
149 Rauh, *Föderalismus*, S. 289.
150 Ders., *Parlamentarisierung*, S. 19–21.
151 Henrich-Franke, „Integrieren durch Regieren", S. 41. Zu den individuellen Ausformungen in den einzelnen Politikfeldern die Spezialstudien der Siegener Forschungsgruppe: Hähnel, *Föderale Interessenvermittlung*. Liedloff, *Föderale Mitwirkung*. Höfer, *Einzelstaatliche Einflussnahme*.
152 Röhl, *Wilhelm II.*, Bd. 2.
153 Nipperdey, *Deutsche Geschichte 1866–1918*, Bd. 2, S. 205. Zu den drei Kabinetten allgemein auch Huber, *Verfassungsgeschichte*, Bd. 3, S. 817–19. Zum Militär- und Marinekabinett im Speziellen Schmidt-Bückeburg, *Das Militärkabinett der preußischen Könige und deutschen Kaiser* und Franken, *Das Marinekabinett Kaiser Wilhelms II*.
154 Rauh, *Föderalismus*, S. 151–68.

155  Ebd., S. 168-99. Zit. S. 198.
156  Ebd., S. 199-203. Zit. S. 202.
157  Ebd., S. 201-07.
158  Zum Streit über das Instruktionsrecht z. B. den Briefwechsel zwischen Caprivi und Eulenburg vom Juni/Juli 1894 in Goldschmidt (Hrsg.), *Das Reich und Preußen*, Nr. 101, S. 324-27.
159  Zit. in Kommentar ebd., S. 112.
160  Zum Versuch der Finanzreform von 1893/94 Höfer, *Einzelstaatliche Einflussnahme*, S. 109-57. Zur Rolle Maltzahns auch Rauh, *Föderalismus*, S. 139-43.
161  Zur Entstehung der Großen Lex Stengel Höfer, *Einzelstaatliche Einflussnahme*, S. 213-84. Zit. Lerchenfeld-Köfering ebd., S. 231.
162  Zum preußischen Wahlrecht und den damit verbundenen Problemen Kühne, *Dreiklassenwahlrecht*.
163  Zur Rücksichtnahme Bülows gegenüber den preußischen Konservativen Höfer, *Einzelstaatliche Einflussnahme*, S. 229.
164  Funk, *Föderalismus*, S. 244-46.
165  Zu den Wahlrechtsreformen z. B. Lässig, „Wahlrechtsreformen".
166  Zur Verfassungsentwicklung in Bayern Löffler, „Stationen parlamentarischen Wandels in Bayern" und Albrecht, *Landtag und Regierung in Bayern am Vorabend der Revolution*.
167  Zit. in Funk, *Föderalismus*, S. 245.
168  Zur Motivation Mittnachts vgl. seine Bemerkungen in Stenographische Berichte, 20.1.1894, S. 764.
169  Zu den Auswirkungen auf den Bundesrat vgl. Funk, *Föderalismus*, S. 246.
170  Lässig zit. in Funk, *Föderalismus*, S. 246. Zur badischen Großblockpolitik in Baden Thiel, *Großblockpolitik*.
171  Henrich-Franke, „Integrieren durch Regieren", S. 37.
172  Reichstagsdebatte in Stenographische Berichte, 10. und 11.11.1908, S. 5373-439. Zur *Daily-Telegraph*-Affäre Clark, *Wilhelm II.*, S. 227-42.
173  Bülows Rede in Stenographische Berichte, 10.11.1908, S. 5395f. Zur Frage von Bülows Mitwisserschaft Winzen, *Das Kaiserreich am Abgrund*, der im Gegensatz zu älteren Darstellungen annimmt, dass der Kanzler von dem Interview Kenntnis hatte.
174  Zur Finanzreform von 1908 Rauh, *Föderalismus*, S. 298-346.
175  Zit. ebd., S. 253. Zum Zusammenhang zwischen *Daily-Telegraph*-Affäre, gescheiterter Finanzreform, und Bülows Sturz Cole, „The Daily Telegraph Affair and its Aftermath".
176  Wehler, *Das Deutsche Kaiserreich*, S. 69. Ders., *Gesellschaftsgeschichte*, Bd. 3, S. 1001f.
177  Zum integrierten Entscheidungsprozess vgl. Henrich-Franke, „Integrieren durch Regieren", S. 45f.
178  Liedloff, *Föderale Mitwirkung*, S. 382. Zur Qualität der Reichsleitung als moderne Regierung Henrich-Franke, „Integrieren durch Regieren", S. 43f.
179  Zu der Kabinettssitzung Rauh, *Parlamentarisierung*, S. 42f.
180  Vgl. die Analyse zum Zustandekommen der Reichsversicherungsordnung in Liedloff, *Föderale Mitwirkung*, bes. S. 308-17, 337-43.
181  Zit. Vossische Zeitung in Rauh, *Parlamentarisierung*, S. 154, Fn. 23. Zum Streit über die Schifffahrtsabgabe ebd., S. 55-122. Zur unverminderten Staatssekretarisierung vgl. die Kabinettslisten in Protokolle preußisches Staatsministerium, Bd. 10, S. 469-71.
182  Zur Marginalisierung der Kleinstaaten Henrich-Franke, „Integrieren durch Regieren", S. 42f. Zur Ausnahme der Hansestaaten Hähnel, „Die Hansestaaten im Kaiserreich".
183  Liedloff, *Föderale Mitwirkung*, bes. S. 394. Zur zentralen Rolle der Reichstagskommissionen Henrich-Franke, „Integrieren durch Regieren", S. 45f.
184  Zu der Bedeutung des prälegislativen Raumes, der Spezialkommissionen sowie der Einbindung von Presse und Verbänden Henrich-Franke, „Integrieren durch Regieren", S. 42f., 45.
185  Zu den verschiedenen Rollen des Bundesrates vgl. die Bemerkungen zu abweichenden Prozessabläufen in ebd., S. 47.
186  Auftritte Paulssens und Eucken-Addenhausens in Protokolle Bundesrat, 9.1.-19.12.1913, S. 79-879.
187  Ebd., 28.3.1913, S. 391-404. Zu den Verhandlungen über die Vermögenszuwachssteuer Rauh, *Parlamentarisierung*, S. 240-85.
188  Schaumweinsteuergesetz, 9.5.1902, Reichsgesetzblatt 1902, Nr. 24, S. 155-63. Zündwarensteuergesetz,

15.7.1909, Reichsgesetzblatt 1909, Nr. 44, S. 814-24. Gesetz, betreffend die Ordnung des Reichshaushalts und die Tilgung der Reichsschuld, 3.6.1906, Reichsgesetzblatt 1906, Nr. 31, Anlage 2 „Zigarettensteuergesetz", S. 631-42, und Anlage 4 „Erbschaftssteuergesetz", S. 654-74. Gesetz über den einmaligen außerordentlichen Wehrbeitrag und Besitzsteuergesetz, beide 3.7.1913, Reichsgesetzblatt 1913, Nr. 41, S. 505-21, 524-43. Zu den Finanzreformen Witt, *Die Finanzpolitik des Deutschen Reiches von 1903 bis 1913.*

189  Zum Beispiel der Großen Lex Stengel Höfer, *Einzelstaatliche Einflussnahme*, S. 281f.
190  Zur Verteidigung der einzelstaatlichen Verwaltungshoheit Henrich-Franke, „Integrieren durch Regieren", S. 47 und Liedloff, *Föderale Mitwirkung*, bes. S. 398. Zum Zuständigkeitszuschnitt der lokalen Versicherungsämter Dies., S. 362.
191  Zur Bedeutung des Presse- und Verbandswesens Henrich-Franke, „Integrieren durch Regieren", S. 43. Gehlen, Boris. „Der Deutsche Handelstag", S. 147f.
192  Zur Variabilität des Systems Henrich-Franke, „Integrieren durch Regieren", S. 47.
193  Ebd., S. 47. Zu den Verhandlungen der Reichsversicherungsordnung als Beispiel für die Aufrechterhaltung der bündischen Kommunikationsstrukturen Liedloff, *Föderale Mitwirkung*, bes. S. 383.
194  Henrich-Franke, „Integrieren durch Regieren", S. 47.
195  Vgl. die Bemerkung zur Parlamentarisierung in ebd.
196  Geschäftsordnung für den Reichstag, § 33a. Zur Einführung und Anwendung des Misstrauensvotums Rauh, *Parlamentarisierung*, S. 186-202.
197  Zum „politischen Tagesgeschäft" und dem relativ reibungslosen Übergang zur Kriegsordnung vgl. Henrich-Franke, „Integrieren durch Regieren", S. 46, 48.
198  Hähnel, *Föderale Interessenvermittlung*, S. 322-98.
199  Ebd., bes. S. 336-43.
200  Ebd., bes. S. 325-58.
201  Ebd., bes. S. 358-73.
202  Ebd., bes. S. 373-94.
203  Zur großen Dichte und Tiefe der politischen Inhalte, inklusive der genannten Beispiele, Henrich-Franke, „Integrieren durch Regieren", S. 44.
204  Zur konsequenten Nutzung von Ausführungsverordnungen ebd. Zum Nord-Süd-Streit um die Umsetzung früherer Weingesetze Hähnel, *Föderale Interessenvermittlung*, S. 398.
205  Guter Überblick über Bethmann Hollwegs Dilemma und Regierungsansatz in Halder, *Innenpolitik*, S. 135-44. Mommsen zit. in ebd., S. 143.
206  Nipperdey zit. in ebd., S. 141. Zum Bergarbeiterstreik z. B. Kirchhoff, *Staatliche Sozialpolitik*, Kapitel 11.
207  Zu den Wahlrechtsprotesten Warneken, *Als die Deutschen demonstrieren lernten*.
208  Zu Bethmann Hollwegs Reformversuch und seinem Scheitern Kühne, *Dreiklassenwahlrecht*, S. 529-69.
209  Zur Arbeitsüberlastung des Bundesrates Rauh, *Parlamentarisierung*, S. 22ff., 27ff. Zur Arbeitsüberlastung des Reichstags Henrich-Franke, „Integrieren durch Regieren", S. 46.
210  Zur Entscheidungsfindung während der Julikrise Clark, *Schlafwandler*, Teil 3.
211  Denkschrift wiedergegeben in Rauh, *Parlamentarisierung*, S. 38-43. Zit. ebd., S. 38. Zu Delbrück Steinbach/Dathe, „Clemens von Delbrück. Ein deutscher Tory".
212  Vgl. die Analyse von Rauh, *Parlamentarisierung*, S. 38-43.
213  Protokolle Bundesrat, 1.8.1914, § 664, S. 405-6b.
214  Ebd., S. 406b.
215  Verordnungen des Kaisers und bayerischen Königs in Huber (Hrsg.), *Dokumente*, Bd. 3, Nr. 70-72., S. 126-28. Preußisches Belagerungsgesetz ebd., Bd. 1, Nr. 169. Zur Verhängung des Kriegszustandes Huber, *Verfassungsgeschichte*, Bd. 3, S. 1042-49, Bd. 5, S. 40f.
216  Huber, *Verfassungsgeschichte*, Bd. 3, S. 1049-50, Bd. 5, S. 42-44, bes. Fn. 12.
217  Ebd., Bd. 3, S. 1050f.
218  Ebd., Bd. 5, S. 45-47 und Bd. 3, S. 1050.
219  Ebd., Bd. 5, S. 44f. und Bd. 3, S. 1052f. Da einige der genannten Grundrechte der preußischen Verfassung seit der Reichsgründung vom Bund gesetzlich geregelt worden waren, bedingte in diesen Fällen die Annullierung eine Außerkraftsetzung der jeweiligen Vorschriften der entsprechenden Reichsgesetze.
220  Ebd., Bd. 5, S. 47-49 und Bd. 3, S. 1051f.

221　Gesetz über die Ermächtigung des Bundesrats zu wirtschaftlichen Maßnahmen und über die Verlängerung der Fristen des Wechsel- und Scheckrechts im Falle kriegerischer Ereignisse, 4.8.1914, Reichsgesetzblatt 1914, Nr. 4436, S. 327f. Gesetz, betreffend die Feststellung eines Nachtrags zum Reichshaushaltsetat für 1914, 4. 8. 1914, Nr. 4447, S. 345f. Überblick über die siebzehn Kriegsgesetze vom 4. August 1914 in Huber, *Verfassungsgeschichte*, Bd. 5, S. 37. Zum Ermächtigungsgesetz ebd., S. 62–73 und die relevanten Passagen in Frehse, *Ermächtigungsgesetzgebung*.

222　Zur sachlichen Begrenzung der Bundesratsvollmacht Huber, *Verfassungsgeschichte*, Bd. 5, S. 67f.

223　Gesetz über die Ermächtigung des Bundesrats zu wirtschaftlichen Maßnahmen und über die Verlängerung der Fristen des Wechsel- und Scheckrechts im Falle kriegerischer Ereignisse, 4. 8. 1914, Reichsgesetzblatt 1914, Nr. 4436, § 3, S. 327. Zur Kontrollfunktion des Reichstages Huber, *Verfassungsgeschichte*, Bd. 5, S. 66, 68f. Zit. ebd., S. 69.

224　Zur rechtlichen und vergleichenden Einordnung des Ermächtigungsgesetzes Huber, *Verfassungsgeschichte*, Bd. 5, S. 62–66.

225　Payer, *Von Bethmann Hollweg bis Ebert*, S. 24f. Zur Entstehungsgeschichte der Klausel Huber, *Verfassungsgeschichte*, Bd. 5, S. 33–35.

226　Zur Übergehung des Bundesrates beim Zustandekommen der Klausel Huber, *Verfassungsgeschichte*, Bd. 5, S. 34.

227　Petitionen aufgeführt jeweils am Ende jedes Sitzungsberichts in Protokolle Bundesrat, 1914–1918.

228　Protokolle Bundesrat, 1. 8. 1914, § 664, S. 406b. Zum Burgfrieden der Parteien Miller, *Burgfrieden und Klassenkampf*.

229　Zu den Maßnahmen auf den verschiedenen Feldern die Übersicht in Huber, *Verfassungsgeschichte*, Bd. 5, S. 69–73.

230　Protokolle Bundesrat, 6. 5.–22. 12. 1915, S. 390–1080. Zu Kautz Lilla (Hrsg.), *Bundesrat*, S. 353f.

231　Chickering, *Imperial Germany and the Great War*, S. 34. Zum Nebeneinander der beiden Diktaturen Huber, *Verfassungsgeschichte*, Bd. 5, S. 66.

232　Zur Kollision der beiden Notverordnungsrechte und der dadurch bedingten regionalen Rechtsungleichheit Huber, *Verfassungsgeschichte*, Bd. 5, S. 50. Zum unübersichtlichen Nebeneinander der unterschiedlichen Jurisdiktionen Chickering, *Imperial Germany and the Great War*, S. 33.

233　Huber, *Verfassungsgeschichte*, Bd. 5, S. 56–61.

234　Ebd., S. 50. Chickering, *Imperial Germany and the Great War*, S. 35.

235　Auftritte der jeweiligen Kriegsamtsleiter in Protokolle Bundesrat, 21. 11. 1916, S. 921f., 4. 12. 1916, S. 959f., 19. 12. 1916, S. 1017–19, 18. 1. 1917, S. 31–40 und 31. 1. 1918, S. 33–42. Auftritte von Abgesandten des Reichsmarineamtes in ebd., 31. 7. 1914, S. 397–400, 2. 8. 1914, S. 403–10, 3. 8. 1914, S. 417–19, 7. 8. 1914, S. 445–47, 9. 3. 1916, S. 195–212, 23. 3. 1916, S. 263–69, 28. 8. 1916, S. 713–16, 21. 11. 1916, S. 921f., 19. 12. 1916, S. 1017–19, 15. 2. 1917, S. 83–105, 22. 3. 1917, S. 197–206, 19. 4. 1917, S. 259–71, 23. 4. 1917, S. 275f., 11. 10. 1917, S. 598–600, 7. 2. 1918, S. 43–68, 19. 2. 1918, S. 83–85. Für das Jahr 1918 können nur vorbehaltliche Aussagen gemacht werden, da die Protokolle der 24. bis 39., 51., und 65. Sitzung offenbar verschollen sind.

236　Wehler, *Kaiserreich*, S. 70. Cecil, *Wilhelm II*, Bd. 2, S. 219. Afflerbach(Hrsg.), *Kaiser Wilhelm II. als Oberster Kriegsherr*. Ders. *Falkenhayn*. Clark, *Wilhelm II.*, S. 289–98. Zur Besetzung der Generalstabschefposten ebd., S. 294, 297. Zur Rolle Wilhelms im Krieg auch Deist, „Kaiser Wilhelm II. als Oberster Kriegsherr".

237　Zu Wilhelms Rolle im Streit um die Entscheidung für den uneingeschränkten U-Bootkrieg Clark, *Wilhelm II.*, S. 298–306.

238　Zur Immedeatstellung der Militärbefehlshaber und dem Amt des Obermilitärbefehlshabers Huber, *Verfassungsgeschichte*, Bd. 5, S. 50–52.

239　Zur Veränderung des Sprachgebrauchs in Präsidialvorlagen und zur Einführung regelmäßiger Kabinettssitzungen Rauh, *Parlamentarisierung*, S. 310f., 324f. Zur Entlassung Bethmann Hollwegs Clark, *Wilhelm II.*, S. 308f.

240　Falkenhayn zit. in Clark, *Wilhelm II.*, S. 291.

241　Kitchen, *Silent Dictatorship*.

242　Zur Verhinderung der Schließung des Reichstages Huber, *Verfassungsgeschichte*, Bd. 5, S. 35. Zu den kleinen parlamentarischen Anfragen im Krieg Rauh, *Parlamentarisierung*, S. 307f.

243　Clark, *Wilhelm II.*, S. 308.

244 Zur Wiedererstarkung des normalen Gesetzgebungsverfahrens und des dadurch bedingten Machtausbaus des Reichstages Huber, *Verfassungsgeschichte*, Bd. 5, S. 69. Zur Revision der Schutzhaftbestimmungen inklusive des Zit. ebd., S. 54. Gesetz über den vaterländischen Hilfsdienst, 5.12.1916, Reichsgesetzblatt 1916, Nr. 5595, S. 1333-39. Dazu und zum Hindenburgprogramm Chickering, *Imperial Germany and the Great War*, S. 77-83.
245 Zit. in Rauh, *Parlamentarisierung*, S. 344f. Schiffers, *Hauptausschuß*.
246 Bermbach, *Vorformen parlamentarischer Kabinettsbildung*. Vgl. Epstein, „Der Interfraktionelle Ausschuss und das Problem der Parlamentarisierung". Zu diesem Thema auch Rauh, *Parlamentarisierung*, S. 345. Zum Interfraktionellen Ausschuss auch die Quellensammlung Matthias / Morsey (Hrsg.), *Der Interfraktionelle Ausschuss*.
247 Rauh, *Parlamentarisierung*, S. 345f. Zum Siebenerausschuss auch Huber, *Verfassungsgeschichte*, Bd. 5, S. 346-50. Zur päpstlichen Friedensinitiative z. B. Wolf, „Der Papst als Mediator?".
248 Zum Verfassungsausschuss und seinem Reformvorschlag Rauh, *Parlamentarisierung*, S. 365-84.
249 Ebd.
250 Ebd., S. 346-48.
251 Scheidemann, *Zusammenbruch*, S. 106. Zur Praxis der Vorabsprache der Reichsregierung mit den wichtigsten Fraktionen statt mit den einzelstaatlichen Regierungen Rauh, *Parlamentarisierung*, S. 337f.
252 Gesetz, betreffend die Besteuerung von Mineralwässern und künstlich bereiteten Getränken sowie zur Erhöhung der Zölle für Kaffee und Tee, 26.7.1918, Reichsgesetzblatt 1918, Nr. 6404, S. 849-61. Als Beispiel für eine einmalige Zentralsteuer Gesetz über eine außerordentliche Kriegsabgabe für das Rechnungsjahr 1918, 26.7.1918, Reichsgesetzblatt 1918, Nr. 6411, S. 964-74. Zur Durchbrechung der föderalen Kompetenzverteilung durch Notverordnungen und Kriegsgesetze Frehse, *Ermächtigungsgesetzgebung*, S. 28-35. Zum Kriegszentralismus allgemein Funk, *Föderalismus*, S. 249.
253 Zur Organisation des Kriegsernährungsamtes Huber, *Verfassungsgeschichte*, Bd. 5, S. 79-81.
254 Zum Kriegsamt und Kriegssozialismus ebd., S. 74-79, 88-91. Zit. ebd., S. 89. Siehe auch Chickering, *Imperial Germany and the Great War*, S. 80-83.
255 Zum Beirat Huber, *Verfassungsgeschichte*, Bd. 5, S. 82. Vgl. auch Rauh, *Parlamentarisierung*, S. 339f.
256 Zu den Mitgliedern der beiden Ämter Huber, *Verfassungsgeschichte*, Bd. 5, S. 80f., 91.
257 Zur Vollzugsorganisation der Lebensmittelversorgung ebd., S. 82-84.
258 Zu den Verwicklungen im Kontext der Errichtung und Rangerhöhung des Kriegsernährungsamtes ebd., S. 81f.
259 Oskar Hergt an Hertling, 28.6.1918, in Goldschmidt (Hrsg.), *Das Reich und Preußen*, Nr. 116, S. 352f. Zum Wechsel auf dem Stuhl des Vizepräsidenten vgl. Protokolle preußisches Staatsministerium, Bd. 10, S. 469.
260 Zu Bethmann Hollwegs Plan und der Genehmigung des Kaisers Rauh, *Parlamentarisierung*, S. 403f. Zur Berufung von Michaelis Huber, *Verfassungsgeschichte*, Bd. 5, S. 312-15. Zur Person des neuen Kanzlers die Biografie von Becker, *Michaelis*.
261 Regierungserklärung in Stenographische Berichte, 19.7.1917, S. 3570-73. Zu der Kabinettsbildung Huber, *Verfassungsgeschichte*, Bd. 5, S. 322-27. Zit. ebd., S. 314.
262 Text der Friedensresolution in Huber (Hrsg.), *Dokumente*, Bd. 3, Nr. 132, S. 191. „Rahmen"-Bemerkung in Stenographische Berichte, 19.7.1917, S. 3572. Zu Michaelis Umgang mit der Friedensresolution und der päpstlichen Friedensinitiative Huber, *Verfassungsgeschichte*, Bd. 5, S. 316-22, 335-60.
263 Misstrauensantrag in Stenographische Berichte, 9.10.1917, S. 3806. Zum Matrosenkomplott Huber, *Verfassungsgeschichte*, Bd. 5, S. 360-72. Zu Michaelis' Sturz ebd., S. 372-82.
264 Zum Sachprogramm des Interfraktionellen Ausschusses Huber, *Verfassungsgeschichte*, Bd. 5, S. 382f.
265 Zur Einstellung der Parteien und ihrem Konsens Rauh, *Parlamentarisierung*, S. 384-403.
266 Zum Memorandum Huber, *Verfassungsgeschichte*, Bd. 5, S. 383f. Zitat ebd., S. 384. Zur Idee der Ämtertrennung ebd., S. 386f.
267 Regierungserklärung und anschließende Debatte in Stenographische Berichte, 29.11.1917, S. 3944ff. Dazu Huber, *Verfassungsgeschichte*, Bd. 5, S. 401-06. Zur Verpflichtung Hertlings auf das Vier-Punkte-Programm ebd., S. 388-95. Zur Auseinandersetzung um die Besetzung des Vizekanzlerpostens ebd., S. 396-98. Leider gibt es bis heute keine umfassende biografische Studie zu Hertling. Becker, *Georg von Hertling* deckt immerhin die Jahre bis 1882 ausführlich ab.

268 Rauh, *Parlamentarisierung*, S. 397. Zu den Personalwechseln und der Aufrechterhaltung der Inkompatibilitätsklausel Huber, *Verfassungsgeschichte*, Bd. 5, S. 398-400, 467-69.
269 Zu den Reformprojekten Rauh, *Parlamentarisierung*, S. 408-12 und Huber, *Verfassungsgeschichte*, Bd. 5, S. 472-79.
270 Zur Auseinandersetzung um die Wahlrechtsreform Huber, *Verfassungsgeschichte*, Bd. 5, S. 479-96.
271 Rauh, *Parlamentarisierung*, S. 412.
272 Zu den einzelnen Beispielen ebd., S. 414-17, 419.
273 Zu den Verhandlungen über das neue Ermächtigungsgesetz ebd., S. 417f., 421. Entwurf in Drucksachen Bundesrat, 1918, Bd. 2, Nr. 179.
274 Parlamentarisierungserlass in Huber (Hrsg.), *Dokumente*, Bd. 3, Nr. 188, S. 253f. Zum Sturz Hertlings ders., *Verfassungsgeschichte*, Bd. 5, S. 513-34 und Rauh, *Parlamentarisierung*, S. 422-32. Zu dem geplanten Protest der mittelstaatlichen Regierungen letzterer, S. 420f.
275 Zum Regierungseintritt der Mehrheitsparteien und der Idee der parlamentarischen Staatssekretäre Rauh, *Parlamentarisierung*, S. 433-37. Zit. ebd., S. 433.
276 Ebd., S. 437-42. Machtan, *Endzeitkanzler*.
277 Vertrauensabstimmung in Stenographische Berichte, 24.10.1918, S. 6241. Zit. Lerchenfeld-Köfering in Rauh, *Parlamentarisierung*, S. 443.
278 Stenographische Berichte, 25. und 26.10.1918, S. 6274, 6297. Protokolle Bundesrat, 28.10.1918, §§ 982, 984, S. 1474f. Gesetz zur Abänderung der Reichsverfassung und des Gesetzes, betreffend die Stellvertretung des Reichskanzlers, vom 17.3.1878, 28.10.1918, Reichsgesetzblatt 1918, Nr. 6503, S. 1273f. Gesetz zur Abänderung der Reichsverfassung, 28.10.1918, Reichsgesetzblatt 1918, Nr. 6504, S. 1274f. Dazu kam noch ein Gesetz zur Abänderung des Gesetzes über die Verfassung Elsaß-Lothringens vom 31.5.1911, Reichsgesetzblatt 1918, 28.10.1918, Nr. 6505, S. 1275f. Zu den Verhandlungen der Oktoberreformen Rauh, *Parlamentarisierung*, S. 444-57 und Huber, *Verfassungsgeschichte*, Bd. 5, S. 584-88.
279 Zu den einzelnen Reformmaßnahmen bes. Huber, *Verfassungsgeschichte*, Bd. 5, S. 588-92.
280 Mai, *Das Ende des Kaiserreichs*, S. 166. Zu den Oktoberreformen als Fixierung des Status quo auch Haardt, „Die Verfassung des Kaiserreiches und die Oktoberreformen".
281 Zur graduellen Erweiterung der Reformen während der Verhandlungen Rauh, *Parlamentarisierung*, S. 444-57.
282 Zur offenen Frage der Kanzlerauswahl und der unausgegorenen Wehrverfassung Huber, *Verfassungsgeschichte*, Bd. 5, S. 589f., 592. Zum ambivalenten Charakter der Reformen allgemein vgl. Rauh, *Parlamentarisierung*, S. 457-64, der sich vor allem an der „überflüssigen" rechtlichen Fixierung der Kanzlerverantwortlichkeit stört.
283 Dritte Note Wilsons in Huber (Hrsg.), *Dokumente*, Bd. 2, Nr. 214, S. 287f. Zum Abfallen der Regierungskoalition vom Kaiser Rauh, *Parlamentarisierung*, S. 464-67. Zum Ende der Monarchie Machtan, *Kaisersturz*. Zur „Sturzgeburt" der Republik Haardt/Clark, „Die Weimarer Reichsverfassung als Moment in der Geschichte", S. 9-11.
284 Verfassungsreform in Protokolle Bundesrat, 28.10.1918, §§ 982, 984, S. 1474f. Ernennung Hilfsarbeiter ebd., 28.11.1918, § 1026, S. 1501. Zum sanften Protest der einzelstaatlichen Regierungen und zur letztlichen Ausschaltung des Bundesrates durch den Initiativantrag Huber, *Verfassungsgeschichte*, Bd. 5, S. 585, 587.
285 Protokolle Bundesrat, 8.10.1918, S. 1433-36, 15.10.1918, S. 1437f. und 28.10.1918, S. 1473-75.
286 Ebd., 5.12.1918, § 1054, S. 1514f. Machtan, *Die Abdankung. Wie Deutschlands gekrönte Häupter aus der Geschichte fielen*. Zur Stoßrichtung der Revolution gegen den Obrigkeits- statt den Bundesstaat Funk, *Föderalismus*, S. 250.
287 Hewitson, *Germany and the Modern World*, S. 95.

## TEIL III: RUHELOSIGKEIT
## Kapitel 7: Macht vor Recht

1 Beschreibung nach Antrag Preußens betreffend die Erledigung einer zwischen Preußen und Mecklenburg-Strelitz wegen der Stauung des Dechower Sees bestehenden Streitigkeit, 22.10.1884, in Drucksachen Bundesrat, 1884, Bd. 2, Nr. 101. Analyse des Falls in Björner, *Verfassungsgerichtsbarkeit*, S. 60–62 und Bönnemann, *Verfassungskonflikte*, S. 89f.
2 Antrag Preußens betreffend die Erledigung einer zwischen Preußen und Mecklenburg-Strelitz wegen der Stauung des Dechower Sees bestehenden Streitigkeit, 22.10.1884, in Drucksachen Bundesrat, 1884, Bd. 2, Nr. 101, S. 6. Zit. ebd., S. 3.
3 Ebd., S. 5f.
4 Protokolle Bundesrat, 8.7.1886, § 443, S. 300f. Ebd., 27.9.1887, § 454, S. 270.
5 Gerichtsverfassungsgesetz, 27.1.1877, Reichsgesetzblatt 1877, Nr. 4, S. 41–76, §§ 125–41. Zum Reichsgericht Müller, *Hüter des Rechts* und Kern/Schmidt-Recla (Hrsg.), *125 Jahre Reichsgericht*. US-Verfassung (1787), Art. 3. Zur Entstehung des Prüfungsrechts des Obersten Gerichtshofs der USA Wolfe, *The Rise of Modern Judicial Review*. Schweizer Bundesverfassung (1874), Art. 111–13. Frankfurter Reichsverfassung (1849), §§ 125–29. Erfurter Unionsverfassung (1849), §§ 123–27.
6 Preußische Verfassung (1850), Art. 92, 96. Rede Bismarcks in Kohl (Hrsg.), *Politische Reden*, Bd. 2, S. 172.
7 Beide zit. in Granier, „Schwerin, Maximilian Graf von".
8 Lerchenfeld-Köfering zit. in Binder, *Reich und Einzelstaaten*, S. 135.
9 Björner, *Verfassungsgerichtsbarkeit*. Bönnemann, *Verfassungskonflikte*.
10 Zum (fehlenden) Schutz der verfassungsmäßigen Rechte des Einzelnen und insbesondere der Verfahrensvorschrift zur Justizverweigerung Björner, *Verfassungsgerichtsbarkeit*, S. 132–38.
11 Reichsverfassung (1871), Art. 7.1.3, 17, 19, 76.
12 Stenographische Berichte, 9.4.1867, S. 664–66.
13 Zit. Savigny ebd., S. 665. Huber, *Verfassungsgeschichte*, Bd. 3, S. 1066. Wiener Schlussakte (1820), Art. 19-21. Zum Vorbildcharakter des Wiener Konfliktlösungssystems Björner, *Verfassungsgerichtsbarkeit*, S. 36–40.
14 Austrägelverfahren geregelt in Wiener Schlussakte (1820), Art. 21–24 und in der Austrägel-Ordnung vom 16.6.1817, abgedruckt in Huber (Hrsg.), *Dokumente*, Bd. 1, Nr. 37, S. 114–16..
15 Zit. Savigny Stenographische Berichte, 9.4.1867, S. 665.
16 Zit. Savigny ebd., S. 666.
17 Bravorufe verzeichnet ebd. Reichsverfassung (1871), Art. 76.2.
18 Annahme des Artikels zu Verfassungsstreitigkeiten unter Ablehnung aller größeren Änderungsanträge durch den konstituierenden Reichstag in Stenographische Berichte, 9.4.1867, S. 673–75.
19 Mohl, *Das deutsche Reichsstaatsrecht*, S. 69. Binding, „Bundesrat und Staatsgerichtshof", S. 72f.
20 Reichsverfassung (1871), Art. 7.1.3, 17, 19. Zur Reichsaufsicht und Reichsexekution Huber, *Verfassungsgeschichte*, Bd. 3, S. 1022–42.
21 Triepel, *Reichsaufsicht*, S. 450f. Zur allgemeinen Akzeptanz der unabhängigen Reichsaufsicht in der Reichsstaatsrechtslehre, inklusive der relevanten Literaturstellen Holste, *Bundesstaat*, S. 232–34.
22 Reichsverfassung (1871), Art. 19.
23 Schilling, „Die Reichsexekution", S. 65f. Huber, *Verfassungsgeschichte*, Bd. 3, S. 1042 hat die Teilbefreiung Preußens als „eine echte Lücke in der Verfassung" beschrieben, „die sich durch keinerlei staatsrechtliche Konstruktion schließen ließ".
24 Schilling, „Die Reichsexekution", S. 52f. Zu diesem Sachverhalt auch Huber, *Verfassungsgeschichte*, Bd. 3, S. 1034f.
25 Laband, *Staatsrecht*, 5. Aufl., Bd. 1, S. 109. Zur Bundestreue Holste, *Bundesstaat*, S. 152–56, an dessen Ausführungen sich der folgende Abschnitt eng orientiert.
26 Huber, *Verfassungsgeschichte*, Bd. 3, S. 1036–38.
27 Hänel, *Deutsches Staatsrecht*, Bd. 1, S. 305. Zur herrschenden Lehre Holste, *Bundesstaat*, S. 152f.

28 Stenographische Berichte, 11. 3. 1867, S. 136. Auch zit. in Holste, *Bundesstaat*, S. 153.
29 Ermahnung an die Bundesratsbevollmächtigten zit. in Mayer, „Republikanischer und monarchischer Bundesstaat", S. 370. Bemerkungen an Prinz Wilhelm zit. in Bauer, *Die Bundestreue*, S. 41. Beide Zit. auch in Holste, *Bundesstaat*, S. 153.
30 Protokolle Bundesrat, 5. 4. 1884, § 180, S. 96–98.
31 Smend, „Ungeschriebenes Verfassungsrecht im monarchischen Bundesstaat", S. 52.
32 Ebd., S. 51. Zu Smends Lehre Holste, *Bundesstaat*, S. 154–56.
33 Urteil zit. in Detjen, *Die Werteordnung des Grundgesetzes*, S. 339. Bauer, *Die Bundestreue*, v. a. Kapitel 2, § 4, S. 38–66. Zur Bedeutung der Bundestreue in der Bundesrepublik auch Wittreck, „Die Bundestreue".
34 Übersicht in Björner, *Verfassungsgerichtsbarkeit*, S. 83–85.
35 Zum Coburger Streitfall ebd., S. 97–99.
36 Zu der Limitierung von Art. 76.2 auf Konflikte zwischen Krone und Parlament ebd., S. 80f.
37 Zachariä, *Deutsches Staats- und Bundesrecht*, Bd. 2, S. 780f. Auch zit. in Björner, *Verfassungsgerichtsbarkeit*, S. 80.
38 John, *Die Entwicklung der beiden mecklenburgischen Staaten*, der an dieser Stelle für die Überlassung eines Exemplars ihrer ansonsten leider vergriffenen Arbeit herzlich gedankt sei.
39 Zu den zwei Fällen Björner, *Verfassungsgerichtsbarkeit*, S. 92–94. Beide Zit. in ebd., S. 94. Vgl. auch Bönnemann, *Verfassungskonflikte*, S. 95f.
40 Protokolle Bundesrat, 15. 2. 1874, § 94, S. 70. Zu dem Fall Björner, *Verfassungsgerichtsbarkeit*, S. 95 und Bönnemann, *Verfassungskonflikte*, S. 96f.
41 Zit. in Poschinger, *Bundesrat*, Bd. 1, S. 269.
42 Zit. in John, *Die Entwicklung der beiden mecklenburgischen Staaten*, S. 147.
43 Zu den Streitfällen in Waldeck und Lippe Björner, *Verfassungsgerichtsbarkeit*, S. 95–97 und Bönnemann, *Verfassungskonflikte*, S. 97.
44 Einzelne Fälle aufgeführt in Björner, *Verfassungsgerichtsbarkeit*, S. 52–64 und Bönnemann, *Verfassungskonflikte*, S. 85–91.
45 Zu dem Streitfall Björner, *Verfassungsgerichtsbarkeit*, S. 51, Fn. 259. Zum Vorrang der Reichsaufsicht ebd., S. 40f. und Bönnemann, *Verfassungskonflikte*, S. 83.
46 Übersicht über den Streitfall in Poschinger, *Bundesrat*, Bd. 3, S. 336–38. Zit. ebd., S. 337. Analyse des Falls in Björner, *Verfassungsgerichtsbarkeit*, S. 56–58 und Bönnemann, *Verfassungskonflikte*, S. 86.
47 Björner, *Verfassungsgerichtsbarkeit*, S. 64–69.
48 Huber, *Verfassungsgeschichte*, Bd. 3, S. 1066.
49 Zu dem Streitfall Björner, *Verfassungsgerichtsbarkeit*, S. 52–56 und Bönnemann, *Verfassungskonflikte*, S. 87–89.
50 Zum Schwarzburger Streitfall Björner, *Verfassungsgerichtsbarkeit*, S. 59f. und Bönnemann, *Verfassungskonflikte*, S. 89.
51 Zu dem Lotteriestreit Björner, *Verfassungsgerichtsbarkeit*, S. 63f.
52 Zu den genannten Streitfällen Björner, *Verfassungsgerichtsbarkeit*, S. 71–76 und Bönnemann, *Verfassungskonflikte*, S. 98–101.
53 Bismarck an Leonhardt, 18. 2. 1877, in Goldschmidt (Hrsg.), *Das Reich und Preußen*, Nr. 31, S. 177–79.
54 Bericht Bülows, 19. 10. 1877, in ebd., Nr. 33, S. 181–83.
55 Bismarck an das preußische Staatsministerium, 15. 11. 1877, in ebd., Nr. 35, S. 184–88.
56 Zu dem Streitfall Rosenau, *Hegemonie und Dualismus*, S. 94.
57 Zum Konflikt über die Massenausweisungen Huber, *Verfassungsgeschichte*, Bd. 4, S. 485–89. Zu dessen Hintergründen Neubach, *Die Ausweisungen der Polen und Juden aus Preußen 1885/86*. Zur preußischen Immigrationspolitik allgemein Hagen, *The Nationality Conflict*, Kapitel 5 und Clark, *Iron Kingdom*, S. 76–82.
58 Stenographische Berichte, 1. 12. 1885, S. 130. Anlagen Reichstag, 1885, Bd. 1.2, Nr. 25, S. 92.
59 Stenographische Berichte, 1. 12. 1885, S. 130f. Zu der Interpellation und Bismarcks Reaktion Huber, *Verfassungsgeschichte*, Bd. 4, S. 487.
60 Stenographische Berichte, 1. 12. 1885, S. 130.
61 Ebd., S. 131.

| | |
|---|---|
| 62 | Antrag Windthorst ebd., S. 132. Haushaltsdebatte ebd., S. 133ff. Hänel ebd., S. 137-39. Marquardsen ebd., S. 141f. |
| 63 | Zu den Argumenten Hänels und Marquardsens Huber, *Verfassungsgeschichte*, Bd. 4, S. 487. |
| 64 | Stenographische Berichte, 15. und 16.1.1886, S. 526-97. Antrag Windthorst in Anlagen Reichstag, 1885, Bd. 1.2, Nr. 85, S. 506. Dazu Huber, *Verfassungsgeschichte*, Bd. 4, S. 488. |
| 65 | Zu diesen Hintergründen Huber, *Verfassungsgeschichte*, Bd. 4, S. 368-74. |
| 66 | Anlagen Reichstag, 1905, Bd. 1, Nr. 94, S. 1799. |
| 67 | Stenographische Berichte, 7.2.1906, S. 1087-89. Zu dem Antrag und Posadowsky-Wehners Reaktion Huber, *Verfassungsgeschichte*, Bd. 4, S. 375. |
| 68 | Ablehnungsbeschluss in Stenographische Berichte, 21.2.1906, S. 1492. |
| 69 | Zum Antrag der SPD siehe Antrag Albrecht vom 20.2.1907 in Anlagen Reichstag, 1907, Nr. 103, S. 759. Bülow zit. in Huber, *Verfassungsgeschichte*, Bd. 4, S. 375. |
| 70 | Zu dem hier geschilderten Verlauf des Konfliktes ebd., S. 375-79. |
| 71 | Parteitagsbeschluss zit. ebd., S. 378. Zu den Wahlrechtsdemonstrationen Warneken, *Als die Deutschen demonstrieren lernten*. |
| 72 | Zur allgemeinen Natur von Thronfolgestreitigkeiten und den darin involvierten Rechtsproblemen Björner, *Verfassungsgerichtsbarkeit*, S. 101-03 und Bönnemann, *Verfassungskonflikte*, S. 101f. |
| 73 | Bringmann, *Die braunschweigische Thronfolgefrage*. Bartels-Ishikawa, *Der Lippische Thronfolgestreit*. Björner, *Verfassungsgerichtsbarkeit*, S. 105-32, Bönnemann, *Verfassungskonflikte*, S. 104-09 und Huber, *Verfassungsgeschichte*, Bd. 4, S. 428-36 bieten prägnante Analysen, die sich auf die verfassungsrechtliche Dimension der Konflikte konzentrieren und die wichtigsten Materialien enthalten. Die folgenden Ausführungen orientieren sich eng an ihnen und beschränken sich in den Anmerkungen darauf, die wichtigsten Primärquellen und weiterführende Literatur anzuführen. |
| 74 | Zu den Welfenlegionen Henkel, „Die Hannoversche Legion" und Duckstein, *Die Welfenlegion*. Zu den aus dem beschlagnahmten Vermögen der Hannoveraner gebildeten Welfenfonds Philippi, „Zur Geschichte des Welfenfonds". |
| 75 | Antrag abgedruckt in Poschinger, *Bundesrat*, Bd. 5, S. 198. |
| 76 | Antrag abgedruckt in ebd., S. 209-11. |
| 77 | Beide zit. in Björner, *Verfassungsgerichtsbarkeit*, S. 108, Haupttext und Fn. 578. |
| 78 | Schreiben vom 9.7.1885, zit. in Huber, *Verfassungsgeschichte*, Bd. 4, S. 429f., Fn. 36. |
| 79 | Protokolle Bundesrat, 2.7.1885, § 422, S. 252f. |
| 80 | Antrag abgedruckt in Bringmann, *Die braunschweigische Thronfolgefrage*, S. 197 und zit. in Björner, *Verfassungsgerichtsbarkeit*, S. 111. |
| 81 | Protokolle Bundesrat, 28.2.1907, § 153, S. 69. |
| 82 | Drucksachen Bundesrat, 1913, Bd. 3, Nr. 125. Auch zit. in Björner, *Verfassungsgerichtsbarkeit*, S. 112. |
| 83 | Protokolle Bundesrat, 27.10.1913, § 1161, S. 827. Von Salza zit. in Bringmann, *Die braunschweigische Thronfolgefrage*, S. 214 und Björner, *Verfassungsgerichtsbarkeit*, S. 112, Fn. 607. |
| 84 | Antrag der lippischen Regierung in Drucksachen Bundesrat, 1885, Bd. 1, Nr. 93. Bundesratsbeschluss in Protokolle Bundesrat, 1.1.1896, § 64, S. 36. |
| 85 | Schiedsspruch zit. in Björner, *Verfassungsgerichtsbarkeit*, S. 120f. |
| 86 | Dankesbotschaft Wilhelms II. zit. in Huber, *Verfassungsgeschichte*, Bd. 4, S. 435, Fn. 58. Schaumburger Antrag in Drucksachen Bundesrat, 1898, Bd. 1, Nr. 8. Lenzmann in Stenographische Berichte, 17.1.1899, S. 238. |
| 87 | Bittgesuch in Protokolle Bundesrat, 3.2.1898, § 81, S. 28. |
| 88 | Telegramm Wilhelms II. zit. in Huber, *Verfassungsgeschichte*, Bd. 4, S. 435, Fn. 58. Entscheidung in Protokolle Bundesrat, 1.5.1899, § 16, S. 5. |
| 89 | Zit. in Huber, *Verfassungsgeschichte*, Bd. 4, S. 436. |
| 90 | Zit. in ebd. |
| 91 | Protokolle Bundesrat, 18.11.1904, § 680, S. 370f. |
| 92 | Ebd., 19.12.1905, § 849, S. 394. |
| 93 | Vgl. die rechtliche Beurteilung der beiden Verfahren in Björner, *Verfassungsgerichtsbarkeit*, S. 115-18, 129f. |
| 94 | Bartels-Ishikawa, *Der Lippische Thronfolgestreit*, v. a. S. 174-221. Bibliografische Übersicht über alle rele- |

vanten Beiträge der Reichstaatsrechtslehre ebd., S. XIII-XV. Gute Zusammenfassung der Debatte mit Angabe der wichtigsten Literatur in Björner, *Verfassungsgerichtsbarkeit*, S. 124-28. *Gutachten der Leipziger Juristenfakultät*. Zachariä / Zöpfl, *Zwei Rechtsgutachten*. Seydel, „Zur Lippischen Thronfolgefrage". Zorn, *Die Reichsverfassung und der Lippische Thronfolgestreit*. Laband, *Der Streit über die Thronfolge im Fürstentum Lippe*.

95   Vgl. Björner, *Verfassungsgerichtsbarkeit*, S. 131f., der sogar noch weiter geht und behauptet, dass das Reichsgericht „zum informellen Reichsverfassungsgericht für föderative Streitigkeiten" wurde.

96   Bismarck an Heinrich von Stephan und Emil von Burchard, 10.6.1883, in *Gesammelte Werke*, Bd. 5, Nr. 356, S. 460f.

97   Zum richterlichen Prüfungsrecht ausführlich Huber, *Verfassungsgeschichte*, Bd. 3, S. 1055-64.

98   Analyse der relevanten Entscheidungen des Reichsgerichtes zum richterlichen Prüfungsrecht in Bönnemann, *Verfassungskonflikte*, S. 110-14.

99   Gesetz, betreffend den Zolltarif des Deutschen Zollgebiets und den Ertrag der Zölle und der Tabaksteuer, 15.7.1879, Reichsgesetzblatt 1879, Nr. 27, S. 244, § 8. Reichsverfassung (1871), Art. 38, 70. Zu diesen Verfassungsbrüchen der Klausel Rosenau, *Hegemonie und Dualismus*, S. 101.

100  Zu den Motiven und Hintergründen der Franckensteinschen Klausel der zeitgenössische Aufsatz von Buchner, „Die Matrikularbeiträge im Deutschen Reich", S. 121f. und ausführlich Aretin, *Franckenstein*, Kapitel 8.

101  Ferguson, „Public Finance and National Security".

102  Recht des Bundesrates zur „Einrichtung" von Verwaltungsbehörden in Reichsverfassung (1871), Art. 7.1.2. Zur Gründung der Reichsämter durch kaiserliche Anordnung Morsey, *Die oberste Reichsverwaltung unter Bismarck*, passim und S. 313.

103  Anträge in Drucksachen Bundesrat, 1880, Nr. 86 und 90. Zu dem Konflikt Rosenau, *Hegemonie und Dualismus*, S. 58-60 und Binder, *Reich und Einzelstaaten*, S. 134-40, auf denen die folgenden Ausführungen beruhen.

104  Lerchenfeld-Köfering zit. in Binder, *Reich und Einzelstaaten*, S. 135.

105  Zu Bismarcks Rachefeldzug gegen den bayerischen Gesandten ausführlich ebd., S. 135-40. Zit. ebd., S. 136.

106  Erinnerungen an Bismarcks Aussage im Bundesrat zit. in Poschinger, *Bundesrat*, Bd. 4, S. 227. Runderlass in *Gesammelte Werke*, Bd. 6c, Nr. 179, Anm. 2. Beide ebenfalls zit. in Binder, *Reich und Einzelstaaten*, S. 136f. Bismarck an den preußischen Gesandten in Oldenburg und Lippe, 9.5.1880, in Goldschmidt, *Das Reich und Preußen*, Nr. 75, S. 276f.

107  Protokolle Bundesrat, 22.5.1880, § 369, S. 266.

108  Schreiben vom 9.5.1880, in Goldschmidt, *Das Reich und Preußen*, Nr. 75, S. 276f.

109  Zur zeitgenössischen Diskussion der Reichsstaatsrechtslehre um eine Bestandsgarantie der föderalen Ordnung Holste, *Bundesstaat*, S. 156-59. Zur unwahrscheinlichen Realisierbarkeit einer „Antastung der Reichseinheit durch die verstaubte Vertragsschließungsmacht der Fürsten" die Ausführungen im Zusammenhang mit dem unten geschilderten Staatsstreichplan Bismarcks in Huber, *Verfassungsgeschichte*, Bd. 4, S. 225f.

110  Zum Konflikt um die Sozialerlasse des Kaisers und deren verfassungswidriges Zustandekommen Huber, *Verfassungsgeschichte*, Bd. 4, S. 208-12.

111  Protokoll der Sitzung in Huber (Hrsg.), *Dokumente*, Bd. 2, Nr. 325, S. 514f. und Zechlin, *Staatsstreichpläne Bismarcks und Wilhelms II. 1890-1894*, S. 180ff. Gestrichener Zusatz zit. in Huber, *Verfassungsgeschichte*, Bd. 4, S. 217.

112  Protokoll der Sitzung in Huber (Hrsg.), *Dokumente*, Bd. 2, Nr. 325, S. 514f. Zusammenfassung und rechtliche Beurteilung in Huber, *Verfassungsgeschichte*, Bd. 4, S. 216-19.

113  Huber, *Verfassungsgeschichte*, Bd. 4, 224-28. Stürmer, „Staatsstreichgedanken im Bismarckreich". Röhl, „Staatsstreichplan oder Staatsstreichbereitschaft? Bismarcks Politik in der Entlassungskrise". Zechlin, *Staatsstreichpläne Bismarcks und Wilhelms II. 1890-1894*.

## Kapitel 8: Der Widerstreit der Ideen

1. Preuß, *Friedenspräsenz und Reichsverfassung*, S. 5.
2. Ebd. Zu dem Aufsatz die exzellente Biografie von Dreyer, *Preuß*, S. 84.
3. Waitz, „Das Wesen des Bundesstaats", S. 153.
4. Rönne, *Das Verfassungs-Recht des Deutschen Reiches. Historisch dogmatisch dargestellt*, S. 31.
5. Treitschke, „Bundesstaat und Einheitsstaat", S. 65. Ders., „Die Verfassung des norddeutschen Bundes", S. 723. Ders., „Bund und Reich", S. 234. Ders., „Unser Reich". Zur Abfolge dieser Beiträge auch die gute Analyse in Sukale, *Max Weber*, S. 120f.
6. Frantz, *Von der deutschen Föderation*. Ders., *Die Schattenseite des Norddeutschen Bundes*. Ders., *Föderalismus als das leitende Prinzip*, Zit. S. 232, 234. Zu Frantz z. B. Ehmer, *Constantin Frantz. Die politische Gedankenwelt eines Klassikers des Föderalismus* und Schnur, „Mitteleuropa in europäischer Sicht".
7. Held, *Die Verfassung des Deutschen Reiches*, S. 202f.
8. Laband, *Das Staatsrecht des Deutschen Reiches*, 3 Bde., 3. Bd. in 2 Teilbänden, 1876–1882. Ders., *Die Wandlungen der deutschen Reichsverfassung*. Ders., „Die geschichtliche Entwicklung der Reichsverfassung seit der Reichsgründung".
9. Triepel, *Unitarismus und Föderalismus*. Zur Themenverlagerung vgl. die Untersuchung zu einer der wichtigsten zeitgenössischen Fachzeitschriften von Doerfert, „Das Archiv des öffentlichen Rechts, 1885–1918". Zur wachsenden Akzeptanz der Verflechtung von Verfassungsrecht und Politik Stolleis, *Geschichte des öffentlichen Rechts*, Bd. 2, S. 378.
10. Zorn, *Das Staatsrecht des Deutschen Reiches*, 2. Aufl., Bd. 1, S. 90. Meyer, *Lehrbuch des Deutschen Staatsrechts*, 7. Aufl., hrsg. v. Anschütz, S. 474. Laband, *Das Staatsrecht des Deutschen Reiches*, Bd. 1, 1. Aufl., S. 88 und Bd. 1, 5. Aufl., S. 97.
11. Stolleis, *Geschichte des öffentlichen Rechts*, Bd. 2. Friedrich, *Geschichte der deutschen Staatsrechtswissenschaft*. Holste, *Bundesstaat*. Dreyer, *Föderalismus*. Ders., *Preuß*.
12. Waitz, „Das Wesen des Bundesstaats", S. 165f. Zu Waitz Dreyer, *Föderalismus*, S. 204ff. Dieser Kapitelabschnitt zur juristischen Konstruktion des Bundesstaates orientiert sich eng an Holste, *Bundesstaat*, S. 116–21, 243–64, wo sich viele wichtige Passagen aus den Primärquellen finden, die der vorliegende Text ebenfalls zitiert. Die folgenden Anmerkungen beschränken sich darauf, die jeweils relevanten Schriften der Reichsstaatsrechtslehre zu nennen und Holste nur da anzuführen, wo auf dessen spezielle inhaltliche Argumente oder Literaturzusammenstellungen zur herrschenden Meinung verwiesen werden soll.
13. Holste, *Bundesstaat*, S. 117f.
14. Hiersemenzel, *Die Verfassung des Norddeutschen Bundes*, Bd. 1, S. 34. Meyer, *Grundzüge des Norddeutschen Bundesrechts*, S. 171. Martitz, *Betrachtungen über die Verfassung des Norddeutschen Bundes*, S. 1ff.
15. Gerber, *Grundzüge eines Systems des deutschen Staatsrechts*, 3. Aufl., S. 245, 249f. Schulze, *Einleitung in das deutsche Staatsrecht*, S. 432. Zu diesem Werk und seinem Autor Stolleis, *Die Geschichte des öffentlichen Rechts in Deutschland*, S. 329f., 354f.
16. Mejer, *Einleitung in das deutsche Staatsrecht*, S. 23. Laband, *Das Staatsrecht des Deutschen Reiches*, Bd. 1, 1. Aufl., S. 78 und Bd. 1, 5. Aufl., S. 59ff. Martitz, „Das Staatsrecht des deutschen Reichs von P. Laband", S. 569.
17. Brie, *Der Bundesstaat. Eine historisch-dogmatische Untersuchung*, S. VI. Westerkamp, *Staatenbund und Bundesstaat*. Holste, *Bundesstaat*, S. 121. Guter Überblick über die Staatenbund-Bundesstaat-Kontroverse in Stolleis, *Die Geschichte des öffentlichen Rechts*, Bd. 2, S. 365–68.
18. Mohl, *Das deutsche Reichsstaatsrecht*, S. 29f.
19. Seydel, „Der Bundesstaatsbegriff", S. 198, 208. Triepel, *Unitarismus und Föderalismus*, S. 23.
20. Seydel, „Der Bundesstaatsbegriff", S. 227–29. Ders., *Commentar zur Verfassungs-Urkunde für das Deutsche Reich*, 2. Aufl., S. 419.
21. Dreyer, *Preuß*, S. 27f. Literatur zu der von Seydel begründeten herrschenden Meinung bezüglich der Unteilbarkeit der Souveränität in Holste, *Bundesstaat*, S. 246, Fn. 821.

22 Hänel, *Studien zum Deutschen Staatsrechte*, Bd. 1: *Die vertragsmaessigen Elemente der Deutschen Reichsverfassung*, S. 69–79, Zit. S. 76, 79.
23 Jellinek, *Die Lehre von den Staatenverbindungen*, S. 37. Literatur zu der durch die Übernahme von Hänels Position gebildeten herrschenden Meinung in Holste, *Bundesstaat*, S. 247, Fn. 830.
24 Meyer, *Lehrbuch des deutschen Staatsrechtes*, 7. Aufl., hrsg. v. Anschütz, S. 10. Jellinek, *Allgemeine Staatslehre*, 3. Aufl., S. 475. Laband, *Das Staatsrecht des Deutschen Reiches*, Bd. 1, 5. Aufl., S. 72f.
25 Preuß, *Gemeinde, Staat, Reich*, S. 43. Auch zit. in Dreyer, *Preuß*, S. 21, Haupttext und Fn. 22.
26 Reichsverfassung (1871), Art. 78.1. Hänel, *Studien zum Deutschen Staatsrechte*, Bd. 1, S. 149. Laband, *Das Staatsrecht des Deutschen Reiches*, Bd. 1, 5. Aufl., S. 93.
27 Jellinek, *Die Lehre von den Staatenverbindungen*, S. 304. Laband, *Das Staatsrecht des Deutschen Reiches*, Bd. 1, 5. Aufl., S. 123.
28 Literatur zur herrschenden Meinung bezüglich der durch Art. 78.2 und die darin implizierte Kompetenz-Kompetenz begründeten Souveränität des Reiches in Holste, *Bundesstaat*, S. 248, Fn. 839.
29 Laband, *Das Staatsrecht des Deutschen Reiches*, Bd. 1, 5. Aufl., S. 74. Jellinek, *Allgemeine Staatslehre*, 3. Aufl., S. 490f.
30 Holste, *Bundesstaat*, S. 249.
31 Laband, *Das Staatsrecht des Deutschen Reiches*, Bd. 1, 5. Auflage, S. 105.
32 Hänel, *Studien zum Deutschen Staatsrechte*, Bd. 1, S. 63. Zu Hänels Theorie Holste, *Bundesstaat*, S. 251. Literatur zur herrschenden Meinung bezüglich der Länder als nicht souveräne Staaten ebd., S. 250, Fn. 856.
33 Seydel, *Commentar zur Verfassungs-Urkunde für das Deutsche Reich*, 2. Aufl., S. 33. Laband, *Das Staatsrecht des Deutschen Reiches*, Bd. 1, 5. Aufl., S. 59. Literatur zur herrschenden Meinung bezüglich der Überordnung des Reiches über die Länder in Holste, *Bundesstaat*, S. 250, Fn. 862.
34 Hänel, *Deutsches Staatsrecht*, Bd. 1, S. 805.
35 Laband, *Das Staatsrecht des Deutschen Reiches*, Bd. 1, 5. Aufl., S. 96f.
36 Binding, „Die Gründung des Norddeutschen Bundes", S. 131ff., 163ff.
37 Jellinek, *Die Lehre von den Staatenverbindungen*, S. 264. Holste, *Bundesstaat*, S. 252f.
38 Meyer, *Lehrbuch des deutschen Staatsrechts*, 7. Aufl., hrsg. v. Anschütz, S. 224. Hänel, *Deutsches Staatsrecht*, Bd. 1, S. 805. Literatur zur herrschenden Meinung bezüglich des Reiches als Bund der Staaten und des Volkes in Holste, *Bundesstaat*, S. 253, Fn. 886.
39 Rönne, *Das Verfassungs-Recht des Deutschen Reiches*, S. 29. Mohl, *Das deutsche Reichsstaatsrechts*, S. 39ff. Schulze, *Lehrbuch des deutschen Staatsrechtes*, S. 28–32.
40 Zorn, *Das Staatsrecht des Deutschen Reiches*, 2. Aufl., Bd. 1, S. 90. Jellinek, *Allgemeine Staatslehre*, 3. Aufl., S. 712. Meyer, *Lehrbuch des deutschen Staatsrechts*, 7. Aufl., hrsg. v. Anschütz, S. 474. Literatur zur herrschenden Meinung bezüglich der Gesamtheit der verbündeten Regierungen als Reichssouverän Holste, *Bundesstaat*, S. 254, Fn. 889.
41 Rehm, *Unitarismus und Föderalismus*. Triepel, *Unitarismus und Föderalismus*.
42 Preuß, „Kolonialpolitik und Reichsverfassung". Ders., „Die russischen Auslieferungsverträge und die Reichskompetenz". Ders., *Friedenspräsenz und Reichsverfassung*. Ders., „Die organische Bedeutung der Artikel 15 und 17 der Reichsverfassung". Zu den genannten Werken Dreyer, *Preuß*, S. 83f., 86–88, 221.
43 Laband, *Die Wandlungen der deutschen Reichsverfassung*. Bornhak, „Wandlungen der Reichsverfassung", Zit. S. 373f. Jellinek, *Verfassungsänderung und Verfassungswandlung*.
44 Laband, „Die geschichtliche Entwicklung der Reichsverfassung seit der Reichsgründung", S. 5. Triepel, *Unitarismus und Föderalismus*, S. 79f.
45 Anschütz, *Bismarck und die Reichsverfassung*, S. 17f. Holste, *Bundesstaat*, S. 257–60.
46 Mohl, *Das deutsche Reichsstaatsrecht*, S. 111f.
47 Smend, „Ungeschriebenes Verfassungsrecht im monarchischen Bundesstaat". Mayer, „Republikanischer und monarchischer Bundesstaat", S. 371.
48 Laband, „Der Bundesrat", S. 1, 4.
49 Triepel, *Unitarismus und Föderalismus*, S. 65. Bornhak, „Wandlungen der Reichsverfassung", S. 384.
50 Kaufmann, *Bismarcks Erbe in der Reichsverfassung*, S. 58ff., 67f., Zit. S. 67.
51 Anschütz, „Die Parlamentarisierung der Reichsleitung", S. 698, 701. Zu Anschütz' Wandlung Stolleis, *Die Geschichte des öffentlichen Rechts*, S. 352–54.

52  Gierke, *Das deutsche Genossenschaftsrecht*, 4 Bde. Zit. ebd., Bd. 1, S. 843. Auch in Stolleis, *Geschichte des öffentlichen Rechts*, Bd. 2, S. 359.
53  Dreyer, *Preuß*, S. 32.
54  Gierke, *Das deutsche Genossenschaftsrecht*, Bd. 1, S. 833 und Bd. 2, S. 973. Beide auch zit. in Dreyer, *Preuß*, S. 33f.
55  Stolleis, *Geschichte des öffentlichen Rechts*, Bd. 2, S. 359f. Dreyer, *Preuß*, S. 35.
56  Stolleis, *Geschichte des öffentlichen Rechts*, Bd. 2, S. 360f.
57  Ebd., S. 361.
58  Ebd., S. 361f. Dreyer, *Preuß*, S. 36.
59  Preuß, *Gemeinde, Staat, Reich als Gebietskörperschaften*, S. VI, 136, 223. Ders., *Die Entwicklung des deutschen Städtewesens*. Ders., „Selbstverwaltung, Gemeinde, Staat, Souveränität". Alle Zit. von Preuß auch in Holste, *Bundesstaat*, S. 256f. Dreyer, *Preuß*, S. 36.
60  Stolleis, *Die Geschichte des öffentlichen Rechts*, Bd. 2, S. 363. Ausführliche Analyse der demokratischen Genossenschaftstheorie, der Idee der Selbstverwaltung und des Zusammenhangs von Genossenschaftstheorie und Pluralismus in Dreyer, *Preuß*, Kapitel 2-4.
61  Dreyer, *Preuß*, S. 39.
62  Rosin, *Souveränetät, Staat, Gemeinde, Selbstverwaltung*. Ders., *Das Recht der öffentlichen Genossenschaft*. Zur Beziehung Rosins zu den Genossenschaftstheoretikern Stolleis, *Die Geschichte des öffentlichen Rechts*, Bd. 2, S. 364. Zu Sinzheimer z. B. die politische Biografie Knorre, *Soziale Selbstbestimmung und individuelle Verantwortung* und Blanke, *Soziales Recht oder kollektive Privatautonomie?*.
63  Binding, *Die rechtliche Stellung des Kaisers im heutigen Deutschen Reiche*, S. 4.
64  Gerber, *Grundzüge eines Systems des deutschen Staatsrechts*, 1. Aufl., Vorrede, S. VIIf. Zum Methodenwandel unter Gerber Stolleis, *Die Geschichte des öffentlichen Rechts in Deutschlands*, S. 331-37, wo das Zit. ebenfalls zu finden ist.
65  Laband, *Das Staatsrecht des Deutschen Reiches*, Bd. 1, 1. Aufl., S. VI, Analogie zum „Director" einer „Privatcorporation" auf S. 225. Herberger, „Logik und Dogmatik bei Paul Laband", S. 104. Zur prägenden Rolle Labands bei der Ausformung des Rechtspositivismus Stolleis, *Die Geschichte des öffentlichen Rechts*, S. 341-48.
66  Laband, *Das Staatsrecht des Deutschen Reiches*, Bd. 1, 1. Aufl., S. V-VI.
67  Vorwort zur zweiten Auflage in ebd., Bd. 1, 5. Aufl., S. IX.
68  Zur Entwicklung der „allgemeinen Staatslehre" im Vormärz ausführlich Stolleis, *Die Geschichte des öffentlichen Rechts*, Bd. 2, Kapitel 3. Sehr guter Überblick in Dreyer, *Preuß*, S. 17-19.
69  Stolleis, *Geschichte des öffentlichen Rechts*, Bd. 2, S. 277, 341. Ausführlich zur Staatsrechtslehre in der Revolution und zur Hinwendung zum Positivismus während der Restaurationszeit ebd., Kapitel 6 und 8. Sehr guter Überblick in Dreyer, *Preuß*, S. 19f.
70  Mohl, *Das deutsche Reichsstaatsrecht. Rechtliche und politische Erörterungen*. Zur sprachlichen Qualität von Labands Staatsrecht Stolleis, *Geschichte des öffentlichen Rechts*, Bd. 2, S. 345.
71  Hänel, „Zur Kritik der Begriffsbestimmung des Bundesstaates", S. 92. Zur materialen Staatsrechtslehre Hänels Stolleis, *Die Geschichte des öffentlichen Rechts*, Bd. 2, S. 355-58. Zur Beziehung Hänel-Laband auch Dreyer, *Preuß*, S. 26. Zu Hänel Friedrich, *Zwischen Positivismus und materialem Verfassungsdenken*.
72  Seydel, *Grundzüge einer allgemeinen Staatslehre*. Ders., *Bayerisches Staatsrecht*, Bd. 1, 1. Aufl., S. 352. Zu Seydels Naturalismus Dreyer, *Preuß*, S. 27-30, wo das Zitat ebenfalls zu finden ist. Zu Seydels Bedeutung für die Diskussion um die föderale Natur des Reiches Stolleis, *Geschichte des öffentlichen Rechts*, Bd. 2, S. 287-89 und ausführlich Becker, *Max von Seydel und die Bundesstaatstheorie des Kaiserreiches*.
73  Preuß, „Ein Zukunftsstaatsrecht", S. 376. Zur allgemeinen Ablehnung von Seydels Theorien Dreyer, *Preuß*, S. 29f., wo sich das Zitat ebenfalls findet.
74  Stolleis, *Die Geschichte des öffentlichen Rechts*, Bd. 2, S. 347.
75  Friedrich, *Geschichte der deutschen Staatsrechtswissenschaft*, S. 249. Zur politischen Einstellung der verschiedenen Staatsrechtler Stolleis, *Die Geschichte des öffentlichen Rechts*, Bd. 2, Kapitel 8, passim.
76  Stolleis, *Geschichte des öffentlichen Rechts*, Bd. 2, S. 356.
77  Zur politischen Zufriedenheit der Staatsrechtslehrer Dreyer, *Preuß*, S. 23.

78  Laband, *Das Deutsche Kaiserthum*, S. 27. Stolleis, *Geschichte des öffentlichen Rechts*, Bd. 2, S. 343. Zur speziellen Rolle der Straßburger Universität Schlüter, *Reichswissenschaft. Staatsrechtslehre, Staatstheorie und Wissenschaftspolitik im Deutschen Kaiserreich am Beispiel der Reichsuniversität Straßburg.*
79  Friedrich, „Paul Laband und die Staatsrechtswissenschaft seiner Zeit", S. 200. Preuß, „Anschütz' Kommentar zur preußischen Verfassung", S. 476. Auch zit. in Dreyer, *Preuß*, S. 23.
80  Jellinek, *Allgemeine Staatslehre*, 1. Aufl., S. 48. Zu Jellineks Nichterfüllung seines eigenen Anspruch Dreyer, *Preuß*, S. 24f.
81  Zur unitarischen Ausrichtung der Debatte z. B. Stolleis, *Die Geschichte des öffentlichen Rechts*, S. 366f.
82  Hänel, „Zur Kritik der Begriffsbestimmung des Bundesstaates", S. 92. Anschütz, „Die Parlamentarisierung der Reichsleitung", S. 700.
83  Hänel, „Zur Kritik der Begriffsbestimmung des Bundesstaates", S. 78, 82. Seydel, „Der Bundesgedanke und der Staatsgedanke im Deutschen Reiche", S. 90.
84  Oertzen, *Die soziale Funktion des staatsrechtlichen Positivismus*, S. 257. Smend, „Der Einfluß der deutschen Staats- und Verwaltungsrechtslehre des 19. Jahrhunderts auf das Leben in Verfassung und Verwaltung", S. 335. Beide auch zit. in Stolleis, *Die Geschichte des öffentlichen Rechts*, S. 347f.
85  Zahlen zu Juristenanteil im Reichstag aus Biefang, *Die andere Seite der Macht*, S. 164. Zahlen zu Wahlprüfungskommission aus Arsenschek, *Der Kampf um die Wahlfreiheit im Kaiserreich*, S. 68.
86  Stoerk, *Handbuch der Deutschen Verfassungen. Die Verfassungsgesetze des Deutschen Reiches und seiner Bundesstaaten nach dem gegenwärtigen Gesetzesstande*, 1. Aufl. 1884, 2. Aufl. 1913. Illing, *Handbuch für Preußische Verwaltungsbeamte im Dienste des Staates, der Kommunalverbände, der Korporationen und für Geschäftsleute*, 2 Bde., 2. Aufl., 1869/70, 7. Aufl. 1898. Hue de Grais, *Handbuch der Verfassung und Verwaltung in Preußen und dem Deutschen Reiche*, 1. Aufl. 1881, 22. Aufl. 1914. Zur Bedeutung von Hue de Grais' Handbuch Stolleis, *Die Geschichte des öffentlichen Rechts*, Bd. 2, S. 304.
87  Zu Zöpfl als Rechtsgutachter der Sammelband von Mußgnug/Stolleis (Hrsg.), *Heinrich Zöpfl (1807–1877). Heidelberger Universitätsprofessor und Rechtsgutachter.*
88  Burgess, „The Tenure and Powers of the German Emperor", S. 344, 357.

# Kapitel 9: Peripherie und Zentrum

1  Schilderung der Vorgänge in Zabern hier und im Weiteren nach Huber, *Verfassungsgeschichte*, Bd. 4, S. 582–86. Wackes-Zitate ebd., S. 583. Fahnen-Zitat in Ullrich, *Als der Thron ins Wanken kam*, S. 69. Zur Konnotation des Schimpfwortes Anschütz, „Zabern", Sp. 1457. Zum Verbot des Begriffs in der Armee die Ausführungen des linksliberalen Abgeordneten Adolf Röser in Stenographische Berichte, 3. 12. 1913, S. 6140. Zur Zabern-Affäre allgemein Wehler, „Der Fall Zabern" und Mackey, *The Zabern Affair*. Ein guter Überblick findet sich zudem in dem Online-Artikel https://de.wikipedia.org/wiki/Zabern-Affäre#cite_note-5, der wegen des beschränkten Bibliothekszugangs während der Corona-Pandemie wertvolle Orientierung geboten hat. Die folgenden Ausführungen beschränken sich in den Fußnoten weitgehend darauf, die relevanten Primärquellen anzuführen.
2  Presseerklärung abgedruckt in Huber, *Verfassungsgeschichte*, Bd. 4, S. 583.
3  Zitat Huber und Liste der Pressberichte ebd., S. 585f. Zit. Wolff in Ullrich, *Fünf Schüsse auf Bismarck*, S. 67. Anschütz, „Zabern", Sp. 1457. Zu „zabernism" der entsprechende Eintrag im Oxford English Dictionary Online https://www.oed.com/view/Entry/232653?redirectedFrom=zabernism#eid (letzmals abgerufen Oktober 2020).
4  Zu den Vorgängen in Donaueschingen Huber, *Verfassungsgeschichte*, Bd. 4, S. 590–93. Zitat Wedel ebd., S. 590. Zur Rolle des Kaisers bes. Röhl, *Wilhelm II.*, Bd. 3, Kapitel 36.5.
5  Zitat „Zaberner Geschichte" in Röhl, *Wilhelm II.*, Bd. 3, S. 1032. Zitat „Schweinepresse" in Huber, *Verfassungsgeschichte*, Bd. 4, S. 592.
6  Anlagen Reichstag, 1913, Nr. 1189, S. 2408. Guter Überblick über die Auseinandersetzung im Reichstag in Huber, *Verfassungsgeschichte*, Bd. 4, S. 586–90.
7  Stenographische Berichte, 28. 11. 1913, S. 6041. Zur Einschätzung von Falkenhayns Rede Huber, *Verfassungsgeschichte*, Bd. 4, S. 586.

8   Stenographische Berichte, 1.12.1913, S. 6096.
9   Ebd., 3.12.1913, S. 6140.
10  Ebd., S. 6152-55.
11  Rede Peirotes ebd., S. 6145-52.
12  Rede Bethmann Hollwegs ebd., S. 6155-58.
13  Ebd., S. 6156f. Zu Bethmann Hollwegs Ausführungen Huber, *Verfassungsgeschichte*, Bd. 4, S. 587.
14  Rede Falkenhayns in Stenographische Berichte, 3.12.1913, S. 6158-61.
15  Ebd., S. 6159-61. Zu Falkenhayns Ausführungen Huber, *Verfassungsgeschichte*, Bd. 4, S. 587f.
16  Rede Fehrenbachs in Stenographische Berichte, 3.12.1913, S. 6161-67.
17  Ebd., S. 6167-70.
18  Antwort Falkenhayns und Antrag der Fortschrittspartei ebd., S. 6170f.
19  Ebd., 4.12.1913, S. 6174f.
20  Ebd., S. 6175. Zu Bethmann Hollwegs Fauxpas Huber, *Verfassungsgeschichte*, Bd. 4, S. 588f.
21  Rede Weills in Stenographische Berichte, 4.12.1913, S. 6185-88. Ausführungen Gamp-Massaunens ebd., S. 6183-85. Für die Sicht der Konservativen siehe den Redebeitrag von Ferdinand Rogalla von Bieberstein ebd., S. 6176-79.
22  Misstrauensantrag inklusive namentlicher Abstimmungsliste ebd., S. 6197-200. Zu den Beratungen in Donaueschingen Huber, *Verfassungsgeschichte*, Bd. 4, S. 592f.
23  Außenpolitische Grundsatzrede Bethmann Hollwegs in Stenographische Berichte, 9.12.1913, S. 6273-75. Ausführungen Scheidemanns ebd., S. 6175-78.
24  Ebd., S. 6278.
25  Ebd., S. 6279-81.
26  Ebd., S. 6281f. Zur Verteidigungsrede Bethmann Hollwegs Huber, *Verfassungsgeschichte*, Bd. 4, S. 589.
27  Erklärung Scheidemanns in Stenographische Berichte, 9.12.1913, S. 6281. Zur Zurückhaltung der bürgerlichen Parteien Huber, *Verfassungsgeschichte*, Bd. 4, S. 590. Zur Neuregelung des Militäreinsatzes im Innern ebd., S. 599-603.
28  Zu den Kriegsgerichtsverfahren Huber, *Verfassungsgeschichte*, Bd. 4, S. 594-96.
29  Zu den Personalveränderungen ebd., S. 593f. Zitat Wahnschaffe ebd., Fn. 54.
30  Zitat aus Wagner, *Die Deutschen Schutzgebiete*, der den Begriff nur hinsichtlich der Kolonien verwendet.
31  Wehler, „Das ‚Reichsland' Elsaß-Lothringen von 1870 bis 1918". Preibusch, *Verfassungsentwicklungen im Reichsland Elsaß-Lothringen*. Wagner, *Die deutschen Schutzgebiete*. Grohmann, *Exotische Verfassung*. Huber, *Verfassungsgeschichte*, Bd. 4, §§ 25f., 35-37.
32  Hellmann, *Die staatsrechtliche Stellung des Reichslandes Elsaß-Lothringen nach seiner geschichtlichen Entwicklung und dem geltenden Recht*. Schalfejew, *Die staatsrechtliche Stellung Elsaß-Lothringens nach dem neuen Verfassungsgesetz*. Apel, *Die landesherrliche Gewalt des Kaisers in Elsaß-Lothringen*. Böckmann, *Die Geltung der Reichsverfassung in den deutschen Kolonien*. Kühn, *Die deutschen Schutzgebiete, ihre Erwerbung und rechtliche Stellung*. Münstermann, *Die Rechtsstellung des Kaisers in den deutschen Schutzgebieten*. Sabersky, *Der koloniale Inlands- und Auslandsbegriff der Reichsgesetze in seiner Anwendung auf das Verhältnis von Mutterland und Schutzgebiete*. Sassen, *Das Gesetzgebungs-und Verordnungsrecht in den deutschen Kolonien*.
33  Laband, *Das Staatsrecht des Deutschen Reiches*, 1. Aufl., Bd. 1, Kapitel 6, 5. Aufl., Bd. 2, Kapitel 9. Hänel, *Deutsches Staatsrecht*, Bd. 1, §§ 141-145. Meyer, *Lehrbuch des deutschen Staatsrechts*, 7. Aufl., §§ 138-141a. Redslob, *Abhängige Länder*.
34  Gesetz, betreffend die Vereinigung von Elsaß-Lothringen mit dem Deutschen Reiche, 9.6.1871, Reichsgesetzblatt 1871, Nr. 25, S. 212f., § 1. Gesetz, betreffend die Einführung der Verfassung des Deutschen Reichs in Elsaß-Lothringen, 25.6.1873, Reichsgesetzblatt 1873, Nr. 18, S. 161. Gesetz, betreffend die Rechtsverhältnisse der deutschen Schutzgebiete, 17.4.1886, Reichsgesetzblatt 1886, Nr. 10, S. 75f. Bericht Justizministerium zit. in Wagner, *Die deutschen Schutzgebiete*, S. 215.
35  Alle Konzeptbegriffe zit. in Wagner, *Die deutschen Schutzgebiete*, S. 177-79. Zum Urteil des Reichsgerichts ebd., S. 211. Urteil abgedruckt in Entscheidungen des Reichsgerichts in Strafsachen, Bd. 44, S. 403ff. Bornhak, „Die Anfänge des deutschen Kolonialrechts", bes. S. 9. Beispiele für herrschende Meinung Böckmann, *Die Geltung der Reichsverfassung in den deutschen Kolonien*, S. 119, Florack, *Die*

Schutzgebiete, S. 16f., Hoffmann, Einführung in das deutsche Kolonialrecht, S. 17, Kühn, Die deutschen Schutzgebiete, S. 32, 44.

36  Schalfejew, Die staatsrechtliche Stellung Elsaß-Lothringens, S. 87. Zur Exemtion der Schutzgebiete von der Reichsverfassung Huber, Verfassungsgeschichte, Bd. 4, S. 628.

37  Zur Ernennung der Gouverneure und der Ausübung der militärischen Kommandogewalt in den Kolonien durch Zivilinstanzen Huber, Verfassungsgeschichte, Bd. 4, S. 631-33.

38  Bismarck an Paul Bronsart von Schellendorff, 18. 11. 1885, in Gesammelte Werke, Neue Friedrichsruher Ausgabe, Bd. 6, Nr. 546, S. 787.

39  Hellmann, Die staatsrechtliche Stellung des Reichslandes Elsaß-Lothringen, S. 88. Weitere Beispiele für herrschende Meinung Laband, Das Staatsrecht des Deutschen Reiches, 5. Aufl., Bd. 2, S. 211, Meyer, Lehrbuch des Deutschen Staatsrechts, 7. Aufl., S. 546, Schalfejew, Die staatsrechtliche Stellung Elsaß-Lothringens, S. 66f.

40  „Vasallenstaat": Werner Rosenberg, Die staatsrechtliche Stellung von Elsaß-Lothringen, S. 42. „Unterthanenland": Zorn, Das Staatsrecht des Deutschen Reiches, Bd. 1, S. 101. „Reichsprovinz": Hermann Rehm, Allgemeine Staatslehre, S. 19, 48. „Kommunalverband" und „Gebietskörperschaft": James Rosenberg, Die Rechtsnatur Elsaß-Lothringens, S. 45, 61. „Verwaltungsbezirk": Hellmann, Die staatsrechtliche Stellung des Reichslandes Elsaß-Lothringen, S. 89. Zum Reichsland als juristischer Person des öffentlichen Rechts Schulze, Lehrbuch des Deutschen Staatsrechtes, Bd. 2, S. 374. Zum Reichsland als juristischer Person des Privatrechts Laband, Das Staatsrecht des Deutschen Reiches, 5. Aufl., Bd. 2, S. 199ff. Zum Reichsland als juristischer Person des öffentlichen und Privatrechts Loening, Lehrbuch des Deutschen Verwaltungsrechts, S. 77ff. Jellinek, Über Staatsfragmente, bes. S. 267, 288, 303. Siehe auch Ders., Allgemeine Staatslehre, S. 447-49, 599. Reichsland-Zitat Hellmann, Die staatsrechtliche Stellung des Reichslandes Elsaß-Lothringen, S. 89. Gute zeitgenössische Überblicke über die Debatte in Bruck, Das Verfassungs- und Verwaltungsrecht von Elsaß-Lothringen, Bd. 1, S. 20-43 und Fischbach, Das öffentliche Recht des Reichslandes Elsaß-Lothringen, S. 56-64.

41  Wehler, „Das ‚Reichsland' Elsaß-Lothringen von 1870 bis 1918", S. 45. Max Rehm, Reichsland Elsaß-Lothringen. Regierung und Verwaltung 1871 bis 1918, S. 44.

42  Zu den Alternativoptionen Huber, Verfassungsgeschichte, Bd. 4, S. 438 und Wehler, „Das ‚Reichsland' Elsaß-Lothringen von 1870 bis 1918", S. 30f.

43  Gesetz, betreffend die Vereinigung von Elsaß-Lothringen mit dem Deutschen Reiche, 9. 6. 1871, Reichsgesetzblatt 1871, Nr. 25, S. 212f., § 3. Zur Rolle des Kaisers als Beauftragter des Reiches zum Beispiel Apel, Die landesherrliche Gewalt des Kaisers in Elsaß-Lothringen, bes. S. 41ff.

44  Howard, „Alsace-Lorraine and its Relations to the German Empire", S. 448. Ders., The German Empire.

45  Zorn, Das Staatsrecht des Deutschen Reiches, Bd. 1, S. 553.

46  Zur Kaiserdiktatur Wehler, „Das ‚Reichsland' Elsaß-Lothringen von 1870 bis 1918", S. 32ff. und Huber, Verfassungsgeschichte, Bd. 4, S. 438ff.

47  Zum Amt des Oberpräsidenten Huber, Verfassungsgeschichte, Bd. 4, S. 439f.

48  Zum Diktaturparagrafen ebd., S. 440f., inklusive der zitierten Stelle aus dem Verwaltungsgesetz. Dazu auch Preibusch, Verfassungsentwicklungen im Reichsland Elsaß-Lothringen, S. 132-43 und Fisch, „Das Elsaß im deutschen Kaiserreich (1870/71-1918)", S. 128.

49  Gesetz, betreffend die Einführung der Verfassung des Deutschen Reichs in Elsaß-Lothringen, 25. 6. 1873, Reichsgesetzblatt 1873, Nr. 18, § 3. Allerhöchster Erlaß, betreffend die Einrichtung eines berathenden Landesausschusses für Elsaß-Lothringen, 29. 10. 1874, in Huber (Hrsg.), Dokumente, Bd. 2, Nr. 281, S. 449f. Zur Einführung des Landesausschusses ders., Verfassungsgeschichte, Bd. 4, S. 445.

50  Bismarck an Wilhelm I., 25. 9. 1874, in Gesammelte Werke, Neue Friedrichsruher Ausgabe, Bd. 2, Nr. 141, S. 204f.

51  Bismarck an Wilhelm I., 28. 10. 1874, in ebd., Nr. 146, S. 210-12. Gesetz, betreffend die Landesgesetzgebung von Elsaß-Lothringen, 2. 5. 1877, Reichsgesetzblatt 1877, Nr. 20, S. 491-93, bes. § 1. Zur Neuordnung der Landesgesetzgebung Huber, Verfassungsgeschichte, Bd. 4, S. 453.

52  Wehler, „Das ‚Reichsland' Elsaß-Lothringen von 1870 bis 1918", S. 34. Subsidiäre Reichsgesetzgebung garantiert in Gesetz, betreffend die Landesgesetzgebung von Elsaß-Lothringen, 2. 5. 1877, Reichsgesetzblatt 1877, Nr. 20, S. 491-93, § 2. Notverordnungsrecht des Kaisers geregelt in Gesetz, betreffend die Ein-

Anhang 911

|    | |
|---|---|
|    | führung der Verfassung des Deutschen Reichs in Elsaß-Lothringen, 25. 6.1873, Reichsgesetzblatt 1873, Nr. 18, § 8. Zu diesem Notverordnungsrecht Huber, *Verfassungsgeschichte*, Bd. 4, S. 446. |
| 53 | Zu diesen Verwaltungsreformen Huber, *Verfassungsgeschichte*, Bd. 4, S. 452f., 454. |
| 54 | Gesetz, betreffend die Verfassung und Verwaltung Elsaß-Lothringens, 4. 6. 1879, Reichsgesetzblatt 1879, Nr. 22, S. 165–69. Schulze, *Die staatsrechtliche Stellung des Statthalters von Elsaß-Lothringen*, Zit. S. 93. Schwander und Schmoller zit. in Wehler, „Das ‚Reichsland' Elsaß-Lothringen von 1870 bis 1918", S. 38, Fn. 67. |
| 55 | Hänel, *Deutsches Staatsrecht*, Bd. 1, S. 835. |
| 56 | Gesetz über die Verfassung Elsaß-Lothringens, 31. 5. 1911, Reichsgesetzblatt 1911, Nr. 29, S. 225–33. Zur Einführung und Organisation des Landesparlamentes Huber, *Verfassungsgeschichte*, Bd. 4, S. 473. |
| 57 | Redslob, *Abhängige Länder*, S. 100. Auch zit. in Wehler, „Das ‚Reichsland' Elsaß-Lothringen von 1870 bis 1918", S. 48. Stellung des Kaisers und Notverordnungsrecht geregelt in Gesetz über die Verfassung Elsaß-Lothringens, 31. 5. 1911, Reichsgesetzblatt 1911, Nr. 29, Art. 3, 23. Stimmrecht im Bundesrat ebd., § 2. Alte Regelung in Gesetz, betreffend die Verfassung und Verwaltung Elsaß-Lothringens, 4. 6. 1879, Reichsgesetzblatt 1879, Nr. 22, § 7. Stellung des Statthalters weiterhin geregelt nach letztgenanntem Gesetz, das fortbestand. Zu den Bestimmungen der neuen Verfassung Huber, *Verfassungsgeschichte*, Bd. 4, S. 471–74. |
| 58 | Zu dieser problematischen Konstruktion Wehler, „Das ‚Reichsland' Elsaß-Lothringen von 1870 bis 1918", S. 49f. |
| 59 | Gesetz über die Verfassung Elsaß-Lothringens, 31. 5. 1911, Reichsgesetzblatt 1911, Nr. 29, Art. 1. Zu den Stimmbeschränkungen Huber, *Verfassungsgeschichte*, Bd. 4, S. 476. |
| 60 | Redslob, *Abhängige Länder*, S. 105, 107. Gesetz über die Verfassung Elsaß-Lothringens, 31. 5. 1911, Reichsgesetzblatt 1911, Nr. 29, Art. 1. Reichsverfassung (1871), Art. 6a. Zu dieser Revision der Reichsverfassung Wehler, „Das ‚Reichsland' Elsaß-Lothringen von 1870 bis 1918", S. 51. |
| 61 | Laband, *Das Staatsrecht des Deutschen Reiches*, 5. Aufl., Bd. 2, S. 235f. |
| 62 | Redslob, *Abhängige Länder*, S. 127. |
| 63 | Zu diesen Angelegenheiten Huber, *Verfassungsgeschichte*, Bd. 4, S. 628–30. |
| 64 | Laband, „Die geschichtliche Entwicklung der Reichsverfassung", S. 11. |
| 65 | Fischer, *Das Recht des Deutschen Kaisers*, S. 190. Rauer, *Der Deutsche Kaiser. Seine rechtliche Stellung im alten und im neuen Reiche und nach der Reichsverfassung vom 28. März 1849*, S. 111. Binding, *Die rechtliche Stellung des Kaisers im heutigen Deutschen Reiche*, S. 22. |
| 66 | Laband, *Das Staatsrecht des Deutschen Reiches*, 5. Aufl., Bd. 1, S. 233. Triepel, *Unitarismus und Föderalismus*, S. 71f. |
| 67 | Zum fehlenden Interesse der einzelstaatlichen Regierungen an der Kolonialverwaltung Grohmann, *Exotische Verfassung*, S. 4. |
| 68 | Stenographische Berichte, 30. 11. 1874, S. 400. Zur Frage der offenen Mitgliedschaft die Kommentare des großen deutsch-amerikanischen Juristen und Politikwissenschaftlers Ernst Fraenkel in Wehler, „Das ‚Reichsland' Elsaß-Lothringen von 1870 bis 1918", S. 50ff. |
| 69 | Zur Aufnahme Helgolands in das Reich Wagner, *Die Deutschen Schutzgebiete*, S. 221ff. Zur besonderen Bedeutung der Insel im Kontext der deutsch-britischen Beziehungen Rüger, *Helgoland*. |
| 70 | Zu Bismarcks Gedankenspielen die Briefe Herbert von Bismarcks an Bernhard von Bülow und Otto von Bismarcks an Wilhelm I., 24. 12. 1877 und 14. 3. 1878, in *Gesammelte Werke*, Neue Friedrichsruher Ausgabe, Bd. 3, Nr. 266, 350, S. 321f., 420–23. |
| 71 | Zu diesen Vorgängen um die Entstehung der elsass-lothringischen Landesverfassung Huber, *Verfassungsgeschichte*, Bd. 4, S. 469–71, inklusive aller relevanten Verweise auf Reichstagsprotokolle. |
| 72 | Ebd. |
| 73 | Stenographische Berichte, 30. 11. 1874, S. 393. Zu Bismarcks Glacis-Konzept Huber, *Verfassungsgeschichte*, Bd. 4, S. 451f. und Preibusch, *Verfassungsentwicklungen im Reichsland Elsaß-Lothringen 1871–1918*, S. 143f. |
| 74 | Stenographische Berichte, 3. 12. 1913, S. 6150. |
| 75 | Vgl. zu der herrschenden Ansicht unter den Parlamentariern die Debatte zum Schutzgebietsgesetz vom 20. 1., 23. 3. und 10. 4. 1886 in Stenographische Berichte, S. 653–59, 1606–21, 2027–30. Gute Zusammen- |

fassung in Grohmann, *Exotische Verfassung*, S. 43ff. Zur Ausschusstätigkeit von Hänel und Meyer ebd. S. 48–50.

## Schluss: Der ewige Bund im Strom der Zeit

1. Waitz, „Das Wesen des Bundesstaates", in Fenske (Hrsg), *Der Weg zur Reichsgründung*, Nr. 18, S. 91.
2. LaCroix, *The Ideological Origins of American Federalism*, S. 6. Hamilton zit. in McFerran, *Birth of the Republic*, S. 399.
3. Steinberg, *Why Switzerland?*, S. 307f. Snell, *Naturrecht*, S. 235f.
4. Zur Bundesstaatsgründung der Schweiz z. B. Kutter, *Jetzt wird die Schweiz ein Bundesstaat*. Zur historischen Tradition der Schweiz allgemein Kölz, *Der Weg der Schweiz zum modernen Bundesstaat*.
5. Pocock, *The Machiavellian Moment*, S. 462. Siehe ebd., bes. Kapitel XIV und XV. Reynolds, *America, Empire of Liberty*, S. xxi.
6. Remak, *A Very Civil War*. Zum Sonderbundskrieg auch Bucher, *Die Geschichte des Sonderbundskrieges* und Moos „Im Hochland fiel der erste Schuss".
7. Armitage, *Civil Wars*, S. 134–47, „Every Great Revolution is a Civil War" und *The Declaration of Independence*, S. 34 und passim. Zum Amerikanischen Unabhängigkeitskrieg als Bürgerkrieg siehe auch Shy, „The American Revolution". Unter den zahllosen Studien zum Amerikanischen Bürgerkrieg siehe bes. die folgenden Werke zu den zentralen Verfassungs- und Rechtsfragen: Edwards, *A Legal History of the Civil War*. Hyman, „A more perfect union". *The Impact of the Civil War and Reconstruction on the Constitution*. Neely, *Lincoln and the Triumph of the Nation*. Paludan, „The American Civil War Considered as a Crisis in Law and Order". Für einen tiefergehenden Vergleich der drei Bürgerkriege siehe Heinzen, *Making Prussians, Raising Germans*, in passim.
8. US-Verfassung (1787), Art. 1.3. Schweizer Verfassung (1848), Art. 69.
9. Zu diesen Maßnahmen in einem vergleichenden Kontext Kristoferitsch, *Vom Staatenbund zum Bundesstaat?*, S. 58, 99ff. Zur Northwest Ordinance im Speziellen z. B. Onuf, *Statehood and Union. A History of the Northwest Ordinance* und Berkhofer, „The Northwest Ordinance and the Principle of Territorial Evolution". Zur Helvetischen Republik Böning, *Der Traum von Freiheit und Gleichheit*. Zum Einfluss der Helvetik auf den Bundesstaat bes. Kölz, „Die Staatsideen der Helvetik und ihre Auswirkungen auf die Entwicklung der modernen Schweiz".
10. Zu den Articles of Confederation z. B. Hoffert, *A Politics of Tensions*. Zur Alten Eidgenossenschaft und Mediationszeit jeweils Peyer, *Verfassungsgeschichte der alten Schweiz* und Kölz, *Neuere schweizerische Verfassungsgeschichte*, Bd. 1.
11. Homogenitätsgebote in US-Verfassung (1787), Art. 4.4 und Schweizer Verfassung (1848), Art. 6. Zum Ursprung und zur historischen Entwicklung der Gewaltenteilung im amerikanischen Bundesstaat siehe das provokative Essay Calabresi / Berghausen / Albertson, „The Rise and Fall of the Separation of Powers".
12. Zur Veränderung des föderalen Gleichgewichts in der Reconstruction Era der gute Überblick in der Online-Enzyklopädie des Center for the Study of Federalism, http://encyclopedia.federalism.org/index.php/Reconstruction (zuletzt abgerufen Oktober 2020). Dort auch weiterführende Literatur. Siehe bes. Hyman / Wiecek, *Equal Justice under Law. Constitutional Development, 1835–1875*.
13. Zur Totalrevision von 1874 Kölz, *Neuere schweizerische Verfassungsgeschichte*, Bd. 2, S. 599–626. Zit. ebd., S. 625.
14. Schlesinger, *The Imperial Presidency*. Nachfolgeband von Rudalevige, *The New Imperial Presidency*. Zur Machtausdehnung des US-Präsidentenamtes vgl. auch Genovese, *A Presidential Nation*, Kapitel 3 und 4. Steinbach, *Die rechtliche Stellung des Deutschen Kaisers verglichen mit der des Präsidenten der Vereinigten Staaten von Amerika*.
15. Unter den vielen Studien zur Geschichte des amerikanischen Senats siehe bes. die folgenden beiden Werke zur frühen Entwicklung: Swift, *The Making of an American Senate* und Wirls / Wirls, *The Invention of the United States Senate*. Zur Geschichte des Ständerates als Teil der Bundesversammlung

Aubert, *Die Schweizerische Bundesversammlung von 1848–1998*. Zur Geschichte des Schweizer Bundesrates Altermatt, „Bundesrat".

16 Koger, *Filibustering. A Political History of Obstruction in the House and Senate*, bes. Kapitel 3 „The Escalation of Filibustering". Zur Entwicklung der Größe des Repräsentantenhauses Galloway, *History of the House of Representatives*, Kapitel 3. Zu Ted Cruz' Rede Keeler, „Ted Cruz reads Dr. Seuss and Ayn Rand to stall Senate", *Los Angeles Times*, 25.9.2013.

17 Zur Wahlkreismanipulation Tanner, „Ein Staat nur für die Hablichen?", S. 65ff. Zit. Segesser ebd., S. 67.

18 Zur Geschichte des Supreme Court das Standardwerk von McCloskey, *The American Supreme Court*, bes. Kapitel 2–5. Rehnquist, „The Supreme Court in the Nineteenth Century". Wilson zit. in Vile, *Constitutional Change in the United States*, S. 6.

19 Prüfungsrecht durch das Volk festgelegt in Schweizer Verfassung (1874), Art. 89 und Schweizer Verfassung (1999), Art. 141. Zur Geschichte des Bundesgerichts Brüschweiler, „Bundesgericht". Zur Diskussion im Kontext der Totalrevision Kölz, *Neuere schweizerische Verfassungsgeschichte*, Bd. 2, S. 575–80.

20 Zur „states' rights controversy" McDonald, *States' Rights and the Union*. Zur Diskussion um das Proporzwahlrecht Kley, *Geschichte des öffentlichen Rechts der Schweiz*, S. 104ff.

21 Zur Entwicklung des amerikanischen Rechtsdiskurses Friedman, *A History of American Law*. Zit. ebd., S. 560. Siehe auch Horwitz, *The Transformation of American Law*, Bd. 1–2. Zur Entwicklung des Schweizer Rechtsdiskurses Kley, *Geschichte des öffentlichen Rechts der Schweiz*.

22 Schweizer Verfassung (1848), Art. 69.

23 Zur Geschichte und Wirkung der amerikanischen Überseeterritorien die faszinierende Studie von Immerwahr, *How to Hide an Empire. A Short History of the Greater United States*. Einen Sonderfall stellt die Hauptstadt Washington dar, die ebenfalls unter Zentralverwaltung steht. Auch hier gibt es immer wieder Diskussionen, den sogenannten District of Columbia zu einem ordentlichen Bundesstaat zu erheben. Ein entsprechendes lokales Referendum fiel 2016 positiv aus. Zur anhaltenden Diskussion z. B. Pramuk, „House passes bill to make Washington DC the 51st state", *CNBC*, 26.6.2020.

24 Blackbourn / Eley, *The Peculiarities of German History*. Zur Frage eines föderalen Sonderwegs aus einer kulturhistorischen Perspektive vergleiche auch Umbach, „History and Federalism in the Age of Nation-State Formation", bes. S. 63f. Zum „Sonderfall Schweiz" Steinberg, *Why Switzerland?*, S. 81f., wo er sich auf das 2007 veröffentlichte Buch *Die Schweiz als Sonderfall* des Botschafters Paul Widmer bezieht. Tocqueville, *De la démocratie en Amérique*, Bd. 1–2. Zum Konzept des amerikanischen Exzeptionalismus z. B. Madsen, *American Exceptionalism*, bes. Kapitel 3.

25 Boldt, „Der Föderalismus im Deutschen Kaiserreich als Verfassungsproblem", S. 40. Zu föderalen Kontinuitäten auch Lehmbruch, „Der Entwicklungspfad des deutschen Bundesstaats".

26 Preuß, „Vorschläge zur Abänderung der Reichsverfassung und der preußischen Verfassung", 1.9.1917, nachgedruckt in Fenske (Hrsg.), *Unter Wilhelm II.*, Nr. 150, S. 496. Schmitt, *Verfassungslehre*, S. 389.

27 Weimarer Reichsverfassung (1919), Art. 1, 17, 20–40, 41–51, 52–59, 73–76.

28 Ebd., Art. 45, 60, 68, 69, 74, 76, 77. Zur Degradierung der Ländervertretung Holste, *Bundesstaat*, S. 286f., 430–42.

29 Weimarer Reichsverfassung (1919), Art. 61, 63, 66.

30 Zur Auswechslung des hegemonialen durch einen „Gleichberechtigungsföderalismus" Holste, *Bundesstaat*, S. 282.

31 Weimarer Reichsverfassung (1919), Art. 8, 11. Föderaler Kompetenzkatalog ebd., Art. 6–7. Guter Überblick dazu in Holste, *Bundesstaat*, S. 283–87, 335–405.

32 Weimarer Reichsverfassung (1919), Art. 19, 59, 108. Gesetz über den Staatsgerichtshof, 9.7.1921, Reichsgesetzblatt (1921), Nr. 74, S. 905–10.

33 Schmitt, *Verfassungslehre*, S. 31ff. Kirchheimer, „Weimar und was dann?", S. 52. Beide ebenso wie Düringer auch zit. in Holste, *Bundesstaat*, S. 292.

34 Gesetz, betreffend das Land Thüringen, 30.4.1920, Reichsgesetzblatt (1920), Nr. 7483, S. 841f. Gesetz, betreffend die Vereinigung Coburgs mit Bayern, 30.4.1920, Reichsgesetzblatt (1920), Nr. 7484, S. 842. Gesetz über die Vereinigung von Waldeck mit Preußen, 7.12.1928, Reichsgesetzblatt (1928), Nr. 42, S. 401.

35 Weimarer Reichsverfassung (1919), Art. 18. Zu diesen Problemen Holste, *Bundesstaat*, S. 282, 293f.

Ausführlich Wittreck, „Status und Rolle der Länder und ihrer Verfassungen. Traditionsanknüpfung, Landesverfassung, Demokratieerfahrungen".

36  Zum Umgang der Weimarer Verfassung mit dem Existenzrecht der Länder Holste, *Bundesstaat*, S. 282.

37  Zur Rolle Preußens im Reich nach 1919 Klaus, *Der Dualismus Preußen versus Reich in der Weimarer Republik*, bes. Kapitel 2–3 und Neumann, „Preußen im Weimarer Bundesstaat – ‚Der Kern des Übels'?". Zum Preußenschlag z. B. Blasius, *Weimars Ende*, S. 68–79. Siehe auch die älteren Studien von Bay, *Der Preußenkonflikt 1932/33* und Bracher, *Die Auflösung der Weimarer Republik*, S. 556–63. Dokumentarische Darstellung in Weiduschat (Hrsg.), *Ein Staatsstreich? Die Reichsexekution gegen Preußen*.

38  Weimarer Reichsverfassung (1919), Art. 25, 48. Zu diesen oft diskutierten Fragen z. B. Kurz, *Demokratische Diktatur? Auslegung und Handhabung des Artikels 48 der Weimarer Verfassung 1919–25*; Kaiser, „Die Verfassung als Krisenrepublik – Reichstag versus Reichspräsident"; Kielmansegg, „Der Reichspräsident – ein republikanischer Monarch?". Zum Demokratiekonzept der Verfassung Gusy, „Das Demokratieprinzip in der Weimarer Verfassung" und Lübbe-Wolff, „Das Demokratiekonzept der Weimarer Reichsverfassung". Zu Hindenburg Pyta, *Hindenburg. Herrschaft zwischen Hohenzollern und Hitler*.

39  Weimarer Reichsverfassung (1919), Art. 54. Zum destruktiven Misstrauensvotum z. B. Brandt, *Die Bedeutung parlamentarischer Verantwortungsregeln* und Meyn, „Destruktives und konstruktives Mißtrauensvotum". Siehe auch die Bemerkungen von Winkler, *Weimar 1918–1933*, S. 576f.

40  Zur Legalität der Machtübernahme Strenge, *Machtübernahme 1933 – Alles auf legalem Weg?*. Guter Überblick dazu in Willoweit, *Deutsche Verfassungsgeschichte*, S. 311f. Zit. ebd.

41  Anschütz, „Der deutsche Föderalismus", S. 16. Jellinek, „Revolution und Reichsverfassung", S. 81. Schücking, „Staatsrechtliche Reformbestrebungen und Reformen während der Kriegszeit", S. 95. Alle drei in Teilen auch zit. in Holste, *Bundesstaat*, S. 288–90. Gusy, *100 Jahre Weimarer Verfassung. Eine gute Verfassung in schlechter Zeit*. Weitere Jubiläumsliteratur u. a. Di Fabio, *Die Weimarer Verfassung. Aufbruch und Scheitern*. Kühne, *Die Entstehung der Weimarer Reichsverfassung. Grundlagen und anfängliche Geltung*. Dreier / Waldoff (Hrsg.), *Das Wagnis der Demokratie. Eine Anatomie der Weimarer Reichsverfassung*. Dies. (Hrsg.), *Weimars Verfassung. Eine Bilanz nach 100 Jahren*.

42  Holste, *Bundesstaat*, S. 546, wo er diese Bezeichnung allerdings nur auf die Weimarer Republik und nicht auf das Kaiserreich bezieht.

43  Zur Arbeit und Diskussion der Nationalversammlung in aller Ausführlichkeit Kühne, *Die Entstehung der Weimarer Reichsverfassung*. Zur Bundesstaatsdiskussion im Speziellen guter Überblick in Holste, *Bundesstaat*, S. 290–93. Zu den Gründen für die Kontinuität der föderalen Ordnung ebd., S. 270–73. Zum Krisenmoment, in dem die Verfassung entstand, Haardt / Clark, „Die Weimarer Verfassung als Moment in der Geschichte".

44  Kaas zit. in Holste, *Bundesstaat*, S. 291. Kästner, „Inschrift auf einem sächsisch-preußischen Grenzstein", 1932, abgedruckt in Ders., *Gesang zwischen den Stühlen*, S. 36.

45  Urteil des Staatsgerichtshofs vom 25.10.1932 (Preußen contra Reich), Entscheidungen des Reichsgerichts in Zivilsachen, Anhang I, Bd. 138, S. 2f. Online verfügbar unter http://www.saarheim.de/Entscheidungen/RGundStGH/StGH%20in%20RGZ%20138,%20Anh%201.pdf (letztmals abgerufen Oktober 2020). Zu dem Urteil und der Rolle des Gerichts Grund, *„Preußenschlag" und Staatsgerichtshof im Jahre 1932*.

46  Bracher, *Die Auflösung der Weimarer Republik*, S. 559.

47  Hitler zit. in Funk, *Föderalismus*, S. 286. Vorläufiges Gesetz zur Gleichschaltung der Länder mit dem Reich, 31.3.1933, Reichsgesetzblatt (1933), Teil I, Nr. 29, S. 153f. Zweites Gesetz zur Gleichschaltung der Länder mit dem Reich, gemeinhin bekannt als Reichsstatthaltergesetz, 7.4.1933, Reichsgesetzblatt (1933), Teil I, Nr. 33, S. 173. Gesetz über den Neuaufbau des Reichs, 30.1.1934, Reichsgesetzblatt (1934), Teil I, Nr. 11, S. 75. Zur Gleichschaltung der Länder z. B. Broszat, *Der Staat Hitlers*, Kapitel 4 und Bracher / Sauer / Schulz, *Die nationalsozialistische Machtergreifung*, bes. S. 136ff.

48  Beide zit. in Raichle, *Hitler als Symbolpolitiker*, S. 154f.

49  Feldmann/Seibel, *Networks of Nazi Persecution. Bureaucracy, Business and the Organization of the Holocaust*. Zit. in dem Essay von Seibel, „Restraining or Radicalizing? Division of Labor and Persecution Effectiveness", in ebd., S. 345. Zur polykratischen Natur der NS-Herrschaft z. B. Ruck, „Führerabsolutismus und polykratisches Herrschaftsgefüge" sowie jüngst Hachtmann, „Elastisch, dynamisch und von

katastrophaler Effizienz", der den Fokus auf das weiterentwickelte Konzept der „neuen Staatlichkeit" legt.

50   Gesetz Nr. 46 Auflösung des Staates Preußen, 25.2.1947, Amtsblatt des Kontrollrats in Deutschland, 31.3.1947, Nr. 14, S. 262. Zur Auflösung Preußens z.B. Mai, *Der Alliierte Kontrollrat in Deutschland 1945–1948*, S. 415–36. Frankfurter Dokumente, Nr. 1, abgedruckt in Benz, *Deutschland seit 1945*, S. 197f. Dazu Blank, *Die westdeutschen Länder und die Entstehung der Bundesrepublik. Zur Auseinandersetzung um die Frankfurter Dokumente vom Juli 1948*.

51   Grundgesetz (1949), Art. 79.3. Zur Garantie der bundesstaatlichen Ordnung Jestaedt, „Bundesstaat als Verfassungsprinzip". Zur Entstehung des Grundgesetzes und der DDR-Verfassung als Verkörperungen gegensätzlicher Zeitlinien Haardt, „Das Grundgesetz im Strom der Zeit".

52   DDR-Verfassung (1949), Art. 1. DDR-Verfassung (1968), Art. 1. Gesetz über die weitere Demokratisierung des Aufbaus und der Arbeitsweise der staatlichen Organe in den Ländern der Deutschen Demokratischen Republik, 23.6.1952, Gesetzblatt der Deutschen Demokratischen Republik (1952), Teil I, Nr. 99, S. 613. Gesetz über die Auflösung der Länderkammer der Deutschen Demokratischen Republik, 8.12.1958, Gesetzblatt der Deutschen Demokratischen Republik (1958), Teil I, Nr. 71, S. 867. Zur schrittweisen Umwandlung Ostdeutschlands in einen Zentralstaat Mielke, *Die Auflösung der Länder in der SBZ/DDR. Von der deutschen Selbstverwaltung zum sozialistisch-zentralistischen Einheitsstaat* und Wietstruk, „Von den Ländern zu den Bezirken. Die DDR 1949 bis 1952".

53   Kloepfer, „Verfassungsgebung als Zukunftsbewältigung aus Vergangenheitserfahrung". Zu diesem besonderen Charakter des Grundgesetzes auch Gusy (Hrsg.), *Weimars lange Schatten*. Zum demokratischen Zentralismus in der DDR Fulbrook, „Democratic Centralism and Regionalism in the GDR". Zum demokratischen Zentralismus generell Waller, *Democratic Centralism. A Historical Commentary*.

54   Grundgesetz (1949), Art. 29. Zur Neugliederungsdebatte in der Geschichte der Bundesrepublik die Dokumentation von Schiffers, *Weniger Länder – mehr Föderalismus? Die Neugliederung des Bundesgebietes im Widerstreit der Meinungen 1948/49–1990*.

55   Zur Entstehung Baden-Württembergs die detaillierte Dokumentation der baden-württembergischen Landeszentrale für politische Bildung unter https://www.lpb-bw.de/entstehung-baden-wuerttembergs#c14856 (letztmals abgerufen Oktober 2020). Zur Aufnahme des Saarlandes z.B. der vom Landesarchiv Saarbrücken veröffentlichte Beitrag Linsmayer (Hrsg.), *Die Geburt des Saarlandes*.

56   Zur Großen Finanzreform Baumann, *Die Finanzreform von 1969. Ihre Auswirkungen auf den Föderalismus und die Lebensverhältnisse in den Ländern der Bundesrepublik Deutschland*.

57   Gesetz zur Änderung des Grundgesetzes (Artikel 22, 23, 33, 52, 72, 73, 74, 74a, 75, 84, 85, 87c, 91a, 91b, 93, 98, 104a, 104b, 105, 107, 109, 125a, 125c, 143c), gemeinhin bekannt als Föderalismusreform I, 28.8.2006, Bundesgesetzblatt (2006), Teil I, Nr. 41, S. 2034–38. Gesetz zur Änderung des Grundgesetzes (Artikel 91c, 91d, 104b, 109, 109a, 115, 143d), gemeinhin bekannt als Föderalismusreform II, 29.7.2009, Bundesgesetzblatt (2009), Teil I, Nr. 48, S. 2248–50. Gesetz zur Änderung des Grundgesetzes (Artikel 90, 91c, 104c, 107, 108, 109a, 114, 125c, 143d, 143e, 143f, 143g), 13.7.2017, Bundesgesetzblatt (2017), Teil I, Nr. 47, S. 2347–49. Zu den Föderalismusreformen z.B. die interessanten Aufsätze von Selmer, „Die Föderalismusreform – Eine Modernisierung der bundesstaatlichen Ordnung?" und Sturm, „Föderalismusreform II: ‚Schuldenbremse', neokeynesianischer Glaube an die Steuerbarkeit der Wirtschaft und das altbekannte Instrument der Politikverflechtung". Zur Entwicklung der Föderalismusdiskussion in der Bundesrepublik der gute Überblick in Funk, *Föderalismus*, Kapitel 16–18. Zur besonderen Rolle der Finanzfrage z.B. Renzsch, „Kontinuitäten und Diskontinuitäten in Entscheidungsprozessen über föderale Finanzbeziehungen oder: Die ewig Unvollendete".

58   Feld/König, „Der Föderalismus wirkt", *Die Zeit*, 11.5.2020. Alle übrigen Beispiele genannt in Behnke, „Föderalismus in der (Corona-)Krise? Föderale Funktionen, Kompetenzen und Entscheidungsprozesse".

59   Gysi im Bundestag, 16.5.2013, Plenarprotokolle 17/240.

60   Blesse/Berger/Heinemann/Janeba, „Föderalismuspräferenzen in der deutschen Bevölkerung". Eine Bertelsmann-Studie von 2008 hat interessanterweise gezeigt, dass in der Bevölkerung gleichzeitig nur wenig Anhänglichkeit gegenüber den einzelnen Ländern besteht und die Mehrheit offen für eine Neugliederung des Bundesgebietes ist. Bertelsmann Stiftung, *Bürger und Föderalismus. Eine Umfrage zur Rolle der Bundesländer*, 2008.

61  Mann, „Geschichtsschreibung als Realpolitik", S. 274.
62  Zur Bedeutung der Länder in der bundesdeutschen Geschichte z. B. Sturm, „Bundesstaatlichkeit".
63  Gauck im Bundesrat, 27.11.2015, verfügbar im Online-Archiv des Vermittlungsausschusses von Bundestag und Bundesrat https://www.vermittlungsausschuss.de/SharedDocs/texte/15/20151127-rede-gauck-25jahre-16laender.html (letztmals abgerufen Oktober 2020).
64  Zum Exekutivföderalismus der Bundesrepublik das Standardwerk von Laufer / Münch, *Das föderative System der Bundesrepublik*. Zum Exekutivföderalismus im Allgemeinen Watts, *Executive Federalism. A Comparative Analysis* und Dann, *Parlamente im Exekutivföderalismus*.
65  Zur Verflechtung im deutschen Föderalismus Wachendorfer-Schmidt, *Politikverflechtung im vereinigten Deutschland*.
66  Grundgesetz (1949), Art. 83–85. Zur Vollzugshoheit der Länder Heitsch, *Die Ausführung der Bundesgesetze durch die Länder* und Suerbaum, *Die Kompetenzverteilung beim Verwaltungsvollzug des Europäischen Gemeinschaftsrechts in Deutschland*.
67  Zit. in Härtel (Hrsg.), *Handbuch Föderalismus*, Bd. 1, S. 8.
68  Zahlen aus Europäisches Zentrum für Föderalismus-Forschung (Hrsg.), *Europäischer Föderalismus im 21. Jahrhundert*, S. 32.
69  Zur unklaren föderalen Natur der EU Kristoferitsch, *Vom Staatenbund zum Bundesstaat? Die Europäische Union im Vergleich mit den USA, Deutschland, und der Schweiz*. Siehe auch den kritischen Artikel von Funk, „Europa ist schon längst ein Bundesstaat", *Der Tagesspiegel*, 15.7.2012. Für einen interessanten Vergleich zum alten Reich siehe Bollmann, „Staatenbund oder Bundesstaat: Heiliges Römisches Reich Europa", *Frankfurter Allgemeine Zeitung*, 10.11.2012.
70  Für weitere komparative Reflexionen über die föderalen Systeme des Kaiserreichs und der EU siehe Oeter, „Die föderale Gestalt der Europäischen Union – Vergleichende Überlegungen im Blick auf das Kaiserreich und die Donaumonarchie". Für einen Vergleich einer konkreten Strukturfrage siehe Ambrosius / Henrich-Franke, „Regulierung und Steuerung von Infrastrukturen in föderalen Systemen – Eisenbahnen im Deutschen Reich von 1871 und in der Europäischen Union heute".
71  *Weißbuch zur Zukunft Europas. Die EU der 27 im Jahr 2025 – Überlegungen und Szenarien*, 1.3.2017. Erklärung von Rom, 25.3.2017. Macron, Emmanuel. Rede an der Pariser Sorbonne zu seiner „Initiative für Europa", 26.9.2017. Renan, *Qu'est-ce qu'une nation?*
72  Zu den populären Vorurteilen gegen die EU im Rahmen der Brexit-Kampagne z. B. Henley, „Is the EU really dictating the shape of your bananas?", *The Guardian*, 11.5.2016.
73  Vorschlag einer Direktwahl etwa durch den ehemaligen Kommissionspräsidenten Jean-Claude Juncker, „Direktwahl des EU-Kommissionspräsidenten nötig", *Deutsche Welle*, 14.2.2018, durch den ehemaligen britischen Premierminister Tony Blair, „It's Time for the Direct Election of a European President", *Huffinton Post*, 26.11.2012 und durch Wolfgang Schäuble in seiner Rede anlässlich der Entgegennahme des Karlspreises, 17.3.2012. Dagegen z. B. die Einschätzung des ehemaligen Ratspräsidenten Hermann van Rompuy, „Direktwahl eines EU-Präsidenten wäre absurd", *Deutsche Wirtschaftsnachrichten*, 1.12.2012. Laut einer Umfrage von Eurobarometer im Mai 2014 sind 70 Prozent aller Unionsbürger für eine Direktwahl des Präsidenten, siehe Euroactive. „Europäer wollen Direktwahl des Kommissionspräsidenten", 9.9.2013. Kritisch dazu etwa Joerges / Rödl, „Direktwahl des EU-Kommissionspräsidenten: Mehr Schaden als Nutzen", *Verfassungsblog*, 26.6.2012. Detaillierte Analyse in Sonnicksen, *Ein Präsident für Europa. Zur Demokratisierung der Europäischen Union*, bes. Kapitel 4.
74  Zur Reformdiskussion um den Europäischen Gerichtshof Vesterdorf, „A Constitutional Court for the EU?". Zur mangelhaften Hierarchie im europäischen Rechtssystem siehe die interessanten Bemerkungen der englischen Rechtsprofessorin Michelle Everson, „Is the European Court of Justice a Legal or a Political Institution Now?", *The Guardian*, 10.8.2010. Zur Patentenscheidung des Bundesverfassungsgerichts der Bericht von Thomas Hirse, „Das BVerfG stoppt vorerst das Europäische Einheitspatent", *CMS-Rechtsblog*, 26.3.2020.
75  Zur mangelhaften demokratischen Legitimation der Union siehe z. B. Lenaert / Cambien, „The Democratic Legitimacy of the EU after the Treaty of Lisbon" und Achenbach, *Demokratische Gesetzgebung in der Europäischen Union*. Siehe auch Guérot, *Warum Europa eine Republik werden muss! Eine politische Utopie*.

76 Vergleiche die Webseiten der beiden Bewegungen unter https://pulseofeurope.eu und https://jef.eu/ (beide letztmals abgerufen Oktober 2020).
77 Juncker zit. in „EU-Staaten unterzeichnen Jubiläumserklärung", *Zeit online*, 25.3.2017, https://www.zeit.de/politik/ausland/2017-03/europaeische-union-eu-gipfel-roemische-vertraege-zukunft (letztmals abgerufen Oktober 2020).

# Literaturverzeichnis

Für Bücher und Aufsätze, die in mehreren Sprachen veröffentlicht wurden, sind vorzugsweise die deutschen Ausgaben angeführt, sofern mir diese vorlagen.

### I. Verfassungen und Verfassungsentwürfe

US-Verfassung (1787)
Deutsche Bundesakte (1815)
Wiener Schlussakte (1820)
Schweizer Bundesverfassung (1848)
Frankfurter Reichsverfassung (1849)
Erfurter Unionsverfassung (1849)
Preußische Verfassung (1850)
Entwurf Max Duncker (1866), abgedruckt als Anlage 1 in Triepel, Heinrich. „Zur Vorgeschichte der Norddeutschen Bundesverfassung". In: *Festschrift Otto Gierke zum siebzigsten Geburtstag dargebracht von Schülern, Freunden und Verehrern* (Weimar, 1911), S. 589–644.
Regierungsentwurf (1867), in: Stenographische Berichte über die Verhandlungen des Deutschen Reichstages, 1867, Anlagen, Nr. 10, S. 11–17.
Verfassung Norddeutscher Bund (1867)
Reichsverfassung (1871)
Schweizer Bundesverfassung (1874)
Weimarer Reichsverfassung (1919)
Grundgesetz (1949)
DDR-Verfassung (1949)
DDR-Verfassung (1968)
Schweizer Bundesverfassung (1999)

Alle deutschen Verfassungen können online eingesehen werden unter http://www.verfassungen.de/de-i.htm (letztmals abgerufen Oktober 2020).

### II. Protokolle, Drucksachen, Gesetzblätter, Geschäftsordnungen, Urteilssammlungen, offizielle Handbücher, Verträge und einzelne Gesetze und Urteile

Bundesgesetzblatt des Norddeutschen Bundes, 1867–1870. Online verfügbar unter https://de.wikisource.org/wiki/Reichsgesetzblatt_(Deutschland) (letztmals abgerufen Oktober 2020).
Bundesgesetzblatt, 1949ff. Online verfügbar unter https://www.bgbl.de (letztmals abgerufen Oktober 2020).
Drucksachen zu den Verhandlungen des Bundesrates des Deutschen Reiches, 1871–1918.
Drucksachen zu den Verhandlungen des Bundesrates des Norddeutschen Bundes, 1867–1870.
Entscheidungen des Reichsgerichts in Strafsachen, 1880–1944, 77 Bde.
Geschäftsordnung des Bundesrates des Deutschen Reiches, 1871. Abgedruckt in: Joachim Lilla (Hrsg.). *Der Bundesrat 1867–1919 – ein biographisches Nachschlagewerk* (Baden-Baden, 2014), S. 667–74.
Geschäftsordnung des Bundesrates des Deutschen Reiches, 1880. Abgedruckt in Joachim Lilla (Hrsg.). *Der Bundesrat 1867–1919 – ein biographisches Nachschlagewerk* (Baden-Baden, 2014), S. 675–86.
Geschäftsordnung für den Reichstag mit Anmerkungen. Hrsgg. v. Bernhard Jungheim (Berlin, 1916).
Gesetz Nr. 46 Auflösung des Staates Preußen, 25.2.1947, Amtsblatt des Kontrollrats in Deutschland, 31.3.1947, Nr. 14, S. 262. Online verfügbar unter http://deposit.dnb.de/cgi-bin/rqframe.pl?ansicht=3&zeitung=jouroffi&jahrgang=1947&ausgabe=058&seite=07000582 (letztmals abgerufen Oktober 2020).
Gesetzblatt der Deutschen Demokratischen Republik, 1949–1990. Online verfügbar unter http://www.recht.makrolog.de/bgblplus/DR_GBL1.nsf/webaufschlagen (letztmals abgerufen Oktober 2020).

Handbuch für das Deutsche Reich, 1874–1918. Hrsgg. vom Reichskanzleramt (1874–1878) beziehungsweise Reichsamt des Innern (1879–1918).
Protokolle über die Verhandlungen des Bundesrates des Deutschen Reiches, 1871–1918.
Protokolle über die Verhandlungen des Bundesrates des Norddeutschen Bundes, 1867–1870.
Protokolle des Preußischen Staatsministeriums, 1871–1918. Regesten hrsgg. v. d. Berlin-Brandenburgischen Akademie der Wissenschaft unter der Leitung von Jürgen Kocka und Wolfgang Neugebauer. Bde. 6/II-10 (Hildesheim, 1999–2004).
Reichsgesetzblatt des Deutschen Reiches, 1871–1945. Online verfügbar unter https://de.wikisource.org/wiki/Reichsgesetzblatt_(Deutschland) (letztmals abgerufen Oktober 2020).
Statistisches Jahrbuch für das Deutsche Reich, 1881–1925. Hrsgg. vom Kaiserlichen Statistischen Amt.
Stenographische Berichte über die Verhandlungen des Deutschen Reichstages (inklusive Anlagen und Drucksachen), 1871–1918. Online verfügbar unter https://www.reichstagsprotokolle.de (letztmals abgerufen Oktober 2020).
Stenographische Berichte über die Verhandlungen des Reichstages des Norddeutschen Bundes (inklusive Anlagen und Drucksachen), 1867–1870. Online verfügbar unter https://www.reichstagsprotokolle.de (letztmals abgerufen Oktober 2020).
Urteil des Staatsgerichtshofs vom 25.10.1932 (Preußen contra Reich). Entscheidungen des Reichsgerichts in Zivilsachen, Anhang I, Bd. 138, S. 2f. Online verfügbar unter http://www.saarheim.de/Entscheidungen/RGundStGH/StGH%20in%20RGZ%20138,%20Anh%201.pdf (letztmals abgerufen Oktober 2020).
Vertrag zwischen Preußen und Waldeck-Pyrmont, betreffend die Übertragung der Verwaltung der Fürstenthümer Waldeck und Pyrmont an Preußen, 18.7.1867. Online verfügbar unter http://www.verfassungen.de/he/waldeck/index.htm (letztmals abgerufen Oktober 2020).

### III. Zeitgenössische deutsche Staatsrechtsliteratur

Anschütz, Gerhard. *Bismarck und die Reichsverfassung* (Berlin, 1899).
—. „Zabern". *Deutsche Juristen-Zeitung* 24/18 (1913), S. 1457–61.
—. „Die Parlamentarisierung der Reichsleitung". *Deutsche Juristen-Zeitung* 15 (1917), Sp. 697–702.
—. „Der deutsche Föderalismus in Vergangenheit, Gegenwart und Zukunft". *Tagungsbände der Vereinigung der Deutschen Staatsrechtslehrer* 1 (1924), S. 11–34.
— und Richard Thoma (Hrsg.). *Handbuch des Deutschen Staatsrechts*. 2 Bde. (Tübingen, 1930/32).
Apel, Erich. *Die landesherrliche Gewalt des Kaisers in Elsaß-Lothringen* (Spandau, 1895).
Arndt, Adolf. *Das Staatsrecht des Deutschen Reiches* (Berlin, 1901).
—. *Die Verfassung des Deutschen Reichs. Mit Einleitung und Kommentar* (4. Aufl. Berlin, 1911).
Binding, Karl. *Die rechtliche Stellung des Kaisers im heutigen Deutschen Reiche. Vortrag gehalten in der Gehe-Stiftung zu Dresden am 12. Februar 1898* (Dresden, 1898).
—. „Bundesrat und Staatsgerichtshof". *Deutsche Juristen-Zeitung* 4 (1899), S. 69–76.
—. „Die Gründung des norddeutschen Bundes" (1888). In: Ders., *Zum Werden und Leben der Staaten. Zehn staatsrechtliche Abhandlungen* (München/Leipzig, 1920), S. 95–167.
Bockler, Erich. *Vergleichende Darstellung der Kompetenzen des Bundesrats der Bismarck'schen Reichsverfassung und des Reichsrats nach der Verfassung des Deutschen Reiches vom 11. VIII. 1919* (Braunschweig, 1922).
Böckmann, Kurt von. *Die Geltung der Reichsverfassung in den deutschen Kolonien* (Karlsruhe, 1912).
Bornhak, Conrad. „Die Anfänge des deutschen Kolonialstaatsrechts". *Archiv für öffentliches Recht* 2 (1887), S. 3–53.
—. „Die verfassungsrechtliche Stellung des deutschen Kaiserthums". *Archiv für öffentliches Recht* 8 (1893), S. 245–79.
—. *Grundriß des deutschen Staatsrechts* (Leipzig, 1907).
—. „Wandlungen der Reichsverfassung". *Archiv für öffentliches Recht* 26 (1910), S. 373–400.
Bruck, Ernst. *Das Verfassungs- und Verwaltungsrecht von Elsaß-Lothringen*. 3 Bde. (Straßburg, 1908–1910).
Buchner, Heribert. „Die Matrikularbeiträge im Deutschen Reich". *Archiv des öffentlichen Rechts* 27/1 (1911), S. 101–22.

Brie, Siegfried. *Der Bundesstaat. Eine historisch-dogmatische Untersuchung. Erste Abtheilung: Geschichte der Lehre vom Bundesstaate* (Leipzig, 1874).
Fischbach, Oscar. *Das öffentliche Recht des Reichslandes Elsaß-Lothringen* (Tübingen, 1914).
Fischer, Richard. *Das Recht des Deutschen Kaisers* (Berlin, 1895).
Florack, Franz. *Die Schutzgebiete, ihre Organisation in Verfassung und Verwaltung* (Tübingen, 1905).
Frederich, Otto. *Die staatsrechtliche Stellung des heutigen deutschen Kaisertums, verglichen mit den beiden Verfassungs-Entwürfen von 1848, 1849 und mit der Unions-Verfassung von 1850* (Würzburg, 1912).
Fricker, Karl Victor. *Die Verpflichtung des Kaisers zur Verkündigung der Reichsgesetze* (Leipzig, 1885).
Frormann, Walter. „Die Beteiligung des Kaisers an der Reichsgesetzgebung". *Archiv für öffentliches Recht* 14 (1899), S. 31–92.
Gierke, Otto von. *Das deutsche Genossenschaftsrecht*. 4 Bde. (Berlin, 1868–1913).
Gerber, Karl Friedrich von. *Grundzüge eines Systems des deutschen Staatsrechts* (1. Aufl. Leipzig, 1865. 3. Aufl. Leipzig, 1880. Letztere als Nachdruck Hildesheim, 1998).
*Gutachten der Leipziger Juristenfakultät über das Recht der Söhne Seiner Erlaucht des Graf-Regenten Ernst zur Lippe-Biesterfeld auf die Thronfolge im Fürstentum Lippe* (Leipzig, 1906).
Hänel, Albert. *Studien zum Deutschen Staatsrechte*. 2 Bde. (Leipzig, 1873–1880).
—. „Zur Kritik der Begriffsbestimmung des Bundesstaates". *Annalen des Deutschen Reiches* 10 (1877), S. 78–92.
—. *Deutsches Staatsrecht. Die Grundlagen des deutschen Staates und die Reichsgewalt*. Bd. 1 (Leipzig, 1892).
Held, Joseph von. *Die Verfassung des Deutschen Reiches vom staatsrechtlichen Standpunkt aus betrachtet. Ein Beitrag zu deren Kritik* (Leipzig, 1872).
Hellmann, Otto. *Die staatsrechtliche Stellung des Reichslandes Elsaß-Lothringen nach seiner geschichtlichen Entwicklung und dem geltenden Recht* (Freising, 1907).
Herwegen, August. *Reichsverfassung und Bundesrat* (Köln, 1902).
Hiersemenzel, Eduard. *Die Verfassung des Norddeutschen Bundes*. Bd. 1 (Berlin, 1867).
Hoffmann, Hermann von. *Einführung in das deutsche Kolonialrecht* (Leipzig, 1911).
Hue de Grais, Robert. *Handbuch der Verfassung und Verwaltung in Preußen und dem Deutschen Reiche* (1. Aufl. Berlin, 1881. 22. Aufl. Berlin 1914).
Illing, Julius. *Handbuch für Preußische Verwaltungsbeamte, des Staates, der Kommunalverbände, der Korporationen und für Geschäftsleute*. 2 Bde. (2. Aufl. Düsseldorf, 1869/70. 7. Aufl. Berlin, 1898).
Jellinek, Georg. *Die Lehre von den Staatenverbindungen* (Wien, 1882).
—. *Über Staatsfragmente* (Heidelberg, 1896).
—. *Verfassungsänderung und Verfassungswandlung. Eine staatsrechtlich-politische Abhandlung* (Berlin, 1906).
—. *Allgemeine Staatslehre* (1. Aufl. Berlin, 1900. 3. Aufl. Berlin, 1914).
Jellinek, Walter. „Revolution und Revolutionsverfassung". *Jahrbuch des öffentlichen Rechts* 9 (1920), S. 1–128.
Kaufmann, Erich. *Bismarcks Erbe in der Reichsverfassung* (Berlin, 1917).
Kirchheimer, Otto. „Weimar – und was dann? Analyse einer Verfassung (1930)". In: Ders. *Politik und Verfassung* (Frankfurt am Main, 1964), S. 9–56.
Kühn, Robert. *Die deutschen Schutzgebiete, ihre Erwerbung und rechtliche Stellung* (Leipzig, 1908).
Laband, Paul. *Das Staatsrecht des Deutschen Reiches*. 3 Bde., 3. Bd. in zwei Teilbänden (1. Aufl. Tübingen, 1876–1882).
—. *Das Staatsrecht des Deutschen Reiches*. 4 Bde. (5. Aufl. Tübingen, 1911–1914).
—. *Der Streit über die Thronfolge im Fürstentum Lippe. Unter Benutzung archivalischer Materialien erörtert* (Freiburg, 1891).
—. *Die Wandlungen der deutschen Reichsverfassung. Vortrag gehalten in der Gehe-Stiftung zu Dresden am 16. März 1895* (Dresden, 1895).
—. *Das Deutsche Kaiserthum. Rede zur Feier des Geburtstages Sr. Majestät des Kaisers und der Wiedererrichtung des deutschen Kaiserthums am 27. Januar 1896 in der Aula der Kaiser-Wilhelms-Universität Straßburg* (Straßburg, 1896).
—. „Die geschichtliche Entwicklung der Reichsverfassung seit der Reichsgründung". *Jahrbuch des öffentlichen Rechts der Gegenwart* 1 (1907), S. 1–46.
—. „Der Bundesrat". *Deutsche Juristen-Zeitung* 1 (1911), Sp. 1–9.

Lackmann, Otto. *Das Kaisertum in den Verfassungen des Deutschen Reiches vom 28. März 1849 und vom 16. April 1871. Ein Beitrag zur Geschichte des Deutschen Staatsrechts im 19. Jahrhundert* (Bonn, 1903).
Loening, Edgar. *Lehrbuch des Deutschen Verwaltungsrechts* (Leipzig, 1884).
—. *Grundzüge der Verfassung des Deutschen Reiches. Sechs Vorträge* (4. Aufl. Leipzig, 1913).
Martitz, Ferdinand von. *Betrachtungen über die Verfassung des Norddeutschen Bundes* (Leipzig, 1868).
—. „Das Staatsrecht des deutschen Reiches von Paul Laband. Eine Kritik". *Zeitschrift für die gesammte Staatswissenschaft* 32 (1876), S. 555–73.
Mayer, Otto. „Republikanischer und monarchischer Bundesstaat". *Archiv für öffentliches Recht* 18 (1903), S. 337–72.
Mejer, Otto. *Einleitung in das Deutsche Staatsrecht* (2. Aufl. Freiburg / Tübingen, 1884).
Meyer, Georg. *Grundzüge des Norddeutschen Bundesrechts* (Leipzig, 1868).
—. *Lehrbuch des Deutschen Staatsrechts* (7. Aufl. Hrsgg. v. Gerhard Anschütz. Leipzig / München, 1919).
Mohl, Robert von. *Das deutsche Reichsstaatsrecht. Rechtliche und politische Erörterungen* (Tübingen, 1873).
Münstermann, Karl. *Die Rechtsstellung des Kaisers in den deutschen Schutzgebieten* (Halle an der Saale, 1911).
Perels, Kurt. „Stellvertretende Bevollmächtigte zum Bundesrat". In: *Festgabe der Kieler Juristen-Fakultät ihrem hochverehrten Senior Dr. Albert Hänel dargebracht zum fünfzigjährigen Doktor-Jubiläum am 28. Dezember 1907* (Kiel / Leipzig, 1907), S. 255–80.
Posener, Paul. *Die Verfassung des Deutschen Reiches. Kommentar* (Leipzig, 1903).
Preuß, Hugo. „Kolonialpolitik und Reichsverfassung". *Die Nation* 2/16 (1884/85), S. 214–17.
—. „Die russischen Auslieferungsverträge und die Reichskompetenz". *Die Nation* 3/9 (1885/86), S. 127–29.
—. *Friedenspräsenz und Reichsverfassung. Eine staatsrechtliche Studie* (Berlin, 1887).
—. „Die organische Bedeutung der Art. 15 und 17 der Reichsverfassung". *Zeitschrift für die gesamte Staatswissenschaft* 45 (1889), S. 420–49.
—. *Gemeinde, Staat, Reich als Gebietskörperschaften. Versuch einer deutschen Staatskonstruktion auf Grundlage der Genossenschaftstheorie* (Berlin, 1889).
—. *Das städtische Amtsrecht in Preußen* (Berlin, 1902).
—. „Ein Zukunftsstaatsrecht". *Archiv des öffentlichen Rechts* 18 (1903), S. 373–422.
—. *Die Entwicklung des deutschen Städtewesens*. Bd. 1: Entwicklungsgeschichte der deutschen Städteverfassung (Leipzig, 1906).
—. „Selbstverwaltung, Gemeinde, Staat, Souveränität". In: *Staatsrechtliche Abhandlungen. Festgabe für Paul Laband zum fünfzigsten Jahrestage der Doktor-Promotion*. Dargebracht von Wilhelm van Calker et al. (Tübingen, 1908), Bd. 2, S. 197–245.
—. „Anschütz' Kommentar zur preußischen Verfassung". *Preußische Jahrbücher* 150 (1912), S. 473–83.
Rauer, Walther W. *Der Deutsche Kaiser. Seine rechtliche Stellung im alten und im neuen Reiche und nach der Reichsverfassung vom 28. März 1849 (Paulskirchenverfassung)* (Berlin, 1913).
Redslob, Robert. *Abhängige Länder. Eine Analyse des Begriffs von der ursprünglichen Herrschergewalt; zugleich eine staatsrechtliche und politische Studie über Elsaß-Lothringen, die österreichischen Königreiche und Länder, Kroatien-Slavonien, Bosnien-Herzegowina, Finnland, Island, die Territorien der nordamerikanischen Union, Kanada, Australien, Südafrika* (Leipzig, 1914).
Rehm, Hermann. *Unitarismus und Föderalismus in der Deutschen Reichsverfassung. Vortrag gehalten in der Gehe-Stiftung zu Dresden am 8. Oktober 1898* (Dresden, 1898).
—. *Allgemeine Staatslehre* (Freiburg / Leipzig / Tübingen, 1899).
Reincke, Otto. *Die Verfassung des Deutschen Reichs nebst Ausführungsgesetzen* (Berlin, 1906).
Rönne, Ludwig von. *Das Verfassungs-Recht des Deutschen Reiches. Historisch-dogmatisch dargestellt* (Leipzig, 1872).
—. *Das Staats-Recht des Deutschen Reiches*. 2 Bde. (Leipzig, 1876–1877).
Rosenberg, James. *Die Rechtsnatur Elsaß-Lothringens* (Hamburg, 1913).
Rosenberg, Werner. *Die staatsrechtliche Stellung von Elsass-Lothringen* (Metz, 1896).
—. „Der Bundesrath". *Preußische Jahrbücher* 109 (1902), S. 420–43.
Rosenthal, Eduard. *Die Reichsregierung. Eine staatsrechtliche und politische Studie* (Jena, 1911).
Rosin, Heinrich. „Souveränität, Staat, Gemeinde, Selbstverwaltung". *Annalen des Deutschen Reiches* (1883), S. 265–322 (auch als eigenständige Schrift München / Leipzig, 1883).
—. *Das Recht der öffentlichen Genossenschaft. Eine verwaltungsrechtliche Monographie* (Freiburg, 1886).

Sabersky, Fritz. *Der koloniale Inlands- und Auslandsbegriff der Reichsgesetze in seiner Anwendung auf das Verhältnis von Mutterland und Schutzgebieten* (Potsdam, 1907).
Sassen, Franz Josef. *Das Gesetzgebungs-und Verordnungsrecht in den deutschen Kolonien* (Tübingen, 1909).
Schalfejew, Eduard. *Die staatsrechtliche Stellung Elsaß-Lothringens nach dem neuen Verfassungsgesetz* (Berlin, 1913).
Schiffer, Eugen. „Die Diktatur des Bundesrates". *Deutsche Juristen-Zeitung* 23/4 (1915), S. Sp. 1158–63.
Schilling, Paul. „Die Reichsexekution". *Archiv für öffentliches Recht* 20 (1906), S. 51–86.
Schmitt, Carl. *Verfassungslehre* (München, 1928).
Schweizer, Ludwig. *Das Kaisertum der Reichsverfassungen von 1849 und 1871* (Greifswald, 1918).
Schücking, Walter. „Staatsrechtliche Reformbestrebungen und Reformen während der Kriegszeit". In: Gerhard Anschütz und Richard Thoma (Hrsg.). *Handbuch des Deutschen Staatsrechts*, Bd. 1 (Tübingen, 1930), S. 87–95.
Schulze, Carl. *Die staatsrechtliche Stellung des Statthalters von Elsaß-Lothringen* (Frankenberg, 1904).
Schulze, Hermann. *Einleitung in das deutsche Staatsrecht mit besonderer Berücksichtigung der Krisis des Jahres 1866 und der Gründung des Norddeutschen Bundes* (Leipzig, 1867).
—. *Lehrbuch des Deutschen Staatsrechtes*. 2 Bde. (Leipzig, 1881–1886).
Seydel, Max von. „Der Bundesstaatsbegriff". *Zeitschrift für die gesammte Staatswissenschaft* 28 (1872), S. 185–256.
—. *Grundzüge einer allgemeinen Staatslehre* (Würzburg, 1873).
—. „Der Bundesgedanke und der Staatsgedanke im Deutschen Reiche" (1874). In: Ders., *Staatsrechtliche und politische Abhandlungen*. Bd. 1 (Freiburg / Leipzig, 1893), S. 90–100.
—. „Der deutsche Bundesrat" (1878). In: Ders., *Staatsrechtliche und politische Abhandlungen*. Bd. 2 (Freiburg / Leipzig, 1902), S. 90–122.
—. *Bayerisches Staatsrecht*. 7 Bde. (1. Aufl. München, 1884–Freiburg, 1894).
—. *Commentar zur Verfassungs-Urkunde für das Deutsche Reich* (1. Aufl. Würzburg. 2. Aufl. Freiburg / Leipzig, 1897).
—. „Zur Lippischen Thronfolgefrage" (1898). In: Ders. *Staatsrechtliche und politische Abhandlungen*. Bd. 2, S. 233–34.
Siben, Arnold. *Die richterlichen Funktionen des Bundesrates* (Heidelberg, 1909).
Smend, Rudolf. „Ungeschriebenes Verfassungsrecht im monarchischen Bundesstaat" (1916). In: Ders., *Staatsrechtliche Abhandlungen und andere Aufsätze* (3. Aufl. Berlin, 1994), S. 39–59.
—. „Der Einfluß der deutschen Staats- und Verwaltungsrechtslehre des 19. Jahrhunderts auf das Leben in Verfassung und Verwaltung" (1939). In: Ders., *Staatsrechtliche Abhandlungen und andere Aufsätze* (3. Aufl. Berlin, 1994), S. 326–45.
Snell, Wilhelm. *Naturrecht nach den Vorlesungen von Dr. Wilhelm Snell* (2. Aufl. Bern, 1859).
Steinbach, Rudolph. *Die rechtliche Stellung des Deutschen Kaisers verglichen mit der des Präsidenten der Vereinigten Staaten von Amerika* (Leipzig, 1903).
Stoerk, Felix. *Handbuch der Deutschen Verfassungen. Die Verfassungsgesetze des Deutschen Reiches und seiner Bundesstaaten nach dem gegenwärtigen Gesetzesstande* (1. Aufl. Leipzig, 1884. 2. Aufl. München / Leipzig, 1913).
Tophoff, Hermann. *Die Rechte des deutschen Kaisers. Ein staatswissenschaftlicher Versuch veröffentlicht zur Begrüßung der in Münster i. W. errichteten rechts- und staatswissenschaftlichen Fakultät* (Stuttgart, 1902).
Triepel, Heinrich. *Unitarismus und Föderalismus im Deutschen Reiche. Eine staatsrechtliche und politische Studie* (Tübingen, 1907).
—. „Zur Vorgeschichte der Norddeutschen Bundesverfassung". In: *Festschrift Otto Gierke zum siebzigsten Geburtstag dargebracht von Schülern, Freunden und Verehrern* (Weimar, 1911), S. 589–644.
—. *Die Reichsaufsicht. Untersuchungen zum Staatsrecht des Deutschen Reiches* (Berlin, 1917).
Waitz, Georg. „Das Wesen des Bundesstaats" (1853). In: Ders., *Grundzüge der Politik nebst einzelnen Ausführungen* (Kiel, 1862), S. 153–218.
Westerkamp, Justus Bernhard. *Staatenbund und Bundesstaat. Untersuchungen über die Praxis und das Recht der modernen Bünde* (Leipzig, 1892).
Zachariä, Heinrich Albert *Deutsches Staats- und Bundesrecht*. Bd. 2 (2. Aufl. Göttingen, 1854).

—. und Heinrich Zoepfl. *Zwei Rechtsgutachten die Ebenbürtigkeitsfrage im Fürstlichen und Gräflichen Hause Lippe betreffend* (Heidelberg, 1875).
Zorn, Philipp. *Das Staatsrecht des Deutschen Reiches.* 2 Bde. (2. Aufl. Berlin, 1895–1897).
—. *Die Reichsverfassung und der Lippische Thronfolgestreit* (Königsberg, 1898).


### IV. Memoiren, Erinnerungen, Aufzeichnungen, Reportagen und Tagebücher

Ballhausen, Robert Lucius von. *Bismarck-Erinnerungen des Staatsministers Freiherrn Lucius von Ballhausen* (Stuttgart, 1921).
Bismarck, Otto von. *Gedanken und Erinnerungen.* In: *Gesammelte Werke* (Neue Friedrichsruher Ausgabe). Hrsgg. von Holger Afflerbach, Konrad Canis, Lothar Gall, Klaus Hildebrand und Eberhard Kolb. Abt. 4 (Paderborn, 2012).
Fontane, Theodor. *Von Zwanzig bis Dreißig. Autobiographisches* (Berlin, 1898. Neuauflage Berlin, 2014).
Keudell, Robert von. *Fürst und Fürstin Bismarck. Erinnerungen aus den Jahren 1846–1872* (Berlin, 1901).
Lerchenfeld-Köfering, Hugo von und zu. *Erinnerungen und Denkwürdigkeiten: 1843–1925* (2. Aufl. Berlin, 1935).
Oldenburg, Karl. *Aus Bismarcks Bundesrat. Aufzeichnungen des Mecklenburg-Schwerinschen zweiten Bundesratsbevollmächtigten K. Oldenburg aus den Jahren 1878–1885.* Im Auftrag seiner Familie hrsgg. von Wilhelm Schüßler (Berlin, 1929).
Payer, Friedrich von. *Von Bethmann Hollweg bis Ebert, Erinnerungen und Bilder* (Frankfurt am Main, 1923).
Scheidemann, Philipp. *Der Zusammenbruch* (Berlin, 1921).
Troeltsch, Ernst. *Die Fehlgeburt einer Republik. Spektator in Berlin 1918 bis 1922.* Hrsgg. v. Johann Hinrich Claussen (Frankfurt am Main, 1994).


### V. Andere Primärquellen

Bucher, Lothar. *Der Parlamentarismus, wie er ist* (Berlin, 1855).
Burgess, John W. „Tenure and Powers of the German Emperor". *Political Science Quarterly* 3/2 (1888), S. 334–57.
Frantz, Constantin. *Von der deutschen Föderation* (Berlin, 1851).
—. *Der Föderalismus als das leitende Prinzip für die soziale, staatliche und internationale Organisation unter besonderer Bezugnahme auf Deutschland kritisch nachgewiesen und konstruktiv dargestellt* (Mainz, 1879. Nachdruck Aalen, 1962).
—. *Die Schattenseite des Norddeutschen Bundes vom preußischen Standpunkte betrachtet. Eine staatswissenschaftliche Skizze* (Berlin, 1870).
Howard, Burt Estes. *The German Empire* (New York, 1906).
—. „Alsace-Lorraine and its Relations to the German Empire". *Political Science Quarterly* 21/3 (1906), S. 447–74.
Kästner, Erich. *Gesang zwischen den Stühlen* (Stuttgart, 1932. Neuauflage Zürich, 2011).
Renan, Ernest. *Qu'est-ce qu'une nation?* (Paris, 1882). Online verfügbar unter https://archive.org/details/questcequunenatoorenagoog/page/n9/mode/2up (letztmals abgerufen Oktober 2020).
Ruville, Albert von. *Das Deutsche Reich ein monarchischer Einheitsstaat. Beweis für den staatsrechtlichen Zusammenhang zwischen altem und neuem Reich* (Berlin, 1894).
Suckow, Albert von. *Wo Süddeutschland Schutz für sein Dasein findet? Ein Wort an die Süddeutschen von einem süddeutschen Offizier* (Stuttgart, 1869).
Treitschke, Heinrich von. „Bundesstaat und Einheitsstaat" (1864). In: Ders. *Aufsätze, Reden und Briefe.* Hrsgg. von Karl Martin Schiller. Bd. 3 (Merseburg, 1929), S. 9–146.
—. „Der Krieg und die Bundesreform" (1866). In: Ders. *Aufsätze, Reden und Briefe.* Bd. 3, S. 251–71.
—. „Die Zukunft der norddeutschen Mittelstaaten" (1866). In: Ders. *Aufsätze, Reden und Briefe.* Bd. 3, S. 289–311.
—. „Die Verfassung des Norddeutschen Bundes" (1867). In: Ders. *Aufsätze, Reden und Briefe.* Bd. 3, S. 363–80.

—. „Was fordern wir von Frankreich?" (1870). In: Ders. *Aufsätze, Reden und Briefe*. Bd. 3, S. 450–89.
—. „Bund und Reich" (1874). In: Ders. *Aufsätze, Reden und Briefe*. Hrsgg. von Karl Martin Schiller. Bd. 4 (Merseburg, 1929), S. 212–45.
—. „Unser Reich" (1886). In: Ders. *Aufsätze, Reden und Briefe*. Bd. 4, S. 712–31.

### VI. Quellensammlungen

Afflerbach, Holger (Hrsg.). *Kaiser Wilhelm II. als oberster Kriegsherr im Ersten Weltkrieg. Quellen aus der militärischen Umgebung des Kaisers 1914–1918* (München, 2005).
Bismarck, Otto von. *Die gesammelten Werke* (Friedrichsruher Ausgabe). 15 Bde. in 19 Teilen (Berlin, 1924–1935).
—. *Gesammelte Werke* (Neue Friedrichsruher Ausgabe). Hrsgg. von Holger Afflerbach, Konrad Canis und Eberhard Kolb. In Teilen bereits publiziert, übrige Bände im Erscheinen. (Paderborn, 2004ff.).
Hinweis: Die Anmerkungen beziehen sich auf die alte Ausgabe der Gesammelten Werke, es sei denn, die Neue Friedrichsruher Ausgabe ist ausdrücklich genannt.
*Das Werk des Untersuchungsausschusses der Verfassungsgebenden Deutschen Nationalversammlung und des Deutschen Reichstages 1919–1928*. Im Auftrage des Reichstages unter Mitwirkung v. Eugen Fischer, Berthold Widmann, Walter Bloch hrsgg. v. Walter Schücking, Johannes Bell, Georg Gradnauer, Rudolf Breitscheid, Albrecht Philipp. IV. Reihe, Bd. 4 (Berlin, 1929).
Deuerlein, Ernst (Hrsg.). *Die Gründung des Deutschen Reiches 1870/71 in Augenzeugenberichten* (Düsseldorf, 1970).
Fenske, Hans (Hrsg.). *Der Weg zur Reichsgründung 1850–1870* (Darmstadt, 1977).
—. *Im Bismarckschen Reich 1871–1890* (Darmstadt, 1978).
—. *Unter Wilhelm II. 1890–1918* (Darmstadt, 1982).
—. *Quellen zur deutschen Innenpolitik 1890–1914* (Darmstadt, 1991).
Goldschmidt, Hans (Hrsg.). *Das Reich und Preußen im Kampf um die Führung. Von Bismarck bis 1918* (Berlin, 1931).
Heyderhoff, Julius (Hrsg.). *Die Sturmjahre der preußisch-deutschen Einigung 1859–1870. Politische Briefe aus dem Nachlass liberaler Parteiführer* (Bonn, 1925).
Hohlfeld, Johannes (Hrsg.). *Dokumente der deutschen Politik und Geschichte von 1848 bis zur Gegenwart*. Bd. 1 (Berlin, 1951).
Huber, Ernst Rudolf (Hrsg.), *Dokumente zur deutschen Verfassungsgeschichte*. Bd. 1–3 (3. Aufl. Stuttgart, 1978–1990).
Kohl, Horst (Hrsg.). *Die politischen Reden des Fürsten Bismarck*. 14 Bde. (Stuttgart, 1892–1905).
Matthias, Erich, and Rudolf Morsey (Hrsg.). *Der Interfraktionelle Ausschuß 1917/18*. 2 Bde. (Düsseldorf, 1959).
Mösslang, Markus und Helen Whatmore (Hrsg.). *British Envoys to the Kaiserreich 1871–1897*. Bd. 1: 1871–1883 (Cambridge, 2016).
Poschinger, Heinrich von (Hrsg.). *Fürst Bismarck und der Bundesrat*. 5 Bde. (Stuttgart / Leipzig, 1897–1901).
Real, Willy (Hrsg.). *Karl Friedrich von Savigny 1814–1875. Briefe, Akten, Aufzeichnungen aus dem Nachlaß eines preußischen Diplomaten der Reichsgründungszeit*. Bd. 2 (Boppard am Rhein, 1981).
Rich, Norman und M. H. Fisher (Hrsg.). *Die geheimen Papiere Friedrich von Holsteins*. Dt. Ausg. von Werner Frauendienst. Bd. 1 (2. Aufl. Göttingen, 1958).
Schultze, Walther und Friedrich Thimme (Hrsg.). *Johannes von Miquels Reden*. Bd. 1 (Halle an der Saale, 1911).

### VII. Ausstellungen

*Bayern und Preußen. Eine historische Beziehung in Karikaturen*. Online Ausstellung des Hauses der Bayerischen Geschichte in München. Verfügbar unter http://www.hdbg.de/karikatur/de/h_info/h_fr.htm (letztmals abgerufen Oktober 2020).

## VIII. Zeitungsartikel, -interviews, Blogposts und Webseiten

Blair, Tony. „It's Time for the Direct Election of a European President". *Huffington Post*, 26.11.2012, https://www.huffpost.com/entry/its-time-for-the-direct-e_b_2191918?guccounter=1 (letztmals abgerufen Oktober 2020).

Bollmann, Ralph. „Staatenbund oder Bundesstaat: Heiliges Römisches Europa". *Frankfurter Allgemeine Zeitung*, 10.11.2012, http://www.faz.net/aktuell/wirtschaft/staatenbund-oder-bundesstaat-heiliges-roemisches-europa-11957028.html (letztmals abgerufen Oktober 2020).

Center for the Study of Federalism. „Reconstruction". http://encyclopedia.federalism.org/index.php/Reconstruction (letztmals abgerufen Oktober 2020).

Deutsches Patent- und Markenamt. „Das Kaiserliche Patentamt von 1891 bis 1900". https://www.dpma.de/dpma/wir_ueber_uns/geschichte/140jahrepatentamtindeutschland/kaiserlichespatentamt1891-1900/index.html (letztmals abgerufen Oktober 2020).

Euroactive. „Europäer wollen Direktwahl des Kommissionspräsidenten", 9.9.2013, https://www.euractiv.de/section/europawahlen/news/europaer-wollen-direktwahl-des-kommissionsprasidenten/ (letztmals abgerufen Oktober 2020).

Everson, Michelle. „Is the European Court of Justice a Legal or a Political Institution Now?". *The Guardian*, 10.8.2010, https://www.theguardian.com/law/2010/aug/10/european-court-justice-legal-political (letztmals abgerufen Oktober 2020).

Feld, Lars P. und Thomas König. „Der Föderalismus wirkt". *Die Zeit*, 11.5.2020, https://www.zeit.de/politik/deutschland/2020-05/corona-krise-deutschland-foederalismus-lokale-schutzmassnahmen-lockerungen (letztmals abgerufen Oktober 2020).

Funk, Albert. „Europa ist schon längst ein Bundesstaat". *Der Tagesspiegel*, 15.7.2012, http://www.tagesspiegel.de/meinung/essay-europa-ist-schon-laengst-ein-bundesstaat/6879848.html (letztmals abgerufen Oktober 2020).

Henley, Jon. „Is the EU really dictating the shape of your bananas?". *The Guardian*, 11.5.2016, https://www.theguardian.com/politics/2016/may/11/boris-johnson-launches-the-vote-leave-battlebus-in-cornwall (letztmals abgerufen Oktober 2020).

Hirse, Thomas. „Das BVerfG stoppt vorerst das Europäische Einheitspatent". *CMS-Rechtsblog*, 26.3.2020, https://www.cmshs-bloggt.de/gewerblicher-rechtsschutz/patentrecht/das-bverfg-stoppt-vorerst-das-europaeische-einheitspatent/ (letztmals abgerufen Oktober 2020).

Joerges, Christian und Florian Rödl. „Direktwahl des EU-Kommissionspräsidenten: Mehr Schaden als Nutzen". *Verfassungsblog*, 26.6.2012, https://verfassungsblog.de/direktwahl-des-eukommissionsprsidenten-mehr-schaden-als-nutzen/ (letztmals abgerufen Oktober 2020).

Juncker, Jean-Claude. „Direktwahl des EU-Kommissionspräsidenten nötig". *Deutsche Welle*, 14.2.2018, https://www.dw.com/de/juncker-direktwahl-des-eu-kommissionspräsidenten-nötig/a-42583806 (letztmals abgerufen Oktober 2020).

—. Aussagen zur Zukunft der Europäischen Union in „EU-Staaten unterzeichnen Jubiläumserklärung", Zeit online, 25.3.2917, https://www.zeit.de/politik/ausland/2017-03/europaeische-union-eu-gipfel-roemische-vertraege-ursprung (letztmals abgerufen Oktober 2020).

Keeler, Emily. „Ted Cruz reads Dr. Seuss and Ayn Rand to stall Senate". *Los Angeles Times*, 25.9.2013, https://www.latimes.com/books/la-xpm-2013-sep-25-la-et-jc-ted-cruz-dr-seuss-ayn-rand-to-stall-senate-20130925-story.html (letztmals abgerufen Oktober 2020).

Landeszentrale für politische Bildung Baden-Württemberg. Die Entstehung des Landes Baden-Württemberg, https://www.lpb-bw.de/entstehung-baden-wuerttembergs#c14856 (letztmals abgerufen Oktober 2020).

Pramuk, Jacob. „House passes bill to make Washington DC the 51st state". *CNBC*, 26.6.2020, https://www.cnbc.com/2020/06/26/house-passes-bill-to-make-washington-dc-the-51st-state.html (letztmals abgerufen Oktober 2020).

Pulse of Europe. https://pulseofeurope.eu (letztmals abgerufen Oktober 2020).

Rompuy, Hermann van. „Direktwahl eines EU-Präsidenten wäre absurd". *Deutsche Wirtschaftsnachrichten*, 1.12.2012, https://deutsche-wirtschafts-nachrichten.de/2012/12/01/van-rompuy-direktwahl-eines-eu-praesidenten-waere-absurd (letztmals abgerufen Oktober 2020).

Young European Federalists. https://jef.eu/ (letztmals abgerufen Oktober 2020).

## IX. Politische Reden, Erklärungen, und Strategiepapiere der Gegenwart

Erklärung von Rom (Erklärung der führenden Vertreter von 27 Mitgliedstaaaten und des Europäischen Rates, des Europäischen Parlaments und der Europäischen Kommission), 25. 3. 2017. Online verfügbar unter https://ec.europa.eu/commission/presscorner/detail/de/STATEMENT_17_767 (letztmals abgerufen Oktober 2020).

Gauck, Joachim. Rede im Bundesrat anlässlich des 25. Jahrestages der ersten gemeinsamen Sitzung der Landesregierungen aus Ost- und Westdeutschland, 27. 11. 2015. Verfügbar unter https://www.vermittlungsausschuss.de/SharedDocs/texte/15/20151127-rede-gauck-25jahre-16laender.html (letztmals abgerufen Oktober 2020).

Gysi, Gregor. Rede im Bundestag, 16. 5. 2013. Plenarprotokolle 17/240, online verfügbar unter http://dip21.bundestag.de/dip21/btp/17/17240.pdf (letztmals abgerufen Oktober 2020).

Macron, Emmanuel. Rede an der Pariser Sorbonne zu seiner „Initiative für Europa", 26. 9. 2017. Deutsche Übersetzung online verfügbar unter https://de.ambafrance.org/Initiative-fur-Europa-Die-Rede-von-Staatsprasident-Macron-im-Wortlaut (letztmals abgerufen Oktober 2020).

Schäuble, Wolfgang. Rede anlässlich der Entgegennahme des Karlspreises, 17. 3. 2012. Online verfügbar unter https://www.karlspreis.de/de/preistraeger/wolfgang-schaeuble-2012/rede-von-dr-wolfgang-schaeuble (letztmals abgerufen Oktober 2020).

Weißbuch zur Zukunft Europas. Die EU der 27 im Jahr 2025 – Überlegungen und Szenarien, 1. 3. 2017. Online verfügbar unter https://ec.europa.eu/commission/sites/beta-political/files/weissbuch_zur_zukunft_europas_de.pdf (letztmals abgerufen Oktober 2020).

## X. Nachschlagewerke

Best, Heinrich und Wilhelm Weege. *Biographisches Handbuch der Abgeordneten der Frankfurter Nationalversammlung 1848/1849* (Düsseldorf, 1996).

Franz, Eckhardt G., Peter Fleck und Fritz Kallenberg. *Handbuch der hessischen Geschichte*. Bd. 4.2: Hessen im Deutschen Bund und im Deutschen Reich (1806) 1815 bis 1945. Hrsgg. von Walter Heinemeyer in Verbindung mit Helmut Berding, Peter Moraw, und Hans Philippi (Marburg, 2003).

Hansen, Eckhardt und Florian Tennstedt (Hrsg.). *Biographisches Lexikon zur Geschichte der deutschen Sozialpolitik*. Bd. 2 (Kassel, 2018).

Hohorst, Gerd, Jürgen Kocka und Gerhard A. Ritter (Hrsg.). *Sozialgeschichtliches Arbeitsbuch*. Bd. 2: Materialien zur Statistik des Kaiserreichs 1870–1914 (2. Aufl. München, 1978).

Lilla, Joachim (Hrsg.). *Der Bundesrat 1867–1919 – ein biographisches Nachschlagewerk* (Baden-Baden, 2014).

Meyers Großes Konversations-Lexikon. 20 Bde. (6. Aufl. Leipzig, 1906).

Oxford English Dictionary. Online verfügbar unter https://www.oed.com (letztmals abgerufen Oktober 2020).

Wagener, Hermann. *Staats- und Gesellschaftslexikon. In Verbindung mit deutschen Gelehrten und Staatsmännern hrsg.* 23 Bde. (Berlin, 1859–67).

## XI. Schrifttum

Achenbach, Jelena von. *Demokratische Gesetzgebung in der Europäischen Union – Theorie und Praxis der dualen Legitimationsstruktur europäischer Hoheitsgewalt* (Berlin, 2014).

Ackermann, Jürgen. *Verschuldung, Reichsdebitverwaltung, Mediatisierung. Eine Studie zu den Finanzproblemen der mindermächtigen Stände im Alten Reich. Das Beispiel der Grafschaft Ysenburg-Büdingen, 1687–1806* (Marburg, 2002).

Afflerbach, Holger. *Falkenhayn. Politisches Denken und Handeln im Kaiserreich* (München, 1994).

Albrecht, Henning. „Die ‚Nebensonne' in der Pflicht: Hermann Wagener als Mitarbeiter Bismarcks". In: Lothar Gall und Ulrich Lappenküper (Hrsg.). *Bismarcks Mitarbeiter* (Paderborn, 2009), S. 17–41.

—. *Antiliberalismus und Antisemitismus. Hermann Wagener und die preußischen Sozialkonservativen 1855–1873* (Paderborn, 2010).

Albrecht, Willy. *Landtag und Regierung in Bayern am Vorabend der Revolution von 1918. Studien zur gesellschaftlichen und staatlichen Entwicklung Deutschlands von 1912 bis 1918* (München, 1968).
Allen, Ann Taylor. *Satire and Society in Wilhelmine Germany. Kladderadatsch and Simplicissimus, 1890–1914* (Lexington, 1984).
Althammer, Beate. *Das Bismarckreich 1871–1890* (Paderborn, 2009).
Altermatt, Urs. „Bundesrat". In: *Historisches Lexikon der Schweiz*, Version vom 9.7.2015. https://hls-dhs-dss.ch/de/articles/010085/2015-07-09/ (letztmals abgerufen Oktober 2020).
Ambrosius, Gerold, Christian Henrich-Franke und Cornelius Neutsch (Hrsg.). *Föderalismus in historisch vergleichender Perspektive*. Bd. 6: *Integrieren durch Regieren* (Baden-Baden, 2018).
— und Christian Henrich-Franke. „Regulierung und Steuerung von Infrastrukturen in föderalen Systemen – Eisenbahnen im Deutschen Reich von 1871 und in der Europäischen Union heute". In: Gerold Ambrosius, Christian Henrich-Franke und Cornelius Neutsch (Hrsg.). *Föderalismus in historisch vergleichender Perspektive*. Bd. 2: *Föderale Systeme. Kaiserreich – Donaumonarchie – Europäische Union* (Baden-Baden, 2015), S. 249–77.
Applegate, Celia. *A Nation of Provincials. The German Idea of Heimat* (Berkeley, 1990).
Aretin, Karl Otmar von. *Franckenstein. Eine politische Karriere zwischen Bismarck und Ludwig II.* (Stuttgart, 2003).
Armitage, David. *The Declaration of Independence. A Global History* (Cambridge / MA, 2007).
—. „Every Great Revolution is a Civil War". In: Keith Michael Baker und Dan Edelstein (Hrsg.). *Scripting Revolution: A Historical Approach to the Comparative Study of Revolutions* (Stanford, 2015), S. 57–68.
—. *Civil Wars: A History in Ideas* (New York, 2017).
Arsenschek, Robert. *Der Kampf um die Wahlfreiheit im Kaiserreich. Zur parlamentarischen Wahlprüfung und politischen Realität der Reichstagswahlen 1871–1914* (Düsseldorf, 2003).
Aubert, Jean-François. *Die Schweizerische Bundesversammlung von 1848–1998*. Hrsgg. von den Parlamentsdiensten zum Jubiläum „150 Jahre Bundesstaat" (Basel, 1998).
Auswärtiges Amt (Hrsg.). *Die Außenpolitik der deutschen Länder im Kaiserreich. Geschichte, Akteure und archivische Überlieferung (1871–1918)*. Redaktion Holger Berwinkel und Martin Kröger unter Mitarbeit von Janne Preuß (München, 2012).
Bartels-Ishikawa, Anna. *Der Lippische Thronfolgestreit. Eine Studie zu verfassungsrechtlichen Problemen des Deutschen Kaiserreiches im Spiegel der zeitgenössischen Staatsrechtswissenschaft* (Frankfurt am Main, 1995).
Bauer, Hartmut. *Die Bundestreue. Zugleich ein Beitrag zur Dogmatik des Bundesstaatsrechts und zur Rechtsverhältnislehre* (Tübingen, 1992).
Baumann, Ernst-Adolf. *Die Finanzreform 1969: ihre Auswirkungen auf den Föderalismus und die Lebensverhältnisse in den Ländern der Bundesrepublik Deutschland* (München, 1980).
Bay, Jürgen. *Der Preußenkonflikt 1932/33. Ein Kapitel aus der Verfassungsgeschichte der Weimarer Republik* (Erlangen-Nürnberg, 1967).
Beales, Derek und Eugenio F. Biagini. *The Risorgimento and the Unification of Italy* (2. Aufl. Harlow, 2002).
Becker, Bert. *Georg Michaelis: Preußischer Beamter, Reichskanzler, Christlicher Reformer 1857–1936. Eine Biographie* (Paderborn, 2007).
Becker, Frank. „Verfassungskultur und politische Identität im Deutschen Kaiserreich 1871–1918". In: Werner Daum, Kathrin Hartmann, Simon Palaoro und Bärbel Sunderbrink (Hrsg.). *Kommunikation und Konfliktaustragung. Verfassungskultur als Faktor politischer und gesellschaftlicher Machtverhältnisse* (Berlin, 2010), S. 159–79.
Becker, Maren. *Max von Seydel und die Bundesstaatstheorie des Kaiserreichs* (Frankfurt am Main, 2009).
Becker, Otto. *Bismarcks Ringen um Deutschlands Gestaltung*. Hrsgg. und ergänzt von Alexander Scharff (Heidelberg, 1958).
Becker, Winfried. *Georg von Hertling 1843–1919*. Bd. 1: *Jugend und Selbstfindung zwischen Romantik und Kulturkampf* (Mainz, 1981).
Behnke, Nathalie. „Föderalismus in der (Corona-)Krise? Föderale Funktionen, Kompetenzen und Entscheidungsprozesse". *Aus Politik und Zeitgeschichte* 35–37 (2020), S. 9–15.
Benz, Wolfgang. *Deutschland seit 1945. Entwicklungen in der Bundesrepublik und in der DDR. Chronik, Dokumente, Bilder* (Bonn, 1990).

Berkhofer Jr., Robert F. "The Northwest Ordinance and the Principle of Territorial Evolution". In: John Porter Bloom (Hrsg.): *The American Territorial System* (Athens/OH, 1973), S. 45–55.
Bermbach, Udo. *Vorformen parlamentarischer Kabinettsbildung in Deutschland. Der interfraktionelle Ausschuß 1917/18 und die Parlamentarisierung der Reichsregierung* (Köln, 1967).
Bertelsmann Stiftung. *Bürger und Föderalismus. Eine Umfrage zur Rolle der Bundesländer*. 2008. Online verfügbar unter https://www.bertelsmann-stiftung.de/fileadmin/files/BSt/Presse/imported/downloads/xcms_bst_dms_23798_23799_2.pdf (letztmals abgerufen Oktober 2020).
Biefang, Andreas. *Politisches Bürgertum in Deutschland 1857–1868. Nationale Organisationen und Eliten* (Düsseldorf, 1994).
—. *Die andere Seite der Macht. Reichstag und Öffentlichkeit im „System Bismarck" 1871–1890* (Düsseldorf, 2009).
Binder, Hans-Otto. *Reich und Einzelstaaten während der Kanzlerschaft Bismarcks 1871–1890. Eine Untersuchung zum Problem der bundesstaatlichen Organisation* (Tübingen, 1971).
Björner, Ulf. *Die Verfassungsgerichtsbarkeit im Norddeutschen Bund und Deutschen Reich (1867–1918). Eine rechtshistorische Untersuchung über Gerichtsbarkeit im Spannungsfeld von Politik und Recht innerhalb der von Bismarck geschaffenen deutschen Bundesstaaten* (Frankfurt am Main, 2000).
Blackbourn, David and Geoff Eley. *The Peculiarities of German History. Bourgeois Society and Politics in Nineteenth-Century Germany* (Oxford, 1984).
Blank, Bettina. *Die westdeutschen Länder und die Entstehung der Bundesrepublik. Zur Auseinandersetzung um die Frankfurter Dokumente vom Juli 1948* (München, 1995).
Blankart, Charles B. "The Process of Government Centralization: A Constitutional View". *Constitutional Political Economy* 11 (2000), S. 27–39.
Blanke, Sandro. *Soziales Recht oder kollektive Privatautonomie? Hugo Sinzheimer im Kontext nach 1900* (Tübingen, 2005).
Blasius, Dirk. *Weimars Ende. Bürgerkrieg und Politik 1930–1933* (2. Aufl. Göttingen, 2006).
Blesse, Sebastian, Melissa Berger, Friedrich Heinemann und Eckhard Janeba. "Föderalismuspräferenzen in der deutschen Bevölkerung". *Perspektiven der Wirtschaftspolitik* 18/2 (2017), S. 145–58.
Böckenförde, Ernst-Wolfgang. "Der Verfassungstyp der deutschen konstitutionellen Monarchie im 19. Jahrhundert". In: Ders. (Hrsg.). *Moderne deutsche Verfassungsgeschichte (1815–1914)* (2. Aufl. Königstein, 1981), S. 146–70.
Böning, Holger. *Der Traum von Freiheit und Gleichheit. Helvetische Revolution und Republik (1789–1803)* (Zürich, 1998).
Boldt, Hans. "Parlamentarismustheorie. Bemerkungen zu ihrer Geschichte in Deutschland". *Der Staat* 19 (1980), S. 385–412.
—. *Deutsche Verfassungsgeschichte*. 2 Bde. (München, 1990).
—. "Der Föderalismus im Deutschen Kaiserreich als Verfassungsproblem". In: Rumpler, Helmut (Hrsg.). *Innere Staatsbildung und gesellschaftliche Modernisierung in Österreich und Deutschland 1867/71–1914* (München, 1991), S. 31–40.
Bönnemann, Claus. *Die Beilegung von Verfassungskonflikten vor der Zeit des Grundgesetzes. Die Entwicklung verfassungsrechtlicher Strukturen in Deutschland, ausgehend vom Frühkonstitutionalismus bis zum Ende der Weimarer Republik* (Berlin, 2007).
Bosl, Karl. "Die Verhandlungen über den Eintritt der süddeutschen Staaten in den Norddeutschen Bund und die Entstehung der Reichsverfassung". In: Ernst Deuerlein und Theodor Schieder (Hrsg.). *Reichsgründung 1870/71. Tatsachen, Kontroversen, Interpretationen* (Stuttgart, 1970), S. 148–63.
Bouveret, Mathias. *Die Stellung des Staatsoberhauptes in der parlamentarischen Diskussion und Staatsrechtslehre von 1848 bis 1918* (Frankfurt am Main, 2003).
Bracher, Karl Dietrich. *Die Auflösung der Weimarer Republik. Eine Studie zum Problem des Machtverfalls in der Demokratie* (5. Aufl. Düsseldorf, 1971).
—, Wolfgang Sauer, and Gerhard Schulz. *Die nationalsozialistische Machtergreifung: Studien zur Errichtung des totalitären Herrschaftssystems in Deutschland 1933/34* (Wiesbaden, 1960).
Brandenburg, Erich. *Die Reichsgründung*. 2 Bde. (Leipzig, 1916).
Brandt, Edmund. *Die Bedeutung parlamentarischer Vertrauensregelungen – Dargestellt am Beispiel von Art. 54 WRV und Art. 67, 68 GG* (Berlin, 1981).

Bremm, Klaus-Jürgen. 1866. *Bismarcks Krieg gegen die Habsburger* (Darmstadt, 2016).
—. *70/71. Preußens Triumph über Frankreich und die Folgen* (Darmstadt, 2019).
Bringmann, Wilhelm. *Die braunschweigische Thronfolgefrage. Eine verfassungsgeschichtliche Untersuchung der Rechtmäßigkeit des Ausschlusses der jüngeren Linie des Welfenhauses von der Thronfolge in Braunschweig 1884–1913* (Frankfurt am Main, 1988).
Broszat, Martin. *Der Staat Hitlers. Grundlegung und Entwicklung seiner inneren Verfassung* (2. Aufl. München, 1971).
Brüschweiler, Werner. „Bundesgericht". In: *Historisches Lexikon der Schweiz*, Version vom 31.3.2016. https://hls-dhs-dss.ch/de/articles/009631/2016-03-31/ (letztmals abgerufen Oktober 2020).
Bucher, Erwin. *Die Geschichte des Sonderbundskrieges* (Zürich, 1966).
Burg, Peter. *Die deutsche Trias in Idee und Wirklichkeit. Vom Alten Reich zum Deutschen Zollverein* (Stuttgart, 1989).
Butzer, Hermann. *Diäten und Freifahrt im Deutschen Reichstag. Der Weg zum Entschädigungsgesetz von 1906 und die Nachwirkung dieser Regelung bis in die Zeit des Grundgesetzes* (Düsseldorf, 1999).
Calabresi, Steven, Mark E. Berghausen und Skylar Albertson. „The Rise and Fall of the Separation of Powers". *Northwestern University Law Review* 106/2 (2012), S. 527–50.
Cecil, Lamar. *Wilhelm II*. 2 Bde. (Chapel Hill / NC, 1989–1996).
Chickering, Roger. *Imperial Germany and the Great War 1914–1918* (3. Aufl. 2014).
Cholet, Julia. *Der Etat des Deutschen Reiches in der Bismarckzeit* (Berlin, 2012).
Clark, Christopher. *Iron Kingdom. The Rise and Downfall of Prussia, 1600–1947* (Cambridge / MA, 2006).
—. *Wilhelm II. Die Herrschaft des letzten deutschen Kaisers* (1. Aufl. München, 2009).
—. *Die Schlafwandler. Wie Europa in den Ersten Weltkrieg zog* (München, 2013).
—. *Von Zeit und Macht. Herrschaft und Geschichtsbild vom Großen Kurfürsten bis zu den Nationalsozialisten* (München, 2018).
Cole, Terence F. „The Daily Telegraph Affair and its Aftermath. The Kaiser, Bülow and the Reichstag, 1908–1909". In: John C. G. Röhl und Nicolaus Sombart (Hrsg.). *Kaiser Wilhelm II: New Interpretations. The Corfu Papers* (Cambridge, 1982), S. 249–68.
Colla, Marcus. „Constructing the Prussia-Myth in East Germany, 1945–61". *Journal of Contemporary History* 54/3 (2019), S. 527–50.
Confino, Alon. *The Nation as a Local Metaphor. Württemberg, Imperial Germany, and National Memory 1871–1918* (Chapel Hill / NC, 1997).
Conrad, Sebastian und Jürgen Osterhammel (Hrsg.). *Das Kaiserreich transnational. Deutschland in der Welt 1871–1914* (Göttingen, 2004).
Crouthamel, Jason. *The Great War and German Memory. Society, Politics, and Psychological Trauma 1914–1945* (Exeter, 2009).
Dahl, Helmut Paul. *Lübeck im Bundesrat 1871–1914. Möglichkeiten und Grenzen einzelstaatlicher Politik im Deutschen Reich* (Lübeck, 1969).
Dann, Philipp. *Parlamente im Exekutivföderalismus: Eine Studie zum Verhältnis von föderaler Ordnung und parlamentarischer Demokratie in der Europäischen Union* (Berlin, 2004).
Deist, Wilhelm. „Kaiser Wilhelm II. als Oberster Kriegsherr". In: John C. G. Röhl (Hrsg.). *Der Ort Kaiser Wilhelms II. in der deutschen Geschichte* (München, 1991), S. 25–42.
Detjen, Joachim. *Die Werteordnung des Grundgesetzes* (Wiesbaden, 2009).
Di Fabio, Udo. *Die Weimarer Verfassung. Aufbruch und Scheitern* (München, 2018).
Doeberl, Michael. *Bayern und die Bismarckische Reichsgründung* (München / Berlin, 1925).
Doerfert, Carsten. *Das Archiv des öffentlichen Rechts, 1885–1918. Zur Geschichte einer Wissenschaft und ihrer Zeitschrift* (Berlin, 1993).
Dolzer, Rudolf und Michael Sachs (Hrsg.). *Das parlamentarische Regierungssystem und der Bundesrat – Entwicklungsstand und Reformbedarf. Berichte und Diskussionen auf der Tagung der Vereinigung der Deutschen Staatsrechtslehrer in Potsdam vom 7. bis 10. Oktober 1998* (Berlin, 1999).
Dow, James Elstone. *A Prussian Liberal. The Life of Eduard von Simson* (Washington / DC, 1981).
Dreier, Horst und Christian Waldhoff (Hrsg.). *Das Wagnis der Demokratie. Eine Anatomie der Weimarer Reichsverfassung* (München, 2018).
— und Christian Waldhoff (Hrsg.). *Weimars Verfassung. Eine Bilanz nach 100 Jahren* (Göttingen, 2020).

Dreyer, Michael. *Föderalismus als ordnungspolitisches und normatives Prinzip. Das föderative Denken der Deutschen im 19. Jahrhundert* (Frankfurt am Main, 1987).
—. *Hugo Preuß. Biografie eines Demokraten* (Stuttgart, 2018).
Duckstein, Renate. „Die Welfenlegion". *Die Politik des Königs Georg von Hannover in den Jahren 1866-1870 im Zusammenhang mit der großen europäischen Politik* (Göttingen, 1923).
Edwards, Laura. *A Legal History of the Civil War and Reconstruction. A Nation of Rights* (Cambridge, 2015).
Ehmer, Manfred. *Constantin Frantz. Die politische Gedankenwelt eines Klassikers des Föderalismus* (Rheinfelden, 1988).
Engelberg, Ernst. *Deutschland von 1849 bis 1871. Von der Niederlage der bürgerlich-demokratischen Revolution bis zur Reichsgründung* (2. Aufl. Berlin, 1965).
—. *Im Widerstreit um die Reichsgründung. Eine Quellensammlung zur Klassenauseinandersetzung in der deutschen Geschichte von 1849-1871* (Berlin, 1970).
—. „Über die Revolution von oben. Wirklichkeit und Begriff". *Zeitschrift für Geschichtswissenschaft* 22 (1974), S. 1183-1212.
—. *Bismarck.* 2 Bde. (Berlin, 1985/1990).
Epstein, Klaus. „Der Interfraktionelle Ausschuss und das Problem der Parlamentarisierung 1917-1918". *Historische Zeitschrift* 191 (1960), S. 562-84.
Europäisches Zentrum für Föderalismus-Forschung (Hrsg.). *Europäischer Föderalismus im 21. Jahrhundert* (Baden-Baden, 2003).
Eyck, Erich. *Das persönliche Regiment Wilhelms II. Politische Geschichte des Deutschen Kaiserreiches von 1890 bis 1914* (Erlenbach-Zürich, 1948).
Fahrmeir, Andreas. „Opfer borussischen Geschichtsmythos? Das 19. Jahrhundert in der Historiographie 1871-1995". *Tel Aviver Jahrbuch für deutsche Geschichte* 25 (1996), S. 73-95.
Fassbender, Bardo. *Der offene Bundesstaat. Studien zur auswärtigen Gewalt und zur Völkerrechtssubjektivität bundesstaatlicher Teilstaaten in Europa* (Tübingen, 2007).
Fehrenbach, Elisabeth. *Wandlungen des deutschen Kaisergedankens 1871-1918* (München, 1969).
Feldmann, Gerald D. und Wolfgang Seibel (Hrsg.). *Networks of Nazi Persecution. Bureaucracy, Business and the Organization of the Holocaust* (New York/NY, 2005).
Fenske, Hans. „Reich, Bundesrat und Einzelstaaten 1867 bis 1914: Ein Literaturbericht". *Der Staat* 13/2 (1974), S. 265-79.
Ferguson, Niall. „Public Finance and National Security. The Domestic Origins of the First World War". *Past and Present* 142/1 (1994), S. 141-68.
Fisch, Stefan. „Das Elsass im deutschen Kaiserreich (1870/71-1918)". In: Michael Erbe und Franz Brendle (Hrsg.). *Das Elsass. Historische Landschaft im Wandel der Zeiten* (Stuttgart, 2002), S. 123-146.
Foot, M. R. D. „Great Britain and Luxemburg 1867". *The English Historical Review* 67/264 (1952), S. 352-79.
Franken, Klaus. *Das Marinekabinett Kaiser Wilhelms II. und sein erster Chef Admiral Gustav Freiherr von Senden-Bibran* (Berlin, 2015).
Frehse, Michael. *Ermächtigungsgesetzgebung im Deutschen Reich 1914-1933* (Pfaffenweiler, 1985).
Freis, David. „Diagnosing the Kaiser: Psychiatry, Wilhelm II and the Question of German War Guilt". *Medical History* 62/3 (2018), S. 273-94.
Frie, Ewald. *Das Deutsche Kaiserreich* (Darmstadt, 2004).
Friedman, Lawrence M. *A History of American Law* (New York/NY, 1973).
Friedrich, Manfred. *Zwischen Positivismus und materialem Verfassungsdenken. Albert Hänel und seine Bedeutung für die deutsche Staatsrechtswissenschaft* (Berlin, 1971).
—. „Paul Laband und die Staatsrechtswissenschaft seiner Zeit". *Archiv des öffentlichen Rechts* 111 (1986), S. 197-218.
—. *Geschichte der deutschen Staatsrechtswissenschaft* (Berlin, 1997).
Fuchs, Walter Peter. „Bundesstaaten und Reich. Der Bundesrat". In: Oswald Hauser (Hrsg.). *Zur Problematik „Preußen und das Reich"* (Köln, 1984), S. 83-104.
Fulbrook, Mary. „Democratic Centralism and Regionalism in the GDR". In: Maiken Umbach (Hrsg.). *German Federalism. Past, Present, Future* (New York/NY, 2002), S. 146-171.
Funk, Albert. *Kleine Geschichte des Föderalismus. Vom Fürstenbund zur Bundesrepublik* (Paderborn, 2010).

Gall, Lothar. *Der Liberalismus als regierende Partei. Das Großherzogtum Baden zwischen Restauration und Reichsgründung* (Wiesbaden, 1968).
—. *Bismarck. Der weiße Revolutionär* (2. Aufl. München, 2002).
Galloway, George B. und Sidney Wise. *History of the House of Representatives* (New York / NY, 1976).
Ganschow, Jan, Olaf Haselhorst und Maik Ohnezeit. *Der Deutsch-Dänische Krieg 1864. Vorgeschichte – Verlauf – Folgen* (Graz, 2013).
Gehlen, Boris. „Wirtschaftspraktische Expertise im Organisationsdilemma. Der Deutsche Handelstag im Institutionengefüge des Deutschen Reiches (1867/71–ca. 1900)". In: Gerold Ambrosius, Christian Henrich-Franke und Cornelius Neutsch (Hrsg.). *Föderalismus in historisch vergleichender Perspektive. Bd. 6: Integrieren durch Regieren* (Baden-Baden, 2018), S. 127–50.
Genovese, Michael A. *A Presidential Nation. Causes, Consequences, and Cures* (Boulder / CO, 2012).
Glaser, Kurt. *Vom Reichsgesundheitsrat zum Bundesgesundheitsrat. Ein Beitrag zur Geschichte des deutschen Gesundheitswesens* (Stuttgart, 1960).
Goldstein, Robert Justin und Andrew M. Nedd (Hrsg.). *Political Censorship of the Visual Arts in Nineteenth-Century Europe. Arresting Images* (Basingstoke, 2015).
Gollwitzer, Heinz. *Die Standesherren. Die politische und gesellschaftliche Stellung der Mediatisierten 1815–1918* (Stuttgart, 1957).
Gramley, Hedda. *Propheten des deutschen Nationalismus. Theologen, Historiker und Nationalökonomen (1848–1880)* (Frankfurt am Main, 2001).
Granier, Herman. „Schwerin, Maximilian Graf von". In: *Allgemeine Deutsche Biographie* 33 (1891), S. 429–435. Online verfügbar unter: https://www.deutsche-biographie.de/pnd117422533.html#adbcontent (letztmals abgerufen Oktober 2020).
Green, Abigail. *Fatherlands. State-Building and Nationhood in Nineteenth-Century Germany* (Cambridge, 2001).
Grieshammer, Werner. Rezension: Hans Erich Feine, Das Werden des Deutschen Staates seit dem Ausgang des Heiligen Römischen Reiches 1800–1933. Eine verfassungsgeschichtliche Darstellung (Stuttgart, 1936). *Historische Zeitschrift* 160 (1939), S. 141–45.
Grohmann, Marc. *Exotische Verfassung. Die Kompetenzen des Reichstags für die deutschen Kolonien in Gesetzgebung und Staatsrechtswissenschaft des Kaiserreichs (1884–1914)* (Tübingen, 2001).
Grund, Henning. *„Preußenschlag" und Staatsgerichtshof im Jahre 1932* (Baden-Baden, 1976).
Gruner, Wolf Dieter. „Lerchenfeldt-Köfering, Hugo Graf von und zu". In: *Neue Deutsche Biographie*, Bd. 14 (Berlin, 1985), S. 313f.
Grünthal, Günther. *Parlamentarismus und Preußen 1848/49–1857/58. Preußischer Konstitutionalismus, Parlament und Regierung in der Reaktionsära* (Düsseldorf, 1982).
Guérot, Ulrike. *Warum Europa eine Republik werden muss! Eine politische Utopie* (Bonn, 2016).
Gusy, Christoph. (Hrsg.). *Weimars lange Schatten: „Weimar" als Argument nach 1945* (Baden-Baden, 2003).
—. *100 Jahre Weimarer Verfassung. Eine gute Verfassung in schlechter Zeit* (Tübingen, 2018).
—. „Das Demokratieprinzip in der Weimarer Verfassung". In: Horst Dreier und Christian Waldhoff (Hrsg.), *Weimars Verfassung. Eine Bilanz nach 100 Jahren* (Göttingen, 2020), S. 139–77.
Haardt, Oliver F. R. „The Kaiser in the Federal State 1871–1918". *German History* 34/4 (2016), S. 529–54.
— und Christopher Clark. „Die Weimarer Reichsverfassung als Moment in der Geschichte". In: Horst Dreier und Christian Waldhoff (Hrsg.). *Das Wagnis der Demokratie. Eine Anatomie der Weimarer Reichsverfassung* (München, 2018), S. 9–44.
—. „Das Grundgesetz im Strom der Zeit". *Aus Politik und Zeitgeschichte* 16–17 (2019), S. 10–17.
—. „Reichsgründung als Fürstenbund". In: Dorothee Mußgnug und Michael Stolleis (Hrsg.). *Heinrich Zoepfl (1807–1877). Heidelberger Universitätsprofessor und Rechtsgutachter* (Heidelberg, 2019), S. 213–44.
—. „Innenansichten des Bundesrates im Deutschen Kaiserreich 1871–1918". *Historische Zeitschrift* 310/2 (2020), S. 333–86.
—. „Die Verfassung des Kaiserreiches und die Oktoberreformen". In: Andreas Braune und Michael Dreyer (Hrsg.). *100 Jahre Weimarer Reichsverfassung* (Im Erscheinen. Stuttgart, 2021).
Hachtmann, Rüdiger. „Elastisch, dynamisch und von katastrophaler Effizienz – Anmerkungen zur Neuen Staatlichkeit des Nationalsozialismus". In: Sven Reichardt und Wolfgang Seibel (Hrsg.). *Der prekäre Staat. Herrschen und Verwalten im Nationalsozialismus* (Frankfurt / New York 2011), S. 29–73.

Hagen, William W. *Germans, Poles, and Jews. The Nationality Conflict in the Prussian East, 1772–1914* (Chicago, 1980).
Hahn, Hans-Werner. *Geschichte des Deutschen Zollvereins* (Göttingen, 1984).
—. „Der Deutsche Zollverein und die nationale Verfassungsfrage". In Ders. und Marko Kreutzmann (Hrsg.). *Der Deutsche Zollverein. Ökonomie und Nation im 19. Jahrhundert* (Köln, 2012), S. 153–74.
Hähnel, Paul Lukas. *Föderalismus in historisch vergleichender Perspektive.* Bd. 3: *Föderale Interessenvermittlung im Deutschen Kaiserreich am Beispiel der Nahrungsmittelregulierung* (Baden-Baden, 2017).
—. „Die Hansestaaten im Kaiserreich, hanseatische Kooperation im Politikfeld der Nahrungsmittelregulierung". In: Gerold Ambrosius, Christian Henrich-Franke und Cornelius Neutsch (Hrsg.), *Föderalismus in historisch vergleichender Perspektive.* Bd. 6: *Integrieren durch Regieren* (Baden-Baden, 2018), S. 261–80.
Härtel, Ines (Hrsg.). *Handbuch Föderalismus.* Bd. 1 (Berlin / Heidelberg, 2012).
Halder, Winfrid. *Innenpolitik im Kaiserreich 1871–1914* (3. Aufl. Darmstadt, 2011).
Hannoosh, Michele. *Baudelaire and Caricature. From the Comic to an Art of Modernity* (University Park / PA, 1992).
Hartau, Friedrich. *Wilhelm II. in Selbstzeugnissen und Bilddokumenten* (Reinbek bei Hamburg, 1978).
Hardtwig, Wolfgang. „Geschichtsinteresse, Geschichtsbilder und politische Symbole in der Reichsgründungsära und im Kaiserreich". In: Ekkehard Mai und Stefan Waetzoldt (Hrsg.). *Kunstverwaltung, Bau- und Denkmal-Politik im Kaiserreich* (Berlin, 1981), S. 47–74.
Hauser, Oswald (Hrsg.). *Zur Problematik „Preußen und das Reich"* (Köln, 1984).
Haym, Rudolf. *Das Leben Max Dunckers. Mit Max Dunckers Bildniß* (Berlin, 1891).
Heinrich-Jost, Ingrid (Hrsg.). *Kladderadatsch. Die Geschichte eines Berliner Witzblattes von 1848 bis ins Dritte Reich* (Köln, 1982).
Heinzen, Jasper. *Making Prussians, Raising Germans. A Cultural History of Prussian State-Building after Civil War, 1866–1935* (Cambridge, 2017).
—. „Monarchical State-building through State Destruction. Hohenzollern Self-legitimization at the Expense of Deposed Dynasties in the Kaiserreich". *German History* 35/4 (2017), S. 525–50.
Heitsch, Christian. *Die Ausführung der Bundesgesetze durch die Länder* (Tübingen, 2001).
Henkel, Anne-Katrin. „Die Hannoversche Legion (Welfenlegion) und Preußen. Ein Beitrag zur welfischen Exilpolitik in der Phase der Reichsgründung (1866–1871)". *Braunschweigische Heimat* 80 (1994), S. 3–87.
Henrich-Franke, Christian. „Wandlungen föderalen Regierens im Deutschen Kaiserreich. Die Entscheidungsfindung im Fall der Sozialgesetzgebung". *Historische Zeitschrift* 293/2 (2011), S. 373–99.
—. *Gescheiterte Integration im Vergleich: Der Verkehr – ein Problemsektor gemeinsamer Rechtsetzung im Deutschen Reich (1871–1879) und der Europäischen Wirtschaftsgemeinschaft (1958–1972)* (Stuttgart, 2012).
—. „'Integrieren durch Regieren' – ein Phasenmodell". In: Ders., Gerold Ambrosius und Cornelius Neutsch (Hrsg.). *Föderalismus in historisch vergleichender Perspektive.* Bd. 6: *Integrieren durch Regieren* (Baden-Baden, 2018), S. 15–51.
Herberger, Maximilian. „Logik und Dogmatik bei Paul Laband. Zur Praxis der sog. Juristischen Methode im Staatsrecht des Deutschen Reiches"'. In: Erk Volkmar Heyen (Hrsg.). *Wissenschaft und Recht der Verwaltung seit dem Ancien Régime* (Frankfurt am Main, 1984), S. 91–104.
Hewitson, Mark. *Germany and the Modern World, 1890–1914* (Cambridge, 2018).
Höfer, Philipp. *Föderalismus in historisch vergleichender Perspektive.* Bd. 5: *Einzelstaatliche Einflussnahme auf die Finanzpolitik im Deutschen Kaiserreich* (Baden-Baden, 2017).
Hoffert, Robert W. *A Politics of Tensions. The Articles of Confederation and American Political Ideas* (Niwot / CO, 1992).
Hoffman, Rachel G. „The Age of Assassination: Monarchy and Nation in Nineteenth-Century Europe". In: Nikolaus Wachsmann and Jan Rüger (Hrsg.). *Rewriting German History: New Perspectives on Modern Germany* (New York, 2015), pp. 121–141.
Holste, Heiko. *Der deutsche Bundesstaat im Wandel (1867–1933)* (Berlin, 2002).
Horwitz, Morton J. *The Transformation of American Law.* 2 Bde. (Neuauflage Oxford, 1992).
Hubatsch, Walther. „Das preußische Staatsministerium von Bismarck bis zum Ende der Monarchie. Ein Überblick". In: Oswald Hauser (Hrsg.). *Zur Problematik „Preußen und das Reich"* (Köln, 1984), S. 165–80.
Huber, Ernst Rudolf. *Deutsche Verfassungsgeschichte seit 1789.* Bde. 3–5 (Stuttgart, 1963–78).

—. „Bismarck und der Verfassungsstaat". In: Ders., *Nationalstaat und Verfassungsstaat. Studien zur Geschichte der modernen Staatsidee* (Stuttgart, 1965), S. 188–223.
—. „Die Bismarcksche Reichsverfassung im Zusammenhang der deutschen Verfassungsgeschichte". In: Ernst Deuerlein und Theodor Schieder (Hrsg.). *Reichsgründung 1870/71. Tatsachen, Kontroversen, Interpretationen* (Stuttgart, 1970), S. 164–96.
Hull, Isabel V. *The Entourage of Kaiser Wilhelm II., 1888–1918* (Cambridge, 1982).
—. „Persönliches Regiment". In: John C. G. Röhl (Hrsg.). *Der Ort Kaiser Wilhelms II. in der deutschen Geschichte* (München, 1991), S. 3–23.
Hüntelmann, Axel C. *Hygiene im Namen des Staates. Das Reichsgesundheitsamt 1876–1933* (Göttingen, 2008).
Hyman, Harold. *„A More Perfect Union": The Impact of the Civil War and Reconstruction on the Constitution* (New York/NY, 1973).
— and William M. Wiecek. *Equal Justice under Law. Constitutional Development, 1835–1875* (New York/NY, 1982).
Iggers, Georg G. *Deutsche Geschichtswissenschaft. Eine Kritik der traditionellen Geschichtsauffassung von Herder bis zur Gegenwart* (dt. erw. Ausg. Wien, 1997).
—. „Nationalism and historiography, 1789–1996. The German Example in Historical Perspective". In: Stefan Berger, Mark Donovan, und Kevin Passmore (Hrsg.). *Writing National Histories. Western Europe since 1800* (London, 1999), S. 15–29.
Immerwahr, Daniel. *How to Hide an Empire. A Short History of the Greater United States* (London, 2019).
International Association of Centers for Federal Studies. Tagungsbericht *Decentralizing and Re-centralizing Trends in the Distribution of Powers within Federal Countries*. 2008, Barcelona. Online verfügbar unter http://gencat.cat/drep/iea/pdfs/iacfs08_edpaper10.pdf (letztmals abgerufen Oktober 2020).
Jestaedt, Matthias. „Bundesstaat als Verfassungsprinzip". In: Josef Isensee and Paul Kirchhof (Hrsg.). *Handbuch des Staatsrechts der Bundesrepublik Deutschland* (3. Aufl. Heidelberg, 2004), S. 785–842.
John, Anke. *Die Entwicklung der beiden mecklenburgischen Staaten im Spannungsfeld von landesgrundgesetzlichem Erbvergleich und Bundes- bzw. Reichsverfassung vom Norddeutschen Bund bis zur Weimarer Republik* (Rostock, 1997).
Junker, Detlef. „The Manichean Trap. American Perceptions of the German Empire, 1871–1945". *Occasional Paper Series German Historical Institute Washington* 12 (1995), S. 9–47. Online verfügbar unter https://www.ghi-dc.org/fileadmin/publications/Occasional_Papers/American_Perceptions.pdf (letztmals abgerufen Oktober 2020).
Kaernbach, Andreas. *Bismarcks Konzepte zur Reform des Deutschen Bundes. Zur Kontinuität der Politik Bismarcks und Preußens in der deutschen Frage* (Göttingen, 1991).
—. „Hegemonie oder Interessensphärenteilung? Bismarcks Handlungsalternativen mit Blick auf Österreich im Reichsgründungsjahrzehnt". In: Michael Gehler, Rainer F. Schmidt, Harm-Hinrich Brandt und Rolf Steininger (Hrsg.). *Ungleiche Partner. Österreich und Deutschland in ihrer gegenseitigen Wahrnehmung. Historische Analysen und Vergleiche aus dem 19. und 20. Jahrhundert* (Innsbruck, 2009), 247–67.
Kaindl, Raimund Friedrich. *1848/49–1866–1918/19. Des deutschen Volkes Weg zur Katastrophe und seine Rettung* (München, 1920).
Kaiser, Anna-Bettina. „Die Verfassung der Krisenrepublik – Reichstag versus Reichspräsident". In: Horst Dreier und Christian Waldhoff (Hrsg.), *Weimars Verfassung. Eine Bilanz nach 100 Jahren* (Göttingen, 2020), S. 179–95.
Kassner, Thorsten. *Der Steuerreformer Johannes von Miquel. Leben und Werk. Zum 100. Todestag des preußischen Finanzministers. Ein Beitrag zur Entwicklung des Steuerrechts* (Osnabrück, 2001).
Kern, Bernd-Rüdiger und Adrian Schmidt-Recla (Hrsg.). *125 Jahre Reichsgericht* (Berlin, 2006).
Kielmansegg, Peter Graf. „Der Reichspräsident – ein republikanischer Monarch?". In: Horst Dreier und Christian Waldhoff (Hrsg.). *Das Wagnis der Demokratie. Eine Anatomie der Weimarer Reichsverfassung* (München, 2018), S. 219–40.
Kirchhoff, Hans Georg. *Die staatliche Sozialpolitik im Ruhrbergbau 1871–1914* (Wiesbaden, 1958).
Kirsch, Martin. *Monarch und Parlament im 19. Jahrhundert. Der monarchische Konstitutionalismus als europäischer Verfassungstyp. Frankreich im Vergleich* (Göttingen, 1999).
Kitchen, Martin. *The Silent Dictatorship. The Politics of the German High Command under Hindenburg and Ludendorff, 1916–1918* (London, 1976).

Klaus, Helmut. *Der Dualismus Preußen versus Reich in der Weimarer Republik in Politik und Verwaltung* (Mönchengladbach, 2006).
Kleine, Georg Helmut. *Der württembergische Ministerpräsident Freiherr Hermann von Mittnacht* (Stuttgart, 1969).
Kley, Andreas. *Geschichte des öffentlichen Rechts der Schweiz* (Zürich, 2011).
Kloepfer, Michael. „Verfassungsgebung als Zukunftsbewältigung aus Vergangenheitserfahrung". In: Michael Kloepfer, Detlef Merten, Hans-Jürgen Papier und Wassilios Skouris (Hrsg.). *Kontinuität und Diskontinuität in der deutschen Verfassungsgeschichte. Von der Reichsgründung zur Wiedervereinigung* (Berlin, 1994), S. 35–84.
Knorre, Susanne. *Soziale Selbstbestimmung und individuelle Verantwortung. Hugo Sinzheimer (1875–1945). Eine politische Biographie* (Frankfurt am Main, 1991).
Koch, Ursula. „Vom Völkerfrühling zum deutsch-französischen Krieg (1848 bis 1870/71). Das Bild des Nachbarn im satirischen Vergleich am Beispiel der Pariser Tageszeitung Le Charivari und des Berliner Wochenblattes Kladderadatsch". In: Raimund Rütten, Ruth Jung und Gerhard Schneider (Hrsg.). *Die Karikatur zwischen Republik und Zensur. Bildsatire in Frankreich 1830 bis 1880, eine Sprache des Widerstands?* (Marburg, 1991), S. 422–32.
— und Piere-Paul Sagave. *Le Charivari. Die Geschichte einer Pariser Tageszeitung im Kampf um die Republik (1832–1882)* (Köln, 1984).
Koger, Gregory. *Filibustering. A Political History of Obstruction in the House and Senate* (Chicago, 2010).
Kohlrausch, Martin. *Der Monarch im Skandal. Die Logik der Massenmedien und die Transformation der wilhelminischen Monarchie* (Berlin, 2005).
Kölz, Alfred. *Neuere Schweizerische Verfassungsgeschichte*. 2 Bde. (Bern, 1992/2004).
—. *Der Weg der Schweiz zum modernen Bundesstaat. 1789 – 1798 – 1848 – 1998. Historische Abhandlungen* (Zürich, 1998).
—. „Die Staatsideen der Helvetik und ihre Auswirkungen auf die Entwicklung der modernen Schweiz". In: Hans Werner Tobler (Hrsg.), *1798/1998. Die Helvetik und ihre Folgen* (Zürich, 1998), S. 73–89.
König, Alexander. *Wie mächtig war der Kaiser? Kaiser Wilhelm II. zwischen Königsmechanismus und Polykratie von 1908 bis 1914* (Stuttgart, 2009).
Kraus, Hans-Christof. „Ursprung und Genese der ‚Lückentheorie' im preußischen Verfassungskonflikt". *Der Staat* 29/2 (1990), S. 209–34.
—. *Ernst Ludwig von Gerlach. Politisches Denken und Handeln eines preußischen Altkonservativen*. Bd. 2 (Göttingen, 1994).
—. „Hermann Wagener (1815–1889)". In: Bernd Heidenreich (Hrsg.). *Politische Theorien des 19. Jahrhunderts: Konservatismus – Liberalismus – Sozialismus* (Berlin, 2002), S. 537–86.
Kreutzmann, Marko. *Die höheren Beamten des Deutschen Zollvereins. Eine bürokratische Funktionselite zwischen einzelstaatlichen Interessen und zwischenstaatlicher Integration (1834–1871)* (Göttingen, 2012).
Kreuzer, Marcus. „Und sie parlamentarisierte sich doch: Die Verfassungsordnung des Kaiserreiches in vergleichender Perspektive". In: Marie-Luise Recker (Hrsg.) *Parlamentarismus in Europa* (München, 2004), S. 17–40.
Kristoferitsch, Hans. *Vom Staatenbund zum Bundesstaat? Die Europäische Union im Vergleich mit den USA, Deutschland und der Schweiz* (Wien, 2007).
Kühne, Jörg-Detlef. *Die Entstehung der Weimarer Reichsverfassung. Grundlagen und anfängliche Geltung* (Düsseldorf, 2018).
Kühne, Thomas. *Dreiklassenwahlrecht und Wahlkultur in Preußen 1867–1914. Landtagswahlen zwischen korporativer Tradition und politischem Massenmarkt* (Düsseldorf, 1994).
Kurz, Achim. *Demokratische Diktatur? Auslegung und Handhabung des Artikels 48 der Weimarer Verfassung 1919–25* (Berlin, 1992).
Kutter, Markus. *Jetzt wird die Schweiz ein Bundesstaat. Von den Revolutionen der 1830er Jahre zur ersten Bundesverfassung (1830–48)* (Basel, 1998).
Kutz, Jens Peter. *Vom Bruderkrieg zum casus foederis: die Schutz- und Trutzbündnisse zwischen den süddeutschen Staaten und Preußen (1866–70)* (Frankfurt am Main, 2007).
LaCroix, Alison L. *The Ideological Origins of American Federalism* (Cambridge / MA, 2010).
Langewiesche, Dieter. „,Revolution von oben'? Krieg und Nationalstaatsgründung in Deutschland". In: Ders.

*Revolution und Krieg. Zur Dynamik historischen Wandels seit dem 18. Jahrhundert* (Paderborn, 1989), S. 117–33.
—. *Nation, Nationalismus, Nationalstaat in Deutschland und Europa* (München, 2000).
—. „Bismarck und die Nationalliberalen". In: Lothar Gall (Hrsg.). *Otto von Bismarck und die Parteien* (Paderborn, 2001), S. 73–89.
—. „Was heißt ‚Erfindung der Nation'? Nationalgeschichte als Artefakt – oder Geschichtsschreibung als Machtkampf". *Historische Zeitschrift* 277 (2003), S. 593–617.
—. *Reich, Nation, Föderation. Deutschland und Europa* (München, 2008).
Lässig, Simone. „Wahlrechtsreformen in den deutschen Einzelstaaten. Indikatoren für Modernisierungstendenzen und Reformfähigkeit im Kaiserreich?". In: Dies., Karl H. Pohl und James Retallack (Hrsg.). *Modernisierung und Region im wilhelminischen Deutschland. Wahlen, Wahlrecht und Politische Kultur* (Bielefeld, 1995), S. 127–69.
Laufer, Heinz und Ursula Münch. *Das föderative System der Bundesrepublik Deutschland* (Opladen, 1998).
Le Men, Ségolène. *Daumier et la caricature* (Paris, 2008).
Lehmbruch, Gerhard. „Der unitarische Bundesstaat in Deutschland: Pfadabhängigkeit und Wandel". In: Ders. und Arthur Benz (Hrsg.), *Föderalismus. Analysen in entwicklungsgeschichtlicher und vergleichender Perspektive* (Wiesbaden, 2002), S. 53–110.
—. „Der Entwicklungspfad des deutschen Bundesstaats – Weichenstellung und Krisen". In: Gerold Ambrosius, Christian Henrich-Franke und Cornelius Neutsch (Hrsg.). *Föderale Systeme. Kaiserreich – Donaumonarchie – Europäische Union* (Baden-Baden, 2015), S. 327–70.
Lenaerts, Koen, and Nathan Cambien. „The Democratic Legitimacy of the EU after the Treaty of Lisbon". In: Jan Wouters, Luc Verhey und Philipp Kiiver (Hrsg.). *European Constitutionalism beyond Lisbon* (Antwerp, 2009), S. 185–207.
Lerman, Katharine Anne. *The Chancellor as Courtier. Bernhard von Bülow and the Governance of Germany 1900–1909* (Cambridge, 1990).
Liedloff, Julia. *Föderalismus in historisch vergleichender Perspektive. Bd. 4: Föderale Mitwirkung an den Unfallversicherungsgesetzen im Kaiserreich (1884–1911)* (Baden-Baden, 2017).
Linsmayer Ludwig (Hrsg.). *Die Geburt des Saarlandes. Zur Dramaturgie eines Sonderweges* (2. Aufl. Saarbrücken, 2007).
Löffler, Bernhard. „Stationen parlamentarischen Wandels in Bayern". *Zeitschrift für bayerische Landesgeschichte* 58 (1995), S. 959–989.
Loth, Wilfried, „Zwischen autoritärer und demokratischer Ordnung. Das Zentrum in der Krise des Wilhelminischen Reiches". In: Winfried Becker (Hrsg.). *Die Minderheit als Mitte. Die Deutsche Zentrumspartei in der Innenpolitik des Reiches 1871–1933* (Paderborn, 1986), S. 47–69.
Lübbe-Wolff, Gertrude. „Das Demokratiekonzept der Weimarer Reichsverfassung". In: Horst Dreier und Christian Waldhoff (Hrsg.). *Das Wagnis der Demokratie. Eine Anatomie der Weimarer Reichsverfassung* (München, 2018), S. 111–49.
Luchterhandt, Manfred. „Österreich-Ungarn und die preußische Unionspolitik 1848–1851". In: Gunther Mai (Hrsg.). *Die Erfurter Union und das Erfurter Unionsparlament 1850* (Köln, 2000), S. 81–110.
Ludwig, Emil. *Wilhelm der Zweite* (Berlin, 1925).
Machtan, Lothar. *Die Abdankung. Wie Deutschlands gekrönte Häupter aus der Geschichte fielen* (Berlin, 2008).
—. *Der Endzeitkanzler. Prinz Max von Baden und der Untergang des Kaiserreichs* (Darmstadt, 2018. Neuausgabe von *Prinz Max von Baden. Der letzte Kanzler des Kaisers*, 2013).
—. *Kaisersturz. Vom Scheitern im Herzen der Macht* (Darmstadt, 2018).
Mackey, Richard William. *The Zabern Affair, 1913–1914* (Lanham / MD, 1991).
Madsen, Deborah L. *American Exceptionalism* (Edinburgh, 1998).
Mai, Gunther. *Das Ende des Kaiserreichs. Politik und Kriegsführung im Ersten Weltkrieg* (München, 1987).
—. *Der Alliierte Kontrollrat in Deutschland 1945–1948: Alliierte Einheit – deutsche Teilung?* (München, 1995).
—. (Hrsg.). *Die Erfurter Union und das Erfurter Unionsparlament 1850* (Köln, 2000).
Malinowski, Stephan. *Vom König zum Führer. Sozialer Niedergang und politische Radikalisierung im deutschen Adel zwischen Kaiserreich und NS-Staat* (Berlin, 2003).
Mann, Golo. „Geschichtsschreibung als Realpolitik (1951)". In: Ders., *Geschichte und Geschichten* (Frankfurt am Main, 1962), S. 262–82.

McCloskey, Robert G. *The American Supreme Court*. Überarbeitet von Sanford Levinson (6. Aufl. Chicago, 2016).
McDonald, Forrest. *States' Right and the Union. Imperium in Imperio, 1776–1876* (Lawrence/ KS, 2000).
McFerran, Warren. *Birth of the Republic. The Origin of the United States* (Gretna, 2009).
Meinhardt, Günther. *Eduard von Simson. Der Parlamentspräsident und die Reichseinigung* (Bonn, 1981).
Meisner, Heinrich Otto. „Bundesrat, Bundeskanzler und Bundeskanzleramt (1867–1871)". In: Ernst-Wolfgang Böckenförde (Hrsg.). *Moderne deutsche Verfassungsgeschichte (1815–1914)* (Königstein, 1981), S. 76–94.
Meyer, Alfred. *Der Zollverein und die deutsche Politik Bismarcks. Eine Studie über das Verhältnis von Wirtschaft und Politik im Zeitalter der Reichsgründung* (Frankfurt am Main, 1986).
Meyn, Karl-Ulrich. „Destruktives und konstruktives Mißtrauensvotum – von der schwachen Reichsregierung zum starken Bundeskanzler?". In: Eberhard Eichenhofer (Hrsg.). *80 Jahre Weimarer Reichsverfassung – was ist geblieben?* (Tübingen, 1999), S. 71–94.
Mielke, Henning. *Die Auflösung der Länder in der SBZ/DDR. Von der staatlichen Selbstverwaltung zum sozialistisch-zentralistischen Einheitsstaat nach sowjetischem Modell 1945–1952* (Stuttgart, 1995).
Miller, Susanne. *Burgfrieden und Klassenkampf. Die deutsche Sozialdemokratie im Ersten Weltkrieg* (Düsseldorf, 1974).
Mombauer, Annika und Wilhelm Deist (Hrsg.). *The Kaiser. New Research on Wilhelm II's Role in Imperial Germany* (Cambridge, 2003).
Mommsen, Wilhelm. *Johannes Miquel* (Stuttgart, 1928).
Mommsen, Wolfgang J. *Der autoritäre Nationalstaat. Verfassung, Gesellschaft und Kultur des deutschen Kaiserreiches* (Frankfurt am Main, 1990).
—. *Das Ringen um den nationalen Staat. Die Gründung und der innere Ausbau des Deutschen Reiches unter Otto von Bismarck 1850 bis 1890* (= Propyläen-Geschichte Deutschlands Bd. 7.1. Berlin, 1993).
—. *War der Kaiser an allem schuld? Wilhelm II. und die preußisch-deutschen Machteliten* (Berlin, 2002).
Moos, Carlo. „Im Hochland fiel der erste Schuss": Bemerkungen zu Sonderbund und Sonderbundskrieg". In: Thomas Hildebrand und Albert Tanner (Hrsg.). *Im Zeichen der Revolution. Der Weg zum schweizerischen Bundesstaat 1798–1848* (Zürich, 1997), S. 161–77.
Morck, Gordon R. „Bismarck and the ‚Capitulation' of German Liberalism". *The Journal of Modern History* 43/1 (1971), S. 59–75.
Morsey, Rudolf. *Die oberste Reichsverwaltung unter Bismarck 1867–1890* (Münster, 1957).
—. „Zur Geschichte der obersten Reichsverwaltung im Wilhelminischen Deutschland (1890–1900)". Deutsches Verwaltungsblatt 86 (1971), S. 8–16.
—. „Rudolph Delbrück (1817–1903)". In: Lothar Gall und Ulrich Lappenküper (Hrsg.). *Bismarcks Mitarbeiter* (Paderborn, 2009), S. 69–89.
Mühlnickel, Marcus. *„Fürst, sind Sie unverletzt?" Attentate im Kaiserreich 1871–1914* (Paderborn, 2014).
Müller, Frank Lorenz. *Our Fritz. Emperor Frederick III and the Political Culture of Imperial Germany* (Cambridge/MA, 2011).
Müller, Jürgen. *Deutscher Bund und deutsche Nation 1848–1866* (Göttingen, 2005).
Müller, Kai. *Die Hüter des Rechts. Die Stellung des Reichsgerichts im Deutschen Kaiserreich 1879–1918* (Baden-Baden, 1997).
Müller, Sven Oliver und Cornelius Torp (Hrsg.). *Das Deutsche Kaiserreich in der Kontroverse* (Göttingen, 2009).
Mußgnug, Dorothee und Michael Stolleis (Hrsg.). *Heinrich Zoepfl (1807–1877). Heidelberger Universitätsprofessor und Rechtsgutachter* (Heidelberg, 2019).
Na'aman, Shlomo. *Der Deutsche Nationalverein. Die politische Konstituierung des deutschen Bürgertums 1859–1867* (Düsseldorf, 1987).
Neely, Mark. *Lincoln and the Triumph of the Nation. Constitutional Conflict in the American Civil War* (Chapel Hill, 2011).
Neubach, Helmut. *Die Ausweisung der Polen und Juden aus Preußen 1885/86. Ein Beitrag zu Bismarcks Polenpolitik und zur Geschichte des deutsch-polnischen Verhältnisses* (Wiesbaden, 1967).
Neumann, Almut. „Preußen im Weimarer Bundesstaat – ‚Der Kern des Übels'?". In: Horst Dreier und Christian Waldhoff (Hrsg.), *Weimars Verfassung. Eine Bilanz nach 100 Jahren* (Göttingen, 2020), S. 119–138.

Nipperdey, Thomas. *Deutsche Geschichte 1800–1866. Bürgerwelt und starker Staat* (München, 1983).
—. *Deutsche Geschichte 1866–1918*. 2 Bde. (München, 1990–1995).
Oertzen, Peter von. *Die soziale Funktion des staatsrechtlichen Positivismus. Eine wissenssoziologische Studie über die Entstehung des formalistischen Positivismus in der deutschen Staatsrechtswissenschaft* (Frankfurt am Main, 1974).
Oeter, Stefan. „Die föderale Gestalt der Europäischen Union – Vergleichende Überlegungen im Blick auf das Kaiserreich und die Donaumonarchie". In: Gerold Ambrosius, Christian Henrich-Franke und Cornelius Neutsch (Hrsg.). *Föderalismus in historisch vergleichender Perpektive* Bd. 2: *Föderale Systeme. Kaiserreich – Donaumonarchie – Europäische Union* (Baden-Baden, 2015), S. 299–325.
Onuf, Peter S. *Statehood and Union. A History of the Northwest Ordinance* (Notre Dame / IN, 2019).
Ostermann, Tim. *Die verfassungsrechtliche Stellung des Deutschen Kaisers nach der Reichsverfassung von 1871* (Frankfurt am Main, 2009).
Paludan, Philip. „The American Civil War Considered as a Crisis in Law and Order". *American Historical Review* 77 (1972), S. 1013–34.
Parr, Rolf. „Tartuffe" oder „Faust"? Bismarck und Louis Napoleon in deutschen und französischen Karikaturen seit 1852". In: Raimund Rütten, Ruth Jung, und Gerhard Schneider (Hrsg.). *Die Karikatur zwischen Republik und Zensur. Bildsatire in Frankreich 1830 bis 1880, eine Sprache des Widerstands?* (Marburg, 1991), S. 434–44.
Peyer, Hans Conrad. *Verfassungsgeschichte der alten Schweiz* (Zürich, 1978).
Pflanze, Otto. *Bismarck*. 2 Bde. (München, 1997/1998).
Philippi, Hans. „Zur Geschichte des Welfenfonds". In: *Niedersächsisches Jahrbuch für Landesgeschichte* 31 (1959), S. 190–254.
Pocock, John G. A. *The Machiavellian Moment. Florentine Political Thought and the Atlantic Republican Tradition* (Princeton, 1975).
Pollmann, Klaus Erich. „Parlamentseinfluß während der Nationalstaatenbildung 1867–1871". In: Gerhard A. Ritter. *Regierung, Bürokratie und Parlament in Preußen und Deutschland von 1848 bis zur Gegenwart* (Düsseldorf, 1983), S. 56–76.
—. *Parlamentarismus im Norddeutschen Bund 1867–1870* (Düsseldorf, 1985).
Preibusch, Sophie Charlotte. *Verfassungsentwicklungen im Reichsland Elsaß-Lothringen 1871–1918. Integration durch Verfassungsrecht?* (Berlin, 2006).
Pyta, Wolfram. *Hindenburg. Herrschaft zwischen Hohenzollern und Hitler* (Berlin, 2007).
Raichle, Christoph. *Hitler als Symbolpolitiker* (Stuttgart, 2014).
Rauh, Manfred. *Föderalismus und Parlamentarismus im Wilhelminischen Reich* (Düsseldorf, 1973).
—. *Die Parlamentarisierung des Deutschen Reiches* (Düsseldorf, 1977).
Real, Willy. *Der Deutsche Reformverein. Großdeutsche Stimmen und Kräfte zwischen Villafranca und Königgrätz* (Lübeck, 1966).
—. *Karl Friedrich von Savigny 1814–1875. Ein preußisches Diplomatenleben im Jahrhundert der Reichsgründung* (Berlin, 1990).
Rehm, Max. *Reichsland Elsaß-Lothringen. Regierung und Verwaltung, 1871 bis 1918* (Bad Neustadt an der Saale, 1991).
Rehnquist, William. „The Supreme Court in the Nineteenth Century". *Journal of Supreme Court History* 27 (2002), S. 1–13.
Reichert, Hans Klaus. *Baden im Bundesrat 1871–1890* (Heidelberg 1963).
Reichsgesundheitsamt (Hrsg.). *Das Reichsgesundheitsamt 1876–1926. Festschrift herausgegeben vom Reichsgesundheitsamt aus Anlaß seines fünfzigjährigen Bestehens* (Berlin, 1926).
Remak, Joachim. *A Very Civil War: the Swiss Sonderbund War of 1847* (Boulder, 1993).
Renzsch, Wolfgang. „Kontinuitäten und Diskontinuitäten in Entscheidungsprozessen über föderale Finanzbeziehungen oder: Die ewig Unvollendete". *Perspektiven der Wirtschaftspolitik* 11/3 (2010), S. 288–306.
Reynolds, David. *America, Empire of Liberty. A New History* (London, 2009).
Riall, Lucy. *Risorgimento. The History of Italy from Napoleon to Nation State* (Basingstoke, 2009).
Ribeyre, Félix. *Cham. Sa vie, son oeuvre* (Paris, 1884).
Röhl, John C. G. „Staatsstreichplan oder Staatsstreichbereitschaft? Bismarcks Politik in der Entlassungskrise". *Historische Zeitschrift* 203/3 (1966), S. 610–24.

—. *Germany without Bismarck. The Crisis of Government in the Second Reich 1890-1900* (London, 1967).
— (Hrsg.). *Der Ort Wilhelms II. in der deutschen Geschichte* (München, 1991).
—. *Kaiser Wilhelm II*. 3 Bde. (München, 1993-2008).
—. *Kaiser, Hof und Staat. Wilhelm II. und die deutsche Politik* (München, 2002).
—. *Kaiser Wilhelm II. A Concise Life* (Cambridge, 2014).
Rosenau, Kersten. *Hegemonie und Dualismus. Preußens staatsrechtliche Stellung im Deutschen Reich* (Regensburg, 1986).
Ruck, Michael. „Führerabsolutismus und polykratisches Herrschaftsgefüge. Verfassungsstrukturen des NS-Staates". In: Karl-Dietrich Bracher, Manfred Funke und Hans-Adolf Jacobsen (Hrsg.). *Deutschland 1933-1945. Neue Studien zur Politik und Zeitgeschichte* (Düsseldorf 1993), S. 32–56.
Rudalevige, Andrew. *The New Imperial Presidency. Renewing Presidential Power after Watergate* (Ann Arbor / MI, 2005).
Rüger, Jan. *Helgoland. Deutschland, England und ein Felsen in der Nordsee* (Berlin, 2017).
Rütten, Raimund, Ruth Jung und Gerhard Schneider (Hrsg.). *Die Karikatur zwischen Republik und Zensur. Bildsatire in Frankreich 1830 bis 1880, eine Sprache des Widerstands?* (Marburg, 1991).
Saile, Wolfgang. *Hermann Wagener und sein Verhältnis zu Bismarck. Ein Beitrag zur Geschichte des konservativen Sozialismus* (Tübingen, 1958).
Schabas, William A. *The Trial of the Kaiser* (Oxford, 2018).
Schäfer, Julia. *Vermessen - gezeichnet - verlacht. Judenbilder in populären Zeitschriften 1918-1933* (Frankfurt am Main, 2005).
Schiffers, Reinhard. *Der Hauptausschuß des Deutschen Reichstags 1915-1918. Formen und Bereiche der Kooperation zwischen Parlament und Regierung* (Düsseldorf, 1979).
—. *Weniger Länder - mehr Föderalismus? Die Neugliederung des Bundesgebietes im Widerstreit der Meinungen 1948/49-1990. Eine Dokumentation* (Düsseldorf, 1996).
Schlesinger, Arthur M. Jr. *The Imperial Presidency* (Boston, 1973).
Schlüter, Bernd. *Reichswissenschaft. Staatsrechtslehre, Staatstheorie und Wissenschaftspolitik im Deutschen Kaiserreich am Beispiel der Reichsuniversität Straßburg* (Frankfurt am Main, 2004).
Schmidt, Jürgen. *Das Deutsche Kaiserreich in der Kontroverse - Probleme und Perspektiven*. Tagungsbericht. 11.1.2007-13.1.2007, Berlin. In: H-Soz-u-Kult 25.1.2007. Online verfügbar unter https://www.hsozkult.de/conferencereport/id/tagungsberichte-1469 (letztmals abgerufen Oktober 2020).
Schmidt-Bückeburg, Rudolf. *Das Militärkabinett der preußischen Könige und deutschen Kaiser. Seine geschichtliche Entwicklung und staatsrechtliche Stellung 1787-1918* (Erstausgabe Berlin, 1933. Reprint 2010).
Schmitt, Hans. „Prussia's Last Fling: The Annexations of Hanover, Hesse, Frankfurt, and Nassau, June 15-October 8, 1866". *Central European History* 8/4 (1975), S. 316–47.
Schneider, Hans. *Der preußische Staatsrat 1817-1918. Ein Beitrag zur Verfassungs- und Rechtsgeschichte Preußens* (München, 1952).
Schnur, Roman. „Mitteleuropa aus europäischer Sicht: Constantin Frantz". *Der Staat* 25 (1986), S. 545–73.
Schoeps, Hans-Joachim. *Das andere Preußen* (5. Aufl. Berlin, 1981).
Scholl, Udo. *Der Bundesrat in der deutschen Verfassungsentwicklung. Reichsverfassung von 1871 und Grundgesetz* (Berlin, 1982).
Schönhoff, Hans-Georg. *Hamburg im Bundesrat. Die Mitwirkung Hamburgs an der Bildung des Reichswillens 1867-1890* (Hamburg, 1967).
Schönpflug, Daniel. *Die Heiraten der Hohenzollern: Verwandtschaft, Politik und Ritual in Europa 1640-1918* (Göttingen, 2013).
Schreckenbach, Hans-Joachim. „Innerdeutsche Gesandtschaften 1867-1945". In: *Archivar und Historiker. Studien zur Archiv- und Geschichtswissenschaft zum 65. Geburtstag von Heinrich Otto Meisner* (Berlin, 1956), S. 404–28.
Schroeder, Paul. „The Lost Intermediaries. The Impact of 1870 on the European System". *The International History Review* 6/1 (1984), S. 1–27.
Schulz, Klaus. *Kladderadatsch. Ein bürgerliches Witzblatt von der Märzrevolution bis zum Nationalsozialismus 1848-1944* (Bochum, 1975).
Schulze, Hagen. *The Course of German Nationalism. From Frederick the Great to Bismarck 1763-1867* (Cambridge, 1991).

Seibel, Wolfgang. „Restraining or Radicalizing? Division of Labor and Persecution Effectiveness". In: Ders. und Gerald D. Feldmann (Hrsg.). *Networks of Nazi Persecution. Bureaucracy, Business and the Organization of the Holocaust* (New York/NY, 2005), S. 340–60.
Seier, Hellmut. *Die Staatsidee Heinrich von Sybels in den Wandlungen der Reichsgründungszeit 1862/71* (Lübeck, 1961).
Selmer, Peter. „Die Föderalismusreform – Eine Modernisierung der bundesstaatlichen Ordnung?". *Juristische Schulung* 46/12 (2006), S. 1052–60.
Sheehan, James J. *German Liberalism in the Nineteenth Century* (Chicago, 1978).
—. „What is German History? Reflections on the Role of the Nation in German History and Historiography". *The Journal of Modern History* 53/1 (1981), S. 2–23.
—. „The Problem of the Nation in German History". In: Ders. und Otto Büsch (Hrsg.). *Die Rolle der Nation in der deutschen Geschichte und Gegenwart* (Berlin, 1985), S. 21–38.
Shy, John. „The American Revolution: The Military Conflict as a Revolutionary War". In: Stephen G. Kurtz and James H. Hutson (Hrsg.). *Essays on the American Revolution* (Chapel Hill/NC, 1973), pp. 121–56.
Siebe, Michaele. *Von der Revolution zum nationalen Feindbild. Frankreich und Deutschland in der politischen Karikatur des 19. Jahrhunderts. „Kladderadatsch" und „Charivari"* (Münster, 1995).
Siemann, Wolfram. *Vom Staatenbund zum Nationalstaat. Deutschland 1806–1871* (München, 1995).
Simms, Brendan. *The Struggle for Mastery in Germany, 1779–1850* (Basingstoke, 1998).
—. *Kampf um Vorherrschaft. Eine deutsche Geschichte Europas 1453 bis heute* (München, 2016).
Skokan, Isabel. *Germania und Italia. Nationale Mythen und Heldengestalten in Gemälden des 19. Jahrhunderts* (Berlin, 2009).
Sombart, Nicolaus. *Wilhelm II. Sündenbock und Herr der Mitte* (Berlin, 1996).
Sonnicksen, Jared. *Ein Präsident für Europa. Zur Demokratisierung der Europäischen Union.* (Wiesbaden, 2014).
Southard, Robert. *Droysen and the Prussian School of History* (Lexington/KY, 1995).
Srbik, Heinrich von. *Deutsche Einheit. Idee und Wirklichkeit vom Heiligen Reich bis Königgrätz.* 4 Bde. (München, 1935–1942).
Steefel, Lawrence D. *The Schleswig-Holstein Question. 1863–1864* (Cambridge/MA, 1932).
Steinbach, Matthias und Uwe Dathe. „Clemens von Delbrück. Ein deutscher Tory zwischen Kaiserreich und Weimarer Republik". *Vierteljahrshefte für Zeitgeschichte* 58 (2010), S. 139–45.
Steinberg, Jonathan. *Bismarck. A Life* (Oxford, 2011).
—. *Why Switzerland?* (3. Aufl. Cambridge, 2015).
Stollberg-Rilinger, Barbara. „Verfassungsgeschichte als Kulturgeschichte". *Zeitschrift der Savigny-Stiftung für Rechtsgeschichte*, Germanistische Abt. (2010), S. 1–32.
—. *Des Kaisers alte Kleider. Verfassungsgeschichte und Symbolsprache des Alten Reiches* (München, 2012).
Stolleis, Michael. *Geschichte des öffentlichen Rechts in Deutschland. Bd. 2: Staatsrechtslehre und Verwaltungswissenschaft 1800–1914* (München, 1992).
—. „‚Innere Reichsgründung' durch Rechtsvereinheitlichung". In: Christian Starck (Hrsg.). *Rechtsvereinheitlichung durch Gesetze* (Göttingen, 1992), S. 15–41.
—. „Die Entstehung des Landes Hessen und seiner Verfassung". In: Georg Hermes und Franz Reimer (Hrsg.). *Landesrecht Hessen* (9. Aufl. München, 2019), S. 17–32.
Stolze, Wilhelm. „Zur Geschichte der Reichsgründung im Jahre 1870". *Preußische Jahrbücher* 197 (1924), S. 1–12.
Strachey, Lytton. *Queen Victoria* (Neuausgabe London, 1924).
Strenge, Irene. *Machtübernahme 1933: alles auf legalem Weg?* (Berlin, 2002).
Studt, Christoph. *Lothar Bucher (1817–1892). Ein politisches Leben zwischen Revolution und Staatsdienst* (Göttingen, 1992).
—. „‚Unter den Treuen der Treueste': Lothar Bucher als Mitarbeiter Bismarcks". In: Lothar Gall und Ulrich Lappenküper (Hrsg.). *Bismarcks Mitarbeiter* (Paderborn, 2009), S. 173–88.
Sturm, Roland. „Bundesstaatlichkeit". In: Hans-Peter Schwarz (Hrsg.). *Die Bundesrepublik Deutschland. Eine Bilanz nach 60 Jahren* (Köln, 2008), S. 279–99.
—. „Föderalismusreform II: ‚Schuldenbremse', neokeynesianischer Glaube an die Steuerbarkeit der Wirt-

schaft und das altbekannte Instrument der Politikverflechtung". *Gesellschaft – Wirtschaft – Politik* 4 (2009), S. 487–99.
Stürmer, Michael. „Staatsstreichgedanken im Bismarckreich". *Historische Zeitschrift* 209/3 (1969), S. 566–615.
—. *Regierung und Reichstag im Bismarckstaat 1871–1880. Cäsarismus oder Parlamentarismus* (Droste, 1974).
—. „Jenseits des Nationalstaats. Bemerkungen zum deutschen Kontinuitätsproblem". *Politik und Kultur* 3/4 (1975), S. 119–39.
—. *Das ruhelose Reich. Deutschland 1866–1918* (Berlin, 1983).
Suerbaum, Joachim. *Die Kompetenzverteilung beim Verwaltungsvollzug des Europäischen Gemeinschaftsrechts in Deutschland* (Berlin, 1998).
Sukale, Michael. *Max Weber. Leidenschaft und Disziplin* (Tübingen, 2002).
Swift, Elaine K. *The Making of an American Senate. Reconstitutive Change in Congress, 1787–1841* (Ann Arbor / MI, 1996).
Sybel, Heinrich von. *Die Begründung des Deutschen Reiches durch Wilhelm I.* 7 Bde. (München, 1889–1894).
Tanner, Albert. „Ein Staat nur für die Hablichen? Demokratie und politische Elite im frühen Bundesstaat". In: Brigitte Studer (Hrsg.). *Etappen des Bundesstaates. Staats- und Nationsbildung der Schweiz, 1848–1998* (Zürich, 1998), S. 63–88.
Taylor, David Francis. *The Politics of Parody. A Literary History of Caricature, 1760–1830* (New Haven / CT 2018).
Thiel, Jürgen. *Die Großblockpolitik der Nationalliberalen Partei Badens 1905 bis 1914. Ein Beitrag zur Zusammenarbeit von Liberalismus und Sozialdemokratie in der Spätphase des Wilhelminischen Deutschland* (Stuttgart, 1976).
Thier, Andreas. *Steuergesetzgebung und Verfassung in der konstitutionellen Monarchie* (Frankfurt am Main, 1999).
Tocqueville, Alexis, de. *De la démocratie en Amérique*. 2 Bde. (Paris, 1835/40).
Ullmann, Hans-Peter. *Politik im Deutschen Kaiserreich 1871–1918* (2. Aufl. München, 2005).
Ullrich, Volker. *Als der Thron ins Wanken kam. Das Ende des Hohenzollernreiches 1890–1918* (Bremen, 1993).
—. *Die nervöse Großmacht. Aufstieg und Untergang des deutschen Kaiserreichs 1871–1918* (Frankfurt am Main, 1997).
—. *Fünf Schüsse auf Bismarck. Historische Reportagen* (2. Aufl. München, 2003).
Umbach, Dieter C. *Parlamentsauflösung in Deutschland. Verfassungsgeschichte und Verfassungsprozess* (Berlin, 1989).
Umbach, Maiken. „History and Federalism in the Age of Nation-State Formation". In: Dies. (Hrsg.). *German Federalism. Past, Present, Future* (New York / NY, 2002), S. 42–69.
Vesterdorf, Bo. „A Constitutional Court for the EU?". *International Journal of Constitutional Law* 4/4 (2006), S. 607–17.
Vile, John R. *Constitutional Change in the United States. A Comparative Study of the Role of Constitutional Amendments, Judicial Interpretations, and Legislative and Executive Actions* (Westport, 1994).
Vogel, Lutz. „Reformstau und Anpassungsdruck. Die Verwaltungsreformen im Königreich Sachsen in den 1870er Jahren vor dem Hintergrund der Reichseinigung". In: Gerold Ambrosius, Christian Henrich-Franke und Cornelius Neutsch (Hrsg.). *Föderalismus in historisch vergleichender Perspektive. Bd. 6: Integrieren durch Regieren* (Baden-Baden, 2018), S. 335–66.
Wachendorfer-Schmidt, Ute. *Politikverflechtung im vereinigten Deutschland* (2. Aufl. Wiesbaden, 2005).
Wagner, Norbert Berthold. *Die deutschen Schutzgebiete. Erwerb, Organisation und Verlust aus juristischer Sicht* (Baden-Baden, 2002).
Waller, Michael. *Democratic Centralism. An Historical Commentary* (Manchester, 1981).
Warneken, Bernd Jürgen. *Als die Deutschen demonstrieren lernten: Das Kulturmuster „friedliche Straßendemonstration" im preußischen Wahlrechtskampf 1908–1910. Begleitband zur Ausstellung im Haspelturm des Tübinger Schlosses vom 24. Januar bis 9. März 1986* (Tübingen, 1986).
Watts, Ronald L. *Executive Federalism. A Comparative Analysis* (Kingston, 1989).
Wawro, Geoffrey. *The Austro-Prussian War. Austria's war with Prussia and Italy in 1866* (Cambridge, 1996).
Wehler, Hans-Ulrich. *Das deutsche Kaiserreich 1871–1918* (= *Deutsche Geschichte* Bd. 9. 2. Aufl. Göttingen, 1975).
—. „Der Fall Zabern von 1913/1914 als Verfassungskrise des Wilhelminischen Kaiserreichs". In: Ders. *Krisen-*

*herde des Kaiserreichs, 1871–1918. Studien zur deutschen Sozial- und Verfassungsgeschichte* (2. Aufl. Göttingen, 1979), S. 70–88.
—. „Das ‚Reichsland' Elsaß-Lothringen von 1870 bis 1918". In: Ders. *Krisenherde des Kaiserreiches, 1871–1918*, S. 23–69.
—. *Deutsche Gesellschaftsgeschichte*. Bde. 3 und 4 (München, 1995/2003).
Wehner, Norbert. *Die deutschen Mittelstaaten auf dem Frankfurter Fürstentag 1863* (Frankfurt am Main, 1993).
Weiduschat, Gerhard (Hrsg.). *Ein Staatsstreich? Die Reichsexekution gegen Preußen. (Preußenschlag vom 20. Juli 1932 und die Folgen). Darstellungen und Dokumente* (Berlin, 2007).
Whaley, Joachim. „Federal Habits: the Holy Roman Empire and the Continuity of German Federalism". In: Maiken Umbach (Hrsg.). *German Federalism. Past, Present, Future* (New York/NY, 2002), S. 15–41.
Widmer, Paul. *Die Schweiz als Sonderfall. Grundlagen, Geschichte, Gestaltung* (Zürich, 2007).
Wietstruk, Siegfried. „Von den Ländern zu den Bezirken. Die DDR 1949 bis 1952". *Staat und Recht* 9 (1989), S. 753–60.
Wilhelm, Rolf. *Das Verhältnis der süddeutschen Staaten zum Norddeutschen Bund (1867–1870)* (Husum, 1978).
Willoweit, Dietmar. *Deutsche Verfassungsgeschichte. Vom Frankenreich bis zur Wiedervereinigung Deutschlands* (6. Aufl. München, 2009).
Winkler, Heinrich August. *Weimar 1918–1933. Die Geschichte der ersten deutschen Demokratie* (München, 1993).
—. *Der lange Weg nach Westen*. 2 Bde. (München, 2000).
Winzen, Peter. *Das Kaiserreich am Abgrund. Die Daily-Telegraph-Affäre und das Hale-Interview von 1908. Darstellung und Dokumentation* (Stuttgart, 2002).
Wirls, Daniel und Stephen Wirls. *The Invention of the United States Senate* (Baltimore, 2004).
Witt, Peter-Christian. *Die Finanzpolitik des Deutschen Reiches von 1903 bis 1913. Eine Studie zur Innenpolitik des Wilhelminischen Deutschland* (Lübeck/Hamburg, 1970).
Wittreck, Fabian. „Die Bundestreue". In: Ines Härtel (Hrsg.). *Handbuch Föderalismus*. Bd.1 (Berlin/Heidelberg, 2012), S. 497–525.
—. „Status und Rolle der Länder und ihrer Verfassungen. Traditionsanknüpfung, Landesverfassung, Demokratieerfahrungen". In: Horst Dreier und Christian Waldhoff (Hrsg.), *Weimars Verfassung. Eine Bilanz nach 100 Jahren* (Göttingen, 2020), S. 87–118.
Wolf, Hubert. „Der Papst als Mediator? Die Friedensinitiative Benedikt XV. von 1917 und Nuntius Pacelli". In: Gerd Althoff (Hrsg.). *Frieden stiften. Vermittlung und Konfliktlösung vom Mittelalter bis heute* (Darmstadt, 2011), S. 167–220.
Wolfe, Christopher. *The Rise of Modern Judicial Review. From Constitutional Interpretation to Judge-Made Law* (Überarb. Auflage. Lanham/MA, 1994).
Zechlin, Egmont. *Staatsstreichpläne Bismarcks und Wilhelms II. 1890–1894* (Stuttgart/Berlin, 1929).

# Personenregister

Adenauer, Konrad 839
Adolf, Prinz zu Schaumburg-Lippe, Regent des Fürstentums Lippe-Detmold (1895-1897) 664
Afflerbach, Holger 559
Albert, König von Sachsen 664
Albrecht, Prinz von Preußen, Regent des Herzogtums Braunschweigs (1885-1906) 658
Alexander von Battenberg, Fürst von Bulgarien 662
Althusius, Johannes 722
Anschütz, Gerhard 291, 694, 714, 718, 737, 740, 750, 831
Armitage, David 809
Arnim-Heinrichsdorf, Heinrich Leonhard von 246
Asseburg, Anna Gräfin von 296
August, Prinz von Württemberg 101
Augusta von Sachsen-Weimar-Eisenach, Deutsche Kaiserin, Königin von Preußen 282, 382
Baare, Louis 468
Ballhausen, Robert Freiherr Lucius von 282f., 285
Bartels-Ishikawa, Anna 653, 669
Bassermann, Ernst 770
Bassewitz, Henning Graf von 220
Batocki, Adolf von 576
Baudelaire, Charles 36
Bauer, Gustav 590
Bauer, Hartmut 627
Baumgarten, Hermann 28
Baumstark, Eduard 216f.
Becker, Otto 30, 106, 121, 152
Benedikt XV., Papst 567
Bennigsen, Rudolf von 90, 188, 231, 233, 239, 247, 253f., 269, 437, 640
Bergen, Wilhelm Hohenthal von 656
Bergmann, Ernst von 281
Bermbach, Udo 566
Beseler, Georg 730
Bethmann Hollweg, Theobald von 521, 538-546, 553, 560-562, 566, 568f., 576-582, 593,
Bethusy-Huc, Eduard Graf von 233, 268
Beust, Friedrich Ferdinand Graf von 53
Biefang, Andreas 427
Binder, Hans-Otto 9, 349, 449
Binding, Karl 305, 619, 709, 726, 795
Bismarck, Herbert Fürst von 475
Bismarck, Johanna Fürstin von 27
Björner, Ulf 610, 636
Blackbourn, David 14, 822
Blanckenburg, Moritz von 200, 233, 236
Blum, Robert 119
Böckenförde, Ernst-Wolfgang 14, 184, 405
Boetticher, Karl Heinrich von 451, 460, 462, 474, 478, 487, 657
Boldt, Hans 405, 824
Bonin-Brettin, Gisbert von 380
Bönnemann, Claus 610
Bornhak, Conrad 318, 326, 330, 713, 717, 735, 777
Boulanger, Georges 394f., 402
Boyer de Nîmes 33
Bracher, Karl Dietrich 835
Brandenburg, Erich 185
Brandt, Willy 839

Braun, Carl 187, 190, 199, 209, 210, 216, 228,
Braun, Otto 829
Bray-Steinburg, Otto Graf von 159, 161
Bremm, Klaus-Jürgen 53
Brie, Siegfried 699
Bringmann, Wilhelm 653
Bronsart von Schellendorff, Paul 101
Bronsart von Schellendorff, Walther 504
Bucher, Lothar 133f.
Bülow, Bernhard Ernst von 437, 633, 640
Bülow, Bernhard Fürst von 336, 366, 398f., 402, 404, 478, 497f., 504, 510, 515-518, 521, 538, 650f., 658, 666, 717
Bumm, Franz 343
Burg, Peter 59
Burgess, John William 292, 745
Calker, Fritz van 762-764
Camphausen, Otto von 412
Caprivi, Leo von 305, 365, 396, 402, 477-479, 494f., 497, 507f., 647
Carlowitz, Albert von 206, 218
Cecil, Lamar 559
Chickering, Roger 556, 558
Clark, Christopher 14, 51, 185, 288, 559
Cramm-Burgdorf, Christian Freiherr von 466
Cruz, Ted 816,
Dahlmann, Friedrich 116
Dallwitz, Johann von 771
Dalwigk, Reinhard Freiherr von 142, 148, 158, 164, 172f., 375
Darjou, Alfred 61-64
Daumier, Honoré 36, 65f., 84, 86
Deimling, Berthold von 747f., 752, 757, 762, 771
Delbrück, Clemens von 521, 542, 544, 577
Delbrück, Hans 107, 288, 559
Delbrück, Rudolph von 133, 161, 271, 313, 371, 411, 597
Demmler, Fritz 135
Disraeli, Benjamin 28
Drews, Wilhelm 586
Dreyer, Michael 695f., 701, 720, 723, 724f.
Droysen, Johann Gustav 116, 292
Duncker, Franz 204, 215
Duncker, Max 116, 258
Düringer, Adelbert 827
Ebersberg, Ottokar Franz (Pseudonym O. F. Berg) 35
Ebert, Friedrich 595
Eichmann, Franz 197
Eisenhart, August von 172
Eley, Geoff 57, 822
Engelberg, Ernst 30
Ernst August, Herzog von Braunschweig (Ernst August III. von Hannover) 376, 653, 657, 659
Ernst August, Herzog von Cumberland (Ernst August II. von Hannover) 654-660, 668
Ernst II., Herzog von Sachsen-Coburg-Gotha 112, 114, 143, 173
Ernst zur Lippe-Biesterfeld, Regent des Fürstentums Lippe (1897-1904) 663-667, 669
Ernst, Werner 839
Erxleben, Carl 212
Erzberger, Matthias 561, 573, 580, 590

Eucken-Addenhausen, Georg von 379, 382, 526
Eugen der Ältere, Herzog von Württemberg 101
Eugen der Jüngere, Herzog von Württemberg 101
Eulenburg, Botho Graf zu 304f., 478, 507
Eulenburg, Friedrich Graf zu 148
Eyck, Erich 286f.
Falckenstein, Eduard Vogel von 63, 197
Falkenhayn, Erich von 559, 562, 752-754, 760f., 765
Falkenstein, Johann Paul von 142
Fehrenbach, Constantin 761
Fehrenbach, Elisabeth 294, 298, 306, 340, 347
Fenske, Hans 347
Ferguson, Niall 307, 676
Fischer, Richard 291, 305
Florès, Ricardo 33
Fontane, Theodor 121
Forckenbeck, Max von 238f.
Forstner, Günter Freiherr von 747-750, 753-758, 760, 767, 770, 798
Franckenstein, Georg Arbogast von und zu 446f., 449, 472, 527, 674-676,
Frankenberg, Friedrich von 169
Frantz, Constantin 691f.
Franz Joseph I., Kaiser von Österreich, König von Ungarn 61, 63
Fricker, Carl 326
Friedberg, Heinrich von 283, 635
Friedberg, Robert 584f.
Friedenthal, Karl 236
Friedman, Lawrence 820
Friedrich Ernst, Graf zur Lippe-Alverdissen 661
Friedrich I., Großherzog von Baden 25, 85, 101, 164, 174, 645
Friedrich II., König von Preußen 47
Friedrich III., Deutscher Kaiser, König von Preußen 88, 140, 148, 173, 281, 294,
Friedrich VII., König von Dänemark 659
Fries, Hugo 242f.
Friesen, Richard von 148, 173
Friesenhausen, Philippine von 661
Fuchs, Walther Peter 349, 386
Funk, Albert 511
Fürstenberg, Fürst Max von 752
Gagern, Heinrich von 158
Gall, Lothar 51, 184, 259, 459,
Gamp-Massaunen, Karl von 765
Gauck, Joachim 845
Gehlen, Boris 530
Georg Albert, Fürst von Schwarzburg-Rudolstadt 65, 101, 196, 377, 380, 466
Georg II., Herzog von Sachsen-Meiningen 144
Georg V., König von Hannover 654
Georg Wilhelm, Prinz von Hannover 658f.
Georg, Fürst zu Schaumburg-Lippe 101, 667
Gerber, Karl von 199, 698, 728, 736, 743
Gerlach, Ernst Ludwig von 120, 198
Gerlach, Leopold von 47, 120
Gierke, Otto von 719-727, 730, 733f.
Gneist, Rudolf von 224, 292, 743, 745
Goethe, Johann Wolfgang von 49, 51

Goldschmidt, Hans 16, 507
Goßler, Heinrich von 505, 506
Grant, Ulysses 28
Green, Abigail 30, 56
Grégoire, Albert 798
Gröber, Adolf 587, 590
Groener, Wilhelm 572
Grohmann, Marc 773
Grumbrecht, August 205, 209f., 212
Grünthal, Günther 80
Gusy, Christoph 831
Gysi, Gregor 842
Hadol, Paul 49f.
Hahn, Hans Werner 42
Hähnel, Paul Lukas 439, 535
Hahnke, Wilhelm von 505
Halley, Albert 376
Hamilton, Alexander 806
Hänel, Albert 291, 318, 324, 331, 333, 624, 645f., 702-705, 707f., 711, 731, 732f., 735, 739f., 743, 774, 788, 801
Hartung, Fritz 287
Hauss, Karl 755f.
Haußmann, Conrad 591
Heerwart, Adolf 380, 466
Heinzen, Jasper 30, 57
Held, Joseph von 306, 693
Hellmann, Otto 779
Henckel von Donnersmarck, Guido Graf 244
Henrich-Franke, Christian 350, 408, 410, 433, 439, 443, 473, 483, 486, 502, 515, 532
Hepke, Robert Ferdinand 124, 129, 133, 366
Herberger, Maximilian 729
Hertling, Georg von 506, 512, 562, 578, 584-587, 589f.
Hewitson, Mark 599
Hiersemenzel, Karl Christian Eduard 697
Hindenburg, Paul von 560, 562f., 566, 572f., 590, 829f.
Hitler, Adolf 829, 831, 835f.
Hofmann, Karl von 150-152, 172f., 312, 365, 429f., 437, 450, 640
Hohenlohe-Öhringen, Hugo von (Herzog von Ujest) 240
Hohenlohe-Schillingsfürst, Chlodwig Fürst zu 96, 159, 336, 365, 478, 487, 497, 504, 521,664
Holste, Heiko 9, 348, 695f., 699, 706, 710, 715, 832
Höpker-Aschoff, Hermann 836
Howard, Burt Estes 782
Huber, Ernst Rudolf 39, 55, 76, 104, 152, 176, 184, 257, 260, 394, 405, 466, 551, 580, 615, 623, 636, 646, 684, 750, 773
Hue de Grais, Robert Graf 744
Humboldt, Wilhelm von 617
Huttler, Max 160
Illing, Julius 744
Itzenblitz, Heinrich von 133
Jacobi, Karl Rudolf von 460
Jazdzewski, Ludwig von 643
Jellinek, Georg 103, 300, 703, 705f., 710, 714, 738, 779, 832
Jellinek, Walter 832
Johann Albrecht von Mecklenburg-Schwerin, Regent des Großherzogtums Mecklenburg-Schwerin (1897-1901), Regent des Herzogtums Braunschweig (1907-1913) 659
Johann, König von Sachsen 54, 143

John, Anke 630
Johnson, Lyndon B. 814
Jolly, Julius 157, 170, 345
Jonquières, Wilhelm von 535
Jörg, Edmund 71
Juncker, Jean-Claude 849, 856
Jungermann, Wilhelm 247
Kaas, Ludwig 833
Kaernbach, Andreas 109
Kaindl, Raimund 29
Kalisch, David 34
Kantak, Kasimir 196
Kardorff, Wilhelm von 492
Karl Alexander, Fürst zur Lippe-Detmold 661-664, 666f.
Karl I., König von Württemberg 69
Kästner, Erich 833
Kaufmann, Erich 409, 718
Kautz, Georg 556
Kessler, Harry Graf 286
Ketteler, Wilhelm Emmanuel Freiherr von 274
Keudell, Robert von 106, 110, 119, 127
Kirchenpauer, Gustav Heinrich 141, 148
Kirchheimer, Otto 827
Kitchen, Martin 563
Kloepfer, Michael 839
Klüber, Johann Ludwig 730
Koger, Gregory 816
Kölz, Alfred 813
Koner, Max 296f.
Kraetke, Reinhold 487
Kraus, Hans-Christof 79
Krause, Paul von 580, 585
Kremer, Hans-Jürgen 512
Kreuzer, Marcus 406f.
Krosigk, Anton von 144, 146
Kühne, Viktor 752f.
Laband, Paul 291f., 301-303, 305, 321, 325f., 340, 346, 348, 366, 368, 385f., 623, 669, 693, 695, 698f., 703-705, 707-710, 712-714, 716, 719, 721, 724, 728-738, 741, 744f., 774, 791, 793, 795
LaCroix, Alison 806
Langewiesche, Dieter 52
Lasker, Eduard 156f., 159, 187, 205f., 212, 225, 237, 239, 266f., 420, 680
Ledebour, Georg 759, 765
Lehmbruch, Gerhard 350, 408
Lenzmann, Julius 664
Leonhardt, Adolph 639f.
Leopold III. Fürst zur Lippe-Detmold 660
Leopold IV. Fürst zur Lippe-Biesterfeld 665-667
Leopold, Prinz von Bayern 101
Lerchenfeld-Köfering, Hugo Graf von und zu 360, 477, 505, 509, 591, 610
Lerman, Katharine 336
Lette, Wilhelm Adolf 230f.
Lewald, Theodor 567
Liebe, Friedrich von 379
Liedloff, Jutta 467, 472, 521, 524
Loewe, Wilhelm 92
Loewenstein, Karl 847
Ludendorff, Erich 559f., 562, 572, 579, 584
Ludwig II., König von Bayern 68f., 94, 102, 156f., 159, 162, 164, 172, 174f.
Ludwig III., Großherzog von Hessen-Darmstadt 158
Ludwig, Emil 286
Luitpold, Prinz von Bayern, später Prinzregent von Bayern 101, 506

Luther, Hans 839
Machtan, Lothar 591, 597
Macron, Emmanuel 849, 855f.
Mahl, Georg 747f.
Mai, Gunther 593
Mallinckrodt, Hermann von 208
Maltzahn, Helmut von 508
Mann, Golo 843
Mann, Thomas 33
Marie, Prinzessin von Baden, Herzogin von Anhalt 382
Marquardsen, Heinrich 645f., 743
Martitz, Ferdinand von 697-699
Max, Prinz von Baden 591, 593, 595
Maybach, Albert 438
Mayer, Otto 292, 716, 745
Meier, Hermann Heinrich 197
Meinecke, Friedrich 107
Meisner, Heinrich Otto 349, 412
Mejer, Otto 698
Merkel, Angela 841
Meyer, Friedrich 194, 242
Meyer, Georg 291, 694, 697, 703, 710, 712, 735, 774, 801
Michaelis, Georg 567, 575f., 579-581, 583, 585
Michaelis, Otto 213
Miquel, Johannes von 181f., 192f., 201f., 205, 212, 217, 219, 226, 234, 242, 267, 420, 490f., 494, 508, 513, 580
Mittnacht, Hermann von 160, 162, 164f., 168, 171, 347, 458, 464, 491-493, 495, 505, 509, 512f.
Mohl, Robert von 619, 699f., 711, 715, 731, 735
Moltke, Helmuth Graf von (der Ältere) 197, 239
Moltke, Helmuth von (der Jüngere) 559
Mommsen, Theodor 292, 745
Mommsen, Wolfgang J. 14, 183, 288, 539
Moore, Barrington 34
Morel-Retz, Louis (Pseudonym Stop) 93, 95
Morsey, Rudolf 16, 313f., 435, 438
Müller, August 580
Müller, Frank Lorenz 140, 285
Müller, Jürgen 55
Münster-Ledenburg, Georg Herbert Graf zu 425
Napoleon III., Kaiser der Franzosen 33, 35f., 47, 59, 109, 112, 115, 160, 188, 195, 295
Nebe, Karl 380
Neidhardt, Karl von 376, 466
Niendorf, Anton 194f.
Nipperdey, Thomas 14, 38f., 58, 291, 503, 539
Nixon, Richard 814
Nobiling, Karl Eduard 391, 402
Noé, Amédée de (Pseudonym Cham) 36, 83f., 87f.
Oertzen, Peter von 741
Offenbach, Jaques 93
Oldenburg, Karl 345, 382, 466
Olga, Königin von Württemberg 158
Otto, Prinz von Bayern, später König von Bayern 94, 101
Ovid 97
Pape, Heinrich Eduard von 327, 632
Papen, Franz von 829, 835
Paulssen, Arnold 343, 380, 526
Payer, Friedrich von 491, 552, 584f., 587, 590f.

Peirotes, Jacques 756, 758, 800
Perels, Kurt 368
Peter II., Großherzog von Oldenburg 155, 173, 382
Philipon, Charles 35
Philipsborn, Karl von 133
Planck, Gottlieb 250, 252
Planck, Max 250
Pocock, John 808
Podbielski, Victor von 487
Pollmann, Klaus Erich 186, 209
Posadowsky-Wehner, Arthur Graf von 344, 399, 487f., 493f., 498-500, 508, 648
Poschinger, Heinrich Ritter und Edler von 347f., 379
Preibusch, Sophie Charlotte 773
Preiß, Jacques 798
Preuß, Hugo 339f., 687-689, 695, 704f., 712f., 723-728, 733-735, 737, 824, 829, 832
Puttkamer, Robert von 283-285
Rauh, Manfred 14, 349, 361, 387, 405f., 408, 499, 504, 517, 566f., 569, 584
Rechberg, Bernhard Graf von 63
Redslob, Robert 774, 789, 791f.
Rehm, Hermann 335, 337, 712, 780
Rehm, Max 780
Rehnquist, William 818
Reichenbach, Oskar Graf von 119f., 122f., 126
Reichensperger, Peter 273, 275
Remak, Joachim 809
Renan, Ernest 849
Renard, Jules Jean Georges (Pseudonym Draner) 45f.
Reuter, Ernst von 747f., 767, 770f.
Reynolds, David 808
Rheinbaben, Georg Freiherr von 509f.
Rickert, Heinrich 494
Roggenbach, Franz Freiherr von 116
Röhl, John C. G. 14, 287-289, 298, 328, 475, 503, 518
Rönne, Ludwig von 292f., 688-690, 711, 735, 743, 745
Roon, Albrecht Graf von 139, 166, 168, 197, 304, 417
Rosenau, Kersten 308
Röser, Adolf 755f.
Rosin, Heinrich 725
Rößler, Constantin 175
Rothschild, Mayer Carl Freiherr von 197
Rotteck, Karl von 730
Saenger, Carl von 258f.
Salza und Lichtenau, Ernst Freiherr von 660
Savigny, Friedrich Carl von 127, 614, 730
Savigny, Karl Friedrich von 127f., 131f., 134, 137f., 140, 148f., 151, 153, 259, 312, 365, 614-618
Schäffle, Albert 469
Schaffrath, Wilhelm 240, 249
Schalfejew, Eduard 778
Scharff, Alexander 107
Scheidemann, Philipp 567, 570, 590, 595, 767-770
Schiffer, Eugen 580, 585
Schiffers, Reinhard 566
Schilling, Paul 621f.
Schleich, Martin Eduard von 35
Schleiden, Rudolf 83
Schlesinger, Arthur Jr. 814
Schlicke, Alexander 574

Schmitt, Carl 824, 827
Schmitt, Hans 64
Schmoller, Gustav von 788
Scholz, Wilhelm 34, 36f., 41, 43f., 67f., 72f., 90f., 97-99, 781
Schreckenbach, Hans-Joachim 415
Schroeder, Paul 59
Schücking, Walther 832
Schulenburg, Werner von der 244
Schulze-Delitzsch, Hermann 208, 223-225, 227, 244, 252, 266, 272, 275
Schulze-Gävernitz, Hermann von 292, 698, 711, 735f., 745
Schulze, Carl 787
Schwander, Rudolf 788
Schwarzenberg, Felix Fürst zu 52
Schweizer, Ludwig 291
Schwerin-Putzar, Maximilian Graf von 609
Seckendorff, Rudolf Freiherr von 319f.
Seebach, Camillo Freiherr von 149, 151
Segesser, Philipp Anton von 817
Sepp, Johann Nepomuk 159
Seydel, Max von 305, 669, 700-702, 704, 707, 709, 712, 716, 732-734, 740, 745
Sieveking, Karl 378
Sigl, Johann Baptist 35
Simms, Brendan 59
Simson, Eduard von 176, 189, 264
Singer, Paul 492
Sintenis, Carl Friedrich 143
Sinzheimer, Hugo 725
Sloman, Robert Miles 197
Smend, Rudolf 335, 409, 626f., 716, 741
Snell, Wilhelm 806
Spahn, Martin 770
Spahn, Peter 580
Spitzemberg, Carl Freiherr von 452, 458
Srbik, Heinrich von 29
Stein, Hans von 534
Steinbach, Rudolph 291, 814
Steinberg, Jonathan 806
Stengel, Hermann von 509f., 528
Stoerk, Felix 744
Stolberg-Wernigerode, Otto Fürst zu 241
Stollberg-Rilinger, Barbara 11
Stolleis, Michael 695, 719, 722, 731, 734, 736
Stürmer, Michael 14, 20, 183, 386, 400
Suckow, Albert Freiherr von 160, 168
Swift, Jonathan 65
Sybel, Heinrich von 28f., 183, 186, 206, 221, 224, 226, 241, 251, 253, 262f.
Talleyrand-Périgord, Charles Maurice de 183
Thielau, Heinrich von 255
Thielemann, Max von 487
Thünen, Edo Heinrich von 245
Tirpitz, Alfred von 498
Tocqueville, Alexis de 696, 823
Treitschke, Heinrich von 28, 103, 116, 134, 186, 274f., 339, 436, 690-692
Triepel, Heinrich 106, 108, 119, 319, 335, 339, 340, 350, 357, 620f., 694, 700, 712, 714, 717, 795
Trimborn, Karl 590
Troeltsch, Ernst 29
Tucholsky, Kurt 286
Twesten, Karl 200, 202, 222, 232f., 237, 240, 243, 245, 425
Ullrich, Volker 20, 183
Umbach, Dieter 392, 400, 403

Unruh, Modeste von 661, 664
Valentini, Rudolf von 771
Varnbüler, Karl Freiherr von 158
Victoria, Princess Royal, Deutsche Kaiserin, Königin von Preußen 62, 281f., 448
Viktoria Luise, Prinzessin von Preußen, Herzogin von Braunschweig 659
Viktoria, Prinzessin von Preußen, Prinzessin zu Schaumburg-Lippe 662
Vincke, Georg Freiherr von 96, 190, 236, 251, 253
Vogel, Lutz 434
Wachenhusen, Otto 220
Wagener, Hermann 120-123, 126, 224, 227, 235, 250, 252, 261, 268
Wagner, Adolph 469
Wagner, Norbert 773
Wahnschaffe, Arnold 771
Waitz, Georg 688, 696-701, 704, 724, 805
Waldeck, Benedikt 191f., 203f., 223, 229, 232f., 236, 249, 252, 263
Waldersee, Alfred Graf von 296
Waldow, Wilhelm von 576, 585
Watzdorf, Christian Bernhard von 143, 183, 213, 219
Wawro, Geoffrey 57
Weber, Adolph 208, 245, 251
Wedel, Karl Fürst von 747f., 752, 764, 771, 788, 798
Wehler, Hans-Ulrich 10, 14, 19, 30, 73f., 183, 287f., 387, 518, 534, 542, 559, 773, 780, 786
Weill, Georg 765
Welcker, Carl Theodor 730
Wermuth, Adolf 383
Werner, Anton von 294f.
Westerkamp, Justus 699
Wiegard, Franz Jacob 193
Wiggers, Julius 220
Wiggers, Moritz 210, 216, 220
Wilhelm August, Herzog von Braunschweig 653
Wilhelm Ernst, Graf zur Lippe-Biesterfeld 661
Wilhelm Ernst, Großherzog von Sachsen-Weimar-Eisenach 669
Wilhelm I., Deutscher Kaiser, König von Preußen 33, 39, 49, 54, 61, 63, 74, 79, 85-87, 139, 150, 175-177, 186, 281f., 295, 298, 302, 304, 322f., 391, 448
Wilhelm II., Deutscher Kaiser, König von Preußen 7, 281, 285-290, 294, 296-198, 304, 327-329, 337, 341, 475, 502f., 504, 506, 515-518, 559-561, 583, 595, 625, 654, 658, 662, 664-666, 673, 682, 723, 736, 752, 771
Wilhelm, Prinz von Württemberg 654f.
Wilhelmina von Oranien-Nassau, Königin der Niederlande 669
Wilson, Woodrow 592, 594, 818
Windthorst, Ludwig 265, 273, 472, 645f., 796
Winkler, Heinrich August 14, 191
Woldemar, Fürst zur Lippe-Detmold 660-664
Wolff, Theodor 750
Zachariä, Heinrich Albert 214, 227, 630, 668f.
Zehmen, Ludwig von 184
Zöpfl, Heinrich 669, 735, 745
Zorn von Bulach, Hugo 771
Zorn, Philipp 291f., 301, 305, 338, 669, 694, 745, 783